Droit civil
Les obligations

Dans la même collection

Droit privé

Introduction au droit, J.-L. Aubert et É. Savaux
Droit civil. Les obligations :
– vol. 1 : *L'acte juridique*, J. Flour, J.-L. Aubert et É. Savaux
– vol. 2 : *Le fait juridique*, J. Flour, J.-L. Aubert et É. Savaux
– vol. 3 : *Le rapport d'obligation*, J. Flour, J.-L. Aubert et É. Savaux
Droit civil. Introduction. Biens. Personnes. Famille, Y. Buffelan-Lanore et V. Larribau-Terneyre
Droit civil. Les obligations, Y. Buffelan-Lanore et V. Larribau-Terneyre
Droit civil. Les biens, M.-L. Mathieu
Droit commercial. Actes de commerce, commerçants, fonds de commerce, instruments de paiement et de crédit, D. Houtcieff
Droit commercial et des affaires, D. Legeais
Droit du commerce et des affaires. Droit des entreprises en difficulté, P.-M. Le Corre et E. Le Corre-Broly
Droit de la concurrence interne et européen, M. Malaurie-Vignal
Droit de la consommation, Y. Picod et H. Davo
Droit de la distribution, M. Malaurie-Vignal
Droit de la famille, P. Courbe et A. Gouttenoire
Droit international privé, T. Vignal
Droit pénal spécial, M. Véron
Droit des sûretés, M. Bourassin, V. Brémond et M.-N. Jobard-Bachellier
Droit du travail, A. Cœuret, B. Gauriau et M. Miné
Gestion des ressources humaines, J.-P. Citeau et Y. Barel
Procédure civile, G. Couchez et X. Lagarde
Voies d'exécution, G. Couchez et D. Lebeau

Droit public

Droit administratif, P. Chrétien et N. Chifflot
Droit administratif des biens, Ph. Godfrin et M. Degoffe
Droit constitutionnel, B. Chantebout
Droit constitutionnel, P. Pactet et F. Mélin-Soucramanien
Droit général de l'Union européenne, G. Isaac et M. Blanquet
Les institutions administratives, H. Oberdorff et N. Kada
Libertés publiques et droits de l'Homme, G. Lebreton

Yvaine Buffelan-Lanore
Professeur émérite des Universités

Virginie Larribau-Terneyre
Professeur des Universités

Droit civil
Les obligations

14e édition

par Virginie Larribau-Terneyre

2014

SIREY

DALLOZ

31-35, rue Froidevaux – 75685 PARIS CEDEX 14

ISBN 978-2-247-13769-5

Sommaire

Une table des matières détaillée figure à la fin de l'ouvrage.

Deuxième partie
Les actes juridiques : les contrats

Troisième partie
Les faits juridiques

Abréviations

Actu.	Actualité
AJ fam.	Actualité juridique Famille
AJDA	Actualité juridique Droit administratif
Ass.	Assemblée du contentieux du Conseil d'État
Ass. nat.	Assemblée nationale
Ass. plén.	Assemblée plénière
Bibl.	Bibliographie
Bull. civ.	Bulletin des arrêts des chambres civiles de la Cour de cassation
Bull. crim.	Bulletin des arrêts de la chambre criminelle de la Cour de cassation
C. civ.	Code civil
C. com.	Code de commerce
C. consom.	Code de la consommation
C. env.	Code de l'environnement
C. pén.	Code pénal
C. pr. civ.	Code de procédure civile
C. pr. pén.	Code de procédure pénale
C. trav.	Code du travail
CAA	Cour administrative d'appel
Cass., ch. mixte	Chambre mixte de la Cour de cassation
Cass., ch. réun.	Chambres réunies de la Cour de cassation
CCC	Contrats Concurrence Consommation
CE	Conseil d'État
CEDH	Cour européenne des droits de l'Homme
CEDH, gr. ch.	Cour européenne des droits de l'Homme, grande chambre
CGI	Code général des impôts
Chron.	Chronique
Civ. 1re, 2e, 3e	Première, deuxième, troisième chambre civile de la Cour de cassation
Civ.	Chambre civile de la Cour de cassation
CJCE	Cour de justice des Communautés européennes (1957 à nov. 2009)
CJUE	Cour de justice de l'Union européenne
Com.	Chambre commerciale de la Cour de cassation
Comp.	Comparer
Cons. const.	Conseil constitutionnel
Const.	Constitution
contra	Solution contraire
Conv. EDH	Convention européenne de sauvegarde des droits de l'Homme et des libertés fondamentales
Crim.	Chambre criminelle de la Cour de cassation
CSP	Code de la santé publique
CSS	Code de la sécurité sociale
D.	Recueil Dalloz
DC	Recueil critique de jurisprudence et de législation Dalloz (années 1941 à 1944)
DH	Recueil hebdomadaire de jurisprudence Dalloz (années antérieures à 1941)

Décis.	Décision
Décr.	Décret
Décr.-L.	Décret-loi
Doc. AN	Documents de l'Assemblée nationale
DP	Recueil périodique et critique mensuel Dalloz (années antérieures à 1941)
Dr. et patr.	Droit et patrimoine
Dr. fam.	Droit de la famille
Dr. pénal	Droit pénal
GAJC	Les Grands arrêts de la jurisprudence civile
Gaz. Pal.	La Gazette du Palais
ibid.	Au même endroit
J.	Jurisprudence
JAF	Juge aux affaires familiales
JCP	Juris-Classeur périodique (Semaine juridique), édition générale
JCP E	Juris-Classeur périodique, édition Entreprise
JCP N	Juris-Classeur périodique, édition notariale
JDI	Journal de droit international (Clunet)
JEX	Juge de l'exécution
JO	Journal officiel
L.	Loi
L. const.	Loi constitutionnelle
L. org.	Loi organique
L.O.	Article de la loi organique
LPA	Les Petites Affiches
Min.	Ministre (ou ministère)
obs.	Observation
Ord.	Ordonnance
Pan.	Panorama
préc.	Précité
QPC	Question prioritaire de constitutionnalité
rapp.	Rapport
RCA	Responsabilité civile et assurances
réf.	Référé
Rép. min.	Réponse ministérielle
req.	Requête
Rev. crit. DIP	Revue critique de droit international privé
Rev. sociétés	Revue des sociétés
RFDA	Revue française de droit administratif
RJPF	Revue juridique personnes et famille
RLDA	Revue Lamy droit des affaires
RLDC	Revue Lamy droit civil
RSC	Revue de science criminelle et de droit comparé
RTD civ.	Revue trimestrielle de droit civil
S.	Recueil Sirey
s.	suivants
ss	sous
SARL	Société à responsabilité limitée
Soc.	Chambre sociale de la Cour de cassation
Somm.	Sommaires
T. civ.	Tribunal, chambre civile
TA	Tribunal administratif
TGI	Tribunal de grande instance
TI	Tribunal d'instance
TUE	Traité sur l'Union européenne

Préface de la première édition

Il est difficile d'exposer ainsi, sous une forme plutôt synthétique, avec clarté, au contact de la pratique, le droit des obligations et les grands problèmes qui s'y rattachent. Madame Buffelan-Lanore a pleinement réussi dans cette entreprise. Elle a, tout d'abord, sur les points fondamentaux, mis en relief les principes directeurs, ceux auxquels il est nécessaire de se référer pour dominer une matière dont on peut dire que notre vie quotidienne est imprégnée : l'obligation et ses éléments constitutifs, la théorie générale du contrat, la cause, la responsabilité civile, les modalités de l'obligation. On sent ce besoin intense de l'auteur d'établir, à chaque pas, ce lien indispensable entre l'idée conductrice et l'application pratique. C'est bien là qu'est la vérité : rien ne se fera sans ce retour aux sources, sans cet éclairage. Aucune réforme ne sera solide, si les contacts ne sont créés entre une certaine philosophie des institutions, plus particulièrement de celles du droit des obligations, et les solutions retenues par l'interprète.

Si vous avancez dans la lecture de cet ouvrage, vous serez conduits, comme moi, à faire une autre constatation : l'importance que prennent à notre époque les tableaux synoptiques, les cas concrets, les résumés de jurisprudence. L'étudiant, le praticien sont appelés à s'y référer. Ils retrouvent là des données essentielles des questions qu'ils peuvent se poser, des choix qu'ils doivent exercer, des solutions qu'ils ont à proposer. Cette méthode est maintenant profondément ancrée dans notre enseignement ; et si elle a encore ses détracteurs, c'est, sans doute, parce que ceux qui l'utilisent donnent parfois l'impression que telle ou telle « espèce », tel ou tel « fait » constitue une fin en soi, alors qu'il n'est que l'application d'un principe général. C'est là que nous nous séparons des Anglo-Saxons, puisque notre raisonnement doit avoir son point de départ dans les idées générales pour pouvoir mieux atteindre ensuite la réalité qu'il a pour mission de traduire et de dominer. Madame Buffelan-Lanore sait parfaitement conduire son exposé pour échapper à la critique que les « Anciens » ne manqueraient pas de lui adresser. Elle résume ; elle condense ; elle se concentre sur l'essentiel ; mais les principes sont toujours présents ; et les cas d'espèces ne sont proposés au jugement du lecteur que pour illustrer l'attraction des idées.

L'œuvre a ainsi un sens. Elle dépasse le manuel élémentaire. Elle est un chemin qui conduit, sans détours, aux solutions précises. Madame Buffelan-Lanore y donne la pleine mesure de ses qualités. Et celui qui, depuis de longues années, au contact de nos problèmes universitaires, toujours dans l'optimisme mesuré, apprécie sa collaboration, ne peut aujourd'hui que se féliciter d'avoir acquis, par l'amitié et le devoir, son très précieux concours.

Michel de Juglart
Professeur de droit civil à la Faculté de droit
et des sciences économiques de Paris

Première partie

Les principes généraux du droit des obligations

1. L'étude du droit des obligations est une étape importante dans la formation d'un juriste. C'est en effet avec le droit des obligations que se sont formés les concepts et les mécanismes techniques essentiels du droit privé. Le droit des obligations a constitué la cellule de base de la réflexion d'une partie de la science juridique et la notion d'obligation dépasse largement le droit civil. Si la matière suppose un effort d'abstraction particulier, car l'obligation est envisagée de façon abstraite comme un rapport de droit entre deux personnes, un créancier et un débiteur, c'est aussi, paradoxalement, une matière proche du réel et de la vie économique, puisque ses domaines d'élection sont celui des contrats, instruments de la vie économique, et celui de la responsabilité.

L'étude du droit des obligations est indissociable de celle de ses sources. Il existe en effet des différences fondamentales selon cette source. Ainsi, selon que l'obligation naît d'un contrat (acte juridique) ou d'un événement qui produit des effets de droit sans que ceux-ci aient été volontairement recherchés (fait juridique, comme la responsabilité ou les quasi-contrats), les conditions de naissance de l'obligation et son régime sont très différents et imposent une étude séparée. Étudier le droit des obligations, c'est donc nécessairement étudier distinctement les sources des obligations : contrat, responsabilité civile, quasi-contrats.

Cependant, cela n'exclut pas qu'il existe un certain nombre de principes communs, un régime juridique général applicable à toutes les obligations, quelle que soit leur source. Il faut donc s'interroger sur ce qu'il y a de commun à toute obligation, ce qui suppose que l'on s'intéresse d'abord à la notion même d'obligation pour voir ensuite les différentes sortes d'obligations et enfin quels peuvent être les éléments d'un régime commun à toutes les obligations, indépendamment de leur source.

Titre 1

Notion d'obligation et différentes sortes d'obligations

Chapitre préliminaire

Premières vues sur l'obligation

I. Définition

2. Au cours de l'étude des différents droits subjectifs (v. vol. 1, titre 1, chap. 3), nous avons distingué, parmi les droits patrimoniaux, les droits réels et les droits personnels. Ce sont ces derniers qui nous intéressent plus particulièrement ici.

► ***Le droit personnel***, ou droit de créance, est un rapport juridique entre un sujet actif, le créancier, et un sujet passif, le débiteur, faisant naître entre eux des obligations à caractère pécuniaire. En effet, le débiteur s'oblige envers le créancier à donner, à faire ou à ne pas faire une chose.

► ***L'obligation*** est donc un lien de droit par lequel une personne est astreinte envers une autre à une prestation ou à une abstention.

Il s'agit là de l'aspect passif de l'obligation. On doit également l'envisager du côté du créancier, sujet actif. Pour lui, l'obligation ne constitue plus une *charge*, une *obligation passive* ou une *dette*, mais au contraire un *droit*, une *créance* ou encore une *obligation active*. C'est sous ce double aspect que nous aurons à les étudier.

II. Caractères

3. Cette définition nous permet de déterminer les caractères de l'obligation. L'obligation est un lien de droit, de caractère pécuniaire, entre deux personnes.

A. Premier caractère : lien de droit

4. Dire qu'il y a lien de droit implique un premier caractère qui consiste en une idée de contrainte. Nous verrons, en effet, que si l'obligation n'est pas volontairement exécutée, il y aura possibilité d'exécution forcée avec différents moyens de coercition (v. ss 361 s.).

B. Deuxième caractère : caractère pécuniaire

5. Le deuxième caractère est le caractère pécuniaire de l'obligation. En effet, on a coutume de distinguer les droits patrimoniaux, dont font partie les droits personnels, des droits extrapatrimoniaux comme les droits de la personnalité, ou les droits familiaux avec une catégorie un peu intermédiaire, mais à fort caractère patrimonial quand même, celle des droits intellectuels. Toutefois, cette distinction est un peu arbitraire et il y a une interpénétration des deux catégories de droits. La plupart des droits extrapatrimoniaux ont des incidences pécuniaires (ex. obligation alimentaire…) ; en revanche, certains droits personnels peuvent ne pas en avoir (ex. accords amiables de voisinage).

C. Troisième caractère : lien entre deux ou plusieurs personnes

6. Enfin, troisième caractère, le lien juridique relie deux ou plusieurs personnes, c'est l'élément qui oppose essentiellement le droit personnel au droit réel. Le créancier titulaire d'un droit personnel n'a de droit qu'à l'égard de la personne de son débiteur, non de ses biens pris individuellement. C'est sur l'ensemble de son patrimoine seulement qu'il dispose de ce qu'on appelle, un peu abusivement, un gage général (C. civ., art. 2285) (v. ss 304).

L'obligation liant deux personnes, le sujet actif et le sujet passif, n'a d'effet qu'à l'égard de ces deux personnages, et entre eux deux : c'est ce qu'on appelle l'effet relatif du droit personnel.

De plus, l'obligation existant entre deux personnes bien déterminées sera assez difficile à transmettre soit d'un créancier à un autre, soit d'un débiteur à un autre.

III. Origine historique des obligations

7. Le droit romain a donné des obligations une définition et une analyse encore parfaitement valables aujourd'hui. Les juristes occidentaux se sont beaucoup inspiré des règles posées par le droit romain, qualifié par les rédacteurs du Code civil de « raison écrite ».

La conception originaire de l'obligation en droit romain était une conception subjective, où l'obligation n'était conçue que comme un lien personnel ; elle autorisait en cas d'inexécution, une mainmise sur la personne du débiteur, avec éventuellement le droit de le vendre ou même de le tuer ; mais elle ne comportait aucun pouvoir d'action sur les biens du débiteur. Il en résultait une différence très nette entre les droits personnels (obligations, droits de créance) et les droits réels (prérogatives sur les biens). Cette conception de l'obligation se retrouve dans la doctrine classique.

8. Toutefois, si parfaites qu'aient été les constructions ainsi élaborées par les juristes romains, elles ont évolué au cours des siècles. Les juristes se sont, de tout temps, penchés sur le droit des obligations, notamment Domat et Pothier avant la rédaction du Code civil, puis la plupart des juristes modernes français et étrangers (notamment Savigny en Allemagne). Ainsi sont nées un certain nombre de théories, et l'esprit du droit des obligations, plus que la notion d'obligation elle-même d'ailleurs, a profondément évolué sous l'influence de la doctrine d'une part, de la jurisprudence et de la loi de l'autre, et en fonction des modifications de la morale et des facteurs politiques, économiques et sociaux (v. *infra*).

9. ***Une réforme est actuellement prête à intervenir concernant l'ensemble du droit des obligations, comportant quatre volets*** : celui du régime général des obligations (règles communes à toutes les obligations quelle que soit leur source), du contrat, des quasi-contrats et enfin de la responsabilité civile.

Ce projet de réforme d'ampleur a connu plusieurs étapes.

La première étape est doctrinale.

– La première initiative, globale puisque concernant tous les volets du droit des obligations, en 2005, est le désormais célèbre *avant-projet de réforme du droit des obligations, dit « rapport Catala »*. Proposant la refonte du Livre troisième, titres III et IV, du Code civil il a été présenté au garde des Sceaux le 22 septembre 2005. Dû à l'initiative du professeur Pierre Catala, il est l'œuvre doctrinale collective d'une quarantaine de professeurs. Il se divise en deux blocs, l'un consacré aux obligations en général et au contrat, sous la responsabilité des professeurs Pierre Catala et Gérard Cornu, l'autre à la responsabilité civile, contractuelle et extracontractuelle sous la direction des professeurs Geneviève Viney et Georges Durry. Il reprend l'actuel plan du Code civil, mais en comblant des lacunes, en modernisant, en rectifiant des maladresses de plan et en intégrant les apports jurisprudentiels. Il avait pour objectif de proposer un Code civil adapté à son époque, tenant compte du droit communautaire et du droit européen en général et capable de satisfaire les différents acteurs économiques (v. ss 104 s., spéc. v. ss 48 s.) ; il se présentait non pas comme un « code de rupture mais d'ajustement »[1]. Cet avant-projet de réforme était par ailleurs global, portant sur les trois volets en même temps du droit des obligations.

– Par la suite, l'avant-projet Catala a été suivi par une autre contribution doctrinale importante, qui lui répondait en quelque sorte. Il s'agit des *propositions du groupe de travail réuni par le professeur François Terré*, sous l'égide de l'Académie des sciences morales et politiques. Cet autre « avant-projet », qui s'inscrit davantage en rupture avec la tradition contractuelle française, en intégrant des propositions doctrinales non retenues par la jurisprudence ou en tenant compte de l'analyse économique du droit, a été également remis à la Chancellerie et publié en 2008. À la différence de l'avant-projet Catala, il concerne seulement la réforme du droit contrats et non celle du droit des obligations en général et exclut la responsabilité (v. ss 104 s.). Depuis, cependant, le professeur F. Terré a également remis à la Chancellerie un projet de réforme du droit de la responsabilité qui a fait l'objet d'une consultation publique close en janvier 2012 (sur ces différents projets, v. ss 104 s).

– Dans *l'espace communautaire et européen*, des travaux importants concernant le contrat, d'origine doctrinale mais commandités par la Commission européenne ont également été achevés et publiés. Ils s'inscrivent dans la perspective de l'élaboration, concernant la matière des contrats, d'un Cadre commun de référence avec une « Terminologie contractuelle commune » et des « Principes contractuels communs » (v. ss 102).

10. ***La seconde étape est marquée par l'intervention des pouvoirs publics.*** En 2008, en effet, le gouvernement a repris l'initiative et un *premier projet gouvernemental de réforme du droit des contrats*, préparé par les services de la Chancellerie, a été rendu public. Ce projet, qui s'inspirait à la fois de l'avant-projet Catala, des propositions Terré et des projets européens, a été abondamment commenté, modifié à plusieurs reprises, mais n'a pas abouti. *Concernant le régime des obligations*, un second projet complémentaire de réforme du régime des obligations et des quasi-contrats très directement inspiré de l'avant-projet Catala, a été rendu public en mai 2011 et soumis à consultation publique. Enfin, *concernant la responsabilité civile*, un rapport d'information du Sénat a été publié en juillet 2009 pour proposer la rénovation de cette branche du droit des

1. Selon les termes même du professeur Pierre Catala.

obligations. Il s'inspirait très directement de l'avant-projet Catala. Il a été suivi d'une proposition de loi « Béteille » du 9 juillet 2010, qui, sans bouleverser le droit positif, réorganisait et architecturait le droit de la responsabilité en consolidant les principes traditionnels tout en apportant certaines innovations. Inspirée elle aussi très directement de l'avant-projet Catala, elle prenait acte cependant de certaines critiques qui avaient été formulées Cette proposition n'est cependant pas arrivée en débat au Parlement.

11. Enfin et peut-être s'agira-t-il de la dernière étape, ***un nouveau projet gouvernemental***, concernant cette fois l'ensemble des volets du droit des obligations (contrat, responsabilité, quasi-contrats et régime des obligations) a été rédigé par les services de la Chancellerie et rendu public à la fin de l'année 2013 [1], à l'exception de la partie consacrée à la responsabilité civile. L'ambition est toujours celle de rénover le droit des obligations pour le rendre plus accessible et compréhensible pour le particulier comme pour le praticien, en réécrivant les textes du Code civil dans un style modernisé, en les réagençant pour les rendre plus clairs et pertinents. Si le projet contient des dispositions nouvelles, l'essentiel, cependant, consiste à inscrire dans le Code civil, les solutions dégagées par la jurisprudence tant en ce qui concerne le régime général des obligations, que le droit des contrats, des quasi-contrats et de la responsabilité civile. Il réalise la synthèse des travaux académiques, des observations émises par les différents observateurs et des projets d'harmonisation européens.

L'objectif du gouvernement était d'obtenir en suivant du Parlement l'autorisation de procéder à la réforme du droit des contrats, des quasi-contrats et du régime général des obligations le plus rapidement possible, par voie d'ordonnance, la responsabilité civile restant toutefois en dehors. Un projet de loi relatif à la modernisation et à la simplification du droit et des procédures a été présenté au parlement et enregistré au Sénat le 27 novembre 2013, après engagement de la procédure accélérée et l'article 3 de ce projet visait à obtenir l'autorisation de mettre en œuvre la réforme du droit des contrats et du régime général des obligations par ordonnance. Si le projet de loi a été adopté par le Sénat le 23 janvier 2014, cet article 3 a cependant écarté. Le Sénat a estimé qu'un débat public au parlement était nécessaire pour adopter une réforme d'une telle ampleur. L'Assemblée nationale doit donc statuer sur cette autorisation de légiférer par voie d'ordonnance sur la matière du droit des obligations et aura le dernier mot.

Pour l'heure, nous en restons donc encore au stade des projets. Nous examinerons donc successivement la nature juridique des obligations en étudiant les différentes théories doctrinales classiques et les diverses classifications proposées, avant de voir l'évolution du droit des obligations et de ses sources, compte tenu des perspectives actuelles de réforme.

Chapitre 1. Notion d'obligation
Chapitre 2. Différentes sortes d'obligations et classifications
Chapitre 3. Évolution du droit des obligations et de ses sources

1. Le 23 octobre 2013.

Chapitre 1

Notion d'obligation

I. Distinction des obligations juridiques et non juridiques

12. Il existe différentes conceptions de l'obligation, selon les auteurs : les conceptions moniste ou dualiste, objective ou subjective ; mais par-delà cette différence de conception, il existe bien une notion d'obligation car toute obligation juridique a la même nature : celle d'être un lien de droit et un lien entre deux patrimoines, avec des caractéristiques identiques, tenant au pouvoir de contrainte dont dispose le créancier pour obtenir l'exécution de l'obligation. L'obligation juridique se distingue ainsi de l'obligation morale et, au sein des obligations juridiques, il convient de distinguer l'obligation civile de l'obligation naturelle (v. schéma I, en fin de chapitre 2).

A. Obligations morales et juridiques

13. Il faut faire une première distinction entre les obligations morales et juridiques ; seules les secondes sont reconnues par la loi et nous intéressent donc ici.

► ***L'obligation morale*** est du domaine de la morale, c'est un devoir de conscience, c'est le cas de la personne qui fait la charité : elle n'y est pas juridiquement tenue, elle remplit seulement un devoir moral, elle fait une *donation*.

► ***L'obligation juridique*** est un lien de droit unissant deux personnes, en vertu duquel l'une des parties peut contraindre l'autre à exécuter une prestation.

B. Obligations civiles et naturelles

14. Au sein des obligations juridiques, on peut faire une nouvelle distinction entre les *obligations civiles* et les *obligations naturelles*.

► ***L'obligation naturelle***, selon la définition de Pothier, est celle qui « dans le for de l'honneur et de la conscience, oblige celui qui l'a contractée à l'accomplissement de ce qui y est contenu » ; c'est le cas du débiteur qui paie volontairement une dette prescrite, ce faisant il ne fait pas une *donation*, mais un *paiement*. Toutefois, l'exécution de l'obligation naturelle doit avoir été faite volontairement, en connaissance de cause, pour ne pas pouvoir donner lieu à l'action en répétition de l'indu (art. 1235, § 2) (v. chapitre consacré aux quasi-contrats).

► ***L'obligation civile*** est, au contraire, celle dont l'exécution est sanctionnée par le droit, au besoin par la contrainte étatique, et dont le créancier peut donc obtenir l'exécution forcée.

15. L'obligation naturelle se situe donc entre l'obligation civile dont l'exécution doit toujours pouvoir être obtenue, au besoin par la contrainte juridique et l'obligation simplement morale, qui n'est pas du tout reconnue par le droit.

Selon Ripert : « l'obligation naturelle est un devoir moral qui monte à la vie civile... il y a en un mot, obligation naturelle, lorsque la loi attache certains effets juridiques à l'accomplissement du devoir moral ». Il a ainsi été jugé qu'un document manuscrit, certifiant qu'une maison achetée par un homme appartenait à sa concubine, ne pouvait s'analyser en une donation, faute d'intention libérale, mais devait être considéré comme l'exécution d'une obligation naturelle tendant à réparer le préjudice résultant de l'abandon de la concubine (qui avait par ailleurs remboursé l'emprunt que cet achat avait nécessité) après une dizaine d'années de vie commune[1]. Cette exécution est acquise, il ne saurait y avoir de remise en cause ultérieure et de restitution.

Mieux encore, parfois, l'obligation naturelle peut se transformer en obligation civile. Il devient alors possible d'en exiger l'exécution. La Cour de cassation a ainsi affirmé que « l'engagement unilatéral, pris en connaissance de cause, d'exécuter une obligation naturelle née d'un legs verbal transforme celle-ci en une obligation civile »[2].

16. Ainsi, si l'on résume les différentes situations, ce qui distingue l'obligation naturelle de l'obligation civile, c'est l'absence de sanction : le débiteur d'une obligation naturelle n'est pas juridiquement tenu et s'il n'exécute pas son obligation, aucune action n'est possible contre lui. En effet, une obligation naturelle, non transformée en obligation civile, ne peut faire l'objet d'une exécution forcée[3]. Toutefois, s'il exécute volontairement son obligation, il ne pourra revenir en arrière. Cette exécution est reconnue par le droit et empêche toute action en répétition, c'est-à-dire en restitution ou en remboursement. Enfin, si le débiteur de l'obligation naturelle promet d'exécuter son obligation, sa promesse a alors pour effet, à condition d'en faire la preuve, de transformer son obligation naturelle en obligation civile (v. ss 600 s.). C'est le cas par exemple de celui qui verse à son frère dans le besoin une pension alimentaire : il exécute une obligation naturelle car la loi n'a pas prévu d'obligation alimentaire entre frères et sœurs (art. 203 s.)[4]. Il en était de même pour le père naturel qui subvenait volontairement aux besoins de son enfant naturel, avant la loi du 3 janvier 1972[5]. Depuis, cette obligation est devenue civile.

17. *L'avant-projet Catala* de réforme du droit des obligations qui, à la différence des propositions Terré s'intéresse aussi au régime général des obligations et pas seulement aux contrats (v. ss 9 s., 104 s.), précise, dans son article 1151, que « l'obligation naturelle

---

1. Civ. 1re, 19 févr. 2002, *LPA* 2002, n° 125, note J. Massip. Dans le même sens, v. Civ. 1re, 22 juin 2004, *D*. 2004. 2953, note M. Nicod, *AJ fam*. 2004. 405, obs. F. Bicheron, comm. J. Mestre et B. Fages, *RTD civ*. n° 2, 2005. 397.

2. Civ. 1re, 4 janv. 2005, n° 02-18.904, *JurisData* n° 2005-026355, *JCP* 2005. II. 10159, note M. Mekki, comm. J. Mestre et B. Fages, *RTD civ*. n° 2, 2005. 397.

3. Civ. 1re, 14 févr. 1978, *Bull. civ*. I, n° 59, p. 50.

4. Pour un autre exemple où la Cour de cassation n'exclut pas qu'un engagement pris verbalement à l'occasion d'une audition par les services de police puisse donner lieu à une obligation naturelle : Civ. 1re, 17 oct. 2012, n° 11-20.124 ; *RTD civ*. 2012. 720, obs. B. Fages ; *RDC* 2013/1, p. 43, note T. Génicon.

5. Civ. 11 mars 1936, *DP* 1936. 1. 16.

recouvre un devoir de conscience envers autrui. Elle peut donner lieu à une exécution volontaire, sans répétition, ou à une promesse exécutoire de s'en acquitter ». Si cette définition n'a pas été reprise par **l'actuel projet de réforme**, l'obligation naturelle fait donc cependant toujours partie du paysage juridique. Ce n'est pas une notion tombée en désuétude[1].

II. Différentes conceptions doctrinales de l'obligation

18. La plupart des juristes se sont penchés sur l'étude de l'obligation et l'on peut classer schématiquement ces opinions en trois grands courants doctrinaux :
– les conceptions moniste ou dualiste ;
– les conceptions objective ou subjective ;
– la conception actuelle.

A. Conception moniste ou dualiste

19. Alors que nous avons l'habitude de considérer l'obligation comme un lien unique unissant le créancier au débiteur, ce qui est une conception moniste, certains auteurs, notamment en Allemagne, décomposent l'obligation en deux rapports juridiques distincts : le *Schuld* et le *Haftung*.

► ***Le Schuld*** est le devoir juridique d'exécuter l'obligation.

► ***Le Haftung*** est la contrainte étatique permettant au créancier d'obtenir satisfaction, qui apparaît en cas d'inexécution.

Ces deux éléments peuvent se dissocier : il existe des dettes sans contrainte, notamment en cas d'obligation naturelle, et des contraintes sans dette, c'est le cas pour la caution tenue pour la dette d'un autre (v. ss 167 s.). Mais l'élément caractéristique que l'on retrouve dans toute obligation juridique c'est la contrainte étatique en l'absence de laquelle l'obligation naturelle se trouve à mi-chemin entre le droit et l'infra-droit.

En France, les partisans de cette conception dualiste utilisent les termes latins de *debitum* et d'*obligatio*.

B. Conception subjective ou objective

20. Là encore, deux conceptions s'opposent : conception subjective classique et conception objective de Duguit et Saleilles.

1. Conception subjective classique

21. Selon la conception subjective classique, l'obligation est essentiellement un droit *personnel* qui lie deux personnes : le créancier et le débiteur. Cet aspect, très net en droit romain, lorsque le débiteur était enchaîné et livré à la merci du créancier, s'est atténué, mais le Code civil, en faisant du contrat la source essentielle des obligations, a accusé ce

---

1. M. Coudrais, « L'obligation naturelle : une idée moderne ? », *RTD civ.* n° 3, 2011. 453-468.

caractère personnel, subjectif. En effet, selon la théorie de l'autonomie de la volonté, c'est l'accord de volonté des parties qui crée entre elles ce lien essentiellement personnel et subjectif. Et si le Code civil admet d'autres sources des obligations, elles sont considérées sous un angle très subjectif.

2. Conception objective

22. Cette conception subjective a été fortement critiquée par le philosophe positiviste *Auguste Comte*, reprise par le sociologue bordelais *Durkheim* en 1887 qui a beaucoup inspiré *Duguit*, lui-même doyen de la faculté de droit de Bordeaux. Ces penseurs refusent d'admettre la supériorité d'une volonté sur une autre et ne veulent considérer que des « situations juridiques » (pour eux la notion de droit subjectif doit être rejetée comme « antisociale », l'homme vivant en société ne disposerait pas de pouvoirs, mais serait seulement investi de fonctions destinées à assurer le bien-être général).

23. Elle a été également critiquée par d'autres auteurs, comme *Saleilles*, qui mettent davantage l'accent sur l'*aspect objectif* du lien de droit créé entre le créancier et le débiteur. Pour eux, si les personnes du créancier et du débiteur comptent, elles ne doivent pas faire oublier l'objet de l'obligation, la *valeur de passif* pour l'un, d'*actif* pour l'autre ; d'ailleurs, ajoutent-ils, l'obligation peut souvent engager n'importe quel débiteur, au profit de n'importe quel créancier, par exemple avec les titres négociables qui circulent par simple endossement.

Les objectivistes voient d'ailleurs le contrat, source des obligations, comme « un fait social », ce qui le rapproche des autres « faits », sources d'obligations comme la responsabilité civile, considérée objectivement (Théorie du risque, v. ss 1509 s.) et non plus subjectivement (Responsabilité à base de faute, v. ss 1504 s.).

III. Conception actuelle et unicité de la notion d'obligation

24. Le droit civil français est resté assez fidèle à la théorie classique et l'obligation demeure bien un droit personnel et subjectif. Toutefois, sous l'influence des objectivistes, nos conceptions ont évolué (v. plan à la fin du chapitre) et certains aspects objectifs sont apparus, notamment dans le cadre de la responsabilité civile avec une approche plus économique de l'obligation, ainsi dans le domaine de la circulation des créances, désormais susceptibles de commerce comme d'autres objets.

25. Il en ressort que *toute obligation est aujourd'hui à la fois un lien de droit entre deux personnes et un lien entre deux patrimoines*. Il y a donc bien unicité de la notion d'obligation puisque toutes les obligations peuvent être définies de cette même façon comme un lien de droit ou un rapport juridique entre deux personnes et deux patrimoines, même si ce lien se dédouble selon que l'on prend en compte l'aspect subjectif de l'obligation (lien entre deux personnes) ou l'aspect objectif (rapport entre deux patrimoines).

1. L'obligation est un lien de droit entre deux personnes

26. Toute obligation juridique, quelle que soit sa source peut en effet être définie comme un lien de droit unissant le créancier et le débiteur en vertu duquel le premier (créancier) peut obtenir de l'autre l'exécution d'une prestation, si nécessaire par la contrainte et en ayant recours à la force publique.

27. Cette définition de l'obligation qui renvoie à une conception subjective de l'obligation issue du droit romain permet d'identifier dans l'existence d'une contrainte étatique, le critère de l'obligation juridique par rapport à l'obligation morale ou religieuse, mais aussi par rapport à l'obligation naturelle qui reste à la frontière de la juridicité, puisqu'elle est dépourvue de la contrainte. L'obligation juridique, civile, se caractérise donc par la possibilité de saisir les juridictions étatiques pour obtenir la condamnation du débiteur à l'exécution, et le recours à des mesures d'exécution forcée ensuite (v. ss 374). Le doyen Carbonnier identifie d'ailleurs, dans cette contrainte étatique, le critère de la règle juridique en général et de la « juridicité » et pas seulement de l'obligation (v. *Droit civil*, vol. 1, Les caractères de la règle de droit).

28. Ce lien obligatoire, extrêmement efficace, qui unit le créancier au débiteur, subsiste de la naissance jusqu'à l'extinction de l'obligation, qu'elle disparaisse par son exécution normale ou pour d'autres causes et il subsiste même parfois malgré la transmission de l'obligation à un tiers qui n'était pas débiteur initial (v. La délégation, v. ss 409 s.).

2. L'OBLIGATION EST UN LIEN ENTRE DEUX PATRIMOINES

29. Dans cette approche plus moderne de l'obligation mais qui ne fait pas disparaître la précédente, l'obligation représente le cheminement d'une valeur d'un patrimoine vers un autre patrimoine, un transfert économique qui peut être unilatéral ou compensé par un transfert en sens inverse. L'obligation, à ce titre représente l'instrument technique qui permet la réalisation des échanges économiques ; elle est le moyen proposé par le droit pour déplacer une valeur d'un patrimoine à l'autre, qu'il s'agisse de transférer des biens (et des droits sur ces biens) d'un patrimoine à l'autre par l'intermédiaire d'une obligation de donner (v. ss 36) ; ou qu'il s'agisse de la prestation de services par l'intermédiaire d'obligations de faire ou de ne pas faire (v. ss 36). Si le transfert n'est pas compensé par un prix, il ne se produit que dans un sens, d'un patrimoine vers l'autre ; il est unilatéral et gratuit. Si le transfert est compensé par un prix il se produit dans les deux sens, d'un patrimoine vers l'autre et en sens inverse, par l'intermédiaire donc de deux obligations réciproques ; il est bilatéral et onéreux. On retrouvera ces distinctions et ces mécanismes lors de l'étude du contrat qui les abrite et des différentes classifications des contrats (v. ss 664 s.).

30. En allant plus loin et dans le cadre de la patrimonialisation des créances, ce n'est plus la prestation promise qui est prise en compte, laquelle conduisait à analyser l'obligation comme l'instrument du transfert des valeurs économiques, biens ou services. C'est désormais l'obligation en elle-même qui représente une valeur économique et qui devient l'objet d'échanges, indépendamment de la prestation qu'elle représente. Il faut alors arriver à dissocier l'obligation de son objet, la prestation promise. C'est ce que nous reverrons dans le cadre de l'étude de la circulation des créances (v. ss 419 s.).

31. Même si toute obligation peut être définie comme un lien ou un rapport juridique entre deux personnes et deux patrimoines, ce qui met en évidence l'existence d'une notion unitaire d'obligation, il existe cependant différentes sortes d'obligations. Elles ont des caractéristiques différentes et font l'objet de classifications. C'est ce que nous allons étudier dans le chapitre qui suit.

DOCUMENTS

BIBLIOGRAPHIE DU CHAPITRE

CATALA (P.), *Présentation générale de l'avant-projet de réforme du droit des obligations et du droit de la prescription*, Rapport à Monsieur Pascal Clément, garde des Sceaux, ministre de la Justice, 22 sept. 2005.

COUDRAIS (M.), « L'obligation naturelle : une idée moderne ? », *RTD civ.* n° 3, 2011. 453-468.

VERDOT (A.), « Contribution à l'étude de l'obligation légale », *Rev. de la recherche juridique. Droit prospectif* n° 4, 2011. 1627-1672.

PRIGENT (S.), « Le dualisme dans l'obligation », *RTD civ.* n° 3, 2008. 401.

SAVATIER, *La théorie des obligations : vision juridique et économique*, Dalloz, 1967.

TERRÉ (F.) (dir.), *Pour une réforme du droit des contrats*, Dalloz, « Thèmes et commentaires », 2008.

BIBLIOGRAPHIE GÉNÉRALE SUR LE DROIT DES OBLIGATIONS

Outre les articles de revue cités dans la bibliographie de chaque chapitre, l'étudiant se référera aux manuels de base de droit civil notamment :

BÉNABENT (A.), *Droit civil. Les obligations*, 13e éd., Montchrestien, coll. « Précis Domat », 2012.

BRUN (Ph.), *La responsabilité civile extracontractuelle*, 3e éd., Litec, 2014.

Brusorio (M.*), Droit des obligations*, 13e éd., Larcier, « Manuel », 2013.

CABRILLAC (M.), *Droit des obligations*, 11e éd., Dalloz, coll. « Cours », 2014.

CARBONNIER (J.), *Droit civil*, t. 4 : *Les obligations*, PUF, coll. « Thémis », 2007.

DELEBECQUE (Ph.) et COLLART DUTILLEUL (F.), *Contrats civils et commerciaux*, 9e éd., Dalloz, coll. « Précis », 2011.

DELEBECQUE (Ph.) et PANSIER (F.-J.), Litec, coll. « Objectif Droit » :

I. *Droit des obligations. Régime général*, 6e éd., 2012 ;

II. *Droit des obligations. Contrats et quasi-contrats*, 6e éd., 2013 ;

III. *Droit des obligations. Responsabilité civile, délit et quasi-délit*, 5e éd., 2011.

FABRE-MAGNAN (M.), *Les obligations*, PUF, coll. « Thémis » :

tome 1 : *Contrat et engagement unilatéral*, 3e éd., 2012 ;

tome 2 : *Responsabilité civile et quasi-contrats*, 3e éd., 2013.

FAGES (B.), *Manuel de droit des obligations*, 4e éd., LGDJ, 2013.

FLOUR (J.), AUBERT (J.-L.) et SAVAUX (É.), *Les obligations*, coll. « Université », Sirey

tome 1 : *L'acte juridique*, 15e éd., 2012 ;

tome 2 : *Le fait juridique*, 14e éd., 2011 ;

tome 3 : *Le rapport d'obligation*, 8e éd., 2013.

FRANÇOIS (J), *Traité de droit civil*, tome 4 : *Les obligations. Régime général*, 3e éd., Economica, « Corpus droit privé », 2013.

GHESTIN (J.) (dir.), *Traité de droit civil*, LGDJ :

I. *Les obligations. Le contrat* : tome 1 et tome 2 : *Formation du contrat* : GHESTIN (J.), LOISEAU (G.), SERINET (Y.-M.), 4e éd., 2013 ;

Les obligations. Le contrat : tome 3 : *Effets du contrat* : BILLIAU (M.) et JAMIN (C.), 3e éd., 2001 ;
II. *Les obligations. La responsabilité* : tome 1 : *Introduction* : VINEY (G.), 3e éd., 2008 ; tome 2 : *Responsabilité. Conditions* : VINEY (G.), CARVAL (S.), JOURDAIN (P.), GHESTIN (J.), et 4e éd., 2013 ; vol. 3 : *Responsabilité. Effets* : VINEY (G.) JOURDAIN (P.), 3e éd., 2011 ;
III. *Le régime des créances et des dettes* : GHESTIN (J.), BILLIAU (M.) et LOISEAU (G.), 2005.

HUET (J.), DECOCQ (G.), LÉCUYER (H.), GRIMALDI (C.), « Les principaux contrats spéciaux », *in Traité de droit civil*, 3e éd., dir. J. Ghestin, LGDJ, 2012, no 11711.

LARROUMET (C.), *Droit civil*, Economica ; *Les obligations*, tome III : *Le contrat*, 6e éd., 2007.

MALAURIE (Ph.), AYNÈS (L.) et STOFFEL-MUNCK (P.), *Les obligations*, 6e éd., *Defrénois*, 2013.

MALINVAUD (Ph.) et FENOUILLET (D.), *Droit des obligations*, 12e éd., LexisNexis Litec, 2012.

PORCHY-SIMON (S.), *Droit civil 2e année. Les obligations*, 7e éd., Dalloz, coll. « HyperCours », 2012.

TERRÉ (F.), LEQUETTE (Y.) et SIMLER (Ph.), *Droit civil. Les obligations*, 11e éd., Dalloz, coll. « Précis », 2013.

L'étudiant qui désire approfondir certaines questions pourra lire les articles ou ouvrages spécialement désignés dans la bibliographie de chaque chapitre. En outre, il se référera avec profit aux grands traités tels que :

AUBRY et RAU, *Cours de droit civil français*, en 13 volumes, refondu sous la direction de A. PONSARD, Litec, notamment au tome IV : *Les obligations*, par BARTIN ; tome VI, par ESMEIN : *Responsabilité délictuelle*, 8e éd., 1989, par PONSARD (A.) et FADLALLAH (I.).

BEUDANT (C.), *Cours de droit civil français*, en 14 volumes, 2e éd., par BEUDANT (B.) et LEREBOURS-PIGEONNIÈRE, tome VIII et tome IX : *Les obligations et les contrats*, par LAGARDE (G.).

JOSSERAND (L.), *Les mobiles dans les actes juridiques*, CNRS, 1984, *De l'abus des droits*, 1905.

JOURDAIN (P.), *Les principes de la responsabilité civile*, 6e éd., Dalloz, coll. « Connaissance du droit », 2003.

LAMBERT-FAIVRE (Y.), *Le droit du dommage corporel*, 4e éd., Dalloz, coll. « Précis », 2000.

MARTY (G.) et RAYNAUD (P.), *Droit civil*, Sirey : tome II, *Les obligations*, vol. 1 : *Les sources*, 2e éd., 1987 ; *Les obligations*, vol. 2 : *Le régime*, Jestaz (Ph.), 2e éd., 1989.

MAZEAUD (H.), (L.) et (J.) et CHABAS (F.), *Leçons de droit civil*, Montchrestien ; tome II, vol. 1 : *Les obligations. Théorie générale*, par CHABAS (F.), 6e éd., 1998.

MAZEAUD (H.) et (L.), TUNC (A.) et CHABAS (F.), *Traité théorique et pratique de la responsabilité délictuelle et contractuelle*, Montchrestien, tome III, 6e éd., 1er vol., 1978, 2e vol., 1983.

MAURY (J.), *Essai sur le rôle de la notion d'équivalence en droit civil français*, thèse, Toulouse, 1920.

PLANIOL et RIPERT, *Traité pratique de droit civil*, en 14 volumes, 2e éd., tomes VI et VII : *Les obligations*, avec la collaboration d'ESMEIN (B.) et surtout à quelques ouvrages spéciaux tels que :

RIPERT (G.), *La règle morale dans les obligations civiles*, 4e éd., 1949, repr. en fac-similé, 1994, LGDJ.

La responsabilité délictuelle dans la jurisprudence, Recueil systématique de jurisprudence commentée, M. RODIÈRE (R.) (dir.), Librairies techniques, 1978.

STARCK (B.), par ROLLAND (H.) et BOYER (L.), *Droit civil. Les obligations*, Librairies techniques, tome I : *Responsabilité délictuelle*, 1996 ; tome II : *Contrat*, 1998 ; tome III : *Régime général*, 6e éd., 1999.

TERRÉ (F.) et LEQUETTE (Y.), *Les grands arrêts de la jurisprudence civile*, tome 2 : *Obligations, contrats spéciaux, sûretés*, 12e éd., Dalloz, 2008.

MÉTHODES DE TRAVAIL

Méthodes générales

Chaque chapitre de cet ouvrage correspond approximativement au programme d'une semaine de travail. L'étudiant devra tout d'abord se reporter aux articles du Code concernant chaque chapitre, les lire attentivement, lire également les sommaires de jurisprudence cités dans les codes Dalloz sous les principaux articles. Le Code civil doit être le premier instrument de travail de l'étudiant, en quelque sorte son « bréviaire ». Il doit apprendre à s'en servir en recherchant dans la table alphabétique les mots-clés ou en consultant la table chronologique.

Il devra ensuite étudier le texte du chapitre qui lui fournit l'essentiel de ce qu'il faut savoir sur une question, puis il se reportera, aux plans détaillés et aux tableaux ou schémas figurant en fin de chapitre. Il lira également les développements d'une question particulière évoqués dans la rubrique « Le point sur... » de certains chapitres.

Si nécessaire, pour effectuer un travail écrit ou un exposé oral, il approfondira un sujet en se référant, éventuellement, aux développements exposés dans un ouvrage plus détaillé. Il pourra également rechercher et lire les articles cités dans la bibliographie qui lui permettront d'enrichir ses connaissances sur les points les plus délicats.

Enfin, il rédigera les exercices indiqués à la fin du chapitre : commentaire d'arrêt, développement du plan proposé, solution de cas pratiques, etc.

Commentaire d'arrêt

La méthode du commentaire d'arrêt est supposée connue en deuxième année. On pourra toutefois se reporter à la méthode indiquée dans le *Droit civil. Introduction. Biens. Personnes. Famille* (vol. 1, titre 1, chapitre 3). La consultation des *Annales du droit* Dalloz, présentant les sujets donnés dans diverses universités et leur corrigé par le professeur ayant donné le sujet, est recommandée, elle constitue un excellent instrument de travail.

Fiches de jurisprudence et de doctrine

Il est bon, lorsqu'on lit un arrêt ou un article, d'en consigner les principales idées sur une fiche que l'on conserve. Ces fiches constitueront la documentation personnelle de l'étudiant et lui permettront de conserver un souvenir durable de ses lectures.

• ***Une fiche de jurisprudence*** doit comporter les références de l'arrêt : nature de la juridiction, lieu, date, indication de la référence du recueil, éventuellement nom de l'auteur de la note accompagnant la décision. Ensuite, on indiquera très succinctement les faits, la procédure, le problème juridique posé, les arguments de chacune des parties. Enfin, on relèvera les principaux *attendus* motivant la décision, soit en en résumant l'argumentation, soit en citant textuellement un passage particulièrement important, un *attendu de principe*. Si la décision est annotée, on résumera en quelques mots la position prise par l'annotateur face à cette décision.

• ***Une fiche de doctrine*** doit comporter le nom de l'auteur, le titre de l'œuvre ou de l'article et, dans ce cas, le titre de la revue où elle est publiée avec ses références. Puis, on résumera brièvement l'article en insistant sur les positions prises par l'auteur sur tel ou tel problème. On peut également citer entre guillemets une ou plusieurs phrases particulièrement caractéristiques.

• On peut se reporter avec profit à l'ouvrage constitué pédagogiquement sous forme de fiches :

LECOURT (A.), *Fiches de droit des obligations. Rappels de cours, exercices corrigés*, 3e éd., Ellipses, 2012, mises à jours sur www.editions.ellipses.fr.

V. aussi BATTEUR (A.), *Droit civil des obligations. 2014. Méthodologie et sujets corrigés*, Dalloz, coll. « Les Annales du droit », sept. 2013.

Chapitre 2

Différentes sortes d'obligations et classifications

32. Les obligations peuvent être classées de différentes façons selon que l'on s'attache à leur objet, à leurs effets ou à leur source (v. schéma II, en fin de chapitre).

I. Classification des obligations d'après leur objet

33. Outre les classifications très générales que nous avons déjà vues en obligations morales ou juridiques et obligations civiles ou naturelles, on peut encore faire quelques autres distinctions selon qu'il s'agit d'obligations patrimoniales ou extrapatrimoniales, d'obligations pécuniaires ou en nature, ou enfin d'obligations de donner, de faire ou de ne pas faire.

A. Obligations patrimoniales ou extrapatrimoniales

34. Toutes les obligations ont un caractère pécuniaire, mais on dit qu'elles sont extrapatrimoniales dans la mesure où elles sont liées à des droits de la famille ou de la personnalité (ex. obligation alimentaire, obligations résultant d'un contrat de travail, etc.).

Cette distinction permet de faire bénéficier les obligations extrapatrimoniales de réglementations particulières.

B. Obligations monétaires ou en nature

35. On a coutume de faire une distinction entre les obligations portant sur des sommes d'argent (que l'on peut appeler obligations pécuniaires au sens strict, ou mieux, obligations monétaires) qui peuvent toujours recevoir une exécution en nature, et les obligations imposant une action ou une abstention, pouvant s'exécuter en nature et qui, en cas d'inexécution, ne peuvent donner lieu, en principe, qu'au versement de dommages-intérêts (v. ss 294 s.).

C. Obligations de donner, de faire ou de ne pas faire

36. Enfin, la classification des obligations peut se faire d'après leur objet. C'est même la principale et la plus classique. Elle découle du Code civil qui en a fait la base de la réglementation des effets de l'obligation (v. art. 1136 à 1145) ; elle apparaît à plusieurs reprises notamment dans les articles 1101 et 1126.

Il s'agit de la distinction classique entre, d'une part, l'obligation de donner (c'est-à-dire de transférer un droit réel, notamment la propriété d'une chose [art. 1136], même sans intention libérale, du latin *dare* et non *donare*), et, d'autre part, les obligations de faire ou de ne pas faire. C'est une classification essentiellement basée sur un concept de prestation d'action, active ou passive, de la part du débiteur. C'est le cas, par exemple, de l'acteur qui s'engage à jouer dans tel théâtre ou du commerçant qui, en vendant son fonds, s'engage à ne pas se réinstaller dans un certain périmètre.

Le projet originaire de réforme du droit des contrats de la Chancellerie (de 2008) reprenait cette classification traditionnelle des obligations de donner, de faire ou de ne pas faire en les précisant. L'*avant-projet Catala*, proposait pour sa part d'ajouter une troisième catégorie d'obligation dans cette classification relative à l'objet de l'obligation, celle de « l'obligation de donner à usage » du détenteur à usage qui reçoit d'autrui « spécifiquement une chose à restituer à son propriétaire après usage » (avant-projet, art. 1121 et 1127), ce que la doctrine appelait l'obligation de restitution. **L'actuel projet de réforme gouvernemental d'octobre 2013** (v. ss 11), s'il s'intéresse spécifiquement à l'obligation de transférer la propriété ou un autre droit réel ou encore à l'obligation de livrer, au titre des effets du contrat, ne reprend plus cette classification traditionnelle des obligations, ni au titre du droit des contrats, ni au titre du régime des obligations, ce qui ne signifie pas pour autant que l'on ne continuera pas à s'y référer.

II. Classification des obligations d'après leurs effets

37. Il s'agit de la classification opposant les obligations de moyens et les obligations de résultat.

A. Obligations de résultat

38. Dans la plupart des cas, il s'agit de donner, de faire ou de ne pas faire quelque chose, c'est-à-dire d'obtenir un résultat déterminé. On appelle cette obligation : obligation déterminée ou *obligation de résultat* (ex. obligation du transporteur de livrer la marchandise en bon état, aux jour et lieu fixés).

B. Obligations de moyens

39. Parfois, cependant, la partie qui s'oblige ne peut garantir l'obtention du résultat souhaité, elle peut seulement s'engager à faire son possible pour y parvenir, à agir avec la plus grande prudence ou diligence : c'est ce qu'on appelle précisément l'obligation de prudence ou de diligence ou *obligation de moyens* ; c'est le cas de l'obligation de conseil du notaire ou de l'avocat, par exemple.

C. Importance de cette classification

40. Cette classification est importante en ce qui concerne la preuve de l'inexécution et a des conséquences notamment pour engager la responsabilité. En effet, lorsque l'obligation est de résultat, le créancier n'a aucune preuve à rapporter à part que le résultat escompté n'est pas atteint : de l'absence de résultat, on déduit l'inexécution ; c'est au débiteur qu'il appartiendra d'essayer de justifier l'inexécution, par la preuve d'un cas de force majeure par exemple, pour échapper à une sanction.

En revanche, en cas d'inexécution d'une obligation de moyens, le créancier qui devra apporter la preuve d'une imprudence ou d'une négligence de la part du débiteur à l'origine de l'inexécution (v. ss 1131).

Il est parfois difficile, en présence d'une obligation, de déterminer s'il s'agit d'une obligation de moyen ou de résultat. On doit se référer à la commune intention des parties, ou, en cas de doute, au caractère déterminé ou aléatoire du résultat cherché.

41. Cette classification assez récente, parfois critiquée en doctrine, est toutefois admise par la jurisprudence qui découvre dans certains contrats des obligations dites « de sécurité », considérées tantôt comme obligation de résultat (contrat de transport), tantôt comme obligation de prudence et de diligence ou encore des « obligations d'information » à la charge d'un médecin, ou de « conseil » à la charge de certains professionnels : notaires, architectes, ingénieurs-conseils, etc. Nous verrons toute l'importance de cette classification en matière de responsabilité contractuelle (v. ss 841 s.).

42. *L'avant-projet Catala a* consacré cette distinction entre les obligations de moyen et de résultat dans les dispositions relatives au contrat où sont envisagées les diverses espèces d'obligations (art. 1149) ainsi que dans les dispositions consacrées à la responsabilité contractuelle, en précisant à cet égard que lorsque le débiteur s'oblige à procurer un résultat, l'inexécution est établie du seul fait que le résultat n'est pas atteint, sauf à prouver une cause étrangère, alors que dans les autres cas, il ne doit réparation que s'il n'a pas effectué toutes les diligences nécessaires. La proposition de loi Béteille de réforme du droit de la responsabilité a repris ces propositions (art. 1386-14). Mais **l'actuel projet de réforme du droit des contrats de la Chancellerie** (oct. 2013) n'a pas repris les dispositions de l'avant-projet relatives aux diverses espèces d'obligation et ne fait donc pas référence à cette distinction des obligations de moyen et de résultat.

III. Classification des obligations d'après leurs sources

43. Il existe une dernière sorte de classification, c'est la classification des obligations d'après leurs sources.

A. Classification du Code civil

44. Selon les rédacteurs du Code civil, il y avait cinq sources principales des obligations (art. 1101 et 1370) qui se regroupaient dans les titres III et IV.

1. Les sources conventionnelles : le contrat

► ***Le contrat*** est un accord de volonté en vue de créer des obligations.

45. Il est défini par le Code civil comme « une convention par laquelle une ou plusieurs personnes s'obligent envers une ou plusieurs autres, à donner à faire ou à ne pas faire quelque chose » (C. civ., art. 1101).

L'objet du contrat est donc la création des obligations, qui constituent la promesse de prestations. Le contrat est l'instrument des échanges économiques.

2. Les sources non conventionnelles

► ***Le quasi-contrat*** : c'est un fait licite qui s'apparente au contrat mais qui s'impose au débiteur en dehors de sa volonté (art. 1371, ex. la gestion d'affaire).

► ***Le délit*** : c'est une faute intentionnelle (l'auteur a la volonté de nuire et de causer un dommage) et un fait illicite engageant la responsabilité civile de son auteur (art. 1382).

► ***Le quasi-délit*** : c'est là encore un fait illicite, une faute mais cette fois non intentionnelle, une imprudence ou une négligence, engageant aussi la responsabilité civile de son auteur (art. 1383).

3. La loi

46. La loi fait naître des obligations en dehors de toute volonté privée (art. 1370, al. 2 et 3) (par ex. obligation alimentaire, obligation du tuteur…).

4. Valeur de cette classification

47. Les juristes modernes et certains codes étrangers ont voulu ajouter aux sources volontaires une catégorie nouvelle : **l'engagement unilatéral** de volonté où une seule volonté a le pouvoir de se lier en créant des obligations. Mais cette notion est difficilement admise dans notre droit positif français, et l'on préfère souvent expliquer certaines situations sans avoir recours à la notion d'engagement unilatéral (v. ss 1164 s., La stipulation pour autrui). Citons, toutefois, l'engagement d'un employeur, au cours d'opérations de structuration, de ne pas procéder à davantage de licenciement qu'initialement prévu. Cet engagement est qualifié par la Cour de cassation d'« engagement unilatéral » dont le non-respect entraîne « la possibilité de demander la réparation du préjudice » ainsi causé[1]. La loi consacre également certains engagements unilatéraux (le testament, la reconnaissance d'enfant).

48. *L'avant-projet Catala de réforme du droit des obligations* consacrait, à l'origine, cette notion d'engagement unilatéral de volonté à propos de l'offre de contrat (l'offre est un acte unilatéral (…) que son auteur propose à personne déterminée ou indéterminée et par lequel il exprime sa volonté d'être lié en cas d'acceptation) mais cette disposition a été contestée par les milieux professionnels et d'affaires. Dans **l'actuel projet de réforme gouvernemental** (oct. 2013) cette qualification a été écartée et il est prévu que la révocation de l'offre ne peut entraîner que la responsabilité de l'offrant et non la formation du contrat (aussi, sur cette question, v. ss 744 s.).

49. On peut trouver quelques points communs entre ces différentes sources permettant de les regrouper, en tenant compte soit de leur caractère licite (contrat et quasi-contrat) ou

1. Soc. 25 nov. 2003, *JCP* 2004. I. 163, obs. G. Viney.

illicite (délit et quasi-délit), soit de leur caractère intentionnel (contrat, délit) ou non intentionnel (quasi-contrat, quasi-délit) avec, à côté, la catégorie à part que représente la loi. Il ne faut cependant pas confondre la conception civiliste du mot « délit », très générale, avec la conception pénaliste qui concerne une variété d'infraction entre le crime et la contravention.

À cette classification un peu usée, les juristes modernes ont substitué une nouvelle classification des sources des obligations : la classification en actes et faits juridiques.

B. Classification moderne : actes et faits juridiques

1. Les actes juridiques

► ***L'acte juridique*** est une manifestation intentionnelle de volonté dans le but de réaliser certains effets de droit : créer, modifier, transmettre ou éteindre un droit.

50. Cette manifestation de volonté peut être bilatérale et nous sommes en présence du contrat, ou unilatérale (ex. testament). Elle peut être à titre onéreux (ex. vente) ou à titre gratuit (ex. donation).

Cette notion est plus large que la notion de source conventionnelle, car elle donne naissance non seulement à des obligations, ce qui nous intéresse ici, mais aussi à d'autres effets de droit : constitution de droits réels (ex. acte constitutif d'une servitude) ou création d'un état familial (ex. mariage).

51. *L'avant-projet de réforme du droit des obligations* proposait de distinguer trois formes d'actes juridiques au lieu de deux : l'acte juridique conventionnel ou convention, l'acte juridique unilatéral et l'acte juridique collectif qui est « la décision prise collégialement par les membres d'une collectivité » (art. 1101-1). Malgré son intérêt, cette proposition n'a pas été reprise dans **l'actuel projet de réforme de la Chancellerie** (oct. 2013).

2. Les faits juridiques

► ***Les faits juridiques*** sont tous les autres agissements ou événements qui entraînent des conséquences juridiques, sans que ces conséquences juridiques aient été volontairement recherchées, contrairement au rôle de la volonté dans l'acte juridique.

52. Ce sont :

– *soit des faits volontaires*, mais qui ne constituent pas des actes juridiques, parce que la volonté n'avait pas comme objectif la production d'effets de droit, comme le meurtre, le vol, c'est-à-dire des *délits*, ou même des imprudences ou négligences (ex. conduite d'une voiture à une vitesse excessive) qui constituent des *quasi-délits* et sont source de responsabilité civile ;

– *soit des faits indépendants de la volonté* comme la naissance ou le décès, les cas de force majeure (v. ss 1719), les accidents générateurs de responsabilité civile ; les uns et les autres, entraînent des effets juridiques qui n'étaient pas directement recherchés.

53. *L'avant-projet Catala de réforme du droit des obligations*, suivi sur ce point par **l'actuel projet gouvernemental** (oct. 2013) distingue :

– d'une part, « le fait qui procure à autrui un avantage auquel il n'a pas droit » qui constitue un quasi-contrat ;

– d'autre part, « le fait qui cause sans droit un dommage à autrui [et] oblige son auteur à le réparer » qui constitue une obligation régie par la responsabilité civile (art. 1101-2).

54. Les sources des obligations seront étudiées ici en se référant, d'une part à la notion d'acte juridique (avec les contrats), d'autre part à celle de faits juridiques (avec les quasi-contrats et la responsabilité civile qui regroupe les délits et quasi-délits). On laissera de côté la loi. En effet, les obligations légales, au sens strict, c'est-à-dire celles qui s'imposent aux particuliers sans aucune participation de leur part, sont assez rares. Elles touchent généralement au droit de la famille et des incapacités (par ex. obligation du père de famille, du tuteur) ou aux droits réels (ex. obligations de voisinage) qui n'entrent pas dans le droit des obligations proprement dit mais plutôt dans celui des biens (v. ss 1922 s., Responsabilité pour troubles de voisinage).

55. Mais avant de mener cette étude des obligations d'après leur source, il conviendra de mettre l'accent sur leur unité de nature, telle que nous l'avons soulignée (v. ss 24 s.) en dégageant les éléments d'un régime juridique commun à toutes les obligations, quels que soient cette source, contrat, fait juridique et même loi.

56. Préalablement, cependant, il s'agit de définir dans ses grandes lignes quelle a été l'évolution historique du droit des obligations et de ses sources.

DOCUMENTS

BIBLIOGRAPHIE DU CHAPITRE

FABRE-MAGNAN (M.), « Le mythe de l'obligation de donner », *RTD civ.* 1995. 85 s.
LEDUC (F.), « L'intensité juridique de l'obligation contractuelle », *RRJ* 2011. 1253-1298.
MAZEAUD (H.), « Essai de classification des obligations : obligations contractuelles et extracontractuelles, obligations déterminées et obligations générales de prudence et diligence », nº 50, *RTD civ.* 1936. 1 s.
PLANCQUEEL (A.), « Obligations de moyen, obligations de résultat », *RTD civ.* 1972. 334.

I. Classification générale des obligations

OBLIGATIONS
- Morales
- Juridiques
  - Naturelles
  - Civiles
    - Extrapatrimoniales
    - Patrimoniales

II. Différentes classifications des obligations patrimoniales

D'APRÈS LA SOURCE	D'APRÈS L'EFFET ESCOMPTÉ	D'APRÈS L'OBJET	D'APRÈS LE MODE D'EXÉCUTION
Obligations conventionnelles nées d'un acte juridique : – contrat	**Obligation de résultat**, ou obligation déterminée (ex. : obligation du transporteur)	**Obligation de donner** (ex. : vente)	**Exécution pécuniaire** : obligation de donner de l'argent
	Obligation de moyens ou obligation de prudence ou de diligence (ex. : obligation du médecin)	**Obligation de faire** (ex. : contrat de travail)	**Exécution en nature** : pour les obligations de donner, de faire et de ne pas faire
Obligations non conventionnelles nées d'un fait juridique : – quasi-contrat – délit – quasi-délit ou de la loi		**Obligation de ne pas faire** (ex. : clause de non- concurrence)	

Chapitre 3

Évolution du droit des obligations et de ses sources

Introduction

L'importance théorique et pratique du droit des obligations

A. Importance pratique

57. Elle est évidente. En effet, le droit des obligations constitue la mise en forme juridique des rapports économiques entre les hommes, dans la vie courante, quotidienne, comme dans la vie des affaires. Le droit des obligations est ainsi, notamment, l'ensemble des règles générales qui s'appliquent par principe à tous les contrats, quels qu'ils soient, par opposition à la réglementation particulière, propre à chaque contrat (que l'on appelle aussi le droit des contrats spéciaux). Mais c'est également le droit des obligations qui règle les questions de responsabilité civile dont on sait combien elles sont importantes aujourd'hui, compte tenu de la revendication de sécurité des individus. C'est aussi, dans un autre domaine, le droit applicable aux rapports familiaux, obligation alimentaire (par ex. contribution aux charges du mariage…). Aucun domaine de la vie courante n'échappe au droit des obligations.

B. Importance théorique

58. C'est dans le droit des obligations, structuré autour d'une théorie générale (ensemble cohérent de règles organisé autour de principes généraux) qu'ont été forgés les concepts techniques essentiels du droit civil et même au-delà, car la notion d'obligation dépasse évidemment le droit civil, pour concerner aussi le droit des affaires, le droit du travail et même le droit administratif des contrats et de la responsabilité. Le Conseil d'État s'inspire en effet des principes généraux du droit des obligations et le Conseil constitutionnel lui-même se réfère à ces principes, comme par exemple le principe de la liberté contractuelle (v. ss 627).

59. Le droit des obligations a réellement constitué la cellule de base de la réflexion d'une partie de la science juridique. Celle qui s'intéresse aux techniques, aux mécanismes juridiques. Il constitue ce que l'on appelle le **droit commun** des obligations en général, du contrat et de la responsabilité civile, c'est-à-dire les règles de référence que l'on applique, à moins qu'il n'existe des règles spéciales.

60. Il est si fondamental que l'on a même pu développer, au début du XXe siècle l'idée de l'*universalisme du droit des obligations*, théorie que l'on doit à Saleilles (1925). Le droit des obligations serait une matière quasi scientifique, fondée sur une logique juridique qui serait toujours la même, en tout temps et en tous lieux.

61. En fait, ce n'est pas exactement la réalité. Il n'y a pas d'universalité dans le temps, car le droit des obligations a connu des évolutions importantes et en connaîtra encore. Par exemple, le droit de la responsabilité a été bouleversé depuis le Code civil, dans ses fondements, dans ses conditions, car les besoins et les idées changent.

62. Il n'y a pas non plus d'universalité dans l'espace. Ainsi les droits anglo-saxons n'ont pas la même logique que la nôtre en droit des obligations, si bien qu'au sein de l'Union européenne, la commission se préoccupe des différences entre les différents droits du contrat des États membres, car elles sont un obstacle au bon fonctionnement du marché unique. Divers travaux et projets sont donc en cours pour mettre en place un Code européen des contrats ou au moins des principes communs (v. ss 98 s. ; concernant le contrat, plus particulièrement, v. ss 657 s.).

63. Toutefois, il y a bien une tendance à l'universalité, car le raisonnement juridique repose sur une logique et des techniques sinon toujours identiques, du moins proches. On les adapte cependant à certaines fins, lesquelles peuvent varier en fonction de l'évolution du contexte économique, politique social des États. Il existe par ailleurs un besoin d'universalisme dès lors que les échanges économiques se mondialisent (ou s'européanisent dans le cadre de l'Union européenne) : il faut en effet des règles communes pour le bon fonctionnement de ces échanges.

I. L'évolution du droit des obligations depuis le Code civil

64. La matière du droit des obligations, telle que mise en place à l'époque du Code civil, a constamment évolué, mais elle est aujourd'hui plus particulièrement, en phase de mutation et de rénovation. En effet, le besoin d'adaptation, généré par les évolutions socio-économiques, a été amplifié par la mondialisation des échanges. Les évolutions du droit des obligations ont par ailleurs été favorisées par la multiplication des sources de ce droit.

65. Le droit des obligations va donc être modernisé, adapté aux besoins des différents acteurs économiques et cette réforme a déjà commencé puisque le droit de la prescription a déjà été modifié par une loi du 17 juin 2008 (v. ss 538 s.). Cette réforme constitue le premier volet de cette mise à jour du droit des obligations, qui doit concerner également le contrat et la responsabilité (v. ss 9 s., 98 s. ; sur le contrat, v. ss 657 s., spéc. v. ss 661 s.).

A. Le droit des obligations à l'époque du Code civil

66. La plupart des articles du Code civil régissant la matière du droit des obligations depuis 1804 n'ont pas été modifiés aujourd'hui et ont traversé les siècles sans tomber dans la désuétude, alors qu'à l'inverse, les textes concernant le droit de la famille n'ont pratiquement plus rien à voir avec le Code civil de 1804. On pourrait en conclure trop rapidement, qu'il n'y a pas eu d'évolution. Il existe pourtant, déjà inscrits dans le droit positif actuel, avant même toute réforme, d'importants changements, même si l'édifice initial du Code civil tient encore. Ces changements ont atteint les principes, l'esprit du droit des obligations et ont amené des interprétations et des applications nouvelles du droit existant. Il n'est pas question de les décrire ici précisément : on les mesurera en étudiant plus en détail chacune des sources des obligations et particulièrement, le contrat et la responsabilité civile. Mais on peut quand même à ce stade en montrer les principales manifestations.

67. Le Code civil était marqué par la prédominance du contrat inspiré par les idées abstraites de liberté et d'égalité et par une responsabilité restrictivement entendue, car préservant la liberté, et fondée sur la faute. L'évolution va se faire dans le sens d'une diminution de la liberté, au détriment de la conception originaire du contrat et dans le sens d'une extension considérable de la responsabilité.

68. Selon le Code civil, il existe deux sources principales d'obligations : le contrat d'abord et la responsabilité ensuite, qui trouve sa source dans le délit et le quasi-délit. La loi n'est qu'une source résiduelle. Mais la source essentielle, c'est le contrat, placé sous le signe de la liberté et de l'autonomie de la volonté de l'individu (sur l'importance de cette doctrine philosophique de l'autonomie de la volonté, v. ss 622).

69. Le Code civil marque en effet la rupture avec l'ancien régime et le triomphe des idées de liberté et d'égalité, portées par la révolution française de 1789 et exprimées dans la Déclaration des droits de l'Homme et du citoyen. Mais le droit des obligations est aussi le fruit de l'histoire et de l'influence de l'Église catholique qui impose le consensualisme, au lieu du formalisme romain en droit du contrat et une responsabilité fondée sur la faute ou prédomine l'idée de sanction.

70. Le contrat, comme la responsabilité, exprime cette idée de liberté. C'est une évidence pour le contrat : le principe est celui de la liberté du commerce, de la liberté d'entreprendre et de réaliser des échanges grâce au contrat. L'État et la loi n'interviennent que pour assurer et protéger cette liberté contractuelle et les règles sont en principe des règles supplétives de la volonté individuelle, toute puissante et libre.

71. C'est également vrai pour la responsabilité qui marque l'importance de la liberté. C'est parce que l'homme est libre qu'il est responsable, car il est conscient de ses actes et de ses fautes, et seule sa faute peut engager sa responsabilité pour ne pas brider sa liberté. La conception de la responsabilité est donc une conception restrictive qui met l'accent sur l'auteur qu'il faut sanctionner et pas sur la victime du dommage.

72. La philosophie du droit des obligations retenue par les auteurs du Code civil va cependant rapidement évoluer. Elle correspondait à l'idéologie de l'époque, (la philosophie des lumières exalte la liberté et la toute-puissance de la volonté individuelle) au contexte économique et politique, c'est-à-dire à la victoire du libéralisme économique (l'activité économique se régule seule et les contrats sont donc passés librement, sans que l'État intervienne) et au libéralisme politique. L'esprit de liberté et cette dominante libérale se sont manifestés pendant la plus grande partie du XIXe siècle. Mais outre que la liberté et l'égalité sont des mythes, ce dont on s'est rapidement rendu compte, l'évolution des idées, des mœurs, des besoins a été considérable en deux siècles d'histoire et a conduit à une évolution de l'esprit du droit des obligations. Les transformations économiques et sociales majeures dues à la révolution industrielle d'abord, puis, pêle-mêle, au développement du capitalisme commercial et industriel, aux guerres, aux progrès scientifiques, à la révolution informatique, à la construction de la Communauté économique européenne, à la mondialisation… ont fait que le droit des obligations n'a pu rester indifférent à ces évolutions.

B. Les mutations après le Code civil

73. Si le contrat est resté un instrument essentiel de la vie économique et sociale, la liberté accordée aux parties a néanmoins reculé sous l'influence des facteurs économiques et politiques, au profit d'un certain dirigisme, inspiré par un souci de contrôle de l'économie d'une part, mais aussi par la recherche d'une égalité réelle des contractants. On le reverra en étudiant le contrat, le libéralisme économique a perdu du terrain et le mythe de l'égalité des contractants, sur lequel les rédacteurs du Code civil avaient largement construit le contrat, a fait place à un souci d'assurer réellement cette égalité en protégeant le contractant le plus faible par des dispositions impératives. L'intervention de l'État s'est manifestée avec le développement de deux aspects de l'ordre public, venant limiter la liberté : un ordre public de direction, destiné à orienter les grandes masses de l'économie, et donc l'activité contractuelle et un ordre public de protection destiné à réduire les déséquilibres entre contractants (sur cette notion d'ordre public, v. ss 858 s.).

La supériorité du contrat sur toute autre source d'obligation tend à se réduire, du même coup.

74. Parallèlement, l'évolution a été considérable en droit de la responsabilité et elle s'est faite dans le sens d'un élargissement constant. D'une responsabilité fondée sur la faute et l'idée de sanction, on est passé à une politique de réparation des dommages centrée sur la victime, créancière de l'obligation de réparation, avec une extension considérable de la responsabilité, la multiplication de ses fondements et la création de nouveaux régimes par la jurisprudence et le législateur. L'objectif central devient celui de la réparation des dommages.

75. L'émergence progressive d'un droit à la sécurité, au moins corporelle, a conduit le législateur, à créer à côté de la responsabilité traditionnelle, des systèmes d'indemnisation dont la logique est fondamentalement différente. On ne cherche plus un responsable mais un payeur et ce payeur, c'est la collectivité et non plus l'individu auquel on peut imputer le dommage. Le dommage est pris directement en charge par la collectivité, sans recherche préalable de responsabilité, par des fonds d'indemnisation (exemple du fonds d'indemnisation des victimes d'une contamination post-transfusionnelle ou du fonds d'indemnisation des victimes de l'amiante, ou des accidents médicaux…). De la même façon, cet objectif de réparation a conduit à brouiller les frontières de la distinction entre la responsabilité contractuelle et la responsabilité extracontractuelle, qui structurait à l'origine le droit de la responsabilité civile.

76. Cette évolution de l'esprit du droit des obligations s'est accompagnée d'une évolution de ses sources.

II. L'ÉVOLUTION DES SOURCES DU DROIT DES OBLIGATIONS

77. Il convient ici de ne pas confondre l'évolution des « sources ***du droit*** des obligations » (internes et internationales) et l'évolution des « sources ***des obligations*** » (contrat, quasi-contrat, responsabilité). Ce qui nous intéresse ici, c'est bien l'évolution des sources ***du droit*** des obligations.

A. L'évolution des sources internes

78. À l'époque du Code civil, le droit des obligations a pour l'essentiel sa source dans la loi et plus précisément encore dans le Code civil. Ensuite, on va assister à la multiplication des sources.

1. L'IMPÉRIALISME DU CODE CIVIL DE 1804

79. S'agissant des contrats, les rédacteurs du Code civil ont laissé aux contractants une grande liberté d'action, mais ils ont posé les règles essentielles dans les articles 1101 à 1369 du Code civil qui représentent le droit commun du contrat. Ces textes rendent compte de l'existence d'une théorie générale du contrat, ensemble de règles structurant la formation et l'exécution du contrat, articulées autour de principes directeurs. Certains de ces principes ont été considérés comme des principes fondamentaux par le Conseil constitutionnel, réservés à la loi et exclus donc du domaine du règlement, comme l'autonomie de la volonté (la volonté individuelle peut créer sa propre loi) ou à valeur constitutionnelle comme la liberté contractuelle, principes que l'on retrouvera lors de l'étude du contrat (v. ss 622, 627).

80. À côté de ce droit commun du contrat, le Code civil réglemente aussi de façon plus précise et spéciale certains contrats, les plus usuels (vente, échange, prêt, bail, contrat d'entreprise, dépôt, mandat...) et cette réglementation va constituer l'amorce de ce que l'on appelle le droit des contrats spéciaux ou le droit spécial des contrats.

81. À l'époque du Code civil, tout ou presque figure dans ces textes.

82. S'agissant de la responsabilité, la situation est la même. Les articles 1382 et 1383 relatifs à la responsabilité pour faute, plus quelques cas particuliers de responsabilité contenus dans les articles 1384 à 1386 du Code civil, devaient suffire à résoudre tous les problèmes.

83. Mais, très vite, le Code civil a été complété par d'autres sources.

2. LA MULTIPLICATION DES SOURCES

Les usages, deviennent rapidement importants dans la matière commerciale, qui développe des sources professionnelles. La pratique des affaires est d'ailleurs à l'origine de la création de nouveaux contrats inconnus du Code civil (comme par exemple la franchise, ou le leasing ou le contrat de déménagement).

La jurisprudence, surtout, est essentielle en droit des obligations. Elle s'impose en effet comme une source à part entière, en droit de la responsabilité notamment. C'est à la jurisprudence que l'on doit la construction de tout le droit de la responsabilité civile à partir des articles 1382 et suivants du Code civil. Elle a ainsi créé à côté de la responsabilité pour faute, seule existante à l'origine et fondée sur l'article 1382, une responsabilité générale du fait des choses, indépendante de la faute, dite « objective » sur le fondement de l'article 1384, alinéa 1er, du Code civil dès 1897. Cette œuvre créatrice ne s'est pas interrompue puisqu'en 1991, en se servant à nouveau de ce texte, elle a créé une nouvelle hypothèse de responsabilité, du fait d'autrui cette fois. Elle continue inlassablement à interpréter les textes pour adapter le droit de la responsabilité aux impératifs d'aujourd'hui, ce qui explique en partie l'absence de réforme d'ampleur du droit de la responsabilité jusqu'à aujourd'hui, même s'il y a eu des interventions ponctuelles du législateur.

Ce travail jurisprudentiel s'est aussi manifesté en droit des contrats, mais avec une part créatrice moins importante, compte tenu de l'ampleur du dispositif légal concernant le droit commun du contrat, qui laissait moins de marge de manœuvre. Néanmoins, c'est à la jurisprudence que l'on doit l'adaptation des textes originaires aux nouveaux besoins et aux nouvelles idées, puisque là encore, il n'y a pas eu de réforme d'ampleur du droit commun des contrats jusqu'à aujourd'hui, ainsi qu'on l'a déjà souligné (v. ss 66).

84. Concernant le contrat, il faut cependant dire que l'évolution du droit des obligations a été accompagnée par le législateur dans le cadre d'un phénomène de grande ampleur de multiplication de lois spéciales et donc de droits spéciaux, qui n'ont pu rester sans incidence sur le droit commun.

Les lois spéciales en dehors du Code civil. On a assisté en effet en droit des contrats essentiellement à une multiplication des interventions législatives en dehors du Code civil et cette multiplication des lois spéciales a constitué un facteur d'évolution considérable du droit des obligations et notamment du droit commun du contrat.

Au-delà de lois spéciales venant réglementer de plus en plus précisément un certain nombre de contrats particuliers, il faut citer particulièrement ici, compte tenu de son importance, un corps de règles spécifiques, venant s'intercaler entre le droit commun du contrat et le droit spécial : le droit de la consommation.

85. Apparu à partir des années soixante-dix, le *droit de la consommation* représente un corps de règles tendant à la protection des consommateurs et destinées à rétablir l'égalité rompue dans les contrats entre ces derniers et les professionnels. Ces règles viennent parfois en opposition avec les règles issues du droit commun du contrat et infléchissent les principes généraux, au nom de la protection du consommateur (par exemple en imposant un formalisme protecteur, là où le Code civil pose la règle de l'absence de toute forme contraignante, ou encore en permettant au juge d'intervenir dans le contrat, alors que le Code civil le lui interdit). Ces règles, à l'origine éparses édictées dans des lois spéciales (comme la première en 1972, sur le démarchage à domicile, ou en 1973 les lois *Scrivener* sur la protection de l'emprunteur dans le crédit à la consommation) ont finalement été regroupées dans le Code de la consommation, édicté en 1993, alors que dans les autres pays de l'Union européenne, des dispositions analogues ont été insérées dans les codes civils. Ces dispositions, même si elles ne figurent pas dans le Code civil, font évidemment partie du droit des obligations et en constituent une des sources[1].

1. V. Sur cette question : Ph. Stoffel-Munck, « L'autonomie du droit contractuel de la consommation : d'une logique civiliste à une logique de régulation », *RTD com.* n° 4, 2012. 705.

86. La même remarque pourrait être faite à propos du *droit de la concurrence*, qui régit les rapports entre professionnels ou le droit des *procédures collectives* (droit des entreprises en difficulté) et du *surendettement des particuliers*, qui comportent des règles dérogatoires au droit commun des obligations.

87. En droit de la responsabilité, des lois spéciales qui ne se trouvent pas nécessairement codifiées dans le Code civil, comme la loi du 5 juillet 1985 sur la protection des victimes d'accident de la circulation, sont également intervenues.

88. Tout le droit des obligations ne se trouve donc plus dans le Code civil, loin de là, même si le droit commun s'y trouve encore.

89. Parallèlement à cette multiplication des sources internes, on a assisté au développement des sources internationales.

B. Le développement des sources internationales : l'importance du droit de l'Union européenne

90. Quasi inexistantes à l'époque du Code civil, les sources internationales sont aujourd'hui essentielles. À côté des conventions internationales qui édictent des règles propres à certains types de contrats (comme par exemple la Convention de Vienne sur la vente internationale de marchandises du 11 avril 1980), on relèvera surtout l'investissement progressif du droit des obligations par le droit de l'Union européenne. Au-delà des textes existants, qui restent pour l'instant ponctuels (sous réserve d'une harmonisation de tout le droit la consommation ; v. ss 95), la question d'une harmonisation générale concernant le droit des contrats est posée. Elle pourrait passer soit par un Code européen des contrats, soit par l'adoption d'un cadre commun de référence, en cours d'élaboration.

1. La multiplication des textes de droit communautaire

91. Les normes communautaires sont issues du traité de Rome de 1957 qui ne comporte pas de dispositions particulières au contrat et à la responsabilité (v. vol. 1). Le droit dérivé, c'est-à-dire les *règlements* (directement applicables dans l'ordre juridique interne) et les *directives* (qui nécessitent d'être transposés par le législateur mais qui commandent, en attendant cette transposition, l'interprétation par le juge national du droit en vigueur), s'intéresse aux contrats et à la responsabilité civile. Des politiques communes ont par ailleurs été mises en place dans des domaines qui n'avaient pas été prévus à l'origine par le traité de Rome, comme la protection du consommateur et de l'environnement, domaines qui mobilisent aussi le droit des obligations.

92. C'est ainsi que la convention de Rome de 1980, sur la loi applicable aux obligations contractuelles, est devenue aujourd'hui un *règlement* communautaire [1], directement applicable dans tous les États membres [2]. Il faut aussi signaler l'importante proposition de

---

1. Règlement CE n° 593/2008 du 17 juin 2008 (*JOUE* 4 juill.), *RLDA* 2008, C. Nourissat, n° 1752.
2. Ceci a été réalisé après l'adoption par la Commission européenne, le 14 janvier 2003, d'un Livre vert sur la transformation de cette Convention de Rome en instrument communautaire ainsi que sur sa modernisation.

règlement du Parlement européen et du Conseil fondée sur l'article 114 du traité, qui vise à instaurer un droit commun européen de la vente et qu'il convient de considérer comme un second régime de droit contractuel au sein du droit national de chaque État membre, susceptible d'être choisi par les contractants à titre d'option (v. ss 102).

93. Les *directives* communautaires, de plus en plus nombreuses, participent à l'harmonisation des droits des différents États membres. Elles se sont multipliées depuis une vingtaine d'années en droit des obligations, concernant des contrats spéciaux souvent, comme la vente à distance ou le mandat d'agent d'affaire ou le contrat de courtage matrimonial, mais également des questions plus générales quoique ponctuelles, comme la responsabilité du fait des produits défectueux ou le commerce électronique. Ces directives doivent être transposées en droit français, alors même qu'elles ne seraient pas forcément en harmonie avec les solutions existantes. On peut citer à ce titre, comme un des premiers et parfaits exemples de cette nécessité pour le droit français de se plier à la loi communautaire, la directive du 25 juillet 1985 sur la responsabilité du fait des produits défectueux, qui n'a été transposée en droit français que le 19 mai 1998, après un recours en manquement et la condamnation de la France. Le retard mis à transposer s'expliquait en partie parce que la protection était jugée moins importante que celle du droit positif français. Après que la loi du 19 mai 1998 a été finalement adoptée, inscrivant la responsabilité du fait des produits défectueux dans le Code civil aux articles 1386-1 à 1386-18, la France a de nouveau été condamnée par la Cour de justice des Communautés européennes pour mauvaise transposition et a dû reprendre son texte dans la loi du 9 décembre 2004. L'impact du droit communautaire est donc essentiel.

94. En droit de la responsabilité on peut également mesurer l'impact du droit communautaire sur l'adoption d'une responsabilité environnementale et la consécration du « préjudice écologique » ou dommage à l'environnement par la loi de transposition d'une directive de 2004 sur la responsabilité environnementale (LRE), adoptée le 1er août 2008, qui impose aux entreprises de prévenir et de réparer les atteintes graves à la nature (v. ss 1608 s.).

95. En droit des contrats, des directives importantes ont également conduit le législateur à intervenir pour modifier sensiblement le droit existant. Ainsi, par exemple, la directive du 8 juin 2000 sur le commerce électronique, qui a été transposée par la loi sur la confiance dans l'économie numérique du 21 juin 2004, qui concerne toutes les relations économiques à distance conçues par la voie électronique et l'ordonnance du 16 juin 2005 sur l'accomplissement des formalités contractuelles par voie électronique, qui a conduit à introduire dans le Code civil un chapitre sur le contrat électronique (v. ss 674) ou encore la transposition de la directive sur le crédit à la consommation.

96. Par ailleurs, l'harmonisation européenne du droit des contrats par la voie de directive semblait avoir pris une nouvelle ampleur, avec l'adoption de la proposition de directive-cadre relative aux droits des consommateurs, du 8 octobre 2008 (nº 2008/0196 [COD]). Cette proposition de directive s'avérait particulièrement importante pour deux raisons[1] : d'une part parce qu'elle proposait pour la première fois des règles transversales

---

1. Naissance d'un droit commun de la consommation, C. Aubert de Vincelles, *RDC* 2009. 578 s. ; S. Wittaker, « Clauses abusives et garanties des consommateurs : la proposition de directive relative aux droits des consommateurs et la portée de l'harmonisation complète », *D.* 2009. Chron. 1152.

pour tous les contrats de vente et de service couvrant ainsi un domaine très étendu du droit des contrats ; d'autre part, parce qu'elle visait à une harmonisation maximale, ce qui signifie que les États n'ont pratiquement aucune marge de manœuvre dans la transposition et qu'ils ne peuvent maintenir ou adopter des dispositions plus favorables aux consommateurs que celles prévues par la directive. L'harmonisation européenne tend alors à une véritable unification des droits des différents États membres. Finalement, c'est à une harmonisation plus limitée qu'a abouti la directive du 25 octobre 2011 [1] relative aux droits des consommateurs puisque le texte n'est plus qu'un ensemble de mesures destinées à renforcer la protection des consommateurs dans les contrats conclus à distance, particulièrement par Internet. Seule une obligation précontractuelle d'information est généralisée à tous les contrats de consommation de vente et de prestation de service, au-delà des contrats à distance ou conclus hors établissement ; par ailleurs le caractère contraignant pour les États est moins fort que dans la proposition de directive de 2008 (pour d'autres précisions sur ce texte, v. ss 708). On est donc loin du Code de la consommation communautaire auquel la Commission avait pour ambition d'aboutir [2].

97. Au niveau européen, des codifications assez importantes ont également été réalisées sous l'impulsion de certains organismes. Il ne s'agit pas de sources officielles mais elles constituent néanmoins des usages appliqués par les acteurs économiques : c'est ainsi que sous l'égide de l'organisation Unidroit, des « Principes relatifs aux contrats du commerce international » ont été publiés en 1994 puis après refonte, à nouveau en 2004. Ces principes sont opérationnels auprès des acteurs du commerce international.

En parallèle, d'autres initiatives ont aussi vu le jour, plus ambitieuses, relayées par la Commission européenne elle-même, qui a lancé une consultation sur « la nécessité d'une action communautaire plus étendue en matière de droit des contrats ». Elles tendent à l'élaboration d'un droit des obligations européen.

2. La perspective d'un droit des obligations européen ?

98. Aujourd'hui, certains souhaitent aller plus loin et réaliser une unification totale et non pas simplement une harmonisation, en substituant aux droits des obligations propres à chaque état membre, un droit des obligations d'origine européenne, ou, à tout le moins, un droit européen des contrats. Il a ainsi été question depuis plusieurs années de l'élaboration d'un « Code civil européen des obligations et des contrats ».

Il semble cependant que l'on se dirige plutôt aujourd'hui vers l'élaboration d'un *Cadre commun de référence en matière contractuelle* avec des principes communs et une terminologie commune. Ce cadre commun « pourrait être utilisés par les législateurs au niveau communautaire pour garantir une plus grande cohérence et une meilleure qualité » des textes adoptés, selon les propres termes du Parlement européen, dans le cadre du

---

1. La nouvelle directive (n° 2011/83/UE), qui abroge ou modifie les directives n° 93/13/CEE, n° 1999/44/CE, n° 85/577/CEE et n° 97/7/CE, se limite à l'harmonisation « de certains aspects des contrats de consommation à distance et hors établissement » : les sections II et III du chapitre Ier du Titre II du Livre premier du Code de la consommation sont donc seules concernées. Cependant, le chapitre II de la directive comporte un article 5 relatif « aux obligations d'information concernant les contrats autres que les contrats à distance ou hors établissement », donc tous les contrats de consommation et le chapitre IV, qui confère d'autres droits aux consommateurs, est également d'application plus large.

2. Sur l'analyse du texte, v. G. Raymond, *CCC* févr. 2012, étude n° 3 ; v. aussi E. Poillot et N. Sauphanor-Brouillaud, panor. Dr. consom., *D.* 2012. 840.

programme de Stockholm, programme pluriannuel concernant l'Espace de liberté, de sécurité et de justice (pour 2010-2014), adopté le 10 décembre 2009.

99. Les initiatives ont été à l'origine strictement doctrinales et universitaires. L'Académie des privatistes européens s'est ainsi créée le 9 novembre 1992 à l'issue d'un colloque tenu à Pavie en octobre 1990. Présidée par le professeur Giuseppe Gandolfi, elle a publié, en français, le livre premier d'un « Code européen des contrats. Avant-projet »[1]. Ce livre comporte un ensemble de règles générales sur les contrats, inspiré du Code civil italien de 1942, qui occupe une position médiane entre les « deux grands pôles législatifs, représentés par le Code Napoléon (français) et le BGB (allemand) ». Il a fait l'objet d'un colloque, à Paris, le 28 octobre 2005. Parallèlement, la Commission sur le droit européen du contrat, groupe formé d'universitaires d'États membres a préparé les « Principes du droit européen des contrats » (PEDC), sous la direction du professeur Olé Lando[2] et, à partir de ces principes, une commission « Von Bar », sous la direction du professeur Christian Von Bar a rédigé un projet de Code civil européen.

100. La Commission européenne s'est intéressée à ces travaux et leur a donné de nouvelles impulsions. Elle a ainsi publié une première communication en 2001 dans laquelle elle critiquait l'approche parcellaire qui avait été adoptée jusque-là « en adoptant des directives relatives à des contrats spécifiques (…) alors qu'un besoin d'harmonisation se faisait sentir » et proposé d'améliorer la législation sur la base des meilleures solutions identifiées dans les différents pays européens. En février 2003, elle a publié une nouvelle communication intitulée « Un droit européen des contrats plus cohérent, un plan d'action »[3]. Il ressortait de ce texte qu'en quatre ans environ, devrait être élaboré un ensemble de principes, de clauses types, de règles modèles, dont l'objet serait de gouverner les relations contractuelles transfrontalières dans l'Union européenne : un « Cadre commun de référence ».

101. C'est ainsi que le « Réseau commun pour le droit européen des contrats » a été créé à l'initiative de la Commission européenne, avec pour mission de fournir des matériaux pour l'adoption par l'Union européenne d'un « **Cadre commun de référence** ».

– *Un premier groupe* (dirigé par Christian Von Bar) dont les membres sont issus de tous les États membres de l'Union européenne a entrepris la préparation d'un projet de Cadre commun de référence comprenant les définitions de 127 concepts de droit ainsi que des règles modèles. Il a été publié en 2009 et il est basé, en partie, sur la révision des principes du droit européen des contrats de la commission Lando. Il dépasse cependant le cadre du contrat puisqu'il s'intéresse aussi aux obligations non contractuelles et plus largement au droit patrimonial.

– *Un second groupe*, français, l'Association Henri Capitant et la Société de législation comparée, après avoir adhéré au réseau en mai 2005, a été chargé d'élaborer une « Terminologie commune » et des « Principes contractuels communs ». Dans les principes contractuels

1. Publié aux éditions Giuffré, 2e éd., 2004.

2. Pour la version française : « Principes du droit européen des contrats », publication en français sous la direction de G. Rouhette, Société de législation comparée, 2003.

3. *JOCE* n° C 63, 15 mars 2003 ; v. aussi D. Staudenmayer, « Le plan d'action de la Commission européenne concernant le droit européen des contrats » *JCP* 2003. I. 127 ; B. Fauvarque-Causson, « Droit européen des contrats : premières réactions au plan d'action de la Commission », *D.* 2003. Point de vue 1171.

communs on trouve deux parties distinctes : dans l'une figure l'étude des trois principes directeurs du droit européen du contrat : *la liberté contractuelle, la sécurité contractuelle et la loyauté contractuelle.* Dans l'autre, se trouvent les « principes révisés du droit européen du contrat ». Le groupe français était aussi chargé de sa propre contribution au projet de révision des principes de droit européen des contrats de la commission Lando, confié au premier groupe. Ces différents travaux du groupe français, coordonnés par les professeurs Denis Mazeaud et Béatrice Fauvarque-Cosson, représentent une œuvre monumentale, qui a été publiée en 2008 [1].

102. Le Parlement européen, très favorable à l'harmonisation du droit civil, a invité en 2009 la Commission européenne à intensifier ses travaux dans le domaine du droit européen des contrats. Il souhaite l'adoption au niveau politique de ce Cadre commun de référence (CCR), contenant des principes fondamentaux, une terminologie commune, des définitions et des règles types concernant les contrats. Ce CCR pourrait ensuite, selon lui, permettre « l'adoption d'un instrument facultatif directement applicable, en vertu duquel les parties pourraient choisir librement le droit européen des contrats comme le droit régissant leur transaction » [2]. La commission elle-même, dans sa communication de 2003, préconisait déjà à cette époque, d'adopter pour le moment un « instrument optionnel et non un code uniforme et obligatoire », orientation confirmée dans une communication au Parlement européen et au Conseil du 11 octobre 2004 [3]. Le 1er juillet 2010, la Commission a diffusé un livre vert relatif aux actions envisageables en vue de la création d'un droit européen des contrats pour les consommateurs et les entreprises (COM (2010) 348/3) dans lequel elle présentait sept options avec différentes combinaisons. L'une des options privilégiées (option 4) était l'adoption d'un règlement instituant un instrument *facultatif* de droit européen des contrats. Après une période de consultation publique, le Parlement européen, le 8 juin 2011, en session plénière et sur l'avis favorable de sa Commission des affaires juridiques, a donné son soutien à un *droit européen des contrats à caractère facultatif.* Et c'est sur ce fondement qu'est ensuite intervenue le 11 octobre 2011, une proposition de règlement du Parlement européen et du Conseil relatif à un droit commun européen de la vente, fondée sur l'article 114 du traité. Cette proposition de règlement vise à instaurer « un droit commun européen de la vente [4], qu'il convient de considérer comme un second régime de droit contractuel au sein du droit national de chaque État membre » [5] et « qui peut être utilisé dans les transactions transfrontières en vertu d'une convention valable des parties » (exposé des motifs, 3, Base juridique). Il s'agit d'un texte qui sera directement applicable dans les États membres (art. 16) et d'harmonisation totale,

---

1. « Projet de cadre commun de référence, Terminologie contractuelle commune (vol. 6), et Principes contractuels communs » (vol. 7), Association H. Capitant et Société de législation comparée, coll. « Droit privé comparé et européen », Société de législation comparée, éd. CPI, 2008. Travaux traduits en anglais, Sellier european lauwpublishers, 2008 ; v. aussi : « La contribution française au droit européen du contrat », O. Lando et G. Rouhette, *RDC* 2009. 729.

2. Résolution du Parlement européen sur le programme d'harmonisation du droit civil, session plénière du 25 novembre 2009 (2009/0090).

3. « Droit européen des contrats et révision de l'acquis : la voie à suivre » : COM (2004) 651 final.

4. « La proposition d'un droit commun de la vente ou l'espéranto contractuel de la Commission européenne », G. Paisant, *JCP E* 2012, étude critique p. 560 ; « Le technocrate et l'imbécile. Essai d'explication du droit commun européen de la vente », V. Heuzé, *JCP* 2012, étude critique, p. 750.

5. V. J.-S. Bergé, « Le droit national des contrats, nouveau complexe du droit européen des contrats ? », *in* J.-S. Bergé, J.-P. Marguénaud, A. Tenebaum, chron. Dr. européen des contrats (CEDH-UE) : *RDC* 2012. 2 ; J. Ghestin, chron. Dr. des contrats, *JCP* 2012. 63.

mais dont l'application facultative dépendra d'un accord effectif des parties, étant précisé que « dans les contrats entre professionnels et consommateurs, la convention d'application du droit commun européen de la vente n'est valable que si le consentement du consommateur est donné par une disposition expresse et distincte » (art. 8).

103. Ainsi, le projet de droit européen des contrats pourrait déboucher sur un droit de l'Union optionnel, proposé aux parties en plus des régimes de droit interne et non sur un Code européen des contrats ou des obligations, obligatoire, qui a inquiété nombre de juristes français attachés au Code civil[1]. Cette inquiétude les avait conduits à prendre les devants pour rénover notre propre droit des obligations, sachant que cette réforme ne peut de toute façon pas se faire sans s'inspirer des travaux menés au plan européen, et que, inversement, les réflexions sur la réforme du droit français peuvent inspirer les travaux européens.

C. La réforme du droit des obligations en droit interne

104. Parallèlement aux projets européens et dans l'idée que le droit français des obligations, rénové et modernisé, pouvait servir de modèle ou de source d'inspiration au niveau communautaire, dans la perspective de l'établissement d'un droit européen des obligations (alors par ailleurs que la France avait pris la présidence de l'Union européenne le 1er juillet 2008), la doctrine, puis les pouvoirs politiques se sont mis à l'œuvre pour proposer une réforme d'ampleur du droit des obligations.

C'est ainsi que **la doctrine**, ainsi que nous l'avons déjà indiqué (v. ss 9), a proposé au gouvernement un avant-projet de réforme du Code civil en droit des obligations et de la prescription (dit « rapport Catala »). Cette initiative qui couvrait à la fois le régime des obligations en général et le contrat a été suivie par un second avant-projet proposé par un groupe constitué par le professeur François Terré, qui a formulé des propositions pour la réforme du droit des contrats, sans aborder, dans un même temps le régime des obligations.

Les pouvoirs publics eux-mêmes ont travaillé au chantier des réformes en droit des obligations et ont rendu publics entre 2008 et 2014 (v. ss 10, 11) plusieurs projets de réforme. La réforme a été réalisée en 2008 en matière de prescription (v. ss 109). La réforme du droit des obligations (régime de l'obligation, quasi-contrat, droit du contrat, droit de la responsabilité) n'est toujours pas intervenue, bien que la volonté politique de moderniser le droit des obligations soit réelle. La dernière tentative de faire passer cette réforme rapidement par voie d'ordonnance a été repoussée par le Sénat en janvier 2014 mais le dernier mot concernant le recours à cette procédure appartient désormais à l'Assemblée nationale (v. aussi ss 110). La réforme est donc peut-être imminente.

1. Les propositions doctrinales

a) L'avant-projet de réforme du droit des obligations et de la prescription (« Rapport Catala », 2005)

105. Le projet, parrainé par l'Association Capitant et formé en 2003 a été achevé trente mois plus tard et le « Rapport Catala » a été remis au garde des Sceaux le 22 septembre

1. V. notamment, G. Cornu : « Un Code civil n'est pas un instrument communautaire », *D.* 2002. Chron. 351 ; Ph. Malinvaud : « Réponse – hors délai – à la Commission européenne : à propos d'un Code européen des contrats », *D.* 2002. Chron. 2452 ; J. Huet : « Nous faut-il un "euro" droit civil », *D.* 2002. Chron. 261.

2005, après avoir mobilisé au total une équipe de trente-sept personnes spécialistes du droit des obligations, universitaires renommés et hauts magistrats de la Cour de cassation. L'objectif, considérable, était la réfection du titre III du Code civil consacré aux obligations conventionnelles, confiée à un groupe présidé par G. Cornu. La réfection du titre consacré à la responsabilité civile fut placée sous la direction de G. Viney et G. Durry et la question de la prescription fut confiée à Ph. Malaurie.

Selon les propres termes du professeur Catala, « l'avant-projet, ne présente pas un code de rupture mais d'ajustement ». Le dessein était en effet « de passer au crible les titres III et IV du livre III du Code civil pour en détecter les silences et pour distinguer, parmi les dispositions en vigueur, celles qui méritaient de demeurer en l'état, et celles qui appelaient une écriture nouvelle ou un pur et simple abandon ». Sans remettre donc en question le fait que le Code civil de 1804 constitue toujours « un modèle idéal de législation civile », l'avant-projet se propose de le « rénover sans dégrader sa structure ni sa forme ».

106. Au titre de ses lignes de force et concernant le droit des contrats, le projet a été guidé par la recherche d'un principe de cohérence et par l'affirmation du pouvoir de la volonté tant en matière contractuelle que dans le droit de la responsabilité et de la prescription.

– Concernant le contrat, le **principe de la liberté contractuelle**, grand principe directeur du contrat à l'époque du Code civil, a été réaffirmé, mais avec des limites. La liberté et la volonté sont en effet tempérées, en matière contractuelle, par un devoir de loyauté qui pèse sur chaque contractant et un grand rayonnement est donné dans l'avant-projet à la **bonne foi**. Par ailleurs, pour assurer la protection de la partie la plus faible comme pour garantir l'utilité et l'efficacité du contrat, la notion de justice contractuelle (justice commutative qui suppose l'équilibre des prestations réciproques) est davantage prise en compte que dans le Code civil de 1804 qui postulait l'égalité des contractants, sensés dotés des mêmes compétences, si bien que le contrat serait nécessairement juste. **Les principes de liberté contractuelle, de justice et de loyauté contractuelle inspirent donc les solutions proposées** même s'ils ne sont pas explicitement énoncés dans l'avant-projet comme des principes directeurs. De façon plus générale, l'affirmation d'un esprit de solidarité qui vise à secourir la partie la plus faible par des dispositions qui ne se limitent pas à la protection du consommateur, irrigue tout le projet et pas seulement le droit des contrats, mais aussi le droit de la responsabilité et de la prescription (v. aussi ss 658). En même temps, l'avant-projet fait aussi place à certaines solutions provenant de l'analyse économique du droit, laquelle prône l'efficacité économique du contrat ; il a également tenu compte des perspectives ouvertes par les réflexions sur le droit européen du contrat.

– Concernant le droit de la responsabilité tel que proposé dans l'avant-projet, le pluralisme des régimes de responsabilité est maintenu, avec à côté de la responsabilité fondée sur la faute, des régimes de responsabilité objective. Il affirme l'unité de nature de la responsabilité contractuelle et délictuelle (discutée par une partie de la doctrine) en posant des principes communs et aménage leurs rapports avec une certaine souplesse. Il introduit des notions inconnues jusqu'ici du droit français comme les dommages-intérêts punitifs qui sanctionnent l'auteur d'une faute lucrative au-delà de la réparation du dommage, protège de façon spécifique les victimes de dommages corporels et les victimes sans discernement, et de façon générale rappelle la fonction moralisatrice de la responsabilité civile, au-delà de sa fonction réparatrice.

107. Il existe des convergences notables entre les propositions figurant dans l'avant-projet Catala et les principes Lando (Principes européens du droit des contrats) notamment en matière de prescription mais aussi en matière contractuelle : les principes européens affirment, comme l'avant-projet Catala, la liberté contractuelle et les mêmes tempéraments, la loyauté contractuelle, la bonne foi et le raisonnable[1] ; mais il existe aussi des divergences importantes, que l'on aura l'occasion de souligner au fur et à mesure, lors de l'étude du contrat, comme par exemple, la reconnaissance par les principes européens de la possibilité pour le juge de refaire le contrat, ce que le rapport Catala exclut fermement. Après la présentation du projet et à l'issue de débats menés à l'initiative du professeur Catala avec certains représentants influents du monde économique (dont le Medef, ou la banque centrale), certaines des propositions critiquées par ces acteurs ont été rediscutées et des modifications de l'avant-projet ont été adoptées et ont fait l'objet d'un relevé de décisions.

b) Les propositions de réforme du droit des contrats et du droit de la responsabilité du groupe de travail dirigé par François Terré

108. Les propositions de réforme du droit des contrats élaborées par l'équipe du professeur François Terré[2] (déjà v. ss 9), en réponse à l'avant-projet Catala, ne concernent que le droit des contrats à l'exclusion du régime général des obligations, des quasi-contrats et de la responsabilité. Le texte a été remis officiellement à la Chancellerie en 2008 et s'il ne s'agit pas d'un « projet » au sens strict du terme, il a constitué aussi une importante contribution à la réflexion. On notera que le droit des obligations en général et donc, aussi, le droit de la responsabilité n'étaient pas concernés dans ce premier projet, contrairement à l'option, plus globale, prise par l'avant-projet Catala. Depuis, on l'a déjà souligné (v. ss 10), un projet de réforme du droit de la responsabilité civile élaboré par l'équipe du professeur Terré est également intervenu[3]. Les propositions faites diffèrent de façon assez substantielle, tant sur l'architecture que sur le fond, des propositions de l'avant-projet Catala.

Concernant le droit des contrats, si certains considèrent sur le fond, que les propositions Terré s'inscrivent davantage en rupture avec le Code civil actuel et la tradition contractuelle française que les propositions figurant dans l'avant-projet Catala[4], il ne s'agit pas, cependant, d'un bouleversement total. Comme l'avant-projet Catala, les propositions issues du groupe de F. Terré ont cherché l'équilibre entre le respect des valeurs traditionnelles sur lesquelles reposent le droit français du contrat et l'ouverture à d'autres idées résultant, notamment, de l'analyse économique du droit, qui prône le principe de l'efficacité économique du contrat. Les solutions s'inscrivent cependant, pour une large part, dans la tradition contractuelle française. Comme dans l'avant-projet Catala, par ailleurs, les solutions jurisprudentielles qui constituaient autant d'adaptations et de modernisations du droit du contrat, sont, pour la plupart, reprises et consacrées. On notera que dans les propositions Terré, le titre consacré au contrat s'ouvre par l'énoncé de **trois « règles fondamentales »**, qui ont vocation à diriger la matière. Deux d'entre elles sont loin d'être en rupture avec la tradition

---

1. V. notamment sur l'analyse de ces principes : D. Mazeaud, « Un droit européen en quête d'identité. Les Principes du droit européen du contrat », cité dans la bibliographie.

2. F. Terré (dir.), *Pour une réforme du droit des contrats*, Dalloz, coll. « Thèmes et commentaires », 2008 ; D. Mazeaud, « Une nouvelle rhapsodie doctrinale pour une réforme du droit des contrats », *D.* 2009. 1364.

3. François Terré a remis à la Chancellerie le rapport établi par le groupe de travail qu'il a réuni sous l'égide de l'Académie des sciences morales et politiques : F. Terré (dir.), *Pour une réforme du droit de la responsabilité civile*, Dalloz, coll. « Thèmes et commentaires », 2011.

4. V. notamment D. Mazeaud, « Un nouvel avant-projet de réforme du droit des contrats », *RDC* avr. 2009, p. 471 s.

contractuelle française. En effet, la première est la **liberté contractuelle**, principe directeur classique du contrat (v. ss 627 s.), dont l'importance se trouve réaffirmée. La seconde est la **loyauté contractuelle**, principe traditionnel, aussi, mais qui n'est posé par le Code civil qu'en matière d'exécution du contrat, et qui se trouve ici étendu à la formation. Ces deux principes sont contenus dans le projet de Cadre contractuel commun de référence, au niveau européen (v. ss 101) et inspirent également l'avant-projet Catala, même s'ils ne sont pas énoncés en tant que tels. De façon plus originale, la troisième règle fondamentale est le principe de **cohérence contractuelle**, qui n'est pas, il est vrai, un principe contractuel traditionnel (aussi sur ce point, v. ss 661, 1058, et les références jurisprudentielles citées). Une large place est également faite au respect de la parole donnée ou encore à la solidarité, comme dans l'avant-projet Catala, là encore.

Des éléments en rupture plus nette avec la tradition contractuelle sont cependant présents, que l'on ne retrouve pas aussi marqués dans l'avant-projet Catala, et qui s'inscrivent plus directement dans l'esprit du droit européen des contrats et des projets d'harmonisation européenne. Certaines solutions sont inspirées par l'impératif de justice contractuelle et de solidarité. Elles conduisent à remettre en cause le dogme de l'intangibilité du contrat et de l'impossibilité de sa révision par le juge : c'est ainsi qu'est admise, en tant que règle, la révision ou l'anéantissement du contrat par le juge en cas de déséquilibre contractuel excessif, procédant d'une situation d'inégalité (lésion qualifiée) et la suppression des clauses qui créent un déséquilibre significatif est admise dans tous les contrats, alors qu'en l'état du droit positif, elles ne concernent que les contrats de consommation. Surtout, les propositions Terré, suivant en cela les projets d'harmonisation européenne, admettent la révision judiciaire du contrat pour imprévision (bouleversement des données économiques qui rend son exécution très difficile voire impossible), lorsque la renégociation imposée aux contractants n'aboutit pas (art. 92, al. 3). D'autres solutions, également consacrées dans les principes du droit européen du contrat et dans le projet de Cadre commun de référence, en rupture avec les principes contractuels français classiques, proviennent de l'influence de l'analyse économique du droit qui met au premier plan l'impératif d'efficacité économique du droit des contrats, comme par exemple la place accordée à la volonté unilatérale (pour déterminer l'objet du contrat ou pour le rompre, par exemple).

2. Les initiatives gouvernementales : réformes déjà réalisées et réformes en cours

a) La réforme réalisée de la prescription

109. Inspirée de l'avant-projet Catala, mais sans pour autant en consacrer toutes les propositions, la réforme de la prescription, premier volet de la réforme du droit des obligations, a été adoptée. La loi du 17 juin 2008, portant réforme de la prescription en matière civile a été publiée en effet au *JO* du 18 juin (L. n° 2008-561, *JO* p. 9856 ; pour l'analyse de cette loi ; L'extinction des obligations, v. ss 537 s.).

b) Le projet gouvernemental de réforme du droit des obligations

1° Les différentes initiatives

110. À la suite de l'avant-projet Catala, un **premier projet gouvernemental**, confié à la Direction des affaires civiles et du Sceau (dit « projet de la Chancellerie ») et concernant la réforme du droit des obligations conventionnelles (contrats), avait d'abord été établi en 2008 (déjà v. ss. 10). Le projet, il faut le souligner, ne concernait que la matière du contrat (comme les propositions Terré) et non le régime des obligations en général, ni la responsabilité civile et les quasi-contrats, même s'il comportait quelques dispositions sur la source des obligations dans un chapitre préliminaire, et, ensuite, sur les différentes obligations contractuelles et leurs modalités. Le projet se basait largement sur l'avant-projet de réforme du droit des obligations et de la prescription (avant-projet Catala), et les commentaires qu'il avait suscités au premier chef ; mais il prenait aussi en compte certains éléments figurant dans les propositions Terré et les travaux européens et spécialement le projet de Cadre commun de référence ; v. ss 102). La Chancellerie a diffusé ce projet de réforme afin qu'il fasse l'objet d'une consultation auprès des acteurs économiques et du monde juridique. Tenant compte des observations recueillies [1] un nouveau groupe de travail a été constitué et plusieurs versions modifiées de ce texte ont circulé. Sur le fond, le projet tentait de trouver un équilibre entre tradition et innovation, en consacrant les solutions jurisprudentielles acquises ou, parfois, en modifiant réellement le droit. Dans la version d'origine, un chapitre spécial venait poser trois règles fondamentales structurant la matière du contrat, appelées, conformément à l'expression traditionnelle, « principes directeurs » : la liberté contractuelle, la force obligatoire et la bonne foi. Si, dans la dernière version du texte, ces principes structurants n'étaient plus énoncés dans un chapitre distinct, ils figuraient néanmoins dans les textes et les solutions retenues.

Le projet tenait compte par ailleurs des apports de l'analyse économique du contrat et de l'impératif d'efficacité économique, en reconnaissant à la volonté unilatérale un pouvoir supérieur à celui admis dans le Code civil actuel, notamment pour mettre fin au contrat. Il avait été également question d'introduire la révision du contrat pour imprévision mais avec certaines hésitations. Un autre débat, important portait sur l'opportunité de maintenir la notion de cause du contrat, ce concept n'étant connu qu'en France et dans la version initiale du projet, elle était remplacée par la notion « d'intérêt au contrat » (sur la cause, v. ss 863 s.).

Après ce premier projet de réforme du droit des contrats, les pouvoirs publics avaient ensuite soumis à la concertation et à la consultation publique, en mai 2011, un second volet portant sur la réforme du **régime général des obligations, c**'est-à-dire de l'ensemble des règles communes à toutes les obligations quelle que soit leur source (contrat, quasi-contrat, responsabilité, loi) **et des quasi-contrats**, très directement inspiré des propositions figurant dans l'avant-projet Catala.

Enfin, **le dernier et actuel projet gouvernemental**, émanant à nouveau des services de la Chancellerie et rendu public le 23 octobre 2013, est venu se substituer aux précédents.

Dans une ultime réécriture des dispositions de l'actuel livre III du Code civil (titre III sur « les obligations conventionnelles » et titre IV sur « les engagements qui se forment sans convention »), ce dernier projet contient les propositions de réforme de **l'ensemble du droit des obligations**. Ainsi, au titre des sources d'obligations, le projet concerne **le droit des contrats, le droit de la responsabilité et le droit des quasi-contrats** ; mais il comporte aussi un volet consacré au **régime général et à la preuve des obligations**. La volonté politique d'aboutir rapidement est réelle. À cet effet, l'idée déjà soulignée (v. ss 11) a été de procéder à la réforme par voie d'ordonnance, en évitant ainsi les atermoiements et risques de modifications trop importantes des textes préparés que suscitent

---

1. V. notamment « Observations sur le projet de réforme du droit des contrats », J. Ghestin (dir.), *LPA* 2009, n° 31, n° spécial.

les débats au Parlement et le système de la navette entre les deux Assemblées. Toutefois, le droit de la responsabilité resterait en dehors de cette procédure de l'ordonnance. Le projet a cependant été bloqué par le Sénat en janvier 2014 et le dernier mot restera à l'Assemblée nationale concernant cette autorisation de légiférer par voie d'ordonnance sur la matière du droit des obligations (v. ss 11).

Comme dans les précédents projets, l'idée reste de rénover le droit des obligations pour le rendre plus accessible et compréhensible tant pour le particulier que pour le praticien en réorganisant les textes du Code civil et en les réécrivant dans un style modernisé, pour les rendre plus clairs et pertinents. Si des dispositions nouvelles sont intégrées, l'essentiel, cependant, consiste à inscrire dans le Code civil les solutions dégagées par la jurisprudence. Les sources d'inspiration sont restées les travaux de la doctrine (avant-projet Catala et propositions Terré) ainsi que les projets d'harmonisation du droit européen et international. Il a également été tenu compte des observations émises par les différents acteurs économiques.

2° Le droit des contrats

111. La synthèse semble achevée, dans la continuité du précédent projet de la Chancellerie, dont les principales options sont reprises. Le projet qui emprunte à la fois à l'avant-projet Catala et aux propositions Terré, vise essentiellement à consolider les acquis en codifiant les solutions dégagées par une jurisprudence constante, afin de répondre à l'objectif constitutionnel d'intelligibilité de la loi et de renforcer la sécurité juridique. La matière est réécrite dans un style modernisé et simplifié, et agencée selon un plan plus chronologique. Mais il existe aussi des solutions novatrices (disparition de la cause, révision du contrat par le juge avec l'accord des parties en cas d'imprévision…, généralisation à tous les contrats de la sanction des clauses abusives…). Elles marquent le souci de proposer un dispositif mieux adapté aux enjeux économiques actuels : la volonté unilatérale des contractants est davantage prise en compte et les pouvoirs du juge sont augmentés, pour mieux assurer l'efficacité économique et l'utilité du contrat ainsi que la protection de la partie faible. Pour autant, le principe de la force obligatoire du contrat continue à s'imposer et à exclure certaines solutions, comme par exemple le pouvoir du juge, en l'absence de commun accord des parties, de réviser le contrat bouleversé par le changement des circonstances économiques, même si les parties se voient effectivement reconnaître davantage de possibilités de renégociation. Le projet reste, globalement un projet d'ajustement et non de rupture (pour une présentation plus précise, v. ss 611).

3° Le régime général des obligations et les quasi-contrats

112. Comme pour le droit des contrats, l'ambition est également de moderniser les règles applicables à toutes les obligations quelle que soit leur source (régime général des obligations) afin d'en améliorer l'accessibilité et l'efficacité, en intégrant dans le Code civil certaines solutions acquises en jurisprudence ainsi que des règles déjà connues des autres droits européens et en recherchant la simplification dans la formulation. Le projet s'inspire très directement des propositions de l'avant-projet Catala. Le titre consacré au « régime général des obligations » est divisé dans le projet en cinq chapitres, consacrés respectivement aux modalités des obligations, à leur extinction, aux actions ouvertes au créancier (qui seraient ainsi regroupées), à la modification du rapport d'obligation (avec les opérations de cession de créance, de dette et de contrat, notamment) et enfin à la preuve de l'obligation question qui méritait une présentation plus didactique.

Concernant les quasi-contrats, le projet reprend les deux quasi-contrats actuellement envisagés par le Code civil (gestion d'affaires et répétition de l'indu) mais il vient consacrer en outre l'enrichissement sans cause, création jurisprudentielle qu'il est proposé de dénommer désormais enrichissement injustifié, ce qui est logique puisque le projet de réforme du droit des contrats supprime la notion de cause. Pour l'essentiel, le projet consacre là encore les solutions dégagées au fil du temps par la jurisprudence et est très directement inspiré des propositions contenues dans l'avant-projet Catala.

4° Le droit de la responsabilité

113. À la suite de la publication en 2009, d'un rapport d'information du Sénat relatif à la responsabilité civile, une proposition de loi Béteille (L. n° 657 du 9 juill. 2010) très proche de l'avant-projet Catala avait été déposée par le Sénat mais n'avait pas été mise en débat au Parlement. Depuis, le professeur F. Terré a remis à la Chancellerie un rapport établi par le groupe de travail qu'il a réuni sous l'égide de l'Académie des sciences morales et politiques : les propositions Terré, sensiblement différentes de l'avant-projet Catala et de la loi Béteille, ont fait l'objet d'une consultation publique ouverte jusqu'au 16 janvier 2012. Le projet gouvernemental de 2013, intègre la réforme d'ensemble du droit des obligations et à ce titre propose le volet du droit de la responsabilité civile, mais ce volet n'a pas fait l'objet d'une demande d'habilitation du gouvernement pour procéder à la réforme par voie d'ordonnance et n'a pas été diffusé (sur les différents projets concernant le droit de la responsabilité, v. ss 1572 s., 1575, « Le point sur... »). Si l'objectif là encore, est de consolider les solutions dégagées par la jurisprudence en maintenant le principe de responsabilité pour faute, en consacrant l'essentiel de la jurisprudence de la Cour de cassation relative à la responsabilité du fait d'autrui à la responsabilité du fait des choses et aux troubles anormaux de voisinage, il existe cependant un certain nombre de solutions novatrices comme par exemple les exceptions à la règle du non-cumul des responsabilités contractuelle et extracontractuelle, l'énoncé de règles propres à la réparation dommage corporel qui serait ainsi unifiée quel que soit le régime de responsabilité et donc la spécificité serait consacrée, ou encore la reconnaissance du dommage écologique ou la sanction sous forme d'amende de la faute lucrative (dommages-intérêts punitifs mais l'expression n'est pas utilisée).

DOCUMENTS

BIBLIOGRAPHIE DU CHAPITRE

Sur les projets de réforme du droit des obligations en droit français

AMRANI MEKKI (S.) et FAUVARQUE-COSSON (B.), « Le projet de réforme du droit des contrats », *D.* 2008. Pan. 2965.

CABRILLAC (R.), « Le projet de réforme du droit des contrats, Premières premières impressions », *JCP* 2008. I. 190.

CATALA (P.), « Il est temps de rendre au Code civil son rôle de droit commun des contrats », *JCP* 2005. I. 170, doctrine, entretien.

CATALA (P.), *Présentation générale de l'avant-projet de réforme du droit des obligations et du droit de la prescription*, Rapport à Monsieur Pascal Clément, garde des Sceaux, ministre de la Justice, 22 sept. 2005.

GHESTIN (J.) (dir.), « Observations sur le projet de réforme du droit des contrats » (Projet Chancellerie), *LPA* n° 31, 12 févr. 2009, n° spécial ; *JCP* 2009. I. 138.

GHOZI (A.) et LEQUETTE (Y.), « La réforme du droit des contrats : brèves observations sur le projet de la Chancellerie », *D.* 2009. Chron. 2609.

HENRY (X.), « Brèves observations sur le projet de réforme du droit des contrats... et ses commentaires », *D.* 2009. Étude 28.

LE TOURNEAU (Ph.), « Brefs propos critiques sur la "responsabilité contractuelle" dans l'avant-projet de réforme du droit de la responsabilité », *D.* 2007. Chron. 2180.

MAZEAUD (D.), « Une nouvelle rhapsodie doctrinale pour une réforme du droit des contrats », *D.* 2009. Chron. 1364 ; « Un nouvel avant-projet de réforme du droit des contrats », *RDC* avr. 2009, p. 471 s.

MAZEAUD (D.), « Droit des contrats, réforme à l'horizon ! », *D.* 2014. 291.

MEKKI (M.), « Observations sur le projet de réforme du droit des contrats », *LPA* 2009, n° 31, p. 103.

PAISANT (G.), « Le Code de la consommation et l'avant-projet de réforme du droit des obligations, quelle influence et quelle harmonisation ? », *JCP* 2006. 1737.

SARGOS (P.), « Aperçus sur la réforme du droit des obligations et de la responsabilité dans le projet Catala », *Rev. jur. éco. publ.*, Juris-Classeur, 2007, p. 319.

TERRÉ (F.) (dir.), *Pour une réforme du droit des contrats*, Dalloz, coll. « Thèmes et commentaires », 2009 ; (dir.), *Pour une réforme du droit de la responsabilité civile*, Dalloz, coll. « Thèmes et commentaires », 2011.

Rapport d'information du Sénat à propos d'une réforme de la responsabilité civile : « Responsabilité civile : les évolutions nécessaires » (Sénat, n° 558), 2009.

Colloques

L'avant-projet de réforme du droit de la responsabilité (Avant-projet Catala), Université Panthéon-Sorbonne (Paris I), 12 mai 2006, *RDC* 2007, n° 1, p. 3 à 185.

La réforme du droit français des contrats, organisé par la Revue des contrats, 24 sept. 2008 (projet de la Chancellerie), *RDC* 2009, Débats, p. 265 s.

Sur les projets de droit européen des contrats

BLANC (D.), « Droit européen des contrats : un processus en voie de dilution ? », *D.* 2008. 564.

CORNU (G.), « Un Code civil n'est pas un instrument communautaire », *D.* 2002. Chron. 351.

FAUVARQUE-COSSON (B.), « Droit européen des contrats, les offres sont faites, les dés non encore jetés », *D.* 2008. Point de vue 556.

LANDO (O.), « L'avenir du droit des contrats », *D.* 2008, Entretien. 904.

GHESTIN (J.), « L'élaboration du Cadre commun de référence : méthode et obstacles éventuels », *RDC* 2009. 808 à 813 ; Traduction française des trois premiers livres du DCFR (cadre commun de référence), préf. C. Von Bar, *RDC* 2010. 213 s.

HUET (J.), « Nous faut-il un "euro" droit civil ? », *D.* 2002. Chron. 261.

MALAURIE (Ph.), *Le Code européen des obligations et des contrats : une question toujours ouverte*, colloque de Leuven, Belgique, 30 nov.-1er déc. 2001, *JCP* 2002. I. 110.

MALINVAUD (Ph.), « Réponse – hors délai – à la Commission européenne : à propos d'un Code européen des contrats », *D.* 2002. Chron. 2452.

MAZEAUD (D.), « Un droit européen en quête d'identité. Les principes du droit européen du contrat », *D.* 2007. Chron. 2959.

RÉMY-CORLAY (P.) et FENOUILLET (D.) (dir.), *Les concepts contractuels français à l'heure des Principes du droit européen des contrats*, Dalloz, coll. « Thèmes et commentaires », 2003.

WICKER (G.), « Force obligatoire et contenu du contrat », *in Les concepts contractuels français à l'heure des principes européen des contrats*, 2004.

Colloque-Débats, « Quel droit européen des contrats pour l'Union européenne ? », *RDC* 2009, Débats, p. 767 s.

Ouvrage collectif sous l'égide de l'Association Henri Capitant et de la Société de législation comparée : « Projet de cadre commun de référence, Principes contractuels communs » (vol. 7), et « Terminologie contractuelle commune » (vol. 6), coll. « Droit privé comparé et européen », *Société de législation comparée*, éd. CPI, 2008.

PLAN

L'évolution de l'esprit du droit des obligations

Introduction

Définition du droit des obligations. Historique. Évolution due à divers facteurs

A. Évolution sous l'influence de la morale

1. AVANT LE CODE CIVIL

- Le droit romain avait introduit dans le droit les notions de justice, de bonne foi.
- Les canonistes y introduisent les règles de la morale chrétienne.
- Mais dans le Code civil le principe de l'autonomie de la volonté l'emporte.

2. DEPUIS LE CODE CIVIL

a) L'évolution grâce à la jurisprudence, jusqu'aux actuels projets de réforme

• Les tribunaux achèvent de moraliser les contrats par la notion de « cause du contrat », c'est-à-dire la recherche du mobile profond du contractant (v. ss 151 s.).

• Ils élargissent les notions de dol et de lésion (v. ss 108, 143).
• Ils développent les notions d'enrichissement sans cause (v. ss 1521) et d'abus du droit (v. ss 1110).

b) La persistance de la morale dans les projets de réforme du droit des obligations

• ***Concernant le droit des contrats***, Tout en maintenant les acquis jurisprudentiels antérieurs, **les projets doctrinaux de réforme, (**avant-projet Catala de réforme du droit des obligations, 2005 ; propositions Terré, 2008**)** introduisent dans le contrat de nouveaux principes directeurs imprégnés d'un renouveau de morale contractuelle : Principe de justice contractuelle qui prône l'équilibre du contrat, Principe de loyauté contractuelle qui tempère la liberté et l'autonomie de la volonté. Ils donnent l'un comme l'autre un rôle important à la bonne foi. Ces principes simplement rappelés dans l'exposé des motifs de l'avant-projet Catala sans être inscrits dans les articles du Code civil proposés, se trouvent expressément énoncés comme règles fondamentales dans les propositions de réforme l'équipe de F. Terré (v. ss 107, 109). Quant aux projets de réforme successifs du droit des contrats de la Chancellerie ils posent aussi expressément des « principes directeurs » parmi lesquels figurent le principe de bonne foi encadré par la liberté contractuelle et la force obligatoire du contrat.

Les Principes européens du droit des contrats (Principes Lando), et les principes contractuels communs énoncés dans le projet de Cadre commun de référence (v. ss 99 s.) se fondent aussi très largement sur la loyauté contractuelle et la bonne foi comme tempérament à la liberté contractuelle et se préoccupent de sanctionner les déséquilibres contractuels.

• ***Concernant le droit de la responsabilité***, l'avant-projet Catala comme les recommandations du Sénat (2009) et la proposition de loi Béteille (2010) introduisaient la notion de dommages-intérêts punitifs pour sanctionner l'auteur du dommage au-delà de la réparation du dommage, et obligent la victime à minimiser son propre dommage chaque fois que possible, suivis sur ce dernier point par les propositions Terré (art. 53). Le dernier projet gouvernemental (2013) confirme ces solutions. Les dommages-intérêts punitifs sont cependant qualifiés d'amende civile. Dans un but de protection du faible toutes les propositions de réforme interdisent que la victime sans discernement puisse se voir opposer sa faute. Elles réintroduisent donc la morale et la fonction sanctionnatrice de la responsabilité dans un droit de la responsabilité que la jurisprudence avait rendu de plus en plus objectif.

B. Évolution sous l'influence des facteurs politiques, économiques et sociaux

1. Facteurs politiques et économiques

a) Facteurs politiques

• Ces facteurs sont plus ou moins intenses selon les pays et les époques.
• Ils jouent davantage dans les pays totalitaires.

b) Facteurs économiques

Ils influent de façon importante sur le droit des obligations et sur les contrats, surtout en période de crise où le libéralisme doit céder devant les besoins d'une économie dirigée (guerre de 1914 ou de 1939).

Intervention de l'ordre public.

2. Facteurs sociaux

Le législateur est intervenu au fil du temps pour protéger certaines catégories les moins favorisées (ouvriers, locataires, victimes d'accidents de la circulation, assurés, consommateurs, personnes surendettées, malades, etc.).

• ***En droit des contrats*** : soit par le contrôle des contrats d'adhésion : contrat d'assurance, baux à loyer ou à ferme ; soit par la création de *contrats imposés* : contrat de travail : simple reproduction des règles imposées par les conventions collectives ; soit en modifiant le contenu (clauses abusives) ou les conditions d'exécution des contrats (octroi de délais).

• ***En droit de la responsabilité*** : pour assurer la réparation des dommages corporels en faisant prévaloir cet objectif sur toute autre considération par la création de systèmes d'indemnisation où le dommage est pris en charge par la collectivité. On veut ainsi éviter une dénaturation trop importante des régimes de responsabilité par la jurisprudence, qui poursuit le même objectif de réparation des dommages.

Conclusion

• Dangers d'un trop grand interventionnisme de l'État.

• Nécessité de trouver l'équilibre entre la liberté et les abus de cette liberté qui opprime le plus faible.

• Appréciation difficile de l'ordre public et de l'intérêt social.

Titre 2

Les éléments d'un régime commun à toutes les obligations indépendamment de leur source

114. Schématiquement et de façon imagée, on peut dire qu'une obligation naît, vit et meurt et si tout se passe bien, avec la satisfaction du créancier, car elle aura été exécutée entièrement et correctement. Cette exécution peut demander un certain temps au cours duquel le rapport d'obligation existe entre le créancier et le débiteur et pendant lequel certains événements peuvent se produire, dont, éventuellement, la circulation de l'obligation.

115. On l'a déjà souligné, la *naissance de l'obligation* et les conditions de son existence, dépendent exclusivement de sa source. Selon que l'obligation naît d'un contrat (ou plus largement d'un acte juridique) ou d'un fait juridique (responsabilité civile ou quasi-contrat), les conditions de sa reconnaissance sont totalement différentes et imposent une étude distincte. Concernant la naissance de l'obligation, il n'existe donc pratiquement pas de principes ou de règles communes, sous réserve cependant, de la détermination des parties au rapport d'obligation et de certaines modalités qui peuvent assortir indifféremment toutes les obligations, quelle que soit leur source. C'est ce que nous étudierons d'abord.

Il existe ensuite davantage de principes communs concernant *la vie de l'obligation*. Puisque l'obligation est un lien de droit entre deux personnes, elle crée entre elles des rapports : on envisagera ainsi d'abord les effets de l'obligation dans les rapports entre le créancier et le débiteur. Ensuite, puisque toute obligation représente une valeur économique, on peut la faire circuler tant qu'elle vit et n'a pas encore été exécutée : c'est la question de la circulation des obligations dans leur aspect actif de créances, que nous étudierons, en troisième lieu.

Enfin, on envisagera la question de la *disparition ou mort de l'obligation*, avec ou sans la satisfaction du créancier

116. Il faut également rappeler (v. déjà ss 10, 113) que dans le cadre du projet de réforme du droit des obligations en cours (projet de la Chancellerie d'octobre 2013, v. ss 110 s.), les pouvoirs publics ont prévu *la réforme du régime général des obligations*. Le projet a pour ambition d'intégrer dans le Code civil certaines solutions acquises en jurisprudence ainsi que des règles déjà connues des autres droits européens. Concernant le régime général des obligations, le projet est divisé en cinq chapitres consacrés respectivement aux modalités des obligations, à leur extinction, aux actions ouvertes au créancier, à la modification du rapport d'obligation et enfin à la preuve de l'obligation et les solutions sont assez directement inspirées de l'avant-projet Catala qui proposait une réforme globale du droit des obligations dans ses trois volets (régime général de l'obligation, contrat et responsabilité). On rendra compte, ponctuellement des propositions, sans pouvoir prétendre à l'exhaustivité.

Sous-titre 1. La naissance de l'obligation
Sous-titre 2. La vie de l'obligation
Sous-titre 3. La mort de l'obligation

Sous-titre 1

La naissance des obligations

117. Ainsi que nous l'avons relevé plus haut, la naissance des obligations, et donc les conditions de leur existence, sont entièrement dépendantes de leur source. Selon que leur origine est contractuelle, quasi contractuelle, délictuelle ou quasi délictuelle ou qu'elles sont légales, des règles très différentes s'appliquent. Cela explique que l'étude du droit des obligations soit, très largement, sinon exclusivement, l'étude de ses sources.

Étudier la naissance des obligations dans le cadre de l'identification des éléments communs à toutes les obligations sera donc seulement l'occasion de déterminer les acteurs du rapport d'obligation, ce que l'on appellera « les parties au rapport d'obligations », rapport de droit unissant un créancier et un débiteur.

Nous envisagerons ensuite, parce qu'elles peuvent aussi assortir toutes sortes d'obligations, indépendamment de leur source, les modalités susceptibles d'affecter les obligations au moment de leur naissance qui tienne soit à l'insertion dans le rapport d'obligation d'un facteur d'ordre temporel : terme ou condition ; soit au fait que le rapport d'obligation est plural, parce qu'il a plusieurs objets ou plusieurs sujets.

Chapitre 1. Les parties au rapport d'obligation
Chapitre 2. Les modalités susceptibles d'affecter les obligations lors de leur naissance

Chapitre 1

Les parties au rapport d'obligation

118. Les parties en présence sont généralement le créancier et le débiteur, mais, cependant, un certain nombre d'autres personnes peuvent être mises en cause et exiger l'exécution comme un créancier originaire ou, à l'inverse, être tenues en qualité de débiteur : ce sont les ayants cause ; d'autres personnes seront simplement des tiers au rapport d'obligation. On définira donc d'abord brièvement les notions de parties, d'ayant cause et tiers, avant de voir successivement, qui sont les créanciers et leurs ayants cause (I) et qui sont, pareillement les débiteurs et leurs ayants cause éventuels (II).

Introduction
Notion de parties, d'ayants cause et de tiers

119. Les obligations, quelle que soit leur source, vont entraîner des effets entre les parties au rapport d'obligation, c'est-à-dire entre le créancier et le débiteur, mais également à l'égard des tiers.

C'est pourquoi nous allons examiner ce que sont les parties, les ayants cause et les tiers.

1. Les parties

120. Au sens étroit du terme, ce sont les *créanciers*, tout d'abord, c'est-à-dire ceux qui peuvent invoquer une créance, exiger une certaine prestation du ou des débiteurs, et ces *débiteurs* eux-mêmes.

2. Les ayants cause

121. Les ayants cause sont ceux qui ont acquis un droit du créancier ou du débiteur. On doit distinguer, tout d'abord, entre les *ayants cause universels ou à titre universel*, assimilés aux parties, débiteur ou créancier d'une part, et les *ayants cause à titre particulier qui ont une situation un peu différente*, d'autre part.

a) Les ayants cause universels ou à titre universel

► ***Les ayants cause universels ou à titre universel*** tiennent de leur « auteur » des droits sur une universalité, c'est-à-dire un patrimoine ou une fraction de patrimoine (v. *Droit civil*, vol. 1).

122. Ce sont les héritiers et les légataires universels ou à titre universel (un héritier est un membre de la famille du défunt qui a un droit légal sur sa succession, tandis qu'un légataire est un parent ou un ami qui n'a aucun droit, mais auquel le testateur a décidé de donner, soit l'ensemble de sa succession s'il n'a pas d'héritiers, soit une portion de celle-ci, nommée quotité disponible, s'il a des héritiers réservataires). Les ayants cause universels continuent la personne de leur auteur et ses obligations leur sont opposables. Ils sont assimilés aux parties contractantes.

b) Les ayants cause à titre particulier

► ***Les ayants cause à titre particulier***, en revanche, ne tiennent de leur auteur qu'un droit considéré à titre particulier (par exemple une créance, la propriété de tel bien déterminé).

123. Ce sont les légataires à titre particulier ou les acquéreurs. On assimile à cette catégorie les créanciers ayant une sûreté réelle, mais non, en principe, les créanciers chirographaires, c'est-à-dire ceux dont la créance n'est pas assortie d'une garantie, comme un privilège ou une hypothèque et dont le droit porte sur l'ensemble du patrimoine du débiteur, mais que l'on doit considérer comme une catégorie de tiers un peu à part, *sui generis*.

124. Les ayants cause à titre particulier posent certains problèmes : ils entrent dans la catégorie des tiers, mais avec des nuances à préciser. En effet, une personne qui acquiert la propriété d'un bien acquiert-elle en même temps les droits et obligations relatifs à ce bien qu'avaient pu faire naître les contrats passés par son ancien propriétaire ?

S'il s'agit de transmettre des droits réels, il n'y a pas de difficulté : ces droits faisant corps avec le bien sont transmis avec lui, par exemple une servitude ou une transaction sur les limites de deux fonds.

S'il s'agit, au contraire, de droits personnels, des solutions diverses pourront être données, que nous étudierons par la suite dans le cadre des effets du contrat à l'égard des tiers (v. ss 1144 s.).

3. Les tiers à proprement parler

► ***Les tiers*** sont des personnes qui n'étaient ni présentes ni représentées lors de la naissance de l'obligation et qui ne sont pas les ayants cause des parties : ce sont les *penitus extranei* ou « tiers absolus ».

125. Les obligations des parties ne devraient pas leur être opposables et pourtant il arrive, dans certains cas exceptionnels, que les parties ouvrent leurs conventions vers des tiers qui se retrouveront ainsi, soit créancier et c'est la « stipulation pour autrui » (v. ss 151, 1164 s.), soit débiteur, s'ils y consentent ultérieurement, et c'est la « promesse de porte-fort ». Nous les retrouverons plus complètement lors de l'étude du contrat (v. ss 168, 1190 s.).

126. De plus, des règles de publicité sont instituées pour rendre certains actes opposables aux tiers.

127. Ces quelques indications permettent de saisir la complexité de ces questions. Envisageons maintenant successivement ces différentes catégories de personnes.

I. Les créanciers

128. Les parties au rapport d'obligation, créancier et débiteur, interviennent en principe directement, à la naissance de l'obligation, en échangeant leur consentement s'il s'agit d'un contrat ou par leur participation volontaire ou involontaire au fait juridique générateur de l'obligation : exemple de la victime qui sera indemnisée par l'auteur de l'accident. Toutefois, dans certains cas, ces parties, au lieu d'être présentes, sont représentées. Dans d'autres hypothèses, un tiers est susceptible de devenir créancier, grâce à un mécanisme spécifique mais très réglementé : la stipulation pour autrui.

A. Les créanciers agissant pour leur propre compte par l'intermédiaire d'un tiers : la représentation

► ***La représentation*** est un procédé juridique par lequel une personne, le ***représentant***, agit pour le compte et au nom d'une autre, le ***représenté***, de sorte que l'acte produira ses effets directement en la personne et dans le patrimoine du représenté.

129. D'abord considérée avec suspicion, car contraire au caractère strictement personnel de l'obligation, la représentation est apparue tardivement à Rome. Dans notre droit moderne, on est souvent amené à l'utiliser, d'abord au profit des incapables, ensuite pour faciliter la vie des affaires.

Nous étudierons le mécanisme de la représentation, avec ses conditions et ses effets.

Notons tout de suite que la représentation peut concerner les débiteurs comme les créanciers, nous n'en reparlerons donc pas à propos des débiteurs.

L'avant-projet Catala de réforme du droit des obligations (le seul, rappelons-le, qui, au-delà du contrat, se préoccupe du régime général des obligations), propose d'ajouter sept articles au Code civil, les articles 1119 à 1120-2, pour préciser la technique de la représentation et insister sur les différences existant entre la représentation conventionnelle dans le cadre du mandat et les représentations légale ou judiciaire. Il précise ainsi que « l'établissement d'une représentation légale ou judiciaire dessaisit pendant sa durée le représenté des pouvoirs transférés au représentant » alors que « la représentation conventionnelle laisse au représenté l'exercice de ses droits, sous réserve de son devoir de loyauté envers son représentant » (art. 1120).

1. Les conditions de la représentation

130. La représentation exige, pour fonctionner normalement, que soient remplies certaines conditions, mais elle peut, à la limite, aboutir au contrat avec soi-même qui pose certains problèmes, et au contrat apparent.

Ces conditions sont de deux sortes : il s'agit d'une condition d'ordre juridique, le pouvoir, et d'une condition d'ordre psychologique : la volonté de représenter, mais aussi volonté de contracter.

a) Condition d'ordre juridique : le pouvoir

► ***Le pouvoir*** est l'élément juridique qui permet à la volonté du représentant de faire naître des droits ou obligations dans le patrimoine du représenté.

131. Ce pouvoir peut émaner de la volonté du représenté dans le cas d'un contrat, le mandat : représentation conventionnelle, comme il peut naître en dehors de sa volonté lorsqu'il émane de la loi : représentation légale, ou des tribunaux : représentation judiciaire.

1° La représentation volontaire ou représentation conventionnelle

132. Elle naît généralement du mandat (art. 1984).

► ***Le mandat*** est un contrat par lequel le *mandant* donne au *mandataire* pouvoir de le représenter pour accomplir un ou plusieurs actes juridiques.

Le pouvoir ou la procuration peut, en effet, être général ou spécial. Le mandat conçu en termes généraux donne seulement un pouvoir d'administration. Pour aliéner, il faut un pouvoir exprès (art. 1988). Le mandat peut être à titre gratuit ou à titre onéreux.

2° La représentation légale

133. Elle est directement organisée par le législateur et, de ce fait, c'est la volonté du représentant qui va être prise en considération et non celle du représenté. C'est le cas de l'administrateur légal ou du tuteur des mineurs (art. 389-3 et 450) et du tuteur des incapables majeurs (art. 495) ou d'un époux dans le cadre des régimes matrimoniaux (art. 1421). C'est également le législateur qui fixe les pouvoirs de représentation des divers organes sociaux dans les sociétés (L. du 24 juill. 1966).

3° La représentation judiciaire

134. Elle intervient dans certains cas, quand c'est le tribunal qui désigne un représentant, par exemple, en autorisant un époux à représenter son conjoint (art. 219 et 1429), ou en désignant un administrateur judiciaire pour gérer des biens litigieux. Toutefois, s'agissant ici d'un représentant qui est imposé au représenté, il y a lieu d'assouplir les règles de la représentation et de tenir compte d'une éventuelle responsabilité civile du représentant afin que l'imputabilité de ses actes, s'ils sont dommageables, ne pèse pas sur le représenté qui ne les a pas voulus.

b) Condition d'ordre psychologique : la volonté

135. La volonté du représentant est essentielle : elle s'exerce dans deux directions : volonté de représenter et volonté de contracter.

1° La volonté de représenter

136. Elle implique que le représentant agisse avec la volonté de représenter et qu'il manifeste cette intention. Le cocontractant ne doit pas ignorer qu'il ne traite pas avec le représentant, mais avec le représenté. Toutefois, le cocontractant peut ignorer l'identité du représenté, le représentant agissant toujours pour le compte d'autrui, mais en son propre nom : c'est ce qui se passe dans le contrat de commission, contrat commercial.

2° La volonté de contracter

137. Elle signifie que le représentant joue un rôle dans la conclusion du contrat, sa volonté entre en jeu et son consentement ne doit donc pas être vicié.

Toutefois, en application de l'article 1990 du Code civil, qui permet de donner mandat à un mineur non émancipé, et d'une jurisprudence antérieure à ces dispositions qui datent de la loi du 13 juillet 1965, il est admis que l'incapacité du représentant ne met pas obstacle à la validité du contrat, dès lors que le représenté, lui, est capable. Dans ce sens, on paraît admettre que le représentant ne contracte pas lui-même, qu'il n'est qu'un simple prête-nom.

c) Les limites à ces conditions

138. À la limite, le représenté peut se trouver engagé alors que le représentant a agi au-delà de ses pouvoirs ou même sans pouvoir : c'est ce que l'on nomme le « mandat apparent ». D'autre part, la représentation peut faire naître d'autres problèmes que l'on désigne sous le nom de « contrat avec soi-même ».

1° Le mandat apparent

139. Le représenté peut se trouver lié par les agissements d'un représentant agissant sans pouvoir ou au-delà de ses pouvoirs, dès lors que le cocontractant a cru, de bonne foi, à l'existence régulière de ce pouvoir, selon la théorie de l'apparence. Cela exclut, en principe, les cas de représentation légale : les tiers sont censés connaître la loi et donc l'étendue des pouvoirs du représentant légal ; et la représentation judiciaire où l'étendue des pouvoirs est indiquée dans le jugement. En revanche, le problème se pose en matière conventionnelle, dans le mandat.

Un cas est prévu par le Code civil, celui où le mandat existait mais a disparu soit parce qu'il a été révoqué (il est révocable *ad nutum*, c'est-à-dire : à volonté, art. 2004) soit parce que le mandant est décédé (art. 2003). Dans ce cas, les tiers sont protégés par les articles 2008 et 2009 qui maintiennent ce mandat apparent à leur profit, à la condition que le mandataire ait ignoré la mort du mandant ou toute autre cause de disparition du mandat et que le tiers soit de bonne foi.

Dans tous les autres cas, la jurisprudence admet que le représenté apparent n'est engagé selon les règles de la responsabilité civile, que s'il a commis une faute dans le choix de son représentant ou en permettant à cette apparence de naître. Mais la Cour de cassation prévoit la responsabilité du mandant même sans faute si la croyance du tiers à l'étendue des pouvoirs du mandataire est *légitime* et qu'elle autorisait le tiers à ne pas vérifier les limites exactes de ces pouvoirs [1].

140. Si, dans une deuxième phase, la jurisprudence a ensuite admis que le représenté apparent se trouvait également engagé en l'absence de faute, si l'erreur du cocontractant était *invincible* ou du moins *commune*, selon l'adage *error communis facit jus* (l'erreur commune tient lieu de droit) [2], depuis, la position a été assouplie. Le mandat apparent est admis dès lors que les « circonstances » autorisaient le tiers à ne pas vérifier lesdits pouvoirs. Toutefois, la Cour de cassation qui contrôle la légitimité de la croyance aux pouvoirs du prétendu mandataire [3]

---

1. Cass., ass. plén., 13 déc. 1962, *JCP* 1963. II. 13015, note Esmein, *D.* 1963. 277, note J. Calais-Auloy.
2. Civ. 1re, 30 nov. 1965, *JCP* 1966. II. 14631, obs. R.L. ; *D.* 1966. 449, note J. Calais-Auloy.
3. Civ. 1re, 29 avr. 1969, *D.* 1970. 23 [deux arrêts], note Calais-Auloy ; *JCP* 1969. II. 15972 [trois arrêts], note R. Lindon ; v. aussi Civ. 3e, 4 mai 1982, *Bull. civ.* III, no 111, et 20 avr. 1988, *JCP* 1989. II. 21229, note J. Monéger.

n'a pas précisé quels critères permettent de dire quand l'erreur du tiers est, ou non, « légitime » ou inexcusable et elle tranche au cas par cas[1].

2° Le contrat avec soi-même

141. C'est ainsi que l'on nomme la situation qui se produit lorsque, par suite du jeu de la représentation, la même personne se trouve à la fois créancier et débiteur : une fois en son nom personnel, l'autre comme représentant d'autrui (par exemple, quand un mandataire désire acheter un immeuble appartenant à son mandant) ; ou bien comme représentant des deux personnes dont les intérêts sont opposés (par exemple, en cas de partage entre plusieurs enfants qui ont le même tuteur).

142. Bien que techniquement possible, un tel contrat est évidemment dangereux pour le représenté, car le représentant aura tendance à tenir compte de ses propres intérêts avant ceux de celui qu'il représente.

C'est pourquoi le législateur interdit le contrat avec soi-même dans tous les cas où un incapable est en cause : ainsi est-il interdit au tuteur d'acheter un bien de la personne protégée ou de le prendre à bail (C. civ., art. 509, 4°, issu de la L. du 5 mars 2007), sauf cas exceptionnel (cf. art. 508). De même, l'article 85 du Code de commerce interdit aux ex– « agents de change » ou courtiers d'opérer pour leur propre compte.

En matière de représentation conventionnelle, le contrat avec soi-même est parfois expressément interdit par la loi comme en cas d'adjudication (art. 1596, al. 3) ; en dehors de ces cas, la jurisprudence l'admet, mais avec beaucoup de prudence, et généralement à la condition que le mandant ait été averti au préalable.

2. Les effets de la représentation

143. Parler des effets de la représentation consiste à les décrire, certes, mais également à les motiver en recherchant le fondement de la représentation. C'est ce que nous allons faire successivement (v. schéma I, en fin de chapitre).

a) Description des effets de la représentation

144. La représentation met en jeu trois personnes : le représenté, le représentant et l'autre personne au rapport d'obligation, que l'on appellera la tierce personne. Il est intéressant de noter les rapports qui vont naître entre ces différents personnages en se fondant sur les règles du mandat.

1° Rapports de la tierce personne et du représentant

145. Le représentant, nous l'avons dit, agit pour le compte du représenté, mais il peut agir au nom de celui-ci ou en son nom propre (contrat de commission). Quoi qu'il en soit, l'obligation ne produit aucun effet à son égard. Toutefois, si ses agissements ont été fautifs il peut être responsable soit seul, soit *in solidum* avec le mandant, si c'est sur son ordre qu'il a agi[2] mais c'est exceptionnel.

---

1. Sur la distinction de l'erreur légitime et de l'erreur commune dans le mandat apparent, v. note J. Calais-Auloy sous Civ. 1re, 30 nov. 1965, préc.
2. Cass., ch. mixte, 26 mars 1971, *JCP* 1971. II. 16762.

2° Rapports de la tierce personne et du représenté

146. Par-delà la personne du représentant, c'est le représenté qui devient créancier (ou débiteur). C'est avec lui que le rapport d'obligation se forme immédiatement, comme si l'autre personne avait traité directement avec lui. Tout se passe comme si le représentant n'était pas intervenu. C'est également le représenté qui sera normalement tenu pour responsable des fautes éventuellement commises par le représentant (art. 1998, al. 1er).

3° Rapports du représentant et du représenté

147. Si le représentant n'est pas, en principe et sauf cas exceptionnel, tenu de ses fautes envers le cocontractant, en revanche, il en répondra à l'égard du représenté. En effet, ce dernier a un recours contre son représentant pour les fautes que celui-ci commet lors de la conclusion ou de l'exécution du contrat (art. 1991 et 1992). Néanmoins, si le représentant avait excédé ses pouvoirs, le représenté n'est tenu que dans la mesure où il a ratifié l'opération (art. 1998, al. 2) ; sinon, le seul recours de la tierce personne serait de se retourner contre le représentant.

148. Toutefois, la responsabilité relative aux fautes est appliquée moins rigoureusement pour le mandataire à titre gratuit (non rémunéré) que pour le mandataire à titre onéreux, mais cela ne concerne que l'appréciation de la faute et non l'étendue de la réparation.

De toute façon, le représenté doit tenir compte au représentant de ses frais et éventuellement de ses salaires (art. 1999) ou même de ses pertes éventuelles s'il n'y a pas eu d'imprudence de sa part (art. 2000) et le représentant est tenu de lui rendre compte (art. 1993).

b) Fondement de la représentation

149. Les effets de la représentation s'expliquent différemment selon les auteurs. Pour certains (les partisans de la théorie de l'*autonomie de la volonté*, v. ss 622 s.) c'est la volonté du représenté qui explique son engagement direct. Mais cette explication n'est valable que pour la représentation conventionnelle.

150. C'est pourquoi une autre partie de la doctrine explique le mécanisme de la représentation par la notion de *substitution* d'une personne à une autre, la personne substituée étant le prolongement de celle à qui elle a été substituée.

B. Les tiers susceptibles de devenir créanciers : la stipulation pour autrui

151. Un tiers, de façon tout à fait exceptionnelle car le principe de l'effet relatif du lien obligatoire (C. civ. art. 1165) s'y oppose, peut devenir créancier d'une obligation par l'effet d'un contrat auquel il était étranger (art. 1121) : c'est ce qu'on appelle la stipulation pour autrui.

► ***La stipulation pour autrui*** est l'opération par laquelle une personne, appelée *stipulant*, convient avec une autre, appelée *promettant*, que ce dernier exécutera une prestation au profit d'une troisième personne : le *tiers bénéficiaire*.

152. Les conditions de la stipulation pour autrui sont prévues par le Code civil qui a strictement limité les cas où elle s'applique ; mais la jurisprudence et différentes lois ont ensuite dégagé d'autres applications. C'est ainsi que la donation avec charges peut réaliser une stipulation pour autrui : dans le contrat passé entre le donateur et le donataire, il peut être prévu que le donataire s'oblige à une certaine prestation envers un tiers au contrat : le bénéficiaire de la charge. De même, le mécanisme de l'assurance-vie est un mécanisme de stipulation pour autrui.

153. Cette technique étant une technique contractuelle analysée comme une exception à l'un des principes directeurs du contrat, le principe de l'effet relatif, en vertu duquel un contrat ne peut faire naître d'obligation à l'encontre ou au profit du tiers, sera étudiée plus en détail dans ce cadre (v. ss 1164 s., l'effet relatif des contrats).

II. Les ayants cause des créanciers

154. Cette notion d'ayant cause (v. ss 121 s.) implique une *transmission* de droit. En effet, l'ayant cause est précisément celui qui tient son droit d'une autre personne, son « auteur », en l'occurrence le créancier. Cette transmission peut intervenir en raison de la mort du créancier ou bien par transmission entre vifs.

A. Qualité d'ayant cause du créancier par transmission de la créance à cause de mort

155. Au décès d'une personne, son patrimoine se transmet à différents individus qui peuvent être des ayants cause universels ou à titre universel ou bien des ayants cause à titre particulier.

1. La qualité d'ayant cause universel ou à titre universel

156. Elle concerne les *héritiers* et les *légataires universels ou à titre universel*, les premiers tiennent de la loi leur droit sur le patrimoine du défunt, les seconds et les troisièmes tiennent leur droit sur l'intégralité ou sur une fraction de patrimoine, de la volonté du défunt, exprimée dans son testament.

Les uns comme les autres doivent être assimilés à leur auteur dont ils sont censés « continuer la personne ». Ainsi, toutes les obligations nées dans le patrimoine du défunt, qu'elles soient actives ou passives, se retrouvent-elles intégralement dans le patrimoine de ses ayants cause universels ou à titre universel. Ils doivent acquitter ses dettes et respecter ses engagements, comme ils peuvent recouvrer ses créances.

2. La qualité d'ayant cause à titre particulier

157. Les *légataires à titre particulier* tiennent également leur droit du défunt mais ce droit est limité à tel ou tel bien qu'ils recueillent du défunt en vertu de son testament ; le défunt leur ayant fait des legs.

B. Qualité d'ayant cause à titre particulier du créancier par transmission entre vifs

158. La transmission s'effectue ainsi chaque fois que le droit est transmis de son vivant par l'auteur à son ayant cause à titre particulier, du vendeur à l'acheteur, par exemple. La transmission du patrimoine à titre universel, entre vifs, n'est pas possible, en effet, car une personne n'a qu'un patrimoine et ne peut le transmettre qu'à cause de mort (cependant, pour des nuances, v. ss 401).

Ces ayants cause à titre particulier, par transmission entre vifs (comme d'ailleurs à raison du décès) posent un certain nombre de problèmes. L'obligation étant considérée comme un lien personnel (rapport de droit entre deux personnes bien déterminées), sa transmission à une tierce personne ne semble pas imaginable. La transmission à titre universel dans le cas du décès est plus concevable puisque l'héritier continue la personne du défunt ; mais la transmission à titre particulier n'est concevable que si l'on admet que le rapport d'obligation a une valeur patrimoniale propre qui lui permet d'être cédé à un tiers comme le serait un droit réel qui porte sur un bien (sur ce point, v. ss 29).

159. Cette transmission des créances à titre particulier est aujourd'hui admise dans deux éventualités :

– soit par une *opération indépendante* comme la cession de créance ou la subrogation (que l'on étudiera au titre de la circulation des obligations ; v. ss 422 s., 445 s.) ;

– soit à l'occasion du *transfert de certains biens dont la créance est l'accessoire*, par exemple un fonds de commerce. On peut cependant se demander si l'acquéreur d'un bien acquiert en même temps les droits et obligations relatifs à ce bien, nés des contrats passés avec son ancien propriétaire. La réponse est différente selon qu'il s'agit de contrats ayant pour objet des droits réels ou des droits personnels. Cette question sera envisagée dans le cadre de l'étude des effets des contrats (v. ss 1144 s.). Il s'agit souvent, plus encore que de transfert de créances, de transfert de contrats : la jurisprudence admet en effet la possibilité de cession de contrats entiers, ce que nous développerons également dans le cadre de l'étude des effets des contrats (v. ss 1137 s.).

III. Les débiteurs et leurs ayants cause

160. Le droit de créance crée un rapport juridique entre sujet actif et sujet passif.

Nous nous sommes demandé, jusqu'ici, quels pouvaient être les sujets actifs, c'est-à-dire les titulaires de la créance, au moment de la formation du contrat ou ultérieurement, à la suite d'une transmission de créance. Le même processus peut être suivi en ce qui concerne les débiteurs, c'est-à-dire les sujets passifs de l'obligation.

161. Les titulaires de la dette peuvent être envisagés, là aussi, à deux stades : ceux qui figurent au contrat en tant que débiteurs au moment de sa formation et ceux qui le deviennent ultérieurement à la suite d'une transmission de dette analogue à la transmission de créance. Toutefois, il est aisé de se rendre compte que le rôle de débiteur est beaucoup moins enviable que celui de créancier et que, de ce fait, les transmissions de dettes sont moins courantes que celles de créances. En revanche, il existe une analogie certaine entre titulaires de la dette et titulaires de la créance, à l'origine du lien obligatoire.

Nous allons donc examiner successivement les titulaires de la dette au moment de la formation du lien obligatoire et les cas de transmission aux ayants-cause.

A. Les titulaires de la dette au moment de la formation du lien obligatoire

162. Au moment de la formation du lien obligatoire, on trouve, en face du ou des créanciers, un ou plusieurs débiteurs ou leurs représentants et, éventuellement, un tiers appelé à payer la dette en cas de défaillance, que l'on nomme caution.

Un autre tiers peut se trouver mis en cause, même en son absence, dans le cas de promesse de porte-fort.

Nous allons donc examiner successivement le cas des débiteurs proprement dits, puis celui des tiers susceptibles de devenir débiteurs.

1. Les débiteurs proprement dit

163. Le débiteur peut être présent et agir personnellement, ou être représenté. Il peut être seul, ou s'engager solidairement avec d'autres, en cas de solidarité passive.

a) Le débiteur peut être présent ou représenté

164. Le débiteur s'engage normalement personnellement et pour lui-même selon l'article 1119 qui dispose qu'« on ne peut, en général, s'engager… en son propre nom que pour soi-même ». C'est l'application du principe général de la relativité des conventions.

Toutefois, comme nous l'avons vu pour le créancier (v. ss 129 s.), le débiteur peut fort bien ne pas être présent au moment de la formation du lien obligatoire et être représenté. Dans ce cas, c'est le représentant qui est présent et qui exprime ce consentement, mais c'est quand même le représenté qui est partie à l'acte et non son représentant. En effet, le représentant ne traite pas pour son propre compte mais pour celui d'autrui. Le pouvoir de représentation découle généralement de la loi ou d'un mandat ; il peut découler également de la gestion d'affaires et, dans ce cas, il y a ratification *a posteriori* de l'engagement.

b) Le débiteur peut être seul ou s'engager solidairement avec d'autres : solidarité passive

165. En effet, de même qu'il peut y avoir plusieurs créanciers solidaires en cas de solidarité active, il peut y avoir plusieurs débiteurs solidaires : c'est la solidarité passive (v. ss 257 s.).

► ***La solidarité passive*** est définie par l'article 1200 du Code civil : « il y a solidarité de la part des débiteurs lorsqu'ils sont obligés à une même chose, de manière que chacun puisse être contraint pour la totalité, et que le paiement fait par un seul libère les autres envers le créancier ».

Cette solidarité passive est beaucoup plus fréquente que la solidarité active, car elle présente pour le créancier une sérieuse garantie contre l'insolvabilité d'un de ses débiteurs. Son mécanisme précis et ses effets seront étudiés dans le cadre de l'étude des obligations plurales (v. ss 266 s.).

2. Les tiers susceptibles de devenir débiteurs

166. De même que les tiers peuvent devenir créanciers, indépendamment de toute manifestation de volonté de leur part dans le cadre d'une stipulation pour autrui (v. ss 245 s.), il arrive que des tiers se retrouvent en situation de débiteurs.

Cependant, comme il est beaucoup plus dangereux d'être débiteur que créancier, il n'est pas possible de rendre quelqu'un débiteur sans son consentement.

Ce consentement peut se manifester au moment de la réalisation du lien obligatoire, dans le cas du *cautionnement*, ou postérieurement, dans le cas de la *promesse de porte-fort*.

a) Les cautions

► ***Le cautionnement*** est l'opération par laquelle une personne appelée *caution* se porte garant du paiement de sa dette par le débiteur et s'engage, en cas d'inexécution par ce dernier, à payer à sa place (C. civ., art. 2288 s.)

167. Le cautionnement, comme tout acte juridique par lequel une seule partie s'engage (C. civ. art. 1326), doit être constaté dans un titre portant, outre sa signature, la mention manuscrite de la somme ou de la quantité en toutes lettres et en chiffres.

La caution est donc bien un tiers par rapport au lien obligatoire existant entre le créancier et le débiteur, et pourtant, elle peut se voir appelée à régler la dette aux lieux et place du débiteur et cette obligation se transmet à ses héritiers[1]. Toutefois, si la dette est née postérieurement au décès de la caution les héritiers peuvent être dégagés ; en effet le créancier doit aviser les héritiers de l'existence du cautionnement pour permettre à ceux-ci de le résilier éventuellement[2].

Nous n'étudierons pas ici en détail le cautionnement car cette notion est habituellement étudiée avec les autres sûretés.

b) La promesse de porte-fort

168. L'article 1119 pose en principe qu'on ne peut s'engager que pour soi-même et l'article 1120, aussitôt après, dispose que « néanmoins on peut se porter fort pour un tiers, en promettant le fait de celui-ci ».

► ***La promesse de porte-fort*** est l'engagement pris personnellement par un contractant d'obtenir la ratification ultérieure de l'acte par un tiers.

Par exemple, un impresario signe un contrat d'engagement avec le directeur d'un music-hall en se portant fort que sa vedette acceptera alors que le mandat dont il dispose n'envisageait pas ce cas ; ou, à l'inverse, un théâtre s'engage à faire bénéficier l'artiste d'une priorité de droit sur son rôle pour une éventuelle tournée quel que soit le producteur[3]. Autre exemple : les fondateurs d'une société s'engagent avec un tiers pendant la période de formation d'une société en se portant fort que la société, une fois constituée et immatriculée au registre du commerce, ratifiera l'engagement (art. 1843).

169. On présente habituellement la promesse de porte-fort comme une exception à la règle de l'article 1119, mais la doctrine moderne le conteste en faisant remarquer que le tiers n'est pas engagé par la promesse du porte-fort, lequel s'engage personnellement. Néanmoins, le fait que la ratification par le tiers de l'acte passé par le porte-fort rétroagisse au jour de l'acte ratifié fait que le tiers se trouve, dès lors, engagé par un acte auquel il n'a pas été initialement partie. Il y a donc deux étapes successives : l'engagement personnel du porte-fort et la ratification par le tiers qui peut alors être considéré comme partie.

---

1. Com. 14 nov. 1980, *JCP* 1981. II. 19577, note M. Rémond-Gouilloud.

2. Com. 29 juin 1982, *JCP* 1984. II. 20148.

3. Cet engagement, selon la Cour de cassation, s'analyse en une promesse de porte-fort rendant le théatre débiteur d'une obligation de résultat : Soc. 3 mai 2012, n° 11-10.501, *JurisData* n° 2012-009084 (rejet).

170. La promesse de porte-fort est aussi une exception au principe de l'effet relatif des conventions et elle sera étudiée plus en détail à ce titre (v. ss 1190).

B. Les ayants-cause des débiteurs

171. Nous avons vu plus haut (v. ss 155) que les créances pouvaient être transmises aux ayants-cause du créancier, soit à cause de mort, soit entre vifs, qu'elles pouvaient passer aux ayants cause à titre universel ou à titre particulier, qu'elles pouvaient être transmises accessoirement au transfert d'une chose.

On peut se demander s'il en est de même pour les dettes.

172. Une dette peut-elle se transmettre comme une créance ? La situation est différente car on peut difficilement imposer à un créancier un changement de débiteur. En effet, alors qu'il est généralement indifférent à un débiteur d'avoir tel créancier plutôt que tel autre, la personnalité du débiteur est essentielle, car la créance ne vaut que ce que vaut le débiteur, selon qu'il est solvable ou non, honnête ou non, qu'il s'entend aux affaires ou non, etc. Aussi la transmission des dettes sera-t-elle beaucoup moins aisée que celle des créances. Elle est cependant possible, dans des conditions précisées par le Code civil (technique de la délégation notamment) et dès lors, le débiteur ne sera plus le débiteur initial ou bien ne sera plus seulement celui-là. L'étude de ce mécanisme de transmission de dette sera faite plus en détail en abordant la question de la circulation des obligations (v. ss 393 s., 419).

DOCUMENTS

Bibliographie

AUBERT (J.-L.), « À propos d'une distinction renouvelée des parties et des tiers », *RTD civ.* 1993. 269.

LARROUMET (C.), note au *D.* 1973. 16, à propos de la cession de dettes.

LEDUC (F.), « Réflexions sur la convention de prête-nom. Contribution à l'étude de la représentation imparfaite », *RTD civ.* 1999. 283.

LESCOT [à propos du mandat apparent], *JCP* 1964. I. 1826 et 1966. I. 2007.

PICARD (M.), « La stipulation pour autrui et ses principales applications », *in Travaux de l'Association Henri Capitant*, t. VII, p. 267.

SOURIOUX (J.-M.), « À propos de la croyance légitime dans le mandat apparent », *JCP* 1982. I. 3058.

SIMLER (Ph.), « Les solutions de substitution au cautionnement », *JCP* 1990. I. 3427, n°s 12 s.

VERICEL (M.), « Désuétude ou actualité de la promesse de porte-fort ? », *D.* 1988. Chron. 123.

Arrêt à commenter

Promesse de porte-fort

Civ. 8 juill. 1964, *D.* 1964. 560

LA COUR. – Sur le moyen unique pris en ses différentes branches :

– Attendu qu'il résulte des constatations de l'arrêt confirmatif attaqué (Aix, 12 juin 1962) que dame Baquis était propriétaire d'un immeuble à Nice faisant l'objet d'une substitution au profit de sa fille dame Grange ; que le terrain fut vendu le 1er juillet 1954, un acte notarié ayant été passé les 16 janvier et 27 avril 1959 avec la Société civile immobilière Victor Hugo Verdi ;

– Attendu qu'il est fait grief aux juges d'appel d'avoir déclaré atteinte de forclusion l'action en rescision pour lésion formée par les vendeurs le 25 mars 1960, au motif que la vente avait été définitivement conclue dès le 1er juillet 1954, alors que dame Baquis n'avait pas été représentée à l'acte du 1er juillet 1954, Boisacq, son conseil judiciaire n'ayant qu'une mission d'assistance, et que la clause de porte-fort n'ayant été ratifiée que le 17 avril 1958 par dame Baquis, ce n'est qu'à cette date qu'a pu courir à son encontre le délai de forclusion ;

– Mais attendu que l'arrêt constate que Israel et Boisacq se sont, lors de la vente, le 1er juillet 1954, portés forts pour les venderesses ; que *la ratification de l'acte passé par le porte-fort a un caractère rétroactif et remonte au jour de l'acte ratifié, l'obligation du tiers prenant naissance au jour de l'engagement du porte-fort*, qu'ainsi dame Baquis, par l'effet de sa ratification, s'est trouvée obligée en qualité de venderesse dès le 1er juillet 1954, date à laquelle a commencé à courir le délai de l'article 1676 du Code civil ; d'où il suit que par ces motifs, de pur droit, substitués à ceux de l'arrêt attaqué, le moyen n'est fondé en aucune de ses branches ;

Par ces motifs,

Rejette.

Instructions

Remarquer le principe posé par l'arrêt (en italique) et dégager ses incidences en l'espèce. Se reporter pour cela aux chapitres concernant la représentation et l'action en rescision pour lésion.

La représentation

1. Formation

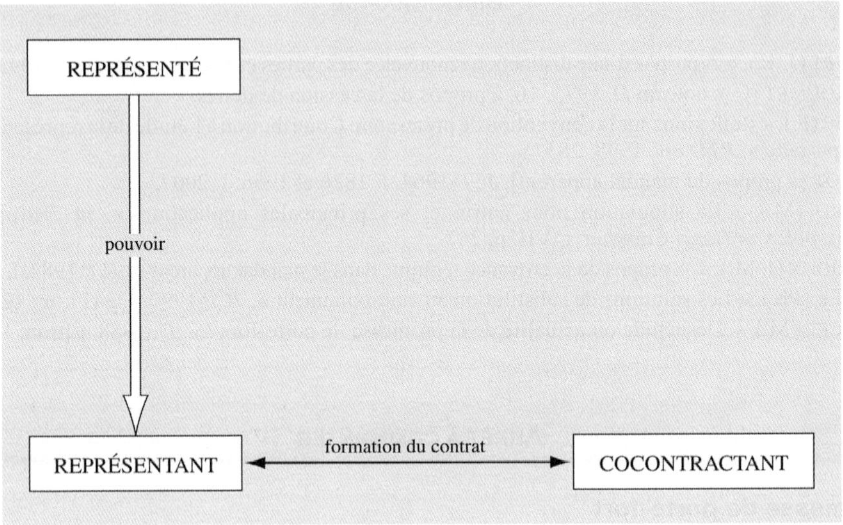

2. Effets entre les parties

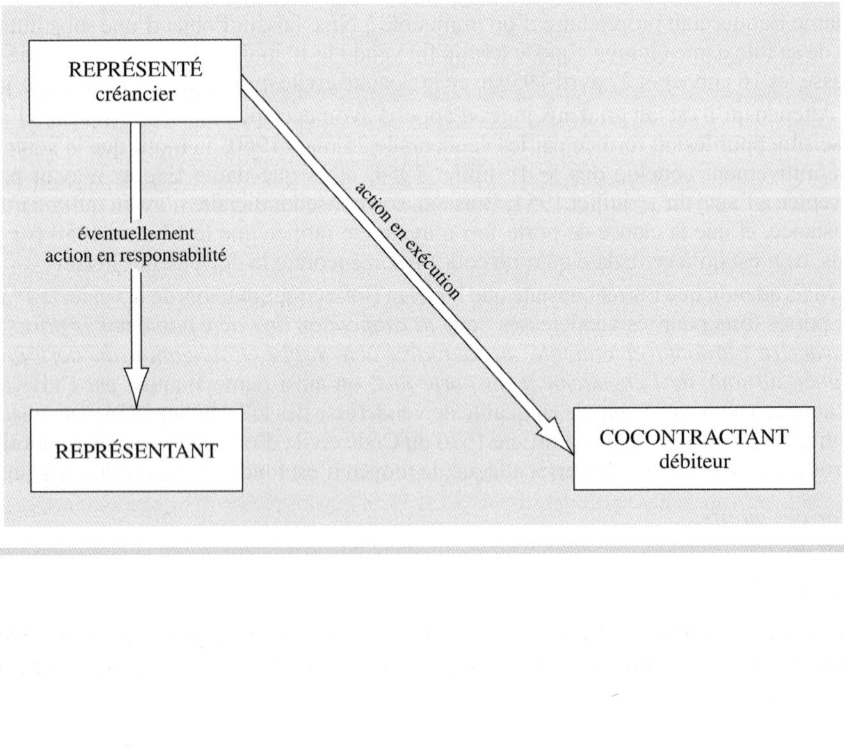

Chapitre 2

Les modalités susceptibles d'affecter les obligations lors de leur naissance

173. Au moment de leur naissance, les obligations peuvent être pures et simples, mais elles peuvent également être qualifiées de complexes, selon qu'elles sont affectées de modalités telles que terme ou condition, ou qu'elles sont plurales, c'est-à-dire qu'elles comportent plusieurs objets ou plusieurs sujets. La première catégorie de modalité fait intervenir le facteur temps, en liant le sort de l'obligation à un événement futur, terme ou condition. La seconde catégorie de modalités porte sur l'aspect quantitatif de l'obligation (pluralité d'objet ou de sujet).

Nous les étudierons successivement.

I. Les obligations conditionnelles ou à terme

174. Les parties peuvent déterminer par une manifestation de leur volonté la durée de leurs obligations.

En principe, les obligations sont pures et simples : elles se forment immédiatement lors de la conclusion du contrat et prennent fin dès son exécution, mais les parties peuvent apporter des exceptions à ce principe en modifiant conventionnellement le commencement ou la fin de la loi contractuelle au moyen de deux modalités qui sont le terme et la condition (v. tableau I en fin de chapitre).

► ***Le terme*** est un événement *futur* et *certain* dont dépend soit l'exigibilité d'une obligation : c'est le terme suspensif, soit son extinction : c'est le terme extinctif.

► ***La condition*** est également un événement *futur*, mais cette fois *incertain*, dont dépend soit l'existence d'une obligation, sa naissance : c'est la condition suspensive, soit sa résolution : c'est la condition résolutoire.

Ces modalités, que le Code civil étudie ensemble dans les articles 1168 et suivants, présentent certains points communs, mais diffèrent essentiellement quant à leurs effets.

A. La condition

175. La caractéristique principale de la condition est son caractère d'*incertitude* qui l'oppose au terme, événement certain. Mais, l'une comme l'autre sont des événements *futurs*. Bien que l'article 1181 parle aussi de condition dans le cas d'un événement déjà réalisé mais encore inconnu des parties, nous verrons plus loin qu'il ne s'agit plus ici, en réalité, que d'une obligation pure et simple. Enfin, la condition est un événement dont dépend l'existence même de l'obligation, qu'il s'agisse de sa naissance ou de sa résolution.

Après cette définition, nous allons examiner la notion de condition d'une part, et ses effets de l'autre.

1. La notion de condition

176. Il faut examiner les différentes classifications des conditions, puis leurs caractères.

a) Classifications des conditions

177. La première classification qui vient à l'esprit, en général, est celle fondée sur les sources, mais elle n'offre guère d'intérêt en ce qui concerne les conditions qui sont pratiquement toujours conventionnelles. On classe donc les conditions uniquement d'après leurs éléments constitutifs, leur validité ou leurs effets (v. tableau III, en fin de chapitre).

1° Éléments constitutifs : conditions casuelles, potestatives ou mixtes (art. 1169, 1170, 1171)

178. Les conditions varient selon les événements dont elles dépendent.

► ***La condition casuelle*** est celle qui dépend uniquement du hasard et non de la volonté des parties (art. 1169) (ex. Je peindrai votre portail demain, s'il fait beau). Elle est parfaitement valable.

► ***La condition potestative***, est celle qui dépend de la volonté de l'une ou l'autre des parties (art. 1170). Mais on a coutume de faire ici une nouvelle distinction entre :

179. ***La condition purement potestative*** dépend exclusivement de la volonté de l'une des parties. Elle est valable, mais seulement s'il s'agit de la volonté du créancier (ex. Je vous rendrai ce que je vous ai emprunté si vous le désirez ; je vous vendrai cette maison si vous le voulez : l'acheteur est le créancier, il bénéficie d'une option, d'une promesse unilatérale qu'il peut lever quand et si bon lui semble), en revanche elle ne l'est pas s'il s'agit de celle du débiteur (ex. Je vous rembourserai si je le veux bien). Une telle obligation n'en est plus une et l'article 1174 en déclare la nullité (v. art. 944). Par exemple, la condition figurant dans un prêt selon laquelle le remboursement du prêt ne serait dû que lors de la vente d'un appartement par les emprunteurs est une condition purement potestative dépendant de la seule volonté des emprunteurs, débiteurs et rendant nul le prêt tout entier[1]. Est également purement potestative, la condition selon laquelle la vente est conclue sous condition suspensive que « le promettant obtienne des services compétents une autorisation de changement d'affectation du bien pour que celui-ci puisse être affecté à l'usage d'habitation » dès lors que sa réalisation dépend du seul bon vouloir du vendeur, en l'absence de copropriété instituée préalablement à la signature de la promesse de vente[2].

1. Paris, 15 mars 1974, *JCP* 1974. II. 17786, note G. Goubeaux.
2. Paris, 17 juin 2004, *JurisData* n° 2004-243 362.

Toutefois, la jurisprudence admet parfois la validité de telles conventions, en déclarant qu'il s'agit d'un terme incertain et non d'une condition, le débiteur paiera quand il le pourra, quand il en aura les moyens [1].

La jurisprudence bénéficie d'un pouvoir de contrôle de qualification de la condition. Il en a été ainsi dans le cas de la cessation des contrats de travail de médecins travaillant dans une clinique privée. Leur contrat de travail comportait une clause prévoyant que si la clinique cessait d'exercer, le contrat prendrait fin sans indemnité. Par la suite, la clinique est fermée et vendue par son propriétaire en raison de « difficultés insurmontables de gestion ». La cour d'appel avait déclaré que cette clause ne constituait pas une condition « potestative au point d'être nulle » et la Cour de cassation approuvant ces constatations souveraines énonce que « la clause litigieuse n'était pas purement potestative et, partant, que sa nullité n'était pas démontrée » d'autant plus que la mise en œuvre de la clause avait été entreprise « sous la pression d'événements économiques irrésistibles ». On constate, ici, qu'il s'agit davantage du contrôle de la potestativité de la mise en œuvre de la clause que celui de la potestativité de la disposition elle-même [2].

La condition simplement potestative dépend, à la fois, de la volonté de l'une des parties et d'une circonstance dont elle n'est pas maîtresse (ex. Je vous donnerai ma maison si vous vous mariez). Elle est aussi valable.

180. ***La condition mixte*** est celle, enfin, qui dépend, tout à la fois, de la volonté d'une des parties contractantes et de la volonté d'un tiers (ex. Je vous donnerai ma maison si vous épousez telle personne). Elle est également valable puisqu'un élément fortuit entre en jeu : le tiers acceptera-t-il ?

181. Les projets de réforme concernant le régime des obligations (v. ss 116) remettent actuellement en question la classification des conditions (casuelles, potestatives et mixtes). Ils proposent de supprimer la distinction actuelle entre les conditions purement et simplement potestatives et de ne sanctionner que la condition potestative de la part du débiteur.

2° Validité : conditions possibles, licites et morales, ou impossibles, illicites et immorales

182. Selon l'article 1172, « toute condition d'une chose impossible, ou contraire aux bonnes mœurs, ou prohibée par la loi, est nulle et rend nulle la convention qui en dépend », sauf en matière de libéralités où normalement, seule la condition est annulée (art. 900).

– ***La condition doit être possible***, c'est-à-dire concerner un événement possible matériellement (au contraire, serait impossible la condition donnée en exemple par le droit romain : si tu touches le ciel du doigt), ou possible juridiquement.

– ***Elle doit être licite***, c'est-à-dire supposer l'accomplissement d'un événement possible et licite, l'événement illicite pouvant être un fait juridique, tel qu'un délit ou un quasi-délit, ou même un acte juridique contraire à une disposition impérative de la loi ou à l'ordre public.

---

1. V. ss 213.
2. Civ. 1re, 16 oct. 2001, *JCP* 2003. I. 134, obs. J. Rochfeld.

– ***Elle doit enfin être morale***, c'est-à-dire qu'elle ne doit pas être contraire aux bonnes mœurs. Toutefois, ce n'est pas toujours facile à déterminer, ainsi un doute subsiste-t-il pour les conditions de non-mariage ou non-remariage : en principe nulles comme portant atteinte à l'ordre public [1], elles sont parfois considérées comme valables si elles sont prises dans l'intérêt de la personne ou de ses enfants [2] : par exemple pour soustraire une personne âgée à des entraînements dangereux.

183. Notons que l'article 1172, qui concerne les actes à titre onéreux, prévoit que la nullité de la condition entraîne la nullité de l'acte, alors que l'article 900, relatif aux libéralités, dispose seulement que les conditions contraires aux lois ou aux mœurs seront simplement « réputées non écrites » (v. ss 1025 s.).

La jurisprudence a, d'ailleurs, étendu cette disposition de l'article 900 aux actes à titre onéreux, en admettant que la nullité de la condition n'entraîne la nullité de l'acte que si cette condition était la cause impulsive et déterminante de l'acte. Inversement, dans le cadre des libéralités une condition nulle peut entraîner la nullité de la libéralité si elle en était la cause impulsive et déterminante, en application de l'article 1131. Ainsi, la jurisprudence a-t-elle sensiblement rapproché ces deux situations apparemment opposées.

3° Effets : condition suspensive ou résolutoire

184. Ici, ce sont les effets qui distinguent ces deux sortes de conditions.

► ***La condition suspensive*** est celle dont dépend la naissance de l'obligation.

► ***La condition résolutoire*** est celle dont dépend sa résolution. Elle est sous-entendue dans les contrats, en cas d'inexécution par l'une des parties de ses obligations (art. 1184 ; v. ss 1226 s.).

Nous reverrons ces effets plus en détail lors de l'étude des effets de la condition (v. ss 190 s.).

b) Caractères des conditions

185. Ces caractères peuvent se déduire des règles de validité signalées à l'occasion de l'étude des classifications.

1° L'événement doit être futur et incertain

186. Nous avons vu que l'article 1181 qui semble assimiler à ce cas celui d'un « événement actuellement arrivé mais encore inconnu des parties », ajoute ensuite que, dans ce dernier cas, « l'obligation a son effet du jour où elle a été contractée », faisant ainsi de cette obligation une obligation pure et simple.

Lorsque l'événement est incertain, non seulement dans sa date, mais aussi quant à sa réalisation, il s'agit d'une condition et non d'un terme [3].

---

1. Paris, 30 avr. 1963, *JCP* 1963. II. 13205 *bis*.
2. Civ. 22 déc. 1896, *DP* 1898. I. 537, concl. Desjardins.
3. Civ. 1re, 13 avr. 1999, *JCP* 2000. II. 10309, note A.-S. Barthèz ; *Defrénois* 1999, art. 37041, p. 1001, note D. Mazeaud et, plus récemment, Civ. 1re, 13 juill. 2004, *JurisData* no 2004-024 667, *JCP* 2004. II. 10155, avis J. Sainte-Rose.

2° L'événement doit être extrinsèque au rapport de droit

187. C'est-à-dire que la convention doit exister en dehors de la condition. Un élément essentiel du contrat ne peut constituer une condition : ainsi, la vente faite sous la condition du paiement du prix n'est pas une vente conditionnelle. Il ne faut donc pas se fier aux termes employés par les parties, qui ont fort bien pu qualifier de « condition » ce qui n'en était pas une.

3° L'événement doit être, en principe, indépendant de la volonté des parties

188. Sauf dans le cas de la condition purement potestative émanant du créancier qui est, en principe, admise, et sauf dans le cas des conditions résolutoires qui peuvent parfaitement être purement potestatives. C'est le cas, par exemple, pour la vente à réméré prévue par les articles 1659 et suivants.

► ***La vente à réméré*** est un contrat par lequel le vendeur se réserve le droit de reprendre la chose vendue, moyennant la restitution du prix payé, s'il en manifeste le désir dans un délai de cinq ans.

4° L'événement doit être possible, licite et conforme à l'ordre public et aux bonnes mœurs

189. Sinon l'acte tout entier est susceptible d'annulation, comme nous l'avons vu plus haut.

2. Les effets de la condition

190. Pour étudier les effets de la condition, il est indispensable de faire une distinction entre les conditions suspensive et résolutoire.

a) Effets de la condition suspensive

191. Trois situations sont à considérer. La première correspond à une phase d'incertitude, tant que la condition est en suspens, est « pendante » selon l'expression latine, *pendente conditione* ; la deuxième intervient en cas de défaillance de la condition. La troisième concerne le cas de réalisation de la condition.

1° La situation *pendente conditione*

192. Elle est caractérisée par le fait que l'obligation n'existe pas encore, mais que le créancier a un droit éventuel.

L'obligation n'existe pas encore

193. En effet, à la différence de ce qui se passe avec le terme suspensif, l'obligation n'est pas encore née, le débiteur n'est pas encore débiteur et, s'il paie par erreur, il pourra exercer l'action en répétition de l'indu (v. ss 1385 s.). Le créancier ne peut pas demander l'exécution de l'obligation mais la prescription extinctive ne court pas contre lui (art. 2257, al. 2). De même, en cas de contrat translatif de propriété, tant que la condition est en suspens, le vendeur demeure propriétaire et, dès lors, les risques de la perte de la chose sont à sa charge (v. ss 1256 s.).

Le créancier conditionnel a cependant un droit éventuel

194. En effet, il a déjà, en quelque sorte, un « germe de créance » qui va lui permettre notamment d'exercer des actes conservatoires (art. 1180). De plus, pour obliger le débiteur à respecter le droit du créancier, l'article 1178 prévoit que la condition est réputée accomplie si le débiteur en a empêché l'accomplissement, par exemple, pour des époux engagés sous condition suspensive de l'obtention d'un prêt qui refusent celui-ci sans motif sérieux [1] ; par contre, si le prêt est empêché par le refus d'un tiers : par exemple, le refus du père d'un des acheteurs de se porter caution solidaire, l'article 1178 est inapplicable [2]. Si le créancier meurt avant l'accomplissement de la condition, la créance passe à ses héritiers (art. 1179).

Les parties sont déjà liées par une norme née du contrat qui prévoit que si tel événement se réalise une créance naîtra.

Toutefois, cette notion de « droit éventuel » est discutée car le droit conditionnel rétroagit, tandis que le droit éventuel est dépourvu de rétroactivité. Il faut donc préciser qu'il s'agit d'un droit conditionnel très proche du droit éventuel, mais qui ne peut lui être complètement assimilé.

2° La défaillance de la condition

195. L'accomplissement ou la défaillance de la condition pose un problème d'interprétation partiellement résolu par l'article 1176. Ce texte fait une distinction selon que les parties avaient ou non fixé un temps pour l'accomplissement de la condition.

– Si elles avaient fixé ce temps, la condition « est censée défaillie lorsque le temps est expiré sans que l'événement soit arrivé ».

Sinon, « elle n'est censée défaillie que lorsqu'il est devenu certain que l'événement n'arrivera pas ». Et c'est, alors, à l'appréciation du juge qu'est laissé le soin de déterminer si le retard dans la réalisation de la condition est assez long pour être assimilé à sa défaillance [3].

– Par ailleurs, la jurisprudence tend à reconnaître à la condition un caractère de « condition unilatérale » et considère que si la condition suspensive est stipulée dans l'intérêt des bénéficiaires d'une promesse, par exemple, ces derniers peuvent y renoncer et valablement lever l'option tant que la promesse est maintenue [4].

– Enfin, nous l'avons vu, l'article 1178 prévoit que, si la défaillance de la condition est due au débiteur « qui en a empêché l'accomplissement », à titre de sanction, la condition est réputée accomplie.

196. La défaillance de la condition, lorsqu'elle est établie, a pour effet de remettre les choses dans l'état antérieur à l'acte conditionnel. Tout se passe comme si le contrat n'avait pas été conclu, les cautions sont libérées, les garanties réelles disparaissent. Compte tenu de la fiction de la rétroactivité de la condition, on devrait considérer que le contrat est rétroactivement effacé. Cette idée d'un effacement rétroactif admis par la majorité de la doctrine, n'était pas conforme à la sanction retenue en la matière pendant longtemps par la Cour de cassation. Un premier arrêt, controversé, avait en effet retenu

1. Bordeaux, 1er mars 1984, *JCP N* 1984. II. 153, note J.-G. Raffray.
2. Civ. 1re, 23 nov. 1983, *Bull. civ.* I, no 279, *RTD civ.* 1984. 714, obs. J. Mestre.
3. Civ. 3e, 4 mai 2000, inédit, comm. J. Mestre, et B. Fages, *RTD civ.* 2000. 572.
4. Civ. 3e, 13 oct. 1999, *JCP* 2000. I. 237, obs. J. Rochfeld.

la sanction de la caducité du contrat. Or, la caducité fait disparaître le contrat pour l'avenir seulement [1]. La Cour de cassation a maintenu par la suite sa position en réaffirmant que « les conditions convenues ayant défailli, les acquéreurs n'avaient pour seule alternative que de se prévaloir de la caducité de la promesse ou d'y renoncer » [2]. Dans une décision plus récente, du 8 octobre 2008, la troisième chambre civile a cependant modifié cette analyse et admis que la nullité d'un contrat fondé sur une condition suspensive impossible est une nullité relative [3].

3° La réalisation de la condition

197. La constatation de cette réalisation est légalement laissée à l'appréciation des juges. Deux articles donnent quelques directives légales, outre l'article 1175 qui conseille de se référer à l'intention des parties, ce sont les articles 1176 et 1177. Le premier, que nous venons de voir, concerne l'obligation contractée « sous la condition qu'un événement arrivera dans un temps fixe », le second, celle « contractée sous la condition qu'un événement n'arrivera pas dans un temps fixe ».

198. Symétriquement à ce que nous avons vu pour l'article 1176, l'article 1177 dispose que la condition est accomplie lorsque le temps est expiré sans que l'événement soit arrivé, ou lorsque, avant l'expiration du temps fixé, il est certain que l'événement n'arrivera pas. Enfin, s'il n'y a pas eu de temps déterminé, la condition n'est accomplie que « lorsqu'il est certain que l'événement n'arrivera pas ».

Comme nous l'avons déjà vu, chaque fois que la condition n'a pu être réalisée par la faute du débiteur, elle sera considérée comme réalisée, à titre de sanction (art. 1178).

199. La réalisation de la condition a pour effet de transformer l'obligation conditionnelle en obligation pure et simple, mais ce, rétroactivement (art. 1179). L'obligation est censée avoir été pure et simple dès sa formation et non pas seulement à partir de la réalisation de la condition. Cette rétroactivité produit certaines conséquences.

– En cas de vente d'immeuble sous condition suspensive, pour savoir si la vente est rescindable pour lésion (sur cette sanction, v. ss 911 s., spéc. v. ss 926), la valeur de l'immeuble doit être appréciée au jour de la vente et non au jour de sa réalisation [4].

– Le débiteur qui a payé *pendente conditione*, et qui pouvait alors, exercer l'action en répétition de l'indu (v. ss 1385 s.), ne le pourra plus, son paiement se trouvant rétroactivement consolidé.

– L'acquéreur conditionnel est censé être devenu propriétaire du jour de la conclusion du contrat. Dès lors, tous les droits que le vendeur conditionnel a pu consentir à des tiers *pendente conditione* tombent rétroactivement. On voit tout de suite le danger que cela représente pour les tiers ; heureusement, ils seront protégés en matière immobilière par la publicité et, en matière mobilière, par l'article 2279 devenu l'article 2276 depuis la loi du 17 juin 2008 sur la prescription (qui considère comme propriétaire, le possesseur de

---

1. Civ. 3e, 13 juill. 1999, *Defrénois* 1999, art. 37079, p. 1331, obs. D. Mazeaud ; *LPA* 1er févr. 2000, p. 16, note J.-L. Courtier ; *JCP* 2000. I. 215, obs. G. Virassamy.

2. Civ. 3e, 31 mars 2005, *JCP* 2005. II. 10157, note H. Kenfack ; v. aussi, approuvant pour sa part cette sanction de la caducité : J.-D. Pellier, « Le sort du contrat en cas de défaillance de la condition suspensive », *LPA* 10 avr. 2008, no 73, p. 3 s.

3. Civ. 3e, 8 oct. 2008, *Bull. civ.* III, no 148, *RDC* no 1, 2009. 51, obs. P.-M. Laithier.

4. Civ. 17 oct. 1967, *JCP* 1967. II. 15307.

bonne foi). Toutefois, la jurisprudence admet la validité des actes d'administration, et notamment des baux passés *pendente conditione* par l'aliénateur conditionnel (par rapprochement avec l'article 1673, alinéa 2, concernant la vente à réméré). Inversement, les actes passés par l'acquéreur conditionnel sont rétroactivement validés.

– Par contre, l'article 1182 donne une solution qui ne tient pas compte de la rétroactivité lorsqu'il dispose que c'est le débiteur de la livraison, c'est-à-dire l'aliénateur conditionnel, qui supporte la charge des risques qui peuvent se réaliser *pendente conditione*, alors que, une fois la condition réalisée, l'acquéreur, qui est censé être propriétaire dès la conclusion du contrat, aurait dû voir mettre les risques à sa charge (Théorie des risques, v. ss 1256 s.).

– De même, en dépit de cette rétroactivité, la jurisprudence admet que les fruits perçus *pendente conditione* par l'aliénateur conditionnel lui restent acquis.

200. Cette règle de la rétroactivité de la condition fait l'objet de certaines discussions doctrinales : certains auteurs contestent l'existence de cette rétroactivité en raison des exceptions qu'elle comporte ; d'autres auteurs admettent le principe de la rétroactivité, mais la considèrent, les uns comme une fiction, les autres comme une manifestation de la volonté des parties, d'autres encore comme un moyen technique consacrant des solutions de bonne foi et d'honnêteté (v. aussi ss 196).

201. De toute façon, cette règle de la rétroactivité est purement supplétive et la jurisprudence admet que les parties puissent convenir d'y déroger, ainsi une promesse de vente sous condition suspensive peut-elle contenir une clause précisant que le transfert de propriété aura lieu, non au jour de la promesse, mais au jour de la rédaction de l'acte authentique de vente[1] et une telle clause est généralement insérée dans les contrats.

202. *L'avant-projet Catala de réforme du droit des obligations* abandonnant, ici, les travaux de la Commission de réforme du Code civil dont il s'était inspiré en la matière, considère que la rétroactivité « se justifie à la fois sur le plan rationnel et sur un plan pratique »[2]. **L'actuel projet de réforme gouvernemental** du régime des obligations (oct. 2013), maintient le principe de rétroactivité, sans remise en cause cependant des actes d'administration qui ont pu être réalisés mais prévoit que la rétroactivité n'a pas lieu « si telle est la convention des parties ou si l'économie du contrat le commande ».

b) Effets de la condition résolutoire

203. Là aussi, il faut examiner les effets dans trois hypothèses.

1° La situation *pendente conditione*

204. À la différence de l'obligation sous condition suspensive, l'obligation sous condition résolutoire est immédiatement exigible, mais elle est menacée de résolution ; par exemple, un célibataire donne un immeuble à sa sœur en précisant qu'il lui reviendra au cas où il se marierait. Cette sœur devient immédiatement propriétaire de l'immeuble, mais si, quelques années plus tard, son frère se marie, elle devra alors le lui restituer.

---

1. Civ. 1re, 30 avr. 1970, *JCP* 1971. II. 16674, note L. Mourgeon.
2. J.-J. Taisne, présentation du projet.

L'acquéreur sous condition résolutoire devient aussitôt propriétaire et, dès lors, les risques de la perte de la chose sont à sa charge (v. ss 1256 s.).

2° La défaillance de la condition

205. Si la condition ne se réalise pas, le contrat est rétroactivement consolidé, la menace qui pesait sur lui est dissipée ; par exemple, le célibataire meurt sans s'être marié, sa sœur est définitivement et rétroactivement propriétaire.

3° La réalisation de la condition

206. Ici aussi la condition va rétroagir, mais, alors que la réalisation de la condition suspensive avait pour effet de consolider l'obligation comme si elle avait toujours existé, la réalisation de la condition résolutoire va effacer rétroactivement et de plein droit l'obligation qui est censée n'avoir jamais existé (art. 1183) ; par exemple, si le donateur se marie, sa sœur devra lui restituer l'immeuble dont elle sera censée n'avoir jamais été propriétaire ; sauf stipulation contraire, une mise en demeure préalable n'est pas nécessaire[1]. Toutefois, quand il s'agit d'un contrat à exécution successive, bail, contrat de travail, la résolution ne peut jouer que pour l'avenir. On parle alors de *résiliation*.

207. Cette rétroactivité de la condition entraîne l'anéantissement de tous les droits consentis par l'acquéreur au profit des tiers, ce qui est évidemment dangereux pour ces derniers. La jurisprudence, là aussi, a apporté des atténuations au principe, en maintenant la validité des actes d'administration et en faisant conserver par l'acquéreur la charge des risques réalisés *pendente conditione*.

208. ***Perspectives d'évolution concernant la condition***. *Les différents projets* (v. ss 10, 16), proposent de simplifier les dispositions relatives à l'obligation conditionnelle en supprimant, notamment, les textes relatifs à la classification des conditions casuelles, potestatives ou mixtes et en maintenant seulement la prohibition de la condition potestative de la part du débiteur. La rétroactivité est maintenue comme le principe, qui peut cependant être écarté (v. ss 202).

B. Le terme

209. Il convient de définir la notion et d'en étudier les effets.

1. La notion de terme

a) Définition

► ***Le terme*** est un événement futur et certain dont dépend l'exigibilité ou l'extinction d'une obligation.

210. Contrairement à la condition, le terme ne met jamais en cause l'existence de l'obligation, il affecte seulement son exigibilité ou sa durée.

---

1. Civ. 3e, 9 janv. 1980, *Bull. civ.* III, 1980, no 12, p. 9.

De plus, une autre différence essentielle avec la condition réside dans le caractère de certitude du terme. Mais l'un comme l'autre, nous l'avons vu, sont des événements futurs.

b) Diverses sortes de termes

211. On peut trouver diverses classifications des termes selon que l'on considère leur nature, leur degré de précision, l'intérêt des contractants ou leurs effets. En ce qui concerne la source, cela ne présente guère d'intérêt, car le terme est pratiquement toujours conventionnel, les cas de termes judiciaires ou légaux étant rares (v. tableau II, en fin de chapitre).

1° Terme de droit ou terme de grâce

212. Selon sa nature, le terme est un droit, une obligation, ou une faveur.

▶ ***Le terme de droit*** est celui qui constitue pour le débiteur un droit ; c'est le terme de droit commun, terme conventionnel, par opposition au terme de grâce.

▶ ***Le terme de grâce***, ou *délai de grâce*, est une faveur accordée par le juge au débiteur pour lui permettre de s'acquitter de son obligation (art. 1244, al. 2, et art. 1184, al. 3).

La loi peut également accorder aux contrats des termes de grâce, d'une manière collective, en cas de crise, guerre, grève postale prolongée, par exemple. C'est ce qu'on appelle les *moratoires*.

▶ ***Le terme légal*** peut constituer une obligation, un devoir, pour le débiteur, car la loi fixe dans certains cas un terme pour l'exécution d'une obligation, par exemple pour faire inventaire après décès (art. 451, art. 795, par ex.).

2° Terme certain ou terme incertain

213. Le terme est toujours, par définition, un événement certain, en ce sens que l'on sait qu'il arrivera, mais on ne sait pas forcément quand. Par exemple, le décès d'une personne est un terme incertain, car si l'on est sûr qu'il se produira, on ne peut savoir quand ce sera. En revanche, lorsqu'une date est fixée, c'est un terme certain.

La jurisprudence, comme la doctrine, ont pendant un temps, abandonné la conception purement objective du terme au profit d'une conception plus subjective. L'adoption de ce critère subjectif permet de faire passer dans le domaine de l'obligation à terme les obligations objectivement conditionnelles, passibles d'annulation pour potestativité en application de l'article 1174 : le juge peut donner pleine efficacité à l'acte en fixant, lui-même, le terme de l'obligation suspendue, sous la qualification de « terme incertain ». Ceci a favorisé l'essor du terme au détriment de la condition.

Cette conception subjective du terme se fonde, d'une part, sur les articles 1040 et 1041 relatifs au testament et, d'autre part, en matière conventionnelle sur l'article 1901 qui assimile la « clause de retour à une meilleure fortune » à un terme suspensif, en dépit de l'aléa objectif entourant la réalisation de l'événement[1]. Elle entraîne une certaine difficulté à distinguer entre le terme et la condition. Selon un auteur « le même événement

---

1. Com. 12 oct. 2004, n° 02-13.230, *RTD civ.* n° 1, 2005. 131, obs. J. Mestre et B. Fages.

objectivement incertain sera qualifié de terme ou de condition selon que les parties, à tort ou à raison, le tenaient ou non pour certain »[1].

La Cour de cassation semble, toutefois, revenir à une conception plus objective, mais il s'agirait non pas d'annihiler le pouvoir de volonté des parties en matière de modalités mais de se borner à le canaliser lorsque la modalité est empreinte de potestativité[2].

3° Terme formulé dans l'intérêt du débiteur, du créancier, ou des deux

214. Le terme peut être formulé dans l'intérêt de l'une ou l'autre partie ou même des deux.

– Le terme est généralement consenti dans ***l'intérêt du débiteur*** (art. 1187), puisqu'il lui permet de différer son paiement. C'est ce qui explique qu'il puisse y renoncer et payer par anticipation.

– Il peut se faire que le terme soit stipulé dans l'*intérêt du créancier* : dans ce cas, cela doit être expressément stipulé ; par exemple, le dépôt convenu jusqu'à telle date : le déposant, créancier de la restitution, peut l'exiger, même avant l'expiration du terme, supposé consenti dans son intérêt (art. 1944).

– Enfin, le terme peut avoir été inséré dans ***l'intérêt commun des deux contractants*** : par exemple, dans le prêt à intérêt, l'emprunteur a intérêt à conserver la somme le plus longtemps possible, mais le prêteur a lui aussi intérêt à ne pas être remboursé par anticipation lorsque le placement est avantageux.

215. En cas de doute, on applique l'article 1187 qui exige une mention expresse de la part du créancier et les tribunaux apprécient souverainement[3].

4° Terme suspensif ou extinctif

► ***Le terme est suspensif*** lorsqu'il retarde l'exécution de l'obligation.

216. Il en est ainsi, par exemple, si j'achète une voiture aujourd'hui et qu'il est convenu que je la paierai dans six mois : jusque-là le vendeur ne peut rien me réclamer. Le jour fixé pour l'exécution est l'échéance.

► ***Le terme est extinctif*** lorsqu'il éteint l'obligation.

217. Par exemple, si je loue une villa pour trois mois et qu'il est convenu que je l'occupe de suite, mais qu'à l'expiration des trois mois je quitterai les lieux. Ou encore, si j'achète une maison en viager : je serai libéré de ma dette au décès du crédirentier.

2. Les effets du terme

218. Pour étudier ces effets, nous allons examiner d'une part le mécanisme du terme, d'autre part sa disparition.

a) Le mécanisme du terme

219. Il faut, tout de suite, distinguer selon qu'il s'agit d'un terme extinctif ou suspensif.

---

1. J.-J. Taisne, *La notion de condition dans les actes juridiques*, thèse, Lille, 1977, n° 56.
2. V. arrêts cités, v. ss 179.
3. Req. 21 avr. 1896, *D.* 1896. I. 484, rapp. Voisin ; Civ. 24 janv. 1934, *DH* 1934. 145.

1° Le terme suspensif

220. Pour le terme suspensif, c'est l'article 1185 qui pose les deux principaux effets du terme, il ne suspend point l'engagement, il en retarde seulement l'exécution, empêchant le créancier d'exiger le paiement avant l'échéance. Il est, cependant, parfois difficile de distinguer un terme incertain d'une condition. Là encore, les tribunaux se livrent à une interprétation de la volonté des parties.

221. *Lorsque le terme est suspensif, l'obligation à terme existe*, ce qui implique :

– que le créancier peut faire des actes conservatoires, comme dans le cas où sa créance est seulement conditionnelle (art. 1180) ;
– que le débiteur qui a payé, même par erreur, avant l'expiration du terme a fait un paiement valable, qui ne peut donner lieu à l'action en répétition de l'indu (art. 1186) ;
– que l'acheteur d'un corps certain en est immédiatement devenu propriétaire, même si la livraison doit avoir lieu à terme et, de ce fait, les risques de perte par force majeure sont à sa charge.

222. *L'obligation à terme n'est pas exigible* mais il faut distinguer :

– *si le terme est dans l'intérêt du débiteur :* le créancier ne peut exiger le paiement avant l'expiration du terme, ni faire valoir la compensation (art. 1291, § 1 ; v. ss 516 s.) ni exercer les actions oblique et paulienne (v. ss 310 s., 337 s.). En contrepartie, la prescription ne court pas contre le créancier (art. 2257, § 4). En revanche, le débiteur peut y renoncer et payer par anticipation surtout si les intérêts sont lourds ;
– *si le terme est dans l'intérêt du créancier*, il peut refuser d'être payé avant l'échéance, sauf cas particuliers ; des décrets-lois des 16 juillet et 30 octobre 1935 ont permis aux débiteurs d'imposer le règlement anticipé de certaines dettes contractées antérieurement, notamment emprunts à des conditions trop onéreuses, mais c'est exceptionnel et généralement dû à une crise économique.

2° Le terme extinctif

223. Pour le terme extinctif, il s'agit d'une obligation pure et simple dont l'extinction est liée à l'échéance du terme. À l'échéance, l'obligation cesse, mais sans *rétroactivité*.

b) L'extinction du terme

Le terme peut disparaître normalement à l'échéance ou avant celle-ci, soit par suite d'une renonciation, soit par déchéance.

► ***L'échéance*** : elle se situe au jour fixé, lorsqu'il s'agit d'un terme certain. Elle a pour effet de rendre la créance exigible.

224. Le créancier, s'il a un titre exécutoire, peut adresser au débiteur une mise en demeure puis procéder à des mesures d'exécution forcée (v. ss 374 s.).

► ***La renonciation*** *:* elle met fin au terme en rendant l'obligation exigible.

225. Elle doit émaner de celui au profit duquel le terme existait.

► ***La déchéance*** : il s'agit d'une sanction qui frappe le débiteur et qui lui fait perdre le bénéfice du terme.

226. Selon l'article 1188 il s'agit désormais uniquement de la diminution des sûretés par la faute du débiteur : c'est ce qui se passe, par exemple, si le débiteur démolit ou loue l'immeuble hypothéqué par son créancier à terme, mais il est essentiel qu'il y ait eu une sûreté particulière consentie au créancier à terme, que cette sûreté ait subi une diminution de valeur ou, selon la jurisprudence, qu'une sûreté promise n'ait pas été fournie et, enfin, que la diminution des sûretés soit le fait du débiteur et non le résultat d'un cas fortuit.

227. L'article 1188 prévoyait un autre cas de déchéance de plein droit du terme : la faillite, mais cela a été supprimé par la loi du 25 janvier 1985 réformant le droit de la faillite et instituant le redressement et de liquidation judiciaire des entreprises.

228. *Les projets de réforme* se proposent seulement de développer un peu les dispositions consacrées au terme, jugées actuellement « squelettiques ». Ils précisent ainsi les notions de terme suspensif et extinctif.

II. Les obligations plurales

229. La seconde catégorie d'obligations complexes est représentée par les *obligations plurales*. Ici, la modalité affecte l'aspect quantitatif de l'obligation : une obligation est dite plurale en effet, soit parce qu'elle a plusieurs objets, soit parce qu'elle a plusieurs sujets. Cette distinction est utilisée par le projet de réforme gouvernemental.

230. Les choses sont assez simples concernant la pluralité d'objet ; elles sont plus complexes lorsqu'il s'agit de la pluralité de sujets.

A. Les obligations plurales par leur objet

231. *La pluralité d'objets intervient dans trois cas :* lorsqu'il y a obligations conjonctives, obligations alternatives ou obligations facultatives (v. schémas en fin de chapitre).

1. L'obligation conjonctive

► ***L'obligation est conjonctive*** (elle est qualifiée de ***cumulative*** dans le dernier projet gouvernemental) lorsque le débiteur est tenu d'exécuter deux ou plusieurs prestations.

232. Par exemple, un artisan peintre doit fournir le papier peint et son travail, un testateur vous lègue un immeuble et 10 000 euros. On fait d'ailleurs une distinction selon qu'il s'agit d'une obligation unique portant sur plusieurs objets, comme dans le premier exemple, ou plusieurs obligations portant sur des objets distincts : ainsi dans le contrat de leasing il y a combinaison de location de matériel, de mandat et de promesse de vente. Mais, quoi qu'il en soit, les différents objets sont dus et doivent être livrés ou exécutés.

2. L'OBLIGATION ALTERNATIVE

► ***L'obligation est alternative***, lorsqu'elle a pour objet plusieurs prestations et que l'exécution de l'une d'elles suffit à libérer le débiteur.

233. Les deux choses sont dues mais le débiteur se libère en exécutant l'une ou l'autre de ces prestations (art. 1189), mais non une fraction de l'une et une fraction de l'autre (art. 1191). C'est à lui qu'incombe le choix entre ces deux prestations (art. 1190). Toutefois, le choix peut avoir été accordé au créancier expressément (art. 1190 et 1194, al. 1er), ou tacitement selon la jurisprudence : par exemple, un commerçant offre pour une tombola un lot représenté par un vêtement ou un bon d'achat d'une certaine somme, ici c'est au créancier, le titulaire du billet gagnant, qu'appartient le choix. Cela peut aussi dépendre des circonstances : emprunt émis par une société, remboursable dans telle ou telle monnaie selon la place de paiement choisie, au gré du créancier [1].

234. Lorsque c'est au débiteur qu'il appartient de choisir l'une ou l'autre prestation qu'il désire effectuer, et qu'il ne s'y décide pas, le juge peut le condamner à effectuer ce choix mais ne peut choisir à sa place ni autoriser le créancier à le faire [2]. Si le débiteur s'obstine dans son inaction, le juge pourra seulement prononcer la résolution du contrat et le condamner à des dommages et intérêts. **L'actuel projet de réforme gouvernemental** prévoit que si le choix n'est pas exercé dans le délai voulu ou dans un délai raisonnable, l'autre partie peut exercer ce choix ou résoudre le contrat, après mise en demeure.

235. Enfin, lorsque l'obligation à l'une des prestations est annulée, l'autre subsiste et devient pure et simple (art. 1192).

De la même façon, si l'une des choses promises périt, même par la faute du débiteur, et ne peut plus être livrée, l'autre subsiste et c'est elle qui est due, le débiteur ne peut se libérer en offrant le prix de la chose qui a péri (art. 1193). C'est d'ailleurs pour cela que, dans le cas où toutes deux ont péri, il doit le prix de celle qui a péri en dernier.

236. Le Code prévoit en détail ce qui se passe en cas de perte de la chose, lorsque c'était au créancier qu'appartenait le choix : si une chose a péri sans la faute du débiteur, il doit l'autre au créancier, mais si le débiteur est en faute, le créancier peut choisir entre la chose qui reste et le prix de celle qui a péri. Et si les deux choses ont péri par la faute du débiteur, le créancier peut réclamer le prix de l'une ou de l'autre à son choix (art. 1194) ; par contre, si elles ont péri toutes deux sans faute de sa part et avant qu'il soit mis en demeure, le débiteur est définitivement libéré (art. 1195).

3. L'OBLIGATION FACULTATIVE

► ***L'obligation est facultative*** lorsque le débiteur ne doit qu'une seule prestation mais a la faculté de se libérer en en effectuant une autre.

237. Par exemple, l'article 1681 prévoit qu'en cas de rescision pour lésion d'une vente d'immeuble, l'acquéreur qui doit restituer l'immeuble a la faculté de se libérer en payant le supplément du juste prix sous la déduction du 1/10e du prix total (v. aussi art. 2131-2168).

---

1. Civ. 3 juin 1930, *DH* 1930. 361.
2. Civ. 3e, 4 juill. 1968, *Bull. civ.* III, no 325.

238. À la différence de ce qui se passe pour l'obligation alternative, il n'y a qu'une seule prestation qui est due, de sorte que si elle est annulée ou si l'objet vient à périr par cas fortuit, l'obligation s'éteint et le débiteur ne doit pas la chose qu'il avait la faculté de livrer pour se libérer. Le choix, ici, n'appartient qu'au débiteur. Ces dispositions, prévues pour les obligations de droit commun, sont également utilisées en matière de donations n'a pas apporté de modification en la matière, si ce n'est en faisant apparaître les obligations facultatives dans un nouvel article 1196. Le projet de la Chancellerie n'en dit mot.

B. La pluralité de sujets

239. Les cas de pluralité de sujets sont plus complexes. Ce sont tous les cas où l'on trouve soit plusieurs débiteurs soit plusieurs créanciers.

► ***L'obligation est, en principe, conjointe***, c'est-à-dire qu'elle se divise entre les plusieurs créanciers ou entre plusieurs débiteurs, mais toute obligation n'est pas susceptible de division : *l'obligation peut être indivisible* si son objet n'est pas susceptible de division.

► ***L'obligation peut être solidaire*** **ou** ***in solidum*** si un lien unit entre eux les différents créanciers ou les différents débiteurs et les oblige chacun pour le tout (v. schémas en fin de chapitre).

1. Obligation conjointe entre plusieurs créanciers ou débiteurs

► « L'obligation est divisible ou indivisible selon qu'elle a pour objet ou une chose qui dans sa livraison, ou un fait qui dans l'exécution, est ou n'est pas susceptible de division, soit matérielle, soit intellectuelle ».

240. Cette définition donnée par l'article 1217, est très claire : dans la mesure où l'objet de l'obligation peut se diviser, l'obligation elle-même va pouvoir se diviser entre plusieurs créanciers ou plusieurs débiteurs. Mais la doctrine en donnant aux obligations divisibles le nom d'obligations conjointes a obscurci cette classification.

a) L'obligation conjointe a un objet divisible

► ***Les obligations conjointes ou divisibles*** sont celles dont l'objet est susceptible de division.

241. Le principe en droit positif, est que toute créance ou dette se divise de plein droit entre les divers créanciers ou les divers débiteurs, en principe par parts égales ou « parts viriles », à moins qu'un pourcentage différent n'ait été prévu. Elle se fractionne alors en plusieurs obligations autonomes, dont chacun est soit débiteur, soit créancier.

242. En pratique, il est rare que le créancier s'engage envers plusieurs débiteurs sans exiger leur solidarité qui intervient de plein droit en matière commerciale (idée de crédit) mais doit être expressément prévue en matière civile (v. ss 260).

C'est surtout lorsqu'une obligation, née entre un seul créancier et un seul débiteur, est transmise activement ou passivement à plusieurs personnes que l'obligation sera conjointe. Ainsi, lorsqu'une personne qui a emprunté 2 000 euros à un prêteur vient à mourir en laissant deux fils pour héritiers, le créancier ne pourra réclamer que 1 000 euros à chacun d'entre eux. En matière successorale, les cohéritiers sont toujours conjoints : créanciers conjoints ou débiteurs conjoints (art. 1220, *in fine*).

243. Toutefois, ce principe de divisibilité souffre exception à l'égard des héritiers du débiteur dans quelques cas énumérés par l'article 1221, c'est-à-dire :

« 1° Dans le cas où la dette est hypothécaire ;

« 2° Lorsqu'elle est d'un corps certain ;

« 3° Lorsqu'il s'agit de la dette alternative de choses au choix du créancier, dont l'une est indivisible… ».

Dans ces trois premiers cas l'héritier qui possède la chose où le fonds peut être poursuivi pour le tout, sauf le recours contre ses cohéritiers ;

« 4° Lorsque l'un des cohéritiers est chargé seul, par le titre, de l'exécution de l'obligation… », dans ce cas, il est évidemment poursuivi pour le tout, sauf son recours contre ses cohéritiers ;

« 5° Lorsqu'il résulte, soit de la nature de l'engagement, soit de la chose qui en fait l'objet, soit de la fin qu'on s'est proposée dans le contrat, que l'intention des contractants a été que la dette ne pût s'acquitter partiellement… ». Dans ce dernier cas, chaque héritier peut être poursuivi pour le tout, sauf son recours contre ses cohéritiers.

En dehors de ces hypothèses, il existe aussi des obligations indivisibles.

b) Mais il existe des obligations indivisibles

► ***Les obligations indivisibles*** sont celles dont l'objet n'est pas susceptible de division entre ses divers sujets actifs ou passifs ; elles ne seront donc jamais conjointes.

244. La règle existe de la même façon dans le cas d'un créancier unique et d'un débiteur unique dans la mesure où le créancier peut refuser tout paiement partiel (art. 1220). Ainsi, chaque codébiteur indivisible est-il tenu d'exécuter le tout, non pas parce qu'il représente les autres ni parce qu'il doit le tout, mais parce que l'objet de l'obligation ne peut être fractionné. Elles constituent une exception au principe de divisibilité des obligations.

La matière a toujours semblé assez complexe et malgré les efforts de Dumoulin et de Pothier pour la clarifier, les articles du Code qui en traitent sont encore assez obscurs.

245. *Les projets de réforme* n'ont pas proposé pas de modification au régime de l'obligation indivisible.

1° Sources de l'indivisibilité

246. L'indivisibilité de l'obligation est fondée sur la nature de son objet, mais cet objet peut être indivisible par sa nature même, *indivisibilité naturelle*, ou par le but envisagé par les parties : *indivisibilité relative* ; ou, encore, être fictivement considéré comme indivisible par la volonté des parties : *indivisibilité conventionnelle*. Cette distinction est reprise dans **l'actuel projet de réforme**.

Indivisibilité naturelle ou absolue

247. Il s'agit des obligations portant sur un objet qui ne peut être fractionné, par exemple l'obligation de livrer un animal vivant, ou celle de ne pas faire quelque chose. C'est le cas défini par l'article 1217.

Indivisibilité relative

248. C'est celle qui est définie par l'article 1218, selon lequel « l'obligation est indivisible, quoique la chose ou le fait qui en est l'objet soit divisible par sa nature si le rapport sous lequel elle est considérée dans l'obligation ne la rend pas susceptible d'exécution partielle ». Il s'agit, par exemple, de l'obligation contractée ensemble par plusieurs entrepreneurs de construire un immeuble : bien que l'exécution divisée par chaque corps de métiers soit concevable, ce n'est pas ce que recherche le créancier qui considère l'exécution de l'immeuble comme un tout.

Indivisibilité conventionnelle

249. Ici, il s'agit d'une obligation dont l'objet est parfaitement divisible, comme une obligation de donner une somme d'argent, mais que les parties ont volontairement et fictivement considéré comme indivisible.

On peut se demander quel est l'intérêt de cette disposition, puisque le créancier pourrait convenir que l'obligation sera solidaire, ce qui, on va le voir, aura le même effet : chacun sera tenu pour le tout. En pratique, d'ailleurs, les créanciers stipulent souvent que leurs débiteurs s'engagent « solidairement et indivisiblement ». L'avantage apparaît au cas de décès d'un des contractants : si l'obligation est seulement solidaire, elle se divise entre ses héritiers, alors que si elle est indivisible, elle ne se divise point entre eux.

Cette indivisibilité conventionnelle est généralement expresse (article 1221, 4°, mais elle peut également, semble-t-il, être tacite selon l'interprétation généralement donnée aux dispositions de l'article 1221, 5° ; v. ss 241).

Par extension, la jurisprudence reconnaît, à côté des obligations indivisibles, des *contrats indivisibles* afin de lier la formation, l'exécution, l'interprétation ou la destruction d'un contrat à un autre (v. ss 1202 s.). De son côté, le législateur a multiplié les cas d'indivisibilité intercontractuelle pour protéger les consommateurs.

2° Effets de l'indivisibilité

250. Il faut faire une distinction selon qu'il y a pluralité de créanciers : *indivisibilité active*, ou pluralité de débiteurs : *indivisibilité passive.*

Effets de l'indivisibilité active

251. L'indivisibilité active est assez rare, car elle n'offre guère d'intérêt pour les créanciers qui courent le risque de ne pouvoir recourir contre celui qui aura reçu le paiement intégral. Il s'agira donc, généralement, d'une indivisibilité naturelle apparaissant au décès d'un créancier d'une obligation non susceptible de division : s'il a plusieurs héritiers, ceux-ci deviendront créanciers indivisibles (art. 1223).

Chaque cohéritier peut alors réclamer le tout (art. 1224) et devra le mettre en commun, ou sinon les autres auront un recours contre lui.

Un cohéritier créancier indivisible ne peut pas non plus consentir seul une remise de dette, ou s'il le fait, ce ne peut être que pour sa part (art. 1224).

En revanche, si l'un des créanciers interrompt la prescription ou met le débiteur en demeure, les autres créanciers en profitent tous.

Effets normaux de l'indivisibilité passive

252. L'indivisibilité passive peut découler d'une obligation contractée simultanément par plusieurs débiteurs (art. 1222) ou de la transmission de la dette aux héritiers d'un débiteur indivisible (art. 1223). La dette ne se divise pas entre eux, chacun est tenu pour le tout.

Un cohéritier indivisible, assigné pour la totalité de la dette, ne peut donc opposer le bénéfice de division, mais il dispose toutefois d'une exception dilatoire (c'est-à-dire permettant de gagner du temps) pour mettre en cause ses cohéritiers (C. civ., art. 1225).

Le codébiteur, qui a payé le tout, aura un recours contre les autres pour ce qui excède sa part.

À côté de ces effets indiscutables, il en est d'autres qui prêtent à discussion.

253. Ainsi, les causes de libération, dont bénéficie l'un des codébiteurs, profitent-elles aux autres par exemple ? La jurisprudence répond affirmativement. De son côté, l'article 2249, alinéa 2, admet que l'interruption de la prescription, faite à l'égard de l'un des cohéritiers du débiteur lorsque l'obligation est indivisible, vaut à l'égard de tous. La jurisprudence est plus incertaine en ce qui concerne la portée des jugements rendus contre l'un des débiteurs. En effet, elle hésite à étendre à l'indivisibilité la théorie admise pour la solidarité (v. *infra*) ; celle de la représentation des codébiteurs par l'un d'entre eux, et l'on préfère généralement provoquer la mise en cause de tous les débiteurs pour éviter toute discussion. La jurisprudence admet également, contrairement à ce qui se passe pour la solidarité, qu'une voie de recours exercée par l'un des codébiteurs indivisible profite aux autres.

3° Extension de la notion aux ensembles indivisibles

254. Il existe certaines situations composées de plusieurs éléments formant un tout de sorte qu'elles ne peuvent être classées, non pas dans telle ou telle catégorie juridique déterminée, mais dans celle des « ensembles indivisibles », par exemple, l'obligation de fourniture de carburant et l'obligation de fourniture de lubrifiants dans un contrat entre une compagnie pétrolière et une station-service [1] ou encore le contrat de vente d'un véhicule neuf et le contrat de reprise du véhicule usagé de l'acquéreur [2]. Les rédacteurs du Code civil, pour leur part, n'ont envisagé que *l'indivisibilité de l'exécution de l'obligation*. Il s'agit ici d'une indivisibilité envisagée plus largement et essentiellement subjective.

En cas de litige, c'est aux juges du fond d'apprécier le caractère divisible ou indivisible des différents éléments. Et, pour cela, ils vont tenir compte de l'existence d'une cause commune du complexe envisagé, d'un objet commun qui ne soit pas susceptible d'exécution partielle, en d'autres termes tous les éléments de l'ensemble doivent avoir été considérés par les parties comme « autant de conditions, non seulement de sa validité, mais également de son exécution ».

255. L'indivisibilité liant les différents éléments explique notamment que la nullité de l'un entraîne l'annulation des autres [3] (ou leur caducité dans **l'actuel projet de réforme de la Chancellerie**. Sur cette question, aussi v. ss 1196 s., Les groupes de contrat).

---

1. Paris, 21 nov. 1991, *JCP E* 1992. Pan. 40.
2. Civ. 1re, 9 mars 1964, *Bull. civ.* I, n° 134.
3. Paris, 21 nov. 1991, préc. : la nullité fondée sur les articles 1129 et 1591 frappant le contrat de fourniture de lubrifiants entraîne l'annulation de l'ensemble du contrat d'approvisionnement

256. Les effets de l'indivisibilité se rapprochant de ceux de la solidarité et les complétant, il n'est pas surprenant de constater que les créanciers demandent le plus souvent aux débiteurs de s'engager « solidairement et indivisiblement ».

Nous allons examiner, maintenant, les règles relatives aux obligations solidaires caractérisées cette fois, non plus par la nature de leur objet, mais par celle du lien unissant les différents sujets, actifs ou passifs.

2. Obligation solidaire entre plusieurs créanciers ou débiteurs

► ***Les obligations solidaires*** sont celles qui, bien que parfaitement divisibles par leur objet, ne se divisent pas entre leurs différents sujets actifs ou passifs, qui sont liés par un lien spécifique, de solidarité : solidarité active ou passive.

257. La solidarité active qui est la solidarité entre les créanciers, permet à l'un des créanciers d'obtenir du débiteur le paiement intégral de la créance.

La solidarité passive ou solidarité entre débiteurs, est particulièrement intéressante pour le créancier qui peut obtenir le paiement intégral de sa créance de n'importe lequel des débiteurs ; c'est donc une sécurité pour lui, puisqu'il pourra s'adresser au débiteur le plus solvable (art. 1197 et 1200).

Mais, comme l'article 1202 prévoit que la solidarité ne se présume pas, la jurisprudence et la doctrine se sont vues amenées à suppléer cette solidarité par une notion très voisine : la *solidarité imparfaite* ou *obligation in solidum*. Nous examinerons donc successivement l'obligation solidaire au sens strict, puis l'obligation *in solidum*.

258. Les rédacteurs de l'*avant-projet Catala de réforme du droit des obligations* se sont interrogés sur le point de savoir s'il convenait ou non d'aligner le droit civil sur le droit commercial et de décider que la solidarité devait devenir le principe en matière civile, sauf convention contraire, entre les codébiteurs tenus d'une obligation commune (et, de même, activement entre créanciers). Mais, la majorité d'entre eux « a estimé que le maintien de la présomption actuelle poserait moins de problèmes que son inversion » (Rapport de présentation par Pierre Catala, p. 54). **L'actuel projet de réforme de la Chancellerie** (oct. 2013) a maintenu la règle : « la solidarité ne se présume pas ».

a) L'obligation solidaire stricto sensu

1° Les sources de la solidarité

259. La solidarité peut être *conventionnelle* ; elle résulte alors d'un échange de volonté dans les contrats, ce qui suppose évidemment, ainsi qu'on l'a vu plus haut, que l'obligation soit divisible (v. ss 241).

260. Elle peut aussi être *légale*. C'est ainsi par exemple que dans le régime primaire, qui s'impose aux époux quel que soit par ailleurs le régime matrimonial choisi, les dettes contractées pour les besoins du ménage et l'éducation des enfants sont toujours solidaires entre eux (C. civ., art. 220). De même, l'article 1887 du Code civil prévoit la solidarité entre les co-emprunteurs ; ou encore, l'article L. 221-1 du Code de commerce prévoit que dans les sociétés en nom collectif, les associés sont solidairement responsables du passif social.

préférerait voir ici des avantages accordés au créancier pour remplacer une garantie. Mais la jurisprudence continue à faire application de cette notion de représentation.

269. La solidarité passive produit donc des *effets principaux*, dont le fondement diffère selon les théories, et des *effets secondaires* fondés sur l'idée de représentation.

♦ *Les effets principaux dans les rapports du créancier et des codébiteurs : l'obligation à la dette*

270. Certains effets se rattachent à l'unité d'objet.

– Le créancier peut demander le paiement intégral de la créance à l'un quelconque des débiteurs, qui ne peut lui opposer le principe de division (art. 1203). C'est évidemment très intéressant pour le créancier, qui s'adressera en priorité au débiteur le plus solvable.

– Le paiement intégral fait par l'un des débiteurs libère les autres envers le créancier (art. 1200). De même, tous les autres modes d'extinction de l'obligation, tels que la novation (art. 1281, al. 1er), la prescription extinctive, l'impossibilité fortuite d'exécution ou la condition résolutoire (v. ss 537 s.), profitent à tous les débiteurs solidaires. Toutefois, en ce qui concerne la compensation, elle ne peut être invoquée que par le débiteur intéressé et non être opposée au créancier par ses codébiteurs (art. 1294, al. 3). En revanche, un paiement partiel ne libère que partiellement.

Pour ce qui est de la remise de dette, l'article 1285 dispose que la décharge faite au profit de l'un des codébiteurs solidaires libère tous les autres, à moins qu'elle n'ait été expressément faite qu'à son profit. Dans ce cas, le créancier ne pourra plus poursuivre contre les autres que déduction faite de la part de celui auquel la remise a été faite. Cette règle est reprise dans **l'actuel projet gouvernemental** dans les dispositions consacrées à l'extinction des obligations. Le projet prévoit par ailleurs spécifiquement dans les dispositions relatives à la solidarité, la remise de la solidarité faite par le créancier à l'un des codébiteurs solidaires ; il prévoit que dans ce cas, le créancier conserve sa créance contre les autres, déduction faite de la part du débiteur qu'il a déchargé.

– Les exceptions communes à tous les débiteurs, parce qu'elles touchent à l'objet même de l'obligation, peuvent être opposées au créancier par tout débiteur et paralyser son action : par exemple, nullité de la dette pour objet ou cause illicite ou immorale (art. 1208) ou pour défaut de forme ; par exemple encore, extinction de la dette par prescription extinctive, novation (art. 1281) ou perte de la chose due par force majeure.

271. D'autres conséquences se rattachent plutôt à la pluralité de liens.

Le créancier dispose de plusieurs actions : il peut s'adresser successivement ou simultanément à plusieurs débiteurs (art. 1204) ; il peut même renoncer à son action contre l'un des débiteurs, sans perdre celles dont il dispose contre les autres[1].

L'obligation de chaque débiteur peut présenter des caractères différents de celles des autres. Ainsi, la validité de l'obligation peut-elle être différente selon chaque débiteur, par exemple si l'un d'entre eux est incapable ou a été victime d'un vice de consentement, son obligation peut être nulle sans que cela nuise à la validité de celles des autres. De même, certaines obligations peuvent être assorties de modalités, terme ou condition, alors que les autres sont pures et simples (art. 1201). Enfin, nous l'avons vu plus haut, la compensation ou la remise de dette à titre personnel peut éteindre l'obligation de l'un des débiteurs, sans nuire à celles des autres.

1. Req. 11 mars 1935, *DP* 1936. I. 80, note A.C.

272. Dans ces différents cas, l'un des débiteurs pourrait donc opposer une exception personnelle aux poursuites du créancier, mais il faut distinguer entre les exceptions *purement personnelles*, comme le vice du consentement, l'incapacité ou la compensation qui ne peut être invoquée que par l'intéressé (art. 1208, al. 2, et art. 1294, al. 3), et les exceptions *simplement personnelles*, qui peuvent être invoquées par les autres débiteurs pour faire déduire du total la part du débiteur libéré, par exemple en cas de remise de dette à titre personnel (art. 1285, al. 2) ou de confusion (art. 1301, al. 3).

Notons, toutefois, que le même fait peut être envisagé différemment, selon qu'il s'agit d'un codébiteur solidaire ou d'une caution, notamment l'extinction d'une créance à l'encontre d'un débiteur en redressement judiciaire, faute de déclaration dans le délai légal, ne libère pas le codébiteur solidaire, « celui-ci ne pouvant opposer, au titre des exceptions communes, que celles qui affectent l'ensemble des liens obligatoires unissant les débiteurs au créancier »[1], alors que le même fait est considéré comme « une exception inhérente à la dette que conformément à l'article 2036, alinéa 1er, la caution peut opposer au créancier »[2]. On a, ainsi, pu dire que la solidarité passive pouvait être considérée comme une variété de sûreté personnelle[3].

♦ *Les effets principaux dans les rapports des codébiteurs entre eux : la contribution à la dette*

273. Une fois que l'un des codébiteurs a payé, l'obligation se divise, de plein droit, entre les codébiteurs et le *solvens* (celui qui a payé) dispose contre chacun d'eux d'un recours.

Division de la dette

274. Aux termes de l'article 1213, les débiteurs, s'ils sont tenus solidairement envers le créancier, ne « sont tenus entre eux que chacun pour sa part et portion ». Cette règle est reprise **dans l'actuel projet de réforme** (oct. 2013). Cette répartition de la dette entre les codébiteurs se fait, en principe, par parts égales, mais une répartition différente peut être prévue conventionnellement, si les différents débiteurs avaient des intérêts différents dans l'affaire. Il est même possible qu'un des débiteurs soit tenu pour le tout, si l'affaire ne concerne que lui et, dans ce cas, les codébiteurs sont considérés comme ses cautions (art. 1216).

En cas d'insolvabilité d'un des codébiteurs, la perte ainsi occasionnée se répartit entre tous les autres codébiteurs solvables, y compris celui qui a fait le paiement (art. 1214, al. 2). Là encore, la règle est maintenue dans le projet de réforme.

Recours du débiteur qui a payé contre ses codébiteurs

275. Le débiteur qui a payé tout ou partie de la dette va disposer, dans la mesure où ce paiement excédait sa part contributive, de diverses actions à l'égard de ses codébiteurs.

Il dispose, tout d'abord, de l'action personnelle, née du mandat ou de la gestion d'affaires par laquelle, en payant, il a agi dans l'intérêt de tous, mais il s'agit d'une action

1. Com. 19 janv. 1993. *D.* 1993. 331, note A. Honorat et J. Patarin ; *JCP* 1993. II. 22056, note Ph. Petel.
2. Com. 17 juill. 1990 [deux arrêts], *D.* 1990. 494, note A. Honorat.
3. *RTD civ.* 1993. 581, obs. J. Mestre.

purement chirographaire, sans sûreté. Et, ensuite, il peut exercer l'action du créancier lui-même puisqu'il jouit du bénéfice de la subrogation légale, prévue par l'article 1251, 3°, et ainsi, il profite de toutes les garanties attachées à la créance à laquelle il est subrogé. Toutefois, il n'est pas subrogé dans la solidarité elle-même, c'est-à-dire que ses codébiteurs ne sont pas solidaires à son égard : il devra les poursuivre individuellement et chacun pour sa part (art. 1214, al. 1er).

♦ *Les effets secondaires de la solidarité passive*

276. À côté de ces effets principaux, la loi et la jurisprudence ont également dégagé plusieurs effets secondaires de la solidarité passive. C'est, précisément, pour expliquer ces effets secondaires que la doctrine a, tout d'abord, proposé de recourir à la notion de représentation. Malgré des critiques, dues au fait que cette théorie est apparue tardivement et qu'elle repose sur une interprétation hypothétique de la volonté des parties, elle a cependant été finalement admise par l'ensemble de la doctrine, en ce qui concerne, au moins, les effets secondaires. Toutefois, il faut préciser que les codébiteurs solidaires sont censés se représenter pour conserver l'obligation, mais non pour l'augmenter et ce, depuis une doctrine qui remonte à Dumoulin, dès le XVIE siècle.

Voyons quels sont ces effets secondaires : les uns sont prévus par la loi, les autres ont été élaborés par la jurisprudence.

277. La ***loi*** a prévu quelques-uns de ces effets secondaires.

– *L'article 1205* dispose que la mise en demeure, adressée par le créancier à l'un des codébiteurs solidaires, produit effet à l'égard de tous. Notamment, en cas de perte d'un corps certain, objet de la créance, par la faute d'un débiteur, les codébiteurs assument les risques puisqu'ils sont tenus de payer le prix de cette chose. La perte par cas fortuit *après mise en demeure* est assimilée à une perte imputable au retard, donc à la faute du débiteur mis en demeure. Mais, en revanche, ils ne sont pas astreints à des dommages-intérêts, car cela accroîtrait leurs obligations respectives.

– *L'article 1206* dispose que « les poursuites faites contre l'un des codébiteurs solidaires interrompent la prescription à l'égard de tous ». Il en est de même pour tout acte interruptif de la prescription. Ceci aggrave la situation des codébiteurs, mais étant prévu par la loi, il est inutile d'avoir recours à l'idée de représentation.

– Selon *l'article 1207*, « la demande d'intérêts [moratoires] formée contre l'un des débiteurs solidaires fait courir les intérêts à l'égard de tous ». Ici, en pratique, cela va aggraver la situation des codébiteurs… mais c'est la loi qui le prévoit.

– *L'article 1365, alinéa 4*, décide que le serment « déféré à l'un des débiteurs solidaires profite aux codébiteurs ». Toutefois, l'alinéa 4 est inapplicable lorsque le serment avait été déféré à chacun des codébiteurs solidaires et qu'il a été prêté par l'un et refusé par l'autre[1].

278. La ***jurisprudence*** a introduit d'autres extensions. Elles sont surtout apparues en procédure, où l'on considère que « chacun des codébiteurs solidaires doit être considéré comme le contradicteur et le représentant nécessaire de ses coobligés », dans la mesure, toujours, où il n'aggrave pas leur situation car, selon la Cour de cassation, le mandat qu'ils sont censés se donner entre eux « s'il leur permet d'améliorer la condition de tous,

---

1. Civ. 28 févr. 1938, *DC* 1942. 99 [1re esp.], note G. Holleaux.

n'a pas pour effet de nuire à la condition d'aucun d'eux »[1]. Cette règle se justifie par l'idée qu'il s'agit d'une représentation tacite qui s'admet sans difficulté lorsqu'il s'agit d'améliorer la situation des parties mais non de l'aggraver.

– Un jugement obtenu au cours d'un procès entre le créancier et l'un des débiteurs a autorité de la chose jugée à l'égard des autres, c'est-à-dire qu'il leur est opposable, et les empêche de faire tierce opposition sauf s'il leur impose une obligation nouvelle, ou s'il a été rendu à la suite d'une collusion frauduleuse, ou s'ils ont eux-mêmes à faire valoir un moyen personnel.

– En ce qui concerne les voies de recours, la jurisprudence est assez complexe et ne correspond pas toujours avec cette notion de représentation, chacun devant, en principe, exercer son recours individuellement, mais pouvant encore, en cas de forclusion, se joindre au pourvoi formé par un autre. Selon l'article 552 du nouveau Code de procédure civile « en cas de solidarité... à l'égard de plusieurs parties, l'*appel* formé par l'une conserve le droit d'appel des autres, sauf à ces dernières à se joindre à l'instance ». En revanche, « si un codébiteur solidaire, condamné en première instance, néglige de relever appel des dispositions civiles d'un jugement correctionnel, celui-ci a force de chose jugée contre lui sur ces dispositions, même s'il est réformé sur appel de son codébiteur »[2].

En matière de ***pourvoi en cassation***, si en principe la cassation d'un arrêt prononçant une condamnation solidaire profite à tous les codébiteurs solidaires, il n'en est pas de même lorsqu'un de ces codébiteurs solidaires a formé lui-même un pourvoi en cassation sans se joindre à celui de ses coobligés et que ce pourvoi a été rejeté[3].

– La cession de créance signifiée à l'un des codébiteurs solidaires est opposable à tous.

– En revanche, la jurisprudence ne fait pas jouer la représentation en l'absence de disposition légale, si cela revenait à nuire au codébiteur solidaire défaillant. Ainsi, la deuxième chambre civile relève-t-elle que : « Un jugement rendu par défaut ou réputé contradictoire au seul motif qu'il est susceptible d'appel, portant condamnation solidaire notifié à l'un des coobligés, est non avenu à l'égard de ceux non comparants, auxquels il n'a pas été notifié dans les délais prévus à l'article susvisé » (C. pr. civ., art. 478)[4].

La jurisprudence tend de plus en plus, aujourd'hui, à écarter la notion de représentation mutuelle des codébiteurs solidaires pour expliquer les effets de la solidarité.

279. L'actuel projet de réforme gouvernemental (oct. 2013), n'apporte pas de modification notable au régime de la solidarité passive. De façon générale, cependant, il simplifie les dispositions actuelles dans leur nombre et dans leur formulation.

b) L'obligation in solidum

280. Le droit romain avait prévu, à côté des obligations solidaires (ou corréales), des obligations *in solidum* en cas de faute commune : les coauteurs fautifs d'un dommage étaient tenus pour le tout, chaque fois qu'il était impossible de distinguer le préjudice causé par chacun d'eux.

---

1. Civ. 16 déc. 1891, *DP* 1892. I. 177, note Cohendy.
2. Civ. 1re, 24 nov. 1998, *JCP* 1998. IV. 1053 ; *JCP* 1999. I. 1114, obs. G. Loiseau.
3. Civ. 1re, 5 juin 1985, *D.* 1986. 361, note Aubert, *RTD civ.* 1986. 598, obs. J. Mestre.
4. Civ. 2e, 29 janv. 1997, *JCP* 1997. II. 22789, concl. R. Kessous ; *JCP* 1997. I. 4015, obs. M. Billiau.

Bien que le Code civil ne fasse pas cette distinction et que l'article 1202 dispose que « la solidarité ne se présume point », la jurisprudence a été amenée à ressusciter cette notion d'obligation *in solidum*, notamment dans le cadre de la responsabilité civile.

281. En fait, la situation est un peu différente : il n'y a pas une seule dette commune à plusieurs débiteurs, mais plusieurs dettes identiques, c'est-à-dire *pluralité d'objets et pluralité de liens*, et ce qui empêche le créancier payé par l'un d'eux de réclamer le paiement aux autres, c'est qu'il n'aurait, alors, plus d'intérêt à agir. Dans l'obligation solidaire plusieurs débiteurs s'entendent pour mettre leurs dettes en commun et s'engagent chacun pour le tout ; Pierre doit 100 euros, Paul doit 100 euros mais l'un ou l'autre pourra être amené à payer 200 euros. Dans l'obligation *in solidum*, au contraire, il n'y a pas addition de dettes, chacun des débiteurs était tenu pour le tout, dès le début, mais pour des causes différentes : par exemple l'assureur d'un automobiliste auteur d'un accident doit indemniser la victime en raison du contrat qui les lie, et l'auteur de l'accident doit également l'indemniser en application des règles de la responsabilité civile. Chaque débiteur doit une chose identique à ce que doit l'autre (réparation du dommage subi par la victime) mais ces obligations ne peuvent être exécutées qu'une fois : Pierre doit 500 euros, Paul doit 500 euros mais le créancier ne percevra que 500 euros et non 1 000 euros.

► Il y a ***obligation in solidum*** chaque fois que plusieurs personnes se trouvent tenues envers une autre de prestations identiques, soit par l'effet du hasard, soit pour d'autres raisons et que le créancier n'a le droit d'obtenir qu'une seule de ces prestations.

1° Domaine des obligations *in solidum*

282. C'est essentiellement dans le domaine de la responsabilité civile et dans le domaine des obligations alimentaires que la jurisprudence a mis en application cette notion d'obligation *in solidum*.

♦ ***Obligation alimentaire*** : en cas de pluralité de débiteurs alimentaires, la jurisprudence considère qu'ils sont tenus *in solidum*, à subvenir à l'intégralité des besoins du créancier d'aliments et que la personne tenue à une obligation alimentaire dispose d'un recours contre ses coobligés pour les sommes qu'elle a payées excédant sa part contributive, compte tenu des facultés respectives des débiteurs[1].

♦ ***Responsabilité civile*** : l'article 55 du Code pénal avait bien prévu la solidarité entre coauteurs d'un délit, mais à la condition qu'ils aient fait l'objet d'une condamnation pénale. Le nouveau Code pénal a abrogé l'article 55 et ne prévoit plus de solidarité qu'en matière de complicité d'évasion pour le paiement « des dommages-intérêts que la victime aurait eu le droit d'obtenir du détenu par l'exercice de l'action civile en raison de l'infraction qui motivait la détention de celui-ci » (C. pén., art. 434-34).

La Cour de cassation et la jurisprudence, en général, ont étendu ce principe à toutes les hypothèses de coresponsabilité, qu'il s'agisse de plusieurs auteurs d'un délit ou d'un quasi-délit, ou de l'auteur et de la personne qui en répond civilement, par exemple : le préposé et le commettant, ou encore des codébiteurs contractuels liés au créancier par des contrats différents ; ex. : un architecte et un entrepreneur qui, par leurs fautes, ont causé un même préjudice au maître de l'ouvrage. Toutefois, certains arrêts divergent parfois sur ce point.

---

1. Civ. 29 mai 1974, *D.* 1975. 482, note Magnin.

283. Dans tous ces cas, selon une formule extraite d'un arrêt, « chacun des coauteurs d'un même dommage, conséquence de leurs fautes respectives, doit être condamné *in solidum* à la réparation de l'entier dommage, chacune de ces fautes ayant concouru à le causer tout entier ». C'est d'ailleurs le cas de l'assureur dans l'assurance de responsabilité : il est tenu *in solidum* avec l'assuré pour la réparation intégrale du préjudice causé. Il s'agit là d'une application de la théorie causaliste de l'*équivalence des conditions*. Cependant, une autre théorie, celle de la *causalité adéquate*, soutient au contraire que chacun participe à la réalisation du dommage selon une proportion calculable et ne doit donc être tenu que dans cette proportion. Cette théorie a prévalu pendant un certain temps, surtout après que la jurisprudence l'a consacrée dans l'arrêt *Pilastre*[1]. Selon cette jurisprudence, le demandeur ne peut réclamer à l'un des coauteurs la réparation intégrale du dommage que s'il « dispose indifféremment contre l'un ou l'autre de ses codébiteurs d'une action permettant, par l'effet de la subrogation portée à l'article 1251, 3°, du Code civil, à celui qui aura payé le tout, de répéter, contre celui ou ceux qui étaient tenus avec lui au paiement, la part de chacun d'eux dans la dette commune ». Toutefois, la jurisprudence a de nouveau évolué et dès 1969-1970, la théorie de l'équivalence des conditions et le recours plus fréquent à l'obligation *in solidum* même en l'absence d'action récursoire, ont repris le dessus (v. ss 1696 s., 1699, 1762 s.).

2° Effets des obligations *in solidum*

284. Ces effets sont assez semblables à ceux de l'obligation solidaire en ce qui concerne les effets principaux, avec quelques aménagements, mais, en revanche, les effets secondaires n'existent pas, car il n'y a pas de communauté d'intérêt et il serait difficile de supposer une représentation mutuelle des codébiteurs.

Toutefois, le cas est un peu différent en matière d'assurances où les décisions établissant la responsabilité de l'assuré sont opposables à l'assureur ; de même l'interruption de prescription faite à l'égard de l'assuré est opposable à l'assureur.

♦ *Chaque codébiteur est tenu pour le tout*

285. Le créancier peut donc, en principe, s'adresser, comme pour les obligations solidaires, à n'importe lequel des codébiteurs, et le paiement effectué par ce dernier libère les autres. L'effet libératoire qui s'attache au paiement s'étend pareillement à cette modalité particulière de règlement simplifié qu'est la compensation. La Cour de cassation déclare, en effet, inapplicable aux obligations *in solidum* l'article 1294, alinéa 3, prévu pour l'obligation solidaire et qui est dérogatoire au droit commun[2].

Mais, en ce qui concerne l'obligation *in solidum*, le total de ce qui est dû n'est pas forcément la même somme pour chaque codébiteur ; par exemple : chaque débiteur d'aliments doit subvenir aux besoins du créancier, mais dans la limite de ses propres ressources, de son propre train de vie, alors qu'en matière de responsabilité civile, ce qui est dû est toujours la réparation de l'entier dommage de la victime.

♦ *Entre les codébiteurs, celui qui a payé a un recours contre les autres*

286. Il bénéficie de la subrogation légale en application de l'article 1251, 3°. Mais, d'une part, le recours aux codébiteurs *in solidum*, se trouve parfois exclu (par exemple,

1. Civ. 2e, 9 mars 1962, *S.* 1963. 2, note Meurisse.
2. Civ. 1re, 29 nov. 1966, *Bull. civ.* I, n° 351, *JCP* 1968. II. 15355, note A. Plancqueel.

l'assureur qui a payé l'intégralité du dommage ne peut se retourner contre l'assuré ; le coauteur d'un accident du travail ne peut se retourner contre l'employeur) et, d'autre part, alors qu'entre débiteurs solidaires le partage se fait par tête, entre les codébiteurs *in solidum* la jurisprudence opère le partage proportionnellement à la gravité de leurs fautes ou de leurs engagements respectifs [1].

287. *L'avant-projet Catala de réforme du droit des obligations* faisait disparaître l'obligation *in solidum* en matière de responsabilité civile au profit d'une obligation solidaire. Ceci apparaissait au sous-titre de la responsabilité civile ou l'article 1378 propose que « tous les responsables d'un même dommage sont tenus *solidairement* à réparation ». **L'actuel projet de réforme de la Chancellerie** ne fait pas non plus la distinction entre la solidarité et l'obligation *in solidum*.

---

1. Civ. 2e, 8 mai 1978, *JCP* 1981. II. 19506, note L. Perallat.

DOCUMENTS

BIBLIOGRAPHIE

Sur les obligations à terme et conditionnelles

BONNET (D.), *Cause et condition dans les actes juridiques*, LGDJ, 2005.
BUFFELAN-LANORE (Y.), *Rép. civ.*, Dalloz, v° *Condition.*
DEROUIN (Ph.), « Pour une analyse "fonctionnelle" de la condition », *RTD civ.* 1978. 1 s.
DONDERO (B.), « De la condition potestative licite », *RTD civ.* 2007. 677 s.
DROSS (W.), « L'introuvable nullité des conditions potestatives », *RTD civ.* 2007. 701 s.
GHESTIN (J.), « La notion de condition potestative au sens de l'article 1174 du Code civil », *in Mélanges A. Weill*, 1983, p. 243.
JAMBU-MERLIN (R.), « Essai sur la rétroactivité dans les actes juridiques », *RTD civ.* 1948. 27 s.
LATINAS (M.), *Essai sur la condition en droit des contrats*, LGDJ, 2009, préf. D. Mazeaud.
MILHAC (O.), *La notion de condition dans la vente*, thèse, Paris I, 1996.
ROCHFELD (J.), « Les droits potestatifs accordés par le contrat », *in Études offertes à J. Ghestin*, LGDJ, 2001, p. 747.
TAISNE (J.-J.), *La notion de condition dans les actes juridiques. Contribution à l'étude de l'obligation conditionnelle*, thèse, Lille, 1977.

Sur les obligations plurales

BINEAU (L.), « Les obligations alternatives en droit privé », *LPA* 6 juin 2002, n° 113, p. 9.
BORÉ (J.) (sur l'obligation *in solidum*), *JCP* 1967. I. 2126.
BOULANGER (J.), « Usage et abus de la notion d'indivisibilité », *RTD civ.* 1950. 1 s.
BUFFELAN-LANORE (Y.), *Essai sur la notion de caducité des actes juridiques en droit civil*, thèse, 1963, LGDJ, préf. Hébraud.
CHABAS (F.), « Remarques sur l'obligation *in solidum* », *RTD civ.* 1967. 310.
GEBLER (M.-J.), « Les obligations alternatives », *RTD civ.* 1969. 1 s.
JULIENNE (M.), « Pour un réexamen du principe de division des dettes conjointes », *D.* 2012. 1201.
LÉCUYER (H.), « Observations sur les donations alternatives ou facultatives », *Dr. fam.* 1999. Chron. n° 6.
MEURISSE, « Le déclin de l'obligation *in solidum* », *D.* 1962. Chron. I, p. 242.
MOURY (J.), « De l'indivisibilité entre les obligations et entre les contrats », *RTD civ.* 1994. 255.
RAYNAUD, *in Mélanges Vincent*, Dalloz, 1981, p. 317.
VINCENT (J.), « L'extension en jurisprudence de la notion de solidarité passive », *RTD civ.* 1939. 601 s.

ARRÊT À COMMENTER

La condition potestative

Civ. 25 nov. 1896, DP 1897. 1. 34, concl. M. l'avocat général Desjardins

Arrêt

LA COUR. – *Sur le moyen unique de pourvoi* :

– Vu les articles 1103, 1134 et 1174 du Code civil ;

– Attendu que la condition potestative n'est une cause de nullité que quand elle est potestative de la part de celui qui s'oblige et non de la part de celui envers qui l'obligation est contractée ; qu'une promesse d'achat dont il a été régulièrement pris acte oblige celui qui l'a faite, alors même que la partie envers laquelle elle est contractée ne s'est point engagée à vendre et que la réalisation du contrat est subordonnée à sa volonté ; qu'en ce cas, l'auteur de la promesse est lié par celle-ci et ne peut la rétracter ;

– Attendu qu'il est constaté par le jugement attaqué que le 27 avril 1892, le placier de la maison Hollier-Larousse et comp. a fait régulièrement souscrire le défendeur à un exemplaire du grand dictionnaire de cette librairie au prix de 750 F, payables par trimestre ; que le 5 mai suivant, le défendeur a écrit à la maison Hollier-Larousse pour lui demander d'annuler sa souscription, ce que celle-ci a refusé ;

– Qu'il résulte de ces constatations qu'il existait de la part du défendeur un engagement unilatéral qu'il n'était plus en son pouvoir de rétracter ;

– Qu'en décidant le contraire, le jugement attaqué a violé les textes de loi susvisés ;

Par ces motifs, casse.

Directives

Cet arrêt est intéressant à un double point de vue : application de l'article 1174 à propos de la condition potestative, mais également différence entre promesse et pollicitation (à ce propos, v. ss 743, 766).

Exercices

Les obligations conditionnelles ou à terme

1. Pierre loue une maison pour six mois.

2. Jacques s'engage à donner 1 000 euros à son neveu s'il se marie.

3. Paul vend son appartement à Pierre, mais comme la villa qu'il se fait construire n'est pas tout à fait terminée, ils conviennent que Pierre ne pourra prendre possession de l'appartement que dans trois mois.

4. Denis, qui a perdu son chien, promet de donner une récompense à celui qui le retrouvera.

5. Marc loue un appartement à Daniel, en se réservant le droit de le reprendre au cas où son fils viendrait à se marier et aurait besoin de ce logement.

Indiquez, dans chacun de ces exemples, s'il s'agit d'un terme ou d'une condition, et quelle est sa nature.

PLAN

Comparaison des effets du terme suspensif et de la condition suspensive

Introduction

Définition des termes. Indiquer les différences essentielles (*condition*, événement incertain alors que le *terme* est un événement certain).

Effet rétroactif pour la condition et non pour le terme.

Pour effectuer la comparaison, nécessité d'envisager ces modalités en deux phases : avant et après la survenance de l'événement.

A. Avant la survenance de l'événement : la situation est encore provisoire

1. La condition suspensive

a) *L'obligation n'existe pas encore*, action en répétition de l'indu possible.

b) *Mais le créancier a déjà en germe un droit*, que l'on peut qualifier d'éventuel : exercice des actes conservatoires, transmissibilité du droit conditionnel.

2. Le terme

a) *L'obligation existe déjà :* exercice des actes conservatoires, l'action en répétition de l'indu est impossible, les risques sont à la charge de l'acquéreur d'un corps certain.

b) *Mais l'obligation n'est pas exigible :* le créancier ne peut exiger le paiement, ni le débiteur le forcer à le recevoir.

B. Après la survenance de l'événement : la situation devient définitive

1. La condition suspensive

a) *La condition défaille :* l'obligation est rétroactivement effacée ; toutes les sûretés disparaissent.

b) *La condition se réalise :* l'obligation devient, rétroactivement, une obligation pure et simple, avec toutes les conséquences que cela implique.

2. Le terme

a) *La déchéance du terme* fait perdre le bénéfice du terme et rend la créance exigible avant la survenance de l'événement, généralement à titre de sanction.

b) *La renonciation*, par celui au profit duquel le terme existait, rend la créance exigible par anticipation.

c) *L'échéance du terme* rend la créance exigible.

I. Terme et condition

NATURE DE LA MODALITÉ	ÉVÉNEMENT FUTUR ET CERTAIN	ÉVÉNEMENT FUTUR ET INCERTAIN
Modalité retardant l'exigibilité de l'obligation	Terme suspensif	Condition suspensive
Modalité provoquant l'extinction de l'obligation	Terme extinctif	Condition résolutoire

II. Classification des termes

SELON LEUR NATURE	*Droit :* terme conventionnel *Faveur* — du juge : terme de grâce ; du législateur : moratoire *Obligation :* du législateur : terme légal
SELON LEUR DEGRÉ DE PRÉCISION	*Terme certain :* la date est fixée *Terme incertain :* l'événement surviendra mais on ne sait pas quand
SELON L'INTÉRÊT DES CONTRACTANTS	*Du débiteur :* cas le plus courant *Du créancier :* cas plus rare, doit être expressément précisé *Des deux parties :* doit également être exprès pour le créancier
SELON LEURS EFFETS	*Terme suspensif :* retarde l'exigibilité de l'obligation *Terme extinctif :* provoque l'extinction de l'obligation

III. Classification des conditions

SELON LEURS ÉLÉMENTS CONSTITUTIFS	CONDITION CASUELLE		Dépend d'une circonstance extérieure	elle est valable
	CONDITION POTESTATIVE	Purement potestative	Dépend de la volonté d'une des parties	- Si c'est le créancier elle est valable - Si c'est le débiteur elle ne l'est pas
		Simplement potestative	Dépend de la volonté d'une des parties + une circonstance extérieure	elle est valable
	CONDITION MIXTE		Dépend de la volonté d'une des parties et de la volonté d'un tiers	elle est valable
SELON LEUR VALIDITÉ	CONDITIONS	Possible Licite Morale	→	Sont parfaitement valables
	CONDITIONS	Impossible Illicite Immorale	→	Peuvent être annulées sans entraîner forcément la nullité de l'obligation
SELON LEURS EFFETS	CONDITION SUSPENSIVE : retarde la naissance de l'obligation			
	CONDITION RÉSOLUTOIRE : provoque l'extinction de l'obligation			

I. Pluralité d'objets

1. Obligation conjonctive

① 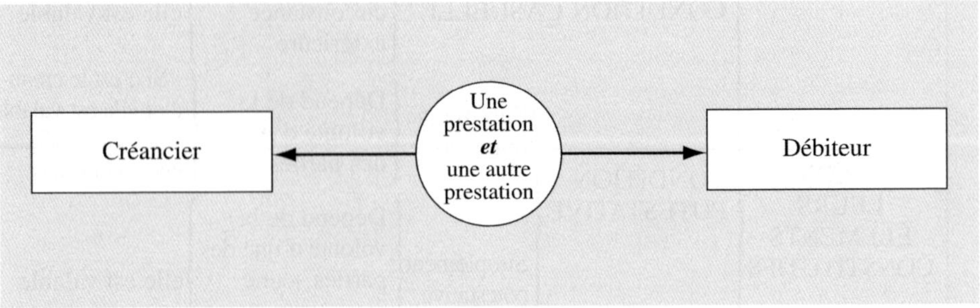

2. Obligation alternative

② 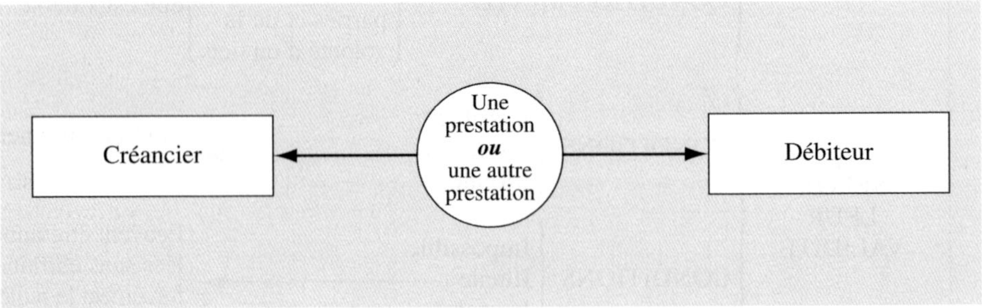

3. Obligation facultative

③ 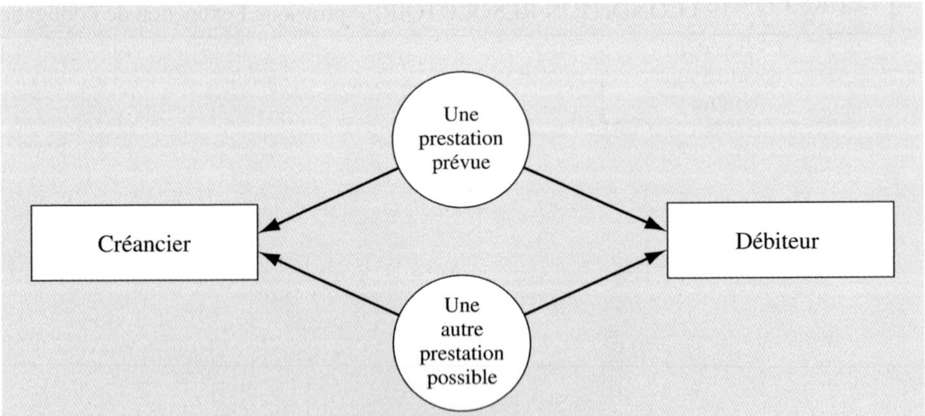

une seule prestation est prévue
mais le débiteur **a la faculté**
de se libérer par une autre prestation

II. Pluralité de sujets

1. Obligations conjointes

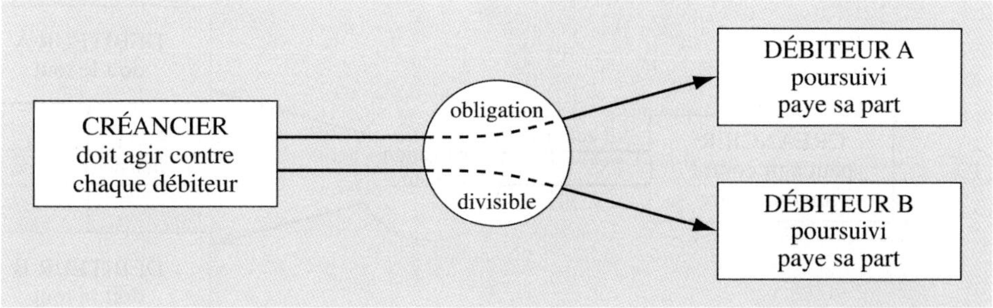

2. Obligations indivisibles

①

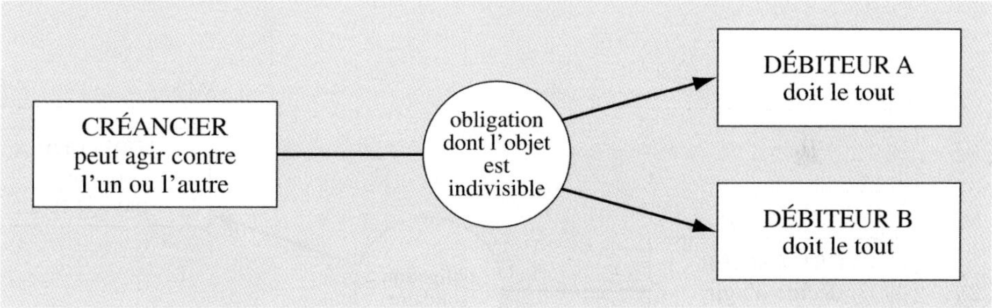

②

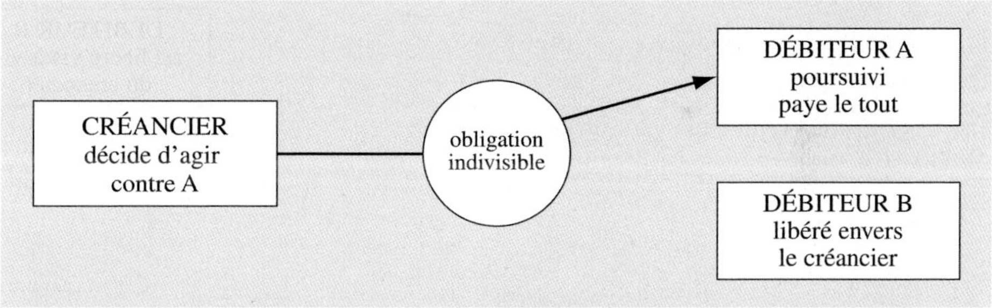

③

3. Obligations solidaires

①

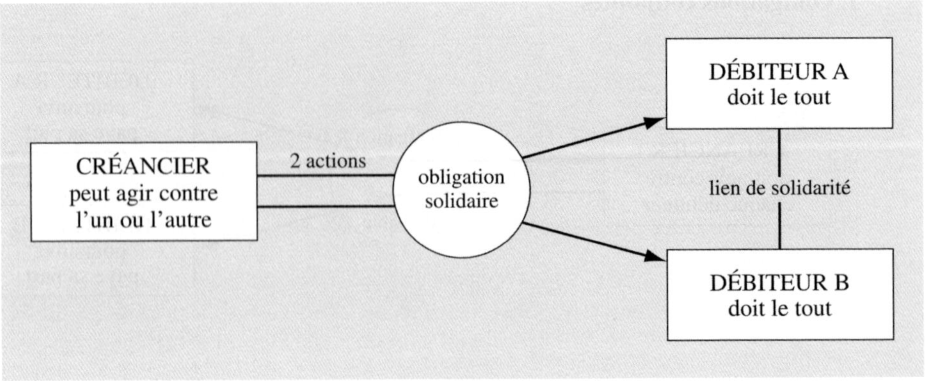

②

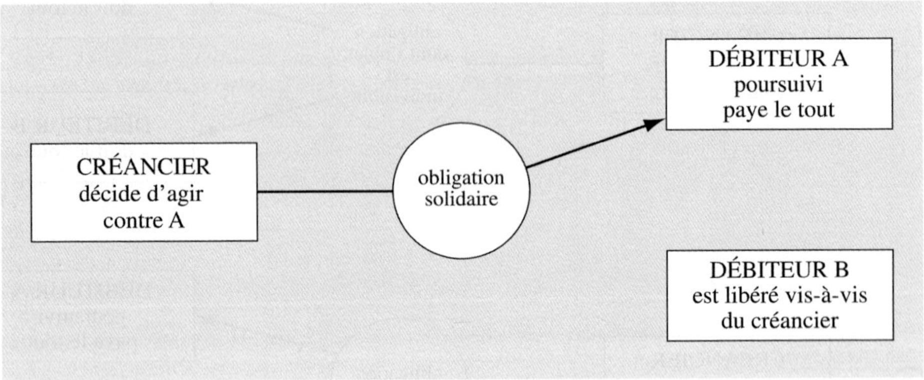

③

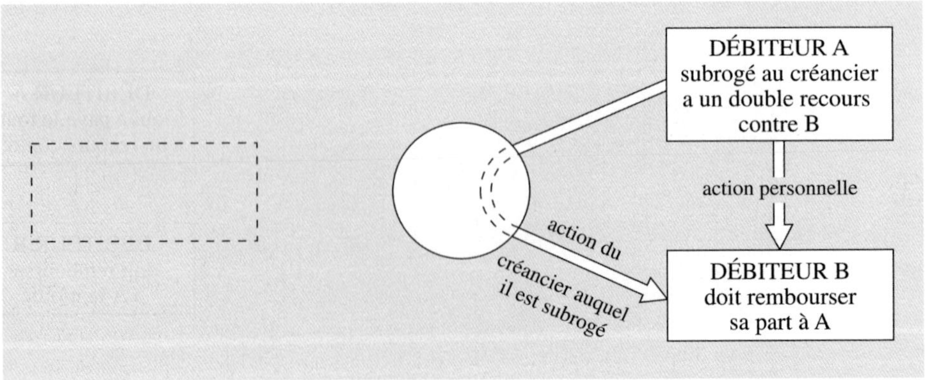

4. Obligations « in solidum »

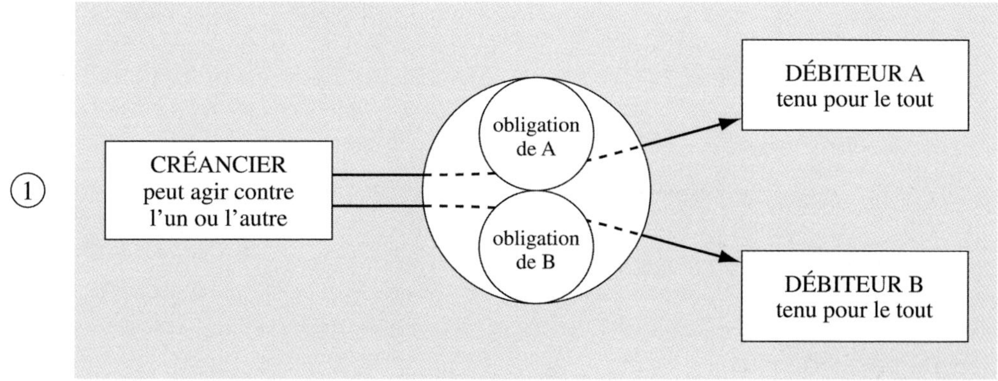

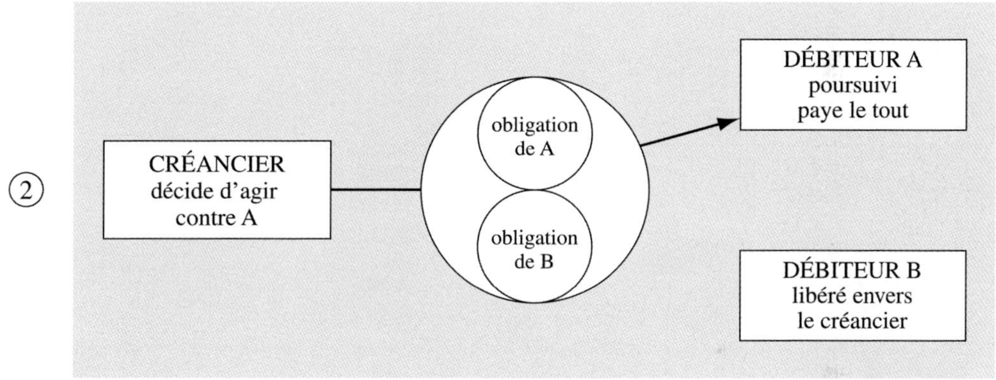

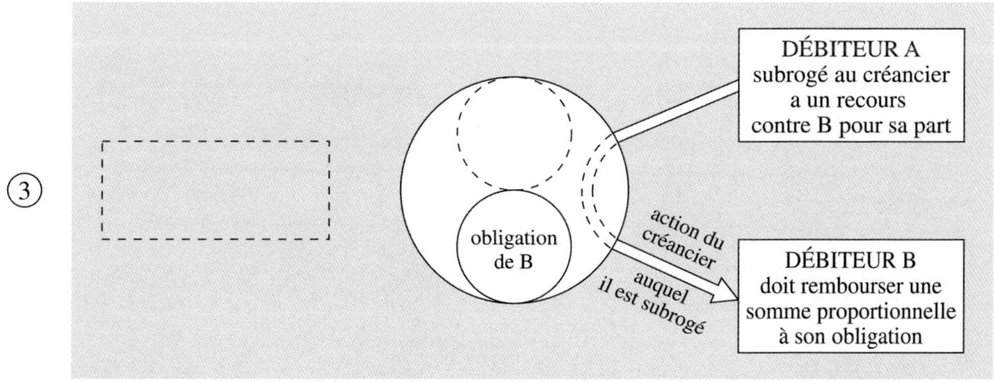

Sous-titre 2

La vie de l'obligation

288. Entre le moment où elle naît et celui où elle est exécutée ou éteinte, l'obligation produit certains effets car, dès sa naissance, le lien de droit existe (Chapitre 1). Elle peut aussi circuler, et donc être transmise (Chapitre 2).

Chapitre 1

Les effets de l'obligation dans les rapports du débiteur et du créancier : le droit à l'exécution

289. Quelle que soit la source ou les caractéristiques de l'obligation, le créancier a droit à l'exécution. Ce droit à l'exécution est un droit fondamental, garanti par le droit positif. L'obligation est caractérisée, on l'a vu, à la fois par la notion de devoir et par celle de contrainte (v. ss 19). Dès lors, si le débiteur n'exécute pas spontanément la prestation promise, il pourra y être contraint, au besoin par la force.

290. Ce droit à l'exécution existe dès la naissance de l'obligation, avant même son exigibilité : il est contenu dans le rapport d'obligation, il est de son essence. Mais, entre le moment où l'obligation naît et le moment où elle s'exécute, il peut s'écouler un temps plus ou moins long : l'obligation peut être à terme ou conditionnelle ou alors, le débiteur peut tarder à s'exécuter. Pendant tout ce temps, le rapport d'obligation confère au créancier des prérogatives particulières, pour assurer la conservation de son droit.

291. Un certain nombre de moyens et d'actions sont ainsi mis à la disposition du créancier lorsqu'il existe un risque de ne pas obtenir l'exécution ou, tout simplement, pour se prémunir de ce risque, tant que l'obligation n'est pas exigible (II). À l'échéance, et en cas d'inexécution volontaire, il dispose là encore de différents moyens pour mettre en œuvre son droit à l'exécution et obtenir la prestation promise, au besoin par la force (III).

Avant d'étudier ces différents moyens, il convient de préciser les principes gouvernant le droit à l'exécution (I).

I. Les principes gouvernant le droit à l'exécution

292. Le créancier a le droit d'obtenir l'exécution de l'obligation en nature ou, à défaut d'exécution en nature, une exécution par équivalent.

A. L'affirmation du droit à l'exécution

293. Le créancier a droit à l'exécution de l'obligation. Ce droit fondamental est exprimé directement dans l'article premier de la loi du 9 juillet 1991 sur le droit des procédures civiles d'exécution. Selon ce texte, « tout créancier peut, dans les conditions prévues par la loi, contraindre son débiteur défaillant à exécuter ses obligations à son égard ». Et l'article 2 précise que « le créancier muni d'un titre exécutoire, constatant une créance liquide et exigible peut en poursuivre l'exécution forcée sur les biens de son débiteur ». C'est aussi un droit fondamental reconnu et protégé par la Cour européenne des droits de l'Homme, sur le fondement de l'article 6, § 1, de la Convention européenne des droits de l'Homme d'une part[1], mais aussi sur celui du droit au respect des biens contenu dans l'article 1 du protocole additionnel nº 1[2].

Ainsi ce droit à exécution est garanti concrètement par la possibilité de contraindre le débiteur, au besoin par la force, à exécuter ses obligations, grâce à des mesures dites « d'exécution forcée » (v. ss 375 s.).

B. Le principe de l'exécution en nature

294. L'obligation constitue la promesse d'une prestation consistant soit à transférer un bien (obligation de donner) soit à faire ou à ne pas faire quelque chose. Le créancier a droit, en principe à l'échéance, à l'exécution de l'obligation et donc à la prestation promise, telle qu'elle était prévue, c'est-à-dire, en nature.

295. Ce principe de l'exécution en nature se déduit *a contrario* de l'article 1142 du Code civil qui l'écarte pour les obligations de faire et de ne pas faire.

L'article 1142 dispose en effet que « toute obligation de faire ou de ne pas faire se résout en dommages et intérêts, en cas d'inexécution de la part du débiteur ». Ce principe s'explique par l'impossibilité à laquelle on est souvent confronté d'obliger quelqu'un à faire ce qu'il ne veut pas faire, sans recourir aux travaux forcés, lorsqu'il s'agit d'une obligation présentant un caractère personnel. Exemple : acteur, peintre : le peintre qui refuse de livrer un portrait qu'il a été chargé d'exécuter, ne peut être condamné qu'à en rembourser le prix et à payer des dommages-intérêts, mais il ne peut pas être obligé par voie d'astreinte à se dessaisir de son œuvre sur la revendication de son client[3].

296. Toutefois, ce principe est loin d'être absolu. D'abord, le Code civil prévoit deux cas où l'exécution en nature est possible : ce sont ceux exposés dans les articles 1143 et 1144.

« Le créancier a le droit de demander que ce qui aurait été fait par contravention à l'engagement soit détruit », et la destruction se fera aux dépens du débiteur, sans préjudice de dommages et intérêts éventuels (art. 1143).

Il est également possible au créancier, en cas d'inexécution, de « faire exécuter lui-même l'obligation aux dépens du débiteur » (art. 1144). Et la loi du 9 juillet 1991 a ajouté à l'article 1144 les dispositions suivantes : « celui-ci [le débiteur] peut être condamné à faire l'avance des sommes nécessaires à cette exécution. »

297. Par ailleurs, la jurisprudence actuelle a plutôt tendance à renverser la règle posée par l'article 1142. C'est ainsi que lorsque l'obligation ne présente pas un caractère personnel trop accusé, l'exécution en nature peut être obtenue, parfois même en référé avec une condamnation sous astreinte, consistant dans le paiement d'une amende par jour de retard (sur ce mécanisme de l'astreinte, v. ss 663) et la Cour de cassation a ainsi eu

---

1. CEDH 19 mars 1997, *Hornsby c/ Grèce*, *D.* 1998. 74, note N. Fricero.
2. *ImmobiliareSafi*, 28 juill. 1999, *D.* 2000. Somm. 186, obs. N. Fricero, 11 janv. 2001, *Lunari et Tanganelli c/ Italie*.
3. Paris, 2 déc. 1897, *DP* 1898. 2. 465, note Planiol et, sur pourvoi, Civ. 4 mars 1900, rapport cons. Rau, et concl. av. gén. Desjardins, *DP* 1900. 1. 497.

l'occasion de réaffirmer à propos d'une obligation de ne pas faire (ne pas publier un ouvrage dont le droit d'exploitation avait été cédé) que « la partie envers laquelle l'engagement n'a pas été exécuté peut forcer l'autre à l'exécution (...) lorsqu'elle est possible » [1]. Enfin, l'obligation de livrer un corps certain, qui est une obligation de faire s'exécute toujours en nature. Ainsi, dans la vente d'immeuble, le créancier a le droit d'être mis par la force en possession du bien et en matière mobilière, il existe une procédure spéciale, la saisie-revendication, qui permet de la même façon d'être mis en possession du bien qui devait être livré et ne l'a pas été.

Le principe tend donc aujourd'hui à devenir plutôt celui d'une exécution forcée en nature y compris pour les obligations de faire et de ne pas faire (sur cette question, v. aussi ss 1214, 1330). **L'actuel projet de réforme** du droit des contrats prévoit d'ailleurs, concernant les conditions de l'exécution forcée en nature, que « le créancier d'une obligation peut, après mise en demeure, en poursuivre l'exécution en nature, sauf si cette exécution est impossible ou si son coût est manifestement déraisonnable ». Plus aucune distinction n'est faite selon les obligations.

298. Enfin, concernant le choix de recevoir l'exécution en nature ou par équivalent, la Cour de cassation considère que le créancier peut parfois être obligé de recevoir l'exécution en nature lorsqu'elle est offerte par le débiteur. Pour autant, le juge n'est pas obligé de retenir cette réparation en nature, tout dépendant de son appréciation et du cas considéré. La primauté de la réparation en nature, semble donc réaffirmée, quel que soit le type d'obligation, mais elle n'est pas absolue [2].

C. L'exécution par équivalent : les dommages-intérêts

299. En dehors des cas où l'exécution forcée en nature est possible, en cas d'inexécution, c'est à l'exécution par équivalent que l'on aura recours, c'est-à-dire à la condamnation à des dommages-intérêts.

► ***Les dommages-intérêts*** sont constitués par une somme d'argent versée au créancier pour compenser le préjudice qu'il subit du fait de l'inexécution ou du retard dans l'exécution (art. 1147).

300. On a coutume de distinguer les dommages-intérêts *compensatoires*, qui sont alloués en réparation du préjudice subi par le créancier, c'est-à-dire de la perte qu'il a faite et du gain dont il a été privé (art. 1149), et les dommages-intérêts *moratoires* qui réparent le dommage causé par le retard dans l'exécution.

On peut, d'ailleurs, se demander, si cette condamnation à des dommages-intérêts répond à l'idée d'une réparation du dommage causé par l'inexécution, ce qui justifie le recours à la notion de responsabilité contractuelle, ou s'il s'agit vraiment d'une exécution

---

1. Civ. 1re, 16 janv. 2007, n° 06.13893, D. 2007. 1119, note O. Gout ; *RTD civ.* 2007. 342, obs. J. Mestre et B. Fages ; *RDC* 2007. 719, obs. D. Mazeaud ; *JCP* 2007. I. 61, obs. M. Mekki ; *D.* 2007. Pan. 2973, obs. B. Fauvarque-Cosson.

2. Civ. 3e, 27 mars 2013, n° 12-13734, *RDC* 2013. 890, note T. Genicon ; 903, note G. Viney ; 974, note J.-B. Seube, où la réparation en nature est imposée au créancier ; *contra* : Civ. 3e, 28 sept. 2005, n° 04-14586, *RDC* 2006. 818, note G. Viney ; *RTD civ.* 2006. 311, obs. J. Mestre et B. Fages ; *Defrénois* 2006. 1507, obs. H. Périnet-Marquet ; l'arrêt admet que le débiteur ne peut imposer à la victime la réparation en nature.

« par équivalent » de l'obligation initiale, ce qui n'impliquerait pas la nécessité d'un dommage[1]. Nous reverrons cette question plus en détail ultérieurement, en étudiant la responsabilité contractuelle (v. ss 1330 s.).

301. Pour obtenir l'exécution de l'obligation, et avant d'être amenés à réclamer l'exécution forcée, en nature ou par équivalent, les créanciers disposent cependant de certaines garanties qui vont jouer un rôle préventif.

II. Les garanties préventives offertes aux créanciers chirographaires

302. Ce chapitre sera consacré à l'étude des différents moyens qui sont donnés aux créanciers chirographaires pour maintenir l'intégrité du patrimoine de leur débiteur qui constitue leur seul « gage » en cas d'inexécution et pour espérer obtenir, sinon l'exécution en nature, du moins, dans le pire des cas, l'exécution par équivalent. Il convient cependant, au préalable, de préciser cette notion de créancier chirographaire.

A. Définition des créanciers chirographaires et distinction avec les créanciers privilégiés

303. Les articles 2284 et suivants du Code civil (mod. par Ord. n° 2006-346 du 23 mars 2006 portant réforme du droit des sûretés) déterminent quels sont les pouvoirs des créanciers sur le patrimoine de leur débiteur. Une première distinction doit être faite entre les créanciers chirographaires d'une part, les créanciers privilégiés et hypothécaires, d'autre part. Seuls ces derniers bénéficient d'un droit de préférence (art. 2323).

Ces privilèges et hypothèques, que l'on appelle également sûretés réelles, prémunissent le débiteur de façon efficace contre le risque d'inexécution. Si ce risque se réalise, le créancier pourra faire vendre le bien grevé d'une hypothèque ou d'un privilège et se faire payer sur le prix, par préférence aux autres créanciers. Il se trouve donc dans une situation de force.

Mais, l'étude des privilèges et de l'hypothèque faisant partie du programme d'une autre année, nous examinerons seulement le cas des créanciers chirographaires, c'est-à-dire, précisément, ceux qui ne bénéficient pas de garanties particulières, les créanciers ordinaires, pourrait-on dire.

304. Selon l'article 2284 du Code civil, celui qui s'est obligé personnellement « est tenu de remplir son engagement sur tous ses biens mobiliers et immobiliers, présents et à venir » et l'article 2285 ajoute que « les biens du débiteur sont le gage commun de ses créanciers ». Ce texte exprime le principe selon lequel les créanciers sont titulaires d'un droit de « gage général » sur l'ensemble du patrimoine du débiteur.

Il faut cependant noter que ce terme de gage est impropre ; en tout cas, il ne doit pas être confondu avec le « gage » de l'article 2333, droit réel de garantie portant sur un meuble déterminé. Il signifie simplement que les créanciers chirographaires ont des pouvoirs sur l'ensemble du patrimoine de leur débiteur, sans aucune préférence entre eux et qu'en cas d'inexécution de l'obligation, ils pourront saisir les biens, les faire vendre et se

1. V. Ph. Rémy et É. Savaux, dans la bibliographie.

payer sur le prix de vente, sans ordre de priorité avec une répartition entre eux à proportion égale, compte tenu du montant de leur créance.

305. Ces pouvoirs se manifestent donc *en cas d'inexécution* puisque les créanciers pourront faire saisir ces biens et que le prix en sera distribué entre eux par contribution (art. 2285). C'est ce qu'on appelle l'exécution forcée (v. ss 374 s.).

306. Mais les créanciers peuvent également se manifester préventivement et ils disposent alors de plusieurs sortes de moyens d'action d'ordre préventif.

307. En effet, le droit de gage général des créanciers est assez imparfait, il ne comporte ni droit de préférence, ni droit de suite, contrairement aux droits réels. De ce fait, les créanciers chirographaires subissent toutes les modifications apportées au patrimoine du débiteur. S'il s'enrichit, leur gage s'accroît, s'il s'appauvrit, leur gage diminue. Dès lors, les créanciers chirographaires ont le plus grand intérêt à éviter tout appauvrissement, volontaire ou involontaire, de leur débiteur en assurant préventivement la conservation de son patrimoine dans la perspective ensuite, en cas d'inexécution de son obligation par le débiteur de pouvoir exercer une voie d'exécution forcée et s'il le fait de se payer par équivalent sur la vente des biens du débiteur.

308. Ils parviennent à ce résultat par une immixtion dans les affaires du débiteur.
– Ils peuvent ainsi procéder à sa place à certaines **mesures conservatoires** comme l'apposition des scellés, l'intervention à un partage, l'inscription d'une sûreté judiciaire provisoire (hypothèque ou nantissement judiciaire dont l'inscription est demandée au juge à titre conservatoire), ou encore le recours à une saisie conservatoire. Cette dernière, qui ne doit pas être confondue avec les saisies d'exécution (v. ss 383 s.), est une procédure rapide et simple, permettant de rendre indisponible les biens meubles du débiteur en cas de risque imminent d'insolvabilité ; ces mesures conservatoires ne nécessitent pas forcément une intervention judiciaire.
– Ils peuvent aussi exercer certaines **actions conservatoires**, destinées à éviter la soustraction du patrimoine de certains éléments d'actifs. Ce sont ces dernières actions que nous allons examiner.
Toutefois, il convient de faire une distinction entre elles : les unes sont nécessitées par la fraude ou le mensonge du débiteur, les autres simplement par sa négligence ou son inaction.

B. Actions ouvertes en cas d'inaction du débiteur

309. Le débiteur, qui se sait sous la menace de mesures d'exécution, peut fort bien se désintéresser de ses affaires et, notamment, des créances qu'il peut avoir contre des tiers, puisqu'il sait que le profit ne lui en reviendra pas. Dans ce cas, le créancier pourra agir à la place de son débiteur, au moyen de l'action oblique (ou indirecte) ; ou alors, il pourra exiger du débiteur de son débiteur l'exécution d'une obligation : c'est l'action directe.

1. L'action oblique (ou indirecte) (art. 1166)

► ***L'action oblique***, d'origine obscure, n'est pas une action propre au créancier mais une action appartenant au débiteur, qui est exercée au nom de ce dernier par son créancier.

310. C'est une action *individuelle* car elle appartient à chaque créancier individuellement. Quant à sa nature juridique, elle est *mixte*, en ce sens qu'il s'agit à la fois d'une mesure conservatoire et d'un début d'exécution. Cette dualité se retrouve dans ses conditions (v. schéma en fin de chapitre).

a) Conditions de l'action oblique

311. On peut étudier ces conditions d'un triple point de vue : celui des droits et actions qui peuvent ainsi être exercés ; celui du créancier ; celui du débiteur.

1° Droits et actions qui peuvent être exercés par la voie oblique

312. L'article 1166 autorise les créanciers à exercer « tous les droits et actions de leur débiteur, à l'exception de ceux qui sont exclusivement attachés à la personne ». Cela signifie qu'il peut non seulement exercer ses actions mais aussi user de ses droits, même d'une façon extrajudiciaire.

Cela suppose d'une part que le débiteur est déjà titulaire du droit et d'autre part qu'il ne s'agit pas d'un droit attaché à sa personne.

♦ *Le débiteur doit déjà être titulaire du droit qu'il néglige d'exercer*

313. Par exemple, il doit être titulaire d'une créance dont il a négligé de procéder au recouvrement ou être propriétaire d'un bien actuellement sous l'emprise d'un possesseur. Le créancier pourra alors exercer à sa place l'action qui lui aurait permis de faire respecter son droit. Il pourra également exercer, par la voie oblique, des voies d'exécution. Toutefois, cette carence du débiteur doit compromettre les droits de ses créanciers pour que l'action oblique soit applicable.

En revanche, le créancier ne peut contracter à la place de son débiteur, faire naître dans son patrimoine des droits nouveaux, ni lui apporter aucune modification ni même, semble-t-il, exercer à sa place certaines options telles que accepter ou renoncer à une succession, à une offre d'achat. Il ne peut non plus demander l'autorisation de disposer d'un bien que le gratifié a accepté de recevoir frappé d'inaliénabilité, si l'intérêt du bénéficiaire à demander la levée de cette inaliénabilité n'est pas supérieur à celui du donateur ayant inséré cette clause d'inaliénabilité. L'action oblique ne serait donc possible que si la levée d'inaliénabilité est demandée dans l'intérêt du débiteur et non dans celui de ses créanciers [1].

♦ *Le créancier ne peut exercer les droits attachés à la personne de son débiteur*

314. Il s'agit des droits qui impliquent une décision rigoureusement personnelle de leur auteur.

– On classe dans cette catégorie, d'une part, les *actions extrapatrimoniales* et notamment les actions d'état, par exemple, demander le divorce ou exercer une action en contestation de paternité à la place du débiteur ; il est exceptionnellement possible aux créanciers, s'ils y ont intérêt, d'exercer une action en nullité absolue du mariage de leur débiteur mais en ce cas, ils n'agissent pas par la voie oblique mais en leur nom personnel.

---

1. Civ. 1re, 11 janv. 2000, *JCP* 2000. I. 215, obs. G. Loiseau ; *RTD civ*. 2000. 332, obs. J. Mestre et B. Fages.

– On y classe, d'autre part, *certaines actions patrimoniales* qui impliquent l'appréciation d'un intérêt moral. Il en est ainsi, notamment, l'action en réparation du préjudice moral, en matière de responsabilité civile, de l'action en révocation d'une donation pour cause d'ingratitude, de l'action en séparation de biens judiciaires (art. 1446) ou encore, de l'action tendant à la levée d'une inaliénabilité conventionnelle [1], fut-ce à la demande du Trésor, créancier du donataire [2].

– Enfin, on considère, également, que ne peuvent être exercées par le créancier les *actions concernant des biens insaisissables*. En effet, s'ils y étaient autorisés, cela n'offrirait aucun intérêt pour eux puisqu'ils ne pourraient pas ensuite saisir les biens qu'ils auraient ainsi contribué à réintégrer dans le patrimoine du débiteur.

Il n'est donc pas possible d'exercer l'action oblique pour obtenir le montant d'une pension alimentaire, d'une pension de retraite, d'une indemnité pour accident du travail, etc.

2° Conditions relatives au créancier

315. Le créancier doit avoir intérêt à agir, mais peu importe que sa créance soit antérieure ou non au droit qu'il exerce ou qu'elle soit inférieure à la somme qu'il va ainsi faire rentrer dans le patrimoine de son débiteur.

Il peut d'ailleurs s'agir aussi bien d'un créancier muni d'une sûreté que d'un créancier chirographaire.

316. Toutefois, la jurisprudence exige que sa créance soit certaine, liquide et exigible comme pour une *action exécutoire*. Ainsi, une créance conditionnelle ou à terme (v. ss 174 s.) ou dont le montant ne serait pas encore chiffré (par ex., dommages et intérêts), serait inopérante.

En revanche, les tribunaux n'exigent pas du créancier qu'il dispose du titre exécutoire nécessaire pour exercer une voie d'exécution forcée (v. ss 380), considérant cette fois l'action oblique comme une mesure simplement *conservatoire* et non exécutoire. Ainsi apparaît la nature mixte de l'action oblique, qui est une mesure conservatoire mais qui, en même temps, prépare l'exécution ultérieure.

3° Conditions relatives au débiteur

317. Le débiteur, pour sa part, doit être *négligent :* il n'exerce pas un droit en son pouvoir, qui pourrait accroître son patrimoine, alors qu'il n'est pas « dessaisi », privé du droit de s'occuper de ses affaires. C'est ce qu'on appelle la « carence du débiteur » qui n'est définie par aucun texte et bien rarement par la jurisprudence. Toutefois, un arrêt de la Cour de cassation du 28 mai 2002 précise que « la carence du débiteur de la partie exerçant l'action oblique se trouve établie lorsqu'il ne justifie d'aucune diligence dans la réclamation de son dû » [3]. Cela implique que le créancier poursuivant n'a aucune autre preuve à rapporter : ni inaction délibérée, ni refus intentionnel, ni carence coupable, ni inertie prolongée, ni, à plus forte raison, collusion frauduleuse.

---

1. Civ. 1re, 3 juin 1998, *JCP* 1998. I. 177, obs. G. Loiseau ; *RTD civ.* 1998. 677, obs. J. Mestre et B. Fages.
2. Civ. 1re, 8 mars 2005, deux arrêts, *RJPF* 2005, 6/49, obs. Ph. Delmas St-Hilaire et J. Casey.
3. Civ. 1re, 28 mai 2002, *RTD civ.* n° 3, 2003. 513, obs. J. Mestre et B. Fages.

En outre, le débiteur doit être *insolvable* car, sans cela et selon l'adage « pas d'intérêt, pas d'action », le créancier n'aurait aucun intérêt à agir par la voie de l'action oblique puisqu'il pourrait être normalement remboursé.

Si le tribunal constate l'absence d'une de ces conditions l'action doit être rejetée.

Enfin, le débiteur pourrait, en principe, ne jouer aucun rôle dans l'instance engagée en son nom. Cependant, le créancier aura intérêt à le « mettre en cause » pour rendre opposable à son égard la décision obtenue et, surtout, pour pouvoir exiger le paiement de ce qui lui est dû [1] au cours de la même instance (v. schéma en fin de chapitre).

b) Effets de l'action oblique

318. L'action oblique, parce qu'elle n'est pas une action propre aux créanciers mais seulement l'exercice, par voie indirecte, d'une action du débiteur, se caractérise par deux points : l'opposabilité des exceptions et le fait que l'action, si elle aboutit, profite à tous les créanciers.

1° L'opposabilité des exceptions

319. Le tiers contre lequel est dirigée l'action (c'est-à-dire le débiteur du débiteur) peut opposer au demandeur toutes les exceptions qu'il aurait pu invoquer contre son propre créancier. C'est ainsi qu'il pourrait opposer au créancier la compensation (v. ss 516 s.) ou une transaction survenue même au cours du procès (car le débiteur n'étant pas dessaisi a le droit d'exercer lui-même son action ou de transiger), à moins qu'il n'y ait eu dol, auquel cas il resterait au créancier à exercer l'action paulienne (v. ss 337 s.).

2° L'action oblique profite à tous les créanciers

320. En effet, si l'action oblique aboutit, tout se passe comme si le débiteur avait agi lui-même et les biens qui rentreront dans son patrimoine viendront accroître le gage commun à tous ses créanciers, sans que celui qui a pris l'initiative d'exercer l'action oblique puisse bénéficier de la moindre préférence.

Ceci explique que l'action oblique soit assez peu usitée : un créancier redoutera de s'exposer à des frais sans être assuré de rentrer dans ses fonds, puisqu'il sera en concours avec les autres créanciers pour lesquels il aura seulement « tiré les marrons du feu ».

321. Lorsque le droit négligé est un droit de créance, le créancier aura intérêt, au lieu d'exercer l'action oblique, à recourir à une saisie attribution (v. ss 385).

Le créancier peut également échapper aux inconvénients de l'action oblique chaque fois qu'il peut exercer une action directe.

322. *L'avant-projet Catala de réforme du droit des obligations* reprenait les acquis jurisprudentiels en la matière, mais il innovait en remédiant à l'inconvénient ci-dessus évoqué de la relative inefficacité de l'action oblique, en permettant aux créanciers qui ont exercé l'action, d'être « payés par prélèvement sur les sommes qui, par l'effet de leur recours, rentrent dans le patrimoine du débiteur négligent » (avant-projet, art. 1167-1, al. 1er). **L'actuel projet de réforme gouvernemental** ne reprend pas cette solution.

---

1. Civ. 1re, 27 mai 1970, *JCP* 1971. II. 16675, note G. Poulain, et Com. 15 oct. 1991, *JCP* 1992. II. 21905, 2e esp., note G. Bolard.

2. L'ACTION DIRECTE

► ***L'action directe*** : dans le cadre de cette action, le créancier va également poursuivre le débiteur de son débiteur, mais, cette fois, en vertu d'un droit propre et non plus en exerçant l'action de son débiteur (v. schéma en fin de chapitre).

323. Il se fait alors payer directement, sans passer par le patrimoine de son débiteur. On dit qu'il a un droit direct. Nous avons déjà fait référence à cette idée d'un droit direct avec la stipulation pour autrui (v. ss 151 s.), mais il s'agissait alors d'un droit né conventionnellement. Il ne faut pas confondre non plus l'*action directe en paiement* dont il est ici question qui est essentiellement d'origine légale et l'*action directe en garantie* qui est d'origine doctrinale et jurisprudentielle qui s'applique en matière de responsabilité contractuelle. Il existe d'autres cas où c'est la loi qui donne naissance à ce droit direct.

On a essayé d'assimiler l'action directe à d'autres procédés, tels que saisie attribution ou cession de créance. Il s'agit cependant d'une institution originale, dont il convient d'étudier successivement les conditions et le mécanisme.

a) Conditions de l'action directe

324. Les conditions d'exercice de l'action directe sont assez comparables à celles de l'action oblique ; avant de les examiner, il convient d'abord de déterminer les cas où elle s'applique.

1° Les cas d'ouverture de l'action directe

325. L'action directe n'est possible que dans les cas autorisés par la loi et **l'actuel projet de réforme gouvernemental** confirme cette nature exclusivement légale de l'action. On en trouve quelques hypothèses dans le Code civil ; les autres sont dus à des lois postérieures.

♦ *Dans le Code civil*

326. Il y a trois cas où le créancier a un droit direct contre le débiteur de son débiteur.

– *L'article 1753* accorde au bailleur un droit direct contre le sous-locataire, dans la mesure du montant du loyer qui est dû par le sous-locataire au locataire principal.

– *L'article 1798*, relatif au contrat d'entreprise, accorde pour le paiement de leur salaire, une action directe aux ouvriers de l'entrepreneur contre le maître de l'ouvrage, dans la mesure des sommes dues par ce dernier à l'entrepreneur.

– *L'article 1994, alinéa 2*, accorde au mandant une action directe contre celui que le mandataire s'est substitué dans la gestion, c'est-à-dire le sous-mandataire ; et, inversement, la jurisprudence accorde également une action directe à ce dernier contre le mandant[1].

♦ *Le législateur*

327. Il a postérieurement admis d'autres cas d'action directe.

– *La loi du 13 juillet 1930* sur l'assurance terrestre, en étendant les dispositions de la loi du 18 février 1889 sur l'incendie et celle de la loi du 28 mai 1913 en matière d'accidents

---

1. Civ. 27 déc. 1960, *D.* 1961. 491, note J. Bigot.

(art. 2102, 8°), a prévu dans son article 53 (devenu C. assur., art. L. 124-3, sous C. civ., art. 1983) un droit direct au profit de la victime d'un dommage contre l'assureur de responsabilité de l'auteur du dommage. Ceci évite que d'autres créanciers puissent venir en concours sur la somme versée par l'assureur à son assuré.

– *L'ordonnance du 12 octobre 1945* (C. rur., art. 801), d'après l'interprétation de son article 11 par la Cour de cassation, accorde à l'acquéreur d'un fonds rural un droit direct contre le preneur qui l'a évincé en exerçant son droit de préemption, pour les « frais et loyaux coûts du contrat ».

– *La loi du 31 décembre 1975* relative à la sous-traitance accorde au sous-traitant une action directe contre le maître de l'ouvrage si l'entrepreneur ne paie pas, un mois après en avoir été mis en demeure, les sommes qui sont dues en vertu du contrat de sous-traitance.

► ***La sous-traitance*** est l'opération par laquelle un entrepreneur confie par un sous-traité, et sous sa responsabilité à une autre personne, appelée sous-traitant, tout ou partie de l'exécution du contrat d'entreprise ou du marché public conclu avec le maître de l'ouvrage.

2° Les conditions d'exercice de l'action directe

328. Elles sont assez voisines de celles de l'action oblique, mais en diffèrent cependant sur certains points.

– *Le créancier poursuivant doit avoir une créance exigible*, mais il n'est pas nécessaire qu'elle soit liquide ni qu'il ait un titre exécutoire.

– *Le débiteur doit, lui-même, être créancier du tiers poursuivi.* De plus, il doit en principe, comme dans l'action oblique, *être négligent et insolvable* (C. trav., art. 30, c, Livre I, pour l'action des ouvriers de l'entreprise contre le maître de l'ouvrage). Toutefois, ces deux conditions ne sont pas nécessaires dans le cadre de l'action du Code des assurances, car ici l'indemnité est bloquée entre les mains de l'assureur tant que la victime n'a pas été désintéressée.

La présence du débiteur assuré n'est pas nécessaire, mais il est prudent de le mettre en cause. En matière d'assurance de responsabilité, la Cour de cassation avait à l'origine posé la règle selon laquelle « l'exercice de l'action directe exige nécessairement, en l'absence de texte contraire, la présence de l'assuré aux débats… ». Elle a ensuite effectué un revirement remarqué en affirmant que : « la recevabilité de l'action directe n'est pas subordonnée à l'appel en la cause de l'assuré par la victime ». Cette solution a le mérite d'aligner le régime de l'action directe en matière d'assurance de responsabilité sur celui des actions directes en général, pour lesquelles la mise en cause du débiteur n'est généralement pas exigée. Cependant il faut noter, sur un plan pratique, que si la mise en cause de l'assuré n'est plus nécessaire à la recevabilité de l'action directe contre l'assureur, elle demeure possible et souhaitable car sans cela la décision serait inopposable à l'assuré [1].

b) Mécanisme de l'action directe

329. La loi, en donnant au créancier un droit direct, lui permet d'agir contre le débiteur de son débiteur mais sans lui faire perdre son droit contre son débiteur. En exerçant l'action directe, le créancier agit en vertu du droit de son débiteur, mais il exerce en même temps son droit propre (v. schéma en fin de chapitre).

---

1. Civ. 1re, 7 nov. 2000, *JCP* 2001. II. 10456 ; *JCP* 2001. I. 340, obs. G. Viney, et aperçu rapide J. Bigot « Assurance de responsabilité. Action directe : feu la mise en cause de l'assuré », *JCP* 2001, Act. n° 3.

1° Le créancier agit en vertu du droit de son débiteur

330. Cela implique, d'une part, que le créancier poursuivant ne peut agir que dans la mesure des droits de son débiteur (cf. art. 1798 et art. 1753) et, d'autre part, qu'il pourra bénéficier des sûretés attachées à la créance de son débiteur.

En contrepartie, le défendeur pourra lui opposer les exceptions qu'il aurait pu faire valoir contre son propre créancier avant la poursuite (mais non celles survenues après), par exemple la nullité de la dette, sauf en ce qui concerne l'action directe de la victime contre l'assureur du responsable.

2° Le créancier exerce un droit propre

331. C'est la différence essentielle avec l'action oblique. Ce caractère apparaît surtout à deux points de vue.

♦ *L'inopposabilité de certaines exceptions*

332. Le défendeur ne peut opposer au créancier poursuivant les exceptions nées postérieurement à l'exercice de l'action directe, par exemple, par suite d'une compensation légale. C'est en ce sens que l'on a pu comparer l'exercice de l'action directe à une saisie attribution, car elle produit une immobilisation de la créance du débiteur intermédiaire. La jurisprudence va plus loin en matière d'assurance, en déclarant l'indemnité d'assurance immobilisée au profit de la victime dès le moment de l'accident.

♦ *Un droit de préférence*

333. Les sommes obtenues par la voie de l'action directe bénéficient directement au créancier poursuivant, sans tomber dans le patrimoine du débiteur, contrairement à ce qui se passe avec l'action oblique. Ainsi, le créancier ne risque-t-il pas de se trouver en concours avec les autres créanciers de son débiteur. C'est un grand avantage de l'action directe.

334. *L'avant-projet Catala de réforme du droit des obligations* avait opté pour la confirmation du principe de la nécessité d'une assise légale de l'action directe mais proposait d'étendre le domaine de cette action « lorsqu'elle permet seule d'éviter l'appauvrissement injuste du créancier, compte tenu du lien qui unit les contrats » (art. 1168, al. 1er et 2). Cet élargissement de l'action directe n'a pas été consacré par **l'actuel projet de réforme gouvernemental** (oct. 2013).

335. L'action oblique et l'action directe sont rendues nécessaires par l'inaction du débiteur, mais il peut arriver que le débiteur, loin de rester inactif, agisse et mette en péril les droits de ses créanciers par sa fraude ou son mensonge.

C. Actions offertes aux créanciers en cas de fraude

► ***La notion de fraude*** a été analysée comme un procédé, en lui-même efficace, tendant à éluder l'application d'une règle impérative[1].

---

1. V. article J. Vidal, dans la bibliographie.

1. La sanction générale de la fraude : *fraus omnia corrumpit*

336. De façon générale, le droit n'admet pas la fraude et la sanctionne, ce qu'exprime l'ancien adage *fraus omnia corrumpit* (la fraude corrompt tout). Elle consiste à utiliser des moyens légaux, par exemple à passer un contrat apparemment tout à fait valable, mais dans un but anormal, en contournant l'esprit de la règle ou en portant atteinte en connaissance de cause aux droits des tiers, souvent dans le but de leur nuire.

L'existence d'une fraude permet ainsi, en toute circonstance, de remettre en cause une décision de justice alors même qu'elle serait devenue définitive, par la voie d'un recours en révision.

En droit des obligations, l'adage *fraus omnia corrumpit* trouve aussi un certain nombre d'applications. Il peut parfois être invoqué pour obtenir la nullité d'un acte frauduleux (v. ss 984). Au contraire, il peut être invoqué pour empêcher une personne de se prévaloir d'un acte frauduleux [1]. Cependant, il existe aussi des applications à la fois plus générales et plus spécifiques : ainsi, lorsque le débiteur a agi en fraude des droits de ses créanciers, ceux-ci vont pouvoir intervenir par la voie de l'*action paulienne*.

Il peut également se faire que le débiteur ait menti en simulant un acte (l'acte ostensible), alors qu'il en réalisait en réalité un autre (acte secret ou contre-lettre) ; dans ce cas, le créancier pourra, si tel est son intérêt, invoquer l'acte caché ou « contre-lettre » en intentant une *action en déclaration de simulation*.

2. L'action paulienne (ou révocatoire) (art. 1167)

► ***L'action paulienne***, prévue par l'article 1167 du Code civil, permet aux créanciers agissant en leur nom personnel d'« attaquer les actes faits par leur débiteur en fraude de leurs droits ».

337. Cette disposition assez laconique du Code civil est un héritage du droit romain (d'où son nom, dû soit au prêteur Paul qui l'aurait créée, soit au jurisconsulte Paul qui traite de cette action, soit aux Byzantins, le nom de l'action découlant d'une erreur d'interprétation des textes, selon les derniers travaux de certains auteurs) [2] ; mais, à Rome, il s'agissait d'une action collective exercée au nom de tous les créanciers, au cours d'une procédure collective de liquidation des biens d'un débiteur insolvable.

À l'heure actuelle, l'action paulienne est devenue une action individuelle [3].

Nous allons en examiner successivement les conditions et les effets (v. schéma, en fin de chapitre).

---

1. Civ. 3e, 1er avr. 2009, *RDC* 2009. 1317, obs. C. Pérès.

2. À ce sujet, v. P. Collinet, « L'origine byzantine du nom de la Paulienne », *Nouvelle revue historique de droit français et étranger*, 1919. 187, idée reprise par J.-Ph. Lévy et A. Castaldo, *Histoire du droit civil*, 1re éd., Dalloz, 2002, no 630, p. 903.

3. Elle demeure cependant collective en droit commercial et en matière de procédure collective où il a été jugé le 13 novembre 2001, par la Cour de cassation, qu'elle pouvait être exercée par le représentant des commerçants et, même, en vertu de l'article L. 621-68 du Code de commerce, par le commissaire à l'exécution du plan (Com. 13 nov. 2001, *RTD. civ.* 2002, no 1, obs. J. Mestre et B. Fages). Cependant, la Cour de cassation considère que l'ouverture d'une procédure collective « ne fait pas obstacle à ce qu'un créancier exerce l'action de l'article 1167 du Code civil » en dépit de la passivité du représentant des créanciers contre un acte par lequel son débiteur a fraudé ses droits.

a) Conditions de l'action paulienne

338. Ces conditions rappellent, dans une certaine mesure, celles de l'action oblique, mais certaines sont particulières à l'action paulienne.

1° Conditions semblables à celles de l'action oblique

339. Ce sont celles qui concernent les actes attaquables, le créancier et le débiteur.

♦ *Quant aux actes susceptibles d'être attaqués*

340. Ce sont tous les actes juridiques patrimoniaux, à l'exception des jugements, pour lesquels existe une action spéciale nommée « tierce opposition ». Sont exclus cependant du domaine de l'action paulienne les actes, même patrimoniaux, relatifs à des droits extrapatrimoniaux ou mettant en jeu des droits exclusivement attachés à la personne du débiteur (malgré une jurisprudence parfois divergente), ainsi que ceux relatifs à des droits insaisissables.

Par ailleurs, les paiements échappent à l'empire de l'action paulienne, même si le débiteur a ainsi favorisé l'un de ses créanciers au détriment des autres. En effet, en droit civil, la règle est que le paiement est le « prix de la course ». En revanche une dation en paiement (v. ss 529) est attaquable par la voie de l'action paulienne.

L'action paulienne est également recevable lorsque l'acte attaqué a été passé par deux époux communs en biens et concerne des biens communs, en l'occurrence une donation consentie aux enfants, en fraude des droits du créancier du mari, débiteur. Les biens communs des époux font en effet partie du gage général des créanciers[1].

♦ *Quant au créancier*

341. Sa créance, là aussi, doit être certaine, et exigible, ce qui exclut les créanciers à terme ou conditionnels, mais un titre exécutoire (v. ss 380) n'est pas exigé. La liquidité de la créance ne constitue une des conditions de recevabilité de l'action paulienne que lorsqu'elle a pour objet une somme d'argent.

♦ *Quant au débiteur*

342. Il doit être insolvable, sans quoi cette immixtion dans ses affaires serait inadmissible, ou il doit compromettre les sûretés de son créancier, ou rendre impossible l'exercice du droit spécial dont disposait le créancier sur la chose aliénée : par exemple, une parcelle devenue trop petite pour permettre le renouvellement d'un bail à la suite d'une donation-partage[2].

L'action paulienne peut, d'ailleurs, être dirigée contre le débiteur lui-même ou, s'il est déjà insolvable, contre ses cautions si elles se sont fictivement dépouillées de leurs biens afin de ne pas avoir à payer le créancier. Citons ainsi le cas de deux frères, cautions d'une SCI, qui avaient fait donation à leurs enfants respectifs de biens immobiliers qu'ils avaient eux-mêmes reçus en vertu d'une donation-partage de leurs parents, intervenue le même jour[3].

---

1. Civ. 1re, 6 févr. 2008, *Bull. civ.* I, n° 35 ; *RTD civ.* n° 4, 2008. 677, obs. B. Fages.
2. Civ. 1re, 10 déc. 1974, *Gaz. Pal.* 1975. I. 363, note A. Plancqueel.
3. Civ. 1re, 17 févr. 2004, *Gaz. Pal.* 27-28 oct. 2004, p. 7.

343. En cas de partage, l'action paulienne n'est pas possible ; mais les créanciers peuvent se défendre préventivement en s'opposant à ce qu'il y soit procédé hors de leur présence (art. 1167, al. 2, et 882). De même, en cas de séparation de biens, ils peuvent sommer les époux de leur communiquer la demande et les pièces justificatives (art. 1447).

2° Conditions propres à l'action paulienne

344. L'action paulienne n'est possible qu'à une double condition : que l'acte ait causé un préjudice au créancier et que cet acte soit frauduleux.

♦ *Le préjudice causé au créancier*

345. Le créancier doit pouvoir justifier d'un préjudice. Cela exclut les créanciers dont la créance est postérieure à l'acte litigieux puisqu'ils ne peuvent invoquer une diminution de leur gage, à moins que l'insolvabilité n'ait été organisée en vue d'une créance future, mais il faut alors en faire la preuve. Dès lors, les créanciers doivent produire des actes ayant date certaine [1]. L'arrêt rappelle par une triple censure comment les diverses conditions de l'action paulienne doivent être entendues.

La première chambre civile précise que « c'est à la date à laquelle le débiteur se dépouille de certains éléments de son patrimoine qu'il convient de se placer » [2].

346. Ce préjudice doit être constitué par un appauvrissement du débiteur, ce qui provoque ou augmente son insolvabilité, et non par un refus de s'enrichir, par exemple le refus, même frauduleux, d'une donation. Il y a cependant deux exceptions à cette règle, mais elles ne sont qu'apparentes : ainsi, si l'article 788 autorise l'exercice de l'action paulienne aux créanciers de l'héritier qui renonce à une succession, c'est que celui-ci étant devenu de plein droit propriétaire des biens de son auteur, du jour du décès, sa renonciation constitue bien un appauvrissement et les créanciers lésés peuvent donc accepter la succession du chef de leur débiteur, en ses lieu et place.

De même, l'article 2225 accorde l'action paulienne aux créanciers de la personne qui renonce à invoquer une prescription ayant joué en sa faveur. Or, la renonciation étant rétroactive, on ne saurait dire qu'elle s'est appauvrie, mais cette rétroactivité n'est qu'une fiction.

347. L'appauvrissement peut d'ailleurs être constitué de différentes façons. Il peut s'agir : soit d'un acte faisant sortir un bien du patrimoine sans contrepartie (donation ou partage simulé réalisant une donation déguisée [3], ou contre une contrepartie insuffisante : vente à vil prix) ; soit d'un acte ayant pour effet de remplacer des biens aisément saisissables par des biens faciles à dissimuler, ce qui produit pour les créanciers un appauvrissement apparent ; soit d'un acte amoindrissant la valeur vénale du bien : premier bail rural ou premier bail commercial consenti sur un bien, par exemple [4], et pour

---

1. Pour une définition de l'action paulienne et l'exigence d'un « principe certain de créance » antérieur à l'acte litigieux, v. Civ. 1re, 13 janv. 1993, *JCP* 1993. II. 22027, note J. Ghestin.
2. Civ. 1re, 17 déc. 1996, *Bull. civ.* I, n° 448, *Defrénois* 1997. 733, obs. Ph. Delebecque ; *RTD civ.* 1997. 941, obs. J. Mestre.
3. Civ. 1re, 6 mars 1996, *Bull. civ.* I, n° 125 ; *Defrénois* 1996. 1438, obs. G. Champenois ; *RTD civ.* 1997. 940, obs. J. Mestre.
4. Civ. 15 oct. 1980, *Bull. civ.* I, n° 257, p. 205.

des biens hypothéqués donnés à bail pour douze ans ce qui diminuait considérablement leur valeur « au point de rendre la sûreté illusoire »[1].

On peut, toutefois, constater que, depuis un certain temps, la Cour de cassation a tendance à élargir le domaine de l'action paulienne en n'exigeant plus cette condition d'insolvabilité du débiteur[2]. Un arrêt intéressant a repris cette position dans une situation croisant le régime général des obligations et les avant-contrats. En l'espèce la cour d'appel avait refusé la voie de cette action en faisant valoir que le conflit n'opposait pas un créancier à un débiteur mais qu'il avait trait à la propriété d'un bien ayant fait l'objet de deux mutations successives de la part de son propriétaire initial et qu'il devait se résoudre par application des règles régissant la publicité foncière. Pourtant, la décision est cassée au motif que « l'action paulienne est recevable, même si le débiteur n'est pas insolvable, dès lors que l'acte frauduleux a eu pour effet de rendre impossible l'exercice du droit spécial dont disposait le créancier sur la chose aliénée ». Qu'entend-on, ici, par ce « droit spécial » ? Les intéressés avaient bénéficié douze ans auparavant d'une promesse synallagmatique de vente d'un immeuble, mais la réitération de la promesse de vente par acte notarié n'étant jamais intervenue, les vendeurs avaient fait donation de cet immeuble à leur fils. Doit-on considérer que la promesse de vente vaut vente et que les acquéreurs étaient bien devenus propriétaires du bien, ce qui les amenait à agir en vertu d'un droit réel ? Cela conférerait alors à l'action paulienne un caractère tout à fait nouveau d'action réelle (sur cette question de la nature de l'action, v. ss 359). Ou bien faut-il considérer qu'ils étaient toujours créanciers, mais d'une obligation de faire et non de donner, l'obligation de délivrance, l'existence d'une créance justifiant alors le jeu de l'action paulienne destinée à protéger un droit personnel. C'est la seconde solution qui semble la plus exacte[3].

♦ *Le caractère frauduleux de l'acte*

348. Le caractère frauduleux de l'acte doit être envisagé à un double point de vue : vis-à-vis du débiteur et vis-à-vis du tiers avec lequel il a contracté. En effet, la Cour de cassation affirme que « l'action paulienne présentant un caractère personnel ne peut atteindre que l'auteur et les complices de la fraude »[4], du moins s'ils ont acquis à titre onéreux.

349. Le débiteur doit avoir eu une *intention frauduleuse (consilium fraudis)*. Mais on s'est demandé si la conscience de son insolvabilité suffisait à constituer la fraude, ou s'il fallait l'intention de causer un préjudice aux créanciers. On peut répondre en envisageant les deux sortes d'actes d'appauvrissement.

– *Quand il s'agit de remplacer un bien par un autre, plus facile à dissimuler*, mais de même valeur, comme ceci ne modifie en rien l'insolvabilité du débiteur, on exige qu'il l'ait fait sciemment pour pouvoir soustraire une partie de ses biens aux poursuites de ses créanciers.

---

1. Civ. 1re, 18 juill. 1995, *Bull. civ.* I, n° 324 ; *D.* 1996. 391, note E. Agostini ; *RTD civ.* 1997. 940, obs. J. Mestre.

2. Civ. 1re, 18 juill. 1995, *Bull. civ.* I, n° 234.

3. Civ. 3e, 6 oct. 2004, *Gaz. Pal.* 3 avr. 2005, p. 12, note B. Roman ; *Defrénois* 2005, art. 38109, p. 329, note Y. Dagorne-Labbé : *Defrénois* 2005, art. 38142, p. 612, note R. Libchaber ; *Defrénois*, 2005, art. 38133, p. 526, note S. Piedelièvre ; *D.* 2004. 3098, note G. Kessler ; *RTD civ.* 2005, n° 1, p. 121, obs. J. Mestre et B. Fages ; *RJDA* 2005, n° 194 ; *JCP* 2005. I. 191 ; v. A.-G. Robert, chron. citée dans la bibliographie.

4. Civ. 3e, 25 janv. 1983, *Bull. civ.* III, n° 25 ; *RTD civ.* 1983. 720, obs. J. Mestre ; Civ. 3e, 9 mars 1994, *JCP* 1994. IV. 1225, et 1994. I. 3781, p. 355, obs. C. Jamin.

– *En revanche, quand il s'agit d'un acte effectif d'appauvrissement* : don d'un bien ou son aliénation à vil prix, la simple connaissance de son insolvabilité suffit alors à constituer la fraude. Cette position est affirmée par la Cour de cassation [1] qui considère que « la fraude prévue à l'article 1167 résulte de la seule connaissance qu'a eue le débiteur du préjudice qu'il causait au créancier en se rendant insolvable ou en augmentant son insolvabilité ».

350. À l'origine, les Romains exigeaient que le tiers ait été complice de la fraude (*conscius fraudis*), mais, peu à peu, ils furent amenés à faire une distinction selon que l'acte était à titre gratuit ou onéreux, et bien que le Code civil n'ait pas mentionné cette distinction, la jurisprudence continue à l'appliquer. **L'actuel projet de réforme gouvernemental** (oct. 2013) confirme cette distinction.

– *Si l'acte est à titre onéreux, le tiers doit avoir été complice de la fraude* car il va subir un préjudice si l'action paulienne aboutit et on estime qu'il faut lui éviter ce dommage s'il est de bonne foi. Le créancier qui exerce l'action paulienne doit donc prouver la complicité de fraude du tiers acquéreur [2]. La complicité consistera, selon les cas, comme pour le débiteur, soit dans l'intention de nuire aux créanciers [3] (le tiers qui a seulement cherché à sauvegarder ses intérêts légitimes n'étant pas complice), soit dans la simple connaissance de l'insolvabilité du débiteur ; il semble que cette seconde conception prévaut actuellement en jurisprudence [4].

– *Si l'acte est à titre gratuit, au contraire, la complicité du tiers n'est pas nécessaire :* il s'agit pour lui d'un avantage sans contrepartie, donc il est beaucoup moins grave de l'en priver et l'action paulienne est possible, même si le tiers ignorait l'insolvabilité du débiteur [5].

L'action doit être dirigée contre le tiers acquéreur et la Cour de cassation estime que le fait d'invoquer au cours de l'instance que le tiers acquéreur n'ait pas été assigné, ne constitue pas une simple exception de procédure mais une fin de non-recevoir qui peut être opposée en tout état de cause [6].

351. Au cas où le tiers, à son tour, a cédé le bien acquis du débiteur à un *sous-acquéreur*, si le premier acquéreur n'est pas susceptible d'être poursuivi, le sous-acquéreur ne le sera pas, car le bien était définitivement sorti du patrimoine du débiteur. En revanche, si le premier acquéreur peut faire l'objet de l'action paulienne, on appliquera au sous-acquéreur les mêmes distinctions qu'au premier acquéreur pour déterminer si l'action est possible contre lui.

À la limite, quand l'action paulienne n'est pas possible, on peut encore attaquer certains actes, soit en demandant des dommages-intérêts, soit en invoquant directement l'adage *fraus omnia corrumpit*, pour obtenir la nullité de l'acte (v. ss 336).

b) Effets de l'action paulienne : l'inopposabilité de l'acte frauduleux

352. Cette sanction particulière, qui a pour particularité de maintenir les effets de l'acte à l'égard de certains, tout en produisant un effet révocatoire à l'égard d'autres,

---

1. Civ. 1re, 13 mars 1973, *Bull. civ.* I, nº 92, p. 86, et Civ. 1re, 14 févr. 1995, *D.* 1996. 391, note E. Agostini ; *RTD civ.* 1997. 940, obs. J. Mestre.
2. Civ. 1re, 27 juin 1984, *Bull. civ.* I, nº 211.
3. Civ. 18 févr. 1971, *D.* 1972. 56, note E. Agostini.
4. Civ. 29 mai 1985, *Defrénois* 1986, art. 33694, obs. J.-L. Aubert ; *RTD civ.* 1986. 601, obs. J. Mestre.
5. Civ. 1re, 23 avr. 1981, *D.* 1981. 395.
6. Civ. 6 nov. 1990, *JCP* 1992. II. 21905, 1re esp., note G. Bolard.

nécessite que l'on examine les effets de l'action paulienne sous l'angle des rapports entre les différents acteurs (v. schéma, en fin de chapitre).

♦ *Rapports du créancier et du débiteur*

353. L'action paulienne a essentiellement pour effet de révoquer l'acte litigieux afin de reconstituer le patrimoine du débiteur frauduleusement amoindri. Le débiteur ne peut opposer cet acte au créancier. À son égard l'acte est considéré comme nul ou encore inexistant.

On notera que lorsque l'acte a été consenti par des époux communs en biens, l'inopposabilité concerne les deux époux et l'acte tout entier, même si seul l'un des époux s'est engagé à l'égard du créancier qui exerce l'action paulienne, ainsi que l'a rappelé la Cour de cassation à propos de deux conjoints qui avaient consenti une donation sur des biens communs à leurs enfants, en fraude des droits du créancier du mari. L'épouse non débitrice, ne pouvait soutenir, qu'à son égard, l'acte resterait opposable [1].

♦ *Rapports du créancier et du tiers acquéreur*

354. Le tiers ne peut opposer l'acte litigieux au créancier, il devra subir les poursuites du créancier ou le désintéresser. L'action paulienne aboutit donc, la plupart du temps, à une obligation de restitution mais non à des dommages-intérêts. Le tiers devra restituer l'objet de l'acte frauduleux ou sa valeur actuelle, compte tenu de sa propre prestation. Toutefois, la restitution n'est due que dans la limite de la créance, pour le surplus, l'acte demeure opposable à tous. De plus, en application de l'article 549 du Code civil, le tiers de mauvaise foi doit également restituer les fruits. Il s'agit d'une inopposabilité de l'acte et non d'une nullité, si bien que les sommes ou le bien litigieux n'ont pas à faire retour dans le patrimoine du débiteur, ainsi que l'a rappelé la Cour de cassation [2].

♦ *Rapports du débiteur et du tiers*

355. L'acte frauduleux reste valable entre eux et le tiers évincé pourrait se retourner contre le débiteur et lui réclamer une indemnité d'éviction, mais ce recours est assez illusoire en raison de l'insolvabilité de ce dernier.

♦ *Rapports du créancier avec les autres créanciers*

356. Contrairement à ce qui se passe pour l'action oblique, le créancier qui exerce l'action paulienne agit en vertu d'un droit propre et pour son propre compte. Dès lors, le jugement qu'il obtient ne produit d'effet qu'à son profit. Cependant, les autres créanciers pourront en profiter en intervenant à l'action.

357. *L'avant-projet Catala de réforme du droit des obligations* reprenait les solutions jurisprudentielles mais enfermait l'action paulienne, soumise au délai de droit commun de cinq ans, dans un délai plus court, puisque « l'action ne peut être exercée que dans les trois ans qui suivent la connaissance que les créanciers ont de la fraude »

---

1. Civ. 1re, 6 févr. 2008, *Bull. civ.* I, nº 35 ; *RTD civ.* 2008. 677, obs. B. Fages.

2. Civ. 1re, 23 juin 2011, nº 10-16.602, *RTD civ.* nº 3, 2011. 534, nº 5, obs. B. Fages ; Civ. 1re, 30 juill. 2006, *Bull. civ.* I, nº 268, *Defrénois* 2006. 1863, obs. R. Libchabder.

(art. 1167, al. 3). **L'actuel projet de réforme gouvernemental** (oct. 2013) n'a pas posé de règle concernant la prescription de l'action.

c) Nature juridique de l'action paulienne

358. Le régime juridique de cette très ancienne action est bien connu, mais des discussions s'élèvent encore à propos de sa nature juridique : s'agit-il d'une action personnelle, réelle ou mixte ? S'agit-il d'une action en nullité, en inopposabilité ou en réparation ?

♦ *L'action paulienne est-elle une action personnelle, réelle ou mixte ?*

359. L'action paulienne a toujours été considérée comme une action personnelle et non réelle malgré la possibilité de restituer le bien, objet de l'acte litigieux, car le créancier exerce, par hypothèse, un droit de créance, droit personnel. Une partie de la doctrine (v. Mazeaud et de Juglart) a admis, toutefois, que l'action paulienne pouvait être qualifiée de mixte, à la fois réelle et personnelle, mais la majorité de la doctrine (v. Marty et Raynaud) et la jurisprudence récente dénient tout caractère réel à l'action paulienne et maintiennent qu'il ne s'agit que d'une *action personnelle* (cependant, v. ss 347).

♦ *L'action paulienne est-elle une action en nullité, en inopposabilité ou en réparation ?*

360. Les Romains considéraient l'action paulienne comme une action révocatoire, c'est-à-dire une action en nullité, mais la doctrine moderne objecte que l'acte reste valable entre le débiteur et le tiers et préfère y voir une action en inopposabilité. En effet, l'exercice de l'action rend l'acte frauduleux inopposable au seul créancier demandeur ; il reste opposable aux autres créanciers. La solution est confirmée dans **l'actuel projet de réforme de la Chancellerie** (oct. 2013).

On a également voulu y voir une action en réparation fondée sur la responsabilité civile. Cette théorie a soulevé des objections d'une partie de la doctrine, qui souligne que l'action dirigée contre l'acquéreur à titre gratuit réussit sans que le créancier ait à démontrer la faute du tiers. C'est pourquoi il paraît préférable de considérer l'action paulienne comme une *action mixte, à la fois action en inopposabilité et action en responsabilité* caractérisée par la notion de fraude.

III. Les moyens destinés à obtenir l'exécution

361. Lorsque l'obligation est exigible et que le débiteur ne s'exécute pas, le créancier va disposer d'un certain nombre de procédés pour obtenir cette exécution, soit directement en recourant à l'exécution forcée (B), c'est-à-dire à des mesures coercitives, soit, préalablement, en recourant à des moyens de pression (A).

A. Les moyens de pression

362. Le créancier peut recourir au système de l'astreinte ; il peut envisager une saisie conservatoire qu'il pourra ensuite éventuellement transformer en mesure d'exécution forcée ; il peut aussi se défendre en utilisant le *droit de rétention*[1] *et* l'*exceptio non*

---

1. Note Rodière, sous Civ. 22 mai 1962, *D.* 1965. 58, et sous Civ. 23 juin 1964, *D.* 1965. 79.

adimpleti contractus mais il s'agit dans ce dernier cas d'une sanction purement contractuelle. Nous la citerons ici juste pour mémoire.

1. L'ASTREINTE

363. Elle est traitée aux articles 33 à 37 de la loi du 9 juillet 1991, sur les procédures civiles d'exécution (v. C. pr. civ.).

► ***L'astreinte*** est une condamnation pécuniaire, par jour ou par semaine, ou par infraction constatée s'il s'agit d'une obligation de ne pas faire, jusqu'à l'exécution de l'obligation, qu'il s'agisse d'obligation de donner, de faire ou de ne pas faire. Le montant de l'astreinte augmente donc au fur et à mesure de l'écoulement du temps d'inexécution.

364. Elle suppose l'intervention du juge puisque la condamnation à une astreinte assortit toujours une décision de justice, qui constate le droit à l'exécution de l'obligation ; elle est destinée à obtenir l'exécution de cette décision de condamnation et donc, par là même, l'exécution de l'obligation.

L'astreinte peut être prononcée par tout juge, même d'office, et le juge de l'exécution peut assortir d'une astreinte une décision rendue par un autre juge, s'il l'estime nécessaire. Elle ne doit pas être confondue avec les dommages et intérêts moratoires, qui doivent indemniser le préjudice causé par le retard. L'astreinte, au contraire, est un moyen de pression, elle est donc *arbitraire*, fixée généralement à un taux très élevé, correspondant aux ressources du débiteur et à sa capacité de résistance, mais non en fonction du préjudice subi[1]. De plus, elle est *comminatoire*, c'est-à-dire qu'elle vise à intimider le débiteur, mais, une fois que ce dernier s'est exécuté, si l'astreinte est provisoire et non définitive, il peut demander, et doit obtenir, la réduction des sommes ainsi mises à sa charge qui seront réévaluées en fonction de la gravité de la perte initiale et de la résistance mise à exécuter, mais non du préjudice moratoire.

365. L'astreinte est *provisoire* ou *définitive*. Si le juge n'a pas précisé son caractère définitif elle doit être considérée comme provisoire (L. du 9 juill. 1991, art. 34). La différence entre les deux sortes d'astreinte réside dans la liberté plus ou moins grande dont dispose le juge au moment de la liquidation de l'astreinte, c'est-à-dire lorsqu'il en fixe le montant définitif et condamne le débiteur à verser ce montant. L'une comme l'autre sont liquidées par le juge de l'exécution (juge unique spécialisé dans les procédures civiles d'exécution) « sauf si le juge qui l'a ordonnée reste saisi de l'affaire ou s'en est expressément réservé le pouvoir » (art. 35).

366. Lorsque le montant de l'*astreinte provisoire* est liquidé, parce que le débiteur s'est exécuté ou qu'il est définitivement certain qu'il ne s'exécutera pas, cette liquidation (fixation du montant de l'astreinte effectivement due par le débiteur) est effectuée « en tenant compte du comportement de celui à qui l'injonction a été adressée et des difficultés qu'il a rencontrées pour l'exécuter » (art. 36, al. 1er).

En revanche, le taux de l'*astreinte définitive* ne peut jamais être modifié lors de sa liquidation.

---

1. Civ. 1re, 20 oct. 1959, *D.* 1959. 537, note G. Holleaux.

367. L'astreinte, provisoire ou définitive, peut être supprimée, totalement ou partiellement, « s'il est établi que l'inexécution ou le retard dans l'exécution de l'injonction du juge provient en tout ou partie d'une cause étrangère » (art. 36, al. 3).

368. Les astreintes posaient un double problème :
• *celui de leur validité*, en dehors de tout texte légal, a été réglé par la loi du 5 juillet 1972 qui en a consacré l'existence ;
• *celui de leur nature juridique*, selon qu'on les assimilait à des dommages et intérêts, qu'on y voyait une mesure de contrainte, ou qu'on distinguait la phase comminatoire où l'astreinte est un procédé de contrainte, et la phase de liquidation où elle se résout en une condamnation à des dommages et intérêts. Ici encore, la loi du 5 juillet 1972 a résolu le problème en affirmant que l'astreinte est indépendante des dommages et intérêts, mais qu'elle peut être provisoire ou définitive et la loi du 9 juillet 1991 n'a fait que reprendre ces dispositions en les précisant et en faisant intervenir le juge de l'exécution.

2. L'*EXCEPTIO NON ADIMPLETI CONTRACTUS*

► ***L'exceptio non adimpleti contractus*** ou exception d'inexécution est un moyen de défense, par lequel le créancier refuse d'exécuter sa prestation tant que le débiteur n'a pas exécuté la sienne.

369. Comme on peut le comprendre immédiatement, cela suppose que le créancier de l'obligation inexécutée soit lui-même débiteur d'une obligation envers son débiteur, ce qui caractérise un contrat synallagmatique (v. ss 665).

370. L'exception d'inexécution est en effet un moyen de pression propre aux contrats synallagmatiques et qui ne joue que dans ce contexte. Ce n'est donc pas un élément du régime général des obligations et elle sera étudiée plus en détail dans le cadre des effets du contrat (v. ss 1215 s.).

3. LE DROIT DE RÉTENTION

371. Souvent confondu avec l'*exceptio non adimpleti contractus*, le droit de rétention a pourtant un domaine différent.

► ***Le droit de rétention*** est le droit reconnu au créancier, qui détient un bien appartenant à son débiteur, de le retenir jusqu'à ce que ce dernier ait exécuté sa prestation (par ex. article 1948 en ce qui concerne le dépôt, article 571 pour le travail à façon, article 862 en matière de partage successoral, articles 1612 et 1613 dans la vente, article 1673 dans la vente à réméré, article 2391 à propos de l'antichrèse, article 2280, alinéa 1er, en matière de restitution de meubles perdus ou volés).

Il ne s'applique pas uniquement aux contrats synallagmatiques comme l'*exceptio non adimpleti*, mais dans tous les cas où le créancier détient un bien de débiteur. En revanche, le droit de rétention est inapplicable lorsque le créancier ne détient aucun bien du débiteur ou lorsqu'il n'y a aucun rapport entre la créance à recouvrer et l'objet qu'il détient. Par exemple, un garagiste détient la voiture d'un client qui ne lui a pas payé de précédentes réparations sur cette voiture : il va pouvoir exercer son droit de rétention. Mais si la créance concerne une livraison d'essence ou des réparations à un autre véhicule, il ne peut exercer ce droit de rétention. Il faut en effet qu'il y ait un lien entre la dette et la chose retenue : on dit qu'il y a *debitum cum re junctum*, qu'il y a connexité réelle.

Le créancier qui a exercé le droit de rétention n'a que des pouvoirs fort limités sur le bien retenu. En effet, s'il peut le conserver, il ne peut pas en disposer et, notamment, il ne peut pas le vendre, car il devrait alors en partager le prix avec tous les autres créanciers. Ce droit n'est donc intéressant que si le créancier est privilégié, créancier gagiste par exemple. De plus, il perd son droit s'il s'est volontairement dessaisi du bien en question.

372. La réforme du droit des sûretés, telle qu'elle résulte de l'ordonnance n° 2006-346 du 23 mars 2006, refondant le livre IV du Code civil, entièrement consacré aux sûretés, marque une étape importante dans la réforme de notre droit des obligations. En ce qui concerne le droit de rétention, le législateur l'a consacré dans le nouvel article 2268, mais il n'a pas entendu modifier le droit antérieur, aboutissement d'une évolution jurisprudentielle. Le législateur a repris les trois fondements de ce droit qui réside non dans la détention mais dans la connexité, c'est-à-dire le rapport existant entre la créance et le bien détenu : cette connexité peut être volontaire, ou juridique, ou matérielle ; il a maintenu le relatif effacement de la dépossession matérielle et l'un des éléments de son régime juridique : sa disparition par suite d'un dessaisissement volontaire. Le nouvel article 2286 dispose désormais que : peut se prévaloir d'un droit de rétention sur la chose :

« 1° celui à qui la chose a été remise jusqu'au paiement de sa créance ; 2° celui dont la créance impayée résulte du contrat qui l'oblige à la livrer ; 3° celui dont la créance impayée est née à l'occasion de la détention de la chose. Le droit de rétention se perd par le dessaisissement volontaire. » Il en serait de même en cas d'extinction de la créance garantie.

L'ordonnance du 23 mars 2006 n'a pas davantage précisé le régime juridique du droit de rétention. Toutefois, elle a mis fin à la primauté, jusqu'ici absolue, du rétenteur sur les autres créanciers. En effet, si le bien a successivement fait l'objet d'un gage sans dépossession, puis d'un gage avec dépossession, le nouvel article 2340 dispose que le droit de préférence du premier créancier gagiste (dépourvu du droit de rétention) est opposable au second « nonobstant le droit de rétention de ce dernier ».

Le droit de rétention exerce son influence sur toutes les sûretés réelles même s'il ne constitue pas lui-même une sûreté (pour plus de détails, v. Aynès, chron. citée dans la bibliographie).

373. À côté de ces procédés défensifs, le créancier a des moyens plus actifs d'obtenir l'exécution. Mais, ici, il faut faire une nouvelle distinction selon que l'inexécution est volontaire, ce qui entraîne l'exécution forcée, ou fortuite, ce qui donne lieu à l'application de la théorie des risques. Seule nous intéresse ici la première hypothèse. La seconde concerne la question de l'extinction de l'obligation (v. ss 1256).

B. Les mesures coercitives

374. Au cas où le débiteur refuse de s'exécuter, le créancier va pouvoir recourir à l'exécution forcée, à moins que le débiteur n'obtienne des délais de grâce ou ne demande à bénéficier de la procédure de surendettement des particuliers.

1. L'EXÉCUTION FORCÉE

375. L'exécution forcée suppose que le créancier recoure à des saisies appelées saisies d'exécution, qui consistent à faire appréhender les biens du débiteur par un huissier, au besoin avec le concours de la force publique, afin de les faire vendre aux enchères (ou à l'amiable) et de se faire payer sur le prix, en concours avec les autres créanciers, en vertu du droit de gage général des créanciers chirographaires (v. ss 304). Ces saisies d'exécution ne doivent pas être confondues avec les saisies conservatoires, qui rendent simplement indisponibles les biens du débiteur pour préserver le gage général du créancier, qui sont des mesures conservatoires et provisoires (v. ss 308).

L'exécution forcée n'est pas toujours possible cependant et il existe des conditions préalables avant de recourir aux saisies.

a) Le domaine de l'exécution forcée

376. L'exécution forcée directe en nature, n'est possible en principe, que si l'obligation est une obligation de somme d'argent. On a vu, en effet, que pour les obligations de faire ou de ne pas faire, l'exécution sera souvent une exécution par équivalent car on ne peut pas obliger le débiteur, sauf cas particulier, à s'exécuter s'il le refuse (v. ss 295) ; il en est de même pour les obligations de donner portant sur un corps certain et non sur une somme d'argent ; le seul moyen d'obtenir une exécution en nature sera le recours à une astreinte (v. ss 363). La contrainte par corps qui permettait de faire mettre en prison le débiteur pour le contraindre à l'exécution n'existe plus aujourd'hui.

377. Si l'astreinte ne fonctionne pas, ou si le créancier ne veut pas y recourir, il faudra alors faire transformer par un juge l'obligation initiale de faire ou de ne pas faire en une condamnation à des dommages-intérêts (pour obtenir une condamnation sous forme de somme d'argent, par équivalent) et le créancier disposera alors cette fois d'une obligation de somme d'argent, susceptible d'exécution forcée directe.

378. Il existe cependant une voie d'exécution forcée spécifique, sur la personne du débiteur et non sur ses biens qui permet d'obtenir l'exécution forcée d'une obligation de faire : quitter les lieux. C'est l'expulsion. Il existe aussi une saisie particulière, la saisie appréhension qui permet d'obtenir par la force l'exécution d'une obligation de livrer un corps certain.

b) Les conditions préalables à l'exercice d'une mesure d'exécution forcée

1° La mise en demeure d'exécuter préalable

379. Le créancier peut d'abord effectuer une mise en demeure de s'exécuter qui peut être faite par une sommation (art. 1139) ou un commandement, ou une assignation.

► ***La sommation*** est un acte signifié par huissier de justice, invitant le débiteur à payer.

► ***Le commandement***, lui, est un acte plus énergique, car il implique que le créancier possède déjà un titre exécutoire, et constitue généralement le préliminaire d'une saisie.

► ***L'assignation***, est le premier acte d'un procès.

Mais une simple lettre missive est désormais suffisante depuis la loi n° 91-650 du 9 juillet 1991 qui a réformé les procédures d'exécution, s'il « ressort de ses termes une interpellation suffisante ». Il s'agit là de la consécration d'une jurisprudence déjà ancienne [1].

Cette mise en demeure jouait jusqu'à une récente décision de la Cour de cassation un rôle déterminant en matière contractuelle, puisque, à défaut, le créancier ne pouvait demander de dommages-intérêts. Cette condition a cependant disparu (v. ss 1332) comme condition indispensable à l'obtention de dommages-intérêts compensatoires ; elle demeure cependant une condition pour exercer une mesure d'exécution.

2° L'obtention d'un titre exécutoire constatant une créance liquide et exigible

380. Cette fois, c'est une condition absolument indispensable. Une saisie conservatoire qui met simplement à l'abri les biens du débiteur en les rendant indisponibles peut être effectuée sans titre exécutoire. Il suffit d'une autorisation du juge de l'exécution qui doit constater que la créance paraît fondée dans son principe et qu'il y a des menaces qui pèsent sur son recouvrement, sans qu'il soit nécessaire que la créance soit certaine, liquide et exigible. Les saisies d'exécution sont des procédures beaucoup plus graves puisqu'elles vont entraîner l'expropriation du débiteur. Il faut donc un titre particulier pour les exercer qu'on appelle « titre exécutoire ». Ce titre exécutoire qui doit préciser la nature de la créance et son montant, contient notamment la « formule exécutoire » qui autorise le recours à la force publique. La loi de 1991 a défini de façon limitative cinq sortes de titres exécutoires. Ce sont essentiellement les décisions de justice exécutoires, mais il peut aussi s'agir d'un acte notarié s'il est revêtu de la formule exécutoire.

381. Si le créancier n'a pas de titre exécutoire, il ne pourra pas pratiquer de saisie et il devra saisir le juge pour en obtenir un en justifiant de sa créance et de l'inexécution par le débiteur de son obligation.

Lorsque la créance est une créance de somme d'argent, mais qu'elle n'a pas été constatée par une décision de justice, il existe une procédure spéciale pour obtenir un titre exécutoire, la procédure d'*injonction de payer* (C. pr. civ., art. 1405 à 1425).

► ***L'injonction de payer*** est une procédure simplifiée et rapide constituée par une requête du créancier qui doit justifier sa créance au greffe du tribunal d'instance du domicile du débiteur (ou au président du tribunal de commerce en matière commerciale).

382. S'il constate que la créance est liquide et exigible, le juge rend alors une ordonnance portant injonction de payer et, en l'absence d'opposition dans le mois de sa signification au débiteur, le créancier peut demander l'apposition sur l'ordonnance de la formule exécutoire. L'ordonnance produit alors tous les effets d'un jugement contradictoire et n'est pas susceptible d'appel.

c) L'exercice d'une mesure d'exécution forcée

1° Les saisies

383. Les saisies peuvent être immobilières ou mobilières. Elles peuvent porter en principe sur tous les biens du débiteur, sauf les biens insaisissables, définis par la loi du

---

1. Civ. 3e, 31 mars 1971, *Bull. civ.* III, n° 230.

9 juillet 1991 de façon limitative. Ce sont notamment une liste de biens qui sont jugés indispensables à la vie du débiteur (une liste exhaustive et limitative est établie par la loi de 1991 ; on y trouve notamment l'indication qui doit être laissée au débiteur : une table, des chaises, des vêtements, de quoi cuisiner, une machine à laver le linge...) et les biens indispensables à son travail.

Les saisies doivent être effectuées par des huissiers de justice qui pourront éventuellement recourir, sur autorisation du préfet, à la force publique pour pénétrer dans les lieux et exercer leur mission.

384. Il existe différentes sortes de saisies, très rigoureusement réglementées. La saisie-exécution porte sur les biens meubles corporels, la saisie attribution permet de saisir des créances, de même que la saisie des rémunérations qui permet de saisir des créances de salaire. Il existe aussi des procédures plus particulières pour le recouvrement des créances alimentaires : les procédures de paiement direct des pensions alimentaires et de recouvrement public, ou pour la saisie des rémunérations... etc. On signalera aussi la saisie appréhension qui, ainsi que souligné plus haut, permet d'obtenir l'exécution d'une obligation de faire spécifique : livrer un corps certain. Le créancier peut ainsi entrer en possession du bien (pour plus détails, v. la loi du 9 juillet 1991 portant réforme des procédures civiles d'exécution au nouveau Code de procédure civile).

385. La saisie attribution, qui permet à un créancier, à condition qu'il soit muni d'un titre exécutoire et que la créance soit liquide et exigible, de pouvoir saisir entre les mains d'un tiers les créances de son débiteur a un intérêt particulier. Elle a un « effet attributif qui transfère immédiatement la propriété de la créance du patrimoine du saisi à celui du saisissant où elle est cependant indisponible et qui exclut donc logiquement toute possibilité de concours avec les créanciers agissant postérieurement »[1]. Le premier créancier qui fait la saisie est donc sûr de passer avant les autres : c'est ce que l'on a appelé le « prix de la course » ; alors que dans les autres saisies, il faudra faire vendre le bien et subir le concours avec les autres créanciers pour le partage du prix de vente.

2° L'expulsion

386. C'est la seule mesure d'exécution forcée sur la personne du débiteur qui subsiste. L'obligation de quitter un local est une obligation de faire, mais l'on voit immédiatement qu'elle ne peut se résoudre en dommages et intérêts : le créancier doit obtenir que les lieux soient vidés. S'il dispose d'un titre exécutoire le créancier peut faire procéder à l'expulsion « en vertu d'une décision de justice ou d'un procès-verbal de conciliation exécutoire » à l'expiration d'un délai de deux mois qui suit le commandement d'avoir à libérer les locaux. L'huissier, dès le commandement, doit informer le préfet en vue de la prise en compte d'une éventuelle demande de relogement (L. du 9 juill. 1991, art. 61 et 62).

2. Les moyens de défense du débiteur

387. En contrepartie de ces différents moyens de coercition, le débiteur défaillant peut s'adresser au juge pour obtenir des délais de paiement appelés « délais de grâce » tant par la doctrine que par le Code de procédure civile (art. 510 à 513).

---

1. H. Croze, Commentaire de la loi du 9 juillet 1991 au *JCP* 1992. I. 3585.

Lorsque sa situation est dramatique et qu'il se trouve en situation de surendettement, il peut également recourir à une procédure spécifique, la procédure de surendettement des particuliers.

a) Les délais de grâce

388. C'est ici en application de la loi, que ces délais sont accordés au débiteur au détriment du créancier. Ils étaient prévus dès le Code civil de 1804 et ont fait l'objet de plusieurs remaniements, dont le dernier date de la loi du 9 juillet 1991 portant réforme des procédures civiles d'exécution.

Les textes permettant d'accorder des délais de grâce dans de nombreux domaines se multiplient, mais ils renvoient aux dispositions des articles 1244-1 à 1244-3 du Code civil où la matière se trouve désormais concentrée depuis la loi du 9 juillet 1991.

389. Sauf prohibition légale expresse, par exemple en matière de dette d'aliment (art. 1244-1, al. 4) ou d'expropriation (C. expr., art. 15-1), ou tacite, n'importe quel débiteur peut demander au juge des délais de grâce et il est admis que les dispositions de l'article 1244-1 sont d'ordre public et que toutes stipulations contraires sont réputées non écrites (art. 1244-3). Il peut s'agir du juge qui vient de condamner judiciairement le débiteur ou, dans le cas d'une dette extrajudiciaire, du juge de l'exécution.

390. Le juge peut ainsi, « compte tenu de la situation du débiteur et en considération des besoins du créancier », reporter la dette ou échelonner le paiement dans la limite de deux ans. Il peut également « par décision spéciale et motivée » prescrire que les sommes correspondant aux échéances reportées porteront intérêt à un taux réduit mais qui ne peut être inférieur au taux légal. Il peut aussi prévoir que les paiements s'imputeront d'abord sur le capital. Le juge peut subordonner ces mesures à l'accomplissement par le débiteur d'actes destinés à garantir le paiement de la dette (art. 1244-1, al. 1er à 3).

Cependant, la Cour de cassation considère que « le juge qui accorde au débiteur des délais de paiement doit fixer la durée des délais accordés », de sorte que « en statuant sans fixer la ou les dates auxquelles le débiteur devrait se libérer, la cour d'appel a violé » l'article 1244-1 [1]. En effet, le délai de grâce est une faveur qui doit être strictement calculée d'après les motifs qui la justifient.

391. L'octroi d'un délai de grâce par le juge a pour effet de suspendre les procédures d'exécution éventuellement déjà engagées par le créancier. Il met également fin, pendant le délai fixé, à l'exigibilité de toute majoration d'intérêts ou pénalités de retard (art. 1244-2).

Ces différentes possibilités offertes au juge lui donnent le pouvoir d'intervenir notamment dans l'économie du contrat, de « refaire le contrat », ce qui, on le verra est contraire aux principes traditionnels de la force obligatoire et de l'intangibilité du contrat (v. ss 1076, 1087 s.) et il s'agit là de « prérogatives d'autant plus exorbitantes qu'elles ne se justifient pas par un souci d'équité mais par un simple sentiment de pitié par définition beaucoup plus subjectif », comme le relève A. Sériaux.

---

1. Civ. 2e, 7 janv. 1998, *JCP* 1998. I. 129, obs. G. Loiseau.

b) Les procédures spécifiques de surendettement des particuliers

392. La prise en compte de la situation de surendettement des particuliers qui ne peuvent plus faire face à leurs dettes non professionnelles date d'une loi du 31 décembre 1989 qui a mis en place la première procédure de surendettement des ménages. Elle a été plusieurs fois réformée et de nouvelles dispositions ont été à nouveau adoptées dans le cadre de la loi n° 2010-737 du 1er juillet 2010, sur le crédit à la consommation qui transpose en droit interne la directive n° 2008-48/CE du 23 avril 2008 concernant les contrats de crédit aux consommateurs. En toute hypothèse, et le nouveau texte ne change rien à cette procédure, le débiteur qui ne peut plus faire face à ses dettes non professionnelles va saisir une commission administrative départementale dite de Commission de surendettement qui, après avoir dressé son état d'endettement et étudié sa situation, peut le diriger vers trois sortes de procédures.

– Elle peut décider d'une procédure de droit commun, au cours de laquelle la commission tentera une conciliation avec les créanciers, et où, en cas d'échec, elle fera des recommandations pour un report partiel ou un rééchelonnement des dettes, auxquelles le juge de l'exécution donnera force exécutoire. Le nouveau texte permet à la commission d'imposer certaines mesures et pas seulement de faire des recommandations.

– Ou bien alors, elle pourra décider de mettre en place une procédure de traitement de l'insolvabilité durable (avec suspension dans un premier temps de l'exigibilité de toutes les dettes et ensuite, préconisation de mesures d'effacement partiel des dettes).

– Ou enfin, s'il est impossible de régler la situation et que le débiteur se trouve dans une « situation irrémédiablement compromise », elle ouvrira une procédure de rétablissement personnel qui aboutira à la vente des biens du débiteur pour désintéresser les créanciers ; là encore le nouveau texte introduit dans ce dernier cas une seconde procédure sans liquidation des biens, lorsque le débiteur n'a que des biens meubles nécessaires à la vie courante.

Ces procédures se déroulent sous le contrôle du juge de l'exécution et leur déclenchement permettra au débiteur d'obtenir une suspension des poursuites exercées par les créanciers, qui n'est cependant pas automatique (pour une étude plus détaillée de ces procédures, v. « Le point sur... », en fin de chapitre).

DOCUMENTS

BIBLIOGRAPHIE

COLOMBET, « Action paulienne non reçue contre les paiements », *RTD civ.* 1965. 5.

HEBRAUD, « L'action directe de la victime d'un dommage contre l'assureur », *Rev. crit. législ. et jur.* 1931.

ROBERT (A.-G.), « Action paulienne et conflits de propriété. À propos de Civ. 3e, 6 oct. 2004 », *JCP* 2005. I. 191.

SAUTONIE-LAGUIONIE (L.), *La fraude paulienne*, thèse, LGDJ, 2008.

SEIFERT (E.), *L'action oblique ou la responsabilité du débiteur inactif*, thèse, Paris I, G. Loiseau (dir.), 2010.

SINAY, « Action paulienne et responsabilité délictuelle à la lumière de la jurisprudence récente », *RTD civ.* 1948. 183.

VIDAL (J.), *Essai d'une théorie générale de la fraude en droit français*, 1957, p. 341 s.

CAS PRATIQUE

La fraude et la négligence du débiteur

M. Pernet se trouve dans une situation pécuniaire très précaire. Il a de nombreux créanciers et redoute de les voir saisir les derniers biens qui lui restent. Aussi a-t-il décidé de vendre à vil prix un immeuble à son ami Barnaud, avec lequel il convient secrètement qu'il s'agit d'une vente fictive. D'autre part, il décide de donner à sa fille et à son gendre au moment de leur mariage les derniers titres qui lui restaient en portefeuille.

Après avoir effectué ces opérations, M. Pernet est victime d'un accident de la circulation et obtient la condamnation de l'automobiliste qui l'a renversé à d'importants dommages et intérêts. Mais, découragé par les attaques de ses créanciers, il ne fait rien pour se faire payer.

Indiquez les actions que ses créanciers vont pouvoir exercer pour se faire payer et à quelles conditions.

Les différentes actions ouvertes au créancier

1. Personnages en présence

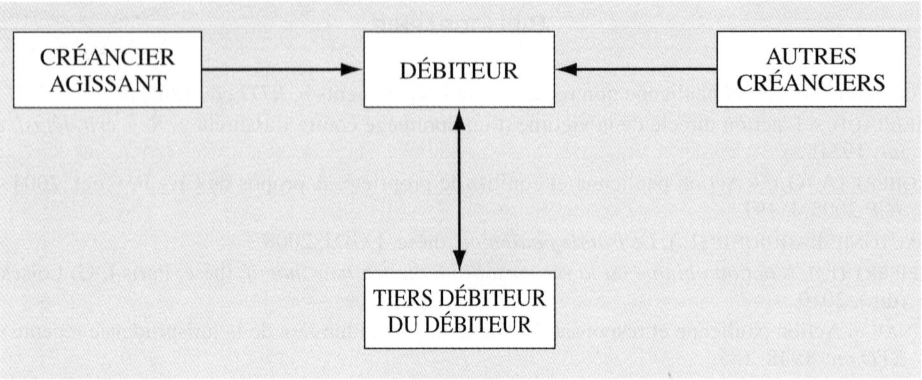

2. Action oblique

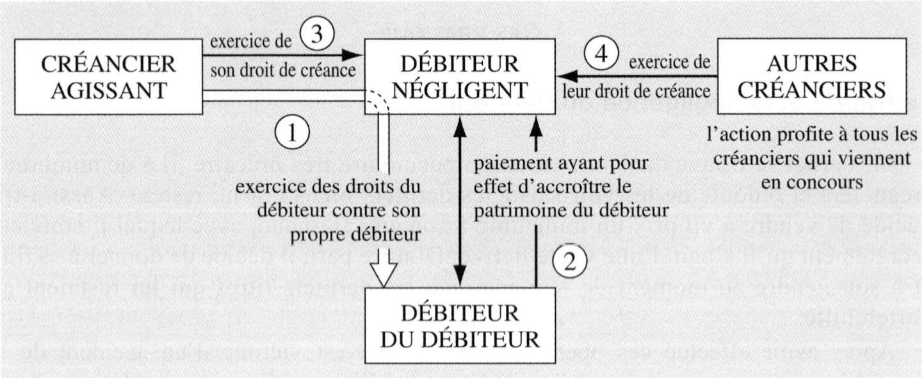

3. Action directe

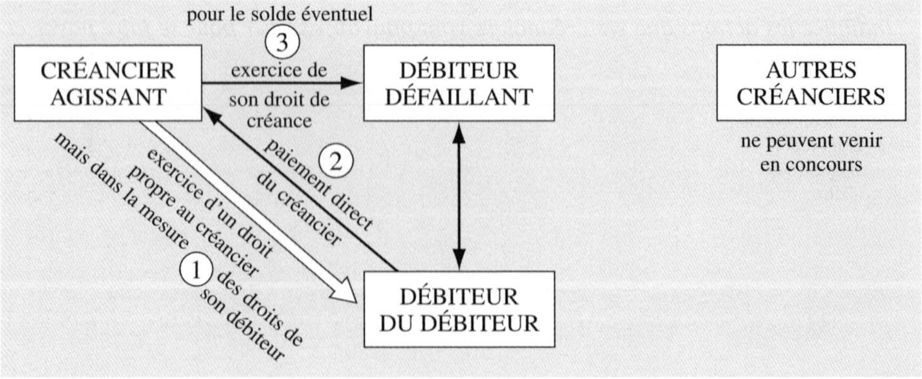

4. Action paulienne

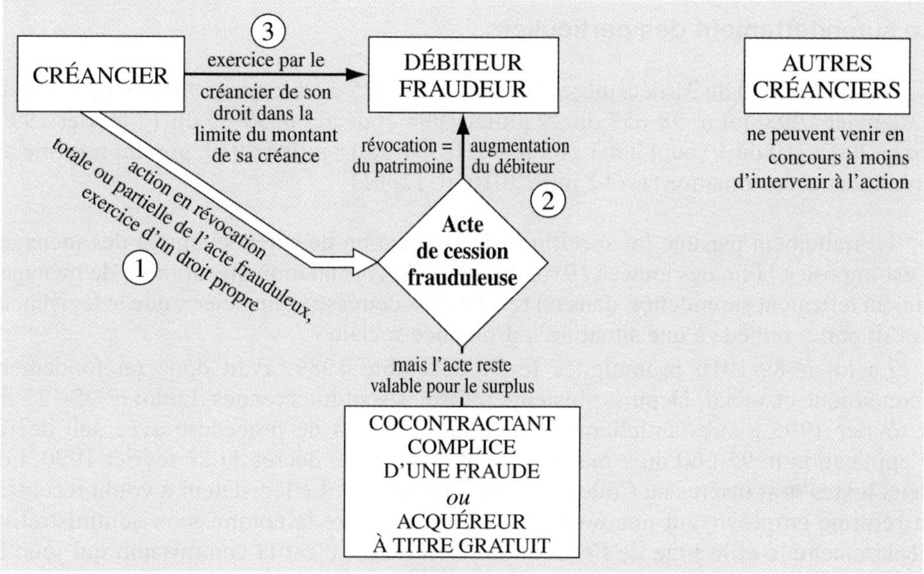

5. Action en déclaration de simulation

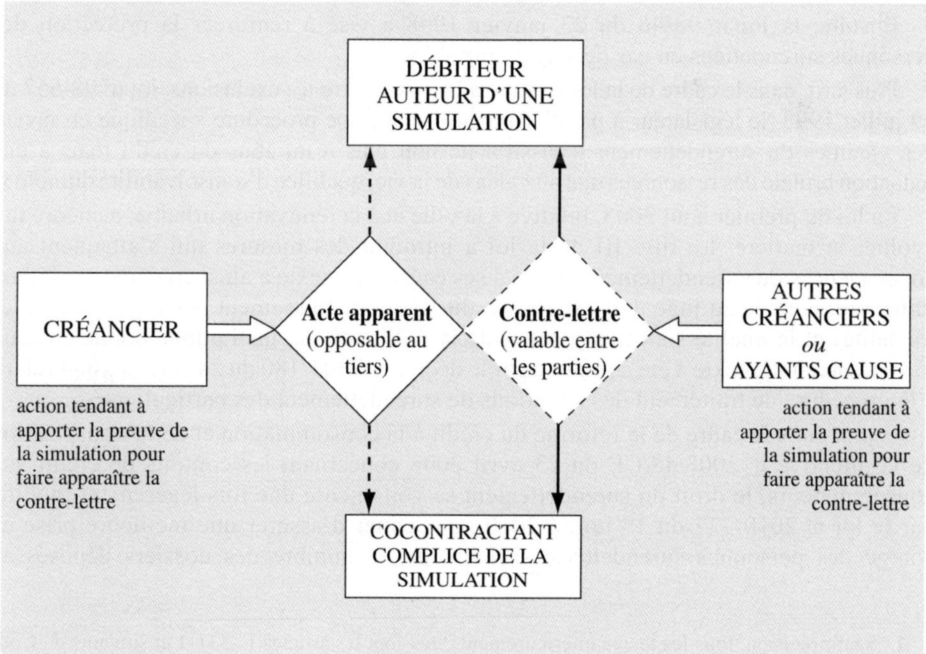

Note. Les chiffres indiquent le sens dans lequel il faut lire les tableaux.

LE POINT SUR...

Le surendettement des particuliers

(loi n° 89-1010 du 31 décembre 1989, loi n° 95-125 du 8 février 1995, loi n° 98-46 du 23 janvier 1998, loi n° 98-657 du 29 juillet 1998 et décret n° 99-65 du 1er février 1999, loi n° 2003-710 du 1er août 2003 ; loi n° 2010-737 du 1er juillet 2010, portant réforme du crédit à la consommation) (*JO* 2 juill. 2010, p. 12001)

Le traitement par une loi spécifique de la situation de surendettement des ménages s'est imposé à la fin des années 1980, du fait de la constatation que nombre de ménages étaient tellement surendettés, dans un tel état de « détresse » financière, que le législateur devait porter remède à une situation « d'urgence sociale ».

La loi n° 89-1010 promulguée le 31 décembre 1989, avait donc un fondement économique et social. Depuis, plusieurs réformes sont intervenues. La loi n° 95-125 du 8 février 1995 a substantiellement modifié les règles de procédure avec son décret d'application n° 95-660 du 9 mai 1995, qui a abrogé le décret du 21 février 1990. Les deux textes sont insérés au Code de la consommation [1]. Le législateur a voulu recentrer la réforme en prévoyant une nouvelle répartition entre la commission administrative départementale et le juge de l'exécution. Désormais, c'est la commission qui joue le rôle essentiel et le juge se présente soit comme l'auxiliaire de la commission, soit comme son censeur. Le règlement amiable et le redressement judiciaire qui avaient été prévus à l'origine par la loi du 31 décembre 1989 ont disparu au profit d'une procédure en deux étapes devant la commission.

Ensuite, la loi n° 98-46 du 23 janvier 1998 a visé à renforcer la protection des personnes surendettées en cas de saisie immobilière.

Plus tard, dans le cadre de la loi relative à la lutte contre les exclusions, loi n° 98-657 du 29 juillet 1998, le législateur a parallèlement instauré une procédure spécifique en faveur des victimes du surendettement « passif » lié non plus à un abus du crédit mais à une réduction brutale des ressources due aux aléas de la vie, qualifiée d'« insolvabilité durable ».

La loi du premier août 2003, relative à la ville et à la rénovation urbaine, a encore fait évoluer la matière. Le titre III de la loi a introduit des mesures qui s'attaquent aux conséquences du surendettement et non à ses causes. Le texte a ainsi créé une procédure judiciaire, confiée au juge de l'exécution, dite de « rétablissement personnel » dont les modalités et la finalité sont très proches de la faillite civile, institution connue en droit local alsacien. Ce texte a été complété par le décret n° 2004-180 du 24 février 2004 relatif à la procédure de traitement des situations de surendettement des particuliers [2].

Enfin, dans le cadre de la réforme du crédit à la consommation et de la transposition de la directive n° 2008/48/CE du 23 avril 2008 concernant les contrats de crédit aux consommateurs, le droit du surendettement se voit encore une fois légèrement modifié par la loi n° 2010-737 du 1er juillet 2010 pour tenter d'assurer une meilleure prise en charge des personnes surendettées, sachant que le nombre des dossiers déposés au

---

1. Sauf précision, tous les textes ultérieurement cités sont les articles L. 331-1 et suivants du Code de la consommation.
2. Pour plus de détails, v. article Côte, cité dans la bibliographie.

secrétariat des commissions de surendettement a encore crû de 18 % en 2009 par rapport à l'année précédente. Le nouveau texte ne modifie pas l'architecture générale des procédures, mais apporte quelques modifications notables. Outre des modifications relatives à la composition de la commission de surendettement ou à la procédure devant la commission, les nouvelles dispositions tendent d'une part, à l'accélération du traitement du dossier, en ramenant de six mois à trois mois, le délai à l'expiration duquel la commission doit avoir décidé de l'orientation de ce dossier (C. consom., art. L. 331-3-1) ; d'autre part, à augmenter la protection accordée au débiteur : ainsi, au titre des principales modifications, le texte prévoit une suspension automatique des procédures d'exécution engagée contre le débiteur dès que son dossier est déclaré recevable, alors qu'auparavant la suspension « pouvait » être décidée mais ne s'imposait pas ; il étend également la possibilité de suspendre les mesures d'expulsion du logement à tous les débiteurs dont le dossier est recevable et non plus seulement lorsque la situation du débiteur est irrémédiablement compromise et qu'il y a rétablissement personnel ; il permet enfin, à la commission d'imposer certaines mesures de traitement du surendettement sans que le juge de l'exécution ait à leur conférer force exécutoire.

Nous examinerons ici les conditions générales requises pour bénéficier des procédures de surendettement (I), puis, dans ses grandes lignes, l'examen du dossier par la commission et le choix de la procédure (II).

I. Les conditions générales requises pour bénéficier des procédures de surendettement

Les différentes procédures concernent les débiteurs *personnes physiques*, *de bonne foi* (C. consom., art. L. 331-2), *en état de surendettement*.

A. La condition tenant au surendettement

1. Impossibilité de faire face à un passif non professionnel

► ***Le surendettement*** a été défini par la loi de 1998 comme « l'impossibilité manifeste pour le débiteur (de bonne foi) de faire face à l'ensemble de ses dettes non professionnelles, exigibles et à échoir » et la loi du 1er août 2003 a complété cette définition en ajoutant « ainsi qu'à l'engagement qu'il a donné de cautionner ou d'acquitter solidairement la dette d'un entrepreneur individuel ou d'une société, dès lors qu'il n'a pas été, en droit ou en fait, dirigeant de celle-ci » (C. consom., art. L. 330-1, nouv.) Cette disposition, reprise de la jurisprudence de la Cour de cassation, permet de résoudre la question de la qualification de la dette née d'un cautionnement, qui peut, désormais, être considérée comme non professionnelle (v. aussi *infra*, B, 3°).

Il appartient donc à la commission de surendettement de déterminer les éléments d'actif et de passif non professionnel, pour apprécier cette insolvabilité du débiteur.

Les éléments d'actif sont constitués par toutes les ressources de l'intéressé, et, éventuellement, de son conjoint ou son compagnon, l'intégralité de ses biens meubles et immeubles, y compris sa résidence, les avantages en nature dont il peut bénéficier, etc.

En ce qui concerne le passif, une difficulté peut apparaître quand il y a cumul de dettes domestiques et professionnelles. Faut-il tenir compte des deux sortes de dettes pour établir le bilan, quitte à ne prendre en considération que les dettes non professionnelles pour la procédure de traitement de la situation de surendettement ? Il semble que non dans la mesure où l'article 1er ne concerne que les « dettes non professionnelles », mais il s'agit de toutes les dettes y compris les dépenses courantes comme le loyer ou l'électricité et non pas uniquement le remboursement des emprunts [1].

La grande innovation de la loi du 1er août 2003 a été de mettre fin au privilège dont disposaient les créances fiscales, parafiscales et de sécurité sociale qui étaient exclues du traitement du surendettement et laissées au bon vouloir de l'Administration pour un éventuel aménagement. Cela entraînait une inégalité entre les créanciers publics et les créanciers privés. Désormais, les dettes fiscales et sociales sont alignées sur le droit commun et la commission peut recommander leur rééchelonnement et même les inclure dans un moratoire ou prescrire leur effacement partiel (v. Section III).

La comparaison des éléments d'actif et de passif va faire apparaître la véritable situation du débiteur. Mais, à partir de quand y a-t-il surendettement au sens de la loi du 31 décembre 1989 ? Certaines juridictions ont fixé un pourcentage et admis la recevabilité de la demande quand le passif excède la moitié des revenus [2].

En fait, il faut tenir compte du cas de chaque débiteur, par exemple de la baisse à venir de ses revenus du fait de son licenciement [3] ou, au contraire, refuser d'ouvrir la procédure si le débiteur peut utiliser d'autres procédés tels que le délai de grâce de l'article 1244-1 du Code civil qui permet au juge, de « reporter ou échelonner le paiement des sommes dues » dans la limite de deux ans, ce qui suspend les procédures d'exécution, ainsi que les majorations d'intérêts ou pénalités de retard pendant le délai fixé par le juge.

Ensuite, selon l'état d'insolvabilité du débiteur il appartiendra à la commission de déterminer quelle procédure peut être envisagée et s'il apparaît que l'état de surendettement est tel qu'aucun plan de redressement ne peut être envisagé, c'est la procédure de « rétablissement personnel », mise en place par la loi du 1er août 2003, qui peut, seule, être envisagée, à certaines conditions (v. Section V). À chaque procédure correspond donc un état de surendettement différent du débiteur.

2. État de surendettement différent selon les procédures

La loi instaure une distinction entre trois situations distinctes : la procédure de droit commun et la procédure du traitement de l'« insolvabilité durable » qui constituent les procédures de surendettement au sens strict et la procédure de « rétablissement personnel », instaurée par la loi du 1er août 2003 (nº 2003-710). La commission de surendettement choisit la procédure applicable en fonction de l'état de surendettement du débiteur : dans tous les cas, le débiteur est dans l'impossibilité de faire face à ses dettes non professionnelle et il se trouve donc dans une situation d'insolvabilité mais cet état n'est pas toujours le même.

---

1. V. Paris, 13 nov. 1990, *D.* 1992. Somm. 105, obs. B. Bouloc et Chatain, et Chambéry, 22 janv. 1991, annexe 1, chron. G. Paisant, *JCP* 1991. I. 3510.
2. TI Saint-Avold, 7 mars 1990, *INC Hebdo* 16 nov. 1990, p. 6.
3. TI Beauvais, 27 déc. 1990, *INC Hebdo* 1er mars 1991, p. 6.

– ***La procédure de droit commun*** est utilisable toutes les fois qu'en considération des ressources et de l'actif réalisable du débiteur, « des mesures de traitement peuvent être prescrites devant la commission de surendettement des particuliers », c'est-à-dire, lorsqu'il sera possible d'organiser la dette en vue de parvenir à son apurement.

– ***La procédure du traitement de l'insolvabilité durable*** est mise en place lorsque, sans retenir son caractère irrémédiable, la commission constate l'insolvabilité durable du débiteur, caractérisée par l'absence de ressources ou de biens saisissables et qu'il faut un temps d'observation pour pouvoir déterminer si le débiteur peut se rétablir ou si sa situation est irrémédiablement compromise.

– ***La procédure de rétablissement personnel***, enfin, interviendra lorsque « le débiteur se trouve dans une situation irrémédiablement compromise ». Il s'agit là d'une procédure exceptionnelle qui ne devrait intervenir que lorsque tout aménagement est impossible, que la situation est irréversible et caractérisée « par l'impossibilité manifeste de mettre en œuvre des mesures de traitement ». Il est d'ailleurs créé à l'article L. 332-12 une passerelle autorisant le juge de l'exécution, compétent en matière de procédure de rétablissement, de pouvoir, « à tout moment de la procédure », renvoyer le dossier à la commission pour une reprise de la procédure de droit commun, « s'il estime que la situation du débiteur n'est pas irrémédiablement compromise ». La loi du 1er août 2003 a été complétée par un décret n° 2004-180 du 25 février 2004.

B. La condition tenant à la qualité du débiteur

1. Le texte concerne les débiteurs personnes physiques, à l'exclusion toutefois de certaines catégories de personnes

Puisque le débiteur doit être une personne physique, les *personnes morales* sont exclues, par définition. Il doit cependant s'agir, en outre, de *débiteurs civils* ; en effet, l'article L. 330-1 du Code de la consommation énumère un certain nombre de personnes exclues du bénéfice de ce texte.

– Sont ainsi exclus, tout d'abord les *commerçants :* ils sont régis par la loi n° 84-148 du 1er mars 1984 relative à la prévention et au règlement amiable des difficultés des entreprises et, surtout, par la loi n° 85-98 du 25 janvier 1985, relative au redressement et à la liquidation judiciaire des entreprises. C'est, d'ailleurs, parce que les débiteurs civils ne disposaient pas de ces possibilités qu'un texte particulier leur a été consacré.

– Les *artisans* et *agriculteurs* sont également exclus Ils sont, eux aussi, régis par la loi du 1er mars 1984 et par la loi n° 88-1202 du 30 décembre 1988, relative à l'adaptation de l'exploitation agricole à son environnement économique et social, qui leur a rendu applicable la loi n° 85-98 du 25 janvier 1985.

Ces diverses catégories de débiteurs sont exclues du bénéfice de la procédure de surendettement, quelle que soit la nature de leurs dettes, même domestiques, puisque, du fait du principe de l'unité du patrimoine, la notion de cessation de paiement englobe toutes les dettes de l'intéressé, aussi bien domestiques que professionnelles.

– En revanche, rien n'est prévu pour les *membres des professions libérales*. Ces derniers, dont le passif est le plus souvent professionnel, ne peuvent donc bénéficier, ni des mesures de traitement du surendettement des particuliers, ni de celles réservées aux entreprises en difficulté, alors que ceux qui sont domiciliés en Alsace et en Moselle peuvent bénéficier de la faillite civile en vigueur dans ces départements.

2. Le texte concerne le débiteur et son conjoint, compagnon ou partenaires

Bien que l'article L. 331-3 ne parle que du débiteur au singulier, il est admis que la loi concerne « les particuliers et les familles », c'est-à-dire les couples, mariés, en concubinage, pacsés.

La plupart du temps, c'est en effet le couple qui va saisir la commission de surendettement des particuliers (dont la dénomination a été raccourcie), sinon, pour pouvoir apprécier l'ensemble des ressources et des dettes de la famille, la solution consiste à attraire d'office dans la procédure le conjoint ou le compagnon dès lors qu'ils vivent ensemble.

3. La procédure a été élargie aux cautions ou coobligés

Cet élargissement a été réalisé par la loi du 1er août 2003. À l'origine c'était à la condition que la caution n'ait pas été en droit ou en fait dirigeant de l'entreprise au profit de laquelle la garantie a été donnée. Mais cette condition a été supprimée par la loi de modernisation de l'économie du 4 août 2008. Il en résulte la situation paradoxale que le chef d'entreprise qui s'est porté caution des dettes de sa société ou qui est codébiteur solidaire pourra prétendre aux procédures de surendettement et de redressement personnel même si ce surendettement a un caractère professionnel. Comme souligné plus haut (*supra*, A, 1°), le cautionnement est assimilé aux dettes non professionnelles.

4. Le débiteur peut être domicilié hors de France (art. L. 333-3-1)

Il doit cependant être de nationalité française. Cette nouvelle catégorie de débiteurs, français mais domiciliés hors de France a été introduite par la loi du 8 février 1995, pour des dettes contractées auprès de créanciers établis en France. La procédure ne concerne donc que ces dettes. La commission compétente est celle du lieu d'établissement d'un de ces créanciers. Il y a là une différence notable avec les débiteurs français de l'intérieur, dont toutes les dettes, même d'origine étrangère ou extra-contractuelle, sont prises en considération.

C. La condition tenant à la bonne foi du débiteur

Le bénéfice de ces procédures est un avantage conféré au débiteur, précisément en raison de sa bonne foi. D'ailleurs, l'article L. 333-2 du Code de la consommation institue une déchéance à l'encontre du débiteur qui aurait fait preuve de mauvaise foi en faisant de fausses déclarations ou en dissimulant une partie de ses biens, ou qui aurait aggravé son endettement en souscrivant de nouveaux emprunts ou en procédant à des actes de disposition pendant le déroulement de la procédure.

La bonne foi doit être recherchée dans le comportement du débiteur, antérieurement à sa demande, pendant la phase d'endettement. Par exemple, le débiteur qui a souscrit, sciemment, de nouveaux emprunts en sachant qu'il ne pourrait pas rembourser ou qui a cherché à tromper son interlocuteur sur son endettement, ne peut être considéré comme de bonne foi et sa demande est donc irrecevable[1]. Par contre, des fautes de gestion n'excluent pas forcément la bonne foi[2], de même que la non-déclaration d'une dette, s'il n'est pas établi que cette omission a été délibérée, pour permettre au débiteur d'obtenir le bénéfice de la procédure[3]. L'imprévoyance ou la négligence du débiteur ne sont pas constitutive nécessairement de la mauvaise foi. Conformément au droit commun, il appartient par ailleurs au créancier d'apporter la preuve de la mauvaise foi, car la bonne foi est toujours présumée.

II. L'examen du dossier par la Commission et le choix de la procédure

La loi du 8 février 1995 a confié aux commissions de surendettement la mission générale de « traiter » les situations de surendettement (art. L. 331-2). La commission intervient donc obligatoirement dans toutes les procédures ne serait-ce que pour décider de celle qu'il convient de proposer et joue ensuite un rôle important pendant le déroulement des procédures de surendettement.

A. Composition de la commission (C. consom., art. L. 331-1)

Instituée dans chaque département, la commission de surendettement des particuliers comprend sept membres dont le préfet, président, et le responsable départemental de la direction générale des finances publiques, vice-président (art. L. 331-1).

Il peut être créé plusieurs commissions dans le même département.

Les membres de la commission sont tenus par le secret professionnel.

Enfin, selon la Cour de cassation, la commission de surendettement des particuliers ne constitue pas un tribunal au sens de l'article 6 de la Convention européenne des droits de l'Homme et la composition de la commission est présumée conforme aux dispositions de l'article L. 331-1 du Code de la consommation. Un débiteur, dont la demande a été rejetée, ne peut invoquer la nullité de cette décision au motif qu'elle n'est pas signée et ne comporte pas la mention des membres de la commission qui l'ont rendue[4].

B. Saisine de la commission

1. Caractères de la saisine

La commission étant seule compétente, le débiteur n'a plus d'option entre celle-ci et le juge. La saisine de la commission est désormais obligatoire et exclusive : cela a le mérite de décharger le juge et de simplifier la procédure pour le débiteur.

---

1. Rennes, 24 oct. 1990, *INC Hebdo* 14 déc. 1990, p. 5
2. TI Angers, 31 oct. 1990, *INC Hebdo* 1er mars 1991, p. 10.
3. Civ. 1re, 11 oct. 1994, *D.* 1994. IR 244.
4. Civ. 2e, 18 déc. 2003, *JurisData* n° 2003-021503.

2. Initiative de la saisine

La procédure ne peut être engagée devant la commission que par le débiteur. Le juge n'a plus le pouvoir de saisir la commission, comme à l'origine.

Le débiteur formule sa demande par l'intermédiaire du mandataire de son choix ou d'un représentant légal, s'il y a eu ouverture d'un régime de tutelle des majeurs. La loi du 29 juillet 1998 impose la gratuité de l'intervention de toute personne afin de prohiber l'intervention d'officines de gestion de dettes.

La commission compétente est celle du lieu où demeure le débiteur, sauf dans le cas des Français à l'étranger, où c'est celle du lieu d'établissement de l'un de ses créanciers (Décr. du 9 mai 1995, art. 7).

3. Effets de la saisine

La commission n'est pas tenue d'informer le juge de l'exécution de l'ouverture de la procédure.

Elle dispose d'un délai que la loi du 1er juillet 2010 a ramené de six mois à trois mois à compter du dépôt du dossier : dans ce délai elle doit apprécier la recevabilité du dossier et rendre une décision de recevabilité notifiée au débiteur (eu égard aux critères vus précédemment : débiteur personne physique, passif non professionnel, bonne foi et surendettement) ; elle doit ensuite procéder à l'instruction du dossier et décider de son orientation (nouv. art. L. 331-3, al. 1er) : procédure de surendettement de droit commun, procédure de traitement de l'insolvabilité durable ou procédure de rétablissement personnel. Bien que le respect de ce délai ne soit assorti d'aucune sanction, il faut noter, qu'en cas d'inertie de la commission, et au terme d'un délai de neuf mois à compter du dépôt du dossier, le débiteur aura la possibilité de saisir directement le juge de l'exécution (JEX) en vue de l'ouverture d'une procédure en rétablissement personnel, (art. L. 332-5, al. 2).

Le débiteur peut être entendu, à sa demande, par la commission et il doit être « informé de cette faculté par la notification de la décision de recevabilité » (art. L. 331-3, al. 4). Le juge de l'exécution est compétent pour connaître des éventuels recours dirigés contre les décisions rendues, à ce titre, par la commission (art. L. 331 3, al. 2).

Dès que le dossier est jugé recevable, l'article L. 331-3-1, dans la rédaction issue de la loi du 1er juillet 2010, prévoit la suspension et interdiction automatique des procédures d'exécution diligentées à l'encontre des biens du débiteur ainsi que des cessions de rémunération consenties par celui-ci et portant sur des dettes autres qu'alimentaires. Avant la loi du 1er juillet 2010, la commission pouvait saisir le juge de l'exécution pour lui demander la suspension des procédures d'exécution diligentées contre le débiteur et portant sur des dettes autres qu'alimentaires, mais cette suspension n'était pas automatique à part dans la procédure de rétablissement personnel.

Par ailleurs, si la commission déclare le dossier recevable, elle peut saisir le juge de l'exécution aux fins de suspension des mesures d'expulsion du logement du débiteur (art. L. 331-3-2, nouv.).

C. Rôle de la commission dans les différentes procédures

1. Choix de la procédure

C'est la commission qui, en fonction de l'état de surendettement du débiteur, décide d'engager la procédure de droit commun ou d'insolvabilité durable, dans lesquelles son rôle est important ou bien la procédure de rétablissement personnel, où elle s'efface devant le juge de l'exécution. Pour opérer ce choix, elle doit avoir instruit le dossier et dressé l'état d'endettement du débiteur, étape nécessaire qui consiste à recenser les éléments actifs et passifs du patrimoine en utilisant de larges pouvoirs d'investigation. La commission peut ainsi entendre toute personne dont l'audition lui paraît utile et obtenir communication notamment auprès des administrations publiques, des établissements de crédit et de paiement ou des organismes de sécurité et de prévoyance sociale, de tout renseignement de nature à lui donner une exacte information sur la situation du débiteur, l'évolution possible de celle-ci et les procédures de conciliation en cours. Elle peut aussi demander aux collectivités territoriales et aux organismes de sécurité sociale de procéder à des enquêtes sociales (art. L. 331-3 II, réd. L. du 1er juill. 2010). Elle peut aussi faire publier un appel aux créanciers (art. L. 331-3 II) et saisir le juge de l'exécution, en cas de difficultés d'une demande de vérification de la validité des titres de créance et du montant des sommes réclamées. En cas de désaccord, les créanciers disposeront de trente jours pour fournir les justifications de leurs créances.

En fonction de cet état d'endettement, la Commission va effectuer un choix initial qui pourra ensuite être modifié, si en cours de procédure, il apparaît que la situation du débiteur est irrémédiablement compromise. On passera alors à la procédure de rétablissement personnel.

2. Rôle de la commission dans la procédure de droit commun

• La *première étape* consiste, pour la commission, à tenter de « concilier les parties en vue de l'élaboration d'un plan conventionnel de redressement approuvé par le débiteur et ses principaux créanciers » (art. L. 331-6) ; ce plan peut comporter des mesures particulièrement favorables au débiteur comme des mesures de report ou de rééchelonnement du paiement des dettes ; des remises partielles de dettes ; des mesures de réduction ou même de suppression du taux d'intérêt ; des mesures de consolidation de création ou de substitution de garantie. La commission doit par ailleurs définir la part de ressources nécessaires aux dépenses courantes du débiteur (le « reste à vivre ») fixé selon l'article L. 331-2, alinéa 2, par référence à la quotité saisissable du salaire, de manière à ce qu'une partie des ressources nécessaires aux dépenses courantes du ménage lui soit réservée par priorité. Cette part de ressources, qui ne peut être inférieure à un montant égal au revenu minimum garanti dont disposerait le ménage, intègre le montant des dépenses de logement, d'électricité, de gaz, de chauffage, d'eau, de nourriture et de scolarité, de garde et de déplacements professionnels ainsi que les frais de santé, dans la limite d'un plafond fixé par décret. Cette « part de ressources » est « fixée par la commission après avis de la personne justifiant d'une expérience dans le domaine de l'économie sociale et familiale » introduite, à titre consultatif, dans la composition de la commission par la loi du 1er août 2003 (art. L. 331-2, nouv.). Le plan de redressement doit être approuvé par le débiteur et ses principaux créanciers et il ne peut excéder dix années.

• La *seconde étape* intervient « en cas d'échec de sa mission de conciliation ». La commission peut alors « recommander » tout ou partie des mesures de redressement prévues à l'article L. 331-7-1 nouveau. Depuis la loi du 1er juillet 2010, elle peut aussi non pas seulement recommander mais imposer certaines mesures, prévues à l'article L. 331-7 comme un report partiel ou un rééchelonnement des dettes ou la vente du logement principal du débiteur.

3. Rôle de la commission dans la procédure de traitement de l'insolvabilité durable

L'insolvabilité durable est caractérisée par l'absence de ressources ou de biens saisissables, mais sans présenter de caractère irrémédiable. La constatation de cet état permet à la commission de mettre en place un moratoire, destiné à permettre d'apprécier, au terme de celui-ci, si la situation du débiteur est irrémédiablement compromise ou non, et il est suivi, le cas échéant d'un effacement partiel des dettes. (v. section III). Pendant ce moratoire, des mesures exceptionnelles de suspension du paiement des intérêts s'appliquent pour permettre au débiteur d'essayer de rétablir sa situation.

4. Rôle de la commission dans la procédure de rétablissement personnel

La loi du 1er août 2003 a ajouté à l'article L. 331-3 un avant dernier alinéa aux termes duquel il est prévu que « si l'instruction de la demande fait apparaître que le débiteur est dans la situation irrémédiablement compromise, la commission, après avoir convoqué le débiteur et obtenu son accord, saisit le juge de l'exécution aux fins d'ouverture d'une procédure de rétablissement personnel ». Dans ce cas, la commission ne joue plus aucun rôle et c'est le JEX qui mène cette procédure. Cette procédure de rétablissement personnel pourra aussi être demandée par le débiteur à la commission, plus tard, si en cours d'exécution d'un plan de redressement ou de recommandations, sa situation devient irrémédiablement compromise.

La procédure de rétablissement personnel aboutit à une liquidation judiciaire des biens du débiteur, vendus pour apurer son passif. On notera que la loi du 1er juillet 2010 élargit les pouvoirs de la commission qui peut recommander au juge la mise en œuvre d'une procédure de rétablissement personnel sans liquidation judiciaire, lorsque le débiteur n'a que des biens meubles nécessaires à sa vie quotidienne. Dans ce cas, il y aura un effacement de presque toutes les dettes non professionnelles du débiteur.

En cas de refus du débiteur de la procédure de rétablissement personnel, la commission revient à la procédure de droit commun.

Si le débiteur ne répond pas à la convocation, cela vaut refus de sa part et la commission reprend aussi la procédure de droit commun.

Il est également prévu à l'article L. 331-3, IV, que « le juge de l'exécution est compétent pour connaître des recours dirigés contre les décisions rendues en matière de recevabilité et d'orientation du dossier ».

D. Rôle du juge de l'exécution

La loi du 8 février 1995, afin d'alléger le travail des magistrats qui étaient surchargés par l'important contentieux né des procédures de surendettement, a considérablement renforcé le rôle des commissions de surendettement, tout en minorant celui du juge.

La loi du 1er août 2003 a toutefois augmenté les pouvoirs du juge de l'exécution, puisque c'est uniquement de lui que dépend, désormais, la nouvelle procédure de rétablissement personnel. Il dispose, là, de pouvoirs autonomes par rapport à la commission.

Selon les articles 7 et 8 du décret du 9 mai 1995, le juge de l'exécution territorialement compétent est normalement celui du lieu où demeure le débiteur, sauf lorsque celui-ci est domicilié hors de France dans le cas prévu à l'article L. 333-3-1. Dans ce cas, c'est le juge de l'exécution du ressort dans lequel siège la commission saisie, c'est-à-dire au lieu d'établissement de l'un des créanciers, qui est compétent.

Le décret du 24 février 2004 est venu pour sa part régler la procédure devant le juge de l'exécution : il fixe les règles d'attribution de compétence et les modalités de sa saisine, il précise qu'il statue, selon le cas, par jugement ou par ordonnance, il prévoit les voies de recours contre ses décisions.

D'une façon générale, devant le juge de l'exécution, les parties se défendent elles-mêmes, mais elles peuvent se faire assister ou représenter et l'appel et le pourvoi en cassation, lorsqu'ils sont possibles, sont instruits et jugés selon la procédure sans représentation obligatoire (Décr. du 9 mai 1995, art. 32).

Dans les procédures de surendettement (procédure de droit commun ou traitement de l'insolvabilité durable), le juge de l'exécution joue désormais un double rôle « tantôt il se présente comme l'auxiliaire de la commission, tantôt comme son censeur » [1]. En tant qu'auxiliaire, il peut ordonner certaines mesures ou effectuer certaines vérifications à la demande de la commission (suspension des poursuites individuelles ou vérification des créances).

En tant que censeur, il donne force exécutoire aux recommandations de la commission en cas d'échec de la conciliation ; mais surtout, il est compétent pour connaître des recours contre les décisions de la commission et, d'une manière générale, à défaut d'accord entre les parties (Décr. du 9 mai 1995, art. 10-11, al. 2).

Dans la procédure de rétablissement personnel il est le véritable maître d'œuvre puisque la commission n'intervient plus, une fois qu'elle a renvoyé le débiteur vers le juge après avoir constaté que la situation du débiteur est irrémédiablement compromise, à moins que le juge de l'exécution n'estime le contraire.

1. Selon une expression du professeur G. Paisant.

Chapitre 2

La circulation des obligations

393. La circulation d'une obligation sous son aspect actif de créance, voire passif de dette n'est pas sans intérêt. Pour désintéresser un créancier, le débiteur peut lui céder la créance qu'il a lui-même contre un tiers (cession de créance). On pourrait aussi imaginer qu'il prenne en charge une dette dont son créancier est lui-même tenu, vis-à-vis d'un tiers (cession de dette).

394. Cette question de la circulation des obligations rejoint celle de leur transmission d'un créancier initial ou d'un débiteur initial à un autre ou à d'autres, question que nous avons déjà envisagée lors de l'étude des parties au rapport d'obligation et, parmi elles, des ayants cause (v. ss 154, 171). En effet, la circulation d'une obligation implique sa transmission (**l'actuel projet de réforme gouvernemental** du régime des obligations – oct. 2013 – parle à cet égard d'opérations translatives) ; pour autant, le phénomène de transmission peut se produire de différentes manières et, notamment, de plein droit, par l'effet du décès du débiteur ou du créancier, la créance ou la dette se transmettant automatiquement aux héritiers, sans que cette transmission ait été voulue. Avec la circulation des obligations, la transmission est voulue, elle constitue l'objet même de l'opération ; il s'agit de céder une créance, ou à l'inverse une dette. La transmission n'est donc pas la conséquence d'un événement comme le décès ni la conséquence d'une autre opération comme la vente d'un bien avec les créances qui en constituent l'accessoire et se transmettent avec lui.

395. L'idée de patrimonialisation des créances (v. ss 29) conduit en effet à admettre que l'obligation n'est pas seulement un moyen de déplacer une valeur mais aussi qu'elle est en elle-même une valeur économique ; cette valeur d'actif, envisagée du côté du créancier peut circuler et constituer l'objet d'échanges économiques. Le droit des affaires l'a bien compris et a développé des techniques de cession des créances professionnelles rapides et sûres (v. ss 439).

396. *L'avant-projet Catala de réforme du droit des obligations* regroupait, dans un chapitre intitulé « Des opérations sur créances » plusieurs mécanismes actuellement dispersées dans le Code civil tels que la cession de créance et la subrogation personnelle mais aussi la délégation que nous envisagerons dans ce chapitre, et la novation que nous étudierons dans le cadre de l'extinction des obligations, avec naissance d'une autre obligation (v. ss 593 s.). L'avant-projet entendait ainsi attirer l'attention sur les liens de parenté existant entre ces diverses opérations envisagées sous l'angle économique : la créance étant considérée « comme un élément d'actif appelé à circuler ou à constituer la base de la création de nouveaux rapports d'obligation », c'est ce qui constitue « le commerce juridique des créances » [1].

Ces idées ont inspiré **l'actuel projet de réforme gouvernemental** du régime des obligations (v. ss 11, 110 s.). Le projet prévoit la création d'un chapitre nouveau dans le Code civil, consacré à la « modification du rapport d'obligation », qui regroupe dans une section 1, « les opérations translatives » (*la cession de créance, la cession de dette et la cession de contrat*), dans une section 2, « la novation » et dans une section 3, « la délégation ». La *subrogation* a été maintenue dans le cadre du paiement et n'a finalement plus été considérée comme un mode de transfert de créances.

397. Si le droit positif a toujours admis la possibilité d'une cession directe de créance et si le Code civil réglemente la cession de créance, il n'accepte pas jusqu'ici le principe de la cession des dettes, même si certaines applications qui constituent des cessions directes ou indirectes sont tolérées et encadrées. Il est plus difficilement concevable en effet qu'un débiteur solvable puisse se substituer quelqu'un d'autre qui ne le serait pas ou qui le serait moins. **L'actuel projet de réforme gouvernemental** vient donc rompre de façon plutôt forte avec cette idée en admettant, à l'instar de la cession de créance, le principe de la cession de dette.

I. La circulation des dettes

398. La transmission des dettes est beaucoup moins aisée que celle des créances : la cession de dette, comme procédé direct, n'est pas admise comme principe jusqu'ici, dans notre droit, et la délégation n'est qu'un procédé indirect qui, plutôt que de transmettre une dette, en crée une nouvelle (délégation parfaite) ou en ajoute une autre à la dette préexistante (délégation imparfaite).

A. Le principe de l'exclusion de la cession de dette

399. Une véritable cession de dette, directe, qui produirait ses effets sans l'accord des créanciers et des cautions, n'est pas admise en droit positif français et a toujours été jusqu'ici considérée comme impossible. On invoque, outre le silence du Code civil à l'égard de la cession de dette, le fait qu'il existe un lien si étroit entre une dette et sa cause juridique qu'à défaut pour le cessionnaire de pouvoir reprendre la dette avec sa cause, la cession ne serait pas possible ; ou encore, on met en avant la difficulté d'assurer les droits du créancier et l'impossibilité de lui imposer un changement de débiteur, alors qu'à l'inverse, dans la cession de créance, la qualité du créancier importe peu au débiteur.

On pourrait cependant admettre le mécanisme de la cession de dette pour peu que l'on accepte qu'elle soit subordonnée à l'accord du créancier et c'est peut-être dans cette direction, suivie par d'autres pays et par les principes d'Unidroit, que s'inscrit un arrêt de la première chambre civile de la Cour de cassation du 30 avril 2009. La Cour rappelle certes, qu'une cession de dettes, stipulée dans le cadre d'une cession de fonds de commerce, « ne pouvait avoir effet à l'égard du créancier qui n'y avait pas consenti ». Elle souligne donc les limites de la technique de la cession de dette, en l'absence de consentement du créancier. Toutefois, la décision peut aussi être interprétée, et certains auteurs

1. V. Rapport de présentation de cette partie de l'avant-projet par H. Synvet.

l'ont fait, comme entrouvrant la porte à la cession de dette : la haute juridiction ne requalifie pas l'opération et ne l'invalide pas ; elle déclare simplement l'opération, précisément qualifiée de « cession », inopposable au créancier à défaut de son accord [1].

C'est cette analyse que consacre **l'actuel et dernier projet de réforme** gouvernemental du régime des obligations (oct. 2013), puisqu'il propose de créer dans le Code civil une sous-section consacrée à la cession de dette et où il est précisé que « le débiteur peut céder sa dette à une autre personne, avec l'accord de son créancier. Le cédant n'est libéré que si le créancier y consent expressément. À défaut, le cédant est simplement garant des dettes du cessionnaire ».

En l'état du droit positif, les mécanismes de « cession de dette » tolérés sont en réalité surtout des mécanismes de transmission et non de cession, au sens où la cession de la dette serait l'objet même de l'opération. On distingue alors selon qu'il s'agit d'une cession de dette à cause de mort ; d'une cession de dette à titre particulier ou incluse dans la cession d'une universalité ; d'une cession de dette envisagée isolément ou accessoirement au transfert d'un bien.

1. Transmission de dettes à cause de mort

400. Alors que la cession de dette entre vifs n'est pas, en principe, admise en droit français, sauf indirectement ou à titre exceptionnel, la transmission des dettes, à cause de mort, aux ayants cause universels ou à titre universel, s'effectue sans difficulté. En effet, c'est le patrimoine tout entier qui est transmis et les dettes constituent les éléments passifs du patrimoine (déjà, à propos de la détermination des parties au rapport d'obligation et de la situation des ayants cause, v. ss 158 s., 171). Les héritiers qui recueillent l'actif au décès de leur auteur sont également tenus du passif, et ce, même au-delà de l'actif. S'il y a trop de dettes, ils devront les régler sur leur propre patrimoine. C'est pourquoi il est préférable d'accepter la succession à concurrence de l'actif net (anciennement acceptation sous bénéfice d'inventaire), car, dans ce cas, si le passif dépasse l'actif, l'héritier pourra refuser le tout.

S'il y a plusieurs héritiers, les dettes se divisent entre eux, proportionnellement à leur part de l'actif (art. 1220, *in fine*).

Le créancier est obligé, sauf dans quelques cas énumérés par l'article 1221, de subir ce changement de débiteur et même cette altération de la dette (la division), qui sont des conséquences directes du décès du débiteur.

Notons, toutefois, que certaines obligations ne se transmettent pas passivement si elles avaient été conclues *intuitu personae*, c'est-à-dire en fonction de la personnalité du cocontractant. Elles s'éteignent alors, avec le décès du débiteur.

2. Cession de dette entre vifs à titre particulier ou incluse dans la cession d'une universalité

401. Si dans le cas de la transmission d'un patrimoine à cause de mort, c'est l'ensemble de l'actif et du passif qui est transmis, une telle opération peut-elle se retrouver

---

1. Civ. 1re, 30 avr. 2009, *Defrénois* 2009. 1289, obs. R. Libchaber ; *RDC* nº 4, 2009. 1363, obs. D. Mazeaud ; *RTD civ.* 2009. 321, obs. B. Fages ; *JCP* 2009, nº 73, note J.-J. Ansault ; *JCP* 2009. 228, nº 37, obs. M. Billiau.

entre vifs ? En droit français, en principe, non, car une personne n'a qu'un patrimoine et ne peut le transmettre qu'à cause de mort. Cependant, dans certains cas, le patrimoine d'une personne morale peut se trouver transféré à une autre, par exemple en cas de fusion par absorption, ou en cas de fusion pour création d'une société nouvelle, soit en cas de nationalisation qui opère la transmission du patrimoine de la personne morale primitive à une entreprise nationale. Dans ces différents cas, les dettes sont évidemment transmises en même temps que l'actif.

402. On peut aussi envisager le cas de la transmission, non plus d'une universalité de droit comme un patrimoine, mais d'une *universalité de fait*. Dans ce cas, certaines dettes sont, en principe, transmises en même temps que l'actif. C'est le cas lorsqu'il y a transmission d'une *entreprise* (L. du 19 juill. 1928) : l'acquéreur est tenu d'exécuter les contrats de travail conclus par son auteur (C. trav., Livre Ier, art. 23, al. 7 et 8). En revanche, l'acquéreur d'un fonds de commerce n'est pas tenu des dettes de son auteur.

3. Cession de dette envisagée isolément ou comme accessoire du transfert d'un bien

a) La cession de dette envisagée isolément

403. La cession de dette envisagée isolément n'est pas étudiée par le Code civil. Mais le principe de l'autonomie de la volonté, qui domine notre droit des obligations, fait qu'il est toujours possible pour les parties d'envisager une telle opération. C'est d'ailleurs ce que semble confirmer la Cour de cassation dans l'arrêt précité du 30 avril 2009 (v. ss 398). Toutefois, ses effets sont relativement restreints.

– Dans les rapports internes entre le débiteur originaire et le nouveau débiteur, une convention est parfaitement valable, mais elle est inopposable au créancier qui peut accepter le paiement provenant du nouveau débiteur, comme il peut le refuser, si c'est en raison de la personnalité du débiteur qu'il a conclu, car aux termes de l'article 1237 : « l'obligation de faire ne peut être acquittée par un tiers contre le gré du créancier, lorsque ce dernier a intérêt qu'elle soit remplie par le débiteur lui-même ».

– On peut également envisager la possibilité d'une cession de dette conclue avec l'accord du créancier. Mais il faudra le préciser expressément et il sera parfois nécessaire d'obtenir, en outre, l'accord de certains tiers, notamment les créanciers hypothécaires du nouveau débiteur si l'on veut faire passer sur les biens du nouveau débiteur l'hypothèque qui grevait ceux du premier.

b) La cession de dette envisagée à l'occasion du transfert d'un bien dont elle est l'accessoire

404. La cession de dette peut, par contre, être envisagée à l'occasion du transfert d'un bien dont elle est l'accessoire.

1° C'est parfois la loi qui le prévoit

405. Ainsi, l'acquéreur d'un immeuble est-il tenu de respecter le bail passé par son auteur (art. 1743) mais l'aliénateur n'est pas pour autant libéré. Par contre, l'article 19, alinéas 1er et 3, de la loi du 13 juillet 1930 (devenu C. assur., art. L. 121-10) réalise une cession de dette presque parfaite lorsqu'il prévoit l'obligation, pour l'acquéreur d'un bien assuré (sauf pour les véhicules terrestres à moteur) de payer les primes à échoir, ce qui libère l'aliénateur.

2° Ce peut être la jurisprudence

406. Par exemple, quand elle admet la transmission passive des clauses d'approvisionnement d'un fonds de commerce ou clauses d'exclusivité [1] ou des clauses de non-concurrence aussi bien en matière de cession de fonds de commerce, qu'en cas de cession d'un cabinet libéral au profit de cessionnaires successifs [2].

3° Ce sera, plus souvent, un accord de volonté entre l'aliénateur et l'acquéreur qui produira cette cession

407. Mais celle-ci est imparfaite, car le créancier, s'il acquiert une action contre l'acquéreur, ne perd pas pour autant celle qu'il avait contre l'aliénateur.

408. Néanmoins, cette cession peut, dans certains cas, être parfaite, c'est-à-dire que le créancier cédé n'a plus rien à exiger du débiteur cédant. Une telle cession peut se produire en cas de vente d'un bien grevé de certaines obligations de faire ou de ne pas faire qui se transmettent à l'acquéreur : exemple, obligation de pressurage qui oblige dans certaines régions le propriétaire d'un pressoir à assurer le pressurage des fruits de ses voisins. Une telle obligation diffère d'une servitude en ce qu'il s'agit d'une prestation qui doit être *exécutée par une personne* (le propriétaire actuel du pressoir) au profit d'une autre personne (le propriétaire voisin) et non *subie par un fonds* au profit d'un fonds voisin (par exemple, servitude de passage ; v. *Droit civil*, vol. 1).

C'est pourquoi, certains auteurs donnent à de telles obligations le nom d'*obligations réelles* et considèrent qu'elles constituent une catégorie intermédiaire entre le droit réel et le droit personnel (v. bibliographie, de Juglart, *op. cit.*).

B. L'admission d'une cession indirecte : la délégation

► ***La délégation*** est une opération juridique par laquelle une personne, nommée *délégant*, obtient d'une autre personne appelée *délégué*, qu'elle s'engage envers une troisième, le *délégataire*, qui l'accepte comme débiteur.

409. En pratique, la délégation est une institution qui permet de régler deux dettes par un seul mouvement de fonds. Au lieu que le délégué rembourse le délégant et que celui-ci rembourse à son tour le délégataire, le délégué paiera directement le délégataire.

Mais, « la délégation opère création d'un rapport de droit en vue de l'extinction des obligations primitives et non translation d'une obligation primitive » [3]. Ce n'est donc pas une cession de dette directe.

410. La délégation est souvent étudiée dans le Code civil à propos de la novation.

---

1. Req. 17 févr. 1931, *D.* 1931. I. 41, note Voirin.
2. Civ. 1re, 3 déc. 1996, *JCP* 1997. II. 22799, note J.-J. Daigre.
3. M. Billiau, *JCP* 1992. II. 21922, note sous Civ. 1re, 17 mars 1992.

► ***La novation*** est une opération par laquelle les parties décident d'éteindre une obligation pour la remplacer par une obligation nouvelle, avec changement de l'un des éléments de l'obligation primitive : le créancier, le débiteur ou l'objet de l'obligation (art. 1271) (v. ss 543 s.).

411. Or la délégation est une opération originale, plus vaste que la novation, qui se rapproche également de la stipulation pour autrui (v. ss 151), mais ici le délégataire est partie à l'opération et non un tiers, ou de la cession de créance.

Elle peut aussi constituer une cession de dette et c'est surtout en cela qu'elle nous intéresse. Il faut alors distinguer entre la *délégation parfaite*, qui a pour effet d'éteindre la dette primitive, et la *délégation imparfaite* qui ajoute le délégué comme second débiteur à côté du délégant (v. schémas, en fin de chapitre). On notera que **l'actuel et dernier projet de réforme** gouvernemental du régime des obligations (oct. 2013) inscrit la délégation dans une section spécifique, en écartant à son propos la qualification d'opération translative, réservée aux opérations de cessions de créance, de dette et à la cession de contrat. Elle est donc nettement dissociée de la technique de la cession de dette, même si elle peut produire cet effet.

1. La délégation parfaite

► ***La délégation parfaite*** (que le projet de réforme appelle délégation-novation) suppose l'existence d'un lien de droit préexistant entre le délégant et le délégataire. Ils peuvent convenir entre eux que la délégation aura pour effet de substituer un nouveau débiteur à l'ancien qui se trouve ainsi libéré.

412. Il s'agit ici d'un aspect de la novation par changement de débiteur qui peut se réaliser, soit sans le concours du débiteur originaire : c'est l'*expromissio* de l'article 1274 (v. ss 599), soit avec son consentement et c'est la délégation parfaite de l'article 1275 (v. schéma en fin de chapitre).

a) Conditions de la délégation parfaite

413. Pour que la délégation soit parfaite, certaines conditions doivent être remplies.

• ***Validité de l'obligation existant entre le délégant et le délégataire***. Elle est essentielle ; au contraire, la validité de la créance du délégant contre le délégué est indifférente.

• ***Consentement du délégant et du délégué***. Ici, le consentement du délégant (débiteur originaire) est indispensable. C'est ce qui diffère de l'*expromissio*.

• ***Consentement exprès du délégataire***. Pour que le débiteur originaire soit définitivement déchargé, il faut que le créancier ait entendu renoncer à sa première créance. En raison du danger de l'opération, cette renonciation ne se présume pas et la jurisprudence applique strictement l'article 1275, en exigeant que le créancier délégataire ait exprimé de *façon expresse* qu'il a entendu libérer le débiteur délégant, sinon on se trouve devant une délégation imparfaite [1].

---

1. Paris, 6 mai 2003, *Gaz. Pal.* 10-11 oct. 2003, note H. Vray ; Com. 28 sept. 2010 (n° 09-70.174, inédit), *JCP* 2011. 1030, chron. « Régime de l'obligation », M. Billiau et G. Loiseau.

Ainsi, une simple signature du créancier au regard d'une mention du contrat de prêt indiquant le changement de débiteur est-elle insuffisante pour décharger le débiteur initial[1].

L'actuel projet de réforme gouvernemental (oct. 2013) précise par ailleurs que la simple indication faite par le débiteur d'une personne désignée pour payer à sa place n'emporte ni novation ni délégation. Il en est de même par ailleurs de la simple indication faite par le créancier, d'une personne désignée pour recevoir le paiement pour lui.

b) Effets de la délégation parfaite

1° Rapports du délégant et du délégataire

414. *Libération du débiteur délégant* par l'extinction de l'obligation primitive entre le délégant et le délégataire avec toutes ses sûretés. Ce dernier n'a plus aucun recours contre le délégant, qui n'a pas à répondre de l'insolvabilité du délégué.

415. Cette situation est si dangereuse pour le délégataire que l'article 1276 prévoit deux atténuations à ce principe (qui sont maintenues dans le projet de réforme).

– Le délégataire est, de plein droit, garanti contre l'*insolvabilité actuelle* du délégué : liquidation judiciaire ouverte, redressement judiciaire prononcé…

– Le délégataire peut subordonner l'extinction de sa créance contre le délégant à la condition de *solvabilité future* du délégué. La délégation consentie sous cette réserve se rapproche beaucoup de la délégation imparfaite, mais elle en diffère en ce que le délégataire doit poursuivre en premier le délégué ; cela fournit au délégant le bénéfice de discussion.

Dans ces deux cas, le délégataire bénéficie d'une action contre le délégant ; mais la doctrine est en désaccord sur le caractère de cette action : pour certains auteurs (G. Marty et P. Raynaud), c'est une action nouvelle *dépourvue de toute sûreté*, car l'effet novatoire de la délégation parfaite a définitivement éteint la créance primitive. Pour d'autres, c'est, au contraire, l'action dont le délégataire disposait primitivement contre le délégant qui est maintenue *avec toutes les sûretés* qui y étaient attachées (H., L. et J. Mazeaud et M. de Juglart). Ces derniers auteurs considèrent, en effet, que la solvabilité du débiteur est un élément de validité de la délégation : si le délégué est actuellement insolvable, la délégation est nulle et l'état de droit antérieur subsiste ; si le débiteur devient insolvable par la suite, la clause expresse joue comme une condition résolutoire et là aussi c'est l'état de droit antérieur qui survit. Cette seconde théorie semble beaucoup plus proche de la réalité et répond mieux au désir du législateur qui, en prévoyant les dérogations de l'article 1276, a sûrement voulu fournir au créancier une action efficace, donc assortie des sûretés primitives. D'autre part, si, selon la première théorie, la délégation avait éteint l'action primitive, on se demande quel serait le fondement juridique de la nouvelle action du délégataire.

2° Rapports du délégué et du délégataire

416. Le délégué s'est habituellement engagé envers le délégant parce qu'il était déjà son propre débiteur, mais ce n'est pas obligatoire. L'obligation qu'il a contractée envers le délégataire est nouvelle, et, de ce fait, il ne saurait opposer à ce dernier les exceptions qu'il avait à l'encontre du délégant, pas plus que celles que le délégant avait à l'encontre

1. Civ. 1re, 4 nov. 1982, *Bull. civ.* I, n° 317.

du délégataire. C'est ce qu'on appelle la *règle de l'inopposabilité des exceptions*. Cette règle est d'ailleurs double car elle concerne les exceptions du délégant contre le délégataire, mais aussi celles du délégué contre le délégant.

• ***Inopposabilité des exceptions du délégant contre le délégataire***. L'idée fondamentale est que la délégation étant une novation, l'obligation originaire entre le délégant et le délégataire a disparu et avec elle toutes les exceptions dont l'un disposait contre l'autre. Le délégué pourrait seulement invoquer la nullité de la créance primitive, car cela entraînerait également la nullité de la délégation.

• ***Inopposabilité des exceptions du délégué contre le délégant***. Dans le cas où le délégué était déjà débiteur du délégant, la délégation, en faisant naître une obligation envers le délégataire, a également éteint son obligation antérieure. De ce fait, le délégué ne saurait opposer au délégataire les exceptions dont il disposait à l'encontre du délégant [1].

Qui plus est, la nullité de cet engagement antérieur n'altère aucunement la validité de la délégation et ne saurait non plus être invoquée. Cela peut sembler paradoxal mais se justifie par le fait que la négligence du délégué ne doit pas nuire au délégataire. Il y a là, pour le délégataire, un avantage dont ne bénéficie pas le cessionnaire dans la cession de créance (v. ss 430).

On a pu se demander si, dans ces conditions, l'obligation du délégué ne manquait pas alors de cause. Bien que la doctrine ait été divisée sur ce point, on conclut aujourd'hui que l'obligation du délégué a pour *cause* (objective) l'extinction par le délégataire de la dette du délégant, la raison pour laquelle il a accepté la délégation n'étant qu'un *mobile* qui n'a pas à être pris en compte sur le terrain de l'existence de la cause (sur cette distinction, v. ss 880, sur le rôle de la cause dans la formation du contrat). Mais, dans ce cas, le délégué aurait évidemment un recours contre le délégant.

La jurisprudence admet même « qu'il importe peu que [le délégué] ait été, ou non, débiteur à l'égard… du délégant » [2].

2. La délégation imparfaite

► ***La délégation imparfaite*** n'opère pas novation. Elle crée un nouveau rapport de droit entre le délégué et le délégataire mais sans faire disparaître celui qui existait entre le délégant et le délégataire. Il y a deux débiteurs au lieu d'un, et c'est là la différence essentielle avec la délégation parfaite (v. schéma) [3].

417. La délégation imparfaite est donc très avantageuse pour le délégataire, puisqu'elle joue un rôle voisin du cautionnement, sans cependant pouvoir être confondue avec lui. En effet, le délégué est tenu à côté et avec le délégant mais sans jouir d'un bénéfice de discussion qui permet à la caution de demander au créancier de se tourner d'abord vers le débiteur principal avant de lui réclamer paiement à elle. Par ailleurs, selon la chambre commerciale de la Cour de cassation, la nullité de l'obligation du délégant envers le délégataire n'affecterait pas la validité de l'obligation du délégué envers le délégataire et « le délégué ne peut, sauf clause contraire, opposer au délégataire les exceptions dont le

1. Com. 22 avr. 1997, *JCP* 1998. II. 601, note C. Lachièze.
2. Com. 21 juin 1994, *JCP* 1994. IV. 2111 et *JCP* 1994. I. 3803, obs. M. Billiau.
3. J. Denis Pellier, « La nature de la délégation imparfaite », *D.* 2014. 92 s.

délégant pouvait se prévaloir à l'égard de celui-ci », en l'espèce, la compensation[1]. Cependant, il faut noter que la première chambre civile de la Cour de cassation, pratiquement dans le même temps[2] statuait en sens inverse en affirmant que « sauf convention contraire, le délégué est seulement obligé au paiement de la dette du délégant contre le délégataire et se trouve déchargé de son obligation lorsque la créance de ce dernier est atteinte par la prescription ».

On constate, ici, deux positions opposées en ce qui concerne la règle de l'inopposabilité des exceptions dans le cadre de la délégation imparfaite, ce qui justifierait une intervention d'une chambre mixte ou de l'assemblée plénière.

418. L'actuel et dernier projet de réforme gouvernemental du régime général des obligations (oct. 2013) développe assez longuement le mécanisme de la délégation en tenant compte des acquis jurisprudentiels et en y apportant quelques précisions.

– Tout d'abord il est précisé que « la délégation est valable alors même que le délégant n'est pas débiteur du délégataire ou que le délégué n'est pas débiteur du délégant » (art. 1276). Ceci permet au délégué de s'engager « à découvert ».

– La question discutée de l'inopposabilité des exceptions est réglée de la façon suivante :

Le principe est que le délégué ne peut, sauf stipulation contraire, opposer au délégataire aucune exception tirée de ses rapports avec le délégant ou des rapports entre ce dernier et le délégataire. Il est prévu par ailleurs que lorsque le délégant est créancier du délégué, l'extinction de sa créance n'a lieu que par l'exécution de l'obligation du délégué envers le délégataire et à due concurrence.

– Enfin, la protection du délégué est également assurée contre le risque d'avoir à payer deux fois : à un cessionnaire ou à un créancier saisissant d'abord, au délégataire ensuite. C'est pourquoi il est prévu que « la créance du déléguant sur le délégué ne peut être cédée, et le délégant ne peut en exiger ou en recevoir le paiement que pour la part qui excèderait l'engagement du délégué. *Il ne recouvre ses droits qu'en exécutant sa porpre obligation envers le délégataire ». L'avant-*projet Catala prévoyait au surplus que la créance ne pouvait pas être saisie (art. 1281, al. 1er). Cette solution de l'insaisissabilité n'a pas été reprise dans le projet gouvernemental.

II. La circulation des créances

419. Il existe deux modes de cession des créances. Le premier est la *cession de créance* proprement dite, qui est un mode direct de cession admis par le Code civil, au contraire de la cession de dette. Le second est la *subrogation* personnelle qui est un mode indirect de cession. Il faut noter cependant que **l'actuel projet de réforme gouvernemental** du régime des obligations (oct. 2013) envisage la subrogation au titre de l'extinction des obligations et comme un mode de paiement et non comme une opération translative, contrairement aux propositions qui figuraient dans l'avant-projet Catala.

On pourrait aussi identifier un troisième mode de transmission : la *stipulation pour autrui* dont nous avons déjà parlé au titre des développements sur les parties au rapport d'obligation (v. ss 151 s.). Mais outre qu'il s'agit plutôt de faire naître une obligation au

1. Com. 25 févr. 1992, *JCP* 1992. II. 21922, 2e esp., note M. Billiau.
2. Civ. 1re, 17 mars 1992, 1re esp., même référence.

profit d'un tiers que de transmettre une obligation existante, ce mécanisme est spécifiquement contractuel et il sera étudié dans le cadre de l'étude du contrat (v. ss 1164 s.). Par ailleurs, il existe d'autres hypothèses où la transmission des créances n'est pas l'objet de l'opération mais où elle s'opère pourtant : soit à l'occasion d'un décès et de la transmission du patrimoine ; soit à l'occasion d'un transfert de biens ou de la cession de contrats (sur ces différentes hypothèses, v. ss 158 s. ; sur la cession de contrat, v. ss 1137 s.).

420. Seules nous intéressent ici la cession de créance et la subrogation, qui sont les seuls modes de cession de créance à titre principal : le Code civil réglemente la cession de créance dans les articles 1689 et suivants du Code civil sous le nom de transport de créances. Il admet donc la cession directe de créance ; il admet également la cession indirecte avec le mécanisme de la subrogation.

A. La cession de créance de droit commun

► ***La cession de créance*** est une opération par laquelle un créancier, le *cédant*, transfère à une personne qui va devenir le nouveau créancier, le *cessionnaire*, tout ou partie de la créance qu'il avait sur son débiteur, le débiteur cédé ou *cédé* (v. schéma en fin de chapitre).

L'actuel projet de réforme gouvernemental (oct. 2013) qui rénove et clarifie de façon importante les dispositions figurant dans le Code civil concernant la cession de créance, la définit désormais comme un « contrat par lequel le créancier transmet, à titre onéreux ou gratuit, tout ou partie de sa créance contre le débiteur cédé à un tiers appelé le cessionnaire ».

421. Cette institution, actuellement admise par le Code civil, a eu de la difficulté à s'implanter et, en droit romain comme dans l'ancien droit, on avait recours à divers procédés indirects tels que novation (v. ss 593 s.), délégation (v. ss 409 s.), mandat avec dispense de rendre compte pour le mandataire, etc.

La cession de créance a acquis aujourd'hui son autonomie et elle diffère d'autres procédés, aboutissant à des résultats analogues, tels que la subrogation qui n'opère qu'au moment du paiement, ou la novation par changement de créancier qui éteint la créance primitive et en fait naître une seconde, tout à fait différente. On distingue la cession de créance de droit commun de certaines cessions spéciales comme celle des titres négociables.

422. La cession de créance est une opération qui présente de multiples intérêts. Elle peut être réalisée à titre gratuit ou onéreux, mais elle est généralement utilisée pour accomplir une opération à titre onéreux. En effet, le créancier cédant peut avoir intérêt à céder une créance à terme (v. ss 328) pour obtenir des disponibilités immédiates : il vend alors sa créance pour un montant inférieur à sa valeur nominale. C'est cette différence qui rend l'opération intéressante pour le cessionnaire.

Le cédant peut également désirer céder une créance litigieuse dont le recouvrement s'avère difficile. Il la cède alors à un professionnel, qui se chargera des poursuites pour son propre compte, moyennant une somme inférieure à sa valeur. Toutefois, dans ce cas, le débiteur cédé, pour se protéger contre la dureté du créancier cessionnaire, est autorisé à se libérer en versant uniquement le prix de la cession (ainsi que les frais et les intérêts) : c'est le *retrait litigieux* (art. 1699 s.).

Cette cession de créance met en présence, d'une part les parties à la convention : cédant et cessionnaire, d'autre part des tiers dont le principal est le débiteur cédé mais aussi les créanciers du cédant et les cessionnaires successifs de la créance.

Nous allons donc examiner les conditions et les effets de la cession de créance, tant à l'égard des parties qu'à celui des tiers.

1. Conditions de la cession de créance

423. La cession de créance peut concerner toutes sortes de créances, même futures ou éventuelles [1] ou conditionnelles, souvent à terme, déterminées ou déterminables, à l'exception des créances d'ordre alimentaire qui sont incessibles, et de quelques créances dont la loi interdit la cession pour des raisons d'ordre public (dommages de guerre, baux d'habitation…).

La cession de créance se présente comme un contrat entre cédant et cessionnaire, mais qui doit être portée à la connaissance du débiteur cédé et des tiers en général pour leur être opposable et produire ses effets à leur égard. Cette solution est modifiée cependant par le projet de réforme gouvernemental.

a) Conditions de validité entre cédant et cessionnaire

424. À l'heure actuelle, la cession de créance est un contrat consensuel, il faut donc que les deux contractants soient capables et que leur consentement soit exempt de vices ; mais aucune forme n'est nécessaire pour la cession de créance à titre onéreux : elle s'opère par la simple remise du titre (C. civ. art. 1689). En revanche, si elle a lieu à titre gratuit, elle est soumise aux conditions de forme des donations.

L'actuel projet de réforme gouvernemental modifie cependant la solution en prévoyant que la cession de créance doit être constatée par écrit à peine de nullité. La cession de créance deviendrait donc un contrat solennel (où la forme est exigée comme condition de validité). Cette solution s'explique par le fait que le projet abandonne par ailleurs les lourdes formalités de la signification qui commandaient l'opposabilité de la cession aux tiers. L'écrit représente dès lors une sécurité. Le projet prévoit également qu'entre les parties, la transmission de la créance s'opère dès l'établissement de l'acte.

L'accord doit se faire, comme pour toute vente, sur le prix (art. 1583). Or, en général, nous l'avons vu, le prix de cession sera inférieur au montant nominal de la créance, en raison du caractère aléatoire de cette opération. L'exigence de détermination du prix posée en matière de vente par l'article 1591 du Code civil s'applique par ailleurs à la cession de créance, même si c'est avec quelque souplesse. La Cour de cassation admet en effet, lorsque la cession porte en bloc sur plusieurs créances, que la cession soit conclue moyennant un prix global, évitant d'avoir à attribuer un prix à chacune des créances [2].

b) Conditions d'opposabilité aux tiers

425. Selon les dispositions actuelles du Code civil, cette cession de créance, parfaite entre le cédant et le cessionnaire, n'a aucune efficacité à l'égard des tiers si le débiteur cédé n'a pas été informé. Il faut bien remarquer que ce n'est pas le *consentement* du débiteur qui est nécessaire. Son accord est inutile, il change de créancier en dehors de sa volonté, mais ce qui est indispensable, c'est qu'il soit *informé* de ce changement.

---

1. Civ. 1re, 20 mars 2001, *JCP* 2002. II. 10124, note I. Goaziou.
2. Com. 7 avr. 2009, nº 07-18.907, *RTD civ.* 2009-2. 321, obs. B. Fages.

L'article 1690 indique actuellement quelles sont les formalités de publicité qui sont nécessaires : il peut s'agir de la « signification du transport faite au débiteur » ou de « l'acceptation du transport faite par le débiteur dans un acte authentique ».

– La signification peut être faite par le cédant ou par le cessionnaire ; elle le sera, selon la jurisprudence, non par une simple lettre recommandée mais par un exploit d'huissier, c'est-à-dire, là aussi, par un acte authentique.

– La seconde formalité possible consiste, pour le débiteur cédé, non pas tellement à « accepter » la cession, car son consentement est inutile, mais plutôt à affirmer qu'il a connaissance de la cession. C'est ce procédé qui est utilisé lorsque la cession a lieu par acte notarié : il suffit alors de faire intervenir le débiteur à l'acte.

Ces deux formalités étant faites par acte authentique, cela permet de prouver sans contestation possible l'information du débiteur et la date de cette information, très importante puisque c'est le point de départ de l'opposabilité de la cession aux tiers.

Toutefois, ce formalisme alourdit l'opération et la rend assez difficile à utiliser ; c'est pourquoi le droit commercial a imaginé le procédé de l'« endos » pour faciliter les cessions de créance (v. ss 441).

La jurisprudence atténue ce formalisme en reconnaissant la validité d'une acceptation sous seing privé, et même dans certains cas, d'une acceptation tacite, à l'égard du débiteur cédé, notamment quand la réclamation de son exécution au débiteur cédé par le cessionnaire ne peut faire grief à aucun droit advenu depuis la naissance de la créance, ni au débiteur cédé, ni à toute autre personne étrangère à la cession, mais pas à l'égard des ayants cause du cédant.

426. L'actuel projet de réforme gouvernemental du régime général des obligations, modifie de façon importante ces règles : il prévoit en effet de supprimer les formalités de la signification au débiteur et admet que la cession est opposable aux tiers dès l'établissement de l'acte (qui est obligatoirement un acte écrit). Il distingue cependant cette opposabilité générale, de la question des effets de la cession à l'égard du débiteur cédé. Ce dernier peut invoquer la cession dès qu'il en a connaissance, ce qu'il ne peut faire actuellement ; mais elle ne peut lui être opposée que si elle lui a été notifiée (ce qui n'implique plus l'intervention d'un officier public comme dans la signification actuelle) ou s'il l'a acceptée.

2. Effets de la cession de créance

427. La cession de créance va donc produire des effets entre les parties et, dès l'information du débiteur cédé, à l'égard des tiers.

a) Effets de la cession de créance entre le cédant et le cessionnaire

428. La cession de créance produit entre les parties les effets de l'acte juridique qu'elle réalise : vente, par exemple, ou donation ; mais, de plus, elle produit certains effets qui lui sont propres : transmission de la créance et création d'obligations, dont l'obligation de garantie.

1° Transmission de la créance

429. La créance est transmise au cessionnaire dès l'échange des consentements, pour le prix fixé, même s'il est inférieur au montant nominal de la créance, avec ses accessoires mais aussi avec tous ses vices.

En effet, d'une part, si la créance était assortie de sûretés, telles que « caution, privilège et hypothèque » (art. 1692), celles-ci sont transmises en même temps que la créance. On peut dire que le cessionnaire est « subrogé » dans les droits du cédant, c'est-à-dire mis à sa place, la créance est transmise telle qu'elle existait, produit les mêmes intérêts, conserve la même nature civile ou commerciale, est accompagnée des mêmes actions. Ainsi, un banquier cessionnaire d'une créance née d'un contrat international est-il soumis à la clause compromissoire stipulée dans ce contrat[1]. Mais, d'autre part, si la créance était entachée d'un vice, incapacité du cédant par exemple, le débiteur cédé pourra l'opposer au cessionnaire, ainsi, d'une façon générale, que toutes les exceptions qu'il aurait pu opposer au cédant, par exemple la prescription acquise contre le cédant, la compensation légale intervenue avec ce dernier, etc. (ces termes, v. ss 537, 516 s.). Toutefois, selon l'article 1295, l'acceptation de la cession par le débiteur cédé l'empêche d'invoquer cette compensation.

430. Cette question de **l'opposabilité des exceptions** est complexe et **l'actuel projet de réforme gouvernemental** a tenté de la préciser de la façon suivante : « le débiteur peut opposer au cessionnaire les exceptions inhérentes à la dette, telles que la nullité, l'exception d'inexécution, ou la compensation des dettes connexes. Il peut également opposer les exceptions nées de ses rapports avec le cédant avant que la cession ne soit devenue opposable, telles que l'octroi d'un terme, la remise de dette ou la compensation de dettes non connexes ».

2° Création d'obligations

431. La cession de créance à titre onéreux fait naître des *obligations normales* : payer le prix pour le cessionnaire et délivrer la chose, c'est-à-dire, en l'occurrence, remettre le titre de créance, pour le cédant ; mais ce dernier est également tenu d'une obligation de garantie (art. 1693 et 1694). Quelle est l'étendue de cette garantie ?

432. Il faut faire une distinction entre la garantie de droit et la garantie de fait ou conventionnelle.

– ***La garantie de droit*** est celle à laquelle le cédant est tenu de par la loi (art. 1693), en l'absence de toute clause particulière : dans ce cas, le cédant doit garantir l'existence de la créance, mais il n'est pas garant de la solvabilité du débiteur.

– ***La garantie conventionnelle*** est celle qui est organisée par les parties en incluant des clauses à leur convention. Ces clauses sont de deux sortes :

• *clauses supprimant la garantie :* ces clauses de non-garantie concernent même l'existence de la créance, mais ne dispensent pas le cédant de la restitution du prix (art. 1628 et 1629), elles lui évitent seulement les dommages et intérêts, au cas où la créance se révélerait inexistante ;

• *clauses augmentant la garantie*, qui concernent notamment la solvabilité du débiteur. Par cette clause le cédant ne garantit, en principe, que la solvabilité actuelle du débiteur et encore avec une limite : jusqu'à concurrence du prix qu'il a pu retirer de la cession de sa créance (art. 1694). Toutefois, la garantie peut être étendue à la solvabilité future, à condition que cela soit expressément précisé (art. 1695).

1. Civ. 1re, 5 janv. 1999, *Bull. civ.* I, n° 1, *D.* 1999. IR 31.

433. Ces solutions sont reprises par **l'actuel projet de réforme gouvernemental.**

b) Effets de la cession de créance à l'égard des tiers

434. Selon les dispositions actuelles, c'est essentiellement la formalité de l'article 1690 qui va faire produire des effets à la cession de créance, à l'égard du débiteur cédé d'abord, à l'égard des cessionnaires successifs ensuite, à l'égard des créanciers du cédant enfin.

1° À l'égard du débiteur cédé

435. Les formalités de l'article 1690 tendent à protéger le débiteur cédé ; aussi la cession de créance ne produit-elle d'effets à son égard qu'après l'accomplissement de l'une ou de l'autre.

• ***Avant la signification***, le débiteur cédé n'a aucun lien avec le cessionnaire qu'il ignore juridiquement ; il peut donc parfaitement se libérer en payant le créancier cédant (art. 1691) et il peut refuser de payer le cessionnaire. Selon le droit actuel, il n'a pas non plus le droit d'invoquer la cession pour refuser de payer le cédant : jusqu'à la signification, il n'est qu'un tiers par rapport à la cession qui ne peut lui être opposée, mais dont il ne peut pas, non plus, se prévaloir (art. 1165). On a vu que le projet de réforme modifiait cette règle puisque le débiteur cédé pourrait invoquer la cession dès qu'il en a connaissance (v. ss 426).

Cependant, la jurisprudence admet plus de souplesse à l'égard du cessionnaire auquel elle reconnaît certains pouvoirs. Elle lui permet de faire des actes conservatoires (interruption de la prescription extinctive par exemple), de réclamer le paiement au débiteur cédé malgré l'absence de publicité si celui-ci n'a aucun intérêt à s'y refuser ; enfin, le cessionnaire peut faire annuler le paiement fait par le débiteur au cédant, antérieurement à la signification, s'il peut prouver qu'il y a eu entente frauduleuse entre eux.

• ***Après la signification***, la situation est renversée : le débiteur n'a plus aucun lien avec le cédant, il devient définitivement débiteur du cessionnaire.

2° À l'égard des cessionnaires successifs

436. La cession de créance peut être utilisée comme mode de paiement, à condition que cela soit communément admis dans le secteur professionnel en question. Ainsi, dans le secteur de la construction, pour un entrepreneur qui payait ses fournisseurs par la cession des créances qu'il détenait sur les maîtres d'ouvrage[1]. Dans le cas où le cédant aurait cédé la même créance successivement à plusieurs cessionnaires, selon les dispositions actuelles, celui qui est préféré sera, non pas le premier d'entre eux, mais celui qui aura le premier signifié la cession au débiteur[2]. **L'actuel projet de réforme** modifie cette solution en précisant que le concours entre cessionnaires se résout en faveur du premier en date, qui dispose d'un recours contre celui auquel le débiteur aurait fait de bonne foi un paiement.

---

1. Com. 30 mars 1993, *RTD civ.* 1993. 582, n° 3.
2. Com. 19 mars 1980, *Bull. civ.* IV, n° 137.

3° À l'égard des créanciers chirographaires du cédant

437. Eux aussi sont des tiers par rapport à la cession de créance ; tant que les formalités de l'article 1690 n'ont pas été effectuées, la cession leur est actuellement inopposable. La créance est toujours dans le patrimoine du cédant, où ses créanciers pourront la saisir au moyen d'une *saisie attribution* (v. ss 385). Mais on a vu que **l'actuel projet de réforme** prévoit désormais l'opposabilité au tiers dès l'établissement de l'acte de cession, indépendamment de sa notification au débiteur saisi (v. ss 426).

B. Les cessions de créances spéciales

438. La complication du procédé de la cession de créance fait que le droit commercial a organisé des modes spéciaux de transmission de créance beaucoup plus simples et rapides et ceux-ci sont également admis aujourd'hui en droit civil.

1. Les procédés du droit commercial

a) Ce sont les différents systèmes de cession de titres négociables

1° Transfert des titres nominatifs

439. Le droit de créance est constaté par une inscription sur un registre tenu par le débiteur et il peut être négocié par *voie de transfert* : l'inscription est transférée du nom du cédant à celui du cessionnaire.

Ce procédé est sûr, mais comporte un certain formalisme, des délais et des frais. C'est la forme obligatoire depuis la loi du 30 décembre 1981 pour les actions non cotées en Bourse, c'est-à-dire les titres émis par l'immense majorité des sociétés[1].

2° Tradition des titres au porteur

440. La créance est non seulement constatée, mais encore incorporée au titre qui est considéré comme un meuble corporel et se négocie par simple *tradition manuelle*, c'est-à-dire remise du titre d'un porteur à un autre. Ce procédé est le plus simple de tous. Toutefois, depuis la loi du 30 décembre 1981, la forme nominative est obligatoire pour les actions qui ne sont pas cotées en Bourse et seules les obligations peuvent continuer d'être au porteur. En ce qui concerne les actions cotées en Bourse, l'actionnaire a en principe le choix entre titre au porteur ou nominatif, mais dans de nombreux cas, les titres devront être nominatifs ou déposés à un compte bancaire spécial.

3° Endossement des titres à ordre

441. Le droit de créance est constaté dans un document écrit qui comporte la clause « veuillez payer à l'ordre de… ». Ce sont : la lettre de change, le chèque et le billet à ordre.

La créance se transmet par *voie d'endossement*, c'est-à-dire que le cédant mentionne la cession ou tout simplement signe au dos du titre qu'il remet au cessionnaire. Il peut y avoir ainsi une série d'endossements successifs. Ce procédé est très simple et n'entraîne aucun frais.

---

1. L. du 30 déc. 1981, art. 94-1.

L'avantage essentiel de ces différents procédés, outre leur simplicité, est l'inopposabilité des exceptions aux cessionnaires, contrairement à ce qui se passe pour la cession de créance.

b) La cession de créances professionnelles, par « bordereau Dailly »

442. La loi du 2 janvier 1981 facilitant le crédit aux entreprises et son décret d'application du 9 septembre 1981 (mod. par Décr. du 3 déc. 1985), ont organisé un système très simple de transmission de créance par simple bordereau avec notification de la cession au débiteur cédé. Ce procédé, réservé aux professionnels, leur permet de mobiliser leurs créances en les transmettant à une banque qui paye immédiatement le créancier et se charge de leur recouvrement à l'échéance. Moins formaliste que la cession de créance, ce procédé est plus commode que l'endossement d'une lettre de change car il se prête mieux à une gestion informatique.

2. L'UTILISATION DE CES PROCÉDÉS EN DROIT CIVIL

443. Normalement conçus pour la transmission de créances commerciales, certains de ces procédés peuvent, toutefois, être également utilisés pour des créances civiles. En effet, le créancier et le débiteur peuvent convenir que la créance qui les lie peut se transmettre, sinon par transfert (car les titres nominatifs ne sauraient être adaptés à des créances civiles), du moins par tradition comme les polices d'assurances ou par endossement comme les chèques et les billets à ordre (le recours à la lettre de change est exclu du fait de la nature essentiellement commerciale de ce titre). La négociabilité de la créance ainsi stipulée est opposable aux tiers, car la jurisprudence considère que l'article 1690 n'est pas d'ordre public.

La loi n° 76-519 du 15 juin 1976 (C. civ., sous art. 1 701) a cependant réorganisé certaines formes de transmission des créances garanties par un privilège immobilier spécial ou une hypothèque immobilière (v. cette loi pour plus de détails).

444. L'actuel projet de réforme gouvernemental de réforme du régime des obligations n'a pas repris la proposition qui figurait dans *l'avant-projet Catala de réforme du droit des obligations* d'accueillir une nouvelle conception de la cession de créance : la cession à titre de garantie qui existe déjà dans plusieurs législations européennes. Ainsi, l'avant-projet prévoyait qu'une créance peut être cédée en propriété sans stipulation de prix à titre de garantie. Elle fait retour au cédant lorsque le cessionnaire a été rempli de ses droits ou que l'obligation garantie est éteinte pour une autre cause (art. 1257-1). Pour le reste, le projet s'est largement inspiré de l'avant-projet Catala. Au titre des solutions nouvelles, l'avant-projet et le projet consacrent la possibilité de céder des créances futures si elles sont identifiables et abandonnent les lourdes formalités de notification au débiteur de l'actuel article 1690. Il est simplement prévu « qu'à peine de nullité, la cession de créance doit être constatée par écrit… », la transmission de la créance étant acquise, aussi bien entre les parties qu'à l'égard des tiers, dès l'établissement de l'acte, sans autres formalités. En ce qui concerne le débiteur, la cession de créance ne lui devient opposable si elle lui a été notifiée, sans intervention d'un officier public, ou s'il l'a acceptée. Enfin, l'épineuse question de l'opposabilité des exceptions est également prévue.

Voyons maintenant le second mode de transfert des créances : la subrogation.

C. La subrogation (art. 1249 à 1252)

445. Il s'agit ici de subrogation *personnelle*, qu'il faut distinguer de la subrogation *réelle* où c'est un bien qui est substitué à un autre dont il prend la place dans le patrimoine (ex. : capital versé par une compagnie d'assurances à la suite de l'incendie d'un immeuble. Ce capital est subrogé à l'immeuble). Ici, c'est une personne qui est substituée à une autre.

► ***La subrogation personnelle*** constitue un transfert de créance du créancier originaire au créancier subrogé avec tous ses accessoires et ses sûretés. Mais, à la différence de la cession de créance, ce transfert s'effectue obligatoirement à l'occasion du paiement, il n'est pas soumis aux mêmes formalités et il s'effectue uniquement pour le montant versé au créancier originaire. C'est donc bien une opération de paiement (v. schéma en fin de chapitre) et d'ailleurs, **l'actuel projet de réforme gouvernemental**, l'envisage dans ce cadre du paiement.

1. Les conditions de la subrogation

446. On distingue deux sortes de subrogations, selon leur source : subrogation conventionnelle ou subrogation légale (art. 1249).

a) La subrogation conventionnelle

447. La subrogation conventionnelle diffère de la cession de créance du fait qu'elle peut être consentie, soit par le créancier, soit par le débiteur (comparer les schémas en fin de chapitre).

1° La subrogation conventionnelle consentie par le créancier

448. Aux termes de l'article 1250, 1°, elle a lieu lorsque le créancier reçoit son paiement d'une tierce personne à la place du débiteur. Le créancier, ainsi désintéressé, transmet au tiers sa créance avec tous ses droits et actions. Le créancier est appelé *subrogeant*, le tiers *solvens* (c'est-à-dire qui a payé la dette) est appelé *subrogé* (c'est un procédé utilisé en matière commerciale, notamment dans le contrat de factoring).

Le Code civil exige pour la validité de cette opération trois conditions, l'une de fond, l'autre de forme, la troisième de temps.

449. ***Condition de fond***. La subrogation doit être consentie par le créancier et ne peut être exigée par le *solvens*, car il est, au contraire, admis par l'article 1236, alinéa 2, que le tiers qui acquitte la dette d'un débiteur n'est pas normalement subrogé dans les droits du créancier.

450. ***Condition de forme***. La subrogation doit être « expresse » et non tacite. Toutefois, aucune formalité n'est exigée et elle peut être exprimée dans un acte sous seing privé, à condition qu'il n'y ait aucune ambiguïté. Cependant, il peut se faire que le débiteur ne soit pas informé et le paiement qu'il ferait de bonne foi, entre les mains de son ancien créancier, serait libératoire [1] ; il est donc prudent d'informer le débiteur bien que,

1. Paris, 23 janv. 1970, *JCP* 1971. II. 16837, note C. Gavalda.

ni son consentement, ni son concours à l'acte de subrogation ne soient nécessaires à la validité de cet acte[1]. Selon la chambre commerciale, le débiteur ne peut opposer au subrogé le paiement qu'il effectuerait, postérieurement à la subrogation, entre les mains du subrogeant que *s'il est ignorant de la subrogation intervenue*[2] et, d'autre part, le débiteur n'est pas tenu d'informer le créancier subrogé du paiement qu'il a effectué au profit du créancier subrogeant avant d'avoir eu connaissance de la subrogation[3].

451. ***Condition de temps***. La subrogation doit être consentie au *moment* du paiement[4] : avant, l'opération serait considérée comme une cession de créance ; après, elle est impossible, la créance initiale ayant été éteinte par le paiement[5]. Toutefois, la jurisprudence a tendance à admettre la validité d'une subrogation anticipée dès lors que le subrogeant a expressément manifesté sa volonté dans un document antérieur[6].

Le plus souvent, la subrogation est constatée dans la quittance remise au tiers *solvens* et qu'on appelle *quittance subrogatoire.*

Mais, il importe que cette subrogation ait *date certaine* pour éviter toute contestation de la part des autres créanciers ou de leurs cessionnaires. Il sera donc nécessaire de procéder à son enregistrement.

452. La jurisprudence exigeait une quatrième condition, qui était que le paiement ait été effectué par le *solvens* lui-même et non par le débiteur avec l'argent remis par le tiers, sans quoi elle considérait qu'il s'agissait d'une subrogation consentie par le débiteur. Pour éviter ce formalisme excessif, les tribunaux admettent maintenant que si c'est le débiteur qui a effectué lui-même le paiement, il a agi en tant que mandataire du tiers et non en son nom propre.

2° La subrogation conventionnelle consentie par le débiteur

453. Cette opération est prévue par l'article 1250, 2° . Elle permet au débiteur d'imposer la subrogation au créancier pour obtenir du crédit. En effet, le créancier, sans cela, pourrait refuser d'accorder la subrogation.

454. Cette opération a une origine historique : au cours des guerres de religion, le loyer de l'argent était élevé et, comme le prêt à intérêt était interdit, une pratique était apparue : le prêteur cédait un capital moyennant une rente perpétuelle dont le taux correspondait à 8 ⅓ %. Avec le retour à la prospérité, sous le règne d'Henri IV, le loyer de l'argent baissa jusqu'à 6 ¼ %. Le débiteur avait donc intérêt à rembourser le capital sur lequel il versait 8 /3 % d'intérêt en empruntant de l'argent à 6 ¼ %, mais le nouveau prêteur exigeait des garanties et le créancier initial aurait refusé de le subroger dans ses propres garanties. C'est pourquoi Henri IV décida que le débiteur pourrait consentir lui-même cette subrogation moyennant quelques formalités destinées à éviter les fraudes.

455. Ces conditions ont été reprises par le Code civil dans l'article 1250, 2° .

---

1. Civ. 1re, 23 oct. 1984, *Bull. civ.* I, n° 276.
2. Com. 15 oct. 1996, *Bull. civ.* IV, n° 230, *RTD civ.* 1997. 939 obs. J. Mestre.
3. Com. 18 mars 1997, *Bull. civ.* IV, n° 77, *RTD civ.* 1997. 939, obs. J. Mestre.
4. Com. 14 déc. 1965, *Gaz. Pal.* 1966. I. 278.
5. Civ. 1re, 28 mai 2008, n° 07-13.437, *RTD civ.* n° 3, 2008. 481, obs. B. Fages.
6. Civ. 29 janv. 1991, *JCP* 1991. IV. 120, à propos de la pratique de l'affacturage et Com. 2 févr. 1993, *JCP* 1993. IV. 850, dans un cadre plus large.

♦ ***Condition de fond***. La subrogation est consentie par le débiteur qui « emprunte une somme d'argent à l'effet de payer sa dette et de subroger le prêteur dans les droits du créancier » et ce, même contre la volonté du créancier initial. **L'actuel projet de réforme** modifie cette solution (v. ss 469). Par ailleurs, la dette doit être échue.

♦ ***Condition de forme***. L'acte d'emprunt et la quittance doivent tous deux être passés devant notaire. Il s'agit donc d'un *contrat solennel*.

L'acte d'emprunt doit mentionner « que la somme a été empruntée pour faire le paiement ».

La quittance doit préciser « que le paiement a été fait des deniers fournis à cet effet par le nouveau créancier » (art. 1250, 2°).

b) La subrogation légale

456. La subrogation est, cette fois, directement imposée par la loi dans certains cas bien précis, et ce, en dehors de la volonté et du créancier et du débiteur. Le Code civil énumère quatre cas de subrogation dans son article 1251, mais certaines lois nouvelles en ont ajouté d'autres. **L'actuel projet de réforme de la Chancellerie** (oct. 2013) simplifie la solution en supprimant l'énumération et en précisant de façon générale que « la subrogation a lieu par le seul effet de la loi au profit de celui qui paie dès lors que son paiement libère envers le créancier celui sur qui doit peser la charge définitive de tout ou partie de la dette ».

1° Les cas de subrogation légale de l'article 1251

457. La subrogation a lieu de plein droit au profit :

– D'un créancier qui « paie un autre créancier, qui lui est préférable à raison de ses privilèges ou hypothèques », afin d'éviter, par exemple, que ce dernier ne fasse vendre l'immeuble à un moment inopportun où son prix de vente ne permettrait pas d'indemniser les deux créanciers, alors qu'en attendant un peu le créancier subrogé peut espérer être remboursé intégralement.

– De l'acquéreur d'un immeuble qui emploie le prix de son acquisition au paiement des créanciers auxquels cet héritage était hypothéqué, afin d'éviter la saisie et la vente de cet immeuble.

– De celui « qui, étant tenu avec d'autres ou pour d'autres au paiement de la dette, avait intérêt à l'acquitter ». C'est le cas d'un codébiteur solidaire ou tenu *in solidum* (pour la solidarité passive, v. ss 257, 266 s., et pour l'obligation *in solidum*, v. ss 280 s.) auquel le créancier pouvait réclamer l'intégralité de la créance mais qui pourra se retourner contre ses codébiteurs pour se faire partiellement rembourser. C'est également le cas de la caution (v. ss 167) qui est tenue à la place du débiteur, mais qui peut se retourner contre lui, après avoir payé le créancier. La Cour de cassation a précisé que ce cas de subrogation ne suppose pas nécessairement que le *solvens* ait été tenu d'une obligation indivisible ou solidaire ou *in solidum* et qu'elle s'opère également dans le cas d'obligations dont la cause est distincte[1].

– De « l'héritier bénéficiaire qui a payé de ses deniers les dettes de la succession ». C'est un héritier qui n'a pas encore accepté définitivement la succession et qui n'est donc

1. Civ. 1re, 25 nov. 2009, *D*. 2010. 802, note A. Hontebeyrie.

pas tenu de payer les créanciers sur ses propres biens mais sur ceux de la succession. Il sera incité à le faire rapidement, même sur ses propres biens, s'il sait qu'il est subrogé aux droits des créanciers contre la succession et qu'il pourra, une fois celle-ci liquidée, se faire rembourser.

2° Les cas de subrogation légale admis par des lois postérieures

458. Un certain nombre de textes prévoient une subrogation, mais il s'agit souvent, plutôt que d'une véritable subrogation, d'une simple cession d'action, le créancier subrogé ayant payé non pas la dette d'autrui, mais la sienne propre. On peut citer quelques exemples non limitatifs.

• *C'est le cas de l'article 36 de la loi du 13 juillet 1930* sur l'assurance (C. assur., art. L. 121-12) qui subroge l'assureur, ayant payé l'assuré, dans les droits de ce dernier contre le responsable du dommage. Il en est de même pour les articles 397 et 398 du Code de la sécurité sociale qui subrogent les caisses de Sécurité sociale qui ont versé des prestations aux assurés, victimes d'accident, dans les droits de ces derniers, contre l'auteur de l'accident.

• *Le même cas se présente avec l'ordonnance du 7 janvier 1969* qui subroge l'État qui a versé des prestations à un de ses fonctionnaires accidenté, malade ou mort par la faute d'un tiers, dans les droits de ce fonctionnaire contre le tiers.

• *L'article 5 de la loi du 3 janvier 1975* relative au paiement des chèques sans provision a créé un nouveau cas de subrogation légale au profit du banquier qui a payé le montant du chèque.

Dans tous ces cas, en effet, le *solvens* était lui-même débiteur et il bénéficie simplement d'une action contre d'autres débiteurs, qui lui est cédée par le créancier, après qu'il ait obtenu satisfaction.

2. Les effets de la subrogation

459. Ces effets sont les mêmes, qu'il s'agisse de subrogation légale ou conventionnelle, de subrogation consentie par le créancier ou par le débiteur. La subrogation a pour effet de transmettre la créance et ses accessoires. C'est ce qu'on appelle l'*effet translatif de la subrogation*, mais cette transmission est limitée au montant du paiement : elle peut donc n'être que partielle.

a) Effet translatif de la subrogation

460. Selon une conception aujourd'hui abandonnée, la subrogation ne transmettait que les sûretés, et la créance initiale était éteinte par le paiement et remplacée par une nouvelle créance. Aujourd'hui, l'opinion de Aubry et Rau a prévalu : la subrogation transmet au subrogé « tous les droits et actions » du subrogeant (C. civ., art. 1250, 1°). Cela signifie qu'il bénéficie, non seulement des *sûretés* qui garantissaient la créance : hypothèque, gage, privilège, caution, etc., mais encore, des *actions* que cette créance donnait à son titulaire : action en résolution, par exemple, et, si le titre originel était exécutoire, le subrogé n'aura pas à recourir aux tribunaux en cas d'inexécution. **L'actuel projet de réforme** précise néanmoins que sont exclus de la transmission les droits exclusivement attachés à la personne.

La subrogation se produit au moment où le subrogé paie le subrogeant, « à la date du paiement qu'elle implique »[1]. La créance sort alors du patrimoine du subrogeant pour entrer dans celui du subrogé, de sorte que le subrogé n'a pas à souffrir des actes accomplis postérieurement par le subrogeant[2].

461. Inversement, il peut se voir opposer par le débiteur les moyens de défense opposables au créancier initial[3] ; il s'expose à l'opposabilité des exceptions dont le débiteur pouvait précédemment se prévaloir à l'encontre du subrogeant[4] et, notamment, le subrogé peut se voir opposer par le débiteur la compensation que celui-ci aurait pu opposer au créancier subrogeant à raison d'une dette connexe[5].

Le subrogé est donc mis exactement à la place juridique du créancier originaire et ceci rapproche beaucoup la subrogation de la cession de créance. Le subrogé n'a pas plus de droits que son subrogeant aux lieux et place duquel il agit[6] et il ne peut agir que contre les personnes que le subrogeant pouvait lui-même poursuivre[7].

462. La subrogation produit son effet translatif quelle que soit la nature de la dette payée. Ainsi, la Cour de cassation confirme-t-elle que la priorité de paiement, dont bénéficient les créances super-privilégiées de salaires, profite à l'Assedic subrogée dans les droits des créanciers super-privilégiés[8] ; de même, pour une banque qui a payé des salaires contre quittance subrogative[9].

b) Limitations à l'effet translatif

463. En revanche, la subrogation diffère de la cession de créance en ce qu'elle est moins complète sur un certain nombre de points.

1° Le créancier originaire n'est pas tenu à garantie envers le subrogé

464. Toutefois, si la créance n'existait pas, le subrogé pourrait se retourner contre lui, mais au moyen de l'action en répétition de l'indu (v. ss 1385 s.) et non en vertu d'une garantie.

2° Le subrogé ne prend la place du créancier que dans la mesure du paiement effectué

465. Ceci distingue, également, la subrogation de la cession de créance, qui permet au cessionnaire de se faire payer le montant nominal de la créance, même s'il l'a payée une somme inférieure à sa valeur.

---

1. Civ. 1re, 11 juin 2008, *RTD civ.* n° 3, 2008. 480, obs. B. Fages.
2. Civ. 1re, 13 janv. 1993, *Bull. civ.* I, n° 6.
3. Civ. 1re, 4 avr. 1984, *Bull. civ.* I, n° 131.
4. Com. 4 juin 1996, *Bull. civ.* IV, n° 163 ; *RTD civ.* 1997. 134.
5. Com. 5 déc. 1989, *Bull. civ.* IV, n° 308 ; *Gaz. Pal.* 16-17 nov. 1990, Pan.
6. Com. 27 juin 1989, *Bull. civ.* IV, n° 205 ; Com. 26 avr. 2000, *Bull. civ.* IV, n° 89, p. 78 ; *RJDA* n° 799, 2000. 636.
7. Com. 3 janv. 1989, inédit, *RTD civ.* 1990. 76, obs. J. Mestre.
8. Com. 6 juill. 1993, *Bull. civ.* IV, n° 285.
9. Com. 3 juin 1982, *D.* 1982. 481, note A. Honorat.

3° En cas de paiement partiel, le créancier originaire conserve ses sûretés jusqu'à complet paiement

466. Un paiement partiel va diviser la créance entre le créancier primitif et le créancier subrogé. Mais, dans ce cas, l'article 1252 prévoit que le créancier primitif « peut exercer ses droits pour ce qui lui reste dû, par préférence à celui dont il n'a reçu qu'un paiement partiel ». En effet, la subrogation ne doit pas nuire au créancier, selon l'adage *nemo contra se subrogasse censetur* (nul n'est censé avoir subrogé contre lui-même) ; par contre, il peut renoncer à cet avantage, à condition que ce soit expressément. On peut donc dire que la subrogation est à la mesure du paiement et la jurisprudence considère que le subrogé, en l'espèce une caution qui avait payé à la place des débiteurs défaillants et qui leur réclamait le remboursement de ce qu'elle avait payé, « ne peut prétendre, en outre, qu'aux intérêts produits au taux légal par la dette qu'il a acquittée, lesquels, en vertu de l'article 2029 du Code civil, courent de plein droit à compter du paiement »[1].

Au contraire, en cas de cession de créance partielle, cédant et cessionnaire sont sur un pied d'égalité.

Cependant, il existe certaines exceptions à ce principe, notamment lorsque le *solvens* est un prêteur qui a remis les fonds au débiteur pour régler une dette hypothécaire (Décr.-L. du 31 août 1937). En effet, pour inciter ce prêteur, qui accepte un taux d'intérêt inférieur à celui du créancier originaire, à avancer cette somme au débiteur, il faut, au moins, qu'il soit sûr de bénéficier de la sûreté existante, même si le créancier originaire n'est pas entièrement remboursé.

4° La subrogation à un codébiteur solidaire est également limitée

467. En effet, le subrogé bénéficie de la possibilité de poursuivre ses codébiteurs aux lieu et place du créancier originaire, mais, alors que ce dernier pouvait s'adresser à n'importe lequel des débiteurs solidaires et exiger de lui le paiement intégral de la créance, le débiteur qui a payé ne pourra réclamer à ses codébiteurs sa part de la dette, et il devra diviser ses poursuites à leur égard, de sorte que si l'un d'eux est insolvable, ils partageront tous la charge de cette insolvabilité (art. 1214, al. 2).

c) Conservation par le subrogé de sa propre action contre le débiteur

468. Outre l'action qu'il tient du créancier originaire par l'effet de la subrogation, le créancier subrogé conserve l'action correspondant à l'opération qu'il a lui-même conclue avec le débiteur : mandat, prêt, gestion d'affaires, etc. Il est évident que le subrogé ne peut pas se faire rembourser deux fois, mais il a plusieurs actions pour obtenir son remboursement. Au contraire, le cessionnaire d'une créance ne dispose que de l'action du cédant.

Il convient, toutefois, de ne pas confondre la cession de créance et la subrogation qui, malgré un certain nombre de points communs, sont deux notions bien différentes.

469. L'actuel projet de réforme gouvernemental du régime des obligations (oct. 2013), suivant en cela *l'avant-projet Catala*, consacre les acquis jurisprudentiels en la matière en la simplifiant mais avec des innovations en ce qui concerne plus particulièrement la subrogation conventionnelle, consentie par le débiteur.

---

1. Civ. 1re, 18 mars 2003, *JCP* 2003. II. 10105, note M. Billiau.

Lorsque la subrogation a lieu à l'initiative du débiteur il est admis jusqu'à présent par la jurisprudence que le paiement doit être fait par le subrogé lui-même et que l'opération s'opère sans le concours de la volonté du créancier. Le projet prévoit désormais le concours du créancier et que celui-ci donne une quittance qui doit indiquer l'origine des fonds (avant-projet Catala, art. 1261, al. 1er, et projet art. 281).

L'avant-projet Catala comme le projet gouvernemental, prévoient aussi que la subrogation peut avoir lieu sans le concours du créancier, « mais à la condition que la dette soit échue ou que le terme soit en faveur du débiteur ». Cependant, alors que selon l'avant-projet il n'était plus exigé que l'acte d'emprunt et la quittance soient passés devant notaire car il suffisait qu'ils soient « constatés par un acte ayant date certaine » (art. 1261, al. 2), le projet gouvernemental a réintroduit l'exigence du passage devant notaire.

DOCUMENTS

BIBLIOGRAPHIE

Sur la circulation des obligations

ANDREU (L.), *Du changement de débiteur*, Dalloz, coll. « Nouvelle Bibliothèque de Thèses », 2010.

AYNÈS (L.), « La circulation du contrat », contribution au colloque *Le contrat : questions d'actualité*, Paris, 1er févr. 2000, *LPA* n° spécial, 5 mai 2000, n° 90.

CHAUMETTE, « La subrogation personnelle sans paiement ? », *RTD civ.* 1986. 33.

FERNANDEZ (J.-M.), « La subrogation : nature et régime d'une fiction juridique », *LPA* 16 juill. 1997, n° 85, p. 4.

GROUTEL (H.), *D.* 1987. Chron. 283 (subrogation anticipée).

JUGLART (DE) (M.), *Obligation réelle et servitudes*, thèse, Bordeaux, 1937.

PELLIER (J.-D.), « La nature de la délégation imparfaite », *D.* 2014. 92.

Sur le surendettement

GOURIO (A.), « Réforme du droit du surendettement. Loi d'orientation relative à la lutte contre les exclusions », *JCP* 1998, aperçu rapide. 1413.

JULIEN (J.), « L'évolution des procédures de surendettement », *Rev. de droit bancaire et financier* mai 2012, dossier.

LAGARDE (X.), « Prévenir le surendettement des particuliers », *JCP* 2002. I. 163.

PIGNARRE (G.), « Droit du surendettement et dettes d'aliment », *JCP* 1998. I. 150.

REYGROBELLET (A), Caractère collectif de la procédure et traitements du surendettement des particuliers, *Revue des procédures collectives* n° 3, mai 2012, dossier 20.

Dossier, *Le surendettement des particuliers : un régime juridique en quête d'équilibre*, *RD banc. fin.*, mai 2012, Études :

- « L'évolution des procédures de surendettement », par J. JULIEN – article 17.
- « Le traitement judiciaire du surendettement », par D. PONS – article 18.
- « Les frontières des procédures de surendettement des particuliers », par M.-C. MARIANI-RIELA – article 19.
- « L'impact de la législation relative au surendettement sur la théorie des voies d'exécution », par J.-B. DONNIER – article 20.
- « L'impact de la législation relative au surendettement sur la pratique des voies d'exécution », par L. PELLIZZA – article 21.
- « Le surendettement dans la loi du 1er juillet 2010 », par G. RAYMOND – article 22.
- « Le couple et le surendettement par M. LEBEAU », – article 23.
- « La prise en compte du risque et de la situation de surendettement par les établissements de crédit », par C. SAINT-DIDIER – article 24.
- « La philosophie des procédures de surendettement des particuliers : l'exemple américain », par A. STEFF – article 25.
- « Le surendettement en droit international privé », par G. KESSLER – article 26.

Décision à commenter

La subrogation

Trib. civ. Pontoise, 23 mai 1951, *D.* 1952. 65, note E.S.M.

LE TRIBUNAL ;

– Attendu que suivant acte notarié du 17 février 1950, les époux Bertrand se sont rendus acquéreurs d'un immeuble sis à Livry-Gargan, allée du Lac, n° 63, pour le prix de 450 000 F ; que cette somme a été versée aux vendeurs, les époux Zion, en présence du notaire rédacteur, par la *Société générale de Crédit industriel et commercial*, en l'acquit des acheteurs ; que, par une disposition expresse de l'acte, les époux Zion ont, conformément aux dispositions de l'article 1250, § 1er, du Code civil, subrogé dans leurs droits, actions et privilèges ladite *Société générale de Crédit industriel et commercial* ;

– Attendu que les époux Bertrand ont par la suite acquitté les droits d'enregistrement afférents à cette acquisition ; qu'outre le droit de mutation exigible pour la vente, l'Administration de l'enregistrement a perçu une somme de 5 175 F, montant des droits de cession de créance exigibles, a-t-elle prétendu, en raison de la subrogation consentie dans l'acte du 17 février 1950 au profit de la *Société générale de Crédit industriel et commercial* ;

– Attendu que les époux Bertrand ont assigné le directeur de l'Enregistrement, des Domaines et du Timbre du département de Seine-et-Oise pour obtenir la restitution de cette somme ;

– Attendu que les demandeurs soutiennent que la subrogation, qui n'est elle-même passible d'aucun droit d'enregistrement, ne saurait être assimilée à la cession de créance, sur laquelle doit être perçu un droit proportionnel en vertu des dispositions de l'article 729 du Code général des impôts ;

– Attendu que l'Administration de l'Enregistrement prétend que dans le cas où la subrogation s'effectue dans les conditions prévues par l'article 1250, § 1er, du Code civil, c'est-à-dire lorsque le créancier reçoit son paiement d'une tierce personne qui est subrogée dans ses droits, l'opération équivaut à une véritable cession de créance, et dès lors le droit proportionnel prévu par l'article 729 du Code général des impôts devient applicable ;

– *Attendu que la subrogation ne peut en aucun cas être assimilée à la cession de créance* ; que le cessionnaire peut en effet exiger du débiteur le paiement intégral de la créance, quel que soit par ailleurs le prix qu'il a versé au créancier, alors que le tiers subrogé ne peut exercer les droits du créancier que jusqu'à concurrence du paiement qu'il a lui-même effectué ;

– Attendu qu'en l'espèce les parties ont à juste titre qualifié de subrogation l'opération à laquelle elles se sont livrées ; qu'en effet, s'il s'était agi d'une cession de créance, la *Société générale de Crédit industriel et commercial* n'aurait pu être subrogée dans l'exercice de l'action résolutoire, réservé au vendeur de l'immeuble ; qu'effectivement, cette action ne se rattache nullement au droit de créance que les vendeurs auraient prétendument cédé ; qu'elle se rattache au contraire au contrat synallagmatique de vente sur lequel, à l'inverse de la subrogation qui a eu lieu, la cession de créance eût été dépourvue d'effet ;

– Attendu, en conséquence, que le droit proportionnel sur les cessions de créance a été perçu à tort par l'Administration de l'Enregistrement à l'occasion du paiement avec subrogation effectué entre les mains des vendeurs Zion par la *Société générale de Crédit industriel et commercial* ;

Par ces motifs, condamne l'Administration de l'Enregistrement, des Domaines et du Timbre, représentée par son directeur dans le département de Seine-et-Oise, à verser à titre de restitution la somme de 5 175 F aux époux Bertrand ; condamne l'Administration de l'Enregistrement à tous les dépens, dans lesquels ne pourront être compris les frais d'intervention de l'avoué des époux Bertrand, dont le ministère n'était pas obligatoire en la matière.

Indications

En n'approfondissant pas la question trop technique des droits d'enregistrement, fondez votre commentaire sur la distinction entre ***subrogation consentie*** *par le créancier et* ***cession de créance****.*

V. aussi Com. 21 avr. 1953, *D.* 1954. 289, qui assimile ces notions.

Délégation parfaite ou imparfaite

(1)

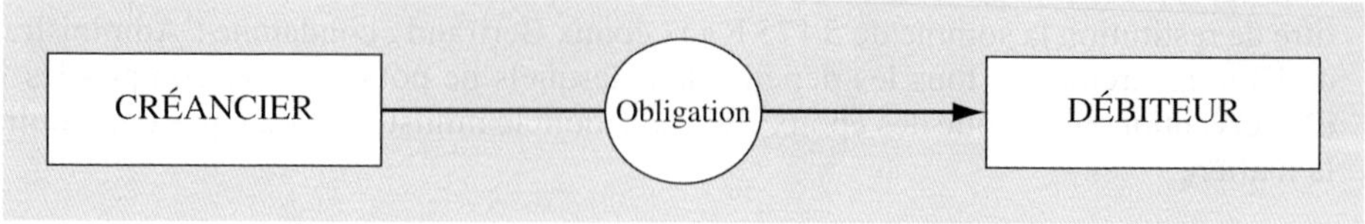

(2)

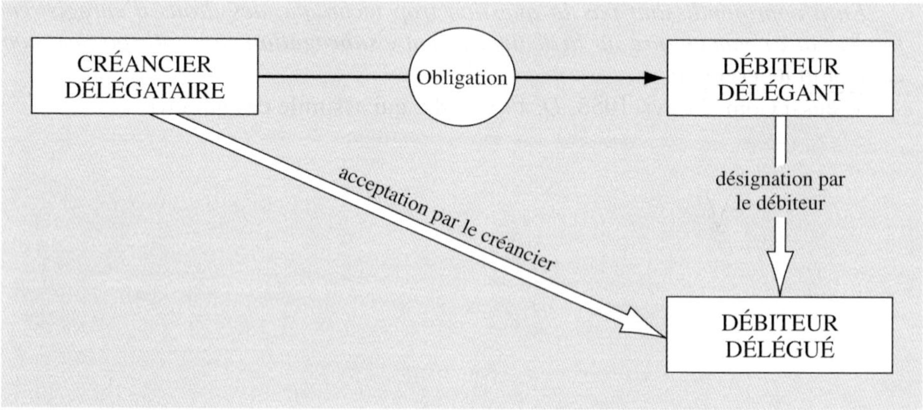

Délégation imparfaite

(3a)

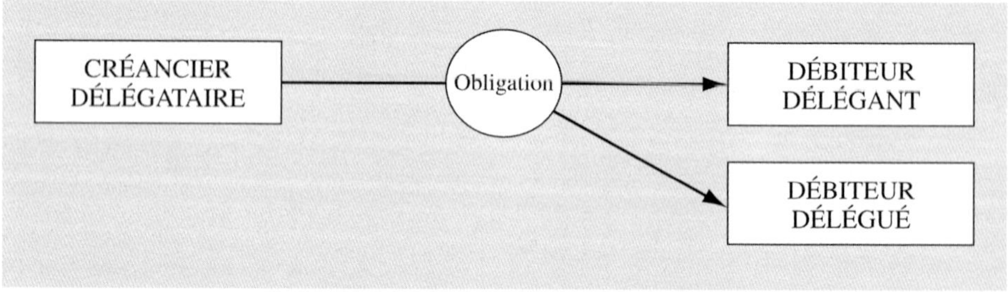

Délégation parfaite = novation

(3b)

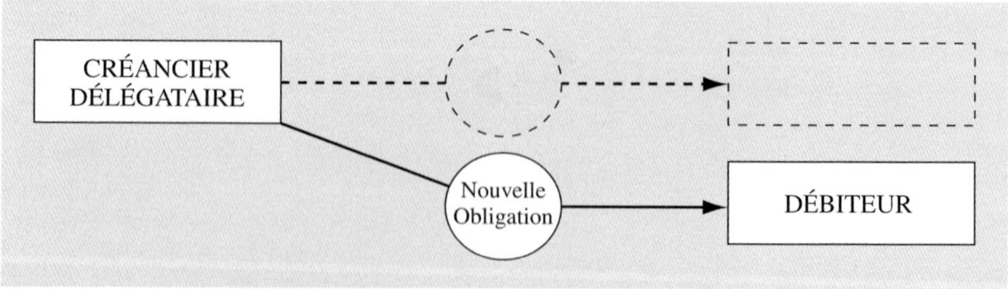

Note. Comparer avec la novation par changement de débiteur, ss 667 et schéma, au chapitre consacré aux autres modes d'extinction des obligations.

I. Cession de créance

①

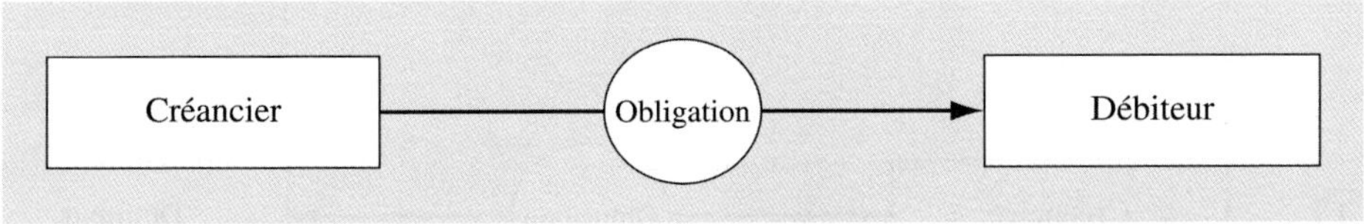

②

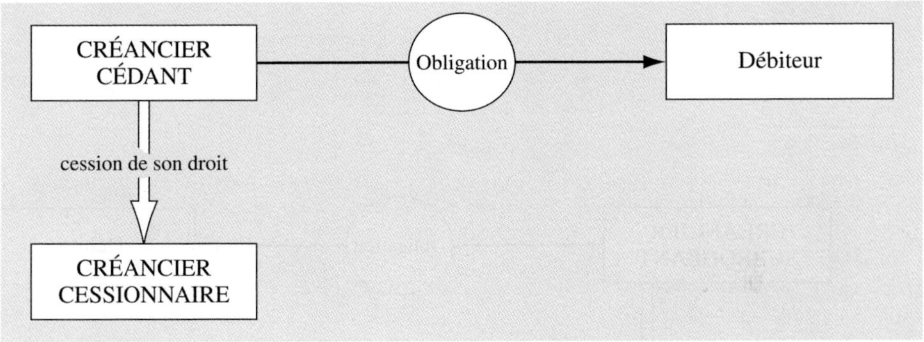

③

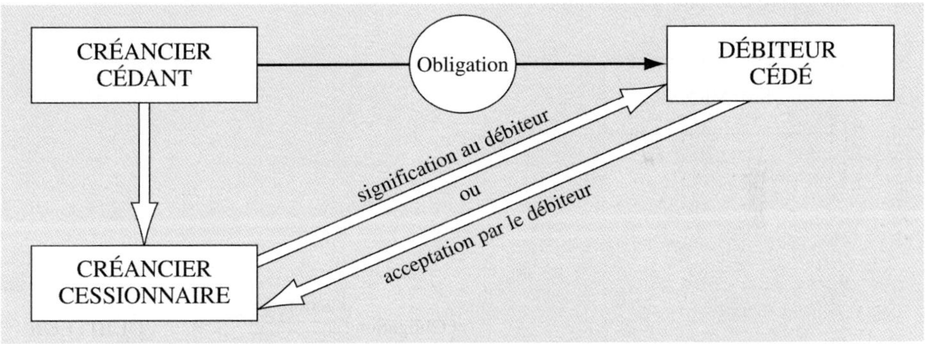

④

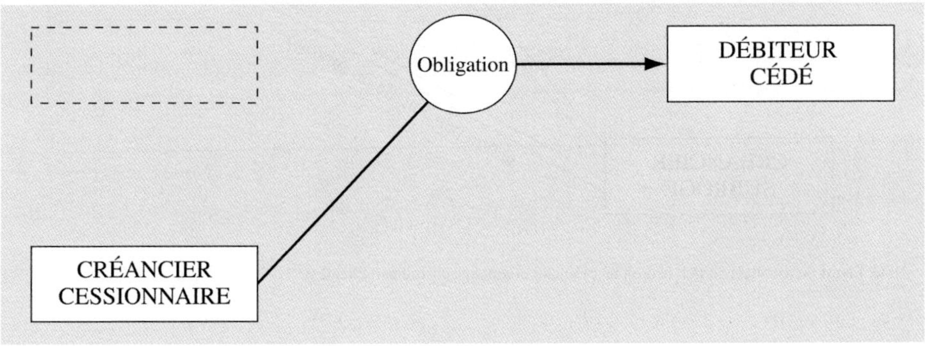

II. Subrogation consentie par le créancier

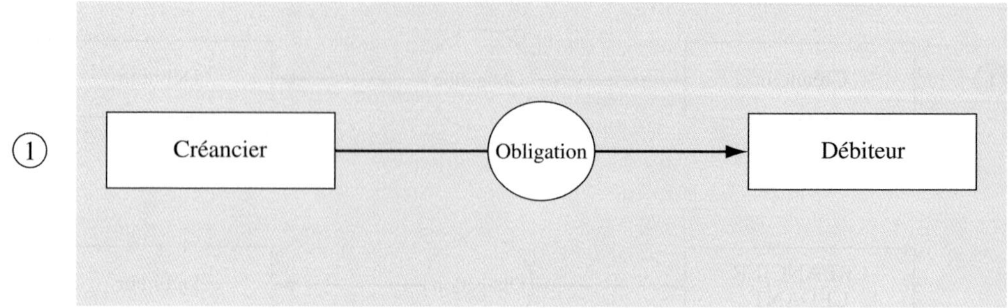

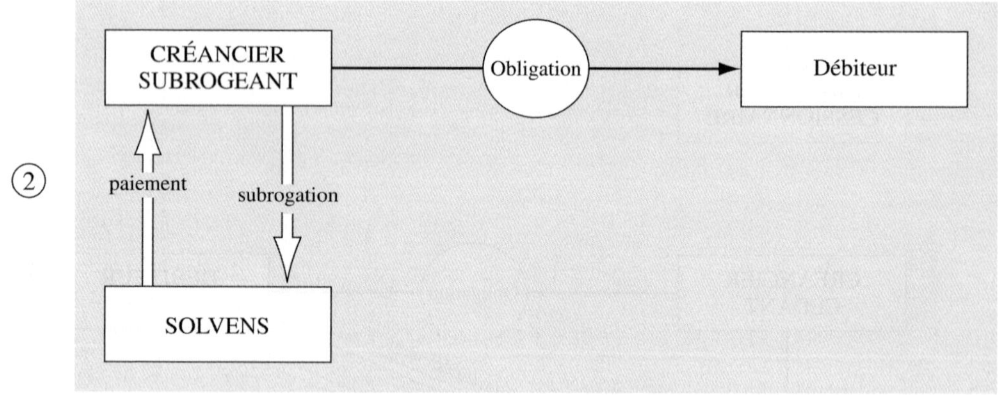

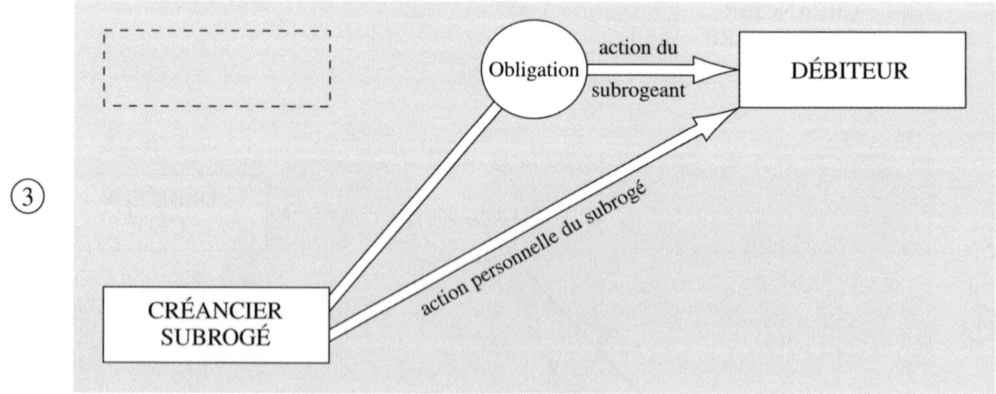

Note. En cas de paiement partiel, le droit du créancier originaire subsiste partiellement.

III. Subrogation consentie par le débiteur

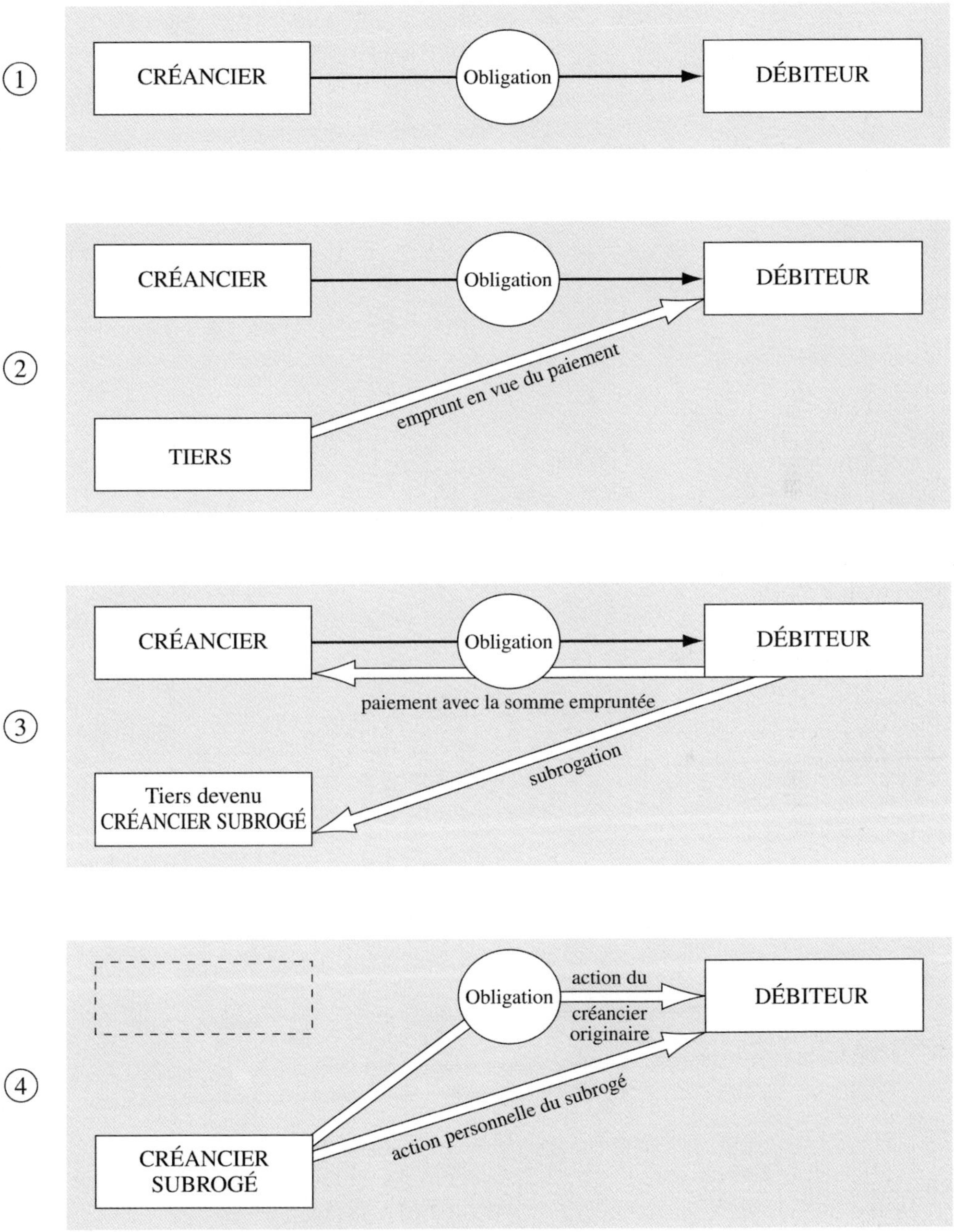

Note. En cas de paiement partiel, le droit du créancier originaire subsiste partiellement.

Sous-titre 3

La mort de l'obligation

470. L'obligation n'est pas faite pour durer indéfiniment à l'état de promesse de prestation mais pour procurer au créancier la satisfaction attendue, donc pour être exécutée et disparaître de sa « belle mort ». Toutefois, il n'en est pas toujours ainsi. Le Code civil énumère, dans son article 1234, neuf modes d'extinction des obligations et traite à ce titre à la fois du paiement, qui est un mode d'exécution de l'obligation et d'autres procédés qui vont éteindre l'obligation sans qu'elle ait été exécutée. Cette énumération disparate est peu satisfaisante pour l'esprit. **L'actuel projet de réforme de la Chancellerie** du régime général des obligations (oct. 2013) propose de distinguer dans un chapitre traitant de l'extinction des obligations, du paiement (avec des dispositions consacrées à la mise en demeure et en y intégrant la subrogation), de l'impossibilité d'exécuter, de la remise de dette, de la compensation et de la confusion.

471. On étudiera ici ces différentes causes d'extinction en les regroupant autour des deux façons de s'éteindre pour une obligation, si on les envisage du côté du créancier : avec la satisfaction de celui-ci, donc par l'exécution de l'obligation, ou bien alors sans la satisfaction de celui-ci.

Chapitre 1. L'extinction de l'obligation avec la satisfaction du créancier
Chapitre 2. L'extinction de l'obligation sans la satisfaction du créancier

Chapitre 1

L'extinction de l'obligation avec la satisfaction du créancier

Introduction

472. Les obligations s'éteignent normalement par leur exécution volontaire qui va procurer au créancier la prestation promise et la satisfaction attendue. Concernant cette exécution volontaire, à laquelle ce chapitre est consacré, le procédé le plus normal est le paiement, mais il existe également d'autres procédés dérivés tels que la compensation, ou la dation en paiement.

473. ► ***Le paiement***, c'est l'exécution volontaire, normale, de l'obligation, mais dans le langage juridique le mot paiement a un sens plus large que dans le langage courant où il ne concerne que l'exécution d'une obligation de somme d'argent. Le mot « payer » vient du latin « *pacare* » : apaiser, c'est-à-dire donner satisfaction. Le débiteur peut satisfaire le créancier en exécutant son obligation, quelle qu'elle soit : en livrant un bien, en transférant son droit de propriété sur une chose vendue, ou en exécutant un travail ou une prestation quelconque.

474. De quelque façon que le paiement ait lieu, il produira un effet essentiel : libérer le débiteur, qui peut exiger la restitution du titre de créance. Cela peut poser un problème au cas où le débiteur aurait plusieurs dettes à l'égard du même créancier : c'est le problème de l'*imputation des paiements*. En effet, il s'agit de savoir quelle est la dette qui est éteinte par ce paiement et cela peut présenter un intérêt dans la mesure où elles ne sont pas toutes productrices du même intérêt ou assorties des mêmes sûretés. Ce problème est réglé en détail par le Code civil, qui dispose que l'imputation peut se faire, soit conventionnellement par un accord des deux parties (art. 1254), par le débiteur (art. 1253) ou par le créancier (art. 1255), soit légalement (art. 1256).

475. L'actuel projet de réforme gouvernemental du régime des obligations (oct. 2013) apporte pour sa part une définition générique et large du paiement, entendu comme « l'exécution de la prestation due ». Il adopte une présentation très claire et didactique en mettant à part les dispositions propres aux obligations monétaires : consécration du principe du nominalisme monétaire (art. 268), prise en considération des clauses d'indexation (art. 268), référence à la monnaie de paiement (art. 271), notamment. Le projet de réforme propose aussi que le paiement se prouve par tous moyens (art. 265). Il envisage de simplifier la procédure de consignation avec offre de paiement et réglemente avec soin la procédure de mise en demeure (art. 276 s.).

Ces quelques indications étant données, nous allons examiner successivement le paiement (I) et les autres procédés équivalant au paiement (II).

I. Le paiement

476. Nous allons faire l'étude du paiement en examinant successivement ses conditions et son mécanisme.

A. Conditions de paiement

477. Là aussi, il faut faire une distinction entre les conditions communes au paiement de toutes les obligations et celles propres au paiement monétaire.

1. Conditions communes à tout paiement

478. Le paiement, accomplissement parfait de l'obligation, présente un double aspect : subjectif, psychologique, avec les manifestations de volonté du *solvens* (celui qui doit payer) et de l'*accipiens* (celui qui reçoit le paiement), et objectif, matériel, avec l'objet et les circonstances du paiement.

a) Conditions subjectives

479. La doctrine n'est pas d'accord sur la nature juridique du paiement, acte juridique pour les uns, fait juridique pour les autres, ou même mélange des deux si l'on fait une distinction entre l'*exécution* de l'obligation et l'*extinction* de l'obligation [1].

C'est cette dernière analyse que la jurisprudence a consacrée. La Cour de cassation s'est en effet prononcée pour l'analyse du paiement en un fait juridique, tout au moins s'il s'agit d'établir le versement de la somme d'argent et donc l'exécution de la prestation, qui peut ainsi être prouvée par tout moyen [2]. Toutefois, la valeur libératoire de ce versement, qui suppose la preuve de la volonté du créancier de tenir ce paiement pour tel, resterait un acte juridique, nécessitant comme tel une preuve écrite [3]. **L'actuel projet de réforme gouvernemental** précise pour sa part que la preuve du paiement peut se faire par tout moyen (sur ce point, v. aussi ss 508).

Quoi qu'il en soit, deux personnes sont en présence : le *solvens*, c'est-à-dire celui qui exécute l'obligation, et l'*accipiens*, celui qui en bénéficie.

1° Le solvens

♦ *Qui peut payer ?*

480. Il y a plusieurs possibilités : ce peut être le débiteur lui-même ou toute autre personne intéressée à éteindre l'obligation.

---

1. V. pour l'analyse en un fait juridique : N. Catala, *La nature juridique du paiement*, LGDJ, 1961 ; *contra* : G. Loiseau, « Réflexion sur la nature juridique du paiement », *JCP* 2006. I. 171. L'avant-projet de réforme du droit des obligations prend parti nettement sur la qualification de fait juridique du paiement.

2. Civ. 1re, 6 juill. 2004, *Bull. civ.* I, no 202 ; Civ. 2e, 17 sept. 2009, *Bull. civ.* I, no 173 ; Civ. 1re, 16 sept. 2010, no 09-13.947 ; *CCC* 2010, comm. 266, obs. L. Leveneur.

3. Civ. 1re, 4 nov. 2011, no 10-27.035, *D.* 2012, no 63, note J. François ; *RTD civ.* 2012. 118, no 6, obs. B. Fages.

– *En général, c'est le débiteur lui-même.*

– *Ce peut, également, être, un tiers qui y a un intérêt*, par exemple un codébiteur ou une caution (art. 1236, al. 1er). Les tribunaux reconnaissent au tiers le pouvoir de s'engager envers le créancier à payer la dette d'autrui. Lorsque cet engagement est souscrit à titre de garantie, de façon autonome et principale, on parle de « constitut ». Ces différents tiers ont en effet intérêt à devancer la date de paiement pour éviter des frais de justice.

– *Ce peut, enfin, être un tiers qui n'est pas intéressé au paiement* mais qui agit « au nom et en l'acquit du débiteur » ou qui agit « en son nom propre » (art. 1236, al. 2). Il peut s'agir ainsi de l'acquéreur d'un immeuble hypothéqué qui a intérêt à désintéresser le créancier hypothécaire pour éviter d'être évincé par lui ou d'un salarié qui désintéresse les créanciers de son employeur pour préserver son emploi.

Le paiement au nom d'autrui est donc possible, qu'il s'agisse d'un mandat, d'une gestion d'affaires ou d'une libéralité : par exemple, une association caritative qui paie les factures d'électricité d'un indigent ou les parents qui prennent en charge les dettes de leur enfant majeur. Dans ce cas, cependant, le tiers, s'il a payé en son nom propre, ne peut se voir subrogé dans les droits du créancier (sur la subrogation, v. ss 513 s.). La jurisprudence, un temps, avait relevé que le tiers qui sans y être tenu, a payé la dette d'autrui de ses propres deniers, bien que non subrogé aux droits du créancier, disposait cependant d'un recours contre le débiteur, dont la cause résidait dans le seul fait du paiement, générateur d'une obligation nouvelle distincte de celle éteinte par le paiement[1]. Mais la première chambre civile est revenue sur cette position qui était en effet critiquable dans la mesure où elle constituait un droit d'immixtion dans les affaires d'autrui et où elle était contraire au principe de l'effet relatif des contrats, en obligeant le débiteur au paiement d'une dette nouvelle envers le *solvens* qu'il n'avait pas voulue. C'est pourquoi la première chambre civile a précisé qu'« il incombe à celui qui a sciemment acquitté la dette d'autrui, sans être subrogé dans les droits du créancier, de démontrer que la cause dont procédait ce paiement impliquait, pour le débiteur, l'obligation de lui rembourser les sommes ainsi versées »[2]. Cela revient pratiquement à prouver l'absence d'intention libérale.

Le créancier qui est, en principe, tenu d'accepter le paiement de qui qu'il provienne, a pourtant le droit de le refuser si l'obligation était une obligation de faire conclue *intuitu personae*, par exemple, commande faite à tel peintre ou tel architecte en raison de sa notoriété (art. 1237) ou s'il justifie d'un préjudice[3].

♦ *Qualités requises du solvens*

481. Le *solvens* doit présenter deux qualités : être *capable* et être *propriétaire* de la chose livrée (art. 1238, al. 1er).

– *Le paiement fait par un incapable est nul* et peut être répété, c'est-à-dire qu'il peut en être demandé la restitution, mais par lui seul (art. 1125), et il n'y aura généralement pas intérêt. De plus, si l'*accipiens* a consommé de bonne foi la chose remise en paiement, la répétition n'est plus possible (art. 1238, al. 2).

– *Le paiement par remise de la chose d'autrui est également nul.*

---

1. Civ. 1re, 15 mai 1990, *JCP* 1991. II. 21628, note B. Petit.

2. Civ. 1re, 2 juin 1992, *JCP* 1992. IV, no 2215 ; *D.* 1992. 407, obs. Ph. Delebecque ; *JCP* 1992. I. 3632, no 6, obs. M. Billiau.

3. Civ. 29 mai 1953, *D.* 1953. 516 ; v. aussi Civ. 3e, 23 févr. 1972, *Bull. civ.* III, no 126.

482. L'actuel projet de réforme apporte peu de modifications si ce n'est, dans le cas du paiement par un tiers, qu'il vise le « refus légitime » du créancier et « l'opposition justifiée » du débiteur.

2° L'accipiens

♦ *Le paiement est normalement valable lorsqu'il est fait au créancier lui-même.*

483. S'il est fait au créancier, lui-même, il est valable à condition que le créancier soit capable, mais, il peut, aussi, être valablement fait à son représentant légal, ou à un mandataire, ou à un gérant d'affaires (art. 1239). En cas d'incapacité du créancier, le paiement est nul, sauf s'il a tourné à son profit (art. 1241 et 1312). La règle est reprise par le projet.

Il est également valable quand il est fait aux ayants cause universels du créancier, puisqu'ils sont censés continuer sa personne, ou à un ayant cause particulier, cessionnaire de la créance, dès lors que le débiteur cédé a été informé de la cession (art. 1239, al. 1er).

♦ *Exceptionnellement, certains paiements nuls peuvent être validés.*

484. Ceci est possible, bien qu'ils n'aient été faits ni au créancier, ni à son représentant, dans quelques circonstances.

– *C'est le cas lorsque le créancier ratifie le paiement fait à un accipiens sans pouvoir* (art. 1239, al. 2).

– *C'est aussi le cas du créancier qui a profité de ce paiement* (art. 1239, al. 2) ; par exemple, si le *solvens* a payé, non pas au créancier, mais au créancier de ce dernier, il a ainsi éteint une dette de son créancier, qui a donc profité de ce paiement irrégulier.

– *C'est, enfin, ce qui se passe lorsque le paiement a été fait de bonne foi au possesseur de la créance* (art. 1240), c'est-à-dire à un créancier apparent, par exemple un héritier apparent ; même si ce dernier est évincé par la suite, le débiteur est valablement libéré et le véritable créancier ne pourrait que se retourner contre l'*accipiens*. Toutefois, la jurisprudence apprécie strictement cette condition de bonne foi du *solvens* et ne l'admet qu'exceptionnellement, lorsqu'il n'avait aucun moyen de déjouer cette apparence[1]. Là encore la règle est reprise par **l'actuel projet de réforme gouvernemental**.

♦ *En revanche, un paiement fait au créancier peut ne pas libérer le débiteur.*

485. C'est ce qui se passe lorsque la créance avait fait l'objet d'une saisie-arrêt, le débiteur qui a, malgré cela, payé son créancier, devra payer une deuxième fois au créancier saisissant (art. 1242), quitte à se retourner ensuite contre l'*accipiens*.

b) Conditions objectives

1° L'objet du paiement

486. Le débiteur doit payer exactement ce qui est dû, ni plus ni moins. Quand il s'agit d'une obligation de faire ou de ne pas faire, il n'y a en principe pas de problème ; par contre, s'il s'agit d'une obligation de donner, cela implique la détermination exacte de l'objet en qualité et en quantité.

---

1. Civ. 1re, 20 mars 1989, *Bull. civ.* I, no 134.

♦ *Détermination de l'objet en qualité*

487. Le créancier « ne peut être contraint de recevoir une autre chose que celle qui lui est due, quoique la valeur de la chose offerte soit égale ou même plus grande » (art. 1243). En revanche, un pareil paiement est valable si le créancier y consent ; c'est la *dation en paiement*, que nous examinerons plus loin (v. ss 529).

Le code précise comment doit être livré le bien, objet de l'obligation.

– ***S'il s'agit d'un corps certain***, il doit être remis dans l'état où il se trouve lors de la livraison et le débiteur ne répond pas des détériorations qui y ont été faites sauf si elles l'ont été par sa faute ou par celles des personnes dont il est responsable (art. 1245). L'article 1245 ajoute que le débiteur est également responsable de toute détérioration survenue, même sans sa faute, mais après sa mise en demeure, sauf si « la chose fut également périe chez le créancier si elle lui eût été livrée » (art. 1302, § 2). Mais, si la chose a péri « sans la faute du débiteur et avant qu'il fût en demeure », nous nous trouvons dans un cas particulier d'inexécution réglé par ce qu'on appelle la « théorie des risques dans le contrat » (v. ss 1256 s.).

– ***S'il s'agit d'une chose de genre***, l'article 1246 dispose que le débiteur doit livrer une qualité moyenne car il n'est pas tenu « de la donner de la meilleure espèce, mais il ne pourra l'offrir de la plus mauvaise ».

– ***S'il s'agit d'argent***, selon l'article 1243, le contrat doit être strictement respecté ; ainsi un débiteur qui devait payer à New York en monnaie américaine et qui avait remboursé au Brésil en monnaie locale est considéré comme défaillant, son paiement n'étant pas libératoire aux termes du contrat, ce qui permet d'actionner valablement sa caution française[1].

De plus, en matière de paiement monétaire, il y a des règles particulières que nous verrons plus bas (v. ss 492).

♦ *Détermination de l'objet en quantité*

488. Selon l'article 1244, « le débiteur ne peut forcer le créancier à recevoir en partie le paiement d'une dette, même divisible ». C'est ce qu'on appelle le « principe de l'indivisibilité du paiement », qui permet au créancier de refuser d'être payé par fraction, de recevoir des acomptes et même de refuser le paiement séparé du capital et des intérêts.

Toutefois, ce principe souffre quelques exceptions, conventionnelles, légales ou judiciaires :

– ***exception conventionnelle*** d'abord, dans la mesure où le créancier consent à des paiements fractionnés.

– ***exception légale***, ensuite, car la dette se divise entre ses héritiers à la mort du débiteur (art. 1220) (v. ss 242) ; elle se divise aussi en cas de compensation (v. ss 515 s., sur ce mécanisme) si l'une des créances était supérieure à l'autre, ou, en cas d'imputation de paiement, si la somme payée est insuffisante à couvrir la créance à laquelle on l'a imputée ;

– ***exception judiciaire, enfin, dernière exception à l'indivisibilité du paiement***. En effet, l'article 1244-1 (réd. L. du 9 juill. 1991) autorise le juge à accorder au débiteur, à sa

---

1. Com. 18 avr. 1989, *Bull. civ.* I, nº 116, p. 78.

demande, des délais ou terme de grâce (v. ss 388) qui lui permettent de reporter ou d'échelonner le paiement des sommes dues, dans la limite de deux années. Le juge peut prescrire que les sommes correspondant aux échéances reportées porteront intérêt à un taux réduit qui ne peut être inférieur au taux légal ou que les paiements s'imputeront d'abord sur le capital. Citons aussi les diverses dispositions qui peuvent être prises dans le cadre de la procédure de surendettement (v. ss 392, « Le point sur… Le surendettement des particuliers »).

2° Les circonstances du paiement

489. Il s'agit, enfin, de déterminer le lieu et la date où le paiement doit se faire.

♦ *Le lieu du paiement*

Il est important en matière internationale, car il détermine la monnaie du paiement.

Le principe est que le paiement doit avoir lieu au domicile du débiteur. Les dettes sont « quérables et non portables » (art. 1247, al. 3). Mais les parties peuvent convenir d'un lieu de paiement différent, par exemple en élisant domicile chez un notaire, dans une banque, ou à la poste.

Certaines exceptions sont prévues par la loi : ainsi, les pensions alimentaires se paient au domicile du créancier, elles sont, exceptionnellement, portables et non quérables (art. 1247, al. 2), celles relatives à un corps certain s'exécutent au lieu où se trouvait ce corps au moment de la convention (art. 1247, al. 1er)…

♦ *Le moment du paiement*

490. En principe, les obligations sont à exécution immédiate (exemple, vente au comptant), mais les parties peuvent en différer l'exécution au moyen d'un terme (v. ss 209 s.). En général, la date est fixée par les parties, sinon le juge la fixe selon les usages ou l'équité.

Toutefois, certaines créances ne peuvent être immédiatement exigibles, faute d'être *liquides* ; exemple, en matière de responsabilité civile, quand l'obligation n'est pas certaine quant à son existence ni quant à son *quantum* (son montant).

Enfin, les juges peuvent, nous l'avons vu, retarder l'exécution de l'obligation en accordant des délais de grâce.

En contrepartie, le paiement peut avoir lieu par anticipation, lorsque le débiteur a intérêt à ne pas attendre l'échéance du terme et que le créancier y consent, à moins que le terme n'ait été établi dans le seul intérêt du débiteur, ce qui est présumé en cas de doute (art. 1187). Mais, en matière de prêt, le remboursement anticipé, s'il est possible, est généralement pénalisé puisqu'une indemnité sera alors due au prêteur pour compenser le préjudice qu'il subit du fait de la cessation de versement des intérêts [1].

Une telle indemnité qui peut prendre différents noms selon les types de contrat : (prix, honoraire, prime, salaire, loyer, redevance…) ne fait que corriger les modifications financières provoquées par la sortie anticipée du cadre contractuel de l'emprunteur. On peut la considérer comme la rémunération d'un avantage particulier : l'exercice d'une faculté contractuelle exceptionnelle [2].

---

1. Civ. 1re, 20 mars 1989, *Bull. civ.* I, n° 138.
2. Civ. 1re, 14 janv. 2000, *Bull. civ.* I, n° 184 ; *RTD civ.* 2000. 830, obs. J. Mestre et B. Fages.

2. Conditions propres au paiement monétaire

491. Il existe certaines règles légales et des clauses permettant d'y déroger.

a) Les règles légales

492. Tout d'abord, la monnaie de paiement est la monnaie légale : en France, il s'agit de l'euro. Pour permettre le passage du franc à l'euro des règles de conversion de l'unité franc à l'unité euro, et inversement, ont été prévues par le règlement du 17 juin 1997 du Conseil de l'Europe (v. L. du 2 juill. 1998, art. 24-25).

D'autre part, la somme due, en matière contractuelle, est celle qui est numériquement fixée au contrat (art. 1895, al. 1er), même s'il y a eu, depuis, des variations du coût de la vie (art. 1895, al. 2), c'est ce que l'on appelle le « principe nominaliste de la monnaie », né à propos du prêt mais étendu par la jurisprudence à tous les contrats comportant obligation de payer une somme d'argent. Ce principe est expressément posé dans **l'actuel projet de réforme** (v. ss 499). En matière extracontractuelle, l'évaluation se fait au jour de la réparation, c'est-à-dire au jour du paiement, et non au jour de la réalisation du dommage, c'est-à-dire celui de la naissance de la créance (v. ss 1803).

Le paiement peut avoir lieu en espèces ou en monnaie scripturale, c'est-à-dire au moyen d'effets, de chèques ou de virements. L'inconvénient du chèque est que le compte du débiteur peut ne pas être provisionné, c'est pourquoi la remise du chèque ne libère pas le débiteur, il ne l'est que lors de l'encaissement[1]. Le législateur a, d'ailleurs, prévu un certain nombre de domaines où le paiement par chèque est obligatoire. Cela concerne les paiements, pour toute somme supérieure à 750 euros et, pour le paiement des salaires, à partir de 1 500 euros.

b) Les clauses monétaires dérogeant aux règles légales

493. La situation du créancier est assez précaire en période d'instabilité économique, puisqu'il ne lui sera remboursé que « la somme numérique énoncée au contrat ». Peut-il échapper à cette règle et par quels moyens ? Les créanciers ont essayé d'obtenir la revalorisation de leurs créances, mais les tribunaux s'y refusent : c'est le problème de l'« imprévision » en matière contractuelle (v. ss 1115 s.) et le législateur n'intervient que rarement, en période de crise grave (après les guerres de 14-18 et 39-45, par ex.) et dans des domaines limités (loyers, salaires, rentes viagères…), c'est pourquoi les contractants préfèrent avoir recours à certaines clauses conventionnelles. On a imaginé de nombreuses clauses, mais elles ne sont pas toutes valables.

1° Principales clauses monétaires

494. De nombreuses clauses monétaires ont été inventées pour protéger le créancier.

► ***Clause-or, clause valeur monnaie étrangère, clause valeur marchandises***. Dans tous ces cas, le débiteur paie en or, en valeur étrangère ou en denrée ou, plutôt, verse, en monnaie légale au jour du paiement, la contre-valeur de ce qui avait été prévu au jour du contrat.

---

1. Civ. 17 déc. 1924, *DP* 1925. 1. 71.

► Une autre clause était la ***clause d'échelle mobile***, indexée sur le coût de la vie, ou le salaire minimum interprofessionnel garanti (SMIG), devenu SMIC (salaire minimum de croissance).

2° Validité de ces clauses

495. En période de cours légal, c'est-à-dire lorsque les billets de banque sont convertibles en or, ces clauses sont valables, mais, en période de cours forcé, comme celle où nous vivons actuellement, où les billets ne sont pas convertibles en or, on fait une distinction entre les paiements nationaux ou internes et les paiements internationaux.

496. *Dans les paiements internationaux*, les clauses d'indexation sont, en principe, admises, depuis un arrêt de la Cour de cassation du 3 juin 1930, de même que d'autres clauses, dites d'option de change et d'option de place, mais sous réserve de l'application des règles du contrôle des changes.

497. *Dans les paiements internes*, la jurisprudence, d'abord très hostile aux clauses-or qu'elle accusait de créer une psychose de méfiance envers le franc, a ensuite assoupli sa position en admettant, sauf en matière de prêt (où l'article 1895 est considéré comme d'ordre public) les clauses d'échelle mobile, destinées à protéger le créancier contre les fluctuations économiques, tout en continuant à considérer comme nulles les clauses destinées à se prémunir contre les fluctuations monétaires. Cette distinction était bien subtile ! Le législateur, de son côté, ayant à plusieurs reprises recouru à l'or ou aux denrées comme étalon de paiement, la Cour de cassation a finalement admis, dans des arrêts célèbres, en 1957 et 1958, la validité des clauses d'échelle mobile, et, en 1962 et 1963, celle des clauses de valeur-or.

Mais le législateur a partiellement réagi par l'*ordonnance du 30 décembre 1958*[1] (C. civ., sous art. 1243). D'abord, il a prohibé dans les contrats purement internes, la fixation de la créance en monnaie étrangère.

Ensuite, il a ensuite encadré très strictement la validité des clauses d'échelle mobile en posant certaines conditions :

– de façon générale, est interdite toute clause prévoyant des indexations fondées sur le salaire minimum de croissance ou sur le niveau général des prix ou des salaires.

– est également prohibée toute clause prévoyant une indexation sur le prix de biens, produits ou service *n'ayant pas de relation directe avec l'objet du statut ou de la convention ou avec l'activité de l'une des parties*. Ces dispositions figurent actuellement dans le Code monétaire et financier (art. L. 112-1 à L. 112-4). Ainsi, le prix d'une convention relative à un immeuble bâti peut-il être indexé sur l'indice national du coût de la construction publié par l'INSEE, mais non sur le prix du blé ; par contre, le prêt consenti à un agriculteur pourra valablement être indexé sur le prix du blé ou du vin, selon ce qu'il produit.

Des exceptions sont cependant prévues : c'est ainsi que l'article L. 112-3 du Code monétaire et financier prévoit l'indexation sur le niveau général des prix, de certains comptes d'épargne populaire ou logement, ou de certains loyers ; à l'inverse, l'article L. 112-1 interdit l'indexation d'une convention portant sur un local d'habitation sur

---

1. Modifiée par l'ordonnance du 4 février 1959, une loi du 9 juillet 1970, une loi du 29 décembre 1977, une loi du 2 juillet 1996 et une loi du 2 juillet 1998.

l'indice « loyers et charges » servant à la détermination des indices généraux des prix de détail, malgré la relation avec l'objet de la convention.

Par un arrêt de principe du 9 janvier 1974[1], la Cour de cassation a affirmé que « l'objet de la convention » doit être entendu dans son acception la plus large, en recherchant, au-delà des termes du contrat, le but économique qu'il permettra d'atteindre : c'est ainsi que cet arrêt admet la validité de l'indexation sur le coût de la construction d'un emprunt, parce qu'il avait été contracté en vue de la construction d'un immeuble (v. ss 532, arrêt à commenter, Documents). On notera aussi cette décision dans laquelle la Cour de cassation a estimé que la fixation de la créance en monnaie étrangère (yen) dans une ouverture de crédit était en relation directe avec l'activité de banquier de l'un des contractants, de sorte que la clause d'indexation était valable, alors même que le contrat était purement interne[2]. De même, l'indexation est libre pour les dettes d'aliment et les rentes viagères. Enfin, en matière de rentes allouées, soit conventionnellement, soit judiciairement, en réparation du préjudice causé par un accident de la circulation, la majoration a lieu de plein droit, selon les coefficients de revalorisation prévus par Code de la sécurité sociale, alors que l'indexation automatique des prix de biens ou de service est par principe interdite par l'article L. 112-1.

498. Devant la grande complexité de la question, la jurisprudence se réserve, parfois, le droit de substituer un indice valable à un autre nul pour pouvoir maintenir le contrat[3] et, notamment, par la substitution d'un indice licite à un indice illicite. Cette substitution est considérée comme conforme à la volonté des parties, dans la mesure où l'indice retenu avait été proposé par une des parties, lors de la conclusion du contrat, comme un indice de substitution[4]. Mais il y a encore beaucoup d'hésitations sur ce point : les clauses ont, parfois, été seulement annulées et non remplacées[5]. Toutefois, les tribunaux restent prudents et préfèrent, parfois, constater la caducité du contrat lorsque l'indice prévu ne peut être remplacé par un autre qui n'avait pas été prévu par les parties[6].

D'une façon générale, on tient compte de la volonté des parties pour n'annuler que la clause illicite, ou le contrat tout entier, selon que le choix de l'indice illicite avait, ou non, été déterminant pour les parties. Mais il n'est pas possible d'admettre la confirmation du choix d'un indice illicite[7]. En effet, la nullité qui frappe l'utilisation d'une indexation prohibée par la loi est une nullité absolue et non relative[8].

499. L'actuel projet de réforme du régime des obligations (oct. 2013) suivant en cela l'avant-projet Catala propose d'ajouter et regrouper, dans le chapitre du paiement, des dispositions spécifiques aux obligations monétaires : le principe du nominalisme monétaire est consacré (avant-projet, art. 1225 et projet, art. 268), il est applicable à toutes les obligations libellées en monnaie (obligations monétaires) alors qu'il n'est actuellement envisagé que dans des dispositions particulières mais il ne fait obstacle, ni à l'indexation (avant-projet, art. 1225-1 et projet, art. 268), ni à la dette de valeur (art. 1225-2 et projet,

---

1. *JCP* 1974. II. 17806, note J.-Ph. Levy.
2. Com. 22 mai 2001, *Bull. civ.* IV, n° 98, p. 91 ; *Defrénois* 2001. 1068, obs. R. Libchaber.
3. Civ. 3e, 15 févr. 1972, *D.* 1973. J. 417, note Ghestin et *JCP* 1972. II. 17084, note J.-Ph. Levy.
4. Civ. 1re, 9 nov. 1981, *Bull. civ.* I, n° 332, et obs. F. Chabas à la *RTD civ.* 1982. 601.
5. Civ. 3e, 13 déc. 1978, et 12 juin 1979, *JCP* 1981. II. 19494, note L. Boyer.
6. Com. 30 juin 1980, *Bull. civ.* IV, p. 227 et *RTD civ.* 1982. 142.
7. Obs. Ph. Malaurie, sous Amiens, 9 déc. 1974, *Defrénois* 1975, art. 31021.
8. Com. 3 nov. 1988, *Bull. civ.* IV, n° 287.

art. 268), ni à la production d'intérêts (projet art. 269) et à leur éventuelle capitalisation (art. 1225-3 et 1225-4 et projet, art. 270). La question de la monnaie de paiement est également prévue (art. 271).

B. Mécanisme du paiement

500. Il faut faire, ici, une distinction entre le paiement pur et simple et le paiement avec subrogation.

1. Le mécanisme du paiement pur et simple

501. Cela concerne l'exécution de la prestation, avec les incidents qui peuvent se produire, et les règles de la preuve.

a) Exécution de la prestation

502. Cela consiste, nous l'avons vu, s'il s'agit d'une obligation de faire, à exécuter la prestation, s'il s'agit, au contraire, d'une obligation de ne pas faire, à s'abstenir, et s'il s'agit d'une obligation de donner, à livrer exactement ce qui avait été convenu.

b) Les incidents du paiement

1° Refus du créancier : offres réelles et consignation

503. Un incident peut survenir si le débiteur désireux de s'acquitter ne rencontre pas la volonté du créancier, soit que celui-ci soit inconnu ou indéterminé (par exemple, le créancier originaire est décédé et sa succession est litigieuse, les héritiers ne sont pas encore déterminés), soit qu'il refuse le paiement car il est en désaccord avec le débiteur et craint que le fait d'accepter le paiement ne lui nuise.

Le débiteur peut alors se libérer au moyen de la procédure des offres réelles et de la consignation (C. civ., art. 1257 s., et C. pr. civ., art. 1426 s.). **L'actuel projet de réforme** du régime général des obligations propose toutefois de remplacer la procédure d'offres réelles et de consignation par une procédure plus simple, sans intervention du juge et connue dans les droits étrangers.

504. ***Formes***. Cette procédure, normalement extrajudiciaire, mais qui peut entraîner l'intervention du juge, se déroule en deux temps : les offres réelles et la consignation.

► ***Les offres réelles*** sont faites au créancier par le débiteur, par l'intermédiaire d'un officier public, huissier ou notaire. Elles sont réelles car les instruments monétaires sont effectivement présentés au créancier, selon les formalités prévues par l'article 1258 du Code civil.

Elles doivent être « pures et simples », c'est-à-dire qu'elles ne peuvent être assorties d'exigences contraires aux droits du créancier, mais le débiteur peut exiger qu'il lui soit donné quittance sans que la validité de ses offres puisse être contestée de ce chef[1].

1. Req. 20 juin 1899, *DP* 1899. I. 591 ; Civ. 3e, 26 mai 1983, *JCP* 1983. IV. 242 ; Civ. 1re, 10 févr. 1998, *JCP* 1998. I. 155, obs. G. Loiseau.

► ***La consignation*** : si le créancier persiste à refuser le paiement, la somme est déposée, après un dernier avertissement, entre les mains d'un tiers, le plus souvent la Caisse des dépôts et consignations, et l'officier public en dresse procès-verbal (C. pr. civ., art. 1426 s.). Mais le créancier, obstiné, peut encore refuser la consignation ! Pour libérer le débiteur, la consignation doit, alors, être judiciairement déclarée régulière [1].

505. ***Effets***. Le débiteur est libéré comme par un paiement (art. 1257, al. 2), cela met fin au versement d'intérêts moratoires et les risques, en cas de perte, sont transférés au créancier (art. 1257, *in fine*). Par contre, le débiteur qui n'a pas respecté cette procédure, devant le refus du créancier de recevoir une somme dont l'évaluation est controversée, se voit condamner non seulement au versement du principal mais encore à des dommages-intérêts, parfois très lourds, notamment pour une compagnie d'assurances où la décision applique l'article L. 132-21, alinéa 4, du Code des assurances [2].

506. L'actuel projet de réforme du régime des obligations propose de simplifier considérablement ce mécanisme. Que l'obligation porte sur la livraison d'une chose ou sur une somme d'argent, si l'obstruction n'a pas pris fin dans les deux mois après mise en demeure du créancier de recevoir paiement (prévue à l'art. 276), le débiteur peut consigner, séquestrer ou déposer l'objet de la prestation auprès d'un gardien professionnel. Cette opération libère le débiteur à compter de sa notification au créancier (art. 277). Le texte prévoit également que si cette solution est impossible ou s'avère trop onéreuse, le juge peut en autoriser la vente amiable ou aux enchères publiques et le prix est alors consigé ou mis sous séquestre.

2° Opposition au paiement

507. Un autre incident peut être constitué par une opposition au paiement émanant de l'intéressé lui-même ou d'un tiers.

• *L'opposition peut émaner du créancier lui-même*, en cas de perte du titre de créance, titre au porteur par exemple.

• *Elle peut émaner des autres créanciers du débiteur*, dans le cas où ce dernier est décédé et sa succession acceptée sous bénéfice d'inventaire. Dans ce cas, les créanciers sont normalement payés dans leur ordre d'arrivée (c'est « le prix de la course »), mais s'ils font opposition entre les mains de l'héritier, l'actif devra alors être réparti entre les créanciers opposants.

• *Toutefois, le plus souvent, l'opposition émanera des créanciers du créancier* : c'est le système de la saisie attribution. La première saisie rend toute la créance indisponible et, après un jugement de validité, le débiteur est généralement invité à payer le créancier saisissant.

c) Preuve du paiement

508. *La charge de la preuve* du paiement incombe au débiteur (art. 1315, al. 2).

509. En ce qui concerne les *modes de preuve*, la loi jusqu'ici n'a rien prévu : si l'on considère le paiement comme un fait juridique, la preuve sera libre, alors que si on estime

---

1. Civ. 3e, 2 févr. 2000, *RTD civ*. 2000. 333, obs. J. Mestre et B. Fages.
2. Civ. 1re, 31 mars 1993, *CCC* juill. 1993, no 127, obs. L. Leveneur.

qu'il s'agit d'un acte juridique, cela implique l'exigence d'une preuve parfaite, et notamment d'un écrit. Or, la jurisprudence actuelle analyse le paiement à la fois comme un fait et comme un acte juridique. Elle distingue en effet la preuve du versement, ou de l'exécution d'une obligation en nature qu'elle considère comme un fait juridique et la preuve de l'effet libératoire de ce versement, subordonné à la volonté du créancier de le tenir pour tel, qu'elle considère comme un acte juridique dont la preuve n'est pas libre (v. ss 479, références cités). La plupart du temps donc, la preuve du paiement suppose une preuve par écrit, car il faut établir son caractère libératoire. On rappellera que **l'actuel projet de réforme** prévoit que la preuve du paiement se fait par tout moyen (art. 265).

510. Lorsqu'il s'agit de prouver le versement ou l'exécution d'une obligation en nature, le débiteur pourra prouver le paiement par tous moyens, y compris les présomptions de l'homme

511. Lorsqu'il s'agit d'établir le caractère libératoire du paiement, la preuve doit se faire par un écrit qui peut prendre la forme d'une simple mention sur le titre de créance (art. 1332). Dans ce cas, cette mention ne fait plus foi, selon la jurisprudence, si elle a été rayée par le créancier, sauf dans le cas de fraude de sa part. Citons, par exemple, le cas d'un créancier qui avait effacé la mention « remboursé » sur le titre pour tenter d'obtenir un nouveau paiement des héritiers du débiteur, décédé entre-temps [1]. Le plus souvent, c'est une quittance ou un reçu dressé à cet effet, signé par le créancier et remis au débiteur, qui servira de preuve. La quittance peut être faite sous forme notariée ou par acte sous seing privé, et dans ce cas, contrairement à ce qu'impose l'article 1328, on admet, pour des raisons pratiques, qu'elle a date certaine à l'égard des tiers sans avoir été enregistrée, à moins que la preuve de l'antidate frauduleuse ne puisse être faite.

512. Les quittances peuvent se présenter sous diverses formes.

• ***Quittance pour solde de tout compte***, qui a un effet complètement extinctif, mais qui est dangereuse si elle est imposée au créancier par un débiteur économiquement plus fort (par exemple, un employeur à l'égard de son salarié).

• ***Quittance avec réserves***, qui limite, au contraire, l'effet extinctif : le créancier reconnaît que le paiement a été effectué, mais ne renonce pas à ses autres droits. La validité de ces réserves est parfois contestée.

• ***Quittance subrogatoire***, qui produit un effet translatif et non extinctif : le créancier est payé mais la dette n'est pas éteinte. C'est ce qui se passe en cas de paiement avec subrogation.

2. Le paiement avec subrogation

513. Cette technique de la subrogation personnelle a déjà été étudiée (v. ss 445 s.). En effet, il s'agit davantage d'un mode de transfert d'une créance d'un créancier à un autre que de l'extinction d'une obligation. Si le créancier originaire a obtenu satisfaction, le débiteur subrogé, lui, est toujours tenu, mais, nous l'avons vu, le paiement avec subrogation a quand même un certain effet extinctif qui limite un peu l'effet translatif.

1. Civ. 1re, 20 mars 1989, *Bull. civ.* I, nº 136.

514. Si *l'avant-projet Catala de réforme du droit des obligations*, avait, lui aussi, écarté le paiement avec subrogation en raison de son effet purement translatif, **l'actuel projet de réforme gouvernemental** intègre pour sa part la subrogation dans le chapitre consacré au paiement, dans une sous-section 4 : le paiement avec subrogation (v. ss 445 et 469).

II. Procédés équivalents au paiement

515. Parmi les différents modes d'extinction des obligations, il en existe certains qui se rapprochent beaucoup du paiement. Ce sont, d'abord, la compensation mais, également, quelques procédés autres tels que dation en paiement ou ex-cession de biens (v. schémas en fin de chapitre).

A. La compensation (art. 1289 s.)

► ***La compensation*** est l'extinction simultanée de deux obligations de même nature, généralement de sommes d'argent, existant réciproquement entre deux personnes.

516. Si les deux obligations sont de la même somme, l'extinction est totale, sinon elle est partielle, jusqu'à concurrence de la plus faible. Par exemple : Pierre doit 1 000 euros à Paul et Paul doit 700 euros à Pierre ; par l'effet de la compensation, la dette de Paul est éteinte, et Pierre ne doit plus que 300 euros à Paul. Outre ce rôle de paiement, la compensation constitue également une garantie pour chacun des créanciers.

La compensation peut être légale, conventionnelle ou judiciaire.

1. La compensation légale

517. C'est un double paiement forcé, opérant de plein droit, même à l'insu des parties, et constituant une situation préférentielle. Pour que la compensation légale puisse jouer, il faut que certaines conditions soient réunies et que certains obstacles soient évités, alors, seulement, elle pourra produire ses effets légaux.

a) Conditions de la compensation légale

1° Qualités des obligations

518. Le législateur a prévu que les obligations devaient présenter certaines qualités : réciprocité, fongibilité, liquidité et exigibilité. Cette triple condition est reprise dans le projet de réforme.

• ***Réciprocité***. L'existence concomitante de deux créances et de deux dettes entre deux personnes est la condition essentielle et évidente (art. 1289), mais qui est parfois difficile à établir.

• ***Fongibilité***. Les deux obligations doivent porter sur des choses fongibles, c'est-à-dire interchangeables, pour pouvoir procéder à une soustraction (art. 1291). En pratique, cela joue essentiellement sur des sommes d'argent l'alinéa 2 de l'article 1291 vise également le cas des « prestations en grains ou denrées » compensables avec des sommes d'argent.

Le projet de réforme élargit l'hypothèse en prévoyant la fongibilité des « obligations qui ont pour objet une quantité de choses de même genre ».

• ***Liquidité***. Une dette n'est liquide que lorsque son existence et son montant sont certains et qu'elle peut être chiffrée. Sans cela, la compensation légale est impossible (art. 1291) et l'on ne peut recourir qu'à la compensation judiciaire.

• ***Exigibilité***. Une créance, pour être exigible, ne doit pas être assortie d'un terme ou d'une condition. Une obligation naturelle ne peut pas, non plus, faire l'objet d'une compensation légale, car elle ne sera jamais exigible.

2° Compensation entre créances connexes

519. Les deux dernières exigences de liquidité et d'exigibilité des créances peuvent être écartées quand les dettes sont « connexes »[1]. Mais il s'agit alors de compensation judiciaire et non plus légale (v. ss 526). Le juge est obligé de constater le principe de la compensation, même si les deux caractères de liquidité et d'exigibilité font défaut, ainsi que l'a rappelé la chambre commerciale de la Cour de cassation dans deux décisions du 28 avril et 30 juin 2009[2]. D'où l'importance de cette relation de connexité, qui a donné lieu à une importante jurisprudence, notamment dans les relations commerciales où existe fréquemment une globalisation des relations des parties dans ce qu'on appelle des *conventions-cadre* ou *contrats-cadre*. La Cour de cassation s'est orientée progressivement dans le sens de l'admission de la compensation dans la mesure où « les obligations réciproques des parties résultaient de l'exécution d'une convention ayant défini entre elles le cadre du développement de leurs relations d'affaires »[3].

En dehors de cette hypothèse, la connexité n'est pas une condition de la compensation légale. Régulièrement la Cour de cassation rappelle qu'elle s'opère de plein droit, même en l'absence de lien de connexité entre les dettes réciproques des parties. La compensation va jouer même en cas de procédure collective de l'une ou l'autre des parties, peu important le moment où elle est invoquée, dès lors que les dettes réciproques sont liquides et exigibles avant le prononcé du jugement d'ouverture de la procédure collective[4].

3° Obstacles à la compensation

520. Le législateur a également prévu des cas où la compensation ne peut avoir lieu.

• ***Insaisissabilité***. L'article 1293, 3°, exclut de la compensation les obligations alimentaires qui sont insaisissables. En effet, la compensation aurait pour effet de priver le créancier d'aliments de ce qui lui est nécessaire pour vivre ; en revanche il peut lui-même invoquer la compensation[5]. L'article L. 144-1 du Code du travail interdit, pour les mêmes raisons, la compensation entre patrons et ouvriers.

---

1. Civ. 18 janv. 1967, *D.* 1967. 358, note J. Mazeaud, *RTD civ.* 1967. 812, obs. J. Chevallier ; *Grands arrêts*, p. 672 ; en ce qui concerne les deux caractères de réciprocité et de connexité, v. rapport J.-P. Remery à propos de Com. 9 mai 1995, *JCP* 1995. II. 29448.

2. Com. 28 avr. 2009, et Com. 30 juin 2009, *JCP* 2009. 228, n° 8, obs. G. Loiseau ; *RTD civ.* 2009-4, p. 721, obs. B. Fages.

3. Com. 12 déc. 1995, *JCP* 1996. IV. 302, *Bull. civ.* IV, n° 293, *JCP* 1996. I. 3958, obs. G. Virassamy.

4. Com. 27 sept. 2011, n° 10-24.793, *RTD civ.* 2011. 765, n° 8, obs. B. Fages.

5. Civ. 1re, 30 nov. 1965, *D.* 1966. 82, *JCP* 1966. II. 14534, note P. L.

• ***Impossibilité de compenser due à l'objet***. L'article 1293 prévoit que la compensation est impossible quand l'une des parties exige la restitution d'une chose dont elle a été injustement dépouillée (art. 1293, 1°), ou quand elle demande la restitution d'un dépôt ou d'un prêt à usage (art. 1293, 2°).

• ***Indisponibilité d'une des créances***. Lorsque l'une des créances a fait l'objet d'une saisie attribution au profit d'un tiers, elle devient indisponible et la compensation n'est plus possible.

C'est la même idée qui conduit la jurisprudence à considérer la compensation comme impossible en cas de liquidation judiciaire, car compenser c'est payer, et, désormais, un paiement individuel n'est plus possible. Cette solution est pourtant, là aussi, écartée par la jurisprudence en cas de dettes connexes.

b) Effets de la compensation légale

521. Dès que les conditions que nous venons de voir sont réunies, les deux dettes s'éteignent, réciproquement, jusqu'à concurrence de la plus faible (art. 1290), avec tous leurs accessoires et leurs sûretés. L'article 1297 applique, au cas où plusieurs dettes sont compensables, les règles de l'imputation des paiements de l'article 1256.

Mais, ce qui est le plus caractéristique dans la compensation légale, c'est son automatisme et les limites qui y sont apportées.

1° Automatisme de la compensation légale

522. L'article 1290 dispose « que la compensation s'opère de plein droit par la seule force de la loi, même à l'insu des débiteurs ». Cette disposition provient en réalité d'une mauvaise interprétation d'un texte latin : la compensation ne pouvait primitivement être invoquée qu'à titre d'exception ; par la suite, elle a pu être invoquée en tout état de cause, et plus uniquement à titre d'exception, mais l'expression fut traduite en français par « de plein droit ».

La compensation, en droit français, a donc été comprise comme un « double paiement *automatique et forcé* », alors que dans les législations étrangères et notamment en droit allemand, la compensation ne joue que si elle est invoquée. Mais, dans un système comme dans l'autre, la compensation opère rétroactivement au jour où les créances réciproques ont commencé à coexister dans des conditions permettant la compensation (art. 1290).

La Cour de cassation a eu l'occasion de préciser que la compensation produit un double effet : effet extinctif, d'une part, à concurrence du montant de la créance la plus faible, effet interruptif pour le surplus non compensé contre lequel la prescription aurait dû continuer à courir[1].

2° Limites à l'automatisme

523. Si la compensation est automatique, elle n'est pas d'ordre public, ce qui implique deux conséquences.

• ***La possibilité de renoncer à la compensation***. Cette renonciation peut être expresse ou tacite, notamment, quand le débiteur paie, en connaissance de cause, une dette qui

---

1. Com. 30 mars 2005, *JurisData* n° 2005-027 815 ; *D*. 2005. 1024, obs. É. Chevrier ; *JCP* 2005. I. 172, obs. A.-S. Barthez.

était, de droit, éteinte par la compensation (art. 1299), ou quand il accepte que son créancier cède à un tiers la créance déjà éteinte par la compensation (art. 1295). Cette renonciation à la compensation fait revivre la créance originaire, mais, toutefois, sans les privilèges ou hypothèques qui y étaient attachés (art. 1299), car il convient de protéger les tiers, un nouveau créancier hypothécaire par exemple, « à moins qu'il n'ait eu une juste cause d'ignorer la créance qui devait compenser sa dette ».

• ***L'obligation pour le débiteur d'invoquer la compensation***. Le juge ne peut soulever d'office ce moyen et nul autre que le débiteur ne peut l'invoquer, notamment pas ses codébiteurs solidaires (art. 1294, al. 3). En effet, le débiteur qui n'invoque pas la compensation est présumé y avoir renoncé.

2. La compensation facultative

524. Dans les cas où les conditions requises pour que la compensation légale joue ne sont pas remplies, la compensation peut être conventionnelle ou judiciaire.

a) Compensation conventionnelle

525. Les parties peuvent convenir que deux dettes non exigibles seront compensées, par exemple si l'une d'elles renonce au terme établi en sa faveur. De même, elles peuvent convenir de liquider à une certaine somme une obligation contestée. En application de l'article 1134, les parties sont libres de mettre fin à leurs obligations, mais cette compensation conventionnelle n'est pas rétroactive. Elle ne prend effet que du jour où elle a été convenue.

Classiquement présentée comme un mode d'extinction simultané de deux obligations, jusqu'à concurrence de la plus faible, la compensation conventionnelle est aujourd'hui considérée comme une technique de garantie s'apparentant à un privilège : chaque créancier a affecté sa créance en garantie de sa dette au profit de son cocontractant qui évite ainsi le concours avec d'autres créanciers sur cette créance [1].

b) Compensation judiciaire

526. Elle n'est pas prévue par le Code civil (elle l'est dans **l'actuel projet de réforme**) (art. 299, s.), mais le Code de procédure civile y fait allusion. Elle est également appelée compensation reconventionnelle, car elle est généralement demandée à titre reconventionnel par le débiteur dans un cas où les conditions requises pour la compensation légale ne sont pas réunies (par exemple parce que l'une des créances n'est pas liquide). Dans ce cas, le tribunal peut décider de liquider la créance et de faire jouer la compensation [2].

La nature juridique de la compensation judiciaire et son autonomie par rapport à la compensation légale sont controversées. Le rôle du juge se limite-t-il à rendre liquide une créance qui ne l'était pas pour permettre le jeu de la compensation légale ou a-t-il le pouvoir d'apprécier l'opportunité de la compensation sans être lié par les restrictions apportées par l'article 1293 à la compensation légale ? C'est cette solution qu'apportait l'arrêt du 12 juillet 1956 et qui est reprise par la Cour de cassation en 1973 [3]. La chambre sociale,

---

1. V. article A.-M. Toledo, cité dans la bibliographie.
2. Civ. 12 juill. 1956, *Gaz. Pal.* 1956. 2. 149.
3. Civ. 1re, 10 avr. 1973, *JCP* 1974. II. 17605, note J. Ghestin.

en revanche, n'admettait pas que le juge put écarter les interdictions légales et surtout les ex-articles 50 (devenu C. trav., art. L. 144-1) et 51 du Code du travail[1], mais elle admet qu'il puisse y avoir compensation entre le salaire d'un employé et la somme qu'il doit à son employeur à raison d'un délit commis au préjudice de ce dernier, dès lors que cette somme ne dépasse pas la partie insaisissable des salaires[2].

En toute hypothèse, le juge doit permettre le jeu de la compensation en cas de créances connexes, même à défaut de liquidité et d'exigibilité (v. ss 519). Il ne peut toutefois écarter l'obstacle de la non-fongibilité de l'article 1291[3].

527. L'actuel projet de réforme du régime des obligations recompose la matière de la compensation en posant les règles générales, puis en précisant les règles particulières à la compensation judiciaire et à à la compensation conventionnelle. Les acquis jurisprudentiels sont repris. En ce qui concerne la compensation légale, la mention figurant dans l'actuel article 1290 aux termes de laquelle la compensation opère de « plein droit » qui découle, nous l'avons dit, d'une erreur de traduction du latin *ipso jure*, n'a pas été reprise par l'avant-projet, mais il est précisé que la compensation éteint les obligations à la date à laquelle ses conditions se trouvent réunies (art. 295). Quant à la compensation judiciaire, elle fait son entrée dans le Code civil sur la base des règles jurisprudentielles actuelles avec la précision qu'elle produit ses effets à la date de la décision, sauf si les dettes sont connexes : dans ce cas la compensation est réputée s'être produite au jour où les créances ont coexisté (art. 300).

B. Autres procédés de paiement

528. À côté du paiement qui est, nous l'avons vu, l'exécution de l'obligation exactement due, il existe certains procédés conventionnels qui permettent d'exécuter au moyen d'équivalents. Ce sont la dation en paiement et la cession de biens (actuellement abrogée).

1. La dation en paiement

► ***La dation en paiement*** est l'opération par laquelle le débiteur se libère de son obligation en transférant la propriété d'un bien lui appartenant à son créancier, qui l'accepte, à la place du paiement dû.

529. Le Code civil n'en traite pas directement mais par allusion et la jurisprudence a depuis toujours consacré son existence en se référant aux règles admises dans l'ancien droit pour déterminer ses conditions et ses effets (v. ss 532, plan détaillé, Documents, en fin de chapitre). Quant à sa nature juridique, elle est discutée car l'opération tient du paiement, de la vente et même de la novation. Elle est parfois considérée comme un mode anormal de paiement et ne pourra avoir d'effet. Ainsi en est-il lorsqu'une dation en paiement intervient pendant la « période suspecte », période précédant l'ouverture d'une procédure collective d'apurement du passif professionnel à l'encontre d'un débiteur en difficultés (droit commercial et des sociétés). Pendant cette période, celui-ci peut en effet tenter des actes destinés à avantager certains créanciers par rapport à d'autres, avant que

---

1. Soc. 2 déc. 1970, *Bull. civ.* V, n° 681, p. 555.
2. Soc. 26 oct. 1978, *Bull. civ.* V, n° 719 ; 6 mars 1980, *Bull. civ.* V, n° 228.
3. Civ. 1re, 24 févr. 1993, *Bull. civ.* I, n° 82, *D.* 1994. Somm. 19, obs. F. Lasserre-Jeannin.

ne se mette en place la discipline de la procédure collective. Ainsi, la cour d'appel de Nîmes a-t-elle eu à connaître de la reprise par un créancier vendeur de différents matériels livrés au débiteur et demeurés impayés. En reprenant le matériel et en renonçant à sa créance portant sur le prix de vente, le vendeur créancier cherchait ainsi à éviter ultérieurement d'être en concours avec les autres créanciers dans le cadre de la procédure collective Or cette restitution effectuée pendant la période suspecte est qualifiée de dation en paiement au sens de l'ancien art. L. 621-107, 4° du Code de commerce, et considérée comme un mode anormal de paiement[1].

530. *L'avant-projet Catala de réforme du droit des obligations* et **l'actuel projet de réforme gouvernemental du régime des obligations** proposent de consacrer la dation en paiement en lui donnant le support textuel qui lui manquait en précisant que le créancier peut accepter de recevoir en paiement autre chose que ce qui lui est dû (projet, art. 261).

2. L'ex-cession de biens

► Née d'une institution romaine : la ***cessio bonorum***, la cession de biens était, aux termes de l'ex-article 1265, « l'abandon qu'un débiteur fait de tous ses biens à ses créanciers lorsqu'il se trouve hors d'état de payer ses dettes ».

531. Les ex-articles 1266 à 1270 qui concernaient les deux catégories de cessions de biens : volontaire ou judiciaire, ont été purement et simplement abrogés par la loi n° 91-650 du 9 juillet 1991 sur les procédures d'exécution.

3. Situation de surendettement

532. Ainsi que nous l'avons vu dans le cadre du chapitre consacré au droit à l'exécution (v. ss 392), pour tenter d'améliorer le sort de ces « débiteurs malheureux », qui ne peuvent plus faire face à leurs dettes non professionnelles (pour les dettes professionnelles il existe des procédures collectives d'apurement du passif qui relèvent du droit commercial), il a été institué une procédure de règlement amiable destiné à régler la situation de surendettement des personnes physiques, par la loi n° 89-1010 du 31 décembre 1989. Cette loi qui a été depuis modifiée depuis à plusieurs reprises figure dans le Code de la consommation. Les dernières modifications ont été adoptées dans le cadre de la loi n° 2010-737 du 1er juillet 2010 sur le crédit à la consommation, qui est venue transposer en droit interne une directive communautaire de 2008 concernant les contrats de crédit au consommateur (v. ss 392 et, en fin de chapitre, « Le point sur… Le surendettement des particuliers »).

1. Nîmes, Civ. 1re, sect. B, 19 mars 2009, n° 07/02689, *JurisData* n° 2009-009747 ; *Rev. proc. coll.* 2010, comm. n° 23, note G. Blanc. Comme le remarque l'auteur (G. Blanc), « cette décision souligne l'intérêt pratique qu'il peut y avoir pour le vendeur de stipuler une clause de réserve de propriété pour éviter de voir l'opération de restitution annulée ». D'autant que la Cour de cassation avait déjà précisé qu'en l'absence d'une clause de réserve de propriété une telle restitution « n'est pas un mode de paiement communément admis dans les relations d'affaires » (Com. 12 juill. 1994, n° 92-10.761, *Bull. civ.* 1994, IV, n° 268 ; *D.* 1996. Somm. 212, obs. F. Pérochon).

DOCUMENTS

Bibliographie

CATALA (N.), *La nature juridique du paiement*, thèse, Paris, 1960.

CHABAS (S.-J.), (sur la compensation judiciaire), *JCP* 1966. I. 2026.

DRAKIDIS, « Des effets à l'égard des tiers de la renonciation à la compensation acquise », *RTD civ.* 1955. 238.

JAPY, « Les effets limités de la compensation selon l'article 1298 du Code civil », *Gaz. Pal.* 1977. I. 303.

LARRIBAU-TERNEYRE (V.), « Le créancier se trouva fort dépourvu quand le divorce fut venu... ou le nouvel article 1387-1 du Code civil (loi du 2 août 2005 sur les PME) », *Dr. fam.*, oct. 2005, étude n° 21, p. 15.

LE GUIDEC, *Rép. civ.*, Dalloz, v° *Dation en paiement*.

LEOTY (D.), « La nature juridique de la dation en paiement : la dation en paiement, paiement pathologique », *RTD civ.* 1975. 12.

MARNIERE DE LA (E.S.), « Observations sur l'indexation comme mesure de valeur ». *RTD civ.* 1977. 54 s.

NDOKO (N.C.), « Les mystères de la compensation », *RTD civ.* 1991. 661.

PAPULIN-DESCHAMPS (C.), *La cause du paiement : une analyse innovante du paiement et des modes de paiement*, thèse, Nancy 2, préf. A. Prün, Larcier, 2010.

PERRUCHOT-TRIBOULET (V.), « Le droit de payer pour autrui », *LPA* 2001, n° 166, p. 12.

SAVATIER (R.), « La nouvelle législation des indexations », *D.* 1959. I. 63.

SIGUOIRT (L), *La preuve du paiement des obligations monétaires*, thèse, Paris 1, préf. G. Loiseau, LGDJ, 2010.

TOLEDO (A.-M.), « La compensation conventionnelle », *RTD civ.* 2000. 265.

Arrêt à commenter

Conditions de validité des clauses d'indexation

Civ. 1re, 9 janv. 1974, *Époux Faure-Brac c/ Société civile immobilière, 13-15, avenue d'Italie, JCP* 1974. II. 17806, note J.-Ph. Lévy

LA COUR. – *Sur le moyen unique, pris en ses diverses branches :*

– Attendu qu'il résulte des énonciations de l'arrêt confirmatif attaqué que les époux Faure-Brac ont, par acte notarié des 21 novembre et 21 décembre 1961, emprunté une somme de 160 000 F à la Société civile immobilière des 13 et 15, avenue d'Italie, qu'il était stipulé que lors du remboursement il serait tenu compte du coût des constructions sur la base 145 au 3e trimestre 1961, qu'il était enfin précisé que le prêt était destiné pour partie au paiement d'un terrain que les emprunteurs se disposaient à acquérir, la société créancière devant être subrogée dans les droits du vendeur, et pour partie au financement des constructions sur ce terrain ; que la SCI devenue SARL des 13 et 15, avenue d'Italie, ayant seulement obtenu le remboursement de la somme de 160 000 F a assigné les époux Faure-Brac en paiement de 194 000 F représentant la somme due en raison de l'indexation et des intérêts ;

– Attendu que les époux Faure-Brac font grief à la cour d'appel d'avoir, pour faire droit à cette demande, déclaré valable la clause d'indexation, alors que « l'objet d'une convention désigne la prestation à propos de laquelle l'accord des parties est intervenu et autour de laquelle s'ordonne l'économie du contrat », qu'en l'espèce tant le contrat que la disposition de l'acte d'obligation qui aurait été dénaturé prouvent que la prestation, en l'absence de laquelle les parties n'auraient pas songé à former le contrat, était pour les époux Faure-Brac la somme d'argent qu'ils empruntaient et pour la SCI cette même somme d'argent dont elle devait être remboursée, et nullement la promesse d'emploi insérée *in fine* dans l'acte litigieux, si bien qu'aucun rapport direct n'existait entre l'objet du contrat liant les parties et l'indice du coût de la construction, alors qu'au surplus les termes de l'article 79 de l'ordonnance du 30 décembre 1958, modifié par l'article unique de celle du 4 février 1959 pour élargir le champ de la prohibition déjà édictée, ne permettaient pas à la Cour d'assimiler à l'objet de la convention, seul mentionné, l'élément subjectif qu'est le mobile qui a pu déterminer les parties à contracter, alors qu'enfin la SCI avait pour objet social, aux termes de l'article 2 de ses statuts, l'acquisition d'une maison de rapport sise à Paris et l'exploitation de cet immeuble, à l'exclusion de toutes opérations qui seraient de nature spéculative, de sorte que la cour d'appel aurait dénaturé lesdits statuts en affirmant l'existence d'une relation directe entre l'activité de cette société et le coût de la construction ;

– Mais attendu que la cour d'appel décide à bon droit *que l'objet de la convention, au sens de l'article 79* de l'ordonnance du 30 décembre 1958, modifié par l'article 14 de l'ordonnance du 4 février 1959, *doit s'entendre dans son acception la plus large et que notamment l'objet d'un prêt peut être de permettre à l'acquéreur (sic* ; *lire l'emprunteur) de construire ou d'acheter un immeuble* ; que sans dénaturer l'acte de prêt, la cour d'appel a souverainement apprécié qu'en l'espèce il existait une relation directe entre l'objet de la convention et l'indice choisi et a pu en déduire la licéité de la clause litigieuse ; qu'elle a ainsi justifié sa décision, indépendamment du motif tiré de la relation entre l'indice adopté et l'activité de la Société civile immobilière, qui est surabondant. – D'où il suit que le moyen n'est pas fondé ;

Par ces motifs ;

Rejette le pourvoi formé contre l'arrêt rendu le 23 mai 1972, par la cour d'appel de Douai.

Observations

Lire, ci-après quelques extraits de la note de J.-Ph. Lévy, accompagnant cet arrêt qui en indique bien l'intérêt.

« Cet arrêt est important. Il marque une étape décisive vers une interprétation libérale de l'article 79 de l'ordonnance du 30 décembre 1958 (*JCP* 1959. III. 23859) et donne la signification – trop longtemps attendue – d'un des termes clés de ce texte. »

« La solution était annoncée dans l'arrêt rendu le 12 avril 1972 par la même formation de notre Cour suprême (*JCP* 1972. II. 17235). Certes, cet arrêt ne statuait à la lettre que sur l'autre sorte d'indices autorisés, ceux qui sont en relation avec l'activité d'une des parties. Mais il admettait, au moins implicitement, qu'il est licite d'indexer sur l'indice du coût de la construction un prêt d'argent consenti en vue d'une opération de construction. Cette fois, la décision est formelle, et elle se situe sur le terrain des indices en relation avec l'« objet » de la convention, c'est-à-dire là où longtemps la jurisprudence avait paru la plus rigoriste, au point qu'on en arrivait à désespérer de découvrir un indice répondant à cette exigence… »

« … Il ne faudrait toutefois pas se méprendre sur la portée exacte de notre arrêt : l'emploi de l'argent, pour constituer l'"objet" du contrat, ne doit pas simplement avoir existé en fait, ou avoir été plus ou moins nettement projeté au moment de sa conclusion. Le lien entre le prêt et la destination des fonds doit être clairement convenu. Dans le contrat en cause ici, une promesse d'emploi figurait expressément… ».

« … En optant pour le sens le plus large de l'"objet", la Cour de cassation n'hésite pas à adopter une position de principe. Il s'agit d'une orientation récente ; trop longtemps, elle évitait de se prononcer, disant que c'était une question de fait échappant à son contrôle, que d'apprécier soit le caractère direct de la relation existant entre l'indice et l'objet (ou l'activité des parties) ; soit, plus généralement, cette relation elle-même. Plus nettement que celui du 12 avril 1972, l'arrêt ci-dessus abandonne enfin cette attitude décevante… ». (J.-Ph. Lévy, *Professeur à l'Université de droit, d'économie et de sciences sociales de Paris*).

Cas pratiques

L'exécution volontaire des obligations

1. Un commerçant en vins souhaite emprunter de l'argent à un ami métallurgiste pour acheter une villa voisine de son commerce. Il convient avec son futur prêteur que le remboursement sera indexé, mais se demande s'il est préférable que ce soit sur le prix du vin ou sur le salaire d'un ouvrier maçon. Il vous consulte pour savoir si c'est possible.

Orientez son choix en motivant votre réponse.

2. Une personne qui doit 1 000 euros à un créancier ne peut pas le payer à l'échéance et lui propose, à la place, un bijou estimé 1 300 euros.

Le créancier est-il obligé d'accepter ? S'il accepte, que se passera-t-il ? Motivez votre réponse (solutions en fin d'ouvrage).

I. Paiement pur et simple

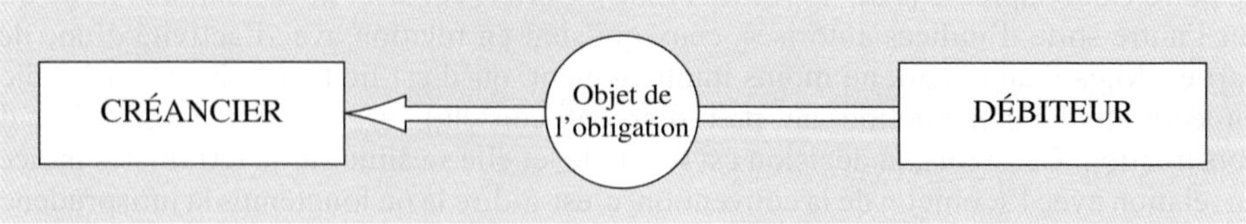

II. Compensation

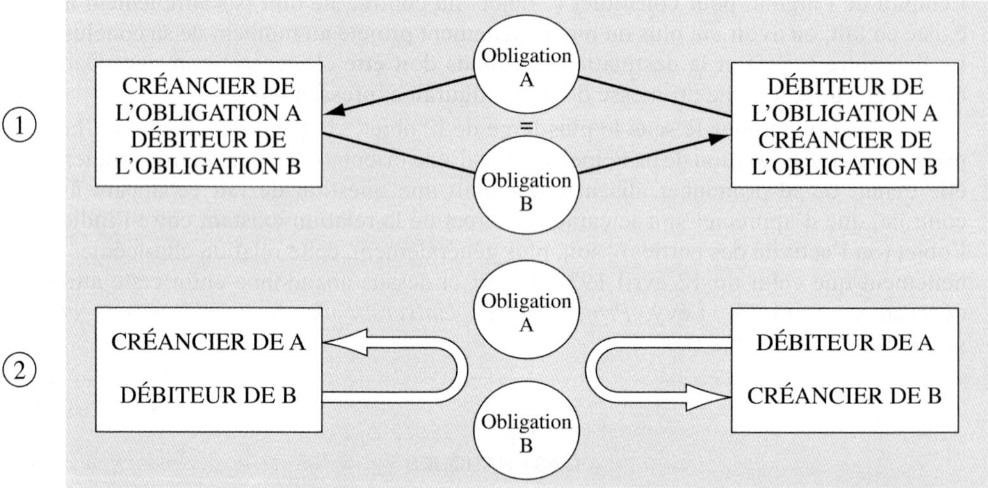

Si les deux dettes sont égales, sinon la compensation ne joue que partiellement, à concurrence de la plus faible.

III. Dation en paiement

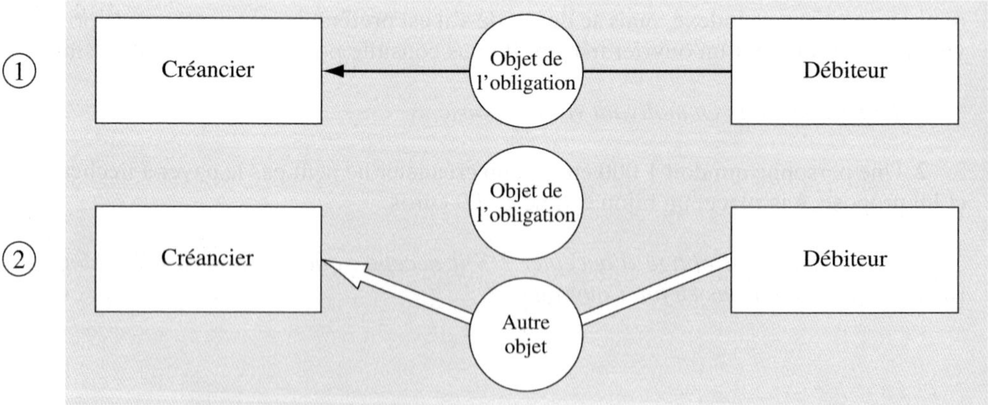

Chapitre 2

L'extinction de l'obligation sans la satisfaction du créancier

Introduction

Les différentes causes d'extinction visées par l'article 1234 du Code civil

533. L'article 1234, dans son énumération des causes d'extinction des obligations, mélange des hypothèses très différentes. Certaines ne nous intéressent pas ici : celles où l'obligation s'éteint parce qu'elle a été exécutée, soit volontairement, comme dans le cas de paiement ou de compensation (v. ss 516 s.), soit sous l'effet d'une contrainte extérieure, comme dans les cas d'exécution forcée (v. ss 375 s.) ; celles, également où elle s'éteint rétroactivement, à titre de sanction, car elle n'a pu être exécutée, comme dans le cas de la résolution ou résiliation du contrat (v. ss 1227 s.).

D'autres peuvent être considérées comme de pseudo-causes d'extinctions et on les signalera simplement rapidement ici : il s'agit de la *nullité* et de la *rescision*, où l'obligation est censée s'éteindre, mais en fait n'a jamais existé et de la *caducité*, où l'obligation s'éteint parce qu'elle est atteinte d'une cause d'inefficacité.

Enfin, il existe des hypothèses spécifiques que nous étudierons plus particulièrement, où une obligation parfaitement valable et dont l'efficacité n'est pas en cause s'éteint sans avoir été exécutée : c'est le cas de *la prescription extinctive* et de *la confusion* qui sont des modes légaux d'extinction des obligations ou encore de l*a remise de dette, de la résiliation amiable ou de la révocation* qui sont des modes conventionnels d'extinction des obligations ; l'obligation peut aussi s'éteindre sans avoir été exécutée, mais pour être remplacée par une nouvelle obligation, c'est le cas de *la novation*, que nous verrons pour finir. **L'actuel projet de réforme gouvernemental** (oct. 2013) ajoute l'impossibilité d'exécution lorsqu'elle procède d'un cas de force majeure et qu'elle est irrémédiable (art. 285).

a) La nullité

534. Bien qu'elle figure parmi les modes d'extinction des obligations (art. 1234, al. 8), la nullité doit plutôt être considérée comme une sanction atteignant une obligation qui ne s'est pas régulièrement formée (v. ss 980 s.). Il est donc difficile de parler d'extinction pour une obligation qui n'a jamais eu qu'une apparence d'existence, mais qui, en réalité, n'a jamais existé. C'est d'ailleurs ce qui explique la rétroactivité de cette sanction. L'acte atteint par cette sanction est censé n'avoir jamais existé.

b) La rescision

535. En ce qui concerne la *rescision*, que le code *assimil*e à la nullité, elle atteint une obligation qui ne peut être exécutée en raison du déséquilibre économique produit entre l'obligation de l'une et celle de l'autre des parties (v. ss 929). L'existence de ce déséquilibre permet de rapprocher la rescision de la résolution, mais, ce qui les distingue, c'est la raison de ce déséquilibre : inexécution totale ou partielle de l'une des obligations dans la résolution, fixation mal équilibrée des obligations interdépendantes dans la rescision, généralement d'ailleurs à la suite d'une erreur de l'une des parties.

c) La caducité

536. On pourrait également citer parmi les modes d'extinction des obligations la caducité.

► ***La caducité*** est une cause d'inefficacité qui atteint un acte juridique valablement formé et l'empêche de produire ses effets, par suite de la survenance d'un événement postérieur à sa formation et indépendant de la volonté de son auteur, qui le prive d'un élément essentiel à sa validité. Elle opère de plein droit et sans rétroactivité [1].

En effet, contrairement à la nullité, la caducité atteint un acte régulièrement formé à l'origine, mais qui perd un élément essentiel à sa validité avant d'avoir pu produire ses effets : par exemple, le contrat de mariage qui a été réalisé en vue du mariage devient caduc, faute de cause, si le mariage ne s'ensuit pas (art. 1088). La caducité éteint l'obligation de plein droit et sans rétroactivité, du fait même que cette dernière n'avait pas encore produit ses effets.

Mais il s'agit là d'un mode d'extinction un peu particulier, puisque, d'une part, il ne concerne que les obligations valablement formées mais non encore exécutées et que, d'autre part, il atteint surtout des actes à titre gratuit.

Nous allons examiner, parmi les autres modes d'extinction des obligations, tout d'abord ceux qui éteignent l'obligation sans qu'elle soit exécutée, et ensuite, un procédé qui éteint l'obligation pour la remplacer par une autre : la novation.

I. Modes d'extinction des obligations sans exécution

537. Il existe certains procédés qui permettent d'éteindre une obligation sans qu'elle soit exécutée, en dehors des cas d'inexécution proprement dite. Ces procédés sont soit légaux, soit conventionnels.

A. Modes légaux d'extinction des obligations

Ce sont essentiellement deux des cas prévus par l'article 1234 : la confusion et la prescription.

1. La prescription extinctive

► ***La prescription*** est l'écoulement d'un certain laps de temps qui produit des effets juridiques. L'article 1234 cite parmi les causes d'extinction des obligations la prescription et renvoie, pour son étude, au titre qui lui est consacré.

---

1. V. Y. Buffelan-Lanore, thèse citée dans la bibliographie ; M.-C. Aubry, « Retour sur la caducité en matière contractuelle », *RTD civ.* 2012/4, p. 625 s.

538. Il convient tout d'abord de préciser que la matière de la prescription a été réformée par une loi du 17 juin 2008 « portant réforme de la prescription en matière civile » (L. n° 2008-561, *JO* 18 juin), qui constitue le premier volet de la réforme du droit des obligations et de la prescription. Avec cette réforme, la prescription extinctive est désormais distinguée très nettement de la prescription acquisitive, alors qu'auparavant, au dernier titre du code étaient étudiés ensemble deux types de prescription très différents : prescription acquisitive et prescription extinctive. Le titre XX du Code civil qui s'intitulait : « De la prescription et de la possession » s'intitule désormais « De la prescription extinctive ».

► ***La prescription acquisitive*** est étudiée avec les droits réels puisqu'elle permet à une personne d'acquérir, par une possession prolongée, un droit réel, la propriété par exemple, que perd une autre personne (v. *Droit civil*, vol. 1). C'est la seconde forme de prescription qui nous intéresse ici, désormais clairement bien distinguée de la première dans le Code civil.

► ***La prescription extinctive*** est désormais définie par l'article 2219 tel qu'il résulte de la loi du 17 juin 2008 comme « un mode d'extinction d'un droit résultant de l'inaction de son titulaire pendant un certain laps de temps ». L'ancien texte définissait la prescription comme un moyen « d'acquérir ou de se libérer » par un certain laps de temps, dans les conditions prévues par la loi, ce qui englobait dans la même définition la prescription comme mode d'acquisition d'un droit et comme mode d'extinction d'un droit.

539. L'analyse de la prescription a soulevé une querelle doctrinale que la loi de 2008 semble avoir implicitement tranchée : pour certains en effet, partisans de la conception dite « processualiste », la prescription extinctive n'éteint pas à proprement parler l'obligation, mais uniquement le droit d'en exiger l'exécution, c'est-à-dire la possibilité d'agir en justice, l'*action*. La prescription laisserait donc subsister une obligation naturelle (v. ss 14 s.), dénuée d'action, mais dont l'exécution resterait possible, sans que le débiteur puisse ensuite demander la répétition (restitution) de ce qui aurait été exécuté malgré la prescription. Pour d'autres, tenants de la conception dite « substantialiste », la prescription « éteint le droit en sus de l'action » ; elle éteint donc totalement le droit, donc l'obligation. Si l'article 2219 nouveau du Code civil, en définissant la prescription comme un « mode d'extinction d'un droit résultant de l'inaction de son titulaire » semble apporter plutôt de l'eau au moulin des partisans de la conception substantialiste, en réalité, l'article 2249 vient confirmer la théorie processualiste. Il précise en effet que « le paiement effectué pour éteindre une dette ne peut être répété au seul motif que le délai de prescription était expiré ». En excluant la répétition, il confirme la thèse de la survie d'une obligation naturelle après la prescription.

540. Il faut également distinguer le délai de prescription du *délai préfix* (par exemple, le délai d'exercice des actions en contestation de filiation ; v. *Droit civil*, vol. 1), qui est caractérisé par sa grande rigueur, son automatisme, l'impossibilité de suspendre ou d'interrompre ce délai ; mais ces caractères ne sont pas toujours aussi nets et il est parfois difficile d'opérer une distinction parfaite entre ces deux sortes de délais.

Avant d'étudier les conditions et les effets de la prescription extinctive, quelles sont les principales idées qui ont animé la réforme ?

a) Les principaux objectifs de la réforme de la prescription

541. Constatant que le délai de droit commun de la prescription extinctive fixé à trente ans se révélait inadapté au nombre et à la rapidité des transactions juridiques actuelles, alors que de nombreux États européens retiennent par ailleurs des durées de prescription plus courtes [1], la réforme a reposé sur trois objectifs essentiels : la réduction du nombre et de la durée des délais de la prescription extinctive ; la simplification de la leur décompte et l'autorisation de leur aménagement conventionnel par les parties au rapport d'obligation [2].

1° Réduction du nombre et de la durée des délais de prescription

542. Malgré une apparente simplicité, puisque l'article 2262 du Code civil ancien énonçait le principe selon lequel la prescription de droit commun, qu'elle soit acquisitive ou extinctive, est de trente ans, les délais de prescription étaient multiples et complexes. En 2004 un groupe de travail, avait recensé plus de 250 délais de prescription différents, allant de un mois à trente ans, avec des points de départs différents et de nombreuses causes d'interruption et de suspension [3].

La loi a donc simplifié la situation antérieure. Elle a posé comme délai de prescription de droit commun, un délai de cinq ans au lieu de trente ans. Pour autant, tous les délais n'ont pas été unifiés. Ainsi, par exemple, si le délai de prescription de droit commun vaut pour toutes les actions personnelles et mobilières, en matière immobilière, pour l'exercice des actions réelles, il est resté fixé à trente ans et des durées de prescription plus courtes ont été maintenues, quoique parfois simplifiées.

543. Par ailleurs, la loi a défini le *point de départ du délai* alors qu'auparavant une telle définition n'existait pas. Désormais, en effet, il est précisé par l'article 2224 nouveau que le délai part « du jour où le titulaire d'un droit a connu ou aurait dû connaître les faits lui permettant de l'exercer ». La formule n'est cependant pas des plus précises et elle laisse une marge d'appréciation importante au juge qui devra déterminer, selon la nature du cas, quel peut être ce jour auquel le titulaire d'un droit « aurait dû connaître les faits » [4].

2° Simplification des règles relatives au cours de la prescription

544. Un nouveau chapitre a été créé dans le Code civil, spécifiquement consacré au cours de la prescription extinctive. À cet égard, sont envisagées les causes de suspension et d'interruption de la prescription. Au titre des causes de suspension, ou de report du point de départ de la prescription, certaines sont introduites, comme la médiation ou la conciliation, d'autres consacrées alors que la jurisprudence les avait déjà mises en place, comme la règle selon laquelle la prescription ne joue pas tant que le créancier ignore l'existence ou l'étendue de la créance ou la règle dite *contra non valentem*, selon laquelle « la prescription ne court pas ou est suspendue contre celui qui est dans l'impossibilité

---

1. Par ex. : dix ans en Finlande, Italie, Suède et Suisse ; six ans au Royaume-Uni ; trois ans en Allemagne.
2. V. Rapport Ass. nat., fait par M. Émile Blessing, n° 847, enregistré le 30 avril 2008.
3. Groupe de travail présidé par J. F. Weber, président de la troisième chambre civile de la Cour de cassation.
4. La réforme s'inspire ici des Principes d'Unidroit, relatifs aux contrats du commerce international. L'article 10.2 de ces Principes précise que le délai de prescription court « à partir du lendemain du jour où le créancier a connu ou devait connaître les faits lui permettant d'exercer son droit ».

d'agir par suite d'un empêchement résultant de la loi, de la convention ou de la force majeure » (C. civ., art. 2234, nouv.). D'autres sont maintenues, comme la règle de la suspension à l'égard des mineurs ou majeurs en tutelle (art. 2235, quoique avec des exceptions) ainsi que la règle selon laquelle l'effet suspensif joue non seulement entre époux, mais aussi entre partenaires d'un PACS (art. 2236).

545. Mais l'une des innovations les plus importantes consiste dans la création d'un *délai butoir*, au-delà duquel on ne peut plus agir et qui conduit à la déchéance du droit : « le report du point de départ, la suspension ou l'interruption de la prescription ne peut avoir pour effet de porter le délai de prescription extinctive au-delà du délai de vingt ans à compter du jour de la naissance du droit », selon l'article 2232 nouveau. Ce délai est cependant écarté pour certaines actions comme en cas de dommage corporel et pour les actions relatives à l'état des personnes.

3° Possibilité d'un aménagement conventionnel de la prescription extinctive

546. Ces aménagements étaient déjà tolérés par la jurisprudence. En effet, si l'article 2220 ancien prohibait la renonciation à une prescription par anticipation, les clauses contractuelles abrégeant un délai pouvaient être valables.

La loi de 2008 vient consacrer cette possibilité d'aménagement à l'article 2254, qu'il s'agisse d'abréger ou d'allonger la durée de la prescription avec cependant deux limites temporelles : pas moins d'un an et pas plus de dix ans.

547. Le texte permet aussi aux parties « d'ajouter aux causes de suspension ou d'interruption de la prescription telles que prévues par la loi ».

548. Toutefois, compte tenu du danger de cette liberté dans certains domaines, l'article 2254 exclut toute possibilité d'aménagement conventionnel dans un certain nombre de cas où l'inégalité des parties au rapport d'obligation ne permet pas de s'assurer que l'un n'aura pas abusé de l'autre : ainsi tout aménagement conventionnel est exclu concernant les actions en paiement ou en répétition de salaires, en paiement de rentes, loyers et charges locatives afférents à des baux d'habitation et fermages, en matière de contrat conclu entre un professionnel et un consommateur, et en matière de contrat d'assurance, également.

549. L'article 2250 maintient par ailleurs l'interdiction de la renonciation à une prescription qui n'est pas encore acquise.

550. Ce sont surtout le fondement, les variétés et le délai qui importent.

b) Le fondement de la prescription extinctive

551. La prescription extinctive était fondée et reste fondée sur deux idées essentielles : d'abord la protection de l'ordre public, ensuite une présomption de paiement.

– ***Protection de l'ordre public***. Il est évident qu'on ne peut pas laisser indéfiniment planer un doute sur l'exigibilité d'une obligation. Au bout d'un certain délai, il faut que le débiteur n'ait plus à redouter de poursuites, sans avoir à conserver indéfiniment ses quittances. Tant pis si, de temps en temps, cela équivaut à faire perdre au créancier la possibilité de faire respecter son droit, sa négligence doit être punie.

– ***Présomption légale de paiement***. Une autre idée est que, si le créancier n'a pas réclamé, c'est qu'il a déjà obtenu satisfaction, et de tels délais sont brefs. Mais, s'agissant d'une présomption de paiement, elle peut tomber devant la preuve contraire.

c) Les différentes sortes de prescription

552. Il existe plusieurs types de prescription, en fonction de leur durée, que la loi de 2008 a assez largement remodelés.

1° La prescription de droit commun réduite à cinq ans

553. ***La prescription trentenaire*** de droit commun, qui caractérisait toutes les actions en nullité absolue (art. 2262, anc.) a disparu, on l'a dit, pour être remplacée par une prescription *quinquennale*, qui concerne toutes les actions personnelles et mobilières (art. 2224, nouv.). Ce délai de cinq ans constitue un délai intermédiaire entre le délai de dix ans qui avait été préconisé par la Cour de cassation et le délai de trois ans qui avait été proposé par l'*avant-projet Catala de réforme du droit des* obligations et de la prescription. La grande distinction entre les nullités relatives prescrites par cinq ans et les nullités absolues prescrites par trente ans en matière contractuelle disparaît donc.

554. Par ailleurs, la loi de 2008 a supprimé un certain nombre de prescriptions extinctives spéciales qui figuraient dans les articles 2271 à 2277 du Code civil, supérieures ou non à cinq ans. La réforme procède donc à une généralisation du délai de droit commun.

555. C'est ainsi que la prescription quinquennale concerne désormais toutes les obligations *nées entre commerçants à l'occasion de leur commerce ou entre commerçants et non-commerçants* alors qu'auparavant elles étaient soumises à une prescription décennale (C. com., mod. art. L. 110-4).

556. Mais elle concerne aussi désormais toutes les actions en responsabilité sans qu'il y ait lieu de distinguer entre la responsabilité contractuelle et extra-contractuelle (sous réserve de la réparation des dommages corporels pour lesquels il existe un délai plus important) (v. ss 559) ; elle concerne aussi les actions en responsabilité dirigées contre les personnes ayant représenté ou assisté les parties en justice (avocat, avoués) y compris à raison de la destruction ou de la perte des pièces qui leur ont été confiées (art. 2225, nouv.) qui étaient soumises auparavant à une prescription décennale (art. 2277-1, anc.).

557. Dans d'autres hypothèses, l'application du délai de droit commun n'entraîne pas de changement ou alors il conduit à un allongement du délai de prescription. Ainsi par exemple, la *prescription de droit commun* concerne toutes les obligations payables « par année ou à des termes périodiques plus courts » c'est-à-dire les salaires, les arrérages des rentes perpétuelles et viagères ou des pensions alimentaires, les loyers, fermages, intérêts de sommes prêtées, etc. C'était déjà le cas auparavant, mais par application d'une disposition prévoyant une prescription spéciale (art. 2277, anc.), alors qu'il s'agit maintenant d'une prescription de droit commun.

2° Des prescriptions particulières figurant dans les dispositions générales consacrées à la prescription

558. Un certain nombre de prescriptions extinctives plus longues ou au contraire plus brèves que ce délai de droit commun sont cependant maintenues ou instaurées par la loi de 2008. Elles figurent pour certaines d'entre elles dans les dispositions générales consacrées à la prescription et donc dans le titre XX du Code civil, aux articles 2225 à 2227 et pour d'autres dans des dispositions spéciales.

559. Elles se trouvent dans une section intitulée : « De quelques délais et points de départ particuliers » et concernent essentiellement des actions en responsabilité et les actions réelles immobilières : la conservation ou l'instauration de délais supérieurs au délai de droit commun a pour objectif de sauvegarder les intérêts des créanciers au regard de la spécificité des intérêts en cause.

♦ *Concernant les actions en responsabilité pour la réparation des dommages corporels*

– *la prescription vicennale* (vingt ans) a été maintenue (C. civ., art. 2226, al. 2, nouv.) lorsque le dommage est causé par des tortures et des actes de barbarie, des violences ou des agressions sexuelles commises contre un mineur (art. 2270-1, al. 2, depuis L. du 17 juin 1998 : art. 2270-1, al. 1er, anc.) ;

– *la prescription décennale* (dix ans) a été maintenue pour toutes les autres actions en responsabilité nées à raison d'un événement ayant entraîné un *dommage corporel*, engagées par la victime *directe ou indirecte* (art. 2226, nouv.) ;

– *le point de départ de la prescription* est le jour de la consolidation du dommage initial ou aggravé (art. 2226, al. 1er), y compris s'agissant des victimes par ricochet [1] (v. aussi ss 1787).

Avant la loi de 2008, ce délai de dix ans ne concernait que les actions en responsabilité civile extracontractuelle et pas les actions en responsabilité contractuelle pour lesquelles jouait le délai de prescription de droit commun de trente ans ; par ailleurs la prescription décennale n'était pas limitée à la réparation des dommages corporels.

Les prescriptions des actions en responsabilité civile sont donc unifiées par la loi, concernant la responsabilité contractuelle et extracontractuelle et le critère est celui du dommage corporel. S'il y a dommage corporel, sans violence, toutes les actions en responsabilité se prescrivent par dix ans. Et s'il ne s'agit pas de dommages corporels, la prescription pour toutes les actions est de cinq ans (prescription de droit commun désormais) sauf texte spécial. Les dommages résultant des accidents de la circulation sont également soumis à cette prescription.

Par ailleurs, lorsque des poursuites pénales sont engagées, lorsque l'action civile est exercée devant la juridiction répressive, elle se prescrit selon les règles de l'action civile et si elle est exercée devant une juridiction civile, elle se prescrit selon les règles du Code civil. On évite ainsi à une action civile d'être prescrite avant l'action pénale.

♦ *Concernant les dommages causés à l'environnement*, un délai de prescription exceptionnel de trente ans a également été prévu pour les obligations financières liées à la réparation de ces dommages.

♦ *Pour les actions réelles immobilières*, la prescription est également trentenaire, l'article 222 précise que le droit de propriété est imprescriptible mais que sous cette réserve,

1. Civ. 2e, 3 nov. 2011, no 10-16.036, *RCA* 2102, comm. 6, obs. S. Hoquet-Berg ; *Gaz. Pal.* 8-9 févr. 2012, obs. M. Mekki, *RTD civ.* no 1, 2012. 122, no 3, obs. P. Jourdain ; *JCP* 2012. 530, no 2, obs. P. Stoffel-Munck ; *LPA* 26 janv. 2012, p. 10, note A. Thurillet-Bersolle.

les actions réelles immobilières se prescrivent par trente ans à compter du jour où le titulaire d'un droit a connu ou aurait dû connaître les faits lui permettant de l'exercer.

3° Des prescriptions spéciales prévues par des textes particuliers

560. La loi de 2008 a laissé subsister des prescriptions spéciales prévues par des textes particuliers, qu'elle a parfois modifiés et parfois laissés intacts. Ces prescriptions peuvent êtres plus longues, égales, ou plus courtes que le délai de droit commun de cinq ans.

♦ *Prescriptions plus longues (dix ans)*

– le délai de dix ans concerne désormais, en vertu d'un article 1792-4-3 inséré dans le Code civil, les actions en responsabilité « ordinaires » engagées contre les constructeurs visés aux articles 1792 et suivants, et article 1792-1 (architectes et entrepreneurs…) et leurs sous-traitants, distinguées des actions spéciales relevant des articles 1792-3 (garantie de bon fonctionnement soumise à un délai de deux ans) ; des articles 1792-4-1 (art. 2270, anc.) concernant la garantie décennale, et 1792-4-2 (art. 2270-2, anc.), concernant la responsabilité biennale qui se prescrit par deux ans. Ces actions ordinaires se prescrivaient auparavant par trente ans ;
– le délai de dix ans concerne aussi l'action en garantie des vices cachés contre le vendeur d'immeuble (art. 1646-1 et 2270) ;
– les actions relatives à la filiation (art. 321).

♦ *Prescriptions égales à la prescription de droit commun de cinq ans* (qui n'ont pas été modifiées par la loi)

– actions intentées par un mineur (art. 475) ;
– action en contestation de filiation, lorsque la possession d'état est conforme au titre (art. 333) ;
– action en nullité du mariage pour vice du consentement (art. 181).

♦ *Prescriptions plus brèves*

– prescription de deux ans pour les actions mobilières en garantie des vices cachés (art. 1648, al. 1er). Ce délai de deux ans a remplacé le « bref délai » existant antérieurement, qui posait des problèmes d'interprétation depuis l'ordonnance du 17 février 2005 ;
– prescription de deux ans pour les actions en réparation d'un accident du travail (L. du 30 oct. 1946, art. 78, mod. par L. du 12 juill. 1956) ;
– prescription de deux ans pour les actions en garantie de bon fonctionnement pour les architectes, entrepreneurs et vendeurs d'immeubles en ce qui concerne certains éléments d'équipement (art. 1792-3) ;
– enfin, on trouve des délais encore plus bref, comme le délai de un an qui a été maintenu par exemple pour l'action en garantie des vices cachés, dans le cas particulier de l'article 1642-1, c'est-à-dire, pour le vendeur d'un immeuble à construire : l'action doit être introduite « dans l'année qui suit la date à laquelle le vendeur peut être déchargé des vices apparents » (art. 1648, al. 2).

561. On notera pour finir que nombre d'actions se sont trouvées ramenées au délai de droit commun de cinq ans, soit parce que le délai de prescription a été rallongé soit au contraire parce qu'il a été réduit par la loi de 2008.

Ainsi au titre des *délais de prescription allongés*, peut-on noter que l'action en recouvrement de leurs créances d'honoraires pour les membres des professions médicales et paramédicales, l'action en recouvrement de leurs créances par les commerçants pour les marchandises vendues à des particuliers non marchands (art. 2272, al. 4, anc.), l'action en recouvrement de leurs frais et salaires pour les avocats (art. 2273, al. 1er, anc.), notaires, avoués, huissiers, qui étaient soumise au délai de deux ans sont désormais soumises au délai de droit commun de cinq ans ; alors que le délai permettant aux huissiers de justice d'être déchargés des pièces après commissions ou significations des actes dont ils étaient chargés (art. 2276, al. 2, anc.) reste à deux ans.

Au titre des *délais raccourcis*, on rappellera que les actions en responsabilité dirigée contre les personnes légalement habilitées à représenter ou à assister les parties en justice (avocat, avoués) y compris à raison de la destruction ou de la perte des pièces qui leur ont été confiées, sont désormais soumises à la prescription quinquennale de droit commun (art. 2225, nouv.) au lieu de dix ans antérieurement ; mais ce même délai de cinq ans s'applique à l'action en responsabilité contre l'expert judiciaire ou contre l'huissier, qui se prescrivait auparavant par dix ans (art. 2277-1, anc.). Cependant, concernant l'huissier, on notera que l'action en responsabilité pour perte ou destruction des pièces reste soumise à une prescription de deux ans (article 2 *bis*, inséré dans l'ordonnance du 2 novembre 1945 relative au statut des huissiers). Tout n'est donc pas unifié.

d) Questions concernant le calcul des délais de prescription

1° Le point de départ du délai

► ***Computation des délais***. C'est le calcul de la durée d'un délai.

562. En ce qui concerne le *point de départ du délai*, on a vu que la loi du 17 juin 2008 a prévu l'édiction d'une règle générale concernant le point de départ du délai de prescription : selon l'article 2224 en effet, le délai de prescription commence à courir du jour le titulaire d'un droit a connu ou aurait dû connaître les faits lui permettant de l'exercer. Ainsi sera-t-il possible de sanctionner l'éventuelle négligence du créancier, comme on a pu le faire valoir lors des débats parlementaires. La formule, on l'a déjà souligné, laissera au juge une marge d'appréciation importante puisque selon les types de contentieux, le jour où le titulaire d'un droit aurait dû connaître les faits lui permettant d'exercer l'action ne sera pas le même.

563. L'instauration de cette règle générale concernant le point de départ de la prescription n'empêche pas que subsistent des points de départ spécifiques. Ainsi par exemple, l'action en responsabilité née à raison d'un événement ayant entraîné un dommage corporel se prescrit par dix ans à compter de la date de la consolidation du dommage initial ou aggravé (C. civ., art. 2226, nouv.) ; ou encore, l'action en réparation du préjudice résultant d'une discrimination se prescrit par cinq ans à compter de la révélation de la discrimination (C. trav., art. L. 1134-5) ; ou encore, l'action en nullité du mariage pour défaut de consentement ou bigamie se prescrit par trente ans à compter de la célébration du mariage (C. civ., art. 184)…

564. Le délai se compte par jours et non par heures (art. 2228, nouv.). Le jour du point de départ n'est pas pris en compte. La prescription est acquise lorsque le dernier jour du terme est accompli (art. 2229). Ces solutions ne sont pas nouvelles.

2° La suspension ou le report du point de départ du délai de prescription

► ***Suspension du délai.*** La loi de 2008 définit désormais la suspension du délai : « la suspension de la prescription en arrête le cours sans effacer le délai déjà couru » (art. 2230). C'est donc un simple temps d'arrêt dans l'écoulement du délai. Une fois la cause de suspension disparue, le délai continue à courir, compte tenu du temps passé avant la suspension.

► En cas de ***report du point de départ*** de la prescription, la prescription ne commence tout simplement pas à courir.

565. Les causes de suspension du délai de prescription sont expressément prévues par la loi pour éviter tout abus d'interprétation des tribunaux ; elles figurent désormais dans les articles 2233 à 2239. Certaines étaient déjà prévues.

– *La prescription ne court pas contre les incapables*, mineurs non émancipés, ou majeurs en tutelle (art. 2234, art. 321, *in fine*), afin d'éviter tout risque de négligence de la part de leur représentant légal, sauf pour les prescriptions spéciales brèves.

– *Elle ne court pas ou est suspendue entre époux* pour ne pas troubler la paix des ménages et la loi de 2008 a ajouté aux époux les partenaires liés par un pacte civil de solidarité (art. 2236).

– *Elle ne court pas ou est suspendue contre l'héritier* acceptant à concurrence de l'actif net, à l'égard des créances qu'il a contre la succession (art. 2237), afin qu'il ne soit pas enclin à procéder au plus vite au recouvrement de ses créances.

– *Elle ne court pas à l'égard d'une créance qui dépend d'une condition* jusqu'à ce que la condition arrive ; d'une action en garantie, jusqu'à ce que l'éviction ait lieu ; d'une créance à terme, jusqu'à ce que le terme soit arrivé (art. 2233, nouv.), ce que l'article 2257 ancien du Code civil prévoyait presque à l'identique.

566. À ces cas, déjà admis par les textes antérieurs, la loi de 2008 en a ajouté d'autres.

– La prescription ne court pas ou est suspendue contre « celui qui est dans l'impossibilité d'agir par suite d'un empêchement résultant de la loi, de la convention ou de la force majeure » (art. 2234). Cette cause de suspension avait déjà été admise par la jurisprudence[1]. L'assemblée plénière avait admis que selon l'adage *contra non valentem agere non currit praescriptio*, la prescription est de droit suspendue dès lors que l'on a manifesté son intention d'agir mais que l'on s'est heurté à un obstacle résultant de la loi elle-même[2]. Cette solution est destinée à introduire « de l'équité et de la souplesse dans la mise en œuvre de la législation » selon le rapporteur de la commission des lois du Sénat.

– Au titre des solutions très novatrices, la loi de 2008 a prévu que la prescription était suspendue à compter du jour où après la survenance d'un litige, les parties conviennent de recourir à la médiation ou à la conciliation (art. 2238).

– Elle est suspendue, enfin, lorsque le juge fait droit à une demande de mesure d'instruction présentée avant tout procès (art. 2239).

567. Des textes spéciaux interviennent parfois en temps de guerre (1914-1918, 1939-1945, guerre d'Algérie), ou de troubles graves (événements de mai-juin 1968), pour prononcer une suspension des délais de prescription. C'est ce qu'on appelle un *moratoire*.

---

1. Civ. 22 déc. 1959, *JCP* 1960. II. 11494, note P. E.
2. Ass. nat. 23 déc. 1999.

En revanche, il faut aussi tenir compte de certains délais préfix qui ne peuvent être suspendus, même pour cause d'incapacité, par exemple le délai de deux ans pendant lequel la rescision pour lésion d'une vente d'immeuble peut être introduite (art. 1676, al. 2). La jurisprudence a également parfois admis, souvent en l'absence de tout texte, l'existence de tels « délais préfix », il en est, notamment, ainsi pour le délai de trois ans pendant lequel peut être revendiqué un meuble perdu ou volé [1].

3° Les causes d'interruption du délai

► ***Interruption du délai***. Désormais définie précisément par l'article 2231 du Code civil, l'interruption « efface le délai de prescription acquis. Elle fait courir un nouveau délai de même durée que l'ancien ». C'est donc un événement qui anéantit rétroactivement le temps déjà écoulé : si la cause d'interruption disparaît, le délai de prescription peut recommencer à courir, mais en repartant à zéro.

568. La loi de 2008 reprend assez largement les causes d'interruption antérieures.

– L'interruption peut intervenir du fait de la reconnaissance par le débiteur de sa dette (art. 2240). Ces dispositions s'appliquent aussi bien aux obligations qui naissent d'un délit ou quasi-délit qu'à celles qui naissent des contrats ou quasi-contrats. Il peut s'agir, par exemple, du paiement des intérêts par le débiteur, ou d'un engagement de payer ou d'une demande de remise de dette. Le cas était déjà prévu par l'ancien article 2248.

– Elle peut résulter d'une demande en justice, même en référé, même si la juridiction était incompétente et même si l'acte de saisine de la juridiction est annulé par l'effet d'un vice de procédure. L'effet interruptif se prolonge jusqu'à ce que le litige trouve sa solution, c'est-à-dire jusqu'à l'extinction de l'instance. L'article 2241 reprend là encore en substance l'ancien article 2244. L'interruption est non avenue cependant si le demandeur se désiste de sa demande ou laisse périmer l'instance ou si sa demande est définitivement rejetée (art. 2243).

– Elle peut résulter d'une exécution forcée et l'article 2244 nouveau reprend, là encore, assez largement les dispositions antérieures.

– Elle peut résulter de l'interpellation d'un débiteur solidaire (art. 2245 et 2246).

4° Les aménagements conventionnels et le délai butoir

569. La Cour de cassation a récemment admis que l'énumération légale des causes d'interruption de la prescription n'était pas d'ordre public et que les parties peuvent y déroger [2]. La loi de 2008 a confirmé cette possibilité d'aménagement conventionnel des causes de suspension ou d'interruption de la prescription, sous réserve de certaines exclusions déjà signalées (art. 2254, al. 2 et 3 ; v. ss 548).

570. Enfin, rappelons que l'une des innovations de la loi a consisté à introduire dans l'article 2232, alinéa 1er, du Code civil, un délai butoir qui interdit que le report du point de départ, la suspension ou l'interruption de la prescription puisse avoir pour effet de porter le délai de la prescription extinctive au-delà de vingt ans à compter du jour de la naissance du droit. Toutefois, ce délai butoir est cependant lui-même écarté dans toute

---

1. Crim. 30 oct. 1969, *JCP* 1970. II. 16333, note G. Goubeaux.
2. Civ. 1re, 25 juin 2002, *Bull. civ.* I, no 214 ; *D.* 2003. 195, note crit. Ph. Stoffel-Munck.

une série d'hypothèses, prévues par l'article 2232, alinéa 2, nouveau, du Code civil, et notamment lorsqu'il s'agit de l'action en réparation d'un dommage corporel de l'article 2226, nouveau, ou des actions réelles immobilières (art. 2227, nouv.) ou encore des actions relatives à l'état des personnes.

e) Les effets de la prescription extinctive

571. La prescription a, selon les cas, trois effets différents : en général, elle a un effet extinctif ; dans les courtes prescriptions, elle dispense de faire la preuve du paiement ; vis-à-vis du fisc, elle n'a qu'un effet translatif. Seul nous retiendra ici l'effet extinctif.

572. La prescription, si elle éteint l'action, laisse subsister l'obligation à l'état d'obligation naturelle. Le créancier, bien qu'il n'ait pas obtenu satisfaction, ne peut exiger l'exécution de l'obligation ; mais, si le débiteur s'exécute spontanément, son paiement est valable et ne peut pas être répété. C'est ce que confirme l'article 2249 issu de la loi du 17 juin 2008 qui précise que le paiement effectué pour éteindre une dette ne peut être répété au seul motif que le délai de prescription était expiré.

573. Cet effet extinctif n'est cependant pas automatique, il faut que le débiteur l'invoque quand il est poursuivi (art. 2247, nouv.) et il ne faut pas qu'il y ait renoncé. En effet, s'il n'a pas le droit de refuser par anticipation le bénéfice de la prescription, il peut au contraire y renoncer expressément ou tacitement quand le délai est écoulé (art. 2250, nouv.), à condition qu'il soit en état d'exercer ses droits (art. 2252, nouv.). Il peut opposer cette prescription en tout état de cause, même devant la cour d'appel (art. 2248, nouv.).

574. Les créanciers eux-mêmes peuvent opposer la prescription ou l'invoquer et ils peuvent le faire alors même que le débiteur y renonce (art. 2253, nouv.).

575. Enfin, la prescription d'une action *en nullité* n'éteint pas le droit d'opposer celle-ci comme exception en défense à une action principale selon l'adage : *quæ temporalia sunt ad agendum, perpetua sunt ad exipiendum*[1]. Toutefois, la Cour de cassation semble vouloir restreindre cette jurisprudence tout d'abord par une première décision qui avait été critiquée comme portant atteinte au caractère perpétuel classiquement admis de l'exception de nullité[2], puis, par une deuxième décision qui précise que « l'exception de nullité peut seulement jouer pour faire échec à la demande d'exécution d'un acte juridique qui n'a *pas encore été exécuté* »[3]. Une exécution même partielle suffit à l'écarter. Dans une décision ultérieure, et après une première décision difficile à interpréter[4], elle a clarifié sa position et elle a précisé par ailleurs que cette neutralisation de l'exception de nullité en cas de commencement d'exécution jouait sans qu'il y ait lieu de distinguer entre nullité relative et absolue[5] (v. aussi ss. 1008).

---

1. Civ. 1re, 12 juill. 1982. *D.* 1982. 540.
2. Civ. 1re, 1er déc. 1998, *JCP* 1999. IV. 1129 ; *JCP* 1999. I. 171, obs. crit. M. Fabre-Magnan.
3. Civ. 1re, 9 nov. 1999, *JCP* 2000. II. 1035, note C. Seraglini.
4. Civ. 1re, 20 mai 2009, LEDC 2009. 6. obs. G. Pillet, *CCC* 2009, comm. 213, note L. Leveneur ; *JCP* 2009. 273, obs. Y.-M. Serinet ; *RDC* n° 4, 2009. 1348, obs. T. Genicon.
5. Civ. 1re, 24 avr. 2013, n° 11-27082 ; *CCC* 2013, comm. 154, obs. L. Leveneur ; *Gaz. Pal.* 4 juill. 2013, obs. D. Houtcieff ; *RDC* 2013/4, p. 1310, obs. Y.-M. Laithier, *RTD civ.* 2013/3, p. 596, obs. H. Barbier.

2. La confusion

576. Un second mode légal d'extinction qui ne donne pas à proprement parler satisfaction au créancier est la confusion.

► ***La confusion*** résulte de la réunion des qualités de créancier et de débiteur dans la même personne. Par exemple, le débiteur hérite du créancier, « il se fait une confusion de droit qui éteint les deux créances » (art. 1300). Il y a certainement une erreur du législateur lorsqu'il parle de « deux créances », en fait, il n'y en a qu'une. La Cour de cassation a ainsi admis une application de la confusion en cas de cumul sur une même tête des qualités de preneur et de propriétaire, dans l'hypothèse où le premier hérite du second : « la confusion des droits locatifs et de propriété éteint le droit au bail sur les parcelles dont le preneur devient propriétaire »[1].

a) Mécanisme de la confusion

577. Les droits du créancier et du débiteur doivent être confondus, ce qui exclut la possibilité de confusion, dans le cas de l'acceptation d'une succession sous bénéfice d'inventaire puisque les deux patrimoines – patrimoine successoral et patrimoine de l'héritier bénéficiaire – restent bien distincts.

D'autre part, si la créance a été cédée ou si la dette a fait l'objet d'une saisie-arrêt, la confusion n'est plus possible.

Enfin, la confusion suppose que la même personne soit à la fois propriétaire de la créance et débitrice, si elle n'est qu'usufruitière de la créance, la confusion ne peut jouer.

b) Effets de la confusion

578. L'effet normal de la confusion est l'extinction de l'obligation, mais il y a des limites à cet effet extinctif et l'on a pu se demander si l'obligation était bien éteinte ou seulement paralysée.

1° L'effet extinctif de la confusion

579. La confusion éteint l'obligation car elle rend son exécution impossible. Elle entraîne également la disparition des accessoires de la créance et notamment des sûretés qui pouvaient l'accompagner, ainsi la caution se trouve-t-elle libérée (art. 1301, al. 1er). Toutefois, en cas de pluralité de créanciers ou de débiteurs, la confusion n'éteint l'obligation que pour la part de celui des créanciers qui devient débiteur, ou de celui des débiteurs qui devient créancier (art. 1301, al. 3).

2° Les limites à l'effet extinctif de la confusion

580. Pour la jurisprudence, l'effet de la confusion n'est pas total, et il n'est pas opposable aux ayants cause particuliers qui auraient acquis leurs droits avant la confusion. Par exemple, un locataire bénéficie d'un droit de prorogation légale opposable à un tiers auquel le propriétaire a consenti un bail qui doit prendre effet dès la fin de la prorogation. Entre-temps, le locataire prorogé devient propriétaire, la confusion ne l'empêche pas

---

1. Civ. 3e, 24 juin 2009, *JCP* 2009. 228, no 9, obs. G. Loiseau ; *RTD civ.* 2009. 722.

d'opposer au tiers le respect du délai de prorogation. **L'actuel projet de réforme** consolide cette solution en précisant que « la confusion éteint la créance et ses accessoires, sous réserve des droits acquis par ou contre des tiers » (art. 302).

Selon cette conception, la confusion paralyserait seulement les effets de l'obligation, qui renaîtrait au cas où la cause ayant entraîné la confusion viendrait à disparaître [1]. C'est ce qui se produit en cas d'annulation ou de résolution de l'acte ayant entraîné la confusion, mais, semble-t-il, uniquement en raison de la rétroactivité de l'annulation ou de la résolution. En revanche, si la confusion cesse pour une autre cause, par exemple l'héritier cède ses droits successoraux, ou le locataire devenu propriétaire revend l'immeuble, l'obligation ne revit pas.

B. Modes conventionnels d'extinction des obligations sans qu'il y ait exécution

581. Les obligations peuvent s'éteindre d'un commun accord des parties bien qu'elles n'aient pas été exécutées ; c'est ce qui se passe en cas de remise de dette ou de résiliation amiable.

1. La remise de dette

582. Le Code civil traite de la question dans les articles 1282 à 1287, en distinguant d'une part, le mécanisme de la remise de dette et, d'autre part, sa preuve, la remise de dette étant présumée en cas de remise du titre de créance.

a) Le mécanisme de la remise de dette

► ***La remise de dette*** est un contrat par lequel le créancier consent à libérer gratuitement le débiteur de son obligation avec l'accord de celui-ci. Cette définition est consacrée par le projet de réforme (art. 288).

1° Nature juridique de la remise de dette

583. On pourrait considérer la remise de dette comme une renonciation à un droit, mais c'est inexact, car la renonciation est un acte unilatéral, alors que nous sommes ici en présence d'un contrat. Le débiteur doit accepter.

Il s'agit généralement d'un acte à titre gratuit, d'une donation indirecte, mais on se demande si elle ne pourrait pas également avoir une contrepartie dans un autre abandon consenti par le débiteur, ce qui constituerait les éléments d'une transaction (art. 2044), donc un acte à titre onéreux.

2° Conditions de la remise de dette

584. La remise de dette exige réunies les conditions d'une convention et celles d'une libéralité. Conditions d'une convention, c'est-à-dire, notamment, que le consentement des deux parties doit exister et être exempt de vices (v. ss 725 s.). Toutefois, il est admis que celui du débiteur soit tacite, son silence vaut acceptation s'il est au courant de l'offre

---

1. Req. 12 déc. 1934, *Gaz. Pal.* 1935. I. 203 ; T. civ. Marseille, 15 févr. 1957, *D.* 1957. Somm. 74.

du créancier. Il faut, aussi, les conditions des libéralités, c'est-à-dire l'intention libérale, la capacité de faire ou de recevoir une libéralité, et la remise de dette est soumise aux règles du rapport et de la réduction.

En revanche, on n'exige pas les formes habituellement requises pour les libéralités, car la remise de dette est considérée comme une donation indirecte pour laquelle aucune forme n'est requise. Mais si elle est contenue dans un testament, elle obéit aux règles des libéralités testamentaires.

3° Effets de la remise de dette

585. L'effet essentiel est un effet extinctif. La créance est éteinte et les sûretés qui la garantissaient disparaissent aussi. La remise de dette accordée au débiteur libère les cautions (art. 1287, al. 1er), mais celle qui est accordée à l'une des cautions ne libère ni le débiteur ni les autres cautions (art. 1287, al. 2 et 3).

En cas de solidarité de débiteurs, la remise de dette accordée à l'un des codébiteurs « libère tous les autres, à moins que le créancier n'ait expressément réservé ses droits contre ces derniers » et, dans ce cas, il ne peut réclamer aux autres codébiteurs la dette qu'après déduction de la part de celui auquel la remise a été faite (art. 1285). **L'actuel projet de réforme** reprend la même solution autrement formulée : « en cas de solidarité des créanciers, la remise de dette faite par l'un seulement des créanciers solidaires ne libère le débiteur que pour la part de ce créancier » (art. 289).

b) Preuve de la remise de dette

1° Preuve normale

586. La remise de dette, étant un acte juridique, doit être prouvée par les moyens admis pour les actes juridiques (art. 1341), c'est-à-dire par écrit au-dessus de 1 500 euros, par témoignage ou présomption au-dessous de cette somme ou s'il y a un commencement de preuve par écrit.

2° Présomption légale

587. Pour faciliter la preuve de la libération du débiteur, le législateur a établi une présomption légale dispensant le débiteur de faire la preuve du paiement ou de la remise de dette, chaque fois que la remise du *titre* constatant la créance lui a été faite volontairement par le créancier (art. 1282-1283).

Il faut bien remarquer qu'il ne s'agit pas exclusivement d'une présomption de remise de dette, mais d'une présomption de « libération », par paiement ou par remise de dette, peu importe. Cependant, c'est à la section consacrée à la remise de dette que se trouvent ces dispositions.

588. Le Code fait toutefois une distinction selon que le titre remis au débiteur est « le titre original sous signature privée » ou la « grosse du titre ».

• *Lorsque la créance a été constatée dans un acte sous seing privé*, la seule preuve que le créancier a de son droit est l'original de cet acte ; aussi, s'il l'a remis au débiteur, l'article 1282 dispose que cela « fait preuve de libération ». On traduit cela en disant qu'il s'agit d'une présomption irréfragable qui ne souffre pas la preuve contraire puisque le créancier n'aurait plus aucun moyen de prouver son droit.

• *En revanche, si la créance a été constatée dans un acte authentique*, l'original demeure entre les mains de l'officier public, et le créancier dispose d'expéditions et d'une « grosse », copie munie de la formule exécutoire. Si le créancier se dessaisit de cette grosse en la remettant au débiteur, il y a présomption de libération, mais présomption simple seulement, car le créancier pourrait encore obtenir satisfaction en redemandant une expédition et en obtenant un jugement pour le rendre exécutoire. C'est pourquoi l'article 1283 dispose que « la remise volontaire de la grosse du titre fait présumer la remise de la dette ou le paiement, *sans préjudice* de la preuve contraire ». Il s'agit bien ici d'une présomption simple qui tombe devant la preuve contraire.

589. Ces présomptions permettent au débiteur d'éviter d'avoir à faire la preuve de sa libération. Mais si le débiteur (ou un tiers) a intérêt à établir qu'il s'agit d'une remise de dette et non d'un paiement (ou inversement) il faudra qu'il apporte la preuve du mode de libération qu'il invoque, et ce, par tous moyens.

2. La résiliation amiable et la révocation

590. Ce sont des causes d'extinction qui concernent exclusivement les contrats, aussi les développerons-nous ultérieurement. Aux termes de l'article 1134, alinéa 2, les conventions entre deux parties « ne peuvent être révoquées que de leur consentement mutuel ». La révocation et la résiliation amiable ou conventionnelle sont deux modes d'extinction contractuels d'une obligation sans qu'il y ait eu exécution ou, tout au moins, sans que le contrat soit mené à son terme.

Ils se rapprochent de la résolution mais, comme nous le verrons plus loin (v. ss 1227), la résolution est demandée par l'une des parties quand l'autre n'exécute pas ses obligations, alors que la révocation et la résiliation amiable résultent d'un accord entre les parties.

► On parle de ***révocation*** lorsque l'extinction atteint une convention qui n'avait pas encore été exécutée. Exemple : révocation d'une vente, les parties ayant changé d'avis avant l'exécution. Il peut aussi y avoir révocation à effet rétroactif avec remise des choses au même état que si l'obligation n'avait pas existé, sous réserve des droits des tiers.

► On parle de ***résiliation*** dans les contrats à exécution successive, uniquement pour les prestations à venir. Exemple : résiliation d'un bail pour l'avenir.

La chambre commerciale précise que « la résiliation d'un contrat d'un commun accord des parties met fin aux obligations qui en découlent pour chacune d'elles » [1]. La résiliation amiable se distingue bien de la résolution judiciaire où le cocontractant victime est en droit d'obtenir des dommages-intérêts pour le préjudice subi du fait de la rupture anticipée du contrat.

Il existe, enfin, certains contrats qui ne peuvent en faire l'objet. Ce sont essentiellement : le contrat de mariage, mais seulement pendant les deux premières années du mariage (art. 1397), et les contrats-règlements, par exemple les conventions collectives.

---

1. Com. 1er févr. 1994, *RTD civ.* 1994. 356, obs. J. Mestre.

C. Extinction de l'obligation par impossibilité d'exécution : l'inexécution fortuite

591. Un débiteur peut être empêché d'exécuter son obligation par suite d'un événement indépendant de sa volonté : cas fortuit, force majeure ou fait du prince. Dans ce cas, l'impossibilité d'exécution met fin à l'obligation sans donner lieu à dommages et intérêts (art. 1302, en cas de perte de la chose due). La question soulève des difficultés particulières dans le cas où l'obligation ou les obligations considérées sont inscrites dans un contrat synallagmatique, dans lequel, on le verra (v. ss 1255), les obligations des parties sont réciproques et interdépendantes. On peut se demander dans un tel contexte, si l'extinction des obligations de l'un en vertu de la théorie des risques, met fin ou pas aux obligations de l'autre. Le Code civil a donné quelques éléments de réponse que nous étudierons dans ce cadre de l'étude des conséquences de l'inexécution contractuelle (v. ss 1255 s.)

592. L'actuel projet de réforme gouvernemental du régime des obligations (oct. 2013) se préoccupe de cette question de l'impossiblité d'exécution dans le chapitre consacré aux causes d'extinction de l'obligation. Il précise à titre de principe, que l'impossibilité d'exécuter « libère le débiteur à due concurrence lorsqu'elle procède d'un cas de force majeure et qu'elle est irrémédiable, à moins qu'il n'ait convenu de s'en charger ou qu'il n'ait été mis en demeure ». Il ajoute une autre hypothèse de libération du débiteur, dans le cas de la perte de la chose : « le débiteur est libéré s'il prouve que la perte se serait pareillement produite si l'obligation avait été exécutée. Mais dans ce cas, le débiteur est tenu de céder à son créancier les droits et actions attachées à la chose ».

II. Mode d'extinction d'une obligation avec naissance d'une autre obligation : la novation

► ***La novation*** est un mode d'extinction tout à fait particulier, qui est plutôt une technique permettant de substituer une nouvelle obligation qu'elle crée, à une autre qu'elle éteint, en modifiant l'un des éléments de l'obligation primitive : le créancier, le débiteur, ou la dette elle-même (art. 1271). D'ailleurs, dans le sens de cette analyse, **l'actuel projet de réforme du régime des obligations** inscrit la novation non pas dans les modes d'extinction de l'obligation mais dans les hypothèses de modification du rapport d'obligation au même titre que les opérations translatives (cession de créance, cession de dette et de contrat) et que la délégation.

593. D'origine romaine, elle fut très utilisée tant que la cession de créance n'était pas admise. Aujourd'hui, elle a perdu beaucoup de son intérêt, car la cession de créance (v. ss 421 s.) remplace avantageusement la novation par changement de créancier ; en revanche, la cession de dette n'étant pratiquement pas possible (v. ss 399 s.), on a parfois recours à la novation par changement de la nature ou des conditions de l'obligation.

A. Conditions de la novation

594. Pour que la novation se réalise, il faut, d'une part, la succession de deux obligations valables, d'autre part, un élément nouveau qui fait de la nouvelle obligation une obligation réellement différente de l'ancienne, enfin l'intention de nover.

1. Succession de deux obligations valables

595. L'obligation ancienne à éteindre doit être valable, c'est-à-dire qu'elle ne doit être ni nulle, ni annulable. Toutefois, s'il s'agit d'une nullité relative, on admet que la novation est possible si le motif de nullité a disparu, car il y aurait confirmation tacite. Si l'ancienne obligation était conditionnelle, la nouvelle le sera en principe aussi. L'obligation nouvelle doit également être valable, puisque c'est sa création qui provoque l'extinction de l'ancienne. Si elle est annulée ou résolue, le jeu de la rétroactivité fait revivre l'ancienne obligation et la novation ne peut avoir lieu.

2. Nécessité d'un élément nouveau

596. La novation suppose que la nouvelle obligation soit effectivement différente de l'ancienne, qu'il y ait *aliquid novi*, c'est-à-dire quelque chose de nouveau. Cet élément de nouveauté peut être subjectif, s'il concerne les parties, ou objectif, s'il concerne la dette elle-même.

a) Novation subjective

597. Elle se produit lorsqu'il y a changement de créancier ou de débiteur.

1° Novation par changement de créancier (art. 1271, 3°)

598. Elle permet d'éteindre une obligation et de lui en substituer une autre appartenant à un autre créancier (v. schéma). Très utilisée autrefois, elle ne l'est plus guère depuis que la cession de créance permet d'effectuer ce transfert. Il ne faut pourtant pas confondre ces deux procédés : en effet, alors que le débiteur doit être informé de la cession de créance, cela n'est pas nécessaire pour la novation, qui s'effectue également sans aucun formalisme. Mais c'est surtout par leurs effets qu'elles diffèrent, car la cession de créance permet de transférer au nouveau créancier la créance originaire avec tous ses accessoires, alors que dans la novation, c'est une nouvelle créance qui apparaît et les garanties de l'ancienne disparaissent, à moins que le créancier ne les ait expressément réservées (art. 1278). L'article 1277, alinéa 2, invite, également, à ne pas confondre la novation par changement de créancier avec la désignation d'un mandataire chargé de recevoir le paiement.

2° Novation par changement de débiteur (art. 1271, 2°)

599. Ici, la novation substitue un nouveau débiteur à l'ancien (v. schéma). Cela permettrait de suppléer la cession de dette, s'il n'y avait pas le même inconvénient que pour la novation par changement de créancier : c'est une nouvelle dette qui prend naissance, sans aucun des caractères de l'ancienne, notamment les privilèges et hypothèques primitifs de la créance ne peuvent point passer sur les biens du nouveau débiteur (art. 1279, al. 1er) mais ils peuvent être réservés *avec le consentement exprès des propriétaires des biens grevés* pour garantir l'exécution de l'engagement du nouveau débiteur (art. 1279, al. 2). Ce type de novation se trouve rarement isolé, il se rencontre plutôt à l'occasion de la *délégation* (v. ss 412 s.), lorsque le nouveau débiteur s'oblige à la demande de l'ancien, mais pour que l'ancien débiteur soit libéré (délégation parfaite) il faut l'accord exprès du créancier (art. 1275).

Elle peut s'effectuer aussi sous la forme de l'*expromissio*. Dans ce cas, c'est spontanément que le nouveau débiteur s'engage à la place de l'ancien qui n'intervient pas dans l'opération (art. 1274).

b) Novation objective

600. Ici, c'est l'obligation elle-même qui subit une modification (art. 1271, al. 1er), de son objet, de sa cause ou de ses modalités.

1° Novation par changement d'objet

601. Il faut qu'il y ait une modification de la nature de l'objet de l'obligation, par exemple obligation de livrer une somme d'argent au lieu d'une marchandise ou inversement. Mais il ne faut pas confondre la novation par changement d'objet avec la dation en paiement (v. ss 529), car, dans ce dernier cas, il n'y a pas substitution d'une obligation à une autre, puisque la dation en paiement prend naissance et s'exécute en même temps.

2° Novation par changement de cause

602. Ici, ce sont toujours le même créancier, le même débiteur, le même objet de l'obligation, mais c'est sa cause qui diffère : par exemple, les parties conviennent que l'acheteur d'un immeuble en conservera le prix à titre de prêt au lieu de payer de suite. Il est toujours débiteur, mais en tant qu'emprunteur et non plus en tant qu'acquéreur, ce qui implique la disparition des sûretés qui accompagnaient la créance primitive, telle que le privilège du vendeur, par exemple, à moins que le créancier ne les ait expressément réservées (art. 1278).

3° Novation par changement de modalités de la créance

603. Il s'agit de modifier la substance même de l'obligation en y insérant ou en en retranchant une modalité, une condition, par exemple, mais non un terme car cela ne concernerait que l'exécution de l'obligation et non sa substance.

3. Intention de nover

604. La novation ne se présume pas : il faut que l'intention de nover résulte clairement de l'acte (art. 1273). En effet, la création d'une nouvelle obligation n'éteint pas forcément l'ancienne, elle pourrait venir s'y ajouter. Aussi faut-il que l'intention d'éteindre une obligation pour lui en substituer une nouvelle soit évidente. Il n'y a pas de forme particulière, l'intention de nover peut être implicite, à condition qu'elle soit certaine, mais on peut en faire la preuve par tous moyens.

Il ne faut donc pas confondre les cas où les parties ont seulement voulu *aménager* leur obligation mais non opérer une novation, par exemple en instituant un terme, en désignant un mandataire pour le paiement, etc. De même, la remise d'un chèque en paiement n'entraîne pas novation, pas plus que l'acceptation d'un règlement par billet à ordre ou lettre de change.

B. Effets de la novation

605. La novation produit un double effet : effet extinctif et effet créateur. En même temps, il y a un lien entre les deux opérations, l'une étant la cause de l'autre, et une distinction puisque l'une d'elles disparaît lorsque l'autre apparaît.

Il y a donc deux effets essentiels.

1. Intransmissibilité des garanties et des exceptions

606. La disparition de l'ancienne obligation entraîne celle des sûretés qui l'accompagnaient (art. 1278 à 1281), mais également des exceptions que le débiteur pouvait opposer au créancier. Tous les vices de l'obligation disparaissent avec elle, et l'obligation nouvelle naît avec ses caractères propres. Toutefois, la jurisprudence considère que l'étendue de l'étendue de l'effet extinctif de la novation dépend étroitement de la volonté des parties et que, dans le silence de celles-ci, il y a survie des clauses antérieures non expressément incompatibles avec la relation contractuelle nouvelle [1]. Cette position, implicitement prise par la Cour de cassation dans cet arrêt, est cependant dangereuse dans la mesure où il risque d'y avoir incertitude concernant les clauses qui peuvent, ou non, avoir survécu.

D'autre part, si la convention novatoire se trouve ultérieurement annulée, pour vice de consentement par exemple, la rétroactivité de la nullité a pour conséquence de faire revivre la convention ancienne à laquelle elle s'était substituée [2]. Mais, pendant un temps, la Cour de cassation considérait que cette survie de l'ancienne obligation pouvait être écartée en cas de mauvaise foi du créancier, à titre de sanction, s'il avait entendu « en connaissance de cause, substituer à l'obligation antérieure une obligation nouvelle qu'il savait annulable de son propre fait » [3]. Or, dans l'arrêt précité du 14 mai 1996, la Cour de cassation est expressément revenue sur cette solution pour faire application du droit commun des nullités. La victime ne peut que demander une indemnisation en faisant jouer la responsabilité civile.

2. Survivance possible d'un lien entre les deux obligations

607. L'ancienne obligation peut survivre dans une certaine mesure, si les parties le désirent. Ainsi, le créancier peut-il stipuler qu'il conservera les privilèges et hypothèques (art. 1278, *in fine*) ou les cautions et les débiteurs solidaires (art. 1281, al. 3).

608. L'actuel projet de réforme du régime des obligations (oct. 2013), suivant *l'avant-projet Catala* ne propose pas de solutions très différentes concernant la novation ; il se contente de la définir et d'insister sur la nécessité d'une distinction entre les deux obligations. Un apport consiste cependant à préciser que « la novation par le changement de créancier peut avoir lieu si le débiteur a, par avance, accepté que le nouveau créancier soit désigné par le premier » (avant-projet, art. 1270, al. 1er et projet, art. 321). Par ailleurs, en cas de novation par changement de débiteur, il est prévu que les sûretés réelles d'origine peuvent être réservées avec le consentement des titulaires des droits grevés ; et,

---

1. Com. 3 juill. 2001, *Bull. civ.* IV, n° 131, *JCP* 2002. I. 134, obs. G. Virassamy.
2. Civ. 3e, 12 févr. 1986, *Bull. civ.* III, n° 9 ; et plus récemment, Com. 14 mai 1996, *JCP* 1997. II. 22895, note F. Jacob ; *Bull. civ.* IV, n° 138 ; *JCP* 1997. I. 4002, obs. G. Virassamy.
3. Civ. 3e, 5 mai 1970, *Bull. civ.* III, n° 311.

dans les autres cas, le maintien des sûretés, tant réelles que personnelles peut être décidé, du consentement de tous les intéressés. La souplesse de ces dispositions devrait permettre aux professionnels de faire de la novation un instrument efficace de gestion des créances, susceptible de constituer une alternative utile à la cession de créance, en lui redonnant un renouveau d'intérêt. Cela devrait permettre d'utiliser « la novation comme cadre juridique d'opérations de refinancement »[1]. Dans le prolongement de cette idée, **l'actuel projet de réforme du régime des obligations** (oct. 2013) propose également, rappelons-le (v. déjà, ss. 592), de ne plus considérer la novation comme un mode d'extinction des obligations et de l'inclure dans le chapitre nouveau sur la modification du rapport d'obligation, avec la cession de créance et la délégation. Elle deviendrait ainsi un mode de transmission et de circulation des créances.

1. H. Synvet, présentation du projet.

DOCUMENTS

BIBLIOGRAPHIE

BANDRAC (M.), *La nature juridique de la prescription extinctive en matière civile*, thèse, 1983.

BUFFELAN-LANORE (Y.), *Essai sur la notion de caducité des actes juridiques en droit civil*, thèse, LGDJ, 1963.

BUY (M.), « Prescription de courte durée et suspension de la prescription », *JCP* 1977. I. 2833.

CARBONNIER (J.), « prescription extinctive », *RTD civ.* 1952. 171.

CARIO (R.), « Modifications conventionnelles de la prescription extinctive », *LPA* 6 nov. 1998.

CHARDEAU (A.) et DUQUET (G.), « La réforme de la prescription civile : un enjeu juridique et économique », *LPA* 22 févr. 2008.

DAGOT (M.), « La novation par changement de débiteur et le droit hypothécaire », *JCP* 1975. I. 2693.

MALAURIE (Ph.), « La réforme de la prescription civile », *LPA* 22 févr. 2008, n° 39, p. 3.

MEKKI (M.), « La prescription extinctive trentenaire de l'article 2262 du Code civil n'est pas applicable à l'action en nullité pour dol », *JCP* 2006. II. 10036.

MESTRE, (chronique de jurisprudence à propos de la novation), *RTD civ.* 1985. 732.

PACTET (C.), « De la réalisation de la novation », *RTD civ.* 1975. 397, 435 et 631.

VASSEUR (M.), « Délais préfix, délais de prescription, délais de procédure », *RTD civ.* 1950. 439.

VIALATTE (T.), « L'effet extinctif de la réunion sur une même tête de qualités contraires et ses limites », *RTD civ.* 1978. 567.

WESTER-OUISSE (V.), « La caducité en matière contractuelle : une notion à réinventer », *JCP* 2001. I. 290.

La novation

1. Novation par changement de créancier

①

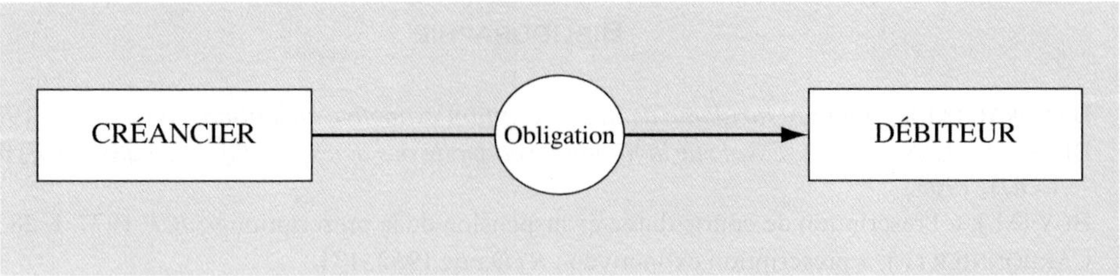

②

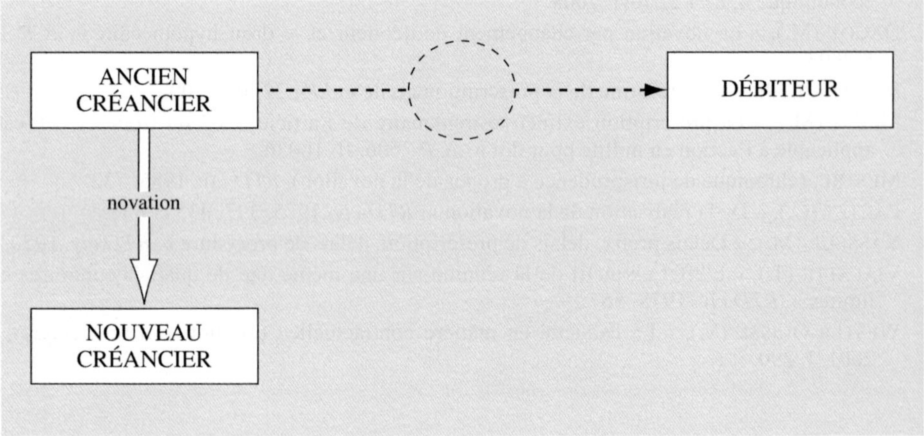

③

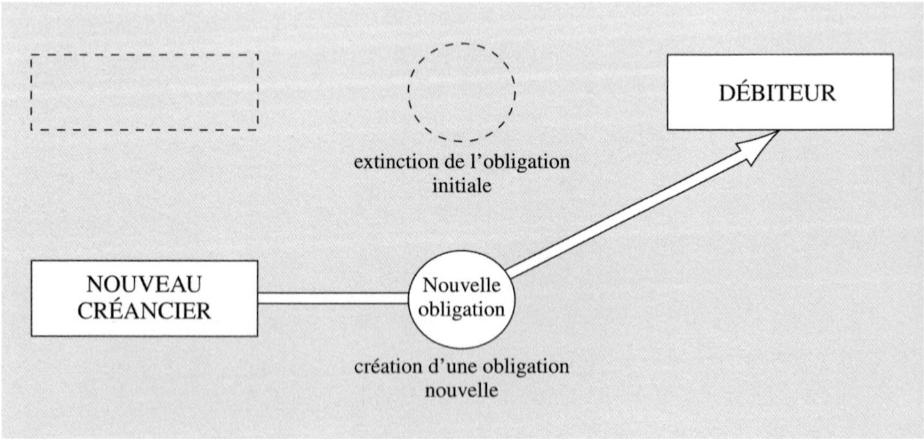

Note. Comparer avec la cession de créance (v. ss 326 s., et schéma en fin de chapitre).

2. Novation par changement de débiteur

①

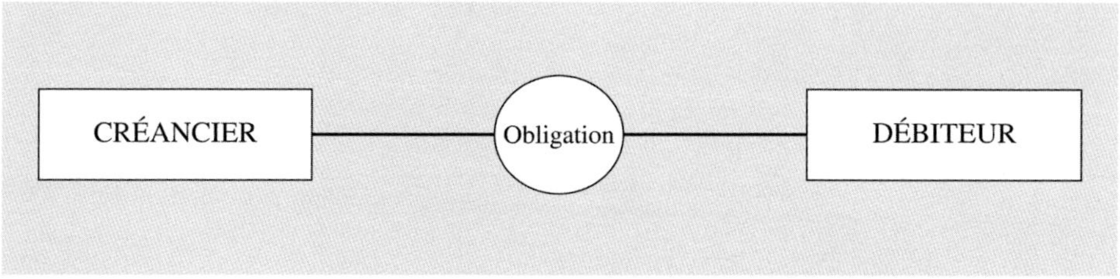

②

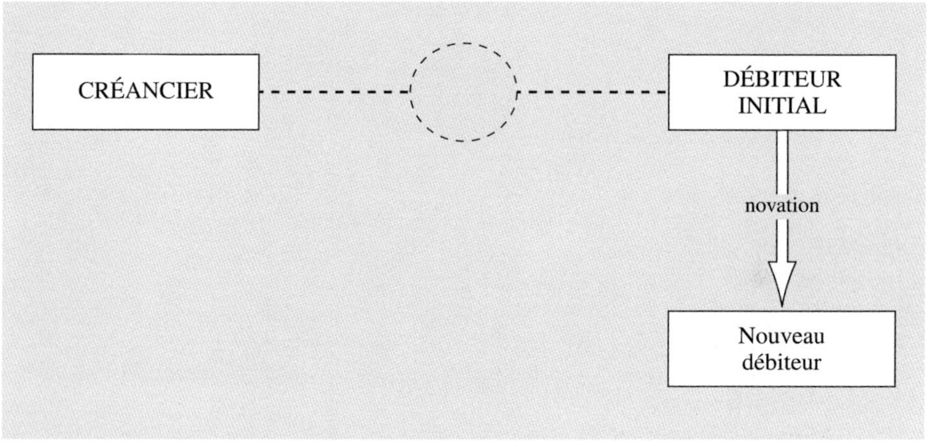

③

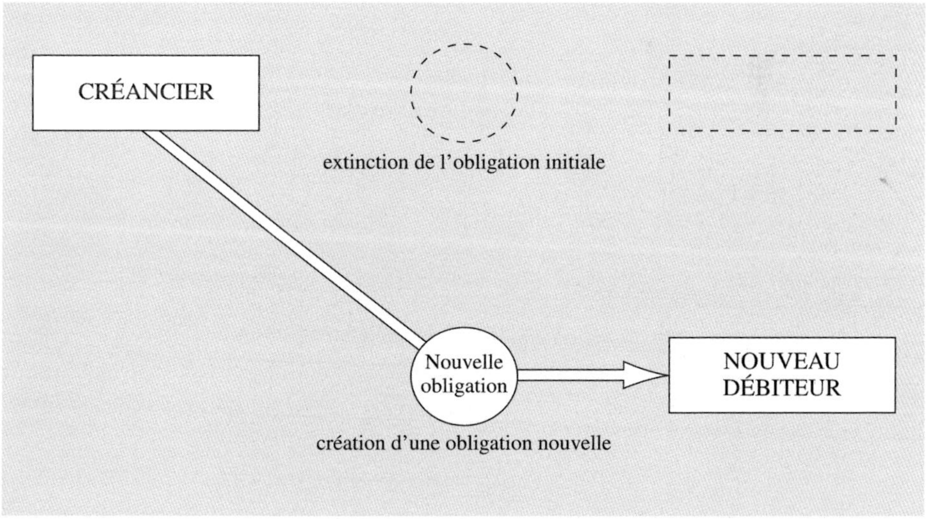

Note. Comparer avec la délégation parfaite (v. ss 412 s., 469, schéma en fin de chapitre).

Deuxième partie

Les actes juridiques : les contrats

609. Après avoir étudié les différents mécanismes et techniques qui relèvent du régime général de l'obligation, nous allons reprendre plus en détail l'étude des sources des obligations, selon la classification moderne adoptée aujourd'hui : celle des actes juridiques qui feront l'objet de la deuxième partie, puis celles des faits juridiques qui seront présentées dans la troisième partie.

Cette seconde partie est donc consacrée aux actes juridiques et plus particulièrement au contrat, principal acte juridique autour duquel s'est bâtie la théorie générale des obligations inscrite dans le Code civil en 1804 et qui s'y retrouve encore aujourd'hui, même si des projets de réforme sont actuellement en cours.

Après un chapitre préliminaire consacré à une approche générale du contrat, seront exposés successivement :

Titre 1. La formation du contrat
Titre 2. Les effets du contrat

Chapitre préliminaire

Approche générale du contrat

Introduction

610. Comme nous l'avons vu lors de l'étude de la classification des obligations d'après leurs sources, (v. ss 44 s.) les actes juridiques constituent l'une des sources des obligations, celles qui sont dites volontaires, c'est-à-dire essentiellement les obligations contractuelles et les obligations nées d'un engagement unilatéral. En effet, les actes juridiques, qui sont des manifestations intentionnelles de volonté destinées à produire un effet juridique, peuvent être des actes unilatéraux ou bilatéraux (ou plurilatéraux). Mais ce qui nous intéresse ce sont les actes bilatéraux ou plurilatéraux, c'est-à-dire les contrats.

a) Importance du contrat

Le contrat représente la catégorie la plus importante des actes juridiques, celle à partir de laquelle s'est construit historiquement tout le droit des obligations. Il constitue un instrument essentiel, tant sur le plan juridique qu'économique.

Sur le plan économique, le contrat constitue l'instrument des échanges économiques ; il suffit de prendre l'exemple du contrat de vente ou du contrat de bail, pour comprendre son importance.

Juridiquement, il constitue la source principale des obligations, un mode privilégié de création et de transfert des droits. C'est un outil très perfectionné. Au cours des siècles et jusqu'au Code civil, une « théorie générale du contrat » a été élaborée. Le Code civil, qui l'a mise en forme, contient ainsi, pratiquement inchangé depuis 1804, dans les articles 1101 à 1369 (soit plus de deux cent cinquante articles) l'ensemble des règles générales gouvernant le contrat. C'est un ensemble cohérent car il est gouverné et structuré par des principes directeurs, constitué de règles générales applicables à tout contrat quel qu'il soit et concernant sa formation et ses effets. Cette théorie générale s'applique aussi aux autres actes juridiques, sous réserve de certaines adaptations.

b) Actuel projet de réforme du droit des contrats

611. Un projet de réforme global du droit des obligations comportant un volet sur le droit des contrats est actuellement en cours et la réforme s'annonce[1]. Il s'agit de reprendre la théorie générale du contrat et de réformer les articles 1101 à 1369 du Code

1. V. l'entête de la chronique de Droit des contrats, 16 juin 2014, *JCP* 2014. Doctr. 699 : « Tout le monde est dans l'attente de "la réforme historique du droit des contrats" (*Affiches parisiennes*, 5 au 7 mars 2014, p. 8, Interviews de Business & Legal Forum), qui s'annonce ».

civil, c'est-à-dire l'intégralité de la matière. L'objectif est de moderniser le droit du contrat, en tenant compte des solutions jurisprudentielles acquises qui ont permis l'adaptation du droit du contrat à l'évolution économique, mais aussi des travaux de la doctrine et des projets d'harmonisation européenne du droit des contrats, incontournables aujourd'hui (v. déjà ss 10, et surtout, v. ss 98, pour les projets européens ; v. ss 104 s., 111 s., pour les projets en droit interne).

On rappellera qu'une première initiative doctrinale majeure avait donné lieu à « *l'avant-projet de réforme du droit des obligations et de la prescription* » (avant-projet Catala), sous le parrainage de l'Association Henri Capitant et dirigé par Pierre Catala, qui a été présenté au gouvernement en 2005. *Un projet officiel de réforme du droit des contrats*, conçu par la Chancellerie, et inspiré de l'avant-projet Catala sans pour autant en reprendre toutes les solutions, a été ensuite rendu public en 2008. Puis de nouvelles propositions doctrinales (*propositions Terré*) ont été formulées par un groupe dirigé par F. Terré (en réponse à l'avant-projet Catala en quelque sorte) et publiées en 2008.

À la suite de ces initiatives doctrinales et gouvernementales, la réforme du droit des contrats a marqué un coup d'arrêt, avant que les consultations publiques ne reprennent, et qu'un *nouveau projet de la Chancellerie* très complet cette fois puisqu'il concerne à la fois le droit des contrats, le droit de la responsabilité, les quasi-contrats et le régime général et la preuve des obligations (soit l'ensemble de la matière du droit des obligations) ne soit présenté à la fin de l'année 2013 (v. aussi ss 111 et s.) Si le projet n'est donc pas encore devenu du droit positif, il convient cependant avant d'aborder l'étude du droit du contrat d'en présenter les principales options.

L'actuel projet de réforme du droit des contrats, pour l'essentiel, vise à consolider les acquis en codifiant les solutions dégagées par une jurisprudence constante, afin de répondre à l'objectif constitutionnel d'intelligibilité de la loi et de renforcer la sécurité juridique. Mais il existe aussi des solutions novatrices (disparition de la cause, réception partielle de l'imprévision, généralisation à tous les contrats de la sanction des clauses abusives…) qui marquent le souci de proposer un dispositif mieux adapté aux enjeux économiques actuels. Comme déjà souligné (v. ss 111 s.), le projet reste, globalement un projet d'ajustement et non de rupture. La matière est réécrite dans un style modernisé et simplifié, et agencée selon un plan plus chronologique et didactique.

Dans un chapitre Ier intitulé « dispositions liminaires » sont énoncés non seulement les définitions complétées et actualisées du contrat et des différentes sortes de contrat (art. 1er à 10) mais aussi les principes directeurs appelés à structurer le droit des contrats, qui ne figurent pas actuellement en tant que tels dans le Code civil : la liberté contractuelle, principe directeur classique dont l'importance majeure est ainsi réaffirmée (mais avec ses limites : l'ordre public et les droits et libertés fondamentaux), mais aussi la bonne foi, dont il est précisé qu'elle s'impose au stade de la formation comme de l'exécution du contrat.

Dans un chapitre II, le processus de formation du contrat est ensuite envisagé : il comprendrait désormais les règles relatives à la conclusion du contrat, actuellement très incomplètes voire inexistantes dans le code civil (négociation, rencontre de l'offre et de l'acceptation, avant-contrats et contrat conclu par voie électronique) et les règles relatives à la validité du contrat. Les conditions de validité du contrat sont modernisées : consentement, capacité et contenu du contrat sont affirmés comme les trois éléments clés de la validité du contrat et sont réglementés dans trois premières sous-sections. La disparition de la cause, notion jugée imprécise et source d'insécurité juridique est acquise : elle ne fait plus partie des conditions essentielles à la validité du contrat, même si les principales fonctions qu'elle remplit sont sauvegardées par d'autres dispositifs. Concernant le contenu du contrat qui doit être licite et certain, le projet consacre notamment la possibilité reconnue par la jurisprudence de fixer unilatéralement le prix dans un certain nombre de contrats (contrats-cadres, contrats à exécution successive et contrats de prestation de service) et généralise la sanction des clauses abusives. La forme du contrat fait ensuite l'objet d'une sous-section spécifique et le chapitre se clôt par une dernière sous-section consacrée aux sanctions (comportant notamment une définition de la caducité).

Le chapitre III est consacré aux règles d'interprétation du contrat.

Le chapitre IV s'intéresse aux effets du contrat. La première section est consacrée aux effets entre les parties et la seconde aux effets à l'égard des tiers. Le principe de la force obligatoire du contrat entre les parties est rappelé ainsi que celui de l'effet relatif à l'égard des tiers. Cependant, des solutions nouvelles sont également inscrites. Ainsi, pour assurer une meilleure prise en compte des circonstances économiques, la théorie de l'imprévision est accueillie pour permettre aux parties d'adapter leur contrat en cas de changement imprévisible des circonstances rendant son exécution excessivement onéreuse. De même des dispositions sont consacrées à l'effet translatif du contrat lorsqu'il a pour objet l'aliénation de la propriété ou d'un autre droit. La section 3 contient des règles relatives à la durée du contrat et enfin une section 4 regroupe les règles applicables en cas d'inexécution contractuelle. Après avoir exposé pédagogiquement les différents remèdes à l'inexécution, le projet envisage successivement la force majeure qu'il définit, l'exception d'inexécution (qui peut même être utilisée par anticipation), l'exécution forcée en nature, la réduction du prix, la résolution puis la réparation contractuelle, renvoyant sur ce dernier point au chapitre sur la responsabilité civile

Si **l'actuel projet de réforme** reprend pour l'essentiel les solutions jurisprudentielles acquises et déjà de droit positif, certaines solutions nouvelles sont consacrées, qui seront signalées au fur et à mesure de l'étude du contrat. Ainsi, après avoir vu la définition du contrat (I) nous étudierons les principes directeurs du contrat et leurs évolutions (II) et enfin les différentes classifications des contrats.

I. Définition du contrat

612. Dans le langage courant, l'idée de contrat est synonyme d'engagement pris par une personne envers une autre. Cette idée d'engagement se retrouve bien sûr, sur le plan juridique. Mais l'engagement contractuel présente un certain nombre de caractéristiques qui le distinguent d'autres formes d'engagements juridiques.

a) La définition de l'article 1101 : le contrat variété d'acte juridique

613. Selon l'article 1101 du Code civil : « Le contrat est une convention par laquelle une ou plusieurs personnes s'obligent, envers une ou plusieurs autres à donner, à faire ou à ne pas faire quelque chose ». **L'actuel projet de réforme de la Chancellerie** (oct. 2013) propose une nouvelle définition qui ne fait plus référence à l'objet de l'obligation : donner faire ou ne pas faire, ni même d'ailleurs à la notion d'obligation : « un contrat est un accord de volontés entre deux ou plusieurs personnes destiné à créer des effets de droit ». Le texte du projet adopterait donc la définition que l'on donne actuellement de la convention pour la distinguer du contrat. Revenons sur ces définitions.

► ***L'acte juridique***, nous l'avons dit, peut être unilatéral (ex. le testament), ou plurilatéral : dans ce cas il s'agit d'une convention.

► ***La convention***, selon la définition d'Aubry et Rau, est « un accord de deux ou plusieurs volontés sur un objet d'intérêt juridique » qui a pour effet de modifier une situation juridique en créant, modifiant, transmettant ou éteignant un droit, par exemple, la remise de dette qui a un effet purement extinctif, sans produire d'obligation.

► ***Le contrat*** serait donc une variété de convention : c'est un acte conventionnel (accord de volontés) destiné spécifiquement à créer des obligations. Ces obligations naissent de la volonté. Le contrat est donc un acte juridique créateur d'obligations. Il est l'instrument des échanges économiques, qu'il s'agisse de la circulation des biens ou des services. Il peut réaliser par l'intermédiaire de la création d'obligation, soit un transfert unilatéral d'un bien ou la prestation d'un service sans contrepartie (on dira alors que le contrat est unilatéral et à titre gratuit) soit un transfert compensé par un contre transfert (on dira alors que le contrat est à titre onéreux et bilatéral ou synallagmatique).

En pratique, il y a souvent confusion entre les termes de contrat et de convention et le Code civil lui-même les emploie souvent l'un pour l'autre, mais strictement, la convention a un objet plus large que le contrat. On l'a vu (v. ss 613), **l'actuel projet de réforme** pour sa part supprime la distinction et réalise l'absorption de la convention par le contrat.

b) Le contrat se distingue de l'acte unilatéral

614. L'acte juridique unilatéral est aussi une variété d'acte juridique. Comme le contrat, il fait intervenir la volonté. Comme le contrat, il peut faire naître des obligations à la charge d'un individu et au profit d'un autre. Mais, alors que dans le contrat, la naissance des obligations suppose un accord de volonté, dans l'acte unilatéral, l'obligation naît d'une seule volonté, la volonté de celui qui s'oblige. Par ailleurs, l'acte unilatéral peut produire d'autres effets que la création d'obligations : par exemple éteindre un droit. C'est ce que l'on appelle les actes abdicatifs, comme par exemple la renonciation à une succession.

615. Le droit français reconnaît certaines applications de l'acte unilatéral mais n'a jamais admis de façon générale que la volonté unilatérale puisse produire un effet obligatoire et que la force obligatoire puisse découler d'une seule volonté. La jurisprudence, en dehors des cas spécifiques prévus par la loi (par ex. le legs contenu dans un testament ou encore la renonciation à un droit) admet elle aussi parfois l'existence d'engagements unilatéraux : par exemple l'engagement unilatéral qui transforme une obligation naturelle en obligation civile (v. ss 15) mais également d'autres types d'engagements[1]. En l'absence d'un régime propre à l'acte unilatéral, il obéit aux règles gouvernant le contrat, sous réserve des adaptations nécessaires.

c) Le contrat se distingue de l'acte collectif

616. L'acte collectif, comme le contrat, suppose la rencontre de deux ou plusieurs volontés. Cependant, à l'inverse du contrat, dans l'acte collectif, il ne se produit pas

1. Pour des exemples v : Civ. 3e, 12 févr. 2013, n° 11-21314, *RDC* 2013/III, p. 865, obs. T. Génicon : « ayant relevé que par courrier le gérant de la SCI s'était engagé personnellement à effectuer les travaux de reprise, la cour d'appel a pu retenir, sans dénaturation, que le gérant avait souscrit un engagement unilatéral… et que le client pouvait demander son exécution ». Et auparavant : Civ. 1re, 17 oct. 2012, n° 11-2°124, *RDC* 2013. 43 ; Civ. 1re, 28 nov. 2013, n° 11-20674, *RDC* 2013/2, p. 505.

d'échange économique au sens d'une prestation fournie par l'une des parties et compensée ou pas par une prestation fournie par l'autre partie. Les volontés concourent toutes vers un même but.

617. Ainsi par exemple, une délibération d'assemblée générale de copropriétaires ou d'association est un acte collectif. Les volontés, exprimées par un vote, vont faire naître des obligations à l'égard de tous pour concourir à un but commun : repeindre les parties communes de l'immeuble par exemple.

618. Certains auteurs ont aussi proposé d'analyser la société non pas comme un contrat, car il ne s'agit pas d'opérer un échange et un transfert de valeur d'un patrimoine à l'autre comme dans un contrat, mais comme un acte collectif ; les associés unissent leurs volontés dans la poursuite d'un objectif commun, et prennent des décisions collectives, pour réaliser l'objet social [1]. Cette analyse n'a pas été cependant véritablement utilisée par la doctrine qui se contente de l'analyse contractuelle.

d) Perspective historique

619. ***En droit romain***, les contrats furent tout d'abord soumis à un formalisme rigide : présence des parties, exigence de certains gestes, de certaines paroles. Mais le développement de Rome et la nécessité des affaires firent peu à peu apparaître l'opportunité des contrats consensuels : la vente, le louage, le mandat, la société. Malgré un retour au formalisme dans ***l'ancien droit*** et sous l'influence du droit canonique, le consensualisme finit par triompher au XVIIe siècle avec Domat et au XVIIIe siècle avec Pothier et c'est cette conception qui inspira les rédacteurs du *Code civil* qui n'envisagent de formalités qu'à titre exceptionnel et pour protéger le consentement des parties dans les cas les plus graves (quatre contrats solennels seulement). On a ensuite assisté à la renaissance d'un certain formalisme notamment de la part du législateur (droit de la consommation, droit du travail) qui crée certaines formes obligatoires à la validité des actes juridiques, principalement dans un but de protection et de meilleure information des cocontractants. Mais le principe demeure celui du consensualisme et il n'est pas remis en cause dans les différentes propositions de réforme du droit des contrats.

II. Les différentes conceptions du contrat : les principes directeurs du contrat d'hier à aujourd'hui

620. La conception du contrat dépend essentiellement des idées dominantes d'une époque : philosophiques, morales ou économiques. À l'époque du Code civil, ces idées dominantes ont conduit les rédacteurs du code à construire une théorie générale du contrat structurée autour de principes directeurs, inspirés de ces idées. Il est important de connaître ces principes qui n'ont pas été inscrits formellement dans le code mais qui sous-tendent les règles gouvernant le contrat, pour mieux les comprendre. Or, la conception du contrat a profondément changé depuis le Code civil. Une évolution s'est faite insensiblement et si les textes relatifs à la théorie générale du contrat sont pour l'essentiel les textes originaires de

---

1. G. Roujou de Boubée, *Essai sur l'acte juridique collectif*, LGDJ, 1961 ; V. Larribau-Terneyre, *Le domaine de l'action résolutoire. Recherches sur le contrat synallagmatique*, thèse, Pau, 1988.

1804, les principes directeurs se trouvent aujourd'hui infléchis ou renouvelés. Il faut donc envisager la conception du contrat et les principes directeurs à l'époque du Code civil puis voir l'évolution postérieure et la situation actuelle, à l'heure où les projets de réforme se concrétisent. En effet, sur la scène européenne, le projet de « Cadre commun de référence » met en avant certains grands « principes » communs (déjà sur cette question, v. ss 112), alors qu'au plan interne, les différents avant-projets de réforme proposés jusqu'ici sont également construit autour de principes ou « règles fondamentales » qui s'inscrivent dans la tradition du contrat tout y intégrant l'évolution et la modernité.

A. La conception du contrat et les principes directeurs à l'époque du Code civil

621. La théorie générale du contrat, mise en forme par les rédacteurs du Code civil, reflète directement les choix théoriques, philosophiques et politiques de ces derniers. La conception du contrat, instrument de liberté et expression de la toute-puissance de la volonté repose sur des fondements théoriques, qui ont reçu une traduction juridique sous forme de principes directeurs du contrat.

1. Les fondements théoriques

a) La théorie de l'autonomie de la volonté, idée philosophique

622. Cette théorie de philosophie juridique apparaît tout d'abord chez Grotius (XVIIe siècle) et ses successeurs, mais elle se développe surtout sous l'influence du libéralisme politique des philosophes du XVIIIe siècle (Rousseau et le « contrat social ») et du libéralisme économique du XIXe (Kant), elle repose essentiellement sur l'idée de liberté individuelle. La liberté de l'individu ne peut être restreinte que par sa propre volonté ; l'obligation ne peut venir que de lui-même et non d'une autorité extérieure et supérieure. Au sens étymologique, l'autonomie de la volonté signifie que la volonté humaine a le pouvoir de créer sa propre loi, alors que l'hétéronomie de la volonté signifie au contraire que la volonté se voit imposer la loi d'un autre. C'est donc la volonté des parties qui va donner sa force au contrat et le libre jeu de la volonté doit conduire au maximum de productivité.

623. Cette théorie s'est développée en réaction contre l'autoritarisme de l'ancien régime. La société impose des lois, mais elle est bâtie sur le fondement d'un contrat, le « contrat social » de J.-J. Rousseau : le concept de contrat est donc explicatif de la société elle-même.

b) Le libéralisme économique : principe politique et économique

624. La doctrine du libéralisme économique va venir relayer la philosophie de l'autonomie de la volonté pour dessiner la conception du contrat : l'idée a été soutenue que le contrat est l'instrument privilégié des échanges économiques entre les hommes et que ces derniers doivent être maîtres d'organiser comme ils le veulent les échanges économiques, sans que l'État intervienne dans ces échanges. En effet, puisque l'obligation a été librement consentie, en vertu du principe de l'autonomie de la volonté, elle est forcément juste. De là découlent certaines conséquences : puisque tout ce qui est contractuel est juste, le législateur doit laisser à la volonté autonome des parties toute liberté d'expression et n'intervenir que dans des cas exceptionnels, notamment quand l'ordre public est en jeu, c'est pourquoi la plupart des lois sont supplétives et interprétatives et les lois dites « d'ordre public » beaucoup plus rares. Le contrat est l'instrument du libéralisme économique (sur la notion d'ordre public économique, v. ss 639, et sur la notion et les différents aspects de l'ordre public, v. ss 858 s.).

625. Ces deux idées philosophiques de l'autonomie de la volonté et économique du libéralisme vont inspirer directement une conception du contrat dominé par le rôle de la volonté individuelle et par le principe de liberté en même temps que par le respect de la parole donnée, ce qui se traduit sur le plan juridique par un certain nombre de principes directeurs.

2. Les principes directeurs du contrat

626. Sans formuler ouvertement le principe de l'autonomie de la volonté, le Code civil s'en est fortement inspiré, bien qu'il subordonne la liberté contractuelle au respect de l'ordre public, des bonnes mœurs (art. 6), de la justice et de l'utilité publique, de l'équité ou de l'usage et bien sûr de la loi (art. 1135) (v. lecture, en fin de chapitre) et l'on peut dire qu'il manifeste l'appartenance de ses rédacteurs à l'École individualiste et libérale. Toutefois, la liberté contractuelle n'est qu'un principe directeur parmi d'autres, également important. On peut identifier quatre grands principes : deux d'entre eux concernent plus particulièrement la formation du contrat et deux autres l'exécution du contrat.

a) Principes gouvernant la formation du contrat

1° La liberté contractuelle

627. La liberté contractuelle, directement déduite de l'autonomie de la volonté et du libéralisme est un principe tout à fait essentiel, auquel le Conseil constitutionnel a reconnu valeur constitutionnelle en le rattachant à l'article 4 de la Déclaration des droits de l'Homme et du citoyen[1]. Elle permet aux contractants de former leur contrat comme ils l'entendent.

628. La liberté contractuelle se manifeste d'abord dans la catégorie des contrats innomés. Le Code civil ne présente pas aux parties un éventail de contrats parmi lesquels elles devraient obligatoirement choisir. Elles sont libres d'imaginer et de créer des contrats dits *sui generis*.

629. Elle se manifeste ensuite par la *liberté de contracter ou de ne pas contracter*. Il n'existe pas à l'époque du Code civil de contrat forcé. C'est une conséquence directe de l'autonomie de la volonté.

La liberté contractuelle s'exprime en troisième lieu dans la *liberté de choisir son contractant*.

C'est enfin et surtout la liberté de *déterminer le contenu du contrat* librement et d'un commun accord, sous réserve de respecter l'ordre public et les bonnes mœurs, exigence minimale contenue dans l'article 6 du Code civil « On ne peut déroger par des conventions

---

1. V. en dernier lieu Cons. const. 30 nov. 2006, n° 2006-543 DC (*JO* 8 déc. 2006, p. 18544, n° 29).

particulières aux lois qui intéressent l'ordre public et les bonnes mœurs ». Cependant, la loi impérative est l'exception. À l'époque du Code civil, l'ordre public est très résiduel.

630. La valeur constitutionnelle de la liberté de choix du cocontractant d'une part et du contenu du contrat d'autre part, a été directement affirmée pour la première fois par le Conseil constitutionnel dans une décision du 13 juin 2013 à propos du contrôle de la loi sur la sécurisation de l'emploi du 16 juin 2013. Il s'agissait d'une hypothèse de contrat lié c'est-à-dire de subordination de la conclusion d'un contrat à celle d'un autre. Le Conseil a énoncé, que « si le législateur peut porter atteinte à la liberté d'entreprendre et à la liberté contractuelle dans un but de mutualisation des risques,… il ne saurait porter à ces libertés une atteinte d'une nature telle que l'entreprise soit liée avec un cocontractant déjà désigné par un contrat négocié au niveau de la branche et au contenu totalement prédéfini [1] ».

2° Le consensualisme

631. Il est parfois présenté comme un aspect de la liberté contractuelle. Il doit cependant en être dissocié, car il a un sens bien particulier et emporte des conséquences spécifiques. Il est lui aussi directement lié à l'autonomie de la volonté : il traduit la prééminence donnée à la volonté dite « interne », ou volonté réelle, sur la volonté « déclarée » (volonté extériorisée et exprimée dans un langage juridique prédéterminé comme par exemple un écrit). Il manifeste une réaction face au droit romain, formaliste.

632. Ce qui engage, c'est la volonté réelle et pas la volonté déclarée. Ce principe emporte des conséquences.

– ***Quant à la forme***. C'est la volonté des parties, leur consentement seul qui importe et non telle ou telle forme imposée par la loi. En principe, tous les contrats sont consensuels et les contrats solennels sont l'exception (v. ss 672 s.).

– ***Quant au fond***. Une fois que les volontés se sont rencontrées le contrat est formé irrévocablement (v. ss 755).

– ***Quant à l'interprétation des contrats***. « On doit, selon l'article 1156, dans les conventions, rechercher quelle a été la commune intention des parties contractantes, plutôt que de s'arrêter au sens littéral des termes » (v. ss 1090).

633. Cette prééminence accordée à la volonté interne se manifeste encore à bien d'autres points de vue. Ainsi, par exemple, dans l'admission par les rédacteurs du Code civil de la notion d'équivalence *subjective* des prestations ou encore dans le contrôle de la cause illicite ou immorale qui conduit à sonder l'intention des parties pour rechercher les mobiles de leurs actes.

b) Principes gouvernant l'exécution du contrat

1° Le principe de la force obligatoire

634. C'est un principe essentiel exprimé directement par l'article 1134 du Code civil : « Les conventions légalement formées tiennent lieu de loi à ceux qui les ont

---

1. Cons. const. 13 juin 2013, n° 2013-672 DC, *JCP* 2013. 929, note J. Ghestin ; *RTD civ.* 2013, IV, p. 832, obs. H. Barbier ; *RDC* 2013. 1285, obs. C. Pérès.

faites ». Là encore on retrouve l'influence directe de l'autonomie de la volonté : la volonté des parties a créé leur loi. L'obligation ainsi créée doit nécessairement être exécutée. Le principe de la liberté contractuelle ne signifie pas que les contractants sont libres d'exécuter le contrat ou pas. Elles doivent exécuter le contrat, sous peine de sanctions. Mais ce contrat s'impose aussi au juge qui doit le respecter et respecter la volonté des parties. Du principe de la force obligatoire découle donc le principe de l'irrévocabilité et de l'intangibilité du contrat.

2° Le principe de l'effet relatif

635. Il est également posé directement par l'article 1165 du Code civil : « Les conventions n'ont d'effet qu'entre les parties contractantes ; elles ne nuisent point aux tiers, et elles ne lui profitent que dans le cas prévu à l'article 1121 » (stipulation pour autrui ; v. ss 1164). Le principe de l'effet relatif exprime l'idée que le contrat est un « monde clos », refermé autour des parties contractantes. Il n'intéresse qu'elles et ne peut avoir aucun effet ni positif ni négatif à l'égard des tiers, même s'il leur est opposable en tant que fait.

636. Ces principes directeurs qui se retrouvent encore aujourd'hui, ont cependant évolué, en même temps que la conception du contrat.

B. Évolution de la conception du contrat dans notre droit civil

637. L'évolution a sans aucun doute marqué le déclin de l'autonomie de la volonté et du libéralisme économique. Avec ce déclin, on a assisté au recul des principes directeurs classiques fondés sur ces idées : liberté contractuelle et force obligatoire du contrat, notamment. Pour autant, ils n'ont pas disparu, ils restent des principes directeurs même s'ils ont été renouvelés et soutenus par de nouvelles idées directrices, à tel point que les projets de réforme actuels les conservent, en réalisant la synthèse entre les principes classiques et de nouvelles idées directrices.

1. Le recul des principes directeurs classiques

a) L'affaiblissement des principes théoriques

1° Recul de la doctrine de l'autonomie de la volonté

638. Elle a été assez fortement critiquée car on lui a reproché d'une part, d'être *inexacte* : tout le droit ne peut être régi par la volonté, il est des domaines où la loi doit intervenir (famille, succession…) et d'autre part, d'être *utopique* en ce qu'elle suppose des contractants égaux ; or, ce qui est contractuel n'est pas forcément juste, et le contractant le plus faible économiquement, socialement ou intellectuellement risque de se voir brimé par l'autre (par exemple dans les contrats d'adhésion).

Toutefois, malgré ces critiques, et bien que la socialisation du droit lui ait apporté de nombreuses restrictions avec le développement d'autres sources, l'accroissement des lois impératives (ordre public économique) et une certaine recrudescence du formalisme (l'écrit n'étant plus exigé seulement *ad probationem*, c'est-à-dire comme mode de preuve, mais *ad solemnitatem*, c'est-à-dire comme élément de validité), le principe de l'autonomie de la volonté n'en demeure pas moins valable.

2° Recul du libéralisme économique et développement de l'ordre public économique

639. Les relations contractuelles ont beaucoup évolué en raison, d'une part de l'inégalité des parties (employeurs et salariés ; producteurs, distributeurs et consommateurs ; professionnels et profanes...), d'autre part de la tendance à la standardisation des contrats : contrats types et contrats d'adhésion, enfin en raison de l'interventionnisme de l'État. À partir de la première guerre mondiale, le législateur est intervenu massivement.

640. ***Le libéralisme économique*** a donc reculé et fait place à un certain dirigisme économique qui s'est traduit, au plan juridique par le gonflement de l'ordre public et la multiplication des lois impératives réglementant tel ou tel type de contrat ou tel ou tel aspect du contrat (les prix, par exemple). La volonté de l'État d'intervenir dans l'organisation des échanges se manifeste avec **le développement d'un ordre public économique** qui prend deux visages différents : celui du dirigisme pur et simple et celui de la protection du plus faible.

– ***L'ordre public économique de direction*** manifeste ainsi la volonté de l'État d'intervenir dans le mécanisme de l'offre et de la demande (par exemple en matière de prix, ou de logement). D'où la multiplication des lois impératives au nom de l'intérêt général.

– ***L'ordre public économique de protection*** est la marque de la volonté de l'État de limiter les conséquences de l'inégalité économique des contractants en multipliant les règles impératives protectrices du contractant jugé le plus faible. Le premier exemple est celui du droit du travail qui fait échapper le contrat de travail au droit commun du contrat pour développer des règles protectrices du salarié. Le second exemple est celui du droit de la consommation qui soumet les contrats de consommation, passés entre un professionnel et un consommateur, à un ensemble de règles dérogatoires au droit commun, impératives et protectrices (v. ss 700 s.).

b) L'affaiblissement corrélatif des principes directeurs

641. Compte tenu du recul de l'autonomie de la volonté et des interventions législatives incessantes dans le contrat, sous le double couvert de la protection du faible et de la nécessaire orientation de l'économie, le principe de la liberté contractuelle et du consensualisme ont nécessairement reculé. Mais si la loi et la jurisprudence ont porté atteinte à ces principes, on a pu, dans le même temps, assister au recul de la force obligatoire du contrat et de l'effet relatif.

642. ***Les atteintes à la liberté contractuelle*** se manifestent surtout avec l'apparition d'une réglementation impérative de plus en plus importante et d'un dirigisme étatique incompatible avec le libéralisme : certains contrats ou certaines clauses sont interdits pour des raisons d'ordre public (protection des consommateurs par exemple), inversement, certains contrats sont imposés (ex. assurances) ou leur contenu est fixé autoritairement par la loi.

643. ***Les atteintes au consensualisme*** ont trouvé leur expression la plus évidente dans le développement du droit de la consommation (sur la naissance et l'impact de ce droit sur la théorie générale du contrat, déjà v. ss 85, 640 ; aussi v. ss 699 s., L'évolution du droit des obligations et de ses sources). Dans un souci de protection de la partie faible, le consommateur, le droit de la consommation multiplie les exigences formelles et porte également atteinte au principe consensualiste selon lequel l'accord des parties marque la formation irrévocable du contrat. Il a ménagé en effet au consommateur des facultés de rétractation, alors même que le consentement au contrat a été donné ; or cette faculté de rétractation a ensuite été étendue par la loi en dehors même d'une relation entre un professionnel et un consommateur, pour atteindre des contrats entre particuliers : depuis la loi LRU, loi sur le renouvellement urbain du 13 septembre 2000 (L. n° 2000-1208), l'acheteur d'un immeuble peut ainsi se rétracter pendant sept jours, alors même qu'il a signé une promesse de vente (v. ss 758).

644. D'autre part, des atteintes ont également été portées à la *force obligatoire des contrats* pour restreindre les obligations du débiteur : par exemple la loi du 31 décembre 1989 (plusieurs fois modifiée depuis) relative au surendettement des ménages qui prévoit un règlement amiable et un redressement judiciaire civil (v. ss 392), ou encore les moratoires (c'est-à-dire des délais qui suspendent ou interrompent les poursuites contre les débiteurs, ou certains d'entre eux, en cas de circonstances graves : guerre par exemple). Mais on a également admis des hypothèses de révision judiciaire du contrat, l'octroi de délais par le juge, c'est-à-dire, l'intervention de plus en plus grande du juge dans le contrat, remettant en cause l'intangibilité de ce contrat.

645. S'agissant enfin du principe de *l'effet relatif*, il a également été sérieusement écorné par la théorie des groupes de contrats ou des ensembles contractuels et par l'utilisation de la responsabilité contractuelle par la jurisprudence, pour en faire bénéficier, une victime tiers au contrat par différents stratagèmes (v. ss 2333 s.), même si l'assemblée plénière y a mis un frein, un temps (v. ss 1209 s.).

2. L'ÉVOLUTION DE LA CONCEPTION DU CONTRAT ET L'APPARITION DE NOUVELLES IDÉES DIRECTRICES

646. Bien que le droit commun des contrats (par opposition aux lois régissant les contrats spéciaux) ait subi un certain recul, l'expérience des législations étrangères (Russie, par ex.) montre que même dans un régime essentiellement dirigiste, la place du contrat reste grande. Il est donc certain que les contrats continueront à exister et à évoluer, en s'adaptant sociologiquement et économiquement. Il n'est pas acquis, par ailleurs, que les deux grands principes de la liberté contractuelle et de la force obligatoire du contrat, qui traduisent l'importance du rôle de la volonté et l'utilité sociale du contrat, soient véritablement menacés aujourd'hui. Car si la conception traditionnelle et individualiste du contrat a cédé la place à une conception plus objective et économique du contrat et à de nouvelles idées directrices, on verra que les projets de réforme actuels continuent à asseoir le contrat sur la liberté des contractants et sur sa force obligatoire, même si ces principes sont atténués au nom de la justice contractuelle et de l'utilité du contrat.

a) Une conception plus objective du contrat et la recherche de l'équilibre contractuel

647. Avec l'évolution, le contrat n'a pas réellement perdu du terrain et il reste l'instrument privilégié des échanges. Mais il est devenu moins individualiste : une conception plus concrète, objective et économique du contrat s'est développée, dont la jurisprudence rend compte, par ces évolutions, comme nous pourrons le constater au fur et à mesure.

648. Notons d'ailleurs à ce propos, que la théorie de la cession de contrat qui s'est développée en France depuis le début des années cinquante (v. Vilar, cité en bibliographie) oppose deux conceptions opposées du contrat : la première admet l'objectivation du contrat, sa patrimonialisation qui permet de le distinguer des personnes qui l'ont conclu et de le faire circuler comme n'importe quel bien, la seconde réfute cette possibilité en maintenant le caractère personnel du contrat né de l'échange des consentements de deux ou plusieurs personnes (v. ss 1137 s.). La jurisprudence admet toutefois la validité de certaines cessions de contrats à la condition que le cédé y ait consenti, comme en matière de cession de créance, bien que cela implique également la cession des dettes, ce que notre droit n'admet pas, en principe, isolément (v. ss 401). **L'actuel projet de réforme du régime des obligations** (oct. 2013) (v. ss 11, 110 s.), en introduisant dans le Code civil la cession de dette et la cession de contrat, prend acte de ces évolutions (v. ss 399).

649. Dans cette conception plus objective du contrat, l'autonomie de la volonté, si elle n'a pas disparu en tant que principe fondateur, ne suffit plus aujourd'hui à fonder la force obligatoire du contrat. Cette force obligatoire s'explique aussi parce que le contrat est socialement utile et qu'à ce titre, il doit être exécuté.

L'analyse économique du droit qui s'est développée aux États-Unis à partir des années soixante, développe une conception utilitaire du droit qui va encore plus loin. Elle conduit à admettre que le contrat est obligatoire parce qu'il est indispensable à la circulation et à la création des richesses. Dès lors, l'inexécution du contrat peut être justifiée dès lors qu'il ne produit plus suffisamment de richesse. C'est la théorie de la « violation efficace ». Cette analyse économique du droit commence à produire ses effets en France ; elle inspire les projets actuels de réforme du droit des contrats en droit interne et elle est également reçue au niveau européen.

650. Dans le cadre de cette conception plus économique et objective du contrat, un nouveau *principe d'équilibre contractuel* s'est développé. À l'idée d'égalité qui traduit une relation entre des personnes et une conception individualiste du contrat, on voit se substituer aujourd'hui cette idée d'équilibre. Elle marque la prise en compte du contrat lui-même en tant qu'opération économique, afin d'apprécier l'équilibre de cette opération. Le principe de l'équilibre contractuel, ou encore le principe de proportionnalité et d'interdiction de l'excès sont autant de notions qui se sont développées pour lutter contre les contrats injustes, de sorte que l'idée d'équilibre s'inscrit en définitive dans un principe plus large qui est celui de justice contractuelle (v. *infra*). Ce principe d'équilibre est apparu par exemple directement dans la loi de 1989 sur le bail d'habitation ; l'article premier de cette loi prévoit ainsi que « les droits et obligations des parties bailleurs et locataires doivent être équilibrés ». Il apparaît encore dans la définition des clauses abusives, insérées dans un contrat par un professionnel qui profite de la faiblesse du consommateur. Ces clauses sont nulles et seront évacuées du contrat par le juge qui dispose ainsi du pouvoir d'intervenir dans le contrat et d'y faire la police à l'encontre du principe de la force obligatoire et au nom de l'équilibre contractuel. Le Code de la consommation précise que la clause abusive est en effet celle « qui crée un *déséquilibre significatif* dans les droits et obligations des parties ».

Le garant de cet équilibre contractuel est le juge, qui accroît sensiblement son pouvoir d'intervention dans le contrat[1].

1. « Le juge et le contrat : variations optimistes sur un couple illégitime », *in Mélanges offerts à J.-L. Aubert*, Dalloz, 2005, p. 235.

b) Un principe d'équilibre confirmé par le Conseil constitutionnel : la « fondamentalisation du droit des contrats »

651. Avec l'introduction en droit français du nouveau contrôle de constitutionnalité *a posteriori* créé par la loi organique du 10 décembre 2009, qui a mis en place le mécanisme de la question prioritaire de constitutionnalité, effectif depuis le 1er mars 2010, le mouvement de « fondamentalisation [1] » ou de « constitutionnalisation » du droit des obligations en général et des contrats en particuliers s'accentue.

652. Dans ce cadre, l'importance de l'exigence d'équilibre contractuel n'a pas été démentie par le Conseil constitutionnel qui a déjà rendu une importante décision, le 13 janvier 2011 à propos de l'article L. 442-6 du Code de commerce. Ce texte a introduit dans les relations entre commerçants le système de lutte contre les déséquilibres significatifs, déjà mis en place pour les consommateurs avec l'interdiction des clauses abusives (v. ss 940 s.). Or, à l'occasion de la question prioritaire de constitutionnalité portant sur ce texte critiqué parce que la notion de déséquilibre significatif serait insuffisamment précise, le Conseil constitutionnel a affirmé l'unicité de la notion de déséquilibre significatif, identique en droit de la consommation et en droit de la concurrence (deux droits spéciaux du contrat) ; il a considéré en effet que la notion de déséquilibre significatif prévue par l'article L. 442-6 du Code de commerce était suffisamment précise pour ne pas encourir le grief d'inconstitutionnalité, en raison de l'interprétation jurisprudentielle déjà largement donnée à propos des clauses abusives concernant les consommateurs ; il a aussi reconnu que l'équilibre des rapports entre partenaires commerciaux constituait un objectif d'ordre public poursuivi par le législateur [2].

c) Le développement d'une nouvelle morale contractuelle : la recherche de la justice contractuelle

653. Le contrat n'oppose plus deux individus qui sont dans une « collaboration antagoniste » parce qu'ils poursuivent la satisfaction d'intérêts opposés. L'idée d'une collaboration entre les parties est apparue, avec la théorie du solidarisme contractuel. Les contractants sont ainsi censés avoir un devoir de collaboration et de coopération, dont la jurisprudence fait en effet parfois application.

654. Dans ce contexte, la *loyauté contractuelle* et la *bonne foi* deviennent des notions essentielles. Les contractants ont un devoir de loyauté et de bonne foi non seulement au stade de l'exécution du contrat, ce que reconnaît déjà l'article 1134, alinéa 2, après avoir énoncé le principe de la force obligatoire du contrat : « les conventions doivent être exécutées de bonne foi », mais aussi au stade de la formation du contrat. Ces devoirs se manifestent lors de la négociation du contrat, et imposent notamment une obligation d'information envers le cocontractant, afin de parvenir à un contrat équilibré et donc juste. Ils

---

1. En référence aux droits fondamentaux qui sont inscrits dans le bloc de constitutionnalité ; v. J.-P. Gridel, « Les droits fondamentaux du contractant au quotidien », *in Liber amicorum C. Larroumet*, Economica, 2009.

2. Cons. const. 13 janv. 2011, nº 2010-85, QPC (*JO* 14 janv. 2011, p. 813), *RTD civ.* nº 1, 2011. 121, obs. B. Fages ; J.-L. Fourgoux, « Déséquilibre significatif : une validation par le Conseil constitutionnel qui marie droit de la concurrence et droit de la consommation en matière de clauses abusives », *CCC* 2011, étude nº 5.

imposent également un *principe de cohérence* qui interdit au contractant de se contredire au détriment de son partenaire (v. ss 661).

655. Cette nouvelle morale contractuelle peut aussi justifier que le contrat soit modifié ou qu'il y soit mis fin dans des conditions que n'admettait pas la théorie classique, puisque, en vertu du principe de la force obligatoire du contrat, son intangibilité et son irrévocabilité étaient imposées. Si l'équilibre est rompu dans des proportions intolérables, la justice contractuelle peut justifier un recul de cette intangibilité. Le contrat est obligatoire parce que le créancier a un droit légitime à l'exécution de l'obligation et à la prestation promise. Mais ce même créancier doit aider son débiteur partenaire à exécuter le contrat en cas de difficultés. D'où l'idée aussi, que l'on pourrait aller jusqu'à imposer au contractant une obligation de renégocier le contrat, toujours au nom de la justice contractuelle et toujours à l'encontre de l'intangibilité du contrat, lorsque son exécution devient impossible pour le débiteur en raison d'un bouleversement des données économiques initiales (sur cette question, v. ss 1085).

656. Ces nouvelles idées directrices ne remettent cependant pas fondamentalement en cause les principes directeurs classiques pas davantage que les projets de réforme actuels ne les font disparaître. C'est à la synthèse de ces principes directeurs classiques et des nouvelles idées directrices que l'on assiste plutôt.

3. La synthèse des principes directeurs classiques et des nouveaux principes directeurs du droit des contrats dans les projets de réforme actuels

a) La confirmation de la liberté contractuelle comme principe fondamental

657. Même si le dogme de l'autonomie de la volonté est en perte de vitesse (notons la décision du Conseil constitutionnel du 20 mars 1997 qui constate « que ne résulte ni de l'article 4 de la Déclaration des droits de l'Homme et du citoyen, ni d'aucune autre norme de valeur constitutionnelle, un principe constitutionnel dit de l'autonomie de la volonté »), sa projection majeure en droit des contrats, le principe de la liberté contractuelle, subsiste encore aujourd'hui, et, mieux encore, se trouve confirmée en tant que valeur contractuelle essentielle. La liberté contractuelle est affirmée en effet comme principe fondamental ou règle fondamentale, non seulement dans l'avant-projet de réforme du Code civil en droit des obligations (rapport Catala ; déjà pour la présentation de cet avant-projet, v. ss 104 s., L'évolution du droit des obligations et de ses sources) mais aussi dans les propositions de la commission Terré (v. ss 108) et également dans le projet de la Chancellerie (notamment v. ss 112, 661).

En parallèle, dans la sphère européenne, on retrouve le principe de la liberté contractuelle, à la fois dans les Principes européens de droit des contrats dits « Principes Lando » et dans « les principes contractuels communs » contenus dans le projet de Cadre commun de référence, élaboré à l'initiative de la Commission européenne (sur ces principes et les différentes initiatives européennes, v. ss 98 s.).

Enfin, la liberté contractuelle est également reconnue en droit français comme un principe à valeur constitutionnelle (v. ss 627).

b) La justice contractuelle et l'utilité sociale en contrepoids à la liberté contractuelle et à la force obligatoire

658. La liberté contractuelle, si elle subsiste, doit cependant désormais tenir compte de l'*utilité sociale* et de la *justice contractuelle* qualifiées aussi par certains de « principes directeurs du droit des contrats »[1]. Selon Jacques Ghestin, « Le contrat est un accord de volontés qui sont exprimées en vue de produire des effets de droit et auxquels le droit objectif fait produire de tels effets[2] ». Cette définition précise que si l'accord des volontés reste essentiel, l'autonomie des parties « ne s'exerce que dans les limites plus ou moins étroites des compétences qui leur sont reconnues par le droit objectif ».

659. Dans les perspectives actuelles de rénovation et de modernisation du droit des obligations contractuelles, l'utilité sociale et la justice contractuelle viennent donc, servir de contrepoids à la liberté contractuelle et aux conséquences trop rigoureuses de la force obligatoire du contrat.

1° Une synthèse réalisée dans les projets européens

660. Cette synthèse de la liberté et de la volonté d'une part et de la justice contractuelle d'autre part, se retrouve dans les projets européens (v. déjà ss 90 s.). Rappelons à cet égard que la Commission européenne s'interrogeait depuis plusieurs années sur l'opportunité d'une harmonisation, voire d'une uniformisation de la législation des États membres de l'Union européenne en matière de contrats (v. ss 102 s.), avec pour objectif, soit de parvenir à l'énoncé de simples principes non contraignants, soit à une nouvelle législation, complète, qui se substituerait aux législations nationales actuelles ou qui serait seulement offerte à l'adhésion des parties. Le projet avait au départ été critiqué par une grande partie de la doctrine française, qui, tout en constatant que la diversité des législations en matière de contrat pouvait être source d'inconvénients, souhaitait que cette harmonisation se réalise dans de bonnes conditions. C'est d'ailleurs dans ce contexte que des réflexions doctrinales en France ont été entreprises, puis structurées, avec pour objectif de proposer une réforme du droit français des obligations qui pourrait servir de modèle dans le cadre des projets européens. Ce travail doctrinal s'est concrétisé dans l'avant-projet de réforme du droit des obligations dit « rapport Catala », remis au garde des Sceaux en 2005, puis, ensuite dans les (contre) propositions de la Commission Terré, publiées en 2008 (v. ss 105 s.).

Dans l'intervalle, cependant, les travaux ont avancé en parallèle au plan européen. La Commission a donné un nouvel essor aux initiatives doctrinales et universitaires européennes, qui avaient déjà abouti à un projet de « Code européen des contrats : avant-projet » élaboré par l'Académie des privatistes européens de Pavie et publié en 2004 en français, et à des « Principes européens des contrats », établis par la commission Lando (v. ss 99 s.). Avec le soutien financier de la Commission, le « réseau commun pour le droit européen des contrats » a été créé, avec pour mission de fournir des matériaux pour l'adoption par l'Union européenne d'un « Cadre commun de référence » auquel le Parlement européen s'est montré particulièrement favorable (v. ss 101). Or, dans ce projet de Cadre commun de référence qui, pour l'instant, serait un instrument simplement optionnel, à la disposition des parties contractantes, figurent des principes contractuels

---

1. J. Ghestin, *Traité de droit civil*, « Le contrat-formation », 2e éd., 1988, LGDJ, p. 160.
2. V. chron. citée dans la bibliographie.

communs. Ils sont au nombre de trois : il s'agit de la *liberté contractuelle*, de la *sécurité contractuelle*, qui repose sur la force obligatoire du contrat, et de *la loyauté contractuelle*. La synthèse de la liberté contractuelle et de la force obligatoire du contrat, valeurs traditionnelles en droit français et de la loyauté, principe plus moderne, notamment dans les applications qui en sont faites en droit français, est donc ici consacrée.

2° Une synthèse réalisée dans les divers projets de réforme du droit français des contrats

661. En ce qui concerne le droit interne, on rappellera qu'à côté des deux initiatives doctrinales représentées par « l'avant-projet Catala de réforme du droit des obligations », qui fut la première, puis par les « propositions Terré de réforme du droit du contrat » qui ont suivi (pour une analyse plus générale et détaillée de ces avant-projets, v. ss 104 s.), un *premier projet gouvernemental*, émanant de la Chancellerie a été élaboré, publié, discuté par la doctrine et plusieurs fois modifié concernant le droit des contrats. *La dernière initiative* est constituée par le projet gouvernemental de 2013, émanant toujours de la Chancellerie, qui reprend l'ensemble des volets du droit des obligations : contrat, quasi-contrats, responsabilité civile, régime général et preuve des obligations (v. ss 111 s.).

Si les options prises par les différents projets ne sont pas toujours exactement les mêmes, il reste que l'idée d'un droit des contrats structuré par des principes directeurs ou des règles fondamentales se retrouve dans tous les cas. Ces principes sont parfois formulés directement (dans le projet gouvernemental) ou bien ils inspirent les solutions proposées sans apparaître explicitement (avant-projet Catala) ou encore, ils sont qualifiés de « règles fondamentales » et non de principes directeurs (propositions Terré). On retrouve cependant, dans tous les cas, l'affirmation que la liberté contractuelle et la force obligatoire du contrat sont des valeurs contractuelles primordiales mais qu'elles doivent être encadrées par l'ordre public et tempérées notamment par l'impératif de bonne foi nécessaire à la justice contractuelle, à l'équilibre du contrat et, partant à son efficacité économique.

– *L'avant-projet Catala* maintient le contrat comme la « figure centrale » du droit des obligations. Tout en reconnaissant que l'article 1134 et donc le principe de la force obligatoire, reste le pilier du droit des contrats, les auteurs de l'avant-projet de réforme précisent que « la liberté contractuelle et la force obligatoire du contrat doivent compter avec les aspirations de la justice contractuelle » sans négliger, toutefois, la sécurité juridique. Ils préconisent également un « plus grand rayonnement donné à la bonne foi » étendu à la formation même du contrat et non plus simplement à son exécution. L'avant-projet ne consacre cependant pas de subdivision consacrée à l'énoncé de principes directeurs, même s'ils inspirent en filigrane les options techniques et s'ils figurent dans l'exposé des motifs (pour une présentation plus détaillée de ce projet, v. ss 105 s.).

– *Les propositions Terré* prennent au contraire le parti d'ouvrir le titre consacré au contrat par l'énoncé de trois règles fondamentales ayant vocation à diriger la matière du contrat : la *liberté contractuelle* est la première, et la *loyauté contractuelle* la seconde. De façon plus inattendue, la troisième n'est pas la règle de la force obligatoire, mais celle de la *cohérence contractuelle*, que la Cour de cassation semble, effectivement, depuis quelque temps, vouloir faire émerger en tant que nouveau principe contractuel[1]. On

1. Civ. 3e, 28 janv. 2009, *RDC* 2009. 999, note D. Mazeaud ; *RDC* 2009. 1018, note G. Viney ; *RTD civ*. 2009. 317, obs. B. Fages ; et pour un arrêt antérieur déjà très remarqué : Com. 8 mars 2005, *D*. 2005. Pan. 2843, obs. B. Fauvarque Cosson, *RDC* 2005. 1015, obs. D. Mazeaud ; *RTD civ*. 2005. 391, obs. J. Mestre et B. Fages ; aussi pour d'autres références, plus récentes et d'autres développements, v. ss 1058.

notera que ce principe de cohérence figure déjà dans les principes relatifs aux contrats du commerce international (principes Unidroit, v. ss 97). Impliquant l'obligation de ne pas se contredire, il est susceptible d'emporter de nombreuses conséquences, au stade de la formation du contrat (sanction de la rupture brutale de négociations avancées de façon brutale et imprévisible par exemple), comme au stade de l'exécution et de la cessation du contrat (pour limiter la faculté de rupture unilatérale, par exemple). Il peut se rattacher cependant assez largement au principe de bonne foi et son autonomie n'est donc pas assurée par rapport à la loyauté contractuelle (pour d'autres développements, v. ss 1058).

– Enfin, ***dans le dernier projet gouvernemental***, figure de façon explicite, dans un chapitre I intitulé « Dispositions liminaires » l'énoncé de deux « principes directeurs » : la *liberté contractuelle* (avec ses limites[1]) et la bonne foi dont il est précisé qu'elle s'impose dans la formation comme dans l'exécution du contrat. *La bonne foi* est donc érigée en principe structurant le contrat et si la liberté contractuelle reste la clé de voûte du contrat, elle est désormais encadrée. Même s'il ne figure pas dans ce chapitre de dispositions liminaires, le principe de la *force obligatoire du contrat* est par ailleurs toujours affirmé dans un texte qui reprend mot pour mot l'actuel article 1134. On retrouve également dans le projet l'énoncé du principe de *l'effet relatif* et du principe du *consensualisme.*

Ainsi, dans tous les projets, on constate un souci d'équilibre entre tradition et modernité. Les principes sont inscrits dans la continuité d'une tradition contractuelle fondée sur le postulat de l'autonomie de la volonté et, partant le principe de la liberté contractuelle et de la force obligatoire du contrat restent des principes fondamentaux. Mais on a aussi intégré les apports de l'analyse économique du droit, les acquis du droit européen des contrats, et les évolutions jurisprudentielles, pour que ces principes ne ferment pas la porte à des solutions nouvelles, proposées comme plus conformes aux attentes des acteurs économiques. Chacun des projets a pris en compte la complexification actuelle des relations contractuelles et l'apport de sources créatrices telles que la doctrine et la jurisprudence. Cependant dans chaque proposition, figurent aussi de nouvelles règles contraires à la jurisprudence contemporaine ou destinées à la clarifier, l'encadrer, la tempérer ou lui ouvrir des voies nouvelles. Certains points sont restés par ailleurs controversés jusqu'à ce que **l'actuel projet de réforme gouvernemental** prenne parti : par exemple le rôle de la cause (notion conservée par l'avant-projet Catala mais écartée par le dernier projet gouvernemental car la notion a été jugée imprécise et source d'insécurité juridique) ; ou encore le traitement du déséquilibre contractuel (sanction de la lésion qualifiée admise dans les propositions Terré et pas dans les autres projets ; révision du contrat en cas de déséquilibre économique important (imprévision) admise par les propositions Terré et le projet de la Chancellerie, sous quelques réserves cependant pour ce dernier, et écartée par l'avant-projet Catala), pour ne citer ici que les plus emblématiques. Chaque avant-projet et projet a pu ainsi consacrer des solutions propres et parfois opposées, ainsi que nous le soulignerons au fur et à mesure.

III. Les classifications des contrats

662. Il y a de nombreuses variétés de contrats, dont certains seulement sont expressément décrits dans le Code civil (art. 1102 à 1106). Le nombre des types possibles de

---

1. « La liberté contractuelle ne permet pas de déroger aux règles qui intéressent l'ordre public, ou de porter atteinte aux droits et libertés fondamentaux reconnus dans un texte applicable aux relations entre personnes privées, à moins que cette atteinte soit indispensable à la protection d'intérêts légitimes et proportionnée au but recherché » (article 2 du sous-titre consacré au contrat).

contrats est tel qu'on ne peut les énumérer et qu'il faut donc chercher à les classer selon leurs conditions de validité, selon leur contenu, ou selon leur exécution. En plus des classifications des contrats qui figurent expressément dans le Code civil, il existe des classifications plus nombreuses sous-entendues par le Code civil et qui sont consacrées par la théorie générale du contrat. Elles reposent sur le mode de formation du contrat, sur les effets du contrat, sur la qualité des parties, sur le mode d'exécution, ou sur la réglementation du contrat. Elles sont confirmées par **l'actuel projet de réforme**.

Enfin il existe des classifications postérieures au Code civil qui conduisent à distinguer d'autres catégories de contrats. Elles sont tout aussi pertinentes et utiles car elles prennent en compte les évolutions depuis le Code civil. Elles sont d'ailleurs prises en compte dans **l'actuel projet de réforme** du droit des contrats et intégrées dans le Code civil.

663. À chaque catégorie de contrats correspondent des règles spécifiques plus ou moins importantes, qui justifient la classification opérée. Par ailleurs, ces différentes classifications ne s'excluent pas forcément et peuvent se superposer. Un même contrat peut appartenir à plusieurs catégories. En présence d'un contrat donné, il faut donc pour connaître l'ensemble de ses caractéristiques et des règles générales, auxquelles il est soumis, le qualifier, c'est-à-dire se demander à quelles catégories juridiques il appartient, sachant qu'au bout de l'opération de qualification, il y aura la qualification spéciale, contrat de vente ou de prêt ou de bail, etc., que l'on n'envisagera pas ici.

A. Les classifications expressément prévues par le Code civil

664. Une première classification figure expressément dans le Code civil dès les tout premiers articles consacrés au contrat, les articles 1102 à 1106. Ces textes opposent deux à deux les contrats synallagmatiques et unilatéraux, les contrats à titre onéreux et à titre gratuit, les contrats commutatifs et aléatoires. On tient compte ici, d'une part de la réciprocité des engagements : contrats *synallagmatiques* ou *unilatéraux*, ou du but poursuivi, selon qu'il s'agit d'un contrat à *titre gratuit* ou à *titre onéreux* et, dans ce dernier cas, selon qu'il s'agit d'un contrat *commutatif* ou *aléatoire*.

1. La réciprocité des engagements : distinction des contrats synallagmatiques et unilatéraux

a) Contrats synallagmatiques

665. L'article 1102 du Code civil définit cette catégorie de contrat.

► ***Le contrat est synallagmatique ou bilatéral*** « lorsque les contractants s'obligent réciproquement les uns envers les autres. »

Dans le contrat synallagmatique, il y a donc réciprocité des obligations (ex. le vendeur doit livrer la chose, l'acheteur doit payer le prix).

Cette réciprocité des obligations entraîne un certain nombre de conséquences spécifiques : l'*exceptio non adimpleti contractus* (exception de contrat inexécuté) permettant à l'une des parties de ne pas exécuter son obligation si son cocontractant n'exécute pas la sienne, la *résolution* judiciaire du contrat en cas d'inexécution (v. ss 1227 s.), la *théorie des risques* qui délie l'un des contractants de son obligation si l'autre ne peut remplir la sienne par suite d'un cas de force majeure (v. ss 1256 s.).

b) Contrats unilatéraux

666. C'est l'article 1103 qui les définit.

► ***Le contrat est unilatéral***, au contraire, « lorsqu'une ou plusieurs personnes sont obligées envers une ou plusieurs autres sans que de la part de ces dernières il n'y ait d'engagement ».

Il ne faut pas confondre *contrat unilatéral* avec *acte unilatéral*. L'acte unilatéral (v. ss 614) s'oppose précisément au contrat car la volonté d'une seule personne produit un effet juridique (ex. le testament) alors que dans le contrat, il faut nécessairement l'accord de volonté de deux ou plusieurs personnes. Un contrat peut cependant être unilatéral s'il ne crée d'obligation qu'à la charge d'un seul des contractants (ex. la donation, le prêt, où seul l'emprunteur est tenu : il doit rendre la chose). On en distingue plusieurs sortes : contrats de restitution (ex. prêt, dépôt), promesse de payer (il y a contrat dès que le bénéficiaire a accepté), promesse de contracter (ex. promesse unilatérale de vente, v. ss 766 s.).

c) Contrats synallagmatiques imparfaits

667. À côté de ces deux catégories, une partie de la doctrine distingue les contrats synallagmatiques imparfaits.

► ***Le contrat est dit « synallagmatique imparfait »*** dans le cas où, dans un contrat initialement unilatéral, apparaît par la suite une deuxième obligation à la charge du cocontractant (ex. dans un contrat de dépôt, le déposant se trouve, postérieurement au dépôt, obligé d'indemniser le dépositaire, débiteur de restitution qui a fait des frais pour la conservation de la chose et devient ainsi créancier) mais il n'y a pas interdépendance des obligations et du point de vue de la preuve, l'acte était unilatéral à l'origine donc il n'y a pas lieu à la formalité du « double ».

2. LE BUT ÉCONOMIQUE POURSUIVI : DISTINCTION DES CONTRATS À TITRE GRATUIT ET À TITRE ONÉREUX

a) Contrats à titre gratuit ou à titre onéreux

► ***Dans le contrat à titre onéreux***, chacune des parties recherche un avantage (par exemple l'acheteur, se procurer ce qu'il désire ; le vendeur : faire un bénéfice) ; selon l'article 1106 du Code civil, c'est le contrat « qui assujettit chacune des parties à donner ou à faire quelque chose ». Cette définition est critiquée par la doctrine car elle prête à confusion avec le contrat synallagmatique. Il vaut mieux tenir compte de la réciprocité d'*avantages* que de la réciprocité d'*obligations*.

► ***Dans le contrat à titre gratuit***, en revanche, le contractant ne recherche aucun avantage personnel, il est animé d'une intention libérale et il « procure à l'autre un avantage purement gratuit » (art. 1105). Les contrats à titre gratuit sont de deux sortes : les donations, lorsqu'un bien passe d'un patrimoine dans un autre ; les contrats désintéressés lorsqu'il s'agit d'un service rendu gratuitement.

668. Certains contrats sont essentiellement à titre onéreux (ex. vente), d'autres toujours à titre gratuit (ex. donation), mais il en existe qui peuvent être classés dans l'une ou l'autre catégorie selon l'intention des parties (ex. mandat gratuit ou salarié).

L'intérêt de la distinction des deux catégories de contrats est certain : les actes à titre gratuit, s'ils constituent une libéralité, c'est-à-dire s'ils font sortir un bien du patrimoine, sont plus sévèrement réglementés que les actes à titre onéreux ; ils sont généralement conclus *intuitu personae* (en fonction de la personne du bénéficiaire) et sont donc annulables pour erreur sur la personne ; les conditions de certaines actions, enfin, diffèrent selon qu'il s'agit d'un contrat de l'une ou l'autre sorte (ex. action paulienne ; v. ss 337 ; action en responsabilité, etc.).

b) Contrats à titre onéreux commutatifs ou aléatoires

► Il y a ***contrat commutatif***, lorsque l'avantage recherché par chacune des parties est équivalent et peut être évalué au moment de la conclusion de l'acte.

► Il y a ***contrat aléatoire***, au contraire, si l'avantage ne peut être évalué à ce moment-là car il dépend d'un événement incertain (par ex. le pari, le contrat de rente viagère). Mais le contrat n'est aléatoire que s'il existe une chance de gain ou de perte pour chacune des parties. Il s'agit ici d'une sous-distinction des contrats à titre onéreux.

669. ***L'intérêt de la distinction*** apparaît en cas d'action en rescision pour lésion : celle-ci est possible pour un contrat commutatif, elle ne l'est pas s'il est aléatoire (v. ss 918).

Mais, à côté de l'aléa par nature, la jurisprudence a également tendance à avoir recours à la notion d'aléa lorsque les parties contractent « à leurs risques et périls » ou lorsqu'il y a acceptation d'un risque : risque commercial, aléas des affaires, aléas de la spéculation boursière… ce qui peut entraîner la responsabilité de professionnels n'ayant pas averti les parties de l'existence de ces risques : obligation de conseil du notaire par exemple.

B. Classifications sous-entendues par le Code civil

670. Elles sont plus nombreuses et tiennent compte du mode de formation du contrat, de la qualité des parties, des effets du contrat, de son mode d'exécution et enfin de sa réglementation. Elles sont reprises dans les divers projets de réforme.

1. La classification des contrats selon leur mode de formation

671. Cette classification sous-entendue par le Code civil oppose trois sortes de contrats : les contrats consensuels, solennels, réels.

a) Contrats consensuels

672. Le contrat consensuel est la règle de principe. Elle est commandée par le principe de l'autonomie de la volonté et le principe consensualiste qui en découle.

► ***Le contrat consensuel*** est un contrat valablement formé dès l'échange des consentements, sans qu'aucune forme ne soit requise. Lorsque des formes sont exceptionnellement exigées, le législateur le précise expressément.

b) Contrats solennels

1° L'existence d'une forme particulière comme condition de validité du contrat

673. Le contrat solennel est l'exception.

► ***Le contrat solennel*** nécessite, à peine de nullité, outre l'échange des consentements, une formalité spéciale *ad solemnitatem* qui peut consister dans la rédaction d'un acte notarié mais pas nécessairement.

Quatre cas étaient initialement prévus par le Code civil : le contrat de mariage (art. 1394, à ne pas confondre avec le mariage lui-même), la donation (art. 931), la constitution d'hypothèque (art. 2127) et la subrogation conventionnelle consentie par le débiteur (art. 1250, 2°).

À ces quatre cas, le législateur a tendance à en ajouter d'autres (par exemple, depuis la loi du 3 janvier 1967, la vente d'immeuble à construire) (art. 1601-2) ou, depuis l'ordonnance n° 2006-2346 du 23 mars 2006, le nantissement de créances (art. 2356, nouv.), ce qui participe au mouvement de *renaissance du formalisme*. Le nombre des contrats solennels a ainsi augmenté et la formalité exigée est la rédaction d'un écrit qui peut fort bien, dans certains cas, n'être qu'un acte sous seing privé et non pas un acte authentique, par exemple : contrat d'apprentissage ou contrat d'édition, contrat de société en nom collectif[1], etc.

Dans le but de protéger le contractant le plus faible, la formalité requise *ad validitatem* peut être également une mention manuscrite de sa part. Par exemple, pour l'acceptation de l'offre de contrat de jouissance d'immeuble à temps partagé l'article L. 121-64 du Code de la consommation exige que la date et le lieu soit écrits de la main du contractant à peine de nullité (C. consom., art. L. 121-76).

En dehors des hypothèses où la solennité est prévue par la loi, les parties peuvent aussi décider de faire de l'écrit sous la forme authentique une condition de validité du contrat, un élément constitutif de leur consentement. Par exemple, en matière de vente immobilière (qui est un contrat consensuel) les parties lors de la signature d'un acte sous-seing privé constatant leur accord sur la chose et le prix qui devrait normalement rendre la vente parfaite, peuvent décider que la réitération de l'acte en la forme authentique est un élément constitutif de leur consentement et rendre ainsi le contrat solemnel[2].

2° L'adaptation de la condition de solennité au cas particulier des contrats électroniques

674. Le développement actuel du commerce électronique a fait apparaître un certain nombre de difficultés dans la mesure où les directives européennes en la matière sont souvent incompatibles avec notre droit. C'est ainsi que le législateur a dû modifier le droit

---

1. L. du 24 juill. 1966, art. 361.
2. Rappelé notamment par : Civ. 3e, 19 juin 2012, n° 10-22906 et 10-24222, *RDC* 2013/1, p. 53, note É. Savaux.

de la preuve pour y introduire la signature électronique (art. 1316 à 1316-4, ajoutés par L. n° 2000-230 du 13 mars 2000 ; v. *Droit civil*, vol. 1). Mais cela ne concernait que le domaine de la preuve, or l'article 9 de la directive « commerce électronique » du 8 juin 2000 exige que « Les États membres veillent notamment à ce que le régime juridique applicable au processus contractuel ne fasse pas obstacle à l'utilisation des contrats électroniques ni ne conduise à priver d'effet et de validité juridique de tels contrats pour le motif qu'ils sont passés par voie électronique ».

Le législateur a donc dû intervenir à nouveau, sur le fond cette fois, par la loi n° 2004-575 du 21 juin 2004, pour la confiance dans l'économie numérique (loi LCEN) introduisant, au Titre 3 du Livre III du Code civil, un chapitre VII relatif aux « contrats sous forme électronique ». Les articles 1369-1 à 1369-3, concernant « la conclusion d'un contrat sous forme électronique » sont devenus respectivement les articles 1369-4 à 1369-6 de la section II depuis l'ordonnance n° 2005-674 du 16 juin 2005 qui a intercalé dans ce chapitre une nouvelle section I relative à « l'échange d'informations en cas de contrat sous forme électronique ».

Les articles 1108-1 et 1108-2 ont été également ajoutés pour admettre la validité du contrat sous forme électronique. Ainsi, lorsqu'un écrit est exigé pour la validité d'un acte juridique, « il peut être établi et conservé sous forme électronique dans les conditions prévues aux articles 1316-1 et 1316-4 et, lorsqu'un acte authentique est requis, au second alinéa de l'article 1317 ». D'autre part, lorsqu'une mention manuscrite de celui qui s'oblige est requise, « celle-ci peut être apposée sous forme électronique, si les conditions de cette apposition sont de nature à garantir qu'elle ne peut être effectuée que par lui-même » (C. civ., art. 1108-1, al. 1er et 2), mis à part quelques exceptions prévues par l'article 1108-2 du Code civil.

Mais ce sont les écrits sur papier soumis à des exigences formelles spécifiques, exigeant des « conditions particulières de lisibilité et de présentation » qui posent un problème et il faut, pour chaque texte, que l'écrit électronique réponde « à des exigences équivalentes » (art. 1369-10, al. 1er).

3° Une forme peut aussi être requise sans être une condition de validité

675. Certains contrats nécessitent des formalités sans pour autant que ces formalités soient nécessaires à la validité du contrat. Ainsi, une forme particulière peut être requise pour constituer une *preuve :* ce sont les formalités *ad probationem*, par exemple la rédaction d'un écrit dans la vente d'immeuble, la formalité de l'enregistrement (v. ss 973) ; certaines formalités peuvent aussi être nécessaires pour habiliter le représentant d'un incapable à agir (ex. autorisation du conseil de famille ou du juge des tutelles) ou encore pour constituer la publicité d'un acte constitutif ou translatif de droit réel (formalité nécessaire pour rendre l'acte opposable aux tiers : ex. inscription à la Conservation des hypothèques, transcription, etc.). Il faut bien noter, à cet égard, qu'un contrat passé devant notaire uniquement pour se constituer une preuve ou en assurer la publicité, ne devient pas, de ce seul fait, un contrat solennel ; il demeure un contrat consensuel et la jurisprudence décide même qu'il s'est valablement formé dès l'échange des consentements, sans attendre la rédaction de l'écrit ; cet écrit le rend simplement opposable aux tiers.

676. L'actuel projet de réforme, dans le cadre du chapitre II sur la formation du contrat consacre une section à leur forme. Le premier paragraphe comporte, au titre de

« dispositions générales », le rappel du principe consensualiste, les exceptions admises (contrat solennel et réel) et la précision que les formes exigées aux fins de preuve ou d'opposabilité sont sans effets sur la validité des contrats. Le second paragraphe est constitué par les dispositions propres aux contrats conclus par voie électronique. Ceux-ci sont actuellement traités, dans le Code civil, pour partie, aux articles 1316 à 1316-4 et 1317, alinéa 2, dans les dispositions relatives aux preuves (v. *Droit civil*, tome 1), pour partie aux articles 1369-1 et suivants dans un chapitre relatif aux contrats sous forme électronique, et enfin, aux articles 1108-1 et 1108-2, au chapitre relatif aux conditions de validité des conventions. Contrairement à l'option affichée dans le premier projet de 2008, toutes les dispositions relatives aux contrats électroniques n'ont cependant pas été regroupées au même endroit puisqu'on trouve aussi des dispositions propres au contrat électronique dans la partie consacrée à la conclusion du contrat et également au titre de la preuve des obligations.

c) Contrats réels

677. ► ***Le contrat est réel*** lorsque dans certains cas, l'accord des parties est insuffisant à former le contrat, il faut encore que s'y ajoute la « tradition », c'est-à-dire la remise d'une chose (réel vient de *res*, la chose). Cette catégorie des contrats réels est, en réalité, assez résiduelle. Pour le Code civil quatre contrats étaient ainsi qualifiés ; le prêt à usage (art. 1875) ; le prêt de consommation (art. 1892), le dépôt (art. 1915) et le contrat de gage. La jurisprudence y a ajouté depuis fort longtemps, le don manuel. Il s'agit dans ce dernier cas d'une exception au principe posé par l'article 901 du Code civil, selon lequel la donation est toujours un contrat solennel, nécessitant pour sa formation un acte authentique passé devant notaire. Pour les biens mobiliers représentant une valeur raisonnable ou les petites sommes d'argent, la jurisprudence contourne cette exigence et admet la formation et la validité du don dès lors qu'il y a eu remise effective au donataire de la chose donnée.

Deux évolutions ont cependant affecté récemment la catégorie dans le sens d'un rétrécissement : La première concerne le contrat de gage et la seconde le contrat de prêt d'argent consenti par un professionnel du crédit.

678. ***Le contrat de gage*** était jusqu'ici considéré comme un contrat réel mais l'ordonnance n° 2006-346 du 23 mars 2006, relatif au droit des sûretés, en a fait un contrat solennel en exigeant la rédaction d'un écrit dans le nouvel article 2336. Qu'il y ait eu remise du bien gagé au créancier ne suffit plus désormais à la formation du contrat, s'il n'y a pas eu d'écrit.

679. Concernant ***le contrat de prêt*** *régi par le Code de la consommation* : prêt d'argent consenti à un particulier par un professionnel du crédit, la Cour de cassation, depuis une décision du 27 mai 1998 [1] a également écarté la qualification de contrat réel et elle a réaffirmé depuis cette solution en se référant de manière générale à la qualité de prêteur professionnel : « le prêt consenti par un professionnel du crédit n'est pas un contrat réel » [2]. Le changement de qualification est d'une importance considérable : dès lors qu'il ne s'agit plus d'un contrat réel, l'accord de volonté intervenu entre les parties forme le contrat de prêt et fait naître des obligations à la charge de chacune des parties : obligation

---

1. Civ. 27 mai 1998, *D.* 1999. 194, note M. Bruschi, *Defrénois* 1998. 1054, obs. Ph. Delebecque.
2. Civ. 1re, 28 mars 2000, *JCP* 2000. II. 10296, concl. J. Sainte-Rose.

de prêter la somme pour le prêteur et obligation de verser les intérêts et rembourser le capital aux échéances prévues pour l'emprunteur. Le banquier prêteur se trouve donc obligé par ce contrat de verser la somme promise et peut y être contraint. Si, au contraire, le contrat était resté un contrat réel, tant que l'établissement de crédit n'aurait pas remis volontairement et spontanément la somme objet du prêt, le contrat ne serait pas formé. En cas de refus, alors même que l'établissement de crédit aurait signé une offre écrite de prêt, il ne pourrait jamais être contraint à verser la somme et en cas d'inexécution, il ne serait tenu que de simples dommages-intérêts. [1]. On voit donc l'intérêt de la solution consistant à écarter la qualification de contrat réel pour l'emprunteur.

Ce changement de nature du contrat ne concerne cependant que les *contrats de prêt consentis par un professionnel du crédit à un consommateur*. L'objectif est, en effet, la protection de celui-ci, en faisant peser sur l'établissement de crédit, dès l'échange des consentements, une obligation de verser la somme promise. Dans une décision du 19 juin 2008, la première chambre civile a de nouveau confirmé la solution et en a tiré les conséquences sur l'analyse de la cause du contrat, en relevant que l'obligation de l'emprunteur trouve sa cause dans l'obligation souscrite par le prêteur [2]. La chambre commerciale de la Cour de cassation a repris exactement la même analyse dans une décision du 7 avril 2009 [3]. *Concernant les prêts ordinaires passés entre deux particuliers* ou *entre deux professionnels*, la première chambre civile de la Cour de cassation, dans un arrêt rendu en 2006, a confirmé qu'il s'agissait toujours de contrats réels [4]. En 2008, elle a ajouté que dans ce cas, la remise de la chose est la cause de l'obligation de l'emprunteur [5].

2. La classification des contrats fondée sur la qualité du cocontractant

680. Certains contrats s'adressent plus particulièrement à certains cocontractants, ce sont des contrats conclus *intuitu personae*, d'autres s'adressent à n'importe qui, au public en général.

a) Contrats conclus « intuitu personae »

681. ► *Contrat conclu intuitu personae* : cela signifie que le contrat a été formé en fonction de la personnalité du cocontractant et de personne d'autre : il s'agit, par exemple, d'une donation à un bénéficiaire déterminé, d'une commande d'un tableau à un peintre connu, du contrat de société en nom collectif liant des personnes qui se connaissent et s'estiment... Seuls ces contrats peuvent être annulés en cas d'erreur sur la personne (art. 1110, al. 2) (v. ss 795). Le décès du contractant met fin au contrat.

---

1. V. chronique L. Leveneur, « Le rétrécissement de la catégorie des contrats réels est engagé », *JCP* 2000. Actu. 1531
2. Civ. 1re, 7 mars 2006, *Bull. civ.* I, n° 138.
3. Civ. 1re, 19 juin 2008, n° 19056, *RDC* n° 1, 2009. 183, note P. Puig ; AJ 1825, obs. X. Delpech et 2369, obs. C. Breton ; *JCP* 2008. II. 10150, note A. Constantin, *JCP E* 2008. 1964, note D. Legeais ; F. Chenedé, « La cause de l'obligation dans le contrat de prêt réel et dans le contrat de prêt consensuel », *D.* 2008. 2555.
4. Com. 7 avr. 2009, *D.* 2009. 2080, note J. Ghestin.
5. Civ. 1re, 19 juin 2008, n° 19753, *RDC* n° 1, 2009. 182, note P. Puig ; F. Chenedé, « La cause de l'obligation dans le contrat de prêt réel et dans le contrat de prêt consensuel », *D.* 2008. 2555.

b) Contrats conclus « non intuitu personae »

682. Ce sont tous les autres contrats où la considération de la personnalité du cocontractant n'est pas déterminante : par exemple dans le cadre d'un contrat de vente de produits de consommation, la personnalité des parties n'est généralement pas une considération importante pour ceux qui s'engagent dans le contrat.

3. La classification des contrats selon leurs effets

683. Elle conduit à distinguer les contrats abdicatifs, translatifs ou constitutifs de droits ou de situations juridiques. On notera que cette classification ne figure pas dans le projet de réforme de la Chancellerie, ni d'ailleurs dans l'avant-projet Catala.

a) Contrats abdicatifs

684. Certaines conventions ont pour effet essentiel non de créer un droit comme la plupart des contrats mais d'en éteindre, par exemple la *remise de dette* par laquelle le créancier renonce à réclamer sa créance.

Citons encore la *transaction*, contrat qui emporte l'extinction du droit d'agir en justice. Elle met, certes, à la charge des parties l'obligation d'accomplir certaines prestations, telles que paiement d'une somme d'argent en contrepartie de l'abandon par l'autre contractant du surplus de ses prétentions, mais l'effet essentiel est de mettre fin au litige en interdisant à chacune des parties d'avoir recours au juge (art. 2052 : autorité de la chose jugée de la transaction). Les parties ont elles-mêmes convenu de la solution de leur litige et sont liées par cet engagement du fait de la force obligatoire du contrat qui s'impose aux parties mais également au juge.

b) Contrats translatifs et non translatifs

685. Les contrats translatifs sont des contrats qui ont pour objet de transférer un droit réel, c'est-à-dire un droit sur un bien. Ils se caractérisent donc par une obligation principale de donner. Il s'agit principalement du droit de propriété, transféré par contrat de vente ou d'échange ; mais il peut s'agir aussi d'un droit démembré de la propriété, par exemple un droit d'usufruit, qui peut faire l'objet d'une cession. Dans le contrat *de vente*, l'effet translatif est immédiat, il se produit en principe par le simple échange des consentements, ce que traduit l'article 1583 du Code civil : « la vente est parfaite et la propriété est acquise de droit à l'acheteur à l'égard du vendeur dès qu'on est convenu de la chose et du prix… ». Pour certains auteurs, le transfert de propriété étant un effet automatique du contrat, le contrat de vente ne ferait pas naître d'obligation de donner (obligation de transférer la propriété) à la charge du vendeur, comme on le considère d'habitude. Il ferait simplement naître l'obligation de payer le prix pour l'acheteur et de livrer la chose pour le vendeur. On peut faire remarquer cependant qu'il est toujours possible de retarder le moment du transfert de propriété, ce qui est d'ailleurs souvent le cas dans les ventes immobilières où il est retardé jusqu'à la signature d'un acte authentique devant notaire (v. ss 770). On peut donc bien identifier une obligation de donner, même si elle s'exécute en principe immédiatement par l'échange des consentements, à moins que les parties n'en aient décidé autrement.

Dans les contrats non translatifs, l'obligation principale est une obligation de faire ou de ne pas faire. Ce sont des contrats de prestation de service, à titre gratuit ou onéreux [1].

c) Contrats constitutifs de droits ou de situations juridiques

686. Dans certains cas, le contrat peut aboutir à la création d'un droit réel, ainsi lorsqu'il démembre le droit de propriété pour constituer une servitude ou un usufruit. Il s'agit cependant aussi, dans ce cas, d'un contrat translatif puisque le droit démembré est transféré au contractant. Dans d'autre cas, le contrat peut aboutir à la création d'une situation juridique nouvelle, plus large que la constitution d'un droit, par exemple les contrats créateurs d'une personne morale, comme le contrat de société, si tant est qu'il s'agisse véritablement d'un contrat (v. ss 618).

4. Classification des contrats selon leur mode d'exécution

687. De nouvelles classifications apparaissent si l'on considère cette fois l'exécution des contrats, notamment en ce qui concerne leur durée, avec les *contrats à exécution successive ou immédiate* d'une part, et les *contrats à durée déterminée ou indéterminée* d'autre part.

a) Exécution successive ou immédiate

► ***Le contrat à exécution immédiate ou instantanée***. Le contrat à exécution immédiate est un contrat dont les obligations peuvent s'exécuter en une prestation unique et qui peut être exécuté immédiatement (ex. dans la vente au comptant : transfert de propriété et paiement du prix), même si cette exécution est susceptible d'être différée ou la prestation fractionnée (ex. de la vente à tempérament ou le prix est fractionné et payable en plusieurs échéances).

► ***Le contrat à exécution successive***, au contraire, se caractérise par des prestations successives qui se renouvellent et s'échelonnent dans le temps (ex. contrat de travail, contrat de bail).

Ces définitions sont reprises par **l'actuel projet de réforme de la Chancellerie** (oct. 2013).

688. ***L'intérêt de la distinction*** se manifeste surtout en cas d'inexécution, beaucoup plus facile à constater pour les contrats à exécution immédiate que pour ceux à exécution successive. De même, la sanction sera différente, résolution ou annulation rétroactive pour les premiers, résiliation, c'est-à-dire anéantissement pour l'avenir seulement, pour les seconds ; en effet, on ne peut généralement pas anéantir le passé, faire qu'un local n'ait pas été habité, qu'une personne n'ait pas effectué de travail, etc. (v. ss 1238, 1239).

b) Durée déterminée ou indéterminée des contrats à exécution successive

689. ► ***Les contrats à durée déterminée ou indéterminée***. Ils constituent une subdivision des contrats à exécution successive en fonction de leur durée fixée ou non lors de la conclusion du contrat.

---

1. Cette distinction des contrats translatifs et non translatifs a été proposée par J.-F. Overstake, *Essai de classification des contrats spéciaux*, thèse, Bordeaux, LGDJ, 1969.

L'intérêt de la distinction apparaît lors de la cessation du contrat : pour les premiers (CDD) ils cessent automatiquement à l'arrivée du terme et ne sauraient prendre fin avant, sauf commun accord des parties ; les autres (CDI) sont résiliables unilatéralement, c'est-à-dire qu'ils peuvent prendre fin par la volonté d'une des parties contractantes, ce qui est très important, pour les contrats de travail, par exemple. C'est pourquoi on distingue entre la démission volontaire du salarié et le licenciement par le chef d'entreprise, soumis à diverses formalités et conditions protectrices du salarié.

5. Classification des contrats selon la réglementation applicable

690. Il s'agit de la distinction des contrats nommés ou innomés : cette classification vient du droit romain et le Code civil y fait une simple allusion dans l'article 1107, alinéa 1er, mais elle a pris aujourd'hui un sens un peu particulier.

a) Contrats nommés

691. Les contrats dits « nommés » sont les contrats « de confection », préétablis par le Code civil qui leur a donné une dénomination particulière. Ils font l'objet d'une réglementation spéciale dans le Code civil, qui s'ajoute à la réglementation générale à laquelle ils sont soumis comme tous les autres contrats. Ce sont les grands contrats de l'époque du Code civil : la vente (1582-1701), l'échange (1702-1707), le louage (1708-1831), la société (1832-1873), ainsi que les trois contrats de services d'ami à l'origine essentiellement gratuits : le dépôt, le prêt et le mandat, et enfin, le cautionnement et le contrat d'assurance.

b) Contrats innomés

692. Les contrats innomés au contraire, constituent des contrats « sur mesure » que les particuliers adaptent à leurs propres besoins, parfois même en mélangeant les règles de plusieurs contrats nommés (ex. le contrat de wagon-lit est à la fois contrat de transport et contrat d'hôtellerie), en vertu du principe de la liberté contractuelle. Certains sont devenus si pratiqués qu'ils ont finalement reçu une dénomination en dehors du Code civil et font l'objet de réglementation particulière en dehors du Code civil, comme par exemple le contrat de transport.

L'intérêt de la distinction apparaît lorsque le juge doit interpréter ces contrats à défaut de précisions fournies par les parties. Normalement, dans un contrat nommé, il applique les règles supplétives prévues par le législateur pour ce type de contrat ; dans le cas où il y a mélange de plusieurs sortes de contrats, la solution est plus délicate et les tribunaux doivent parfois d'abord qualifier le contrat[1]. Par exemple, un contrat entraînant la remise d'une chose à fin de réparation doit-il recevoir une qualification mixte : contrat de dépôt + contrat d'entreprise ou une qualification unitaire : contrat d'entreprise seulement ? La Cour de cassation précise que la responsabilité de la société était engagée « non au titre d'un contrat de dépôt mais à l'occasion de l'exécution du contrat d'entreprise qu'elle avait consenti »[2].

693. Dans le premier projet de réforme de la Chancellerie (2008), la notion de contrat innommé figurait dans les classifications proposées : ce « sont ceux que la loi ne

---

1. Par ex. Crim. 10 déc. 1969, *Gaz. Pal.* 1970. 1. 90.
2. Civ. 1re, 26 janv. 1999, *Bull. civ.* I, no 28, *RGDA* 1999. 437, note L. Fonlladosa.

réglemente pas sous une dénomination propre ». Reprenant à cet égard les termes de l'*avant-projet Catala*, le projet gouvernemental ajoutait : « ils sont soumis par analogie aux règles applicables à des contrats comparables, dans la mesure où leur spécificité n'y met pas obstacle ». La catégorie n'a pas été reprise dans **l'actuel projet de réforme**.

C. Les classifications postérieures au Code civil

694. Elles tiennent compte de l'évolution du contrat, de ses transformations dues aux transformations économiques. C'est ainsi que l'on distingue les contrats de gré à gré et les contrats d'adhésion, les contrats égalitaires et de consommation, les contrats individuels et les contrats collectifs, les contrats simples et les contrats complexes.

1. La distinction des contrats de gré à gré et d'adhésion

695. Parmi les conditions de fond essentielles à la validité du contrat, la plus importante est le consentement. S'il est vicié, le contrat peut être annulé, mais sans aller jusque-là, le consentement d'une des parties peut avoir été plus ou moins imposé par l'autre, c'est ce qui distingue les *contrats d'adhésion* des *contrats de gré à gré.*

696. La règle générale est que les contrats sont conclus de gré à gré, c'est-à-dire à la suite de l'accord des deux parties traitant à égalité. Or, dans la pratique, il existe de nombreux contrats où l'une des parties n'a pas la possibilité de discuter le prix (ex. achat d'un billet de chemin de fer) ni même les clauses du contrat (ex. souscription d'une police d'assurance). On appelle ces contrats des contrats d'adhésion.

Il s'agit quand même de contrats, car l'intéressé reste libre de ne pas contracter s'il ne veut pas accepter les conditions qui lui sont proposées. Mais le législateur et la jurisprudence se réservent le droit de contrôler ces contrats et de les interpréter à l'avantage du plus faible, en tenant compte notamment de la notion de bonne foi (art. 1134, al. 3).

Le *projet de la Chancellerie*, à l'instar de l'*avant-projet Catala*, propose d'intégrer, dans la classification des contrats, cette distinction des contrats de gré à gré et d'adhésion qui ne figure pas dans le Code civil.

2. La distinction des contrats individuels et collectifs

697. Elle repose à la fois sur l'origine du consentement et les effets de ce consentement.

698. La règle générale veut que les contrats soient individuels, c'est-à-dire qu'ils ne lient que les personnes ayant donné directement leur consentement. Au contraire, on nomme contrats collectifs ceux où des personnes se trouvent liées sans avoir eu à manifester leur consentement (par ex. convention collective de travail, ou l'ancien concordat des procédures collectives, voté à la majorité). Mais s'agit-il vraiment de contrats ou d'actes collectifs ? (sur cette notion, v. ss 616).

3. La distinction des contrats égalitaires et de consommation

699. Cette distinction est liée à la naissance et au développement du droit de la consommation qui a conduit à l'émergence de cette catégorie nouvelle. Elle repose sur la qualité des parties au contrat.

a) Développement et esprit du droit de la consommation

700. Le constat du déséquilibre des contrats passés entre des professionnels en situation de supériorité par leurs connaissances techniques et leur force économique avec des consommateurs par définition plus faibles a donné naissance, à partir des années soixante-dix, au mouvement dit « consumériste ». Ce mouvement né aux États-Unis est ensuite arrivé en France et a donné lieu à une série de lois spéciales, mettant en place dans les contrats passés entre professionnels et consommateurs, des mesures de protection du plus faible consommateur. Ainsi la loi de 1972 sur le démarchage à domicile est intervenue, puis les lois Scrivener en 1973 sur le crédit à la consommation auxquelles se sont ajoutés d'autres textes comme la loi du 10 janvier 1978 sur la protection et l'information des consommateurs, pour aboutir à un corps de règles particulières s'intercalant entre la théorie générale des articles 1110 et suivants du Code civil et le droit spécial des contrats. C'est ce que l'on a appelé droit de la consommation (déjà sur l'émergence de ce droit et son caractère perturbateur, v. ss 85, 643).

701. Par une loi du 26 juillet 1993, toutes les dispositions issues de ces lois spéciales ont été codifiées dans le Code de la consommation.

702. *L'objectif du droit de la consommation* est de rétablir l'équilibre dans la relation contractuelle en introduisant un ensemble de règles favorables qui ne s'adressent qu'au consommateur.

703. Ces règles visent d'une part à assurer la *protection du consentement* :

– en informant le consommateur pour qu'il puisse donner un consentement éclairé, en toute connaissance de cause ; une obligation d'information pèse donc sur les professionnels ;

– en multipliant les exigences formelles, toujours pour le protéger ;

– en lui donnant un droit de rétractation pour revenir sur le consentement donné dans un certain nombre de contrats agressifs comme le démarchage à domicile ou par téléphone.

704. Elles visent d'autre part à assurer l'*équilibre du contrat* : notamment en interdisant et en sanctionnant les *clauses abusives* qui visent à créer un déséquilibre significatif entre les parties (v. ss 940 s.). Elles tendent aussi à assurer la *sécurité du consommateur* en organisant par des mesures préventives et répressives, le contrôle des produits qui leur sont destinées. Le droit de la consommation ne fait d'ailleurs pas seulement appel au droit civil mais aussi au droit pénal.

705. Les règles du droit de la consommation *se trouvent parfois en* contradiction avec le droit commun du contrat issu de la théorie générale. Ainsi, le droit de rétractation s'oppose au caractère irrévocable du contrat dès lors qu'il y a eu rencontre des consentements (v. ss 757). De même la recherche et la sanction des clauses abusives (v. ss 939 s.) permettent au juge d'intervenir dans le contrat pour le modifier, alors qu'il doit en principe rester neutre et respecter le principe de la force obligatoire.

706. On soulignera aussi l'importance, en la matière, du droit communautaire. Le 8 octobre 2008, une proposition de directive-cadre relative aux droits des consommateurs, proposait pour la première fois des règles transversales couvrant tous les contrats de vente et de service et visait à une harmonisation maximale des droits des États membres de l'Union européenne (v. ss 96). Finalement, c'est à une harmonisation limitée qu'aboutit la directive, intervenue le 25 octobre 2011 sur les droits des consommateurs (n° 2011/83/UE), qui abroge et remplace plusieurs directives antérieures [1]. Les limites concernent tant sa force contraignante et le niveau d'harmonisation – puisque les États peuvent parfois s'en écarter [2] –, que son champ d'application : elle ne vise, en principe, que les contrats de vente et de prestation de service conclus à distance, spécialement par Internet et hors établissement [3]. Le texte comporte un ensemble de mesures destinées à renforcer spécifiquement la protection du consommateur, par exemple en doublant le délai de rétractation porté à quatorze jours, ou encore en créant une transparence accrue des prix, ou en interdisant les cases pré-cochées sur les sites internet. Si on reste encore loin, du véritable Code de la consommation communautaire auquel la Commission européenne avait pour ambition d'aboutir [4], la directive introduit quand même, pour la première fois en matière européenne, une obligation précontractuelle d'information commune à tous les contrats de vente et de services conclus entre professionnels et consommateurs et pas seulement à ceux qui sont conclus à distance ou hors établissement (sur cette directive, v. ss 96). Ces dispositions ont été reprises par la loi n° 2014-344 du 17 mars 2014 relative à la consommation (C. consom., art. L. 111-1 à L. 11-3).

b) Notion de consommateur et critère du contrat de consommation

707. Les contrats de consommation s'opposent donc aux contrats conclus entre deux consommateurs ou particuliers ou entre deux professionnels, qui sont soumis à la théorie générale et éventuellement au droit spécial du contrat considéré, sans être soumis à ce corps de règles intermédiaires qu'est le droit de la consommation. Mais encore faut-il savoir exactement quels sont les critères du contrat de consommation.

708. Jusqu'à la loi n° 2014-344 du 17 mars 2014 relative à la consommation [5], la notion de contrat de consommation n'était pas forcément facile à cerner car la notion de consommateur elle-même n'était pas définie par le Code de la consommation.

Deux conceptions étaient concevables : ou bien le consommateur est un particulier qui conclut un contrat pour la satisfaction de ses besoins personnels : conception stricte ; ou bien le consommateur peut également être un professionnel qui, tout en concluant un contrat pour la satisfaction de ses besoins professionnels, n'a pas de compétence dans le

---

1. Elle abroge les directives n° 85/577/CEE du 20 décembre 1985 et n° 97/7/CE du 20 mai 1997.

2. Plusieurs dispositions qui permettent aux États de s'affranchir des seuils de protection fixés par la directive : par exemple, l'article 3, § 4, permet aux États de ne pas appliquer la directive pour les contrats hors établissement dont la valeur n'excède pas 50 euros ; l'article 3, § 6, permet aux professionnels d'aller au-delà des mesures prévues par la directive ; l'article 5, § 4 autorise les États à adopter des exigences supplémentaires en matière d'information précontractuelle ; l'article 24 qui laisse aux États la liberté de déterminer les sanctions.

3. Un contrat « hors établissement » est un contrat conclu en présence des deux parties en un lieu qui n'est pas l'établissement commercial du professionnel ou alors qui est conclu dans l'établissement du professionnel mais immédiatement après que le consommateur ait fait l'objet d'une offre en dehors de cet établissement.

4. Sur le contenu de ce texte, v. G. Paisant, « La directive du 25 octobre 2011 relative aux droits des consommateurs », *JCP* 2012. 62 ; G. Raymond « Directive consommateurs n° 2011/83 UE du 25 octobre 2011 », *CCC* févr. 2012. Étude 3 ; N. Sauphanor-Brouillaud, *JCP* 2012, chron. Droit des contrats p. 63.

5. C. Aubert de Vincelles et N. Sauphanor-Brouillaud, « Loi du 17 mars 2014, nouvelles mesures protectrices du consommateur », *D.* 2014. 879 ; D. Ferrier, « Pour un encadrement renforcé des relations entre professionnels », *D.* 2014. 889.

domaine considéré. La Cour de cassation s'est d'abord prononcée pour la conception stricte[1] puis pour la conception extensive, à propos d'un agent immobilier ayant acquis un système d'alarme[2]. Elle est revenue aujourd'hui à une conception stricte en écartant la qualification de consommateur dès lors que la personne a agi dans le cadre de son activité professionnelle[3]. Cette définition restrictive est également celle qui a été retenue par le droit communautaire. La première chambre civile de la Cour de cassation avait par ailleurs admis que le non professionnel, au sens de l'article L. 132-1 du Code de la consommation, pouvait être une personne morale[4], à l'encontre de la position adoptée par la CJUE. Cette dernière a en effet exclu de la protection les personnes morales : « la notion de consommateur doit être interprétée en ce sens qu'elle vise exclusivement les personnes physiques et non les personnes morales ». Cette position du droit européen est confirmée par les derniers textes, dont la directive relative aux droits des consommateurs du 25 octobre 2011 nº 2011/83/UE (v. ss 706). Le consommateur y est défini, en effet, comme une personne physique. Si la première chambre civile de la Cour de cassation a maintenu sa position en réaffirmant que « les personnes morales ne sont pas exclues de la catégorie des non-professionnels »[5], la chambre commerciale a cependant précisé que les sociétés commerciales ne pouvaient être assimilées à un non-professionnel même si elles contractent en dehors de leur compétence[6].

Désormais et depuis la loi n° 2014-344 du 17 mars 2014 relative à la consommation, les discussions n'auront plus cours puisque le consommateur est défini par le Code de la consommation. La loi a introduit en effet dans le livre 1er un article préliminaire qui prend nettement parti pour la définition restrictive : « au sens du présent code, est considéré comme un consommateur toute personne physique qui agit à des fins qui n'entrent pas dans le cadre de son activité commerciale, industrielle, artisanale ou libérale ». Cette définition confirme par ailleurs qu'une personne morale ne peut pas être un consommateur.

709. Enfin, on notera que l'article L. 421-6 du Code de la consommation a ouvert aux associations de consommateurs le droit d'agir en justice pour « faire cesser ou interdire tout agissement illicite » et obtenir « la suppression d'une clause illicite ou abusive dans tout contrat ou type de contrat proposé ou destiné au consommateur ». Ces actions présentent un triple caractère : préventif, puisqu'elles visent à la suppression matérielle des clauses avant leur utilisation ; collectif en ce qu'elles s'attaquent au type de contrat proposé à une collectivité de consommateurs et abstrait, c'est-à-dire sans égard à l'utilisation faite auprès de chaque contractant[7].

---

1. Civ. 1re, 15 avr. 1986, *RTD civ.* 1987. 86, obs. J. Mestre.
2. Civ. 1re, 25 mai 1995, *D.* 1993. 87, note G. Nicoleau.
3. Civ. 1re, 17 nov. 1998, *CCC* 1999, nº 21, obs. L. Leveneur. Dans une décision postérieure, la première chambre civile de la Cour de cassation a rappelé que n'est pas un consommateur protégé celui qui conclut un contrat ayant un rapport direct avec son activité professionnelle, mais elle a renvoyé au juge du fond l'appréciation de ce rapport direct, ce qui favorise l'insécurité juridique en permettant des solutions contradictoires : Civ. 1re, 5 mars 2002, *JCP* 2002. II. 10123, obs. G. Paisant.
4. Civ. 15 mars 2005, *D.* 2005. 887, obs. C. Rondey ; *RTD civ.* nº 2, 2005. 393, obs. J. Mestre et B. Fages.
5. Civ. 1re, 23 juin 2011, nº 10-30.645, *JurisData* nº 2011-012279 ; *JCP* 2011. Doctr. 1141, nº 3, obs. J. Ghestin ; *JCP* 2011. 1080, note G. Paisant.
6. Com. 6 sept. 2011, nº 10-21.583, *JurisData* nº 2011-018285 ; *JCP* 2011. 1203, note G. Paisant ; *JCP* 2012, chron. droit des contrats, obs. J. Ghestin.
7. Civ. 1re, 1er févr. 2005, trois espèces commentées au *JCP* 2005. I. 141, par J. Rochfeld.

4. La distinction des contrats simples, des contrats complexes et des groupes de contrats

710. ***Le contrat simple*** réalise une opération économique traditionnelle et simple en ce sens qu'il est possible d'identifier une seule prestation essentielle qui est fournie par l'exécution d'une seule obligation essentielle, même si elle est accompagnée d'obligations accessoires pour parfaire sa réalisation. Le contrat peut être unilatéral comme un contrat de donation, ou bien il est synallagmatique mais dans ce cas à l'obligation essentielle de l'une des parties, par exemple transférer la propriété dans un contrat de vente, correspond l'obligation essentielle de l'autre partie de fournir une contre-prestation, le paiement du prix dans la vente.

711. ***Le contrat complexe*** au contraire, associe plusieurs prestations essentielles dans un même contrat, de sorte que l'on peut penser à la combinaison de plusieurs contrats ; en réalité, il ne s'agit pas d'une simple juxtaposition, mais d'une opération véritablement originale. Ainsi, par exemple, le contrat de crédit-bail ou leasing associe une location et une vente mais pour former une opération qui n'est ni seulement une location, ni seulement une vente ; ou alors le contrat de fourniture d'un système informatique comporte la vente d'un système et son installation (prestation de service) ; autre exemple le contrat de vente d'immeuble à construire, associe une construction (prestation de service et contrat d'entreprise) et une vente.

712. Ces contrats *sui generis* (qui constituent à eux seuls une catégorie contractuelle) ont été le plus souvent imaginés par la pratique ; ce sont des contrats innomés, fruits de la liberté contractuelle, qui ne sont pas la somme de plusieurs contrats mais un seul contrat spécifique avec un régime propre qui peut être défini par la loi comme dans le contrat de vente d'immeuble à construire spécialement réglementé ou par les parties, sous réserve de respecter les règles générales gouvernant le contrat.

713. La question essentielle qui se pose à leur propos est de savoir s'il s'agit véritablement d'un seul contrat complexe, ou de plusieurs contrats distincts mais liés, soit un groupe de contrats.

714. Dans ***les groupes de contrats***, plusieurs contrats sont liés, soit par l'identité d'objet, soit par l'identité de cause. Dans le premier cas, on parle de *chaînes de contrats*, comme dans les ventes successives du fabricant au distributeur grossiste puis au détaillant puis au consommateur (v. ss 1198). Dans le second cas, celui des *ensembles contractuels*, les parties ont pour objectif la réalisation d'une opération globale à l'aide de plusieurs contrats (*ensembles contractuels*) : on peut prendre l'exemple simple de l'achat d'un bien qui va être financé par un contrat de prêt. Le lien entre les contrats est plus ou moins fort, il peut aller jusqu'à l'indivisibilité, de sorte que la nullité ou la résolution d'un des contrats du groupe entraînera celle des autres contrats, ou alors l'action en responsabilité dans les chaînes de contrats homogènes constituée de ventes successives sera transmise aux différents partenaires.

715. Ces ensembles contractuels constituent aujourd'hui une réalité dont la jurisprudence tient compte, d'autant plus que l'approche du contrat devient plus économique, mais ils posent néanmoins des problèmes, notamment du point de vue de l'effet relatif du contrat (v. ss 1196 s.).

L'actuel projet de la Chancellerie ne reprend pas directement cette notion de contrats complexe ni de groupe de contrat et, contrairement à *l'avant-projet Catala*, il n'envisage pas non plus, parmi les différentes catégories de contrats qu'il définit, celle des contrats interdépendants. Toutefois, il reconnaît par des dispositions particulières, l'interdépendance qui peut exister entre des contrats qui ont été conclus en vue d'une opération d'ensemble : ainsi lorsqu'il prévoit la sanction de la caducité d'un contrat valablement conclu avec d'autres contrats en vue d'une opération d'ensemble, lorsque la disparition de l'un des contrats rend sans intérêt ou impossible son exécution (art. 94).

5. La distinction des contrats-cadres et des contrats d'application

716. Cette catégorie est bien connue de la doctrine et de la jurisprudence mais ne figure pas actuellement dans le code. **L'actuel projet de la Chancellerie** reprenant à cet égard *l'avant-projet Catala de réforme du droit des obligations* (art. 1102-6) propose de l'y introduire. Conformément à l'analyse actuelle qui en est faite, notamment par la jurisprudence, le projet propose de définir le contrat cadre comme « un accord par lequel les parties conviennent des caractéristiques essentielles de leurs relations futures » (art. 9). « Des conventions d'application en précisent les modalités d'exécution » (la date, la quantité, la qualité et le prix des prestations notamment).

Conclusion

717. Cette classification des contrats intéresse essentiellement la théorie générale et elle a des incidences sur le régime du contrat du point de vue des règles générales qui lui sont applicables. Il ne faut pas oublier cependant qu'il existe des dispositions spéciales applicables à teL ou tel contrat. Ce droit spécial des contrats peut être plus ou moins développé et contraignant selon le contrat considéré, lorsqu'il a reçu sa qualification spéciale de vente, ou de prêt ou de transport, interne ou international de marchandises ou de personnes… Il ne faut pas négliger non plus l'influence croissante du droit communautaire (règlements et directives européennes). La réglementation européenne du droit des contrats est aujourd'hui incontournable ainsi que la connaissance des projets d'harmonisation actuels (v. ss 102 s., 660 s.).

718. Cette classification des contrats montre la complexité et la variété des figures contractuelles, mais ne répond pas à la question de savoir, par-delà cette diversité, quels sont les éléments constitutifs de tout contrat et à quelles conditions il est valablement formé. Le Code civil répond à ces questions. Ce sont ces éléments que nous allons étudier maintenant dans un titre premier consacré à la formation du contrat.

719. (réservé).

DOCUMENTS

BIBLIOGRAPHIE

ABADIE (L.), « Convention EDH et contentieux contractuel », *in L'utilisation de la Convention EDH dans la pratique des affaires*, *Dr. et patr.* juill.-août 2010, spéc. p. 73 s.

ANCEL (P.), « Force obligatoire et contenu obligationnel du contrat », *RTD civ.* 1999. 771.

AUBERT DE VINCELLES (C.) et SAUPHANOR-BROUILLAUD (N), « Loi du 17 mars 2014, nouvelles mesures protectrices du consommateur », *D.* 2014. 87.

AYNÈS (L.), *La cession de contrat*, Economica, 1984.

BATIFFOL (H.), *La crise du contrat et sa portée*, Archives de philosophie du droit, 1968.

BEHAR-TOUCHAIS (M.) (dir.), *L'interdiction de se contredire au détriment d'autrui*, Economica, 2001.

BEHAR-TOUCHAIS (M.), Rapport introductif, *in* « Existe-t-il un principe de proportionnalité en droit privé ? », *LPA* 30 sept. 1998, n° 117.

CACHARD (O.), « Le contrat électronique dans la loi pour la confiance dans l'économie numérique », *RLDC* n° 8, sept. 2004.

BROS (S.), *L'interdépendance contractuelle*, thèse, Paris II, 2001.

GADHOUN (P.-Y.), *La liberté contractuelle dans la jurisprudence du Conseil constitutionnel*, Dalloz, coll. « Nouvelle Bibliothèque de Thèses », 2008.

GHESTIN (J.), « La notion de contrat », *D.* 1990. Chron. XXVII.

GOUNOT (E.), *Le principe de l'autonomie de la volonté en droit privé : contribution à l'étude critique de l'individualisme*, thèse, Dijon, 1912.

GRIDEL (J.-P.), « Sur l'hypothèse d'un Code européen des contrats : les propositions de l'Académie des privatistes européens (Pavie) », *Gaz. Pal.* 21-22 févr. 2003, p. 3.

HOUTCIEFF (D.), *Le principe de cohérence en matière contractuelle*, PUAM, 2002.

HUET (J.), « Les sources communautaires du droit des contrats », *LPA* 21 mars 1997, n° 35, p. 8.

HUET (J.), « Encore une modification du Code civil pour adapter le droit des contrats à l'électronique », *JCP* 2004. I. 178.

JAMIN (C.), « Plaidoyer pour le solidarisme contractuel », *in Mélanges J. Ghestin*, 2001, p. 441 s.

JOBARD-BACHELLIER (M.-N.), « Existe-t-il encore des contrats réels en droit français ? », *RTD civ.* 1984. 1 s.

LAGARDE (X.), « Observations critiques sur la renaissance du formalisme », *JCP* 1999. I. 170.

LEVENEUR (L.), « Classification des contrats : le rétrécissement de la catégorie des contrats réels est engagé », *JCP* 2000. Actu. 1531.

MAZEAUD (D.), « Loyauté, solidarité, fraternité, la nouvelle devise contractuellle ? » *in Mélanges F. Terré*, Dalloz, 1999, p. 603.

MARGUÉNAUD (J.-P.), « L'assujettissement du contrat à la Convention EDH », *RTD civ.* 2009. 281.

MORIN (G.), *La désagrégation de la théorie contractuelle du code*, Archives de philosophie du droit, 1940.

RÉMY-CORLAY (P.) et FENOUILLET (D.) (dir.), *Les concepts contractuels français à l'heure des Principes du droit européen des contrats*, Dalloz, coll. « Thèmes et commentaires », 2003.

SAVATIER (R.), « L'ordre public économique », *D.* 1965. I. 37.

STOFFEL-MUNCK Ph. « L'autonomie du droit contractuel de la consommation : d'une logique civiliste à une logique de régulation » ; *RTD com.* 2012/4, p. 705 s.

THIBIERGE-GUELFUCCI (C.) « Libres propos sur la transformation du droit des contrats », *RTD civ.* 1997. 357 s.

TESTUT, « Le juge et le contrat d'adhésion », *JCP* 1993. I. 3673.
VASSEUR, « Un nouvel essor de concept contractuel. Les aspects juridiques de l'économie concertée contractuelle », *RTD civ.* 1964. 5.
VILAR, *La cession de contrat en droit français*, thèse, Montpellier, 1968.
Journées franco-italiennes de l'Association Henri Capitant, « Les principes directeurs du droit des contrats », *RDC* 2013. I. 311 s.

On se reportera pour la bibliographie sur les **projets de réforme** (droit européen, avant-projet Catala, propositions Terré et projet de la Chancellerie) à la bibliographie du chapitre 3 de la première partie, consacré à l'évolution des sources du droit des obligations (v. ss 112).

EXERCICES

Un contrat donné appartient forcément à plusieurs classifications différentes, par exemple la vente d'un immeuble moyennant versement d'une rente viagère constitue un contrat consensuel, de gré à gré, synallagmatique, à titre onéreux, aléatoire, à exécution successive, enfin c'est un contrat nommé (art. 1968 s.)

De la même façon, déterminez à quelles catégories appartiennent les contrats suivants :

1. Mme F., en partant en vacances, confie son chat à une de ses amies, Mme B. qui le lui garde gratuitement. Comment classer ce contrat ? Le cas est-il le même si Mme F. remet à son amie une certaine somme d'argent en échange de ce service ? ou si, au cours des vacances, le chat est renversé par une voiture et que Mme B. doive appeler le vétérinaire et assumer des frais pour le faire soigner ?

2. M. R., célibataire, loue un appartement. Il y fait effectuer divers travaux d'embellissement par un décorateur qu'il choisit et s'entend directement avec les entreprises de peinture, pose de moquette, etc.

3. M. et Mme R. achètent un pavillon. L'acte est passé devant un notaire. Ils ont contracté une assurance. Ils font installer une salle de bains et le chauffage central par une entreprise spécialisée qui se procure elle-même les appareils, en assure la pose et se charge de l'entretien moyennant une somme annuelle forfaitaire.

Pendant leurs vacances, ils prêtent gracieusement le pavillon à un ami ; ce dernier y fait plusieurs réparations urgentes.

LECTURE

Le principe de la liberté des conventions et de la force obligatoire du consentement, selon Portalis

« En général, les hommes doivent pouvoir traiter librement sur tout ce qui les intéresse. Leurs besoins les rapprochent, leurs contrats se multiplient autant que leurs besoins. Il n'y a point de législation dans le monde qui ait pu déterminer le nombre et fixer la diversité des conventions dont les affaires humaines sont susceptibles... La liberté de contracter ne peut être limitée que par la justice, par les bonnes mœurs, par l'utilité publique... L'office de la loi est de nous protéger contre la fraude d'autrui, mais non pas de nous dispenser de faire usage de notre propre raison. S'il en était autrement, la vie des hommes, sous la surveillance des lois, ne serait qu'une longue et honteuse minorité, et cette surveillance dégénérerait elle-même en inquisition... Sans doute, il ne faut pas que les hommes puissent se tromper mutuellement en traitant ensemble ; mais il faut laisser quelque latitude à la confiance et à la bonne foi. Des formes inquiétantes et indiscrètes perdent le crédit, sans éteindre les fraudes ; elles accablent sans protéger... » (*Discours préliminaire de présentation du projet de Code civil au Conseil d'État*, Fennet, T. 1, p. 463).

Les classifications des contrats

- SELON LEUR FORMATION
  - *Forme*
    - c. consensuels (ex. vente)
    - c. solennels (ex. donation)
    - c. réels (ex. dépôt)
  - *Fond*
    - Liberté du consentement
      - c. de gré à gré (ex. vente)
      - c. d'adhésion (ex. achat billet ch. fer)
    - Origine du consentement
      - c. individuels (ex. vente)
      - c. collectifs (ex. convention collective)
- SELON LEUR CONTENU
  - *Réciprocité ou non des engagements*
    - c. synallagmatiques (ex. vente)
    - c. unilatéraux (ex. donation, dépôt)
    - c. synallagmatiques imparfaits (ex. dépôt ayant entraîné des frais)
  - *Qualité du contractant*
    - c. conclu *intuitu personae* (ex. c. de société en nom collectif, donation)
    - c. conclu *non intuitu personae* (ex. c. de vente de consommation)
  - *But poursuivi*
    - c. à titre gratuit (ex. donation)
    - c. à titre onéreux
      - c. commutatifs (ex. vente)
      - c. aléatoires (ex. constitution de rente viagère)
- SELON LEUR EXÉCUTION
  - *Durée*
    - c. à exécution instantanée (ex. vente au comptant)
    - c. à exécution successive (ex. contrat de travail)
      - c. à durée déterminée (ex. bail de 3 ans, c. de travail de 6 ans)
      - c. à durée indéterminée (ex. c. de travail sans fixation de durée)
  - *Réglementation de l'exécution*
    - c. nommés (ex. vente)
    - c. innommés (ex. contrat de wagon-lit)

Note. On remarquera que l'exemple de la vente figure dans toutes les classifications. En effet, celles-ci se superposent selon le point de vue auquel on se place et le même contrat peut figurer dans chacune d'elles.

Titre 1

La formation du contrat

Introduction

Les principes gouvernant la formation du contrat : la liberté contractuelle et ses limites

720. Selon l'article 1134 du Code civil, « les conventions légalement formées tiennent lieu de loi à ceux qui les ont faites. Pour produire ses effets, le contrat doit donc s'être formé valablement et respecter les conditions légales inscrites actuellement à l'article 1108 du Code civil. Aux termes de ce texte, quatre conditions sont essentielles pour la validité d'une convention :

— le consentement de la partie qui s'oblige ;
— sa capacité de contracter ;
— un objet certain qui forme la matière de l'engagement ;
— une cause licite dans l'obligation ».

Ces quatre éléments essentiels, qui composent le contrat, constituent sa structure minimale, incontournable, quel que soit le contrat conclu. Si l'une de ces conditions fait défaut, le contrat sera sanctionné, en principe par la nullité, ce qui entraînera sa disparition pure et simple, comme s'il n'avait jamais existé.

Les projets de réforme en cours ne remettent pas fondamentalement en question cette analyse du contrat construit, en vertu du principe de l'autonomie de la volonté et de la liberté contractuelle, sur le consentement des parties contractantes, capables de s'engager, sur un objet certain (et licite). La liberté contractuelle reste on l'a vu un principe essentiel, expressément repris dans **l'actuel projet de réforme de la Chancellerie**, au titre des dispositions liminaires consacrées au contrat : « chacun est libre de contracter ou de ne pas contracter, de choisir son cocontractant et de déterminer le contenu et la forme du contrat dans les limites fixées par la loi » (art. 2). Toutefois, la référence à la licéité dans l'article 1108 actuel, comme la référence aux limites fixées par la loi dans l'article 2 du projet, établissent que cette liberté n'est pas sans limite et induisent en contrepoint à la liberté, la nécessité d'un certain contrôle social sur le contrat.

L'actuel projet de réforme de la Chancellerie (oct. 2013) s'il ne bouleverse pas la philosophie qui préside à la formation du contrat ni la structure du contrat apporte quand même des modifications notables. Les conditions de formation du contrat sont ainsi posées (art. 35) : « sont nécessaires à la validité d'un contrat : 1° le consentement des parties ; 2° leur capacité de contracter ; ° un contenu licite et certain ». On le voit, le projet substitue donc à la notion d'objet celle de contenu du contrat et fait disparaître purement et simplement la condition relative à la cause. Cette condition relative à la cause, est à l'origine de divergences importantes concernant la nécessité, ou pas, de conserver cette notion, alors notamment, qu'elle n'est pas retenue en droit européen des contrats. Si dans le projet gouvernemental de réforme de 2008 elle était remplacée par la notion d'intérêt au contrat, l'**actuel projet** a choisi de la faire disparaître tout en sauvegardant ses fonctions principales (vérification de l'existence d'une contrepartie, contrôle de la licéité du but poursuivi par les cocontractants) dans le cadre des dispositions consacrées au contenu du contrat. La doctrine reste pour sa part très partagée et le consensus n'a pas été trouvé, alors que la jurisprudence, pour sa part, reste attachée à cette notion de cause, ainsi que nous le verrons.

721. Le premier élément constitutif du contrat, incontesté, est donc le *consentement*. C'est l'élément essentiel, en vertu du principe de l'autonomie de la volonté et de son expression juridique dans le principe de liberté contractuelle, dont nous avons déjà largement souligné l'importance (v. ss 622 s.). Pour l'école libérale, la volonté individuelle, expression de la liberté, est la source essentielle des obligations. Et si, à l'opposé, les écoles sociales affirmèrent que la volonté devait être contrôlée car seule la société, et non l'individu, est susceptible de créer le droit, cette volonté reste néanmoins fondamentale dans l'analyse contemporaine du contrat.

Compte tenu de l'importance du consentement, les rédacteurs du Code civil ont voulu s'assurer de son existence et de son intégrité. Ce double contrôle n'est pas remis en cause par **l'actuel projet de réforme** qui, au contraire, a enrichi le dispositif de règles destinées à encadrer le processus de conclusion du contrat et de mesures préventives de protection du consentement. Cette condition essentielle relative au consentement sera abordée dans un chapitre 1.

722. Si le contrat est bien l'expression de la liberté, cette liberté contractuelle ne peut cependant pas être absolue. Les rédacteurs du Code civil l'avaient déjà compris et ils fixèrent comme limite générale à la liberté contractuelle, l'ordre public et la morale (C. civ., art. 6) (v. ss 903 s.). De nos jours, on l'a déjà souligné (v. ss 639), *l'ordre public* s'est étendu de façon très importante et le législateur intervient de plus en plus autoritairement. **L'actuel projet de réforme**, tout en posant le principe de liberté contractuelle dans les dispositions liminaires concernant le contrat en marque immédiatement les limites en ajoutant au respect de l'ordre public traditionnel, l'exigence plus moderne du respect des droits et libertés fondamentaux : « la liberté contractuelle ne permet pas de déroger aux règles qui intéressent l'ordre public, ou de porter atteinte aux droits et libertés fondamentaux reconnus dans un texte applicable aux relations entre personnes privées, à moins que cette atteinte soit indispensable à la protection d'intérêts légitimes et proportionnée au but recherché » (article 2, alinéa 2, sous-titre consacré au contrat – dispositions préliminaires).

Ce contrôle de la société sur le contrat, qui marque les limites de la liberté contractuelle, se manifeste, au moment de la formation du contrat, par l'intermédiaire des conditions actuelles de validité tenant à l'objet et à la cause. Ce contrôle, qui porte sur le contenu du contrat, est un contrôle « minimal » mais double car il porte à la fois sur l'existence et sur la licéité de ces deux éléments que sont l'objet et la cause. La condition de licéité permet en effet de contrôler la conformité du contrat à l'ordre public alors que la condition d'existence permet de vérifier la conformité du contrat à son objectif économique et aux attentes légitimes des parties (v. ss 830 s.). La disparition de la cause dans **l'actuel projet de réforme** n'empêcherait pas, ainsi qu'on le verra, d'assurer ce double contrôle, en conformité avec les solutions dégagées par la jurisprudence

723. La condition de capacité sera plus rapidement étudiée dans un chapitre 3.

Enfin, il existe d'autres conditions susceptibles d'affecter la validité du contrat, quoique de façon moins systématique, comme par exemple, pour certains contrats, des exigences de forme, mais aussi l'exigence d'un certain équilibre économique ou encore, celle de la loyauté ou de la bonne foi. La bonne foi, dont nul ne doute qu'elle irrigue désormais le processus de formation du contrat est présente dans les dispositions préliminaires consacrées au contrat de **l'actuel projet de réforme** (avec la liberté contractuelle) et posée en principe gouvernant la formation comme l'exécution du contrat. Ces autres conditions susceptibles d'affecter la validité d'un contrat seront étudiées dans un chapitre 4.

La sanction du contrat irrégulièrement conclu nous retiendra pour finir (Chapitre 5).

Chapitre 1. Le consentement dans le contrat
Chapitre 2. Le contenu du contrat : objet et cause
Chapitre 3. La capacité
Chapitre 4. Les autres éléments susceptibles d'affecter la validité du contrat
Chapitre 5. La sanction des conditions de validité du contrat

Chapitre 1

Le consentement dans le contrat

Introduction

724. Dans la théorie classique, le contrat est le produit de la volonté des parties. L'autonomie de la volonté met au premier plan la volonté interne et le consensualisme (v. ss 631 s.) donc la liberté des formes pour conclure le contrat. Ce qui compte est la rencontre effective des volontés et l'accord de ces volontés sur un contenu obligatoire : l'irrévocabilité de cet accord est acquise lorsque les volontés se sont rencontrées : la volonté est toute puissante mais elle lie irrévocablement.

725. Les rédacteurs du Code civil, obnubilés par la protection du consentement et par la question des vices susceptibles de l'affecter, développés dans les articles 1110 à 1131, n'ont pas envisagé spécifiquement la question de la rencontre proprement dite des volontés, qui est pourtant l'étape essentielle dans la formation du contrat. Ils l'envisagent simplement dans l'article 1108 en posant comme première condition de validité du contrat l'exigence du consentement de la partie qui s'oblige. Au-delà de la maladresse de la formulation puisque le texte n'envisage que le consentement de la partie qui s'oblige alors que même dans un contrat unilatéral où une seule partie s'oblige, les deux doivent donner leur consentement, il reste très laconique.

726. Or, l'étape de l'échange des consentements est tout aussi essentielle que la question de la protection du consentement. C'est donc la jurisprudence qui a résolu au fur et à mesure les questions posées en droit commun du contrat. Le législateur contemporain, pour sa part, règle souvent cette phase de rencontre des volontés avec un « luxe de détails », notamment dans le domaine des contrats de consommation. Les projets européens d'harmonisation du droit des contrats réglementent également avec précision et minutie les étapes qui conduisent de l'intention de contracter à la conclusion de l'accord définitif.

727. Il est heureux de constater qu'en droit interne, les *différents projets de réforme* (avant-projet Catala, projet de la Chancellerie, propositions Terré) se sont préoccupés de cette étape. **L'actuel projet de réforme de la Chancellerie** de 2013 consacre dans son chapitre II consacré à la formation du contrat – et avant d'aborder la question de la validité du contrat –, une section entière à la conclusion du contrat, défini comme un accord de volontés, où sont envisagées les négociations, l'offre et l'acceptation, les avant-contrats et le cas particulier du contrat conclu sous forme électronique. Le projet propose d'encadrer la période de négociation pré contractuelle sous le double signe de la liberté (car les négociateurs doivent être libres d'entrer en pourparlers, de mener des négociations en vue de la conclusion du contrat et de mettre fin à ces négociations librement) mais aussi de la loyauté, car la négociation contractuelle s'inscrit souvent dans la durée lorsqu'il s'agit de contrats importants et implique des investissements financiers. La bonne foi doit donc jouer son rôle, lors de la rupture des pourparlers pour sanctionner celui qui y manque.

728. Dans ce processus de conclusion du contrat, qui va de la négociation contractuelle à l'échange des consentements matérialisé par la rencontre d'une offre et d'une acceptation, l'objectif des rédacteurs du Code civil, relayés par la jurisprudence qui s'est développée jusqu'à aujourd'hui, a été d'assurer l'équilibre entre la liberté de contracter ou de ne pas contracter et la protection de la volonté, d'une part et, d'autre part, la sécurité juridique ; cet objectif de sécurité impose au contractant qui s'engage dans un processus contractuel ou même qui a déjà consenti, de ne pas s'échapper sous des prétextes fallacieux. Ces objectifs sont toujours actuels.

729. Cet équilibre entre liberté et sécurité est opéré par le juge, avec les instruments fournis par le code mais aussi, dans le cadre d'une entreprise contemporaine de moralisation du contrat et de promotion de justice contractuelle, avec l'aide de standards juridiques comme la bonne foi, la loyauté, l'équilibre contractuel, la proportionnalité ou encore la notion de délai raisonnable. Ces principes et les solutions jurisprudentielles qui les appliquent sont repris *dans les projets de réforme*. Cette recherche de l'équilibre se manifeste tant à propos de la question de la conclusion du contrat qui suppose l'accord des volontés des contractants (I), que dans le cadre de la protection du consentement, grâce à la théorie des vices du consentement (II).

I. La conclusion du contrat par l'accord des volontés

730. Considérer l'étape de la conclusion du contrat implique que l'on s'intéresse à la fois à l'existence du consentement et à l'expression de la volonté de chacune des parties (A) et d'autre part, à l'accord de ces volontés, qui va marquer la formation définitive du contrat. Concernant cette seconde question, il faut cependant distinguer deux cas de figure : le contrat peut se former en un trait de temps, par la rencontre d'une offre et d'une acceptation, c'est le schéma simple (B) ; mais il peut aussi exister des schémas plus complexes, où la formation du contrat est plus progressive, comporte une phase de négociation précontractuelle et, éventuellement, des avant-contrats (C).

A. L'expression de la volonté

731. La volonté de contracter est indispensable à la validité du contrat, c'est un acte psychologique, mais qui n'acquiert de valeur juridique que par sa manifestation. En effet, elle se décompose en deux éléments : l'opération intellectuelle et son extériorisation.

1. L'opération intellectuelle ou volonté réelle

732. L'opération intellectuelle ou volonté réelle nécessite, d'une part, la *conscience* de ce que l'on va faire et, d'autre part, l'*intention* de le réaliser. Cela explique la nécessité de cette autre condition de validité des contrats qu'est la capacité. En effet, la volonté doit émaner d'une personne consciente, ce qui exclut l'enfant en bas âge, l'aliéné et même toute personne sous l'empire d'un trouble mental, même temporaire, comme en cas d'ivresse ou d'hypnose (art. 489). **L'actuel projet de réforme**, dans un paragraphe 1 consacré à l'existence du consentement comme condition de validité du contrat, précise que « pour consentir valablement, il faut être sain d'esprit ».

733. En outre, la volonté, nous l'avons dit, doit être effective, réelle, sérieuse. La personne doit avoir réellement voulu contracter et non agir par plaisanterie. C'est ainsi que lorsque les parties ont conclu un acte apparent destiné à déguiser un autre acte, seul ce dernier, l'acte véritable, a valeur juridique entre les parties, toutefois, pour ne pas nuire aux tiers, il leur est inopposable (étude de la simulation, v. ss 954 s.).

Enfin, et nous le verrons plus loin (v. ss 788 s.), la volonté doit être consciente et libre.

2. L'EXTÉRIORISATION DE LA VOLONTÉ OU VOLONTÉ EXPRIMÉE

734. Bien que considérant comme essentielle la volonté réelle, interne, la doctrine française est unanime à admettre que cette volonté doit être exprimée pour produire des effets juridiques. L'élément d'extériorisation est indispensable.

Mais, en raison du consensualisme qui régit le droit des contrats, aucune forme n'est exigée de la déclaration de volonté (sauf pour les contrats solennels).

a) La manifestation expresse de volonté

735. C'est celle qui résulte d'une parole ou d'un écrit. Le plus souvent ce sera un écrit, acte authentique ou sous seing privé, sur support papier ou sur support électronique (rappelons qu'ils constituent des modes de preuve, preuves parfaites, v. *Droit civil*, vol. 1) mais aussi bien une lettre, un télégramme, une annonce dans un journal, une affiche, etc. (preuves imparfaites).

La manifestation expresse de volonté, dans un écrit, est concrétisée par l'apposition des signatures des cocontractants. Selon l'article 1316-4 (découlant de la loi n° 2000-230 du 13 mars 2000), « la signature nécessaire à la perfection d'un acte juridique identifie celui qui l'appose. Elle manifeste le consentement des parties aux obligations qui découlent de cet acte [...] Lorsqu'elle est électronique, elle consiste en l'usage d'un procédé fiable d'identification garantissant son lien avec l'acte auquel elle s'attache... » (v. ss 674).

b) La manifestation tacite de volonté

736. En revanche, la manifestation de volonté peut n'être que *tacite*, lorsqu'elle découle d'un acte qui implique l'existence de la volonté. C'est le cas de la tacite reconduction du bail : le locataire demeure dans les lieux, manifestant ainsi sa volonté de prolonger le bail. Cela pose seulement des difficultés de preuve : une manifestation tacite de volonté a la même valeur juridique qu'une manifestation expresse, mais elle est souvent beaucoup plus difficile à prouver. De plus, cela entraîne la constitution d'un nouveau contrat qui se trouve, dès lors, soumis à la loi en vigueur au jour de la reconduction et non au jour du contrat originaire, avec toutes les conséquences que cela peut entraîner[1].

En effet, il faut distinguer la *reconduction* de la *prorogation* : « la tacite reconduction n'entraîne pas prorogation du contrat primitif, mais donne naissance à un nouveau

---

1. Civ. 3e, 10 juin 1998, *JCP* 1998. I. 177, obs. M. Billiau.

contrat » avec toutes les conséquences que cela entraîne : application d'une loi nouvelle entrée en vigueur entre-temps, nouvelle appréciation de la capacité contractuelle, nouveau point de départ des délais de prescription, disparition du cautionnement initialement prévu, caducité des pactes adjoints considérés comme une convention distincte du bail, etc. [1]. Il faut donc bien préciser dans le contrat initial, ou lors du renouvellement s'il est exprès, la question de l'indivisibilité des dispositions qu'il renferme.

C'est pourquoi la loi nº 2005-67 du 28 janvier 2005, dite « loi Chatel », tendant à conforter la confiance et la protection du consommateur, comporte un titre Ier intitulé « faciliter la résiliation des contrats tacitement reconductibles ». Dans ce but, elle a, notamment, introduit dans le Code de la consommation un chapitre intitulé « reconduction des contrats » qui impose au professionnel prestataire de services l'obligation d'informer « le consommateur par écrit, au plus tôt trois mois et au plus tard un mois avant le terme de la période autorisant le rejet de la reconduction, de la possibilité de ne pas reconduire le contrat qu'il a conclu avec une clause de reconduction tacite » (C. consom., art. L. 136-1). Des dispositions similaires ont également été introduites dans le Code des assurances [2], celui de la mutualité, celui de la sécurité sociale.

c) La valeur du silence

737. Un problème se pose en cas de silence. Quelle est la *valeur du silence* ? Constitue-t-il une manifestation tacite de la volonté ? La question est discutée, mais la doctrine et la jurisprudence s'entendent pour refuser en principe au silence la valeur d'un consentement.

Toutefois, le silence peut valoir expression du consentement dans quelques cas exceptionnels : d'abord quand la loi l'a prévu, en matière de reconduction ou de modification de certains contrats déjà conclus (baux, assurances) ; ensuite, dans les cas où les usages commerciaux ou les relations d'affaires préexistants entre les parties semblent le justifier, ainsi lorsque l'offrant s'est réservé « d'accepter ou de refuser dans la quinzaine de celle-ci » la levée d'option chiffrée et qu'il a laissé passer plus d'un mois sans réagir [3] (arrêt à lire).

Il en est de même pour les contrats conclus avec une période d'essai où le silence observé par le contractant bénéficiaire de l'essai, à la fin de cette période, sur le sort du contrat, rend celui-ci parfait [4]. Enfin, dans des cas dits de « silence éloquent » où l'offre est dans l'intérêt exclusif de celui à qui elle est faite, il n'a aucune raison de refuser et on considère que le silence vaut accord (cas des remises de loyers, des conventions d'assistance au profit d'un blessé, etc.) [5].

La Cour de cassation se réserve le droit d'ajouter de nouvelles exceptions à ce principe qu'elle continue à affirmer en tant que tel, tout en retenant que les circonstances permettent parfois de donner au silence la signification d'une acceptation [6].

---

1. Com. 13 mars 1990, inédit, et Civ. 3e, 21 déc. 1988, *JCP* 1989. II. 21324, note Dagot ; *RTD civ.* 1990. 464, obs. J. Mestre.
2. V. à ce sujet « La loi Chatel et l'assurance : une loi inutile ? », J. Bigot, *JCP* 2005, aperçu rapide, 82.
3. Civ. 1re, 12 janv. 1988, *Bull. civ.* I, nº 8, p. 6 ; *RTD civ.* 1988. J. 520, obs. J. Mestre.
4. Civ. 1re, 13 oct. 1998, *Bull. civ.* I, nº 304 ; *RTD civ.* 1999. 376, obs. J. Mestre.
5. Civ. 1re, 1er déc. 1969, *JCP* 1970. II. 16445, note J.-L. Aubert.
6. Civ. 1re, 24 mai 2005, *Bull. civ.* I, nº 223, *JCP* 2005. I. 194, chron. C. Pérès-Dourdou ; *RTD civ.* 2005. 588, obs. J. Mestre et B. Fages ; *D.* 2006. 1025, note A. Bensamoun ; Civ. 1re, 28 févr. 2008, *RDC* 2008. 709, obs. T. Genicon. Pour une application plus ambigüe car la Cour de cassation

738. L'actuel projet de réforme, suivant en cela *l'avant-projet Catala* de réforme du droit des obligations (art. 1105-6 proposé) consacre le principe selon lequel le silence ne vaut pas acceptation, tout en conservant les exceptions tirées de la loi, de circonstances particulières, des usages ou des relations d'affaires (art. 21).

3. Les rapports entre la volonté réelle et la volonté exprimée

739. Il arrive cependant qu'il y ait une divergence entre la volonté réelle et la volonté exprimée, et la question se pose alors de savoir laquelle donne naissance au contrat. La doctrine allemande tient compte de la *volonté déclarée*, c'est la doctrine de la déclaration de volonté, alors que la doctrine française préfère se référer à la volonté réelle, et rechercher ce que le contractant a voulu dans son for interne, quels ont été ses mobiles déterminants (notion de cause, v. ss 863 s., et la simulation, v. ss 954 s. ; aussi art. 1156 à 1164 sur l'interprétation des conventions par les tribunaux, v. ss 1090 s.).

Toutefois, de même que la doctrine allemande ne peut complètement repousser la volonté interne, de même, en droit français, on doit parfois tenir compte de la volonté apparente, telle qu'elle est exprimée, lorsque la discordance avec la volonté réelle ne peut être prouvée, notamment lorsque l'acte contesté a été constaté par écrit ; on ne peut prouver une discordance entre volontés réelle et exprimée que par un autre écrit, selon l'article 1341.

B. Le schéma simple de l'accord des volontés : la rencontre d'une offre et d'une acceptation

740. C'est l'accord des volontés qui va marque le moment de la conclusion du contrat. Ce concours des volontés se produit concrètement lors de la rencontre de deux éléments : une offre et une acceptation.

Le Code civil n'a rien dit de cette rencontre des volontés. Il ne définit pas l'offre ni l'acceptation et n'y fait même pas référence. C'est donc à la jurisprudence que l'on doit toute la construction autour de la rencontre de l'offre et de l'acceptation que **l'actuel projet de réforme** propose de consacrer.

741. L'actuel projet de réforme intégre dans le Code civil des développements spécifiquement consacrés à la formation du contrat, subordonné comme actuellement « à la rencontre des volontés des parties ». Il définit l'offre et l'acceptation qui concrétisent ces volontés contractuelles en donnant une assise légale aux solutions dégagées par la jurisprudence et fournit des solutions nettes aux questions qui restaient discutées ou controversées, comme la question de la valeur juridique de l'offre, ainsi qu'on le verra.

---

retient que le silence valait acceptation, alors qu'en réalité, il y avait plutôt une acceptation tacite établie par un commencement d'exécution d'un contrat, dans le cadre d'une reconduction de celui-ci : Civ. 1re, 4 juin 2009, pourvoi n° 08-14481, *D.* 2009. 2137, note F. Labarthe ; *RDC* 2009. 1331, note T. Genicon ; *D.* 2009. 1684, obs. I. Gallmeister ; *RTD civ.* 2009. 530, obs. B. Fages. Pour une appréciation très compréhensive du silence valant acceptation : Com. 18 janv. 2011, n° 09 69.831 ; *Sté Clinique la Bastide*, *Rev. sociétés* 2011. 717, note F. Pasqualini ; *RDC* 2011. 789, obs. Y.-M. Laithier ; *Bull. Joly* 2011, n° 6, p. 50, note G. Helleringer ; *D.* 2012, panorama de droit des contrats 459 ; *CCC* 2011, comm. 88, obs. L. Leveneur.

1. L'offre et l'acceptation

a) Définition et caractères de l'offre

► ***L'offre ou pollicitation*** est une proposition de contracter adressée à une personne déterminée ou au public (ex. marchandises exposées dans une vitrine). *C'est la première étape du contrat.*

742. Elle doit être ferme, non équivoque, précise et complète. Elle peut être faite à une personne déterminée ou indéterminée. Dans le second cas, on parle aussi d'offre faite au public, qui engage à l'égard du premier acceptant. Elle peut être expresse (« résulter d'une déclaration », selon **l'actuel projet de réforme**) ou tacite (« résulter d'un comportement de son auteur », **selon l'actuel projet de réforme**).

En toute hypothèse, l'offre doit contenir les éléments essentiels du contrat de telle manière que l'acceptation puisse suffire ensuite à former le contrat[1]. À cet égard, si un contrat comporte des éléments objectivement essentiels, par exemple dans le contrat de vente, la détermination de la chose vendue et son prix, la jurisprudence admet que les parties peuvent aussi faire d'éléments ordinairement accessoires, des éléments essentiels (subjectivement essentiels), auxquels leur consentement au contrat est subordonné, par exemple le délai de livraison. Il faudra alors l'établir spécialement[2].

L'avant-projet Catala proposait d'introduire une définition de l'offre comme « … un acte unilatéral déterminant les éléments essentiels du contrat, que son auteur propose à personne déterminée ou indéterminée, et par lequel il exprime sa volonté d'être lié en cas d'acceptation » (art. 1105-1). **L'actuel projet de la Chancellerie**, a écarté l'analyse de l'offre en un acte unilatéral, et la qualifie de « manifestation de volonté » (art. 23). Or, on va le voir, cette question de la nature juridique de l'offre n'est pas neutre lorsqu'il s'agit de déterminer la force obligatoire de l'offre.

b) La valeur juridique de l'offre

743. Bien qu'elle exprime la volonté de l'auteur de s'engager dans un contrat, on considère généralement que tant qu'elle n'est pas acceptée, et parce qu'elle n'est pas analysée comme un engagement unilatéral de volonté, l'offre ne lie pas le pollicitant qui peut donc toujours la révoquer à moins qu'il n'ait fixé un délai. L'acceptation ne formerait donc le contrat qu'en l'absence de rétractation antérieure de l'offre. Mais la question est plus complexe et se dédouble selon qu'il s'agit de la faculté de rétractation de l'offre ou de l'hypothèse du décès ou de l'incapacité de l'offrant.

1° Question de la rétractation de l'offre

744. Faute de texte en la matière, la jurisprudence a posé le *principe de libre révocation de l'offre*, refusant ainsi l'analyse de l'offre en un engagement unilatéral de volonté

---

1. [1]. Il suffit que l'offre comporte les seuls éléments essentiels à la réalisation de l'objet du contrat. La Cour de cassation censure une décision qui avait exigé d'une offre de bail qu'elle comporte non seulement les précisions relatives à la chose et au prix mais aussi la date de prise d'effet du bail, alors que ce dernier élément n'était pas un élément essentiel : Civ. 3e, 28 oct. 2009, no 08-20.224 : *JCP* 2009, no 51.574, obs. G. Loiseau.

2. Civ. 3e, 2 mai 1978, *D.* 1979. 317, M. Schmidt-Szalevski et *JCP* 1980. II. 19465, M. Fieschi-Vivet.

qui engagerait son auteur et ferait naître une obligation de conclure le contrat proposé en cas d'acceptation de l'offre. Cependant, en même temps, elle a très largement amendé ce principe, de telle sorte que l'on peut se demander dans quelle mesure on ne peut pas admettre, en réalité, la valeur juridique de l'offre. Elle considère, en effet, d'une part que le principe de libre rétractation s'efface lorsque l'offrant a prévu un délai « explicite ou implicite d'acceptation » (v. arrêt *Isler et Puy c/ Chastan*, à commenter en fin de chapitre) et d'autre part, que toute offre contient tacitement un délai raisonnable d'acceptation, variable selon le contrat considéré ou les usages de la profession et pendant lequel l'offrant est obligé de maintenir son offre.

La solution est réaffirmée régulièrement par la Cour de cassation et, dans un arrêt de principe du 20 mai 2009, elle a par ailleurs *imposé* aux juges du fond de « rechercher si l'acceptation était intervenue dans le délai raisonnable nécessairement contenu dans toute offre de vente non assortie d'un délai précis [1] ». La formule est donc très claire, posant l'existence d'un délai raisonnable dans toutes les offres de vente, sans aucune restriction.

La détermination de la *durée de ce délai raisonnable* peut cependant soulever des difficultés : la Cour de cassation a ainsi approuvé une cour d'appel qui, ayant constaté que l'offre de vente d'un immeuble mentionnait seulement « réponse immédiate souhaitée », a estimé que l'offre avait été faite sans stipulation de terme et que, compte tenu de la nature du bien : un immeuble et de la qualité de l'acquéreur : une personne morale tenue de consulter son conseil d'administration pour obtenir le consentement à l'acquisition, le délai de cinq semaines dans lequel était intervenu le consentement de la société n'était pas déraisonnable [2]. Dans l'arrêt précité du 20 mai 2009, l'acceptation, dont la cour d'appel aurait dû rechercher si elle était intervenue dans un délai raisonnable, avait été donnée au bout de cinq ans… Il faut en réalité, au cas par cas, trouver le juste équilibre entre la protection du destinataire de l'offre, qui doit disposer d'un délai suffisant pour prendre connaissance de l'offre et réfléchir correctement et la protection de l'offrant qui ne doit pas se trouver lié par une offre pendant un délai anormalement long. Les éléments de décision peuvent tenir au contenu de l'offre (en cas de volonté exprimée d'aller vite par exemple, ou si le contrat concerne un bien périssable, de nature mobilière ou immobilière) ; ils peuvent aussi tenir à des éléments extérieurs, tels que les usages ou les pratiques entre les parties déjà en relations d'affaires.

En matière de contrat électronique, la loi du 21 juin 2004 a apporté des précisions sur le contenu et sur la durée de l'offre : en ce qui concerne le contenu de l'offre, le nouvel article 1369-4 impose à quiconque propose, à titre professionnel, par voie électronique, la fourniture de biens ou la prestation de services, l'obligation de mettre à la disposition d'un éventuel cocontractant « les conditions contractuelles applicables, d'une manière qui permette leur conservation et leur reproduction » ainsi qu'un certain nombre d'énonciations énumérées dans le nouvel article 1369-4, 1° à 5°, c'est-à-dire : les différentes étapes du contrat, les moyens techniques d'identifier d'éventuelles erreurs et de les corriger, les langues proposées pour la conclusion du contrat, les modalités d'un éventuel archivage du contrat et les conditions d'accès au contrat archivé, les moyens de consulter par voie électronique les règles professionnelles et commerciales auxquelles l'auteur de l'offre entend, le cas échéant, se soumettre (v. aussi ss 756).

---

1. Civ. 3e, 20 mai 2009, pourvoi n° 08-13230, *RDC* 2009. 1325, note Y.-M. Laithier ; *CCC* 2009, comm. 214, note L. Leveneur ; *RTD civ.* n° 3, 2009. 524, obs. B. Fages.
2. Civ. 3e, 25 mai 2005, *JurisData* n° 2005-19.411, *JCP* 2005 I. 172, chron. P. Grosser ; *LPA* 31 janv. 2006, p. 13, 1re esp. note R. Martin.

En ce qui concerne la durée de l'offre, l'article 1369-4 déclare que « sans préjudice des conditions de validité mentionnée dans l'offre, son auteur reste engagé par elle tant qu'elle est accessible par voie électronique de son fait » et non du fait d'un tiers, par exemple du fait d'une copie temporaire d'une page internet (art. 1369-1, devenu art. 1369-4, depuis Ord. du 16 juin 2005).

745. *S'agissant de la sanction en cas de rétractation de l'offre pendant le délai d'acceptation*, il pourrait s'agir, en l'état du droit positif, de la réalisation forcée du contrat, ainsi que semble l'admettre implicitement la Cour de cassation dans, l'arrêt précité du 20 mai 2009 (v. ss 744). Elle reproche, certes, à la cour d'appel d'avoir admis la réalisation forcée de la vente mais seulement parce que celle-ci n'avait pas recherché si l'acceptation était intervenue dans un délai raisonnable (cinq ans en l'occurrence). À supposer que le délai d'acceptation ait été raisonnable, il semble donc que la cour d'appel aurait pu prononcer la réalisation forcée de la vente en dépit de la rétractation de l'offre. Déjà, dans une décision précédente du 7 mai 2008, la troisième chambre civile semblait s'engager dans cette direction en précisant que la rétractation de l'offre avec délai (en l'occurrence il y avait un délai expressément fixé) était privée de toute efficacité. L'arrêt étant rendu par ailleurs au visa lors l'article 1134, relatif à la force obligatoire du contrat, la Cour de cassation laisse ainsi à penser, quoiqu'elle n'ait pas directement répondu sur ce point, qu'elle admettait la formation du contrat par l'effet de l'acceptation, compte tenu de l'inefficacité du retrait de l'offre [1]. Cette solution serait cependant en contradiction avec celle consacrée jusqu'ici dans le cas du retrait par le promettant d'une promesse unilatérale de vente, sanctionné seulement par des dommages-intérêts et non par la formation du contrat, alors que la force obligatoire d'une promesse est bien moins contestable que celle de l'offre. Il semble cependant que sur cette question également, la troisième chambre civile soit en train d'évoluer, puisqu'une décision du 28 novembre 2011 a modifié la solution traditionnelle et admis la formation du contrat (v. ss 768, et les références de la décision).

On notera que **l'actuel projet de réforme de la Chancellerie**, n'admet pas cette sanction de la formation du contrat, au contraire de *l'avant-projet Catala* (art. 1105-4) et des *propositions Terré* (art. 18, al. 2) qui la consacrent à condition que l'offre soit faite à personne déterminée. La rétractation de l'offre en violation de l'obligation de maintien (en cas de délai express et à défaut, pendant un délai raisonnable), n'engage que la « responsabilité extracontractuelle de son auteur, sans l'obliger à compenser la perte des bénéfices attendus du contrat ».

2° Question de l'incapacité ou de décès de l'offrant avant l'acceptation

746. L'offre est, en principe, caduque, c'est-à-dire qu'elle tombe, quand l'offrant meurt ou est frappé d'incapacité avant l'acceptation.

747. Un arrêt contesté de la troisième chambre civile [2] avait refusé de considérer une offre de vente comme caduque au décès de l'offrant, mais la troisième chambre civile était revenue sur sa position et avait opté clairement pour la caducité de l'offre au décès

---

1. Civ. 3e, 7 mai 2008, n° 07-11. 690, *D.* 2008. AJ 1480, obs. G. Forest ; *RTD civ.* 2008. 474, obs. B. Fages ; *JCP* 2008. I. 179, n° 1 s., obs. Y.-M. Serinet ; *D.* 2008. Pan. 2969, obs. S. Amrani-Mekki.
2. Civ. 3e, 9 nov. 1983, *Bull. civ.* III, n° 222, *Defrénois* 1984, art. 33368, n° 78, obs. J.-L. Aubert.

de son auteur[1]. Toutefois, un nouvel arrêt est ensuite apparu comme un nouveau revirement : il précise que la stipulation d'un délai d'acceptation de l'offre par le pollicitant l'oblige à la maintenir pendant ce délai : elle survit donc au décès de son auteur et passe à la charge de ses héritiers. Il est à noter que l'arrêt est rendu au visa de l'article 1134 et considère donc cette obligation de maintenir l'offre comme analogue à celle résultant d'un contrat[2].

748. L'actuel projet de réforme résoud la difficulté en posant la règle de la caducité de l'offre en cas d'incapacité ou de décès de son auteur (art. 18).

3° Comment justifier la valeur obligatoire de l'offre ?

749. Plusieurs théories ont été proposées pour fonder la valeur obligatoire de l'offre.

• ***L'existence d'un avant-contrat***. Certains auteurs, dont Demolombe, fondent la valeur obligatoire de l'offre sur l'existence d'un avant-contrat par lequel l'offrant aurait proposé un délai d'acceptation qui aurait été accepté par le cocontractant.

• ***La responsabilité délictuelle***. Certains autres préfèrent avoir recours à la notion de responsabilité pour faute, qui ne permet pas d'aboutir à la formation du contrat mais à l'attribution de dommages-intérêts. Certains auteurs sollicitent aussi la théorie *de l'abus de droit* qui suppose en principe une faute intentionnelle : l'offrant a le droit de retirer son offre mais ne peut exercer ce droit dans l'intention de nuire.

• ***L'engagement unilatéral de volonté***. D'autres encore l'expliquent tout simplement par l'idée qu'il s'agit d'un engagement par volonté unilatérale de l'offrant, générateur d'obligation (sur l'engagement unilatéral v. ss 614). C'est cette analyse qu'adopte l'avant-projet Catala et que réfute le projet de la Chancellerie.

4° La position adoptée par le rapport Catala et le projet de la Chancellerie sur la valeur juridique de l'offre

750. L'avant-projet Catala, a admis la valeur obligatoire de l'offre faite à personne déterminée lorsque l'offrant s'est engagé à la maintenir pendant un délai précis, ce qui est conforme à la jurisprudence. La même règle est posée en cas de décès de l'offrant ou de son acceptation pendant le délai d'acceptation. La sanction proposée est, par ailleurs, celle de la formation du contrat dès lors qu'il y a eu acceptation de l'offre. On va donc au bout de la logique de l'effet obligatoire de l'offre, définie comme un « acte unilatéral (...) par lequel l'auteur exprime sa volonté d'être lié en cas d'acceptation », ce qui confirme la thèse de l'engagement unilatéral de volonté. L'effet obligatoire de l'offre ne se produit cependant que lorsque l'offre est faite à personne déterminée.

Le projet de la Chancellerie, conformément au souhait des acteurs économiques consultés, a cependant écarté l'analyse de l'offre en un engagement unilatéral de volonté ; la rétractation de l'offre n'engage que la responsabilité extracontractuelle de son auteur et l'offre est caduque en cas d'incapacité ou de décès de son auteur (art. 26 et 27).

---

1. Civ. 3e, 10 mai 1989, *Bull. civ.* III, n° 109 et *RTD civ.* 1990. 70, obs. J. Mestre.
2. Civ. 3e, 10 déc. 1997, *LPA* 1998, n° 140, p. 15, note Y. Dagorne-Labbé.

c) Définition et caractères de l'acceptation

751. L'acceptation est la réponse à l'offre, elle doit donc concorder avec elle pour que le contrat puisse être formé. « L'acceptation est la manifestation de volonté de son auteur d'être lié dans les termes de l'offre », précise **l'actuel projet de réforme**.

– Peu importe la forme de sa manifestation. Elle peut être expresse ou tacite, à condition d'être explicite et non équivoque. On rappellera qu'en principe, le simple silence, non circonstancié ne vaut pas acceptation (sur cette question, v. ss 737).

– Elle doit être pure et simple ; si elle est assortie de réserves, le contrat ne se forme pas encore, il s'agit seulement de pourparlers dont le déroulement et la rupture sont libres ou bien d'accords de principe ou partiels, ce qui pose la question de la formation progressive du contrat et de la négociation contractuelle (v. ss 760 s.). Si elle ne concorde pas exactement avec les termes de l'offre, il s'agit d'une contreproposition, c'est-à-dire que l'acceptant potentiel devient offrant à son tour et cette nouvelle offre devra être acceptée pour former le contrat.

En toute hypothèse, pour que le contrat soit valablement conclu, il faut que les parties se soient mises d'accord sur tous les éléments essentiels du contrat et la Cour de cassation laisse un grand pouvoir d'appréciation aux juges du fond pour déterminer si l'accord est bien intervenu sur tous les éléments considérés par chaque partie comme essentiels et « constitutifs du consentement » ; par exemple, un désaccord sur des modalités ordinairement considérées comme accessoires comme la date du paiement du solde du prix peut empêcher la formation du contrat parce que cet élément avait clairement été élevé par les parties au rang d'élément essentiel du contrat, constitutif du consentement[1] (v. aussi ss 742).

2. Le moment et le lieu de la rencontre de l'offre et de l'acceptation

752. Cette question ne soulève aucune difficulté lorsque les contractants sont physiquement en présence l'un de l'autre. Mais elle peut être plus difficile à résoudre lorsque le contrat est conclu à distance. À cet égard, le développement des techniques modernes de communication qui dématérialisent les échanges a renouvelé la question traditionnelle des contrats entre absents. On peut distinguer la situation générale des contrats entre absents (v. aussi le tableau en fin de chapitre) et le cas particulier des contrats conclus par voie électronique, pour lesquels existent des règles spécifiques.

a) La rencontre de l'offre et de l'acceptation dans les contrats entre absents en général

753. Où et quand se rencontrent précisément l'offre et l'acceptation en cas de contrat passé entre des personnes qui ne sont pas en présence l'une de l'autre et qui communiquent par téléphone, par lettre envoyée par la poste ou acheminée par un service de messagerie privée, par télécopie (et, autrefois par télégraphe) ? Des questions d'intérêt pratique s'attachent à la solution. En effet, la capacité des contractants, l'application d'une loi nouvelle ou encore la charge des risques en cas de perte de la chose objet du contrat, s'apprécient au jour où s'est formé le contrat. La loi applicable à la forme d'un contrat, si l'un des contractants est étranger, dépend, sauf convention contraire, du lieu de formation du contrat. L'un des intérêts essentiels de la question, qui était de déterminer le tribunal compétent, en cas de litige, par référence au lieu de formation du contrat, a

---

1. Civ. 3e, 2 mai 1978, *D.* 1979. 317, M. Schmidt-Szalevski et *JCP* 1980. II. 19465, M. Fieschi-Vivet.

disparu toutefois avec la réforme du Code de procédure civile. En effet, l'article 46 du Code de procédure civile écarte expressément le lieu de formation du contrat des critères de compétence, au profit du lieu de son exécution.

Différentes théories doctrinales ont été élaborées : certains auteurs estiment le contrat formé au moment et au lieu où l'acceptation a été émise ; c'est la *théorie de la déclaration de volonté*, qui situe le moment de la rencontre de l'offre et de l'acceptation soit au moment même de l'*émission* de la volonté, solution la plus conforme à l'autonomie de la volonté qui s'attache à la volonté réelle plutôt qu'à la volonté déclarée ; soit au moment de l'*expédition* de l'acceptation (moment de l'extériorisation de la volonté). Il est plus facile, en effet, de prouver à quel moment l'acceptation a été expédiée (cachet de la poste) que de prouver le moment où l'acceptant a décidé d'accepter l'offre.

D'autres le situent au jour et au lieu où l'acceptation est parvenue à la connaissance de l'offrant, c'est la *théorie de l'information* ou encore *de la réception* car il est plus facile, là aussi, de prouver le moment où l'acceptation a été reçue (recommandé avec avis de réception par ex.) que celui où l'offrant en a effectivement pris connaissance.

L'avantage de la seconde théorie est qu'elle est plus sûre, l'offre ne peut plus être révoquée, alors qu'elle aurait pu l'être après l'émission de l'acceptation mais avant sa réception. En revanche, l'avantage de la première est d'être plus rapide, c'est pourquoi la jurisprudence admet généralement la théorie de l'émission.

754. Concernant les solutions du droit positif, la Cour de cassation reconnaît en la matière aux juges du fond un pouvoir souverain d'appréciation mais elle a cependant pris parti pour la théorie de *l'émission matérialisée par l'expédition*, par un arrêt de la chambre commerciale du 7 janvier 1981 [1], tout en affirmant que la solution est seulement supplétive de volonté (« sauf stipulation contraire »). On signalera toutefois une décision de la troisième chambre civile de la Cour de cassation du 16 juin 2011, qui consacre la théorie de la réception en relevant que « la formation du contrat était subordonnée à la connaissance de l'acceptation de l'offre par le pollicitant et qu'à la date de la notification des offres rectificatives, la réponse du preneur sur les offres initiales n'était pas parvenue au propriétaire ». Il s'agit cependant d'un arrêt d'espèce, concernant le cas particulier de l'exercice d'un droit de préemption et on ne peut lui donner davantage de portée [2].

Dans le commerce international, la question est généralement réglée par des ententes entre organismes professionnels. On notera cependant que la convention de Vienne sur la vente internationale de marchandises consacre le système de *la réception*.

La théorie de la réception et non celle de l'émission est également retenue par *les Principes du droit européen du contrat*, de même que par *l'avant-projet Catala* et *le projet de la Chancellerie* : « Le contrat devient parfait par la réception de l'acceptation et il est réputé conclu au lieu où celle-ci est reçue » (projet de la Chancellerie, art. 31).

Enfin, **l'actuel projet de réforme** précise que « le contrat est parfait dès que l'acceptation parvient à l'offrant. Il est réputé conclu au lieu où l'acceptation est parvenue » (art. 22).

Il semble donc qu'à part la jurisprudence, qui se démarque encore, il y ait actuellement plutôt un consensus autour du système de la réception. C'est une solution qui privilégie la sécurité pour l'offrant qui ne peut se trouver engagé sans le savoir. La solution renforce par ailleurs son pouvoir de révocation de l'offre qui joue tant qu'elle n'a pas été acceptée.

---

1. Com. 7 janv. 1981, *Bull. civ.* IV, n° 14, p. 11, et *RTD civ.* 1981. 849, obs. F. Chabas. Solution déjà posée par Req. 21 mars 1932, *DP* 1933. 1. 65.

2. Civ. 3e, 16 juin 2011, n° 09-72.679, *D.* 2011. 2260, note N. Dissaux ; *D.* 2011. 1016, n° 39, note Y. Sérinet ; *D.* 2012, Pan. droit des contrats, 460.

b) La rencontre de l'offre et de l'acceptation dans le cas particulier des contrats électroniques

755. En matière de contrat électronique, la loi n° 2004-575 du 21 juin 2004 sur la confiance dans l'économie numérique, est venue poser en la matière des règles particulières (v. déjà ss 674, à propos des règles de forme). Les modalités de conclusion d'un contrat électronique sont régies par les articles 1369-4 à 1360-6 du Code civil. « Pour que le contrat soit valablement conclu, le destinataire de l'offre doit avoir eu la possibilité de vérifier le détail de sa commande et son prix total, et de corriger d'éventuelles erreurs, avant de confirmer celle-ci pour exprimer son acceptation » (C. civ., art. 1369-5, nouv.). C'est ce qu'on appelle la technique du « double-clic » destinée à éviter une commande formée involontairement. Le contrat se trouve ainsi conclu dès l'acceptation de l'offre, selon ce qu'on nomme la théorie de l'émission et la solution est donc conforme à la position de la jurisprudence concernant les contrats entre absents (v. ss 755). L'auteur de l'offre doit encore « accuser réception sans délai injustifié par voie électronique de la commande qui lui a été ainsi adressée », mais il s'agit, là, d'une simple obligation d'information *a posteriori* et non d'une dernière étape de la formation du contrat. **L'actuel projet de réforme** précise en outre que la commande, la confirmation de l'acceptation de l'offre et l'accusé de réception sont considérés comme reçus lorsque les parties auxquelles ils sont adressés peuvent y avoir accès.

La preuve de la formation du contrat électronique risque fort de poser problème lorsqu'il a été conclu directement sur le site internet de l'offrant. C'est pourquoi, dans les contrats de consommation dont le montant dépasse un seuil fixé par décret, le législateur a prévu (selon l'article L. 134-2 du Code de la consommation) que le « professionnel assure la conservation de l'écrit (...) et en garantit à tout moment l'accès à son cocontractant si celui-ci en fait la demande ». L'article 1369-4, 4° , précise en effet que l'offre doit préciser « en cas d'archivage du contrat, les modalités de cet archivage par l'auteur de l'offre et les conditions d'accès au contrat archivé ».

On notera cependant, que selon l'article 1369-6, ces formalités particulières relatives à la formation du contrat sont écartées non seulement dans les conventions conclues entre professionnels mais également pour les contrats de fourniture de biens ou de prestations de services conclus par des particuliers par échange de courriers électroniques (mails). Dans le cas en effet où le consommateur contracte par courrier électronique, la démarche est volontaire et il ne risque pas d'accepter par inadvertance une offre intempestive. La question de la preuve se trouve par ailleurs réglée puisque l'acceptant peut conserver la trace de l'échange de courriers électroniques. **L'actuel projet de réforme** confirme ces dispositions relatives à la formation du contrat électronique.

3. Les effets de la rencontre de l'offre et de l'acceptation

a) Le principe de la formation irrévocable du contrat

756. En principe, en vertu du principe consensualiste, la rencontre de l'offre et de l'acceptation quelle que soit leur forme, suffit à former le contrat d'une part, et à le former irrévocablement, d'autre part, sans possibilité de retour en arrière. Le principe de la force obligatoire du contrat s'applique dès la rencontre de l'offre et de l'acceptation. Les parties sont définitivement liées.

Ce principe comporte cependant deux séries d'exceptions. La première porte atteinte au principe selon le contrat est formé par la seule rencontre de l'offre et de l'acceptation : il s'agit des contrats formalistes. La seconde, plus récente, porte atteinte au principe selon lequel la rencontre de l'offre et de l'acceptation entraîne la formation irrévocable du contrat : elle consiste dans le développement, dans certains contrats, d'une faculté de rétractation postérieure à la rencontre de l'offre et de l'acceptation.

b) L'exception des contrats formalistes

757. Parfois, la rencontre des volontés ne suffit pas à former le contrat parce qu'une forme ou une formalité particulière est requise. Il en est ainsi dans le cas des contrats solennels et des contrats réels.

– S'agissant des *contrats solennels*, les volontés doivent s'exprimer dans une forme particulière, un écrit authentique en principe, qui est une condition de la validité et donc de la formation du contrat (v. ss 673). Dans ce cas, la rencontre d'une offre et d'une acceptation verbales ou même écrites mais sous-seing privé seulement, ne suffira pas à former le contrat.

– S'agissant des contrats réels, on rappellera (v. ss 677) que, là encore, la rencontre des volontés ne suffit pas et que la formation du contrat n'intervient que par l'effet de la remise de la chose objet du contrat (chose prêtée, déposée, donnée).

c) L'exception des contrats comportant une faculté de rétractation

758. Ici, la rencontre de l'offre et de l'acceptation marque bien le moment de la formation du contrat, mais pas de façon irrévocable. Il s'agit d'une exception frontale au principe de la force obligatoire du contrat qui, dans la théorie classique, postule l'irrévocabilité du contrat régulièrement formé, dès la rencontre des volontés. On notera d'ailleurs que cette exception ne provient pas du droit commun du contrat mais du *droit de la consommation*, dont on a déjà souligné la vocation à contredire parfois la théorie générale du contrat au nom de la protection du consommateur (v. ss 706).

L'importance prise par cette faculté de rétractation en droit contemporain a d'ailleurs conduit les projets de réforme (*avant-projet Catala et actuel projet de réforme de la Chancellerie*) à l'introduire dans le droit général du contrat. **L'actuel projet de réforme** prévoit en effet le cas où « la loi ou les parties prévoient un délai de rétractation » (v. ss 785 s.). « Dans ce cas, il est permis au destinataire de l'offre de rétracter son consentement au contrat jusqu'à l'expiration de ce délai, sans avoir de motif à fournir » (art. 22).

Afin de donner au contractant le temps de la réflexion, le législateur a d'abord introduit une faculté de rétractation de sept jours au profit du consommateur dans les contrats de vente passés dans le cadre d'un démarchage à domicile, technique jugée particulièrement agressive et de nature à surprendre le consentement du particulier démarché chez lui. Cette faculté de rétractation de sept jours a été étendue ensuite à tous les contrats de vente et de prestation de service conclus à distance, par téléphone, télé achat, internet y compris s'agissant de services financiers et dans les contrats de crédit à la consommation, au bénéfice de l'emprunteur. Concernant le contrat de crédit, la loi du 1er juillet 2010 sur le crédit à la consommation a étendu ce délai de rétractation à quatorze jours calendaires résolus à compter de l'acceptation de l'offre et la dernière loi n° 2014-344 du 17 mars 2014 « relative à la consommation » a généralisé ce délai de quatorze jours à tous les contrats précédemment soumis au délai de sept jours (conclus à distance) ainsi qu'aux contrats conclus hors établissement[1]. Elle est venue préciser également les différents points de départ du délai : le délai part de la conclusion du contrat pour les contrats de prestations de service ; de la réception du bien pour les contrats de vente de biens et de prestation de services incluant la livraison de biens et en cas de commande de plusieurs biens, le délai court à compter de la réception du dernier bien (art. L. 121-21). Elle a également précisé que toute clause par laquelle le consommateur abandonne son droit de rétractation est nulle.

Plus récemment, la faculté de rétractation a quitté le champ du droit de la consommation et de la relation contractuelle entre consommateur et professionnel pour s'étendre au-delà. En effet, un délai de rétractation de sept jours a été instauré au profit du particulier acquéreur d'un bien immobilier (même contractant avec un autre particulier), par la loi du 13 décembre 2000 relative à la solidarité et au renouvellement urbain, qui a modifié le régime des transactions immobilières. Les ventes immobilières font l'objet en principe de deux actes : un acte sous seing privé ou promesse synallagmatique de vente (v. ss 769 s.) et un acte authentique de vente ensuite, qui n'est pas une condition de validité du contrat mais est destiné à la publication de la vente et à son opposabilité aux tiers (v. ss 675). L'acquéreur non professionnel peut se rétracter dans le délai de sept jours après avoir signé l'acte sous seing privé (CCH, art. L. 271-1). S'il n'est prévu qu'un acte authentique, la loi impose cependant un projet d'acte et un délai impératif de réflexion de sept jours entre ce projet d'acte et la signature de l'acte authentique.

759. L'analyse du délai de rétractation en une exception au principe de la force obligatoire ne fait pas l'unanimité. Dans une autre approche, en effet, le délai de rétractation n'anéantirait pas un contrat valablement formé mais suspendrait la formation du contrat jusqu'à l'expiration de ce délai. La rencontre des consentements ne serait alors qu'une étape dans la perfection de l'acte. C'est plutôt la première analyse qui est consacrée dans la dernière loi « relative à la consommation » du 17 mars 2014 puisqu'elle précise (article L. 121-29 du Code de la consommation) que « l'exercice du droit de rétractation emporte *résolution* de plein droit du contrat de vente ou de prestation de service ». On notera que c'est également cette approche que semble vouloir consacrer la Cour de cassation dans une décision du 13 mars 2012. Elle relève en effet que l'exercice du droit de rétractation avait entraîné *l'anéantissement du contrat*[2]. **L'actuel projet de réforme** inscrit le délai de rétractation dans le cadre de la conclusion du contrat et indique qu'il emporte la « rétractation du consentement » ce qui renvoie plutôt à la seconde approche.

C. Le schéma plus complexe de l'accord des volontés : négociation contractuelle et formation progressive du contrat

760. Le contrat ne se forme pas toujours instantanément par la simple rencontre d'une offre suivie d'une acceptation, comme dans un contrat d'adhésion où la négociation n'est pas possible (v. ss 695). Les parties peuvent entrer en pourparlers et, avant la conclusion du contrat définitif, des contrats préparatoires ou avant-contrats peuvent être passés. Ici encore,

1. Conformément à la directive communautaire du 23 juin 2011 sur les droits des consommateurs qui a défini le contrat hors établissement comme un contrat conclu entre un professionnel et un consommateur dans un lieu qui n'est pas celui où le professionnel exerce son activité en permanence ou de manière habituelle.

2. Civ. 3e, 13 mars 2012, no 11-12.232, *JurisData* no 2012-004388, *JCP* 2012. 561, chron. Droit des contrats, obs. G. Loiseau.

dans le silence du Code civil, c'est à la jurisprudence que l'on doit l'analyse des différents mécanismes de formation progressive du contrat, allant de l'entrée en pourparlers jusqu'au contrat définitif en passant par des « avant-contrats » divers : accords de principe, accords partiels, promesses unilatérales ou synallagmatiques de contrat, pacte de préférence.

Les projets de réforme se sont préoccupés de cette phase de négociation précontractuelle (ou pourparlers), intégrée dans les développements consacrés à la formation du contrat et également de la question des avant-contrats.

1. Les pourparlers précontractuels

761. Les parties peuvent d'abord entrer en discussion, en « pourparlers ». Ces pourparlers n'ont aucune valeur juridique. *Le principe est celui de la liberté de rupture des pourparlers* car il ne faut pas porter atteinte à la liberté contractuelle entendue comme la liberté de contracter, mais aussi de ne pas contracter. Cependant, une rupture fautive peut engager la responsabilité extracontractuelle de son auteur. Il faut alors que celui-ci ait commis une faute dans l'exercice de son droit de rompre unilatéralement, par exemple s'il rompt brutalement, sans raison valable, des discussions qui ont duré un certain temps. La jurisprudence (et l'**actuel projet** de réforme confirme les solutions) adopte une position rigoureuse. Elle n'admet pas facilement la sanction et, notamment, l'absence de motifs de rupture n'est pas en soi une faute [1]. À titre d'exemple de rupture fautive, dans une décision du 18 janvier 2011, la chambre commerciale a sanctionné la rupture des pourparlers concernant un projet de cession d'actions, alors qu'une promesse synallagmatique avait été passée et était devenue caduque. Elle relève la présence de tous les éléments auxquels est généralement subordonnée la reconnaissance d'une faute : « le cédant avait rompu sans raison légitime, brutalement et unilatéralement, les pourparlers avancés qu'il entretenait avec son partenaire qui avait déjà, à sa connaissance, engagé des frais et qu'il avait maintenu volontairement dans une incertitude prolongée en lui laissant croire que l'affaire allait être conclue à son profit ». Il avait donc « manqué aux règles de la bonne foi dans les relations commerciales et engagé sa responsabilité délictuelle » [2]. Outre cette sévérité pour admettre la faute, la jurisprudence écarte la possibilité d'obtenir des dommages-intérêts pour compenser la perte de chance d'obtenir l'avantage escompté de la conclusion du contrat avorté. Seule la perte effectivement subie est prise en considération (perte de temps et frais par exemple) [3] (v. ss 2157).

762. Alors que le Code civil est muet sur la période précontractuelle et sur les pourparlers, **l'actuel projet de la Chancellerie** *suivant en cela l'avant-projet Catala* propose de le compléter sur ce point. Il place les « négociations précontractuelles » sous le signe de la

---

1. Tout au moins si les pourparlers n'en sont pas à un stade avancé : Civ. 1re, 20 déc. 2012, n° 11-27340, *RTD civ.* n° 2, 2013. 545, note O. Deshayes

2. Com. 18 janv. 2011, n° 09-14.617, *RTD civ.* n° 2, 2011. 345, obs. B. Fages.

3. En dernier lieu : Com. 18 sept. 2012, n° 11-19.629, *RTD civ.* n° 4, 2012. 721, obs. B. Fages ; *JCP* oct. 2012, chron. Dr. des contrats, p. 1151 obs. G. Loiseau et Civ. 3e, 19 sept. 2012, n° 11-10. 532, *RTD civ.* n° 4, 2012. 721, obs. B. Fages ; *RDC* 2013/1, p. 98, obs. O. Deshayes. Déjà, auparavant : Civ. 3e, 7 janv. 2009, *RDC* 2009. 480, obs. P.-M. Laithier ; *RTD civ.* n° 1, 2009. 113, obs. B. Fages ; Civ. 3e, 28 juin 2006, *JCP* 2006. II. 10130, note O. Deshayes ; *CCC* 2006, n° 223, note L. Leveneur ; *D.* 2006. Pan. 2619, obs. S. Amrani-Mekki, *RDC* 2006. 1069, obs. D. Mazeaud ; *JCP* 2006. 1. 166, n° 6, obs. Ph. Stoffel-Munck ; *RTD civ.* 2006. 754, obs. J. Mestre et B. Fages et *ibid.* 2006. 770, obs. P. Jourdain ; *ibid.* 2009. 113, obs. B. Fages ; v. aussi l'arrêt fondateur : Com. 26 nov. 2003, *Manoukian*, *GAJC*, t. 2, 12e éd., Dalloz, 2008, n° 142, par F. Terré et Y. Lequette.

liberté mais avec une limite, celle de la bonne foi : « l'initiative, le déroulement et la rupture des négociations précontractuelles sont libres. Ils doivent satisfaire aux exigences de la bonne foi » (art. 11) ; il ajoute que « la conduite ou la rupture fautive de ces négociations oblige son auteur à réparation sur le fondement de la responsabilité extracontractuelle ». Reprenant sur ce point les *propositions Terré*, il consacre la règle récemment posée par la jurisprudence (v. *supra*), selon laquelle le dommage consistant dans la perte de chance de réaliser les profits attendus du contrat en cas de rupture fautive des pourparlers n'est pas réparable.

2. Les avant-contrats

a) Les accords organisant l'obligation de poursuivre les négociations : accords de principe et les accords partiels

1° Les accords de principe

763. Les pourparlers peuvent acquérir davantage de force contraignante si les parties passent un accord sur le principe d'un contrat car, dans ce cas, elles s'engagent, non pas à conclure le contrat envisagé (obligation de résultat) mais à négocier de bonne foi pour y parvenir (obligation de moyens). L'accord de principe étant un contrat, l'obligation de poursuivre les négociations existe donc et elle est de nature contractuelle. La jurisprudence a eu à se prononcer sur la valeur contractuelle de l'« accord de principe », notamment dans des relations avec des banques à propos de l'octroi de prêts. La Cour de cassation ne reconnaît qu'un effet limité à cet accord de principe qui oblige seulement les parties à négocier, mais elle admet qu'une partie ne peut rompre brutalement et unilatéralement des négociations très avancées sans manquer aux règles de la bonne foi en matière commerciale, ce qui engage sa responsabilité contractuelle [1].

2° Les accords partiels

764. Les parties peuvent aussi, pendant la négociation, se mettre d'accord sur certains points non essentiels du contrat et consigner cet accord dans des accords partiels qui sont aussi des contrats préparatoires, ou avant-contrats. Ils ne seront plus discutables ensuite.

765. Lorsque, au cours de la négociation, il arrive que les parties se soient mises d'accord sur tous les éléments essentiels du contrat, on n'est plus dans le domaine des accords de principe ou des accords partiels mais déjà face au contrat définitif ou, en tout cas, à une promesse de contrat. La négociation entre les parties peut en effet aboutir, au-delà d'un accord de principe ou d'un accord partiel, à une promesse de contrat, synallagmatique ou unilatérale, qui est aussi un avant-contrat, mais qui peut lier davantage par rapport à la conclusion du contrat définitif.

b) Les promesses de contrat

766. ***La promesse de contrat*** est un accord par lequel une, ou les deux parties, *s'engage à* contracter par la suite, dans certaines conditions.

---

1. Com. 22 avr. 1997, *D.* 1998. 45, note P. Chauvel ; Com. 2 juill. 2002, *RTD civ.* 2003. 76, obs. J. Mestre et B. Fages ; Paris, première chambre, 7 nov. 2002, inédit, *RTD civ.* 2003. 76, obs. J. Mestre et B. Fages.

À la différence de l'offre, la promesse de contrat, comme l'accord de principe ou l'accord partiel, est un véritable contrat ayant pour objet la conclusion du contrat définitif.

1° Il peut s'agir d'une promesse unilatérale de vente

767. C'est le cas lorsqu'un des contractants désire s'assurer la possibilité de contracter ultérieurement et demande à l'autre de lui consentir une « option », c'est-à-dire de lui assurer « l'exclusivité » pour la conclusion d'un contrat ultérieur. Quand il lèvera cette option, enfermée dans un délai déterminé, le véritable contrat sera conclu. Seul le promettant s'engage, le bénéficiaire reste libre de contracter ou non à l'issue du délai déterminé.

Les caractères d'une telle promesse font l'objet de discussions doctrinales sur la nature du droit du bénéficiaire. Il ne s'agit pas d'un droit né et actuel, ni d'un droit conditionnel, il s'agit plutôt d'un droit éventuel. Que se passe-t-il alors lorsque le promettant rétracte sa promesse et refuse de passer le contrat définitif malgré la levée de l'option par le bénéficiaire ?

768. La jurisprudence n'est pas des plus claires sur la question de la *sanction du non-respect de la promesse unilatérale*. Logiquement, le promettant devrait être obligé de conclure le contrat car la promesse unilatérale de vente contient tous les éléments du contrat définitif y compris le consentement de l'offrant au contrat définitif ; la levée de l'option par le bénéficiaire devrait donc former le contrat. Or la jurisprudence considère plutôt, jusqu'ici, que si le promettant refuse de passer le contrat définitif, le bénéficiaire ne peut obtenir que des dommages-intérêts et non la conclusion du contrat définitif. L'obligation de passer le contrat, né de la promesse, se résout en dommages-intérêts.

– Par un arrêt remarqué du 15 décembre 1993, la troisième chambre civile de la Cour de cassation avait ainsi posé que dans une promesse de vente (unilatérale), l'obligation du promettant constitue simplement une obligation de faire dont l'inexécution se résout en dommages-intérêts et que la levée de l'option postérieure à la rétractation de la promesse par le promettant « excluait toute rencontre des volontés » [1]. Cette décision a été vivement critiquée par une partie de la doctrine.

– La troisième chambre a ensuite rendu une nouvelle décision qui à, première lecture, semblait opérer un revirement, puisqu'elle considérait, alors que la promettante invoquait dans son pourvoi la rétractation de sa promesse avant la levée de l'option, que la cour d'appel, dont la décision était frappée de pourvoi, avait pu déduire que la vente était parfaite par la levée de l'option pendant le délai. En réalité, il ne s'agissait pas d'un revirement car la question de l'influence de la rétractation pendant le délai de l'option n'avait pas été soulevée devant la cour d'appel. La cour d'appel n'avait donc pas à être sanctionnée pour n'avoir pas tenu compte d'une rétractation que l'on n'invoquait pas devant elle. L'arrêt restait à tout le moins particulièrement ambigu et il n'était pas possible d'en déduire que la troisième chambre civile avait modifié sa jurisprudence [2].

– Plusieurs arrêts de la même troisième chambre civile, sont ensuite venus confirmer, malgré les critiques de la doctrine, qu'il n'y avait pas eu de changement dans sa jurisprudence. Ainsi, dans un arrêt du 25 mars 2009 [3] alors que la cour d'appel avait ordonné la

---

1. Civ. 3e, 15 déc. 1993, *D.* 1994. II. 507, note F. Benac-Schmidt, *D.* 1994. Somm. 230, obs. O. Tournafond ; *JCP* 1995. II. 22366, note D. Mazeaud.

2. Civ. 3e, 26 juin 1996, *RJDA* 7/96, rapport D. Pronier ; *Bull. civ.* III, n° 165 ; *Defrénois* 1996. I, art. 36434, p. 1371 ; *LPA* 30 mai 1997, n° 65, p. 25, note B. Bevière ; *Quot. jur.* 1er sept. 1996, n° 73, p. 6.

3. Civ. 3e, 25 mars 2009, pourvoi n° 08-12237, *Defrénois* 2009. 1270, obs. R. Lichaber ; *RDC* 2009. 995, obs. P.-Y. Laithier ; et p. 1089, obs. S. Pimont.

réalisation forcée de la vente, malgré la rétractation du promettant, la Cour de cassation la censure en lui reprochant de ne pas avoir recherché « si le retrait par le promettant n'avait pas été notifié au bénéficiaire avant que celui-ci ne déclare l'accepter ». Elle admet donc la possibilité du retrait de la promesse avant la levée de l'option, sans même qu'il soit nécessaire de mettre le bénéficiaire en demeure de lever l'option. Cette décision confirme que la réalisation forcée de la vente à titre de sanction du retrait reste exclue, à moins, comme l'a suggéré la troisième chambre civile, elle-même, dans une décision un peu antérieure, que « les parties à la promesse unilatérale aient convenu que le défaut d'exécution par le promettant de son engagement de vendre se résoudrait en nature, par la constatation judiciaire de la vente [1] ». Il faudrait donc une clause expresse contenue dans la promesse pour permettre la réalisation forcée du contrat à titre de sanction. La position a de nouveau été réaffirmée dans une décision du 11 mai 2011 [2], malgré la critique quasi unanime de la doctrine [3]. Cet entêtement de la Cour de cassation interpelle d'autant plus qu'elle admet, à l'inverse, que la violation d'un pacte de préférence peut être sanctionnée par la formation du contrat (v. ss 774), et, surtout, qu'en matière d'offre, dont la force obligatoire est plus fragile, elle semble vouloir admettre aussi la formation du contrat comme sanction du retrait abusif de l'offre (v. ss 745).

Enfin, dernièrement, une lueur d'espoir est intervenue avec une décision du 28 novembre 2011 [4] qui semble être venue introduire un « discret revirement » [5] : la troisième chambre civile de la Cour de cassation admet que la levée de l'option, par le bénéficiaire d'une promesse unilatérale de contracter, postérieure à la rétractation du promettant, produit son plein effet. Toutefois la doctrine est prudente dans l'interprétation de cet arrêt, dans la mesure où il n'a pas été publié et où la position de la Cour de cassation reste donc encore ambiguë. Par ailleurs, dans le même temps, la chambre commerciale de la Cour de cassation, le 13 septembre 2011 [6] mais dans un arrêt également inédit, a réaffirmé la solution classique de la troisième chambre civile : « la levée de l'option par le bénéficiaire de la promesse postérieurement à la rétractation du promettant excluant toute rencontre des volontés réciproques de vendre et d'acquérir, la réalisation forcée de la vente ne pouvait être ordonnée ».

769. L'actuel projet de réforme de la Chancellerie, au titre des avant-contrats, ne traite que de la promesse unilatérale et du pacte de préférence. Concernant la promesse unilatérale, suivant en cela l'*avant-projet Catala*, et les *propositions Terré*, il a choisi d'assurer la protection du bénéficiaire de l'exclusivité consentie par le promettant et, à l'encontre de la solution jurisprudentielle actuelle, sanctionne la rétractation abusive par la conclusion du contrat : « la révocation de la promesse pendant le temps laissé au bénéficiaire pour exprimer son consentement ne peut empêcher la formation du contrat pro-

---

1. Civ. 3e, 27 mars 2008, *D.* 2008. 2497, note G. Forest ; *RLDC* nov. 2008, no 3170, p. 10-11. *RDC* 2008. 734, obs. D. Mazeaud ; et *ibid.* 2239, obs. F. Collart Dutilleul, *JCP* 2008. II. 10147, note G. Pillet ; *LPA* 13 oct. 2008, no 205, p. 13, note A. Lebois ; *RDC* 2009. 143, obs. Ph. Brun.

2. Civ. 3e, 11 mai 2011, no 10-12.875, *JurisData* no 2011-008034, *D.* 2011. 1457, note D. Mazeaud, 1460, note D. Mainguy et 2679, chron. I. Goanvic ; *RTD civ.* 2011. 532, obs. B. Fages et ; *JCP N* 2011. 1163, no 20 ; *CCC* 2011, comm. 186, obs. L. Leveneur ; *Defrénois* 2011. 1023, obs. L. Aynès.

3. *Contra*, cependant, défendant cette jurisprudence : D. Mainguy, « L'efficacité de la promesse de contracter », *RTD civ.* 2004. 1.

4. Civ. 3e, 6 sept. 2011, no 10-20.362, *JCP* 2011. 1316, note L. Perdrix, « Un revirement à petits pas feutrés », *D.* 2012. 2838, note C. Grimaldi.

5. Selon l'expression de L. Perdrix, note préc., *supra*.

6. Com. 13 sept. 2011, no 10-19.726, arrêt inédit.

mis » et, dans ce cas, « le contrat conclu avec un tiers qui en connaissait l'existence est nul ». Suivant en cela les propositions Terré, l'actuel projet substitue la nullité à l'inopposabilité qui avait été retenue initialement dans le premier projet de 2008 conformément à l'avant-projet Catala.

2° Il peut s'agir d'une promesse synallagmatique

770. Dans ce cas les deux parties s'engagent réciproquement à conclure le contrat. Cette promesse synallagmatique est surtout employée en matière de vente immobilière où elle précède, sous le nom de *compromis*, le contrat de vente (ce terme est d'ailleurs impropre car le compromis concerne une autre notion juridique : la convention par laquelle les parties conviennent de soumettre un litige à l'arbitrage). Le contrat préliminaire dans la vente d'immeubles à construire est le seul avant-contrat réglementé par la loi, la loi du 3 janvier 1967 (CCH, art. L. 261-15) Tous les autres avant-contrats sont innomés.

771. Si les deux parties s'engagent à conclure le contrat définitif, on peut se demander ce qui distingue la promesse synallagmatique de contrat du contrat lui-même, surtout en matière de vente, où l'article 1589 précise que « la promesse de vente vaut vente, lorsqu'il y a consentement réciproque des deux parties sur la chose et sur le prix ». C'est pourquoi certains auteurs ne considèrent pas la promesse synallagmatique comme un avant-contrat mais comme le contrat lui-même (**l'actuel projet de réforme** n'inscrit d'ailleurs pas la promesse synallagmatique dans les avant-contrats).

Le système de la promesse synallagmatique de vente, souvent passée par acte sous-seing privé suivi, ensuite, de la vente définitive passée devant notaire, est en tout cas un système très généralement utilisé et qui présente des intérêts certains. Il permet aux parties de concrétiser leur accord sur le contrat définitif, tout en se donnant le temps d'effectuer certaines vérifications, d'obtenir les renseignements d'urbanisme nécessaires et, éventuellement, d'obtenir le prêt destiné à financer l'achat. Des conditions suspensives d'obtention du prêt ou d'absence de servitudes d'urbanisme, insérées dans la promesse, sécurisent par ailleurs le contrat. Le notaire, après la réitération de la vente par acte authentique publie ensuite cet acte à la conservation des hypothèques, ce qui rend la vente opposable aux tiers. On peut noter que la pratique utilise, en matière de vente immobilière ou de cession de droits sociaux, ce que la doctrine a baptisé une « vente latente » ou une « période de transition » ou encore une « période d'attente ». Quel que soit le nom choisi, il s'agit du mécanisme par lequel « les parties retardent, dans la promesse synallagmatique, non pas la formation du contrat, mais la prise d'effet du contrat de vente et, spécialement, le transfert de propriété », ce qui a pour intérêt de retarder aussi le transfert des risques, et cela se traduit généralement par l'introduction dans le contrat d'une « clause de réserve de propriété ». En application de l'article 1589, la vente s'est bien formée dès la conclusion de la promesse synallagmatique, il n'y a pas de retour en arrière possible et seul l'effet translatif du contrat est retardé. Cette situation est à distinguer de celle où les parties ont, au contraire, fait du transfert de propriété un élément essentiel de leur consentement au contrat définitif. En retardant ce transfert de propriété à la signature de l'acte authentique, c'est alors la formation même du contrat de vente que l'on retarde. Cette distinction entre les deux situations a une incidence sur la sanction, en cas de refus par l'une des parties de passer l'acte authentique de vente.

772. ***En cas de violation de la promesse*** la solution est en sens contraire ici, de celle retenue en matière de promesse unilatérale de vente (v. ss 768) : puisque la promesse synallagmatique de contrat contient déjà le consentement au contrat définitif, l'exécution forcée en nature du contrat définitif peut être prononcée, à moins que la rétractation n'ait été prévue dans la promesse, avec l'insertion par les parties d'une clause de dédit. Le contractant peut donc obtenir un jugement constatant la réalisation forcée du contrat et, en matière de vente immobilière, ce jugement sera publié à la conservation des hypothèques pour rendre la vente opposable au tiers. La Cour de cassation admet cette réalisation forcée de la promesse, spécialement en matière de vente immobilière, dès lors qu'il n'est pas établi que « les parties avaient fait de la réitération par acte notarié, un élément constitutif de leur consentement [1] ». On a bien compris que tel n'est pas le cas dans la vente latente (v. ss 773) où ce n'est pas la formation du contrat qui est retardée, mais seulement l'effet principal de la vente, le transfert de propriété.

773. Enfin, on soulignera que la promesse unilatérale de vente est parfois difficile à distinguer d'une promesse synallagmatique [2]. La question s'est ainsi posée de savoir si deux promesses unilatérales croisées pouvaient ou non valoir promesse synallagmatique. La Cour de cassation est prudente sur ce point et, si elle l'a parfois admis [3], la plupart du temps elle rejette la prétention des demandeurs en faisant valoir que les promesses litigieuses étaient soumises « à des conditions différentes » ne permettant pas de les assimiler à une promesse synallagmatique [4]. De même, la question s'est posée de savoir si l'importance de l'indemnité d'immobilisation (presque égale au prix de vente) ne pourrait pas rendre synallagmatique une promesse unilatérale [5].

La cour d'appel de Paris pour sa part, a précisé que l'avant-contrat contenant une clause de substitution (c'est-à-dire une clause par laquelle l'acquéreur se réserve la possibilité de se substituer un autre acquéreur) ne contenant aucun engagement de la part de l'acquéreur et notamment pas celui de régler le prix de vente, ne constitue qu'une simple promesse unilatérale de vente et non un compromis (promesse synallagmatique) de vente [6].

3° Il peut s'agir d'un pacte de préférence

► ***Le pacte de préférence*** se définit comme un avant-contrat par lequel « le propriétaire d'une chose s'engage envers une personne à ne pas vendre à un tiers sans lui avoir

---

1. Civ. 3e, 20 déc. 1994, *JCP* 1995. II. 22491, note C. Larroumet.
2. Pour une comparaison entre promesse unilatérale et promesse synallagmatique, v. C. Larroumet, note sous Civ. 3e, 20 déc. 1994, *JCP* 1995. II. 22491.
3. Com. 16 janv. 1990, *RTD civ.* 1990. 462.
4. Civ. 3e, 26 juin 2002, *Defrénois* 2002. 1231, note É. Savaux ; *RTD civ.* 2003. 77, obs. J. Mestre et B. Fages ; v. aussi Com. 18 juill. 1989, *Bull. mens. Joly* 1989. 82, note C. Bacrot et P. Berger. Il s'agissait d'une série de promesses unilatérales de vente d'actions, juxtaposées à une série de promesses unilatérales d'achat portant sur des parts de SARL, réciproques et échelonnées dans le temps. Pouvait-on dire que cela constituait des promesses synallagmatiques de vente ? La Cour de cassation ne va pas jusque-là et parle seulement d'un engagement synallagmatique car, comme le disent les annotateurs, « chacun est certes, ici, engagé à vendre et à acheter, mais les engagements correspondants étant inclus dans des promesses unilatérales, ceux-ci ne seront mis en œuvre qu'à la condition que le bénéficiaire lève l'option le concernant, l'absence de levée d'option dans les délais convenus rendant les engagements caducs ». Il n'y a pas ici le double engagement définitif, et par lui-même suffisant, caractérisant la promesse synallagmatique.
5. Semblant l'admettre car si l'indemnité est trop importante, elle prive le bénéficiaire de sa liberté d'acheter ou de ne pas acheter : Civ. 3e, 26 sept. 2012, n° 10-23.912, *RTD civ.* n° 4, 2012/4. 723, obs. B. Fages.
6. Paris, 7 sept. 2000, *JCP* 2001. II. 10632.

préalablement offert d'acheter »[1]. Le bénéficiaire du pacte a donc une priorité lorsque le propriétaire décide de vendre le bien.

774. Le pacte de préférence est beaucoup plus contraignant que la promesse unilatérale de vente : il ne s'éteint pas par la prescription et la priorité est maintenue tant que le promettant n'a pas manifesté son intention de vendre ou que le bénéficiaire n'a pas refusé l'offre de vente, à moins que des délais n'aient été prévus. De plus, l'exécution de son obligation de ne pas faire implique pour le promettant l'obligation de négocier de *bonne foi* avec le bénéficiaire du pacte. La validité d'un pacte n'est pas subordonnée par ailleurs à une prédétermination du prix du contrat envisagé, qui ne sera conclu, ultérieurement, que s'il advient que le promettant en décide ainsi. La stipulation d'un délai n'est pas non plus une condition de validité du pacte de préférence[2].

775. ***En cas de violation du pacte***, le bénéficiaire, jusqu'à une époque récente, devait le plus souvent, comme en matière de promesse unilatérale, se contenter de dommages-intérêts. Cependant, dans des décisions qui ont pu être qualifiées de « spectaculaire revirement » la Cour de cassation a décidé qu'il en allait autrement si le bénéficiaire du pacte peut apporter la preuve que « le tiers, de mauvaise foi, connaissait, d'une part, l'existence du pacte de préférence et, d'autre part, l'intention de son bénéficiaire de s'en prévaloir ». Dans ce cas, le bénéficiaire du pacte « est en droit d'exiger l'annulation du contrat passé avec le tiers et d'obtenir sa substitution à l'acquéreur ». La solution initiée par la chambre mixte le 26 mai 2006[3] a ensuite été posée à l'identique par la troisième chambre civile de la Cour de cassation, dans une décision du 14 février 2007[4]. La majorité des auteurs voit dans cette jurisprudence, une avancée théorique considérable. La troisième chambre civile de la Cour de cassation était venue préciser toutefois, dans une décision du 25 mars 2009, que lorsque le vendeur a, avant la conclusion du contrat définitif, conclu une promesse synallagmatique de vente en violation du pacte, la mauvaise foi s'apprécie au jour de la promesse de vente qui vaut vente et non à celle de sa réitération par acte authentique (sauf, selon la formule consacrée [v. ss 772], si les parties avaient entendu faire de celle-ci un élément constitutif de leur engagement)[5]. Dans une décision postérieure du 3 novembre 2011, la même troisième chambre civile de la Cour de cassation semble vouloir infléchir cette dernière solution. Elle approuve en effet la cour d'appel d'avoir apprécié la mauvaise foi à la date de la réitération par acte authentique de la vente qui avait antérieurement donné lieu à la conclusion d'une promesse synallagmatique de vente. La solution est donc inversée par rapport à la décision rendue en 2009. En l'occurrence, la preuve ayant été faite, la substitution est admise[6].

---

1. *Leçons de droit civil*, Mazeaud, Chabas et de Juglart, tome III, 2e vol., nº 791.
2. Civ. 1re, 6 juin 2001, *Bull. civ.* I, nº 166 ; *RTD civ.* 2002, nº 1, obs. J. Mestre et B. Fages ; *JCP* 2002. I. 134, obs. F. Labarthe.
3. Cass., ch. mixte, 26 mai 2006, *D.* 2006. 1861, note D. Mainguy et P.-Y. Gautier et Pan. 2638, obs. S. Amrani-Mekki et B. Fauvarque-Cosson ; *RTD civ.* 2006. 550, obs. J. Mestre et B. Fages ; *RDC* 2006, note F. Collart Dutilleul ; *JCP E* 2006. 2378, note P. Delebecque ; *JCP N* 2006. 1278, obs. S. Piedelièvre et 1256, note B. Thuillier ; *ibid.* I. 176, obs. F. Labarthe ; *ibid.* II. 10142, note L. Leveneur ; *RLCD* sept. 2006, p. 5, note H. Kenfack ; *Rev. sociétés* 2006. 808, note J.-F. Barbièri.
4. Civ. 3e, 14 févr. 2007, *D.* 2007. 2444, note J. Théron ; *RDC* nº 3, 2007. 701, obs. D. Mazeaud ; et v. déjà Civ. 3e, 31 janv. 2007, *D.* 2007. 1698, note D. Mainguy, mais en l'espèce, la preuve de la mauvaise foi n'avait pu être faite et la Cour de cassation avait rejeté le pourvoi.
5. Civ. 3e, 25 mars 2009, *Defrénois* 2009. 1276, obs. É. Savaux ; *RTD civ.* 2009. 524, obs. B. Fages.
6. Civ. 3e, 3 nov. 2011, nº 10-20.936, *JurisData* nº 2011-023709, *JCP* 2012, chron. Dr. des contrats, 63, obs. G. Loiseau.

776. *L'avant-projet Catala* prévoyait l'inopposabilité du contrat passé avec le tiers, sous réserve des effets attachés aux règles assurant la protection des tiers de bonne foi. Les *propositions Terré* allaient aussi dans ce même sens de l'inopposabilité du contrat conclu en violation du pacte. **L'actuel projet de réforme**, suivant en cela la Cour de cassation, admet la nullité du contrat conclu en violation d'un pacte de préférence avec un tiers qui en connaissait l'existence ou, en option, la substitution du bénéficiaire du pacte au tiers acquéreur. Il prévoit par ailleurs que si le tiers présume l'existence d'un pacte de préférence, il peut en demander confirmation au bénéficiaire dans un délai raisonnable par un écrit qui mentionne qu'à défaut de réponse, le bénéficiaire du pacte ne pourra plus solliciter sa substitution au contrat conclu avec le tiers ni la nullité du contrat. Ces dispositions sont exclues cependant si le pacte contient une clause de confidentialité.

777. D'une façon générale, jusqu'à présent, le droit français admettait la nature contractuelle des avant-contrats, mais leur refusait l'exécution en nature : la liberté de ne pas contracter du débiteur était considérée comme une norme supérieure aux intérêts du créancier[1]. La situation est en train d'évoluer.

II. L'INTÉGRITÉ DU CONSENTEMENT

778. Selon l'actuel article 1109 du Code civil, « il n'y a point de consentement valable si le consentement n'a été donné que par erreur ou s'il a été extorqué par violence ou surpris par dol ». Dans une formule différente, **l'actuel projet de réforme** définit les vices du consentement de la façon suivante : « l'erreur, le dol et la violence vicient le consentement lorsqu'ils sont de telle nature que sans eux, l'une des parties n'aurait pas contracté ou aurait contracté à des conditions substantiellement différentes ». La rencontre des volontés des parties contractantes ne suffit donc pas à assurer que le contrat s'est valablement formé. Encore faut-il que ce consentement ait été exprimé en toute connaissance de cause et librement exprimé, c'est-à-dire qu'il ne soit atteint d'aucun des trois vices du consentement que sont l'*erreur*, la *violence* et le *dol*. Il est d'ailleurs plus logique de parler dans l'ordre d'erreur, de dol et de violence en raison des rapports étroits existant entre les deux premiers vices. **L'actuel projet de réforme** reprend chacun de ces trois vices[2] en modernisant les formulations du Code civil et en consacrant les évolutions jurisprudentielles les concernant.

Les vices du consentement sont sanctionnés par une nullité relative car il s'agit d'une nullité de protection (v. ss 990 s.).

779. Il faut noter qu'à ces vices on ajoute parfois *la lésion*, déséquilibre objectif des prestations au détriment de l'une des parties. Mais outre que la lésion n'est, à l'heure actuelle, qu'exceptionnellement sanctionnée, il ne s'agit pas, à proprement parler, d'un vice du consentement. Le déséquilibre des prestations est sanctionné, en effet, en l'absence de toute erreur commise par le contractant victime ou de toute pression. Nous en parlerons à propos de l'étude de la cause dans les contrats (v. ss 863, spéc. v. ss 892 s.) et

---

1. V. article J. Schmidt-Szalewski, cité dans la bibliographie.
2. Ils sont ainsi définis par l'actuel projet : « L'erreur, le dol et la violence vicient le consentement lorsqu'ils sont de telle nature que, sans eux, l'une des parties n'aurait pas contracté ou aurait contracté à des conditions substantiellement différentes. Leur caractère déterminant s'apprécie eu égard aux personnes et aux circonstances de l'espèce ».

des exigences d'équilibre contractuel (v. ss 650, 908). On notera cependant dès à présent qu'à l'inverse du **projet de réforme de la Chancellerie** et de l'*avant-projet Catala*, qui vont moins loin dans la lutte contre les déséquilibres contractuels, les *propositions Terré* introduisaient la « lésion qualifiée » c'est-à-dire la sanction des déséquilibres excessifs résultant de l'exploitation d'un rapport de force inégalitaire au stade de la formation du contrat, au nom du principe d'équilibre contractuel (art. 66), sans en faire cependant un vice du consentement.

780. L'actuel projet de réforme propose également d'introduire dans le Code civil, au titre de la protection du consentement, une mesure préventive de protection : le devoir précontractuel d'information, et d'autre part, des techniques destinées à différer la formation du contrat pour favoriser la possibilité de réflexion du contractant : les délais de réflexion et de repentir (v. ss 785).

781. L'information des contractants et les délais de repentir et de rétractation existent cependant déjà en droit positif, même s'ils ne figurent pas encore dans le Code civil et s'ils se sont développés à l'origine dans le cadre du droit de la et non dans celui de la théorie générale du contrat. Ils constituent sans aucun doute aussi des modes de protection du consentement : cette protection s'exerce de façon *préventive*, alors que les vices du consentement constituent une sanction *a posteriori* du contrat. Nous dirons quelques mots de cette protection du consentement par des techniques préventives, avant d'étudier les vices du consentement.

A. La protection du consentement par des techniques préventives

1. LE DEVOIR PRÉCONTRACTUEL D'INFORMATION

782. L'obligation précontractuelle d'information ou de renseignement, dont le respect serait susceptible d'éviter ou de restreindre les vices du consentement, est largement utilisée dans le droit de la consommation mais aussi par la jurisprudence civile qui s'en sert depuis un certain temps en matière de dol (v. ss 811). La directive européenne du 25 octobre 2011 sur les droits des consommateurs, a rendu commune à tous les contrats de vente et de prestation de service conclus entre un professionnel et un consommateur, cette obligation précontractuelle d'information, incontournable, qui se rattache aux obligations modernes de loyauté et de bonne foi et à l'exigence de collaboration et de coopération qui irrigue la matière contractuelle. La loi n° 2014-344 du 17 mars 2014 relative à la consommation a désormais inscrit cette obligation générale dans les articles L. 111-1 à L. 11-3 du Code de la consommation (v. ss 706).

Le défaut d'information engage la responsabilité pour faute du débiteur sur le fondement de l'article 1382 du Code civil. Il s'agit en effet du manquement à une obligation précontractuelle. Elle peut être sanctionnée sur ce seul fondement et conduire à l'attribution de dommages-intérêts sans que le demandeur invoque la nullité du contrat[1]. Mais si le manquement a provoqué un vice du consentement, erreur ou dol, le contrat pourra être annulé (v. ss 809 s).

---

1. Civ. 3e, 18 déc. 2012, inédit, pourvoi n° 11-195502, Legifrance ; Civ. 1re, 28 mai 2008, pourvoi nº 07-13.487, *RTD civ.* nº 4, 2008. 476, obs. B. Fages : pour la dissimulation d'un projet de construction dissimulant la vue depuis l'appartement objet du contrat alors que l'acquéreur ne demandait pas la nullité mais la réduction du prix et des dommages-intérêts.

783. L'actuel projet de réforme de la Chancellerie suivant en cela l'avant-projet Catala et les propositions Terré propose d'introduire dans le Code civil et de généraliser ce devoir consacré par la jurisprudence. Il pèserait sur « celui des contractants qui connaît ou devrait connaître une information dont l'importance est déterminante pour le consentement de l'autre ». Cette obligation (ou ce devoir) d'information n'existerait cependant que si le cocontractant a pu légitimement ignorer cette information, par exemple parce qu'il a été dans l'impossibilité de se renseigner par lui-même ou s'il a légitimement pu faire confiance à son cocontractant, en raison, notamment, de la nature du contrat, ou de la qualité des parties. **L'actuel projet de réforme** précise par ailleurs que le manquement engage la responsabilité extracontractuelle de celui qui était tenu et si ce manquement a provoqué un vice du consentement, le contrat peut être annulé.

Ces propositions constituent la synthèse des solutions jurisprudentielles déjà existantes.

784. La généralisation de l'obligation (du devoir) d'information est la marque de cette exigence de loyauté et de bonne foi dont témoigne aujourd'hui l'évolution du droit du contrat (v. ss 653 s.) ; elle se rattache au devoir de collaboration que l'on tend aujourd'hui à imposer aux cocontractants l'un envers l'autre, dans l'intérêt de tous. On retrouvera cette obligation dans le cadre de l'étude des vices du consentement, qu'il s'agisse de l'erreur ou du dol.

2. Les délais de réflexion et de rétractation

Les délais de réflexion et de rétractation peuvent être considérés également comme une technique préventive de protection du consentement puisqu'ils vont permettre à un contractant, après délai de réflexion et compte tenu des informations qu'il aura pu obtenir, de ne pas s'engager dans le contrat projeté.

a) En droit de la consommation

785. Les délais de réflexion et de rétractation (ou repentir) sont des techniques utilisées couramment par le droit de la consommation. Nous avons déjà étudié la question de la faculté de rétractation lors de l'examen des effets de la rencontre de l'offre et de l'acceptation et nous y renvoyons (v. ss 758).

– ***Le droit de rétractation***, qui consiste à permettre au contractant de rétracter son acceptation du contrat et donc son consentement au contrat est totalement contraire à la théorie générale du contrat et au principe consensualiste selon lesquels la rencontre de l'offre et de l'acceptation forme le contrat de façon irrévocable, sans possibilité de revenir en arrière. Mais ce respect de la théorie générale a cédé devant les exigences de la protection du faible, le consommateur. C'est ainsi que la faculté pour celui-ci de rétracter l'acceptation donnée a été prévue par la loi dans les ventes agressives, comme le démarchage à domicile, téléphonique, le télé-achat ou encore les ventes passées par internet. Le délai de rétractation est en général possible pendant un délai de sept jours.

– ***Le délai de réflexion*** constitue une autre technique qui consiste à imposer au contractant un délai minimum avant qu'il puisse donner son acceptation au contrat. Cette période de réflexion imposée est destinée à éviter des consentements trop hâtifs. Par exemple, en matière de crédit immobilier, l'emprunteur ne peut accepter l'offre de prêt avant un délai de dix jours.

b) Au-delà du droit de la consommation

786. Le droit de repentir a fait son entrée au-delà du droit de la consommation et de la relation entre le consommateur et le professionnel, avec la loi LRU loi relative à la solidarité et au renouvellement urbain du 13 décembre 2000 (modifiée par la loi n° 2006-872 du 13 juillet 2006). Le Code de la construction et de l'habitation (CCH, art. L 271-1) prévoit en effet que pour tout acte ayant pour objet la construction ou l'acquisition d'un immeuble à usage d'habitation, la souscription de parts donnant vocation à l'attribution en jouissance ou en propriété d'immeubles d'habitation ou la vente d'immeubles à construire ou de location-accession à la propriété immobilière, l'acquéreur non professionnel peut se rétracter dans un délai de sept jours. Ce délai court à compter du lendemain de la première présentation de la lettre lui notifiant l'acte s'il s'agit d'une promesse synallagmatique de vente par acte sous-seing privé, ou à compter de la remise d'un projet d'acte s'il s'agit d'un contrat passé par acte authentique sans promesse préalable. Il faut qu'il s'agisse cependant d'un acquéreur non professionnel, mais pour autant le contrat peut être passé entre deux particuliers. On est donc en dehors du champ du droit de la consommation. D'où l'importance de cette solution, déjà étudiée au titre de l'étude des effets de la rencontre de l'offre et de l'acceptation (v. ss 758).

c) L'inscription dans le Code civil par l'actuel projet de réforme

787. L'actuel projet de la Chancellerie introduit, comme l'avant-projet Catala, dans le Code civil, ces délais de rétractation ou de réflexion, mais en précisant qu'il appartient à la loi ou aux parties de le prévoir. Ils ne sont donc pas généralisés, même pour certains types de contrats. Le délai de réflexion est défini comme celui jusqu'à l'expiration duquel le destinataire de l'offre ne peut consentir efficacement au contrat. Le délai de rétractation est celui jusqu'à l'expiration duquel il est permis au destinataire de l'offre de rétracter son consentement au contrat (v. aussi ss 758). Contrairement au devoir d'information qui est envisagé au titre de la validité du contrat (puisqu'en effet le manquement à ce devoir est susceptible d'entraîner la nullité du contrat s'il a provoqué un vice du consentement), l'actuel projet de réforme envisage les délais de réflexion et de rétractation au titre de la conclusion du contrat et de la rencontre de l'offre et de l'acceptation, ce qui est effectivement logique.

B. La protection *a posteriori :* les vices du consentement

1. L'ÉVOLUTION DE LA THÉORIE DES VICES DU CONSENTEMENT

788. La volonté doit être libre et consciente : l'erreur (C. civ. art. 1110), le dol (C. civ. art. 1116) et la violence (C. civ. art. 1112 s.) sont les trois vices susceptibles de l'affecter : les deux premiers atteignent le consentement dans son élément de pleine conscience, qui fait que l'on contracte en connaissance de cause ; le troisième dans son élément de liberté.

Le Code civil a recueilli, en matière de vice du consentement, la tradition romaine tout en la conciliant avec le système consensualiste. En effet, en droit romain, formaliste, le contrat était valable dès que les formes juridiques prescrites avaient été respectées. Ce n'est pas le consentement qui créait l'obligation, mais la forme. Celle-ci respectée, peu importait pour la validité du contrat que le consentement ait été donné à la suite d'un dol ou sous l'emprise de la violence. Cependant, par la suite, le dol (*dolus*) et la violence (*metus*) ont été sanctionnés mais en tant que délit. La victime pouvait refuser l'exécution du contrat ou obtenir des indemnités si le contrat avait été exécuté, mais pour autant le contrat n'était pas annulé.

789. Le Code civil a tenu compte du rôle essentiel reconnu à la volonté dans la formation du contrat. Il va donc changer d'optique et se charger, avec les vices du consentement, de la protection de cette volonté : l'erreur, le dol et la violence sont sanctionnés à raison de l'impact qu'ils ont sur cette volonté et ils entraînent la nullité du contrat.

790. Toutefois, la dimension délictuelle du dol et de la violence dégagée en droit romain ne disparaît pas et si le dol et la violence en tant que vices du consentement entraînent la nullité du contrat, ils sont en même temps un délit civil qui peut être sanctionné par l'attribution de dommages-intérêts et une responsabilité délictuelle.

791. Les rédacteurs du Code civil avaient cependant limité les vices pour concilier à la fois le respect du principe de l'autonomie et de la volonté et l'impératif de sécurité juridique et de stabilité contractuelle. Ainsi seule l'erreur la plus grave et la plus objective pouvait être prise en considération : l'erreur sur la substance. Seules les manœuvres constituaient un dol. Toute erreur, toute pression exercée contre un contractant, toute tentative de faire une « bonne affaire » n'était pas sanctionnée. Par ailleurs, la sanction des vices n'était pas directement liée à un impératif de justice commutative et d'équilibre du contrat. La protection de la volonté est alors le seul objectif visible. On notera que la lésion qui est le déséquilibre objectif du contrat n'est pas un vice du consentement.

Cependant, la théorie des vices a évolué. Avec la montée en puissance des principes de justice contractuelle, de loyauté, de morale contractuelle, la fonction des vices du consentement s'est élargie. L'évolution traduit à la fois l'importance toujours actuelle de la volonté dans la formation du contrat mais aussi la prise en compte des exigences du droit positif quant à la justice dans les relations contractuelles (v. ss 106 s., 653 s.). En élargissant progressivement les différents vices du consentement que sont l'erreur, le dol et la violence, la jurisprudence a fait de la théorie des vices, non seulement un instrument de protection de la volonté, mais également un moyen indirect de correction de certains déséquilibres induits par l'inégalité économique des contractants ou par des comportements malhonnêtes ou contraires à la bonne foi. L'élargissement des vices du consentement permet de mieux lutter contre l'injustice contractuelle

792. L'actuel projet de réforme consacre cette évolution des vices du consentement réalisée par la jurisprudence. Il réécrit et modernise les textes consacrés à l'erreur, le dol et la violence et y inscrit les solutions jurisprudentielles, ainsi qu'on le verra en étudiant successivement chacun des trois vices du consentement. Selon les termes du projet : « l'erreur le dol et la violence vicient le consentement lorsqu'ils sont de telle nature que sans eux l'une des parties n'aurait pas contracté » (ce qui est conforme à la solution classique) ou (et cette précision est innovante) « aurait contracté à des conditions substantiellement différentes ».

2. L'ERREUR

793. Le premier vice du consentement est l'erreur.

► ***L'erreur*** est une représentation inexacte de la réalité du contrat qui consiste à croire vrai ce qui est faux, ou faux ce qui est vrai.

Toute erreur n'est cependant pas prise en considération. Le Code civil ne prévoyait que deux types d'erreur : *l'erreur sur la substance* de la chose qui est l'objet de la convention et *l'erreur sur la personne* (art. 1110). Ces deux erreurs entraînent la nullité du contrat. L'évolution a conduit à un net élargissement du domaine de l'erreur sur la substance, le principal facteur étant le passage de l'erreur sur la substance à l'erreur sur les qualités substantielles.

Un autre type d'erreur a par ailleurs toujours été admis bien qu'il ne soit pas prévu par le Code civil : il s'agit de *l'erreur obstacle*, plus grave que la précédente, qui, comme son nom l'indique, fait obstacle à la formation même du contrat. Enfin, l'erreur peut aussi n'avoir aucun effet sur la validité du contrat, c'est *l'erreur indifférente ou insignifiante.*

L'actuel projet de réforme ne dit rien de l'erreur obstacle. Il ne reprend que l'erreur sur les qualités essentielles de la prestation ou du cocontractant dans une définition générale qui fait aussi référence à la nécessité du caractère excusable de l'erreur : « l'erreur de droit ou de fait est une cause de nullité du contrat si elle porte sur les qualités essentielles de la prestation due ou sur celles du cocontractant et si elle est excusable ».

En l'état du droit positif, on envisagera néanmoins le cas de l'erreur-obstacle.

a) L'erreur-obstacle

794. Il convient de définir la notion d'erreur-obstacle.

► ***L'erreur-obstacle*** empêche le contrat de se former, le rend « inexistant ». Elle est définie généralement comme une erreur d'une telle gravité qu'elle empêche la rencontre des volontés. Non prévue par le Code civil (et pas davantage intégrée dans le projet de réforme de la chancellerie) elle fait l'objet de discussion quant à son domaine, à ses sanctions (nullité du contrat ou inexistence ?), quant à la question, aussi, de savoir si le caractère inexcusable de l'erreur peut faire obstacle à la sanction.

Pourtant, la jurisprudence en fait certaines applications et la Cour de cassation a récemment précisé, en confirmant ainsi que ce type d'erreur avait bien sa place, que le caractère inexcusable de l'erreur-obstacle ne devait pas être pris en considération et empêcher la nullité[1], alors qu'en matière d'erreur sur la substance, l'erreur inexcusable est, au contraire, un obstacle au prononcé de la nullité (v. ss 803).

Plusieurs sortes d'erreurs-obstacle sont ainsi reconnues :

♦ ***l'erreur sur la nature du contrat*** : l'un croit vendre un bien, l'autre croit qu'il s'agit d'une donation ; par exemple l'illettrisme du contractant a permis d'annuler une promesse de vente conclue alors que la personne croyait avoir conclu un pacte de préférence[2] ;

♦ ***l'erreur sur l'objet du contrat*** : par exemple une erreur sur l'identification du bien vendu : l'un croit vendre le terrain A, l'autre acheter le terrain B ; quelqu'un cède ses droits sur une succession ouverte en sa faveur car il pensait n'avoir que la nue-propriété alors qu'il succédait en pleine propriété ; un vendeur soutient qu'il n'a pas voulu céder un des lots compris dans la vente[3] ;

---

1. Civ. 3e, 21 mai 2008, préc., note 342.

2. Paris, 30 nov. 2006, *JCP* 2007. II. 10069, note H. Kenfack ; *D.* 2007. Pan. 2967, obs. S. Amrani-Mekki.

3. Civ. 3e, 21 mai 2008, *D.* 2008. AJ 1693 et Pan. 2970, obs. S. Amrani-Mekki ; *RDC* 2008. 716, obs. T. Genicon ; Civ. 3e, 4 juill. 2007, *D.* 2007. 2847, note N. Rias et Pan. 2966. obs. S. Amrani-Mekki.

♦ ***l'erreur sur la cause du contrat*** : une personne fait une donation à quelqu'un qu'elle croit être son fils naturel alors qu'il ne l'est pas : la cause de son engagement est l'existence d'une obligation naturelle qui, en réalité, n'existe pas. Ou encore, une personne s'engage à réparer un dommage parce qu'elle croit en être responsable, alors que les conditions de sa responsabilité ne sont pas remplies : il s'agit d'une erreur sur la cause de son obligation de réparation[1]. Il y a ici erreur sur la cause ou encore « fausse cause » au sens de l'article 1131. La cause considérée est la cause objective ou cause de l'obligation (sur cette notion de cause, v. ss 863 s.). Plutôt que de se placer sur le terrain de l'erreur obstacle, le contractant invoque parfois la fausse cause (v. ss 877) et la distinction n'est pas toujours aisée. La disparition de la cause dans **l'actuel projet de réforme**, s'il devenait de droit positif, mettrait un terme à ces difficultés.

b) L'erreur sur la personne

795. L'erreur sur la personne n'est qu'exceptionnellement une cause de nullité : elle ne peut être invoquée que dans les contrats conclus *intuitu personae*, c'est-à-dire conclus en fonction de la personnalité du cocontractant (j'ai cru m'adresser à M. X. architecte célèbre, j'ai eu affaire à son homonyme, architecte inconnu). Plus fréquente dans les contrats à titre gratuit que dans les contrats à titre onéreux, ce type d'erreur peut porter sur l'identité physique ou même civile et sur les qualités du cocontractant (son honorabilité, dans un contrat de société, notamment pour une société en nom collectif, par exemple), à la seule condition que la considération de la personne ait été déterminante. Il en est ainsi, par exemple, lorsque l'intention de l'une des parties a été de contracter avec une agence commerciale d'expérience pour la création et la rédaction d'un magazine et non avec une personne physique non commerçante et débutante[2]. Ce type d'erreur reste assez résiduel, même s'il existe un contentieux récurrent concernant un contrat bien particulier et *intuitu personae* par excellence, le mariage. Cependant, le mariage n'est pas seulement un contrat civil ordinaire, il est aussi une institution et le texte applicable n'est pas l'article 1110 du Code civil mais l'article 180, alinéa 2, du Code civil, qui prévoit spécifiquement la nullité du mariage pour erreur sur les qualités essentielles de la personne (v. *Droit civil*, vol. 1).

c) L'erreur sur la substance ou sur les qualités essentielles

1° Élargissement de la conception de l'erreur sur la substance : de la substance aux qualités substantielles (ou essentielles)

796. – Initialement **la substance est la matière de la chose**. Dans la conception originaire du Code civil, l'erreur sur la substance s'entend seulement au sens étroit, matériel, d'erreur sur la *matière dont est faite la chose, objet du contrat* (c'est l'exemple type des chandeliers en métal doré que l'on croit en or).

– Aujourd'hui **la substance est devenue la qualité substantielle (ou essentielle) de la prestation**. La conception s'est progressivement élargie et est devenue l'erreur sur les *qualités substantielles de la prestation* et la Cour de cassation a consacré une conception subjective de la substance. Il s'agit donc de rechercher la volonté interne du contractant, ce qu'il a considéré comme essentiel et qui l'a déterminé à contracter, pour identifier dans ces

1. Req. 1er juill. 1924, *DH* 1924. 509.
2. Saint-Denis-de-la-Réunion, 6 oct. 1989, *JCP* 1990. II. 21504, note E. Putman.

qualités déterminantes, les qualités substantielles de l'objet de la prestation. Il faudra alors les confronter à la réalité contractuelle, pour apprécier l'existence ou non d'une erreur.

La conception subjective de l'erreur conduit à admettre que ces qualités substantielles ne sont pas seulement les qualités objectivement substantielles (ou essentielles) de la chose, celles qui le seraient pour tout contractant placé devant le même contrat, comme par exemple la constructibilité d'un terrain [1] ou encore l'impropriété à la course d'une jument achetée pour la course et non pour la reproduction [2] ou la superficie d'un lot [3] ou l'authenticité d'un tableau [4]. Il peut s'agir aussi de qualités subjectivement essentielles, qui ne le sont éventuellement que pour le contractant considéré. Si la prise en compte des qualités subjectivement essentielles, qui conduit à une appréciation *in concreto* de l'erreur, contribue évidemment à en élargir le domaine, elle rend en même temps sa preuve plus difficile (v. ss 799) et surtout, il faudra établir qu'elle était convenue.

La qualité doit en effet être « convenue » ou « entrée dans le champ contractuel » : cela signifie que l'autre contractant avait connaissance du caractère essentiel de la qualité sur laquelle a porté l'erreur. L'expression de « qualité entrée dans le champ contractuel » est fréquemment utilisée par la jurisprudence pour faire référence au caractère convenu entre les parties de la qualité essentielle, soit parce qu'elle a été expressément reconnue comme essentielle par le contrat, soit parce qu'elle a été tacitement considérée comme telle, ce qui peut être facilement admis si la qualité est une qualité objectivement essentielle, mais sera plus compliqué à établir s'il s'agit d'une qualité subjectivement essentielle.

Ces solutions sont consacrées par **l'actuel projet de réforme** qui retient l'erreur sur les « qualités essentielles de la prestation due » et les définit comme « celles qui ont été expressément ou tacitement convenues et en considération desquelles les parties ont contracté ».

797. Enfin, l**a qualité substantielle doit être une qualité de la prestation elle-même**. Si la qualité substantielle est, finalement, la qualité déterminante du consentement, il reste en effet nécessaire qu'elle soit en rapport avec la chose ou, plus largement, la prestation : l'élément déterminant doit être une qualité de la prestation elle-même et non être en rapport simplement avec *les motifs* de l'engagement, seraient-ils déterminants (par exemple la rentabilité économique de l'opération ou plus largement l'aptitude de l'objet à remplir la finalité recherchée). La jurisprudence est constante sur ce point [5], excluant l'erreur sur un **motif**, à moins, dit la Cour de cassation, « qu'une stipulation expresse ne l'ait fait entrer dans le champ contractuel en l'érigeant en condition du contrat » [6]. Toutefois, la

---

1. Civ. 1re, 1er juin 1983, *JCP N* 1983. II. 289, note M. Bouyssou.
2. Civ. 1re, 5 févr. 2002, *JCP* 2003. II. 10175, note Lièvremont.
3. Civ. 3e, 21 mai 2008, *JCP N* 2008. 508 ; *CCC* 2008, n° 224, obs. L. Leveneur ; *Dr. et patr.* févr. 2009, p. 124, obs. L. Aynès et P. Stoffel-Munck.
4. Paris, 28 juin 2001, *Gaz. Pal.* 2002. Somm. 565, obs. Vray : l'erreur sur l'authenticité est bien un erreur sur la substance et non une simple erreur sur la valeur.
5. Civ. 1re, 13 févr. 2001, *Bull. civ.* 2001, I, n° 31 ; *JurisData* n° 2001-008272 ; Civ. 3e, 24 avr. 2003, *Bull. civ.* III, n° 82 ; Com. 30 mai 2006, n° 04-15.356 ; *JurisData* n° 2006-033836,
6. Com. 11 avr. 2012, n° 11-15. 429, *JurisData* n° 2012-006968 ; *JCP* 2012. 1151, chron. Droit des contrats, obs. Y.-M. Sérinet : le demandeur, faisait valoir que les équipements litigieux ne correspondaient pas à ses besoins dans son activité d'infirmière en milieu rural. La cour de cassation considère que l'erreur ne portait pas sur les qualités substantielles de l'équipement mais sur les motifs de leur acquisition. Pourtant, comme le relève M. Sérinet, il est admis que l'erreur puisse aussi porter indirectement sur l'objet lorsque celui-ci n'est pas apte à réaliser la fin poursuivie par la victime de l'erreur. Cette décision restreint donc les possibilités d'annulation en exigeant une stipulation expresse du contrat pour que l'adéquation des matériels à l'activité professionnelle puisse constituer une qualité substantielle.

question reste complexe et plusieurs décisions ont admis qu'un motif puisse constituer une qualité substantielle malgré l'absence d'une stipulation expresse et qu'il était quand même (implicitement) entré « dans le champ contractuel » (sur cette question, v. ss 805).

On notera aussi qu'en matière de vente, l'erreur sur les qualités substantielles peut se rapprocher du *vice caché*, sanction spécifique prévue par l'article 1641 du Code civil, au titre du contrat de vente. En effet, « le vice caché rendant la chose impropre à sa destination, peut, par l'ignorance qu'en a l'acheteur, susciter une erreur sur l'une des qualités qu'il attend de cette chose : un chevauchement de ces deux causes d'anéantissement du contrat est inévitable »[1].

798. L'erreur sur les qualités substantielles a toujours trouvé un terrain d'application privilégié en matière de **vente d'œuvre d'art et notamment de tableaux**. La célèbre affaire Poussin est révélatrice, à cet égard, de la complexité que peut revêtir parfois la notion de qualité essentielle.

– En matière d'œuvre d'art, la qualité objectivement essentielle, c'est évidemment l'authenticité de l'œuvre. Il y a donc erreur si l'on croit à l'authenticité de l'œuvre et que l'œuvre se révèle ensuite non authentique ; à l'inverse, il y aura erreur si l'on croit à l'absence d'authenticité (le vendeur en général qui vend de ce fait à bas prix), alors que l'œuvre est en réalité authentique.

– Parfois, cependant, la qualité essentielle n'est pas l'authenticité ou la non-authenticité, mais l'existence d'un doute ou, à l'inverse, l'absence de doute sur l'authenticité. C'était le cas dans la fameuse affaire Poussin, concernant la vente d'un tableau, au Louvre, en 1968, vente consentie par les époux Saint-Arroman, dans la conviction qu'*il ne pouvait pas s'agir d'une œuvre de Poussin*, sur la foi d'une expertise en ce sens. Pourtant, une expertise ultérieure l'attribua à ce peintre[2], et, finalement après d'autres expertises, il s'avéra qu'il y avait à tout le moins un doute sur l'authenticité. Les vendeurs avaient donc contracté dans la conviction erronée qu'il n'y avait aucun doute. L'affaire, après un premier pourvoi en cassation, fut renvoyée devant la cour d'Amiens[3] puis sur nouveau pourvoi, il y eut un nouvel arrêt de la Cour de cassation[4] et enfin, la cour de Versailles mit un point final à cette affaire[5] en admettant la nullité du contrat pour erreur substantielle car la qualité essentielle, sur laquelle il y avait eu erreur, était l'absence de doute sur l'authenticité quand la réalité était marquée par le doute. La Cour de cassation admit également que la réalité, en l'occurrence l'existence d'un doute sur l'authenticité, pouvait être établie à l'aide d'éléments postérieurs, en l'occurrence les expertises postérieures. Vingt ans après le début de cette histoire, en 1988, le tableau a finalement été vendu à une galerie suisse, sans nouvelle préemption du musée du Louvre pour le prix de 7 400 000 francs [112 812 euros] ! Cette affaire montre bien la conception de l'erreur : la croyance du contractant ne doit pas avoir été conforme à la réalité et peu importe que la réalité soit elle-même entachée d'incertitude.

---

1. G. Loiseau, obs. sous Civ. 1re, 12 juill. 2001, *JCP* 2001. I. 370 ; et note L. Maupas, *JCP* 2002. II. 10143.
2. Civ. 1re, 22 févr. 1978, *D.* 1978. 601, note Ph. Malinvaud, *RTD civ.* 1979. 126, obs. Y. Loussouarn ; Paris, 2 févr. 1976, *D.* 1976. 325, concl. Cabannes, réformant TGI Paris, 3 déc. 1972, *D.* 1973. 7410, J. Ghestin et Ph. Malinvaud.
3. 1er févr. 1982, *Defrénois* 1982, art. 32885.
4. Civ. 1re, 13 déc. 1983, *D.* 1984. 340, note J.-L. Aubert.
5. 7 janv. 1987, *D.* 1987. 485, note J.-L. Aubert.

Cette situation de doute n'existait pas dans ce que l'on a appelé la « seconde affaire Poussin » où un tableau intitulé *La Fuite en Égypte*, déclaré lors de la vente publique comme « de l'atelier de Nicolas Poussin », s'est ensuite révélé comme étant bien un tableau authentique du peintre, avec une évaluation trois cents fois supérieure à l'estimation initiale ! L'ancienne propriétaire a donc demandé et obtenu l'annulation de la vente sur le fondement de l'article 1110 et la Cour de cassation approuva l'annulation dès lors que la cour d'appel avait précisé que la venderesse « avait acquis la certitude que le tableau n'était pas de l'artiste »[1]. Il y avait donc, là encore, contradiction entre la réalité (l'authenticité) et la croyance du vendeur (non-authenticité) établie sur la foi du catalogue.

En revanche, dans une affaire plus récente, un tableau de van Gogh, *Le Jardin à Anvers*, dont l'authenticité avait été attestée sur le catalogue par deux experts, fut vendu 55 millions de francs. Par la suite, des rumeurs consécutives à la révélation de technique de faux, mirent en cause cette authenticité. Les héritiers de l'acquéreur demandèrent alors l'annulation de cette acquisition, mais sans succès car la Cour de cassation relève que « la cour d'appel a souverainement retenu que l'examen des différents éléments invoqués par les consorts V (les héritiers de l'acquéreur), confrontés à l'analyse scientifique et historique du tableau ne permettait pas d'établir que l'attribution de l'œuvre à Vincent van Gogh était douteuse »[2]. Ici, l'absence de doute sur l'authenticité de l'œuvre a donc conduit à écarter l'erreur[3] : les acquéreurs avaient contracté dans la croyance de son authenticité et cette croyance était conforme à la réalité.

– Il apparaît que les informations du catalogue de vente sont importantes en la matière : sans réserves, elles garantissent l'acheteur. En cas de doute naissant *a posteriori*, ou d'attribution certaine contraire aux indications du catalogue, cet acheteur est protégé : le catalogue établit l'erreur et la nullité peut être obtenue[4] ; toute erreur devient par ailleurs excusable, l'acheteur serait-il un spécialiste[5].

– **La vente aux enchères de meubles d'époque** suscite aussi un important contentieux. Il peut être illustré par l'affaire désormais célèbre de la « table Boulle », où la question a été posée de savoir s'il y a erreur sur l'authenticité lorsque l'objet n'a pas été seulement restauré (comme l'indiquait le catalogue) mais véritablement, transformé puisque des marqueteries « Boulle » avaient été ajoutées qui n'existait pas dans le meuble d'époque. Dans un premier arrêt rendu le 30 octobre 2008[6], la Cour de cassation avait considéré que le défaut d'authenticité était établi en se référant aux mentions du catalogue, lesquelles avaient entraîné la conviction erronée que, bien que réparé, ce meuble n'avait subi aucune transformation depuis l'époque Louis XVI ; mais dans le dernier épisode de l'affaire, concrétisé par un arrêt du 20 octobre 2011[7], la Cour de cassation ne reprend pas la solution de 2008 : se référant au pouvoir souverain des juges du fond, elle relève que « l'installation de la marqueterie incontestée Boulle sur ce meuble d'époque Louis XVI constituait son originalité » et que les adjudicataires s'étaient portés acquéreurs

---

1. Civ. 1re, 17 sept. 2003, *Bull. civ.* I, n° 183, *JCP* 2004. I. 123, obs. Y.-M. Serinet.
2. Civ. 1re, 25 mai 2004, *Gaz. Pal.* 20-21 oct. 2004, p. 7, concl.J. Sainte-Rose.
3. V. J. Mestre, chron. citée dans la bibliographie.
4. Civ. 1re, 27 févr. 2007, *D.* 2007. 1632, note P.-Y. Gautier, CC juin 2007, obs. L. Leveneur, n° 146, *D.* 2007. Pan. 2968, obs. S. Amrani-Mekki.
5. Civ. 3e, 31 mai 2007, *D.* 2007. Pan. 2969, obs. S. Amrani-Mekki.
6. Civ. 1re, 30 oct. 2008, *D.* 2009. 990, note L. Mauger-Vielpeau ; *RTD com.* 2009. 143, obs. F. Pollaud-Dulian.
7. Civ. 20 oct. 2011, *JCP* 2011, note 1350, Y.-M. Serinet ; *D.* 2012. 76, note F. Labarthe et pan. 463, obs. S. Amrani-Mekki et M. Mekki.

en considération de ces éléments, de sorte qu'il n'y avait pas d'erreur sur l'authenticité. Elle réaffirme ici la conception subjective de l'erreur, appréciée au regard des intentions réelles des contractants, et non en se référant aux seules mentions du catalogue.

– Toutefois, lorsqu'il existe un **aléa**, un doute, par exemple dans le cas d'œuvres « attribuées à » un peintre ou une école, et lorsque cet *aléa contractuel* a été accepté par les parties, toute possibilité d'erreur est alors en principe écartée, même si, ensuite, il s'avère que l'œuvre est authentique ou fausse, ainsi que l'a posé la Cour de cassation dans l'arrêt du *Verrou de Fragonard*[1]. Toutefois, dans une décision plus récente, la Cour de cassation a marqué certaines nuances et invité à une grande précision sur l'objet exact de l'aléa accepté[2].

Concernant cette question de **l'incidence d'un aléa**, on notera que **l'actuel projet de réforme de la Chancellerie** en généralise la prise en compte au-delà du marché des œuvres d'art : « l'acceptation d'un aléa sur une qualité de la prestation exclut l'erreur relative à cette qualité ».

2° Preuve de l'erreur

799. L'erreur est un fait juridique qui se prouve par tout moyen et s'apprécie *in concreto*. Il appartient donc à celui qui invoque l'erreur de la prouver. La victime de l'erreur doit donc établir le caractère essentiel de l'élément sur lequel elle s'est trompée et dans la mesure où cette qualité peut être une qualité subjectivement essentielle, elle doit par ailleurs établir que cette qualité substantielle est entrée « dans le champ contractuel » : elle doit prouver que l'erreur est « commune ». L'expression, impropre, ne signifie pas que les deux contractants ont commis tous les deux une erreur mais que la qualité considérée comme essentielle par le contractant victime de l'erreur était bien connue de l'autre, qu'il s'agissait d'une « qualité convenue » (v. ss 796).

Il faut ensuite établir que cette qualité substantielle attendue ne correspond pas à la réalité contractuelle au moment de la conclusion du contrat.

L'erreur s'apprécie en effet au moment de la conclusion du contrat, par confrontation de la conviction du contractant au jour de la conclusion du contrat à la réalité contractuelle. Toutefois, la Cour de cassation, à l'occasion de l'affaire *Poussin-Saint Arroman* (v. ss 796) a précisé que la réalité de l'erreur peut s'établir à l'aide d'éléments postérieurs, en l'occurrence, la seconde expertise postérieure à la vente qui a permis d'établir une réalité concernant l'œuvre en contradiction avec la conviction des vendeurs au moment de la vente.

3° Caractères de l'erreur

800. ***L'erreur doit être déterminante***. L'erreur est un vice du consentement. Pour entraîner la nullité du contrat, elle doit elle doit donc, en toute logique, avoir déterminé ce consentement.

---

1. Civ. 1re, 24 mars 1987, *D.* 1987. 489, note J.-L. Aubert.

2. Civ. 1re, 28 mars 2008, *D.* 2008. Pan. 2971, obs. S. Amrani-Mekki et Jur. 1866, note E. Treppoz ; *JCP* 2008. II. 10101, note Y. Serinet ; *RDC* 2008. 727, obs. Y.-M. Laithier : il s'agissait d'une espèce où des experts avaient admis qu'une œuvre (un portrait de Claude Monet) censée avoir été réalisée par John Z. *pouvait* en fait avoir été réalisée par un peintre de *moindre notoriété*. Or, depuis la vente, le tableau avait ensuite été attribué à Monet lui-même et inscrit dans le catalogue de ses œuvres. La venderesse avait donc demandé la nullité de la vente pour erreur et la cour d'appel l'avait écartée, au motif que les parties avaient accepté l'aléa sur l'attribution de l'œuvre. Or la Cour de cassation censure la décision. En fait, accepter que l'œuvre puisse éventuellement être celle d'un peintre de moindre notoriété, n'est pas accepter l'aléa consistant dans le fait que l'œuvre pourrait être d'une peintre d'une beaucoup plus grande notoriété.

801. ***L'erreur peut être de droit ou de fait.*** La Cour de cassation, suivie par **l'actuel projet de réforme**, a fait la distinction entre *l'erreur de fait*, telle qu'elle est exposée dans l'article 1110 et *l'erreur de droit* à laquelle peut se référer l'article 1109, qu'elle vise expressément. Dans l'affaire considérée, une personne souhaitait vendre un immeuble à usage d'habitation, loué à plusieurs locataires. Elle s'était engagée, par une promesse unilatérale de vente, à vendre l'immeuble en son entier à des acquéreurs, mais, par erreur, son notaire avait notifié une offre de vente à ses locataires pour leur permettre d'exercer leur droit de préemption, ce que l'un des locataires avait accepté. Or, l'article 10 de la loi du 31 décembre 1975 exclut le droit de préemption des locataires lorsque l'immeuble est vendu dans sa totalité. Néanmoins, la cour d'appel avait accueilli la demande en réalisation de la vente du locataire au motif qu'il importait peu que l'offre de préemption ait été faite par erreur, sans incidence sur sa validité, dès lors que l'offre avait été acceptée aux conditions de la vente projetée. La Cour de cassation, se référant uniquement à l'article 1109, casse en rappelant simplement qu'il n'y a pas de consentement valable s'il n'a été donné que par erreur, sans chercher à déterminer s'il s'agissait d'une erreur sur la substance ou d'une erreur sur la personne[1].

802. ***L'erreur peut être une erreur sur la prestation donnée ou sur la prestation reçue.*** Depuis un arrêt de la Cour de cassation du 17 novembre 1930[2], il est admis que l'erreur peut être invoquée indifféremment par l'une ou l'autre des parties au contrat, le vendeur ou l'acquéreur, dans un contrat de vente. En matière de vente d'œuvre d'art, c'est souvent le vendeur qui invoque une erreur, ce qui était le cas dans l'affaire *Poussin – Saint Arroman* (v. ss 798). La solution est confirmée par **l'actuel projet de réforme**.

803. ***L'erreur doit être excusable.*** Le caractère inexcusable de l'erreur d'un contractant lui interdit d'obtenir l'annulation de la convention en application de l'article 1110[3]. Ce caractère inexcusable s'apprécie *in concreto* donc au cas par cas et, à cet égard, la seule constatation de la qualité de professionnel du demandeur ne suffit pas à le priver du droit d'invoquer la nullité. Tout va dépendre des circonstances. L'erreur inexcusable a ainsi été évoquée mais non retenue dans une affaire de vente d'œuvre d'art : Henri Claudel, neveu de Camille Claudel, avait acheté une toile signée C. Claudel, désignée sous le nom de « l'amie anglaise », présentée comme une œuvre de la célèbre artiste au catalogue raisonné de ses œuvres dressé par Mme Paris, sa petite-nièce en 1990. Il confia cette toile à M. Gilles Perrault avec mission de la restaurer et de la conserver en dépôt-vente au prix de 600 000 F. Celui-ci s'en porta acquéreur pour cette somme et la revendit, quelques jours plus tard pour un million de francs. Mais, en 1996, un autre catalogue dressé par d'autres auteurs attribua la toile à Charles-Antoine Claudel. M. Gilles Perrault remboursa alors spontanément son acquéreur et se retourna contre Henri Claudel, son vendeur, en annulation de cette vente. La cour d'appel de Versailles[4] le débouta en retenant le « caractère inexcusable de l'erreur » commise, en soulignant ses titres de restaurateur d'œuvres d'art, expert agréé, spécialisé dans le dépistage des faux et des contrefaçons artistiques mentionnés sur ses documents professionnels et le travail effectué sur la

---

1. Civ. 3e, 24 mai 2000, *JCP* 2001. II. 10494, note C. Duvert ; *RTD civ.* 2000. 825, obs. J. Mestre et B. Fages.
2. Civ. 1re, 17 nov. 1930, *S.* 1932. I. 17.
3. Soc. 3 juill. 1990, *D.* 1991. 507 (2e esp.), note J. Mouly.
4. Versailles, 19 janv. 2001.

toile reçue en dépôt-vente. La Cour de cassation a cependant cassé cette décision au visa de l'article 1110 car l'expert n'était pas intervenu pour une certification de la toile litigieuse, déjà formellement reconnue comme étant de Camille Claudel par un expert spécialiste de ses œuvres, et que cette authenticité n'était en rien démentie à l'époque de la vente[1]. De même, dans une décision du 13 mars 2012, la chambre commerciale de la Cour de cassation a admis qu'un professionnel des travaux agricoles qui avait acquis d'une société une moissonneuse-batteuse de marque Massey-Ferguson et une barre de coupe repliable de marque Geringhoff pour une somme globale et avait ultérieurement constaté l'incompatibilité des deux matériels avait pu invoquer l'erreur sur les qualités substantielles de la chose vendue. Au vu des circonstances, la cour d'appel avait relevé que ce professionnel, normalement diligent et compétent, ne pouvait que penser que l'engin agricole ne rendrait le service escompté que muni de la barre de coupe repliable Geringhoff. La Cour de cassation approuve les juges du fond d'avoir ainsi « fait ressortir les circonstances de fait rendant excusable l'erreur commise par l'acheteur professionnel[2] ».

L'erreur est cependant toujours excusable lorsqu'elle a été *provoquée par une réticence dolosive* du cocontractant. C'est ce qu'a confirmé la Cour de cassation[3] et qu'indique aussi expressément **l'actuel projet de réforme**. Ainsi, lorsqu'un contractant a une obligation d'information et qu'il garde volontairement le silence sur une qualité substantielle de la chose et induit l'autre en erreur, cette erreur est toujours excusable, même si le cocontractant induit en erreur est un professionnel. La sanction intervient cependant généralement dans ce cas sur le fondement du dol et non de l'erreur de l'article 1110. Lorsque le silence n'est pas volontairement gardé pour induire l'autre en erreur mais par simple négligence, la question du caractère inexcusable de l'erreur peut être discutée.

4° Sanction de l'erreur

804. L'erreur sur la substance est une *erreur-nullité* : elle empêche le contrat de se former valablement et celui-ci doit donc être annulé. Il s'agit d'une nullité de protection, relative, qui n'est donc ouverte qu'à la victime de l'erreur, pendant cinq ans à compter de la découverte du vice (la solution est confirmée par **l'actuel projet de réforme**). Des dommages-intérêts peuvent éventuellement être obtenus s'il y a eu une faute, même non intentionnelle, qui a provoqué un préjudice, par exemple le manquement à un devoir d'information. La responsabilité n'est pas, alors, contractuelle puisque le contrat est nul : elle est fondée sur l'article 1382 du Code civil.

d) Les erreurs indifférentes à la validité du contrat

805. Il existe plusieurs types d'erreurs insignifiantes, n'atteignant pas la validité de l'acte et n'entraînant aucune sanction :

– ce sont d'abord ***les erreurs sur des qualités de la chose mais non substantielles***, qui ne peuvent raisonnablement pas avoir déterminé le consentement ;

– ce sont aussi ***les erreurs sur les conséquences de l'acte*** ;

---

1. Civ. 1re, 14 déc. 2004, comm. J. Mestre et B. Fages, *RTD civ.* n° 1, 2005. 123 ; *JCP* 2005. I. 141, chron. Y.-M. Serinet.
2. Com. 13 mars 2012, n° 11-13.077, *JurisData* n° 2012-004404, *JCP* 2012. 561, chron. Y. M. Sérinet,
3. Civ. 3e, 21 févr. 2001, *JCP* 2001. I. 330, obs. A. Constantin.

– ***les erreurs sur la valeur de l'objet*** ou « erreur sur la valeur qualitative de la chose »[1] (et ici on rejoint la lésion) qui, même si elle est déterminante n'est en principe pas admise, à moins que cette erreur sur la valeur ne soit une conséquence d'une erreur sur la substance, auquel cas l'acte sera annulable ; erreur sur la solvabilité du cocontractant (comme l'erreur sur la valeur, elle n'est retenue que si elle est la conséquence d'une erreur sur l'identité ou une qualité de la personne) ; ou simples erreurs de calcul par exemple ;

– de même ***l'erreur sur le prix*** n'est traditionnellement pas prise en considération. Toutefois, l'erreur sur le prix peut être cause de nullité lorsqu'elle résulte d'une confusion entre les francs anciens et les francs actuels[2]. Nous avons d'ailleurs vu reparaître ce type d'erreur avec le passage à l'euro. Il peut s'agir également de l'indication par inadvertance d'un prix erroné[3] ou d'un malentendu fondamental sur le prix à l'unité[4]. La Cour de cassation a cependant considéré que l'erreur sur le prix du vendeur immobilier, résultant d'une conversion erronée du prix de francs en euros était une erreur inexcusable de la part d'un professionnel de la vente et ne pouvait donc être prise en considération[5] ;

– il peut s'agir enfin d'une ***erreur sur les motifs*** d'un contrat, qui n'est pas prise en considération, au contraire de l'erreur sur la cause (déjà sur ce point, v. ss 797). En effet, les motifs sont subjectifs, individuels, propres à un cocontractant et inconnus de l'autre, *à moins qu'ils n'aient fait l'objet d'une clause expresse*, alors que l'erreur sur la cause concerne la cause objective ou cause de l'obligation, qui est toujours un motif extériorisé, et connu du contractant. C'est ainsi qu'en principe une erreur sur la *rentabilité économique* d'une opération immobilière, ne peut être invoquée, car il s'agit soit d'une erreur sur la valeur, soit d'une erreur sur les motifs et la troisième chambre civile de la Cour de cassation l'a rappelé dans une décision du 31 mars 2005[6]. L'exclusion de la prise en compte de l'erreur sur les motifs en l'absence d'une stipulation expresse du contrat érigeant le motif considéré en élément essentiel et déterminant du consentement a été également réaffirmée par la chambre commerciale dans une décision du 11 avril 2012[7] ; mais *a contrario*, cela signifie qu'en présence d'une telle stipulation un motif déterminant peut devenir une qualité essentielle rattachée à la prestation.

Cependant, même en l'absence d'une clause expresse, dans une décision du 4 octobre 2011, la chambre commerciale a admis, qu'une erreur sur la rentabilité pouvait constituer une erreur sur les qualités substantielles[8] ; il s'agissait cependant d'un contrat bien particulier, un contrat de franchise, dans lequel la rentabilité peut être considérée comme un élément objectivement essentiel. La même solution a néanmoins été retenue par la troisième chambre civile qui a admis la situation de non-concurrence dans un centre commercial était

---

1. V. Versailles, 7 janv. 1987, préc.

2. Com. 14 janv. 1969, *D.* 1970. 458, note M. Pédamon.

3. Civ. 3e, 23 janv. 1970, *Gaz. Pal.* 1970. 1. 210 ; comp. Paris, 15 sept. 1995, *RTD civ.* 1996. 148, obs. J. Mestre, pour une erreur matérielle dans l'indication du prix.

4. Civ. 1re, 28 nov. 1973, *D.* 1975. 21, note R. Rodière.

5. Civ. 3e, 4 juill. 2007, *D.* 2007. 2847, note N. Rias, *D.* 2007. Pan. 2967, obs. S. Amrani-Mekki.

6. Civ. 3e, 31 mars 2005, *Bull. civ.* III, no 81 ; *JurisData* no 2005-027809 ; *D.* 2006. 2082, note C. Boulogne-Yang-Ting ; *D.* 2012. Pan. 462, obs. S. Amarani-Mekki et M. Mekki.

7. Com. 11 avr. 2012, n° 11-15. 429, *JurisData* n° 2012-006968 ; *JCP* 2012. 1151, chron. Dr. des contrats, obs. Y.-M. Sérinet : décision analysée en note ss. 797.

8. Com. 4 oct. 2011, *D.* 2011. 3052, note N. Dissaux ; *JCP* 2011. 1350, no 49, note Y.-M. Serinet ; *RDC* 2012-1, obs. T. Genicon ; *D.* 2012. Pan. 463, obs. S. Amarani-Mekki et M. Mekki ; *JCP* 2012. 135, note J. Ghestin. La solution a été retenue à nouveau le 12 juin 2012 : Com. 12 juin 2012, n° 11619.047, *D.* 2012. 2079, note N. Dissaux ; *JCP* 2012, chron. Dr. des contrats, 1151, obs. Y.-M. Serinet ; *RTD civ.* n° 4, 2012. 724, obs. B. Fages.

« entrée dans le champ contractuel », ce en l'absence d'une clause expresse[1]. Le motif devient ici une qualité essentielle implicitement convenue. Cette dernière solution est condamnée **par l'actuel projet de réforme** qui précise que « l'erreur sur un simple motif étranger aux qualités essentielles de la prestation n'est pas une cause de nullité à moins que les parties n'en aient fait *expressément* un élément déterminant de leur consentement ».

On rappellera en conclusion que **l'actuel projet de réforme**, reprenant les propositions de l'avant-projet Catala, confirme les solutions actuelles concernant l'erreur : la conception subjective de l'erreur sur la substance est marquée dans sa définition : « celle qui porte sur les qualités essentielles expressément ou tacitement convenues et en considération desquelles chacune des parties a contracté ». Le projet propose également de compléter les dispositions du Code civil relatives à l'erreur en y introduisant les acquis jurisprudentiels tels que le rôle joué par l'existence d'un aléa (« l'acceptation d'un aléa sur une qualité de la chose exclut l'erreur relative à cette qualité ») ou encore la nécessité du caractère excusable de l'erreur ; l'absence de sanction en cas d'erreur sur la valeur (art. 1112-4) ou d'erreur sur les motifs à moins que les parties en aient fait expressément un élément déterminant de leur consentement (exception faite du cas des libéralités où l'erreur sur le motif commise par le disposant est une cause de nullité). La distinction de l'erreur de droit et de l'erreur de fait est reprise ainsi que la notion d'erreur sur la personne avec les mêmes limites d'un contrat *intuitu persona*. La notion d'erreur obstacle n'apparaît pas, cependant.

3. Le dol

a) Définition du dol et rapports du dol et de l'erreur

806. *Le dol* est une tromperie qui a pour effet de provoquer dans l'esprit du contractant une erreur qui le détermine à contracter. Le dol est donc une erreur provoquée et c'est cette erreur qui vicie le consentement ; en même temps, le dol est une malhonnêteté, un délit civil.

L'actuel projet de réforme prenant acte des évolutions jurisprudentielles le définit (art. 44) comme « le fait pour un cocontractant d'obtenir le consentement de l'autre par des manœuvres des mensonges ou par la dissimulation intentionnelle d'une information qu'il devait lui fournir conformément à la loi ». S'il n'est pas fait expressément référence dans cette définition, à l'erreur comme une conséquence nécessaire du dol, cette nécessité d'une erreur apparaît clairement dans un autre article (46) : « *l'erreur qui résulte du dol* est toujours excusable ; elle est une cause de nullité alors même qu'elle porterait sur la valeur ou sur un simple motif du contrat ».

On voit donc tout de suite le rapprochement comme les différences avec l'erreur de l'article 1110 ; de fait, il est parfois difficile de délimiter le domaine de l'un et de l'autre. Le domaine du dol, toutefois, est plus large que celui de l'erreur, et les sanctions peuvent être plus sévères.

---

1. Civ. 3e, 2 oct. 2013, n° 12-13.302, inédit ; *JCP* 2014, chron. Dr. des contrats, p. 115, obs. G. Loiseau : « ayant retenu que la société Marionnaud justifiait de la matérialité de son erreur en démontrant avoir conclu le bail dans la croyance erronée qu'il permettait l'exercice de son activité sans concurrence dans le centre commercial et que la perspective d'une situation avantageuse, qui avait été prise en compte dans la détermination du prix du bail constituait une qualité substantielle de la chose louée, comprise dans le champ contractuel et exempte d'aléa, la cour d'appel en a justement déduit qu'il y avait lieu de prononcer la nullité du bail ».

1° Le dol a un domaine plus large que l'erreur

807. Le domaine du dol et de l'erreur peut coïncider. En effet, à part une décision isolée de la cour d'appel de Colmar du 30 janvier 1970 qui a autrefois admis un dol sans erreur [1], la jurisprudence exige toujours que le comportement dolosif ait provoqué une erreur. Par ailleurs, cette erreur peut porter sur les qualités substantielles de la chose. Dans ce cas, le domaine du dol et de l'erreur de l'article 1110 se recoupe exactement et la victime pourra agir indifféremment sur les deux fondements.

Cependant, il peut aussi y avoir nullité pour dol alors que les conditions de la nullité pour erreur ne seraient pas réunies ainsi que le consacre d'ailleurs le texte de **l'actuel projet de réforme** (v. ss 806) :

– le dol peut ainsi être admis même si l'erreur ne porte pas sur une qualité substantielle et cette solution est constante dans la jurisprudence. Dans un arrêt du 13 février 1967, la Cour de cassation a précisé que « l'erreur provoquée par un dol peut être prise en considération, même lorsqu'elle ne porte pas sur la substance de la chose, dès lors qu'elle a déterminé le consentement du cocontractant » [2]. L'erreur provoquée par le dol peut donc être une *erreur sur la valeur* (par exemple une erreur du cessionnaire sur la valeur des titres sociaux) [3] ou sur un *motif* étranger aux qualités de la chose et un contrat qui n'aurait pu être annulé pour erreur sur le fondement de l'article 1110, le sera s'il est prouvé que l'erreur a été provoquée par un dol ;

– la Cour de cassation affirme qu'une « réticence dolosive… rend toujours excusable l'erreur provoquée » [4] (v. déjà ss 803). L'erreur provoquée par le dol serait donc toujours excusable, au contraire de l'erreur spontanée.

En définitive, le domaine du dol apparaît donc plus large que celui de l'erreur. Au-delà de l'erreur, il s'agit en effet de sanctionner la malhonnêteté du cocontractant.

2° Le dol peut être plus sévèrement sanctionné que l'erreur

808. En tant que vice du consentement, le dol entraîne, comme l'erreur sur les qualités substantielles, la nullité relative du contrat, ouverte à la seule victime du vice dans un délai de cinq ans à compter de la découverte de ce vice, c'est-à-dire à partir du moment où le cocontractant découvre l'erreur qu'il allègue [5] (solution confirmée par **l'actuel projet de réforme**).

Mais le dol est aussi une faute intentionnelle, un délit civil, car le cocontractant, on le verra, doit avoir une intention de tromper (v. ss 815). C'est pourquoi, indépendamment de la nullité du contrat, le dol peut toujours être sanctionné sur le fondement de l'article 1382 du Code civil, par la responsabilité délictuelle, alors que cette sanction n'est pas toujours possible en cas d'erreur spontanée, qui n'implique pas nécessairement une faute de l'autre cocontractant.

---

1. *D.* 1970. 297, note E. Alfandari.

2. *D.* 1967. Somm. 74, *Bull. civ.* I, n° 58.

3. Com. 17 juin 2008, *RTD civ.* 2008. 671, obs. B. Fages.

4. Civ. 3e, 21 févr. 2001, *JCP* 2002. II. 10027, note C. Jamin., *D.* 2001. 2702, note D. Mazeaud, et Somm. 3236, obs. L. Aynès ; *D.* 2003. Chron. 2023, J. Mouly ; *RTD civ.* 2001. 353, obs. J. Mestre et B. Fages.

5. « Peu important que cette découverte intervienne près de trente ans après la conclusion de l'acte litigieux » : Civ. 1re, 11 sept. 2013, n° 12-20. 816 ; *JurisData* n° 2013-018927, *JCP* nov. 2013, p. 1236, note N. Guerrero ; *D.* 2014. Pan. 636, obs. S. Amrani-Mekki et M. Mekki ; *RTD civ.* 2013. 856, note P.-Y. Gautier.

b) Éléments constitutifs et caractères requis du dol

1° Des manœuvres dolosives à la simple réticence dolosive : l'élargissement jurisprudentiel du domaine du dol

809. À l'origine du Code civil, le dol supposait des *manœuvres dolosives*, c'est-à-dire un ensemble d'actes extérieurs destinés à tromper et portant en eux-mêmes la preuve de cette intention de tromper. Le dol est en effet un délit, une faute intentionnelle. La jurisprudence va cependant progressivement élargir le domaine du dol.

– *Le simple mensonge* a été d'abord assimilé à des manœuvres dolosives au sens de l'article 1116 du Code civil, tout en distinguant le petit mensonge normal, le *dolus bonus*, du mensonge véritablement malhonnête, *dolus malus*, seul susceptible d'entraîner la nullité du contrat. Le mensonge est un comportement positif, qui ne laisse pas de doute sur l'intention de tromper.

– Ensuite, *le silence* gardé intentionnellement, la *réticence*, a été considéré comme susceptible de constituer un dol. La jurisprudence a assimilé à des manœuvres dolosives le fait de garder le silence sur un élément déterminant du consentement du contractant, intentionnellement, ce que l'on a appelé la *réticence dolosive :* « le dol peut être constitué par le silence de l'une des parties dissimulant à son cocontractant un fait qui, s'il avait été connu de lui l'aurait empêché de contracter » [1]. Par exemple, la dissimulation du kilométrage réel d'un véhicule [2], ou l'absence d'information de la caution sur la situation irrémédiablement compromise du débiteur principal, ou encore le silence gardé sur l'installation prochaine d'une porcherie à proximité de la maison vendue [3], constituent des hypothèses classiques de réticence dolosive. Citons également une espèce assez rare de « vente à réclamer » (consistant en l'acquisition d'un cheval de course après le déroulement d'une course), annulée du fait que le vendeur avait commis un dol par réticence en n'informant pas les éventuels acquéreurs qui souhaitaient une pouliche de course et non une jument de reproduction, de l'état de gestation de la pouliche [4].

Si le simple silence a pu être assimilé à des manœuvres dolosives, donc à une faute intentionnelle, c'est parce que la jurisprudence a eu recours à l'obligation précontractuelle d'information.

2° Le fondement de l'assimilation du silence gardé à un dol : l'obligation précontractuelle de renseignement

810. La jurisprudence sanctionne la réticence chaque fois qu'il lui paraît que par son silence volontaire, un contractant a manqué à la bonne foi sur laquelle l'autre partie était en droit de compter, en faisant peser sur lui une obligation d'information ou de renseignement qu'elle a eu tendance à développer, en dehors de tout texte spécial la prévoyant.

---

1. Civ. 3e, 15 janv. 1971, *Bull. civ.*, no 38 ; *RTD civ.* 1971. 839, note Y. Loussouarn.
2. Civ. 1re, 19 janv. 1977, *Kerrouche*, *Gaz. Pal.* 1974. 2. 184 ; *Bull. civ.* I, no 186 : « le garagiste professionnel ne pouvait ignorer que le compteur indiquait un kilométrage inférieur à celui parcouru en réalité par le véhicule » dit la Cour de cassation pour retenir la réticence dolosive.
3. Civ. 3e, 2 oct. 1974, *GAJC*, 11e éd., no 150.
4. Civ. 1re, 5 févr. 2002, *JCP* 2003. II. 10175, note C. Lièvremont.

L'actuel projet de réforme consacre cette évolution puisqu'il généralise le devoir d'information en le faisant peser sur « tout contractant qui connaît ou devrait connaître une information dont l'importance est déterminante pour le consentement de l'autre ; il doit l'en informer dès lors que légitimement, ce dernier ignore cette information ou fait confiance à son cocontractant » (aussi sur ce devoir, v. ss 783). Il consacre aussi le dol par réticence en intégrant dans la définition du dol « la dissimulation intentionnelle d'une information qu'il devait fournir conformément à la loi » (art. 44).

L'existence d'une obligation préalable de renseigner l'autre est nécessaire, en effet, dès lors que le dol est une faute car il faut pouvoir la caractériser : la faute consiste dans le manquement à une obligation, en l'occurrence ici, cette obligation précontractuelle de renseignement. C'est ainsi, à nouveau, l'exigence de loyauté et de bonne foi que consacre la jurisprudence avec cette sanction du silence gardé intentionnellement pour induire le cocontractant en erreur et obtenir son consentement au contrat.

811. *Le développement de l'obligation précontractuelle d'information*, a donc permis, à partir des années 1970, de fonder la sanction de la réticence dolosive et elle a été généralisée par la jurisprudence à l'encontre des *professionnels* contractant avec des particuliers profanes [1], avant même d'être inscrite dans le Code de la consommation. Toutefois, la jurisprudence a admis aussi que le *particulier* qui détient une information importante a en principe, l'obligation de renseigner son cocontractant sur les éléments importants qu'il connaît et qu'il sait susceptibles de conditionner le consentement au contrat. L'obligation d'information peut donc aussi concerner des particuliers contractant avec d'autres particuliers.

812. Cette obligation d'information pèse-t-elle cependant sur les deux contractants également ? En matière de vente, la jurisprudence la fait peser sur le vendeur sans aucune difficulté ni discussions mais dans un arrêt *Baldu*s qui a fait beaucoup de bruit, la Cour de cassation a écarté l'obligation d'information à la charge de l'acheteur. Elle a ainsi cassé un arrêt de la cour d'appel de Versailles qui avait relevé qu'un photographe qui avait acheté à un prix dérisoire des photos de Baldus à une dame alors qu'il en connaissait parfaitement la valeur sur le marché de l'art pour en avoir déjà vendu d'autres séries dix fois plus cher, avait manqué « à l'obligation de contracter de bonne foi qui pèse sur tout contractant et que par sa réticence à lui faire connaître la valeur exacte des photographies »... il avait incité le vendeur à conclure une vente qu'il n'aurait pas envisagée dans ces conditions. Or, la Cour de cassation a cassé cette décision au motif « qu'aucune obligation d'information ne pesait sur l'acheteur » ! Cette décision a été dénoncée par la doctrine comme « une amère défaite de l'obligation de contracter de bonne foi » [2]. Dans une nouvelle affaire où les plaignants faisaient valoir une réticence dolosive de la part de dirigeants sociaux commise en leur dissimulant une information déterminante de leur consentement, la chambre commerciale reprend la même position que dans l'arrêt *Baldus*, liant encore l'existence d'une réticence dolosive à la seule obligation d'information, sans tenir compte de l'obligation des contractants de se comporter de bonne foi, en affirmant que « le cessionnaire n'est tenu d'informer le cédant ni des négociations tendant à l'acquisition par un tiers d'autres titres de la même société ni de celles qu'il conduit lui-même avec ce tiers en vue de lui céder ou de lui apporter les titres faisant l'objet de la cession » [3].

---

1. V. not., Civ. 3e, 3 févr. 1981, *D.* 1984. 457.

2. D. Mazeaud, obs. sous Civ. 1re, 3 mai 2000, *Defrénois* 2000, art. 37237, n° 64, p. 1110 s. ; *JCP* 2000. I. 272, obs. G. Loiseau ; *JCP* 2001. II. 10510, note C. Jamin.

3. Com. 12 mai 2004, *JCP* 2004. I. 173, chron. J. Constantin.

Enfin, dernière étape du feuilleton, dans la ligne de l'arrêt *Baldus*, mais d'une portée encore plus grande, on peut noter une dernière décision de la troisième chambre civile, du 17 janvier 2007 dans laquelle elle affirme que « l'acquéreur, *même professionnel* n'est pas tenu d'informer le vendeur de la valeur du bien acquis »[1] Ainsi, alors que l'arrêt *Baldus* était moins net quant à la qualité de professionnel du contractant qui garde le silence, la troisième chambre civile montre clairement qu'elle veut rompre avec le mouvement d'alourdissement des obligations pesant sur les professionnels.

De façon générale, la jurisprudence a, aujourd'hui, mis un frein au développement inconsidéré l'obligation d'information. Dans cette ligne plus restrictive, elle a ainsi récemment précisé qu'il n'existait pas à la charge des parties (en l'occurrence un bailleur), une obligation légale d'information sur le sens et la portée de la loi (en l'espèce un article du Code civil applicable au contrat de bail) pour écarter la réticence dolosive. Elle a par ailleurs relevé, dans cette même décision, qu'un preneur normalement diligent aurait dû s'informer sur la clause de renvoi à la loi figurant dans le contrat, rappelant ainsi que si l'un des contractants peut avoir une obligation d'information, l'autre peut avoir aussi un devoir se renseigner[2].

813. En dehors d'un texte la prévoyant spécialement, le critère de l'admission d'une obligation d'information, reste en tout cas, aujourd'hui, le caractère déterminant de l'information que connaît ou devrait connaître le cocontractant, pour le consentement de l'autre, à condition que ce dernier l'ignore légitimement. C'est d'ailleurs la solution retenue par l'actuel projet de réforme (v. ss 810). La jurisprudence, en se fondant directement sur le devoir de loyauté et l'exigence de bonne foi, valeurs contractuelles essentielles et actuelles (v. ss 965 s.) retient dès lors le dol par réticence lorsqu'une information déterminante du consentement est *volontairement* tue par un cocontractant dans le but de tromper l'autre[3]. Cela suppose cependant que le cocontractant connaissait l'information et pas seulement qu'il devait la connaître car sinon, il ne peut s'agir d'un silence intentionnellement gardé. Or l'intention de tromper et la preuve de cette intention sont essentielles, pour retenir le dol, comme le confirme la jurisprudence la plus récente. La tendance à ne plus vouloir alourdir systématiquement la situation des professionnels se remarque aussi dans cette exigence renouvelée de preuve du caractère intentionnel du dol (v. ss 814).

---

1. Civ. 3e, 17 janv. 2007, *CCC* 2007, no 117, note L. Leveneur ; *D.* 2007. 1051, note D. Mazeaud et *ibid.* 1054, note Ph. Stoffel-Munck et Pan. 2968, S. Amrani-Mekki ; *Defrénois* 2007. 443, obs. É. Savaux, *JCP* 2007. II. 10042, note C. Jamin ; *RDC* no 3, 2007. 703, note Y.-M. Laithier.

2. Civ. 1re, 4 juin 2009, *Bull. civ.* I, no 119 ; *RTD civ.* 2009. 506, obs. J. Hauser ; *D.* 2010. Pan. 230, obs. S. Amrani-Mekki.

3. Civ. 3e, 16 mars 2011, *D.* 2011. 946 ; *JCP N* 2011. Actu. 339, no 13 ; *D.* 2012. Pan. 464, obs. S. Amrani-Mekki et M. Mekki : le vendeur avait en l'espèce gardé intentionnellement le silence lors d'une vente du 13 février 2002, avant l'entrée en vigueur, le 3 septembre 2002, du décret du 5 mai 2002 introduisant l'obligation d'informer l'acquéreur en matière d'amiante. Elle a statué sur le fondement du « devoir général » de loyauté et en relevant les conditions de la sanction, de droit commun, d'une réticence dolosive. Elle a jugé ainsi, que la cour d'appel avait « exactement retenu que si aucune obligation légale spécifique ne pesait sur les consorts X concernant la présence d'amiante dans l'immeuble vendu, le vendeur, tenu à un devoir général de loyauté, ne pouvait néanmoins dissimuler à son cocontractant un fait dont il avait connaissance et qui aurait empêché l'acquéreur, s'il l'avait connu, de contracter aux conditions prévues. Elle a ajouté que la cour d'appel avait souverainement constaté le caractère intentionnel de cette dissimulation caractérisant la réticence dolosive ».

3° L'exigence du caractère intentionnel du dol

814. Concernant les manœuvres et le mensonge, la preuve du caractère intentionnel du dol ne soulève pas de difficultés. Ils portent en eux-mêmes cette preuve de l'intention de tromper. Concernant le caractère intentionnel du silence, il faut noter que la preuve de ce caractère intentionnel (nécessaire pour que le dol reste un délit et une malhonnêteté) a été, un temps, facilitée par la jurisprudence, qui avait établi à l'égard des professionnels une présomption de mauvaise foi à caractère irréfragable. Le professionnel en effet, est censé connaître le renseignement déterminant du consentement de son cocontractant et aurait donc, en toute hypothèse, l'obligation de se renseigner pour pouvoir renseigner le contractant. S'il ne dit rien, il est en faute : soit parce qu'il n'a rien dit intentionnellement alors qu'il savait, soit parce qu'il aurait dû savoir et donner l'information [1].

Ainsi, dans une décision du 13 mai 2003, à l'occasion d'un contrat de cautionnement conclu entre une banque créancière et une caution, la Cour de cassation a jugé que le silence gardé par la banque sur la situation irrémédiablement compromise du débiteur était constitutif d'une réticence dolosive, sans avoir à établir le caractère intentionnel [2]. Si cette solution pouvait se comprendre dans la perspective de la protection du profane, face au professionnel, elle portait cependant atteinte à la dimension délictuelle du dol et à sa nature de comportement malhonnête.

Dans une décision postérieure du 28 juin 2005 [3], la chambre commerciale de la Cour de cassation a contredit cette solution. Elle a rappelé, en effet, que « le manquement à une obligation précontractuelle d'information, à le supposer établi, ne peut suffire à caractériser le dol par réticence, si ne s'y ajoute la constatation du caractère intentionnel de ce manquement et d'une erreur déterminante provoquée par celui-ci (...) » le pourvoi contre la décision qui avait refusé de retenir le dol est rejeté car il n'alléguait pas que les manquements du contractant « auraient été commis sciemment ».

Cette décision rétablit l'intégrité du dol, délit intentionnel et rappelle que la sanction se justifie par le manquement à un devoir de loyauté qui suppose effectivement l'intention de tromper pour pouvoir être constitué.

La réalité d'une intention de tromper a été de nouveau clairement exigée dans des arrêts postérieurs et la solution ne fait plus de doute aujourd'hui [4]. Le caractère intentionnel est expressément mentionné par **l'actuel projet de réforme** (v. ss 810).

---

1. Civ. 1re, 19 janv. 1977, *Kerrouche*, *Gaz. Pal.* 1974. 2. 184 ; *Bull. civ.* I, n° 186 : « le garagiste professionnel ne pouvait ignorer que le compteur indiquait un kilométrage inférieur à celui parcouru en réalité par le véhicule » dit la Cour de cassation pour retenir la réticence dolosive.

2. V. not. Civ. 1re, 13 mai 2003, *D.* 2003. AJ 2308, obs. V. Avena-Robardet ; *D.* 2004. 262, note E. Mazuer ; *RTD civ.* 2003. 700, obs. J. Mestre et B. Fages, *JCP* 2003. I. 170, n° 1, obs. G. Loiseau.

3. Com. 28 juin 2005, *RTD civ.* 2005. 591, obs. J. Mestre, *D.* 2005. Pan. 2. 28, obs. S. Amrani-Mekki et B. Fauvarque-Cosson.

4. V. notamment : Civ. 3e, 15 janv. 2013, *Légifrance*, n° 11-25.325, 29 : qui relève « qu'en statuant ainsi, sans constater le *caractère intentionnel* de cette réticence, la cour d'appel n'a pas donné de base légale à sa décision au regard de l'article 1116 du Code civil » ; Civ. 3e, 16 mars 2011, *D.* 2011. 946 ; *JCP N* 2011. Actu. 339, n° 13 ; *D.* 2012. Pan. 464, obs. S. Amrani-Mekki et M. Mekki ; Com. 27 janv. 2009, *RTD com.* 2009. 371, obs. C. Champaud et D. Danet ; *D.* 2010. Pan. 231, obs. S. Amrani-Mekki : la décision rappelle la nécessité de rechercher si les cocontractants, cessionnaires de parts d'un fonds de commerce de boissons, « n'avaient pas agi *sciemment* en vue de tromper leur contractant », alors que la cour d'appel avait retenu le dol en considérant que les cédants auraient dû s'informer pour informer l'acquéreur en connaissance de cause ; Com. 7 juin 2011, *RDC* 2011. 1148, obs. P.-M. Laithier ; *RTD civ.* 2011. 533, obs. B. Fages ; *Dr. et patr.* 2012, n° 211, obs. Ph. Stoffel-Munck. : « ni l'intention de tromper... ni le caractère déterminant pour la victime, de l'information litigieuse... n'étant établis,...

815. *La sanction du manquement à l'obligation d'information peut néanmoins intervenir à titre autonome*, même si son caractère intentionnel n'est pas établi. Certes, en l'absence de preuve du caractère intentionnel du silence gardé sur un élément déterminant du consentement, le dol ne peut être retenu et la nullité du contrat ne peut être prononcée. Toutefois le manquement à l'obligation d'information (qui constitue une faute même en l'absence de caractère intentionnel) peut parfaitement être sanctionné sur le fondement de la responsabilité extracontractuelle et l'auteur du manquement peut être condamné au paiement de dommages-intérêts. C'est la solution consacrée par la jurisprudence [1]. Il en va de même, au demeurant, en cas de dol incident (v. ss 818), lorsque la réticence ne porte pas sur un élément déterminant du consentement. Dans ce cas la nullité pour dol ne peut être prononcée. La jurisprudence peut néanmoins sanctionner le manquement à l'obligation d'information par l'allocation de dommages-intérêts qui viennent ici, en quelque sorte, rééquilibrer le contrat (v. ss 820).

4° L'erreur provoquée par le dol est toujours excusable

816. On rappellera en effet que pour la jurisprudence, la « réticence dolosive… rend toujours excusable l'erreur provoquée » [2] solution que confirme expressément l'actuel projet de réforme (v. déjà ss 807, 820).

5° Le dol doit émaner du contractant

817. Le dol est exclu s'il émane d'un tiers, à moins que l'on ne puisse prouver qu'il y avait complicité avec le cocontractant (par exemple le « compère » qui vante la marchandise pour allécher le client), et sauf pour les actes unilatéraux comme un testament. Toutefois, le dol du représentant doit également être assimilé à celui d'une partie, ce que la jurisprudence a admis [3].

L'actuel projet de réforme propose d'introduire ces solutions dans les textes en retenant le dol « émanant du représentant, gérant d'affaires, préposé du cocontractant ».

Il y ajoute l'hypothèse du dol « émanant d'un tiers si le cocontractant en a eu connaissance et en a tiré avantage ».

---

la demande fondée exclusivement sur le dol devait être rejetée ». *Contra*, retenant le caractère volontaire du silence gardé pour prononcer la nullité : Civ. 1re, 11 sept. 2012, pourvoi n° 11-22389, *RDC* 2013/1, p. 62, obs. É. Savaux.

1. Pour un cas où le caractère intentionnel de la réticence n'avait pas été établi et où, en l'absence de demande en annulation, l'attribution des dommages-intérêts est admise : Civ. 3e, 18 déc. 2012, inédit, pourvoi n° 11-195502, *Légifrance* : « Ayant relevé que les vendeurs n'avaient pas informé les acquéreurs de l'état réel du mur de soutènement… La cour d'appel, qui n'était pas saisie d'une demande d'annulation de la vente a pu, par ces seuls motifs et sans avoir à se prononcer expressément sur le caractère intentionnel de la réticence, allouer des dommages intérêts aux acquéreurs ». La même motivation figurait déjà dans un arrêt antérieur où le dol n'était pas déterminant ; il s'agissait d'un dol incident qui ne pouvait à ce titre entraîner la nullité du contrat : Civ. 1re, 28 mai 2008, n° 07-13.487, F P+B, *SCI Le Parc des Renardières c/ SCI Audrey* : *JurisData* n° 2008-044118.

2. Civ. 3e, 21 févr. 2001, *JCP* 2002. II. 10027, note C. Jamin., *D.* 2001. 2702, note D. Mazeaud, et Somm. 3236, obs. L. Aynès ; *D.* 2003. Chron. 2023, J. Mouly ; *RTD civ.* 2001. 353, obs. J. Mestre et B. Fages ; Civ. 3e, 9 juill. 2013, n° 12-13.327, inédit, *JCP* 2014, chron. Dr. des contrats, p. 11, n° 6, obs. Y.-M. Sérinet.

3. Com. 13 juin 1995, *Bull. civ.* IV, n° 175 ; *LPA* 12 juill. 1996, note Y. Daggorne-Labbe ; Civ. 3e, 29 avr. 1998, *RTD civ.* 1998. 930, obs. P. Gautier.

6° Le dol doit avoir été déterminant : distinction du dol principal et incident ?

818. Les manœuvres, mensonge ou réticence dolosive doivent avoir conduit la personne à contracter de telle sorte qu'en l'absence de dol, elle n'aurait pas conclu le contrat. La gravité du dol est appréciée *in concreto*, c'est-à-dire par rapport à la victime, à sa plus ou moins grande naïveté, à sa plus ou moins grande expérience, etc. C'est le dol *principal* dont la sanction est la nullité relative de l'acte. L'auteur du dol principal peut par ailleurs, outre la nullité du contrat, être condamné à des dommages et intérêts en réparation du préjudice subi par sa victime (action en responsabilité civile fondée sur l'article 1382 et sur la faute intentionnelle que constitue le dol).

À ce dol principal, on oppose traditionnellement le dol *incident*, qui porte sur un point secondaire et en l'absence duquel le cocontractant n'aurait pas renoncé au contrat, mais simplement aurait négocié des conditions différentes. Ce dol incident n'entraîne pas la nullité du contrat mais seulement l'attribution de dommages et intérêts en raison de la faute intentionnelle commise.

Dans plusieurs décisions cependant, la Cour de cassation a fait prévaloir la notion de bonne foi et l'obligation d'information en approuvant une cour d'appel qui avait annulé pour réticence dolosive une promesse de vente alors que l'acquéreur aurait quand même acquis l'immeuble mais il « aurait à tout le moins acquis à un prix inférieur s'il avait connu la situation exacte », ceci afin de sanctionner la déloyauté du contractant auteur du dol[1]. La Cour de cassation semble condamner ici expressément les conséquences de la distinction, jusque-là opérée par une partie de la doctrine et de la jurisprudence, entre dol principal et dol incident, afin de sanctionner la déloyauté du contractant auteur du dol[2]. **L'actuel projet de réforme** la remet aussi en cause en définissant le vice du consentement comme celui en l'absence duquel l'une des parties n'aurait pas contracté ou *aurait contracté à des conditions substantiellement différentes*. L'interprétation du terme substantiellement permettrait cependant de maintenir le dol incident dans cette limite de conditions qui ne seraient pas substantiellement différentes.

c) Preuve du dol

819. Le dol ne se présume pas et doit être prouvé (art. 1116, al. 2), mais la preuve, comme pour l'erreur, peut se faire par tous moyens. Il s'agit d'un fait juridique et l'existence matérielle des manœuvres dolosives facilite la preuve de l'erreur sous-jacente. La preuve du dol peut être déduite de simples présomptions de l'homme et, par exemple, être tirée de témoignages non réguliers[3]. Sur la preuve du caractère intentionnel du silence gardé on renverra aux développements faits dans ce cadre (v. ss 815).

Une fois prouvé, le dol doit entraîner l'annulation du contrat (v. déjà ss 808), et peu importe que la victime ait elle-même agi dans le but de réaliser un profit substantiel non justifié : la Cour de cassation a précisé que le principe selon lequel « nul ne peut se prévaloir de sa propre turpitude » était inapplicable[4] (sur ce principe, v. ss 890, 996).

---

1. Civ. 3e, 22 juin 2005, *LPA* n° 17, 24 janv. 2006, p. 9, note J. Théron. V. aussi Civ. 3e, 16 mars 2011, *D.* 2011. 946 ; *JCP N* 2011. Actu. 339, n° 13 ; *D.* 2012. Pan. 464, obs. S. Amrani-Mekki et M. Mekki.
2. Civ. 1re, 28 mai 2008, *LPA* 5 août 2008, n° 156, note J. Andréani, p. 21.
3. Civ. 4 janv. 1949, *D.* 1949. 135, et note Mimin au *DP* 1938. I. 84.
4. Civ. 1re, 22 juin 2004, *JCP* 2005. II. 10006, note A.-F. Eyraud.

d) La sanction du dol

820. ***La nullité… ou les dommages-intérêts… ou le cumul des deux*.** Dès lors que le dol est caractérisé par des manœuvres ou un mensonge ou une réticence dolosive déterminants du consentement, il constitue un vice du consentement qui justifie la nullité du contrat (v. déjà ss. 808). Cette nullité est une nullité relative qui protège la victime du vice et l'action en nullité ne peut donc être exercée que par elle. Elle peut en parallèle demander des dommages-intérêts en réparation du dommage causé par le dol, faute intentionnelle. Toutefois, et conformément au caractère de la nullité relative, le cocontractant peut renoncer à demander l'annulation du contrat et se contenter d'une allocation de dommages-intérêts en réparation du préjudice subi, toujours possible puisque le dol est une faute intentionnelle engageant à ce titre la responsabilité de son auteur. La question est alors de savoir quel est le préjudice et comment l'évaluer. Dans une décision de 2010, la première chambre civile de la Cour de cassation a indiqué que la réparation du dol ne saurait placer le demandeur dans une situation plus favorable que celle qu'il aurait obtenue si le dol n'avait pas été commis et le préjudice admis n'est donc que la perte d'une chance de ne pas contracter ou de contracter à des conditions plus avantageuses, et non la perte de chance d'obtenir les gains attendus [1]. La chambre commerciale, dans une décision de 2012 a confirmé cette solution en précisant que « lorsque le demandeur a fait le choix de ne pas demander l'annulation du contrat, son préjudice réparable correspond à la perte de chance d'avoir pu contracter à des conditions plus avantageuses » [2].

Certains auteurs soutiennent que le cocontractant peut demander au juge la *réduction du prix* au lieu de l'annulation du contrat [3]. Cependant la jurisprudence la plus récente ne fait pas état d'une action en réduction du prix comme alternative à l'annulation. Elle parle de « réparation » [4], ce qui renvoie à l'action en responsabilité. Certes, l'allocation des dommages-intérêts sur le fondement de la responsabilité civile permet en quelque sorte d'aboutir au même résultat, dans la mesure où les dommages-intérêts peuvent prendre la forme de la restitution du prix qui a été payé ou d'une partie du prix ; mais l'action ne s'analyse pas de la même manière. Admettre directement une action en réduction du prix en cas de dol consacrerait un cas de révision du contrat irrégulier par le juge, ce que la Cour de cassation ne semble pas vouloir autoriser à l'heure actuelle (comparer par exemple avec la sanction de la contrepartie dérisoire où la Cour de cassation n'admet pas que le juge puisse rééquilibrer les prestations, v. ss 874). **L'actuel projet de réforme** ne l'admet pas davantage : en cas de dol, comme en cas de contrepartie dérisoire, seule l'annulation du contrat est prévue.

Enfin, on rappellera (v. déjà ss 815) l'autonomie de l'obligation précontractuelle d'information par rapport au dol. En effet, dans le cas où le cocontractant a gardé le silence sur une information déterminante du consentement mais où la nullité pour dol ne peut être

1. Civ. 1re, 25 mars 2010, *RTD civ.* 2010. 322, obs. B. Fages.

2. Com. 10 juill. 2012, *Bull. Joly* 2012, note Ph. Stoffel-Munck ; *Rev. sociétés* 2012. 686, note B. Fages ; *RTD civ.* n° 4, 2012. 725, obs. B. Fages ; *RDC* 2013/I, p. 91, obs. O. Deshayes ; *LPA* 11 oct. 2012, p. 17, obs. D. Houtcieff ; *JCP* 2012. I. 1151, n° 9, obs. J. Ghestin ; *D.* 2012. 2772, note M. Caffin-Moi.

3. V. notamment, J. Ghestin, G. Loiseau et Y. M. Sérinet, *La formation du contrat*, t. 1, LGDJ, 2013, n° 1003, 1483 s. Cette possibilité serait admise depuis un arrêt de la chambre commerciale du 14 mars 1972 : *Bull. civ.* 1972, IV, n° 90 ; *D.* 1972. 653, note J. Ghestin ; *Defrénois* 1973, art. 30293, n° 3, p. 446, obs. J.– L Aubert ; *contra* cependant, v. notamment, T. Génicon, *RDC* 2012. 1180.

4. V. par ex. : Com 13 nov. 2013, n° 12-18.016, inédit, *JCP* 2014. Doctr. 115, chron. Dr. des contrats, n° 8 obs. J. Ghestin.

admise parce que la preuve du caractère intentionnel de la réticence n'est pas rapportée, une condamnation à des dommages-intérêts est néanmoins possible sur la base du manquement au devoir d'information. Le défaut d'information constitue alors une faute simple, qui engage la responsabilité, et non une faute intentionnelle qui seule permet de retenir un dol, vice du consentement et cause de nullité du contrat. La même solution s'applique si la nullité du dol ne peut être admise, parce que le dol n'était pas déterminant : en ce cas, ou bien la réticence était intentionnelle ou bien elle ne l'était pas ; mais dans les deux cas, la responsabilité extracontractuelle pour faute peut être retenue.

4. La violence

a) Définition

► ***La violence*** est constituée par une contrainte physique ou morale exercée sur une personne pour l'amener à contracter.

821. Ici, le vice du consentement provient de la contrainte générée par la violence, qui atteint le consentement dans son élément de liberté. Le consentement est donné en toute connaissance de cause, mais il est forcé. Par ailleurs, si l'on suit l'article 1112, qui précise : « il y a violence lorsqu'elle est de nature à faire impression sur une personne raisonnable et qu'elle peut lui inspirer la crainte d'exposer sa personne ou sa fortune à un mal considérable et présent », on voit que cette contrainte résulte de la *crainte* que la personne ressent. Reste à déterminer ce qui peut provoquer cette crainte, ce qui relève du domaine de la violence.

b) L'élargissement du domaine de la violence : la prise en compte de la contrainte économique

822. La violence physique est possible mais il peut y avoir plutôt, dans ce cas, inexistence ou absence de consentement. Il s'agira donc surtout de violence morale, pressions diverses exercées sur la personne pour lui faire peur et l'amener à contracter.

L'évolution ici, a conduit la jurisprudence à tenir compte à cet égard d'un état de nécessité et « de *dépendance économique* équipollent à une violence morale constitutive d'un vice du consentement », dans le cas par exemple d'un commerçant en très étroite dépendance avec son fournisseur depuis vingt-cinq ans qui lui avait imposé un changement de produit malgré ses protestations : bouteilles de plongée fabriquées en acier au lieu d'aluminium[1]. On peut citer aussi le cas d'un contrat de cession de droits d'auteur par un auteur, salariée de l'éditeur, qui n'a pu discuter les termes de ce contrat comme elle aurait pu le faire si elle n'avait craint la perte de son emploi[2]. Il s'agit ici de ce que l'on nomme un cas de « contrainte économique ».

De façon très nette, enfin, dans une espèce où un garagiste avait accepté une transaction désavantageuse avec son assureur incendie, la Cour de cassation a précisé que « la transaction peut être attaquée dans tous les cas où il y a violence et *la contrainte économique se rattache à la violence et non à la lésion* »[3]. La violence économique est donc

---

1. Aix, 8e ch., 19 févr. 1988, *Bull. civ.* 1988, n° 24, *RTD civ.* 1989. 535, obs. J. Mestre.
2. Paris, 12 janv. 2000, *JCP* 2000. II. 10433, note Ph. Pierre. *RTD civ.* 2003. 502, obs. J. Mestre et B. Fages.
3. Civ. 3e, 21 févr. 2001, *Bull. civ.* III, n° 20 ; *JCP* 2002, note C. Jamin.

aujourd'hui admise. La Cour de cassation en a précisé les conditions en indiquant que « seule l'exploitation abusive d'une situation de dépendance économique, faite pour tirer profit d'un mal menaçant directement les intérêts légitimes de la personne, peut vicier de violence son consentement »[1].

Ainsi là encore on le voit, la sanction de la violence est un moyen indirect de sanctionner le déséquilibre du contrat au détriment de l'une des parties, au nom de la protection du consentement.

823. L'actuel projet de réforme consacre cette violence économique, mais dans un contexte plus large, celui de l'abus de faiblesse : « Il y a également violence lorsqu'une partie abuse de l'état de nécessité ou de dépendance dans laquelle se trouve l'autre partie pour obtenir un engagement que celle-ci n'aurait pas souscrit si elle ne s'était pas trouvée dans cette situation de faiblesse ».

Toutefois, toute menace n'est pas nécessairement synonyme de violence, encore faut-il qu'elle ait été déterminante et surtout illégitime. Pour constituer un vice du consentement susceptible d'entraîner l'annulation du contrat, la violence doit, en toute hypothèse, qu'il s'agisse ou pas de violence économique, présenter certains caractères d'ordre objectif ou subjectif.

c) Caractères

1° Il doit s'agir d'une menace

824. Il s'agit d'une menace atteignant aussi bien le contractant lui-même que ses proches : époux ou épouse, descendants, ascendants (art. 1113) ; et aussi bien leur personne que leur fortune (art. 1112).

♦ *Il doit s'agir de la menace d'un « mal considérable et présent »*. C'est dire que la menace (et non le mal qui, lui, est forcément postérieur) doit être actuelle et non future (la référence au caractère présent est cependant supprimée par l'actuel projet de réforme) et, surtout, être suffisamment grave, susceptible de « faire impression sur une personne raisonnable ». Pour cette appréciation *in concreto* de la gravité de la menace, le Code prévoit de considérer l'âge, le sexe et la condition des personnes : il s'agit donc d'une appréciation concrète, variable selon les circonstances ; toutefois la simple crainte révérencielle envers les parents n'est pas retenue comme susceptible de constituer un cas de violence mais ceci concerne surtout le cas du mariage (art. 1114). Les cas de violence morale peuvent ainsi atteindre des personnes qui ne semblent pas, *a priori*, être des contractants considérés comme faibles : société commerciale, d'un côté, médecin anesthésiste-réanimateur, de l'autre[2], caution d'une société et SCP d'avocats à propos d'une convention d'honoraires[3]. **L'actuel projet de réforme** supprime cette référence à la personne raisonnable et les critères du sexe, de l'âge et de la condition des personnes, de même que la référence désuète à la crainte révérentielle.

---

1. V. dans ce sens Civ. 1re, 3 avr. 2002, *D.* 2002. 1860, note J.-P. Gridel et *ibid.* 1862, note J.– P. Chazal et Somm. 2844, obs. D. Mazeaud ; *RTD civ.* 2003. 502, obs. J. Mestre et B. Fages ; *JCP* 2003. I. 184, obs. G. Virassamy.

2. Paris, 3e ch., 26 oct. 2001, *RJDA* 2002, no 222, et Paris, 25e ch., 24 mai 2002, inédits, commentés à la *RTD civ.* no 3, 2003. 503 par J. Mestre et B. Fages.

3. Civ. 2e, 8 sept. 2005, *Gaz. Pal.* 23-24 sept. 2005, p. 9.

♦ *Il doit s'agir, enfin d'une menace injuste, illégitime*, et non de la menace de l'exercice de son droit, à moins qu'il n'y ait « abus du droit », ce que l'actuel projet de réforme traduit par « voie de droit détournée de son but ou exercée pour obtenir un avantage manifestement excessif ».

2° La menace peut émaner d'un tiers aussi bien que du cocontractant (art. 1111)

825. La solution est ici différente de cette admise en matière de dol, qui doit, au contraire, émaner du cocontractant (art. 1116).

La jurisprudence annule même pour violence des contrats passés sous l'emprise d'un mal considérable et présent provenant, non plus d'un tiers, mais du hasard, d'une cause fortuite, exploitée par le contractant. C'est le cas du capitaine dont le navire est en péril à la suite d'une tempête et qui promet à son sauveteur une trop forte récompense. Cette solution a d'ailleurs été admise par une loi de 1916, reprise par l'article 15 de la loi du 7 juillet 1967 en matière maritime, et étendue en 1924 en matière aérienne.

On peut, nous l'avons vu plus haut, rapprocher de la violence les cas de « contrainte économique ». À propos d'une transaction avec une compagnie d'assurances consécutive à un incendie dans son garage, l'intéressé souhaitait, en obtenir l'annulation pour contrainte économique. La cour d'appel ayant relevé que la transaction ne pouvait être attaquée pour cause de lésion (art. 2052, al. 2), la Cour de cassation a requalifié la situation en affirmant que « la contrainte économique se rattache à la violence et non à la lésion »[1].

3° La menace doit avoir été déterminante

826. Cela signifie qu'elle doit avoir poussé la victime à conclure le contrat. La sanction de la violence est, là encore, la nullité relative du contrat (art. 1117) ; elle peut s'accompagner de dommages et intérêts. En revanche, le contrat conclu sous la contrainte ne peut plus être attaqué si la victime l'a approuvé après la cessation de la violence ou a laissé s'écouler sans agir « le temps de restitution fixé par la loi » (art. 1115).

d) Preuve de la violence

827. La preuve peut se faire par tous moyens. Il s'agit d'un fait juridique qui peut se prouver par tous moyens y compris, selon l'article 1353, par des présomptions de fait, c'est-à-dire par des indices matériels.

Dans des cas de violence morale exercée par une secte pour amener un membre vulnérable à vendre un de ses biens à une société dont les dirigeants de la communauté étaient associés, la Cour de cassation admet même que l'on peut « se fonder sur des éléments d'appréciation postérieurs à la date de formation du contrat »[2]. L'arrêt invite simplement à la souplesse dans l'appréciation de la preuve de la violence.

La Cour de cassation relève ainsi, à propos d'une ordonnance du Premier président d'une cour d'appel, rendue dans une affaire opposant une caution et une SCP d'avocats à propos d'une convention d'honoraires, qu'en se déterminant par de tels motifs « dont il ne résulte pas que la caution ait contracté le 17 novembre 1992 sous l'empire d'une quelconque contrainte morale exercée par la SCP ou un tiers, et alors que la convention

---

1. Civ. 1re, 30 mai 2000, *Bull. civ.* I, n° 169, p. 109, *RTD civ.* 2000. 827, obs. J. Mestre et B. Fages.
2. Civ. 3e, 13 janv. 1999, inédit, *RTD civ.* 1999. 381, obs. J. Mestre, *JCP* 1999. I. 143, obs. G. Loiseau.

litigieuse a été tacitement mais nécessairement approuvée dans le courrier du 13 octobre 2000 par lequel la caution s'engageait à verser la somme convenue, le Premier président a violé les articles 1109 et 1115 du Code civil, ensemble l'article 1112 du même code »[1].

828. L'actuel projet de réforme confirme les solutions jurisprudentielles et notamment l'admission de la violence économique, par l'assimilation à la violence de l'abus de l'état de nécessité ou de dépendance de l'une des parties par l'autre. Il consacre par ailleurs le caractère relatif de la nullité pour vice du consentement et confirme qu'indépendamment de l'annulation du contrat, il peut y avoir une action en responsabilité pour faute.

1. Civ. 2e, 8 sept. 2005, *Gaz. Pal.* 23-24 sept. 2005, p. 9.

DOCUMENTS

BIBLIOGRAPHIE

ATTARD (J.), « Contrats et environnement : quand l'obligation d'information devient instrument de développement durable », *LPA* 26 janv. 2006, p. 7.

DECOTTIGNIES, « L'erreur de droit », *RTD civ.* 1951. 309.

DESHAYES (O.), « La rupture des pourparlers », *LPA* 9 oct. 2008, n° 203. 4.

EDELMAN, « Violence économique », *D.* 2001. Chron. 2315.

FORRAY (V.), « L'offre et l'acceptation dans les projets de réforme du droit français des contrats », *RTD civ.* n° 2, 2012. 231 s.

GHESTIN (J.), « La réticence, le dol et l'erreur sur les qualités substantielles », *D.* 1971. Chron. 247 ; « L'authenticité, l'erreur et le doute » ; « Le droit privé à la fin du XXe siècle », *in Études offertes à P. Catala*, Litec, 2001.

GRYNBAUM (L.), « Contrats entre absents : les charmes évanescents de la théorie de l'émission de l'acceptation », *D.* 2003. 1707.

HUET (J.), « Encore une modification du Code civil pour adapter le droit des contrats à l'électronique (loi LCEN n° 2004-575 du 21 juin 2004) », *JCP* 2004. I. 178.

LABARTHE (F.), « La valeur contractuelle du catalogue dans les ventes volontaires de meubles aux enchères publiques », *D.* 2011. 1779.

LEBOIS (A.), « L'intangibilité de la jurisprudence en matière de promesse unilatérale de vente », *LPA* 13 oct. 2008, n° 205. 13.

LEQUETTE (S.), « Réflexions sur la durée du pacte de préférence », *RTD civ.* n° 3, 2013. 491 s.

MAINGUY (D.) L'efficacité de la rétractation de la promesse de contracter, *RTD civ.* 2004. I

MALINVAUD (Ph.), « De l'erreur sur la substance », *D.* 1972. Chron. 215.

MARTIN (R.), « Offre, promesse, préférence et préemption », note sous quatre arrêts, *LPA* 31 janv. 2006, p. 13.

MESSAÏ-BAHRI (S.), « La sanction de l'inexécution des avant-contrats au lendemain de l'avant-projet de réforme du droit des obligations », *LPA* 24 juill. 2006, n° 146, p. 12 s.

MOULY (J.), « Une règle de nature à induire en erreur : la réticence dolosive rend toujours excusable l'erreur provoquée », *D.* 2012. 1347

OUERDANE-AUBERT DE VINCELLES (C.), *Altération du consentement et efficacité des sanctions contractuelles*, Dalloz, 2002, coll. « Nouvelle Bibliothèque de Thèses », préf. Y. Lequette.

RIEG, *Le rôle de la volonté dans les actes juridiques en droit civil français et allemand*, 1961.

SCHMIDT (J.), « La sanction de la faute précontractuelle », *RTD civ.* 1974. 46.

SCHMIDT-SZALEWSKI (J.), « La force obligatoire à l'épreuve des avant-contrats », *RTD civ.* 2000. 25.

TRIGEAUD (J.-M.), « L'erreur de l'acheteur, l'authenticité du bien d'art (étude critique) », *RTD civ.* 1982. 55.

Débats : « L'absorption du dol par la responsabilité civile, pour ou contre ? », *RDC* 3013/3, p. 1155 s.

ARRÊT À COMMENTER

La valeur juridique de l'offre

Civ. 1re, 17 déc. 1958, *D.* 1959. 33, *Isler et Puy c/ Chastan*

Arrêt

LA COUR. – *Sur le moyen unique.*

– Attendu qu'il ressort des énonciations de l'arrêt attaqué (Montpellier, 12 oct. 1955) que, par lettre du 11 août 1954, Isler a fait savoir à Chastan qu'il était prêt à lui vendre un chalet dont il était propriétaire, moyennant le prix de 2 millions 500 000 F ; qu'ayant visité le chalet quatre jours plus tard, Chastan a télégraphiquement avisé Isler le lendemain qu'il acceptait cette offre ; que, le 17 du même mois, il lui a confirmé par lettre cette acceptation, en se déclarant prêt à payer le prix comptant lors de la passation de l'acte ; que, sur action intentée par Chastan, après mise en demeure de recevoir le prix et de remettre les clefs vainement signifiée le 6 septembre 1954 à Isler, celui-ci a prétendu qu'il n'avait pu vendre au réclamant le chalet le 16 août précédent, pour la raison qu'à cette date il l'avait déjà vendu à Puy, lequel intervenant en cause, a « précisé que cette vente avait été conclue au début d'août et normalisée sous la forme d'un acte sous seing privé le 14 août 1954 » avec versement d'un acompte d'un million.

– Attendu que ledit arrêt, infirmatif, déclare non pertinents les faits articulés par Isler comme constitutifs d'une rétractation, antérieure à l'acceptation de Chastan, de l'offre du 11 août 1954, « dit et juge qu'il est d'ores et déjà établi par les éléments de la cause que l'offre de vente faite par Isler à Chastan, personnellement, n'a pas été révoquée avant le 17 août 1954, date à laquelle Isler a eu connaissance de l'acceptation expresse de cette offre par Chastan » refuse, en conséquence « d'autoriser Isler à rapporter la preuve des faits par lui allégués » et décide « que la vente proposée par Isler et acceptée par Chastan est devenue parfaite... en application de l'article 1583 du Code civil » ; qu'il est fait grief à la cour d'appel d'avoir, par contradiction de motifs, reconnu *que l'offre du 11 août 1954 constituait une simple pollicitation, non une promesse unilatérale au sens de l'article 1589* du même code, et donné néanmoins à cette proposition les effets légaux de la promesse de vente, en décidant à tort que l'acceptation de l'acquéreur avec qui les rapports d'Isler n'auraient pas dépassé le stade des simples pourparlers, avait rendu la vente parfaite ;

– Mais attendu *que si une offre peut en principe être rétractée tant qu'elle n'a pas été acceptée, il en est autrement au cas où celui de qui elle émane s'est expressément ou implicitement engagé à ne pas la retirer avant une certaine époque* ; qu'en l'espèce, après avoir admis que la lettre du 11 août 1954 constituait « simplement une offre de vente » pouvant « en principe être retirée tant qu'elle n'avait pas été acceptée », l'arrêt relève que « cependant, sachant par lettre de Chastan du 9 août, que celui-ci se proposait de venir visiter le chalet les 15 et 16 août et, l'y ayant autorisé dans sa réponse du 11 août, Isler s'était tacitement obligé à maintenir son offre pendant le temps ainsi prévu, c'est-à-dire jusqu'après la visite annoncée », et qu'il n'aurait donc pu se rétracter le 14 août sans commettre « une faute de nature à engager sa responsabilité » ; qu'analysant ensuite les circonstances de la cause, notamment la production tardive de l'unique exemplaire d'un acte sous seing privé, non enregistré, consistant en une déclaration « d'Isler seul, datée du 14 août... d'après laquelle il vend son chalet à Puy, lequel a apposé son acquiescement à une date qui n'est point indiquée » et qui ne mentionne pas le versement d'un acompte d'un million, la cour d'appel constate que « de tous ces éléments résulte un ensemble de présomptions suffisamment graves précises et concordantes pour déterminer l'absolue conviction que l'acte de vente dont se prévaut Puy n'a pas été signé le 14 août » ; que, n'ayant pas vendu son chalet à Puy, Isler n'avait aucune raison de révoquer l'offre formelle qu'il avait faite à Chastan ; qu'il n'a donc pas pu manifester le 14 août une volonté de révocation qu'il n'avait pas encore et qui, même dans sa lettre du 20 août, ne se « trouvait pas nettement exprimée » et que « la mauvaise foi de Puy et d'Isler et leur collusion résultent manifestement desdites circonstances » ; que de ces constatations les juges du second degré déduisent, par une appréciation souveraine de l'intention des contractants et sans se contredire, que l'offre ayant été maintenue, « *le contrat est devenu parfait dès cette notification* » et la vente est acquise de « droit à l'acheteur… par suite de l'accord des parties sur les éléments essentiels, la chose et le prix » ; d'où il suit que l'arrêt attaqué n'a pas violé les textes visés au moyen et se trouve légalement justifié ;

Par ces motifs,
Rejette.

Questions

Quels sont les principes qui se dégagent de cet arrêt ?
À quelle date la vente a-t-elle finalement été conclue ?

(NB. Les caractères italiques ont été ajoutés pour insister sur les passages importants de l'arrêt.)

ARRÊT À LIRE

Le silence vaut-il acceptation ?

Civ. 1re, 12 janv. 1988, *Bull. civ.* I, no 8, p. 6, *RTD civ.* 1988. 520, obs. Mestre

Sur le moyen unique,

– Attendu, selon l'arrêt attaqué (Limoges, 15 oct. 1985), que par acte sous seing privé du 11 février 1981, les époux Czernik ont promis de vendre aux époux Maillard, pendant un délai de dix-huit mois, une attraction foraine, pour un prix à déterminer d'un commun accord ou, à défaut, par un arbitre ; que, par acte d'huissier du 22 avril 1981, M. Czernik a confirmé aux époux Maillard cette offre de vente, leur rappelant le délai dans lequel devait intervenir la « levée d'option chiffrée » qu'il se réservait d'accepter ou de refuser dans la quinzaine de celle-ci, et leur laissait, pour saisir l'arbitre, un délai supplémentaire de quinze jours à l'expiration duquel il serait délié de la promesse ; que le 5 janvier 1982, les époux Maillard ont informé les époux Czernik qu'ils levaient l'option au prix de 100 000 francs ; que le 11 février 1982, les époux Czernik ont notifié aux époux Maillard leur refus d'accepter le prix offert et leur intention de saisir l'arbitre ; que les époux Maillard ont assigné les époux Czernik pour faire juger que la vente de l'attraction foraine pour un prix de 100 000 francs était parfaite ;

– Attendu que les époux Czernik font grief à l'arrêt d'avoir fait droit à cette demande alors, que, selon le moyen, la convention faisait obligation aux parties de déterminer le prix d'un commun accord et à défaut d'accord, de saisir un arbitre ; que la cour d'appel, en l'absence d'un accord manifeste sur le prix qui ne pouvait se déduire d'un silence des époux Czernik pendant un délai de quinze jours, a méconnu la convention des parties qui prévoyait le recours à une procédure d'arbitrage, d'ailleurs mise en mouvement mais qui n'a pu aboutir par suite d'un refus de l'arbitre de remplir sa mission, ce qui ne pouvait qu'entraîner la nullité de la vente ; qu'ainsi, la cour d'appel a violé les articles 1134 et 1592 du Code civil ;

– Mais attendu qu'après avoir justement énoncé que le silence de celui qu'on prétend obligé ne peut suffire en l'absence de toute autre circonstance à faire la preuve contre lui de l'obligation alléguée, la cour d'appel, par une appréciation souveraine des circonstances de la cause et de l'intention des parties, retient qu'en s'imposant un délai pour accepter ou refuser le prix offert par les époux Maillard, les époux Czernik s'étaient obligés à manifester expressément leur désaccord si le prix proposé ne leur convenait pas, et que le silence par eux gardé pendant ce délai valait l'acceptation du prix ; que la cour d'appel en a justement déduit, sans violer les textes visés au moyen, que la vente était parfaite ; que le moyen ne peut donc être accueilli.

Par ces motifs,
Rejette...

CAS PRATIQUES

Le consentement dans le contrat

1. M. D., amateur d'art mais sans aucune expérience, achète à un marchand de tableaux qui se présente comme un « critique d'art, expert en tableaux anciens, correspondant de journaux de beaux-arts, etc. », trois tableaux des Écoles hollandaise et flamande du XVIIe siècle, au prix de 250 000 francs pièce [38 112 euros]. Après expertise, il s'avère que ces tableaux ne valent que 50 000 francs [1 622 euros] pièce.

La vente peut-elle ou non être annulée et pour quels motifs ? (Paris, 22 janv. 1953, *D.* 1953. J. 136).

2. M. et Mme C. achètent, par acte sous seing privé, sans indication de contenance, une propriété qu'ils ont l'intention de revendre après l'avoir morcelée. D'après les indications qu'ils ont eues de l'agence chargée de la vente, la propriété aurait eu une superficie de 7 800 m^2. Or, ils s'aperçoivent par la suite que le terrain n'a pas plus de 5 000 m^2, ce qui empêche le morcellement.

La vente peut-elle être annulée ? Quels arguments seront invoqués de part et d'autre ? (Civ. 23 nov. 1931, *D.* 1932. 129, note Josserand).

Formation des contrats par correspondance

	PIERRE, À PARIS, OFFRE UN CONTRAT À JACQUES, À BORDEAUX QUI L'ACCEPTE.	
Calendrier :	PARIS	BORDEAUX
11 avril	Pierre rédige son offre	
12 avril	Pierre poste sa lettre	
14 avril		Jacques reçoit la lettre d'offre
15 avril		Jacques rédige sa lettre d'acceptation
16 avril		Jacques expédie sa lettre d'acceptation
18 avril	Pierre reçoit la lettre d'acceptation	
19 avril	Pierre prend connaissance du contenu de la lettre d'acceptation	
Quatre dates possibles :	OÙ ET QUAND LE CONTRAT S'EST-IL FORMÉ ?	
15 avril	Théorie de la déclaration de volonté (preuve pratiquement impossible)	COEXISTENCE DES VOLONTÉS L'offre et l'acceptation existent *au même moment mais pas au même lieu* : le contrat se forme à *Bordeaux*
16 avril	*Théorie de l'émission ou de l'expédition* (preuve par le cachet de la poste)	
18 avril	*Théorie de la réception* (preuve facilitée si la lettre était recommandée avec accusé de réception)	CONCOURS DES VOLONTÉS L'offre et l'acceptation existent *au même moment et au même lieu* : le contrat se forme à *Paris*
19 avril	*Théorie de l'information* (preuve pratiquement impossible)	
Réponse :	SOLUTION PROPOSÉE	
16 avril	Selon la jurisprudence dominante, c'est la théorie de l'émission qui l'emporte. Le contrat s'est formé à Bordeaux.	

Chapitre 2

Le contenu du contrat : objet et cause

829. Le postulat du libéralisme et celui de l'autonomie de la volonté dominants à l'époque du Code civil impliquent que chaque partie doit s'assurer de l'équilibre et de l'utilité du contrat, pour ce qui la concerne. Le Code civil, postulant des contractants égaux et tout-puissants, qui évoluent dans une économie libérale (v. ss 622 s.), impose peu de contraintes relativement au contenu de l'échange contractuel qui s'insère librement et naturellement dans l'économie globale. Il ne s'immisce pas dans cet échange interindividuel, pour imposer et contrôler, par exemple, l'équivalence objective des prestations. Il consacre d'ailleurs l'équivalence subjective des prestations en définissant le contrat commutatif comme celui dans lequel les prestations sont « regardées » comme équivalentes. Si le consentement est exempt de vices, c'est que chacune des parties trouve son compte à l'opération.

830. Le Code civil de 1804 impose cependant certaines exigences minimales et opère un double contrôle sur le contenu du contrat, par l'intermédiaire des deux notions d'objet et de cause : le contrat concerne au premier chef les parties contractantes mais en même temps il s'insère dans la société globale. Dès lors, certaines exigences sont posées qui dépassent la seule protection des contractants afin d'assurer le respect d'un certain ordre social d'une part et d'un certain équilibre économique d'autre part.

– *Au titre de l'ordre social*, le contrat ne doit pas contrevenir à certains principes d'ordre public et remettre en cause l'ordre imposé par l'État : c'est l'exigence générale de conformité du contrat à l'ordre public et aux bonnes mœurs posée par l'article 6 du Code civil. Elle est reprise par l'article 1128, relatif à l'objet, et par l'article 1133, relatif à la cause.

– *Au titre de l'équilibre économique du contrat*, en second lieu, le contrôle de l'existence de l'objet et de la cause est organisé afin de réaliser une vérification minimale concernant les parties : celle de la *conformité du contrat à son objectif économique*. Il peut s'agir de la réalisation d'un échange économique dans les contrats synallagmatiques, qui supposent donc des prestations réciproques constituant la cause et la contrepartie l'une de l'autre ; mais il peut s'agir aussi de réaliser un transfert de bien ou de rendre un service sans contrepartie, s'il s'agit d'une opération de bienfaisance, contrat unilatéral à titre gratuit. Si l'objectif, à l'origine, était simplement de sanctionner un déséquilibre absolu, caractérisé par l'absence totale de contrepartie, sur le terrain de l'objet ou de la cause, l'évolution contemporaine a conduit à affiner l'analyse et à amplifier le contrôle de l'équilibre. L'analyse moderne de la cause, dont la disparition est cependant programmée par l'*actuel projet de réforme* y contribue largement, on le verra.

831. L'actuel projet de réforme modifie la perspective car il fait disparaître la notion de cause et substitue à la notion d'objet du contrat celle de « contenu du contrat ». La validité du contrat est ainsi subordonnée non plus à un objet licite et certain et à une cause licite dans l'obligation mais simplement à « un contenu licite et certain ». Pour autant, le bouleversement n'est pas aussi important qu'on pourrait le croire. En effet, cette notion de contenu du contrat est plus large que celle d'objet et elle permet en réalité tout, en maintenant les dispositions actuelles concernant l'objet, d'y intégrer aussi les principales fonctions qui sont actuellement dévolues à la cause : le contrôle de la licéité du but poursuivi, l'existence d'une contrepartie ou encore la police des clauses du contrat lorsqu'elles sont susceptibles de vider de sa substance une obligation essentielle. L'exigence générale de conformité à l'ordre public n'est d'ailleurs pas seulement posée dans le cadre des dispositions concernant le contenu du contrat : « le contrat ne peut déroger à l'ordre public ni par son contenu ni par son but » mais également dans les dispositions préliminaires consacrées au contrat, au titre des limites au principe de liberté contractuelle. Le projet y ajoute l'exigence plus moderne de respect des droits et libertés fondamentaux reconnus dans un texte applicable aux relations entre personnes privées (art. 2).

832. Le double contrôle, de la conformité du contrat à l'ordre public d'une part et de sa conformité à son objectif économique et aux attentes légitimes des parties d'autre part, resterait donc assuré en conformité avec les solutions dégagées par la jurisprudence sur le fondement des textes actuels qui distinguent objet et cause pour vérifier leur existence et leur licéité.

I. L'objet

833. Les rédacteurs du Code civil, dans les articles 1126 à 1130 consacrés à l'objet, parlent tantôt de l'objet du contrat, tantôt de l'objet de l'obligation. Une discussion doctrinale en a résulté : certains auteurs estimant que l'expression *objet du contrat* recouvre deux notions distinctes : l'*objet de l'obligation*, qui est la prestation elle-même et l'*objet de la prestation*, qui est la chose sur laquelle porte la prestation. D'autres auteurs, au contraire, font une distinction entre l'*objet du contrat*, qui est l'opération recherchée (vente, location, louage de service, etc.) et l'*objet de l'obligation*, qui est la prestation promise : donner, faire ou ne pas faire quelque chose à laquelle ils assimilent cette chose elle-même. *L'actuel projet de réforme* lorsqu'il aborde la question du contenu du contrat, précise que « l'obligation a pour objet une prestation présente ou future », qui « doit être possible et déterminée ou déterminable », ce qui constitue en réalité la reprise des caractères exigés de l'objet par le Code civil actuel.

Il nous faut donc étudier la nature juridique de l'objet, puis ses caractères (v. tableau en fin de chapitre).

A. Analyse de l'objet comme la prestation promise

834. Une première distinction peut être faite, nous l'avons vu, entre l'objet du contrat, celui de l'obligation ou même celui de la prestation, mais on peut également en faire une autre entre les objets simples ou complexes. Toutefois, il reste que l'objet pris en compte par Code civil *est l'objet de l'obligation, c'est-à-dire la prestation fournie*.

1. Distinction entre objet du contrat, objet de l'obligation et objet de la prestation

a) L'objet du contrat

► ***L'objet du contrat***, est l'opération juridique à réaliser.

835. Ces opérations sont en nombre illimité puisque, avec le principe du consensualisme, les parties peuvent varier à l'infini l'objet de leur contrat (v. ss 692, les contrats innomés). Une seule limitation est apportée par le code à la volonté des parties, c'est le respect de l'ordre public et des bonnes mœurs (art. 6).

b) L'objet de l'obligation

► ***L'objet de l'obligation*** est constitué par la prestation promise.

836. Selon la classification traditionnelle, établie par les articles 1101 et 1126 mais que l'actuel projet ne reprend pas, il peut s'agir d'une obligation de *donner*, c'est-à-dire non pas de faire une libéralité (du latin : *donare*) mais simplement de transférer un droit de propriété ou un autre droit réel sur un bien (du latin : *dare*) (dans ce cas, le bien lui-même sera également souvent considéré comme l'objet de l'obligation, alors qu'il s'agit de l'objet de la prestation), ou d'une obligation de *faire* ou de *ne pas faire*.

L'article 1127 précise d'ailleurs que le simple usage ou la simple possession d'une chose peut constituer, comme la chose elle-même, l'objet du contrat. Cela peut également être étendu à la simple détention de l'objet.

c) L'objet de la prestation

► ***L'objet de la prestation*** est le bien sur lequel porte la prestation.

837. Il s'agit, par exemple, de l'immeuble dont la propriété est transmise.

2. Objet simple ou objets complexes

838. Normalement, l'objet de l'obligation est simple, il s'agit d'une prestation unique : un transfert de droit réel, une action ou une abstention. Il peut arriver, exceptionnellement, que l'objet de l'obligation soit complexe, c'est-à-dire qu'il s'agisse d'obligations *conjonctives :* par exemple, deux biens sont vendus pour un prix unique, ou *alternatives :* le débiteur doit l'une ou l'autre chose (v. ss 233).

B. Caractères exigés de l'objet/prestation

839. L'objet, déterminé comme étant l'objet de chaque obligation prévue au contrat, c'est-à-dire la prestation promise, doit être « certain » (art. 1108), donc exister, ensuite présenter certains caractères : déterminé ou déterminable, possible, licite.

1. L'existence

840. L'objet, en tant qu'élément matériel, est aussi nécessaire que le consentement, élément psychologique, à la formation du contrat. Le contrat sera nul si la prestation est inexistante, par exemple parce que la chose a péri avant la conclusion du contrat, à l'insu des parties. L'objet doit donc être certain.

Toutefois, le contrat peut valablement porter sur une prestation *future* (art. 1130, al. 1er), par exemple la vente d'une future récolte ou la vente d'un immeuble à construire (art. 1601-1 à 1601-4). Le Code prévoit cependant une exception qui concerne la matière successorale : la prohibition des pactes sur succession future (art. 1130, al. 2) qui interdit la cession de droits successoraux pour une succession non encore ouverte, même faite avec le consentement de celui de la succession duquel il s'agit. Au cas où la chose, future, objet du contrat, ne parvient pas à l'existence, le contrat est annulé, faute d'objet, et il s'agit d'une nullité absolue, à moins qu'il ne s'agisse d'un contrat aléatoire.

841. Le contrôle de l'existence de l'objet permet de vérifier que le contrat, qu'il soit synallagmatique à titre onéreux ou unilatéral à titre gratuit, correspond bien à sa finalité : un échange économique pour le contrat synallagmatique ; un acte de bienfaisance pour le contrat à titre gratuit où le déséquilibre et l'absence de contrepartie s'expliquent par l'intention libérale. Mais seul le déséquilibre « absolu » équivalant à une absence d'objet sera sanctionné sur ce fondement car à ce stade, il ne s'agit pas d'aller plus loin et de s'assurer de l'équilibre ou de l'équivalence des prestations.

842. On remarquera que dans un contrat synallagmatique, si une obligation n'a pas d'objet, l'autre sera dépourvue de cause et le contrat sera également nul pour défaut d'objet et absence de cause ; car, en effet, dans un contrat synallagmatique, chaque obligation est la cause de l'obligation de l'autre. Si l'une des obligations est nulle faute d'objet, l'autre sera privée de cause et réciproquement (v. ss 873, pour l'absence de cause).

Les cas de nullité du contrat pour absence d'objet sont rares en jurisprudence. Aussi signalera-t-on une intéressante décision rendue le 26 mai 2009 par la chambre commerciale de la Cour de cassation, qui admet cette nullité pour défaut d'objet dans le cas de conventions portant sur la cession d'actions d'une société absorbée. La chambre commerciale affirme, à cette occasion, la nullité pour défaut d'objet de toute cession de parts, actions ou droits conférés par ces titres, d'une société ayant disparu par l'effet d'une opération de fusion par absorption [1] et relève qu'il n'y avait pas à établir un vice du consentement pour prononcer la nullité. Elle marque ainsi que l'absence d'objet est une réalité objective, qui s'impose et qui n'est pas liée à la protection du consentement.

843. L'existence d'une contrepartie réelle qui va s'opposer à la nullité du contrat ou à sa disqualification d'acte onéreux en acte gratuit peut cependant parfois se trouver en dehors du contrat lui-même. C'est ainsi par exemple qu'une vente à un prix symbolique d'un euro ou à un prix très inférieur à la valeur du bien vendu devrait normalement être annulée pour défaut d'objet ou pour défaut de cause, ou requalifiée en donation ; pourtant, la jurisprudence admet qu'il peut exister une contrepartie qui n'est pas forcément incorporée au contrat et qui peut être appréciée dans le cadre de ce que la Cour de cassation appelle aujourd'hui « l'économie du contrat ». Cependant, c'est le plus souvent sur le fondement de l'absence de cause que s'apprécie cette économie du contrat, dans le cadre d'une utilisation moderne de cette notion de cause, plus compréhensive que la notion classique (v. ss 891 s.).

---

1. Com. 26 mai 2009, pourvoi n° 08-12691, *RDC* n° 4, 2009. 1341, Y.-M. Laithier ; *RTD civ.* n° 3, 2009. 527, obs. B. Fages.

C'est en tout cas pour pouvoir effectuer cette vérification de la finalité économique du contrat que l'on pose des exigences spécifiques relatives à l'objet dont celle de sa détermination ou de sa déterminabilité, alors que la cause peut ne pas être exprimée, ce qui nous conduit à envisager les caractères de l'objet.

2. Les caractères

844. La prestation doit être déterminée, possible et licite.

a) La prestation doit être déterminée ou déterminable (art. 1129)

845. L'objet peut être un corps certain : dans ce cas, sa détermination ne pose pas de problème ; mais s'il s'agit d'une chose de genre, certaines précisions doivent être données, notamment la quantité et la qualité. De même s'il s'agit d'une prestation de service, elle devra être précisément déterminée.

1° En ce qui concerne la quantité

846. Si elle ne peut être déterminée à l'avance (ex. longueur d'une course en taxi), elle doit être au moins déterminable (art. 1129, al. 2). Pour *la qualité*, elle doit aussi être déterminée ou déterminable ; en cas de doute, on se référera à l'usage ou, en application de l'article 1246, on présumera qu'il s'agissait d'une qualité moyenne, disposition reprise par l'actuel projet de réforme.

2° Un problème particulier s'est posé à propos du prix.

847. *L'indétermination du prix* dans les contrats-cadres a été longtemps considérée comme une cause de nullité par violation de l'article 1129, comme l'article 1591 le prévoit d'ailleurs pour le contrat de vente : « Le prix de la vente doit être déterminé et désigné par les parties ». Or, une difficulté est née à propos des contrats-cadres.

► ***Le contrat-cadre*** est une convention dont l'objet est de fixer les normes régissant les contrats d'application que les parties passeront, ou pourront passer, ultérieurement entre elles.

Il a la force obligatoire d'un véritable contrat puisqu'il n'est pas nécessaire que les parties se remettent d'accord sur ces conditions à chaque application, ni qu'elles les incorporent à leurs nouveaux contrats pour que ces stipulations s'appliquent. « Le contrat-cadre a force obligatoire en ce sens que la situation juridique qu'il a créée (fixation des normes conventionnelles applicables aux contrats d'application) s'impose aux parties et au juge »[1].

848. Depuis 1971, la Cour de cassation avait déclenché une véritable chasse à l'indétermination du prix dans les contrats, notamment en ce qui concerne les contrats d'exclusivité en matière de distribution avec « les pompistes de marque » et les « contrats de bière ». Il avait été objecté par la doctrine que l'article 1591, spécial à la vente, ne pouvait s'appliquer aux contrats-cadres. Mais la Cour de cassation avait riposté en appliquant

---

1. V. P. Ancel, chron. citée dans la bibliographie.

l'article 1129, texte beaucoup plus général. Cette jurisprudence avait entraîné une insécurité juridique permanente dans presque tous les contrats de distribution, notamment les contrats de franchise.

849. Finalement, un important revirement jurisprudentiel s'est produit.

– *Dans un premier temps*, la première chambre civile a continué à retenir que la déterminabilité du prix constituait une condition de validité, mais en précisant que cette condition était satisfaite si le prix était fixé « par référence à un tarif » et le contrat exécuté de bonne foi [1].

– *Dans un second temps*, la Cour de cassation est allée beaucoup plus loin. Par cinq arrêts rendus en assemblée plénière le 1er décembre 1995, elle a précisé que « l'article 1129 n'est pas applicable à la détermination du prix ». Aussi, dans les contrats-cadres : « lorsqu'une convention prévoit la conclusion de contrats ultérieurs, l'indétermination du prix de ces contrats dans la convention initiale n'affecte pas, sauf dispositions légales particulières, la validité de celle-ci, l'abus dans la fixation du prix ne donnant lieu qu'à résiliation ou indemnisation » [2]. Il n'est donc plus question de nullité et la sanction ne se fait plus sur le terrain de la formation du contrat, mais dans le cadre de l'exécution du contrat, avec ce contrôle judiciaire *a posteriori* de l'abus dans la fixation du prix.

850. En matière de vente, cependant, cette solution d'un contrôle judiciaire a posteriori du prix est exclue, compte tenu des termes de l'article 1591 qui indique que « le prix de la vente doit être déterminé et désigné par les parties ». C'est pourtant ce qu'avaient admis des juges du fond dans un contrat de vente immobilière. La cour d'appel, jugeant effective la carence du vendeur qui n'avait pu délivrer des locaux libres, avait procédé à une réduction du prix de 25 %. La Cour de cassation a cassé la décision en invoquant l'article 1591 et rappelé dans un attendu de principe que « le prix de vente doit être déterminé et désigné par les parties », précisant en outre que « le juge ne peut modifier le prix de vente déterminé par les parties et que le préjudice résultant de l'inexécution partielle par le vendeur de son obligation de délivrance ne peut être réparé que par l'allocation de dommages et intérêts » c'est-à-dire dans le cadre d'une responsabilité contractuelle, mais non d'une réfaction du contrat [3].

851. Le prix dans le contrat de vente peut cependant être seulement déterminable, à condition qu'il puisse ensuite être déterminé à l'aide d'éléments objectifs indépendants de la volonté des parties de sorte qu'il n'y ait plus besoin de leur intervention ultérieure [4]. Cependant, la troisième chambre civile de la Cour de cassation a indiqué dans une décision du 12 septembre 2006, que la vente n'était parfaite que sous réserve de cette détermination ultérieure du prix. Si la procédure prévue par les parties lors de la conclusion du

---

1. Civ. 1re, 29 nov. 1994, *JCP* 1995. II. 22371 (deux arrêts), note J. Ghestin ; *D.* 1995. 122, note L. Aynès.

2. Cass., ass. plén., 1er déc. 1995, *JCP* 1996. II. 22565, 1re et 3e esp., concl. Jéol et note J. Ghestin ; *D.* 1996. 13, concl. M. Jéol et note L. Aynès ; *Defrénois* 1996. 747, obs. Ph. Delebecque.

3. Civ. 3e, 29 janv. 2003, *Bull. civ.* III, n° 23 ; *JCP* 2003. I. 186, obs. F. Labarthe ; *Defrénois* 2003, art. 37767, n° 53, obs. É. Savaux.

4. Par exemple, la clause de « prix en vigueur au jour de la livraison » est valable dès lors qu'elle fait référence au prix du constructeur, si bien que le prix est déterminé indépendamment de la volonté du vendeur : Civ. 1re, 2 déc. 1997, *JCP* 1998. I. 129, obs. C. Jamin ; *RTD civ.* 1998. 898, obs. J. Mestre ; ou encore le prix fixé par référence aux cotations officielles significatives du marché de la pomme de terre est déterminable à l'aide d'éléments ne dépendant pas de la seule volonté des parties : Civ. 1re, 14 déc. 2004 ; *Bull. civ.* I, n° 327 ; *CCC* 2006. 64, note L. Leveneur.

contrat pour parvenir à cette détermination du prix n'a pas été engagée, il n'est pas possible de soutenir que la vente est parfaite [1]. La détermination du prix joue donc en quelque sorte le rôle d'une condition suspensive.

La chambre commerciale de la Cour de cassation fait preuve pour sa part d'une certaine souplesse dans l'exigence de détermination du prix de la vente, en admettant que le prix de cession de titres puisse être un prix global, alors que la cession portait sur des titres appartenant à plusieurs sociétés et que la ventilation du prix entre chaque société n'était pas faite [2].

852. En dehors de cette hypothèse du contrat de vente, où l'article 1591 empêche de prendre trop de libertés, la Cour de cassation admet aussi dans les contrats de prestation de service, la possibilité de ne pas déterminer le prix au moment de la conclusion et que le prix soit fixé postérieurement par le créancier, sous réserve d'un contrôle postérieur du juge. Cela met en avant, au-delà d'un assouplissement des conditions de formation du contrat, la mise en place d'un contrôle judiciaire de l'équilibre du contrat (v. ss 911 s., 951, chapitre 4).

853. *La détermination du prix* **dans l'actuel projet de réforme**. Le projet confirme pour l'essentiel les solutions jurisprudentielles. Il distingue cependant nettement deux hypothèses : celle de la détermination unilatérale du prix dans les contrats-cadres et les contrats à exécution successive et celle de la détermination du prix dans les contrats de prestation de service.

Il confirme la jurisprudence de l'Assemblée plénière en matière de contrat-cadre, en l'étendant même au-delà aux contrats à exécution successive : « Dans les contrats-cadre et les contrats à exécution successive, il peut être convenu que le prix de la prestation sera fixé unilatéralement par l'une des parties, à charge pour elle d'en justifier le montant en cas de contestation. En cas d'abus dans la fixation du prix, le juge peut être saisi d'une demande tendant à voir réviser le prix en considération notamment des usages, des prix du marché ou des attentes légitimes des parties, ou à obtenir des dommages et intérêts et le cas échéant la résolution du contrat » (art. 71).

Concernant les contrats de prestation de service, il admet également que le prix ne soit pas déterminé au moment de la conclusion du contrat en prévoyant « qu'à défaut d'accord des parties avant leur exécution, le prix peut être fixé par le créancier à charge pour lui d'en justifier le montant. À défaut d'accord, le débiteur peut saisir le juge afin qu'il fixe le prix en considération notamment des usages, des prix du marché ou des attentes légitimes des parties » (art. 72).

b) La prestation doit être possible

854. En cas d'impossibilité d'exécution, le contrat serait nul, faute d'objet. On rejoint donc ici l'hypothèse d'une inexistence de l'objet (v. ss 840). Il doit s'agir normalement d'une *impossibilité absolue* et non relative.

Ces cas d'impossibilité absolue restent rares.

• *Dans le cas d'une obligation de donner*, il s'agira, soit d'impossibilité juridique (ex. : livraison d'une marchandise étrangère qui ne peut être importée), soit d'impossibilité matérielle (ex. : l'objet a péri, ou il s'agit d'un objet qui ne se fabrique plus).

---

1. Civ. 3e, 12 sept. 2006, *LPA* 2006, no 223, p. 9, note C. Boismain.
2. Com. 8 avr. 2008, n° 06-18.042 ; *Bull. civ.* 2008, IV, n° 84.

• *Dans le cas d'une obligation de faire ou de ne pas faire*, c'est encore plus rare : par exemple organiser un voyage touristique dans la lune (encore qu'il existe déjà des voyages touristiques dans l'espace et même des tentatives de vente de parcelles de la lune !).

855. Cette impossibilité absolue d'exécuter l'obligation doit être distinguée des cas *d'impossibilité relative*, résultant de ce que le débiteur s'est engagé à une prestation excessive et impossible à réaliser pour lui, mais qui ne le serait pas forcément pour un autre. En l'état du droit positif, cette impossibilité relative ne peut remettre en cause la validité du contrat. Cependant, la « théorie de la proportionnalité » dont la jurisprudence contemporaine réalise certaines applications et sur laquelle se penche la doctrine, pourrait être utilisée pour élargir la notion d'impossibilité.

► ***Le principe de proportionnalité*** milite, en effet, en faveur de la rectification, dans un but économique, des déséquilibres excessifs entre les prestations respectives des parties, même si leur consentement apparaît libre et éclairé ce qui interdit le recours aux vices du consentement. Il en est notamment ainsi à propos des clauses abusives qui peuvent être éradiquées du contrat (v. ss 940 s.). Rattacher à la théorie de la proportionnalité la notion d'objet impossible pourrait ainsi permettre d'annuler un contrat, non seulement, dans les cas où l'objet est atteint d'une impossibilité absolue, comme c'est le cas actuellement, mais aussi dans le cas d'une impossibilité relative, lorsque le créancier a consciemment laissé son cocontractant « assumer une obligation visiblement excessive pour lui ». Il s'agirait alors de proportionnalité, non entre les obligations échangées par les parties, mais entre l'engagement du débiteur et ses facultés.

856. La jurisprudence a utilisé cette théorie dans un certain nombre de relations contractuelles : entre banquier et caution, entre employeur et salarié à propos d'une clause de non-concurrence ou entre fournisseur et détaillant à propos d'une clause d'approvisionnement[1], relevant que la clause litigieuse ne présentait pas « un caractère raisonnable » et que « l'obligation ainsi imposée était disproportionnée » par rapport aux possibilités du cocontractant. Mais, pour l'instant, cette disproportion conduit essentiellement à retenir la responsabilité du cocontractant qui n'aurait pas dû laisser assumer à l'autre une obligation au-dessus de ses moyens : ainsi dans le cas d'un établissement de crédit qui a consenti un prêt avec des mensualités de remboursement trop élevées pour l'emprunteur[2] ; ou bien dans le cas d'un créancier qui accepte d'une caution un engagement totalement disproportionné par rapport aux ressources de celle-ci[3] (sur la proportionnalité, v. aussi ss 1214, 1232).

857. Ainsi voit-on que l'objet peut être aussi un moyen de contrôler et d'assurer un certain équilibre économique du contrat, une certaine justice contractuelle, conformément à l'évolution du droit du contrat (v. ss 646 s.). Nous retrouverons plus loin cet objectif, au titre des autres conditions susceptibles d'affecter la validité du contrat, car la proportionnalité, l'équilibre et l'équivalence des prestations ne constituent pas un impératif général et absolu en droit des contrats, systématiquement sanctionné (v. ss 908 s.).

---

1. Com. 13 mai 1997, *Sté Estée Lauder/Sté parfumerie Jerbo*, *JCP* 1999. I. 114, obs. M. Fabre-Magnan.
2. Civ. 1re, 27 juin 1995, *D.* 1995. 621, note S. Piedelièvre ; *Defrénois* 1995. 1416, obs. D. Mazeaud.
3. Paris, 27 nov. 1998, *JCP* 1999. I. 114, note J. Casey.

c) La prestation doit être licite : la conformité des prestations à l'ordre public

858. L'exigence de licéité de la prestation n'est pas actuellement posée en tant que telle par le Code civil mais découle du rapprochement de plusieurs articles : l'article 6, selon lequel « on ne peut déroger par des conventions particulières aux lois qui intéressent l'ordre public et les bonnes mœurs » ; l'article 1128, selon lequel « il n'y a que les choses dans le commerce qui puissent être l'objet de conventions » et enfin l'article 1598, à propos de la vente, selon lequel « tout ce qui est dans le commerce peut être vendu lorsque des lois particulières n'en ont pas prohibé l'aliénation ».

On déduit de ces textes l'exigence d'une conformité du contrat à l'ordre public et aux bonnes mœurs, qui s'apprécie par référence à l'objet des obligations, mais aussi, on le verra (v. ss 880 s.) par rapport à la cause, puisque l'article 1108 pose directement l'exigence de licéité de la cause.

À suivre les articles 1128 et 1598, il apparaît donc qu'il existe des *choses hors du commerce juridique*, qui ne peuvent faire l'objet d'aucune convention, sous peine de nullité. Il faut d'ailleurs distinguer à cet égard, les choses hors du commerce juridique et les *choses hors du marché*, cette dernière expression ne désignant que les opérations « commerciales » : ainsi une chose hors du marché, qui ne peut faire l'objet d'une convention à titre onéreux, n'est pas forcément hors du commerce juridique, si elle peut faire l'objet de conventions à titre gratuit : par exemple, don du sang, don d'organes.

Au-delà de cette catégorie des choses hors du commerce (1°), la licéité ou, à l'inverse, l'illicéité de l'objet, s'apprécie, de façon plus générale, par référence à un ordre public (avec sa composante particulière des bonnes mœurs) qui peut être textuel mais aussi virtuel (2°).

1° Illicéité de la prestation portant sur une chose hors du commerce juridique

859. Sont considérés comme hors du commerce juridique un certain nombre de biens qui ne pourront ainsi faire l'objet d'un contrat. Il convient de préciser que la jurisprudence a tendance à limiter cette interdiction aux conventions à titre onéreux et à tolérer celles à titre gratuit, par exemple, à propos d'une sépulture [1], ou concernant les éléments et produits du corps humain. Sont ainsi hors du commerce juridique :

♦ ***La personne humaine et le corps humain***

– *Le corps humain.* Il a toujours été admis que le corps humain était hors du commerce juridique. L'affaire célèbre de la « rose tatouée », où fut annulée une convention relative à l'exécution d'un tatouage qui devait ensuite être prélevé par exérèse [2] (ablation de la peau) pour être vendu, illustre parfaitement cette idée d'indisponibilité du corps, au même titre que l'illicéité des conventions de mères-porteuses.

Toutefois, il faut faire une distinction, ici, entre les conventions à titre gratuit qui sont parfois autorisées et les contrats à titre onéreux qui ne le sont jamais en vertu du principe de non patrimonialité du corps humain, inscrit dans le Code civil depuis les lois de bioéthique (nº 94-653) du 29 juillet 1994. Ces lois ont introduit dans les articles 16 à 16-9 du Code civil, une série de principes relatifs à la personne, dont le principe de primauté, de dignité de la personne humaine et de respect de l'être humain et des principes relatifs au

---

1. Civ. 1re, 2 mars 1999, *Pers. et fam.* 1999. 26, obs. J. Casey ; *JCP* 1999. I. 191, obs. G. Loiseau.

2. TGI Paris, 3 juin 1969, *D.* 1970. 186, note J. P., et dans la même affaire, Civ. 1re, 23 févr. 1972, *JCP* 1972. II. 17135, la nullité de la convention n'étant plus discutée.

corps humain : le droit au respect du corps, l'inviolabilité du corps et la non patrimonialité du corps (C. civ., art. 16-1, al. 12). L'article 16-5 précise par ailleurs que : « les conventions ayant pour effet de conférer une valeur patrimoniale au corps humain, à ses éléments ou à ses produits sont nulles ». Si les textes datent de 1994, les principes qu'ils posent étaient déjà admis auparavant. Les lois de 1994 organisent cependant, en parallèle, une certaine disponibilité des éléments et produits du corps humain, notamment dans la perspective de dons d'organes, ou plus largement à des fins thérapeutiques. Ainsi, certaines opérations sont-elles exceptionnellement autorisées par le législateur (telles que legs de cornée, le don du sang, mais aussi le don de certains organes dans des conditions très strictes prévues par le Code de la santé publique).

– *L'état de la personne*, reflet juridique de la personne physique (v. *Droit civil*, vol. 1, n°s 799 s.), est également hors du commerce juridique ; ainsi en est-il, par exemple, du nom qui ne peut être cédé (hors certaines utilisations commerciales).

♦ ***Les choses inappropriables***, telles que :

– *les choses communes*, comme l'air, l'eau, sauf exceptions (air comprimé, air liquide, ou eaux minérales ou thermales) ;

– *les clientèles civiles*, jusqu'à ce que, dans un arrêt remarqué, la Cour de cassation ait finalement admis la cession de clientèle civile : « la cession de la clientèle médicale, à l'occasion de la constitution ou de la cession d'un fonds libéral de l'exercice de la profession, n'est pas illicite » à condition que soit « sauvegardée la liberté de choix du patient ». Toutefois, on ne peut que constater la difficulté de faire coïncider le principe posé et sa condition et « la profonde ambiguïté de la solution adoptée »[1]. La question de la licéité a rebondi avec une autre pratique assortissant parfois la cession de clientèle, celle des clauses de garantie de clientèle[2], dont la Cour de cassation a admis également la validité si elles ne remettent pas en cause la liberté de choix des clients[3].

♦ ***Les choses hors du commerce*** comme se rattachant à l'État ou à des collectivités publiques :

– *les biens du domaine public*,
– *les fonctions publiques*,
– *les fonctions politiques électives*[4],
– *les offices ministériels* dont le titulaire ne dispose, en principe, que d'un droit de présentation,
– *les attributs de la souveraineté* (le droit de vote).

♦ ***Les choses dangereuses*** :

– *les animaux contagieux* ou les *substances vénéneuses*, dans un souci de protection de la santé publique,

---

1. Civ. 1re, 7 nov. 2000, *JCP* 2001. I. 301, obs. J. Rochfeld.
2. Il s'agit d'insérer dans un contrat de cession ou de présentation de clientèle une clause précisant que si la clientèle transmise suit le cédant ou disparait, celui-ci doit indemniser le cessionnaire.
3. Civ. 1re, 10 avr. 2013, n° 12-15. 168, *RTD civ.* n° 2, 2013/2. 369, obs. H. Barbier ; *D.* 2014. Pan. 633, obs. S. Amrani-Mekki et M. Mekki.
4. Civ. 1re, 3 nov. 2004, *RLDC* déc. 2004, n° 436 ; *RTD civ.* n° 1, 2005. 125, obs. Mestre et B. Fages.

– *les remèdes secrets, les drogues,*
– *un certain nombre de biens et services qui ne présentent pas la sécurité à laquelle on peut légitimement s'attendre*, déterminés par voie réglementaire.

Dans tous ces cas, il y a souvent, à côté du principe, des exceptions ainsi qu'on l'a vu à propos du corps humain.
La catégorie des choses hors du commerce s'est par ailleurs enrichie depuis d'une autre hypothèse : les fichiers de clientèle non déclarés à la CNIL, dont la vente est donc nulle pour illicéité de l'objet[1].

2° La contrariété de la prestation à l'ordre public et la distinction de l'ordre public textuel et de l'ordre public virtuel

860. L'objet peut être illicite même s'il ne porte pas sur une chose hors du commerce juridique, parce qu'il est contraire à une disposition d'ordre public.

– *L'objet peut être contraire à l'ordre public textuel* : dans ce cas, il est directement prohibé par une loi ou un texte particulier, d'ordre public : il s'agit alors d'illicéité au sens strict, c'est-à-dire de contrariété à un texte législatif ou réglementaire. C'est à cette illicéité au sens strict que les articles 6 et 1598 du Code civil renvoient, en faisant référence « aux lois particulières qui prohibent l'aliénation » ou en précisant que les conventions ne doivent pas déroger aux « lois qui intéressent l'ordre public et les bonnes mœurs ». Ainsi, par exemple, un contrat ne saurait comporter une prestation contraire aux lois pénales et une convention par laquelle on s'engagerait à blesser ou tuer quelqu'un serait évidemment illicite. C'est également pour « objet illicite » qu'ont été dissoutes deux associations destinées à défendre « l'organisation de la chasse à la tourterelle, en mai, en Gironde » alors que la pratique de cette chasse avait été déclarée illégale depuis plus de douze ans[2]. Plus récemment, la chambre commerciale a annulé un contrat qui avait pour objet de permettre à une personne d'exercer une activité de gestion de portefeuille, alors qu'elle ne disposait pas de l'agrément requis, sur le fondement de l'illicéité de son objet[3].
Quand une loi est impérative, d'ordre public, il n'est donc pas possible d'y déroger par une convention contraire. Toutefois, le législateur ne précise pas toujours expressément que telle ou telle disposition est d'ordre public. C'est alors au juge à déterminer le caractère impératif ou supplétif de la disposition considérée. La Cour de cassation a ainsi récemment validé la clause de renonciation anticipée à la résolution du contrat en retenant que l'article 1184 du Code civil, qui prévoit la résolution judiciaire du contrat pour inexécution, n'est pas d'ordre public et qu'un contractant peut renoncer par avance au droit de demander la résolution judiciaire du contrat[4] (sur ce point, v. aussi ss 1127).
À l'inverse, elle a condamné la « clause résolutoire en cas de divorce » ou « clause de non-divorce », insérée dans un contrat de donation entre époux. Le contrat prévoyait qu'« en cas de divorce ou de séparation de corps ou si une telle instance était en cours au jour du décès du donateur, la présente donation serait résolue de plein droit et anéantie ». Or cette clause vient contredire frontalement l'article 265 du Code civil, lequel prévoit

1. Com. 25 juin 2013, n° 12-17.037 ; *JurisData* n° 2013-013225 ; *JCP* 2013. 930, note A. Debet ; *RTD civ.* n° 3, 2013. 595, obs. H. Barbier ; *RDC* 2014. 119, note J. Rochfeld.
2. Civ. 1re, 16 oct. 2001, *JCP* 2002. II. 10022, note Y. Chartier.
3. Com. 4 nov. 2008, *RTD civ.* n° 1, 2009. 115, obs. B. Fages.
4. Civ. 3e, 3 nov. 2011, *JurisData* n° 2011-023715, *CCC* févr. 2011, comm. n° 36, note L. Leveneur.

expressément que le divorce n'a aucun effet sur les donations de biens présents entre époux. La cour d'appel avait jugé que ce texte était une règle supplétive, pouvant faire l'objet d'une stipulation expresse contraire et elle avait fait produire ses effets à la clause résolutoire. L'arrêt est cassé. La Cour de cassation dans cette décision du 14 mars 2012[1] qualifie pour la première fois l'article 265, alinéa 1er, du Code civil de règle impérative et remet ainsi en question la jurisprudence antérieure qui avait validé de telles clauses résolutoires, sous réserve de l'intention de nuire[2]. La clause de non-divorce est donc annulée mais le contrat, pour autant, subsiste car l'illicéité de la cause ne rejaillit pas toujours sur le contrat tout entier. Tout dépend de l'importance de la clause dans l'économie du contrat (aussi sur ce point et la sanction de la nullité partielle, v. ss 1013). Si l'illicéité de l'objet n'affecte pas une obligation essentielle, le contrat peut subsister, après l'éradication de la clause illicite. L'objectif de sanction est parfois mieux atteint par la suppression de la seule clause illicite, comme ici, où la donation entre époux va être consolidée.

– *L'objet peut aussi être contraire à « l'ordre public virtuel »*, à la détermination duquel participe le juge. Dans ce cas, il n'existe pas de texte précis que le contrat contredirait. Cependant, en s'appuyant sur des principes généraux, à valeur législative ou *supra* législative, constitutionnelle, mais aussi issus de la Convention européenne des droits de l'Homme, le juge peut déclarer telle ou telle prestation contraire à l'ordre public. Ainsi, c'est en se fondant sur le principe d'indisponibilité du corps que la jurisprudence, avant que l'article 16-7 du Code civil ne vienne directement les interdire (ordre public textuel), a condamné les conventions de procréation et de gestation pour autrui[3].

De la même manière, une clause de célibat insérée dans un contrat a été jugée contraire à l'ordre public[4], parce que portant atteinte au principe (à valeur constitutionnelle) de la liberté du mariage, composante de la liberté individuelle.

3° Le contenu de l'ordre public

861. L'ordre public est une notion protéiforme, dont les contours et le contenu sont variables, qu'il s'agisse de l'ordre public textuel ou de l'ordre public virtuel.

L'ordre public, d'une façon très schématique, représente tout ce qui est nécessaire à la bonne marche de la société protégée par l'État contre les initiatives personnelles des individus.

– Historiquement, l'ordre public est d'abord d'ordre *politique* ; il s'agit de protéger le bon fonctionnement de l'État, les relations familiales et l'intégrité de l'individu.

– À cet ordre public politique, on rattache traditionnellement les *bonnes mœurs* qui sont l'expression des coutumes et de la morale d'une société à un moment donné. Elles évoluent et varient selon les époques. Aujourd'hui, cependant, les bonnes mœurs ont tendance à régresser (notamment avec le recul de la morale sexuelle) et à s'effacer derrière la montée en puissance de l'éthique, plus moderne et qui met en avant d'autres valeurs, comme la dignité de la personne. **L'actuel projet de réforme** fait d'ailleurs disparaître cette notion de bonnes mœurs et ne parle plus que de l'ordre public.

---

1. Civ. 1re, 14 mars 2012, n° 11-13.791, *JurisData* n° 2012-004171 ; *JCP N* 2012, n° 12, act. 350, obs. H. Bosse-Platière ; *JCP N* 2012, n° 15, 1182, note C. Brenner ; *JCP* 2012. 561, chron. Dr. des contrats, obs. M. Mekki.
2. V. not. Civ. 1re, 13 déc. 2005, n° 02-14.135, *JurisData* n° 2005-031260 ; *Bull. civ.* I, n° 491 ; *JCP* 2006. II. 10136, note Ph. Simler.
3. *Bull. civ.* I, n° 387, p. 260.
4. Cf. Paris, 30 avr. 1963, *JCP* 1963. II. 13205 *bis*, rapporté au *Droit civil*, tome I, chapitre 1.

– Par la suite, à l'ordre public politique s'est adjointe une nouvelle acception de l'ordre public, *économique* cette fois, soit qu'il s'agisse de protéger certaines catégories de citoyens (ouvriers, fermiers, locataires, consommateurs, etc.), soit qu'il convienne de diriger l'économie nationale (législation des prix, clauses d'indexation, etc.) ; c'est ce que l'on appelle « l'ordre public économique », qui est soit de *protection*, soit de *direction* (v. ss 640). Le développement de cet ordre public économique, avec son cortège de textes impératifs peut évidemment conduire à l'illicéité de l'objet, si les parties ne respectent pas la réglementation qui intervient dans de nombreux domaines, par exemple concernant le prix.

La question de la licéité du prix, qui se rattache à un aspect particulier de l'ordre public économique, l'*ordre public monétaire*, pose des problèmes particuliers, concernant tant la monnaie utilisée (v. ss 491) que la question du montant du prix, notamment dans les périodes de blocage des prix. On est revenu cependant aujourd'hui, depuis l'ordonnance du 1er décembre 1986 relative à la « liberté des prix et à la concurrence », et sauf pour un certain nombre de produits ou services (loyers, médicaments), à un principe de liberté. De la même façon, la question du paiement et de ses modalités peut ainsi faire l'objet de dispositions d'ordre public : les clauses d'indexation, qui permettent de faire varier le montant nominal d'une obligation de somme d'argent sont réglementées et l'indice choisi par les parties peut être illicite, ce qui n'entraîne pas nécessairement la nullité du contrat, car le juge peut substituer un indice licite à l'indice illicite choisi par les parties (v. ss 498).

Aujourd'hui, les droits fondamentaux s'ajoutent à l'ordre public au sens classique pour limiter la liberté contractuelle ainsi qu'en témoigne **l'actuel projet de réforme** qui soumet distinctement le contrat au respect de ces deux exigences dans des dispositions préliminaires (art. 2) et qui fait disparaître la référence aux bonnes mœurs (v. ss 831).

C. Apport de l'actuel projet de réforme

1. De l'objet du contrat au contenu du contrat : le maintien des exigences actuelles relatives à l'objet

862. On soulignera à nouveau (déjà v. ss 831) que l'*actuel projet de réforme* adopte des perspectives assez différentes du Code civil actuel et aussi de celles qui étaient proposées par l'avant-projet Catala. Elles tiennent largement à l'option prise par ailleurs relativement à la cause. L'avant-projet Catala conservait la cause et maintenait la distinction classique entre l'objet et la cause. L'actuel projet fait disparaître la cause, suivant en cela les propositions Terré. Aussi, l'objet s'efface derrière le « contenu » du contrat, concept déjà connu en droit européen des contrats et en doctrine, plus large et qui permet de reprendre en son sein les fonctions actuellement attribuées à la notion de cause. On retrouve, certes des éléments classiques qui concernent l'objet : l'exigence de certitude, les caractères présent ou futur, possible, déterminé ou déterminable de la prestation. On notera que la précision est donnée que la prestation est déterminable lorsqu'elle peut être déduite du contrat.

Concernant le prix, le projet consacre également sans surprise l'évolution jurisprudentielle qui a conduit à admettre la fixation unilatérale du prix dans certains contrats (contrats-cadre et prestations de service, hors le contrat de vente) sous réserve de la sanction, *a posteriori*, par le juge, d'un abus dans la fixation du prix (v. ss 853). Cependant, le projet comporte aussi des éléments très novateurs par rapport au Code civil actuel.

2. Des solutions novatrices pour compenser la disparition de la cause

863. Ainsi la reconnaissance de ce que le contrôle d'un certain équilibre du contrat doit être opéré par le juge s'accompagne de moyens conférés à ce dernier. Certes l'affirmation, majeure, est expressément faite par le texte (comme dans l'avant-projet Catala) que dans les contrats synallagmatiques, le défaut d'équivalence des prestations n'est pas, sauf si la loi en dispose autrement, une cause de nullité du contrat. La lésion n'est donc pas admise comme une cause générale de nullité du contrat, ce qui n'est pas nouveau mais l'affirmation est importante : le juge ne se voit pas reconnaître le pouvoir de contrôler et sanctionner systématiquement tout déséquilibre objectif du contrat. Toutefois, la lutte contre certains déséquilibres, que la jurisprudence sanctionne aujourd'hui souvent sur le terrain de la cause est engagée.

Le projet généralise ainsi la sanction des clauses abusives. Une clause qui crée un déséquilibre significatif peut être supprimée par le juge à la demande du contractant au bénéfice duquel elle est stipulée.

La contrepartie dérisoire est directement visée : la règle est posée selon laquelle un contrat à titre onéreux est nul lorsque, lors de la formation du contrat, la contrepartie convenue au profit de celui qui s'engage est illusoire ou dérisoire. Enfin, toute clause qui prive de sa substance l'obligation essentielle du débiteur est réputée non écrite. Il s'agit en réalité ici de reprendre des solutions que la jurisprudence consacrait par le recours à la notion de cause et par lesquelles elle tentait de corriger des déséquilibres économiques excessifs du contrat (v. ss 901).

De même, on notera que la condition de « licéité du contrat », qui, dans le premier projet gouvernemental de 2008 était une condition de validité autonome est de nouveau rattachée directement à la question du contenu du contrat : « le contrat ne peut déroger à l'ordre public ni par son contenu, ni par son but ». Là encore, on note, avec la mention relative au but, la référence à l'une des fonctions traditionnelles de la cause, ainsi préservée : la vérification de la licéité du but poursuivi.

II. La cause

864. Les articles 1131, 1132 et 1133 ne définissent pas la cause. Alors que le droit canonique faisait déjà une distinction entre la cause abstraite et la cause concrète ou mobile, les rédacteurs du Code civil ont négligé cette distinction pour ne tenir compte que de la cause abstraite ou *cause de l'obligation* : c'est ce qu'on appelle la *théorie classique* de la cause. Depuis, la doctrine et, surtout, la jurisprudence, sont revenues à la distinction du droit canonique entre la *cause de l'obligation*, abstraite, et la *cause du contrat*, concrète : c'est ce que l'on nomme la *théorie moderne* de la cause qui réintroduit la règle morale dans le droit. La cause abstraite ou cause du contrat permet de vérifier l'existence de la cause alors que la cause subjective ou cause du contrat permet de contrôler la licéité de la cause. On peut signaler un arrêt de la première chambre civile de la Cour de cassation du 12 juillet 1989 qui distingue bien les deux notions : cause du contrat et cause de l'obligation[1] (v. arrêt à lire en fin de chapitre).

Aujourd'hui, la théorie de la cause a connu en jurisprudence de nouveaux développements dans une vision plus économique et renouvelée du contrat où elle devient un

1. *JCP* 1990. II. 21546, note critique Y. Dagorne-Labbé.

instrument de contrôle de l'utilité économique et d'un équilibre plus exigeant qu'à l'époque du Code civil, qui ne s'apprécie plus seulement au moment de la formation du contrat. En même temps et paradoxalement, sa mort semble programmée, car **l'actuel projet de réforme de la Chancellerie**, la supprime purement et simplement en ne faisant plus référence qu'au « contenu du contrat » licite et certain (déjà v. ss 832, 901). Il en conserve toutefois les fonctions principales : le contrôle d'un certain équilibre du contrat (avec la mise en place de mécanismes correcteurs des déséquilibres excessifs) et le contrôle de la licéité, le projet exigeant en effet non seulement la licéité du contenu du contrat mais aussi la licéité de son « but » (notion qui rejoint la notion de cause illicite).

A. La cause de l'obligation ou cause abstraite comme instrument de contrôle de l'existence de la cause

865. Bien que parfois confondue avec l'objet, la cause est une notion différente. C'est la réponse à la question : « Pourquoi ? » *Cur debetur ?* (Pourquoi dois-tu ?), alors que l'objet répond à la question : « Que ou quoi ? » *Quid debetur ?* (Que dois-tu ?) (v. tableau en fin de chapitre).

1. Exposé de la théorie classique

866. Pour les « causalistes » et notamment Domat, la cause qui doit être recherchée est celle de chaque obligation née du contrat, indépendamment du reste de l'opération (c'est pourquoi on parle de cause abstraite ou objective). Demolombe approfondit les idées de Domat en soulignant notamment les différences entre :

• ***cause finale*** : cause proprement dite ;

• ***cause efficiente ou formelle*** : ce qui fait que le contrat se forme : le consentement dans les contrats consensuels ou la forme dans les contrats solennels ;

• ***cause impulsive*** : motif déterminant pour lequel chacun a contracté.

Par exemple, une vente fait naître deux obligations : obligation de livrer la chose pour le vendeur, obligation de payer le prix demandé pour l'acheteur. Pourquoi le vendeur s'engage-t-il à livrer la chose ? Parce qu'il va en recevoir le prix. Pourquoi l'acheteur s'engage-t-il à payer le prix de la chose ? Parce que le vendeur va la lui livrer.

• ***pour les contrats synallagmatiques***, la cause de l'obligation de l'une des parties est l'engagement pris par l'autre d'exécuter sa propre prestation : c'est la cause-contrepartie ;

• ***pour les contrats réels unilatéraux***, comme le prêt ou le gage, la cause de l'obligation est la remise de la chose : en effet, pourquoi l'emprunteur s'engage-t-il, par exemple, à restituer la chose empruntée ? Parce que cette chose lui a été remise ;

• ***pour les contrats à titre gratuit***, enfin, la cause de l'obligation est l'intention libérale, l'*animus donandi*, et ce, sans rechercher les mobiles (propres au disposant considéré).

2. Critiques soulevées par cette théorie

867. On a reproché à la théorie de Domat d'être *incomplète* car elle n'envisage pas les contrats unilatéraux à titre onéreux, comme une promesse de vente par exemple. Mais on peut admettre ici que la cause de l'obligation du promettant est l'obligation qui naîtra ultérieurement ; dans la promesse de payer, c'est la préexistence d'une obligation, fût-elle naturelle : le paiement n'a de cause que s'il y a une dette préexistante.

Mais, surtout, les anti-causalistes, à la suite de Planiol, reprochent à cette théorie d'être fausse et inutile.

– *Elle est fausse selon eux*, car, dans les contrats synallagmatiques, les deux obligations naissant en même temps ne peuvent se servir mutuellement de cause ; dans les contrats réels, la remise de la chose est plus que la cause de l'obligation, elle est la formalité donnant vie au contrat ; et, dans les contrats à titre gratuit, il est impossible d'envisager l'intention libérale sans connaître en même temps les mobiles qui ont poussé le donateur.

– *La théorie classique de la cause est également inutile aux yeux des anti-causalistes*, car l'annulation d'un contrat pour absence de cause, ou fausse cause, ou cause illicite, se confond alors avec l'annulation pour défaut de consentement ou illicéité de l'objet.

En réalité, la théorie classique de la cause ne mérite « ni cet excès d'honneur, ni cette indignité » et si elle a survécu à ces critiques, c'est qu'elle présente quand même un certain intérêt, surtout en ce qui concerne les contrats synallagmatiques.

3. Utilisation de la théorie classique pour expliquer certains mécanismes juridiques

868. L'essence même du contrat synallagmatique, commutatif, à titre onéreux est l'existence d'une contre-prestation : chaque partie ne s'engage qu'en raison de la contrepartie qu'elle recherche. C'est l'aspect économique qui est envisagé ici et le recours à la notion classique de cause permet de comprendre certains mécanismes juridiques.

a) La lésion

869. Effectivement, si l'équilibre ainsi réalisé entre les prestations et contre-prestations vient à être rompu, on pourra envisager l'annulation du contrat pour absence de cause. C'est ce qui arrive en cas de lésion. Si le vendeur d'un immeuble livre l'immeuble, c'est parce qu'il va en recevoir le prix. Mais s'il s'avère que le prix qui lui a été versé ne correspond pas à la valeur de l'immeuble, alors son obligation de livrer cesse d'être fondée et la vente pourra être rescindée pour lésion (art. 1674). C'est pourquoi l'on peut rattacher la lésion à la notion de cause plutôt qu'à celle de vices du consentement (sur la lésion, v. ss 912 s.). Il faut cependant que le déséquilibre soit suffisamment important pour remettre en cause l'existence d'une contrepartie et que la nullité du contrat soit encourue.

b) La résolution

870. De la même façon, on peut justifier par le recours à la théorie de la cause la notion de résolution, qui permet d'anéantir un contrat en cas d'inexécution, par l'une des parties, de son obligation (art. 1184). Ceci permet d'éviter que l'autre partie ne soit forcée d'exécuter sa propre prestation alors qu'elle ne reçoit plus la contre-prestation attendue (v. ss 1226 s.).

c) L'enrichissement sans cause

871. C'est la même idée que l'on retrouve dans la notion d'enrichissement sans cause (v. ss 1402 s., la jurisprudence interprétant l'article 1371).

4. UTILISATION PRINCIPALE : LE CONTRÔLE DE L'EXISTENCE DE LA CAUSE

872. Ce que l'on cherche essentiellement ici, par l'intermédiaire de cette notion objective de cause, ou cause de l'obligation, c'est à vérifier l'*existence de la cause :* les obligations sans cause, ou fondées sur une fausse cause, sont en effet annulables (art. 1131) parce qu'à défaut de cause, l'engagement n'a aucun sens.

Il convient d'ailleurs de distinguer, comme le fait la jurisprudence, entre l'absence de cause, totale ou partielle et la fausse cause.

a) L'absence de cause

873. *La solution dépend du type de contrat*, car la cause objective est stéréotypée par type de contrat.

1° Dans les contrats synallagmatiques

874. *Dans le contrat synallagmatique commutatif*, qui réalise une opération d'échange économique, la cause de l'obligation de l'une des parties est l'obligation de l'autre et inversement. La cause peut-être alors être définie comme l'existence de la « contrepartie ». Chacune des parties s'engage envers l'autre à effectuer une prestation. L'absence de cause entraîne l'annulation de la convention en raison de l'absence de contre-prestation, comme elle entraîne concomitamment la nullité pour défaut d'objet, ainsi que vu plus haut (v. ss 841). Cette analyse de la cause est confirmée par la jurisprudence la plus récente[1]. Comme le souligne Denis Mazeaud, la cause est donc une notion abstraite et dans les contrats synallagmatiques, le déséquilibre qu'elle permet de combattre est exclusivement un déséquilibre structurel qui se traduit par l'absence totale de contrepartie à laquelle est assimilée la contrepartie dérisoire. Mais la contrepartie existe dès lors qu'un engagement réciproque valable répond à celui souscrit par un des cocontractants (aussi sur l'impact de cette jurisprudence récente, v. ss 901).

Concernant la sanction de la contrepartie dérisoire ou inexistante, il s'agit de la nullité du contrat à l'exclusion de sa révision. La jurisprudence la plus récente refuse en effet ce pouvoir de réfaction du contrat par le juge : « si une contrepartie financière dérisoire à la clause de non-concurrence équivaut à une absence de contrepartie rendant la clause nulle, le juge ne peut, sous couvert de l'appréciation du caractère dérisoire de la contrepartie pécuniaire invoquée, substituer son appréciation du montant de cette contrepartie à celle fixée par les parties et… accorder au salarié la contrepartie qu'il estime justifiée[2] ». **L'actuel projet de réforme**, tout en faisant disparaître la cause, prévoit la sanction par la nullité du contrat de la contrepartie dérisoire ; c'est la seule sanction admise.

L'absence de cause entraînait classiquement une *nullité absolue*. Cependant, la première chambre civile de la Cour de cassation a rendu une décision qualifiant l'absence de

---

1. Com. 9 juin 2009, pourvoi n° 08-11420, *RDC* n° 4, 2009. 1345, obs. D. Mazeaud ; *RTD civ.* n° 4, 2009. 719, obs. B. Fages, pour un contrat de location de vidéo cassettes ; Civ. 1re, 19 juin 2008, *D.* 2008. AJ 1825, obs. X. Delpech et *ibid.* 2369, obs. C. Breton ; *JCP* 2008. II. 10150, note A. Constantin, *JCP E* 2008. 1964, note D. Legeais ; F. Chenedé, « La cause de l'obligation dans le contrat de prêt réel et dans le contrat de prêt consensuel », *D.* 2008. 2555 ; *RDC* 2009. 182, note P. Puig, pour un contrat consensuel de prêt.
2. Soc. 16 mai 2012, n° 11-10760, *RDC* 2013 /1, p. 75, obs. T. Génicon ; *Gaz. Pal.* 2012, n° 201, p. 14, note S. Le Gac-Pech et n° 85, obs. D. Houtcieff. V. aussi, D. Mazeaud, « La révision du contrat », *LPA* 30 juin 2005, p. 4.

cause de « nullité relative » et lui appliquant la prescription abrégée de cinq ans, qui depuis la loi du 17 juin 2008 portant réforme de la prescription civile est d'ailleurs devenue le délai de droit commun, applicable aussi désormais aux nullités absolues (sur la prescription, v. ss 537 s., et sur les conséquences en matière d'action en nullité, v. ss 1003). Cette décision qui peut surprendre les puristes, se justifie cependant, selon la théorie moderne des nullités « qui conçoit la nullité comme une sanction qui doit s'adapter au but de la règle dont elle tend à assurer le respect et dont la nature, absolue ou relative, doit dépendre des intérêts, généraux ou particuliers, protégée par la norme méconnue ». En l'espèce, il s'agissait de la défense d'un intérêt particulier qui aurait pareillement pu être assurée par le recours aux notions d'erreur ou de dol : causes de nullité relative[1]. Depuis, cependant, la première chambre a réaffirmé le caractère absolu de la nullité pour absence de cause (action en nullité, v. ss 985, et les références).

2° Dans les contrats aléatoires

875. Dans un contrat aléatoire, l'annulation pour absence de cause est encourue dès qu'il n'y a pas en réalité d'aléa, car la cause, pour chacune des parties, c'est l'aléa, chacun espérant gagner et non perdre. Ainsi pour les rentes viagères, selon l'article 1974, en cas d'absence complète d'aléa et selon l'article 1975, en cas de présomption, d'ailleurs irréfragable, de l'absence d'aléa dans le cas de la connaissance par le débirentier de l'imminence du décès du crédirentier. La nullité peut être encourue même au-delà du délai fixé par l'article 1975, si l'absence d'aléa peut être établie[2]. Ainsi a été annulée pour défaut d'aléa, bien que le décès du vendeur soit survenu plus de 15 mois après, la vente d'un immeuble en viager du fait que le vendeur, médecin, était informé du caractère inéluctable de sa maladie et que les acquéreurs très liés avec lui ne pouvaient ignorer la gravité de l'affection[3].

3° Dans les contrats à titre gratuit

876. Dans un contrat à titre gratuit, la cause est toujours l'intention libérale, définie comme la volonté d'avantager sans recevoir de contrepartie. C'est donc l'absence d'*animus donandi* avec tout ce que cela présente de difficulté de preuve qui caractérise l'absence de cause.

4° Dans les contrats réels

877. La cause de l'obligation de restitution, dans ces contrats qui se forment par la remise de la chose qui en est l'objet (chose prêtée, chose remise en dépôt, c'est la remise antérieure de la chose à titre de prêt ou de dépôt). C'est ce que la Cour de cassation a récemment rappelé à propos du prêt, lorsqu'il est passé entre particuliers et qu'il reste donc un contrat réel[4]. On rappellera que lorsqu'il est consenti par un professionnel du

1. Civ. 3e, 29 mars 2006, *JurisData* n° 2006-032919 ; *JCP* 2006. I. 153, comm. A. Constantin.
2. Com. 4 nov. 1980, *Bull. civ.* IV, n° 169, p. 127.
3. Civ. 3e, 2 févr. 2000, *JCP* 2000. II. 10289, note J.-F. Weber.
4. Civ. 1re, 19 juin 2008, *D.* 2008. AJ 1825, obs. X. Delpech et 2369 obs. C. Breton ; *JCP* 2008. II. 10150, note A. Constantin, *JCP E* 2008. 1964, note D. Legeais ; F. Chenedé, « la cause de l'obligation dans le contrat de prêt réel et dans le contrat de prêt consensuel », *D.* 2008. 2555 ; *RDC* 2009. 182, note P. Puig.

crédit, la jurisprudence a écarté la qualification de contrat réel qui conduit à faire du prêt un contrat unilatéral. Il devient en ce cas synallagmatique, la cause de l'obligation de restitution étant alors l'obligation de remettre la somme prêtée, ce que la Cour de cassation a également rappelé par un arrêt du même jour que le précédent[1] (v. ss 679).

b) La fausse cause

878. La fausse cause est en réalité une erreur portant sur la cause. Cette notion, très utile quand on avait encore une conception étroite de l'erreur sur la substance, ne l'est plus guère avec le développement de la notion d'erreur substantielle (v. ss 797 s.).

Néanmoins la jurisprudence continue à utiliser parfois cette notion. Dans une décision rendue en 2003, la première chambre civile de la Cour de cassation l'a utilisée à propos d'une reconnaissance de dette (acte unilatéral et non contrat), pour admettre que la fausseté partielle de la cause « n'entraînait pas l'annulation de l'obligation mais sa réduction à la mesure de la fraction subsistante ». Elle faisait donc application de la notion de fausseté partielle de la cause, assortie d'une sanction spécifique : la réduction[2].

879. Toutefois, dans une décision plus récente du 31 mai 2007, elle a précisé que cette solution ne pouvait être étendue aux contrats synallagmatiques : « dans un contrat synallagmatique, la fausseté partielle de la cause ne peut entraîner la réduction de l'obligation »[3].

c) L'obligation sans cause exprimée et la question de la preuve

880. L'obligation est valable même si la cause n'est pas exprimée, dès lors qu'elle existe (art. 1132). Mais c'est un problème de *preuve* qui va alors se poser ; en effet, c'est à la partie qui entend faire annuler le contrat qu'il incombera de faire la preuve de la fausseté ou de l'inexistence de la cause. En outre, « lorsque la cause de l'obligation est démontrée fausse, il incombe au bénéficiaire de prouver que sa créance repose sur une autre cause licite et faute par lui de faire cette preuve, il doit succomber dans ses prétentions »[4]. Il faut alors distinguer selon que la cause de l'obligation est ou non précisée dans l'acte : si elle l'est, les parties ne peuvent faire la preuve du défaut de cause que par écrit, sur le fondement de l'article 1341 et la solution a été réaffirmée par la Cour de cassation[5]. Dans le cas d'une reconnaissance de dette, acte unilatéral dont la structure ne rend pas compte de la cause, une mention de l'acte peut néanmoins préciser la cause (la dette antérieure que l'on entend ainsi acquitter). Les tiers, au contraire peuvent faire la preuve par tous moyens. En revanche, si la cause n'est pas mentionnée dans l'écrit constatant l'obligation, par exemple un billet non causé, la jurisprudence

---

1. Com. 7 avr. 2009, pourvoi nº 08-12.192, *JCP* 2009. 273, nº 13, *D*. 2009. 2080, note J. Ghestin ; *JCP* 2009. 77, nº 27, note J. Lasserre Capdeville.

2. Civ. 1re, 11 mars 2003, *Bull. civ*. I, nº 67, *RTD civ*. 2003. 287, obs. J. Mestre et B. Fages ; *RLDC* nº 40, 2007. 12, obs. S. Doireau.

3. Civ. 1re, 31 mai 2007, *D*. 2007. 2574, note J. Ghestin ; *RLDC* 2007. 12, obs. S. Doireau ; *RTD civ*. 2007, obs. B. Fages ; *Dr. et patr*. 2007. 86, obs. L. Aynès et P. Stoffel-Munck ; *D*. 2007. Pan. 2971, obs. S. Amrani-Mekki.

4. Civ. 1re, 20 déc. 1988, *Bull. civ*. I, nº 369 ; solution rappelée par : Com. 31 janv. 2012, nº 10-27. 316 ; Chron. Droit des contrats, *JCP* mai 2012. 561, obs. J. Ghestin.

5. Civ. 1re, 23 févr. 2012, *D*. 2012. 993, note A. Donnette.

admet que l'existence de la cause est présumée et ce sera donc à celui qui en conteste l'existence d'en apporter la preuve par tous moyens cette fois[1].

B. La cause subjective ou cause du contrat : instrument de contrôle de la licéité de la cause

881. En réaction contre les anti-causalistes, les néo-causalistes ont élaboré certaines théories réhabilitant la notion de cause tout en adoptant, à côté du sens que nous venons d'étudier, un autre sens, correspondant à une autre fonction de la cause. La terminologie varie selon les auteurs, certains opposants la théorie subjective de la cause à la théorie objective, les autres parlant de la cause abstraite opposée à la cause concrète, d'autres, enfin, préférant parler de cause du contrat (subjective, concrète) par opposition à la cause de l'obligation (objective, abstraite).

Quelle que soit la terminologie adoptée, ce qui est certain c'est que la notion de cause se présente sous un double aspect : le premier, objectif, abstrait, général, suffisant pour constater l'*existence* de la cause, ainsi qu'on l'a constaté précédemment (v. ss 872 s.) ; le second, subjectif, concret, propre à chaque cas particulier, permettant de vérifier la *licéité* de la cause.

1. Notion de cause subjective

► ***La cause du contrat***, distinguée de la cause de l'obligation, est constituée par les mobiles, concrets, personnels, du contractant, ce qu'on a appelé la « cause impulsive et déterminante » du contrat, dans la mesure où ce caractère est connu du cocontractant.

882. Il s'agit ici, en effet, d'aller plus loin dans le contrôle et de rechercher quels ont été les mobiles profonds qui ont amené chacune des parties à contracter. Cette recherche permettra alors de contrôler la licéité de la cause, et d'annuler le contrat pour cause illicite (art. 1131, *in fine*) ce qui n'est pas possible avec la cause objective ; celle-ci ne varie pas selon la personnalité et la psychologie des contractants ; elle est toujours la même par catégorie de contrats : dès lors qu'il y a bien interdépendance des prestations, remise de la chose ou intention libérale, ce qui caractérise la cause respectivement dans les contrats, commutatifs, réels et à titre gratuit, il n'y a pas matière à aller plus loin. Sauf à rechercher les mobiles.

883. Parmi tous les mobiles des contractants, il y en a au moins un qui est commun aux deux parties. La cause subjective est donc ce motif déterminant intégré au contrat.

Selon la Cour de cassation, en effet, pour qu'un motif, propre à l'une des parties, puisse être considéré, il faut qu'il soit entré dans le « champ contractuel » en ayant été érigé en « condition » du contrat et, ce, par une « stipulation expresse »[2]. Ainsi, dans une vente, si l'on s'en tient à la cause de l'obligation, quand l'immeuble est livré et le prix payé, on ne peut que constater la validité du contrat, alors que si l'on recherche les mobiles des contractants, le contrat sera apprécié différemment selon que l'acheteur a acheté l'immeuble pour y loger sa famille ou pour y installer une fumerie d'opium, par exemple !

---

1. Civ. 1re, 19 juin 2008, *Bull. civ.* I, n° 175 ; *D.* 2008. 1827, 2368, obs. C. Creton et 2555, obs. F. Chenedé ; 8 oct. 2009, *D.* 2010. 128, note Rebeyrol et 2671, spéc. 2676, obs. I. Gelbard-Le Dauphin.
2. Civ. 1re, 13 févr. 2001, *JCP* 2001. IV. 1641 et *JCP* 2001. I. 330, obs. J. Rochfeld.

La cause du contrat, c'est donc, le mobile impulsif et déterminant entré dans le champ contractuel et qui n'est donc plus, de ce fait, un simple mobile, indifférent à la validité du contrat.

884. Ce contrôle de la cause du contrat permet ainsi d'assurer, au même titre que le contrôle de l'objet (v. ss 858 s.), la conformité du contrat aux lois impératives, à l'ordre public et aux bonnes mœurs (sur ces notions, v. ss 860 s.), c'est-à-dire, en somme, sa conformité à certaines exigences sociales. Dans les contrats à titre gratuit, la recherche de la cause impulsive et déterminante a longtemps servi à « moraliser » les contrats, mais les exigences de moralité se sont aujourd'hui un peu relâchées (v. ss 888).

2. APPLICATIONS ACTUELLES DE LA CAUSE ILLICITE

885. Il convient tout d'abord de préciser ce que l'on entend par cette cause illicite qui va entraîner la nullité absolue du contrat. La définition qu'en donne l'article 1133 n'est pas très précise et l'on préfère généralement distinguer :

► ***la cause illicite***, d'une part, c'est-à-dire celle qui est contraire à la loi ou à l'ordre public,

► ***la cause immorale***, d'autre part, c'est-à-dire celle qui est contraire aux bonnes mœurs.

a) La cause illicite

886. La cause illicite est assez difficile à isoler, car elle fait généralement double emploi avec un objet illicite ou avec une cause immorale : par exemple, dans l'affaire de la « rose tatouée », la convention, dont l'objet était le tatouage d'une rose, qui devait ensuite être prélevé sur le corps de la personne, à des fins mercantiles (v. ss 859), a été considérée comme à la fois illicite, immorale et contraire à l'ordre public par son objet et par sa cause ! Toutefois, on relève, sanctionnés au titre de la seule cause illicite, des cas de corruption de fonctionnaires ou des clauses tendant au partage entre un officier public et son client, du gain du procès ou encore le courtage d'adoption : toute convention ayant pour objet de déterminer la somme à verser en rémunération des services d'un intermédiaire en vue d'une adoption, a une cause illicite et ne peut avoir aucun effet [1].

De même, une contre lettre, prévoyant le versement d'une somme supplémentaire par le bénéficiaire d'une promesse de vente, hors déclaration fiscale, pour faire échapper une partie du prix de vente aux droits de mutation du fisc, est nulle, par application du Code général des impôts car elle a pour but de frauder le fisc (sur cette pratique de la simulation, v. ss 956 s.). Le vendeur doit donc restituer la somme perçue en supplément à l'acquéreur et la Cour de cassation lui a interdit de « se prévaloir de la cause illicite de la remise pour se soustraire à sa restitution » [2]. Autre exemple, l''exception de jeu de l'article 1965 du Code civil peut être efficacement opposée à la demande de remboursement d'un prêteur, dès lors que, pour des prêts entre particuliers, il est établi, à partir de simples présomptions,

---

1. Civ. 1re, 22 juill. 1987, *D.* 1988. 172, note J. Massip.
2. Civ. 3e, 25 févr. 2004, *JurisData* n° 2004-022472 ; *JCP* 2004. IV. 1808 ; *JCP* 2004. I. 149, obs. F. Labarthe.

que le prêteur « ne pouvait prétendre avoir ignoré la destination des sommes litigieuses », ce qui est un élément constitutif de l'illicéité [1]. Comme dernier exemple d'une cause illicite, dans un arrêt du 15 mars 2011 [2]la chambre commerciale de la Cour de cassation a rappelé les conditions de validité d'une clause de non-concurrence. En se fondant à la fois sur le « principe fondamental de libre exercice d'une activité professionnelle et l'article 1131 du Code civil », elle rappelle le principe selon lequel « lorsqu'elle a pour effet d'entraver la liberté de se rétablir d'un salarié, actionnaire ou associé de la société qui l'emploie, la clause de non-concurrence signée par lui, n'est licite que si elle est indispensable à la protection des intérêts légitimes de l'entreprise, limitée dans le temps et dans l'espace, qu'elle tient compte des spécificités de l'emploi du salarié et comporte l'obligation pour la société de verser à ce dernier une contrepartie financière, ces conditions étant cumulatives ». Dans le cas contraire, sa cause est illicite.

b) La cause immorale

887. La cause immorale connaît des applications variables selon la nature du contrat (contrat à titre onéreux ou contrat à titre gratuit). Pendant longtemps, ses applications les plus significatives ont concerné les contrats à titre gratuit. Cependant, la morale au sens traditionnel (morale sexuelle essentiellement) est en perte de sens et le contentieux de l'annulation a beaucoup régressé [3].

Une des dernières illustrations de ce recul est la décision rendue par la Cour de cassation le 4 novembre 2011 [4], admettant qu'un contrat de courtage matrimonial peut être valablement conclu par une personne mariée. La cour d'appel, conformément à la position classique des juges du fond sur la question [5] avait annulé le contrat comme pourvu d'une cause immorale et illicite. L'arrêt est cassé pour violation de la loi, au visa de l'article 1133 du Code civil, aux motifs que « le contrat proposé par un professionnel, relatif à l'offre de rencontres en vue de la réalisation d'un mariage ou d'une union stable, qui ne se confond pas avec une telle réalisation, n'est pas nul, comme ayant une cause contraire à l'ordre public et aux bonnes mœurs, du fait qu'il est conclu par une personne mariée ». L'immoralité de la cause est donc aujourd'hui une notion résiduelle.

1° Dans les contrats synallagmatiques à titre onéreux et les contrats réels

888. Si l'on restait sur le terrain de la cause objective ou de l'objet, le contrat apparaîtrait parfaitement licite : il s'agit par exemple d'un contrat de vente d'immeuble (contrat synallagmatique) : l'objet, le transfert de la propriété d'un immeuble, est licite. La cause objective de l'obligation du vendeur ne soulève pas de difficulté : c'est l'obligation

---

1. Civ. 1re, 4 nov. 2011, n° 10-24.007, *JurisData* n° 2011-024372 ; *JCP* 2012. 63 s., n° 13, obs. M. Mekki.

2. Com. 15 mars 2011, n° 10-13.824, *JurisData* n° 2011-003902 ; *JCP* mai 2011. 566, chron. Droit des contrats, obs. J. Ghestin. Pour une autre application de la cause illicite, v. Civ. 1re, 26 sept. 2012, n° 11-12. 941, *RDC* 2013. 70, note Y.-M. Laithier.

3. V. D. Fenouillet, « Les bonnes mœurs sont mortes ! Vive l'ordre public philanthropique ! », *in Le droit privé français à la fin du XXe siècle. Études offertes à P. Catala*, LexisNexis, 2001, p. 487.

4. Civ. 1re, 4 nov. 2011, n° 10-20.114, *JurisData* n° 2011-024371 ; *JCP* 2012, note 9, D. Bakouche, *Droit de la famille* 2012, comm. 21, note D. Vigneau ; *JCP* 2012. 63 s., obs. M. Mekki.

5. Dijon, 1re ch., 2e sect., 22 mars 1996, *JurisData* n° 1996-042020 ; *RTD civ.* 1996. 880, obs. J. Hauser ; *RTD civ.* 1997. 115, obs. J. Mestre ; *JCP* 1997. II. 22774, note M. Douchy ; Paris, 1er déc. 1999, *D.* 2000. 415, obs. J.-J. Lemouland ; *RTD civ.* 2000. 296, obs. J. Hauser.

assumée par l'acheteur de payer le prix et inversement. Il peut s'agir aussi d'un contrat de prêt (contrat réel) : l'objet, là encore, est incontestablement licite : mise à disposition d'une somme d'argent ; la cause objective de l'obligation de restitution est la remise antérieure de la somme. Cependant, sur le terrain de la cause subjective, en scrutant les mobiles des contractants, on voit apparaître l'immoralité du contrat. L'immeuble est acheté pour y exploiter une maison de tolérance ou de jeux ; l'argent est emprunté pour jouer, ou pour permettre à une femme mariée de fuir avec son amant [1]. Les contrats annulés pour cause immorale sont généralement ceux ayant trait à l'exploitation d'établissements de débauche ou les contrats concernant les jeux ou paris (C. civ., art. 1965). Toutefois, il a été jugé que l'article 1965 était inapplicable au PMU, le montant du pari ayant été remis par un organisme autorisé et réglementé par les pouvoirs publics [2].

889. Faut-il pour que l'annulation soit prononcée, que le motif impulsif et déterminant, illicite ou immoral, soit commun aux deux parties ou, tout au moins, qu'il ait été connu de l'autre, qu'il soit « entré dans le champ contractuel » ? Les mobiles subjectifs, individuels ne sont pas, en effet, forcément connus du cocontractant. Pendant longtemps, la jurisprudence n'a admis l'annulation des contrats à titre onéreux pour cause illicite ou immorale que si la cause impulsive et déterminante, présumée immorale, était connue des deux parties [3]. La même solution était appliquée aux contrats réels. Toutefois, cela peut entraîner une injustice envers le demandeur en nullité (la nullité pour cause illicite ou immorale est une nullité absolue qui peut donc être demandée par tout intéressé) : s'il était de bonne foi, ignorait le mobile illicite et qu'il a intérêt à la nullité, il ne pourra pas la demander. C'est pourquoi on peut considérer que la nullité devrait être prononcée dans tous les cas quitte à dédommager ensuite le contractant de bonne foi qui n'aurait pas agi en nullité, par des dommages-intérêts. C'est ce qu'a fait la Cour de cassation par un revirement remarqué en précisant « qu'un contrat peut être annulé pour cause illicite ou immorale, même lorsque l'une des parties n'a pas eu connaissance du caractère illicite ou immoral du motif déterminant de la conclusion du contrat » [4].

Dans les actes à titre onéreux, la preuve du motif impulsif et déterminant se fait par tout moyen et elle peut être faite à l'aide d'éléments extérieurs à l'acte.

890. Enfin, lorsque la nullité est prononcée, les *restitution*s consécutives à cette annulation sont parfois refusées au demandeur en raison de sa propre indignité selon l'adage *nemo auditur propriam turpitudinem allegans* (la personne qui invoque sa propre indignité ne peut être écoutée). La règle *nemo auditur...* devrait empêcher purement et simplement le cocontractant indigne d'agir en nullité. Or, telle n'est pas la solution et, en réalité, la jurisprudence paralyse simplement la possibilité pour le demandeur d'obtenir la restitution de ce qu'il a fourni, à titre de sanction (sur ce point v. aussi ss 1018).

Lorsque les deux contractants ont été animés de motifs illicites ou immoraux, la jurisprudence fait plutôt application de la règle *in pari causa turpitudinis cessat repetitio*. La Cour de cassation estime alors qu'« en présence des turpitudes réciproques des parties »,

1. Req. 17 avr. 1923, *D.* 1923. I. 172.
2. Civ. 1re, 4 mai 1976, *Bull. civ.* I, n° 154, p. 122 et *JCP* 1977. II. 18540, note de Lestang.
3. Civ. 1re, 4 déc. 1956, *JCP* 1957. II. 10008, note J. Mazeaud.
4. Civ. 7 oct. 1998, *D.* 1998, jurispr. 653, concl. J. Sainte Rose ; *Gaz. Pal.* 2000. I. 643, note F. Chabas ; *Defrénois* 1998. 1408, obs. D. Mazeaud ; *JCP* 1998. II. 10202, note M.-H. Malleville ; *JCP* 1999. I. 114, obs. C. Jamin ; *Bull. civ.* I, n° 285 ; *JCP* 1998. I. 10202, note M.-H. Malleville ; *RTD civ.* 1999. 387, obs. J. Mestre.

la demande d'une des parties dirigée contre l'autre doit être d'office déclarée irrecevable[1]. Toutefois, dans une affaire plus récente, en raison d'une cause illicite constituée par une fraude envers le fisc, la Cour de cassation, tout en relevant que la pratique frauduleuse « procédait de l'accord concerté des parties qui trouvaient, chacune, un intérêt financier », accepte la demande en restitution alors que, jusqu'ici, cette équivalence dans l'indignité avait pour conséquence de refuser l'action en répétition[2]. Il s'agissait cependant d'une cause illicite et pas immorale, ceci expliquant peut-être cela.

2° Dans les contrats à titre gratuit et plus particulièrement dans le cas des donations

891. D'abord, la jurisprudence, pour prononcer la nullité, n'a jamais exigé comme pour les contrats à titre onéreux, que le motif impulsif et déterminant ait été connu du bénéficiaire de la donation.

Ensuite, l'annulation pour cause immorale intervenait généralement dans le cas de libéralité à un enfant adultérin ou à une concubine. Mais, la jurisprudence faisait de subtiles distinctions quant à la *preuve* d'abord, qui devait être intrinsèque (c'est-à-dire émaner de l'acte lui-même) lorsqu'il s'agissait d'une libéralité à un enfant adultérin, alors qu'elle pouvait être extrinsèque (c'est-à-dire faite en dehors de l'acte) dans les autres cas. Cette distinction avait pour but de protéger l'enfant qui n'est pas responsable de son état irrégulier. Elle n'a évidemment plus aucun sens aujourd'hui compte tenu de l'égalité de tous les enfants. Une autre distinction était faite en ce qui concerne les relations entre concubins : si la libéralité avait pour objectif de s'attirer les bonnes grâces d'une personne, ou de les conserver, la cause était jugée immorale ; si, au contraire, il s'agissait d'un cadeau de rupture, elle était considérée comme valable[3]. Cependant, cette jurisprudence n'a plus cours. Par un arrêt de principe très critiqué, la première chambre civile de la Cour de cassation a décidé que « n'est pas contraire aux bonnes mœurs la cause de la libéralité dont l'auteur entend maintenir la relation adultère qu'il entretient avec le bénéficiaire » !... Les mœurs ont évolué ! Que reste-t-il du devoir de fidélité ?...[4] (v. arrêt à commenter). On pouvait se demander si cette jurisprudence serait confirmée, elle l'a déjà été à plusieurs reprises ![5] Et surtout, par l'assemblée plénière de la Cour de cassation, le 29 octobre 2004 : le recul des bonnes mœurs traditionnelles est donc patent[6]. Dans un arrêt plus récent, la Cour de cassation maintient sa position mais elle nuance sa position en précisant que « chaque époux peut librement disposer de ses gains et salaires après s'être acquitté des charges du mariage », en d'autres termes on ne peut limiter la liberté d'une personne de disposer de ses biens au profit de sa concubine, dans la mesure où cela ne porte pas préjudice à l'épouse légitime...[7].

---

1. Com. 27 avr. 1981, *Bull. civ.* IV, n° 187, p. 149, et *D.* 1982. 51, note Ph. le Tourneau.
2. Civ. 3e, 25 févr. 2004, *JCP* 2004. IV. 1808 et I. 149, obs. F. Labarthe.
3. Civ. 2e, 10 janv. 1979, *Bull. civ.* II, n° 10 ; *JCP* 1979. IV. 89.
4. Civ. 1re, 3 févr. 1999, *JCP* 1999. II. 10083, note M. Billiau et G. Loiseau ; *JCP* 1999. II. 1143, obs. F. Labarthe, *RTD civ.* 1999. 388, obs. J. Mestre ; *RJPF* 1999. 2152, note J. Casey, et *Dr. fam.* 1999, n° 54, note B.B., pleine d'humour !
5. Civ. 1re, 16 mai 2000, *Defrénois* 2000. 1049, obs. J. Massip ; *Dr. fam.* 2000, n° 102, note B. Beignier, et Toulouse, 29 mars 2000, *Dr. fam.* 2000, n° 100, note B. Beignier ; v. aussi Civ. 1re, 29 janv. 2002, 1re esp., *LPA* 24 juin 2002, n° 125, p. 16, note J. Massip.
6. Plén. 29 oct. 2004, parmi les très nombreux commentaires : *D.* 2004. 3175, note D. Vigneau ; *JCP* 2005. II. 10011, note F. Chabas ; *ibid.* I. 187, note R. Le Guidec, *RTD civ.* 2005. 368, obs. J. Hauser.
7. Civ. 1re, 25 janv. 2005, *Gaz. Pal.* 16-18 oct. 2005, p. 2.

C. Les utilisations renouvelées de la cause et leur avenir incertain en jurisprudence

1. La cause de l'engagement et l'appréciation de la contrepartie au regard de l'économie du contrat

892. Une utilisation plus moderne et unitaire de la cause, plus économique, aussi a été engagée depuis une dizaine d'années par la jurisprudence et approuvée par une partie de la doctrine. Elle conduirait à ne plus réellement distinguer la cause de l'obligation ou cause abstraite et la cause du contrat, ou cause subjective, alors même qu'il s'agit d'apprécier l'existence de la cause. Plus souple, elle paraît plus conforme aux évolutions économiques. En ne se cantonnant plus à une analyse purement abstraite de la cause-contrepartie pour en apprécier l'existence, il devient alors possible de sanctionner des déséquilibres contractuels majeurs, appréciés par rapport à « l'économie générale de la convention », mais qui ne sont pourtant pas caractérisés par l'absence de contrepartie, car il y a bien réciprocité des engagements.

Cette notion plus souple et unitaire de la cause a été présentée par le professeur Jacques Ghestin sous le terme de « cause de l'engagement »[1] et a été reprise par *l'avant-projet Catala* de réforme du Code civil (v. ss 897). Mais la jurisprudence en fait déjà application depuis quelques années.

2. L'utilisation par la jurisprudence pour sanctionner les contrats déséquilibrés

893. ***La contrepartie appréciée par référence à l'économie du contrat***. La jurisprudence, aujourd'hui, dans la perspective de mieux contrôler l'équilibre de l'opération, a, selon certains auteurs, procédé à une « subjectivisation » de la cause objective ou abstraite pour prendre en compte, sur le fondement du contrôle de l'existence de la cause, autre chose que la simple existence d'une contrepartie, matérialisée lors de la formation du contrat, par une obligation. Pour cela, elle a eu recours à plusieurs reprises à la notion « d'économie du contrat », et elle apprécie l'existence de la contrepartie en fonction de cette économie du contrat. Elle a pu ainsi découvrir la contrepartie réelle d'une obligation contractuelle non pas sous la forme d'une obligation contenue dans le contrat, mais en dehors du contrat lui-même parce que cette contrepartie extérieure relevait de l'économie générale de l'opération.

Ainsi, pour reprendre l'exemple de la cession d'un terrain pour le prix de un euro, elle aura une cause, au sens de contrepartie, si dans le cadre de l'économie générale d'une opération plus large, il est possible de lui trouver une contrepartie réelle, en l'espèce l'apurement des dettes et la poursuite de l'activité de la société du vendeur[2]. Cette solution repose *sur la notion d'économie du contrat* qui amène à prendre en compte, au-delà du contenu du contrat lui-même, son environnement, et *sur* l'*élargissement du concept de cause objective* (déjà v. ss 843).

Cette contrepartie peut se trouver ailleurs que dans le contrat considéré, parce que celui-ci fait partie d'un ensemble contractuel et que l'économie de l'opération s'apprécie

---

1. J. Ghestin, *Cause de l'engagement et validité du contrat*, LGDJ, 2006.
2. Civ. 3e, 3 mars 1993, *Bull. civ.* III, no 28 et *JCP* 1994. I. 3744, 1o, obs. M. Fabre-Magnan.

dans ce cadre élargi de plusieurs contrats liés participant à la même opération économique globale : « l'existence de la cause d'un contrat doit être appréciée à l'aune de l'ensemble contractuel indivisible dont il fait partie » a ainsi affirmé la première chambre civile de la Cour de cassation dans une décision du 3 juin 2006, à propos de trois contrats passés par un artiste compositeur avec des éditeurs : un contrat d'édition musicale, un contrat d'adaptation audiovisuelle et un contrat d'achat de bandes sonores. La Cour de cassation reproche aux juges du fond d'avoir annulé le contrat d'achat de bandes sonores pour absence de contrepartie, donc de cause, « sans rechercher, si le contrat de cession ne s'inscrivait pas dans le cadre d'une opération économique constituant un ensemble contractuel indivisible, de sorte qu'il ne pouvait être annulé pour absence de cause ».

La notion d'économie du contrat reste malgré tout une notion assez floue. Elle est souvent utilisée par la Cour de cassation dans le sens d'« essentiel du contrat » ou de « cœur de la convention », c'est-à-dire ce qui est nécessaire à la réalisation du contrat et qui peut se résumer en quelques mots. Elle permet une analyse réaliste du contrat et si elle évite parfois des annulations inopportunes souvent demandées par un contractant de mauvaise foi [1], elle permet aussi d'assurer un contrôle assez fin de l'équilibre et de l'utilité de l'opération.

894. Dans cette vision élargie de la cause, la *contrepartie est en réalité appréciée au regard de l'exécution du contrat.* Dans une vision dynamique et économique du contrat, le juge n'apprécie plus seulement l'existence de la cause-contrepartie en se plaçant au moment de la formation du contrat, mais aussi en se projetant dans l'avenir de l'exécution du contrat pour évaluer l'opération et sanctionner sur le fondement de l'article 1131 un contrat déséquilibré qui ne pourra pas procurer au créancier l'utilité qu'il est censé en retirer. Elle ne se contente plus « d'assurer la promotion d'un équilibre contractuel minimal, en protégeant chaque contractant contre l'absence ou l'apparence d'un engagement réciproque. La cause est exploitée aussi pour contrôler l'intérêt du contrat, au jour de sa formation ou de son exécution, elle est dans cette perspective appréhendée comme le but contractuel commun poursuivi par les parties au contrat, comme l'intérêt qui les a amenées à conclure le contrat litigieux » [2].

895. C'est ainsi que dans une décision du 3 juillet 1996, qui constitue l'une des premières applications de la notion « d'économie du contrat » et qui concernait un contrat de location de cassettes vidéo par l'exploitant d'un commerce, dans un village au nombre trop réduit d'habitants, la première chambre civile de la Cour de cassation a considéré que « l'exécution du contrat selon l'économie voulue par les parties était impossible » et admis que le contrat devait être sanctionné pour défaut de cause [3].

Dans une autre décision, *Point Vidéo*, du 27 mars 2007, elle a également considéré que le but de rentabilité de l'opération commerciale faisait partie intégrante de l'économie du contrat. Mais la nullité pour défaut de cause n'avait pas à être prononcée car le défaut de viabilité de l'opération n'était pas suffisamment caractérisé [4].

---

1. V. A. Zelcevic-Duhamel, chron. citée dans la bibliographie.

2. D. Mazeaud, obs. sous Com. 13 févr. 2007, *RDC* 2007. 710.

3. Civ. 1re, 3 juill. 1996, *D.* 1997, note P. Reigné, *Defrénois* 1997. 19, obs. Ph. Delebecque, *RTD civ.* 1996. 903, obs. J. Mestre.

4. Com. 27 mars 2007, *JCP* 2007. II. 10119, note Y.-M. Serinet ; *D.* 2007. Pan. 2970, obs. S. Amrani-Mekki.

896. Dans ses utilisations modernes de la cause, la jurisprudence, dans les célèbres arrêts dits *Chronopost*[1], a également écarté, sur le fondement de l'article 1131 et donc pour absence de cause, une clause limitative de responsabilité de Chronopost en cas de retard de livraison, au motif que cette clause contredisait la portée de l'engagement de Chronopost, vidait de sa substance son obligation essentielle et privait le contrat de cause (v. ss 2243 s., l'analyse de cette jurisprudence). La décision innove parce que l'absence de cause n'aboutit pas ici, comme habituellement à l'anéantissement du contrat mais, au contraire, à la restauration de son efficacité, puisque seule est annulée la clause limitative de responsabilité. La technique est donc la même que dans le cas des clauses abusives, retirées du contrat pour rétablir son équilibre (v. ss 940 s.). Par ailleurs du point de vue de la théorie classique de la cause, celle-ci existait bien puisque, en contrepartie de l'obligation existante et valable de Chronopost de transporter dans les 24 heures, le client s'engageait à verser un prix. Mais une analyse plus fine du contrat fait apparaître, qu'en cas d'inexécution de celui-ci, la clause limitative de responsabilité rend finalement inopérante l'obligation essentielle du contrat, qui consiste à livrer dans les 24 heures, en rendant sa sanction dérisoire : la clause limitative contredit l'obligation essentielle. L'absence de cause n'apparaît donc ici que si l'on se projette vers l'inexécution potentielle du contrat, d'une part ; elle s'apprécie d'autre part en référence à ce qu'attend véritablement le cocontractant du contrat, au motif impulsif et déterminant (livraison dans les 24 heures) et c'est en cela que l'on peut parler d'une subjectivisation de la cause, même si ce motif n'est pas en réalité purement subjectif, et qu'il s'apprécie au regard de l'économie du contrat, de la finalité du contrat. Cette utilisation de la cause a pu être critiquée[2], mais aussi saluée[3] parce qu'elle sert l'ambition d'élimination des clauses pervertissant la cohérence ou l'équilibre entre les droits et les obligations des parties.

L'actuel projet de réforme supprime la cause, certes, mais déclare non écrite toute clause qui prive de sa substance l'obligation essentielle du débiteur consacrant ainsi la jurisprudence *Chronopost* (art. 76).

897. Il est possible d'identifier une dernière application, de la notion contemporaine de cause, dans *les ensembles contractuels* (sur cette notion, v. ss 1204 s.) comme fondement de leur indivisibilité. L'interdépendance entre différents contrats qui poursuivent le même but et n'ont aucun sens indépendamment les uns des autres, justifie en effet, pour la Cour de cassation, que l'anéantissement d'un des contrats emporte celui des autres[4]. Bien que la Cour de cassation ne fasse pas ici directement référence à la cause pour fonder la solution, cette indivisibilité peut s'expliquer par la notion de cause. « La raison d'être d'un contrat, son utilité et son intérêt économique reposent nécessairement sur l'existence et la pérennité d'un autre contrat »[5]. Cette analyse, partagée par certains auteurs[6], ne fait pas cependant l'unanimité[7]. **L'actuel projet de réforme de la**

1. Com. 22 oct. 1996, *D.* 1997. 121, note A. Sériaux ; *D.* 1997. Somm. 175, obs. Ph. Delebecque ; *JCP* I. 4002, n° 1, obs. M. Fabre-Magnan ; *GAJC*, 11e éd., tome 2, n° 156 ; et, pour des décisions élargissant la solution au-delà du contrat de transport : Com. 30 mai 2006, *Resp. civ. et ass.* nov. 2006, p. 14, à propose de montres perdues et Com. 13 févr. 2007, *RLDC* 2007, n° 2511, note G. Loiseau.
2. A. Sériaux, *D.* 1997. 121, note sous Com. 22 oct. 1996, préc.
3. G. Loiseau, « Le crépuscule des clauses limitatives de réparation », *RLDC* 2007, n° 2511.
4. Com. 13 févr. 2007, *D.* 2007. 654, obs. X. Delpech ; *RDC* 2007. 707, obs. D. Mazeaud.
5. D. Mazeaud, obs. préc.
6. « La cause est alors sous-jacente à la notion d'indivisibilité ou d'interdépendance (…) » : F. Terré, Ph. Simler et Y. Lequette, *Droit civil. Les obligations*, Dalloz, 2002, n° 348.
7. J. Ghestin, *Cause de l'engagement et validité du contrat*, LGDJ, 2006.

Chancellerie prévoit dans cette hypothèse, la caducité (et non la nullité mais le résultat est le même) des contrats interdépendants (art. 94).

3. Le retour de la Cour de cassation à une notion objective de cause ?

898. Alors que le débat continuait en doctrine, plusieurs décisions rendues par la chambre commerciale de la Cour de cassation ont amené à se demander si elle n'amorçait pas un retour en arrière vers la réaffirmation d'une conception objective de cause. En effet, dans une décision rendue le 9 juin 2009, la chambre commerciale était amenée à se prononcer à nouveau sur un contrat de location d'un lot de cassettes vidéo dont le preneur demandait la nullité pour absence de cause. Le premier juge avait admis la nullité, exactement comme dans la première affaire qui avait suscité l'intervention de la Cour de cassation (v. ss 894), et en reprenant la motivation alors validée par la Cour de cassation. Il relève que « le produit attendu des locations ne pouvait ne aucun cas permettre d'assurer l'équilibre financier de l'opération et que le contrat, en l'absence de contrepartie réelle, ne pouvait être exécuté selon l'économie voulue par les parties ». Or, la chambre commerciale casse l'arrêt au visa de l'article 1131, au motif que « la cause de l'obligation d'une partie à un contrat synallagmatique réside dans l'obligation contractée par l'autre ». Il s'agit donc d'un retour pur et simple à la conception objective et abstraite de la cause.

899. On rapprochera cette décision, d'une autre, rendue le 7 avril 2009 par la même chambre commerciale, qui avait relevé à propos d'un contrat de prêt consenti par un professionnel du crédit, (ces contrats n'étant plus aujourd'hui des contrats réels mais des contrats synallagmatiques consensuels) que « c'est dans l'obligation souscrite par le prêteur que l'obligation de l'emprunteur trouve sa cause, dont l'existence, comme l'exactitude doit être appréciée au moment de la conclusion du contrat ». C'est encore un rappel de la notion objective de cause [1]. Elle reprend mot pour mot les termes d'une décision de la première chambre civile rendue un an auparavant, le 19 juin 2008 [2].

L'avenir de la cause reste donc pour finir, bien incertain, même en jurisprudence, alors que *l'actuel projet de réforme* la supprime purement et simplement.

D. Le sort de la cause dans l'actuel projet de réforme

1. L'option de la disparition de la cause

900. Le consensus ne s'est pas fait sur la cause dans les différents avant-projets et projets, et les partisans de la suppression de la cause et de son maintien ont débattu jusqu'au bout de l'opportunité de la maintenir, Néanmoins, **l'actuel projet de réforme** de la Chancellerie a clairement pris parti pour sa disparition, dans la ligne du droit européen qui ignore cette notion.

---

1. Com. 7 avr. 2009, pourvoi n° 08-12.192, *JCP* 2009. 273, n° 13, *D.* 2009. 2080, note J. Ghestin ; *JCP* 2009. 77, n° 27, note J. Lasserre-Capdeville.

2. Civ. 1re, 19 juin 2008, *D.* 2008. AJ 1825, obs. X. Delpech et *D.* 2008. 2369, obs. C. Breton ; *JCP* 2008. II. 10150, note A. Constantin, *JCP E* 2008. 1964, note D. Legeais ; F. Chenedé, « La cause de l'obligation dans le contrat de prêt réel et dans le contrat de prêt consensuel », *D.* 2008. 2555 ; *RDC* 2009. 182, note P. Puig.

– *L'avant-projet Catala* de réforme du droit des obligations, avait souhaité affirmer qu'une « cause réelle et licite » reste une condition de validité des contrats, ce qui correspond aux deux fonctions traditionnelles de la cause, (art. 1124) mais en introduisant dans le Code civil une notion unitaire de la cause avec celle de « cause de l'engagement » substituée aux notions de « cause de l'obligation » et de « cause du contrat ». Avec la cause, il maintenait, l'exception française en Europe de la cause en tant que condition de validité des contrats. En effet, la plupart des pays européens l'ignorent et les différents *projets de droit européen des contrats* également (sur ces initiatives, v. ss 98 s., 660 s.). Les exigences de justice contractuelle et d'équilibre du contrat, sont servies par d'autres techniques comme par exemple, la suppression des clauses abusives qui créent un déséquilibre significatif (avant-projet de Code européen des contrats, art. 30), même en cas de bonne foi, ou par le principe de bonne foi qui implique la loyauté et la solidarité et par le principe de proportionnalité. Le concept de cause apparaît en définitive comme un concept vague, générateur d'insécurité juridique, ce dont la Commission et le Parlement européen cherchent à se prémunir. C'est à cette opinion que se sont ralliées les *propositions de la Commission européenne*. La cause a disparu et les exigences d'équilibre contractuel et de contrôle de la licéité du contrat sont prises en compte par l'introduction de la lésion qualifiée, le contrôle et la suppression des clauses abusives, et plus généralement, l'affirmation des principes de cohérence et de bonne foi (v. ss 108).

Prenant en compte l'ensemble de ces considérations, le groupe de travail constitué à la Cour de cassation, pour étudier le rapport Catala et qui a émis un avis le 15 juin 2007 sur ce rapport, a finalement considéré qu'il apparaissait « discutable de maintenir le concept de cause, incompréhensible pour la plupart des États de l'Union européenne et qui ne vaut sans doute pas un combat d'arrière-garde, perdu d'avance »[1]...

– *Le premier projet de réforme de la Chancellerie*, dans sa version d'origine, publiée en juillet 2008, adoptait une voie intermédiaire. Il faisait disparaître la cause et, notamment, l'appréciation de la licéité du contrat, posée comme condition de validité autonome (art. 88 et 89) était dissociée de toute notion de cause. Néanmoins, il exigeait que « chaque partie ait un intérêt au contrat qui justifie son engagement » (art. 85) et précisait qu'un « contrat à titre onéreux est nul faute d'intérêt lorsque dès l'origine la contrepartie convenue est illusoire ou dérisoire ». La cause disparaissait donc, mais était remplacée par la notion d'intérêt, elle-même incomplètement dissociée de l'idée de cause efficiente et de celle de cause contrepartie.

– **Dans l'actuel projet de réforme**, la question est tranchée et la cause a disparu. Toutefois, ses fonctions principales sont sauvegardées grâce à des dispositions qui s'intègrent dans une partie consacrée au « contenu du contrat ».

2. La sauvegarde des principales fonctions de la cause

901. La partie du projet consacrée au « contenu du contrat » dans laquelle on retrouve les dispositions concernant actuellement l'objet (v. déjà ss 862, 863), accueille un certain nombre de solutions qui tendent à préserver la double fonction de la cause : – vérifier d'une part, la licéité du contrat, au-delà de la licéité des prestations elles-mêmes ; – vérifier d'autre

1. P. Sargos, « Aperçu sur la réforme du droit des obligations et de la responsabilité dans le projet Catala », *RJEP* (Éd. du J.-Cl.), oct. 2007, p. 319.

part, dans les contrats synallagmatiques commutatifs tout au moins, qu'ils correspondent à leur finalité d'échange économique d'échange, ce qui suppose un certain équilibre des prestations.

Plusieurs mécanismes, sont ainsi introduits, pour certains déjà dégagés par la jurisprudence sur le fondement de la théorie de la cause. Sans imposer l'équilibre strict du contrat car l'équivalence des prestations n'est pas une condition de validité du contrat, selon le projet et la lésion n'est pas sanctionnée, sauf si la loi le prévoit (v. ss 912 s.), ces mécanismes vont permettre au juge de sanctionner le contrat atteint structurellement d'un déséquilibre absolu ou trop important pour être admis, soit en le faisant disparaître avec la nullité, soit en le rééquilibrant :

– le texte prévoit ainsi de sanctionner par la nullité le contrat à titre onéreux « lorsque lors de la formation du contrat, la contrepartie convenue est illusoire ou dérisoire » (art. 75). Le déséquilibre majeur du contrat pourra donc être sanctionné directement sur le fondement de ce texte, sans passer par une analyse complexe de la cause.

– le projet inscrit dans le Code civil le contrôle par le juge et la suppression des clauses abusives qui créent un déséquilibre significatif entre les droits et obligations des parties. Ce contrôle est actuellement cantonné aux contrats de consommation et serait généralisé à tous les contrats par l'article 77 du projet (v. ss 940 s.) ;

– enfin, le texte (art. 76) prévoit l'éradication des « clauses qui privent de sa substance l'obligation essentielle du débiteur ». Elles sont réputées non écrites, ce qui consacre la jurisprudence *Chronopost* (v. ss 896).

902. Quant aux applications de la cause illicite, qui permet de sonder la psychologie des cocontractants à la recherche d'un motif impulsif et déterminante contraire à l'ordre public ou aux bonnes mœurs, elles se retrouveraient dans le cadre du contrôle de la licéité du but poursuivi : « le contrat ne peut déroger à l'ordre public ni par son contenu, ni par son but » (art. 69).

DOCUMENTS

BIBLIOGRAPHIE

ANCEL (P.), « Force obligatoire et contenu obligationnel du contrat », *RTD civ.* 1999. 771.

ASCENSION (P.), « Annulation des donations immorales entre concubins », *RTD civ.* 1975. 238.

CAPITANT (H.), *De la cause des obligations*, 1927.

CHAZAL (J.-P.), « Théorie de la cause et justice contractuelle », *JCP* 1998. I. 152.

DORAT DES MONTS, *La cause immorale*, Paris, 1955.

FENOUILLET (D), « Les bonnes mœurs sont mortes ! Vive l'ordre public philanthropique ! », *in Le droit privé français à la fin du XXe siècle. Études offertes à P. Catala*, LexisNexis, 2001, p. 487

GHESTIN (J.), *Cause de l'engagement et validité du contrat*, LGDJ, 2006.

GRIMALDI, « L'article 908-1 du Code civil : l'incapacité de recevoir à titre gratuit des enfants adultérins de fait », *JCP* 1981. I. 3035.

JOSSERAND (L.), *Les mobiles dans les actes juridiques du droit privé*, Paris, Dalloz, 1928.

KLEIN (C.), « Aléa et équilibre contractuel dans la formation du contrat de vente d'immeuble en viager », *RTD civ.* 1979. 13, nº 1.

LAGARDE (X.), « L'objet et la cause du contrat, entre actualités et principes », *LPA* 6 avr. 2007, nº 70, p. 6.

LE GAC-PECH (S.), *La proportionnalité en droit privé des contrats*, LGDJ, 2000, préf. H. Muir Watt.

LOISEAU (G.), « Typologie des choses hors du commerce », *RTD civ.* 2000. 47.

ROCHFELD (J.), *Cause et type de contrat*, thèse, LGDJ, 1999, préf. J. Ghestin.

TOURNAFOND (O.), « Motif illicite ou immoral », *D.* 1999. Chron. 237.

ZELCEVIC-DUHAMEL (A.), « La notion d'économie du contrat en droit privé », *JCP* 2001. I. 300.

ARRÊTS À LIRE

Illicéité de l'objet : l'objet hors du commerce juridique

Cour de cassation, chambre commerciale, 25 juin 2013, n° 12-17.037, *JCP* 2013, 930, note A. Debet

Vu l'article 1128 du code civil, ensemble l'article 22 de la loi n° 78-17 du 6 janvier 1978 ;

– Attendu, selon l'arrêt attaqué, que M. X... a fait assigner la société Bout-Chard en nullité de la vente d'un fichier de clients informatisé ;

– Attendu que pour rejeter cette demande, l'arrêt, après avoir constaté que le fichier de clientèle tenu par la société Bout-Chard qui aurait dû être déclaré à la Commission nationale informatique et libertés (la CNIL) ne l'avait pas été, retient que la loi n'a pas prévu que l'absence d'une telle déclaration soit sanctionnée par la nullité ;

– Attendu qu'en statuant ainsi, alors que tout fichier informatisé contenant des données à caractère personnel doit faire l'objet d'une déclaration auprès de la CNIL et que la vente par la société Bout-Chard d'un tel fichier qui, n'ayant pas été déclaré, n'était pas dans le commerce, avait un objet illicite, la cour d'appel a violé les textes susvisés ;

Par ces motifs, et sans qu'il y ait lieu de statuer sur les autres griefs :

Casse et annule en toutes ses dispositions, l'arrêt rendu le 17 janvier 2012, entre les parties, par la cour d'appel de Rennes ; remet, en conséquence, la cause et les parties dans l'état où elles se trouvaient avant ledit arrêt et, pour être fait droit, les renvoie devant la cour d'appel de Rennes, autrement composée.

Le déclin des bonnes mœurs

1) Libéralités à la concubine et bonnes mœurs

Civ. 1re, 3 févr. 1999, *Mme V. c/ H.*, *JCP* 1999. II. 10083, note Billiau et Loiseau

LA COUR. – (…) *Sur le moyen unique* : Vu les articles 1131 et 1133 du Code civil ;

– *Attendu que n'est pas contraire aux bonnes mœurs la cause de la libéralité dont l'auteur entend maintenir la relation adultère qu'il entretient avec le bénéficiaire* ;

– Attendu que le 26 octobre 1989, Roger H. est décédé en laissant à sa succession son épouse et M. Christian H. qu'il avait adopté ; que par testament authentique du 17 mars 1989, il a, d'une part, révoqué toute donation entre époux et exhérédé son épouse, et, d'autre part, gratifié Mme V. d'une somme de 500 000 F ; que M. Christian H. a soutenu que la cause de cette disposition était contraire aux bonnes mœurs ;

– Attendu que pour prononcer la nullité de la libéralité consentie à Mme V., la cour d'appel a retenu que la disposition testamentaire n'avait été prise que pour poursuivre et maintenir une liaison encore très récente ;

– En quoi, la cour d'appel a violé les textes susvisés.

Par ces motifs :

Casse et annule, dans toutes ses dispositions, l'arrêt rendu le 20 novembre 1995, entre les parties, par la cour d'appel de Paris ; remet, en conséquence, la cause et les parties dans l'état où elles se trouvaient avant ledit arrêt et, pour être fait droit, les renvoie devant la cour d'appel de Paris, autrement composée ; Condamne M. H. aux dépens ; Vu l'article 700 du Nouveau Code de procédure civile, rejette la demande de M. H. ; (…).

2) La validité du contrat de courtage matrimonial passé par un homme marié

Civ. 1re, 4 nov. 2011, no 10-20.114, *Juris-Data* no 2011-024371 ; *Dr. fam.*, févr. 2012, comm. 21, note D. Vigneau

(…) *Sur le premier moyen* : Vu l'article 1133 du Code civil ;

– Attendu, selon l'arrêt attaqué, que M. F. a souscrit le 10 mai 2007 un contrat de courtage matrimonial, prévoyant des frais d'adhésion de 8 100 euros TTC, auprès de la société Centre national de recherches en relations humaines, exerçant sous l'enseigne Eurochallenges (la société) ; que celle-ci l'a assigné en paiement puis a soulevé la nullité de la convention ;

– Attendu que pour annuler le contrat litigieux « aux torts » de M. F. et condamner ce dernier à verser des dommages-intérêts à la société, l'arrêt retient qu'il s'est présenté, lors de la signature de la convention, comme divorcé en cochant dans l'acte la case correspondante, bien qu'il ait été alors toujours engagé dans les liens du mariage puisque le jugement de divorce le concernant n'a été prononcé que le 22 avril 2008, soit près d'une année plus tard, ajoute que s'il avait avisé la société de sa situation, elle n'aurait pas manqué de l'informer de l'impossibilité de rechercher un nouveau conjoint en étant toujours marié, puis énonce que le contrat du 10 mai 2007 doit donc être annulé pour cause illicite comme contraire à l'ordre public de protection de la personne ainsi qu'aux bonnes mœurs, « un homme encore marié ne pouvant légitimement convoler en une nouvelle union » ;

Qu'en statuant ainsi alors que le contrat proposé par un professionnel, relatif à l'offre de rencontres en vue de la réalisation d'un mariage ou d'une union stable, qui ne se confond pas avec une telle réalisation, n'est pas nul, comme ayant une cause contraire à l'ordre public et aux bonnes mœurs, du fait qu'il est conclu par une personne mariée, la cour d'appel a violé le texte susvisé ;

Par ces motifs et sans qu'il y ait lieu de statuer sur les autres moyens : *casse et annule* (…).

L'objet et la cause dans la formation des contrats synallagmatiques

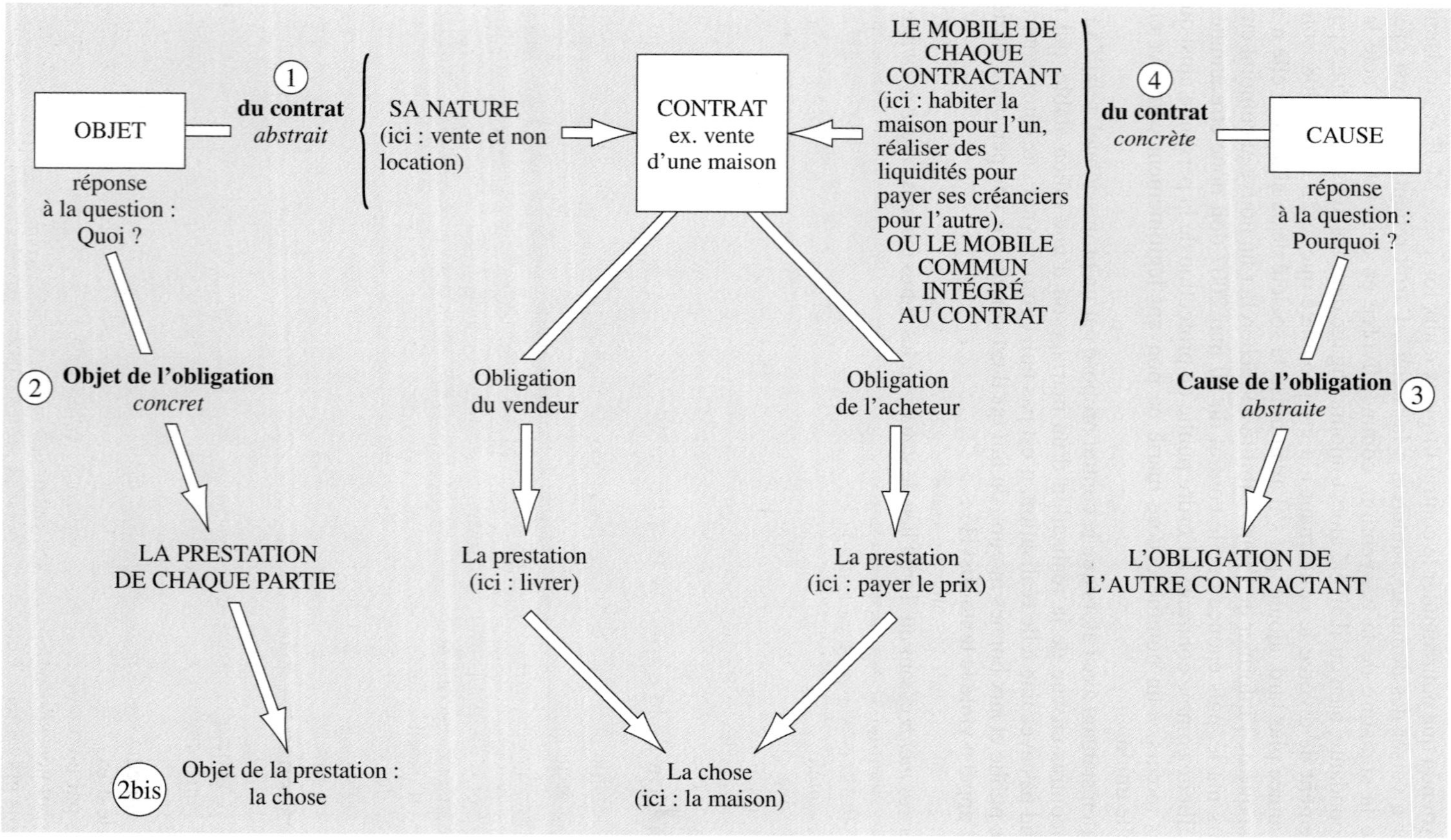

Note : les chiffres indiquent le sens dans lequel il faut lire le tableau.

Chapitre 3

La capacité

I. Une exigence générale de validité

903. Outre le consentement, un objet certain et une cause licite, l'article 1108 exige aussi pour la validité d'une convention, la capacité de contracter. Si, dans l'énoncé des conditions de validité du contrat, **l'actuel projet de réforme** supprime la double référence à un objet certain et à une cause licite pour la remplacer par la seule condition d'une « contenu certain et licite » (art. 35), il maintient la condition de capacité et la place en seconde position, juste après l'exigence du consentement. Une sous-section entière (art. 52 à 68) est ensuite consacrée successivement à la capacité puis à la représentation.

La capacité de contracter constitue donc une exigence générale et systématique de validité des contrats. Pourtant, nous ne développerons pas ici de façon complète cette condition car les articles 1123 à 1125 ne posent que quelques principes de base et renvoient aux règles ordinaires concernant la capacité (v. volume 1).

A. Principe de la capacité de contracter

904. Selon l'article 1123, la capacité est le principe et l'incapacité l'exception. Toute personne peut donc contracter si elle n'en est pas déclarée incapable par la loi.

Toutefois, il faut signaler qu'il est toujours possible de demander la nullité d'un contrat passé sous l'empire d'un trouble mental, même si ce trouble n'avait pas encore été constaté et n'avait pas encore conduit à la mise en place d'un régime de protection et à une incapacité de contracter. Selon l'article 489 en effet, pour faire un acte valable, il faut être sain d'esprit et cette exigence est reprise dans **l'actuel projet de réforme** juste après l'énoncé des conditions de validité du contrat (art. 36). La preuve de l'insanité permettra donc d'obtenir la nullité du contrat.

B. Personnes frappées d'incapacité

905. L'article 1124 énumère ces incapables qui sont : « les mineurs non émancipés et les majeurs protégés ». Ces dispositions sont reprises par **l'actuel projet de réforme** (art. 53).

Les mineurs sont les personnes de moins de 18 ans qui sont frappés d'une incapacité générale d'exercice si bien qu'ils doivent être représentés par leurs parents ou à défaut de parents par un tuteur. *Les majeurs protégés*, depuis la réforme opérée par la loi du 5 mars 2007, sont nécessairement des personnes atteintes dans leurs facultés intellectuelles, plus ou moins gravement. Leur état justifie la mise en place de mesures de protection, plus ou moins lourdes : la sauvegarde de justice qui maintient la capacité du majeur mais le protège contre ses actes lésionnaires ; la curatelle qui implique l'assistance du majeur et la tutelle pour les cas les plus graves où le majeur est représenté. Le majeur en curatelle ou en tutelle peut cependant se voir reconnaître par le juge qui le place sous protection une marge de capacité, l'autorisant à passer seul certains actes. Les mesures de protection des majeurs et le régime de leurs actes font l'objet d'une étude approfondie dans *Droit civil* (volume 1), et nous y renvoyons.

C. Distinction de l'incapacité de jouissance et de l'incapacité d'exercice

906. Il convient de rappeler qu'il existe une différence entre deux sortes d'incapacité : *l'incapacité d'exercice*, qui interdit à la personne mineure ou atteinte dans ses facultés mentales d'exercer ses droits et donc de contracter seule, ce qui n'exclut pas une assistance (en cas de curatelle du majeur) ou une représentation (tutelle des majeurs, administration légale ou tutelle du mineur) ; *l'incapacité de jouissance*, qui exclut le droit même de contracter. Ces incapacités sont très rares et ne concernent que certains contrats spécialement visés (C. civ., art. 1596 et 1597). Il n'existe pas d'incapacité de jouissance générale. On notera que la loi du 3 janvier 1968 a institué une nouvelle incapacité spéciale de contracter qui frappe les personnes exerçant une fonction ou occupant un emploi dans un établissement hébergeant des personnes âgées ou dispensant des soins psychiatriques, et les empêche de contracter avec les personnes admises dans l'établissement (C. civ. art. 1125-1). Elle est reprise par l'*actuel projet de réforme* (art. 59-1).

II. Sanction de l'incapacité de contracter

A. La nullité de l'acte irrégulier

907. La sanction d'une incapacité *d'exercice* de contracter est la *nullité relative du contrat*, qui ne peut être invoquée que par l'intéressé. **L'actuel projet de réforme** le confirme en énonçant expressément que « le contractant capable ne peut invoquer l'incapacité de la personne avec laquelle il a contracté » (art. 57). Cette nullité peut donc intervenir dans tous les cas où le mineur ou la personne majeure protégée ne pouvait pas passer l'acte seul. La sanction d'une incapacité de jouissance est généralement la nullité absolue.

B. La nullité ou la réduction de l'acte lésionnaire

908. Dans un certain nombre de cas, le majeur même protégé ou le mineur peuvent agir seuls : actes de la vie courante pour le mineur ; tous les actes en principe pour le majeur en sauvegarde de justice (C. civ., art. 435) ; certains actes prévus par le juge pour le majeur en tutelle ou en curatelle (C. civ., art. 465). L'acte est donc *a priori* régulier, mais la nullité peut être demandée dès lors qu'il y a lésion, c'est-à-dire si le contrat est déséquilibré au détriment de la personne protégée (v. ss 919) ; toutefois, cette dernière peut préférer à la nullité, la réduction de l'excès qui maintient le contrat tout en le rééquilibrant. (v. ss 919). Le Code civil prévoit cependant que l'action en rescision pour lésion n'est pas accordée au mineur qui exerce une profession pour les actes accomplis dans l'exercice de celle-ci (art. 1308). **Le projet de réforme** prévoit de façon plus large que « le mineur quant à lui, ne peut se soustraire aux engagements qu'il a pris dans l'exercice de sa profession » (art. 56). On sait notamment que le mineur même non émancipé peut désormais être entrepreneur individuel à responsabilité limitée (v. vol. 1, n° 1087).

C. Les solutions innovantes du projet de réforme

909. L'actuel projet de réforme ajoute aux dispositions actuelles contenues dans le Code civil quelques précisions et solutions intéressantes. Ainsi, il énonce que « toute personne incapable de contracter peut néanmoins accomplir les actes courants que lui autorise la loi ou l'usage, pourvu qu'ils soient conclus à des conditions normales » (art. 55) consacrant ainsi la jurisprudence. Pour ces actes courants, si la simple lésion constitue une cause de nullité, le projet précise de façon novatrice que « cette sanction n'est pas encourue lorsque la lésion résulte d'un événement imprévisible » et prévoit également que « la partie qui a bénéficié du contrat peut toujours proposer la revalorisation de sa prestation pour éviter l'annulation du contrat pour lésion ».

Par ailleurs, il est également précisé que le contractant capable peut faire obstacle à l'action en nullité engagée contre lui en montrant que l'acte était utile à la personne protégée et exempt de lésion ou qu'il a tourné à son profit. Parallèlement les restitutions dues à un mineur ou un majeur en cas de prononcé de la nullité de l'acte sont réduites à proportion du profit retiré de l'acte. Enfin, le projet précise aussi les règles de prescription (art. 59).

Chapitre 4

Les autres éléments susceptibles d'affecter la validité du contrat

910. Ce qui fait l'objet de ce chapitre, ce sont des conditions, qui ne sont pas, de façon absolument générale et systématique, pour tous les contrats, des conditions de validité. Elles peuvent cependant le devenir et elles ont trait : soit au contenu du contrat, avec l'exigence d'équilibre contractuel qui pose, notamment, la question de la sanction de la lésion ; soit à l'exigence de loyauté, qui pose la question de la simulation ; soit à des exigences de forme, parfois conditions de validité, parfois condition d'opposabilité ou parfois nécessaires à la preuve du contrat.

I. Le contenu du contrat et l'exigence contemporaine d'équilibre

Introduction
Les contrats doivent être conformes à l'équité et à la justice commutative

911. En ce qui concerne leur *contenu*, les contrats doivent respecter l'ordre public, ce qui se vérifie, on l'a vu, par le contrôle de la licéité de l'objet et de la cause (v. ss 858 s., 880 s.). Ils sont aussi censés respecter l'équité et la justice contractuelle, c'est-à-dire que s'agissant des contrats à titre onéreux, les plus nombreux, ils devraient assurer l'équilibre, sinon l'équivalence des prestations respectives des deux parties. Mais les rédacteurs du Code civil, rappelons-le, n'ont pas prévu de mécanismes de contrôle spécifique de cet équilibre, alors même que le contrat synallagmatique commutatif repose sur l'idée d'équivalence des prestations. Cette équivalence, dans l'optique des rédacteurs du Code, restait appréciée par les parties et, sous réserve de l'existence d'un vice du consentement, souverainement et librement jaugée par elles. Ce n'est qu'exceptionnellement qu'une sanction est prévue par le Code civil et ce sera, dans certains cas bien limités, la rescision pour lésion (v. ss 912 s.) ou, dans d'autres cas, la résolution ou l'annulation pour défaut de cause ou défaut d'objet, lorsque le déséquilibre est « absolu » : il s'analyse alors en une absence pure et simple de contre-prestation (v. ss 841, 873).

Cependant, l'évolution (déclin du libéralisme, inégalité de puissance économique des parties, notamment) a conduit à faire accéder au-devant de la scène juridique contractuelle et au rang des valeurs contractuelles fondamentales, l'exigence de justice contractuelle et d'équilibre du contrat. La justice contractuelle, est en effet une justice commutative, qui, dans les contrats synallagmatiques repose sur l'équivalence des prestations et qui permet à chaque partie de trouver son intérêt dans le contrat.

De plus en plus, le droit des contrats contemporains en vient à poser une exigence générale d'équilibre, sinon d'équivalence et à développer des mécanismes correcteurs des déséquilibres contractuels. À côté de la lésion, qui demeure exceptionnellement admise, des mécanismes dérivés de la lésion se sont développés pour sanctionner certains déséquilibres économiques de l'opération contractuelle, dont la lutte contre les clauses abusives, généralisée (et non plus cantonnée aux seuls contrats de consommation) *par l'actuel projet de réforme de la Chancellerie.*

912. *Les différents avant-projets et projets de réforme du droit des obligations* ont tous pris en compte les aspirations de la justice contractuelle, tant au stade de la formation que de l'exécution du contrat et s'inscrivent à ce titre dans la mouvance du droit européen des contrats (v. ss 650 s., 660 s.). Certes, ni dans l'avant-projet Catala, ni dans les propositions Terré, ni dans l'actuel projet de la Chancellerie, l'équivalence des prestations dans les contrats synallagmatiques n'est érigée en condition de validité du contrat. Au contraire, **l'actuel projet de réforme**, comme l'avant-projet Catala avant lui, affirme que « dans les contrats synallagmatiques, le défaut d'équivalence entre les prestations n'est pas une cause de nullité à moins que la loi n'en dispose autrement » (art. 78). De même, le caractère indifférent de l'erreur sur la valeur est inscrit dans le projet. Le principe de la liberté contractuelle reconnu comme principe gouvernant le contrat doit en effet pouvoir s'accommoder d'un certain déséquilibre des prestations, qui peut avoir été accepté en toute connaissance de cause par les parties. Cependant, et on l'a vu au titre de l'étude du contenu du contrat, en abordant les notions de cause et d'objet, l'évolution se fait dans le sens d'un contrôle accru de l'équilibre du contrat, qui doit correspondre aux attentes des parties et **l'actuel projet de réforme** introduit ou consacre à ce titre un certain nombre de mécanismes destinés à empêcher un déséquilibre manifeste du contrat (v. ss 862 s., 902 s.).

Le contrat peut donc parfois, en raison d'un déséquilibre économique objectif, être frappé de nullité ou parfois sauvé grâce à l'éradication de la clause qui le déséquilibre. La sanction peut être directe, lorsque la lésion est prévue par la loi ; mais elle peut aussi être indirecte.

A. La sanction directe du déséquilibre économique : la lésion comme cause de nullité du contrat

1. Une sanction exceptionnelle

a) La lésion dans le Code civil

913. ***Définition de la lésion***. La lésion peut être définie comme le préjudice pécuniaire que cause à l'une des parties l'inégalité *objective* de valeur entre la prestation qu'elle fournit et celle qu'elle reçoit. Elle concerne donc les contrats synallagmatiques commutatifs, précisément fondés sur l'équivalence des prestations réciproques et sur la justice commutative selon laquelle chacun doit recevoir l'équivalent de ce qu'il donne. Le contrat lésionnaire est donc un contrat injuste pour l'une des parties.

Toutefois, le Code civil n'impose pas l'équivalence objective des prestations dans les contrats synallagmatiques. Selon le postulat de l'autonomie de la volonté et du libéralisme, cet équivalent doit être apprécié librement par chacune des parties et la lésion n'est sanctionnée que de façon exceptionnelle. Il est donc normal que la lésion ne soit pas systématiquement recherchée et sanctionnée. On a vu que l'*actuel projet de réforme* reconduit cette solution (v. ss 912) et ne retient pas la lésion qualifiée que les propositions Terré suggéraient d'introduire dans le Code civil (v. ss 932).

b) Évolution historique

914. À Rome, la lésion était seulement applicable au contrat de vente. Elle a ensuite été étendue par les canonistes qui faisaient du « juste prix » ou du « juste salaire » un élément de validité du contrat, à d'autres contrats dans un but de moralisation. Puis, elle a été ramenée par le Code civil, dans un but de stabilité des conventions, à des cas précis et limités : vente d'immeuble, partage, mineurs, transaction, contrats léonins.

Elle a ensuite été élargie à nouveau au cours des années :

♦ *soit par l'apparition de nouveaux cas*

– dans la loi : ventes d'engrais (L. du 8 juill. 1907), vente de fonds de commerce (L. du 29 juin 1935), propriété littéraire et artistique (L. du 11 mars 1957), prêt à intérêt (L. du 8 déc. 1966), assistance ou sauvetage maritime (L. du 7 juill. 1967),

– dans la jurisprudence : cession d'offices ministériels, honoraires des mandataires ou agents d'affaires ;

♦ *soit par le recours à la notion de prix dérisoire ou de vil prix* pour annuler les contrats qui ne pourraient être rescindés,

♦ *soit enfin, depuis la loi du 3 janvier 1968*, par l'extension aux majeurs incapables des causes de rescision prévues pour les mineurs (art. 491-2 et 510-3).

En revanche la loi du 3 juillet 1971 a supprimé l'action en rescision contre les partages d'ascendants (art. 1075-1).

c) Fondement

915. Deux théories s'opposent.

– ***La théorie subjective*** selon laquelle la lésion est un vice de consentement ou plutôt un indice de l'existence d'un de ces vices. La rescision devrait être admise dans tous les contrats.

– ***La théorie objective*** selon laquelle la lésion est un déséquilibre économique objectif entre les prestations.

916. Le Code civil s'inspire de l'une et l'autre théorie, mais la deuxième est plus généralement admise aujourd'hui. Le principe est la restriction de la rescision pour lésion afin d'assurer la stabilité des conventions, mais des exceptions sont admises dans le cas où le législateur l'estime nécessaire, soit pour des raisons d'ordre social (ex. vente d'engrais ou d'autres denrées agricoles) soit parce qu'il y a présomption de l'existence d'un vice du consentement (ex. dol ou erreur pour les incapables, violence pour le sauvetage en mer).

Selon Ripert « ce n'est pas la disproportion des prestations qui peut faire tomber le contrat, c'est la révélation par cette disproportion qu'il y a eu exploitation de l'un des contractants dans un contrat qui ne repose pas sur l'idée de spéculation » (*in* « La règle morale dans les obligations civiles »).

2. Les conditions de la lésion

a) Le domaine de la lésion

917. D'abord, le défaut d'équivalence des prestations n'a de sens que par rapport à un contrat à tire onéreux, synallagmatique et commutatif. Ce qui exclut par définition tous les contrats à titre gratuit et les contrats synallagmatiques aléatoires.

Mais même dans les contrats commutatifs la sanction de la lésion n'est pas généralisée. L'équilibre objectif du contrat est imposé soit à l'égard de certaines personnes qui méritent une protection particulière, soit à l'égard de certains contrats.

1° L'objectif de protection des incapables

918. Il s'agit de personnes que l'on va protéger de la lésion, quelle que soit la nature du contrat passé. Ce sont les incapables mineurs et les incapables majeurs (v. ss 905).

2° La lésion sanctionnée dans certains contrats

919. Il doit s'agir d'un contrat commutatif (art. 1104), puisque rappelons-le, la lésion est exclue dans les contrats aléatoires, sauf pour les ventes en viager « lorsque les circonstances donnent au juge le moyen de déterminer la valeur des obligations soumises à l'aléa »[1] et sauf pour les contrats à titre gratuit, selon la jurisprudence.

920. Le Code civil prévoit expressément deux cas seulement : celui de la vente immobilière où la lésion n'est sanctionnée que lorsque c'est le vendeur qui en est victime et qu'il a été lésé de plus des 7/12 du prix de l'immeuble ; celui du partage : l'article 887, alinéa 2, admet la sanction en cas de lésion de plus du quart, au détriment de l'un des copartageants. Le partage concerne des héritiers entre lesquels doit régner l'égalité.

921. Un certain nombre de cas de lésion sont par ailleurs admis en dehors du Code civil : ainsi en matière de vente d'engrais et de semences, lorsque l'acheteur est lésé de plus du quart (L. du 8 juill. 1907 et L. du 10 mars 1937) ; en matière de convention de sauvetage maritime, lorsque la rémunération est excessive par rapport au service rendu (L. du 7 juill. 1987) ; en matière de construction et plus précisément de société d'attribution, en cas de lésion de plus du quart de l'associé (L. du 16 juill. 1971) ; en matière de cession du droit d'exploitation d'œuvres littéraires ou artistiques en cas de lésion de plus des 7/12 de l'auteur (L. du 11 mars 1957).

922. Par ailleurs, la jurisprudence s'est toujours reconnu la possibilité de contrôler, même en l'absence de texte, les contrats d'entreprise passés avec des professions libérales pour réduire le montant des honoraires s'ils paraissent trop importants par rapport au service rendu.

---

1. Req. 22 nov. 1937, sous Civ. 27 déc. 1938 ; *DP* 1939. I. 81, Civ. 3 oct. 1968, *Bull. civ.* III, nº 363, p. 278.

b) Les conditions de prise en compte de la lésion

1° Nature du préjudice

923. Le déséquilibre doit résulter d'un *prix* insuffisant ou excessif ; s'il porte sur une autre prestation il n'y a plus lésion mais absence partielle de cause. Toutefois, il faut distinguer la lésion du « vil prix » ou du « prix dérisoire » assimilé à l'absence de prix et entraînant la nullité pour absence d'objet ou absence totale de cause (v. ss 840, 873). Le prix lésionnaire est également distinct du prix non conforme aux taxations légales qui entraîne la nullité absolue du contrat pour cause illicite et même des sanctions pénales.

2° Montant du préjudice

924. Pour les incapables, si minime soit-il, il entraîne la sanction

925. Pour les différents contrats dans lesquels la lésion est sanctionnée même si les personnes sont capables, la proportion est fixée par la loi : plus des 7/12 (vente d'immeuble, propriété littéraire ou artistique), plus de 1/2 (prêt à intérêt), plus du 1/4 (partages, ventes d'engrais)…

3° Date d'appréciation de la lésion

926. Au moment de la formation du contrat, sinon il y a « imprévision » et non lésion ; ou au jour de la levée de l'option en cas de promesse de contrat (art. 1675, al. 2), sauf pour les droits d'auteur : au jour de l'action en révision du prix.

4° Preuve à rapporter

927. La lésion n'est pas un vice du consentement. Le demandeur n'a donc pas à prouver erreur, dol ou violence ; le défendeur peut tenter de prouver l'intention libérale pour justifier le déséquilibre du contrat.

c) La nature de la sanction : l'action en rescision

928. La rescision est une action en nullité relative, nullité de protection (v. ss 990 s.) mais avec des délais très courts : dans les deux ans qui suivent la vente (art. 1676) ou les cinq ans qui suivent le décès (partage).

929. Le défendeur peut cependant éviter la rescision en offrant le supplément du juste prix moins 1/10e du prix total dans le cas de la vente (art. 1681), ce qui pose des problèmes de date d'évaluation du juste prix, ou du supplément de la part héréditaire due (art. 891), du moins tant que la rescision du partage n'a pas encore été prononcée par une décision devenue irrévocable (selon la jurisprudence).

930. Au lieu de la nullité, la victime de la lésion peut opter pour la révision ou la réduction du prix et **l'actuel projet de réforme** prévoit que celui qui a bénéficié du contrat peut toujours proposer la revalorisation de sa prestation pour éviter la nullité du contrat pour lésion (art. 55).

931. Enfin, les renonciations à se prévaloir de la lésion si elles sont concomitantes au contrat sont nulles mais les renonciations postérieures sont valables puisqu'il s'agit d'une nullité relative, ce que confirme l'actuel projet.

932. Le domaine de la lésion reste donc limité. Malgré l'importance de l'idée de justice contractuelle, aucun des projets de réforme ne remet en cause le fait qu'il puisse exister des contrats lésionnaires, qui demeurent sans sanction. Aucun ne généralise la lésion ou n'en fait un vice du consentement, même si les propositions Terré introduisaient la lésion qualifiée en sanctionnant les déséquilibres excessifs qui résultent de l'exploitation d'un rapport de force inégalitaire au moment de la conclusion du contrat.

La lutte contre les déséquilibres contractuels prend toutefois d'autres formes. Par le recours à la « théorie de la proportionnalité », la jurisprudence parvient à annuler des contrats économiquement déséquilibrés dans des cas où, ni la lésion, ni les vices du consentement ne seraient admis (v. ss 855) et de nouvelles formes dérivées de la lésion se développent pour assurer la moralisation des contrats et l'équilibre contractuel, au stade de la formation du contrat, qui sont relayées par **l'actuel projet de réforme**.

B. Les formes dérivées de la lésion

933. Certaines sont traditionnelles, d'autres plus récentes, et liées au développement du droit de la consommation et de la concurrence, à la transformation des rapports de force entre cocontractants, au développement de l'exigence d'équilibre contractuel.

1. Les formes classiques

a) La sanction des contrats usuraires

934. L'usure est un intérêt excessif donc injuste, imposé au débiteur d'une somme d'argent. L'intérêt peut être défini comme le prix que l'on est disposé à payer en contrepartie de l'usage d'une somme d'argent. L'application de l'usure se trouve dans le prêt à intérêt (C. civ., art. 1905 s.), auquel est assimilée la vente à tempérament (prix de vente payable en plusieurs fractions échelonnées).

935. L'injustice résulte ici de la comparaison entre le taux d'intérêt prévu au contrat (taux effectif global : TEG) et un taux d'intérêt normal qui est le taux de référence défini par les textes : le taux effectif moyen, calculé par trimestre. Si le taux effectif global excède, au moment où il est consenti, de plus du tiers le taux effectif moyen pratiqué, au cours du trimestre précédent, par les établissements de crédit pour des opérations de même nature comportant des risques analogues, il s'agit d'un taux usuraire (C. consom., art. L. 313-3).

936. Concernant le mode de calcul de l'usure, le dernier texte en date est une loi du 28 décembre 1966 qui a été remaniée par la loi du 31 décembre 1989 sur le surendettement des particuliers qui réprime l'usure avec des taux différents selon la nature du prêt consenti. Ce texte prévoit des plafonds que les intérêts conventionnels ne doivent pas dépasser. De plus, selon l'article 1907, alinéa 2, du Code civil, « le taux de l'intérêt conventionnel doit être fixé par écrit ». Or, la situation actuelle se caractérise par des disparités considérables dans les taux d'usure. Le projet de loi portant réforme du crédit à la consommation adopté en première lecture en avril 2010 proposait de revoir le mode de calcul du taux d'usure en réévaluant les seuils de l'usure et en ne différenciant plus le taux d'usure selon la nature des prêts mais selon leurs montants par tranches. La loi adoptée le 1er juillet 2010 sur le crédit à la consommation (nº 2010-737) a créé à cet effet un comité chargé de suivre et d'analyser l'évolution des taux d'intérêt des prêts aux particuliers.

937. Les sanctions de l'usure sont prévues par le Code de la consommation qui a repris la législation antérieure. La sanction civile n'est pas la nullité du contrat, mais la réduction des intérêts excessifs (art. L 313-4). Il existe également des sanctions pénales : emprisonnement de deux ans et amende (art. L 313-5).

Une sanction pénale est également encourue par les prêteurs professionnels car l'usure est un délit pénal.

b) La sanction des contrats léonins

938. C'est ici une forme exacerbée de l'abus, assez rare. Il s'agit de contrats organisés de telle manière que tous les profits ou toutes les pertes sont pour l'un des contractants seul. C'est dans le contrat de société que le Code civil a spécialement interdit cette pratique (art. 1844-1) en réputant la clause léonine non écrite.

939. La jurisprudence emploie aussi parfois la sanction et prononce alors la nullité du contrat ou de la clause. Par exemple lorsqu'une clause d'indexation (sur ces clauses, v. ss 494 s.) est prévue unilatéralement en cas de hausse de l'indice et non en cas de baisse.

2. Les formes plus récentes

a) La sanction des clauses abusives

940. *Le cadre initial du droit de la consommation.* Dès les débuts du développement du droit de la consommation, la loi du 10 janvier 1978 sur la protection et l'information des consommateurs de produits ou de services, véritable loi-cadre applicable à l'ensemble des contrats dits « de consommation » avait dégagé une nouvelle notion où l'on retrouvait les traces de la lésion et de l'impératif de justice contractuelle : « l'abus de puissance économique en vue d'obtenir un avantage excessif ». Il permettait de sanctionner le déséquilibre du contrat de vente ou de prestation de service passé entre un professionnel et un consommateur (sur les contrats de consommation et le droit de la consommation, v. ss 643, 699 s.).

941. Cela impliquait la nécessité de dégager clairement les critères de la clause abusive, sous le contrôle de la Cour de cassation, éventuellement [1] qui a confirmé son droit de contrôle sur la qualification des clauses dites « abusives » par les juridictions inférieures, dans un arrêt du 26 mai 1993 [2].

942. La loi du 10 janvier 1978 avait, de plus, confié à l'autorité administrative et non judiciaire le soin de déclarer « abusives » telle ou telle clause ; le décret du 24 mars 1978 avait posé un certain nombre de règles notamment en ce qui concerne les obligations

---

1. Civ. 1re, 6 déc. 1989, et TGI Paris, 17 janv. 1990, comm. J. Ghestin *in D.* 1990. 289.
2. Civ. 1re, 26 mai 1993, *D.* 1992. 568, note G. Paisant, *JCP* 1993. I. 3709, nº 10, obs. Marchessaux, *JCP* 1993. II. 22158, note E. Bazin.

des vendeurs professionnels. Toutefois, devant l'inertie du pouvoir réglementaire, la Cour de cassation s'était reconnu, à plusieurs reprises, le droit de s'appuyer directement sur les termes de l'article 35 de la loi du 10 janvier 1978 pour priver d'effet une clause lui semblant abusive [1]. Dans un arrêt du 14 mai 1991 [2], elle a confirmé le pouvoir judiciaire de contrôle de ces clauses (même *contra legem*).

943. La transposition de la directive CEE du 5 avril 1993 (nº 93/13 CEE) dans notre droit devait être l'occasion d'une réforme consacrant ces acquis jurisprudentiels. La loi du 1er février 1995, venue harmoniser le droit français avec la directive européenne, visait cette fois l'existence d'un « déséquilibre significatif » entre les droits et obligations des parties. La définition des clauses abusives inscrites dans l'article L. 132-1 du Code de la consommation est alors devenue la suivante : dans les contrats entre professionnels et non-professionnels ou consommateurs [...] ce sont « les clauses qui ont pour objet ou pour effet de créer au détriment du non-professionnel ou du consommateur, un *déséquilibre significatif* entre les droits et obligations des parties au contrat ».

944. En annexe au Code de la consommation, la loi de 1995 avait publié une longue *liste indicative* de clauses qui pouvaient être regardées comme abusives. Cette liste avait été établie grâce à la Commission des clauses abusive, le gouvernement pouvant ensuite la suivre en déclarant telle ou telle clause abusive. Cette liste n'était cependant qu'indicative, la Commission ne faisant que des recommandations, le juge devait donc décider en dernier ressort et il appartenait au consommateur de faire la preuve du caractère abusif.

945. À côté de cette liste indicative, il y avait une liste, très réduite, en réalité, comportant les clauses que le pouvoir réglementaire, après avis de la Commission des clauses abusives, avait déclarées abusives et donc interdites. Était ainsi interdite, comme abusive « la clause ayant pour objet ou pour effet de supprimer ou de réduire le droit à réparation du non-professionnel ou du consommateur, en cas de manquement par le professionnel à l'une quelconque de ses obligations » [3] ou encore la clause permettant au professionnel de « modifier unilatéralement les caractéristiques du bien à livrer ou du service à rendre ». La loi nº 2005-67 du 28 janvier 2005 avait ensuite ajouté à l'article L. 132-1 que « peut être regardée comme abusive une clause ayant pour objet ou pour effet de supprimer ou d'entraver l'exercice d'actions en justice ou des voies de recours par le consommateur en l'obligeant à passer exclusivement par un mode alternatif de règlement des litiges ».

946. Cependant, certaines lacunes du dispositif étaient soulignées. D'abord, le sort des clauses dépendait dans une très large mesure de l'intervention du juge (concernant la liste des clauses potentiellement abusives établie par la Commission), ce qui était un facteur d'insécurité pour les professionnels qui ne pouvaient savoir à l'avance s'il y avait risque d'abus dans les contrats proposés aux consommateurs. Cela d'autant plus qu'en dehors de tout texte, le juge s'était reconnu le pouvoir de déclarer des clauses abusives dès lors qu'elles répondent au critère posé par le Code de la consommation. Ensuite, la charge de la preuve du caractère abusif de la clause pesait sur le consommateur, sauf pour la liste très limitée des clauses déclarées abusives et interdites par le pouvoir réglementaire.

---

1. Civ. 16 juill. 1987, *RTD civ.* 1988. 114 et 6 déc. 1989, *RTD civ.* 1990. 277.
2. *JCP* 1991. II. 21763, note G. Paisant, *D.* 1991. 449, note J. Ghestin.
3. Textuellement repris dans l'article R. 132-1 du décret du 27 mars 1997.

947. *Le dispositif actuel issu de la loi de modernisation de l'économie du 4 août 2008* a voulu améliorer le système. Cette loi, qui comporte un volet important de dispositions destinées à renforcer la protection des consommateurs, est donc venue reprendre l'article L. 132-1 du Code de la consommation en simplifiant le dispositif de détermination des clauses présumées abusives [1]. Désormais, l'alinéa 2 du texte précise « qu'un décret en Conseil d'État, pris après avis de la Commission des clauses abusives, détermine une liste des clauses présumées abusives et en cas de litige, *le professionnel doit apporter la preuve du caractère non abusif de la clause litigieuse* ». L'alinéa 3 ajoute qu'un « décret pris dans les mêmes conditions détermine des types de clauses qui, *eu égard à la gravité des atteintes qu'elles portent à l'équilibre du contrat*, doivent être regardées de manière *irréfragable, comme abusives* au sens du premier alinéa ». Ce décret est intervenu le 18 mars 2009, modifiant l'article R. 132-1 du Code de la consommation.

Il existe donc désormais deux listes de clauses, dites « *clauses noires et clauses grises :* les *clauses noires* sont des clauses regardées comme irréfragablement abusives et le décret en énonce douze. Tout pouvoir d'appréciation du juge est exclu concernant ces clauses. Parmi elles on peut citer celle qui a pour objet de constater l'adhésion du non-professionnel ou du consommateur à des clauses qui ne figurent pas dans l'écrit qu'il accepte ou qui sont reprises dans un autre document auquel il n'est pas fait expressément référence lors de la conclusion du contrat et dont il n'a pas eu connaissance avant cette conclusion ». On peut également citer celles qui permettent au professionnel de « modifier la durée, l'objet ou le prix du contrat », et enfin celles qui ont pour objet ou effet de « supprimer ou réduire le droit à réparation du préjudice subi par le non professionnel ou consommateur en cas de manquement par le professionnel à l'une quelconque de ses obligations ». Dans l'ancien dispositif, ces dernières clauses n'étaient interdites que dans le contrat de vente. *Les clauses grises*, qui sont présumées abusives sous réserve de preuve contraire, sont au nombre de dix. Elles avantagent désormais le consommateur en le dispensant d'avoir à prouver le caractère abusif de la clause [2]. Parmi ces clauses, on peut citer celles qui ont pour objet d'imposer au non-professionnel ou au consommateur qui n'exécute pas ses obligations, une indemnité « d'un montant manifestement disproportionné ou celles qui reconnaissent au professionnel la faculté de résilier le contrat sans préavis d'une "durée raisonnable" ».

948. *L'extension aux rapports entre professionnels par la loi du 4 août 2009*. Elle innove de façon considérable en ouvrant aux professionnels la possibilité d'être protégés contre ces clauses qui créent un déséquilibre significatif. L'article L. 442-6, 1, 2° du Code de commerce prévoit en effet qu'« engage la responsabilité de son auteur et l'oblige à causer le préjudice causé, le fait de soumettre ou de tenter de soumettre un partenaire commercial à des obligations créant un déséquilibre significatif dans les droits et obligations des parties » [3]. La protection contre les clauses abusives entre donc dans le Code de commerce, ce qui a fait dire à certains que le droit des contrats pouvait devenir l'instrument d'une forme nouvelle de régulation économique [4].

---

1. D. Mazeaud et T. Revet, « Attention un réforme attendue peut en cacher une autre », *RDC* 2009. 449 ; *Clauses abusives* : panorama d'actualité, Débats, *RDC* n° 4, 2009. 1601 s.

2. Pour une liste complète et une analyse de ces clauses, v. O. Deshayes, « Les réformes récentes et attendues en 2009 (le décret du 18 mars 2009) », *RDC* n° 4, 2009. 1606.

3. « La protection des professionnels contre les déséquilibres professionnels significatifs », Débats, *RDC* n° 3, 2009. 1257 s.

4. C. Lucas de Leyssac et M. Chagny, « Le droit des contrats, instrument d'une forme nouvelle de régulation économique », *RDC* n° 3, 2009. 1269.

Tout dépendra cependant de la façon dont la jurisprudence interprétera la notion de déséquilibre significatif[1].

À cet égard, le Conseil constitutionnel, à l'occasion d'une question prioritaire de constitutionnalité, s'est prononcé par une décision du 13 janvier 2011 (n° 2010-85, QPC) pour son identité en droit de la concurrence et en droit de la consommation. Il a ainsi retenu la constitutionnalité du dispositif répressif (sanction du professionnel qui engage sa responsabilité) parce qu'il repose sur une notion qui a déjà été précisée par une abondante jurisprudence concernant les clauses abusives dans les contrats conclus avec les consommateurs (v. ss 651, et les références citées).

949. *L'extension à venir à tous les contrats* : la généralisation de la sanction des clauses abusives et leur introduction dans le Code civil par **l'actuel projet de réforme**. Pour l'instant, la sanction des clauses abusives ne concerne pas les contrats passés entre deux particuliers mais l'*actuel projet de la Chancellerie*, dans sa dernière version, envisage l'extension du dispositif à tous les contrats, en proposant d'intégrer dans le Code civil la disposition suivante : « une clause qui crée un déséquilibre significatif entre les droits et obligations des parties peut être supprimée par le juge à la demande du contractant au détriment duquel elle est stipulée ». Cette solution nouvelle est d'une particulière importance, car elle donne au juge le pouvoir d'assurer la police des clauses du contrat en vue d'assurer son équilibre économique, sans qu'il soit a priori tenu par le dispositif de la loi du 4 août 2008 qui ne concerne que les consommateurs.

950. *Quant à leur sanction.* Les clauses abusives, sont réputées non écrites. Il n'y a donc pas nullité du contrat tout entier, mais nullité de la clause seulement (v. ss 1025 s.), à moins qu'il ne s'agisse d'une clause essentielle dans l'économie du contrat, de sorte que le contrat tout entier doit être annulé.

Les sanctions des clauses abusives ont été par ailleurs renforcées par la loi n° 2014-344 du 17 mars 2014 relative à la consommation. Une peine d'amende est ajoutée, dont le montant ne peut excéder 3 000 euros pour une personne physique et 15 000 euros pour une personne morale, à l'encontre du professionnel qui a procédé à l'insertion d'une clause noire (C. consom., art. L. 132-2). Surtout, le pouvoir du juge de relever d'office une clause abusive devient une obligation et non plus une faculté (C. consom., art. L. 141-4). Enfin, la suppression des clauses abusives dans les modèles de contrats, du fait des actions engagées par les associations de consommateurs ou par la DGCCRF, produit un effet général, si bien que le juge pourra réputer non écrite cette clause dans tous les contrats identiques conclus par le même professionnel avec des consommateurs, y compris ceux qui ne sont plus proposés (C. consom., art. L. 421-6, al. 3). Dans toutes ces hypothèses, le juge pourra substituer à la clause éradiquée une disposition de nature supplétive, comme l'a rappelé la Cour de justice dans la décision *Kásler*[2].

b) Le contrôle de l'abus dans la fixation du prix

951. Il s'agit là encore d'un moyen de contrôler l'équilibre économique du contrat, découvert par la jurisprudence, dans le cadre de l'assouplissement, en parallèle, des

1. Versailles, 12e ch., 27 oct. 2011, *JurisData* n° 2011-030371 ; *RCA* 2012, comm. n° 42, obs. N. Mathey ; v. aussi T. com. Lille, 7 sept. 2011, *CCC* 2011, comm. 234, note N. M.
2. CJUE, 30 avr. 2014, aff. C-26/13, *Árpád Kásler*, point n° 82.

exigences de détermination de l'objet (en l'occurrence le prix) posées par le Code civil. Depuis les arrêts de l'assemblée plénière du 1er décembre 1995 (v. ss 847 s., à propos de la détermination du prix), lorsque, dans une convention cadre, le prix indéterminé au moment de la conclusion du contrat est fixé par la suite unilatéralement (ce que l'assemblée plénière admet), l'abus dans la fixation du prix est cependant contrôlé ensuite par le juge, dans le cadre de l'exécution du contrat et peut donner lieu à résiliation ou à indemnisation[1].

Le contrôle de l'équilibre économique du contrat, est alors transporté au stade de l'exécution du contrat et sanctionné sur le terrain de l'exécution. Il n'y a pas nullité mais résiliation et la responsabilité est une responsabilité contractuelle. Alors que la fixation du prix est un élément essentiel puisqu'il s'agit de l'objet d'une obligation essentielle, le juge ne sanctionne pas le contrat sur le terrain de la formation, mais assure quand même l'équilibre du contrat.

952. L'actuel projet de réforme reprend cette solution en consacrant par ailleurs la possibilité pour le juge, plutôt que la résolution ou la résiliation du contrat, de *réviser le prix*, ce qui assure la survie du contrat (art. 71, al. 2).

c) L'utilisation nouvelle de la cause

953. On rappellera pour mémoire (développements à ce propos, v. ss 892 s.) ce nouveau rôle de la cause, utilisée par la jurisprudence pour sanctionner par la nullité le déséquilibre économique du contrat, au regard d'une analyse plus économique de celui-ci, qui met en œuvre le concept « d'économie du contrat ». Il ne s'agit plus de faire une analyse abstraite et juridique de la contrepartie, mais de s'interroger sur ce qui est le « cœur du contrat » et l'intérêt du contrat pour les parties afin de vérifier s'il se trouve bien préservé par les stipulations contractuelles. À défaut, l'engagement est privé de cause. Cette nouvelle utilisation de la cause semble néanmoins trouver actuellement certaines limites devant la chambre commerciale de la Cour de cassation (développements, v. ss 902). **L'actuel projet de réforme** la fait disparaître purement et simplement. Mais, on l'a vu, il autorise des solutions qui permettent de pallier cette disparition : sanction par la nullité de la contrepartie illusoire ou dérisoire, suppression des clauses abusives et de la cause qui prive de sa substance l'obligation essentielle du débiteur (v. ss 901 et s.).

II. L'EXIGENCE DE SINCÉRITÉ ET DE BONNE FOI

954. Les contrats devraient être sincères et contractés de bonne foi. Cette exigence de loyauté, qui s'impose essentiellement entre contractants, n'interdit pas cependant la simulation, procédé toléré en principe, parce qu'il est concerté entre les parties, mais qui est parfois sanctionné.

955. Cependant, de façon générale la loyauté et la bonne foi contractuelle deviennent des valeurs contractuelles dominantes, au stade de la formation du contrat et pas seulement de l'exécution.

---

1. Civ. 30 juin 2004, *Bull. civ.* I, n° 190 ; *RTD civ.* n° 1, 2005. 126-127, obs. J. Mestre et B. Fages, *RTD civ.* n° 4, 2004. 749-752 ; *D.* 2005. 1828 ; Com. 23 juin 2004, *JurisData* n° 2004-4441 ; et déjà, antérieurement : Com. 21 janv. 1997, *D.* 1997. 414, note C. Jamin.

A. La question de la simulation

► ***La simulation*** est un mensonge concerté entre les parties (à la différence du dol qui est le mensonge d'une seule des parties).

956. Les contractants réalisent en même temps deux actes distincts : l'un est ostensible, mais fictif, il est appelé *acte apparent* et sert à dissimuler l'autre, secret, mais qui exprime leur volonté réelle : la *contre-lettre* (v. schéma en fin de chapitre).

La simulation peut se présenter sous trois formes.

► ***Acte fictif*** : dissimulation de l'existence de l'acte ; exemple : un débiteur, pour échapper à la saisie de ses biens par ses créanciers, vend ostensiblement un immeuble à un ami complaisant, qui reconnaît dans une contre-lettre le caractère fictif de cette vente.

► ***Acte déguisé*** : dissimulation de la nature de l'acte ; exemple : donation déguisée en vente, ou dissimulation d'un élément de l'acte et vente à un prix inférieur au prix réel (pratique du « dessous-de-table »).

► ***Interposition de personne*** : dissimulation du véritable bénéficiaire de l'acte : pour pouvoir faire une donation à une personne incapable de recevoir cette libéralité (médecin, pharmacien, ministre du Culte…), le donateur faisait la donation à un « prête-nom » qui s'engageait dans la contre-lettre à restituer le don au véritable bénéficiaire (art. 909 et 911).

Citons, toutefois, une décision qui analyse une hypothèse de prête-nom en une simulation et qui précise que l'« interposition de personnes ne suppose pas que l'acte ostensible et l'acte secret aient été conclus entre les mêmes personnes » [1].

957. Le mobile de la simulation peut être licite ou illicite. La simulation est le plus souvent motivée par une idée de fraude : fraude à la loi en évitant des formalités exigées, par exemple, pour les donations, fraude aux droits des créanciers ou des héritiers, fraude fiscale, et l'on peut citer à ce propos une définition donnée par le Conseil d'État selon laquelle la simulation « est un acte consistant dans une fraude à la loi ou dissimulant la portée véritable d'une convention aux fins d'échapper à l'impôt » [2], etc., mais elle peut aussi avoir un mobile plus légitime : cacher les libéralités d'une personne charitable, éviter la concurrence commerciale, etc. C'est pourquoi la simulation n'est pas, en principe, illicite (la fraude ne se présume pas), sauf dans quelques cas particuliers où la loi l'interdit (v. art. 911, par ex.). Mais il faut appliquer la distinction faite par l'article 1321 selon lequel « les contre-lettres ne peuvent avoir leur effet qu'entre les parties contractantes ; elles n'ont point d'effet contre les tiers ».

1. L'OPPOSABILITÉ DE LA CONTRE-LETTRE ENTRE LES PARTIES

958. Dans notre régime d'autonomie de la volonté, on conçoit très aisément que c'est la volonté réelle des parties, telle qu'elle est exprimée dans la contre-lettre, à condition qu'elle soit elle-même valable, qui compte, et non la volonté fictive. En cas de contestation, il pourra devenir nécessaire pour les parties de faire apparaître la contre-lettre au moyen de l'*action en déclaration de simulation*. Ainsi, par exemple, un auteur avait-il été

---

1. Civ. 1re, 28 nov. 2000, *JCP* 2001. II. 10645, note T. Azzi.
2. Cass., ass. plén., 10 juin 1981, *Dr. fisc.* 1981, comm. n° 2187 ; *RJF* 1981, n° 787.

engagé par un éditeur pour réécrire en tant que « nègre » des biographies de personnages célèbres moyennant une rémunération mensuelle et un pourcentage sur les ventes. Il demanda un réajustement de sa rémunération et, sur refus de l'éditeur, il fit constater l'interposition de personnes et obtint gain de cause [1].

959. Si l'acte ostensible avait été constaté dans un écrit, il ne sera possible d'apporter la preuve de la simulation qu'au moyen d'un autre écrit, en application de l'article 1341 qui n'admet pas la preuve par témoins « contre et outre le contenu aux actes » à moins que la simulation n'ait un caractère frauduleux (art. 1353, *in fine*) ou qu'un commencement de preuve par écrit permette l'audition de témoins.

Dans d'autres cas, la nullité de la contre-lettre entraîne aussi la nullité, faute de cause, de l'acte apparent ou parfois, plus simplement, elle entraîne des sanctions mais laisse subsister l'acte apparent civilement valable.

960. Toutefois, il y a deux cas où la loi impose aux parties d'exécuter l'acte apparent et non la contre-lettre : d'une part, lorsqu'il y a eu dissimulation du prix dans les cessions d'offices ministériels (L. du 27 févr. 1912, art. 6 ; CGI, art. 1793, confirmant une jurisprudence antérieure), mais, dans la pratique, ce texte a assez peu d'effet ; d'autre part, lorsqu'il y a dissimulation du prix constituant une fraude fiscale dans les ventes d'immeubles, cession de fonds de commerce ou de clientèle, cession d'un droit au bail immobilier, dissimulation de la soulte dans un partage, etc. (L. du 27 févr. 1912 ; CGI, art. 1840) [2].

Dans ces deux cas, la sanction est grave puisque la jurisprudence considère que la loi, outre des sanctions fiscales, annule seulement la contre-lettre et contraint les parties à exécuter l'acte apparent qu'elles n'avaient pourtant pas « voulu » [3]. Le danger est d'autant plus important par ailleurs, que la preuve de la simulation peut être apportée par tout moyen : la fraude permet ici à la Cour de cassation d'admettre la mise à l'écart des règles de preuve qui imposent en principe un écrit pour prouver contre un écrit (l'acte de vente écrit, ostensible, indiquant un certain prix [4]).

2. L'INOPPOSABILITÉ DE LA CONTRE-LETTRE À L'ÉGARD DES TIERS ET, NOTAMMENT, DES CRÉANCIERS CHIROGRAPHAIRES

961. L'article 1321 dit que la contre-lettre ne peut avoir effet « contre » les tiers : elle peut donc en avoir « pour » eux. Ils ont une option : invoquer l'acte ostensible, ou se prévaloir de la contre-lettre.

a) Les tiers, et en particulier les créanciers chirographaires, ne peuvent se voir opposer la contre-lettre

962. En effet, ils sont présumés avoir ignoré l'acte secret et ne doivent pas en souffrir. Cette disposition de l'article 1321 a un domaine plus large que la simple règle de la

---

1. Paris, 10 juin 1986, *D.* 1987. Somm. 153, note C. Colombet ; v. obs. J. Mestre, *RTD civ.* 1989. J. 530 s.
2. Sur une interprétation divergente de cet article 1840 par la jurisprudence tranchée par la chambre mixte le 12 juin 1981, *D.* 1981. 415, concl. Cabanes, v. *RTD civ.* 1982. 140, obs. F. Chabas.
3. Pour une application récente où le paiement avait été fait par chèque et où le chèque a été annulé car sa cause était illicite : Civ. 3e, 10 janv. 2012, no 10-18.881, *JCP* no 18.561, obs. Y.-M. Serinet ; v. aussi M.-L. Sabirau-Pérez, chron. citée dans la bibliographie.
4. Civ. 1re, 17 déc. 2009, *JurisData* no 2009-050770, *JCP* 2010. 315, note L. Leveneur.

relativité des contrats de l'article 1165. Ici, la contre-lettre est vraiment et complètement inopposable aux tiers, à moins qu'il ne soit établi qu'ils en connaissaient l'existence.

C'est le cas si un acheteur apparent d'un immeuble le voit saisi par ses créanciers ou encore s'il revend l'immeuble dont il n'était que le propriétaire apparent : cette vente est valable et la contre-lettre est inopposable au sous-acquéreur[1].

b) Les tiers peuvent, au contraire, se prévaloir de la contre-lettre valable, s'ils y ont intérêt, au moyen de l'action en déclaration de simulation

963. Cette action peut être intentée par tout intéressé : l'une des parties, nous l'avons vu, ou les tiers, sans qu'il soit nécessaire d'établir une intention de nuire aux créanciers et sans avoir, en ce qui concerne les créanciers, à justifier de l'existence d'une créance antérieure à l'acte attaqué[2].

Mais, en ce qui concerne la preuve de la simulation, alors que les parties doivent prouver par un écrit « contre » l'acte ostensible, pour les tiers il s'agit de prouver un fait juridique : la simulation, et la preuve est libre et peut s'effectuer par tous moyens, y compris les présomptions. Il y a même des cas de présomption légale de simulation, notamment en cas d'interposition de personnes (C. civ., art. 911, al. 2), qui entraînent la nullité de la contre-lettre et de l'acte apparent à la fois[3].

964. Mais il peut arriver qu'il y ait *conflit entre les tiers*, certains, désirant voir appliquer la contre-lettre, les autres l'acte ostensible ; par exemple, dans le cas d'une donation déguisée en vente, les héritiers réservataires invoqueront la contre-lettre (donation) pour pouvoir exercer l'action en réduction, alors que les créanciers auront intérêt à s'en tenir à l'acte ostensible (vente) pour éviter d'être en concours avec les héritiers réservataires. Dans ces cas-là, c'est au juge qu'il appartient de trancher. Il donnera généralement la préférence à ceux qui invoquent l'acte ostensible car, en vertu de la *théorie de l'apparence*, ceux qui ont ajouté foi à l'acte apparent ne doivent pas être lésés (v. schéma)[4].

B. Le développement de l'obligation de bonne foi et de loyauté dans la formation du contrat

965. Les contrats doivent être exécutés de *bonne foi*. Cette exigence de bonne foi est expressément posée par le Code civil concernant l'exécution du contrat (art. 1134) mais elle ne figure pas jusqu'ici dans le Code s'agissant de sa formation. L'exigence de loyauté a cependant toujours été considérée comme un pré supposé par la jurisprudence et, bien que l'article 1134, alinéa 3, ne concerne que l'exécution de bonne foi, la jurisprudence admet que les conventions doivent également être *contractées* de bonne foi[5]. Elle a ainsi progressivement consacré et développé des applications de cette exigence de bonne foi et de loyauté au moment de la formation du contrat.

966. Le devoir de loyauté contractuelle, qui se rattache à la bonne foi, s'impose aux contractants, créancier comme au débiteur. Il sous-tend l'élargissement du domaine du

1. Civ. 1re, 14 juin 1966, *Bull. civ.* I, 1966, no 326, p. 278.
2. Paris, 13 déc. 2001, *RTD civ.* no 2, 2002. 301, obs. J. Mestre et B. Fages.
3. V. aussi art. 1099, en cas de donation entre époux.
4. Civ. 25 avr. 1939, *DC* 1940. 1. 12, note G. L. ; Soc. 14 déc. 1944, *S.* 1946. I. 105.
5. Civ. 1re, 10 mai 1989, inédit, obs. J. Mestre, *RTD civ.* 1990. 738.

dol avec la reconnaissance du dol par réticence (v. ss 809) et le développement d'une obligation par la jurisprudence d'une obligation précontractuelle d'information, qui traduit l'existence d'un devoir de coopération se prolongeant ensuite naturellement au stade de l'exécution du contrat (v. ss 1048 s.). Mais il se manifeste aussi pendant la période des négociations, puisque, on l'a vu, la rupture des pourparlers peut être sanctionnée par des dommages-intérêts lorsque le cocontractant abuse de sa liberté de rompre et se montre de mauvaise foi (v. ss 761).

967. Cette obligation de bonne foi tend aujourd'hui à devenir une valeur contractuelle essentielle, un principe structurant le droit des contrats (v. ss 658, développements). Les avant-projets de réforme du droit des obligations ont tous fait une large part à la notion de bonne foi et au devoir de loyauté, non seulement, comme actuellement lors de l'exécution des contrats mais également lors de sa formation. Dans les propositions Terré, la loyauté est l'une des trois règles fondamentales qui doivent structurer le contrat et la bonne foi est également inscrite dans la version d'origine du projet de la Chancellerie comme l'un des trois principes directeurs du contrat. L'avant-projet Catala insiste aussi sur l'exigence de bonne foi, qui apparaît notamment à propos de la rupture des pourparlers : « l'initiative, le déroulement et la rupture des pourparlers sont libres, mais ils doivent satisfaire aux exigences de la bonne foi » (art. 1104, al. 1er).

Cette évolution est consacrée par **l'actuel projet de réforme** qui, dans un chapitre de dispositions préliminaires consacrées au contrat, pose le principe de la liberté contractuelle... et de la bonne foi qui s'impose à toutes les étapes : « Les contrats doivent être formés et exécutés de bonne foi » (art. 4).

De la même façon, le principe d'un devoir général d'information est posé par le projet (v. ss 782, 783, sur cette obligation), qui consacre également le dol par réticence (projet, art. 44 ; v. ss 810).

968. La place accordée à la bonne foi et à la loyauté comme contrepoids à la liberté contractuelle s'inscrit pleinement dans la logique du droit européen des contrats, puisque la loyauté contractuelle est aussi un des trois principes directeurs du droit européen des contrats (figurant dans les Principe du droit européen des contrats Lando et dans le projet de Cadre commun de référence encadré par la Commission européenne ; v. ss 101).

III. Exigences de forme

969. La forme est absente de la liste des conditions de validité de l'article 1108. En principe en effet, les contrats sont consensuels, c'est-à-dire valablement conclus en l'absence de toute forme, par le seul échange des consentements. C'est le principe du consensualisme, toujours valable aujourd'hui (v. ss 631). Cependant, ce principe est tempéré. Soit parce que parfois, la forme est nécessaire à la validité du contrat (forme ou solennité *ad validitatem*). Soit la forme est nécessaire pour que le contrat soit opposable au tiers, ce sont alors des exigences de publicité qui sont posées, sans être une condition de validité ; enfin parfois, la forme est nécessaire pour faire la preuve du contrat.

L'actuel projet de réforme s'est spécifiquement préoccupé de la question de la forme dans une subdivision particulière (art. 79 à 85). Il rappelle le grand principe du consensualisme avant de préciser que parfois la forme est exceptionnellement une condition de validité du contrat. Pédagogiquement, il distingue ensuite cette hypothèse de celles où la forme est seulement exigée aux fins de preuve ou d'opposabilité du contrat.

Il prévoit également la règle du parallélisme des formes qui veut que les contrats qui ont pour objet de modifier un contrat antérieur ou d'y mettre fin sont soumis sauf dispositions contraires (légales ou conventionnelles) aux mêmes règles de forme.

A. La forme comme condition de validité du contrat

970. On rappellera ici pour mémoire, que malgré le principe consensualiste dérivé de l'autonomie de la volonté, pour certains contrats, des formes sont exigées. Ce sont les contrats formalistes qui sont essentiellement les contrats solennels, comme le contrat de mariage ou la donation (v. ss 673) et les contrats réels, pour lesquels la formalité particulière, qui conditionne la formation du contrat, est la remise de la chose (v. ss 677).

L'écrit exigé n'est pas obligatoirement un acte authentique. De plus, le législateur admet désormais qu'un tel écrit peut être établi et conservé sous forme électronique aux conditions prévues tant pour les actes sous seing privé que pour les actes authentiques (art. 1108-1, renvoyant aux art. 1316-1, 1316-4, et 1317, al. 2). Ces dispositions ne s'appliquent cependant pas pour certains actes sous seing privé énumérés à l'article 1108-2. En ce qui concerne plus particulièrement les contrats sous forme électronique, leurs conditions de forme sont réglées par les articles 1369-1 à 1369-11 issus des lois du 24 juin 2004 et du 16 juin 2005 (v. ss 674).

971. Il faut noter aussi que le droit de la consommation développe des exigences formelles qui ne sont pas forcément sanctionnées par la nullité de l'acte parce que l'objectif est la protection du consommateur et que celui-ci n'y a pas forcément intérêt. Ainsi l'établissement de crédit qui fait une offre de prêt doit le faire par écrit ou sur un autre support durable (C. consom., art. L. 311-11) et le Code de la consommation réglemente cette offre écrite de prêt en imposant un certain nombre de mentions obligatoires. Mais la sanction n'est pas la nullité du contrat.

B. La forme comme condition d'opposabilité du contrat au tiers

972. Même s'il n'y a pas de formes exigées, les contrats doivent cependant respecter certaines formalités de publicité ou d'enregistrement pour faciliter leur preuve ou leur opposabilité aux tiers, sans toutefois que l'absence de ces formalités mette en péril la validité du contrat (**l'actuel projet de réforme** le précise très clairement cf. art. 80). En effet, un contrat qui ne respecte pas ces formalités n'est généralement pas nul, mais il est sanctionné par son inopposabilité aux tiers. Ainsi en est-il du contrat de vente immobilière qui n'est pas un contrat solennel, et qui ne nécessite donc pas un acte écrit pour sa validité, mais qui doit être publiée à la conservation des hypothèques pour être opposable aux tiers, ce qui impose en réalité que la vente soit constatée par un acte authentique.

C. La forme requise pour la preuve du contrat

973. Pour les tiers, comme pour les parties, il est nécessaire que le contenu du contrat soit clair et fermement établi. C'est pourquoi, malgré le principe consensualiste, le Code civil puis des lois postérieures ont exigé la pré-constitution d'une preuve par écrit pour les conventions jugées les plus importantes en valeur. Cet écrit était exigé *ad probationem* et non *ad solemnitatem* comme condition d'existence.

974. Cette exigence de preuve introduit donc un formalisme indirect. Le principe est celui de l'exigence d'une preuve littérale (par écrit), même si ce principe connaît des exceptions. Le principe de la preuve par écrit et ses différentes exceptions sont repris par **l'actuel projet de réforme du droit des obligations** qui consacre tout un titre (le titre V qui fait suite au titre IV sur « le régime général des obligations » à la « preuve de l'obligation », en consacrant les solutions acquises et en présentant la matière de façon très pédagogique. On rappellera rapidement et seulement pour mémoire ces différentes solutions qui font l'objet d'une étude détaillée dans le volume 1).

1. Le principe de la preuve littérale préconstituée

975. Ce principe est posé par l'article 1341 du Code civil : tous les actes juridiques d'une valeur supérieure à une somme fixée par décret (1 500 euros depuis le 1er avril 2005) doivent être prouvés par écrit et un écrit répondant à certaines exigences (acte authentique ou sous-seing privé). En dessous de cette valeur, tous modes de preuve sont admissibles (écrits ne constituant pas des preuves parfaites, témoignages, indices, présomptions, aveu extrajudiciaire).

On rappellera à cet égard que la question de l'admissibilité des modes de preuve se distingue de la question de la valeur (force probante) des différents modes de preuve. Une hiérarchie est établie concernant cette force probante qui conduit à distinguer entre les preuves parfaites qui lient le juge et établissent la preuve sans qu'il puisse juger le contraire (écrit authentique ou sous seing privé ; aveu judiciaire, serment décisoire) et les preuves imparfaites qui lui laissent tout pouvoir d'appréciation.

976. Depuis la loi du 13 mars 2000 qui a modifié les articles 1316 et suivants du Code civil relatifs à la preuve littérale, l'écrit sous forme électronique est admis au même titre que l'écrit sur support papier, « sous réserve que l'on puisse identifier la personne dont il émane et qu'il soit établi et conservé dans des conditions de nature à en garantir l'intégrité » (art. 1316-1). Il a donc la même force probante. L'article 1397 prévoit désormais que l'acte authentique lui-même peut être dressé sur support électronique à condition d'être établi et conservé dans certaines conditions fixées par décret (v. ss 674). Enfin, la signature elle-même peut être électronique à condition qu'elle consiste dans l'usage d'un procédé fiable d'identification garantissant son lien avec l'acte auquel elle s'attache (les procédures de certification sont prévues par décret).

977. Par ailleurs, avec la loi de modernisation des professions judiciaires ou juridiques du 28 mars 2011, une nouvelle sorte d'acte sous signature privée a été introduite avec une force probante particulière : l'acte sous seing privé contresigné par avocat. L'acte ainsi contresigné fait pleine foi de l'écriture et de la signature des parties et il n'est plus possible de remettre en cause la force probante de l'acte par la procédure de contestation de signature. Toutefois, le contreseing ne fait pas pleine foi de la date de l'acte. Par ailleurs, l'acte contresigné par avocat est dispensé de toute mention manuscrite exige par la loi, de même *a fortiori* que l'acte reçu en la forme authentique par un notaire (C. civ., art. 1317-1, nouv.).

Enfin, à l'écrit peut se substituer l'aveu judiciaire ou le serment décisoire qui sont aussi des preuves parfaites.

2. Les atténuations

978. Il existe cinq cas, où, en matière civile (car en matière commerciale, la preuve est libre), et au-dessus de 1 500 euros, la preuve littérale ne sera pas exigée :

– lorsqu'il existe un commencement de preuve par écrit (art. 1347) ;

– en cas d'impossibilité matérielle ou morale de se procurer un écrit (art. 1348) ;

– en cas de perte de l'écrit par cas fortuit ou force majeure (art. 1348) ;

– si l'original n'a pas été conservé mais que l'on présente une copie qui en est la reproduction fidèle et durable (art. 1348) ;

– en cas de fraude, enfin, la preuve peut être faite par tout moyen (art. 1353).

DOCUMENTS

BIBLIOGRAPHIE

BREDIN (J.-D.), « Remarques sur la conception juridique de l'acte simulé », *RTD civ.* 1956. 261 s.

GRINBAUM (L.) et NICOD (M.), *Le solidarisme contractuel*, Economica, 2004.

LUCAS DE LEYSSAC (C.) et CHAGNY (M.), « Le droit des contrats, instrument d'une forme nouvelle de régulation économique », *RDC* 2009-3. 1269.

MESTRE (J.), « Vingt ans de lutte contre les clauses abusives », *in Mélanges F. Terré*, Dalloz, PUF-Juris-Classeur, 1999, p. 677.

SABIRAU-PÉREZ (M.-A.), « La notion fiscale de simulation à l'épreuve du droit civil », *Gaz. Pal.* 2-4 oct. 2005.

VIDAL (J.), *Essai d'une théorie générale de la fraude en droit français*, 1957, p. 341 s.

Débats : « La protection des professionnels contre les déséquilibres professionnels significatifs », *RDC* nº 3, 2009, Débats, p. 1257 s. (pour un panel d'articles).

Débats : « Clauses abusives : panorama d'actualité 2009 », *RDC* nº 4, 2009, Débats, p. 1601 s. (pour un panel d'articles).

CAS PRATIQUE

Rescision d'une vente d'immeuble pour lésion de plus des 7/12e

En 1956, une personne âgée alors de 61 ans, Mme Fougère, avait vendu à un couple, M. et Mme Mazais, un pavillon de deux étages avec jardin à Thiais, dans la banlieue parisienne, pour la somme de 900 000 francs anciens (soit 9 000 francs, ou aujourd'hui 1 372,04 euros) Mme Fougère se réservait, sa vie durant, le droit d'habiter deux pièces du pavillon, de 9 m^2 et 12 m^2, sur une superficie totale de 140 m^2.

Par la suite, elle demanda la rescision de la vente pour lésion de plus des 7/12e. En effet, un rapport d'expertise établit que le pavillon valait à l'époque de la vente, en 1956, 3 000 000 francs anciens (soit 30 000 francs ou 4 573, 47 euros).

Mais les époux Mazais ripostèrent en prétendant que cette différence de prix était compensée par le fait qu'il s'agissait d'un contrat aléatoire, puisque Mme Fougère était logée, sa vie durant, ce qui pouvait être long en raison de son excellente santé.

Les juges d'appel ayant relevé que la valeur locative des deux pièces qu'occupait Mme Fougère correspondait à un capital de 300 000 francs anciens (soit 3 000 francs ou 457,34 euros).

Pensez-vous qu'elle aura eu gain de cause ?

Chapitre 5

La sanction des conditions de validité du contrat

979. Lorsque l'une des conditions posées par l'article 1108 du Code civil manque ou est imparfaite, le contrat est annulable. La nullité du contrat s'exerce en principe contre le contrat tout entier et le fait disparaître rétroactivement, mais il existe plusieurs sortes de nullités. Par ailleurs, le contrat peut parfois être maintenu, mais une de ses clauses être « réputée non écrite ». Nous allons tout d'abord examiner ces diverses sanctions de la nullité, dirigées contre le contrat tout entier, et la façon dont elles s'exercent (I), puis nous envisagerons le cas de la nullité partielle (II).

Les solutions actuelles sont consacrées par **l'actuel projet de réforme** (art. 86 à 95) qui adopte une démarche très pédagogique en définissant les différentes sortes de nullité et en précisant leurs effets. Il crée une action interrogatoire qui permet (à condition que la cause de nullité ait cessé) de demander par écrit à la partie qui pourrait se prévaloir de la nullité si elle a l'intention d'exercer l'action. De la même façon, il est possible de demander à la victime de l'erreur d'opter pour l'exécution du contrat dans les termes qu'elle avait compris lors de sa conclusion (art. 91).

Le projet définit également la caducité et prévoit cette sanction en cas de contrats interdépendants. Si l'un des contrats a été conclu en vue d'une opération d'ensemble et que la disparition de l'un d'eux rend impossible ou sans intérêt l'exécution d'un autre, la caducité de celui-ci est acquise (art. 94). Enfin, au titre des solutions nouvelles, il rend l'intervention du juge facultative pour prononcer la nullité dans le cas où les parties la constatent d'un commun accord (art. 86).

I. Les sanctions atteignant le contrat tout entier : les nullités

Introduction
Distinction de la nullité et des autres mécanismes d'anéantissement du contrat

980. La sanction de la nullité est la seule sanction prévue actuellement par le Code civil, au titre de la formation irrégulière du contrat. Elle présente essentiellement deux degrés : la nullité relative et la nullité absolue. Elle se distingue de plusieurs autres sanctions parfois utilisées au stade de la formation du contrat : la première, *l'inopposabilité*, est aussi une sanction de la formation du contrat mais elle n'entraîne pas son anéantissement. Le contrat reste valable entre les parties, mais son irrégularité empêche qu'il puisse produire effet à l'égard des tiers. Deux autres sanctions se caractérisent comme la nullité, par l'anéantissement de l'acte : *l'inexistence et la caducité* (v. aussi le tableau des causes d'anéantissement du contrat, documents en fin de chapitre). *L'actuel projet de réforme* prévoit à côté de la nullité totale ou partielle, la possibilité pour la victime de demander réparation du dommage subi sur le fondement de la responsabilité extracontractuelle. Il prévoit également la caducité. Mais ni l'inopposabilité ni l'inexistence ne sont intégrées dans la section consacrée aux sanctions de la formation du contrat.

1. Nullité et inexistence

981. La théorie de l'inexistence comme sanction spécifique de la formation du contrat n'est pas unanimement admise : tant la jurisprudence qu'une partie de la doctrine préfèrent voir, dans les prétendus cas d'inexistence, des cas de nullité absolue. *Les cas d'inexistence* seraient ceux où il manque un élément essentiel à la formation de l'acte (l'absence de consentement, l'absence d'objet, l'absence de cause et l'absence de forme pour les contrats solennels) *mais de telle sorte que l'acte n'ait aucune apparence formelle* car, sans cela, il faudrait annuler cette apparence. Les *cas de nullité* seraient alors ceux où l'acte contient apparemment tous ses éléments essentiels, mais où l'un d'eux manque en fait ou est atteint d'un vice, plus ou moins grave, nécessitant la protection de plus ou moins de personnes, ce qui entraînera une nullité absolue s'il s'agit de protéger l'intérêt général ou l'ordre public ou relative s'il s'agit de protéger un intérêt particulier de l'un des contractants.

Les cas d'inexistence, ainsi définis, sont tout à fait exceptionnels [1].

La Cour de cassation utilise néanmoins parfois cette notion lorsqu'un élément essentiel du contrat fait défaut, comme l'absence totale de consentement, dans la mesure où le recours à la notion d'inexistence permet d'échapper à la prescription de l'action en nullité [2]. Ce sera sans doute encore plus important depuis que la réforme de la prescription par la loi du 17 juin 2008 (v. ss 537 s.) qui a fait disparaître l'un des critères antérieurs de la distinction entre nullité relative et absolue, fondé sur la durée du délai de prescription : trente ans pour les nullités absolues et cinq ans pour les nullités relatives. Désormais le délai de droit commun est un délai de cinq ans, sauf, cas particuliers.

2. Nullité et caducité

982. Comme la nullité, la caducité sanctionne les conditions de formation du contrat et elle entraîne son anéantissement. Cependant, à la différence de la nullité, elle atteint un acte valablement formé et dont les conditions de formation ont été correctement remplies mais qui perd ensuite un élément de sa validité par suite d'un événement postérieur. Elle a déjà été vue au titre des causes d'extinction des obligations (v. ss 536). La disparition de l'acte se produit donc en principe seulement pour l'avenir, sans rétroactivité, contrairement à nullité qui est rétroactive. La jurisprudence a ainsi récemment admis la caducité d'un contrat pour disparition de sa cause. Il s'agissait cependant d'un engagement unilatéral et non d'un contrat synallagmatique : une reconnaissance de dette consentie par un ex-mari au titre du paiement d'une pension alimentaire destinée à assurer l'entretien et

---

1. Par ex. Civ. 1re, 18 juill. 1967, *Bull. civ.* I, no 268, p. 199.

2. Com. 30 nov. 1983, *Bull. civ.* IV, no 333 ; Civ. 1re, 5 mars 1991, *D.* 1993. 508, note Collet ; Civ. 3e, 15 déc. 1999, *JCP* 2000. II. 10236, concl. J.-F. Weber, relatives à la notion d'inexistence.

l'éducation de l'enfant qui était à la charge de la mère (l'obligation alimentaire du père constituant la cause de l'engagement). Les juges ont considéré que l'engagement à exécution successive s'était trouvé dépourvu de cause à partir du moment où l'enfant s'était trouvé ensuite à la charge exclusive de son père et ont prononcé sa caducité [1].

L'actuel projet de réforme du droit des contrats consacre des développements à la caducité au titre des sanctions de la formation du contrat et outre la définition de cette sanction [2], il la prévoit dans le cas des contrats interdépendants (sur les contrats interdépendants, v. ss 1203 s. et sur les dispositions de l'actuel projet, v. ss 1211).

A. Les différentes sortes de nullité

1. Les nullités absolues

a) Conditions des nullités absolues

983. La différence essentielle entre les nullités absolues et relatives consiste en ce que les secondes sont des nullités de protection, intervenant lorsque la règle violée a pour objet la sauvegarde d'un intérêt privé (définition donnée par *l'actuel projet de réforme*) (art. 87), alors que les premières ont pour objet la sauvegarde d'un intérêt général et sanctionnent des atteintes à l'ordre public. Ces dernières peuvent donc être invoquées par tout intéressé et ne peuvent être confirmées par qui que ce soit. Enfin, jusqu'à la loi du 17 juin 2008 relative la prescription, l'action en nullité absolue se prescrivait par les délais de droit commun, c'est-à-dire 30 ans. Cette règle a disparu, en même temps que le délai de droit commun de prescription des actions mobilières et personnelles est devenu (sauf texte particulier) le délai quinquennal (C. civ., art. 2224, nouv.).

Ces deux sortes de nullités ont été conservées dans **l'actuel projet de réforme**, avec leurs caractéristiques essentielles et les solutions actuelles confirmées dans l'ensemble.

b) Domaine des nullités absolues

984. ***Nullités virtuelles et nullités textuelles***. Le domaine des nullités absolues est double : nullités *virtuelles*, lorsque la sanction découle forcément de l'inobservation d'une condition essentielle, même si le texte prévoyant cette condition n'a pas prévu de sanction, et nullités *textuelles*, lorsque la sanction est expressément prévue dans les textes. Le juge peut parfaitement prononcer la nullité d'une convention même en l'absence d'une disposition légale le prévoyant expressément en se fondant sur le fait que la règle violée est d'ordre public au sens de l'article 6 du Code civil : c'est ce qu'on appelle la nullité « virtuelle » d'un contrat pour violation d'une règle d'ordre public (sur l'ordre public, v. ss 859). La Cour de cassation a ainsi récemment rappelé que le principe « pas de nullité sans texte » n'était pas d'une application générale et que la violation d'une obligation d'ordre public (en l'occurrence dans le cadre d'un bail rural) est sanctionnée par la nullité du bail même si elle n'est pas prévue par le texte [3].

---

1. Civ. 1re, 30 oct. 2008, *RLDC* 2008-57, n° 3282, note A. Cermolace ; *RTD civ.* n° 1, 2009. 118, obs. B. Fages.
2. « Le contrat valablement formé devient caduc si l'un de ses éléments constitutifs disparaît. Il en va de même lorsque vient à faire défaut un élément extérieur au contrat mais nécessaire à son efficacité ».
3. Civ. 3e, 10 juin 2009, n° 08-15. 553 ; *JurisData* n° 2009-048519, *JCP* 2009. 574, n° 16, obs. P. Grosser.

985. ***Nullité relative ou nullité absolue***. Le Code civil a principalement traité, dans les articles 1304 et suivants, des nullités relatives, car ce sont celles qui offrent le plus de particularités. Pour les nullités absolues, il faut donc se référer au droit commun. En réalité, c'est au cas par cas, en fonction de l'intérêt à protéger que la Cour de cassation, à défaut de précision du législateur, choisit la sanction qui lui semble la plus adéquate[1].

986. ***La nullité absolue*** est en principe entraînée :

► ***soit par l'absence d'un élément essentiel de validité du contrat*** : absence de consentement, c'est-à-dire le défaut total de volonté ou le défaut d'accord de volonté par suite d'une erreur-obstacle[2], et de façon beaucoup plus incertaine, absence d'objet et absence de cause. Selon la doctrine, il faudrait y ajouter l'absence de forme dans les contrats solennels (la jurisprudence considère cependant parfois que le contrat demeure valable, mais que c'est son mode de preuve qui est atteint) ;

► ***soit par une atteinte à l'ordre public*** : c'est le cas lorsque l'objet est impossible, indéterminable, illicite ou immoral ; lorsque la cause est illicite ou immorale, ce que la Cour de cassation a rappelé[3].

La nullité relative qui concerne l'intérêt privé est en principe la sanction d'un vice du consentement ou d'un défaut de capacité, ou d'une lésion (v. ss 993).

Toutefois, la doctrine dominante et la jurisprudence[4] tendent à distinguer entre l'ordre public de direction, sanctionné par une nullité absolue, et l'ordre public de protection, justifiant une nullité relative (cf. la jurisprudence sur le défaut de prix réel et sérieux, v. ss 987) et la délimitation des types de nullité reste encore source de questionnements.

987. ***La délimitation des types de nullité demeure malgré tout aujourd'hui une source d'incertitudes***. Un exemple peut être donné concernant l'absence de prix sérieux dans la vente : la chambre commerciale de la Cour de cassation a pu juger que la vente consentie sans prix sérieux est affectée d'une nullité qui, étant fondée sur « l'absence d'un élément essentiel de ce contrat », est une nullité absolue[5]. Or la nullité de la vente pour défaut de prix sérieux ou prix dérisoire, qui correspond à un défaut de prix, est généralement considérée par les chambres civiles de la Cour de cassation comme une nullité relative car l'intérêt protégé est un intérêt particulier[6] et, en effet, depuis la décision de la chambre commerciale, la troisième chambre civile a confirmé cette solution de la nullité relative[7]. Par ailleurs, la nullité pour prix dérisoire est fondée indifféremment soit sur le

---

1. V. en ce sens Civ. 1re, 7 déc. 2004, *JCP* 2005. IV. 1155 ; *JCP* 2005. I. 141, obs. A. Constantin, et Civ. 3e, 16 mars 2005, *RTD civ.* 2005. 389, obs. J. Mestre et B. Fages.
2. Civ. 3e, 15 avr. 1980, *Bull. civ.* III, no 73, p. 53.
3. Civ. 3e, 27 juin 2007, *RLDC* sept. 2007, no 41, p. 12.
4. V. le soulignant : S. Amrani Mekki et M. Mekki, *D.* 2014. Pan. 630 et spéc. 635 et citant à ce titre : Civ. 1re, 20 nov. 2013, no 12-27. 041, *D.* 2013. 2846.
5. Com. 23 oct. 2007, *D.* 2008. 954, note G. Chantepie ; *Defrénois* 2007. 1729, obs. R. Libchaber ; *JCP E* 2008. 35, obs. H. Lécuyer, *CCC* 2008, no 65, p. 19, obs. L. Leveneur, *RDC* no 2, 2008. 234, obs. T. Genicon.
6. Civ. 1re, 9 nov. 1999, *D.* 2000. 507, note A. Cristau ; *RTD civ.* 2000. 568, note B. Fages ; Civ. 3e, 29 mars 2006, *D.* 2007. 477, note J. Ghestin et *D.* 2006. 2638, obs. S. Amrani Mekki.
7. Civ. 3e, 21 sept. 2011, *D.* 2011. 2711, note D. Mazeaud ; *RDI* 2011. 623, obs. M. Poumarède ; *JCP* 2011. 1276, no 47, note J. Ghestin, et 2012, no 13, obs. Y.-M. Serinert, *D.* 2012. 446, Pan. Droit des contrats, obs. S. Amrani Mekki et M. Mekki.

défaut d'objet, soit sur le défaut de cause (sur cette question, v. ss 840, 873) ; or, si l'on se place sur le fondement du défaut de cause, on constate que la troisième chambre civile de la Cour de cassation avait également qualifié de nullité relative une nullité pour absence de cause, traditionnellement considérée comme une nullité absolue, dans la mesure où l'intérêt en jeu était un intérêt particulier et non général [1] (v. ss 875)... Suivant le fondement invoqué, la nullité ne serait donc pas de même nature ? Par ailleurs, même cette analyse de la nullité pour absence de cause n'est pas sûre, puisque dans une décision du 27 juin 2007, la même troisième chambre civile a ensuite précisé que « l'obligation sans cause, ou sur une fausse cause ou sur une cause illicite ne peut avoir aucun effet et est sanctionnée par une nullité absolue » [2]... On voit donc que la jurisprudence n'est pas d'une grande lisibilité sur cette question. Pourtant, même si la réforme de la prescription, en unifiant le délai pour exercer l'action à cinq ans (C. civ., art. 2224), a atténué l'impact de la distinction entre nullité relative et nullité absolue, il existe encore des différences importantes tenant notamment à la possibilité de confirmer ou non l'acte nul ou à la détermination des personnes qui peuvent agir en nullité.

988. Pour terminer sur cette nullité du contrat fondée sur la cause, on notera que l'*avant-projet de réforme* du droit des contrats distinguait la nullité pour absence de cause, qualifiée de nullité relative et la nullité pour illicéité de la cause (contrariété à l'ordre public), qualifiée de nullité absolue (projet, art. 1124-1), ce qui allait à l'encontre des dernières solutions jurisprudentielles. Quant à **l'actuel projet de réforme** il fait disparaître la cause et donc la question ne se pose plus à son propos mais il ne fait pas disparaître tous les questionnements.

989. L'incertitude n'est pas entièrement levée par **l'actuel projet de réforme**. Le projet ne résoud pas totalement la question du critère de la nullité absolue ou relative. Reprenant les critères actuels, il précise que « la nullité est absolue lorsque la règle violée a pour objet la sauvegarde de l'intérêt général » et « relative lorsque la règle violée a pour objet la sauvegarde d'un intérêt privé. Il en est ainsi en cas de vice du consentement ou de défaut de capacité » (art. 87). La phrase reste ambiguë. La référence au vice du consentement et au défaut de capacité est-elle exclusive d'autres causes de nullité relative ? Ou ne s'agit-il que d'exemples ? L'illicéité du contrat (qui peut tenir à son contenu ou à son but) ouvre droit sans aucun doute à une action en nullité absolue, mais qu'en est-il en cas d'inexistence ou d'indétermination de l'objet d'une obligation (art. 70) ou en cas d'absence de contrepartie ?

2. Les nullités relatives

a) Conditions des nullités relatives

990. Les nullités relatives sanctionnent les irrégularités susceptibles de nuire particulièrement à l'un des contractants et qui concernent essentiellement l'intérêt privé : ce sont des nullités de protection.

991. Elles obéissent donc à des règles beaucoup plus souples et ne sont mises en œuvre que par l'intéressé. En effet, seule la personne protégée (ou son représentant) peut exercer

---

1. V. arrêt préc. : Civ. 3e, 29 mars 2006, *JurisData* n° 2006-032919 ; *JCP* 2006. I. 153, comm. A. Constantin.

2. Civ. 3e, 27 juin 2007, *RLDC* sept. 2007, n° 41, p. 12.

une action en nullité relative, mais non son cocontractant. De plus, l'intéressé peut confirmer l'acte irrégulier s'il le désire (art. 1338) ; enfin, le délai pour agir qui était beaucoup plus court que pour les nullités absolues : cinq ans depuis la loi du 3 janvier 1968 (art. 1304) contre trente ans pour les nullités absolues, est devenu le délai de prescription de droit commun avec la loi du 17 juin 2008, portant réforme de la prescription en matière civile (sur cette réforme, v. ss 537 s.). Le délai de l'action en nullité ne distinguera donc plus désormais les actions en nullité relative des actions en nullité absolue.

992. Lorsque la nullité est relative, l'intérêt général n'exige pas la nullité de l'acte : il suffit que les personnes protégées aient la faculté de se prévaloir de l'inefficacité de l'acte.

b) Domaine des nullités relatives

993. Ces nullités de protection concernent soit les contractants dont le consentement aurait été vicié, c'est-à-dire qui auraient été victimes de l'un des trois vices de consentement : erreur, dol, violence (v. ss 788 s.), certaines personnes, en particulier les incapables, c'est-à-dire les mineurs et les personnes qui ne sont pas saines d'esprit (art. 489, al. 2) ou qui auraient été victimes d'une lésion en contractant (v. ss 928 s.) ; ou, enfin, dans certains contrats et sous certaines conditions, les personnes victimes de lésion. La Cour de cassation a également récemment qualifié de nullité relative, la nullité d'un contrat conclu sous une condition suspensive impossible, question discutée [1] (v. ss 196).

994. Toutefois, dans certains cas au lieu de l'annulation, il peut y avoir réduction ou révision, par exemple, en cas de lésion. On rappellera aussi que la Cour de cassation, effectuant un revirement de jurisprudence, pose désormais que l'indétermination du prix dans les contrats-cadres n'est pas sanctionnée par la nullité mais fait seulement l'objet d'un contrôle *a posteriori* de l'abus dans la fixation du prix qui donnera lieu éventuellement à la résiliation du contrat ou à indemnisation [2] (v. ss 849), solution consacrée par *l'actuel projet de réforme* qui prévoit aussi l'option de la révision du prix comme alternative à la nullité.

B. L'exercice des actions en nullité

995. C'est surtout dans l'exercice de ces actions que se manifestent les différences entre les nullités absolues et relatives, qu'il s'agisse des titulaires de l'action, de ses causes d'extinction ou de ses effets.

L'action en nullité peut être une action principale. Mais la nullité d'un contrat peut aussi être invoquée pour refuser son exécution, c'est l'*exception* de nullité (v. ss 1008). Enfin, rappelons que **l'actuel projet de réforme**, reprenant la proposition de l'avant-projet Catala (art. 1130-1) prévoit que l'action en nullité peut être évitée et que la nullité n'a pas à être prononcée par le juge si les parties la constatent d'un commun accord (art. 86).

1. Les titulaires de l'action en nullité

a) La nullité absolue peut être invoquée par tout intéressé

996. Elle peut être invoquée par toute personne justifiait d'un intérêt : les contractants eux-mêmes, leurs héritiers, leurs ayants cause à titre particulier, leurs créanciers chirographaires,

---

1. Civ. 3e, 8 oct. 2008, *Bull. civ.* III, 148, *RDC* n° 1, 2009. 51, obs. P.-M. Laithier.
2. Quatre décisions, v. ss 131 ; Cass., ass. plén., 1er déc. 1995.

mais non pas n'importe quel tiers. Elle peut d'ailleurs être intentée indifféremment par l'auteur de l'irrégularité ou sa victime, car ce que l'on recherche avant tout ici, c'est l'anéantissement de ce contrat irrégulier. Cependant, l'auteur de l'irrégularité peut se voir opposer la règle *nemo auditur* que nous avons déjà rencontrée à propos de la cause immorale (v. ss 890), ce qui entraînera, sinon le refus de prononcer la nullité, du moins le refus des restitutions qui pourraient lui être dues.

Le ministère public ne peut intervenir comme partie principale pour faire annuler un contrat que pour « la défense de l'ordre public » (C. pr. civ., art. 423).

997. *L'avant-projet de réforme du droit des obligations* proposait de préciser que « la nullité absolue pouvait aussi être relevée d'office par le juge » (art. 1129-2). Cette solution n'a pas été reprise dans **l'actuel projet de la Chancellerie**.

b) En revanche, l'action en nullité relative ne peut être intentée que par certaines personnes

998. La personne que la loi entend protéger, ses représentants légaux, ses ayants cause universels, tels que ses héritiers après sa mort, ou particuliers, notamment l'acquéreur d'un bien au sujet duquel la nullité est invoquée, ses créanciers chirographaires (au moyen de l'action oblique de l'article 1166), sauf lorsqu'il s'agit de droits exclusivement attachés à la personne, mais jamais par son cocontractant (art. 1125).

2. Extinction de l'action en nullité

999. Les actions en nullité peuvent s'éteindre de deux façons : la confirmation, uniquement pour les actions en nullité relative, ou la prescription.

a) La confirmation

1000. Elle n'est possible que pour les nullités relatives, car il s'agit d'une renonciation à l'action en nullité et cette renonciation n'est pas possible lorsque l'ordre public est en jeu.

▶ ***La confirmation*** est un acte juridique unilatéral qui doit émaner de l'auteur de l'acte, titulaire de l'action en nullité, mais uniquement après cessation de l'incapacité ou du vice, cause de la nullité (art. 1115, 1311 et 1338). Elle est tantôt *expresse*, et, dans ce cas, l'article 1338, alinéa 1er, exige certaines conditions : notamment la connaissance du vice et l'intention de le réparer, et la jurisprudence l'applique strictement[1] ; tantôt *tacite* en cas d'exécution volontaire du contrat annulable, cette hypothèse étant expressément prévue par *l'actuel projet de réforme* ; tantôt même *présumée* en cas d'expiration du délai de prescription (argument art. 1115).

1001. La confirmation consolide rétroactivement le contrat à l'égard des parties, elle éteint l'action en nullité (art. 1338, al. 3). Toutefois, elle est inopposable aux tiers, c'est-à-dire aux ayants cause à titre particulier à qui elle pourrait nuire et

1. Com. 17 juin 2008, Civ. 3e, 2 juill. 2008, *RTD civ.* n° 4, 2008. 675, obs. B. Fages ; v. aussi, M.-E. Pancrazi, « La couverture de l'invalidité », *RLDC* n° 266-37, et les références citées.

aux créanciers chirographaires en cas de fraude (action paulienne de l'article 1167), c'est pourquoi la confirmation doit être publiée [1].

1002. L'actuel projet de réforme de la Chancellerie (oct. 2013) retient cette possibilité de confirmation dans le cas d'une nullité relative. Il ajoute que la confirmation ne peut intervenir qu'après la conclusion du contrat et non par anticipation. Il exclut expressément la confirmation de la donation entre vifs atteinte d'un vice de forme et qui doit être refaite dans les formes légales (art. 92). Et il crée une action interrogatoire qui permet d'interroger la partie qui pourrait se prévaloir de la nullité pour lui demander soit de confirmer le contrat, soit d'agir en nullité dans le délai de six mois. Il propose même en cas d'erreur vice du consentement la possibilité d'enjoindre à la victime de l'erreur d'opter pour l'exécution du contrat dans les termes qu'elle avait envisagés lors de sa conclusion (art. 91).

b) La prescription

1003. Toutes les actions en nullité sont prescriptibles, mais les délais de prescription ont varié. Alors qu'on appliquait la prescription de droit commun, c'est-à-dire la prescription trentenaire, aux nullités absolues (art. 2262), l'article 1304 prévoyait une prescription abrégée pour les nullités relatives, qui était de dix ans et qui a été ramenée à cinq ans par la loi du 3 janvier 1968. Le délai de prescription quinquennale commence à courir non pas du jour où le contrat est passé, mais du jour où la cause de la nullité a disparu ou est connue ; par exemple, le jour de la cessation de la violence, ou le jour de la connaissance de l'erreur en cas d'erreur ou de dol (pour le dol, v. ss 808), ou encore le jour où la cause d'incapacité disparaît. C'est ce qui a fait dire qu'il s'agit d'une confirmation présumée, puisque l'intéressé, désormais libre d'agir, n'exerce pas l'action. Toutefois, c'est surtout la nécessité de mettre fin rapidement à toute incertitude sur le sort de l'acte qui justifiait la prescription quinquennale [2].

1004. La loi du 17 juin 2008 (n° 2008-561), portant réforme de la prescription (v. ss 537 s., pour l'étude de cette loi) a sensiblement modifié ces solutions en réduisant de trente ans à cinq ans le délai de prescription de droit commun, qui concerne désormais toutes les actions personnelles et mobilières (les actions réelles immobilières continuant à se prescrire par trente ans), donc les actions contractuelles (art. 2224, nouv.). Ce délai de droit commun concerne en effet aussi les nullités absolues qui se trouvent donc directement affectées par la réforme, alors que pour les nullités relatives, le délai de cinq ans reste inchangé.

1005. Quant au point de départ de la prescription, la loi précise qu'il court « du jour où le titulaire d'un droit a connu ou aurait dû connaître les faits lui permettant de l'exercer » (art. 2224, nouv.), ce qui n'est pas exactement la solution antérieure, qui prend en compte le jour où la cause de nullité a disparu où a été connue de l'intéressé.

1006. L'avant-projet Catala de réforme du droit des obligations proposait de ramener le délai de prescription des nullités relatives de cinq à trois ans. Cette proposition n'a donc pas été retenue par le législateur.

---

1. Décr. du 4 janv. 1955, art. 28.
2. Civ. 13 mai 1912, *D.* 1913. I. 143, rappelé par Civ. 3e, 20 oct. 1981, *Bull. civ.* III, n° 168 ; *RDI* 1982. 394, obs. J.-C. Groslière et Ph. Jestaz.

1007. Enfin, il existe des exceptions, que la loi de 2008 n'a pas remises en cause, où la prescription est abrégée davantage, par exemple trois ans en matière de société qu'il s'agisse de nullité absolue ou relative (art. 1844-14) ; deux ans en matière de lésion pour les cas où elle est cause de nullité du contrat.

c) L'exception de nullité

1008. L'écoulement du délai met fin à la possibilité d'exercer l'action en nullité ; toutefois, la règle issue de l'adage *quae temporalia sunt ad agendum, perpetua sunt ad excipidiendum*, selon laquelle ce qui est prescriptible par voie d'action ne l'est pas par voie d'exception, est désormais admise en droit positif : la jurisprudence considère que la nullité pourra toujours être invoquée à titre d'*exception*, comme moyen de défense[1] ; mais il doit s'agir d'une véritable exception de nullité, c'est-à-dire destinée uniquement à paralyser l'exécution sollicitée de l'acte nul. Elle « peut seulement jouer pour faire échec à la demande d'exécution d'un acte juridique qui n'a pas encore été exécuté »[2] ; alors que, dans une décision du 20 mai 2009, la Cour de cassation semblait d'abord avoir réservé à l'exception de nullité relative l'effet paralysant du commencement d'exécution[3] (v. aussi ss 575), elle a clarifié sa position et précisé que cette neutralisation de l'exception de nullité en cas de commencement d'exécution jouait sans qu'il y ait lieu de distinguer entre nullité relative et absolue[4].

3. Effets du jugement d'annulation

1009. La nullité, dès lors qu'elle est constatée, est encourue de plein droit, c'est-à-dire que les juges doivent annuler le contrat.

a) Principe de la rétroactivité de l'annulation et atténuation

1010. L'annulation, qu'il s'agisse d'une nullité absolue ou relative, est toujours rétroactive. Le contrat est complètement anéanti, il est considéré comme n'ayant jamais existé et les parties doivent être remises dans l'état où elles se trouvaient avant sa conclusion, ce qui entraîne deux conséquences : la nécessité d'opérer les restitutions et l'irresponsabilité contractuelle des parties.

1011. Toutefois, certains contrats ne peuvent être rétroactivement anéantis : ce sont les contrats à exécution successive (contrat de bail, contrat de travail, par exemple). L'annulation, pour eux, n'agira que pour l'avenir. Mais, le règlement de la situation de fait découlant de l'annulation du contrat se fera selon des règles différentes, par exemple : indemnité d'occupation au lieu de loyer, par exemple encore, règlement entre associés

---

1. Civ. 3e, 2 déc. 1998, *Bull. civ.* III, n° 226, p. 151, *RTD civ.* 1999. 617, obs. J. Mestre.
2. Civ. 1re, 1er déc. 1998, *Bull. civ.* I, n° 338 ; *D. Affaires* 1999. 68, obs. J.-P. ; *JCP* 1999. I. 171, obs. Fabre-Magnan ; *RTD civ.* 1999. 621, obs. J. Mestre ; Civ. 1re, 9 nov. 1999, *JCP* 2000. II. 10335, note C. Seraglini.
3. Civ. 1re, 20 mai 2009, LEDC 2009. 6, obs. G. Pillet, *CCC* 2009, comm. 213, note L. Leveneur ; *JCP* 2009. 273, obs. Y.-M. Serinet ; *RDC* n° 4, 2009. 1348, obs. T. Genicon ; *D.* 2010. Pan. 232, obs. B. Fauvarque-Cosson.
4. Civ. 1re, 24 avr. 2013, n° 11-27082 ; *CCC* 2013, comm. 154, obs. L. Leveneur ; *Gaz. Pal.* 4 juill. 2013, obs. D. Houtcieff ; *RDC* 2013/4, p. 1310, obs.Y.-M. Laithier, *RTD civ.* n° 3, 2013. 596, obs. H. Barbier.

proportionnels aux apports de chacun et non selon les règles fixées dans le pacte social entaché de nullité. On considère ici qu'il y a application de la théorie de l'enrichissement sans cause (v. ss 1402 s.).

1° Requalification ou nullité partielle

Requalification

1012. Il arrive qu'un acte nul soit reconnu valable avec une qualification différente, par exemple nous savons qu'un acte authentique nul en tant que tel, peut valoir comme acte sous seing privé (v. art. 1318) ; c'est ce qu'on appelle la conversion par réduction. De même, une vente nulle pour défaut de prix ou prix dérisoire pourra éventuellement être requalifiée en libéralité (acte à titre gratuit) et ne pas être annulée.

Nullité partielle

1013. La jurisprudence, interprétant les articles 1172 et 900 apparemment contradictoires, estime que le contrat ne sera anéanti que si la clause nulle était déterminante ; sinon seule cette clause est annulée. La nullité est alors *partielle*. Cette question de la nullité partielle rejoint celle des « clauses réputées non écrites » (v. ss 1025 s.) pour lesquelles certains auteurs ont proposé, plutôt que la qualification d'annulation partielle, une sanction spécifique, *l'effacement* (v. ss 1032).

La nullité partielle peut également intervenir dans le cas d'un contrat complexe, dont une partie seulement est annulable, lorsque le maintien des autres parties reste possible sans que cela porte atteinte à l'économie du contrat.

Enfin cette nullité partielle peut aussi être utilisée dans le cas d'ensembles contractuels, lorsque l'un des contrats est atteint de nullité mais que les autres se sont formés valablement et peuvent subsister. Toutefois, l'indivisibilité qui unit ces contrats peut conduire à une solution différente : s'ils participent à une opération d'ensemble et si la disparition du contrat annulé rend impossible ou sans intérêt l'exécution des autres, ceux-ci seront également annulés. **L'actuel projet de réforme** de la Chancellerie (oct. 2013) dans cette dernière hypothèse prévoit non pas l'extension de la nullité aux autres contrats, mais *la caducité* de ceux-ci (art. 94).

1014. Plus généralement sur cette question de la nullité partielle, **l'actuel projet de réforme**, reprenant sur ce point *l'avant-projet Catala* (art. 1130-2) consacre cette jurisprudence : « Lorsque la cause de nullité n'affecte qu'une ou plusieurs clauses du contrat, elle n'emporte nullité de l'acte tout entier que si cette ou ces clauses ont constitué un élément déterminant de l'engagement des parties ou de l'une d'elles » (art. 93).

1015. À cette nullité partielle s'ajoute parfois une *modification positive du contrat* par la loi elle-même ou le juge, lorsqu'il peut trouver dans le contrat des dispositions susceptibles de se substituer à celles qu'il vient d'annuler, par exemple, en matière de clauses d'indexation irrégulières [1] solution également consacrée par *l'actuel projet de réforme*.

---

1. Civ. 1re, 4 déc. 1967, *Bull. civ.* I, nº 351, p. 265 ; Civ. 3e, 15 févr. 1972, *D.* 1973. 417, note J. Ghestin ; Civ. 16 juill. 1974, *D.* 1974. 681, M. Malaurie ; v. ss 599.

2° Restitutions

1016. Normalement, l'annulation rétroactive du contrat va entraîner l'obligation, pour chaque partie, de restituer la prestation perçue de l'autre, de régler la question des fruits (selon les art. 549-550), celle des impenses, des réparations dues en cas de dégradations, etc. Si la chose se retrouve au jour de l'annulation, mais est usée ou a été endommagée, le vendeur aura droit, outre sa restitution, à une indemnisation compensant l'usure et les dommages subis, même sans faute de l'acheteur. Toutefois, il n'y a pas lieu à indemnisation en contrepartie de l'usage fait de la chose objet du contrat, antérieurement à sa restitution [1] car « le vendeur n'est pas fondé à obtenir une indemnité correspondant au profit qu'a retiré l'acquéreur de l'utilisation de la machine ». La solution a été confirmée par deux décisions rendues le 19 février 2014 : dans le cas de la résolution de la vente d'un véhicule automobile qui avait roulé depuis la vente plus de 105 000 km, la première chambre civile de la Cour de cassation estime que « le vendeur est tenu de restituer le prix reçu, sans diminution liée à l'utilisation de la chose vendue ou à l'usure en résultant [2] » ; dans le cas d'une résolution de la vente d'un cheval destiné à la compétition et qui s'était révélé boiteux, l'acquéreur n'obtient pas le remboursement des frais de pension et de maréchalerie exposés, la première chambre civile estimant que ces frais étaient la contrepartie de la jouissance du cheval dont il avait pu profiter hors compétition.

Cependant, là encore, on admet quelques exceptions.

1017. ***En cas d'annulation pour incapacité***. Ainsi, l'article 1312 admet qu'en cas d'annulation pour incapacité, les incapables ne sont tenus de restituer que ce qui « a tourné à leur profit », c'est-à-dire ce qu'ils ont encore entre les mains ou ce qu'ils ont utilement employé, mais non ce qu'ils ont gaspillé. C'est une application de la règle posée par l'article 1241.

1018. ***Annulation pour cause ou objet immoraux***. D'autre part, en cas d'annulation pour cause ou objet immoraux, le contractant qui agit en restitution peut se voir opposer la maxime *nemo auditur propriam turpitudinem allegans*, s'il a lui-même trempé dans la « turpitude » en question, à moins que celle du cocontractant soit encore plus grande (v. ss 889, appliqué à la cause immorale), mais une certaine incertitude règne en la matière où les tribunaux décident selon chaque cas d'espèce [3].

La maxime peut également être invoquée en cas d'annulation d'une vente pour dol. En l'espèce l'acheteur avait été victime de manœuvres dolosives exercées de façon concertée, par les défendeurs, dans le seul but de lui soutirer une somme d'argent importante, ce dont il s'ensuivait que la vente était nulle et que le principe précité ne pouvait recevoir application, peu important que l'intéressé ait lui-même agi en croyant réaliser un profit substantiel non justifié [4].

1019. *Enfin*, ***la restitution en nature n'est pas toujours possible***. Elle n'est notamment pas possible dans les contrats à exécution successive (v. ss 688), mais aussi dans tous les cas où il y a une obligation de faire, une prestation de service dont le juge devra évaluer la valeur. La restitution se fera également par équivalent si le bien, objet du

---

1. Civ. 1re, 2 juin 1987, *Bull. civ.* I, n° 183.
2. Civ. 1re, 19 févr. 2014, deux arrêts, *D.* 2014. 642, note S. Pellet : « Restitutions consécutives à la résolution : à quoi bon ? ».
3. V. Ph. le Tourneau, thèse citée dans la bibliographie.
4. Civ. 1re, 22 juin 2004, *JurisData* n° 2004-024259 ; *JCP* II. 10006, note A.-F. Eyraud.

contrat, a été aliéné entre-temps par exemple ou s'il a été détruit ou détérioré, mais pour indemniser le vendeur, il ne doit pas être tenu compte de l'usure ou de la dépréciation de l'objet pour diminuer l'indemnité, les parties devant être remises dans l'état où elles étaient auparavant[1]. La chose détruite doit donc être évaluée à sa valeur au jour du contrat et non au jour de la restitution, compte tenu de l'état où elle se trouvait à cette date et qui ne correspond pas forcément au prix fixé[2].

Un cas particulier apparaît parfois lorsqu'il s'agit de l'annulation d'une vente immobilière et que le vendeur réclame non seulement la restitution de l'immeuble (moyennant remboursement du prix payé) mais encore le versement d'une indemnité d'occupation pour la période pendant laquelle les acheteurs avaient occupé l'immeuble sans en être propriétaire en raison de la rétroactivité de l'annulation. La jurisprudence était divisée : la première chambre refusait l'octroi d'une telle indemnité alors que la troisième chambre l'accordait en se fondant sur la théorie de l'enrichissement sans cause. Une chambre mixte composée des première et troisième chambres civiles et de la chambre commerciale a mis fin à mis fin « à plusieurs décennies d'errances jurisprudentielles »[3], en tranchant en faveur de la première solution. Elle a ainsi précisé que « le vendeur n'est pas fondé, en raison de l'effet rétroactif de l'annulation de la vente, à obtenir une indemnité correspondant à la seule occupation de l'immeuble », ce qui réserve la possibilité d'indemnisation en cas de détérioration de la chose. En l'espèce l'annulation était due au dol des vendeurs qui, ayant obtenu une indemnité d'occupation égale au trois cinquième du prix de vente pour une occupation de 65 mois, avait abouti au fait qu'ils tiraient avantage de leur dol, c'est pourquoi l'arrêt continue en précisant que « la partie de bonne foi au contrat de vente annulé peut seule demander la condamnation de la partie fautive à réparer le préjudice qu'elle a subi en raison de la conclusion du contrat annulé »[4].

1020. L'actuel projet de réforme de la Chancellerie, renvoie pour les restitutions au Chapitre V du titre IV qui concerne le « régime général des obligations ». Les articles 329 à 336 du projet posent le principe de la restitution en nature et par défaut en valeur et prévoient les règles de restitution d'une somme d'argent et d'une chose autre que d'une somme d'argent, notamment d'une prestation de service qui s'effectue en valeur. Sont également précisées les modalités de calcul des restitutions (en tenant compte des dépenses nécessaires à la conservation de la chose et de celles qui en ont augmenté la valeur), le sort des sûretés (qui garantissent également l'obligation de restitution) et le cas particulier où la chose à restituer a été vendue (seul le prix de la vente est restitué en cas de bonne foi de l'acheteur ; dans le cas contraire, il en doit la valeur au jour de la restitution).

b) Opposabilité aux tiers

1021. La nullité d'un contrat est opposable aux tiers et si, par exemple, le bien objet d'une vente nulle, a été revendu plusieurs fois, toutes ces ventes successives sont en principe également nulles.

---

1. Com. 29 févr. 1972, *D.* 1972. 623 ; et, pour un immeuble, v. Civ. 2e, 5 juill. 2001, *Bull. civ.* II, no 135, p. 91 et chron. Ph. Casson, *LPA* 2002, no 40, p. 5.
2. Com. 18 nov. 1974, *D.* 1975. 625, note Ph. Malaurie.
3. G. Kessler, « Restitution en nature et indemnité de jouissance », *JCP* 2004. I. 154.
4. Cass., ch. mixte, 9 juill. 2004, *JCP* 2004. I. 154, chron. G. Kessler ; *JCP* 2004. I. 173, obs. Y.-M. Serinet ; *Defrénois* 2004. 1402, note Lichbacher ; *RLDC* nov. 2004, no 396, note M. Malaurie-Vignal ; *RTD civ.* no 1, 2005. 125, obs. J. Mestre et B. Fages.

1022. Toutefois, il y a certaines atténuations à cette rigueur :

– *en matière de meubles corporels*, par le jeu de l'article 2279, alinéa 1er, devenu l'article 2276 par l'effet de la loi du 17 juin 2008 portant réforme de la prescription en matière civile ;

– *en matière immobilière*, par la publicité foncière qui peut, dans une certaine mesure, renseigner les tiers ; et par la prescription acquisitive éventuellement ;

– en matière immobilière également, par le maintien des actes d'administration (vente de récoltes, baux de courte durée) et le recours à la notion de gestion d'affaire, au profit du véritable propriétaire. La jurisprudence a parfois aussi recours à la notion d'apparence pour maintenir les actes effectués par le propriétaire apparent.

c) Irresponsabilité contractuelle et responsabilité précontractuelle

1023. La rétroactivité de l'anéantissement du contrat fait qu'aucune des parties ne peut être condamnée à des dommages-intérêts pour inexécution et, en cas de dommage subi ; il n'y a donc pas lieu à responsabilité contractuelle, mais uniquement à responsabilité délictuelle, en cas de faute, en application de l'article 1382.

Ainsi, les effets de la nullité peuvent-ils être supprimés en cas de faute de l'un des contractants. C'est le cas de l'incapable qui se fait frauduleusement passer pour capable : il doit réparation de sa faute et pourra ainsi être empêché d'exercer l'action en nullité. Mais il faut qu'il y ait eu une véritable fraude : production d'un acte maquillé, par exemple, et non une simple affirmation de sa capacité (art. 1307).

1024. L'action en nullité peut donc être accompagnée d'une action en responsabilité civile toujours extracontractuelle puisque l'on invoque un dommage dû à la faute du cocontractant dans la formation du contrat : ainsi « le droit de demander la nullité d'un contrat par application des articles 1116 et 1117 du Code civil n'exclut pas l'exercice, par la victime des manœuvres dolosives, d'une action en responsabilité délictuelle pour obtenir de leur auteur réparation du préjudice qu'elle a subi »[1]. Cette possibilité d'agir en responsabilité est consacrée dans l'*actuel projet de réforme* (art. 87, al. 2).

II. Les clauses réputées non écrites

A. Les hypothèses

1025. Il existe un certain nombre de cas où le *législateur* a prévu à l'avance que certaines clauses insérées dans un contrat seront « réputées non écrites » c'est-à-dire considérées comme n'ayant jamais été stipulées, par exemple en matière de libéralités pour les conditions impossibles, contraires aux lois ou aux mœurs (art. 900), de cautionnement (art. 2037), de clause pénale (art. 1152), pour les clauses contraires aux dispositions légales de construction (art. 1792-5), pour des clauses limitatives de responsabilité… De telles dispositions figurent aussi en droit des assurances, de la consommation, de la copropriété, du travail, en droit rural ou commercial, etc.

1026. De son côté, le juge déclare non écrites les clauses abusives dans les contrats de consommation (v. ss 939 s., la condamnation des clauses abusives) ou parfois qualifie

---

1. Com. 18 oct. 1994, *D.* 1995. 180, note C. Atias ; *JCP* 1995. I. 3853, no 3, obs. Viney.

d'autorité de « non écrite » toute clause procurant un avantage excessif à l'un des contractants ou diminuant abusivement les garanties de l'autre, ce qui revient à rompre l'équilibre contractuel. La jurisprudence est abondante en la matière[1] et **l'actuel projet de réforme** inscrit dans les textes ces solutions. Il est ainsi prévu au titre du contenu du contrat, « que toute clause qui prive de sa substance l'obligation essentielle du débiteur est réputée non écrite » (v. ss 901) et qu'une « clause qui crée un déséquilibre significatif entre les droits et obligations au contrat peut être supprimée par le juge à la demande du contractant au détriment duquel elle est stipulée » (généralisation de la sanction des clauses abusives, v. ss 901, 949).

B. La qualification de la sanction

1027. Réputer une clause « non écrite » revient à la faire disparaître d'un trait de plume, à l'effacer, mais à quel type de sanction peut-on rattacher ce procédé ?

1028. *Il ne s'agit pas d'une inexistence* car il s'agit alors d'effacer un acte tout entier parce qu'il lui manque un élément de validité (ex. mariage inexistant faute de célébration) (v. *Droit civil*, vol. 1, n° 430 ; v. ss 167) alors qu'ici l'acte demeure, seule une clause disparaît.

1029. *Il ne s'agit pas non plus d'une inopposabilité* car elle a pour effet de rendre l'acte inefficace à l'égard des tiers que l'on veut protéger mais valable entre les parties, alors qu'ici, la clause est réputée non écrite à l'égard des deux parties, pour protéger l'une d'entre elles.

1030. *La caducité doit également être écartée* car elle prive d'effet un acte valable lors de sa formation par la survenance d'un événement postérieur à celle-ci, alors qu'ici, la clause réputée non écrite étant intégrée au contrat, est née avec lui.

1031. Il pourrait s'agir *d'une nullité partielle*, le législateur lui-même déclarant souvent nulles des clauses contraires à un principe. Pourtant l'expression de « clause réputée non écrite » semble vouloir marquer une différence. Le fait de déclarer une clause non écrite peut certes entraîner la nullité de l'acte tout entier si cette clause était déterminante de l'engagement des parties ou de l'une d'elle et c'est la solution que prévoit *l'actuel projet de réforme* (art. 93) lorsque, précise-t-il, « la cause de nullité n'affecte qu'une ou plusieurs clauses du contrat ». Mais dans le cas contraire, lorsque la clause seule est « réputée non écrite » ou « supprimée », sans que cela entraîne la nullité du contrat, s'agit-il d'une nullité ?

1032. Certains auteurs[2] ont proposé, une nouvelle sanction, originale et autonome, l'*effacement* de la clause illicite. La théorie de l'effacement n'est encore qu'ébauchée, mais on peut relever un certain nombre de points intéressants : – L'action en retrait d'une clause interdite est ouverte à la personne protégée ou à un tiers lésé, dès lors qu'il a intérêt à agir.

– La durée de l'action pose un problème : doit-on tenir compte des délais de prescriptions spéciales attachées à tel ou tel cas particulier ou admettre l'imprescriptibilité ? Cette solution semble la meilleure dans la mesure où la finalité de l'imprescriptibilité est, selon

1. V. Cottereau, « La clause réputée non écrite », *JCP* 1993. I. 3691.
2. Y. Buffleau-Lanore.

J. Mestre[1] de « permettre au néant d'échapper à l'emprise du temps » or, « une clause réputée non écrite constitue par excellence une illustration du néant juridique puisqu'elle est par avance vouée à disparaître »[2].

– L'effet rétroactif de l'effacement pose un nouveau problème, il ne permet généralement pas d'anéantir tous les effets passés de la clause interdite mais se traduit par des dommages-intérêts réparant le préjudice subi par le demandeur.

– La sanction devrait rester limitée à la clause interdite sans s'étendre à l'acte tout entier à défaut de dispositions spécifiques du législateur étendant l'effacement à l'acte en entier. C'est d'ailleurs en effaçant uniquement la clause interdite (ou la clause nulle) que l'on assure le plus efficacement la protection de l'intéressé.

– Le juge devrait également être légalement autorisé à exercer son pouvoir de réfection par les techniques de réduction ou de substitution comme en matière de clauses d'indexation (v. ss 498, Le paiement) afin d'éviter tout risque d'arbitraire. La sanction a ainsi un caractère dissuasif par la crainte ressentie par les contractants d'une intervention dans l'économie de leur contrat, indépendamment de leur volonté.

L'actuel projet de réforme n'a pas retenu cette qualification et ne répond pas précisément à la question.

1033-1038. (réservés).

1. *RTD civ*. 1987. 535.
2. V. Cottereau, chron. préc., p. 319.

DOCUMENTS

Bibliographie

BUFFELAN-LANORE (Y.), *Essai sur la notion de caducité des actes juridiques en droit civil*, thèse, Toulouse, 1961, LGDJ, 1963.

COTTEREAU (V.), « La clause réputée non écrite », *JCP* 1993. I. 3691.

COUTURIER (G.), « L'ordre public de protection, heurs et malheurs d'une vieille notion neuve », *in Mélanges Flour*, *Defrénois* 1979. 95.

LE TOURNEAU (Ph.), *La règle « nemo auditur »...*, thèse, Paris, 1969, LGDJ.

SCHMIDT-SZALEWSKI (J.), « Les conséquences de l'annulation d'un contrat », *JCP* 1989. I. 3397.

ROUVIÈRE (F.), « L'évaluation des restitutions après annulation ou résolution de la vente », *RTD civ*. 2009. 617.

SIMLER (Ph.), *La nullité partielle des actes juridiques*, thèse, Strasbourg, 1968, LGDJ.

Définitions

Les différentes causes d'anéantissement des contrats

► ***Caducité*** : c'est une cause d'inefficacité qui atteint un acte juridique, pleinement valable à sa formation, privé, avant d'avoir pu produire ses effets juridiques, d'un élément essentiel à sa validité, par la survenance d'un événement postérieur à sa formation et indépendant de la volonté de son auteur (par ex. caducité de l'offre de contrat par suite du prédécès du pollicitant). La caducité opère de plein droit et sans rétroactivité[1]. Il existe toutefois des causes diverses de caducité dont les effets sont variables puisqu'elle est parfois rétroactive.

► ***Effacement*** : sanction originale permettant de déclarer « non écrite » une clause illicite ou abusive d'un contrat sans anéantir celui-ci.

► ***Inexistence*** : un contrat est inexistant quand il manque, à sa formation, un de ses éléments constitutifs essentiels : consentement, objet, cause, et qu'il n'a aucune apparence formelle (notion discutée, très peu différente de la nullité absolue).

► ***Inopposabilité*** : un contrat est inopposable lorsqu'il est valable entre les parties mais inefficace à l'égard des tiers, car il était soumis au moment de sa formation et pour produire ses effets à l'égard des tiers, à certaines conditions qui n'ont pas été respectées (ex. défaut des formalités de publicité).

► ***Inutilité*** : un contrat est inutile quand il ne peut produire d'effet par la volonté des parties ou la nature des choses (ex. vente dont l'objet n'a jamais existé) ; très peu différent de l'inexistence.

---

1. Pour cette définition, v. thèse de l'auteur citée dans la bibliographie.

► ***Nullité*** : un contrat est annulable quand il ne peut produire d'effet par la volonté du législateur, en raison d'un vice *contemporain de sa formation*. La nullité est rétroactive. C'est la sanction d'une irrégularité intervenue lors de la formation du contrat.

– Il s'agit de *nullité absolue* lorsqu'il y a atteinte à un intérêt général car le contrat a été passé en violation d'une prescription de la loi, quant au fond ou quant à la forme (ex. contrat contraire aux bonnes mœurs ou à l'ordre public, contrat solennel passé en la forme de sous seing privé) ; à ces cas, on ajoute souvent les cas dits d'inexistence.

– Il s'agit de *nullité relative* lorsqu'il faut protéger l'un des contractants, soit parce que la manifestation de sa volonté est imparfaite (vices du consentement), soit parce qu'il est incapable (mineur, personne atteinte d'insanité d'esprit).

► ***Rescision*** : un contrat est rescindable, c'est-à-dire qu'il peut être rescindé, anéanti, s'il y a eu lésion, ou plutôt un déséquilibre économique entre les prestations des parties au moment de sa formation (ex. lésion de plus des 7/12e dans la vente d'immeuble) (très peu différent de la nullité).

► ***Résolution*** : un contrat synallagmatique, parfaitement valable lors de sa formation, peut être anéanti à la demande de l'une des parties, si l'autre refuse d'exécuter son obligation. La résolution est judiciaire et opère rétroactivement. C'est la sanction d'une inexécution.

► ***Résiliation*** : toujours en cas d'inexécution, lorsque le contrat est à exécution successive (ex. bail) et que l'anéantissement ne peut être rétroactif, il y a résiliation et non résolution, et le contrat n'est dissous que pour l'avenir. La résiliation peut être volontaire, forcée ou judiciaire.

► ***Révocation*** : un contrat est révocable lorsque, né viable, il perd ultérieurement son efficacité par la volonté du disposant (ex. donation révocable pour survenance d'enfant, ou pour ingratitude). La révocation peut être de plein droit, judiciaire ou volontaire.

Classification des nullités

NATURE DE LA SANCTION	MOTIFS	CAS		CONDITIONS D'EXERCICE DE L'ACTION	EFFET
NULLITÉS RELATIVES	*Protection de l'une des parties*	Vices du consentement	Dol Erreur Violence	- Ne peut être intentée que par l'intéressé et non par son cocontractant - Prescription quinquennale de l'action - Possibilité de confirmation de l'acte	ANÉAN-TISSEMENT RÉTROACTIF DE L'ACTE
		Incapacités	Mineurs Personnes qui ne sont pas saines d'esprit (art. 489, 489-1) Majeurs protégés		
		Déséquilibre économique	Lésion (Rescision)	- Certains contrats seulement - A certaines conditions	
NULLITÉS ABSOLUES	*Atteinte à l'ordre public ou aux bonnes mœurs*	Objet	Impossible Indéterminé Illicite Immoral	- Peut être intentée par tout intéressé - Prescription quinquennale de droit commun - Confirmation impossible	
		Cause	Illicite Immorale		
		Fraude	: atteinte à l'ordre public		
	Inexistence de l'acte	Absence	de consentement (défaut total de volonté) d'objet de cause de forme (dans les contrats solennels		

Titre 2

Les effets du contrat

1039. Nous venons de voir ce qui se passe quand le contrat n'est pas régulier. Voyons maintenant quels sont les effets d'un contrat régulier.

Le contrat a pour effet de faire naître des obligations et ce sont ces obligations qui obligent. La formule « effet du contrat » désigne donc en réalité l'effet des obligations nées du contrat.

1040. Ces effets du contrat sont principalement réglés par deux articles du Code civil : l'article 1134 et l'article 1165.

1041. Selon l'article 1134, « Les conventions légalement formées tiennent lieu de loi à ceux qui les ont faites.

Elles ne peuvent être révoquées que de leur consentement mutuel ou pour les causes que la loi autorise.

Elles doivent être exécutées de bonne foi ».

1042. Selon l'article 1165, « Les conventions n'ont d'effet qu'entre les parties contractantes ; elles ne nuisent pas au tiers et elles ne lui profitent que dans le cas prévu par l'article 1121 » (stipulation pour autrui).

1043. De ces textes, deux principes se dégagent, qui demeurent aujourd'hui des principes directeurs du contrat (sur cette question et sur l'évolution, v. ss 626 s.) : celui de la force obligatoire du contrat entre les parties et à l'égard du juge d'une part et celui de l'effet relatif du contrat à l'égard des tiers, d'autre part. Ils ne sont pas remis en question dans **l'actuel projet de réforme de la Chancellerie ;** l'article 1134, alinéa 1er, s'y retrouve inchangé tandis que le principe d'exécution de bonne foi a été déplacé au début du titre sur les contrats et figure dans les dispositions préliminaires. Quant au texte de l'article 1165, clarifié à vrai dire, il exprime toujours ce principe de l'effet relatif : « Le contrat ne crée d'obligations qu'entre les parties contractantes. Les tiers ne peuvent ni demander l'exécution du contrat ni se voir contraints de l'exécuter sous réserve des dispositions de la présente section » (projet, art. 108).

1044. D'autres principes viennent cependant aujourd'hui inspirer les règles gouvernant l'exécution du contrat, souvent pour atténuer la force des deux principes précédents ou en tout cas pour en renouveler l'approche et fonder des solutions novatrices. Nous ne les étudierons pas distinctement mais dans ce cadre du renouvellement des principes classiques, au fur et à mesure : il s'agit d'abord du principe de bonne foi et de loyauté et du devoir de coopération qui les accompagne dans l'exécution du contrat mais aussi du principe de justice contractuelle et d'utilité économique du contrat (ou, selon le droit européen, le concept d'attente raisonnable des contractants). Ces principes, qui sont reçus largement dans les différents projets de réforme du droit des contrats, qu'il s'agisse des projets en droit interne ou du droit européen des contrats (v. ss 659 s.), peuvent conduire à assouplir le principe de la force obligatoire en ce qu'il implique l'intangibilité et l'irrévocabilité du contrat.

Comme le relèvent certains auteurs, « les juges aujourd'hui s'efforcent de concilier principes traditionnels du droit français des contrats (au premier rang desquels celui de la force obligatoire, garant de l'efficacité des clauses) et considérations tirées des circonstances économiques ainsi que de la personne du cocontractant. (...) En attestent certaines décisions fondées sur les principes de bonne foi, de cohérence, d'attentes légitimes. La proportionnalité et l'équilibre contractuel sont au cœur des préoccupations judiciaires, sans pour autant que soient bouleversés les principes traditionnels les plus solidement ancrés en droit civil »[1]. **L'actuel projet de réforme**, consacre des solutions qui donnent davantage de pouvoir à la volonté unilatérale pour se défaire du contrat par exemple mais aussi plus de pouvoir au juge pour intervenir dans l'équilibre économique du contrat. Il reste cependant attaché à la recherche d'une juste mesure et ne remet pas fondamentalement en cause les principes traditionnels, ainsi que nous le verrons au fur et à mesure de l'étude.

1045. Les deux principes de la force obligatoire et de l'effet relatif expriment ainsi aujourd'hui encore les principaux effets du contrat. Nous les étudierons successivement. Mais pour prendre la mesure complète de la force du lien contractuel, on s'interrogera pour finir, sur les conséquences de la violation du contrat et plus précisément sur les conséquences de l'inexécution des obligations nées du contrat.

Chapitre 1. La force obligatoire du contrat
Chapitre 2. L'effet relatif du contrat
Chapitre 3. Les sanctions de l'inexécution contractuelle

---

1. B. Fauvarque-Cosson, *D.* 2012. 480, *in* Pan. droit des contrats.

Chapitre 1

La force obligatoire du contrat

1046. Le contrat est la loi des parties. Par cette assimilation du contrat à la loi, les rédacteurs du Code civil ont voulu marquer la force des obligations nées d'un accord de volonté, dès lors que cet accord respecte les conditions de validité posées par la loi. Une fois formé valablement, le contrat doit être exécuté tel que les parties l'ont voulu, sans aucune modification possible, à moins d'un nouvel accord. Le principe de la force obligatoire ainsi rapidement défini, s'impose d'abord aux parties (I) ; mais au-delà des parties, il s'impose aussi au juge (II) même s'il subit aujourd'hui une certaine érosion.

I. Les parties ont l'obligation d'exécuter le contrat

1047. La force obligatoire du contrat entre les parties est une conséquence directe de la théorie de l'autonomie de la volonté. Si l'article 1134, alinéa 1er, pose le principe de la force obligatoire du contrat à l'égard des parties, puisqu'il « tient lieu de loi à ceux qui les ont faites », immédiatement l'alinéa 2 précise que cette exécution doit se faire « de bonne foi » et l'article 1135 ajoute que le contrat oblige non seulement à ce qui y est exprimé mais aussi « à toutes les suites que l'équité, l'usage ou la loi donnent à l'obligation d'après sa nature ». Les articles 1134 et 1135 traduisent donc le principe de la force obligatoire en vertu duquel les parties doivent exécuter les obligations nées du contrat, par des obligations exprimées de façon positive : l'exécution de bonne foi (A), avec les suites données par l'équité, l'usage ou la loi (B). Mais le principe de la force obligatoire induit aussi d'autres effets tout aussi essentiels, formulés cette fois de manière négative. Le contrat ne peut être révoqué, sauf du consentement mutuel des parties, c'est le *principe de l'irrévocabilité* du contrat. Il ne peut non plus être modifié c'est le principe de l'*intangibilité du contrat* (C) : il ne peut non plus y être mis fin, unilatéralement, c'est le principe de l'*irrévocabilité du contrat* (D).

A. L'obligation d'exécuter le contrat de bonne foi

1. Sens général du principe et évolution

1048. À l'origine, le principe de l'exécution de bonne foi prévu par l'article 1134 n'était qu'une règle d'interprétation des contrats obscurs. Il est ensuite devenu un principe plus général, sur le fondement duquel on a admis que le contrat n'était pas seulement une « collaboration antagoniste », mais une petite société où chacun doit travailler dans un but commun, de façon loyale. Telle était déjà l'analyse de Demogue (*Traité des obligations en général*, 1932). Puis, cette exigence de bonne foi a fait naître l'idée qu'au-delà de fournir loyalement sa prestation, les cocontractants étaient tenus d'un devoir de coopération, qui devaient les conduire à aider l'autre à exécuter ses obligations, et que ce devoir pouvait être sanctionné par le juge. Même si certains auteurs ont été réservés devant cette idée d'une police de la loyauté et de la coopération à laquelle pourrait se livrer le juge [1], il reste que l'essor contemporain de ces obligations de loyauté et de coopération, portées par l'exigence de bonne foi, est incontestable.

1049. On peut noter enfin, que dans les différentes initiatives européennes et projets concernant un *droit européen des contrats*, la bonne foi est érigée en principe directeur du droit des contrats. On la retrouve parmi les principes généraux, incontournables, dans les Principes Lando du droit européen des contrats ou dans les principes d'Unidroit (v. ss 98 s., 660 s.).

Les principes européens du droit des contrats énoncent ainsi que « chaque partie est tenue d'agir conformément aux exigences de la bonne foi » et « elles ne peuvent exclure ce droit ni le limiter ». De même, « chaque partie doit à l'autre une collaboration qui permette au contrat de produire son plein effet ».

1050. Dans *l'avant-projet Catala* de réforme du droit des obligations, l'exigence de bonne foi est reliée à la justice contractuelle et dans l'exposé des motifs, son expansion est relevée, à la mesure des avancées de la justice contractuelle. Elle vient tempérer la liberté contractuelle. Les propositions Terré, plutôt que la bonne foi, avaient choisi de mettre en exergue la « loyauté » et le devoir de cohérence. **L'actuel projet de réforme de la Chancellerie**, reconnait aussi dans la bonne foi un principe structurant le contrat. Ce principe est énoncé avec la liberté contractuelle au titre des dispositions préliminaires concernant le contrat car la bonne foi s'impose non seulement au moment de l'exécution du contrat mais aussi au moment de sa formation. Le principe de la force obligatoire n'est pas énoncé expressément mais implicitement, les termes de l'article 1134, alinéa 1er, restant inchangés.

1051. L'exigence de la bonne foi au stade de l'exécution du contrat n'est pas une notion nouvelle ; on voit qu'elle a toujours existé. Mais elle joue sans doute un rôle plus important qu'autrefois, et tend à devenir un principe général irriguant non seulement les règles relatives à l'exécution du contrat, conformément à l'article 1134 mais aussi celles relatives à sa formation. Surtout, elle tend à prendre une dimension nouvelle avec ce devoir de coopération qui impose au nom de la loyauté, d'aider son cocontractant. Il reste qu'il s'agit malgré tout d'une notion particulièrement floue.

2. Applications du principe

a) L'obligation de bonne foi exprimée par le devoir de loyauté

1052. Les deux termes de bonne foi et de loyauté sont parfois employés de façon indifférenciée. Faut-il les distinguer ? Pour certains la bonne foi est plus large que la loyauté car elle engloberait toutes les exigences actuelles qui peuvent s'y rattacher (sincérité, devoir de coopération, devoir de cohérence contractuels). La loyauté serait alors plus strictement l'obligation de fournir une exécution fidèle de sa prestation, en personne

---

1. V. not. J. Flour et J.-L. Aubert, É. Savaux, *Droit civil. Les obligations*, vol. 1, *L'acte juridique*, 13e éd., Sirey, 2008, nos 321 s., et no 119.

raisonnable et de s'abstenir de tout comportement abusif dans l'exécution du contrat ». Mais il s'agit toujours de l'exigence de bonne foi, sanctionnée de différentes façons.

– D'abord, le Code civil encourage parfois le contractant à être de bonne foi : par exemple, de façon positive, en permettant au débiteur malheureux d'obtenir un délai de grâce, sur le fondement de l'article 1144 ou de bénéficier des procédures de surendettement (v. ss 392, et « Le point sur... » en fin de chapitre) ; ou encore en écartant sa responsabilité, si ce dernier était seulement tenu d'une obligation de moyen et qu'il a tenté de bonne foi de l'exécuter. Mais la bonne foi sera sans effet cependant en cas d'inexécution d'une obligation de résultat.

– À l'inverse, de façon négative, il sanctionne la mauvaise foi du débiteur en retenant sa responsabilité, en le privant de la possibilité de se prévaloir de clauses limitatives ou exonératoires de responsabilité ; en lui interdisant le jeu de clauses résolutoires qui auraient été prévues par le contrat.

En matière de droit du travail, on invoque cette bonne foi sous forme d'une « obligation de loyauté » qui interdit à un salarié en période de suspension : congé de formation, congé de maladie..., des comportements déloyaux tels que rétention de fichiers ou formation chez un concurrent [1].

Quoi qu'il en soit, les applications sont nombreuses.

1053. ***Ce devoir de loyauté s'impose aussi au créancier*** qui ne doit pas rendre plus difficile, par sa déloyauté ou ses manœuvres, l'exécution du contrat par le débiteur. Le chauffeur de taxi doit prendre le trajet le moins onéreux, par exemple.

1054. ***L'exigence de loyauté inspire aussi le juge et l'extension de son contrôle de l'exécution du contrat.***

1055. – Il se reconnaît ainsi, au nom du nécessaire respect par les cocontractants de l'exigence de bonne foi et de loyauté contractuelles, de nouvelles possibilités de contrôle des abus contraires à la bonne foi : outre le contrôle de l'interprétation qui lui permet de rectifier certains comportements contractuels en orientant l'interprétation du contrat dans le sens conforme à la bonne foi et à la cohérence (v. ss 1090 s.), la jurisprudence sanctionne désormais l'abus dans la fixation du prix dans les contrats-cadres sur le terrain de l'exécution du contrat (solution consacrée par l'actuel projet de réforme de la Chancellerie) ; cela, depuis que la Cour de cassation a renoncé à sanctionner par la nullité pour indétermination du prix ces conventions qui ne précisent pas les prix qui seront pratiqués dans les futurs contrats d'application (v. ss 847 s.).

– Toutefois, des limites restent posées par la Cour de cassation : celle de l'interdiction de réviser ou de modifier le contrat en portant atteinte à la substance des droits et obligations convenus entre les parties. La troisième chambre civile de la Cour de cassation a ainsi rappelé par une décision du 26 mars 2013 [2], la jurisprudence *Les Maréchaux* [3] qui déterminait les limites de ce que le juge peut faire au nom de l'article 1134, alinéa 3, du Code civil en distinguant la substance des droits et les prérogatives contractuelles : une cour d'appel « qui modifie la clause fixant en termes clairs la répartition des charges entre les parties » viole

---

1. Soc. 6 févr. 2001, *JCP* 2001. 1194, note C. Puigelier, et Soc. 10 mai 2001, *Bull. civ.* IV, n° 59, comm. J. Mestre et B. Fages, *in RTD civ.* 2001. 880.
2. Civ. 3e, 26 mars 2013, n° 12-14.870. ; *RDC* 2013. 888, note Y.-M. Laithier.
3. Com. 10 juill. 2007, n° 06-14. 768, *GAJC*, t. II par F. Terré et Y. Lequette, Dalloz, 12e éd., n° 164.

l'article 1134 du Code civil car « si la règle selon laquelle les conventions doivent être exécutées de bonne foi permet au juge de sanctionner l'usage déloyal d'une *prérogative contractuelle*, elle ne l'autorise pas à porter atteinte à la *substance des droits et obligations* légalement convenus entre les parties ». Le juge peut donc contrôler et sanctionner les comportements des cocontractants contraires à la bonne foi mais il ne peut sanctionner le contrat en le modifiant (sur la jurisprudence *Les Maréchaux*, v. aussi ss 1094).

Au-delà de la bonne foi, la jurisprudence impose aussi aux cocontractants un devoir de coopération.

b) La bonne foi, jusqu'au devoir de coopération

1056. De façon générale, dans le cadre d'une collaboration qui n'est plus antagoniste mais qui impose un devoir de coopération, chaque partie, qui a de toute façon intérêt à collaborer, a l'obligation d'avertir l'autre, en cours d'exécution, des événements qu'il a intérêt à connaître pour l'exécution du contrat. Cette obligation contractuelle (et non plus précontractuelle) d'information peut être prévue par les textes, par exemple en matière de contrat d'assurance, l'assuré doit informer l'assureur des événements de nature à aggraver les risques ; ou bien la loi sur le bail d'habitation fixant les rapports entre bailleurs et locataires (L. du 6 juill. 1989) oblige le bailleur à porter à la connaissance du locataire des renseignements divers pendant le temps du contrat. En l'absence de texte, elle a été développée par la jurisprudence, qui a souvent reconnu l'existence d'une obligation de renseignement et parfois même un devoir de conseil, y compris dans les contrats où il n'en constitue pas l'essence (v. ss 1323 s.). Dans certains contrats, le contractant doit encore plus activement faciliter l'exécution du contrat à son partenaire. Par exemple, en matière de contrat d'édition, l'auteur doit corriger les fautes ; le client qui demande la création d'un site internet à un prestataire de service informatique doit également participer activement à sa constitution, etc.

1057. Ce devoir de coopération pourrait aussi être à l'origine de la reconnaissance d'une obligation pour les parties de *renégocier le contrat de bonne foi*, pour tenter de l'adapter, lorsque son exécution devient trop difficile ou impossible pour l'un des contractants, en raison d'événements imprévus. Ainsi dans l'arrêt *Huard*, la chambre commerciale, en 1992, a retenu à l'encontre d'une compagnie pétrolière et qui avait refusé de faire bénéficier son distributeur des tarifs inférieurs d'approvisionnement qu'elle pratiquait à l'égard de ses pompistes de marque, un manquement à l'obligation d'exécuter le contrat de bonne foi, qui aurait impliqué son adaptation à l'évolution de l'environnement économique[1]. Dans une décision rendue en 1998, la chambre commerciale a retenu la même analyse d'un manquement à l'obligation d'exécuter le contrat de bonne foi en raison d'un refus du créancier d'adapter le contrat, ce qui a justifié la résiliation de ce contrat[2]. Mais on rejoint alors la question de l'intangibilité du contrat et de l'imprévision et cette implication de la notion de bonne foi sera envisagée plus complètement dans ce cadre (v. ss 1115 s.).

c) Bonne foi et devoir de cohérence

1058. Enfin, l'exigence de bonne foi peut justifier ou fonder un *devoir de cohérence contractuelle*, dont la jurisprudence commence à faire certaines applications. Les propositions

---

1. Com. 3 nov. 1992, *JCP* 1993. II. 22164, note G. Virassamy ; *RTD civ.* 1993. 124, obs. J. Mestre.
2. Com. 24 nov. 1998, *JCP* 1999. II. 10210, note Y. Picod.

Terré vont jusqu'à l'inscrire comme règle fondamentale du droit des contrats, en la dissociant de la loyauté contractuelle autre règle fondamentale. Il est issu du mécanisme ou de la doctrine de *l'estoppel* qui donne lieu à plusieurs déclinaisons reposant toutes sur l'interdiction de se contredire au détriment d'autrui [1].

La Cour de cassation semble effectivement, depuis quelque temps, vouloir faire émerger ce devoir de cohérence en tant que nouveau principe contractuel. Déjà dans une décision du 28 janvier 2009, la troisième chambre civile en avait fait application pour valider l'engagement de la responsabilité d'un assureur qui s'était prévalu dans un premier temps de la nature décennale de désordres pour obtenir le versement de primes plus importantes liées à la garantie décennale de ces désordres, pour ensuite contester la mise en œuvre de cette garantie. Or la décision se fonde sur l'article 1134, alinéa 3, et donc, implicitement, sur le devoir de bonne foi [2]. Dans une décision du 20 septembre 2011, la chambre commerciale de la Cour de cassation l'a depuis véritablement consacré, en rendant un arrêt de principe particulièrement net : « vu le principe selon lequel nul ne peut se contredire au détriment d'autrui » [3]... Le devoir de cohérence peut cependant avoir des limites tenant à la liberté qu'il faut reconnaître au contractant de défendre au mieux ses intérêts ainsi que le souligne B. Fages. On notera que ce devoir de cohérence figure déjà dans les principes relatifs aux contrats du commerce international (principes Unidroit). Impliquant l'obligation de ne pas se contredire, il est susceptible d'emporter de nombreuses conséquences au stade de la formation du contrat (où il justifie, par exemple, la sanction de la rupture brutale de négociations avancées de façon brutale et imprévisible) comme au stade de l'exécution et de la cessation du contrat, où il peut venir limiter la faculté de rupture unilatérale et fonder la sanction, par la responsabilité, des comportements contraires à ce devoir de cohérence contractuelle.

Il peut aussi, en matière d'interprétation du contrat, permettre d'écarter la règle de l'interprétation littérale et c'est dans ce contexte que **l'actuel projet de réforme** de la chancellerie entend d'ailleurs lui faire une place (v. ss 1091).

Même si les applications jurisprudentielles semblent se multiplier, ses contours exacts restent cependant encore à tracer. Comme le relevait le professeur Houtcieff [4] « parce qu'il repose sur la logique plutôt que sur le sentiment et l'équité, le principe de cohérence a cet avantage d'être moins subjectif que d'autres notions, telles que la bonne foi ou l'équité. Sa formulation abstraite n'en demeure pas moins tout aussi riche de potentialités que de dangers. À raisonner sur le seul terrain procédural (...°) il ne faudrait pas que, par le biais du principe de cohérence, un plaideur ne puisse changer d'argumentation juridique, ou invoquer un moyen qu'il n'a découvert que tardivement. N'a-t-on pas le droit de se tromper ou de modifier sa stratégie procédurale ? (...). La cohérence n'équivaut pas à la fixité ».

---

1. B. Fauvarque-Cosson, « L'estoppel, concept étrange et pénétrant », *RDC* 2006. 1729 ; M. Behar-Touchais (dir.), *L'interdiction de se contredire au détriment d'autrui*, Economica, coll. « Études juridiques », 2001.

2. Civ. 3e, 28 janv. 2009, *RDC* 2009. 999, note D. Mazeaud ; *ibid.* 1018, note G. Viney ; *RTD civ.* 2009. 317, obs. B. Fages ; *D.* 2009. 2008, note D. Houtcieff et *D.* 2010. Pan. 222, obs. B. Fauvarque-Cosson ; pour un arrêt antérieur déjà très remarqué : Com. 8 mars 2005, *D.* 2005. Pan. 2843, obs. B. Fauvarque-Cosson, *RDC* 2005. 1015, obs. D. Mazeaud ; *RTD civ.* 2005. 391, obs. J. Mestre et B. Fages.

3. Com. 20 sept. 2011, no 10-22.888, *JurisData* no 2011-019424, *JCP* 2011. 1250, note D. Houtcieff.

4. V. note précédente

B. L'obligation d'exécuter le contrat avec les suites prévues par l'article 1135 : la justice contractuelle

1059. Le contrat oblige les parties à exécuter le contrat tel qu'elles l'ont prévu, mais « avec toutes les suites que l'équité l'usage ou la loi donnent à l'obligation d'après sa nature », précise l'article 1135 que **l'actuel projet de réforme** reprend mot pour mot (art. 103).

1060. Cette référence à l'équité est plus qu'un rappel de la bonne foi. Elle fait référence non plus au comportement d'une partie par rapport à l'autre, mais plus largement au fait que le contrat doit être conforme à la justice contractuelle, c'est-à-dire à l'idée contemporaine d'équilibre contractuel. Cette référence, permet en réalité au juge, alors même que les parties ne l'auraient pas prévu, de faire produire au contrat certains effets qui paraissent justes.

1061. Ainsi en est-il de la découverte, dans certains contrats, d'obligations d'information et de sécurité que l'on développera dans le cadre de l'étude de la responsabilité contractuelle (v. ss 1322 s., 1302 s.). Ou encore, d'une certaine façon, c'est ce recours à l'équité qui fonde le pouvoir reconnu au juge de contrôler l'abus dans la fixation du prix (v. ss 874) ou encore d'éliminer du contrat une clause abusive (v. ss 940).

Mais il n'est pas question, sous couvert d'équité, de soustraire un contractant à des engagements clairs et précis.

1062. De même que la bonne foi, l'équité devient donc un instrument privilégié de l'intervention du juge dans le contrat. Mais c'est déjà aborder la question de la force obligatoire du contrat à l'égard du juge.

1063. Le projet de réforme de la Chancellerie, dans sa version d'origine (2008), n'avait pas repris ces références à l'équité, l'usage ou la loi qui figurent dans l'article 1135, mais avait distingué dans le contrat les obligations explicites et les obligations implicites. Bien évidemment c'est au juge qu'il appartient de dégager ces obligations implicites, ce qui n'était pas très éloigné du message actuellement porté par l'article 1135. Dans **l'actuel projet de réforme**, les obligations explicites et implicites ont disparu et on note un retour au texte même de l'article 1135.

1064. Pour en rester aux rapports entre les parties ; la force obligatoire du contrat impose aussi son irrévocabilité et son intangibilité.

C. L'irrévocabilité du contrat

1. Le principe : l'impossibilité de mettre fin unilatéralement au contrat

a) Sens du principe

1065. Le principe de la force obligatoire du contrat entre les parties signifie en effet que le contrat ne peut, selon l'article 1134, alinéa 2, être révoqué que « de leur consentement mutuel ou pour les causes que la loi autorise ». Ainsi, la volonté unilatérale d'une des parties ne peut-elle mettre fin au contrat, même par une remise de dette, par exemple ; là aussi, il faut une convention entre le créancier et le débiteur. Ce que le consentement a fait, seul le consentement peut le défaire. Il faut donc un accord des parties. Toutefois, cette impossibilité de mettre fin unilatéralement au contrat comporte des exceptions.

b) Moment de l'irrévocabilité

1066. En principe, elle a lieu dès la rencontre des consentements qui forment le contrat, en vertu du principe consensualiste.

1067. Par exception, il arrive que le contrat ne soit pas irrévocablement formé après l'échange des consentements : soit en vertu des dispositions du contrat lui-même parce que les parties ont inséré une *clause de dédit*, souvent prévue dans les contrats de vente ; ou bien parce que le contrat comporte une *phase d'essai* (travail à l'essai, vente à l'essai) ; soit en vertu de la loi, notamment en matière de contrats de consommation, en raison de l'existence d'une faculté de rétractation : le consommateur a ainsi un délai de repentir de quatorze jours dans les contrats passés à la suite d'un démarchage et dans les contrats à distance ou conclus hors établissement(v. ss 758).

2. La portée du principe

a) Les exceptions traditionnellement admises

1068. D'abord, dans certains contrats, la loi autorise une révocation unilatérale : c'est le cas du dépôt (art. 1944), du mandat (art. 2003 s.), des contrats à durée indéterminée comme le bail (art. 1736), du contrat de travail (art. 1780), du contrat de société (art. 1869), etc.

1069. Ensuite, les parties peuvent avoir inscrit dans le contrat une faculté de résiliation unilatérale ; mais il y a un accord des parties qui fonde ce pouvoir de résiliation unilatérale. Ce n'est pas une vraie exception.

1070. Dans les contrats à durée indéterminée et à exécution successive, on admet la résiliation unilatérale parce que dans le cas contraire, il faudrait admettre que le contrat puisse durer indéfiniment, sans qu'il y ait une possibilité de s'en libérer en l'absence d'accord de l'autre partie ; c'est le respect de la liberté individuelle qui justifie alors la solution. La même faculté est admise dans les contrats conclus *intuitu personae* qui reposent sur une relation de confiance particulière et ici, c'est alors la confiance qui justifie l'exception (par exemple le contrat de mandat).

1071. Exceptionnellement, le contrat à durée déterminée qui prendra fin normalement à l'arrivée du terme extinctif fixé par les parties, peut prendre fin à la demande d'une seule partie, pour certaines causes que la loi autorise et qui empêchent l'exécution normale du contrat : l'impossibilité d'exécution fortuite et absolue, ou l'inexécution fautive du partenaire. Mais en principe des événements imprévus rendant l'exécution du contrat plus difficile ne peuvent justifier la révocation unilatérale du contrat par celui qui en subit les conséquences et rencontre des difficultés à l'exécuter. Et, bien sûr, dans les autres contrats, le recours au juge est autorisé afin d'obtenir la résolution ou la résiliation de la convention en cas d'inexécution (art. 1184 ; v. ss 1226 s.).

b) Le pouvoir de résolution ou de résiliation unilatérale à ses risques et périls

1072. La Cour de cassation admet aujourd'hui, à titre de sanction de l'inexécution du contrat et de la gravité de la faute, que le cocontractant victime de l'inexécution puisse décider unilatéralement de mettre fin au contrat, mais à ces risques et périls s'il apparaît ensuite qu'il a exercé intempestivement cette faculté. Ce pouvoir de résiliation unilatérale, en dehors de tout contrôle du juge est évidemment contraire au principe de l'irrévocabilité du contrat, même s'il se manifeste en réaction à une violation du contrat par l'autre partie. Il fait partie de ces solutions réalistes que la jurisprudence contemporaine dégage, au non de l'utilité économique du contrat et de la rationalité économique. Le maintien du contrat, pourrait causer au contractant un préjudice important, compte tenu des délais d'exercice d'une action en résolution ou en résiliation judiciaire. On lui permet donc, de mettre fin au contrat, en supposant qu'il est de bonne foi. Le contrôle interviendra éventuellement, mais *a posteriori*.

1073. La première chambre civile de la Cour de cassation a admis cette solution pour la première fois dans une décision du 13 octobre 1998 [1] ; la cour d'appel de Nancy, l'a ensuite appliquée [2]. Elle a été à nouveau réaffirmée par la première chambre civile à plusieurs reprises [3]. La première chambre civile a par ailleurs précisé que le juge devait rechercher si le comportement revêtait une gravité suffisante pour justifier la rupture unilatérale [4]. C'est donc bien une révocation aux risques et périls du créancier, victime de l'inexécution. La solution a également été reprise par la chambre commerciale de la Cour de cassation [5]. Cette faculté de révocation est donc clairement inscrite dans le droit positif.

1074. La question s'est posée de savoir si, lorsque le contrat comporte par ailleurs une clause résolutoire, le créancier peut choisir de se placer sur le terrain de la résolution unilatérale pour échapper aux contraintes des clauses résolutoires, procédurales ou financières. La chambre commerciale de la Cour de cassation, dans une décision du 1er octobre 2013 [6], a admis cette possibilité de résolution unilatérale « peu important les modalités de la résiliation contractuelle » (la clause résolutoire prévoyait en l'espèce des contraintes procédurales et notamment le respect d'un certain délai après la mise en demeure). Dans une décision du 9 octobre 2013 [7], la troisième chambre civile l'a, au contraire exclu (dans un cas où la clause résolutoire prévoyait des contraintes financières). Il semble donc qu'il y ait une opposition entre les deux formations sur cette question de l'option.

---

1. Civ. 1re, 13 oct. 1998, *D.* 1999. 197 ; *JCP* 1999. II. 10133, note N. Rzepecki ; *Defrénois* 1999. 374, obs. D. Mazeaud ; *RTD civ.* 1999. 394, obs. J. Mestre.

2. Nancy, 20 nov. 2000, *JCP* 2002. 1353, note C. Jamin.

3. Civ. 1re, 20 févr. 2001, *D.* 2001. 1568, note C. Jamin ; *ibid.* Somm. 3239, obs. D. Mazeaud ; *Defrénois* 2001. 705, obs. É. Savaux ; *RTD civ.* 2001. 363, obs. J. Mestre et B. Fages.

4. Civ. 1re, 28 oct. 2003, *JCP* 2004. II. 10108, note C. Lachièze ; *Defrénois* 2004. 378, obs. R. Libchaber, *ibid.* 381, obs. J.– L. Aubert ; CC 2004, no 4, obs. L. Leveneur ; *RDC* 2004. 273, note L. Aynès ; *ibid.* 277, obs. D. Mazeaud, *RTD civ.* 2004. 89, obs. J. Mestre et B. Fages ; *Dr. et patr.* janv. 2004, p. 89, obs. Chauvel ; Civ. 1re, 13 mars 2007, *JCP* 2007. I. 161, no 12, obs. P. Grosser.

5. Com. 4 févr. 2004, *JCP* 2004. I. 149, no 15, obs. J. Rochfeld ; *RTD civ.* 2004. 731, obs. J. Mestre et B. Fages.

6. Com., 1er oct. 2013, n° 12-20. 830, *JCP* 2014. Doctr. 115, chron. Droit des contrats, n° 16, obs. P. Grosser.

7. Civ. 3e, 9 oct. 2013, n° 12-23. 379, *JurisData* n° 2013-022096 ; *JCP* 2014. Doctr. 115, chron. Droit des contrats, n° 16, obs. P. Grosser.

L'actuel projet de réforme de la Chancellerie consacre ce pouvoir de résolution unilatérale à ses risques et périls, sous l'intitulé : « résolution par notification » : le créancier résoud le contrat « à ses risques et périls » par la notification de cette résolution au débiteur, après avoir mis celui-ci en demeure de satisfaire à son engagement dans un délai raisonnable et si cette mise en demeure est restée sans effet (projet, art. 134).

1075. On la retrouvera dans le cadre de l'étude des conséquences de l'inexécution du contrat (v. ss 1245).

D. L'intangibilité du contrat

1076. Le fait que le contrat doit être exécuté tel qu'il a été prévu conduit à postuler son intangibilité, c'est-à-dire l'impossibilité de le réviser, ou en tout cas d'obliger l'une des parties à accepter la révision.

1077. Or, cette intangibilité peut soulever de graves difficultés, lorsque l'exécution d'un contrat s'étale sur un certain laps de temps. Les circonstances économiques ont pu évoluer entre le jour de la formation du contrat et le jour de l'exécution : les prix ont pu changer et la charge de l'une des parties a pu devenir beaucoup plus lourde que celle de l'autre. C'est ce que l'on appelle le *problème de l'imprévision dans les contrats*. La partie au contrat ainsi défavorisée pourra-t-elle demander la réévaluation des conditions du contrat ? Pourra-t-elle en obtenir la révision alors qu'il s'agit précisément de clauses « claires et précises » ? En principe, la réponse est négative. Il peut y avoir des remèdes à ce problème si les parties l'ont anticipé dans leur contrat. Sinon, la jurisprudence civile refuse toujours d'admettre l'imprévision, qui permettrait au juge de réviser le contrat à la demande de la partie qui l'invoque.

1078. Il n'est pas exclu cependant que l'on s'achemine vers une voie intermédiaire qui consisterait, sur le fondement de l'obligation de bonne foi, à admettre l'existence d'une obligation de renégocier le contrat.

1. L'anticipation contractuelle et l'adaptation du contrat

1079. Lors de la conclusion du contrat, les parties ont pu en effet prendre des précautions pour se prémunir contre les changements découlant des circonstances économiques futures. Elles peuvent à cette fin librement insérer dans leur contrat des clauses diverses qui vont permettre d'assurer une adaptation du contrat. Ces clauses sont essentiellement les clauses d'indexation (a) et de *hardship* (b). Mais il peut aussi s'agir de clauses de révision prévoyant, par exemple, le recours à un expert.

a) Clauses d'indexation ou clauses d'échelle mobile

1080. Les clauses d'*échelle mobile* ou *clauses d'indexation* sont des clauses de variation automatique qui ont pour but de parer à la dépréciation monétaire si le contrat dure plusieurs années. Une clause contractuelle prévoit que le montant de l'obligation de somme d'argent prévu au contrat évoluera automatiquement en fonction de la variation d'un indice de référence choisi par les parties et publié par un organisme public ou privé. Mais de telles clauses ne sont admises que dans des cas particuliers et à des conditions bien précises (v. ss 494 s.). Elles manifestent en effet une défiance des parties à l'égard de la monnaie et elles constituent une atteinte au principe du nominalisme monétaire posé par l'article 1895 à propos du prêt et étendu par la jurisprudence à toutes sortes de contrats. Elles sont donc étroitement encadrées.

b) Clauses de « hardship » et de « force majeure »

1081. Outre les clauses d'indexation, les parties peuvent insérer dans le contrat toute une série de clauses dites clauses d'adaptation telles que : clause de révision de prix, clause de suspension, de *hardship*, *de sauvegarde*, *d'équité*, de stop-prix... permettant d'adapter le contrat aux modifications qui peuvent entraîner un déséquilibre entre les parties, et d'éviter sa résiliation.

Elles se trouvent généralement dans les contrats internationaux de longue durée ; elles permettent à l'une ou l'autre des parties de demander un réaménagement du contrat si un changement intervenu dans les données initiales, au regard desquelles les parties se sont engagées, modifie l'équilibre du contrat au point de faire subir à l'une d'elles une rigueur (*hardship*) injuste.

À côté de ces clauses de *hardship*, on trouve aussi des clauses dites de « force majeure » ; normalement la force majeure qui empêche l'exécution du contrat (impossibilité fortuite d'exécution) conduit à la fin du contrat. Pour éviter cette solution, la clause de force majeure prévoit que des négociations doivent se dérouler entre les parties pour adapter la convention à la survenance de cet événement fortuit.

1082. Les deux types de clause, *hardship* ou force majeure font naître à la charge des parties une double obligation : celle d'entrer en discussion et l'obligation, ici, est une obligation de résultat et celle de négocier de bonne foi en vue d'aboutir. Mais, dans ce dernier cas, l'obligation n'est pas de résultat et si la négociation n'aboutit pas le contrat initial continue, à moins qu'il n'y ait une demande de résiliation pour inexécution ou une impossibilité fortuite d'exécution.

1083. Le juge en effet n'a pas le pouvoir de réviser le contrat, car la jurisprudence refuse d'appliquer la théorie de l'imprévision.

2. Le refus jurisprudentiel de la théorie de l'imprévision

1084. Un courant doctrinal très favorable se fondait sur divers arguments pour admettre la révision du contrat en cas de bouleversement économique : l'existence d'une clause tacite (*rebus sic stantibus* : les choses restent en l'état), l'obligation d'exécution des contrats de bonne foi et conformément à l'équité (art. 1134-1135), la théorie de l'abus des droits, l'appel à la notion d'enrichissement sans cause, la théorie de la force majeure, etc. Cependant, depuis le célèbre arrêt du *Canal de Craponne* en 1876[1] (v. arrêt à commenter) où la Cour de cassation avait refusé de réévaluer le montant d'une redevance due pour l'entretien d'un canal d'arrosage qui avait été contractuellement fixée au XVIe siècle, la jurisprudence civile est absolument constante et refuse d'autoriser la révision judiciaire des contrats : le principe de la force obligatoire s'impose au juge et il ne peut modifier le contrat, tel que prévu par les parties (v. ss 1087 s.).

1. *D.* 1876. 1. 193 ; *S.* 1876. 1. 161.

3. La bonne foi et la justice contractuelle comme fondement d'une obligation de renégocier le contrat déséquilibré

1085. Avant même que ne se concrétisent les différents avant-projets et projet de réforme du droit des contrats, une partie de la doctrine, proposait d'adopter le principe d'une obligation de renégociation du contrat pour cause d'imprévision qui constituerait une solution intermédiaire nuancée entre le « mode autogestionnaire » (la révision conventionnelle) et le « mode dirigiste » (la révision judiciaire). Elle constituerait donc « une méthode souple de règlement des difficultés d'exécution de la convention ».

L'actuel projet de la Chancellerie, *comme l'avant-projet Catala de réforme du droit des obligations*, consacre les deux solutions préconisées par la doctrine : tenter la révision conventionnelle, soit spontanée (avant-projet art. 1135-1 et projet art. 104), soit provoquée par le juge à la demande d'une des parties (art. 1135-2). Mais le juge n'a pas le pouvoir d'imposer aux parties la révision du contrat, contrairement à la solution figurant dans les propositions Terré (sur ce pouvoir de révision et les diverses propositions figurant dans les projets, v. ss 1119). Le juge ne pourrait procéder à cette révision qu'à la condition que les parties en soient d'accord. La théorie de l'imprévision ne serait donc qu'imparfaitement consacrée (sur ce point, v. ss 1115 s.).

1086. Si, en l'état actuel du droit positif, la Cour de cassation n'a pas directement admis cette obligation de renégociation, elle a cependant rendu une décision qui, bien qu'elle ne soit pas parfaitement nette, a pu laisser penser légitimement à certains auteurs [1] qu'elle n'écartait pas la possibilité de condamner un contractant pour refus de renégociation du contrat. Elle n'a simplement pas admis « une obligation de renégocier sur le fondement d'une obligation de loyauté et d'exécution de bonne foi » parce que « les difficultés du cocontractant étaient dues à un déséquilibre financier existant dès la conclusion du contrat et non à une modification imprévue des circonstances économiques » [2]. Si l'on ne peut préjuger de ce qu'elle aurait fait si les difficultés avaient bien été dues à une véritable situation d'imprévision, il est certain en tout cas qu'elle ne ferme pas la porte à la reconnaissance d'une telle obligation, dont le fondement pourrait être en effet la bonne foi et la justice contractuelle qui impose la révision d'un contrat devenu totalement déséquilibré.

Le juge en tout cas ne peut spontanément réviser le contrat, car le principe de la force obligatoire s'impose aussi à lui.

II. La force obligatoire du contrat s'impose au juge

1087. Cela signifie que le juge doit lui aussi appliquer le contrat tel qu'il a été formé par les parties : la norme posée lui sert de référence. Selon un auteur : « On ne peut rien contre l'effet du contrat, produit automatique et instantané de l'accord des volontés… » [3].

1088. Or, si le contrat est la loi des parties, il peut s'élever des difficultés quant à son application.

---

1. D. Mazeaud, note sous Civ. 1re, 15 mars 2004, *D.* 2004. 1754 ; *contra* : J. Ghestin, « L'interprétation d'un arrêt de la Cour de cassation », *D.* 2004. 2239.
2. Civ. 1re, 15 mars 2004, *D.* 2004. 1754, note D. Mazeaud.
3. V. H. Lécuyer, dans la bibliographie.

L'exécution des contrats peut parfois nécessiter une intervention du juge pour *concilier* les parties, éventuellement en nommant un administrateur judiciaire, sorte de « médiateur contractuel » avec mission de confronter les points de vue des parties et même de négocier, si besoin est, un protocole d'accord pour aboutir à une solution amiable des litiges opposant les contractants. D'ailleurs le législateur a institué un système de médiation devant les juridictions civiles.

1089. Mais il peut aussi s'élever des difficultés quant à la détermination exacte du contenu du contrat, soit parce que les parties n'ont pas fait d'écrit soit parce que l'écrit n'est pas clair ou est incomplet. Les contrats peuvent alors exiger une *interprétation* de la volonté des contractants. Ce respect du contrat et de l'intention des parties s'impose à lui lorsqu'il est amené à interpréter le contrat, bien qu'il ait une marge de pouvoir créateur. Ce respect du contrat lui interdit en principe toute immixtion, et il lui interdit de le modifier ou de le réviser (v. sur ce point ss. 1055 et la jurisprudence citée), même si toute l'évolution contemporaine conduit à lui reconnaître de plus en plus de possibilités d'intervenir dans le contrat, au nom de son rééquilibrage.

A. Le pouvoir d'interpréter le contrat

1090. Les contrats peuvent présenter des ambiguïtés ou des contradictions qui, ne pouvant se résoudre à l'amiable, seront finalement soumises à l'interprétation des juges du fond, dans une première étape, et, parfois, ultérieurement, au contrôle de la Cour de cassation. C'est pourquoi il faut examiner : d'une part, les méthodes d'interprétation des contrats, d'autre part, les règles de contrôle de ce pouvoir d'interprétation par la Cour de cassation...

1. Les méthodes d'interprétation des contrats fondées sur la recherche de l'intention des parties

1091. Notre droit français est axé sur le principe de l'autonomie de la volonté : en cas de doute, c'est la recherche de l'intention des parties qui est censé être le but des juges, aidés en cela par quelques règles d'ordre général posées par les articles 1156 à 1164 du Code civil. L'idée directrice est que « l'intention » des parties doit l'emporter sur le « sens littéral des termes » mais sans que cela autorise le juge à déterminer lui-même un élément sur lequel les parties n'avaient pu se mettre d'accord.

L'actuel projet de réforme de la Chancellerie (suivant en cela l'avant-projet Catala) ne remet pas en question cette idée directrice. Il pose en effet un principe d'interprétation identique **:** « le contrat s'interprète d'après la commune intention des parties plutôt que d'après le sens littéral des termes ». L'autonomie de la volonté a donc encore de beaux jours devant elle ! Il ajoute qu'à défaut de déceler la commune intention des parties, le contrat s'interprète selon le sens que lui donnerait une « personne raisonnable placée dans les mêmes conditions ». L'idée du « bon père de famille » n'a pas non plus disparu, même si l'expression désuète quitte le Code civil[1].

Tout en reprenant les règles d'interprétation classiques du Code civil, basées sur cette recherche de l'intention des parties, le projet ajoute des dispositions plus novatrices,

---

1. Avec l'adoption de la loi pour l'égalité entre les femmes et les hommes qui la fait disparaître.

comme par exemple, la règle de l'interprétation des clauses d'un contrat, les unes par rapport aux autres dans le sens qui respecte la cohérence de l'acte tout entier (art. 99), où l'on peut voir l'influence de la doctrine de *l'estoppel* (v. ss 1058) ; ou encore, lorsque, dans l'intention des parties, plusieurs contrats concourent à une même opération, la règle selon laquelle ils s'interprètent en fonction de cette opération (art. 99) ce qui rejoint la notion « d'économie du contrat », déjà consacrée par la jurisprudence concernant l'interprétation du contrat.

a) Moyens de déterminer l'intention des parties

1092. En présence d'un texte obscur ou ambigu, les juges devront d'abord essayer de l'éclairer par le contexte (art. 1161), sinon, par tous les éléments d'appréciation, même extérieurs à l'acte. Là encore, on admet que le juge peut interpréter ces clauses par référence à l'« économie du contrat », en effet « l'appartenance d'une clause à l'économie du contrat résulte en principe de ce qu'elle régit la ou les obligations essentielles du contrat, en particulier en définissant leur contenu et leur contour » [1]. Enfin, si ces éléments ne les ont pas encore éclairés, ils pourront recourir à la loi (du moins les règles supplétives), à l'usage ou à l'équité (art. 1135, 1159, 1160).

1093. Deux règles se dégagent cependant en droit positif : lorsque deux interprétations sont possibles, on préférera la plus favorable au débiteur (art. 1162), par exemple dans le contrat de vente où toute ambiguïté s'interprète contre le vendeur (art. 1602) ; cette règle de l'article 1162 est reprise dans **l'actuel projet de réforme** qui prévoit par ailleurs le cas du contrat d'adhésion, lequel s'interprète à l'encontre de la partie qui a proposé les clauses litigieuses (art. 110). De même, dans les contrats proposés par les professionnels aux consommateurs, les clauses litigieuses s'interprètent « dans le sens le plus favorable au consommateur ou au non professionnel » (C. consom., art. L. 133-2) [2].

On préfère également l'interprétation permettant de maintenir le contrat à celle qui ne lui permet pas de produire d'effets (art. 1157), règle également reprise dans l'actuel projet qui ajoute par ailleurs la règle de l'interprétation en faveur de la cohérence de l'acte tout entier et en fonction de l'opération à laquelle concourent plusieurs contrats (v. ss 1091).

b) Domaine du pouvoir d'interprétation des tribunaux

1° Clauses obscures ou ambiguës

1094. Le pouvoir d'interprétation du juge ne concerne que les clauses obscures ou douteuses, mais non des clauses claires et précises, à moins que ces dernières ne semblent abusives, mais dans ce cas, il faut préciser en quoi, par exemple, à propos d'une clause obligeant un contractant à payer dans son entier une année scolaire à peine commencée, clause qualifiée sans autre précision d'abusive [3], ou contraires au but poursuivi par les contractants ou si elles risquent, par leur caractère illicite, d'entraîner la nullité de tout le contrat. Mais dans ce cas, le juge doit seulement les interpréter dans un sens favorable à la survie du contrat. Il ne peut, sous couvert d'interprétation, faire la « police du contrat » et le modifier ou le réviser de façon substantielle. C'est ce qu'a

1. V. A. Zelcevic-Duhamel, chron. citée dans la bibliographie.
2. Civ. 1re, 23 janv. 2003, *D.* 2003. 693, obs. V. Avéna-Robardet.
3. Civ. 1re, 6 déc. 1989, *JCP* 1990. II. 21534, note Ph. Delebecque.

précisé la jurisprudence *Les Maréchaux*, et qu'a rappelé la troisième chambre civile dans une décision du 26 mars 2013 (v. ss 1055, et les références).

2° Qualification du contrat

1095. Le juge n'est pas lié par la qualification donnée par les parties, il dispose d'un certain nombre de possibilités.

1096. Il peut notamment redresser une fausse qualification. Notons par exemple pour la distinction entre un contrat de vente et un contrat d'entreprise le recours par les juges à l'intention des parties [1].

1097. De la même façon il peut requalifier un contrat pour éviter de prononcer la nullité ; ainsi un contrat de vente déséquilibré, avec un prix dérisoire sera éventuellement requalifié en acte à titre gratuit.

3° Comblement des lacunes du contrat et interprétation créatrice

1098. Lorsque le contrat ne dit rien sur la difficulté considérée, le juge doit recourir à des dispositions considérées comme tacitement insérées au contrat. L'article 1160 précise ainsi que « l'on doit suppléer dans le contrat les clauses qui y sont d'usage, quoiqu'elles n'y soient pas exprimées. Cette référence aux usages figure aussi dans l'article 1135 qui constitue le véritable tremplin de l'interprétation créatrice du juge ».

1099. L'article 1135 invite en effet le juge à combler les lacunes du contrat en se servant de « l'équité, l'usage ou la loi » (déjà sur ce point, v. ss 1059, 1298).

1100. ***La référence à la loi***. S'agissant de la loi, l'article 1135 fait référence aux règles supplétives de volonté qui sont prévues par la loi pour les contrats les plus usuels et que les parties peuvent écarter. En cas de silence du contrat, elles seront réutilisées par le juge. Ici, sa démarche n'est pas réellement créatrice.

1101. ***La référence aux usages***. Les usages viendront de la même façon compléter le contrat, s'ils existent. Mais il n'y a pas à proprement parler de pouvoir créateur.

1102. ***La référence à l'équité***. C'est là qu'apparaît véritablement la part créatrice du juge. Car lorsque le juge fait référence à l'équité (ou à la bonne foi), il peut s'inspirer, au nom de ces standards généraux que sont l'équité ou la bonne foi, de sa propre analyse de la justice contractuelle. Il n'a plus, en tout cas, à se référer directement à l'intention des parties et il substitue alors à l'analyse subjective, une analyse plus objective du contrat.

1103. C'est ainsi qu'en se servant de l'équité, la jurisprudence est arrivée à attacher à de nombreux contrats des suites diverses et à imposer aux parties des obligations auxquelles elles n'ont pas consenti et parfois même pas songé. C'est ce que la doctrine a appelé la technique de « forçage du contrat ».

1104. ***La technique de forçage du contrat***. La première illustration de ce pouvoir de créer des obligations est constituée par la découverte et le développement de l'obligation

---

1. Com. 17 mars 1998, *LPA* 1998, nº 138, p. 26, note F. Lehmann.

de sécurité. Elle a été, à l'origine, introduite par la jurisprudence dans le contrat de transport de personnes en 1911 [1] : le transporteur assure depuis lors l'obligation de transporter le voyageur sain et sauf. Il garantit sa sécurité et l'obligation est de résultat.

Ensuite cette obligation a été introduite dans de nombreux contrats mettant en jeu, directement ou pas, la sécurité corporelle des personnes. On reverra cette question en étudiant la responsabilité contractuelle (v. ss 1302 s., 1324 s., 2344 s.).

1105. La deuxième illustration concerne l'obligation d'information. S'agissant des effets du contrat, la jurisprudence a découvert dans des contrats de plus en plus nombreux, l'obligation pour l'une des parties de donner à son partenaire des informations nécessaires à la bonne exécution du contrat (vente d'appareils complexes, architecte, notaire, etc.). On a vu que la jurisprudence s'appuyait pour ce faire sur l'article 1134, alinéa 3, relatif à l'exécution des contrats de bonne foi (v. ss 1048 s.). Mais l'article 1135 lui sert aussi directement de fondement (sur ces obligations, v. ss 1307 s., 1320 s.).

1106. Comment faut-il expliquer ces « découvertes » ? Comme une simple interprétation de la volonté implicite des parties au contrat ou comme une véritable création fondée sur l'équité et la bonne foi ? En étudiant les différents cas où elles apparaissent, on doit constater que ce sont bien des considérations d'équité objective qui ont conduit la jurisprudence à une œuvre véritablement créatrice et non la volonté implicite des parties.

1107. Dès lors, il est logique de penser que de telles obligations ne peuvent être écartées par les parties même par une clause expresse.

1108. Pourtant, malgré l'existence d'une marge de manœuvre, le pouvoir d'interprétation du juge reste limité et contrôlé par la Cour de cassation, qui veille au respect de la volonté contractuelle, lorsque toutefois, elle ne cautionne pas le pouvoir créateur du juge, ce qu'elle a fait pour les obligations de sécurité et d'information.

2. Le contrôle de la Cour de cassation

1109. Le contrôle de la Cour de cassation sur l'interprétation des contrats par les juges du fond est un contrôle minimum mais pas inexistant : celui de la dénaturation des clauses claires et précises confirmé par **l'actuel projet de réforme**. Depuis un arrêt de 1808, l'arrêt *Lubert* [2], la Cour de cassation a constamment affirmé que l'interprétation des clauses d'un contrat relevait du pouvoir souverain des juges du fond. Juge du droit et non du fait, elle ne se reconnaît pas le droit de contrôler l'interprétation que les juges du fond donnent des contrats, les dispositions des articles 1156 à 1164 étant elles-mêmes simplement supplétives. Toutefois, il existe des tempéraments.

a) Le contrôle de la dénaturation

1110. Dans le cadre de ce contrôle de la dénaturation, la Cour de cassation vérifie qu'il y avait bien matière à interprétation, c'est-à-dire qu'il y avait bien un doute sur la signification du contrat. Si la lettre du contrat est jugée « claire et précise », cela signifie qu'en interprétant le contrat, les juges ont violé la volonté des parties et le principe de la force

---

1. Civ. 21 nov. 1911, *DP* 1913. 1. 249.
2. Sect. réun., 2 févr. 1808, *GAJC*, n° 159.

obligatoire. La Cour de cassation a ainsi le moyen d'empêcher les juges de refaire le contrat sous couvert d'interprétation. **L'actuel projet de réforme** de la Chancellerie rappelle expressément cette règle selon laquelle « l'interprétation du contrat ne peut conduire à en dénaturer les clauses claires et précises » (art. 97).

b) Le contrôle de la qualification

1111. La Cour de cassation contrôle également la qualification donnée aux contrats par les juges du fond et l'introduction de « clauses tacites ». Lorsque le juge s'appuie sur l'équité ou sur la bonne fois pour justifier une interprétation créatrice du contrat, la Cour de cassation intervient pour préciser l'étendue des obligations résultant de certains contrats. Ainsi si les obligations d'information ou de sécurité ont pu se développer, c'est parce que la Cour de cassation l'a admis. De même intervient-elle pour qualifier les obligations de moyen ou de résultat selon les contrats considérés (v. ss 1311 s.).

1112. En revanche, elle ne contrôle ni la constatation d'un usage, ni l'interprétation de cet usage par les juges du fond.

c) L'interprétation uniforme des contrats types

1113. En présence de contrats types, standardisés, contenant des formules identiques, la Cour de cassation intervient dans un but d'unification car des interprétations différentes de certaines clauses sont possibles, notamment dans les contrats d'assurance, ou encore dans les conventions collectives de travail.

1114. Pour finir, on peut dire que la méthode d'interprétation subjective, directement inspirée par la théorie de l'autonomie de la volonté, fait du juge le serviteur de la volonté des parties. Dans la réalité de son intervention, il teinte souvent son interprétation d'une nuance plus objective, notamment lorsqu'il fait référence à « l'économie du contrat ». Ces méthodes d'interprétation ne sont pas bouleversées on l'a vu par, **l'actuel projet de la Chancellerie** (art. 96 s.) qui confirme le principe de l'interprétation d'après la commune intention des parties et ne propose des méthodes complémentaires qu'à titre subsidiaire.

B. L'impossibilité de modifier le contenu du contrat

1. Le refus de la révision du contrat : rejet de la théorie de l'imprévision

1115. Le contrat étant irrévocable et intangible, comme nous l'avons vu, il est interdit au juge, de modifier son contenu sous prétexte de révision ou d'adaptation.

On a déjà relevé que la jurisprudence refusait d'admettre l'imprévision qui lui permettrait de réviser un contrat devenu gravement déséquilibré par l'effet du changement des circonstances économiques.

La solution est constante depuis 1876, où dans l'arrêt du *Canal de Craponne*[1] (v. arrêt à commenter), déjà signalé, la Cour de cassation avait refusé de réévaluer le montant d'une redevance due pour l'entretien d'un canal d'arrosage qui avait été contractuellement fixée au XVIe siècle.

1. Civ. 6 mars 1876, *DP* 1876. 1. 195, note Giboulot ; *S.* 1876. 1. 161.

1116. En effet, la Cour de cassation estime que réviser un contrat reviendrait à le modifier, ce qu'interdit l'article 1134. C'est une conséquence de la force obligatoire du contrat qui s'applique tant au juge qu'aux parties. Récemment encore, la chambre commerciale de la Cour de cassation a cassé un arrêt qui avait admis qu'« en raison de circonstances économiques nouvelles », le tarif actuel d'un contrat devait être « fixé en fonction d'un juste prix ». La chambre commerciale casse et rappelle, au visa de l'article 1134 qu'« en application de ce texte, les juges ne peuvent, sous prétexte d'équité ou pour tout autre motif, modifier les conventions légalement formées entre les parties » [1]. Même les problèmes du passage à l'informatique de l'an 2000 ne justifiaient pas une révision [2]. Elle a de nouveau réaffirmé cette impossibilité de la révision par le juge dans une décision du 18 mars 2009. Dans une espèce où les juges du fond avaient modifié un contrat de bail car, selon eux, le respect de l'équilibre contractuel l'imposait, la troisième chambre civile les a censurés, au visa de l'article 1134 du Code civil, au motif que le bail ne comportait aucune clause prévoyant la modification des modalités d'exécution du contrat [3].

1117. D'autre part, elle se refuse également à permettre l'inexécution de son obligation par l'une des parties, car il n'y a là ni cas de force majeure, ni lésion, mais seulement *imprévision*, puisque le contrat était parfaitement équilibré lors de sa formation et que le déséquilibre ne résulte que « d'un événement casuel et imprévu » (arg. art. 1306).

1118. Enfin, elle n'autorise même pas la résiliation du contrat. Elle a d'ailleurs une position plus intransigeante que le Conseil d'État qui, dans des cas semblables, accorde une indemnité au contractant défavorisé afin d'éviter l'interruption du service public (affaire du *Gaz de Bordeaux*) [4]. La jurisprudence administrative tient compte de la notion d'imprévisibilité de l'événement empêchant la bonne exécution du contrat. Cela dépasse la notion d'aléa ordinaire, on tient compte de la gravité de l'événement : ainsi, par exemple, la pollution d'une source conduisant à sa fermeture pendant deux cents ans et contraignant la société liée par un contrat de fourniture d'eau à une commune de s'approvisionner à une autre source à un coût deux fois supérieur à celui originaire. Cette augmentation consécutive du prix constitue bien un bouleversement de l'économie du contrat entraînant l'existence d'un déficit grave pour le cocontractant. L'imprévisibilité est bien constituée, mais, comme la situation est définitive, l'imprévision se transforme en « force majeure administrative » et justifie la résiliation du contrat et l'octroi d'une indemnité d'imprévision par la commune à la société [5].

Ainsi, en l'état du droit positif, la Cour de cassation n'admet pas que le juge puisse remettre en cause de lui-même, au nom de l'équilibre contractuel, le principe d'intangibilité du contrat.

1119. Dans le cadre des projets de réforme du droit des contrats, seules les *propositions Terré* sont allées jusqu'à préconiser l'introduction de la faculté pour le juge de réviser le contrat et à recevoir entièrement la théorie de l'imprévision. L'*avant-projet Catala* et **l'actuel projet de réforme** de la Chancellerie ne sont pas allés jusque-là. Comme corollaire à l'introduction d'une obligation de renégociation, pesant sur les parties, ils ont certes admis

---

1. Com. 18 déc. 1979, *Gaz. Pal.* 1980. I. 232.
2. Dijon, 4 févr. 1999, *RTD civ.* 1999. 396, obs. J. Mestre.
3. Civ. 3e, 18 mars 2009, *LEDC* mai 2009.7, obs. A.-C. Muller ; *RDC* n° 3, 2009. 1358, obs. D. Mazeaud ; *RTD civ.* n° 3, 2010. 528, obs. B. Fages ; *D.* 2010. Pan. 234, obs. B. Fauvarque-Cosson.
4. CE 30 mars 1916, *D.* 1916. 3. 25, *S.* 1916. 3. 17, note M. Hauriou.
5. CE 14 juin 2000, *LPA* n° 245, 8 déc. 2000, p. 14, note L. Jégouzo-Viénot.

la possibilité pour le juge, au cas où la renégociation échouerait, de procéder à l'adaptation du contrat mais seulement *avec l'accord des parties*, ou d'y mettre fin à la date et aux conditions qu'il fixe. Le projet de la Chancellerie refuse donc d'intégrer la révision judiciaire pour imprévision mais va quand même plus loin que la jurisprudence actuelle.

1120. Pour autant, malgré ce principe de neutralité du juge, simple serviteur de la volonté contractuelle ne pouvant intervenir dans le contrat intangible, la jurisprudence s'autorise de plus en plus le recours à des mécanismes correcteurs au nom de la justice contractuelle, de la bonne foi et de l'équité.

2. L'utilisation et le développement de mécanismes correcteurs

1121. Nous avons déjà fait référence, à ces mécanismes correcteurs. Il s'agit ici de les reprendre plus systématiquement.

a) Diversité des mécanismes

1122. D'abord, le juge intervient parfois parce que le législateur l'y autorise. Ainsi a-t-il prévu quelques cas où la révision est possible, notamment par la loi du 30 septembre 1953 sur les baux commerciaux et des lois sur les loyers, les salaires, les rentes viagères… mais c'est assez rare et doit être expressément prévu. Ce sont généralement de simples palliatifs admis en cas de crise (guerre, crise économique) qui ne suffisent pas à résoudre le problème. Néanmoins, sur ce fondement, le juge peut réviser le contrat, sans porter atteinte au principe de la force obligatoire.

1123. Ensuite, rappelons que dans le cadre du pouvoir d'interprétation du contrat et sur le fondement de l'article 1135 du Code civil, le juge s'est reconnu une certaine marge de pouvoir créateur pour introduire dans le contrat, au nom de l'équité, des clauses ou des obligations (sécurité, information) que les parties n'y avaient pas inscrites (v. ss 1059, 1098, 1104, 1298 s.). De même, sur le fondement de l'article 1134, alinéa 3, et de la bonne foi, il s'autorise certaines immixtions dans le contrat pour rétablir l'équilibre contractuel : révision des honoraires excessifs [1], développement d'une notion renouvelée de la cause pour écarter des clauses qui déséquilibrent le contrat (arrêt *Chronopost*, v. ss 891, 893 s.), police des clauses abusives (v. ss 939 s.) contrôle de l'abus dans la fixation du prix (v. ss 848 s., 951), sanction du contractant qui a refusé abusivement l'adaptation du contrat (arrêt *Huard*, v. ss 1058), nullité partielle (v. ss 1013), autant de procédés qui ont été développés, directement au nom de la bonne foi et implicitement, au nom de la justice contractuelle, valeurs contractuelles dominantes [a]ujourd'hui, et qui permettent un rééquilibrage du contrat ; mais parallèlement, elles en modifient nécessairement le contenu, même s'il s'agit de respecter « l'économie du contrat » (sur cette notion, v. ss 893).

b) Limites

1124. Il ne s'agit cependant que de biais utilisés par la jurisprudence car le juge n'a jamais le pouvoir de modifier directement le contrat et la Cour de cassation reste vigilante.

---

1. Pour une application récente dans un contrat de généalogiste : Civ. 1re, 23 nov. 2011, n° 10-16.770, *D.* 2011. 2932.

L'exigence de bonne foi dans l'exécution du contrat « si elle permet de sanctionner l'usage déloyal d'une prérogative contractuelle » n'autorise pas le juge à « porter atteinte à la substance même des droits et obligations légalement convenus entre les parties » a récemment affirmé la chambre commerciale de la Cour de cassation[1].

Elle entend donc contenir l'usage de la bonne foi dans l'exécution du contrat et rappeler que le juge doit rester le « serviteur respectueux du contrat » et qu'il ne doit ni le modifier ni le réviser[2].

1125. Il faut noter pour finir que le principe de la force obligatoire des contrats subit aussi des atteintes législatives. Ainsi, le législateur intervient-il parfois pour modifier la durée de certains contrats, soit en les prolongeant (droit au maintien dans les lieux pour les baux à loyer, droit au renouvellement pour les baux commerciaux ou ruraux), soit en les abrégeant ; mais ce sont généralement des dispositions de portée temporaire prises en période de crise, guerre par exemple.

Il intervient parfois aussi pour modifier les obligations nées du contrat, en promulguant des lois de stabilisation des prix ou, au contraire, en imposant une échelle mobile ou sa propre indexation.

---

1. Com. 10 juill. 2007, *D.* 2007. AJ 1955, note X. Delpech ; *ibid.* Pan. 2973, obs. B. Fauvarque-Cosson ; *ibid.* Jur. 2839, note P. Stoffel-Munck, Jur. 2844, note P.-Y. Gautier et chron. C. cass. 2770, obs. R. Salomon ; *JCP* 2007. II. 10154, note D. Houtcieff ; *JCP* 2007. Act. 340, note F. Chabas.

2. F. Terré, Ph. Simler et Y. Lequette, *Droit civil. Les obligations*, 2005, n° 25.

DOCUMENTS

Bibliographie

Le rôle du juge dans l'interprétation des contrats, Travaux de l'Association Henri Capitant, 1949.

ANCEL (P.), « Force obligatoire et contenu obligationnel du contrat », *RTD civ.* 1999. 771.

BORÉ (J.), « Un centenaire : le contrôle par la Cour de cassation de la dénaturation des actes », *RTD civ.* 1972. 249.

BUFFELAN-LANORE (Y.), *Essai sur la notion de caducité des actes juridiques en droit civil*, thèse, Toulouse, 1961, LGDJ, 1963.

CACHARD (O.), « L'ombre de la révision judiciaire du contrat », *RLDC* n° 49, 2008. 6 s.

DEFFAINS (B) et FEREY (S), « Pour une théorie économique de l'imprévision en droit des contrats », *RTD civ.* 2010. 719.

FABRE (R.), « Les clauses d'adaptation dans les contrats », *RTD civ.* 1983. 1.

FAGES (B.), « Le comportement du contractant », préf. J. Mestre, PUAM, 1997, n°s 644 et s

GRINBAUM (L.) et NICOD (M.), *Le solidarisme contractuel*, Economica, 2004.

HOUTCIEFF (D.), *Le principe de cohérence en matière contractuelle*, préf. H. Muir-Watt, PUAM, 2000, 2 vol. ; « Essai de maïeutique juridique : la mise au jour du principe de cohérence », Étude, *JCP* 2009. Doctr. 463.

LECUYER (M.), « Le contrat, acte de prévision », *in Mélanges en hommage à F. Terré, L'avenir du droit*, Dalloz, PUF, Litec, 1999.

MAZEAUD (D.), « Loyauté, solidarité, fraternité : la nouvelle devise contractuelle », *in Mélanges en hommage à F. Terré, L'avenir du droit*, Dalloz, PUF, Litec, 1999, p. 603.

MAZEAUD (D.), « La révision du contrat », *LPA* 30 juin 2005, p. 4.

PICOD (Y.), « L'obligation de coopération dans l'exécution du contrat », *JCP* 1998. I. 3318.

VOIRIN, *De l'imprévision dans les rapports de droit privé*, thèse, Nancy, 1922.

ZELCEVIC-DUHAMEL (A.), « La notion d'économie du contrat en droit privé », *JCP* 2001. I. 300

Arrêt à commenter

L'imprévision

Civ. 6 mars 1876, *D.* 1876. 1. 193 ou *S.* 1876. 1. 161, *Canal de Craponne*

Mais, *sur le premier moyen du pourvoi* : – Vu l'article 1134 du Code civil.

– Attendu que la disposition de cet article n'étant que la reproduction des anciens principes constamment suivis en matière d'obligations conventionnelles, la circonstance que les contrats dont l'exécution donne lieu au litige sont antérieurs à la promulgation du Code civil ne saurait être, dans l'espèce, un obstacle à l'application dudit article ;

– Attendu que la règle qu'il consacre est générale, absolue, et régit les contrats dont l'exécution s'étend à des époques successives de même qu'à ceux de toute autre nature ; – que, dans aucun cas, il n'appartient aux tribunaux, quelque équitable que puisse leur paraître leur décision, de prendre en considération le temps et les circonstances pour modifier les conventions des parties et substituer des clauses nouvelles à celles qui ont été librement acceptées par les contractants ; – Qu'en décidant le contraire et en élevant à 30 centimes de 1834 à 1874, puis à 60 centimes à partir de 1874, la redevance d'arrosage, fixée à 3 sols par les conventions de 1560 et 1567, sous prétexte que cette redevance n'était plus en rapport avec les frais d'entretien du canal de Craponne, l'arrêt attaqué a formellement violé l'article 1134 ci-dessus visé ;

Par ces motifs, casse, dans la disposition relative à l'augmentation du prix de la redevance d'arrosage, l'arrêt rendu entre les parties par la cour d'appel d'Aix le 31 décembre 1873.

Directives

Dégager le principe posé par la Cour de cassation.

Cette position est-elle suivie en jurisprudence civile ? (comparer avec Civ. 3e, 20 févr. 1974, *Bull. civ.* I, 1974, n° 85, p. 65) *et administrative ?*

Chapitre 2

L'effet relatif du contrat

1126. Le contrat manifeste ses effets entre les parties, mais il peut également mettre en présence les parties et des tiers et il convient d'examiner quelle portée il peut avoir à l'égard de ces derniers.

1127. L'article 1165 du Code civil prévoit que « les conventions n'ont d'effet qu'entre les parties contractantes ; elles ne nuisent point au tiers et elles ne lui profitent que dans le cas prévu par l'article 1121 » (c'est-à-dire la stipulation pour autrui, v. ss 1164 s.).

1128. Ce principe, qu'on appelle *principe de la relativité des contrats*, ou principe de l'*effet relatif* souffre certaines exceptions (II) que l'on étudiera après avoir envisagé le sens du principe (I). Certaines sont prévues par la loi, comme la stipulation pour autrui ou la promesse de porte-fort. D'autres résultent de la théorie dite des « groupes de contrats ou des ensembles contractuels ». D'ores et déjà, on relèvera que les solutions du droit positif actuel ne sont pas bouleversées par **l'actuel projet de réforme** qui consacre les solutions jurisprudentielles acquises.

I. Le sens du principe

1129. Le contrat n'a d'effet obligatoire qu'entre les parties, mais il reste à déterminer qui sont les parties et qui sont les tiers. Cette question a déjà été abordée lors de l'étude des principes généraux communs à toutes les obligations quelle que soit leur source et nous n'y reviendrons que rapidement.

1130. Le principe de l'effet relatif ne concerne que les véritables tiers. S'il signifie alors que le contrat ne peut faire naître directement des effets à leur égard, il reste que les tiers sont parfois amenés à apprendre son existence et à le respecter. On dit alors que le contrat est opposable aux tiers.

A. Le principe de l'effet relatif et les faux tiers

1131. Entre les parties proprement dites et les véritables tiers, il existe des catégories intermédiaires de personnes à l'égard desquelles un contrat, auquel elles n'ont pas été parties, peut avoir des effets plus ou moins importants. Plusieurs situations sont à distinguer, selon qu'il s'agit des parties lors de la formation du contrat, ou de personnes qui vont être obligées postérieurement par le contrat soit en qualité d'ayant cause universel ou à titre universel soit en raison de la cession du contrat ou enfin selon qu'il s'agit d'ayants cause à titre particulier ou de créanciers chirographaires qui ne sont pas de véritables tiers mais qui ne sont pas non plus des parties au contrat (pour l'examen plus complet de ces différentes situations, v. ss 119 s., les parties au rapport d'obligation).

1. Les parties lors de la formation du contrat

1132. Ce sont les personnes qui ont conclu le contrat, qui ont donné leur consentement au contrat, soit par elles-mêmes, soit par l'intermédiaire d'un représentant (sur la représentation, v. ss 129 s.).

2. Les personnes assimilées aux parties postérieurement à la formation du contrat

1133. Il s'agit des ayants cause universel ou à titre universel et des cessionnaires du contrat.

a) L'ayant cause universel ou à titre universel

1134. Il devient partie au contrat par l'effet du décès de l'un des contractants. En effet, l'*ayant cause universel* a vocation à recevoir tout le patrimoine de son auteur, c'est le cas de l'héritier légal et du légataire universel désigné par testament.

1135. L'ayant cause à titre universel est un légataire qui a vocation à recueillir une fraction de la succession, mais pas un ou plusieurs droits déterminés par avance.

1136. Ils seront traités comme des parties.

b) Le cessionnaire du contrat

1137. La jurisprudence admet en effet la possibilité de cession de contrats entiers, sous réserve cependant du consentement de l'autre partie.

1138. L. Aynès a qualifié cette cession de contrat de « transfert unitaire et intégral de la qualité de contractant, laquelle est un ensemble complexe de droits et d'obligations ». La chambre commerciale, quant à elle, a déclaré que « la cession d'un contrat synallagmatique permet au cédé de poursuivre directement le cessionnaire qui est tenu envers lui en vertu du contrat transmis »[1] et que réciproquement, le cédé est tenu envers le cessionnaire en vertu d'un contrat dont la transmission est considérée comme valable bien qu'il ait été conclu en considération de la personne du cédant[2]. En effet, un contrat conclu *intuitu personae* peut faire l'objet d'une cession « dès lors que l'autre partie y a consenti ». Mais cette *théorie de la cession de contrat* est encore discutée en doctrine car elle aboutit à une objectivation du contrat, transmissible comme un bien et s'oppose à la conception classique du contrat conçu comme un rapport entre deux ou plusieurs personnes. Il est également possible d'admettre, comme certains auteurs l'ont proposé (C. Jamin, *op. cit.*), que la volonté exprimée par le cédé lorsqu'il consent à la cession engendre « un nouveau

1. Com. 14 déc. 1982, *D.* 1983. 416, note L. Aynès.
2. Com. 7 janv. 1992, *JCP* 1992. IV. 692 et *JCP* 1992. I. 3591, n° 17, obs. C. Jamin.

contrat dont l'objet et la cause sont identiques au contrat initial ». De son côté, P. Ancel considère que « le seul moyen d'expliquer le mécanisme de la cession de contrat est de dissocier la source (la norme dotée de force obligatoire) et le contenu (les obligations nées du contrat) » [1]. La cession de contrat concerne la norme contractuelle elle-même, le changement de créancier ou de débiteur des obligations n'étant qu'une des conséquences possibles de cette modification de la norme.

1139. La doctrine est donc divisée en la matière selon que le contrat est envisagé *comme un lien entre deux parties* ou comme un objet susceptible de propriété. En fait, il semble possible de concilier les deux positions : « si le contrat est d'abord un lien entre deux parties, sa concrétisation le transforme en bien parfaitement appropriable selon un régime complexe conjuguant propriété de créances et propriété commune de la structure contractuelle mise en place par les parties » [2].

1140. Quoi qu'il en soit, le cessionnaire du contrat est substitué au cédant. Il recueille ses droits et obligations et perd complètement sa qualité de tiers pour devenir partie au contrat.

1141. L'actuel projet de réforme de la Chancellerie s'intéresse à la question du transfert et de la transmission du contrat. Mais, *à l'instar de l'avant-projet Catala*, il écarte l'hypothèse d'une véritable cession de contrat, au sens où elle serait passée entre les seuls cédant et cessionnaire, sans qu'il y ait besoin de l'intervention du cédé pour produire tous ses effets : le consentement du contractant cédé reste toujours nécessaire et la cession ne libère le cédant que si le cédé l'a expressément déclaré.

c) La situation particulière des ayants cause à titre particulier et des créanciers : ni tiers, ni parties

1° L'ayant cause à titre particulier

1142. On rappellera qu'il s'agit de celui qui tient un ou plusieurs droits déterminés d'une autre personne en vertu d'un contrat (déjà v. ss 121 s.) : il est l'ayant cause de cette personne. Exemple : l'acheteur est l'ayant cause du vendeur ; le donataire, l'ayant cause du vendeur relativement à la transmission par le contrat du droit de propriété. On peut se demander si l'acquéreur d'un bien acquiert, en même temps, les droits et obligations relatifs à ce bien, nés des contrats passés par son ancien propriétaire. La réponse est différente selon qu'il s'agit de contrats ayant pour objet des droits réels ou des droits personnels.

1143. *S'il s'agit de contrats ayant pour objet des droits réels*, ces droits réels, comme par exemple la constitution d'une servitude, sont transmis sans difficulté, en même temps que le bien sur lequel ils portent, en qualité d'accessoires, à l'ayant cause à titre particulier.

1144. *S'il s'agit, au contraire, de contrats ayant pour objet des droits personnels*, la réponse est plus nuancée : En principe, l'article 1165 fait obstacle à ce que des rapports nés entre le créancier et le débiteur puissent s'étendre à des ayants cause à titre particulier qui n'ont pas été parties au contrat. Toutefois, en pratique, il est des cas où cette transmission doit avoir lieu.

---

1. V. article P. Ancel, cité dans la bibliographie.
2. V. article É. Bayer, cité dans la bibliographie.

Citons, par exemple, le cas du commerçant qui, en vendant son fonds, a signé une clause de non-concurrence, c'est-à-dire qu'il s'est engagé à ne pas se réinstaller dans un rayon donné pendant une durée déterminée pour éviter que sa clientèle ne soit tentée de le suivre en abandonnant le fonds vendu. Si le fonds de commerce est revendu à un nouvel acquéreur, ce dernier aura intérêt à ce que cette clause de non-concurrence, à l'égard de laquelle il n'est qu'un tiers, lui soit transmise en même temps que le fonds ; on peut citer une situation inverse où, lors de la vente d'un immeuble, les vendeurs ont fait insérer dans le contrat une clause par laquelle les acquéreurs initiaux et tout acquéreur éventuel s'interdisaient d'exercer dans cet immeuble un commerce similaire à celui des vendeurs [1]. La jurisprudence admet la validité d'une telle transmission, qu'elle soit expresse ou tacite, sauf volonté contraire des parties [2].

La même solution doit être admise en matière d'obligation de garantie décennale assumée par les architectes et entrepreneurs. Cette obligation, qui est une obligation légale cette fois, est transmise aux ayants cause du maître de l'ouvrage sans qu'il puisse s'y opposer et la jurisprudence justifie cette transmission par le recours à l'idée que l'obligation de garantie est un « accessoire de la chose » transmissible avec elle [3].

1145. La doctrine justifie cette transmission tacite de façon différente, soit en supposant que le contrat initial comportait une *stipulation pour autrui tacite* dont les bénéficiaires seraient les acquéreurs successifs du fonds ; soit en admettant qu'une créance, qui est l'*accessoire* d'un bien réel, perd en quelque sorte son caractère personnel pour devenir une créance à caractère réel dont le sort est lié au bien et qui se transmet avec lui à tous ses acquéreurs successifs.

1146. Le législateur, lui-même, a d'ailleurs parfois donné cette solution fondée sur la notion d'accessoire.

Ainsi, l'industriel qui vend son entreprise transmet à l'acquéreur les contrats précédemment passés avec les ouvriers ou les employés qui sont considérés comme l'accessoire de la chose, ici de l'entreprise (C. trav., art. L. 122-12).

De même, la loi du 13 juillet 1930 sur les assurances (C. assur., art. 19, devenu art. L. 121-10) dispose qu'en cas d'aliénation de la chose assurée, l'assurance est transmise de plein droit au nouvel acquéreur, en raison de son caractère accessoire, sauf en ce qui concerne les véhicules terrestres à moteur.

Enfin, selon l'article 1646-1, alinéa 2, également, le vendeur d'un immeuble à construire est tenu des vices cachés et « ces garanties bénéficient aux propriétaires successifs de l'immeuble ». L'on pourrait encore citer l'article 1692 qui dispose que « la vente ou cession d'une créance comprend les accessoires de la créance, tels que caution, privilèges et hypothèques ».

Toutefois, il ne faut pas étendre indéfiniment cette notion d'accessoire.

1147-1152. (réservés).

2° Les créanciers chirographaires

1153. Les créanciers chirographaires qui ont un droit de gage général sur le patrimoine de leur débiteur, sont plutôt considérés comme des tiers par rapport aux contrats conclus

---

1. Com. 18 juill. 1989, *Bull. civ.* IV, n° 222.
2. Com. 15 oct. 1968, *Gaz. Pal.* 1968. 2. 395.
3. Civ. 3e, 23 mars 1968, *Bull. civ.* III, n° 131, p. 104, et. *Defrénois* 1971, art. 29787, p. 117.

par leur débiteur. Cependant, ils disposent de certaines prérogatives qui leur permettent en réalité d'intervenir dans un contrat auquel ils ne sont pas parties. Ces prérogatives sont essentiellement constituées de l'action oblique (étudiée, *supra*, v. ss 308 s.) qui leur permet d'exercer les droits du débiteur négligent à sa place (art. 1166) et de l'action paulienne qui leur permet d'obtenir la révocation du contrat passé en fraude de leur droit (étudiée, v. ss 336 s.)[1].

B. Le principe de l'effet relatif à l'égard des vrais tiers

1154. Les vrais tiers ou *penitus extranei* sont donc ceux qui ne sont tenus par aucun lien avec les contractants.

1. Le contrat n'a pas d'effet obligatoire à l'égard des tiers

1155. La règle de l'effet relatif signifie que les effets du contrat ne peuvent se produire ni au profit des tiers, ni contre eux. Ils ne peuvent être créanciers des obligations nées du contrat. Ils ne peuvent pas davantage se voire imposer des obligations nées du contrat. Cependant, le contrat existe aussi à l'égard des tiers ; c'est pourquoi les parties peuvent opposer le contrat aux tiers et ceux-ci, inversement, peuvent aussi opposer l'existence du contrat aux parties.

2. Le contrat est opposable aux tiers

1156. Sans faire obstacle au principe de la relativité des effets du contrat, on est obligé de constater que les tiers ne peuvent ignorer l'existence du contrat qui pourra parfois leur être opposé.

1157. Le contrat produit en effet une modification du patrimoine des contractants et cette modification est opposable aux tiers à un certain nombre de conditions : date certaine de l'acte s'il est sous seing privé, absence de simulation, absence de fraude et publicité (par ex. propriété foncière, vente de fonds de commerce, cession de créance...).

1158. Mais la responsabilité du tiers pourra aussi être engagée s'il se rend complice de la violation par le créancier de son obligation contractuelle, ainsi, notamment, concernant la protection des réseaux de distribution sélective[2].

3. Le contrat est opposable par les tiers

1159. Le contrat constitue également un fait que les tiers peuvent invoquer et prouver comme un fait juridique. La chambre commerciale de la Cour de cassation a ainsi posé que « si les conventions n'ont d'effet qu'entre les parties contractantes », les tiers « peuvent invoquer à leur profit, comme un fait juridique, la situation créée par le contrat »[3].

---

1. Nous verrons ultérieurement (Sous-titre I du Titre II) quels liens vont se nouer entre les parties, leurs ayants cause universels ou à titre particulier et certains tiers.
2. Obs. Viney au *JCP* 1993. I. 3664. 145.
3. Com. 22 oct. 1991, *Bull. civ.* IV, nº 302 ; *D.* 1993. 181, note J. Ghestin.

1160. En effet, un contrat passé entre d'autres personnes pourra être invoqué comme présomption ou opposé comme « juste titre » en cas d'usucapion ; ou bien encore il pourra donner naissance à une responsabilité délictuelle, par exemple l'inexécution ou l'exécution défectueuse d'un contrat qui cause un préjudice à la fois au cocontractant et à un tiers, donne lieu à réparation sur le fondement de la responsabilité contractuelle à l'égard du premier et de la responsabilité délictuelle à l'égard du second [1].

II. Les exceptions au principe

1161. Il existe des exceptions prévues par le Code civil lui-même sous forme de ce que l'on peut appeler les « contrats pour autrui » [2]. Mais il existe aussi une autre sorte d'atténuations qui tient à l'utilisation par la jurisprudence de la théorie des « ensembles contractuels ».

A. Les exceptions à l'effet relatif prévues par le Code civil

1162. Il s'agit de deux techniques contractuelles auxquelles il a déjà été fait rapidement référence lors de l'étude du régime général des obligations (v. ss 150) que sont la stipulation pour autrui et la promesse de porte-fort. Ces deux exceptions sont conservées par **l'actuel projet de réforme**.

1. La stipulation pour autrui

1163. En exception au principe de l'autorité relative du lien obligatoire, un tiers peut devenir créancier par l'effet d'un contrat auquel il était étranger (art. 1165 et 1121) : c'est ce qu'on appelle la stipulation pour autrui.

► ***La stipulation pour autrui*** on l'a déjà vu (v. ss 151 s.) est l'opération par laquelle une personne, appelée *stipulant*, convient avec une autre, appelée *promettant*, que ce dernier exécutera une prestation au profit d'une troisième personne : le *tiers bénéficiaire*.

1164. Il convient, tout d'abord, de faire un rapide historique de la stipulation pour autrui. À Rome, la stipulation pour autrui était déjà connue, mais elle était dépourvue d'effet, le tiers, pas plus que le disposant, n'ayant d'action pour contraindre le promettant à exécuter sa prestation. Toutefois, la pratique l'admettait, exceptionnellement, lorsque le stipulant avait un intérêt personnel, pécuniaire, à l'exécution au profit du tiers et disposait, de ce fait, d'une action. On l'admettait également dans deux cas précis : donation avec charge et constitution de dot où cette fois, le tiers bénéficiaire avait une action. Dans l'ancien droit, on constate une certaine tendance à étendre les cas exceptionnels où la stipulation pour autrui est permise, mais les rédacteurs du Code civil, sont revenus à une conception très restrictive de la stipulation pour autrui telle qu'elle ressort des conditions posées par l'article 1121. La jurisprudence et le législateur ont par la suite un peu élargi l'emploi de la technique pour des

1. Com. 22 oct. 1991, *Bull. civ.* IV, n° 302 ; *D.* 1993. 181, note J. Ghestin ; *JCP* 1992. I. 3570, obs. M. Billiau ; *Defrénois* 1992. 321, obs. J.-L. Aubert ; v. aussi Civ. 1re, 15 déc. 1998, *Bull. civ.* I, n° 368 ; *CCC* 1999, n° 37, obs. L. Leveneur ; *RTD civ.* 1999. 623, obs. J. Mestre.
2. L. Grynbaum, *Droit civil. Les obligations*, HU droit, Hachette, 2005.

libéralités (donation avec charge, assurance, par ex.) ou pour des actes à titre onéreux (par ex. transport de personnes, le voyageur étant censé avoir stipulé pour le compte de ses proches parents ou pour l'hôpital qui passe une convention avec un centre de transfusion sanguine est présumé avoir stipulé pour ses malades.

Nous allons étudier, successivement, les conditions puis les effets de la stipulation pour autrui.

a) Les conditions de la stipulation pour autrui

1165. Ces conditions sont prévues par le Code civil qui a strictement limité les cas où elle s'applique ; mais il convient d'examiner également ceux qui ont été dégagés postérieurement par la jurisprudence et différentes lois.

1° Les conditions de formation

1166. La stipulation pour autrui, selon Josserand, est une opération bilatérale dans sa formation « et triangulaire dans ses effets » qui concernent les deux parties à l'acte : stipulant et promettant et le tiers bénéficiaire qui, lui, n'est pas partie à l'acte. La stipulation pour autrui est donc tout d'abord, soumise aux *conditions normales de validité des contrats* : le consentement ne doit pas être vicié, l'objet et la cause doivent exister et n'être ni illicites, ni immoraux. La stipulation pour autrui peut constituer un acte à titre onéreux ou un acte à titre gratuit ; dans ce cas, contrairement à ce qui se passe pour les libéralités, elle n'est soumise à aucune forme particulière (cf. art. 1973, al. 2).

1167. Il existe ensuite des conditions spécifiques. D'abord, l*e stipulant doit avoir l'intention de stipuler pour autrui.* C'est-à-dire qu'il doit avoir stipulé pour un véritable tiers et non, par exemple, pour une personne qu'il représente. La question s'est posée de savoir si stipuler pour ses héritiers constituait ou non une stipulation pour autrui (art. 1122). Elle en constitue une si les héritiers bénéficient de la prestation, indépendamment de leur acceptation de la succession. Sinon, c'est en tant qu'héritiers qu'ils bénéficieront des créances de leur auteur, de même qu'ils sont tenus de ses dettes. La Cour de cassation a décidé, à propos d'une rente viagère avec réserve du droit d'usage et d'habitation, qu'une héritière « qui se trouvait investie de tous les droits et actions de la défunte était recevable à agir en restitution des loyers indûment perçus » par le débirentier, antérieurement au décès de la venderesse[1]. À défaut de précision contraire, la clause de réserve de jouissance a été censée avoir été stipulée non seulement en sa faveur mais également au profit de son héritière. Toutefois, cette volonté de stipuler n'est pas forcément expresse, elle peut être tacite et la jurisprudence admet assez facilement une stipulation pour autrui implicite.

1168. La stipulation doit être, en principe, l'*accessoire d'une autre opération.* C'est le cas dans la conception du Code civil. Nous allons voir plus loin que cette conception a beaucoup évolué et que la jurisprudence actuelle n'exige plus cette condition de validité (v. ss 1171 s.).

1169. Le tiers bénéficiaire doit être *déterminable, sinon déterminé.* Il est possible de stipuler pour une personne indéterminée, à condition qu'elle soit déterminable au moment

---

1. Civ. 3e, 13 juill. 1999, inédit, *RTD civ.* 1999. 835, obs. J. Mestre.

de l'exécution du contrat. De plus, la jurisprudence faisant, là encore, œuvre novatrice, a admis la stipulation au profit d'une personne dont la détermination sera postérieure à l'opération, le futur conjoint, par exemple : la désignation du bénéficiaire, quand elle a lieu, rétroagit alors. Cette disposition a été confirmée par le législateur dans l'article 63, alinéa 2, de la loi du 13 juillet 1930 sur l'assurance-vie, devenu l'article L. 132-8 du Code des assurances[1]. Enfin, la jurisprudence, suivie par la loi du 13 juillet 1930 et le Code des assurances, admet-elle la validité des stipulations faites au profit d'une personne future : enfants « nés et à naître » par exemple. Dans l'assurance « pour le compte de qui il appartiendra », le bénéficiaire sera le propriétaire de la chose assurée, lors du règlement de l'indemnité.

1170. ***L'acceptation consolide le droit du tiers***. L'acceptation par le tiers bénéficiaire n'est pas nécessaire pour lui faire acquérir son droit de créance à l'encontre du promettant, puisqu'il est titulaire de ce droit depuis le jour de la stipulation, en exception au principe posé par l'article 1165, seulement, pour effet de consolider ce droit. Dès que le tiers bénéficiaire a accepté la stipulation, le stipulant ne peut plus révoquer le bénéfice de la stipulation pour se l'appliquer à lui-même ou en faire bénéficier une autre personne (L. du 13 juill. 1930, art. 1121 et art. 64, devenu C. assur., art. L. 132-9). Elle peut même être tacite

Toutefois, si la stipulation a été faite avec plusieurs bénéficiaires subsidiaires, la question est plus délicate. Une femme avait, ainsi, souscrit une assurance accident au profit de son second mari « à défaut leurs enfants, à défaut leurs ascendants, à défaut aux héritiers ». Elle fut victime d'un accident en même temps que son mari mais décéda trente minutes avant son conjoint. Un litige naquit alors entre les enfants du premier lit du mari, héritiers du bénéficiaire et les enfants du couple, qui en se fondant sur le défaut d'acceptation du bénéfice de l'assurance par le mari, réclamaient le capital comme bénéficiaires subsidiaires. La Cour de cassation considère que c'est à bon droit que la cour d'appel a considéré que le capital devait revenir aux bénéficiaires du deuxième rang car « si le bénéficiaire *à titre gratuit*… décède avant d'avoir accepté, la prestation garantie revient, non à ses héritiers, mais aux personnes désignées à titre subsidiaire »[2]. Signalons que cette décision semble remettre en cause le principe, jusqu'ici bien acquis, selon lequel l'acceptation ne fait pas naître le droit, mais empêche seulement sa révocation. Elle se justifie sans doute par référence à l'article 1039 qui exige pour les dispositions testamentaires que le bénéficiaire de la libéralité ait survécu au testateur.

Enfin, l'acceptation de la stipulation par le tiers bénéficiaire peut être accompagnée d'une convention accessoire ayant pour objet de donner naissance à des obligations à sa charge qu'il accepte spécialement.

2° Les cas d'application

1171. Aux termes de l'article 1121, la stipulation pour autrui n'est possible que dans deux cas : « lorsque telle est la condition d'une stipulation que l'on fait pour soi-même ou d'une donation que l'on fait à un autre ». Dans ces deux cas, la stipulation est donc bien l'accessoire d'une autre opération.

1172. Le rôle de la stipulation pour autrui a cependant considérablement augmenté en droit moderne, notamment avec le développement du domaine des assurances, mais

---

1. V. le texte de la loi, sous l'article 1983 du Code civil Dalloz.
2. Civ. 1re, 10 juin 1992, *D.* 1992. 493, note J.-L. Aubert, *JCP* 1993. II. 22142, note Maury.

également en matière de convention du travail ou dans le domaine des transports et dans quelques autres cas. Aux deux cas du Code civil se sont donc adjointes de nouvelles hypothèses d'application, avec le recours beaucoup plus discutable par la jurisprudence à la stipulation pour autrui implicite, généralement dans un but d'équité pour faire bénéficier des victimes de dommages d'une obligation contractuelle alors qu'elles sont tiers au contrat.

♦ *La stipulation peut être la condition d'une stipulation que l'on fait pour soi-même selon l'article 1121*

1173. Le texte du Code civil n'est pas très clair et a fait l'objet d'interprétations diverses : les uns considèrent que la stipulation pour autrui doit être la condition suspensive d'un contrat, par lequel le promettant s'engage à payer une somme donnée au stipulant, s'il n'a pas exécuté sa prestation à l'égard du tiers ; selon d'autres, il s'agit pour le promettant de s'engager, à la fois, à l'égard du tiers et du stipulant (par exemple, pour l'acheteur d'un immeuble, de payer un capital au vendeur et une rente viagère à un tiers).

Devant la trop grande rigidité de ce texte, la jurisprudence a réagi en validant toute stipulation pour autrui, dès lors que le stipulant y avait un intérêt, c'est-à-dire en donnant au mot « stipuler » le sens de « contracter », fut-ce en tant que débiteur (cf. assurance-vie où l'assuré est seulement débiteur des primes). La stipulation pour autrui devient ainsi l'opération principale et c'est la stipulation pour soi-même qui devient l'accessoire. La jurisprudence a même été plus loin, en admettant qu'il peut s'agir, pour le stipulant, d'un intérêt purement moral (v. arrêt à commenter).

♦ *La stipulation pour autrui est la condition d'une donation que l'on fait à un autre*

1174. Il s'agit du second cas prévu par l'article 1121. C'est le cas de la donation avec charge ou de la rente viagère au profit d'un tiers (art. 1973). Là aussi, la jurisprudence a élargi le champ de la stipulation pour autrui en admettant sa validité, non seulement pour les libéralités proprement dites, mais aussi chaque fois qu'il y a transfert de propriété du stipulant au promettant, c'est le procédé utilisé pour réaliser une fondation : la stipulation étant faite au profit d'un établissement non encore doté de la personnalité juridique [1].

C'est ainsi que ce caractère *accessoire* de la stipulation pour autrui a progressivement disparu. Désormais, la stipulation pour autrui, considérée comme un mécanisme pratique, est parfaitement valable par elle-même.

♦ *La stipulation pour autrui dans le domaine des assurances*

L'assurance-vie est le procédé qui permet à un père de famille (stipulant) de convenir avec une compagnie d'assurances (promettant) qu'à son décès, un certain capital sera versé à sa femme et à ses enfants (tiers bénéficiaires).

1175. C'est là, surtout, que se manifestent les aménagements apportés à la stipulation par la jurisprudence : existence d'un intérêt simplement moral, possibilité de désigner comme tiers bénéficiaires des personnes futures : le père stipulera au nom de sa femme et de ses enfants *nés ou à naître*. Et ces innovations ont été confirmées par le législateur dans la loi du 13 juillet 1930 et reprises dans le Code des assurances (Décr. du 16 juill. 1976).

---

1. Civ. 26 avr. 1869, *D.* 1871. I. 97.

Citons, toutefois, un arrêt fortement critiqué qui requalifie un contrat d'assurance-vie en « contrat de capitalisation » pour écarter les règles de la stipulation pour autrui et affirmer que le capital assuré doit être rapporté à la succession [1].

1176. Mais ce n'est pas le seul cas où joue la stipulation pour autrui dans le domaine des assurances. On notera aussi :

– *l'assurance pour compte* ou pour le compte de qui il appartiendra (L. 13 juill. 1930, art. 6, devenu C. assur., art. L. 112-1) ;

– *l'assurance de groupe*, c'est une assurance collective contractée au profit d'un certain nombre de personnes, par exemple tous les salariés d'une entreprise et couvrant plusieurs risques (maladie, maternité, invalidité, vieillesse, décès...) c'est une promesse d'assurance qui prend corps quand tous les membres du groupe acceptent qu'elle porte sur leur tête. Dans un arrêt du 7 juin 1989 [2], la première chambre civile de la Cour de cassation précise que l'adhésion au contrat d'assurance de groupe, conséquence d'une stipulation pour autrui, « n'en crée pas moins un lien contractuel direct entre l'adhérent et l'assureur, mais ce droit est personnel et l'assureur ne peut opposer à l'un des adhérents le non-paiement des primes des autres par voie de compensation » ;

– *l'assurance responsabilité* des accidents d'auto qui couvre la responsabilité de toute personne tenant le volant pourvu qu'elle ait un permis de conduire.

♦ *La stipulation pour autrui dans les conventions collectives de travail*

1177. Elles constituaient une autre application de la stipulation pour autrui en droit contemporain. En effet, ces conventions sont signées par les représentants des employeurs et ceux des employés ou ouvriers, mais leurs dispositions vont s'appliquer à des tiers : tous les employés ou ouvriers qui n'ont pas été parties à l'acte mais qui vont bénéficier des dispositions de la convention collective, même s'ils sont embauchés postérieurement à sa signature. Toutefois, cette justification n'est plus guère admise aujourd'hui où l'on préfère avoir recours à la notion de représentation.

♦ *La stipulation pour autrui implicite*

– En droit des transports de personnes

La stipulation pour autrui existe dans le transport de marchandises où l'expéditeur traite avec le transporteur au profit du destinataire. Mais la jurisprudence a réussi à l'introduire, au moins tacitement, dans le transport des voyageurs. Sous l'influence de la jurisprudence, il a été admis que tout voyageur, en prenant son billet, est censé stipuler pour ses proches parents (v. ss 2333 s.). Ainsi, si un accident survient et que le voyageur est tué, ses proches pourront-ils invoquer cette stipulation pour se faire indemniser. Ils se placent dans le cadre de la responsabilité contractuelle et ont l'avantage de ne pas avoir à prouver la faute du transporteur (l'inexécution du contrat suffisant à entraîner sa responsabilité car il s'agit d'une obligation de sécurité de résultat).

La stipulation pour autrui tacite dans le cas de transport de passagers n'offre plus guère d'intérêt depuis que les nouvelles lois sur le transport maritime et aérien ont introduit des

1. Arrêt *Leroux*, Civ. 1re, 18 juill. 2000, *JCP* 2000. IV. 2575 ; v. E. Ergan, chron. citée dans la bibliographie.

2. *Bull. civ.* I, no 233 et *Defrénois* 1989. 1057, obs. J.-L. Aubert.

forfaits de responsabilité opposables, non seulement aux transportés mais aussi à toute personne agissant de leur chef comme victime par ricochet (sur les préjudices par ricochet, v. ss 1659 s.).

En revanche, elle est toujours utile dans le transport terrestre.

– En droit de la construction

1178. Un entrepreneur qui traite avec un sous-entrepreneur demeure responsable envers le maître de l'ouvrage, les ouvriers et les tiers. Les fournisseurs ayant traité avec le sous-entrepreneur sont les tiers bénéficiaires de cette stipulation dans l'intérêt de l'entreprise et peuvent poursuivre l'entrepreneur[1].

– En matière de contamination post-transfusionnelle

1179. Déjà au début du siècle la jurisprudence avait fait usage de cette notion de stipulation pour autrui implicite dans le cas d'une convention passée entre l'Assistance publique et le Centre national de transfusion sanguine, jugée accompagnée d'une stipulation pour autrui au profit des malades bénéficiant d'une transfusion à propos d'une contamination par la syphilis[2]. Une nouvelle décision reprenant le même principe à propos du sida a été rendue par le TGI de Paris, le 1er juillet 1991[3] car « la fourniture et l'injection de sang à un malade transfusé s'inscrivent dans le cadre des relations contractuelles qui unissent le patient non seulement à la clinique et au chirurgien, mais encore à l'organisme fournisseur du sang, la clinique stipulant cette fourniture au profit du malade »[4]. Cette thèse a été consacrée par la Cour de cassation[5] ; il s'agissait là encore de faire bénéficier le malade tiers au contrat passé entre le fournisseur de sang et la clinique d'une obligation de sécurité de résultat.

De même, une convention passée entre un constructeur demandant l'alimentation d'un groupe d'habitations et l'EDF est-elle censée comporter une stipulation implicite au profit des acquéreurs éventuels de ces pavillons[6].

b) Les effets de la stipulation pour autrui

1180. Cette stipulation pour autrui, ainsi constituée, va produire des effets entre les trois personnages intéressés (v. schéma, en fin de chapitre).

S'agissant d'une opération triangulaire, il y aura des effets entre le stipulant et le promettant, entre le promettant et le tiers bénéficiaire et entre le tiers bénéficiaire et le stipulant.

1° Rapports entre le stipulant et le promettant

1181. Cela peut donner lieu à plusieurs actions.

– ***Action en exécution au profit du tiers***. Les rapports entre le stipulant et le promettant sont ceux qui naissent de tout contrat et ce, même après l'acceptation par le bénéficiaire.

---

1. Civ. 3e, 28 mars 1968, *Bull. civ.* III, no 114, no 45.
2. Civ. 2e, 17 déc. 1954, *D.* 1955. 269, note R. Rodière ; *JCP* 1955. II. 8490, note R. Savatier.
3. *JCP* 1991. II. 21762, note M. Harichaux.
4. V. aussi Paris, 28 nov. 1991 ; v. ss 1344.
5. Civ. 1re, 14 nov. 1995, *Bull. civ.* I, no 414.
6. TGI Lisieux, 24 févr. 1971, *Gaz. Pal.* 1971. 2. 481.

Le stipulant demeure créancier, mais il est créancier de l'exécution au profit du tiers. Cela implique qu'il dispose d'une action lui permettant de contraindre le promettant à s'exécuter envers le tiers. En effet, il a toujours un intérêt, au moins moral, à l'exécution de cette prestation.

– ***Action en résolution avec dommages et intérêts***. De même, en cas d'inexécution du promettant, le stipulant dispose-t-il d'une action en résolution avec dommages et intérêts, ce qui lui permettra de reprendre ses propres prestations (ex. primes d'assurances) et de voir indemniser par des dommages et intérêts le préjudice que lui cause cette inexécution, mais non, précisons-le, celui que subit, du même fait, le tiers bénéficiaire.

– ***Action en exécution à son profit***. De plus, la stipulation pouvait contenir, outre la stipulation au profit d'un tiers, une stipulation au profit du stipulant. Dans ce cas, il dispose également d'une action pour en obtenir l'exécution. En matière d'assurance-vie, cette stipulation subsidiaire est toujours incluse dans le contrat et si, pour une raison quelconque, il n'y a pas de tiers bénéficiaire, le capital retombe dans la succession du stipulant. Cette disposition, obligatoire en matière d'assurance-vie [1] est supposée exister également dans les autres cas de stipulation, mais, semble-t-il, sans caractère impératif.

2° Rapports entre le promettant et le tiers bénéficiaire : la notion de droit direct

1182. La stipulation pour autrui étant, selon l'article 1165 du Code civil, une exception à l'effet relatif des contrats, cela implique que le contrat produit des effets à l'égard du tiers bénéficiaire, lequel bénéficie, de ce fait, d'un droit à l'exécution de la prestation, droit qu'il va exercer directement à l'encontre du promettant puisqu'il est devenu son créancier sans, toutefois, avoir été partie au contrat originaire.

C'est ce qu'on appelle le *droit direct* du tiers bénéficiaire contre le promettant. Ce droit est né *directement* dans le patrimoine du tiers, sans passer par celui du stipulant. Il est également né *immédiatement*, dès le jour de la conclusion du contrat originaire entre le stipulant et le promettant, même avant son acceptation. La jurisprudence avait dégagé cette notion de droit direct (v. arrêt à commenter) qui a été confirmée par la loi du 13 juillet 1930 (art. 67 s., devenus C. assur., art. L. 132-12 s.). La créance du tiers bénéficiaire étant née directement dans son propre patrimoine, sans passer par celui du stipulant, ne peut donc être saisie par les créanciers de ce dernier, ni réclamée par ses héritiers.

Le tiers bénéficiaire dispose d'une action contre le promettant pour le contraindre à exécuter sa prestation ou obtenir des dommages et intérêts, mais il ne peut demander la résolution du contrat originaire à l'égard duquel il n'est qu'un tiers.

Toutefois, le tiers bénéficiaire est également, en quelque sorte, l'ayant cause du stipulant, puisque c'est de lui qu'il tient son droit. Dès lors, le promettant peut lui opposer toutes les exceptions qu'il pourrait opposer au stipulant lui-même : nullité du contrat originaire ou inexécution des prestations du stipulant : par exemple, si l'assuré n'a pas régulièrement versé les primes, l'assureur peut refuser de payer le capital au tiers bénéficiaire.

Si le tiers décède avant l'exécution de la créance, elle passe à ses propres héritiers et ce, même s'il n'avait pas encore accepté la stipulation. Cependant, si la stipulation avait été faite au tiers à titre de libéralité *intuitu personae*, c'est-à-dire en fonction de sa person-

---

1. L. du 13 juill. 1930, art. 66, devenu C. assur., art. L. 132-11.

nalité, elle peut devenir caduque au cas où il décède avant le stipulant (art. 1039), mais cette présomption tombe si l'on peut établir que le stipulant a souhaité voir les héritiers du tiers bénéficier de cette libéralité. C'est ce qui ne ressortait pas dans le cas tranché par la Cour de cassation le 10 juin 1992[1].

1183. Selon une stricte application de l'article 1165, la stipulation pour autrui devrait uniquement « profiter » aux tiers. Pourtant la Cour de cassation semble vouloir étendre le domaine de la stipulation pour autrui à des cas où le tiers bénéficiaire peut être tenu de certaines obligations, *dans la mesure où il les a acceptées*. Il en est ainsi pour un contrat de transport de marchandises à charge pour le tiers de payer les factures[2] et pour une promesse de donation consentie par l'acquéreur d'un bien à une SAFER, à son fils, à charge de ne pas lotir et d'exploiter le terrain[3]. En effet, « l'existence à la charge du bénéficiaire d'une contrepartie à l'avantage qui lui est fait, contrepartie convenue accessoirement, n'est pas exclusive d'une stipulation pour autrui ».

3° Rapports entre le tiers bénéficiaire et le stipulant

1184. La stipulation peut avoir le caractère d'un acte à titre onéreux (ex. transport de marchandises à livrer à un tiers) ou d'un acte à titre gratuit (ex. assurance-vie).

1185. Au moment de l'exécution, le tiers bénéficiaire n'a aucun rapport à avoir avec le stipulant puisque son droit ne passe pas par le patrimoine de ce dernier. Cependant, il peut se heurter aux créanciers ou aux héritiers du stipulant.

Les créanciers du stipulant n'ont, en principe, aucun droit sur la prestation due par le promettant, à moins qu'il n'y ait une fraude manifeste permettant l'exercice de l'action paulienne (v. ss 337 s., et L. 13 juill. 1930, art. 69, devenu C. assur., art. L. 132-14).

Les héritiers du stipulant n'ont pas plus de droit sur cette prestation. Ils ne peuvent prétendre que cela constitue une atteinte à leur *réserve* (part du patrimoine qu'une personne doit obligatoirement laisser à ses héritiers les plus proches) et en demander la réduction, de même qu'ils ne peuvent en demander le rapport à la succession si elle a le caractère d'une libéralité, car cette somme n'a jamais figuré dans le patrimoine de leur auteur[4]. Cette solution avait déjà été dégagée par un arrêt du 29 juin 1896[5]. En revanche, les sommes qui ont été versées par le stipulant au promettant (par exemple les primes d'assurances) sont bien sorties de son patrimoine, aussi le Code des assurances, dispose-t-il qu'elles peuvent être soumises à réduction ou à rapport si elles sont « manifestement exagérées » (art. L. 132-13, al. 2).

1186. La stipulation pour autrui se caractérise également, nous l'avons vu, par sa *révocabilité*, tant qu'elle n'a pas été acceptée par le tiers bénéficiaire. Le stipulant peut, en effet, révoquer la stipulation pour s'en attribuer à lui-même le bénéfice ou pour le transférer à une autre personne. Mais, de son vivant, ni ses créanciers par la voie de l'action

---

1. Arrêt cité, v. ss 287.
2. Civ. 1re, 21 nov. 1978, *JCP* 1980. II. 19315, note Rodière ; *Defrénois*, 1979, art. 32077, n° 50, obs. J.-L. Aubert.
3. Civ. 8 déc. 1987, *Bull. civ.* I, n° 343, p. 240 ; arrêt commenté au *JCP* 1989. I. 3391, cité dans la bibliographie.
4. L. du 13 juill. 1930, art. 68, devenu C. assur., art. L. 132-13.
5. Civ. 29 juin 1896. *S.* 1896. I. 361.

oblique (v. ss 310 s.), ni ses représentants légaux, ne peuvent exercer ce droit de révocation à sa place. Après sa mort, ses héritiers ne peuvent l'exercer « qu'après l'exigibilité de la somme assurée et au plus tôt trois mois après que le bénéficiaire de l'assurance a été mis en demeure, par acte extrajudiciaire, d'avoir à déclarer s'il accepte »[1].

L'acceptation de la stipulation par le tiers bénéficiaire ne fait pas naître son droit, puisqu'il est né le jour de la stipulation, elle fait seulement obstacle au droit de révocation du stipulant, rendant la stipulation irrévocable.

c) Le fondement de la stipulation pour autrui

1187. Pour expliquer cette curieuse opération qu'est la stipulation pour autrui et tenter de justifier le droit ainsi acquis par le tiers contre le promettant, la doctrine a élaboré plusieurs théories : théorie de l'offre, théorie de la gestion d'affaires, théorie de la déclaration unilatérale de volonté ; théorie de la représentation. Aucune de ces théories n'est satisfaisante et l'on doit reconnaître que la stipulation pour autrui est une institution originale et autonome : c'est la thèse de l'acquisition directe du droit, admise par la majorité de la doctrine.

1188. On soulignera en conclusion que les *différents projets de réforme* ont largement repris les solutions de la jurisprudence concernant la stipulation pour autrui : libre révocabilité de la stipulation tant qu'elle n'a pas été acceptée, et, inversement, irrévocabilité de la stipulation dès que l'acceptation du tiers est intervenue avant la révocation ; consécration du droit direct du tiers contre le promettant pour l'exécution de l'engagement souscrit par ce dernier.

2. La promesse de porte-fort

1189. L'article 1119 pose en principe qu'on ne peut s'engager que pour soi-même et l'article 1120, aussitôt après, dispose que « néanmoins on peut se porter fort pour un tiers, en promettant le fait de celui-ci ».

► ***La promesse de porte-fort*** est l'engagement pris personnellement par un contractant d'obtenir la ratification ultérieure de l'acte par un tiers.

1190. Déjà abordée (v. ss 168), la promesse de porte-fort n'est pas une vraie exception au principe de l'effet relatif, car en réalité, le tiers n'est pas engagé par la promesse du porte-fort qui s'engage lui, personnellement. Néanmoins, le fait que la ratification par le tiers de l'acte passé par le porte-fort rétroagisse au jour de l'acte ratifié, fait que le tiers se trouve engagé par un acte auquel il n'a pas été initialement partie. Néanmoins, par l'effet de la ratification, il sera considéré comme partie au contrat et c'est en tant que partie au contrat qu'il est obligé et non en qualité de tiers.

Il ne faut, toutefois, pas confondre la convention de *porte-fort* où une personne s'engage uniquement à obtenir la ratification ultérieure de l'acte par un tiers et celle de *prête-nom* où une personne accepte de contracter elle-même dans un premier temps et de rétrocéder ensuite sa position contractuelle (d'acquéreur d'un bien par exemple) au représenté jusque-là resté dans l'ombre[2].

---

1. L. du 13 juill. 1930, art. 64, al. 2 et 3, devenu C. assur., art. L. 132-9.
2. Paris, 2e ch. B, 6 déc. 1989, inédit, *RTD civ.* 1990. 268 s., obs. J. Mestre.

a) La promesse personnelle du porte-fort

1191. Le porte-fort n'engage pas directement le tiers, il s'engage personnellement à obtenir ultérieurement l'accord du tiers. Celui qui se porte fort pour un tiers en promettant la ratification par ce dernier d'un engagement est tenu d'une obligation autonome dont il se trouve déchargé dès la ratification par le tiers. C'est le cas de l'entraîneur qui se porte fort que tel boxeur participera à un match. S'il l'obtient, il tient sa promesse, mais s'il ne parvient pas à l'obtenir, c'est-à-dire si le boxeur se refuse à participer à la rencontre, c'est le porte-fort qui sera seul responsable contractuellement[1] et qui devra des dommages et intérêts à son contractant (art. 1120, *in fine*). Toutefois, lorsqu'il s'agit d'un mari qui signe seul un acte de vente du pavillon constituant le logement de la famille en se portant fort de la ratification de l'acte par sa femme, la Cour de cassation considère que l'acte de vente étant nul en application de l'article 215 qui prévoit que le mari ne peut disposer seul des droits par lesquels est assuré le logement de la famille, la promesse de porte-fort est également nulle et la responsabilité du mari ne peut être mise en cause, l'acquéreur peut seulement se retourner contre l'agence immobilière tenue d'une obligation de conseil[2].

1192. Ce procédé est utile quand on ne peut obtenir immédiatement l'accord d'un tiers. Il était utilisé avant la loi du 14 décembre 1964 pour pouvoir procéder à un partage amiable lorsque l'un des copartageants était mineur. En effet, en présence d'un incapable, il fallait, en principe, procéder à un partage judiciaire. On tournait cette obligation lorsque le représentant du mineur se portait fort de sa ratification ultérieure, à sa majorité. Cela n'est plus utile aujourd'hui puisque le partage amiable est possible, même en présence d'un mineur, à la condition d'avoir l'autorisation du juge des tutelles ou du conseil de famille (art. 466 et 389-5).

1193. La promesse de porte-fort est licite et ne nécessite aucune formalité.

Le porte-fort promet soit un fait matériel (participation du boxeur), soit un acte juridique (ratification d'une obligation). Il s'agit là d'une obligation de résultat et non de moyens, comme dans la promesse de bons offices[3]. Si le résultat recherché n'est pas atteint, sa responsabilité contractuelle est mise en jeu, et ce, même si, par ailleurs, la validité de l'engagement du tiers est contestée[4]. Mais, d'autre part, s'il s'engage à obtenir l'engagement du tiers, il ne s'engage pas à l'exécution de cet engagement, contrairement à la caution. Citons à ce propos un arrêt contesté de la Cour de cassation qui étend « la notion de ratification à l'exécution de l'intégralité des termes de la promesse de porte-fort... c'est inévitablement faire du porte-fort une caution du tiers »[5].

1194. Le porte-fort peut, par contre, s'engager à obtenir l'exécution par le tiers d'un engagement déjà souscrit, c'est ce qu'on appelle le « porte-fort d'exécution » et, s'il n'obtient pas l'exécution de cette obligation, sa responsabilité est pleinement engagée, sans possibilité d'échappatoire. Cela constitue pour le créancier une véritable garantie

---

1. Civ. 1re, 10 mars 1954, *Bull. civ.* I, p. 76, n° 91 ; v. aussi Com. 25 janv. 1994, *Bull. civ.* IV, n° 34 ; *Defrénois* 1994. 792, obs. Ph. Delebecque.
2. Civ. 1re, 11 oct. 1989, *JCP* 1990. II. 21549, note M. Henry.
3. Civ. 3e, 7 mars 1978, *Bull. civ.* III, n° 108.
4. Com. 13 déc. 2005, *JurisData* n° 2005-031 318 ; *JCP* 2006. I. 10021, note Ph. Simler.
5. Civ. 1re, 18 avr. 2000, *Bull. civ.* I, n° 115, p. 77 ; *RJDA* 2000, n° 741 ; *JCP* 2000. I. 272, chron. G. Virassamy.

autonome. La Cour de cassation souligne que l'engagement de porte-fort est un engagement autonome, détaché en droit de tous les rapports préexistants pouvant unir le bénéficiaire de cet engagement à la personne dont la ratification a été promise[1].

b) La ratification ultérieure par le tiers

1195. Le tiers n'est pas engagé par la promesse du porte-fort et il peut parfaitement refuser de s'engager. Par contre, s'il accepte de ratifier, il est censé l'avoir fait du jour de la conclusion de l'engagement, car la ratification est un acte juridique unilatéral qui a pour effet de libérer de son engagement celui qui s'est porté fort et qui opère rétroactivement et produit effet du jour de la promesse (v. arrêt à commenter à la fin du chapitre concernant les parties au rapport d'obligation : Première partie, Titre 2, Chapitre 1). Dès lors, par cette manifestation de volonté il est bien devenu partie au contrat.

B. Les aménagements résultant de la théorie des groupes de contrats

1. La notion de groupe de contrats

1196. Comme nous l'avons déjà souligné lors de l'étude des différentes classifications des contrats (v. ss 714), et également à propos du rôle de la cause (v. ss 893 s.) l'évolution contemporaine a mis en évidence une nouvelle figure contractuelle, celle des groupes de contrats, liés entre eux soit parce qu'ils portent sur le même objet, soit parce qu'ils concourent à la même opération économique.

1197. Étudiés par la doctrine qui a produit sur la question une réflexion théorique importante on peut les envisager autour de la distinction des chaînes de contrats et des ensembles contractuels ; toutefois, la terminologie n'est pas toujours d'une très grande rigueur, et l'expression d'ensembles contractuels ou de théorie des ensembles contractuels prend aujourd'hui un peu le pas sur celle de groupe de contrats. Ces chaînes ou ensembles contractuels, dont l'interdépendance soulève un certain nombre de questions et emporte certaines conséquences, sont pris en considération *dans l'avant-projet Catala et* **l'actuel projet de la Chancellerie** (v. ss 1211). La jurisprudence consacre aussi un certain nombre d'applications de cette notion de groupe de contrats.

a) Les chaînes de contrats

1198. Elles réunissent un certain nombre de contrats autour d'un *même objet*.
On distingue cependant dans les chaînes de contrats, les chaînes homogènes et les chaînes hétérogènes.

1199. ***Dans la chaîne de contrat homogène***, un même bien va faire l'objet d'une série de transmissions par l'intermédiaire de contrats identiques, de vente, principalement. Ainsi, le fabriquant ou producteur vend au grossiste, qui vend au détaillant, qui vend au consommateur, acheteur final.

---

1. Civ. 1re, 25 janv. 2005, *JCP* 2006. II. 10021, note Ph. Simler ; *RTD civ.* n° 2, 2005, chron. n° 5, J. Mestre et B. Fages.

1200. ***Dans la chaîne hétérogène***, le bien circule mais par l'intermédiaire de contrats de différente nature, par exemple une vente, puis une prestation de service. Le vendeur de matériaux vend au constructeur, qui passe ensuite avec le maître d'ouvrage (client qui fait construire), un contrat d'entreprise et qui sous-traite ensuite les travaux à différentes entreprises : l'objet est toujours le même, la maison à construire mais les contrats sont différents. Ils sont néanmoins liés, dans une mesure qui reste à déterminer, par l'identité de l'objet.

b) Les ensembles contractuels

1201. Il se peut aussi qu'aucun transfert de propriété d'une chose ne se produise, par exemple dans le cas d'une sous-traitance de marché de construction lorsque l'entrepreneur principal contracte avec un client puis avec un entrepreneur sous-traitant pour effectuer certains travaux et qu'aucun des deux ne fournit de matériaux mais simplement son travail. Ici, c'est l'opération de construction qui crée le lien entre les contrats, et pas tel ou tel bien. Les contrats forment un ensemble parce qu'ils *concourent à la même opération économique*. Il en est de même du contrat de vente financé par un contrat de prêt, ou du contrat de prêt garanti par un cautionnement ou une sûreté réelle ou encore du contrat de vente d'un véhicule neuf et du contrat de reprise du véhicule usagé de l'acquéreur [1].

2. LES ENJEUX ATTACHÉS À LA NOTION DE GROUPE DE CONTRAT AU REGARD DES CONTRATS EUX-MÊMES

1202. Les enjeux attachés à cette question sont multiples ; la question principale est celle de l'incidence du lien existant entre les contrats sur ces contrats eux-mêmes. L'interdépendance des contrats est concevable, voire même leur indivisibilité, ce qui induit un certain nombre de questions : par exemple, la nullité de l'un des contrats groupe doit-elle ou non rejaillir sur tous les contrats du groupe ? La résolution ou la résiliation de l'un des contrats a-t-elle une incidence sur les autres ?

a) Conséquences de l'interdépendance ou de l'indivisibilité des contrats

1203. Il est certain que la jurisprudence contemporaine se sert de la notion d'ensemble contractuel et qu'elle tire certaines conséquences du lien qui unit plusieurs contrats participant à une opération économique globale, qu'elle qualifie de lien d'indivisibilité ou d'interdépendance, selon les cas :

– ainsi, lorsqu'elle apprécie l'existence de la cause (et de la contrepartie) dans un contrat considéré, par référence à l'opération économique globale dans laquelle il s'inscrit et à laquelle participent d'autres contrats (v. ss 893 s.), le sauvant ainsi de la nullité ;

– ou à l'inverse, lorsqu'elle considère que l'indivisibilité unissant plusieurs contrats justifie que la nullité de l'un entraîne l'annulation des autres [2] (v. ss 893) ;

– lorsqu'elle admet que l'on puisse utiliser l'exception d'inexécution au sein d'un ensemble contractuel, alors qu'elle ne joue normalement qu'au sein d'un contrat synallagmatique : « l'inexécution d'une convention peut être justifiée si le cocontractant n'a

1. Civ. 1re, 9 mars 1964, *Bull. civ.* I, n° 134.
2. Paris, 21 nov. 1991, *JCP* 1992. Pan. 40 : la nullité fondée sur les articles 1129 et 1591 frappant le contrat de fourniture de lubrifiants entraîne l'annulation de l'ensemble du contrat d'approvisionnement.

lui-même pas satisfait à une obligation contractuelle découlant d'une convention distincte, dès lors que l'exécution de cette dernière est liée à celle de la première »[1] (v. ss 1216).

– De même, la résolution sanctionnant l'inexécution de l'une des obligations peut s'étendre à l'ensemble du ou des contrats « formant un tout », par exemple, dans un cas où il s'agissait du défaut de livraison au vendeur de véhicule neuf, du véhicule usagé que l'acheteur s'était engagé à lui remettre[2].

b) Fondement et critères de l'indivisibilité ou de l'interdépendance

1204. En cas de litige, il appartient aux juges du fond d'apprécier le caractère divisible ou indivisible des conventions, ou leur interdépendance. En effet, il a toujours été admis que l'indivisibilité ne se présume pas. À cet égard, la déclaration expresse d'indivisibilité des différents éléments de l'ensemble dans la ou les conventions, peut suffire, sauf en cas de fraude évidemment, à faire produire effet à l'indivisibilité. Ainsi, dans le cas d'une promesse de vente liée à une location-gérance préalable, la Cour de cassation a-t-elle estimé que la constatation par la cour d'appel de la commune intention des parties de lier de manière indivisible les deux contrats, la dispensait d'avoir « dès lors à s'interroger sur leurs causes respectives »[3]. La situation est plus délicate en cas de silence des parties et les juges devront trancher. Pour cela, ils vont tenir compte d'éléments divers : existence d'une cause commune du complexe contractuel envisagé ; d'un objet commun qui ne soit pas susceptible d'exécution partielle ; du fait que tous les éléments de l'ensemble doivent avoir été considérés par les parties comme « autant de conditions, non seulement de sa validité, mais également de son exécution » (sur la notion d'indivisibilité, aussi v. ss 244 s.)…

1205. *Le fondement et la nature de cette indivisibilité ou interdépendance* restent cependant débattus : la conception subjective qui met en avant le critère de la volonté des parties[4] s'oppose à une conception plus objective, fondée sur la théorie de la cause[5]. En réalité, il semble que les deux analyses doivent être conjuguées.

La chambre commerciale de la Cour de cassation dans une décision rendue en 2007, semblait s'être rattachée à la conception objective en écartant une clause contractuelle affirmant l'indépendance des contrats dans la mesure où elle était en contradiction avec l'économie générale de l'opération : « au regard de l'économie générale de l'opération établissant une indivisibilité, la clause qui affirme l'indépendance de ces contrats, en contradiction avec la finalité de l'opération, ne peut produire d'effet »[6]. Postérieurement cependant, dans une décision du 12 juillet 2011, elle s'est nettement référée à la conception subjective, en soulignant « l'intention commune des parties de rendre leurs conventions indivisibles »[7]. Si l'on fait la synthèse de ces solutions, il apparait que le critère de

---

1. Com. 12 juill. 2005, *BRDA* 19/05, n° 8 ; *JCP* 2005. I. 194, comm. A. Constantin.
2. Civ. 1re, 9 mars 1964, préc.
3. Com. 15 juin 1999, 1re esp., *RJDA* 10/99, n° 1039 ; v. aussi 2e esp., *JurisData* n° 002561 ; *CCC* déc. 1999, p. 8, obs. Leveneur et *JCP* 2000. I. 215, obs. A. Constantin.
4. En ce sens, J. Ghestin, *Cause de l'engagement et validité du contrat*, LGDJ, 2006, spéc. n° 927 ; S. Amrani-Mekki, « Indivisibilité et ensembles contractuels : l'anéantissement en cascade des contrats », *Defrénois* 2002. 355, spéc. n° 24 s.
5. En ce sens, D. Mazeaud, « La cause », *in 1804-2004, Le Code civil, un passé, un présent, un avenir*, Dalloz, 2004, p. 451.
6. Com. 24 avr. 2007, *RDC* n° 2, 2008. 276, note D. Mazeaud.
7. Com. 12 juill. 2011, n° 10-22.930, *Sté Prodim*, *LEDC* 3 oct. 2011, n° 9, obs. C. Zolynski ; *D.* 2012. 465, obs. S. Amrani Mekki et M. Mekki.

l'intention des parties est essentiel, mais qu'il ne peut contredire la réalité économique, lorsque l'analyse objective de l'opération fait apparaître de façon évidente l'interdépendance des différents contrats.

La chambre mixte est ensuite intervenue en 2013 pour confirmer cette approche objective. Elle reconnaît d'abord *l'interdépendance des contrats concomitants et successifs s'inscrivant dans une opération globale intégrant une location financière*. Puis, dans ce contexte, elle admet que l'on puisse réputer non écrites les clauses de ces contrats, qui seraient inconciliables avec cette interdépendance[1]. La volonté des parties peut donc se trouver contrariée par l'interdépendance objective des différents contrats qui va s'imposer à elles. Le juge, pour assurer le respect de l'interdépendance, se reconnaît le pouvoir de modifier le contrat en éradiquant la clause qui y porte atteinte.

3. Les enjeux attachés à la notion de groupe de contrats au regard des contractants : le recul de l'effet relatif ?

1206. Au-delà de l'incidence sur les contrats, la question s'est aussi posée de la nature des liens qui existent entre les contractants. En effet, si l'indivisibilité concerne plusieurs contrats formant un ensemble mais ne comportant pas forcément les mêmes parties, elle risque de porter atteinte directement au principe de l'effet relatif des contrats. Quels sont les liens entre les contractants situés aux deux bouts de la chaîne ou du groupe ? par exemple entre le fabricant et le consommateur final ou entre l'entrepreneur sous-traitant et le maître de l'ouvrage ? Ces personnes font partie du même groupe de contrats, mais ces contrats restent distincts et elles ne sont pas en relation contractuelle directe. Pour autant, sont-ils des tiers véritables les uns par rapport aux autres ?

1207. Notamment, l'action en responsabilité engagée par un des membres du groupe à l'égard d'un autre avec lequel il n'a pas directement contracté est-elle contractuelle ou délictuelle ? À cette question, la jurisprudence a répondu d'une manière telle qu'elle a remis en cause l'effet relatif du contrat, avant que la Cour de cassation ne donne un coup d'arrêt à cette jurisprudence.

1208. L'effet relatif des contrats a été, en effet, pendant un temps, assez largement remis en cause entre parties à un groupe de contrats, dans le cadre des « chaînes de contrat », c'est-à-dire de contrats unis par l'identité d'objet. La jurisprudence a retenu en effet une responsabilité de nature contractuelle dans le cas des actions exercées entre les membres d'une même chaîne de contrat, alors même qu'il ne s'agirait pas d'une chaîne homogène de contrats (vente suivie d'une vente suivie d'une vente par exemple) où un même bien est transmis tout au long de la chaîne, avec ses accessoires. Dans cette hypothèse, on peut considérer que l'action en responsabilité originaire dont dispose le premier acquéreur à l'égard de son cocontractant s'est transmise au dernier acquéreur avec la chose elle-même. Mais cette analyse échoue dans le cas où la chaîne homogène de contrats de même nature ne porte pas sur un même bien et dans le cas des chaînes hétérogènes où ce ne sont pas des contrats de même nature qui composent le groupe de contrats.

1. Cass., ch. mixte, 17 mai 2013, n° 11622768 et 11-22. 927 ; *RDC* 2013. 849, *Avis, L/ Le Mesle, avocat général* ; *RDC* 2014. 64, note J.-B. Seube ; *RTD civ*. 2013. 597, obs. H. Barbier ; *D*. 2013. 1658, obs. D. Mazeaud.

1209. On a donc assisté, un temps, à une « contractualisation » de la responsabilité encourue au sein d'un « groupe de contrats ». Selon la jurisprudence et une partie de la doctrine, la responsabilité contractuelle régit la demande en réparation « de tous ceux qui n'ont souffert du dommage que parce qu'ils avaient un lien avec le contrat initial » même s'il n'y a pas de contrat entre la victime, dernier maillon de cette chaîne et le débiteur initial[1]. Toutefois, l'assemblée plénière de la Cour de cassation, en 1991 dans l'arrêt *Besse*, a porté un coup d'arrêt à cette théorie en réaffirmant solennellement que « les conventions n'ont d'effet qu'entre les parties contractantes » et en précisant que « le sous-traitant n'est pas contractuellement lié au maître de l'ouvrage »[2] (pour plus de détails, v. ss 2336 s.).

1210. Les formations ordinaires de la Cour de cassation ont cependant tenté de sauvegarder l'analyse contractuelle dans le cas de chaînes de contrats homogènes comportant transfert de propriété d'un bien (ventes successives) en considérant que l'action contractuelle se transmettait avec la chose mais une position diamétralement opposée a été prise par la décision rendue le 17 juin 1992[3] par la Cour de justice des Communautés européennes qui déclare qu'il n'existe aucun lien contractuel entre le sous-acquéreur et le fabricant, celui-ci n'ayant assumé aucune obligation de nature contractuelle envers le sous-acquéreur.

Depuis, malgré tout, la Cour de cassation a persisté, renouvelant l'analyse contractuelle de l'action en responsabilité dans une décision du 27 mars 2013[4] (v. ss 2236 s).

CONCLUSION : perspectives de réforme

1211. On rappellera pour finir que si **l'actuel projet de la Chancellerie** (oct. 2013), a pris en compte, quoique de façon assez discrète, la notion d'ensemble contractuel. Certes, les contrats interdépendants ne sont pas reçus comme une nouvelle catégorie contractuelle, alors qu'ils l'étaient dans le premier projet de la Chancellerie de 2008 où ils étaient définis comme des « contrats concomitants et successifs dont l'exécution est nécessaire à l'opération d'ensemble à laquelle ils appartiennent » (v. ss 715).

1212. Toutefois, le projet reconnait cette réalité de contrats interdépendants et il en tire des conséquences dans les dispositions consacrées aux sanctions de la formation du contrat. Ainsi, « si l'un des contrats a été conclu en vue d'une opération d'ensemble et que la disparition de l'un d'eux rend impossible ou sans intérêt l'exécution d'un autre », la caducité de celui-ci est acquise (projet, art. 94). De la même façon, l'idée d'une opération globale dans laquelle s'inscrivent certains contrats qui ne peuvent dès lors être envisagés séparément est reçue dans les dispositions consacrées à l'interprétation du contrat. Il est prévu, en effet, que « lorsque, dans l'intention des parties, plusieurs contrats concourent à une même opération, ils s'interprètent en fonction de celle-ci » (art. 99).

---

1. Civ. 1re, 21 juin 1988, *Bull. civ.* I, n° 202. ; Com. 12 juill. 2011, n° 10-22.930, *Sté Prodim*, *LEDC* 3 oct. 2011, n° 9, obs. C. Zolynski ; *D.* 2012. 465, obs. S. Amrani-Mekki et M. Mekki.
2. Cass., ass. plén., 12 juill. 1991, *D.* 1991. 549, note J. Ghestin ; *JCP* 1991. II. 21743, note G. Viney ; *RTD civ.* 1991. 750, obs. P. Jourdain et 1992. 593, obs. F. Zénati.
3. CJCE 17 juin 1992, *JCP* 1992. II. 21927, note C. Larroumet.
4. Civ. 3e, 27 mars 2013, *RDC* 2013/3, p. 911, note S. Carval

DOCUMENTS

Bibliographie

AUBERT (J.-L.), « À propos d'une distinction renouvelée des parties et des tiers », *RTD civ.* 1993. 269.

BROS (S.), *L'interdépendance contractuelle*, thèse, Paris II, 2001.

CABRILLAC (R.), *L'acte juridique conjonctif*, thèse, Montpellier, 1990, préf. P. Catala.

ERGAN (E.), « La qualification libérale de l'attribution à titre gratuit du bénéfice du contrat d'assurance-vie », *RJPF* 2001. 7-8/12.

GHESTIN (J.), « La distinction des parties et des tiers au contrat », *JCP* 1992. I. 3628, étude extraite du volume *Les effets du contrat*, LGDJ, 1992, par J. Ghestin, avec le concours de M. Billiau.

GHESTIN (J.), « Nouvelles propositions pour un renouvellement de la distribution des parties et des tiers », *RTD civ.* 1994. 777.

GHESTIN (J.), (à propos de la stipulation pour autrui), *JCP* 1995. I. 3881.

GOUGET, *Théorie générale du contrat avec soi-même*, thèse, Caen, 1903.

GUELFUCCI-THIBIERGE (C.), « De l'élargissement de la notion de partie au contrat... à l'élargissement de la portée du principe de l'effet relatif », *RTD civ.* 1994. 275.

LESCOT, (à propos du mandat apparent), *JCP* 1964. I. 1826 et 1966. I. 2007.

NERET (J.), *Le sous-contrat*, thèse, Paris II, 1979, préf. P. Catala.

PICARD (M.), « La stipulation pour autrui et ses principales applications », *in Travaux de l'Association Henri Capitant*, t. VII, p. 267.

TEYSSIÉ (B.), *Les groupes de contrats*, thèse, Montpellier, 1975.

VENANDET (G.), « La stipulation pour autrui avec obligation acceptée par le tiers bénéficiaire », *JCP* 1989. I. 3391, *JCP N* 1990. Doctr. 11.

Le point sur...

La classification des parties et des tiers

Selon J. Ghestin[1] les parties doivent être prises en considération, non seulement au moment de la conclusion du contrat, mais aussi au moment de son exécution. Mais, il retient un critère exclusivement volontariste et ses classifications ont fait l'objet d'un certain nombre de critiques[2]. Toutefois, cette conception élargie de la notion de parties est intéressante, mais elle doit également tenir compte des situations nées de la loi.

Pour tenter une synthèse des diverses opinions, on peut faire une classification qui tienne compte à la fois de la volonté de l'intéressé et de la loi, tant au moment de la formation du contrat que lors de son exécution[3].

1. V. deux articles, cités dans la bibliographie.
2. V. article J.-L. Aubert, cité dans la bibliographie.
3. V. article C. Guelfucci-Thibierge, cité dans la bibliographie.

A. Les parties au contrat

Ce sont, selon M. Ghestin, « les personnes qui ont conclu le contrat par un accord de volonté ou qui ont acquis le droit de le modifier ou d'y mettre fin par un autre accord de volonté », c'est-à-dire pendant l'exécution du contrat.

1. Au moment de la formation du contrat

a) Par l'effet de leur volonté

1. Les personnes ayant personnellement consenti : créanciers et débiteurs.

2. Les personnes s'étant volontairement fait représenter : représentation conventionnelle. Cas du mandat ou de la personne morale représentée par des personnes physiques.

b) Par l'effet de la loi

Les personnes légalement représentées : mineurs et majeurs incapables. C'est la volonté du représentant autorisé par la loi qui compte.

2. Au moment de l'exécution du contrat

a) Par l'effet de la volonté

1. Le cessionnaire d'un contrat en cas de cession conventionnelle. Toutefois, la cession n'est possible que par un accord de volonté entre le cédé et le cessionnaire (v. ss 1137).

2. La partie qui a ratifié la promesse d'un porte-fort : toujours débiteur ; le commettant, qui a passé un contrat de commission autorisant le commissionnaire à conclure un contrat pour son compte mais au nom de ce dernier, acquiert la qualité de partie quand le commissionnaire lui en a transmis le bénéfice.

b) Par l'effet de la loi

1. Les ayants cause universels ou à titre universel : créanciers ou débiteurs comme continuant la personne de leur auteur, mais indépendamment de leur volonté.

2. Le cessionnaire d'un contrat en cas de cession légale d'un contrat initial (ex. acquéreur d'une entreprise légalement tenu de continuer les contrats de travail des salariés ; C. trav., art. L. 122-12 ; acquéreur d'une chose louée tenu à continuer les baux : C. civ., art. 1743 ; acquéreur d'une chose assurée tenu à continuer l'assurance : C. assur., art. L. 121-10).

B. Les tiers

Ce sont, toujours selon M. Ghestin, toutes les personnes qui n'ont pas la qualité de parties car elles ne disposent pas du pouvoir de « conclure, modifier ou anéantir le contrat selon la procédure contractuelle : un accord de volonté ».

Malgré les efforts de classement, les tiers se divisent également en plusieurs catégories.

a) Les tiers soumis à l'effet obligatoire du contrat par exception à l'article 1165

1. Le bénéficiaire d'une stipulation pour autrui (v. ss 151 s. et n°s 1163 s.) qui devient créancier par la volonté du stipulant et du promettant, indépendamment de sa propre volonté puisque son acceptation n'est pas nécessaire et ne fait qu'empêcher la révocation de la stipulation ; il ne peut ni modifier le contrat conclu entre le promettant et le stipulant, ni y mettre fin.

2. Le titulaire d'une action directe, fondée sur le principe de justice commutative, n'est pas partie au contrat qui lie le débiteur intermédiaire à son propre débiteur et n'a pas le pouvoir de modifier ou de mettre fin à ce contrat : par ex., la victime de l'accident, titulaire d'une action directe contre l'assureur du responsable.

b) Les tiers auxquels le contrat est plus ou moins opposable

1. *Les ayants cause à titre particulier* (v. ss 1142 s.) qui ne sont pas tenus des obligations personnelles de leur auteur et ne disposent d'aucun pouvoir de modifier ou d'anéantir le contrat de leur auteur, mais auxquels sont opposables non seulement les contrats mais également les droits réels transmis avec le bien, notamment le cessionnaire d'une créance.

2. *Les créanciers chirographaires* de chacune des parties : ils ne sont pas liés par les contrats conclus par leurs débiteurs qui leur sont seulement opposables en tant que faits juridiques, même si ces contrats peuvent produire des répercussions sur le patrimoine du débiteur qui constitue leur gage général.

3. *Les penitus extranei* : c'est-à-dire les personnes absolument étrangères au contrat n'ayant aucune sorte de lien avec les parties, mais qui peuvent se voir opposer le contrat en tant que fait juridique (v. ss 237).

PLAN

Le principe de l'effet relatif des conventions

Introduction

La théorie de l'autonomie de la volonté et le principe de la liberté des conventions impliquent que l'on ne peut s'engager que pour soi-même, et que l'on ne peut engager autrui sans son consentement.

Double principe posé par le code dans les articles 1134 et 1165.

La combinaison de ces deux articles constitue le principe de l'effet relatif des conventions que l'on peut développer en exposant d'une part le principe, et de l'autre, les exceptions.

A. Le principe (v. ss 226 s.)

1. Opposabilité des conventions entre les parties (art. 1134)

a) Exécution

En période normale, le contrat est opposable entre les parties. Il ne peut être révoqué, en principe, unilatéralement. Il doit être exécuté de bonne foi. Ainsi, en cas de dol ou de faute lourde la jurisprudence refuse-t-elle d'appliquer des clauses pourtant incluses dans le contrat, telles les clauses limitatives de responsabilité.

b) Difficultés d'exécution

Si, à la demande des parties, le juge est appelé à interpréter la convention, il doit le faire avec la plus grande prudence, en respectant la « commune intention des parties » (v. ss 125 s.).

2. Inopposabilité des conventions aux tiers (art. 1165)

Mais il faut distinguer :

a) Les tiers proprement dits

La convention ne doit ni leur nuire, ni leur profiter. Mais ils doivent en respecter l'exécution et ne pas être complices de l'inexécution d'une des parties (rupture d'un contrat de travail à l'instigation d'un tiers, violation d'une clause de non-concurrence par suite de l'incitation d'un tiers…).

Elle peut leur être opposable notamment quand elle modifie un patrimoine ou transmet des droits réels (d'où la nécessité des règles de publicité) et ils peuvent l'invoquer comme un fait juridique (juste titre opposable au vrai propriétaire en cas d'usucapion par exemple).

b) Les ayants cause

– Les ayants cause universels sont traités comme les parties. Ils doivent respecter les engagements de leur auteur, à moins que la convention ne prévoit expressément le contraire ou n'ait été conclue *intuitu personae* (art. 1122) ;

– Les ayants cause particuliers sont, en principe, des tiers.

B. Les exceptions

1. Quant au principe de l'opposabilité entre les parties

Les parties peuvent parfois révoquer unilatéralement une convention. Le législateur peut limiter les effets de la convention entre les parties (exemples, v. ss 230).

2. Quant au principe de l'inopposabilité aux tiers

a) Les tiers proprement dits peuvent :

– devenir créanciers : stipulation pour autrui (v. ss 1103 s.) ;

– devenir débiteurs, sous réserve de leur acceptation : promesse de porte-fort, éventuellement dans une certaine mesure, cautionnement (v. ss 1189).

b) Les ayants cause à titre particulier peuvent se trouver engagés dans une convention :

– soit parce que leur auteur leur a cédé un droit : cession de créance (v. ss 428) ou, dans une moindre mesure, une obligation ;

– soit parce que leur auteur leur a cédé un bien dont une créance ou une dette était l'accessoire (transmission des contrats de travail en cas de vente d'une entreprise, de l'assurance en même temps que la chose assurée, transmission active d'une clause de non-concurrence en même temps que le fonds de commerce…) (v. ss 158 s.).

Conclusion

Règle intéressante pour les tiers, car très souple, nécessitant généralement leur accord et pouvant même leur offrir un certain choix : exemple, en cas de simulation, choix entre le contrat réel ou le contrat apparent (v. ss 954 s.).

La stipulation pour autrui

1. Formation

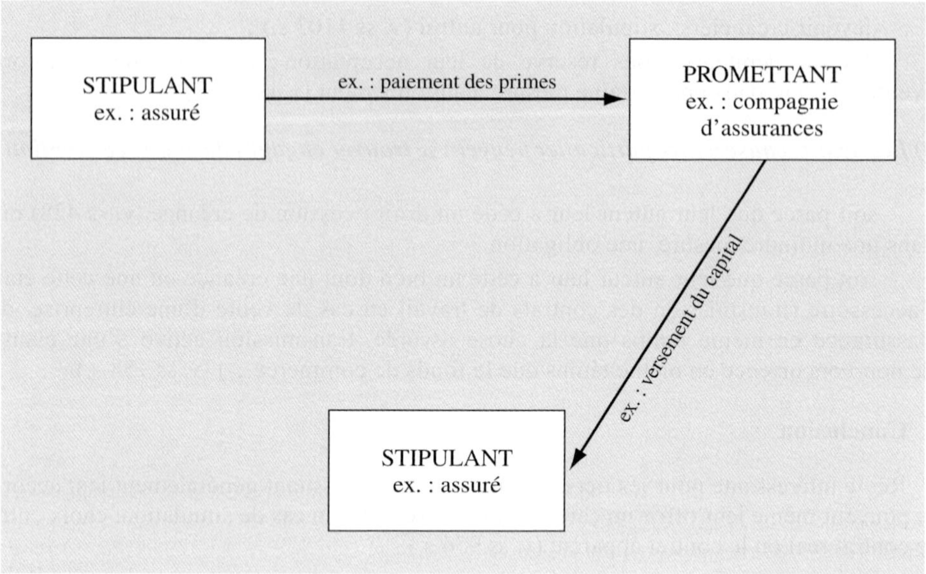

2. Effets entre les trois parties

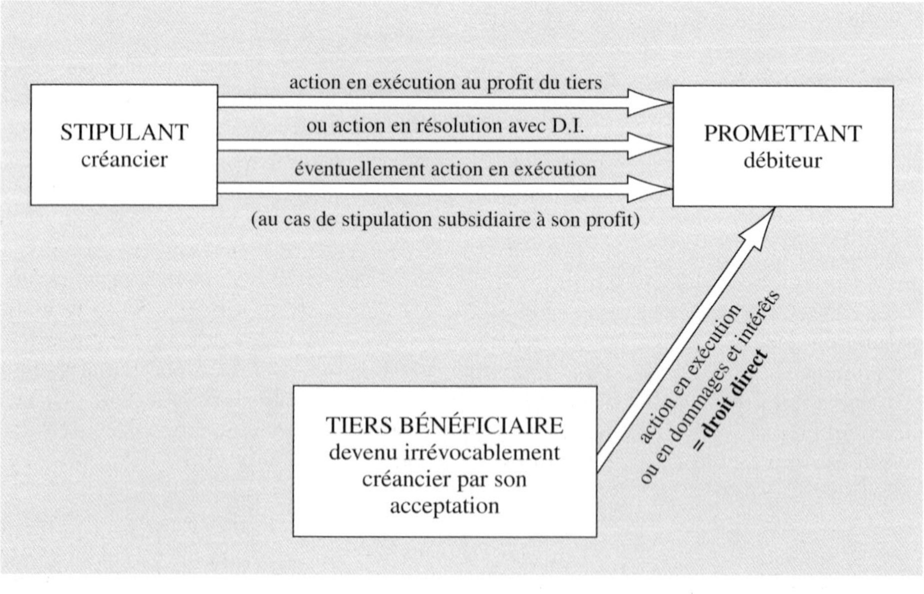

Chapitre 3

Les sanctions de l'inexécution contractuelle

Introduction
Les différentes options offertes au créancier

1213. Puisque le contrat est obligatoire, son inexécution est contraire au droit. Plusieurs possibilités existent alors.

Dans un contrat synallagmatique, le créancier dont l'obligation n'est pas exécutée a le choix entre l'exécution forcée et la résolution (art. 1184, al. 2) ; mais il peut aussi dans un premier temps, invoquer l'exception d'inexécution et, en toute hypothèse, engager la responsabilité contractuelle du contractant. Dans **l'actuel projet de réforme de la Chancellerie** (oct. 2013), ces différentes sanctions sont successivement énoncées dans un article qui les présente non comme des « sanctions » mais comme des « remèdes à l'inexécution ». À ces sanctions traditionnelles, le projet ajoute, de façon novatrice, la possibilité de solliciter une réduction du prix, que le créancier de l'obligation inexécutée peut d'ailleurs proposer lui-même. On voit donc que l'objectif est d'éviter la disparition du contrat, s'il est possible de restaurer son efficacité et son utilité économique.

1. L'exécution forcée en nature

1214. Le créancier de l'obligation inexécutée a en effet toujours la possibilité d'exercer une action en justice pour demander que le débiteur soit condamné à exécuter son obligation (sur le droit à l'exécution et l'exécution forcée, v. ss 376 s.). Cette exécution forcée peut être obtenue en nature, sans difficulté s'il s'agit d'une obligation de donner, plus difficilement s'il s'agit d'une obligation de faire ou de ne pas faire, mais la jurisprudence pose néanmoins aujourd'hui clairement le principe de l'exécution en nature, même pour les obligations de faire ou de ne pas faire et ce, malgré les termes de l'article 1142, selon lequel toute obligation de faire ou de ne pas faire se résout en dommages-intérêts [1] (v. ss 295 s.). Les principes du droit européen du contrat et les principes d'Unidroit, tempèrent pour leur part le principe de l'exécution en nature, par des exceptions importantes, notamment si le coût de l'exécution en nature est déraisonnable. C'est une proposition semblable qui figure dans **l'actuel projet de réforme** de la Chancellerie (oct. 2013) : le créancier peut poursuivre l'exécution en nature, après mise en demeure, sauf si cette exécution est impossible ou si son coût est manifestement déraisonnable. Les *propositions*

1. V. en dernier lieu : Civ. 1re, 16 janv. 2007, *D.* 2007. 1119, note O. Gout ; *RTD civ.* 2007. 342, obs. J. Mestre et B. Fages ; *CCC* juin 2007. I. 161, obs. L. Leveneur ; *RDC* 2007. 719, obs. D. Mazeaud ; *JCP* 2007. I. 161, obs. M. Mekki, *D.* 2007. Pan. 2973, obs. B. Fauvarque-Cosson.

Terré allaient plus loin dans la prise en compte de l'impératif d'efficacité économique du droit, en faisant de la proportionnalité entre le coût de l'exécution en nature et l'intérêt qu'en retire le créancier, une condition de l'exécution en nature (proposition n° 105).

2. L'exception d'inexécution

1215. Dans les contrats synallagmatiques, la jurisprudence a par ailleurs généralisé la légitimité du recours par le cocontractant victime d'une inexécution à un moyen de pression spécifique : l'exception d'inexécution. Elle permet à ce cocontractant de suspendre l'exécution de ses propres obligations jusqu'à ce que l'autre exécute les siennes.

1216. En effet, ce qui caractérise les contrats synallagmatiques, c'est l'interdépendance des obligations des parties qui doivent s'exécuter simultanément, « trait pour trait ».

Dès lors, si l'une des parties n'exécute pas son obligation, l'autre ne sera plus tenue d'exécuter la sienne : elle pourra opposer au cocontractant qui exigerait l'exécution de sa prestation, une exception (c'est-à-dire un moyen de défense qui met obstacle à l'exercice de l'action) de contrat non accompli ou *exceptio non adimpleti contractus*.

1217. ► ***L'exceptio non adimpleti contractus*** est donc un moyen de défense, par lequel l'une des parties refuse d'exécuter sa prestation tant que l'autre partie n'a pas exécuté la sienne.

1218. En effet, lorsque l'une des parties a déjà exécuté sa prestation, en cas d'inexécution de son cocontractant, elle peut obtenir la résolution du contrat ; aussi est-il logique de lui permettre de refuser de s'exécuter si elle ne l'a pas encore fait. Comme son nom l'indique, il s'agit là d'un procédé utilisé en droit romain mais qui n'a pas été expressément repris par le Code civil, qui y fait seulement parfois allusion (art. 1612, 1653, 1704, 1749). La jurisprudence l'autorise dans tous les contrats synallagmatiques, parfaits ou imparfaits[1]. Mais, pour que l'exception puisse être invoquée, il faut, d'une part, que l'inexécution soit suffisamment importante pour que l'obligation du cocontractant n'ait plus de cause et, d'autre part, que les deux obligations soient nées du même contrat. C'était, tout au moins, ce qu'exigeait la jurisprudence jusqu'ici, mais la Cour de cassation vient d'atténuer cette position en précisant que « l'inexécution d'une convention peut être justifiée si le cocontractant n'a lui-même pas satisfait à une obligation contractuelle mais découlant d'une convention distincte, dès lors que l'exécution de cette dernière est liée à celle de la première »[2]. Il s'agissait, en l'espèce, d'un ensemble contractuel et la solution se justifie par le recours à la notion de connexité plus qu'à celle de cause.

1219. Cette exception diffère de l'action en résolution sur deux points essentiels : c'est, tout d'abord, un simple *moyen de défense* du débiteur qui refuse d'exécuter sa prestation tant que celle du contractant ne l'a pas été ; c'est, ensuite, un *moyen temporaire* : le contrat existe toujours, mais son exécution est suspendue jusqu'à ce que le contractant soit prêt à exécuter sa propre prestation.

---

1. Soc. 10 avr. 1959, *D.* 1960. 61 : on dit alors qu'il y a connexité intellectuelle [René Cassin].
2. Com. 12 juill. 2005, *BRDA* 19/05, n° 8 ; *JCP* 2005. I. 194, comm. A. Constantin.

1220. ***L'exceptio*** constitue ainsi un procédé indirect d'exécution. Bien qu'il s'agisse d'une « exception », en pratique, le recours au juge est inutile. C'est une voie de justice privée et il a été jugé qu'elle pouvait être invoquée même sans mise en demeure préalable[1]. Toutefois, le cocontractant peut saisir le juge pour faire constater, soit qu'il avait exécuté sa prestation, soit qu'il disposait d'un terme, soit que l'inexécution était minime, notamment, à propos d'une coupure de courant pour un défaut de paiement de 20 francs[2]. Souvent, cependant, il est impossible d'obliger à l'exécution, soit parce que l'inexécution est définitive, la chose à livrer a péri, par exemple ; soit parce qu'il s'agit d'une obligation trop personnelle ; ou bien alors le créancier ne le souhaite pas et préfère mettre fin au contrat par la résolution

1221. L'actuel projet de réforme de la Chancellerie (oct. 2013) outre l'exception d'inexécution classique admet l'exception d'inexécution par anticipation. S'il est manifeste que le cocontractant ne s'exécutera pas à l'échéance et que les conséquences de cette inexécution sont suffisamment graves pour elle, une partie peut suspendre l'exécution de sa prestation (art. 128).

3. La résolution

► ***La résolution*** est l'anéantissement rétroactif d'un contrat synallagmatique à la demande de l'un des contractants, lorsque l'autre n'exécute pas son obligation.

1222. En effet, lorsqu'une des parties manque à son obligation, l'autre, au lieu de poursuivre l'exécution ou de demander des dommages et intérêts, peut préférer faire disparaître définitivement et rétroactivement ce contrat au moyen de la résolution.

La question s'est posée de savoir si le créancier qui a d'abord choisi la voie de l'exécution forcée mais qui, malgré le jugement obtenu, se heurte à l'inertie de son débiteur conserve le droit de demander ultérieurement la résolution judiciaire du contrat. La jurisprudence est hésitante : après l'avoir longtemps admis sans difficulté[3], la Cour de cassation avait durci sa position en invoquant l'article 1351 et l'autorité de la chose jugée de la première décision obtenue[4].

Par un nouvel arrêt, la troisième chambre civile semble être revenue à une position plus souple. Elle autorise l'action en résolution malgré une première décision passée en force de chose jugée, condamnant les débiteurs, dans la mesure où « en n'exécutant pas les travaux de remise en état des lieux loués auxquels ils avaient été condamnés » ils étaient responsables de la résiliation du bail. Il y a donc là une nouvelle inexécution qui permet d'écarter l'article 1351[5].

– La résolution peut être demandée en justice, en application de l'article 1184 dont l'alinéa 1er dispose que « la condition résolutoire est toujours sous-entendue dans les contrats synallagmatiques... ».

– Elle peut avoir été expressément prévue par les parties dans le contrat : c'est le *pacte commissoire ou clause résolutoire* qui doit être invoquée de bonne foi et obéit donc à la loi de la loyauté.

---

1. Com. 27 janv. 1970, *JCP* 1970. II. 16554, note J. Huet.
2. Civ. 1er déc. 1897, *D.* 1898. 289.
3. Civ. 5 oct. 1954, *Bull. civ.* I, n° 265.
4. Com. 4 janv. 1982, *Bull. civ.* IV, n° 1.
5. Civ. 3e, 24 nov. 1993, *Bull. civ.* III, n° 151 ; *RTD civ.* 1994. 354, obs. J. Mestre.

– Elle peut être unilatérale, lorsque l'inexécution est gravement fautive (v. ss 1072, s.).
– elle peut aussi intervenir de plein droit lorsque l'inexécution est fortuite et est due à la force majeure.

4. La réfaction du contrat

1223. En cas d'inexécution partielle des obligations du débiteur, la réfaction du contrat, qui peut consister par exemple, dans la réduction du prix [1] ou du loyer [2], évite la résolution et constitue une mesure de rééquilibrage du contrat, qui se distingue des dommages-intérêts attribués au titre de la responsabilité contractuelle pour réparer le préjudice. **L'actuel projet de réforme** prévoit spécifiquement cette réduction du prix. Le créancier peut en effet « accepter une exécution imparfaite du contrat et réduire proportionnellement le prix » (art. 131), par notification au débiteur.

5. La responsabilité contractuelle

1224. Lorsque le contractant refuse d'exécuter le contrat ou l'exécute mal, le créancier peut engager sa responsabilité afin d'obtenir une réparation. La responsabilité contractuelle dont le principe se trouve dans l'article 1147 peut se cumuler avec les autres moyens offerts au créancier. Celui-ci peut donc à la fois demander la résolution du contrat et des dommages-intérêts sanctionnant l'inexécution et réparant le préjudice subi du fait de cette inexécution. Il peut aussi agir en responsabilité sans demander la résolution du contrat. Il peut exiger l'exécution forcée et demander des dommages-intérêts.

1225. Il apparaît donc, pour finir, que les sanctions de l'inexécution peuvent soit atteindre le contrat lui-même, en le faisant disparaître : c'est la résolution ou la résiliation du contrat pour inexécution (I) ; soit atteindre le cocontractant sanctionné pour une inexécution ou une mauvaise exécution qui lui est imputable : c'est la responsabilité contractuelle (III). Entre les deux il existe une troisième hypothèse, celle d'une résolution du contrat en vertu de la théorie des risques, qui va faire disparaître le contrat, mais sans que le débiteur engage sa responsabilité parce que l'exécution du contrat était impossible en raison d'un cas fortuit ou de la force majeure (II).

I. La résolution ou la résiliation du contrat pour inexécution

A. La résolution judiciaire

1. Origine et fondement

1226. Le principe de la résolution judiciaire des contrats synallagmatiques pour inexécution est posé par l'article 1184 du Code civil : « la condition résolutoire est toujours sous-entendue dans les contrats synallagmatiques pour le cas où l'une des deux parties ne satisfera pas à son engagement (al. 1er). Dans ce cas, le contrat n'est pas résolu de plein droit... (al. 2). La résolution doit être demandée en justice (al. 3) ».

---

1. Civ. 1re, 5 févr. 2009, *JCP* 2009. I. 138, no 30.
2. Civ. 3e, 16 sept. 2009, *JurisData* no 2009-049443.

En droit romain, la résolution pour inexécution n'existait pas à proprement parler, mais le vendeur pouvait la prévoir par une clause expresse, la *lex commissoria* ou pacte commissoire, qui provoquait une résolution automatique fondée sur la volonté des parties. On a affirmé que cette clause serait peu à peu devenue de style, ce qui permettait finalement de la sous-entendre dans tous les contrats synallagmatiques. En réalité, l'origine n'est pas si simple. Elle vient également de la possibilité, qu'avait une partie à un contrat innomé, d'agir en restitution pour enrichissement sans cause quand l'autre partie n'exécutait pas son engagement : il s'agissait d'une forme de résolution judiciaire pour éviter un déséquilibre économique.

Le droit canonique, à son tour, envisageait la résolution comme une sanction destinée à assurer le respect de la parole donnée.

Finalement, on trouve un écho de ces diverses conceptions dans le Code civil puisque, si l'alinéa 1er de l'article 1184 considère la résolution comme une clause tacite, l'alinéa 3, en exigeant le recours au juge, semble conserver l'idée de sanction.

1227. Aujourd'hui encore, le *fondement* de la résolution est discuté.

Certains auteurs considèrent qu'il s'agit de l'intention présumée des parties, mais, dans ce cas, on ne voit pas pourquoi le recours au juge serait nécessaire. D'autres auteurs considèrent que ce fondement doit être cherché dans l'idée de réparation du préjudice subi : le créancier ayant intérêt à demander la résolution plutôt que l'exécution forcée dans la mesure où son débiteur risque d'être insolvable et où il pourrait se trouver en concours avec d'autres créanciers. Mais, il s'agit là plus d'un effet de la résolution que d'un fondement. D'autres, enfin, voient comme fondement de la résolution la notion de cause : l'une des obligations n'étant pas exécutée, l'autre manque de cause et le contrat ne tient plus. Mais, objecte-t-on, dans ce cas le juge n'aurait aucun pouvoir d'appréciation et devrait prononcer la nullité et non la résolution.

C'est pourquoi on a amélioré cette théorie en recourant à la notion de déséquilibre économique, le déséquilibre de l'échange réalisé par le contrat synallagmatique[1]. Un contrat synallagmatique étant caractérisé par l'interdépendance des obligations, si l'une n'est pas exécutée, l'autre n'a plus à l'être. S'il s'agit d'une inexécution partielle, la chambre commerciale de la Cour de cassation estime que « la résolution peut être prononcée par le juge dès lors qu'elle porte sur une obligation déterminante de la conclusion du contrat »[2].

Dans le sens de l'intention présumée des parties comme fondement de la résolution, on peut cependant noter cette importante décision de la Cour de cassation du 3 novembre 2011[3], qui se prononce pour le caractère supplétif de l'article 1184 du Code civil et admet de ce fait qu'un contractant peut renoncer par avance, par une clause de renonciation contenue dans le contrat, au droit de demander la résolution judiciaire du contrat. La question de la validité de la renonciation anticipée à la résolution a longtemps été discutée[4]. Elle est donc désormais tranchée : l'article 1184 du Code civil n'est pas d'ordre public.

---

1. V. Larribau-Terneyre, *Le domaine de l'action résolutoire. Recherches sur le contrat synallagmatique*, thèse, Pau, 1988.

2. Com. 2 juill. 1996, *JCP* 1996. IV. 2003 ; *JCP* 1996. I. 3983, obs. C. Jamin ; *Bull. civ.* IV, n° 198 ; *RTD civ.* 1997. 130, obs. J. Mestre.

3. Civ. 3e, 3 nov. 2011, *JurisData* n° 2011-023715, *CCC* févr. 2011, comm. n° 36, note L. Leveneur ; *D.* 2011. 2795 ; *JCP E* 2011. 1272, n° 47, obs. C. Desobel ; *JCP* 2012. 63, chron. Droit des contrats, n° 17, obs. P. Grosser ; *D.* 2012. Pan. 469, obs. S. Amrani-Mekki et M. Mekki.

4. V. T. Genicon, *La résolution du contrat pour inexécution*, LGDJ, 2007, n° 334-I. ; *JCP* 2012. 63, chron. Droit des contrats.

L'actuel projet de réforme de la Chancellerie (oct. 2013) ne remet pas en question le principe posé par l'article 1184 selon lequel la résolution peut toujours être demandée en justice en cas d'inexécution. Ce principe est repris (art. 135). Néanmoins, la résolution judiciaire n'est citée qu'en troisième position (art. 132) après la résolution conventionnelle et la résolution par notification (aux risques et périls du cocontractant)….Elle n'apparait donc plus comme la sanction de principe de l'inexécution contractuelle, la volonté conjuguée ou même unilatérale des parties pour mettre fin au contrat prenant en quelque sorte l'avantage sur la résolution prononcée par le juge.

2. Conditions de la résolution

1228. Il faut savoir à quels contrats elle est applicable et pour quelles raisons.

a) Contrats pouvant faire l'objet d'une action en résolution

1° Les contrats synallagmatiques seulement

1229. Tout au moins, en principe, mais il y a des exceptions.

– ***Certains contrats unilatéraux peuvent être résolus***, par exemple le contrat de rente perpétuelle (art. 1912), le contrat de gage (art. 2082) et le prêt à intérêt, selon la jurisprudence.

– ***Certains contrats synallagmatiques ne peuvent être résolus***. Ainsi, la jurisprudence refuse-t-elle la résolution en cas de partage, sauf clause expresse, car cela met en jeu l'intérêt des familles, et l'article 1978 l'exclut également dans le contrat de rente viagère en raison de son caractère aléatoire et des difficultés techniques de restitution. Cette disposition est d'ailleurs critiquée et les tribunaux considèrent qu'elle n'est pas d'ordre public et peut donc être écartée par une clause expresse du contrat.

Elle est de même exclue pour les ventes d'offices ministériels en raison de l'investiture par l'autorité publique.

2° Dans les groupes de contrats

1230. Lorsque l'indivisibilité de plusieurs conventions à exécution simultanée est admise, elle fait que la résolution de l'une d'entre elles entraîne, nécessairement, la résiliation des autres[1] (sur les groupes de contrats, v. ss 1196 s.).

b) Raisons permettant la résolution

1° Il faut qu'il y ait eu inexécution

1231. La résolution suppose l'inexécution d'une obligation contractuelle. Cette preuve de l'inexécution d'une obligation, pour paraître évidente, soulève parfois des difficultés. Ainsi, par exemple, la question est-elle posée de savoir si le juge peut résoudre un contrat pour manquement à l'obligation de bonne foi ou pour manquement au devoir de coopération[2]. La Cour de cassation a eu l'occasion de rappeler à une cour d'appel qu'elle ne

---

1. Aix-en-Provence, 13 févr. 1998, *JCP* 1998. II. 10213, note Renault-Brohinsky.
2. V. T. Genicon, *La résolution du contrat pour inexécution*, LGDJ, 2007, spéc. n°s 274 s.

pouvait, sans violer les articles 1134 et 1184 du Code civil, prononcer la résolution d'un bail commercial pour défaut d'exploitation des locaux, lorsqu'aucune « stipulation expresse du contrat ne fait obligation au preneur d'exploiter son fonds de commerce dans les lieux loués [1] ». Pour autant, l'obligation contractuelle ne doit pas nécessairement être expresse. La résolution peut sanctionner des obligations implicites, comme par exemple, la violation par le vendeur de son obligation contractuelle d'information sur les conditions d'utilisation de la chose vendue [2].

Peu importe que l'inexécution soit totale ou partielle, principale ou secondaire, mais évidemment, en cas d'inexécution partielle ou secondaire, le tribunal aura un large pouvoir d'appréciation. S'il estime que, tel quel, le contrat conserve son intérêt pour le créancier, il peut décider de le maintenir en lui attribuant simplement des dommages-intérêts.

2° Il ne faut pas nécessairement que l'inexécution soit imputable au débiteur

1232. Si elle est due à un cas de force majeure, on pourrait penser que ce n'est plus la résolution qui entre en jeu mais la théorie des risques (v. ss 1255 s.). Toutefois, la jurisprudence dans l'arrêt *Ceccaldi* du 14 avril 1891 avait rejeté la distinction et considéré comme recevable l'action en résolution « quel que soit le motif, même de force majeure, qui a empêché l'autre partie de remplir ses engagements » [3]. Cette solution, très critiquée n'avait jamais été réaffirmée aussi clairement jusqu'à une décision du 6 mai 2009, de la troisième chambre civile, précisant « qu'il résulte de l'article 1184 du Code civil, que la résolution d'un contrat synallagmatique peut être prononcée en cas d'inexécution par l'une des parties de ses obligations, quel que soit le motif qui a empêché cette partie de remplir ses engagements, alors même que cet engagement résulterait de la force majeure » [4].

La jurisprudence envisage aujourd'hui la *règle de la proportionnalité* selon laquelle il faut envisager le caractère « raisonnable » de l'engagement d'un contractant, notamment vis-à-vis d'un cocontractant économiquement plus fort, ce qui rend l'inexécution excusable (sur cette théorie de la proportionnalité, v. aussi ss 855).

En revanche, peu importe que le débiteur ait été de bonne ou de mauvaise foi. Dès lors que l'inexécution lui est imputable, la résolution est possible, mais en pratique les tribunaux tiennent compte de sa bonne ou de sa mauvaise foi.

3° Validité de la renonciation à l'action en résolution

1233. La Cour de cassation a pris parti sur cette question demeurée longtemps incertaine en décidant dans une décision du 3 novembre 2011 que l'article 1184 n'était pas d'ordre public (v. ss 1227, et les références de la décision). Il est donc possible d'insérer dans le contrat une clause de renonciation au bénéfice de la résolution judiciaire.

3. Mécanisme de la résolution

1234. Il convient maintenant d'étudier le déroulement de l'action en résolution et ses effets.

---

1. Civ. 3e, 10 juin 2009 no 07-18, 618, *RTD civ.* no 4, 2009. 720, obs. B. Fages.
2. Civ. 3e, 10 juin 2009 no 08-14.422, *RTD civ.* no 4, 2009. 720, obs. B. Fages ; Civ. 1re, 28 mai 2009, *JCP* 2009. 273, no 39, obs. P. Grosser ; Com. 3 févr. 2009 ; *JCP* 2009. I. 138, obs. P. Grosser.
3. Civ. 14 avr. 1891, *DP* 1891. 1. 329, note Planiol ; Civ. 1er-2 juin 1982, *Bull. civ.* I, no 178.
4. Civ. 3e, 6 mai 2009, *JCP* 2009. 273, no 39 obs. P. Grosser.

a) Le déroulement de l'action

1° La résolution doit être demandée en justice (art. 1184, al. 2 et 3)

1235. Elle a toutefois lieu de plein droit dans quelques cas exceptionnels (art. 1657, en matière de vente de denrées). Par ailleurs, la jurisprudence admet désormais qu'en cas d'urgence, le contrat peut être unilatéralement résolu, sous réserve d'en rendre ultérieurement compte au juge qui contrôle la légitimité de la rupture unilatérale du contrat et sanctionne le contractant en cas d'abus (v. ss 1246 s.).

La *mise en demeure* préalable à la saisine du juge est inutile, puisque l'assignation en justice peut en tenir lieu.

Le créancier a le choix entre demander la condamnation du débiteur à l'exécution (éventuellement sous astreinte) ou la résolution. Et il a la faculté de modifier son option tant qu'il n'a pas été statué sur sa demande initiale par un jugement passé en force de chose jugée [1]. Le débiteur peut, pour sa part, tenter d'éviter la résolution en offrant d'exécuter, à tout moment du procès.

L'action en résolution peut être intentée non seulement par le créancier mais aussi par le sous-acquéreur, en cas de ventes successives du bien, par les créanciers des parties, par le biais de l'action oblique, et même par la caution [2].

2° Le juge dispose d'un large pouvoir d'appréciation

1236. Selon la bonne ou mauvaise foi des parties et la plus ou moins grande gravité de l'inexécution il peut :

– soit accorder un délai de grâce au débiteur (art. 1184, al. 3, et art. 1655, al. 2) ;

– soit condamner le débiteur à des dommages-intérêts sans prononcer la résolution ;

– soit prononcer la résolution sans dommages-intérêts s'il y a eu des torts réciproques ;

– soit prononcer la résolution avec des dommages-intérêts (art. 1184, al. 2), ce qui se produira chaque fois que l'inexécution sera considérée comme fautive.

Les juges ont à prendre en compte toutes les circonstances intervenues jusqu'au jour de la décision pour apprécier si les manquements de l'acquéreur à ses obligations sont suffisamment graves pour justifier la *résolution du contrat*. Il s'agit d'une obligation pour le juge qui peut se justifier par le souci d'éviter les actions à répétition [3].

b) Les effets du jugement de résolution

1° Anéantissement rétroactif en principe

1237. Le contrat est anéanti rétroactivement. Cet anéantissement joue évidemment *entre les parties*, ce qui entraîne la restitution des prestations déjà versées et évite au créancier le concours avec les autres créanciers. Il se produit également *à l'égard des tiers*, ce qui est plus grave et explique la nécessité de soumettre à publicité les demandes de résolution en matière immobilière. Par contre, les actes d'administration sont maintenus.

Toutefois, bien que résolu, le contrat continue d'avoir force obligatoire pour régler les effets de la résolution. Les Principes du droit européen du contrat prévoient à cet égard

---

1. Civ. 3e, 25 mars 2009, *Bull. civ.* III, no 67 ; *D.* 2010. Pan. 2333 obs. B. Fauvarque-Cosson.
2. Civ. 1re, 20 déc. 1988, *D.* 1989. 166, note L. Aynès.
3. Civ. 3e, 5 mai 1993, *CCC* 1993, no 173, obs. L. Leveneur.

que « la résolution n'a point d'effet sur les stipulations du contrat relatives au règlement des différends non plus que sur toutes autres clauses appelées à produire effet, même en cas de résolution. »

Les parties doivent être remises dans l'état où elles se trouvaient avant le contrat. C'est le retour au *statu quo ante*. Cela ne doit entraîner pour elles ni appauvrissement, ni enrichissement, ce qui donne lieu à indemnisation de l'appauvri et à restitution des fruits perçus par l'enrichi : ici, le responsable de la résolution du fait de l'inexécution de ses obligations, qui ne peut se prétendre de bonne foi pour faire jouer l'article 549 [1].

Dans le cas de la résolution d'une vente pour non-paiement des arrérages d'une rente viagère, le débirentier ne peut être condamné à payer ces arrérages échus mais seulement à verser des dommages-intérêts [2].

2° Résiliation des contrats successifs, en principe sans rétroactivité

1238. Dans les contrats successifs, comme le bail par exemple, lorsque la remise en état n'est pas possible, l'action n'aboutira qu'à une dissolution anticipée du contrat qui prend le nom de *résiliation* et qui opère sans rétroactivité. La troisième chambre civile a récemment indiqué, de façon plus précise que la « résiliation judiciaire n'opère pas pour le temps où le contrat a été régulièrement exécuté », la date à prendre en compte n'étant pas nécessairement celle de l'inexécution selon T. Genicon [3], mais plutôt celle de la dernière prestation n'ayant pas reçu sa contre-prestation ; La Cour de cassation semble vouloir suivre cette indication [4].

Un arrêt de la première chambre civile avait toutefois suscité de vives critiques dans la mesure où il semblait admettre la rétroactivité de la résiliation, en affirmant que « la résiliation d'un contrat a pour effet, comme pour la résolution, d'anéantir le contrat et de remettre les parties dans l'état où elles se trouvaient antérieurement, sous la seule réserve de l'impossibilité pratique » [5]. Depuis, la troisième chambre de la Cour de cassation est venue expliciter cette position en précisant que « si, dans un contrat synallagmatique à exécution successive, la résiliation judiciaire n'opère pas pour le temps où le contrat a été régulièrement exécuté, [et n'est donc pas rétroactive] la résolution judiciaire pour absence d'exécution ou exécution imparfaite dès l'origine entraîne l'anéantissement rétroactif du contrat » [6].

1239. La distinction entre la résolution et la résiliation judiciaires ne résiderait donc plus dans la distinction entre les contrats à exécution instantanée ou successive. Certains contrats à exécution successive pourraient faire l'objet d'une résolution judiciaire au lieu de la classique résiliation judiciaire, le critère résidant alors dans le moment où survient l'inexécution (dès la conclusion du contrat ou au bout d'un certain temps) et dans l'intensité de cette inexécution : s'il y a eu « absence d'exécution » ou « exécution imparfaite dès l'origine », on parle de résolution judiciaire, normalement rétroactive ; s'il y a eu

---

1. Civ. 3e, 22 juill. 1992, *JCP* 1992. I. 3632, p. 540, obs. G. Virassamy.
2. Civ. 3e, 7 juin 1989, *JCP* 1990. II. 21456, note Y. Dagorne-Labbé, *Defrénois* 1990. 360, obs. J.-L. Aubert.
3. *RDC* 2009. 65
4. Com. 17 mars 2009, *JCP* 2009. 273, obs. P. Grosser.
5. Civ. 1re, 7 juin 1995, *JCP* 1996. II. 22581, note A. Françon ; *D.* 1995. 494 ; *Bull. civ.* I, no 244, *JCP* 1996. I. 3914, obs. C. Jamin ; *RTD civ.* 1996. 908, no 12, obs. J. Mestre.
6. Civ. 3e, 30 avr. 2003, *JCP* 2003. I. 170, obs. A. Constantin, *JCP* 2004. II. 10031, note C. Jamin.

une période d'exécution régulière avant que n'intervienne l'inexécution, on continue de parler de résiliation judiciaire, non rétroactive.

B. La résolution conventionnelle

► ***La clause commissoire***, appelée également, dans la pratique, *clause résolutoire*, est une clause par laquelle les parties peuvent convenir dans le contrat que la résolution aura lieu de plein droit en cas d'inexécution. Elle est également admise par les projets de réforme du droit des contrats. On parle également de résolution ou de résiliation amiable.

1240. La question s'est posée de savoir si la mise en demeure du débiteur était ou non obligatoire en présence d'une clause résolutoire. La jurisprudence considère qu'elle reste obligatoire [1] et, à plus forte raison, quand cela a été expressément prévu par les parties, le formalisme ainsi convenu devant être respecté [2]. Ce formalisme extrême a encore été confirmé par deux arrêts de la Cour de cassation, critiqués dans la mesure où il n'y était pas tenu compte du comportement des parties et, notamment, de la mauvaise foi du débiteur [3]. Le fait que pour la jurisprudence actuelle, la mise en demeure ne soit plus une condition nécessaire pour l'obtention de dommages-intérêts compensatoires, ne devrait pas nécessairement avoir d'incidence sur cette solution (sur la décision du 6 juillet 2007 de la chambre mixte tranchant la divergence entre la troisième chambre civile et la chambre commerciale quant à la nécessité de la mise en demeure préalable pour une condamnation à des dommages-intérêts, v. ss 1332, 2201).

1241. Pour mettre en œuvre la clause résolutoire, le contractant doit cependant être de bonne foi. L'article 1134, alinéa 3, du Code civil, qui fonde l'obligation d'exécuter le contrat de bonne foi, permet au juge d'exercer un contrôle sur l'usage de la prérogative et de sanctionner la déloyauté. C'est ainsi que la troisième chambre civile a jugé que dans un contrat de bail, la mise en œuvre de la clause résolutoire nécessite la bonne foi du bailleur [4]. Cette exigence est régulièrement réaffirmée [5].

1242. Au contraire, la bonne foi du débiteur est indifférente. Il arrive que, malgré l'existence de la clause, le débiteur résiste et que le recours au tribunal soit nécessaire, mais, dans ce cas, le juge n'a aucun pouvoir d'appréciation et ne peut accorder de délais (art. 1656, en matière de vente d'immeuble) : il doit se contenter de constater l'inexécution et de prononcer la résolution. La première chambre civile avait semblé admettre dans une décision isolée que la bonne foi du débiteur pouvait paralyser le jeu d'une clause résolutoire contenue dans un contrat [6], mais la troisième chambre civile est revenue sur cette position et a réaffirmé que la clause résolutoire doit être appliquée telle quelle, sous peine de violation de l'article 1134 [7]. La Cour de cassation semble toutefois avoir tenu compte de la suggestion d'un auteur [8] qui proposait que l'on permette, le cas échéant, au

---

1. Com. 30 juin 1966, *Bull. civ.* III, n° 332.

2. Civ. 17 mars 1992, *JCP* 1992. IV. 1494, et *JCP* 1992. I. 3608, obs. G. Virassamy.

3. Civ. 1re, 15 juin 1994, *JCP* 1994. IV. 2076 ; *Bull. civ.* I, n° 217 et Civ. 3e, 12 oct. 1994, *JCP* 1994. IV. 2509 ; les deux arrêts sont commentés par C. Jamin au *JCP* 1994. I. 3828.

4. Civ. 3e, 10 nov. 2010, n° 09-15.937, *D.* 2010. 2769, obs. Y. Rouquet, *D.* 2011. Pan. 480, obs. B. Fauvarque-Cosson.

5. Le rappelant : Com. 15 mai 2012, n° 10-26. 391, *RTD civ.* 2012. 727, obs. B. Fages.

6. Civ. 22 juill. 1986, *RTD civ.* 1988. 122, obs. J. Mestre.

7. Civ. 3e, 10 mars 1993, *D.* 1993. 357, note Ph. Bihr.

8. C. Jamin, note sous Civ. 20 févr. 2001, *D.* 2001. 1568.

juge des référés d'ordonner le maintien du contrat jusqu'au prononcé de sa résolution par le juge du fond. Il semble que ce soit la solution retenue par la première chambre dans un litige opposant un médecin à une clinique [1].

La Cour de cassation a réitéré sa position en déclarant que la bonne foi du débiteur ne permet pas au juge d'écarter le jeu d'une clause résolutoire de plein droit, mettant ainsi un frein à la dérive tendant à octroyer au juge un pouvoir d'immixtion dans les contrats, sous couvert du respect de la bonne foi [2]. L'équilibre est en fait difficile à établir entre le respect de la force obligatoire et l'exigence de bonne foi. La Cour de cassation a d'ailleurs posé une formule destinée à marquer les limites des pouvoirs des juges, mais elle n'est pas des plus explicite : « si la règle selon laquelle les conventions doivent être exécutées de bonne foi permet au juge de sanctionner l'usage déloyal d'une prérogative contractuelle, elle ne l'autorise pas à porter atteinte à la substance même des droits et obligations légalement convenus entre les parties [3] ».

1243. L'ordonnance n° 2006-346 du 23 mars 2006, portant réforme du droit des sûretés a réglé certaines difficultés révélées par la pratique, notamment par la généralisation du pacte commissoire, non seulement à l'égard des sûretés mobilières où la prohibition reculait mais n'avait pas disparu, mais aussi à l'égard de l'hypothèque, sauf si l'immeuble constitue la résidence principale du constituant. Le nouvel article 2459 dispose qu'« Il peut être convenu dans la convention d'hypothèque que le créancier deviendra propriétaire de l'immeuble hypothéqué. Toutefois, cette clause est sans effet sur l'immeuble qui constitue la résidence principale du débiteur ». En cas de résolution judiciaire, également, « le créancier hypothécaire impayé peut demander en justice que l'immeuble lui demeure en paiement » mais toujours à condition que l'immeuble ne constitue pas la résidence principale du débiteur (art. 2458, nouv.). Il s'agit d'offrir ainsi une alternative, favorable au crédit, à la procédure de saisie immobilière.

1244. La résolution conventionnelle peut s'accompagner d'une *clause pénale*.

► ***La clause pénale*** a pour but de fixer à l'avance, conventionnellement et forfaitairement, les dommages-intérêts qui seront dus en cas d'inexécution afin d'éviter les difficultés d'évaluation judiciaire et d'agir comme moyen de pression sur le débiteur.

C'est une sanction contre le contrevenant, par exemple dans le cas de vente avec arrhes. Si l'une des parties n'exécute pas son obligation, la vente est résolue de plein droit et les arrhes conservées par le vendeur ou restituées en double à l'acheteur selon que l'inexécution est due à l'un ou à l'autre. Toutefois, l'instauration d'une clause pénale dans un contrat ne saurait dispenser le débiteur défaillant de payer des dommages-intérêts supplémentaires réparant un préjudice distinct de celui réparé forfaitairement par la clause pénale [4].

---

1. Civ. 1re, 29 mai 2001, *RTD civ.* 2001. 590, obs. J. Mestre et B. Fages.
2. Civ. 3e, 24 sept. 2003, *Defrénois* 2004, art. 37894, n° 25, obs. J.-L. Aubert ; *CCC* 2003, n° 174, note L. Leveneur ; *Dr. et patr.* 2004, n° 128, comm. L. Aynès.
3. Civ. 3e, 9 déc. 2009, *D.* 2010. 87, obs. Y. Rouquet, 476, note J. Billemont ; *RTD civ.* 2010. 563, obs. B. Fages ; *RDC* 2010. 563, obs. Y. M. Laithier, 565, obs. D. Mazeaud. La troisième chambre civile reprenait une formule déjà initiée par la chambre commerciale : Com. 10 juill. 2007, *D.* 2007. 2839, obs. X. Delpech et note Ph. Stoffel-Munck ; *GAJC*, 12e éd., Dalloz, 2008, n° 164 ; *RTD civ.* 2007. 773, obs. B. Fages ; *CCC* 2007. comm. 294, obs. L. Leveneur ; *Defrénois* 2007. 1454 obs. E. Savaux ; *JCP* 2007. II. 10154, obs. D. Houtcieff ; *RDC* 2007. 1107, obs. L. Aynès et D. Mazeaud.
4. Com. 20 mai 1997, *JCP* 1998. II. 10125, note J.-F. Kamdem.

Ces clauses sont valables (art. 1152) mais la jurisprudence les considère avec une certaine méfiance. D'ailleurs, dans l'intérêt de certains cocontractants, la loi prévoit dans certains cas qu'une telle clause ne joue qu'après mise en demeure (art. 1656, art. 80, L. du 1er sept. 1948). De plus, il est possible au juge de modérer ou d'augmenter la peine convenue s'il prouve qu'elle est manifestement excessive ou dérisoire (art. 1152, mod. par L. du 9 juill. 1975, et art. 1232). Cette loi de 1975 a d'ailleurs fait couler beaucoup d'encre[1].

En cas d'extinction rétroactive du contrat, le sort de la clause pénale est discuté en raison de son double caractère : moratoire et compensatoire.

— *En tant que clause moratoire, c'est une clause accessoire* du contrat et elle doit disparaître avec le contrat annulé ou résolu.

— *En tant que clause compensatoire, c'est une clause subsidiaire* du contrat. Elle doit survivre car elle tend à réparer l'inexécution définitive. La Cour de cassation a admis la compatibilité de la survie de la clause pénale compensatoire avec l'effet rétroactif de la résolution[2].

Il est parfois difficile de distinguer une clause de résiliation unilatérale d'un contrat à durée indéterminée, avec versement d'une indemnité, d'une clause pénale.

Ainsi en est-il dans le cas de deux sociétés qui avaient conclu un contrat de mandat de gestion stipulant que le mandant pourrait mettre fin au mandat à tout moment moyennant le versement d'une indemnité compensatrice égale au montant des rémunérations qui auraient dû être perçues si le mandat était allé jusqu'à son terme. Condamnée à payer cette indemnité après avoir mis fin au contrat, la mandante chercha à en obtenir la réduction sur le fondement de l'article 1152, alinéa 2, c'est-à-dire la réduction judiciaire d'une clause pénale abusive. La cour d'appel la lui refusa et elle est approuvée en ces termes par la Cour de cassation : « la cour d'appel a exactement jugé que l'indemnité contractuelle de résiliation litigieuse aménageait simplement les conditions de la rupture du contrat et ne représentait que le prix de la faculté de résiliation unilatérale, en dehors de toute notion d'inexécution, de sorte qu'elle n'avait pas le caractère de clause pénale »[3].

C. La résolution unilatérale à ses risques et périls

1245. Cette possibilité nouvelle de mettre fin unilatéralement au contrat en cas d'inexécution gravement fautive a déjà été examinée à propos des effets du contrat entre les parties et du principe de la force obligatoire qui postule l'irrévocabilité du contrat sauf accord des parties et sauf les cas où la loi l'autorise (v. ss 1065 s., 1072, spéc.). Or le Code civil n'autorise pas de façon générale la résolution unilatérale en cas d'inexécution.

1246. Pourtant cette faculté est désormais admise et confirmée par tous les projets et avant-projets de réforme du droit des obligations.

1. Reconnaissance jurisprudentielle de cette faculté de résolution unilatérale

1247. La Cour de cassation, depuis un arrêt remarqué du 13 octobre 1998 admet que « la gravité du comportement d'une partie à un contrat peut justifier que l'autre y

1. V. not. *JCP* 1975. III. 43064, et Boccara, *JCP* 1975. I. 2742 ; v. aussi ss 899 s.
2. Civ. 3e, 6 janv. 1993, non publié, cité dans C. Hugon ; v. bibliographie.
3. Civ. 1re, 6 mars 2001, *RTD civ.* 2001. 589, obs. J. Mestre et B. Fages.

mette fin de façon unilatérale, à ses risques et périls », c'est-à-dire sans recourir au juge, contrairement à la lettre de l'article 1184[1].

1248. La doctrine s'est interrogée sur cette position qui constitue une nouvelle attaque contre le principe de résolution judiciaire de l'article 1184, édicté au nom du respect de la force obligatoire du contrat, mais qui est désormais écarté par les nouveaux codes civils québécois et néerlandais et les Principes européens de droit des contrats fixés par la Commission Lando.

1249. Cette faculté de résolution unilatérale est cependant désormais bien admise par la Cour de cassation qui a repris le 20 février 2001 (v. arrêt à commenter) exactement les termes de l'arrêt du 13 octobre 1998 en précisant même que peu importe « que le contrat soit à durée déterminée ou non ». Cette précision est très importante dans la mesure où la résiliation unilatérale « libre » d'un contrat à durée déterminée est impossible (contrairement à un contrat à durée indéterminée auquel il peut toujours être mis fin unilatéralement) mais où sa résiliation unilatérale sera désormais possible en cas d'inexécution[2]. La chambre commerciale de la Cour de cassation la consacre aussi dans une série de décisions récentes rendues en 2009[3].

1250. La résolution unilatérale semble donc « s'installer doucement dans le paysage juridique français » (J. Mestre et B. Fages, obs. préc.), à côté de la résolution judiciaire de l'article 1184 et, rappelons-le, elle est consacrée dans **l'actuel projet de réforme de la Chancellerie** (oct. 2013) sous l'intitulé de « résolution par notification » (v. ss 1072).

2. Conditions de la résolution unilatérale

a) Gravité de l'inexécution

1251. La cour d'appel de Nancy dans une décision du 20 novembre 2000 avait tenté de cantonner cette faculté de résiliation en affirmant que « même en cas de manquement grave à l'exécution des obligations de son cocontractant, une partie ne peut être admise à rompre unilatéralement un contrat avant d'avoir obtenu une décision de justice, que si elle établit que l'urgence imposait la résolution immédiate des relations contractuelles »[4]. L'urgence était donc posée comme condition de la résolution en plus de la gravité de l'inexécution.

1252. Postérieurement à cet arrêt, la première chambre civile de la Cour de cassation a admis à plusieurs reprises la résolution ou la résiliation unilatérale, sans reprendre le critère de l'urgence, en faisant simplement référence à la gravité de l'inexécution[5].

---

1. Civ. 1re, 13 oct. 1998, *JCP* 1999. II. 10133, note N. Rzepecki ; *D.* 1999. 197, note C. Jamin ; *Defrénois* 1999. 374, n° 17, obs. D. Mazeaud ; *D.* 1999. Somm. 155, obs. Ph. Delebecque ; *RTD civ.* 1999. 506, n° 8, obs. J. Raynard et, depuis, Douai, 6 juill. 1999, *JCP* 1999. I. 191, note C. Jamin.
2. Civ. 1re, 20 févr. 2001, *D.* 2001. 1568, note C. Jamin ; *Defrénois* 2001, art. 37365, n° 41, obs. É. Savaux ; *RTD civ.* 2001. 363, n° 9, obs. J. Mestre et B. Fages.
3. Com. 30 juin 2009, n° 08-14.944 et Com. 31 mars 2009, n° 07-20. 991, *JCP* 2009. 273 s., n° 33, obs. P. Grosser ; *RTD civ.* 2009. 320, obs. B. Fages ; *D.* 2010. Pan. 233, obs. B. Fauvarque-Cosson ; Com. 10 févr. 2009, n° 08-12. 415, *CCC* 2009. 1223, obs. L. Leveneur, *JCP* 2009. 273, n° 33, obs. P. Grosser.
4. Nancy, 20 nov. 2000, *JCP* 2002. II. 10113, obs. C. Jamin.
5. Civ. 1re, 28 oct. 2003, *JCP* 2004. II. 10108, note C. Lachièze ; *Defrénois* 2004. 378, obs. R. Libchaber, *ibid.* 381, obs. J. –L. Aubert ; *CCC* 2004, n° 4, note L. Leveneur ; *RTD civ.* 2004. 89, obs. J. Mestre et B. Fages ; *Dr. et patr.* janv. 2004, p. 89, obs. Chauvel, *RDC* 2004. 273, obs. L. Aynès ; *ibid.* 277, obs. D. Mazeaud. Civ. 1re, 13 mars 2007, *JCP* 2007. I. 161, n° 12, obs.P. Grosser.

1253. La chambre commerciale, pour sa part, dans une décision du 4 février 2004, a fait référence à la fois à la gravité de l'inexécution et à l'urgence d'y mettre fin [1].

b) Contrôle judiciaire a posteriori

1254. Dans l'arrêt précité du 20 février 2001, la première chambre civile a en effet précisé que le contractant qui prend l'initiative de la résolution unilatérale agit « à ses risques et périls », ce qui implique que si l'autre partie saisit le juge pour contester la résolution, l'auteur de celle-ci devra apporter la preuve que la gravité du comportement de l'autre partie justifiait la résolution du contrat, sinon il engagerait sa responsabilité pour rupture unilatérale du contrat. La Cour de cassation reproche, ici, aux juges du fond d'avoir privé leur décision de base légale en n'indiquant pas en quoi le comportement du débiteur était suffisamment grave pour justifier la résolution unilatérale du contrat. Autrement dit, la Cour de cassation laisse aux juges du fond la charge d'apprécier la gravité du manquement reproché et se limite à un contrôle minimum sur la motivation de la décision. Il n'y a ici qu'un contrôle judiciaire *a posteriori* et non un contrôle préalable comme dans la résolution judiciaire : même s'il ne trouve pas le manquement invoqué assez grave pour justifier la résolution, le juge pourra difficilement ordonner la poursuite du contrat ainsi rompu et ne pourra guère ordonner que le versement d'une indemnité et l'effet dissuasif des dommages et intérêts semble insuffisant... Certains auteurs préconisent, dans ce cas, le recours au juge des référés qui pourrait, notamment pour éviter un dommage imminent, ordonner le maintien du contrat à titre conservatoire. Le créancier insatisfait devrait alors saisir le juge du fond et l'on reviendrait au système de la résolution judiciaire [2].

On rappellera par ailleurs qu'il existe une divergence entre la chambre commerciale et la troisième chambre civile de la Cour de cassation sur le point de savoir si le créancier peut opter pour la résolution unilatérale si une clause résolutoire a été inscrite dans le contrat (v. ss 1074, et les références citées).

II. Inexécution fortuite : la théorie des risques dans le contrat

1255. Nous avons examiné, jusqu'ici, ce qui se passe quand l'inexécution est volontaire, mais il peut se faire qu'elle soit fortuite. Une des parties au contrat peut être empêchée d'exécuter son obligation par suite d'un événement indépendant de sa volonté : cas fortuit, force majeure ou fait du prince (v. ss 2218 s.). Dans ce cas, l'impossibilité d'exécution met fin à l'obligation sans donner lieu à dommages et intérêts (art. 1302, en cas de perte de la chose due). **L'actuel projet de réforme** prévoit par ailleurs que si l'inexécution n'est pas irrémédiable le contrat peut être suspendu. Il définit aussi la force majeure [3] (art. 126).

S'il s'agit d'un contrat unilatéral il n'y a pas de problème, l'extinction de l'obligation unique met fin au contrat ; mais s'il s'agit d'un contrat synallagmatique, la question est

1. Com. 4 févr. 2004, *JCP* 2004. I. 149, n° 15, obs. J. Rochfeld ; *RTD civ*. 2004. 731, obs. J. Mestre et B. Fages.
2. V. note C. Jamin, préc. sous Civ. 13 oct. 1998.
3. « Il y a force majeure en matière contractuelle lorsqu'un événement échappant au contrôle du débiteur qui ne pouvait raisonnablement être prévu lors de la conclusion du contrat et dont les effets ne peuvent être évités par des mesures appropriées, empêche l'inexécution de son obligation par le débiteur ».

plus complexe. Les deux obligations dans un tel contrat étant interdépendantes, l'extinction de l'une d'elles entraîne-t-elle l'extinction corrélative de l'autre, ou bien la laisse-t-elle subsister ?

Selon que l'on admet l'une ou l'autre solution, cela met les risques du contrat à la charge de l'une ou de l'autre partie. En effet, si l'un des contractants étant libéré, l'autre reste tenu de la sienne, les risques sont pour lui, on dit qu'ils sont pour le créancier : *res perit creditori* car il était créancier de l'obligation inexécutée. En revanche, si l'on admet que la libération fortuite de l'un des contractants entraîne la libération corrélative de l'autre, c'est le premier qui y perd, on dit que les risques sont pour le débiteur : *res perit debitori.*

1256. Le Code civil a donné quelques éléments de réponse qui constituent un principe et une exception et composent ce que l'on appelle la « théorie des risques dans le contrat », qu'il ne faut pas confondre avec la notion de risque, fondement de la responsabilité civile (v. ss 1509 s.).

A. Le principe : *res perit debitori*

1. Éléments de solution

1257. C'est l'article 1722 qui est le texte de base. Il dispose que la destruction de la chose louée, par cas fortuit, entraîne la résiliation de bail, dispensant ainsi le locataire de payer son loyer.

Une solution analogue est donnée par l'article 1788 et l'article 1790, qui prévoient qu'en cas de perte de la matière à façonner l'ouvrier n'a droit à aucun salaire, selon l'adage : *res perit debitori.*

1258. On a voulu motiver cette solution de différentes façons, soit en recourant à la *notion de cause* : l'obligation de l'un disparaissant, celle de l'autre manque de cause ; soit en faisant appel à la *notion d'interdépendance des obligations* ; soit en se fondant sur la *volonté présumée* des parties. On suppose qu'une partie a entendu ne pas être tenue de son obligation si l'autre ne peut exécuter la sienne. Par exemple, si un acteur malade ne peut assurer la représentation, les spectateurs sont en droit de ne pas payer leur billet ou, s'ils l'ont déjà fait, de se faire rembourser.

2. Domaine et portée de cette solution

a) Domaine

1259. Cette solution est applicable dans le cadre des contrats synallagmatiques parfaits ou imparfaits, qu'il s'agisse d'une obligation de faire ou de ne pas faire rendue impossible par un cas de force majeure, ou d'une obligation de donner portant sur une chose de genre, donc aisément remplaçable (nous verrons qu'il en est autrement pour les corps certains ; v. *infra*, B).

De plus, il doit s'agir d'obligations de résultat, dont l'inexécution est aisément constatable, et non d'obligations de moyens, car dans ce cas : ou le débiteur a été diligent et il n'y a pas inexécution, ou il a commis une imprudence quelconque et il est fautif, et dans ce cas, ce sont les règles de la responsabilité civile qui joueront.

b) Portée

1260. Toute impossibilité d'exécution mettra fin au contrat. Mais il s'agit ici d'une extinction de plein droit qui ne nécessite pas le recours aux juges, et, s'ils sont appelés à en connaître, ils ne pourront que constater l'inexécution de l'une des obligations et l'extinction corrélative de l'autre. L'anéantissement du contrat est rétroactif.

Mais cette inexécution n'est pas toujours totale, elle peut être simplement partielle.

1° Si l'inexécution est totale

1261. Les deux obligations s'éteignent complètement, l'une par force majeure, l'autre par voie de réciprocité et le contrat est rétroactivement anéanti, comme s'il y avait eu résolution, la différence essentielle étant que cet anéantissement joue de plein droit et non en justice, comme la résolution judiciaire en cas d'inexécution fautive. Et aucun des contractants ne peut être condamné à des dommages-intérêts puisque, par définition, il n'y a pas de faute commise (art. 1722, *in fine*, opposé à l'art. 1184, al. 2, *in fine*) (v. ss 716).

2° Si l'inexécution est partielle

1262. Le créancier de l'obligation inexécutée n'est pas entièrement libéré et il devra effectuer une fraction de sa propre obligation. Par exemple, l'article 1722 autorise le preneur à demander une diminution du loyer en cas de perte partielle de la chose louée. Ainsi, les obligations réciproques des parties sont-elles rééquilibrées. Il faudra d'ailleurs souvent, dans ce cas, recourir au tribunal pour déterminer l'importance de l'inexécution.

B. L'exception : *res perit creditori* (ou *res perit domino*), en cas de transfert d'un corps certain

1263. Le principe général posé plus haut n'est plus applicable lorsque l'obligation consiste dans la livraison d'un corps certain, rendue impossible par la perte de ce dernier. C'est l'article 1138 qui expose cette exception lorsqu'il dispose que l'obligation de livrer la chose « rend le créancier propriétaire et met la chose à ses risques dès l'instant où elle a dû être livrée, encore que la tradition n'en ait point été faite, à moins que le débiteur ne soit en demeure de la livrer ; auquel cas la chose reste aux risques de ce dernier ». Cette règle est reprise dans **l'actuel projet de réforme** (art. 105).

1. Fondement de cette règle

1264. Si l'on recherche l'explication de cette règle en droit romain, on s'aperçoit que la vente romaine n'était pas translative de propriété : ce transfert ne s'effectuait qu'ultérieurement, au moment de la remise de la chose : la *traditio*.

Jusque-là, l'acheteur était créancier de la livraison, et, selon les Romains, il devait payer le prix, les risques étaient pour lui : *res perit creditori*. Ceci était contraire au principe : *res perit debitori* qu'ils appliquaient dans d'autres contrats, mais s'expliquait par le fait qu'à l'origine la vente n'était pas un contrat synallagmatique mais la juxtaposition de deux obligations indépendantes, donc l'inexécution de l'une n'avait aucun effet sur l'obligation de l'autre. La règle romaine fut critiquée par les juristes qui la trouvaient contraire au droit naturel et considéraient qu'il était normal qu'en cas de perte, les risques fussent pour le propriétaire : *res perit domino*.

1265. Les rédacteurs du Code civil ont suivi cette opinion et ont entendu lier les risques à la propriété. C'est ainsi que doit se comprendre l'article 1138.

Cette exception apparente est, en fait, facile à comprendre, dès lors que l'on a admis que ce n'est pas en tant que créancier mais en tant que propriétaire que l'acheteur subit les risques. En effet, il est une règle constante dans le droit des biens, selon laquelle c'est toujours le propriétaire qui subit les risques de la perte ou de la détérioration de la chose et non l'utilisateur, qu'il s'agisse du preneur (art. 1730 et 1827), de l'emprunteur (art. 1884) ou du dépositaire (art. 1929 et 1933).

Dans le cas d'un contrat translatif de propriété concernant un corps certain le créancier, c'est-à-dire l'acheteur, étant devenu propriétaire dès l'échange des consentements (art. 1583, en matière de vente), il est normal qu'il assume les risques de la perte de la chose.

2. Domaine d'application

1266. La règle de l'article 1138 s'applique à tous les contrats translatifs de propriété : la vente (art. 1647, al. 2), l'échange (art. 1707), ou la donation avec charge. Mais il y a un certain nombre de cas où elle ne s'applique pas.

a) S'il y a une convention retardant le transfert de propriété

1267. Dans la mesure où les risques sont liés à la propriété, si le transfert de propriété a été conventionnellement retardé en cas de vente avec *clause de réserve de propriété* jusqu'à complet paiement du prix (L. du 12 mai 1980), les risques demeurent à la charge du débiteur : le vendeur. Mais il ne faut pas confondre les conventions retardant le transfert de propriété avec celles instituant seulement un terme de livraison qui n'empêchent pas le transfert immédiat de propriété.

b) Si la convention comportait un transfert de propriété sous condition suspensive

Nous avons vu (v. ss 193) que l'article 1182 écarte alors la règle de l'article 1138 et dispose que les risques, en cas de perte fortuite de la chose, sont à la charge du débiteur, c'est-à-dire du vendeur. Mais, le Code distingue selon que la perte est totale, ce qui libère l'acheteur, créancier de la livraison, de son obligation de payer le prix ; ou que la perte est partielle, ce qui donne à l'acheteur le choix entre la résolution de l'obligation ou la livraison de la chose dans l'état où elle se trouve, mais sans diminution de prix, ce qui constitue une acceptation partielle du risque, et l'on admet une solution analogue en cas de condition résolutoire.

c) Si le débiteur a tardé à effectuer la livraison, bien qu'il ait été mis en demeure de la faire (art. 1138, al. 2)

1268. C'est lui qui continuera à assumer les risques en tant que débiteur, selon la règle de principe. Toutefois, le débiteur peut écarter la charge des risques s'il prouve que « la chose fut également périe chez le créancier si elle lui eût été livrée » (art. 1302, al. 2).

d) Enfin, s'il existe une convention contraire

1269. En effet, il est toujours possible aux parties de modifier l'une ou l'autre de ces règles, le principe, ou l'exception, au moyen d'une convention contraire, mais la jurisprudence se réserve la possibilité de contrôler la loyauté de ces clauses.

III. La sanction du contractant
La réparation des conséquences de l'inexécution : la responsabilité contractuelle

1270. Nous étudierons beaucoup plus en détail cette responsabilité dans la partie consacrée à la responsabilité civile, sachant par ailleurs que *l'avant-projet Catala de réforme du droit des obligations, les recommandations du Sénat et la proposition de loi Béteille* ont pris parti pour l'identité de nature de ces deux formes de responsabilité. **L'actuel projet de réforme de la Chancellerie** (oct. 2013) consacre également l'unité de nature de la responsabilité contractuelle et délictuelle dans ce contexte du contrat en renvoyant cette question de la responsabilité contractuelle vers les dispositions consacrées à la responsabilité civile.

Parce que cette approche est logique et correspond à la réalité de la jurisprudence, la responsabilité contractuelle sera donc présentée comme faisant partie intégrante de la responsabilité civile (v. ss 1479 s.) et obéissant à ce titre à un certain nombre de constantes (v. ss 1580 s.). Pour autant, elle comporte ses propres principes et certaines spécificités (v. ss 2154 s.) qui maintiennent un principe de division entre les deux formes de responsabilités. Les rapports entre les deux formes de responsabilité restent compliqués car ce principe de séparation, qui s'accompagne de l'interdiction du cumul et de l'option entre les deux responsabilités et oblige la victime d'une inexécution contractuelle à agir sur le fondement contractuel, n'exclut pas des interférences et des contournements (v. ss 2311 s.).

1271. La responsabilité contractuelle nous intéresse cependant aussi, à ce stade, en tant qu'elle constitue une sanction de l'inexécution du contrat et qu'elle vient sanctionner le contractant qui n'a pas exécuté le contrat ou qui l'a mal exécuté ou qui a exécuté avec retard. Aussi la présenterons-nous ici rapidement dans ses grandes lignes, tout en renvoyant à des développements ultérieurs.

1272. Le texte de base en la matière est l'article 1147 du Code civil qui précise : « le débiteur est condamné, s'il y a lieu au payement de dommages et intérêts, soit à raison de l'inexécution de l'obligation, soit à raison du retard dans l'exécution, toutes les fois qu'il ne justifie pas que l'inexécution provient d'une cause étrangère qui ne peut lui être imputée, encore qu'il n'y ait aucune mauvaise foi de sa part ».

1273. Sans entrer ici dans le détail de l'analyse de la responsabilité contractuelle ni dans le débat sur son existence, car certains considèrent que la responsabilité contractuelle n'existe pas et qu'il ne s'agit jamais que d'une exécution du contrat par équivalent, sous forme de dommages-intérêts (sur ce débat, v. ss 1330, surtout v. ss 1480 s.), il convient de relever que la responsabilité contractuelle répare effectivement par l'attribution de dommages-intérêts le préjudice subi par le créancier d'une obligation qui n'a pas été exécutée ou qui a été mal ou tardivement exécutée (ce que l'on pourrait qualifier de « faute contractuelle »). La preuve de ce *préjudice* doit normalement être rapportée, la seule inexécution de l'obligation ne suffisant pas à l'établir, quoiqu'il existe sur cette question une certaine incertitude de la jurisprudence (v. ss 1330 s.). Le créancier de l'obligation inexécutée devra aussi faire la preuve de l'inexécution d'une obligation contractuelle et de sa *relation de causalité* avec le dommage subi, car cette inexécution contractuelle est le *fait générateur* de la responsabilité.

1274. La responsabilité contractuelle comme la responsabilité extracontractuelle, on le verra, repose en effet sur trois conditions qui sont des constantes de la responsabilité, car on les retrouve dans tout régime de responsabilité : l'existence d'un fait générateur, d'un dommage et d'un lien de causalité entre le fait générateur et le dommage. S'ajoute à ces trois conditions positives une condition négative : l'absence de causes d'exonération qui viendraient supprimer la responsabilité du débiteur.

1275. Nous aborderons ici la question de l'inexécution contractuelle et de la réparation du dommage, qui présentent des spécificités, en renvoyant pour l'étude complète des conditions de la responsabilité, et notamment des causes d'exonération au chapitre sur la responsabilité (v. ss 2151 s., 2215 s.).

A. L'inexécution d'une obligation comme condition de la responsabilité contractuelle

1. La distinction essentielle entre les obligations de moyens et de résultat dans la preuve de l'inexécution

1276. La distinction entre les obligations de moyen et de résultat est une distinction essentielle opérée depuis les années trente et qui commande le régime de la preuve en matière de responsabilité contractuelle. Les conditions de l'engagement de la responsabilité et la plus ou moins grande facilité du créancier à le faire dépendent de cette distinction (aussi v. ss 2164 s.).

1277. En effet, ***l'obligation de moyen*** oblige le débiteur à faire tout ce qui est normalement possible pour parvenir à l'exécution correcte de l'obligation. Dès lors, pour engager sa responsabilité, il faudra prouver que l'inexécution de l'obligation constatée par l'absence du résultat promis et attendu est fautive, c'est-à-dire que le cocontractant ne s'est pas comporté comme il fallait. Cette inexécution fautive s'apprécie comme en matière de responsabilité pour faute, on le verra (v. ss 1873) à l'aide du standard de la personne raisonnable (ou désuet « bon père de famille », qui devrait sortir du Code civil à la faveur de l'adoption de la loi pour l'égalité entre les femmes et les hommes). Il s'agit d'une personne normalement prudente et diligente, dont le juge se demande ce qu'elle aurait fait dans les mêmes circonstances que le contractant pour apprécier le comportement fautif ou pas de ce dernier.

1278. ***L'obligation de résultat*** oblige à fournir le résultat promis « coûte que coûte ». Dès lors la seule absence de résultat suffit à démontrer l'inexécution de l'obligation, et son caractère fautif, à moins ensuite que le débiteur ne puisse démontrer que le dommage ne lui est pas imputable en établissant l'existence d'une cause d'exonération. La faute est donc ici présumée, de même que le rapport de causalité avec le dommage [1].

1279. Cette analyse (présomption de faute pour les obligations de résultat et faute prouvée pour les obligations de moyens) est désormais acquise ; Il a fallu cependant pour cela résoudre la contradiction entre les articles 1147 et 1137 du Code civil.

En effet, *selon l'article 1147* : « le débiteur est condamné, s'il y a lieu, au paiement de dommages et intérêts, soit à raison de l'inexécution, soit à raison du retard dans l'exécution, toutes les fois *qu'il ne justifie pas que l'inexécution provient d'une cause étrangère qui ne peut lui être imputée*, encore qu'il n'y ait aucune mauvaise foi de sa part », ce qui signifie que le débiteur ne peut invoquer sa bonne foi et ne peut se libérer que par un cas de force majeure, c'est-à-dire un fait extérieur, imprévisible et insurmontable. Il n'y a donc pas à prouver que sont inexécution est fautive pour engager sa responsabilité.

Or, *selon l'article 1137* : « l'obligation de veiller à la conservation de la chose… soumet celui qui en est chargé à y apporter *tous les soins d'un bon père de famille* », c'est-à-dire que le conservateur n'est tenu que des soins normaux permettant d'éviter la perte ou la détérioration de l'objet et peut se libérer en prouvant sa diligence, et l'alinéa 2 de l'article 1137 ajoute que « cette obligation est plus ou moins étendue relativement à certains contrats… ».

Il semble donc ici qu'il soit nécessaire de prouver le mauvais comportement du débiteur pour engager sa responsabilité.

1280. Devant cette apparente contradiction, la doctrine a essayé de trouver une interprétation valable de ces textes, mais c'est l'explication proposée par *Demogue* en 1928 qui a rallié la plupart des auteurs. Selon lui, l'article 1137 s'applique aux obligations « de moyens » et l'article 1147 aux obligations « de résultat ». Toutefois, si cette idée est parfaitement admise aujourd'hui, cela n'a quand même pas supprimé toute discussion.

En effet, d'une part, il existe des degrés dans les obligations de moyens comme dans les obligations de résultat et d'autre part, ces deux catégories ne sont pas étanches : on constate que des obligations des deux catégories peuvent figurer dans le même contrat et une obligation peut appartenir tantôt à l'une tantôt à l'autre de ces catégories : par exemple, l'obligation de sécurité en matière de transport de personne par chemin de fer, est une obligation de résultat « à partir du moment où le voyageur commence à monter dans le véhicule et jusqu'au moment où il achève d'en descendre » [2], mais elle a longtemps été considérée comme une simple obligation de moyens lorsque le voyageur est sur le quai ou dans la gare. Toutefois, la Cour de cassation a désormais limité la responsabilité contractuelle au transport proprement dit, rendant les accidents de gare au domaine de la responsabilité délictuelle [3] (v. ss 2175).

1281. On rappellera que l'*avant-projet Catala a* consacré cette distinction entre les obligations de moyen et de résultat dans les dispositions relatives au contrat où sont envisagées les diverses espèces d'obligations (art. 1149) ainsi que dans les dispositions consacrées à la responsabilité contractuelle. À propos de la responsabilité, il est précisé en effet que lorsque le débiteur s'oblige à procurer un résultat, l'inexécution est établie du seul fait que le résultat n'est pas atteint, sauf à prouver une cause étrangère, alors que dans les

1. Civ. 1re, 16 févr. 1988, *Bull. civ.* I, nº 42.
2. Civ. 1re, 1er juill. 1969, *D.* 1969. 640, note G. C.-M.
3. Civ. 1re, 7 mars 1989, *D.* 1989. IR 96.

autres cas, il ne doit réparation que s'il n'a pas effectué toutes les diligences nécessaires (art. 1364). La proposition de loi Béteille de réforme du droit de la responsabilité a repris ces propositions (art. 1386-14). **L'actuel projet de réforme** du droit des contrats de la Chancellerie n'a pas repris les dispositions de l'avant-projet Catala relatives aux diverses espèces d'obligation et ne fait donc plus référence à cette distinction des obligations de moyen et de résultat.

2. Détermination des obligations nées du contrat

a) La volonté expresse des parties

1282. Quels sont donc les devoirs et obligations nés du contrat ? Ce sont bien sûr, tout d'abord, ceux qui découlent de la volonté commune des parties, librement exprimée dans le contrat et auxquels le juge se référera en premier lieu en cas de litige, selon le principe exprimé par l'article 1135 qui déclare que « les conventions obligent non seulement à ce qui y est exprimé… ».

1283. Toutefois, cela n'est pas toujours suffisant et les juges devront parfois rechercher cette commune intention des parties au-delà du texte même de la convention, comme les y autorise la fin de l'article 1135 « … mais encore à toutes les suites que l'équité, l'usage ou la *loi* donnent à l'obligation d'après sa nature ».

1284. Il y a, en effet, outre l'équité et l'usage dont le juge tiendra compte, d'où le rôle de la jurisprudence en la matière, de nombreux textes législatifs et réglementaires dont la violation entraînera la responsabilité contractuelle du contractant, textes qui décrivent les obligations nées de tel ou tel type de contrat.

b) Les suites données par la loi

1285. Les textes qui imposent des obligations aux parties à tel ou tel type de contrat sont très nombreux et figurent soit au Code civil, soit au Code de commerce, soit dans d'autres codes spécialisés (consommation, travail, assurances, aviation civile, etc.), soit même dans des textes non codifiés.

1286. Certaines des dispositions qu'ils contiennent sont seulement, pourrait-on dire, descriptives c'est-à-dire qu'elles décrivent les obligations qui découlent normalement de tel ou tel type de contrat, mais d'autres sont imposées aux parties au nom de l'ordre public contractuel. C'est ce qu'on présente habituellement en parlant de règles supplétives ou impératives mais qui peut être nuancé.

1° Les textes supplétifs

1287. Il s'agit, essentiellement, pour le législateur de fournir aux contractants des modèles, des contrats standards pour chaque type de contrat nommé.

1288. Mais la jurisprudence a pu étendre le domaine d'application de ces textes, d'une part, en les appliquant aux contrats innomés grâce aux techniques de qualification, d'autre part, en limitant la faculté qu'ont les parties d'écarter ces textes, même s'ils ne sont pas d'ordre public.

♦ *Application de ces textes même aux contrats innomés*

1289. Lorsque le juge a à examiner un de ces contrats non qualifié ou mal qualifié, il a tendance à le rattacher à un ou plusieurs types de contrat déjà catalogués : par exemple : contrat de wagon-lit = contrat d'hôtellerie + contrat de transport. Ainsi, la Cour de cassation a-t-elle approuvé une cour d'appel d'avoir admis qu'une convention complexe par laquelle une société s'était engagée à l'égard d'une autre à construire une centrale thermique sur le terrain de cette dernière comportait à la fois un louage d'ouvrage et une vente de fournitures [1].

1290. Ce n'est qu'exceptionnellement que la jurisprudence accepte de reconnaître qu'un contrat mérite une qualification spécifique et dans ce cas le législateur est rapidement appelé à combler ce vide (par exemple le *leasing* réglementé par la loi du 2 juillet 1966 sous le nom de crédit-bail désormais codifié).

♦ *Limitation de la faculté d'écarter ces textes*

1291. De même, les juges parviennent à limiter parfois le droit qu'ont les contractants d'écarter des textes qui ne sont pourtant pas considérés comme d'ordre public.

1292. *L'obligation de respecter la « norme fondamentale du contrat »* est ainsi parfois invoquée, ce qui signifie qu'il existe un « minimum contractuel » que l'on ne peut réduire et qui est l'obligation nécessaire à la réalisation de l'objectif économique recherché, par exemple : l'obligation de délivrance pour la vente, l'obligation d'assurer la jouissance des lieux loués pour le bail… l'amputation par les parties d'une obligation essentielle entraîne alors, soit la disqualification du contrat, quand il est possible de la qualifier autrement, soit la nullité de la clause, soit la nullité du contrat lui-même pour absence d'objet ou de cause.

1293. *Le recours à la notion de « bonne foi »* permet aussi de limiter l'efficacité des clauses écartant des dispositions légales pour alléger les obligations de l'une des parties par rapport à l'autre en supprimant, par exemple, une obligation nécessaire à la protection de l'un des contractants ou en frappant d'indétermination l'objet du contrat ou son délai d'exécution. Elles peuvent être annulées si l'on établit la mauvaise foi du contractant.

2° Les textes imposant des obligations au nom de l'ordre public

1294. ***Extension du domaine de l'ordre public contractuel***. Au XIXe siècle on considérait plutôt les dispositions d'ordre public comme des normes interdisant aux contractants d'agir, comme un obstacle à la possibilité de créer ou de transmettre par contrat certaines obligations (art. 6) mais, aujourd'hui, on a étendu cette notion qui devient un moyen d'imposer des obligations aux contractants, un moyen de modeler le contenu de certains contrats. C'est l'ordre public économique et social par opposition à l'ordre public politique ou moral.

1295. Il s'agit de dispositions destinées à protéger certaines catégories de contractants.

---

1. Civ. 3e, 16 mars 1977, *JCP* 1978. II. 18913, note T. Hassler.

1296. *Ainsi l'ordre public de protection des salariés ou ordre public social* prévoit-il l'aménagement des obligations du salarié : durée du travail, modalités du paiement des salaires, sécurité physique, etc. La chambre sociale de la Cour de cassation impose une force nouvelle au principe de la force obligatoire du contrat de travail en annulant, dans ces contrats, les clauses qui, sans être ainsi qualifiées, présentent les caractères des « clauses abusives ». Ainsi, « la clause par laquelle l'employeur se réserve le droit de modifier, en tout ou partie, le contrat de travail est nulle, comme contraire aux dispositions de l'article 1134, alinéa 2, du Code civil, le salarié ne pouvant valablement renoncer aux droits qu'il tient de la loi »[1].

1297. ***L'ordre public de protection des consommateurs. Les clauses abusives.*** Cet ordre public de protection s'est, d'abord, manifesté par l'aménagement des baux d'habitation ou commerciaux, puis par des règles de protection des assurés et des consommateurs en général, qu'il s'agisse de biens ou de services : par exemple, la loi du 10 janvier 1978 (et Décr. du 24 mars 1978) sur la protection et l'information des consommateurs (v. ss 700).

c) Le rôle de la jurisprudence : technique de « forçage » du contrat

1298. La jurisprudence a, depuis longtemps, joué un rôle non négligeable dans l'interprétation des contrats en y découvrant des obligations tacites de plusieurs sortes. Toutefois, la justification de ce rôle de la jurisprudence est, aujourd'hui encore, assez discutée.

Les tribunaux ont eu, en matière contractuelle, une activité créatrice au moins aussi importante qu'en matière extracontractuelle, avec la théorie dite des « intentions tacites » et la « découverte », dans les contrats, de toutes sortes d'obligations non exprimées : *obligation de non-concurrence* dans les ventes de fonds de commerce notamment.

1299. La jurisprudence a, de même, découvert dans les contrats d'autres obligations telles que l'*obligation de respecter les usages professionnels*, l'*obligation accessoire de garde des vêtements* des clients des restaurateurs, coiffeurs, organisateurs de spectacle, etc., l'*obligation de surveillance de certains professionnels* mais surtout les *obligations de sécurité et de renseignement.*

1300. Cette technique qui consiste à faire produire au contrat, les suites que commande l'équité, en s'appuyant sur l'article 1135 est dite de « forçage du contrat » (v. aussi ss 1104).

1° L'exemple des obligations de sécurité

1301. Apparue dès 1911[2] dans le contrat de transport de personnes, l'obligation de sécurité est maintenant sous-entendue dans de nombreux contrats, dans les domaines les plus variés, souvent d'ailleurs avec raison, comme dans les contrats liant une personne à un organisateur de réunions sportives ou attractives (exploitant de jeux, manèges forains, remonte-pente, etc.), comme dans le contrat médical ou le contrat liant une personne à un établissement de soins, dans les contrats comportant une obligation de surveillance (établissement d'enseignement ou colonie de vacances) mais, parfois, d'une façon plus arbitraire.

---

1. Soc. 27 févr. 2001, *Dr. soc.* 2001. 514, note Radé ; *JCP* 2001. I. 330, obs. G. Loiseau.
2. Civ. 21 nov. 1911, *S.* 1912. 1. 73, note Lyon-Caen. *D.* 1913. 1. 249, note Sarrut.

1302. Fréquemment en liaison avec une prestation de service (restaurant, coiffeur, café, voire laboratoire d'analyses médicales), ces obligations parviennent, même, à figurer, selon la jurisprudence, dans des contrats où elles ne semblent pas justifiées et font double emploi avec la garantie des vices cachés, comme dans les contrats de vente : par exemple responsabilité de la « grande surface » quand un client est blessé par un produit vendu. Certains de ces contrats n'ont qu'un rapport lointain avec la sécurité des personnes, et ne concernent parfois que la sécurité des biens.

1303. Devant cette multitude de cas si divers, on a pu se demander quel était le critère retenu par la jurisprudence.

– Une partie de la doctrine (Durry, Becqué) considère qu'il y a obligation de sécurité chaque fois qu'un des contractants livre à l'autre sa propre sécurité physique à charge d'exécuter certaines prestations : soins médicaux, logement, distraction, transport, mais l'analyse de la jurisprudence montre que ce n'est pas toujours le cas.

– Un autre critère a été avancé (Weill et Terré), celui liant l'obligation de sécurité à « un local, un engin ou une enceinte dépendant plus ou moins des pouvoirs du débiteur ».

1304. Les deux critères semblent utilisés par les tribunaux. Toutefois, un arrêt de la Cour de cassation a refusé de tenir compte d'une obligation de sécurité de nature contractuelle pour un accident survenu dans le hall d'accueil d'un centre médical où une patiente venue pour un rendez-vous, avait heurté une marche. La Cour de cassation considère qu'il s'agit d'une responsabilité délictuelle basée sur l'article 1384, alinéa 1er, car « le contrat passé entre le centre médical et le patient se limite à la consultation et aux soins »[1]. Il semble qu'on assiste depuis quelque temps à un recul de l'utilisation de la notion d'obligation de sécurité qui s'était, il est vrai, un peu trop développée.

1305. En effet, cette œuvre de la jurisprudence, utile quand elle facilite la tâche de la victime en lui évitant la preuve du fait de la chose, comme en matière de transport où lorsqu'elle est exposée à un risque particulier, semble parfois inutile, voire dangereuse[2].

2° L'exemple des obligations d'information, de renseignement ou de conseil

1306. Avant que le droit de la consommation n'inscrive dans la loi l'obligation d'information (et en dernier lieu la loi n° 2014-344 du 17 mars 2014 relative à la consommation qui vient encore la renforcer) (v. ss 782), les tribunaux ont également « découvert », dans certains contrats, des obligations d'information ou de conseil à la charge de certaines personnes dotées de compétences techniques particulières, face à un cocontractant non initié, qui se manifestent successivement : au moment de la formation du contrat et au cours de son exécution : ce sont ces dernières, seules, qui nous intéressent ici et non celles existant au cours de la période précontractuelle.

1307. L'intensité de ces obligations peut cependant varier en fonction de la compétence du cocontractant et de sa plus ou moins grande aptitude à apprécier le contenu du service fourni, elle peut aller jusqu'à disparaître dans les relations entre professionnels. Mais, le devoir de conseil survit dans le cas où le cocontractant est assisté d'un intermédiaire compétent.

---

1. Civ. 2e, 10 janv. 1990, *RCA* 1990, comm. n° 102 ; *RTD civ.* 1990. 481, obs. P. Jourdain.
2. V. sur l'ensemble de la question le colloque « La naissance de l'obligation de sécurité », compte rendu et diverses contributions, *Gaz. Pal.* 21-23 sept. 1997, nos 264 à 266.

♦ *L'obligation d'information ou de conseil apparaît souvent comme l'accessoire d'une prestation de services*

– *C'est le cas dans les rapports entre le notaire et son client* où cette obligation est apparue en premier dès 1872, ou entre *l'avocat et le sien*. La Cour de cassation a précisé que « l'avocat est tenu d'informer préalablement son client des conditions de fixation de sa rémunération »[1]. Il s'agit, surtout, pour l'avocat de prévenir son client des chances extrêmement ténues de succès de l'action qu'il souhaite engager, mais le risque le plus grave pour l'avocat est celui du revirement de jurisprudence. Il faut déterminer si c'est la violation de l'obligation d'information de l'avocat sur un revirement inattendu en une matière apparemment fixée qui se trouve à l'origine du dommage : dans ce cas on ne peut pas plus retenir la responsabilité de l'avocat que celle du médecin en cas d'aléa thérapeutique. En revanche, s'il s'agit d'un revirement possible en raison du caractère incertain de la matière, on peut considérer que c'est le défaut d'information sur la nature controversée du problème qui a causé le dommage. La jurisprudence invoquait en la matière la théorie de la « perte d'une chance », mais rien ne dit que le client, même informé du risque de revirement, n'aurait pas décidé de tenter, quand même l'action, il vaut donc mieux se fonder, comme en matière médicale[2], sur la notion de « consentement éclairé » de l'intéressé. Une appréciation *in concreto* sur la psychologie du patient, permettrait de mieux vérifier le lien de causalité entre la faute et le dommage[3].

– *La même obligation d'information existe dans les rapports entre l'architecte et le maître de l'ouvrage*, non seulement sur le plan technique, mais aussi sur le plan juridique. Elle existe aussi à la charge de l'*entrepreneur*, ou à celle de l'*agent immobilier* qui a négligé d'informer les acheteurs d'une maison d'une possible infestation par le champignon mérule, cette contamination parasitaire due à l'humidité étant courante dans la région et ne pouvant être directement décelée par des profanes des techniques de la construction[4].

– *Cette obligation d'information incombe aussi de façon générale à tous les membres du corps médical*. Toutefois, depuis le revirement de jurisprudence opéré par la Cour de cassation par une décision du 3 juin 2010, le fondement de cette obligation n'est plus le contrat médical. Elle est devenue extra contractuelle et la responsabilité du médecin pour manquement à l'obligation d'information est désormais fondée sur l'article 1382 du Code civil (v. ss 2603, Document, « Le point sur… La responsabilité médicale », n°s 14, 22).

– *Elle existe, d'une façon générale, à la charge de tous les fournisseurs de service* : banquier, avoué, garagiste, teinturier, etc. Elle existe aussi à la charge des organisateurs de compétitions sportives qui doivent informer les participants de l'existence d'une assurance et de ses limites[5].

♦ *L'obligation d'information apparaît, également, dans les contrats comportant le transfert de droits réels ou personnels relatifs à la jouissance d'une chose.*

Il en est ainsi dans le *louage de chose* où elle peut se confondre avec la garantie des vices sauf quand il s'agit de choses très particulières comme du matériel informatique par

1. Civ. 1re, 18 juill. 2000, *D.* 2000. IR 247 ; *RTD civ.* 2000. 828, obs. J. Mestre et B. Fages.
2. Civ. 1re, 20 juin 2000, *Gaz. Pal.* 2001. Somm. 584, note F. Chabas.
3. V. article Nahon, cité dans la bibliographie.
4. Rennes, 4 déc. 2003, *Gaz. Pal.* 29 févr-2 mars 2004, p. 24.
5. Civ. 1re, 25 oct. 1989, *JCP* 1990. II. 21458, note J. Hauser.

exemple, dans la *vente* où elle apparaît comme un des éléments de la responsabilité des fabricants et des vendeurs professionnels.

1308. D'une façon générale, on peut dire qu'une telle obligation apparaît chaque fois que, dans un contrat, l'une des parties se fie à la compétence de l'autre. Mais, même dans les contrats entre professionnels, l'obligation de renseignement existe pour assurer la « transparence dans les relations contractuelles » [1].

3. Portée des obligations nées du contrat qualification des obligations nées du contrat d'obligation de moyen ou de résultat

1309. Pour déterminer la portée des obligations contractuelles et comme la mise en œuvre de la responsabilité repose essentiellement sur la distinction des obligations de moyen et de résultat, il faut donc auparavant et la doctrine a cherché sur quel critère on pouvait se fonder.

a) Recherche d'un critère de qualification de moyen ou de résultat des obligations nées du contrat

1° Propositions de la doctrine

1310. Ne pouvant parvenir à privilégier une de ces catégories d'obligations, la doctrine a tenté de trouver un critère global de qualification fondé sur l'analyse du contenu de l'obligation.

1311. La thèse la plus généralement admise lie la qualification de l'obligation de moyens à l'*aléa* du résultat escompté, bien que ce critère soit parfois difficile à appliquer. Aussi l'a-t-on combiné avec le *rôle actif ou passif du créancier* et surtout avec la *plus ou moins grande précision de la prestation promise*.

1312. Aucun de ces critères n'est suffisant mais ces recherches ont aidé les tribunaux dans leur tâche de qualification.

2° Position des tribunaux

1313. Les décisions jurisprudentielles sont généralement peu motivées sur ce point et aucune n'adopte purement et simplement les critères proposés ; toutefois, en les rapprochant, on peut déceler un certain nombre d'éléments sur lesquels les tribunaux se fondent pour qualifier l'obligation : ils tiennent compte, notamment, tout d'abord, de la *volonté des parties* chaque fois qu'elle est exprimée ou au moins décelable, ensuite, de l'*objet de l'obligation* qui peut, par nature, appartenir à l'une ou l'autre catégorie, enfin, de considérations d'*équité* lorsque ces indications ont été insuffisantes.

1314. Ces considérations d'équité sont très diverses : le tribunal peut tenir compte du caractère gratuit du contrat, ou de son caractère aléatoire, de la plus ou moins grande liberté d'action laissée au créancier face à son débiteur, de la situation sociale de l'un par rapport à l'autre, de leur compétence professionnelle, etc.

---

1. Civ. 1re, 4 juill. 1989, *Ste-Karin*, inédit, *RTD civ.* 1990. 737, obs. J. Mestre.

b) Difficultés irréductibles de qualification de certaines obligations

1315. Malgré tout, en effet, certaines obligations restent particulièrement difficiles à qualifier.

1° Obligations médicales

1316. Jusqu'à deux décisions « historiques » rendues respectivement le 28 janvier et le 3 juin 2010 par la première chambre civile de la Cour de cassation [1], il était admis que la responsabilité du médecin était une responsabilité contractuelle. Selon la jurisprudence, le médecin contracte envers son patient une obligation de soins qui est en principe une obligation de moyen. Elle avait ainsi écarté la responsabilité du médecin en cas d'aléa thérapeutique en rappelant systématiquement que l'obligation de soins du médecin est de moyen, avant même que la loi du 4 mars 2002 sur les droits des malades ne vienne poser un certain nombre de principes en matière de responsabilité médicale, et notamment le principe d'une responsabilité pour faute, qui s'entend d'une faute prouvée. En revanche, elle avait admis l'existence d'une obligation de sécurité-résultat en matière d'infections nosocomiales, par trois arrêts du 29 juin 1999 et la loi de 2002 a également consacré dans ce cas particulier une responsabilité sans faute (« Le point sur... La responsabilité médicale », Troisième partie, Documents, v. ss 2603). Elle admettait également l'existence d'une obligation de sécurité de résultat en cas de fourniture et/ ou utilisation de prothèses, concernant la conception et la confection du matériel lui-même, qu'elle détachait donc de l'obligation de soins proprement dite [2]. Mais cette solution a été remise en cause par une décision de la première chambre civile de la Cour de cassation du 12 juillet 2012 [3] (v. aussi sur ce point, ss. 2603, « Le point sur... La responsabilité médicale », n° 37).

1317. De même, le médecin était contractuellement tenu à une obligation d'information qui aurait pour fondement le principe constitutionnel de sauvegarde de la dignité humaine, obligation qui, de moyens, est devenue progressivement de résultat.

1318. Toutefois, les deux décisions du 28 janvier et 3 juin 2010 ont remis en question ces analyses contractuelles. La décision de la première chambre civile de la Cour de cassation du 3 juin 2010 est venue fonder la responsabilité du médecin pour manquement à l'obligation d'information sur l'article 1382 du Code civil, en écartant ainsi le fondement contractuel. La décision du 28 janvier a également écarté ce fondement contractuel pour fonder l'obligation de soins directement sur le Code de la santé publique. Ces nouveaux fondements ont depuis été confirmés (sur ces décisions, v. ss 2161 s., 2603, « Le point sur... La responsabilité médicale », Troisième partie, Documents, n° 14 s.).

2° Obligations d'information ou de conseil

1319. Ce type d'obligation est également délicat à qualifier. En principe, les obligations d'information sont des obligations de résultat. L'information existe, elle doit être

---

1. Civ. 1re, 28 janv. 2010 et 3 juin 2010. *D.* 2010. 1522, note P. Sargos.
2. V. notamment : Civ. 1re, 9 déc. 2010, *JurisData* n° 2010-023463 ; *RCA* 2011, à noter, n° 111.
3. Civ. 1re, 12 juill. 2012, *RCA* 2012, comm. 314 ; *D.* 2012. 2277, note M. Bacache ; *JCP* 2012, note 1036. P. Sargos ; v. aussi S. Hocquet-Berg, « La sécurité des produits de santé dans la tourmente de la jurisprudence judiciaire », *RCA* 2012. Étude 8.

donnée et le professionnel doit s'informer pour pouvoir informer. C'était le cas du médecin, avant que la Cour de cassation ne décontractualise l'obligation d'information le concernant (v. ss 1318). C'est le cas aussi du notaire. Ainsi, un notaire est-il rendu responsable de n'avoir pas éclairé les acquéreurs sur le fait que le terrain qu'ils achetaient était inconstructible, lors même que ceux-ci avaient eu connaissance de cette situation par un certificat d'urbanisme négatif délivré à la requête d'un expert-géomètre avant la signature de l'acte[1]. C'est encore le cas du banquier : quelles que soient les relations contractuelles entre un client et une banque, celle-ci a le devoir de l'informer des risques encourus dans les opérations spéculatives sur les marchés à terme, hors le cas où il en a eu connaissance par ailleurs[2].

1320. Lorsque l'on quitte l'information pure pour glisser vers le conseil, de l'avocat, du notaire, ou plus généralement, du professionnel, l'obligation devient le plus souvent de moyens, ce qui n'exclut pas certaines hésitations.

3° Obligations de sécurité

1321. C'est surtout dans le domaine des obligations de sécurité que l'on constate le mieux cette difficulté de qualification. Apparue comme on l'a précisée plus haut (v. ss 1301) dans le domaine des transports (v. ss 2175), à une époque où ces termes d'obligation de moyens ou de résultat n'existaient pas, l'obligation de sécurité avait tous les caractères d'une obligation de résultat. Mais, progressivement, les domaines où l'existence d'une obligation de sécurité a été admise par la jurisprudence se sont tellement développés et diversifiés qu'il ne pouvait pas toujours s'agir d'obligations de résultat et la qualification d'obligation de moyens a également été retenue dans de nombreuses hypothèses par la jurisprudence.

1322. Ce rattachement d'une obligation de sécurité de moyens à un contrat est pourtant finalement défavorable à la victime. En effet, dans la mesure où la victime ne peut pas choisir et où elle est obligée d'invoquer la responsabilité contractuelle, du fait de la règle du non-cumul des responsabilités délictuelle et contractuelle, elle ne peut choisir de bénéficier de la responsabilité de plein droit du fait des choses de l'article 1384, alinéa 1er, plus facile à engager. Elle est obligée, sur le fondement de l'obligation de moyens, de rapporter la preuve d'une faute de son cocontractant.

1323. L'obligation de sécurité peut donc être tantôt de moyen, tantôt de résultat et c'est d'une façon assez empirique que s'opère la démarcation entre ces deux sortes d'obligations. On peut prendre quelques exemples pour illustrer ces incertitudes de la qualification.

1324. Le premier exemple concerne la responsabilité des *exploitants de station de ski* : leur obligation est tantôt de moyen ou tantôt de résultat selon l'activité du skieur au moment du dommage.

– S'il s'agit de ski proprement dit et de l'utilisation des pistes, la Cour de cassation a jugé que l'exploitant d'une piste de ski est tenu d'une obligation de sécurité de moyens, compte tenu du rôle actif du skieur dans le choix de sa vitesse et dans la maîtrise de sa

---

1. V. obs. J. Mestre, *RTD civ.* 1989. 523 ; v. aussi Civ. 1re, 12 juin 1990, *JCP* 1991. II. 21708, note Y. Dagorne-Labbé.

2. Com. 18 mai 1993, *Gaz. Pal.* 2-3 févr. 1994, p. 18, note S. Piedelièvre.

trajectoire et que l'exploitant n'est pas tenu de disposer des filets de protection de chaque côté des pistes sur toute la longueur de celles-ci, mais seulement « dans les passages particulièrement dangereux[1] ».

– S'il s'agit de *l'utilisation des remontées mécaniques*, les solutions sont différentes selon les hypothèses_ : dans le cas du téléphérique, d'une télécabine ou d'une télébenne où le skieur n'a aucune participation, l'obligation de sécurité est une obligation de résultat ; dans le cas du remonte-pente ou du téléski, la diligence du skieur doit être sans défaillance, ce qui entraîne une simple obligation de moyens, tant pour les opérations d'embarquement ou de débarquement que pendant le trajet[2] ; enfin, dans le cas du télésiège, à mi-chemin entre les deux premiers, l'obligation est de moyens à l'embarquement et au débarquement parce que cela nécessite une participation du skieur et elle est de résultat lors du parcours[3]. On peut citer un arrêt caractéristique de la Cour de cassation qui approuve l'a cour d'appel d'avoir déclaré l'exploitant d'un télésiège entièrement responsable d'un accident, dès lors que celui-ci n'était pas survenu au cours du débarquement, exactement défini comme le moment où l'usager doit quitter le siège sur lequel il est installé, mais à l'occasion d'une phase préliminaire qui consistait à relever le garde-corps conformément aux indications portées sur les panneaux disposés à une trentaine de mètres de l'aire de débarquement. Faute de ce garde-corps, l'usager était tombé sur le sol douze mètres avant celle-ci et avait été grièvement blessé. Il s'agissait encore du parcours et donc d'une obligation de résultat[4].

1325. Le second exemple concerne les sports et loisirs. Les exploitants de parcs d'attractions sont ainsi traités plus sévèrement que les moniteurs de sport, mais dans les deux cas, il y a des variantes.

1326. *Dans le cas de l'entrepreneur de jeux nautiques* : la tendance est à la sévérité et à l'obligation de résultat : la cour de Montpellier a en effet qualifié l'obligation de sécurité d'obligation de moyens tout en renversant la charge de la preuve et en demandant à l'exploitant pour échapper à sa responsabilité, de prouver une faute de la victime[5] ; c'est ce que l'on appelle une obligation de moyen renforcée ; dans une décision postérieure du 3 février 2011, la Cour de cassation, pour sa part, a directement qualifié d'obligation de sécurité résultat l'obligation de l'exploitant d'un parc d'attractions nautique d'obligation de résultat[6].

1327. Au contraire, *s'agissant des moniteurs de sport*, la Cour de cassation précise que, d'une façon générale, ce dernier n'est tenu, en ce qui concerne la sécurité des participants, qu'à une obligation de moyens mais appréciée avec plus de rigueur lorsqu'il s'agit d'un sport dangereux. Ainsi, selon le degré de dangerosité de l'activité, on peut ajouter une variante intermédiaire : l'obligation de « moyens renforcée » ou « de résultat atténuée » qui donne lieu à une responsabilité pour faute présumée. La victime n'a pas à établir la faute du moniteur.

---

1. Civ. 1re, 17 févr. 2011, no 09-71.880, *F-D, SA Allianz IARD et a. c/ B. et a.*, *JurisData* no 2011-002330, *RCA* 2011, comm. 189.
2. Civ. 1re, 4 nov. 1992, *JCP* 1993. II. 22058, note P. Sarraz-Bournet.
3. Civ. 1re, 4 nov. 1992, *JCP* 1993. II. 22058, note P. Sarraz-Bournet.
4. Civ. 1re, 11 juin 2002, *Gaz. Pal.* 7-8 mars 2003. note F. Chabas.
5. Montpellier, 20 janv. 1992, *JCP* 1993. II. 22125, note S. Bories.
6. Civ. 1re, 3 févr. 2011, no 09-72.325, *SAS Le Paradou c/ SA Generali assurances*, *JurisData* no 2011-001163 ; *RCA* mai 2011, comm. 165.

1328. On voit à quel degré de complexité on parvient avec cette notion d'obligation de sécurité.

B. La réparation du préjudice

1329. Lorsque l'inexécution d'une obligation contractuelle est établie, qu'elle soit de moyen ou de résultat, et qu'elle est en relation de causalité avec le dommage, soit que cette relation soit présumée, dans le cas d'une obligation de résultat, soit qu'elle ait été prouvée dans le cas d'une obligation de moyen, la responsabilité contractuelle est engagée et le créancier pourra obtenir la réparation du préjudice subi… À moins que le débiteur n'établisse l'existence d'une cause d'exonération (v. ss 2215 s.) ou qu'il n'y ait une clause limitative ou exonératoire de responsabilité conventionnellement prévue (v. ss 2238 s.).

1. La condamnation à des dommages-intérêts

► ***Les dommages-intérêts*** sont constitués par une somme d'argent versée au créancier pour *compenser le préjudice* qu'il subit du fait de l'inexécution ou du retard dans l'exécution (art. 1147).

1330. La responsabilité contractuelle ne peut s'analyser seulement comme un mode d'exécution de l'obligation par équivalent, sous forme de dommages-intérêts, à défaut d'exécution en nature. Il est vrai que la jurisprudence considère que les dommages-intérêts constituent une « modalité d'exécution de l'obligation de faire et de ne pas faire » ; mais cette affirmation est normale, si l'on sait que l'obligation de faire et de ne pas faire n'est pas toujours susceptible d'exécution forcée en nature et que l'article 1142 lui-même précise qu'elle se résout en dommages-intérêts. Cependant, si les dommages-intérêts peuvent en effet s'analyser en une modalité d'exécution par équivalent de l'obligation, ils ne peuvent être réduits à cette fonction.

La condamnation à des dommages-intérêts répond aussi à l'idée d'une réparation du préjudice causé par l'inexécution, ce qui justifie le recours à la notion de responsabilité contractuelle, classiquement admis. Il suffit pour s'en convaincre de considérer que le créancier peut parfaitement obtenir l'exécution forcée en nature du contrat (même s'il s'agit d'une obligation de faire ou de ne pas faire) et, en parallèle, obtenir aussi une condamnation du débiteur à des dommages-intérêts. La responsabilité contractuelle fait donc davantage qu'assurer l'exécution par équivalent de l'obligation.

1331. D'ailleurs, la jurisprudence exige que le créancier victime de l'inexécution établisse l'existence d'un préjudice distinct de cette inexécution pour obtenir des dommages-intérêts [1] et la chambre commerciale de la Cour de cassation a réaffirmé cette exigence [2] (sur ce débat, v. aussi ss 2191).

On notera aussi que le rapport Catala, qui a pris parti pour l'unité de nature des responsabilités contractuelles et délictuelles, pose la condition d'un préjudice, comme une des trois conditions communes à toutes les responsabilités, au même titre que le fait générateur et le lien de causalité (v. ss 1575, « Le point sur… Les propositions de réforme du droit de la responsabilité civile », Troisième partie).

---

1. Civ. 3e, 3 déc. 2003, *Bull. civ.* III, n° 221, *RDC* 2004. 359, obs. J.-B. Seube.
2. Com. 13 mars 2007, *LPA* 11 sept. 2007, p. 7, note M.-L. Lanthiez.

Il est vrai que la première chambre civile a affirmé à deux reprises, en 2005, puis en 2007 à nouveau que lorsque l'obligation inexécutée est une obligation de ne pas faire, celui qui y contrevient doit des dommages-intérêts par le seul fait de la contravention sans donc qu'il soit nécessaire d'établir un préjudice[1]. Mais la solution peut se justifier, par la nature particulière de l'obligation et les termes de l'article 1142 prévoyant qu'en cas d'inexécution elle se résout en dommages-intérêts.

On pourrait soutenir l'idée d'une distinction entre le dommage et le préjudice : le dommage serait constitué par la seule atteinte au droit du créancier d'obtenir l'exécution du contrat, résultat de la seule inexécution de l'obligation et sa compensation par l'allocation de dommages-intérêts pourrait s'analyser en une modalité d'exécution de l'obligation par équivalent. Le préjudice serait constitué par les conséquences de cette atteinte au droit, de cette inexécution, qui pourraient aller au-delà et augmenter le montant des dommages-intérêts[2]. Cette distinction n'est cependant pas consacrée pour l'instant par la jurisprudence.

1332. On a coutume de distinguer les dommages-intérêts *compensatoires*, qui sont alloués en réparation du préjudice subi par le créancier, c'est-à-dire de la perte qu'il a faite et du gain dont il a été privé (art. 1149), et les dommages-intérêts *moratoires* qui réparent le dommage causé par le retard dans l'exécution, qui est un préjudice spécifique.

Une décision remarquée, du 6 juillet 2007, de la chambre mixte est par ailleurs venue trancher divergence entre la troisième chambre civile et la chambre commerciale quant à la nécessité ou pas d'une mise en demeure préalable pour obtenir une condamnation à des dommages-intérêts compensatoire. La chambre mixte a admis que « l'absence de mise en demeure ne rendait pas irréparable le préjudice né d'une inexécution contractuelle certaine[3] » (v. aussi ss 1243).

2. Règles d'évaluation du préjudice

a) Fixation des dommages-intérêts compensatoires

1333. Contrairement à ce qui se passe pour l'astreinte, moyen de pression destiné à obtenir l'exécution de l'obligation (v. ss 363) les dommages-intérêts se calculent, en principe, d'après le préjudice subi et non d'après la faute, mais il arrive que les juges soient quand même influencés par la gravité de la faute.

Le créancier a droit, soit à la valeur de remplacement de la chose, objet de l'obligation, soit au coût de sa remise en état, mais il ne peut généralement exiger que le moins onéreux des deux modes d'indemnisation.

---

1. Civ. 1re, 31 mai 2007, *D.* 2007. AJ 1725, obs. I. Gallmeister et Jur. 2784, note C. Lisanti ; *RTD civ.* 2007. 568, obs. B. Fages ; *JCP* 2007. I. 185, obs. P. Stoffel-Munck. Et déjà, 10 mai 2005, *RTD civ.* 2005. 594, obs. J. Mestre et B. Fages ; *JCP* 2006. I. 111, obs. P. Stoffel-Munck ; *Defrénois* 2005. 1247, obs. J.-L. Aubert ; CC 2005, n° 184, note L. Leveneur ; *RDC* 2006. 326, obs. D. Mazeaud. Et, déjà auparavant, Civ. 1re, 10 mai 2005, *RTD civ.* 2005. 594, obs. J. Mestre et B. Fages ; *ibid.* 60, obs. P. Jourdain ; *JCP* 2006. I. 111, obs. P. Stotffel-Munck ; *Defrénois* 2005. 1247, obs. J.-L. Aubert ; CC 2005, n° 184, note L. Leveneur ; *RDC* 2006. 326, obs. D. Mazeaud.

2. J.-L. Gracia, *L'atteinte à la propriété : essai sur la distinction du dommage et du préjudice*, thèse, Pau, 2007.

3. Cass., ch. mixte, 6 juill. 2007, *RLDC* nov. 2007, n° 43, note E. Garaud ; *D.* 2007. 2642, note G. Viney ; *ibid.* Pan. 2975, obs. B. Fauvarque-Cosson.

b) Date d'évaluation du préjudice

1334. Le préjudice peut varier avec le temps et son estimation peut également différer selon que l'on se place au moment où le contrat aurait normalement dû être exécuté, c'est-à-dire au moment où le préjudice est subi ou au moment où la décision est rendue, si la monnaie est dévaluée entre-temps. Il faut donc examiner les variations qui peuvent intervenir antérieurement ou postérieurement au jugement de condamnation.

1° Les modifications du préjudice antérieurement au jugement

♦ *L'appréciation du préjudice est faite au jour du jugement.*

1335. Le dommage a pu varier depuis sa réalisation et le juge devra tenir compte d'une amélioration, comme d'une aggravation, dans son appréciation du préjudice, il doit alors se placer au jour du jugement.

L'appréciation du préjudice en monnaie a également pu varier si le coût de la vie a augmenté. Après quelques hésitations, il est actuellement admis par la jurisprudence que l'évaluation doit se faire au jour du jugement, c'est-à-dire au jour de la réparation du préjudice et non au jour de sa réalisation ; mais cette solution, admise depuis 1942 en matière délictuelle, ne l'est en matière contractuelle que depuis six arrêts rendus après délibération en chambre du conseil en 1954[1].

♦ *En effet, il y a certaines objections à cette solution.*

1336. Ces objections sont fondées soit sur l'idée que la dévaluation n'est pas de la faute de l'auteur du dommage, soit sur l'application restrictive des articles 1150, qui libère le débiteur de l'obligation de réparer les dommages imprévisibles, et 1895, alinéa 2, qui, en matière de prêt, dispose que le débiteur ne doit que la somme numérique prêtée. À ces arguments, on objecte qu'il s'agit d'une exécution par équivalent tenant lieu de réparation en nature, à la suite de la perte de la chose.

♦ *Toutefois, il y a deux exceptions au principe de la réparation au jour du jugement.*

1337. Il y a, tout d'abord, le cas où la victime a déjà remplacé ou réparé la chose détruite, il ne lui est dû que la somme réellement dépensée au jour du remplacement ou de la réparation ; ensuite, dans le cas où les dommages et intérêts sont dus à une personne qui devait revendre la chose qui ne lui a pas été livrée : c'est le manque à gagner au jour où la revente devait avoir lieu qui lui est dû, et peu importe s'il y a eu une dévaluation postérieure de la monnaie[2].

2° Modification du préjudice postérieurement au jugement

♦ *Les juges peuvent tenir compte au moment du jugement d'une modification prévisible du préjudice.*

1338. L'aggravation ou l'amélioration de l'état d'un blessé, par exemple. Mais, s'il survient postérieurement une aggravation qui n'avait pas été prévue, elle ne peut faire l'objet d'une révision que si elle constitue un nouveau préjudice (v. ss 1812 s.).

---

1. Com. 16 févr. 1954, *D.* 1 954. 534, note Rodière ; 3 nov. 1954, *D.* 1955. Somm. 69.
2. T. civ. Seine, 23 oct. 1942, *DC* 1943. J. 83, note Tunc.

♦ *Par contre, en ce qui concerne les modifications du coût de la vie, elles ne sont, en principe, pas prévisibles.*

1339. Pour pallier cette difficulté, les tribunaux condamnent parfois le responsable au paiement d'une rente viagère indexée, variant selon le coût de la vie. Bien que cette solution soit la meilleure pour le créancier, la Cour de cassation n'y était, pendant longtemps pas très favorable ; cependant, cela ne contredit en rien l'ordonnance du 30 décembre 1958 (v. ss 497 s.), puisque, d'une part, il ne s'agit pas d'une disposition « statutaire ou conventionnelle » et que, d'autre part, les tribunaux indexaient les rentes sur un indice en rapport avec la situation de la victime, par exemple : prix d'hospitalisation pour un malade devant être placé dans un hôpital.

Le législateur, devant cette hostilité de la Cour suprême, a, par une loi du 24 mai 1951 suivi de quelques autres, revalorisé les rentes allouées par les tribunaux, mais ces derniers préfèrent allouer un capital plutôt qu'une rente fixe. C'est pourquoi un important revirement de jurisprudence s'est produit avec les arrêts en chambre mixte du 6 novembre 1974[1] qui admettent désormais l'indexation judiciaire des rentes indemnitaires. Et le législateur a suivi avec la loi du 27 décembre 1974 (remaniée par les lois du 5 juillet 1985 et 29 décembre 1989) qui prévoit la revalorisation de certaines rentes allouées en réparation du préjudice causé par un véhicule terrestre à moteur.

♦ *L'indemnité peut-elle être révisée, sans faire obstacle à l'autorité de la chose jugée ?*

1340. Oui, à condition que le tribunal n'ait pas affirmé que l'indemnité réparait aussi le préjudice futur.

Si la victime demande une augmentation, il faut qu'elle prouve un nouveau préjudice distinct du premier, mais elle ne peut faire état d'une modification du coût de la vie. Par contre, l'auteur du dommage ne peut demander une diminution de l'indemnité.

c) Les interventions du législateur pour fixer le montant des dommages-intérêts

1341. Le législateur intervient parfois pour fixer le montant des dommages et intérêts, par exemple, les dommages-intérêts moratoires sont égaux au taux de l'intérêt légal (art. 1153, al. 1er), sauf en cas de mauvaise foi du débiteur où des dommages-intérêts distincts peuvent être obtenus pour ce préjudice supplémentaire, mais ce sont des dommages et intérêts compensatoires (art. 1153, al. 4). Il prévoit aussi que la condamnation à une indemnité emporte intérêt au taux légal qui court, en principe, du jour du jugement, même en l'absence de demande ou de disposition spéciale du jugement (art. 1153-1).

Il intervient plus souvent pour limiter le montant de la réparation à un plafond qui ne peut être dépassé, par exemple pour : les dommages causés par l'énergie nucléaire ; en matière d'hôtellerie, où les articles 1952 et suivants modifiés par la loi du 24 décembre 1973 prévoient des dommages-intérêts limités à cent fois le prix de location du logement, sauf si le voyageur démontre la faute de l'hôtelier ou des personnes dont il doit répondre (art. 1953)[2] ; en matière de responsabilité civile, pour les transports, en prouvant le dol du transporteur ou une faute inexcusable, mais seulement pour le transport de passagers par air ou mer. Ces limitations sont opposables à la victime et à ses héritiers agissant en cette qualité. Mais ces

---

1. *SJ* 1974, n° 12, concl. Jegout, note Savatier ; v. ss 1479 s.
2. Civ. 1re, 6 juill. 2000, *JCP* 2001. II. 10543, note F. Gauvin.

derniers peuvent l'écarter, en réclamant la réparation du préjudice personnel que leur cause le décès de leur auteur (v. les chapitres concernant la responsabilité civile).

3. Limitation de la réparation au dommage prévisible en matière contractuelle

1342. Selon l'article 1150, « le débiteur n'est tenu que des dommages et intérêts qui ont été prévus ou qu'on a pu prévoir lors du contrat… ». Cette limite n'est donc pas applicable en matière délictuelle ou quasi délictuelle ; mais, en matière contractuelle, le débiteur ne sera tenu d'indemniser que le dommage dont la cause et la quotité pouvaient être prévues au moment du contrat par un homme prudent et avisé ; ainsi a-t-il été jugé que, n'est pas prévisible, la possession d'un manteau de vison et de robes de grand couturier par la cliente d'un hôtel « 1 étoile »[1]. Par contre, si le débiteur a commis un dol ou une faute lourde, il n'y a plus de limitation à sa responsabilité (v. ss 2186 s.). L'exigence d'un dommage prévisible et la nécessité pour les juges du fond de préciser en quoi consiste cette prévisiblité ont été encore récemment rappelées par la Cour de cassation[2] (v. ss 2202 s.).

C. Aménagements conventionnels de la responsabilité contractuelle

1343. Les parties à un contrat peuvent convenir entre elles d'un certain nombre de dispositions applicables en cas d'inexécution de leur contrat. Elles peuvent ainsi insérer des clauses pénales ou des clauses limitatives ou exonératoires de responsabilité.

1. Les clauses pénales

1344. Par les clauses pénales, les contractants prévoient par avance les conséquences d'une inexécution en fixant forfaitairement le montant des dommages-intérêts. La clause pénale a cette particularité de constituer une peine privée qui vient sanctionner l'inexécution sans qu'il soit nécessaire de prouver un préjudice, mais néanmoins sans pouvoir s'ajouter à la réparation du préjudice. Elle se substitue à cette réparation et ne peut être mise en œuvre qu'après que le débiteur ait été mis en demeure d'exécuter son obligation.

1345. En vertu de l'article 1152 du Code civil, le juge peut modérer ou au contraire augmenter une clause pénale si « elle est manifestement excessive ou dérisoire ». C'est une des exceptions légales au principe selon lequel le juge ne peut modifier la convention des parties dont le contenu s'impose à lui, comme il s'impose à elles, en vertu du principe de la force obligatoire (v. ss 1087 s.).

2. Les clauses limitatives ou exonératoires de responsabilité

a) La clause limitative

1346. Comme son nom l'indique, la clause limitative de responsabilité permet de limiter la responsabilité contractuelle des parties au contrat. Elle permet de fixer un maximum

---

1. Nîmes, 23 nov. 1961, *JCP* 1962. II. 12641.
2. Civ. 1re, 28 avr. 2011, *D.* 2011. 1280, obs. I. Gallmeister, 1725, note M. Bacache ; *RTD civ.* 2011. 547, obs. P. Jourdain ; *JCP* chron. 1333, obs. P. Stoffel-Munck, no 8 ; *CCC* 2011. comm. 154, obs. L. Leveneur ; *RCA* 2011. 242, obs. S. Hocquet-Berg ; *CCC* 2011. comm. 154, obs. L. Leveneur ; *D.* 2012. Pan. 48, obs. O. Gout ; *D.* 2012. Pan. 469, S. Amrani-Mekki et M. Mekki.

de montant des dommages-intérêts lorsque les conditions de la responsabilité contractuelle sont réunies. Ces clauses sont valables y compris, en principe en matière de dommages corporels[1] sous réserve d'un certain nombre d'exceptions (v. ss 2241 s.).

b) La clause exonératoire

1347. Elle supprime toute responsabilité alors même que les conditions en sont réunies. Elles sont également valables selon la jurisprudence, sauf en matière de dommage corporel.

c) La paralysie des clauses limitatives ou exonératoires de responsabilité

1348. Au-delà d'un certain nombre d'exceptions particulières, prévues par les textes (par exemple, les clauses d'exonération totale de responsabilité comme les clauses limitatives sont désormais interdites dans les *contrats de consommation*, depuis le décret du 18 mars 2009, pris en application de la loi de modernisation de l'économie du 4 août 2008, comme irréfragablement abusives), ces clauses sont écartées en cas de faute lourde ou de faute intentionnelle, qualifiée de dol, dans l'exécution du contrat (pour plus de détail, v. ss 2242 s., Quatrième partie).

1. Civ. 1re, 8 nov. 1983, *Gaz. Pal.* 1984. I. 384.

DOCUMENTS

BIBLIOGRAPHIE

ALLIX (à propos de la mise en demeure), *JCP* 1977. I. 2844.

AYNÈS (A.), « La consécration légale des droits de rétention », *D.* 2006, n° 19, dossier : « La réforme du droit des sûretés », p. 1301.

CHABAS, *D.* 1972. Chron. 271 (réforme de l'astreinte par la loi du 5 juillet 1972).

DELEBECQUE (Ph.), « Les aménagements contractuels de l'exécution du contrat », contribution au colloque : « Le contrat : questions d'actualité », Paris, 1er févr. 2000, *LPA* n° spécial 5 mai 2000, n° 90.

DERRIDA, *Rép. civ.*, Dalloz, v° *Rétention.*

DUMAS (J.-P.), « La loi du 24 décembre 1973 relative à la responsabilité des hôteliers », *D.* 1974. Chron. 104.

FAURE-ABBAD (M.), « La présentation de l'inexécution contractuelle dans l'avant-projet Catala », *D.* 2007. Chron. 165.

FAUVARQUE-COSSON (B.), « Regards comparatistes sur l'exécution forcée en nature », *RDC* 2006. 529.

GABET-SABATIER (C.), « Le rôle de la connexité dans l'évolution du droit des obligations », *RTD civ.* 1980. 39 s.

GAVALDA (C.), « Le délai de grâce judiciaire de l'article 1244 et suivants du Code civil », *Dr. et patr.* avr. 1997, p. 62.

HUGON (C.), « Le sort de la clause pénale en cas d'extinction du contrat » *JCP* 1994. I. 3790.

JAMIN (C.), « L'émergence contestée d'un principe de résolution unilatérale du contrat », *JCP* 2002. II. 10113.

JAMIN (C.), « Effet de la résolution judiciaire d'un contrat synallagmatique à exécution successive », note sous Civ. 3e, 30 avr. 2003, *JCP* 2004. II. 10031.

LAGARDE (X.), « Remarques sur l'actualité de la mise en demeure », *JCP* 1996. I. 3974.

LARRIBAU-TERNEYRE (V.), *Le domaine de l'action résolutoire, Recherches sur le contrat synallagmatique*, thèse, Pau, 1988.

MEURISSE (R.), « Dommages et intérêts compensatoires et intérêts moratoires et mise en demeure », *JCP* 1947. I. 667.

PICOD (Y.), « La clause résolutoire et la règle morale », *JCP* 1990. I. 3447.

PILLEBOUT (J.-P.), *Recherches sur l'exception d'inexécution*, thèse, Paris, 1969.

RÉMY (P.), « La responsabilité contractuelle : histoire d'un faux concept », *RTD civ.* 1997. 323.

SANZ (S.), « La consécration du pouvoir judiciaire par la loi du 9 juillet 1975 et ses incidences sur la théorie générale de la clause pénale », *RTD civ.* 1977. 268 s.

SAVAUX (É.), « La fin de la responsabilité contractuelle ? », *RTD civ.* 1999. 1.

SAVAUX (É.), « Brèves observations sur la responsabilité contractuelle dans l'avant-projet de réforme du droit de la responsabilité », *RDC* 2007. 1.

SCAPEL (C.), « Le droit de rétention en droit positif (un îlot de résistance au contrôle du juge) », *RTD civ.* 1981. 539.

SÉRIAUX (A.), « Réflexions sur les délais de grâce », *RTD civ.* 1993. 789.

TALLON (D.), « L'inexécution du contrat : pour une autre présentation », *RTD civ.* 1994. 223.

Arrêt à commenter

La résolution unilatérale du contrat

Civ. 1re, 20 févr. 2001, *M. Fanara c/ Sté Europe expertise*, *D.* 2001. 1568, note C. Jamin ; *Defrénois*, 2001, art. 37365, nº 41, obs. É. Savaux ; *RTD civ.* 2001. 363, nº 9, obs. J. Mestre et J. Fagès

Faits et procédure

La société Europe expertise avait conclu avec un certain M. Fanara un contrat confiant à celui-ci, pour une période de trois ans à compter du 25 septembre 1995, la réalisation d'expertises sur des véhicules automobiles. Un mois plus tard, la société Europe expertise a résilié unilatéralement le contrat, en reprochant semble-t-il à l'expert des manquements dans l'exécution du contrat.

La cour d'appel de Bastia a rejeté la demande de M. Fanara en indemnisation du préjudice que lui avait causé la rupture unilatérale du contrat, en décidant que le manquement de celui-ci à ses obligations contractuelles pouvait justifier cette rupture prématurée et unilatérale de ce contrat. M. Fanara forme alors un pourvoi en cassation.

Arrêt

Sur pourvoi en cassation :

LA COUR. – *Sur le moyen unique, pris en sa première branche* : Vu les articles 1134 et 1184 du Code civil ;

– Attendu que la gravité du comportement d'une partie à un contrat peut justifier que l'autre partie y mette fin de façon unilatérale à ses risques et périls, peu important que le contrat soit à durée indéterminée ou non ;

– Attendu que la société Europe expertise (la société) a confié, pour une période de trois ans à compter du 25 septembre 1995, à M. Fanara, expert en automobiles, la réalisation d'expertises préalables à la reprise par le constructeur de tous véhicules sur lesquels avait été consentie une vente avec faculté de rachat à un loueur professionnel ; que la société a résilié leur convention le 25 octobre 1995 ;

– Attendu que pour rejeter la demande de M. Fanara en indemnisation des conséquences de la rupture unilatérale du contrat par la société, l'arrêt attaqué retient par motifs propres et adoptés que le manquement de M. Fanara à ses obligations contractuelles pouvait entraîner la rupture prématurée des relations contractuelles ;

– Attendu qu'en statuant ainsi sans rechercher si le comportement de M. Fanara revêtait une gravité suffisante pour justifier cette rupture, la cour d'appel n'a pas donné de base légale à sa décision ;

Par ces motifs, et sans qu'il y ait lieu de statuer sur les autres branches du moyen :

Casse et annule, dans toutes ses dispositions, l'arrêt rendu le 8 mars 1999, entre les parties, par la cour d'appel de Bastia ; remet, en conséquence, la cause et les parties dans l'état où elles se trouvaient avant ledit arrêt et, pour être fait droit, les renvoie devant la cour d'appel de Montpellier.

Remarques

Il s'agit d'une décision de principe qui affirme un principe de résolution unilatérale du contrat et prévoit la possibilité d'un contrôle judiciaire *a posteriori*. La cassation pour manque de base légale indique que la Cour suprême se contente d'un contrôle minimum de la décision attaquée qui se limite à exiger des juges du fond qu'ils motivent suffisamment leur décision laissée, pour le fond, à leur pouvoir d'appréciation.

Notez également l'extension de la résolution unilatérale aux contrats à durée déterminée.

CAS PRATIQUES

Les remèdes à l'inexécution des obligations

1. Les époux B. avaient commandé à R. une machine agricole neuve. Ce dernier leur livre une machine qui présentait bien les caractéristiques techniques demandées, mais qui était en réalité une machine entièrement reconstituée avec des pièces d'occasion.

Les époux B. peuvent-ils demander la résolution de la vente ? Le tribunal leur donnera-t-il gain de cause ?

2. Madame D. a acheté un appareil ménager qu'elle s'est engagée à payer en 12 mensualités. Après avoir effectué 9 versements, elle ne paie plus.

Que peut faire le commerçant ?

3. Jacques B., chanteur célèbre, s'est engagé à chanter sur la scène d'un théâtre. La veille de son tour de chant, il doit s'aliter avec une forte grippe. Les spectateurs, avertis, réclament le remboursement de leur billet.

Peuvent-ils l'obtenir ? Motivez votre réponse.

4. Monsieur B. a acheté un cheval nommé « Éclair » aux époux F. Mais comme il n'a pas encore d'écurie, il leur a demandé de conserver Éclair pendant quelques jours. Or ce dernier, effrayé par un violent orage, se casse une jambe et on doit l'abattre. Les époux F. réclament le prix de la vente à Monsieur B. qui refuse de payer.

Rédigez les consultations que vous feriez au profit de Monsieur B. et au profit des époux F. s'ils venaient vous consulter chacun à leur tour.

Comparaison des principaux modes d'extinction des obligations

MODES D'EXTINCTION	ORIGINE	DATE D'EFFET	CARACTÈRE DE L'EXTINCTION	NATURE DE L'EXÉCUTION	SORT DE L'OBLIGATION
PAIEMENT	Conventionnelle	Immédiat sauf délais de grâce	A titre onéreux	Satisfactoire	Extinction volontaire de l'obligation
COMPENSATION	Conventionnelle, légale ou judiciaire	Immédiat	A titre onéreux	Par équivalent	Extinction simultanée de deux obligations
DATION EN PAIEMENT	Conventionnelle	Immédiat	A titre onéreux	Par équivalent	Extinction de l'obligation et transfert de propriété
EXÉCUTION FORCÉE	Judiciaire	Immédiat sauf délais de grâce	A titre onéreux	Satisfactoire ou par équivalent	Extinction forcée de l'obligation
RÉSOLUTION	Judiciaire ou conventionnelle (pacte commissoire)	Rétroactif		Pas d'exécution (faute, force majeure)	Anéantissement rétroactif de l'obligation
RÉSILIATION	Conventionnelle, légale ou judiciaire	Immédiat		Satisfactoire pour le passé, pas d'exécution pour l'avenir	Anéantissement de l'obligation pour l'avenir
CADUCITÉ	Situation de fait à effets juridiques	Immédiat		Pas d'exécution	Anéantissement sans rétroactivité de l'obligation avant production des effets
PRESCRIPTION EXTINCTIVE	Légale	Immédiat		Pas d'exécution	Extinction de l'obligation civile, l'obligation naturelle subsiste
CONFUSION	Légale	Immédiat		Pas d'exécution	Extinction ou paralysie de l'obligation
REMISE DE DETTE	Conventionnelle	Immédiat	A titre gratuit	Pas d'exécution	Extinction de l'obligation
NOVATION	Conventionnelle	Immédiat	A titre onéreux	Partiellement satisfactoire	Extinction de l'obligation ancienne. Création d'une obligation nouvelle

Troisième partie

Les faits juridiques

1349. À côté des actes juridiques, on distingue une deuxième catégorie de sources des obligations : les faits juridiques.

De certains événements ou comportements, le droit fait naître, sous certaines conditions, des obligations qui n'ont pas été voulues ou acceptées par avance, comme en matière contractuelle, par leur débiteur. Ces événements ou comportements sont des faits juridiques car ils sont à l'origine d'effets de droit, de la création d'obligation, sans que cet effet juridique ait été volontairement recherché, même si l'acte lui-même était volontaire (sur ce critère de distinction des actes et des faits juridiques tiré du rôle de la volonté, v. ss 50 s.).

1350. Certains faits sont à l'origine d'un profit indu : ils vont faire naître une *obligation de restitution*, de remboursement, à la charge de celui qui a réalisé le profit. C'est le domaine des *quasi-contrats* : gestion d'affaire, répétition de l'indu, enrichissement sans cause.

1351. D'autres sont à l'origine d'un dommage (et de préjudices). Ils vont faire naître une *obligation de réparation* qui caractérise la *responsabilité civile.*

1352. Deux titres seront donc consacrés, respectivement, l'un aux quasi-contrats, et l'autre à la responsabilité civile.

Titre 1
Les quasi-contrats

Introduction
Définition des quasi-contrats

1353. Parmi les faits juridiques, les *quasi-contrats*, ont été ainsi nommés par l'empereur Justinien (527-565), car ils se rapprochent des contrats, mais en diffèrent parce qu'ils ne reposent pas sur un accord de volonté. Toutefois, si ce terme convient assez bien à la gestion d'affaires, il n'en est pas de même dans les autres cas.

► ***Les quasi-contrats*** sont définis par le Code civil comme des « faits purement volontaires de l'homme, dont il résulte un engagement quelconque envers un tiers, et quelquefois un engagement réciproque des deux parties » (art. 1371) et il en réglemente deux : la *gestion d'affaires* et le *paiement de l'indu*.

1. Fondement des quasi-contrats

1354. Ils procèdent de la même idée : compenser l'avantage reçu de quelqu'un sans justification suffisante, sans cause juridique. Ils consacrent cette idée plus générale que le droit n'admet pas l'enrichissement injuste.

C'est d'ailleurs pourquoi la jurisprudence, à partir de différents articles du Code civil qui visent à récréer un équilibre rompu entre deux patrimoines, a dégagé l'existence d'un troisième quasi-contrat qui implique un principe de compensation en cas d'enrichissement sans cause. En effet, le paiement de l'indu ne pouvant s'exercer que dans un cadre fort étroit, la jurisprudence a été amenée à dégager d'autres cas d'enrichissement sans cause sanctionnés par l'action de reversement, dite *de in rem verso*.

2. Autonomie de la notion

1355. La notion de quasi-contrat s'est vue reprocher par la doctrine d'être une notion hybride et peu satisfaisante qui ne pouvait s'expliquer que par son origine historique, mais n'avait pas de fondement logique. En effet, selon certains auteurs dont Planiol, ou bien une obligation est consentie explicitement ou implicitement et elle est contractuelle, ou bien elle est imposée et alors elle est légale : on ne saurait concevoir l'existence d'obligations « presque contractuelles ». Ils ont donc recours, pour expliquer ces obligations, à la notion d'enrichissement sans cause.

1356. De nos jours, devant la complexité des situations juridiques, une réaction à l'encontre de ces critiques se fait jour et l'on préfère admettre l'autonomie de la notion. Certains auteurs estiment même qu'il faudrait étendre la notion de quasi-contrat à d'autres situations de fait résultant de la volonté déclarée du législateur, telle que les réquisitions que l'on peut rapprocher du paiement de l'indu, ou du fait des parties, telles que le transport gratuit en automobile que l'on pourrait rapprocher de la gestion d'affaires alors que la jurisprudence lui applique les règles de la responsabilité délictuelle.

La jurisprudence vient d'ailleurs de découvrir un nouveau quasi-contrat avec l'annonce d'un pseudo-gain, depuis un arrêt rendu le 6 septembre 2002 par la chambre mixte de la Cour de cassation : le quasi-contrat de loterie publicitaire (v. ss 1427 s.).

1357. En définitive, les quasi-contrats ont leur utilité. En tant que faits juridiques, ils se distinguent nettement du contrat ; mais ils se distinguent aussi nettement de la responsabilité civile.

3. Distinction du quasi-contrat et du contrat

1358. Malgré l'expression qui les désigne, les quasi-contrats se distinguent fondamentalement du contrat. En effet, la volonté de créer des obligations est totalement absente du mécanisme. Alors que le contrat repose sur un accord de volontés, un tel accord fait ici défaut. Il ne s'agit pas non plus d'un acte unilatéral car la volonté qui s'exprime éventuellement dans les actes accomplis n'a jamais pour but la création d'obligations qui sont prévues par la loi lorsque certaines conditions sont réunies qui caractérisent le quasi-contrat considéré.

1359. Le terme quasi-contrat renvoie en réalité, non pas à la nature mais aux effets de la situation. L'expression vient en effet d'une expression latine *quasi ex contractu nasci videntur* qui fait référence aux obligations qui « semblent être nées comme d'un contrat ».

4. Distinction du quasi-contrat et des délits et quasi-délits

1360. Comme les délits et quasi-délits, qui donnent matière à la responsabilité civile, les quasi-contrats ont leur source dans un fait juridique. Mais la responsabilité civile implique pour son déclenchement un dommage causé à autrui. Elle consiste en une obligation de réparer un dommage. Dans les quasi-contrats, ce qui va entraîner la naissance de l'obligation, ce n'est pas un dommage, mais au contraire, un avantage procuré à autrui : le gérant d'affaires procure un avantage au géré ; celui qui a payé indûment procure un avantage au bénéficiaire du payement, ou une personne s'enrichit sans cause. Les quasi-contrats vont remédier à cet enrichissement injuste

1361. Contrairement à la responsabilité, le comportement qui est à l'origine du quasi-contrat n'est jamais contestable ou répréhensible. Et si jamais il était fautif, justement, il empêcherait la naissance des obligations de l'enrichi envers l'appauvri.

1362. Il faut cependant noter que la cohérence donnée à la catégorie des avant-contrats par cette explication est un peu écornée par la reconnaissance d'un nouveau quasi-contrat de loterie publicitaire où, on le verra, c'est un comportement répréhensible qui est sanctionné et où l'on ne peut pas dire que la victime s'est appauvrie.

1363. *L'exposé des motifs de l'avant-projet Catala* de réforme du droit des obligations (v. ss 105) relève que c'est la théorie de la cause qui « unit la trilogie » des quasi-contrats. « La présence de la cause dans le contrat répond à l'absence de cause dans le quasi-contrat ». Quant au *projet Terré de réforme du régime des obligations* (présenté par la Chancellerie à la consultation publique en 2011) (v. ss 10, 116), il organise les quasi-contrats que sont la gestion d'affaire, le paiement de l'indu et l'enrichissement sans cause, en reprenant les solutions de la jurisprudence. L'enrichissement sans cause est appelé « enrichissement injustifié » pour tenir compte de l'éventuelle suppression par le projet de réforme du droit des contrats de la notion de cause. Le quasi-contrat de loterie publicitaire n'est pas consacré. **L'actuel projet de la Chancellerie** (oct. 2013), qui supprime en effet la notion de cause, a repris ces propositions.

1364. Nous étudierons tout d'abord les quasi-contrats prévus par le Code civil (gestion d'affaire et répétition de l'indu) puis les quasi-contrats créés par la jurisprudence (enrichissement sans cause et loteries publicitaires).

Chapitre 1

Les quasi-contrats prévus par le Code civil

1365. Il s'agit donc de la gestion d'affaires (I) et de la répétition de l'indu (II).

I. La gestion d'affaires

► ***La gestion d'affaires*** est le fait pour une personne, nommée ***gérant d'affaires***, de s'immiscer spontanément, en cas de nécessité, dans les affaires d'une autre personne : le *maître de l'affaire*, ou *géré*.

1366. Ceci pose un problème : maintenir un équilibre entre la nécessité de protéger les individus contre le risque d'ingérence inopportune dans leurs affaires, et celle d'indemniser la personne qui a bénévolement rendu service.

En ce qui concerne la nature juridique de la gestion d'affaires, elle est discutée. Il y a des rapprochements à faire avec le *mandat* (v. ss 132) et quelques autres institutions, mais il vaudra mieux évoquer ce problème après avoir analysé les conditions et, surtout, les effets de la gestion d'affaires.

A. Les conditions de la gestion d'affaires

1367. Ces conditions peuvent s'envisager dans trois domaines : quant au gérant d'affaires, quant au maître de l'affaire, quant à l'affaire elle-même.

1. Conditions concernant le gérant d'affaires

Son intervention doit être spontanée, bénévole et valable.

a) Intervention spontanée

1368. Il faut que le gérant ait agi de sa propre initiative et sans y être tenu, ni conventionnellement (car il y aurait mandat), ni légalement, en effet, le représentant légal qui agit au nom d'un incapable n'est pas gérant d'affaires. Ceci est une position unanime de toutes les chambres de la Cour de cassation, encore confirmée par la première chambre civile qui précise que la gestion d'affaire « est incompatible avec l'exécution d'une obligation légale, telle que la suppléance d'un avocat empêché [...] »[1]. Toutefois, il faut signaler que la loi prévoit l'application des règles de la gestion d'affaires dans le cas où

1. Civ. 1re, 17 juill. 1996, *JCP* 1997. I. 4015.

une personne s'immisce dans les affaires d'un majeur sous sauvegarde de justice, car celui-ci est capable et n'a pas de représentant légal, mais il est susceptible de négliger ses affaires (art. 491-4, al. 1er).

De plus, il n'y a pas gestion d'affaires si le gérant avait la possibilité de solliciter des instructions du maître de l'affaire (v. arrêt à commenter).

Cependant, le fait que l'intervention du gérant ait été sollicitée par un tiers ne lui enlève pas son caractère de spontanéité : ainsi un plaisancier, sollicité par la Société nationale de sauvetage en mer de surveiller bénévolement des régates, est bien le gérant d'affaires de la Société organisatrice des régates [1].

b) Intervention bénévole

1369. Pour que l'on puisse parler de gestion d'affaires, il faut également que le gérant ait agi d'une façon désintéressée, « dans l'intérêt et pour le compte d'autrui », et non dans son propre intérêt. Ainsi, les vendeurs d'un immeuble qui avaient obtenu l'annulation du contrat ne peuvent-ils être condamnés à rembourser aux acquéreurs le montant des travaux effectués par eux dans les lieux, car la Cour de cassation reproche aux juges d'appel de n'avoir pas recherché d'où il résultait que les acquéreurs « avaient eu l'intention d'agir pour le compte et dans l'intérêt » des vendeurs [2]. Dans ce dernier cas, si, en gérant leurs propres affaires, ils avaient procuré un avantage à autrui, ils pourraient seulement, pour se faire rembourser, invoquer l'action *de in rem verso* (v. ss 1402 s.), mais non l'action fondée sur la gestion d'affaires.

Toutefois, la jurisprudence admet le recours à la gestion d'affaires lorsque le gérant a agi, à la fois, dans son intérêt et dans celui d'autrui, par exemple : un copropriétaire ou un indivisaire qui agit dans l'intérêt de tous, mais ceci est critiquable : il s'agit plus d'un enrichissement sans cause que de gestion d'affaires.

En revanche, un arrêt, d'ailleurs critiqué, a repoussé l'application de la gestion d'affaires à une personne qui avait été blessée en essayant d'arrêter un voleur à la sortie d'un grand magasin, sur les cris de « arrêtez-le ! », d'un employé du magasin, au motif qu'il aurait ainsi accompli un acte dans l'intérêt général et non dans l'intérêt du prétendu maître de l'affaire [3].

Dans une affaire similaire, le client d'un grand magasin avait été blessé en poursuivant deux malfaiteurs qui avaient dérobé la recette du magasin qu'il parvint à récupérer, la Cour de cassation a admis la gestion d'affaires malgré l'opposition du propriétaire du magasin qui avait interdit de les poursuivre. En réalité, plus que de gestion d'affaires, il y a là comme en 1971, la réaction normale d'un « honnête homme » devant le comportement de ces malfaiteurs. Comme le souligne l'annotateur, il aurait été plus judicieux d'invoquer l'action *de in rem verso* puisque le propriétaire s'était enrichi grâce à la victime en récupérant sa recette [4]. En l'espèce, l'assureur de responsabilité du grand magasin, après avoir indemnisé le client blessé par le malfaiteur s'est retourné contre l'État sur le fondement de la réparation due au *collaborateur bénévole d'un service public*, la police en l'occurrence, et il a triomphé devant le tribunal administratif de Marseille et la cour administrative d'appel de Lyon [5].

---

1. Civ. 1re, 14 nov. 1978, *JCP* 1978. II. 19379, note Bout.
2. Civ. 3e, 13 janv. 1999, *RJDA* 1999, no 384.
3. Civ. 1re, 7 janv. 1971, *JCP* 1971. II. 16670.
4. Civ. 1re, 26 janv. 1988, *JCP* 1989. II. 21217, note Y. Dagorne-Labbé.
5. 4e ch., 22 sept. 1993, *Ministère de l'Intérieur c/ Société d'assurance Winterthur*, cité dans *RTD civ*. 1994. 101, obs. J. Mestre.

Par le biais de l'action de l'assureur ces deux affaires se rejoignent et les qualités de gérant d'affaires d'une personne privée et de collaborateur bénévole du service public ne sont pas incompatibles.

En règle générale, depuis un arrêt du 22 mai 1959[1], la Cour de cassation considère qu'il s'est formé une véritable « convention d'assistance » entre le sauveteur et la personne secourue qui permet de faire jouer, à la charge de la personne secourue, une obligation de réparer les dommages éventuellement subis par le sauveteur. Mais, la reconnaissance d'un lien quasi contractuel : volonté de gérer les affaires d'autrui, ou contractuel : convention d'assistance, est incompatible avec l'obligation légale de porter secours à autrui prévue par l'article 223-6 du Code pénal. En réalité, cette obligation de réparer découle des principes généraux du droit et notamment « du principe d'équité qui défend de s'enrichir aux dépens d'autrui »[2].

c) Capacité du gérant d'affaires

1370. Il faut, en principe, que le gérant soit capable de s'engager puisque son incapacité entraînerait la nullité des actes qu'il passerait avec des tiers pour le compte du géré, mais ce n'est pas très grave, car, d'une part, le gérant aurait le droit de confirmer l'acte nul et, d'autre part, les tiers qui se verraient opposer la nullité de l'acte intenteraient contre le maître de l'affaire l'action de reversement (*de in rem verso*).

C'est pourquoi, une partie de la doctrine considère que la capacité du gérant importe peu, comme en matière de mandat (v. ss 137).

2. Conditions concernant le maître de l'affaire

1371. Peu importe sa capacité, par contre il ne doit pas avoir consenti à l'acte.

a) Capacité du maître de l'affaire

1372. La personne du géré importe peu, la gestion d'affaires peut même intervenir entre époux. Sa capacité n'est pas requise non plus, puisque sa volonté n'entre pas en ligne de compte et que la gestion ne lui sera opposable que dans la mesure où elle lui aura été profitable.

b) Absence de consentement

1373. En revanche, il est nécessaire que la gestion se soit faite à l'insu du maître de l'affaire. Cette position est contraire aux termes de l'article 1372, selon lesquels il y a gestion d'affaires « lorsque volontairement on gère l'affaire d'autrui, *soit que le propriétaire connaisse la gestion*, soit qu'il l'ignore… ». Cependant, elle s'explique par la pratique : en effet, si le maître a connaissance de la gestion, ou il s'y oppose et la personne qui s'immisce dans ses affaires commet une faute engageant sa responsabilité délictuelle, ou il ne proteste pas et on en déduit l'existence d'un mandat tacite.

---

1. Civ. 1re, 22 mai 1959, *Gaz. Pal.* 1959. 2. 278 ; *D.* 1959. 524, note J. Savatier ; *JCP* 1959. II. 11187, note P. Esmein.

2. Req. 15 juin 1892, arrêt *Boudier*, à l'origine de la théorie de l'enrichissement sans cause, v. ss 1531 s.

L'utilité de l'intervention du gérant d'affaires ne suffit pas, encore faut-il pouvoir justifier de l'inaction du maître de l'affaire, sans avoir établi que celui-ci « pouvait être raisonnablement considéré comme ne pouvant agir lui-même »[1].

3. Conditions concernant l'affaire

1374. L'affaire est constituée par l'acte de gestion effectué par le gérant : peu importe qu'il s'agisse d'un acte juridique ou matériel, mais celui-ci doit avoir été utile et n'avoir pas dépassé les limites d'un acte d'administration.

a) L'acte effectué peut consister en un acte juridique ou un acte matériel

1375. Par exemple : le gérant peut avoir replacé lui-même les tuiles tombées du toit, ou avoir arrêté un cheval emballé, ou avoir porté secours aux victimes d'un accident de la route (actes matériels) (mais attention, la jurisprudence qualifie parfois une telle intervention de « contrat d'assistance » bien que cela soit assez contestable et qu'il semble préférable de s'en tenir à la gestion d'affaires)[2], ou avoir passé un contrat avec un entrepreneur pour faire effectuer la réparation (acte juridique). Ceci distingue la gestion d'affaires du mandat, qui ne concerne que des actes juridiques.

En ce qui concerne le géré, qu'il s'agisse d'un acte matériel ou d'un acte juridique, la preuve peut se faire par tous moyens, car il ne pourrait fournir une preuve écrite, étant étranger à l'acte. Mais le gérant devra, lui, prouver l'acte juridique par des preuves parfaites.

b) L'acte doit être utile

1376. En effet, il faut éviter les immixtions abusives dans les affaires d'autrui. Aussi la jurisprudence et la doctrine exigent-elles que l'acte ait été, sinon nécessaire, du moins *utile*, c'est-à-dire opportun, raisonnable. Et l'opportunité de cet acte doit s'apprécier au moment où la gestion est entreprise, même si, par la suite, la situation s'est à nouveau détériorée (ex. : un incendie ravageant l'immeuble réparé). À ce propos voir l'initiative d'une personne qui avait frété un avion d'Air Assistance pour rapatrier le chanteur Daniel Guichard, passager d'un avion, resté perdu plusieurs jours dans le désert[3].

c) L'acte doit, en principe, être un acte d'administration

1377. Cependant, en raison, d'une part, de la distinction parfois difficile à établir entre les actes d'administration et les actes de disposition et, d'autre part, de l'urgence de certaines opérations, la jurisprudence a tendance à élargir le domaine de la gestion d'affaires dès lors que « l'initiative est justifiée » (par ex., vente de valeurs mobilières en cas d'urgence).

B. Les effets de la gestion d'affaires

1378. Nous allons décrire ces effets, puis nous tenterons de les expliquer en recherchant la nature juridique de la gestion d'affaires.

---

1. Com. 12 janv. 1999, *Bull. civ.* IV, n° 7 ; *Defrénois* 1999. 754, obs. J.-L. Aubert ; *JCP* 1999. II. 10070, note B. Petit.
2. Civ. 1re, 1er déc. 1969, *JCP* 1970. II. 16445, note J.-L. Aubert ; dans le même sens, v. Paris, 25 janv. 1995, *JCP* 1995. I. 3867, obs. M. Fabre-Magnan.
3. Civ. 1re, 22 déc. 1981, *Bull. civ.* I, n° 395, p. 333.

1. Conséquences de la gestion d'affaires

Elles concernent les rapports réciproques de gérant et de géré et leurs rapports avec les tiers.

a) Les obligations de gérant

1° À l'égard du maître de l'affaire

1379. Si toutes les conditions requises pour qu'il y ait gestion d'affaires sont remplies, le gérant est assujetti à toutes les obligations qui résulteraient d'un mandat exprès que lui aurait donné le propriétaire (art. 1372, al. 2). De ce principe découlent un certain nombre d'obligations dont certaines diffèrent cependant un peu de celles nées du mandat.

• *Le gérant* « est tenu d'apporter à la gestion de l'affaire tous les soins d'un bon père de famille », c'est-à-dire d'une personne raisonnable (art. 1374, al. 1er) ; il est responsable de toute faute, même légère, même d'une simple imprudence ou d'une négligence. Sa responsabilité s'apprécie *in abstracto* et non *in concreto*, comme celle du mandataire à titre gratuit (art. 1992, al. 2). Toutefois, le juge peut, si les circonstances le justifient, diminuer les dommages et intérêts qui résulteraient des fautes ou de la négligence du gérant. Il s'agit ici d'une responsabilité particulière, autonome.

• *Le gérant doit poursuivre la gestion qu'il a commencée* jusqu'à ce que le maître ou ses héritiers puissent y pourvoir eux-mêmes (art. 1372 et 1373). Cette obligation est plus sévère que pour le mandataire qui peut, quant à lui, renoncer à son mandat (art. 2007) et n'est tenu de le poursuivre après le décès du mandant que s'il y a « péril en la demeure » (art. 1991, al. 2). Cela se justifie par son engagement en tant que personne raisonnable (« bon père de famille »).

• *Enfin, le gérant doit rendre compte*, comme le fait le mandataire (art. 1993).

2° À l'égard des tiers

1380. Le gérant est obligé envers les tiers avec lesquels il a traité personnellement et ce, même si la gestion n'a pas été considérée comme utile. En revanche, si le gérant a traité au nom du géré, même implicitement, il n'est pas engagé envers les tiers qui doivent s'adresser au géré [1]. Mais, s'il n'a pas indiqué l'identité du maître de l'affaire et ne peut justifier d'un mandat, le gérant reste seul tenu à l'égard des tiers qui ne peuvent agir que contre lui [2].

b) Les obligations du maître de l'affaire

1° À l'égard du gérant

1381. Selon l'article 1375, le maître de l'affaire a deux sortes d'obligations à l'égard du gérant.

---

1. Civ. 1re, 14 janv. 1959, *D.* 1959. 106.
2. Civ. 1re, 10 févr. 1982, *Bull. civ.* I, n° 67.

• *Le géré doit indemniser le gérant* de toutes les dépenses « utiles ou nécessaires », des frais qui ont pu découler d'un dommage mais non des dépenses excessives ou de luxe. Il faut donc que la gestion ait été utile alors que le mandataire est indemnisé dans tous les cas (art. 2000). C'est pourquoi le gérant a intérêt à ce que le maître de l'affaire *ratifie* expressément ou tacitement sa gestion, ce qui a pour effet de la transformer rétroactivement en mandat et de lui permettre d'être indemnisé, même si sa gestion n'a pas été utile.

Il faut, d'ailleurs, remarquer que l'utilité de la gestion doit être appréciée au moment de l'acte, peu importe qu'il n'en demeure aucun profit pour le maître (par exemple, le toit réparé par le gérant d'affaires a été, à nouveau, endommagé par une nouvelle tempête) ; c'est ce qui distingue la gestion d'affaires de l'action *de in rem verso* qui joue seulement dans la mesure de l'enrichissement de l'intéressé. Le gérant, s'il a droit au remboursement de ses dépenses « utiles ou nécessaires », n'a en revanche droit à aucune rémunération fut-ce sous forme de dédommagements [1].

• *Le géré peut, enfin, nous l'avons vu, ratifier la gestion.* Cette ratification peut être expresse ou tacite. Elle a pour effet, selon la doctrine française, de transformer rétroactivement la gestion en mandat. Dès lors, le maître de l'affaire est tenu de tous les actes du gérant sans pouvoir en discuter l'utilité.

2° À l'égard des tiers

1382. Le géré est tenu de « remplir les engagements que le gérant a contractés en son nom », car celui-ci est censé l'avoir représenté, mais dans la mesure où la gestion a été utile ou en cas de ratification (art. 1375).

2. Nature juridique de la gestion d'affaires

1383. L'étude des effets de la gestion d'affaires nous a permis d'effectuer un rapprochement avec le mandat et, parmi les nombreuses théories relatives à la gestion d'affaires, on trouve d'abord celle qui l'assimile à un mandat imparfait ou *quasi-mandat*. On a voulu y voir aussi un système d'*obligations légales*, ou un *acte juridique unilatéral* susceptible de faire naître des obligations à la charge des autres, ou encore la *sanction juridique de devoirs moraux*, quand ce n'est pas l'application de la théorie de *l'enrichissement sans cause*.

Aucune de ces théories n'est pleinement satisfaisante, aucune ne permettant de justifier l'intégralité des effets de la gestion d'affaires. Aussi est-il préférable d'y voir une source autonome d'obligation, comme le paiement de l'indu qui est l'un des aspects de l'enrichissement sans cause.

1384. L'actuel projet de réforme de la Chancellerie (oct. 2013), *comme l'avant-projet Catala de réforme du droit des obligations* suggère de tenir compte dans l'indemnisation du gérant, des pertes qu'il aurait subies et de lui permettre d'invoquer l'enrichissement sans cause si ses actes ne répondent pas exactement aux conditions de la gestion d'affaire (avant-projet Catala, art. 1329-1 ; actuel projet, art. 214).

---

1. Com. 15 déc. 1992, *RJDA* n° 300, 1993. 262.

II. LE PAIEMENT DE L'INDU

► ***Le paiement de l'indu*** consiste, pour une personne appelée *solvens*, à exécuter une prestation à laquelle elle n'était pas tenue. Ceci entraîne, pour celui qui a ainsi reçu ce qui ne lui était pas dû, appelé *accipiens*, l'obligation de le « répéter », c'est-à-dire de le restituer, au moyen de l'action en répétition (ou réclamation) de l'indu (art. 1235, 1376 et 1377).

1385. Toutefois, il est parfois difficile de déterminer contre qui l'action en répétition de l'indu doit être exercée.

Un doute étant apparu à la suite d'un arrêt dissident, la chambre sociale de la Cour de cassation a confirmé une jurisprudence déjà bien établie tant par elle-même[1] que par la première chambre civile[2]. Se référant aux articles 1235 et 1376 la chambre sociale a réaffirmé que « l'action en répétition de l'indu peut être engagée, soit contre celui qui a reçu le paiement, soit contre celui pour le compte duquel il a été reçu, mais ne peut être dirigé contre celui pour le compte duquel le paiement a été effectué »[3]. Ces solutions sont confirmées par **l'actuel projet de réforme**.

A. Conditions du paiement de l'indu

1386. Pour que le paiement de l'indu donne lieu à répétition, il faut que certaines conditions soient réunies.

1. LA REMISE D'UN BIEN À TITRE DE PAIEMENT

1387. Il peut s'agir de la remise d'une chose ou d'une somme d'argent, mais non de l'exécution d'une obligation de faire qui pourrait seulement donner lieu à l'octroi de dommages et intérêts. Cette remise doit bien avoir été faite à titre de paiement et non à un autre titre : prêt ou donation, par exemple.

2. L'ABSENCE DE DETTE

a) La dette n'existe pas ou n'existe plus : indu objectif

1388. C'est le cas de l'*indu objectif* de l'article 1376. Plusieurs situations peuvent se présenter.

• *Le solvens* peut avoir payé *une dette inexistante*, cela exclut l'action en cas de paiement anticipé ou de paiement *volontaire* d'une obligation naturelle (art. 1235, al. 2) ou bien, dans des cas de plus en plus fréquents, il s'agit de la réclamation d'un trop-perçu.

• *Le solvens* peut également bénéficier de l'action en répétition s'il a payé une *dette qui n'existait plus*, par exemple : une obligation nulle. En vertu de la rétroactivité de

1. Soc. 24 oct. 1983.
2. Civ. 1re, 15 janv. 1985, *RTD civ.* 1985. 728.
3. Soc. 6 mai 1993, *Bull. civ.* 1994. 102, obs. J. Mestre ; *RTD civ.* 1994. 102, obs. J. Mestre ; *JCP* 1993. I. 3709, n° 12, obs. M. Billiau.

l'annulation, les choses doivent être remises en état et les prestations restituées. Il y a toutefois deux exceptions :

– s'il s'agit d'un incapable, il n'est tenu de restituer que ce qui a tourné à son profit (art. 1312) ;

– si la nullité est due à une cause immorale, le *solvens* peut se voir opposer la règle *nemo auditur propriam turpitudinem allegans* (v. ss 887, 1018) ce qui n'évite pas l'annulation mais empêche les restitutions.

b) Le solvens peut avoir payé une dette existant bien, mais non entre l'accipiens et lui : indu subjectif

1389. C'est l'*indu subjectif* de l'article 1377. Il est important de faire cette distinction entre ces deux cas : le premier où l'*accipiens* n'est pas créancier et où il y a perception d'un indu objectif et où l'exigence d'une erreur n'est pas une condition de fond et le second où *l'accipiens* est créancier et où l'article 1377 exige bien cette erreur.

3. L'ERREUR DU *SOLVENS*

a) L'erreur du solvens n'est pas une condition nécessaire de la répétition de l'indu, dans le cas de l'indu objectif régi par l'article 1376

1390. Il s'agit du cas où le *solvens* règle une dette inexistante[1]. Cette jurisprudence a été confirmée par un arrêt de principe rendu en assemblée plénière le 2 avril 1993[2], selon lequel, dès lors que les sommes versées n'étaient pas dues, le *solvens* est en droit, sans être tenu à aucune preuve (notamment celle d'une erreur), d'en obtenir la restitution. Cette position a été, depuis, suivie tant par la chambre commerciale que par la chambre sociale.

b) En revanche, l'erreur du solvens reste nécessaire en principe en matière d'indu subjectif, lorsque la dette existe mais pas entre l'accipiens et le solvens

1391. ***Principe d'une erreur***. Sans erreur, en effet, l'acte équivaudrait à une libéralité, ou au paiement de la dette d'autrui (art. 1236) ou à un acte de gestion d'affaires, ou à une confirmation tacite d'un acte entaché de nullité relative (art. 1338, al. 2), ou à un élément d'une transaction, mais dans tous ces cas, son paiement aurait une cause et ne serait pas susceptible de restitution (on devrait plutôt dire dans ce cas qu'il y a consentement à un acte juridique contemporain du paiement).

1392. ***Assimilation à l'erreur du paiement sous la contrainte***. La jurisprudence assimile en effet le dol et la violence à l'erreur et accorde l'action en répétition au *solvens* qui a payé sous la contrainte. La preuve de l'erreur ou de la violence incombe au *solvens* et peut se faire par tous moyens.

On notera que **l'actuel projet de réforme** de la Chancellerie ajoute cette hypothèse du paiement sous la contrainte (art. 217) à celle du paiement par erreur de la dette d'autrui.

1393. ***Exception jurisprudentielle du paiement délibéré de l'indu***. La jurisprudence a admis depuis 1986 un paiement indu répétible bien qu'accompli sans erreur : le paiement

---

1. Civ. 17 juill. 1984, *D*. 1985. 298, note P. Chauvel et obs. J. Mestre, *RTD civ*. 1990. I. 744.
2. *RTD civ*. 1993. 820, obs. J. Mestre ; *D*. 1993. 373, concl. M. Jeol, *JCP* 1993. II. 22051.

délibéré de l'indu. En l'espèce, il s'agissait de l'achat d'un terrain sous condition suspensive du paiement avant une certaine date. Une partie du prix devait être payée par des lettres de change dont certaines n'arrivaient à échéance qu'après cette date. Par précaution et pour éviter la « caducité » de la vente, l'acheteur avait versé une somme supplémentaire. De ce fait, une fois toutes les lettres de change payées, le vendeur avait reçu une somme supérieure au prix de vente. Il n'y avait certes pas ici intention libérale, mais il n'y avait pas non plus erreur : le paiement avait été fait volontairement mais par précaution. La répétition est toutefois accordée sur le fondement de l'article 1235 [1].

Un autre moyen de rendre répétible le paiement de l'indu est de l'assortir de réserves chaque fois qu'il y a un doute sur l'existence de la dette, ce qui permet d'exclure l'intention libérale [2] même cela établit en même temps l'absence d'erreur [3].

Outre l'erreur, il faut donc tenir compte des cas où il y a paiement délibéré mais pour une raison parfaitement claire et exclusive de toute intention libérale [4].

Ces hypothèses ne sont pas prévues cependant dans **l'actuel projet de réforme**. De même l'actuel projet de réforme, n'a pas suivi l'avant-projet Catala qui proposait d'étendre la restitution au cas où le paiement de ce qui était dû perd ensuite sa cause par l'effet d'une annulation ou d'une résolution : le paiement n'était pas indu, mais il devient sans cause, entrant ainsi dans la logique de l'absence de cause (art. 1331). La solution n'est pas reprise par le projet qui fait disparaître la cause du Code civil.

1394. ***La question s'est posée aussi de savoir contre qui l'action en répétition devait être dirigée.*** Dans un arrêt de principe rendu le 6 mai 1993, la Cour de cassation avait précisé que « l'action en répétition de l'indu peut être engagée soit contre celui qui a reçu le paiement, soit contre celui pour le compte duquel il a été reçu, mais, elle ne peut être dirigée contre celui pour le compte duquel le paiement a été effectué ».

Depuis, cependant, la Cour de cassation a rendu un arrêt différent, le 13 octobre 1998 [5]. Il s'agissait d'une SCP notariale qui avait payé de ses deniers le prix d'achat d'un immeuble pour le compte de son client. Celui-ci ne l'ayant pas remboursé, la SCP l'avait poursuivi, dès lors, qu'il était apparu que c'était par erreur que la SCP avait payé. Condamné à rembourser, l'acheteur forme un pourvoi qui est rejeté au motif « que le tiers qui, par erreur, a payé la dette d'autrui de ses propres deniers, a, bien que non subrogé aux droits du créancier, un recours contre le débiteur ». En l'espèce, on pouvait hésiter sur la qualification de l'action : fondée, soit sur l'article 1236, soit sur celle de l'article 1377 ; or il s'agit bien du deuxième cas.

L'actuel projet confirme cette dernière solution puisqu'il précise que l'action peut être exercée contre le créancier mais aussi contre celui dont la dette a été acquittée par erreur (art. 217).

4. La conservation necessaire par l'accipiens de son titre de créance

1395. L'action en répétition n'est plus possible « dans le cas où le créancier a supprimé son titre par suite du paiement » (art. 1377, al. 2). Il s'agit du cas où le *solvens* a

1. Civ. 3e, 19 mars 1986, *Bull. civ.* III, n° 36, *RTD civ.* 1987. 543, obs. J. Mestre.
2. Req. 4 janv. 1897, *DP* 1997. I. 126.
3. Soc. 24 mai 1973, *D.* 1974. 365, note J. Ghestin.
4. Pour l'intention libérale, v. Com. 24 févr. 1987, *D.* 1987. 244, note A. Bénabent, *RTD civ.* 1987. 543, obs. J. Mestre.
5. Civ. 1re, *JCP* 1999. I. 1143, obs. G. Virassamy.

payé, par erreur, la dette d'autrui, mais où l'*accipiens* est bien créancier. Celui-ci, une fois payé, a, de bonne foi, détruit son titre de créance ou, selon la jurisprudence, a perdu les sûretés garantissant son remboursement et n'aurait donc plus aucun moyen d'agir contre son véritable débiteur si l'on accordait au *solvens* l'action en répétition. C'est pourquoi le *solvens* n'a, dans ce cas, qu'un recours contre le véritable débiteur sur le fondement de l'enrichissement sans cause (v. ss 1405 s.). Cette hypothèse est reprise par **l'actuel projet de réforme** (art. 217).

On devrait étendre cette solution au cas où l'*accipiens*, persuadé d'avoir été régulièrement payé, a laissé prescrire son droit ; mais la jurisprudence ne l'admet pas toujours.

5. La prescription de l'action en répétition

1396. Faute de dispositions légales particulières, on considérait jusqu'ici que l'action en répétition se prescrivait par les trente ans de droit commun de l'article 2262, même si la prescription de l'action en paiement était plus courte. Mais la chambre sociale de la Cour de cassation a, dans deux arrêts de 1999, aligné le délai de prescription de l'action en répétition sur celui de l'action en paiement et, s'agissant de « sommes payables par années ou à des termes périodiques plus courts » soumises au délai de prescription quinquennale de l'article 2277, elle a affirmé que ce délai s'appliquait également à l'action en répétition[1]. La réforme de la prescription du 17 juin 2008 (sur cette loi, v. ss 537 s.) a ramené à cinq ans le délai de prescription de droit commun. Depuis ces décisions de la chambre sociale, la seconde chambre civile de la Cour de cassation a contredit la solution. Quelle que soit la cause du paiement indu, l'action en répétition se prescrit selon le délai de droit commun, applicable aux quasi-contrats à défaut de dispositions contraires[2].

B. Effets du paiement de l'indu

1. L'*accipiens* est tenu à restitution

1397. *L'accipiens* est tenu à restitution et un arrêt du 11 octobre 1968[3] a écarté le principe nominaliste en admettant que la somme à restituer devait être réévaluée en tenant compte de la valeur actuelle de la monnaie, mais on distingue selon qu'il est de bonne ou de mauvaise foi.

a) Si l'accipiens est de mauvaise foi

1398. Il doit restituer tant le capital que les intérêts ou les fruits, depuis le jour du paiement (art. 1378) ; les intérêts courent de plein droit sans mise en demeure du jour du paiement. La contestation par le *solvens* de l'obligation suffit à constituer l'*accipiens* de mauvaise foi[4].

– Il doit la valeur de la chose au jour du remboursement, quand il l'a aliénée.

– Si la chose a péri, même par cas fortuit, il en doit la valeur au jour du remboursement (art. 1379).

---

1. Soc., *Bull. Inf. Rap. C. cass.* 1999, n° 459 et n° 460 ; *JCP* 1999. IV. 1423-1426 ; *JCP* 1999. I. 171, note M. Billiau.
2. Civ. 2e, 4 juill. 2013, n° 12-17.427, *RDC* 2014. 47, note M. Latina.
3. Civ. 3e, *JCP* 1968. IV. 176.
4. Soc. 27 juin 1996, *JCP* 1996. I. 3983, obs. M. Billiau ; *Bull. civ.* V, n° 258.

b) Si l'accipiens est de bonne foi

1399. Il doit restituer la chose reçue (art. 1379), mais peut en conserver les fruits (art. 549-550) ou les intérêts perçus ou échus avant la demande en restitution, par sommation ou assignation en justice [1].

– S'il a aliéné le bien, il doit seulement en restituer le prix de vente (art. 1380).

– Si le bien a péri par cas fortuit, il est libéré (art. 1379, *a contrario*).

2. Le *solvens* : remboursement des dépenses et incidence d'une faute

1400. En revanche, le *solvens* doit rembourser « les dépenses nécessaires et utiles qui ont été faites pour la conservation de la chose », même si l'*accipiens* était de mauvaise foi (art. 1381) [2].

De plus, si le paiement fait par erreur procédait d'une faute, le *solvens* n'est pas privé de son droit à répétition mais il peut voir engager sa responsabilité sur le fondement de l'article 1382 si cette faute a causé un préjudice à l'*accipiens*. Dans ce cas, « le remboursement mis à la charge de l'*accipiens* doit alors être diminué du montant de ce préjudice » [3].

L'actuel projet de réforme de la Chancellerie prévoit expressément que « la restitution peut être réduite si le paiement fait par erreur procède d'une faute » (art. 217). Pour les restitutions, il renvoie aux conditions fixées par le chapitre spécifiquement consacré à la question des restitutions.

---

1. Art. 1378, arg. *a contrario* et Civ. 28 avr. 1914, *DP* 1917. 1. 174.
2. Civ. 3e, 12 mars 1985, *Bull. civ.* III, no 50.
3. Civ. 1re, 5 juill. 1989, *Bull. civ.* I, no 278.

auteurs, comme Aubry et Rau, estimaient que l'action *de in rem verso* devait être accordée dans tous les cas où un patrimoine s'enrichit aux dépens d'un autre.

1404. C'est alors que la Cour de cassation, après quelques hésitations, consacra l'action *de in rem verso* que la chambre des requêtes présenta le 15 juin 1892 [1] (arrêt *Boudier*, dite *Affaire des engrais*, à lire) comme une « action dérivant du principe d'équité qui défend de s'enrichir au détriment d'autrui ». Cette position fit jurisprudence, mais les décisions postérieures ont posé certaines conditions pour que l'exercice de cette action ne se généralise pas abusivement.

Les deux fondements le plus souvent invoqués de l'action *de in rem verso* sont donc :
– la recherche d'un équilibre économique,
– la réparation d'une injustice tenant compte du comportement de l'appauvri.

B. Les conditions de l'enrichissement sans cause

1405. L'arrêt du 15 juin 1892 (v. ss 1404) avait admis l'action *de in rem verso* sans la soumettre à aucune condition pour en permettre l'exercice ; la jurisprudence postérieure a donc dû, peu à peu, mais surtout par deux arrêts de mai 1914 et mars 1915, cerner les contours de l'enrichissement sans cause, qui n'a d'ailleurs pas, aujourd'hui, le même aspect qu'en 1892, surtout depuis plusieurs arrêts de 1939.

De cette jurisprudence se dégage l'exigence d'un certain nombre de conditions, d'ordre matériel d'abord, d'ordre juridique ensuite.

1. Conditions d'ordre matériel

1406. Pour qu'il y ait enrichissement sans cause, il faut : un appauvrissement subi par une personne, un enrichissement procuré à une autre personne qui devient débitrice et un lien de cause à effet entre l'enrichissement et l'appauvrissement.

a) Un appauvrissement subi par une personne

• *L'appauvrissement peut intervenir sous forme de dépense ou d'un manque à gagner*

1407. Il peut s'agir d'un travail fourni sans rémunération, par exemple, ainsi, une femme séparée de biens ayant aidé, sans rémunération, son mari dans son commerce pendant de nombreuses années, en devient-elle créancière. Selon une jurisprudence déjà ancienne, les tribunaux lui reconnaissent le droit à une indemnité d'enrichissement sans cause sauf « lorsqu'il ressort du jugement de divorce qu'il prend en compte cet appauvrissement en vue de l'évaluation de la prestation compensatoire ». Il y a alors lieu de déclarer irrecevable l'action *de in rem verso* qui tend à l'indemnisation d'un appauvrissement déjà réparé [2].

Le devoir moral d'un enfant envers ses parents n'exclut pas que l'enfant puisse obtenir une indemnité pour l'aide et l'assistance apportées, lorsqu'elles ont excédé les exigences de la piété filiale [3] et l'indemnité est mise à la charge de la succession [4].

1. Req. 15 juin 1892, *D.* 1892. I. 596 ; *S.* 1893. I. 281, note X. Labbé.
2. Civ. 1re, 5 avr. 1993, *Gaz. Pal.* 10-12 avr. 1994, note J. Massip.
3. Civ. 1re, 12 juill. 1994, *D.* 1995. 623, note M. Tchendjou ; *JCP* 1995. II. 22425, note A. Seriaux.
4. Civ. 1re, 5 janv. 1999, *JCP N* 1999. 722, note J.-F. Pillebout ; dans le même sens, v. aussi Paris, 12 mars 2004, *JurisData* no 2004-240 940.

• *L'appauvri ne doit pas avoir eu un intérêt quelconque à s'appauvrir*

1408. Par exemple, le locataire qui fait des travaux dans son immeuble ne peut attaquer les autres locataires qui se sont enrichis grâce à lui, car ses travaux lui ont personnellement profité. Il en est de même pour celui qui a procédé à ses frais au prolongement d'une ligne électrique sur laquelle un de ses voisins s'est branché[1] [2]. Il a également été jugé que si l'enrichi et l'appauvri étaient des amis et ont agi d'un commun accord, cet appauvrissement délibéré ne peut fonder un droit ultérieur à indemnité[3]. De même, les travaux effectués par un concubin sur l'immeuble de sa concubine ne sont pas pris en considération si cet appauvrissement « avait une cause constituée par son hébergement pendant dix-huit ans dans la maison de sa concubine »[4] [5]. Cette exclusion de l'indemnisation si l'appauvrissement procède d'un acte accompli par l'appauvri en vue d'un profit personnel est posée par **l'actuel projet de réforme** (art. 221).

1409. Depuis quelques années cependant, la jurisprudence utilise l'enrichissement sans cause dans les *rapports de concubinage* pour pallier l'absence de tout statut matrimonial et permettre, en cas de rupture, l'octroi d'une compensation à l'un des concubins, pour l'aide apportée à l'autre, ou des financements ou aides financières en cours de vie commune. Toutefois, la Cour de cassation exclut que l'enrichissement sans cause puisse servir à contourner de façon systématique l'absence de toute règle de contribution aux charges de la vie commune, semblable à celle posée par l'article 215 du Code civil, dans le cadre du mariage, qui oblige les deux époux à participer aux charges à proportion de leurs facultés. Elle admet donc l'application de l'enrichissement sans cause entre concubins mais au cas par cas, lorsque toutes les conditions sont réunies. C'est ainsi qu'elle l'exclut quand l'intention libérale est établie, ce qui donne une cause à l'enrichissement ou encore s'il existe une contrepartie dans des avantages tirés du concubinage (comme par exemple le logement gratuit)[6] et, enfin, quand l'aide apportée par le concubin ou la concubine n'est qu'une aide normale, qui n'excède pas la simple entraide, normale dans le cadre de la vie en commun[7]. Mais si l'aide apporté par le concubin excède la contribution normale aux charges du ménage due à raison de la vie commune, par exemple en cas de participation importante et gratuite du concubin à l'exploitation du fonds de commerce de sa concubine, alors une indemnité est due[8] (v. aussi ss 1423).

• *Il ne doit pas non plus avoir commis de faute*

1410. C'est le cas du garagiste qui entreprend intempestivement des travaux non prévus (v. arrêt à commenter), de l'entrepreneur qui fait des travaux chez un locataire sans

---

1. Civ. 1re, 19 oct. 1976, *Bull. civ.* I, no 300.
2. Dans le même sens, v. aussi Civ. 1re, 3 nov. 2004, *JCP* 2005. II. 10024, note F. Boulanger.
3. Civ. 3e, 1er mars 1989, *Bull. civ.* III, no 49.
4. Civ. 1re, 12 nov. 1998, *Dr. fam.* 1999, comm. no 12, H. Lécuyer.
5. V. aussi Versailles, 30 janv. 2004, *Gaz. Pal.* 29-30 oct. 2004, p. 11, ou encore Civ. 1re, 28 juin 2005, *JurisData* no 2005-029 208, pour l'usage d'une voiture après rupture d'un concubinage.
6. Illustrant ces deux hypothèses : Civ. 1re, 20 janv. 2010, no 08-13.400, *Dr. fam.* 2010, comm. 35, note V. Larribau-Terneyre ; *AJ fam.* 2010. 132, S. Milleville, F. Chenedé, « Pour un affinement de la théorie des quasi-contrats au service de la liquidation patrimoniale du concubinage », *D.* 2010. Étude 708.
7. Civ. 1re, 20 janv. 2010, no 08-16.105, *Dr. fam.* 2010, comm. 35, note V. Larribau-Terneyre.
8. Civ. 1re, 24 sept. 2008, deux arrêts, *Dr. fam.* 2008, comm. 152, note J.-L. Gracia et *D.* 2009. 140, note J.-J. Lemouland (v. arrêt en fin de chapitre) ; Pau, 29 janv. 2008, *JurisData* no 2008-358034, *Dr. fam.* juill. 2008, à noter no 96 ; *contra*, excluant l'enrichissement : Civ. 1re, 8 juin 2004, *Dr. fam.* 2004, comm. 169, note V. Larribau-Terneyre.

s'être renseigné sur la véritable qualité du donneur d'ordres, de la grand-mère qui entretient ses petits-enfants malgré un jugement qui avait confié la garde au père [1]. En effet, la faute de l'appauvri constitue un obstacle général à l'exercice de l'action *de in rem verso* [2] (contrairement à ce qui se passe pour la répétition de l'indu, où elle entraîne seulement une diminution de la restitution) (v. ss 1400). Ainsi en est-il également pour des fautes commises par des établissements bancaires [3].

Mais la Cour de cassation a précisé que « le fait d'avoir commis une imprudence ou une négligence ne prive pas celui qui en s'appauvrissant a enrichi autrui, de son recours fondé sur l'enrichissement sans cause » [4]. En revanche, le *dol* commis par l'appauvri lors de la formation du contrat le prive de l'action *de in rem verso* [5]. Il en est de même en cas de *faute professionnelle inexcusable* [6] ou tout simplement de *faute délibérée*, volontaire, distincte d'une simple négligence : le fait pour une entreprise d'effectuer une réparation sans avoir fourni le devis préalable qui lui avait été expressément demandé par le client [7].

L'actuel projet de réforme modifie cette solution et aligne l'enrichissement injustifié sur la répétition de l'indu en prévoyant seulement que « l'indemnisation peut être *modérée* par le juge si l'appauvrissement procède d'une faute de l'appauvri » (art. 221).

b) Un enrichissement procuré à une autre personne qui devient débitrice

1411. L'enrichi doit donc avoir bénéficié d'un avantage qui peut être matériel, ou même moral, par exemple le fait d'avoir augmenté son « bagage intellectuel » en profitant de leçons particulières non payées, ou qui peut être tout simplement une perte évitée par l'appauvri ; par exemple dans le cas de la collaboration d'un époux à l'activité de l'autre [8] ou encore lorsque les aliments versés par un fournisseur à une personne dans le besoin constituent un enrichissement pour les débiteurs alimentaires de cette dernière.

Un cas particulier se présente lorsqu'une personne paie par erreur la dette d'autrui procurant ainsi un enrichissement injuste au débiteur, le *solvens* peut agir en remboursement contre ce dernier. Ainsi, le 4 avril 2001, la première chambre civile a-t-elle eu l'occasion de mettre en jeu l'enrichissement sans cause dans une affaire de paiement de la dette d'autrui : une compagnie d'assurances, pensant à tort que les fissures apparues dans une maison étaient dues à un phénomène naturel, avait indemnisé son propriétaire. Mais ces désordres étant dus à des malfaçons, elle s'était retournée contre le constructeur par une action en remboursement. La première chambre civile, substituant ses motifs à ceux de la cour d'appel, décide dans un attendu de principe qu'« en application du principe général du droit selon lequel nul ne peut s'enrichir injustement aux dépens d'autrui, celui qui, par erreur, a payé la dette d'autrui de ses propres deniers a, bien que non subrogé aux droits du créancier, un recours contre le débiteur » [9].

---

1. Civ. 1re, 6 mai 1953, *D*. 1953. 609.
2. Civ. 1re, 22 oct. 1974, *JCP* 1976. II. 18331, note H. Thuillier ; Civ. 1re, 15 déc. 1998, inédit ; *LPA* 1999, no 35, p. 5, note A.-M. L.
3. Com. 16 juill. 1985, *D*. 1986. 393, note J.-L. A., et Com. 24 févr. 1987, *Bull. civ*. IV, no 50.
4. Civ. 1re, 3 juin 1997, *JCP* 1998. II. 10102 note G. Viney ; *RTD civ*. 1997. 657, obs. J. Mestre ; Civ. 2e, 2 déc. 1998 ; *LPA* 18 févr. 1999, no 35, p. 7, note A.-M. L.
5. Com. 19 mai 1998, *JCP* 1999. I. 1114, obs. G. Virassamy.
6. Rennes, 26 févr. 1998, *JCP* 1998. IV. 3433 ; *JCP* 1999. I. 1114, obs. G. Virassamy.
7. Civ. 1re, 15 déc. 1998, inédit, préc. ; *RTD civ*. 1999. 400, obs. J. Mestre.
8. Civ. 1re, 9 janv. 1979, *D*. 1981. 241, 1re esp., note Breton.
9. Civ. 1re, 4 avr. 2001, *D*. 2001. 1824, note M. Billiau ; *JCP* 2001. IV. 2016 ; *JCP* 2002. I. 134, obs. A.-S. Barthez.

La Cour de cassation semble bien vouloir placer ce recours dans le cadre de l'action *de in rem verso* mais on a pu se demander[1] si c'était une simple application du principe général, mais dans ce cas on se heurterait à la règle de subsidiarité (v. ss 1418) puisqu'on pouvait exercer l'action en répétition de l'indu, ou s'il s'agit d'une nouvelle application de l'enrichissement sans cause fondée sur l'article 1326. Toutefois, le fondement et le régime de ce recours restent à préciser.

c) Un lien de cause à effet entre l'enrichissement et l'appauvrissement

1412. L'un doit être la conséquence de l'autre, mais peu importe que ce soit directement ou, comme dans l'arrêt *Boudier*, par l'intermédiaire du patrimoine d'un tiers.

Toutefois, certaines décisions ont montré qu'une décision de justice, en annulant rétroactivement un contrat, peut priver de cause l'appauvrissement d'un ex-contractant et permettre ainsi l'exercice de l'action *de in rem verso*. Il en est ainsi pour les frais de restauration assumés par l'acquéreur du tableau de Fragonard, *Le Verrou* (v. ss 798)[2]. Inversement, en fondant définitivement un droit, une décision de justice peut conférer une cause à un enrichissement et donc mettre un obstacle à l'exercice de l'action *de in rem verso*[3].

2. CONDITIONS D'ORDRE JURIDIQUE

1413. Apparues plus tardivement dans la jurisprudence (1914-1915, pour l'absence de cause, et 1939, pour la subsidiarité de l'action), elles vont profondément modifier l'exercice de l'action *de in rem verso*.

a) Absence de cause de l'enrichissement

1414. L'enrichissement ne doit pas avoir de cause, c'est-à-dire qu'il ne doit pas avoir de titre justificatif : acte juridique ou même fait juridique. **L'actuel projet de réforme** de la Chancellerie dans la mesure où il fait disparaître la cause et à ce titre parle d'enrichissement injustifié, précise que l'enrichissement est injustifié lorsqu'il ne procède ni de l'accomplissement par l'appauvri d'une obligation, ni de son intention libérale (art. 220).

1° L'enrichissement ne doit pas avoir de cause

1415. Cette condition n'était pas formulée dans l'arrêt *Boudier*, mais la jurisprudence a été amenée à l'exiger pour limiter le domaine de l'action aux seuls cas où l'enrichissement n'a pas de motifs juridiques valables : le commerçant qui s'enrichit aux dépens de ses clients ne peut être poursuivi, son enrichissement a une cause juridique. Cette cause, assez proche de celle de l'article 1131, peut être l'intention libérale de l'appauvri, ou une contre-prestation qu'il a reçue, ou même son propre intérêt. Ainsi, dans deux arrêts de 1939, la Cour de cassation a-t-elle refusé l'action *de in rem verso* dans des cas où l'enrichissement pouvait se motiver par l'existence d'un *titre justificatif*.

---

1. V. note A.-S. Barthez, préc.
2. Civ. 1re, 25 mai 1992 ; *JCP* 1992. I. 3608, p. 370, obs. M. Billiau, *Defrénois* 1993. 312, obs. J.-L. Aubert.
3. Civ. 2e, 14 oct. 1992, *Bull. civ.* II, nº 242, p. 120.

2° Le titre justificatif peut être un acte juridique

1416. Il peut s'agir d'un contrat passé entre l'enrichi et l'appauvri, entre le bailleur et le fermier, par exemple, ou entre l'enrichi et un tiers [1]. Le contrat de fermage, par exemple, est une cause d'enrichissement valable qui empêche l'ouvrier agricole non payé par le fermier de se retourner contre le propriétaire, il en est de même pour le contrat de gérance par lequel une société convient que le matériel et les marchandises devaient bien être restitués par le gérant en fin de contrat. Ce contrat empêche le fournisseur du gérant de se retourner contre la société propriétaire du fonds mis en gérance (v. affaire de la société *Lutetia*) [2].

3° Le titre justificatif peut également être un fait juridique ou une disposition de la loi

1417. Il peut s'agir, par exemple, de la prescription qui rend le possesseur propriétaire ou de l'obligation alimentaire, en vertu de laquelle le créancier d'aliments ne s'est pas enrichi sans cause.

b) Subsidiarité de l'action

1418. L'action *de in rem verso* ne peut être intentée qu'à défaut de toute autre action. Dans un arrêt du 2 mars 1915, la Cour de cassation a décidé qu'elle ne pouvait être exercée que si l'appauvri « ne jouissait, pour obtenir ce qui lui est dû, d'aucune action naissant d'un contrat, d'un quasi-contrat, d'un délit ou d'un quasi-délit » [3].

Depuis, il a été précisé qu'elle ne peut être admise pour suppléer « à une autre action que le demandeur ne peut intenter par suite d'une prescription, d'une déchéance ou forclusion ou par l'effet de l'autorité de la chose jugée ou parce qu'il ne peut apporter les preuves qu'elle exige ou par suite de tout autre obstacle de droit » [4]. Cette règle traditionnelle est toujours affirmée [5].

1419. En effet, l'appauvri peut disposer d'une autre action.

1° Si une autre action est recevable, c'est celle-là qu'il doit exercer

1420. Toutefois, si elle s'avère inefficace, la jurisprudence autorise le recours à l'action *de in rem verso*. Ainsi un entrepreneur fait des travaux pour l'acheteur d'un immeuble ; celui-ci, insolvable, ne paie ni l'entrepreneur, ni le vendeur qui exerce alors l'action en résolution de la vente et récupère l'immeuble. L'entrepreneur disposait bien d'une action contre l'acheteur, mais son insolvabilité la rendait inefficace. La Cour de cassation a admis, dans ce cas, la recevabilité de l'action *de in rem verso* contre le vendeur que les travaux avaient enrichi. Voici un autre cas où l'insolvabilité ne fait pas

1. Civ. 3e, 28 mai 1986, *Bull. civ.* III, no 83, *RTD civ.* 1987. 545, obs. J. Massip.
2. Civ. 28 févr. 1939, *D.* 1940. 1. 5, note G. Ripert.
3. Civ. 2e, mars 1915, *DP* 1920. I. 102.
4. Civ. 3e, 29 avr. 1971, *Bull. civ.* III, no 277.
5. Civ. 2e, 2 nov. 2005, *Bull. civ.* I, no 398 ; Civ. 1re, 2 avr. 2009, *RTD civ.* no 2, 2009. 321, obs. B. Fages, pour une impossibilité d'apporter la preuve du contrat de prêt qui aurait dû constituer le fondement de l'action. Même situation avec : Civ. 1re, 31 mars 2011, *JurisData* no 2011-0048 77, *RCA* 2011, comm. 136, obs. L. Leveneur.

obstacle à l'action : en matière de contestation de paternité qui fait disparaître rétroactivement l'obligation d'entretien du premier mari et l'autorise à exercer l'action *de in rem verso* sinon contre la mère, insolvable, du moins contre son second mari [1].

Dans une autre affaire, la Cour de cassation casse une décision ayant refusé l'action *de in rem verso*, alors que l'action normalement exercée par l'appauvri contre une société en liquidation judiciaire « était rendue inopérante » et « que l'enrichissement des époux (...) ne pouvait plus avoir pour cause légitime ce compromis de vente ». L'existence d'un débiteur direct mais insolvable n'empêche pas l'exercice de l'action *de in rem verso* [2].

Dans une seconde affaire c'est une fondation gérant une maison de retraite qui réclame les frais de séjour d'un couple, décédé depuis, à leurs enfants qui avaient renoncé à la succession. La cour d'appel l'avait déboutée car la demande de la fondation trouvait, selon elle, sa cause dans le contrat qui la liait aux parents. La première chambre casse cette décision en relevant que si ce contrat justifie l'appauvrissement de la fondation, il ne justifie pas « l'enrichissement corrélatif de leurs débiteurs alimentaires pris en cette seule qualité et à l'égard desquels elle n'entretenait aucun rapport et ne disposait d'aucune voie de droit directe ou oblique ». En effet, la maison de retraite n'avait pas d'action directe contre les enfants, débiteurs d'aliments (seuls les établissements publics disposent d'une telle action avec l'article L. 6145-11 du Code de la santé publique) et elle n'avait pas non plus d'action oblique contre les enfants car l'article 1166 du Code civil écarte de celle-ci les « droits exclusivement attachés à la personne » comme les créances alimentaires. L'existence d'une action contre les débiteurs directs (ou leur succession), n'a pas empêché une action contre des tiers (et non des héritiers) qui s'étaient indirectement enrichi [3].

2° Si l'appauvri a laissé prescrire son action

1421. Le recours à l'action *de in rem verso* est alors absolument impossible.

3° S'il existe une action mais que l'appauvri ne remplit pas les conditions requises pour l'exercer

1422. La question est alors un peu plus complexe. C'est le cas, par exemple, du vendeur lésé de moins des 7/12e. Généralement, la jurisprudence refuse, dans ce cas, la possibilité de recourir à l'action *de in rem verso*, chaque fois que le législateur a posé ces conditions pour limiter strictement l'exercice de l'action qui aurait dû normalement être exercée : ici l'action en rescision pour lésion dans une vente d'immeuble (v. ss 917 s., spéc. v. ss 920).

1423. De même, la Cour de cassation a-t-elle considéré que le principe de subsidiarité faisait obstacle à ce qu'un concubin, ayant échoué sur le terrain principal de la société créée de fait, puisse, à titre subsidiaire, réclamer une indemnité en enrichissement sans cause à son ex-concubine [4]. Cette position a été critiquée dans la mesure où l'action fondée sur l'existence d'une société créée de fait n'est qu'un palliatif exceptionnel et non une action de droit commun dont il faudrait éviter le contournement par l'action *de in rem*

---

1. Civ. 1re, 1er févr. 1984, *D.* 1984. 388, note J. Massip.
2. Civ. 1re, 14 janv. 2003, *RTD civ.* avr.-juin 2003, obs. J. Mestre et B. Fages.
3. Civ. 1re, 25 févr. 2003, *JCP* 2003. II. 10124, note P. Lipinski ; *RTD civ.* avr.-juin 2003, obs. J. Mestre et B. Fages.
4. Civ. 1re, 8 déc. 1987, *RTD civ.* 1988. 745, obs. J. Mestre.

verso. Depuis, la cour d'appel de Riom dans un cas similaire a accepté l'action[1] et ceci a été confirmé par la Cour de cassation qui, tout en écartant une action en responsabilité pour absence de faute, admet l'action *de in rem verso*[2]. Elle a confirmé à nouveau la recevabilité de l'action après que le bénéficie d'un contrat de société entre concubins ait été rejeté dans une décision rendue le 5 mars 2008[3].

C. Les effets de l'enrichissement sans cause : l'action *de in rem verso*

1424. L'appauvri va exercer l'action *de in rem verso* dont le but va consister à lui faire verser une indemnité, dont la fixation pose deux problèmes, relatifs l'un à son montant, l'autre à sa date d'évaluation.

1. Quant à son montant

1425. S'il remplit les conditions pour cette action, l'appauvri ne peut cependant réclamer à l'enrichi que la plus faible des deux sommes correspondant au montant de l'enrichissement et au montant de l'appauvrissement s'ils ne coïncident pas[4], ce qui diffère de la gestion d'affaires où sont remboursables toutes les dépenses utiles, même si elles n'ont pas enrichi le maître de l'affaire (v. ss 1381). C'est la solution reprise par **l'actuel projet de réforme** (art. 219) qui ajoute cependant qu'en cas de mauvaise foi de l'enrichi, l'indemnité due est égale à la plus forte de ces deux valeurs (art. 223).

2. Quant à sa date d'évaluation

1426. L'enrichissement s'apprécie *au jour de la demande*[5], mais, en période de dépréciation monétaire, l'indemnisation risque d'être dérisoire, aussi certaines lois ont-elles prévu l'évaluation *au jour du jugement* dans des cas particuliers[6] et la jurisprudence s'engage-t-elle aussi dans cette voie[7]. C'est la solution qui est consacrée dans **l'actuel projet de réforme** (art. 222). Enfin, si des circonstances exceptionnelles l'autorisent, l'indemnité peut même être fixée « à la date des faits d'où procède l'enrichissement »[8].

Enfin, si l'enrichi est un incapable, il est tenu de rembourser seulement ce qui lui a profité (art. 1312).

II. Le quasi-contrat de loterie publicitaire

1427. Le système des loteries publicitaires dans la vente par correspondance a posé à la jurisprudence quelques difficultés, avant de trouver le fondement du quasi-contrat pour le sanctionner.

---

1. Riom, 5 mai 1988, *RTD civ*. 1989. 541, obs. J. Mestre.
2. Civ. 1re, 3 juin 1997, préc., n° 1534.
3. Civ. 1re, 5 mars 2008, *JurisData* n° 2008-043028, *Dr. fam*. juill. 2008, à noter n° 95, obs. V. Larribau-Terneyre.
4. Civ. 1re, 19 janv. 1953, *D*. 1953. 234.
5. Civ. 18 janv. 1960, *D*. 1960. 753, note P. Esmein.
6. L. du 17 mai 1960, art. 548, 554 et 555, en matière de construction sur le terrain d'autrui.
7. Cf. arrêt précité du 11 octobre 1968 à propos de la répétition de l'indu, cité, v. ss 1527.
8. Civ. 1re, 18 janv. 1960, *D*. 1960. 753, note P. Esmein.

1428. Le système est le suivant : certaines sociétés adressent par publipostage à leurs clients ou même non clients, des imprimés qui leur font croire qu'ils ont reçu par tirage publicitaire un numéro gagnant leur donnant droit à un lot très important. Certains consommateurs trompés et qui n'ont, en fait, rien gagné, réclament l'attribution du lot qui leur était semble-t-il promis et se heurtent évidemment à un refus. Saisis par les victimes, les tribunaux les indemnisent mais sans grande harmonie. Certaines décisions leur avaient reconnu le droit d'obtenir le montant intégral du lot annoncé [1], par contre, un arrêt considère qu'il s'agit d'une responsabilité délictuelle en repoussant le fondement invoqué par les victimes d'un « engagement par volonté unilatérale » de la société de vente par correspondance, et n'indemnise que le dommage éprouvé par le client c'est-à-dire un « dommage moral résultant d'une déception » [2]. Plus tard, la Cour de cassation a rejeté un pourvoi contre une décision d'une cour d'appel qui avait invoqué, pour donner satisfaction au client, une responsabilité contractuelle et non plus délictuelle [3].

1429. On constate ainsi un mouvement d'hésitation de la Cour de cassation entre les deux types de responsabilité, délictuelle ou contractuelle. C'est pourquoi la doctrine, soucieuse de voir cesser ces agissements des sociétés de vente par correspondance qui continuent à défier les tribunaux, a proposé divers fondements permettant d'avoir recours à une responsabilité contractuelle et non plus délictuelle et, partant, d'obtenir la réparation intégrale du dommage c'est-à-dire une indemnisation équivalente à la valeur du lot promis. Ces fondements font appel soit à la « théorie de l'apparence » [4], ou encore à « l'effet obligatoire de l'information » permettant de créer *a posteriori* un lien contractuel entre la société de vente par correspondance et le consommateur [5] ; on a également eu recours au principe de « cohérence », principe dont la jurisprudence fait certaines applications en matière contractuelle (v. ss 654). Ce principe interdit de se contredire, comme le font ces sociétés avec des documents caractérisés par « l'obscurité volontaire de leur libellé » [6].

1430. Finalement, après avoir d'abord utilisé le fondement de l'acte juridique, puis celui de la responsabilité, la Cour de cassation a eu recours au quasi-contrat.

A. Le fondement initial de l'acte juridique

1431. La Cour de cassation a d'abord analysé le mécanisme en un engagement unilatéral de payer la somme promise [7]. Mais on connaît les réticences à admettre cette notion d'engagement unilatéral de volonté (v. ss 614). Aussi l'analyse n'a pas été longtemps maintenue.

1432. L'explication contractuelle a ensuite été utilisée. L'annonce du gain était considérée comme une offre de contracter, la réponse positive du client valait acceptation et formait le contrat [8] ; mais l'offre ne devrait pas comporter de réserves, ce qui est généralement le cas, même si c'est en tout petits caractères !

---

1. Par ex. Civ. 1re, 28 mars 1995, *Bull. civ.* I, n° 150 ; Civ. 2e, 11 févr. 1998, *Bull. civ.* II, n° 55.
2. Civ. 1re, 19 oct. 1999, *JCP* 2000. II. 10347, note F. Mehrez, et *JCP* 2000. I. 241, obs. G. Viney.
3. Civ. 1re, 12 juin 2001, *JCP* 2002. II. 10104, note D. Houtcieff.
4. B. Lecourt, G. Viney.
5. M. Fabre-Magnan, citée dans la bibliographie.
6. Note D. Houtcieff, préc.
7. Civ. 1re, 28 mars 1995, *D.* 1996. 180 ; *RTD civ.* 1995. 886, obs. J. Mestre ; Civ. 1re, 19 oct. 1999, *JCP* 2000. II. 10347, note F. Mehrez ; *JCP* 2000. I. 241, obs. G. Viney.
8. Civ. 1re, 26 nov. 1991, *Bull. civ.* I, n° 232 ; 12 juin 2001, *D.* 2002. Somm. 1316, obs. D. Mazeaud.

1433. L'intérêt de cette solution, elle est que si l'on admet que l'obligation de la société naît d'un acte juridique, le consommateur a droit au paiement intégral du gain.

Toutefois, il n'y a évidemment pas intention de s'engager de la part de la société. L'analyse de l'opération en un acte juridique n'est donc pas très convaincante.

1434. Le fondement de la responsabilité contractuelle encourt le même reproche puisqu'il suppose que l'opération a été préalablement qualifiée de contrat. Il a pourtant été validé une fois par la Cour de cassation [1].

B. Le fondement de la responsabilité délictuelle

1435. Plus souvent qu'une responsabilité fondée sur le contrat, la jurisprudence retient la responsabilité extracontractuelle pour faute. En faisant croire à un gain, la société commet une faute qui engage sa responsabilité sur le fondement de l'article 1382 du Code civil. Mais la responsabilité civile répare un dommage. Or quel est le dommage en l'occurrence ? La déception, c'est-à-dire un préjudice moral (v. ss 1612 s.) ? Certaines décisions l'ont admis [2]. Or la déception vaut-elle la valeur du lot promis ? Certaines juridictions l'ont admis aussi. Sinon, les dommages-intérêts peuvent être symboliques et c'est ce que d'autres décisions ont consacré.

1436. Une autre difficulté vient de ce que dans une décision du 11 juillet 2002, la Cour de justice des Communautés européennes a décidé que l'action exercée était de nature contractuelle [3]. D'où une difficulté pour admettre une responsabilité fondée sur l'article 1382 du Code civil.

C. Le fondement actuel du quasi-contrat

1437. C'est sous le visa de l'article 1371 – texte qui avait déjà permis de découvrir le quasi-contrat de l'enrichissement sans cause – que la chambre mixte de la Cour de cassation adopte la qualification de quasi-contrat dans deux décisions rendues le même jour.

1438. Elle déclare dans un premier arrêt du 6 septembre 2002 [4], dans un moyen de pur droit relevé d'office, que « les quasi-contrats sont les faits purement volontaires de l'homme dont il résulte un engagement quelconque envers les tiers » et que « l'organisateur d'une loterie qui annonce un gain à une personne dénommée sans mettre en évidence l'existence d'un aléa s'oblige, par ce fait purement volontaire, à le délivrer ». Il ne s'agit pas de simples dommages et intérêts consécutifs à une faute délictuelle, inférieurs au prix annoncé comme l'avait décidé la cour d'appel, mais le prix annoncé.

1439. Dans le premier arrêt (*Marchewka*) rendu le même jour, mais moins intéressant car de rejet, la chambre mixte rendait un autre arrêt dans une affaire tout à fait similaire mais en rejetant le pourvoi du consommateur, l'intéressé ayant fait preuve de

---

1. Civ. 1re, 12 juin 2001, *JCP* 2002. II. 10104, note D. Houtcieff.
2. Civ. 2e, 28 juin 1995, *Bull. civ.* II, no 225 ; 26 oct. 2001, *Defrénois* 2001. 693, obs. É. Savaux.
3. CJCE 11 juill. 2002, *JCP* 2003. II. 10055, note H. Claret.
4. Cass., ch. mixte, 6 sept. 2002 (deux arrêts, l'un de rejet, l'autre de cassation) ; *JCP* 2002, arrêts et jugement, no 389 ; *JCP* 2002. II. 10173, note St. Reifegerste.

mauvaise foi, « attendu que la cour d'appel, ayant relevé que M. Marchewka avait cherché à tirer profit d'un pseudo-gain qu'il savait n'être pas le sien, a pu en déduire que son action était abusive ».

1440. Depuis, la première chambre civile a également utilisé ce fondement du quasi-contrat [1].

1441. Ce nouveau quasi-contrat n'a ni nom, ni régime bien défini et il se démarque des autres quasi-contrats connus car il n'y est pas question d'un enrichissement injustifié venu d'autrui. Il suppose un préjudice, davantage que l'enrichissement indu qui caractérisait jusqu'ici tous les quasi-contrats.

Certains éléments de son régime ont cependant été posés. Dans une décision du 7 juin 2006, la Cour de cassation a tiré une première conséquence de l'analyse en quasi-contrat. Les options de compétence juridictionnelles qui sont ouvertes en matière contractuelle par l'article 46 du Code de procédure civile (qui donne compétence au tribunal du domicile du créancier demandeur) sont d'interprétation stricte et ne s'appliquent pas aux actions fondées sur un quasi-contrat. Dès lors la juridiction compétente est, selon la règle normale, celle du lieu du domicile du défendeur (siège de la société ayant organisé le tirage) et non le domicile du demandeur exerçant son action en délivrance du gain prétendu [2] !

On rappellera cependant que **l'actuel projet de réforme** n'a pas prévu d'intégrer ce quasi-contrat dans le Code civil. C'est assez logique. Car il n'a pas vocation à la pérennité. Il est voué à disparaître avec les loteries publicitaires trompeuses qu'il vise tout simplement à éradiquer… s'il y parvient.

---

1. Civ. 18 mars 2003, *D*. 2003. 1009.
2. Civ. 2e, 7 juin 2006, *Bull. civ.* II, n° 149, *RDC* 2007. II. 319, obs. A. Bénabent.

DOCUMENTS

BIBLIOGRAPHIE

BONNET (G.), « La condition d'absence d'intérêt personnel et de faute chez l'appauvri pour le succès de l'action *de in rem verso* », *in Mélanges Hébraud*, p. 59.

CONTE (Ph.), « Faute de l'appauvri et cause de l'appauvrissement : réflexions hétérodoxes sur un aspect controversé de la théorie de l'enrichissement sans cause », *RTD civ.* 1987. 223.

CHENEDÉ (F.), « Pour un affinement de la théorie des quasi-contrats au service de la liquidation patrimoniale du concubinage », *D.* 2010. 718.

FLOUR (J.) et AUBERT (J.-L.), « Les effets de l'action *de in rem verso* », *Defrénois* 1983. 286.

HONORAT, « Rôle effectif et rôle concevable des quasi-contrats en droit actuel », *RTD civ.* 1969. 653.

LECENE-MARÉNAUD (M.), « Le rôle de la faute dans les quasi-contrats », *RTD civ.* 1994. 515.

LE TOURNEAU (Ph.) et ZABALZA (A.), « Le réveil des quasi-contrats », *CCC* 2002, chron. n° 22.

PEIS-HITTER (M.-P.), « De la croyance légitime, co-critère de définition des quasi-contrats », *LPA*, n° 18, 28 janv. 2006, p. 8.

PERINET-MARQUET (H.), « Le sort de l'action *de rem verso* en cas de faute de l'appauvri », *JCP* 1982. I. 3075.

ROMANI (A.-M.), « La faute de l'appauvri dans l'enrichissement sans cause et dans la répétition de l'indu », *D.* 1983. Chron. 127.

SINAY-CYTERMANN (A.), « Enrichissement sans cause et communauté de vie », *D.* 1983. Chron. 159.

ARRÊT À LIRE

L'enrichissement sans cause à la rupture du concubinage

Civ. 1re, 24 sept. 2008, n° 06-11.294, *Juris-Data* n° 2008-045071, *Dr. fam.*, nov. 2008, comm. 152, note J.-L. Gracia, *D.* 2009. 140, note J.-J. Lemouland

Sur le moyen unique, pris en ses quatre branches :

– Attendu que M. X. a vécu en concubinage avec Mme Y. de 1989 à 1999 ; qu'ils ont eu ensemble deux enfants nés en 1992 et 1997 ; qu'après leur rupture, M. X. a assigné Mme Y. en remboursement des sommes exposées pour financer les travaux de rénovation d'une maison appartenant à celle-ci ;

– Attendu que Mme Y. fait grief à l'arrêt attaqué (Versailles, 28 oct. 2005) de l'avoir condamnée à payer une somme de 45 000 euros à M. X., alors, selon le moyen :

Que pour allouer à M. X., sur le fondement de l'enrichissement sans cause, une somme de 45 000 euros, correspondant à la valeur de matériaux utilisés pour la réalisation de travaux dans la maison appartenant à Mme Y., la cour d'appel a énoncé que ces travaux ne peuvent, par leur importance et leur qualité, être considérés comme des travaux ordinaires et que, par leur envergure, ils ne peuvent constituer une contrepartie équitable des avantages dont M. X. a profité pendant la période de concubinage ; qu'en statuant ainsi, tout en relevant que, pendant la période de concubinage, la maison dont la rénovation a été entreprise aux frais de M. X. constituait le logement du ménage, où vivaient les deux concubins et leurs deux enfants, ainsi que la domiciliation de la société dont M. X. assurait la gestion de fait, et en indiquant en outre que ces dépenses répondaient notamment au souci de ce dernier d'améliorer son propre cadre de vie pendant la poursuite de la vie commune, ce dont il résultait que l'appauvrissement lié à l'exécution et au financement des travaux litigieux n'était pas dépourvu de contrepartie, peu important à cet égard qu'elle fût ou non équivalente à la dépense engagée, la cour d'appel, qui n'a pas tiré les conséquences légales de ses propres constatations, a violé, par fausse application, l'article 1371 du Code civil ; [...]

– Mais attendu qu'après avoir justement retenu qu'aucune disposition légale ne règle la contribution des concubins aux charges de la vie commune de sorte que chacun d'eux doit, en l'absence de volonté exprimée à cet égard, supporter les dépenses de la vie courante qu'il a engagées, l'arrêt estime, par une appréciation souveraine, que les travaux litigieux réalisés et les frais exceptionnels engagés par M. X. dans l'immeuble appartenant à Mme Y. excédaient, par leur ampleur, sa participation normale à ces dépenses et ne pouvaient être considérés comme une contrepartie des avantages dont M. X. avait profité pendant la période du concubinage, de sorte qu'il n'avait pas, sur ce point, agi dans une intention libérale ; que la cour d'appel a pu en déduire que l'enrichissement de Mme Y. et l'appauvrissement corrélatif de M. X. étaient dépourvus de cause et a, par ces seuls motifs, légalement justifié sa décision ;

Par ces motifs,
Rejette le pourvoi.

CAS PRATIQUE

Les quasi-contrats

Mademoiselle Marnet, étant fiancée avec le jeune Bertier, vient loger à la ferme des Bertier, en qualité de future belle-fille, pour se familiariser avec les travaux agricoles avant son mariage. Quelque temps après, elle rompt ses fiançailles et épouse un propriétaire voisin. Elle intente alors une action contre les Bertier pour obtenir le paiement du travail effectué par elle pendant cette période.

Quels sont les arguments des Bertier pour se défendre ? (comparer avec Civ. 26 mai 1965, *D.* 1965. 628, v. l'arrêt en fin d'ouvrage, solutions des consultations et cas pratiques).

Titre 2

La responsabilité civile

1442. On a coutume de regrouper les deux sources d'obligations constituées par les délits et quasi-délits sous le terme générique de responsabilité civile.

Mais le concept de responsabilité civile est autrement plus large. Il convient donc d'abord de le définir pour déterminer son domaine. On pourra ensuite montrer que dans tout régime de responsabilité, il existe des éléments invariables qui révèlent une identité de structure et de nature. Ensuite, on pourra étudier le droit commun de la responsabilité civile extracontractuelle (avec la responsabilité du fait personnel, du fait des choses et du fait d'autrui qui sont aujourd'hui les trois grands types de faits générateurs de la responsabilité civile extracontractuelle) ; puis la responsabilité contractuelle, sous l'angle de sa spécificité et de l'organisation complexe de ses rapports avec la responsabilité extracontractuelle. Enfin, nous étudierons les régimes spéciaux de responsabilité et les systèmes d'indemnisation.

Chapitre préliminaire

Définition, domaine et évolution de la responsabilité civile

Introduction

1443. Certains faits sont à l'origine d'un dommage. Ils vont faire naître une obligation de réparation : c'est cette obligation de réparation qui caractérise la responsabilité civile.

La responsabilité civile est le domaine du droit qui vise à réparer les lésions, les dommages, subis par un individu dans sa personne (dommage corporel ou moral) et/ou dans ses biens. Mais pour que la responsabilité se déclenche, il faut que l'on puisse rattacher la lésion à une autre personne qui sera condamnée à la réparer, c'est-à-dire à remettre les choses en l'état antérieur, en nature ou en équivalent, sous forme de dommages-intérêts. La responsabilité civile est en effet une obligation, c'est-à-dire un lien de droit entre deux personnes et deux patrimoines.

► ***La responsabilité civile*** est donc toujours l'obligation de réparer un dommage et cette obligation pèse sur une personne, le responsable, envers une autre personne, la victime.

1444. Mais la responsabilité civile n'est pas toute la responsabilité. Il existe différentes sortes de responsabilités qui ne se définissent pas de cette façon et qui ne sont pas des responsabilités civiles. Par ailleurs, il existe aussi différents types de responsabilités civiles. Il faut donc définir succinctement ces différentes sortes de responsabilité. Il conviendra ensuite de circonscrire précisément le domaine de la responsabilité civile, c'est-à-dire le domaine de l'étude, avant de voir quels sont les fondements de la responsabilité et quelle a été l'évolution historique de la matière.

I. Les différentes sortes de responsabilité

► ***La responsabilité***, au sens le plus large, est l'obligation qui incombe à quelqu'un de rendre compte de ses actes.

1445. Ainsi définie, elle suppose l'imputabilité. L'*imputabilité* est une propriété de l'acte : un acte est imputable à un individu lorsque cet acte doit lui être attribué comme à son auteur. La responsabilité, comme l'imputabilité supposent la liberté : la morale enseigne qu'un individu est responsable uniquement dans le cas où l'acte qu'il a accompli lui est vraiment imputable, c'est-à-dire seulement s'il a été effectué librement. Il n'en va pas toujours de même en droit, la loi civile désignant d'avance le responsable dans les hypothèses déterminées par elle. Il faut donc, dans un premier temps, distinguer la responsabilité morale et la responsabilité légale.

A. Responsabilité morale et responsabilité légale ou juridique

(v. schéma en fin de chapitre)

► ***La responsabilité morale*** est l'obligation de répondre de ses actes devant un législateur suprême qui peut être Dieu. Elle s'opère dans et par la conscience qui approuve ou blâme la conduite du sujet, selon que celle-ci est conforme ou non aux normes posées par la morale. Ses effets sont purement volontaires mais, selon les moralistes, la morale étant fondée sur la distinction du bien et du mal, il n'y a devoir moral de réparer un dommage que s'il a été causé par la *faute* du responsable.

► ***La responsabilité légale*** ou ***juridique*** est l'obligation de répondre de ses actes devant le juge, représentant de la société. Elle concerne seulement les actes extérieurs (à l'exclusion de ceux du for interne), achevés ou en cours d'exécution, dans les conditions déterminées par la loi et interprétées par le juge.

1446. Les actes dont l'individu peut avoir à répondre devant le juge sont ceux qui paraissent contraires à la loi. En matière pénale, l'acte incriminé est réputé porter préjudice à la société. En matière civile, l'acte dont on doit répondre est celui qui a causé un dommage : « chacun est responsable du dommage qu'il a causé non seulement par son fait, mais encore par sa négligence ou par son imprudence » énonce l'article 1383 du Code civil.

1447. La présence d'un acte dommageable autorise à présumer la responsabilité de son auteur, mais la notion même de dommage est différente selon la loi pénale ou civile et les fonctions des deux responsabilités ne sont pas identiques. C'est pourquoi, dans un deuxième temps, il faut distinguer la responsabilité pénale de la responsabilité civile.

B. Responsabilité pénale et responsabilité civile

► ***La responsabilité pénale*** est fondée sur la violation de la loi, considérée comme dommageable du point de vue social, même si l'acte délictueux ne porte préjudice à personne en particulier.

1448. Sa sanction est le prononcé d'une peine, le but est d'assurer la sanction de la violation de la loi, de punir le coupable.

► ***La responsabilité civile*** résulte du préjudice causé à autrui, et le but, ici, est d'assurer la réparation du dommage au profit du particulier lésé.

1449. La question s'est posée de savoir si l'existence d'une autre voie de droit, susceptible de donner satisfaction à la victime, empêcherait d'exercer l'action en responsabilité civile. En d'autres termes, l'action en responsabilité est-elle ou non subsidiaire aux autres voies de droit dont dispose la victime ? La Cour de cassation a répondu très clairement à cette question en affirmant que la responsabilité pour faute devait être retenue en raison du dommage causé par la faute d'un professionnel, alors même que la victime disposerait contre un tiers d'une action consécutive à la situation née de cette faute et propre à assurer la réparation du préjudice [1].

1450. L'étude de la responsabilité civile va permettre de poser les principes et les modalités de l'action tendant à la réparation du dommage. Dans tous les cas, la responsabilité civile est l'obligation pour une personne de réparer le dommage subi par une autre personne. Le dommage peut avoir été causé par la faute du responsable et cette faute peut elle-même être intentionnelle et il s'agit alors d'un *délit civil*, ou non intentionnelle et il s'agit alors d'un *quasi-délit*.

Cependant, le dommage n'est pas toujours causé par une faute et la faute n'est pas toujours une condition de la responsabilité. En effet, la responsabilité légale est parfois obligée de s'écarter de la responsabilité morale car il n'est pas socialement possible de se limiter aux cas où la faute est prouvée. On ne peut pas laisser la victime d'un dommage, ou ses proches, sans aucune réparation au seul motif de l'absence de faute imputable à un tiers. C'est pourquoi, il y a des cas de responsabilité civile sans faute. D'autre part, le développement des assurances a également changé les perspectives morales du problème dans la mesure où ce n'est plus l'auteur du dommage qui en assure lui-même la réparation, mais son assureur.

Enfin, ce n'est pas toujours ou pas seulement, l'auteur de l'acte dommageable qui est civilement responsable : il existe des responsabilités civiles du fait d'autrui.

1451. Certains actes dommageables, constituent à la fois un délit civil (faute intentionnelle) et une infraction pénale, par exemple le vol ou le meurtre. Dans ce cas, il y a un cumul de responsabilités, pénale et civile. *L'action publique* devant les juridictions pénales aboutira au prononcé d'une sanction pénale contre l'auteur de l'acte, tandis que l'action civile visera à la réparation du dommage causé à la victime. Pour accélérer la procédure, la victime a la possibilité de se constituer partie civile au procès pénal, ce qui permet aux juges de statuer sur les deux sortes de responsabilité dans une même décision.

C. Responsabilité civile et responsabilité administrative

1452. La responsabilité administrative est en quelque sorte aussi une responsabilité civile, en ce sens qu'elle a la même fonction réparatrice que la responsabilité civile de droit privé et qu'elle peut être définie exactement de la même façon, comme l'obligation pour une personne de réparer le dommage subi par une autre personne. Simplement, la personne débitrice de l'obligation de réparation est une personne publique : c'est ce qui conduit à la qualification de responsabilité administrative. C'est donc ici la qualité de la personne responsable qui commande la nature de la responsabilité.

Malgré cette identité de nature, cette responsabilité administrative obéit à des règles particulières, depuis le célèbre arrêt *Blanco* du 8 février 1873, rendu par le Tribunal des conflits, qui a exclu l'application des règles de droit privé concernant la responsabilité de l'administration envers des particuliers et posé les bases d'une responsabilité administrative autonome : « la responsabilité qui peut incomber à l'État pour les dommages causés aux particuliers par le fait des personnes qu'il emploie dans le service public ne

---

1. Civ. 1re, 7 mai 2002, *Bull. civ.* I, n° 121 ; Civ. 2 oct. 2002, *Bull. civ.* I, n° 226 ; deux arrêts cités au *JCP* 2003. I. 152, obs. G. Viney.

peut être régie par les principes qui sont établis dans le Code civil pour les rapports de particulier à particulier. Cette responsabilité n'est ni générale ni absolue ; elle a ses règles spéciales qui varient selon les besoins du service et la nécessité de concilier les droits de l'État avec les droits privés [1] ». Depuis cette date, le contentieux de la responsabilité administrative échappe théoriquement dans son intégralité au juge judiciaire et aux règles de droit privé.

Toutefois, en réalité, les choses ne sont pas si simples et la répartition des compétences a dû parfois être précisée, soit par la jurisprudence soit par le législateur. Les solutions retenues consacrent parfois certains empiétements du juge judiciaire. C'est ainsi, par exemple, que le juge judiciaire s'est reconnu compétent pour connaître de la responsabilité d'un agent public lorsqu'il a commis une faute « personnelle, détachable de ses fonctions », et le Tribunal des conflits a validé la solution. S'agissant du législateur, on relèvera les deux exemples les plus connus : la loi du 31 décembre 1957 qui a donné compétence exclusive aux juridictions judiciaires pour connaître des actions en responsabilité en cas de dommages causés par des véhicules de l'administration ; la loi du 5 avril 1937 qui a également donné compétence aux juridictions judiciaires pour connaître des actions en responsabilité des membres de l'enseignement public pour les dommages causés par des élèves ou subis par des élèves, sachant que la responsabilité de l'État est substituée, en ce cas, à celle des enseignants.

Enfin, il faut noter un inconvénient important qui tient à cette distinction des deux contentieux civil et administratif en droit de la responsabilité : parfois, en effet, pour un même type de dommage exactement, la responsabilité peut être civile ou administrative selon une circonstance qui n'appelle pas forcément une différence de règles. Or, si les règles applicables sont vraiment différentes, cela peut se concrétiser par une différence de traitement des victimes ou des auteurs de dommages, qui peut apparaître comme injuste. Cette hypothèse de concours des deux responsabilités, alors que la proximité des situations est très grande se produit notamment dans deux domaines : celui de la responsabilité médicale et celui des dommages causés par des mineurs délinquants placés dans des établissements spécialisés. Dans le premier cas, celui du dommage subi dans le cadre de l'activité médicale, si la victime est dans un hôpital public, la responsabilité sera administrative, alors que si la victime est dans une clinique privée ou dans le cabinet d'un médecin exerçant en libéral, la responsabilité sera civile. Dans le second cas, si le mineur délinquant a été placé par le juge des enfants dans un établissement de droit privé, la responsabilité de cet établissement du fait des dommages causés par l'enfant sera une responsabilité civile, alors que si l'établissement est un établissement de droit public, la responsabilité de cet établissement sera une responsabilité administrative. On notera toutefois, dans ces deux domaines, que même si des différences demeurent, les solutions jurisprudentielles tendent à se rapprocher, pour tenter d'éviter une rupture d'égalité trop forte. Ou bien elles se rapprochent spontanément parce que la jurisprudence administrative influence la jurisprudence civile ou inversement. Ainsi, concernant la responsabilité du fait des mineurs délinquants, c'est très clairement les solutions du droit administratif qui ont conduit la Cour de cassation à admettre au plan civil, une responsabilité sans faute du fait d'autrui (v. ss 2139). Ou bien parfois, c'est le législateur qui intervient pour imposer, sinon un régime unique, du moins des principes communs. Ainsi, en matière de responsabilité médicale, la loi du 4 mars 2002 sur les

---

1. TC 8 févr. 1873, *D.* 1873. 3. 20, concl. David ; M. Long, P. Weil, G. Braibant, P. Delvolvé et B. Genevois, *GAJA*, n° 1.

droits des malades et l'amélioration du système de santé a posé un certain nombre de principes communs applicables quelle que soit la nature de la responsabilité, dont le principe d'une responsabilité pour faute, assorti de quelques exceptions, notamment concernant les infections nosocomiales (sur cette loi, v. ss 1578, 2603, « Le point sur... La responsabilité médicale », Documents).

D. La responsabilité civile extracontractuelle et la responsabilité civile contractuelle

1453. *Le terme de responsabilité extracontractuelle*, s'il s'agit de l'opposer à la responsabilité contractuelle est souvent remplacé par celui de responsabilité *délictuelle et quasi délictuelle*. La responsabilité délictuelle et quasi délictuelle au sens strict ne concerne que la responsabilité pour faute des articles 1382 (faute intentionnelle ou délit) et 1383 (faute de négligence et d'imprudence ou quasi-délit) (v. ss 1837). Mais, l'expression est souvent utilisée dans un sens large, pour désigner tous les régimes de responsabilité pour faute ou sans faute, d'origine non contractuelle. Le terme, de responsabilité extracontractuelle serait plus exact, sachant que cette responsabilité peut être une responsabilité pour faute (donc délictuelle ou quasi délictuelle), mais aussi une responsabilité dite objective ou la faute n'est pas une condition de la responsabilité.

► ***La responsabilité contractuelle*** est l'obligation pour un contractant de réparer le dommage causé à un autre contractant par l'inexécution ou la mauvaise exécution d'une obligation née d'un contrat, dès lors que cette inexécution lui est imputable.

Si le dommage est né au cours de la période précontractuelle, c'est la responsabilité délictuelle et non contractuelle qui s'applique, par exemple, en cas de réparation du dommage résultant d'un dol commis lors de la formation du contrat[1].

Si l'inexécution est fortuite, la responsabilité contractuelle ne joue pas : c'est ce qu'on appelle la *théorie des risques dans le contrat* (v. ss 1255 s.).

Il convient, enfin de faire une ultime distinction permettant de déterminer quel sera le responsable en fonction de l'origine du fait générateur, selon qu'il émane de la personne elle-même, d'une personne dont on doit répondre ou d'une chose que l'on a sous sa garde.

E. Responsabilité du fait personnel, du fait d'autrui, du fait des choses

1454. Il s'agit, ici, de déterminer celui qui va être désigné comme le responsable du dommage : l'auteur du dommage dans la responsabilité du fait personnel (pour faute), la personne qui répond de l'auteur du dommage dans la responsabilité du fait d'autrui, la personne qui a sous sa garde la chose à l'origine du dommage dans la responsabilité du fait des choses. C'est ce que nous verrons, en matière extracontractuelle et, dans une moindre mesure, en responsabilité contractuelle. Le « fait générateur » de la responsabilité est en même temps désigné : fait personnel ou faute, fait d'autrui, fait des choses.

La responsabilité civile ainsi définie, il convient d'en donner les idées directrices en dégageant son domaine, son fondement et son évolution.

---

1. Civ. 1re, 4 févr. 1975, *JCP* 1975. II. 18100, note C. Larroumet ; Civ. 1re, 14 nov. 1980, *D.* 1980. IR 264, obs. J. Ghestin.

II. Le domaine de la responsabilité civile

1455. Pour cerner le domaine de la responsabilité civile il faut, tout d'abord, la distinguer plus précisément que nous ne l'avons fait ci-dessus (v. ss 1448) de la responsabilité pénale, en précisant les relations qui existent cependant entre ces types de responsabilité et les principes gouvernant leurs rapports.

Puis nous verrons, ensuite, comment la responsabilité civile, elle-même, se scinde en responsabilité contractuelle et extracontractuelle et en responsabilité du fait personnel, du fait d'autrui et du fait des choses, les systèmes d'indemnisation ne faisant pas partie de la responsabilité.

A. La responsabilité civile se distingue de la responsabilité pénale

1456. On admet aujourd'hui très naturellement que la responsabilité civile qui tend à assurer la réparation d'un dommage par une action civile et la responsabilité pénale qui a pour but de punir les auteurs d'infractions troublant l'ordre social par une action publique, sont deux matières distinctes, mais il n'en a pas toujours été ainsi. Nous allons voir l'évolution historique des rapports entre responsabilité civile et pénale, avant d'indiquer les relations actuelles entre elles.

1. Évolution historique des rapports entre responsabilité civile et responsabilité pénale

a) Le droit romain

1457. La distinction entre les actions pénales et les actions « réipersécutoires » qui étaient l'équivalent de notre action en dommages-intérêts, n'apparut qu'à l'époque classique et ne fut jamais complètement réalisée car ces deux types d'action ont eu tendance à se confondre en « actions mixtes » au Bas Empire romain.

b) L'ancien droit

1458. La tradition germanique ignorait la distinction entre responsabilité civile et pénale, les lois barbares accordaient aux victimes une somme préétablie ou « tarif de composition » pour chaque type d'infraction, le *Wergeld* constituait à la fois une « peine » et une « réparation ».

Mais, à partir de la deuxième moitié du XIIe siècle, la distinction romaine des actions pénales et réipersécutoires fut connue et orienta différemment le droit coutumier français.

Toutefois, la distinction était encore très imparfaite. C'était la victime qui avait le plus souvent l'initiative de l'action, mais il s'agissait plutôt d'une « action criminelle privée » que d'une action civile, distincte de l'action publique.

c) Le droit révolutionnaire

1459. C'est en 1795 dans le Code des délits et des peines qu'est consacrée la création d'une véritable action civile distincte de l'action publique. Selon son article 5 : « l'action publique a pour objet de *punir les atteintes portées à l'ordre social* » tandis que selon l'article 6 « l'action civile a pour objet la *réparation du dommage* que le délit a causé ».

Cette distinction fut confirmée par les Codes civil (art. 1382 à 1386) et pénal (art. 74, devenu art. 69, qui renvoyait aux dispositions du Code civil en cas de demande de réparation du dommage). Ce sont désormais les articles 2, 3 et 4 du Code de procédure pénale qui prévoient que, si ces deux actions sont distinctes, « l'action civile peut être exercée en même temps que l'action publique et devant la même juridiction » (C. pr. pén., art. 3) et que « l'action civile peut être aussi exercée séparément de l'action publique » (C. pr. pén., art. 4).

2. Différences quant au domaine respectif de ces deux sortes de responsabilité

1460. La distinction entre ces deux sortes de responsabilité est actuellement parfaitement admise aussi bien au niveau des conditions d'exercice de l'action que de sa mise en œuvre ou de ses effets.

a) Conditions d'exercice

1° La responsabilité pénale est encourue chaque fois qu'il y a eu violation de la loi

1461. Il doit s'agir de fautes expressément précisées par la loi pénale, selon l'adage *nullum crimen sine lege*, et ce, même s'il n'y a pas eu de dommage. Ainsi, la loi pénale réprime-t-elle la simple tentative, et, en ce qui concerne le non-respect de certaines réglementations comme le Code de la route ou la réglementation du travail dans l'entreprise, la sanction pénale est encourue *même si l'infraction n'a causé aucun dommage*. Enfin, la responsabilité pénale est une responsabilité subjective, encourue à la suite d'un fait personnel en ce qui concerne les personnes physiques (C. pén., art. 121-1), mais non pour les personnes morales qui sont responsables pénalement (sauf l'État) « des infractions commises, pour leur compte, par leurs organes ou représentants » (C. pén., art. 121-2).

2° La responsabilité civile est, au contraire, encourue dès lors qu'il existe un dommage à réparer

1462. Elle est encourue quelle que soit la gravité de la faute, même une simple imprudence, et parfois *même sans faute*. Enfin, la responsabilité civile est une responsabilité objective et elle peut découler non seulement du fait personnel mais également du fait d'autrui ou du fait des choses.

b) Mise en œuvre de l'action

1° La responsabilité pénale est mise en jeu par une action publique

1463. Il s'agit d'une action exercée par le ministère public, représentant l'État, devant les juridictions répressives, avec une procédure particulière, la *procédure pénale* obéissant à des règles spécifiques, notamment au niveau de la *prescription* qui est de dix, trois ou un an en matière pénale selon qu'il s'agit d'un crime, d'un délit ou d'une contravention.

2° La responsabilité civile est, au contraire, mise en jeu par une action civile

1464. Il s'agit d'une action mise en jeu par la victime du dommage, devant une juridiction civile obéissant aux règles de *la procédure civile* et soumise aux délais de *prescription* de droit commun, qui ont été modifiés par la loi du 17 juin 2008 portant réforme de la prescription en matière civile (sur cette loi, v. ss 537 s., Première partie). Avant cette loi la prescription de droit commun était de trente ans en matière contractuelle et dix ans en matière extracontractuelle (art. 2270-1, al. 1er) et vingt ans lorsque le dommage est causé « par des tortures et des actes de barbarie, des violences ou des agressions sexuelles commises contre un mineur » (art. 2270-1, al. 2). Depuis cette loi, la prescription de droit commun est devenue la prescription de cinq ans. L'action en responsabilité contractuelle se prescrit donc par cinq ans comme l'action en responsabilité extracontractuelle. Le délai de vingt ans demeure, toutefois, pour les préjudices causés par des tortures ou actes de barbarie (art. 2226, al. 2) et lorsqu'il s'agit de dommage corporel, toutes les actions en responsabilité se prescrivent par dix ans à compter de la date de la consolidation du dommage initial ou aggravé (art. 2226).

c) Effets de l'action

1° La responsabilité pénale va donner lieu au prononcé d'une peine (prison, amende, interdiction de certaines activités, confiscations, fermeture d'établissement...)

1465. Cette peine est destinée *à punir* l'auteur de l'infraction. Ces peines sont donc proportionnées à la gravité de la faute, ne touchent que l'auteur de l'infraction, et lui seul, en vertu de l'article 121-1 du nouveau Code pénal, qui précise que « nul n'est responsable pénalement que de son propre fait », (sauf l'exception concernant les personnes morales visées par l'article 121-2), ne profitent pas à la victime et n'atteignent, en principe, pas la personne ayant agi sous l'empire d'un trouble psychique ou neuropsychique « ayant *aboli* son discernement ou le contrôle de ses actes » (C. pén., art. 122-1, al. 1er), qui n'est pas « pénalement responsable » puisqu'on ne peut lui reprocher une faute. Elle demeure cependant punissable lorsque le trouble psychique ou neuropsychique a seulement « *altéré* son discernement ou *entravé* le contrôle de ses actes ». Toutefois, dans ce cas, il est prévu que la juridiction saisie doit « tenir compte de cette circonstance lorsqu'elle détermine la peine et en fixe le régime » (C. pén., art. 122-1, al. 2).

2° La responsabilité civile va, au contraire, aboutir à la constatation de l'existence d'une dette de réparation envers la victime

1466. Cette réparation est donc *proportionnée*, non à la gravité de la faute, mais à l'ampleur du dommage causé. Elle est destinée à la victime et elle peut être mise à la charge d'une personne ayant agi sous l'empire d'un trouble mental (C. civ., art. 489-2). Mais elle ne reste pas nécessairement à la charge de l'auteur : elle peut être prise en charge par une assurance, par exemple, Enfin, la responsabilité civile peut être mise à la charge d'une personne qui n'a pas personnellement causé le dommage, notamment dans les différents cas de responsabilité du fait d'autrui.

Malgré ces différences très marquées entre ces deux sortes de responsabilité, il subsiste certains points communs entre elles.

3. Rapports entre responsabilité civile et responsabilité pénale

1467. On peut, tout d'abord, constater un certain rapprochement de ces matières au cours des XIXe et XXe siècles, dans la mesure où, d'une part, la responsabilité pénale tend à s'objectiver et à se socialiser : responsabilité pénale pour autrui, responsabilité pénale des personnes morales, à l'exclusion de l'État (C. pén., art. 121-2) et même responsabilité pénale collective et, d'autre part, la responsabilité civile tend à reculer devant des régimes d'assurances directes comme cela existe déjà en matière d'accident du travail et en matière d'accident de la circulation routière.

1468. Il faut, ensuite, envisager le cas où le même fait dommageable constitue à la fois une infraction pénale et une source de responsabilité civile. Dans ce cas, des rapports étroits vont se nouer entre les deux sortes de responsabilité. Prenons le cas, par exemple, d'un automobiliste conduisant sous l'emprise d'un état alcoolique (C. route, art. L. 1) qui provoque un accident et blesse un piéton : il y a là, à la fois, une infraction pénale et un dommage causé au piéton nécessitant une réparation. Cela peut donner lieu à une action publique et à une action civile, mais cette coexistence des deux responsabilités entraîne un certain nombre de conséquences.

1469. En effet, la victime du dommage a une possibilité de choix : elle peut préférer exercer l'action civile en laissant au ministère public l'exercice de l'action publique, s'il l'estime opportun.

Elle peut, au contraire, porter son affaire directement devant le tribunal répressif en se *constituant « partie civile »*, c'est-à-dire en demandant au tribunal répressif de statuer, à la fois, sur la culpabilité de l'auteur du dommage et sur l'octroi de dommages-intérêts à la victime de ce dommage (C. pr. pén., art. 3).

a) Si la victime saisit le tribunal répressif en se constituant partie civile

1470. Cela présente un certain nombre d'avantages pour la victime.

En premier lieu, elle force la main au ministère public qui est obligé d'engager l'action publique, le principe de « l'opportunité des poursuites » se trouvant alors écarté.

Ensuite, elle bénéficie de la procédure pénale qui est plus rapide et moins coûteuse que la procédure civile.

De plus, elle n'est pas obligée d'attendre : la décision sur la culpabilité de l'auteur et l'octroi des dommages-intérêts se faisant simultanément. Toutefois, parce que l'action civile est accessoire à l'action publique, les tribunaux répressifs ne peuvent se prononcer sur l'action civile qu'autant qu'il a été préalablement statué au fond sur l'action publique, ainsi que l'a rappelé la chambre criminelle de la Cour de cassation dans une décision du 9 septembre 2008 [1] (v. aussi ss 1474).

Enfin, l'action doit être intentée dans les délais de prescription du droit pénal, c'est-à-dire dix ans pour les crimes, sauf les crimes contre l'humanité qui sont imprescriptibles, trois ans pour les délits et un an pour les contraventions (C. pr. pén., art. 10, mod. par L. du 23 déc. 1980).

1471. Par ailleurs, par une interprétation extensive de l'article 418, alinéa 3, du Code de procédure pénale selon lequel « la partie civile *peut*, à l'appui de sa constitution, demander des dommages et intérêts correspondant au préjudice qui lui a été causé », la chambre criminelle de la Cour de cassation admet que la victime peut se constituer partie civile *sans demander de réparation* [2]. Cette solution est utile pour certaines catégories de

---

1. Crim. 9 sept. 2008, n° 07-87.207, *RCA* 2008, comm. 315.
2. Crim. 8 juin 1971, *D.* 1971. 594, note Maury.

personnes qui ne pourraient pas obtenir réparation devant la juridiction répressive mais qui peuvent ainsi *provoquer l'action publique* ou *aider le ministère public à prouver la culpabilité de l'auteur de l'infraction* (par exemple, victime d'une infraction commise par un fonctionnaire ou un agent public, victime d'un accident du travail, victimes d'un accident de transport aérien…).

1472. À l'inverse, *en principe*, le droit à réparation de victimes devant la juridiction pénale est subordonné à l'existence d'une infraction. Si le juge pénal ne reconnait pas l'existence de l'infraction, il ne peut accorder réparation à la victime. De plus, en raison du caractère accessoire de l'action civile par rapport à l'action publique, le juge pénal ne peut en principe faire application que des articles 1382 et 1383 du Code civil, c'est-à-dire de la seule responsabilité pour faute extracontractuelle et non de la responsabilité contractuelle ou de responsabilités sans faute, comme par exemple, la responsabilité du fait des choses de l'article 1383, alinéa 1er, du Code civil.

Toutefois, ce principe connaît un assez grand nombre d'exceptions et tend aujourd'hui à être remis en question. Le Code de procédure pénale (art. 372) permet ainsi à la Cour d'assises d'accorder des dommages-intérêts à la victime malgré un acquittement si une faute distincte du crime est à l'origine du dommage. L'article 470-1 du même code permet aussi au juge correctionnel, dans le cas où il relaxe le prévenu du chef d'infraction non intentionnelle, d'accorder « *en application des règles du droit civil*, réparation de tous les dommages résultant des faits qui ont fondé la poursuite ». La chambre criminelle de la Cour de cassation, sur le fondement de ce texte a admis l'application de la responsabilité contractuelle par le juge pénal dans un cas où une cour d'appel, tout en relaxant un contractant sur le plan pénal, le déclarait *contractuellement* responsable des dommages causés à son cocontractant en application de l'article 470-1 du Code de procédure pénale (mod. par L. du 13 juill. 1983 et L. du 13 mai 1996)[1].

Dans un arrêt ultérieur, la chambre criminelle a encore confirmé l'efficacité de l'article 470-1 du Code de procédure pénale en matière de responsabilité contractuelle médicale. La condition de causalité exigée pour admettre la responsabilité contractuelle du médecin, à savoir le lien de causalité entre la faute médicale et la « perte d'une chance de survie » est différente de celle qui est requise pour condamner pénalement l'auteur d'un homicide volontaire : ainsi le médecin, relaxé pénalement, peut-il être condamné civilement[2].

b) Si la victime préfère agir devant les tribunaux civils

1473. Plusieurs principes ont été dégagés en la matière, mais sont-ils toujours applicables ?

1° Le principe selon lequel « le criminel tient le civil en l'état »

1474. Si l'action civile était déjà en cours au moment où l'action publique est déclenchée devant le tribunal répressif, l'action civile doit être *suspendue*. Si elle n'était pas encore introduite, elle ne peut l'être tant qu'il n'a pas été statué sur l'action publique, en application de l'adage selon lequel « le criminel tient le civil en état ». Cette primauté du

---

1. Crim. 26 mars 1991, *Bull. crim.* n° 142, *JCP* 1991. IV. 260, et Crim. 3 mars 1993, *Bull. crim.* n° 96, obs. G. Viney, *JCP* 1994. I. 3773.
2. Crim. 20 mars 1996, *Bull. crim.* n° 119, obs. G. Viney ; *JCP* 1996. I. 3985.

criminel ne s'appuie que sur un seul texte formel, l'article 4, alinéa 2, du Code de procédure pénale aux termes duquel il « est sursis au jugement de cette action [action civile] exercée devant la juridiction civile tant qu'il n'a pas été prononcé définitivement sur l'action publique lorsque celle-ci a été mise en mouvement ». En effet, il convient de savoir, tout d'abord, si l'auteur présumé du dommage est ou non coupable avant de pouvoir lui réclamer une indemnisation.

Il convient, toutefois, de noter que la doctrine conteste de plus en plus la pertinence de cet adage qui présente l'inconvénient de retarder le jugement de l'action en responsabilité civile et la possibilité d'indemnisation des victimes et que la jurisprudence interprète avec de plus en plus de rigueur ces manifestations de la subordination du civil au pénal. La première chambre civile de la Cour de cassation a également tenté de cantonner le principe en déclarant qu'il « ne s'applique, dans les rapports internationaux, qu'en vertu d'un traité »[1]. On évite ainsi que les délinquants internationaux n'usent de ce procédé dans un but dilatoire.

Pourtant, la chambre criminelle de la Cour de cassation continue à faire application de la règle « le criminel tient le civil en état » en l'imposant aussi aux juges répressifs lorsqu'ils sont saisis de l'action civile ? Dans un arrêt de principe du 9 septembre 2008 (préc. ; v. ss 1470), elle a rappelé en effet que : « les tribunaux répressifs ne sont compétents pour connaître de l'action civile en réparation du dommage né d'une infraction qu'accessoirement à l'action publique ; qu'il en résulte que ces tribunaux ne peuvent se prononcer sur l'action civile qu'autant qu'il a été préalablement statué au fond sur l'action publique ».

2° Le principe d'autorité de la chose jugée au criminel sur le civil

1475. Jusqu'à une époque récente, une deuxième règle découlait de la règle précédente, selon laquelle « la décision pénale a autorité de chose jugée à l'égard du tribunal civil ». Elle a pour conséquence majeure que si l'auteur de l'infraction a été pénalement reconnu coupable, le juge civil ne pourra écarter sa responsabilité civile en niant l'existence d'une infraction ou en considérant que le comportement de l'auteur n'est pas fautif : l'existence d'une faute pénale reconnue par le juge pénal implique l'existence d'une faute civile, soit intentionnelle (art. 1382) soit au moins d'imprudence ou de négligence (art. 1383). Le juge civil pourrait difficilement exclure une faute là où le juge pénal l'a admise, alors qu'au civil, même l'imprudence la plus légère est une faute. Mais, inversement, si l'accusé a été acquitté (criminel) ou le prévenu relaxé (correctionnel), le juge civil ne pourra pas mettre en jeu sa responsabilité civile *pour faute* : « la relaxe du chef des blessures involontaires implique nécessairement *l'inexistence* d'une faute de conduite à la charge du prévenu[2] ». C'est le principe dit de « l'identité des fautes » et plus précisément, ici, de l'identité de la faute pénale non intentionnelle et de la faute civile. Il sera cependant toujours possible de faire jouer une responsabilité sans faute.

1476. Or, le législateur a remis en cause ce principe de l'identité des fautes pénale non intentionnelle et civile, à l'occasion de la loi n° 2000-647 du 10 juillet 2000, qui a introduit dans le Code pénal la faute pénale non intentionnelle (ou faute pénale d'imprudence) et a ajouté un article 4-1 au Code de procédure pénale. Aux termes de cet article « l'absence de

---

1. Civ. 1re, 6 mai 2003, *Bull. civ.* I, n° 102 ; *JCP* 2004. I. 101, obs. G. Viney.
2. Civ. 2e, 3 mars 1993, *JCP* 1993. IV. 1170.

faute pénale non intentionnelle au sens de l'article 121-3 du Code pénal, ne fait pas obstacle à l'exercice d'une action devant les juridictions civiles afin d'obtenir la réparation d'un dommage sur le fondement de l'article 1383 du Code civil… ». La Cour de cassation a visé ce texte pour la première fois dans une décision du 30 janvier 2001 [1] et a relevé dans une décision postérieure, du 7 mai 2003, que la relaxe prononcée du chef d'incendie involontaire n'empêche pas le juge civil de condamner sur le fondement de l'article 1384, alinéa 2, du Code civil, la personne relaxée [2]. Or, la responsabilité fondée sur l'article 1384, alinéa 2, ou responsabilité du fait d'un incendie, est une responsabilité pour faute.

À l'inverse, la condamnation prononcée par le juge pénal pour une infraction volontaire n'impose pas au juge civil de reconnaître l'existence d'une faute « intentionnelle » (au sens de l'article 1382 du Code civil). Dans un cas d'espèce il s'agissait de dégradations et destructions volontaires par incendie de biens meubles et immeubles dans un collège par d'anciens élèves qui avaient été condamnés pénalement. L'assureur de l'institution, après avoir indemnisé son assuré au titre de l'assurance incendie, s'était retourné contre les incendiaires et leurs assureurs. Ces derniers objectèrent alors que selon l'article L. 113-1 du Code des assurances, « l'assureur ne répond pas des fautes et dommages provenant d'une faute intentionnelle ou dolosive de l'assuré ». Cette argumentation semblait valable, mais la Cour de cassation a rejeté ce moyen au motif que la définition de la faute intentionnelle inassurable que vise l'article L. 113-1 ne coïncide pas avec celle de la faute requise par les textes du Code pénal incriminant les infractions pour lesquelles les auteurs de l'incendie volontaire avaient été reconnus coupables et condamnés pénalement [3].

3° Les délais de prescription de l'action

1477. Depuis la modification de l'article 10 du Code de procédure pénale par la loi du 23 décembre 1980, il n'y avait plus à se préoccuper de savoir si l'on était dans les délais pour agir ou si la prescription pénale était encourue, car l'action civile obéissait aux règles du droit commun et se prescrivait par trente ans en matière contractuelle et 10 ou 20 ans en matière extracontractuelle (art. 2270-1).

La loi du 17 juin 2008 portant réforme de la prescription en matière civile (v. ss 537 s.) a cependant réduit à cinq ans le délai de droit commun de toutes les actions en responsabilité, sauf pour la réparation des dommages corporels où elle est de dix ans ou vingt ans en cas d'actes de torture, barbarie ou violence (sur ces délais, v. ss 1779 s.). Toutefois, l'article 13 de la loi a modifié l'article 10 du Code de procédure pénale et pour résoudre toute difficulté, a précisé que « lorsque l'action est exercée devant la juridiction répressive, elle se prescrit selon les règles de l'action civile » et « lorsqu'elle est exercée devant une juridiction civile, elle se prescrit selon les règles du Code civil ». Ainsi, l'action civile ne peut être prescrite avant l'action pénale.

1478. Ces interférences entre responsabilité civile et responsabilité pénale ne sont possibles, nous le voyons, que si le dommage est dû à une faute de l'auteur ; si la responsabilité civile repose sur une autre base, les tribunaux répressifs sont incompétents. Ceci nous amènera dans une deuxième section à nous poser la délicate question du fondement de la responsabilité civile.

---

1. Civ. 1re, 30 janv. 2001, *JCP* 2001. I. 338, obs. G. Viney.
2. Civ. 2e, 7 mai 2003, *Bull. civ.* II, n° 140 ; *JCP* 2004. I. 101, obs. G. Viney.
3. Civ. 1re, 27 mai 2003, *Bull. civ.* I, n° 125, *JCP* 2003. IV. 2281 ; *JCP* 2004. I. 101, obs. G. Viney.

Avant cela, il convient encore de préciser que le terme de responsabilité civile englobe deux notions différentes, la responsabilité extracontractuelle (« délictuelle et quasi délictuelle ») et la responsabilité contractuelle.

B. La responsabilité civile se compose de la responsabilité extracontractuelle et contractuelle

1479. La responsabilité civile est traditionnellement divisée en responsabilité contractuelle et responsabilité « délictuelle et quasi-délictuelle » selon une expression souvent utilisée mais de façon inappropriée. Il vaut mieux parler de responsabilité extracontractuelle car au sens strict, la responsabilité délictuelle et quasi délictuelle ne renvoie qu'à la responsabilité pour faute or il existe aussi des responsabilités extracontractuelles sans faute, comme on l'a déjà souligné (v. ss 1453).

1. La responsabilité contractuelle est-elle une vraie responsabilité ?

1480. Depuis quelques années, une partie de la doctrine tente de nier « la pertinence et l'utilité » de la responsabilité contractuelle. Certains auteurs critiquent ce « faux concept » dû à Planiol et considèrent qu'il est inutile d'invoquer une pseudo-responsabilité contractuelle et qu'il suffit de se référer à la notion « d'exécution par équivalent » [1] du contrat (sur ce débat, v. déjà ss 1275 s., et surtout v. ss 1332).

D'autres auteurs, en revanche, refusent d'adhérer à cette théorie et soutiennent la nécessité du maintien de la responsabilité contractuelle, pour obtenir une indemnisation complète : non seulement exécution, éventuellement par équivalent, du contrat inexécuté ou mal exécuté mais aussi réparation du dommage causé par cette inexécution [2].

La Cour de cassation a souvent confirmé l'analyse de la responsabilité contractuelle en une vraie responsabilité et, notamment, dans une décision où elle a précisé que « la défaillance de l'installation [matériel de télédétection livré par une société de télésurveillance] qui matérialisait la *mauvaise exécution de l'obligation*, était en relation de *cause à effet* avec le *dommage* » [vol avec effraction], c'est-à-dire avec la perte d'une chance d'éviter le vol [3]. Elle identifie donc bien distinctement *trois conditions* qui sont les *constantes* de la responsabilité civile (v. ss 1580) : le fait générateur de la responsabilité qui est l'inexécution de l'obligation contractuelle (la défaillance de l'installation), le dommage (le vol) et le lien de causalité entre les deux. Face aux détracteurs de la responsabilité contractuelle, elle a rappelé la distinction existant « entre le droit à l'exécution de l'obligation contractuelle, qui est un effet direct du contrat et n'est donc nullement subordonné à la preuve d'un préjudice et le droit à réparation du dommage contractuel, qui n'entre en jeu qu'à partir du moment où le créancier constate l'impossibilité d'obtenir l'exécution ou renonce à celle-ci mais qui suppose alors la preuve d'un dommage » [4]. Geneviève Viney rappelle, également, qu'en cas d'inexécution du contrat, le créancier a trois possibilités : exiger l'exécution, demander la résolution ou réclamer la réparation du dommage causé par cette inexécution, cette troisième éventualité n'étant évidemment

1. V. Ph. Rémy, Ph. le Tourneau, D. Tallon, L. Leturmy, cités dans la bibliographie.
2. V. É. Savaux et P. Jourdain, cités dans la bibliographie.
3. Civ. 1re, *Bull. civ.* I, nº 276 ; *JCP* 1998. IV. 3286.
4. Chron. G. Viney sous Civ. 3e, 3 déc. 2003, et Civ. 1re, 9 juill. 2003, *JCP* 2004. I. 163.

envisageable que s'il existe effectivement un dommage. La Cour de cassation précise, d'ailleurs, qu'il existe une hiérarchie entre ces sanctions et que « le créancier d'une obligation contractuelle de sommes d'argent demeurée inexécutée est toujours en droit de préférer le paiement du prix au versement de dommages-intérêts ou à la résolution de la convention »[1].

Il est vrai que la Cour de cassation a aussi précisé, dans deux décisions rendues en 2005 et en 2007, que la responsabilité était encourue du seul fait de l'inexécution d'une obligation de ne pas faire, ce qui dispense de faire la preuve d'un dommage (v. ss 1331, et les références de ces décisions). Pour autant, cela ne signifie pas qu'il n'y ait pas besoin d'un dommage, mais simplement que ce dommage est inclus dans l'inexécution même de ce type d'obligation et ne nécessite pas d'autre preuve.

1481. La responsabilité contractuelle obéirait donc, en réalité, aux mêmes conditions de base que les autres régimes de responsabilité : exigence d'un fait générateur de la responsabilité, d'un dommage et d'un lien de causalité entre les deux (v. ss 1580 s.) même s'il existe ensuite des différences. Le *rapport Catala* confirme cette analyse d'une identité de nature mais d'une différence de régime, car la responsabilité contractuelle reste malgré tout une responsabilité spécifique (v. ss 1570, 1575, « Le point sur… Les propositions pour une réforme du droit de la responsabilité civile »).

2. Les deux sortes de responsabilité obéissent aux mêmes constantes

a) Les conditions de la responsabilité extracontractuelle

1482. Pour qu'il y ait responsabilité, les conditions requises s'expriment de la même façon, bien qu'elles recouvrent des notions un peu différentes.

► Il y a ***responsabilité*** lorsque sont réunis :

□ ***de façon positive*** :
– un dommage,
– un fait générateur,
– un lien de cause à effet entre l'un et l'autre ;

□ ***de façon négative*** :
– l'absence de causes d'exonération.

1483. Il existe ensuite différents types de responsabilité extracontractuelle, qui correspondent, en réalité, à autant de faits générateurs distincts, commandant chacun des régimes différents.

Il y a donc trois variétés de responsabilité extracontractuelle :
– responsabilité du fait personnel (art. 1382 et 1383),
– la responsabilité du fait d'autrui (art. 1384, al. 1er, et al. 4, 5, 6, 7 et 8),
– la responsabilité du fait des choses (animées ou inanimées, art. 1384, al. 1er),
que nous étudierons, successivement, par la suite.

---

1. Civ. 1re, 9 juill. 2003, préc.

b) Les conditions de la responsabilité contractuelle

► Pour qu'il y ait ***responsabilité contractuelle*** il faut que certaines conditions soient réunies :

□ ***de façon positive*** *:*
– un dommage,
– un fait générateur,
– un lien de cause à effet,
– l'existence d'un contrat valable entre les deux parties doit, de plus, être établie,

□ ***de façon négative*** *:*
– l'absence de causes d'exonération.

Le fait générateur est l'inexécution fautive ou la mauvaise exécution du contrat ; en principe, elle est le fait du contractant, mais on admet aussi, comme en responsabilité extracontractuelle, bien qu'elles soient moins organisées, une responsabilité contractuelle du fait d'autrui et du fait des choses (v. ss 2311 s.).

c) Des conditions qui révèlent l'identité de structure

1484. Il apparaît que dans tous les cas, on retrouve l'existence d'un fait générateur de la responsabilité (inexécution contractuelle d'un côté pour la responsabilité contractuelle ; faute personnelle, fait d'autrui et fait des choses pour la responsabilité extracontractuelle), d'un dommage, d'un lien de causalité et de l'absence de causes d'exonération. La structure des régimes de responsabilité est donc toujours identique, même si, ensuite, il existe des différences qui tiennent au fait générateur ou au régime de la preuve de certains éléments.

3. Le maintien d'une « summa divisio » entre les deux sortes de responsabilité

1485. Compte tenu de l'identité de structure des régimes, doit-on parler d'*unité* ou de *dualité de la responsabilité civile ?* Chacune des deux thèses a eu ses ardents défenseurs et notamment, en faveur de l'unité, Planiol, qui soulignait que dans les deux cas, la responsabilité naît de la violation d'une obligation préexistante. Ne faut-il pas plutôt aujourd'hui admettre une troisième thèse, intermédiaire : celle de l'unité de nature entre les deux types de responsabilité civile mais avec une dualité technique de leur régime due à leur origine différente et à l'existence d'un contrat préalable, dans le cas de la responsabilité contractuelle ?

1486. C'est en ce sens que prend parti l'avant-projet Catala de réforme du droit des obligations.

1487. Pourtant, la distinction historique des deux responsabilités repose sur des principes fondamentaux : les principes de primauté de la responsabilité contractuelle et de non-cumul, qui structurent deux ordres différents de responsabilité, au sein de ce que l'on pourrait appeler le droit commun de la responsabilité civile. Ils sont censés maintenir entre les deux une frontière solide. Elle se trouve cependant aujourd'hui franchissable, de différentes manières et l'une des questions les plus actuelles est celle des rapports entre ces deux sortes de responsabilités et notamment d'une option possible pour la victime en faveur de celle qui paraît la plus intéressante. À cette question, la jurisprudence a apporté des réponses et les projets de réforme aussi, mais différentes (v. ss 2351 s.).

4. La responsabilité contractuelle fait partie de la responsabilité civile

1488. La responsabilité contractuelle fait donc partie de la responsabilité civile. On peut même postuler qu'elle fait partie du droit commun de la responsabilité civile, au même titre que la responsabilité extracontractuelle ou du fait des choses, car il s'agit d'un régime d'application générale, dès lors que le dommage se rattache à l'exécution d'un contrat, et à moins qu'un régime spécial ne vienne en exclure l'application (par exemple la loi du 5 juillet 1985 concernant l'indemnisation des victimes d'accident de la circulation qui exclut la responsabilité contractuelle, comme elle exclut la responsabilité extracontractuelle pour faute ou la responsabilité du fait des choses).

1489. La responsabilité contractuelle constitue-t-elle cependant un fait juridique, au même titre que la responsabilité extracontractuelle ce qui justifie son étude ici ? Ou bien le fait qu'elle soit liée à la présence d'un contrat, acte juridique écarte-t-il cette qualification, si bien que la responsabilité contractuelle devrait plutôt être rattachée à l'étude du contrat ?

1490. En réalité, la question est difficile et marque à nouveau l'ambiguïté de la responsabilité contractuelle. En effet, on ne peut nier que la responsabilité contractuelle trouve son origine dans le manquement à une obligation contractuelle et donc finalement dans un acte juridique, le contrat inexécuté.

1491. Mais, en même temps, la cause immédiate de l'obligation de réparation n'est pas le contrat, mais bien un fait, intentionnel ou non intentionnel selon les circonstances, qui est l'inexécution du contrat. L'obligation inexécutée est contractuelle mais l'obligation de réparer le dommage naît de l'inexécution, qui est elle-même un fait et non un acte juridique. Néanmoins, l'origine contractuelle de l'obligation inexécutée et l'importance du contrat, qui induit les spécificités de la responsabilité contractuelle, comme par exemple la possibilité de l'aménager contractuellement (clauses pénales ou clauses limitatives ou exonératoires de responsabilité, v. ss 2259 s., 2238 s.) peuvent justifier son étude tout autant dans le cadre du contrat que de la responsabilité civile.

1492. Ainsi, pour conclure, on peut dire que la responsabilité dite « contractuelle » est une conséquence de l'inexécution d'un contrat et donc une sanction de l'inexécution du contrat. En ce sens, nous avons pu la rattacher à l'étude des effets du contrat et des sanctions du contrat inexécuté et y consacrer certains développements (v. ss 1270 s.).

1493. Mais c'est aussi une responsabilité parmi les autres, au sein de la responsabilité civile, définie comme l'obligation pour une personne de réparer le dommage causé par elle-même ou par une autre dont elle répond. Elle trouve donc sa place dans une étude de la responsabilité civile en général.

1494. Néanmoins, il est vrai que la responsabilité civile s'est construite historiquement à partir des articles 1382 et suivants du Code civil qui concernent la responsabilité délictuelle et quasi délictuelle et que la réflexion sur ses fondements et son évolution au cours des siècles s'est faite aussi largement dans ce cadre.

La responsabilité contractuelle a donc toujours tenu une place spécifique au sein de la responsabilité civile, ce qui justifiera qu'on l'étudie en tenant compte de cette spécificité et par comparaison à la responsabilité extracontractuelle.

III. Le fondement et les fonctions de la responsabilité civile

1495. Comme nous venons de l'indiquer, historiquement, la question du fondement et des fonctions de la responsabilité civile s'est posée essentiellement à propos de la responsabilité extracontractuelle autour de laquelle s'est opérée toute la construction du droit de la responsabilité civile. Les développements consacrés au fondement et aux fonctions de la responsabilité civile concernent donc essentiellement la responsabilité extracontractuelle, même s'ils peuvent être partiellement transposés au champ de la responsabilité contractuelle.

1496. Une question qui se pose immédiatement quand on parle de responsabilité est celle de son fondement. Pourquoi une personne doit-elle être tenue pour responsable ? En matière contractuelle on peut dire que c'est le principe de la force obligatoire du contrat qui oblige à son exécution et justifie la réparation à hauteur du préjudice subi du fait de l'inexécution ou de la mauvaise exécution des obligations prévues par le contrat. Mais lorsqu'il n'y a pas de contrat ? La réponse traditionnelle et admise depuis toujours fait appel à la notion de *faute*. Il est normal pour tout un chacun que celui qui cause un dommage par sa faute, engage sa responsabilité.

1497. Mais dès la fin du XIXe siècle, en raison de l'évolution socio-économique, notamment de la révolution industrielle et de l'augmentation considérable des dommages causés par des machines sans qu'il y ait de faute humaine, ce fondement sembla insuffisant. On vit alors apparaître des cas de responsabilité sans faute justifiés par la notion de *risque*. Enfin, la doctrine succédant à la jurisprudence a essayé d'élaborer des *théories mixtes* comme la *théorie de la garantie*.

1498. La conception actuelle de la responsabilité, conduit par ailleurs à développer l'idée qu'elle ne serait plus uniquement curative mais préventive de sorte que l'on devrait être responsable, non seulement des dommages déjà réalisés, mais encore de la conservation de « la beauté des paysages, de la pureté de l'air et de l'eau, de la santé des humains… » [1]. Les avancées du principe de précaution contribuent à accréditer l'idée qu'il faut prendre en compte au-delà même du préjudice déjà réalisé ou futur mais certain, le risque de préjudice.

En réalité, on va le voir, la question des fondements est étroitement liée à celle des fonctions de la responsabilité.

A. Le lien entre le fondement et les fonctions de la responsabilité

1499. Le droit de la responsabilité civile met toujours en présence deux personnes : la victime et le responsable du dommage, qui peut être l'auteur direct ou un tiers responsable

1. V. C. Thibierge, cité dans la bibliographie.

du fait d'autrui. Or, selon que l'on prend en considération plutôt la victime ou plutôt l'auteur du dommage, la responsabilité peut avoir des fonctions différentes, ce qui n'est pas sans incidence sur ses fondements.

1500. Si l'on prend en considération la victime, c'est la fonction réparatrice de la responsabilité qui est la fonction essentielle. La responsabilité assure la satisfaction de cette victime, qui cherche à obtenir la réparation de son préjudice.

Si l'on se place du côté du responsable, celui, auquel le dommage est imputable, (l'imputation consistant dans l'opération de rattachement du dommage au responsable), on fait alors monter au premier plan la fonction normative de la responsabilité, sanction d'une règle de conduite et sanction d'un mauvais comportement : mais si la responsabilité constitue une sanction, voire une punition, encore faut-il qu'il y ait matière à sanction, donc logiquement, faute.

1501. Une troisième fonction peut aussi découler de celle-ci : la fonction préventive de la responsabilité : pour éviter la sanction, les individus chercheront à éviter les dommages.

1502. Or, les deux fonctions normative et réparatrice sont en partie contradictoires. En effet, si l'on met en avant l'idée de punition, de sanction, on ne retiendra de responsabilité que s'il y a matière à sanctionner un comportement, c'est-à-dire, s'il y a faute. La faute sera alors le fondement de la responsabilité. Mais cela signifie qu'en l'absence de faute, le dommage ne sera pas réparé : la fonction réparatrice ne sera pas correctement assurée dans une conception strictement normative de la responsabilité fondée sur la faute.

1503. À l'inverse, si l'on met en avant la réparation, alors on va élargir la responsabilité pour assurer cet objectif et rechercher des responsables solvables (et pas forcément fautifs). On va donc devoir chercher d'autres fondements que la faute et cette évolution a conduit, on le verra, (v. ss 1509 s.) à mettre en avant la fonction réparatrice au détriment de la fonction sanctionnatrice, ce qui a conduit à un élargissement des fondements.

B. Le fondement traditionnel : la faute

1504. Une des innovations les plus importantes du Code civil a constitué à institutionnaliser la responsabilité civile en posant en principe que tout dommage causé par une faute devait donner lieu à réparation.

Le concept de responsabilité civile s'est dégagé progressivement au cours des siècles, avec la lente distinction de la responsabilité civile et pénale puis l'affirmation d'un principe général de responsabilité que l'on doit essentiellement à Pothier et Grotius [1], puis à Domat [2]. Ce principe est un principe de responsabilité pour faute. Il se décline en plusieurs applications. Reprenant largement les idées de Grotius, Domat dégage la responsabilité délictuelle, contractuelle et quasi délictuelle. Cette responsabilité peut être personnelle, du fait des personnes dont on répond, du fait des animaux que l'on a sous sa garde, et du fait des choses ; mais toutes reposent sur la faute, prouvée ou présumée, qu'elle soit le fait générateur ou le fondement de la responsabilité. La faute pour ces auteurs, a une double nature : il peut s'agir d'une faute intentionnelle (délit) ou d'une faute non

1. Grotius, *Droit de la guerre et de la paix*, 1625.
2. Domat, *Les lois civiles dans leur ordre naturel*, 1723.

intentionnelle, faute d'imprudence et de négligence ou de mauvais choix. Ils reviennent donc à une analyse de la faute déjà faite par les jurisconsultes romains, auxquels on doit d'avoir fait progressivement apparaître la notion de faute et la différence entre le dol, faute intentionnelle (délit) et la faute proprement dite (*culpa*), imprudence, négligence ou ignorance. Entre-temps, en effet, les canonistes, aux XIIe et XIIIe siècles, dans une conception plus moralisatrice et punitive de la responsabilité, avaient opposé le péché (dol) à la faute morale (*culpa*).

Ce principe de responsabilité fondé sur la faute et ses différentes applications seront repris quasiment à l'identique dans le Code civil. Les rédacteurs du Code civil consacrent en effet le principe d'une responsabilité construite et fondée exclusivement sur la faute en distinguant, comme l'avaient fait Domat, la responsabilité contractuelle et la responsabilité délictuelle et quasi délictuelle. À l'intérieur de la responsabilité délictuelle et quasi délictuelle, ils ont distingué la responsabilité du fait personnel en tant que principe général, assorti de cas particuliers de responsabilité du fait des choses, du fait d'autrui, du fait des animaux et du fait des bâtiments, tous rattachés à la notion de faute.

1505. La responsabilité civile s'affirme donc, à l'origine d'un Code civil qui est aussi l'origine de notre droit moderne, comme une relation interindividuelle liant la victime du dommage au responsable (celui qui va en supporter le poids sur son patrimoine personnel) par un rapport d'obligation : obligation de réparer le dommage causé par sa faute.

Toute l'évolution jusqu'au Code civil a ainsi conduit à l'affirmation d'un principe de responsabilité subjective fondée sur la faute et sur la relation de causalité entre cette faute et le préjudice

1506. Si cette conception de la responsabilité doit beaucoup au passé, (l'héritage de Domat mais aussi la tradition canoniste qui avait développé aux XIIe et XIIIe siècles, une responsabilité civile à fonction sanctionnatrice, fondée sur la distinction de la faute morale et du péché), elle tient aussi très directement aux idées portées par la révolution française et la Déclaration des droits de l'Homme et du citoyen de 1789, notamment à l'idée de liberté. Le fondement de l'article 1382 se trouve dans la définition de la liberté donnée par l'article 4 de la Déclaration « la liberté est le pouvoir d'agir sans nuire à autrui ». C'est ce que confirmera le Conseil constitutionnel dans la décision rendue en 1999 lors du contrôle de constitutionnalité de la loi sur le PACS ; dans cette décision, il constitutionnalise le contenu de l'article 1382 du Code civil et le principe de responsabilité pour faute en les rattachant directement à l'article 4 de la Déclaration des droits de l'Homme[1] : « l'affirmation de la faculté d'agir en responsabilité met en œuvre l'exigence constitutionnelle posée par l'article 4 de la Déclaration des droits de l'Homme et du citoyen dont il résulte que tout fait quelconque de l'homme qui cause à autrui un dommage oblige celui par la faute duquel il est arrivé à le réparer » : Si le dommage causé à autrui doit être réparé, seule la faute, acte nuisible, mais libre, parce que l'homme est lui-même libre, engage la responsabilité. La responsabilité pour faute est intimement liée à l'idée de liberté.

Dans cette conception individualiste de la responsabilité, il peut s'agir de faute à prouver ou de faute présumée mais la faute est toujours le fondement de la responsabilité : c'est la théorie classique, dite « subjective ».

---

1. Cons. const. 9 nov. 1999, no 99-419 DC (*JO* 16 nov. 1999, p. 16962).

1507. Ce sont les articles 1382 et 1383 qui sont les textes de base.

• *Selon l'article 1382* : « Tout fait quelconque de l'homme qui cause à autrui un dommage, oblige celui par la faute duquel il est arrivé à le réparer ».

• *L'article 1383* le complète en disant : « chacun est responsable du dommage qu'il a causé, non seulement par son fait mais encore par sa négligence ou son imprudence ».

Ici le mot « fait » qui fait allusion à l'article 1382 signifie faute et est considéré comme une faute grave voire intentionnelle (le délit) par opposition aux négligences et imprudences, fautes légères non intentionnelles (les quasi-délits).

Dans un procès en responsabilité civile, la victime aura à prouver la faute de l'auteur du dommage.

1508. À ces deux articles, s'ajoutent les articles 1384, 1385 et 1386. Ces textes, concernant la responsabilité du fait de l'incendie survenant dans un bâtiment (art. 1384, al. 2) et divers cas de responsabilité du fait d'autrui (art. 1384, al. 4 à 8), la responsabilité du fait des animaux (art. 1385) et la responsabilité des dommages causés par la ruine des bâtiments (art. 1386) reposaient tous sur la faute du responsable, prouvée ou présumée. Selon l'interprétation de ces textes pendant la plus grande partie du XIXe siècle, la présomption légale de faute pouvait tomber devant la preuve contraire et la preuve de l'absence de faute permettait donc d'échapper à la responsabilité (arg. art. 1384, al. 7). L'évolution a fait aujourd'hui de pratiquement toutes ces responsabilités, ainsi qu'on le verra, des responsabilités de plein droit, c'est-à-dire sans faute, notamment en matière de responsabilité du fait d'autrui. La jurisprudence a par ailleurs créé, dès la fin du XIXe siècle, la responsabilité du fait des choses, responsabilité sans faute, à partir de l'article 1384, alinéa 1er, du Code civil, qui ne constituait pour les rédacteurs du Code civil, qu'une simple annonce précédant les cas particuliers de responsabilité visés ensuite.

C. La théorie du risque

1509. Cette théorie classique de la responsabilité fondée sur la faute va trouver ses limites à la fin du XIXe siècle, notamment, avec le développement du machinisme et la révolution industrielle. Des dommages vont être causés pour lesquels il sera de plus en plus difficile de découvrir l'existence d'une faute ou même, si elle existe, d'en faire la preuve…

Aussi, pour éviter l'injustice que cela entraînait puisque, si elle ne pouvait prouver la faute, la victime risquait de ne pas être indemnisée, la doctrine et la jurisprudence ont-elles élaboré la théorie du risque, qui va permettre le développement de responsabilités sans faute.

1510. Cette théorie est apparue dès 1897 avec Saleilles (les accidents du travail et la responsabilité civile) et Josserand (la responsabilité du fait des choses inanimées) à propos surtout des dommages causés par des choses (machines, locomotives, voitures automobiles, aujourd'hui avions, etc.).

► ***La théorie du risque*** peut s'énoncer ainsi : toute activité qui crée pour autrui un risque rend son auteur responsable du dommage qu'elle peut causer, sans qu'il y ait à rechercher s'il y a eu faute ou non. Le risque créé est la contrepartie du profit (ou au moins du plaisir).

C'est une *théorie objective*, qui permet l'indemnisation des victimes et ne risque pas de se confondre, comme la responsabilité pour faute, avec la responsabilité pénale. Le développement des assurances n'a d'ailleurs fait qu'affirmer le succès de cette théorie, dont nous allons voir les applications par le législateur et la jurisprudence.

1. Les lois consacrant la théorie du risque

1511. Un certain nombre de lois ont ainsi consacré la théorie du risque dans différents domaines. On peut en citer quelques-unes dont nous reverrons certaines plus tard. Mais il faut d'abord parler de la première, la loi sur les « accidents du travail ».

a) La loi du 9 avril 1898 sur les accidents du travail

1512. Ce texte est bien une application de la théorie du risque, dans la mesure où l'on considère lors de la mise en place du système, que l'accident du travail est un risque professionnel dont les deux parties doivent supporter une part, la plus forte étant assumée par le chef d'entreprise dont la responsabilité était automatique. La réparation était forfaitaire, ne concernait que le préjudice matériel et était exclusive de tout recours au droit commun. La faute de la victime n'était prise en considération que si elle était inexcusable.

Ce système fut remanié à plusieurs reprises avant d'être refondu dans le Code de sécurité sociale par la loi du 30 octobre 1946.

Les caisses de sécurité sociale sont désormais substituées aux employeurs, ce qui fait disparaître le lien de responsabilité entre l'employeur et la victime. Les employeurs sont tenus de verser des cotisations aux caisses. La réparation est toujours forfaitaire mais peut être augmentée ou diminuée s'il y a faute inexcusable ou intentionnelle de l'employeur ou de la victime [1].

b) Différentes autres lois

1513. Différentes lois se sont ainsi succédé pour instituer des responsabilités sans faute, de plein droit, concernant certains types d'activités comportant des risques particuliers :

• *La loi du 21 avril 1810* (C. minier, art. 74, al. 1er) qui a été interprétée par la jurisprudence comme obligeant le concessionnaire d'une mine à réparer les dommages causés à la surface, même en l'absence de toute imprudence ou négligence [2].

• *La loi du 19 décembre 1917* quant à la responsabilité des exploitants des établissements dangereux, incommodes ou insalubres, remplacé par la loi du 19 juillet 1976.

• *La loi du 3 mai 1921* pour les accidents aux tiers dans les établissements travaillant pour la Défense nationale.

• *La loi du 8 juillet 1941* sur les téléphériques.

• *Le Code de l'aviation civile du 30 mars 1967* pour les aéronefs.

• *Les lois des 12 novembre 1965 et 29 novembre 1968* pour les exploitants de navires nucléaires.

• *Les lois du 30 octobre 1968 et la Convention de Paris du 29 juillet 1960* pour l'énergie nucléaire.

• *Les lois du 7 juillet 1976* pour les immersions par navires et aéronefs et les incinérations.

---

1. V. G. Vachet, chron. citée dans la bibliographie.
2. Cass., ch. réunies, 23 juill. 1862, *D.* 1862. 1. 257.

• *La loi du 26 mai 1977* sur la pollution par les hydrocarbures.

• *La loi du 4 janvier 1978* rendant obligatoire une assurance de dommage/ouvrage pour protéger le maître de l'ouvrage contre les vices de construction, etc.

• *La loi du 30 juillet 2003* sur les risques de catastrophes technologiques imposant à l'assureur des biens endommagés par une telle catastrophe de couvrir les dommages affectant ces biens même si ce n'était pas prévu et d'assurer une réparation intégrale.

2. L'APPLICATION DE LA THÉORIE DU RISQUE PAR LA JURISPRUDENCE

1514. La jurisprudence, sans se référer directement à la théorie du risque, en a fait application implicitement, lorsqu'elle a découvert puis développé le principe général d'une responsabilité du fait des choses que l'on a sous sa garde : le gardien est présumé responsable du fait de la chose instrument du dommage et ne peut échapper à cette présomption de responsabilité en prouvant son absence de faute. Nous reverrons donc le rôle de la jurisprudence en la matière en étudiant la responsabilité du fait des choses (v. ss 1928 s.).

De façon générale, le développement continu des responsabilités objectives par la jurisprudence s'appuie sur la théorie du risque (v. ss 1537 s.).

D. Les théories mixtes

1515. Les théories fondant la responsabilité sur la faute ou sur le risque semblent opposées, pourtant certains auteurs ont essayé de les juxtaposer en leur laissant à chacune un secteur limité mais, malheureusement parfois mal déterminé, ce qui entraîne, nous le verrons, des chevauchements.

Parmi ces auteurs on peut citer Josserand, Demogue au début du XXe siècle et le doyen Savatier en 1938, qui proposent d'élargir le système en dégageant à côté de la faute et du risque, deux autres sources d'obligation de réparer, la sécurité sociale et l'aide sociale d'une part ; l'assurance d'autre part.

1516. ***La théorie de la garantie***. Elle est proposée en 1947, par Boris Starck auteur d'une thèse intitulée « la théorie de la garantie. Essai sur la responsabilité civile considérée dans sa double fonction de garantie et de peine privée ». Il reproche à la théorie du risque de se placer du côté des auteurs et, au lieu d'opter pour la faute ou le risque ou de les juxtaposer, il envisage le problème du côté de la victime innocente. Selon lui, chaque personne possède un droit à l'intégrité corporelle, à la vie, à la jouissance paisible de toutes ses libertés. L'atteinte qui peut être portée à ces droits justifie à elle seule l'obligation de réparer. Selon l'auteur, cette théorie devrait s'appliquer avec une force particulière aux dommages corporels, en toute circonstance, de façon objective, indépendamment de toute faute du défendeur. Toutefois, Boris Starck, dans sa construction objective de la responsabilité ne fait pas disparaître complètement la faute et la fonction sanctionnatrice de la responsabilité, ainsi qu'en témoigne le titre de son œuvre : « Essai sur la responsabilité civile dans sa double fonction de garantie et de peine privée », puisque s'il y a une faute à l'origine de l'atteinte à l'intégrité physique, cette faute doit conduire à augmenter les dommages-intérêts.

Cette idée de garantie inspire un peu la loi du 5 juillet 1985 sur les accidents de la circulation qui indemnise la victime pratiquement dans tous les cas sans relever de faute de la part du conducteur du véhicule impliqué, qui n'admet pas le recours aux causes d'exonération de responsabilité classiques telles que la force majeure et le fait d'un tiers et qui n'autorise à invoquer la faute de la victime que dans des cas très limités : par exemple, s'il s'agit d'une faute inexcusable, cause exclusive de l'accident et encore, uniquement pour les victimes non conductrices de plus de 16 ans et de moins de 70 ans. Mais la loi du 5 juillet 1985 n'est pas un régime de responsabilité. Elle est à mi-chemin entre la responsabilité et l'indemnisation (v. ss 2440 s.).

E. Les fondements modernes

1517. Déjà au cours du XIXe siècle, les transformations radicales de la société, liées au développement économique et à la révolution industrielle, en même temps qu'elles ont généré une augmentation des dommages, se sont accompagnées d'un changement idéologique et philosophique. L'homme refuse le malheur et la fatalité, et tout le monde doit obtenir la juste réparation de ses dommages. Le développement de l'assurance et de la sécurité sociale, c'est-à-dire de mécanismes qui assurent la prise en charge collective des risques, vont faire émerger au premier plan, le besoin de sécurité et la revendication de sécurité corporelle et conduire à l'émergence de nouveaux fondements.

1. Développement du besoin de sécurité et émergence d'un droit à la sécurité corporelle

1518. Le besoin de sécurité devient de plus en plus fort, car au cours du XXe siècle, le développement de nouvelles techniques (véhicules automobiles), puis de nouvelles technologies, conduit à augmenter encore le nombre des dommages, alors que parallèlement les progrès de la médecine et de la réanimation font que les dommages sont moins souvent mortels qu'autrefois avec comme conséquence la gravité des séquelles : les dommages sont plus nombreux et plus graves.

L'importance, à cet égard du développement de la circulation automobile et l'augmentation exponentielle des accidents corporels qu'il a généré n'est plus à démontrer.

1519. Aujourd'hui, on assiste à un nouvel essor du besoin de sécurité : les dommages changent de nature. Ils sont ressentis comme encore plus graves car ils deviennent collectifs, planétaires et irréversibles, sanitaires, génétiques, écologiques, nucléaires... Ils peuvent avoir une origine unique, comme par exemple un dommage écologique ou une origine différente comme par exemple les préjudices de contamination post-transfusionnelle et l'on parle alors en ce dernier cas de risques sériels.

Voici venu pour certains le temps des catastrophes [1] (comme s'il n'y avait pas autrefois la peste ou le choléra !).

« En un siècle, nous voilà donc passés des risques individuels, aux risques collectifs du travail, de la circulation ou risque thérapeutique, pour en arriver aux risques écologiques, technologiques, sanitaires, susceptibles d'être des risques planétaires dits risques globaux et risques technologiques majeurs. Changement dans le temps, illustré par la catégorie nouvelle des dommages irréversibles et changement dans l'espace, avec le risque de dommages transfrontaliers, transnationaux [2] ».

---

1. F. Ewald, évoque le « retour des catastrophes », *in* « Philosophie de la précaution », article préc. ; v. aussi, du même auteur, l'expérience de la responsabilité : C. Lienhard, « Pour un droit des catastrophes », *D.* 1995. Chron. 91.
2. C. Thibierge, « Libres propos sur l'évolution du droit de la responsabilité », article préc.

1520. De fait, les événements catastrophiques survenus ces trente dernières années dans le domaine naturel, industriel, technologique ou de la santé publique (contaminations diverses) ont conduit à l'expression d'un besoin de sécurité de plus en plus pressant. Issu du corps social tout entier, il a été relayé très largement par les médias, par les philosophes et par le pouvoir politique. Reçu par la doctrine, il tend à être reconnu comme un droit.

Petit à petit en effet est apparue l'idée d'un droit à la sécurité corporelle avec l'affirmation progressive du principe juridique de l'intégrité du corps humain, qui sera confirmé par les lois dites de bioéthique de 1994, spécialement par l'article 16-1 du Code civil qui pose le principe selon lequel « chacun a droit au respect de son corps, le corps humain est inviolable. » et par l'article 16-2 qui précise qu'il ne peut être porté atteinte à l'intégrité du corps humain qu'en cas de nécessité médicale. Ces deux articles s'inscrivent d'ailleurs dans la perspective plus large du principe de primauté de la personne et du principe de dignité (C. civ., art. 16), lui-même reconnu comme principe à valeur constitutionnelle par le Conseil constitutionnel dans la décision bioéthique (1994).

Cette valorisation juridique du corps humain directement rattaché à la personne favorise la reconnaissance d'un droit à la sécurité corporelle, incluant aujourd'hui la santé et dont le législateur s'est déjà fait l'écho. Ainsi, par exemple, au-delà du droit de la responsabilité, la loi n° 98-553 du 1er juillet 1998 portant renforcement de la veille sanitaire et du contrôle de la sécurité sanitaire des produits destinés à l'homme s'inscrit directement dans ce courant, de même que la loi du 4 mars 2002 relative aux droits des malades et à la qualité du système de santé, qui comporte notamment un chapitre sur les risques sanitaires résultant du fonctionnement du système de santé et crée un nouveau système d'indemnisation des dommages [1] (v. ss 2603, « Le point sur… La responsabilité médicale », Documents).

1521. Dans ce contexte, la proposition de nouveaux fondements a été faite par la doctrine contemporaine, comme le droit à la sûreté, mais surtout, le principe de précaution.

2. Essai d'introduction de nouveaux fondements : le droit à la sûreté et le principe de précaution

1522. Ces nouveaux fondements ne font pas disparaître les fondements antérieurs de la faute et du risque, ils viennent les enrichir. Avec la multiplication des catastrophes écologiques ou sanitaires et des dommages dits « sériels », la « théorie de la garantie » de Boris Starck reprend de l'intérêt (v. ss 1516) et la *Convention européenne des droits de l'Homme* peut apporter l'appui d'une base textuelle, notamment avec l'article 2 : « le droit de toute personne à la vie est protégé par la loi » et l'article 5 : « Toute personne a droit à la liberté et à la sûreté ». Ce texte peut servir d'appui aux nouveaux fondements proposés, le droit à la sûreté, et surtout, le principe de précaution.

a) Le droit à la sûreté

1523. La proposition a été faite, par un auteur [2] de fonder la responsabilité sur le « droit à la sûreté », qui existe dans plusieurs textes fondamentaux, et spécialement dans l'article 2 de la déclaration des droits de l'Homme, où il est considéré comme un « droit naturel

1. L. du 4 mars 2002 (*JO* 5 mars, p. 4118), et v. *infra*, Deuxième partie.
2. C. Radé, « Réflexions sur les fondements de la responsabilité civile », article préc., p. 324.

et imprescriptible de l'homme ». L'auteur propose cependant ce fondement à titre subsidiaire, pour combler les lacunes de la responsabilité pour faute ou pour risque et pour permettre à la victime d'un dommage qui ne serait pas autrement réparable d'obtenir satisfaction tout en restaurant l'intégrité des règles juridiques malmenées dans un souci de protection des victimes. Il en serait ainsi de l'indemnisation des dommages causés par des personnes privées de discernement ; ainsi que pour l'indemnisation de l'aléa thérapeutique (désormais réglée par le législateur dans la loi du 4 mars 2002 sur les droits des malades).

b) Le principe de précaution

► ***Le principe de précaution*** se définit par référence au comportement qu'il induit : « l'absence de certitudes, compte tenu des connaissances scientifiques et techniques du moment, ne doit pas retarder l'adoption de mesures effectives et proportionnées, visant à prévenir un risque de dommages graves et irréversibles à l'environnement, à un coût économiquement acceptable (C. rur., art. L. 200-1) ». La précaution se distingue donc de la prévention qui consiste à prendre certaines mesures en présence d'un risque connu pour éviter des dommages qui sont prévisibles, alors que dans la démarche de précaution, il faut anticiper un risque de dommage qui n'est même pas prévisible. Il n'y a aucune certitude sur l'existence d'un risque, mais il n'y en a pas non plus sur l'inexistence de ce risque.

1524. L'exigence de précaution figure dans de nombreux traités internationaux, dans le droit communautaire (art. 130 R du Titre XVI du Traité de Maastricht, en matière de politique communautaire de l'environnement) et même en droit interne (L. du 2 févr. 1995, art. 1er, « loi Barnier », sur le renforcement de la protection de l'environnement, devenu C. rur., art. L. 200-1).

Introduit dans le droit français, par la loi *Barnier*, en 1995, le principe de précaution a ses origines dans le droit international de l'environnement, puisqu'il constitue l'un des principes fondamentaux du sommet de Rio qui a eu lieu en 1992 et il a été constitutionnalisé dans l'article 5 de la Charte de l'environnement (loi constitutionnelle n° 2005-205 du 1er mars 2005), qui donne valeur constitutionnelle à la protection de l'environnement et précise dans son article 4 que « toute personne doit contribuer à la réparation des dommages qu'elle cause à l'environnement, dans les conditions définies par la loi ».

1525. Il a ensuite débouché sur une tentative doctrinale d'élargir la notion de responsabilité en dépassant la simple obligation de répondre des conséquences dommageables de ses actes, pour créer une obligation d'anticiper le dommage en l'empêchant d'apparaître. Le principe de précaution est ainsi « susceptible d'inclure jusqu'à la sphère planétaire, dans une logique de responsabilisation, centrée à la fois sur les auteurs et sur les victimes actuelles et à venir, tournée vers le passé, les dommages causés et également vers l'avenir, les dommages probables ; avec pour impératifs sous-jacents de ne pas nuire à autrui (sphères individuelle et sociale), au vivant, à la nature, à l'écosystème (sphère écologique), au patrimoine commun de nation et de l'humanité à la planète (sphère planétaire, biosphère)[1] ».

La responsabilité serait ainsi, à la fois, la source de l'obligation juridique de réparer et la source d'un devoir éthique et juridique d'anticiper la réalisation du dommage.

---

1. V. C. Thibierge, dans la bibliographie.

1526. Cette dimension philosophique et éthique nouvelle reposerait donc sur une obligation de prudence et de prévention beaucoup plus importante que la classique obligation de prudence et de diligence qui pèse sur chacun d'entre nous. Le principe de précaution tend en effet à prévenir, au-delà même du dommage, le simple risque de dommage, et poussé à l'extrême, il impose de ne pas agir si l'on n'est pas certain de l'absence de risque.

1527. Cette fonction de prévention de la responsabilité civile n'est pas nouvelle (v. ss 1501) mais on l'envisage aujourd'hui plus largement : outre son rôle dissuasif fondé sur la menace d'une sanction, on tient compte d'une fonction d'anticipation visant la prévention de dommages et fondée « sur la menace de dommages graves et irréversibles » (Thibierge, *op. cit.*). Cette théorie de la précaution n'est pas admise sans réserve par la totalité de la doctrine ni par la jurisprudence mais outre qu'elle est invoquée par les pouvoirs publics pour justifier certaines mesures préventives (par exemple, la campagne de vaccinations à propos de l'épidémie de grippe A en 2009 ou encore le plan de destruction des constructions en zones inondables après les inondations dues aux intempéries en 2010), elle inspire déjà certaines solutions jurisprudentielles. On peut, déjà, à ce titre, citer cette décision du Conseil d'État estimant que constituait une faute du service public hospitalier le fait d'avoir administré à un patient hémophile des transfusions sanguines alors que les centres de traitement des hémophiles connaissaient l'existence d'un risque de contamination par le VIH et que les transfusions ne présentaient aucun caractère d'urgence, bien que la date des transfusions litigieuses, entre le 18 et le 20 septembre 1984, se situe à une époque où les risques encourus n'étaient pas connus dans toute leur ampleur. Le Conseil d'État avait fait déjà, ici, une intéressante application du « principe de précaution » à l'activité médicale [1].

1528. La jurisprudence civile se réfère également au principe de précaution, de façon implicite ou même parfois explicite. Ainsi, la Cour de Versailles a-t-elle fait une application implicite mais certaine du principe de précaution, pour retenir la responsabilité d'un laboratoire pharmaceutique, dans l'affaire du « Distilbène », produit destiné à prévenir les risques d'interruption prématurée de grossesse, administré dans les années cinquante et suspecté d'avoir provoqué des cancers chez des jeunes femmes exposées *in utero* au Distilbène ingéré par leur mère. La Cour de Versailles, en 2002, a retenu la responsabilité pour faute du laboratoire pharmaceutique pour manquement à son *devoir de vigilance*, car il avait maintenu la distribution de Distilbène alors que l'efficacité du médicament était douteuse et que le *risque carcinogène n'était pas exclu* compte tenu d'expérimentations animales [2].

De façon tout à fait explicite, cette fois, le principe de précaution a été utilisé dans le contentieux judiciaire des antennes-relais de téléphonie mobile. Si la cour d'appel d'Aix-en-Provence a débouté les demandeurs, vivant à proximité d'une antenne relais, au motif qu'il n'existe pas de risque sanitaire établi [3], au contraire, le tribunal de grande instance de Nanterre le 18 septembre 2008, a ordonné le démontage de l'antenne estimant que si la discussion scientifique restait ouverte sur l'innocuité de ces antennes, la société installatrice ne démontrait dans le cas d'espèce, *ni l'absence de risque*, *ni le respect d'un*

---

1. CE 10 déc. 2001, *Bull. civ.*, n° 110, janv. 2002, p. 7350 ; *JCP* 2002. I. 146, n° 18, obs. C. Byck.
2. Versailles, 30 avr. 2004, *LPA* 22 juin 2005, n° 123. 22, note P.-L. Niel.
3. Aix-en-Provence, 15 sept. 2008, *JurisData* n° 2008-372567.

quelconque « principe de précaution »[1] et la cour d'appel de Versailles[2] a confirmé cette décision. La même solution a été à nouveau consacrée par la Cour de Montpellier dans une décision du 15 septembre 2011 (v. ss 1645, 1922) Toutefois, depuis, le tribunal des Conflits a exclu la possibilité pour les juges judiciaires d'ordonner le démontage de l'antenne (v. ss 1922). La Cour de cassation, pour sa part, confrontée à une action visant à l'indemnisation des préjudices matériels et économiques imputés à une ligne très haute tension et concernant des animaux d'élevage a réaffirmé la nécessité de démontrer une causalité directe et certaine entre le fait invoqué et le préjudice et précisé que la Charte de l'environnement et le principe de précaution ne remettaient pas en cause cette exigence. Elle a rappelé que l'on pouvait à cet égard se contenter de présomptions graves, précises, fiables et concordantes, sans pour autant disposer d'une preuve scientifique. Mais elle a considéré qu'en l'espèce, il existait des « incertitudes notables » sur le lien de causalité et qu'il n'était donc pas suffisamment caractérisé[3]. Ainsi, la simple incertitude sur l'existence ou l'inexistence d'un risque ne suffit pas à engager la responsabilité.

Enfin, la loi n° 2008-757 du 1er août 2008, qui a introduit en droit français une responsabilité environnementale et pris en compte le dommage écologique (*JO* 2 août, p. 12361 ; v. ss 1532, 1608), a introduit une obligation de prévention pesant sur les exploitants dont les activités sont susceptibles de générer des pollutions graves. Incontestablement, donc, le principe de précaution gagne du terrain.

IV. L'ÉVOLUTION DE LA RESPONSABILITÉ CIVILE

1529. Les évolutions que nous venons de constater concernant le rôle et le fondement de la responsabilité civile montrent bien qu'il s'agit là d'un domaine encore en pleine évolution et que les règles du Code civil sont à la fois insuffisantes et inadaptées. Le constat que l'on peut faire, en réalité, est que le droit de la responsabilité a toujours été en évolution. Il n'en finit pas de se construire et de se reconstruire pour s'adapter aux évolutions de la société et aux demandes du corps social.

1530. La jurisprudence joue ici un rôle majeur, car c'est elle qui a construit pratiquement tout le droit commun de la responsabilité civile, à partir des articles 1382 à 1386 du Code civil pour la responsabilité extracontractuelle et article 1147 pour la responsabilité contractuelle.

1531. Elle continue à le faire, ainsi, par exemple en 1991, avec l'arrêt *Blieck* (v. ss 2135), quand elle crée un nouveau cas de responsabilité du fait d'autrui à partir de l'article 1384, alinéa 1er, du Code civil, après avoir créé, un siècle avant, la responsabilité du fait des choses (v. ss 1928 s.).

1532. Mais le législateur intervient aussi parfois. Certains secteurs de la responsabilité civile ont déjà attiré son attention au fil du temps et il a réformé notamment :
– les accidents du travail ;
– les accidents de transport aérien et maritime ;

1. TGI Nanterre, 18 sept. 2008, *JCP* 2008. II. 10208, note J.-V. Borel ; *JCP* 2009I. 123, n° 4, obs. Ph. Stoffel-Munck ; *D.* 2008. 2916, note M. Boutonnet.
2. Versailles, 4 févr. 2009, *JCP* 2009, act. 83, obs. C. Bloch ; *RCA* 2009, comm. 75, note G. Courtieu.
3. Civ. 3e, 18 mai 2011, *D.* 2011. 1483, obs. I. Gallmeister, et *D.* 2011. 2098, note M. Boutonnet ; *RTD civ.* 2011. 540, obs. P. Jourdain ; *D.* 2011. 2702, obs. F.-G. Trébulle ; *D.* 2012. 49, obs. P. Brun.

– les accidents nucléaires ;
– la responsabilité des constructeurs ;
– la responsabilité du fait des accidents de la circulation… qui est devenu un système hybride entre responsabilité et indemnisation en 1985 ;
– la responsabilité du fait des produits défectueux, en 1998, sous la pression du droit communautaire qui imposait la transposition d'une directive de 1985, sur la responsabilité du fait des produits défectueux ;
– la responsabilité médicale (v. ss 2603, « Le point sur… La responsabilité médicale ») ; elle nécessitait également une intervention du législateur, lequel a rappelé un certain nombre de principes, dont celui de la nécessité d'une faute pour engager la responsabilité du médecin et a organisé à côté de la responsabilité proprement dite, un système d'indemnisation des accidents médicaux avec un fonds d'indemnisation ;
– et, en dernier lieu, les dommages résultant de la pollution qui ont provoqué l'élaboration d'une « charte de l'environnement » promulguée le 1er mars 2005, ont également obligé le législateur à intervenir puisqu'une loi sur la responsabilité environnementale qui transpose une directive de 2004 a été adoptée (L. n° 2008-757 du 1er août 2008, *JO* p. 12361 du 2 août ; v. ss 1608). Le texte consacre la notion de préjudice écologique et le principe du pollueur-payeur : les entreprises seront tenues désormais de réparer les dommages causés à la nature constatés dans les cas de pollution des sols, d'atteinte à la qualité des eaux ou à la survie des espèces et des habitats protégés. Le texte introduit également une obligation de prévention pesant sur les exploitants dont les activités sont susceptibles de générer des pollutions graves.

1533. Mais l'évolution n'est pas achevée, ce dont témoignent d'ailleurs les différents projets de réforme du droit de la responsabilité, depuis l'avant-projet Catala de réforme du droit des obligations en 2005 qui comporte un volet sur la responsabilité et qui propose une réforme globale du droit de la responsabilité pour lui redonner son statut de droit commun, jusqu'au projet Terré, présenté début 2011 (v. ss 1569 s.).

Les évolutions sont en effet multiples, complexes, parfois contradictoires. On peut cependant dégager le sens général de l'évolution et les tendances actuelles.

A. Le sens général de l'évolution

1534. Deux lignes de force peuvent être identifiées dans cette évolution permanente de la responsabilité civile : d'abord, l'élargissement continu de la responsabilité civile ; ensuite, la distinction progressive du droit de la responsabilité et du droit de l'indemnisation des dommages pour constituer un droit de la réparation des dommages à deux branches complémentaires.

1. L'élargissement continu de la responsabilité civile

1535. La tendance de la jurisprudence et du législateur, depuis le Code civil jusqu'à aujourd'hui, a consisté à élargir le domaine de la responsabilité civile avec comme objectif la réparation du plus grand nombre de dommages, en assouplissant les conditions de la responsabilité, en appréciant avec libéralité les dommages-intérêts et les indemnités, en développant les catégories des préjudices réparables et en relâchant les exigences sociales les concernant (v. ss 1665 s., l'évolution du préjudice par ricochet).

1536. Mais le travail le plus important a consisté à développer le droit de la responsabilité à partir des articles 1382 et suivants du Code civil pour créer de nouveaux régimes objectifs, à côté de la responsabilité pour faute.

Les rédacteurs du Code civil, reprenant largement les principes généraux de la responsabilité civile dégagés par Domat, qui, du principe selon lequel toute faute cause de dommage engage la responsabilité, avait dégagé la responsabilité délictuelle, contractuelle et quasi délictuelle (v. ss 1504) ; ne concevait que la responsabilité pour faute. Le principe général en était posé par l'article 1382 et les autres textes n'étaient que des cas particuliers de responsabilité du fait de choses particulières ou du fait d'autrui, reposant tous sur la faute prouvée ou présumée (v. déjà ss 1507).

À partir de là, et sous la pression des faits, l'évolution du droit de la responsabilité va se faire de façon continue dans le sens d'un élargissement grâce à un mouvement d'objectivation de la responsabilité, sous l'influence conjuguée du législateur et de la jurisprudence, d'une part, et par le développement d'une obligation autonome de sécurité.

a) L'extension de la responsabilité par l'objectivation continue

1° Avec le développement de responsabilités objectives

1537. La première extension du domaine de la responsabilité civile va se produire avec la découverte par la jurisprudence, à partir de 1896 (arrêt dit « du remorqueur », v. ss 1932), d'un principe général de responsabilité du fait des choses où la faute ne joue aucun rôle. Elle n'est ni une condition technique, ni même le fondement de la responsabilité.

Mais le phénomène d'objectivation ne s'arrête pas là et s'est poursuivi jusqu'à aujourd'hui, avec le phénomène plus récent mais tout aussi continu d'objectivation des régimes de responsabilité du fait d'autrui. Ainsi la responsabilité des parents du fait de leurs enfants est devenue en 1997 une responsabilité totalement objective fondée sur l'autorité parentale (v. ss 2044). Et c'est encore, actuellement, dans le domaine de la responsabilité du fait d'autrui que la jurisprudence opère les plus sérieux remaniements, en donnant à l'article 1384, alinéa 1er, depuis l'arrêt *Blieck* du 29 mars 1991, le même rôle de responsabilité de plein droit, sans faute, qu'en matière de responsabilité du fait des choses, pour des cas différents des cas de responsabilité classique du fait d'autrui de l'article 1384, alinéas 4 à 8 (v. ss 2133 s.).

1538. Enfin en *responsabilité contractuelle*, on constate un même phénomène d'objectivation : d'une part avec le développement d'obligations de résultat, notamment de sécurité-résultat car, contrairement à l'obligation de moyen, l'obligation de résultat n'implique aucune appréciation du comportement du débiteur et engendre une responsabilité présumée, de plein droit ; d'autre part avec la reconnaissance (mais cette solution est-elle appelée à se maintenir ?) d'une responsabilité contractuelle du fait des choses.

2° Avec l'objectivation de la faute

1539. La notion de faute, essentiellement subjective, devient objective et engage la responsabilité de l'auteur de tout comportement anormal.

1540. L'objectivation de la faute tend à retirer à la notion de faute son aspect moral. Une simple erreur de conduite, un comportement anormal seront qualifiés de « faute » dès lors qu'ils entraîneront un préjudice qu'il convient de réparer. Surtout, le discernement, la liberté de l'individu, conscient de ses actes, n'est plus une condition de la faute et donc de la responsabilité pour faute.

1541. C'est d'ailleurs ainsi que l'on peut justifier l'innovation apportée en 1968 par l'*article 489-2* selon lequel « celui qui a causé un dommage à autrui alors qu'il était sous l'empire d'un trouble mental n'en est pas moins obligé à réparation ». Ce texte a paru révolutionnaire et a semblé introduire une responsabilité sans faute. Il vaudrait mieux y voir une *objectivation* de la notion de faute dès lors qu'il y a eu dommage, il y a eu une « erreur de conduite » peu importe qu'il ne s'agisse pas d'une faute intentionnelle, subjective, ce qui ne serait pas admissible de la part d'un dément. C'est une erreur de conduite qui s'apprécie *in abstracto* par rapport à la conduite d'un homme normal, diligent et prudent (v. ss 1873 s.).

1542. Par la suite, en 1984, la jurisprudence généralise la faute objective en faisant disparaître la condition du discernement (v. ss 1886 s.).

b) L'extension de la responsabilité par le développement progressif d'une obligation autonome de sécurité

1° Source d'extension de la responsabilité

1543. La *découverte de l'obligation de sécurité* permet de supposer l'existence d'une obligation contractuelle de sécurité.

1544. Le développement de cette obligation par la jurisprudence est tout à fait *explicite en matière contractuelle* : la jurisprudence a ainsi utilisé la technique dite du « forçage du contrat » pour découvrir dans certains d'entre eux une obligation de sécurité de moyen ou de résultat (obligation de sécurité découverte pour la première fois en 1911 dans le contrat de transport et étendue ensuite à de multiples contrats ; v. ss 1322 s.). Cette obligation a eu tendance à se généraliser, avec des épisodes jurisprudentiels excessifs où l'introduction de l'obligation de sécurité dans certains contrats était totalement artificielle ; elle marque en tout cas, le développement du besoin de sécurité.

1545. Elle permet de faire jouer les règles de la responsabilité contractuelle, notamment dans les accidents de transport quand il s'agit d'une obligation de résultat, mais encore faut-il qu'il existe un contrat entre l'auteur du dommage et la victime, ce qui n'est pas toujours le cas, par exemple dans les accidents de circulation.

1546. Aussi la jurisprudence a-t-elle ensuite travaillé à l'extension de l'obligation de sécurité au-delà du champ du contrat par des techniques de « décontractualisation de l'obligation de sécurité » qui sont source de confusion entre la responsabilité contractuelle et extracontractuelle.

2° Source aussi de confusion entre les deux ordres de responsabilité extracontractuelle et contractuelle

1547. L'extension de l'obligation de sécurité au-delà du cadre contractuel s'affirme implicitement mais pourtant clairement avec la loi de 1998 sur la responsabilité du fait des produits défectueux puisque le fait générateur de la responsabilité est la défectuosité d'un produit, c'est-à-dire le fait de ne pas présenter la « sécurité à laquelle on peut légitimement s'attendre ». L'obligation de sécurité (posée par le Code de la consommation comme l'obligation de ne mettre sur le marché que des produits et services qui présentent la sécurité à laquelle on peut légitimement s'attendre) constitue le fondement implicite de cette nouvelle responsabilité et cette obligation de sécurité dépasse le cadre contractuel qui était originairement le sien (puisqu'elle est née de la technique jurisprudentielle de « forçage du contrat » ; v. ss 1103, 1298) pour devenir une obligation générale, autonome, par rapport au contrat. La responsabilité du fait des produits défectueux s'applique en effet quelle que soit la qualité de la victime, contractante ou pas. En supprimant la distinction responsabilité civile contractuelle et extracontractuelle, cette loi témoigne de l'impératif moderne de la réparation dans des conditions identiques de dommages identiques que la distinction de la responsabilité contractuelle et extracontractuelle n'autorise pas toujours, ce qui avait conduit la jurisprudence avant la loi de 1998 à utiliser différents procédés de « décontractualisation » de l'obligation de sécurité pour y parvenir.

1548. Mais, avant la loi de 1998, la jurisprudence avait utilisé différents moyens pour faire bénéficier des victimes tiers au contrat de l'obligation de sécurité résultat pesant sur un contractant. Le souci d'égalité des victimes et la volonté d'indemnisation expliquent ces tentatives pour faire bénéficier les victimes tiers au contrat des avantages de la responsabilité contractuelle : stipulation pour autrui implicite, affirmation directe que l'obligation de sécurité pèse sur le vendeur et fabriquant d'un produit même à l'égard des tiers, puis même affirmation basée sur l'interprétation des articles 1382 et 1384, alinéa 1er, à la lumière de la directive de 1985 sur la responsabilité des produits défectueux, identité des fautes délictuelle et contractuelle, enfin, ont été et sont encore des moyens utilisés (v. ss 1841, 2332 s.).

1549. On touche, cependant, avec cette question des interférences entre les deux « ordres » de responsabilité contractuelle et extracontractuelle, à la question des désordres et incertitudes générés par l'évolution du droit de la responsabilité. L'extension de l'obligation de sécurité au-delà du champ du contrat, pose à nouveau la question des rapports entre la responsabilité délictuelle et contractuelle et que nous étudions dans ce cadre (v. ss 2311 s.).

1550. Cette tendance à l'élargissement de la responsabilité civile présente des risques non négligeables : celui de paralyser les initiatives individuelles ; celui d'augmenter le coût de la responsabilité ; et, enfin, celui de dénaturer la responsabilité civile, qui doit conserver une fonction normative et sanctionner à bon escient des comportements individuels. Aussi fallait-il songer, sans forcément revenir en arrière, à s'orienter différemment, en tenant compte des potentialités offertes par le phénomène de collectivisation des risques, voire, peut-être en organisant un système de « responsabilité sociale » pour les activités nocives, comme la pollution, l'alcoolisme, le tabagisme, avec taxation de ces activités nocives, proposé par certains auteurs [1]. Cette nouvelle orientation a conduit au développement de systèmes d'indemnisation, qui ne sont plus des régimes de responsabilité car ils obéissent à une autre logique, où les risques sont supportés directement par la collectivité sans passer par le détour d'une déclaration individuelle de responsabilité.

1. M. Caballero et G. Viney.

2. Le développement d'un droit de la réparation des dommages associant régimes de responsabilité et systèmes d'indemnisation

1551. Il est certain que le droit de la responsabilité civile ne représente plus à lui seul le droit de la réparation des dommages. Celui-ci comporte désormais deux volets : celui de la responsabilité civile d'une part et celui de l'indemnisation des dommages d'autre part. En effet depuis un peu plus de dix ans, on assiste au développement par le législateur de systèmes d'indemnisation qui s'inscrivent en parallèle de la responsabilité et interviennent en complémentarité avec elle [1]. Ils constituent une réponse législative relativement récente à l'impuissance du droit de la responsabilité à dépasser certaines de ses limites et à faire face, dans le cadre de sa fonction réparatrice, à la demande de réparation de certains types de dommages qui, par leur ampleur et leur simultanéité, appellent une réponse plus collective et systématique (dommages sériels notamment, causés par l'innovation technologique).

a) L'indemnisation des dommages, distinguée de la responsabilité civile

1° Une émergence facilitée par le développement de techniques de collectivisation des risques

1552. L'apparition et le développement de systèmes de réparation collective tels que l'assurance, la sécurité sociale, les régimes de garantie étatique ont profondément modifié la question, même s'il convient d'améliorer l'efficacité de ces procédés, ce qui pose cependant des problèmes plus économiques, politiques et sociaux que juridiques.

1553. Avec le *système de l'assurance*, néanmoins, la collectivisation des risques n'est qu'indirecte. Car, il faut d'abord passer par le détour de la responsabilité. L'assureur n'intervient que parce que l'assuré est responsable du dommage.

Par ailleurs, les compagnies d'assurances se montrent assez rétives pour accepter le principe du développement de l'assurance de responsabilité civile et redoutent une intervention du législateur la rendant obligatoire. Ce serait pourtant fort utile pour assurer la protection aussi bien des victimes que des actuels responsables. Toutefois, une telle généralisation de l'assurance encourt un certain nombre de critiques dont, notamment, le risque de faire perdre à l'assuré la conscience de sa propre responsabilité, c'est pourquoi il semble nécessaire de prévoir, parallèlement, une véritable sanction des actes illicites, par exemple, par l'interdiction de l'assurance des fautes graves ou, plutôt, par le recours partiel ouvert à l'assureur contre le responsable en cas de fautes graves, pour ne pas pénaliser les victimes et à condition qu'un contrôle très strict soit exercé sur la rédaction de telles clauses introduites dans un contrat d'assurances.

1554. Avec le système des fonds d'indemnisation, la collectivisation des risques devient directe, sans recours préalable à la responsabilité et à la désignation d'une personne et d'un patrimoine pour supporter la charge du dommage. Les fonds d'indemnisation, alimentés par la collectivité, voire même par l'assurance, vont intervenir directement pour indemniser la victime d'un dommage répondant aux caractéristiques prévues

---

1. M. Mekki, « Les fonctions de la responsabilité civile à l'épreuve des fonds d'indemnisation des dommages corporels », cité dans la bibliographie.

par la loi, avec une tout autre logique donc que la responsabilité. Il ne s'agit plus d'imputer un dommage à un responsable en passant par la recherche d'un fait générateur de la responsabilité et d'un lien de causalité direct et certain avec le dommage considéré. Il s'agit de faire prendre en charge par la collectivité un dommage qui mérite légitimement d'être indemnisé.

1555. On ne retrouve donc pas les constantes de la responsabilité. Par ailleurs, la réparation du dommage peut ne pas être intégrale, alors que le droit de la responsabilité postule la réparation intégrale du dommage, on le verra (v. ss 1791). Enfin, l'indemnisation n'exclut pas nécessairement la responsabilité. La victime peut choisir la voie de son choix. Elle peut choisir de faire reconnaître une responsabilité et désigner un responsable. Mais au cas où un responsable ne serait pas trouvé, elle pourra recourir à l'indemnisation.

2° La multiplication contemporaine des systèmes d'indemnisation

1556. Le premier système d'indemnisation, imparfait cependant, est *la loi du 5 juillet 1985* sur « l'amélioration de la situation des victimes d'accident de la circulation et l'accélération des procédures d'indemnisation » ; mais il est encore hybride, mal dégagé de la logique de la responsabilité, quoiqu'il s'en détache aussi fondamentalement.

1557. Dans ce domaine, des accidents de la circulation, que nous reverrons plus tard plus en détail (v. ss 2440 s.), le législateur est intervenu à la suite des efforts de la doctrine et de la jurisprudence qui appelaient l'instauration de règles spéciales. Le professeur Tunc, notamment a lutté pendant de nombreuses années pour parvenir au vote d'une loi sur les accidents de la circulation véritablement objective, qui assure effectivement la réparation des dommages subis par la victime, sans tenir compte d'une faute éventuelle de sa part, susceptible d'exonérer totalement ou partiellement l'auteur du dommage de sa responsabilité et de permettre en conséquence à l'assureur de ne pas l'indemniser[1]. La jurisprudence s'était ralliée à sa thèse avec le fameux arrêt *Desmares*[2], arrêt provocateur dans lequel la deuxième chambre civile de la Cour de cassation supprimait la possibilité d'un partage de responsabilité entre le gardien de la chose ayant causé le dommage (en l'occurrence un véhicule terrestre à moteur) et la victime qui a elle-même commis une faute ayant concouru à la production de son dommage, mais nous reviendrons ultérieurement sur ce point en étudiant la responsabilité du fait des choses (v. ss 1987).

1558. La loi du 5 juillet 1985 rompt très nettement avec la logique de la responsabilité et des trois conditions caractérisant un régime de responsabilité que sont le fait générateur, le dommage et le lien de causalité pour créer un système spécial, autonome, impossible à cumuler, on le verra avec la responsabilité, et insusceptible d'option, qui place la victime non conductrice dans une situation extrêmement favorable. On ne recherche plus un responsable, mais un payeur : l'assureur du véhicule automobile impliqué dans l'accident et à défaut d'assurance, c'est un fonds d'indemnisation qui prend en charge l'indemnisation des dommages. Mais on trouve encore des causes de limitations ou d'exclusion d'indemnisation, qui rappellent les causes d'exonération de la responsabilité, quoiqu'elles

1. Un premier projet d'André Tunc date de 1966 : « La sécurité routière », v. *RTD civ.* 1967. 82, très critiqué par les assureurs ; un second projet date de 1981 et a inspiré la loi de 1985 : *Pour une loi sur les accidents de la circulation*, Economica.

2. Civ. 2e, 21 juill. 1982, *D.* 1982. 449, concl. av. gén. Charbonnier, note C. Larroumet.

soient très spécifiques, et la notion d'implication du véhicule à moteur dans l'accident qui est la condition de l'application de la loi, reste mal distinguée de la causalité.

Après la loi du 5 juillet 1985, on va assister au *développement continu de fonds d'indemnisation*. Parmi les principales interventions législatives on peut ainsi citer :

– *la loi du 9 septembre 1986, puis du 6 juillet 1990* qui a amélioré le système, crée le fonds d'indemnisation des victimes d'acte de terrorisme et autres infractions, dont l'auteur est inconnu ou insolvable (v. ss 2556 s.) ;

– *la loi du 31 décembre 1991*, crée le fonds d'indemnisation des transfusés et hémophiles contaminés par le virus de l'immunodéficience humaine (VIH) dont les attributions ont depuis été transférées à l'ONIAM (Office nationale d'indemnisation des accidents médicaux) (v. ss 2571 s.) ;

– *la loi du 23 décembre 2000* modifiée par la loi du 20 décembre 2002, crée le fonds d'indemnisation des victimes de l'amiante ;

– *la loi du 4 mars 2002* sur les droits des malades, institue un fonds d'indemnisation géré par un organisme spécialisé : l'ONIAM (v. ss 2571 s.).

1559. Avec les fonds d'indemnisation, l'obligation de réparation qui pèse sur une personne envers une autre se transforme en un devoir de solidarité qui impose à la collectivité l'indemnisation de certains dommages. Ce n'est plus de la responsabilité civile.

Mais les fonds d'indemnisation ne remplacent pas la responsabilité.

b) La permanence de la responsabilité

1560. Contrairement à ce qu'une partie de la doctrine avait pu craindre un temps [1], l'indemnisation ne chasse pas la responsabilité et ne se substitue pas à elle : la réflexion sur l'évolution de la responsabilité ne disparaît donc pas et la question est même renouvelée par le fait que le relais des systèmes d'indemnisation, en allégeant la responsabilité civile et en la débarrassant du fardeau de l'exclusivité de la réparation des dommages, peut favoriser une réflexion plus sereine sur les directions que doit prendre aujourd'hui le droit de la responsabilité.

1561. La preuve de cette absence de disparition de la responsabilité civile est la création par le législateur, depuis la mise en place des premiers fonds d'indemnisation, de nouveaux régimes de responsabilité, dont certains inscrits dans le Code civil, comme la responsabilité du fait des produits défectueux par la loi du 10 juillet 1998, qui figure dans les articles 1386 à 1386-18, ou encore la découverte par la jurisprudence depuis 1991 d'un nouveau « principe » de responsabilité du fait d'autrui appuyé sur l'article 1384, alinéa 1er, du Code civil, ou encore la loi du 4 mars 2002 sur la responsabilité médicale qui réaffirme qu'il s'agit d'une responsabilité pour faute.

Les systèmes d'indemnisation constituent donc aujourd'hui une autre branche de l'alternative, qui permet à la responsabilité de se dégager de l'impératif catégorique de la réparation systématique de tous les dommages. La loi du 4 mars 2002 sur les droits des malades est très significative à cet égard de ce nouvel équilibre qui peut s'instaurer entre responsabilité et indemnisation : la loi réaffirme le principe d'une responsabilité

1. V. not. Y. Lambert-Faivre, « L'évolution de la responsabilité civile d'une dette de responsabilité à une créance de réparation », *RTD civ.* 1987. 1 s.

médicale pour faute avec quelques atténuations (responsabilité objective du fait des produits défectueux et responsabilité de plein droit du fait des infections nosocomiales) et un principe de réparation intégrale. Lorsqu'il n'y a pas matière à responsabilité, c'est la voie de l'indemnisation par l'ONIAM qui est ouverte et organisée par la loi, avec un système de plancher d'indemnisation (25 % d'incapacité pour avoir droit à l'indemnisation, v. ss 2577 s.).

1562. Les tendances actuelles du droit de la responsabilité ne contredisent pas cette constatation d'une permanence de la responsabilité, et même d'un certain retour à la fonction normative de la responsabilité.

B. Les tendances actuelles

1. Concernant les méthodes

1563. Le droit français actuel semble en proie jusqu'ici à deux tendances contradictoires, l'une consistant à faire du « coup par coup », c'est-à-dire, à laisser le législateur intervenir pour créer des statuts spéciaux de responsabilité civile dans tel ou tel secteur que nous venons de signaler : accidents du travail, accidents nucléaires, accidents de la circulation, par exemple ; l'autre consistant à laisser la jurisprudence adapter aux cas d'espèces, les principes généraux qu'elle-même et la doctrine ont dégagés.

On reproche à la première méthode de produire une diversification du droit de la responsabilité civile l'éloignant du « droit commun » et nuisant à la cohérence d'un système d'ensemble. Mais, en pratique, on constate qu'en réalité ces statuts spéciaux ne sont pas tellement différents les uns des autres, qu'ils respectent généralement les principes généraux dégagés par la jurisprudence pour l'interprétation du régime de droit commun et, notamment, qu'ils se détachent généralement de la notion de « faute » personnelle de l'auteur du dommage pour tenter de lier la responsabilité aux possibilités de l'assurance, tout en tenant compte des spécificités de chaque type de cas. En effet, on ne peut considérer de la même façon la responsabilité de l'automobiliste, celle du médecin ou celle de l'exploitant d'une industrie polluante.

1564. Toutefois, il semble que l'on envisage à l'heure actuelle, de se diriger vers une réforme d'ensemble du droit de la responsabilité. Elle pourrait cependant, pour l'essentiel consister dans une codification des solutions jurisprudentielles acquises. Néanmoins toutes ne seraient pas reprises et de nouvelles idées pourraient également être introduites. Cette perspective de réforme a été initiée par l'*avant-projet de réforme du droit des obligations dit « rapport Catala »*. Depuis, un *rapport d'information du Sénat* a également été établi le 15 juillet 2009, qui formulait vingt-huit recommandations pour rénover le droit de la responsabilité civile (v. ss 1572) ; une proposition de loi Béteille émanant du Sénat[1] a suivi et, enfin, un avant-projet Terré de réforme de la responsabilité, avec des options sensiblement différentes (v. ss 1573), est intervenu. On peut se demander toutefois s'il convient de rénover l'ensemble de la responsabilité civile et quelles sont les options possibles.

---

1. Du 9 juillet 2010 ; v. ss 1572.

2. Concernant les options possibles

1° Faut-il réformer l'ensemble de la responsabilité civile ou s'en tenir à certains types de dommages ?

1565. Le temps d'une réforme radicale n'est sans doute pas encore venu, par exemple pour en revenir à une conception restrictive de la responsabilité fondée exclusivement sur la faute. Ou, à l'inverse pour faire de la responsabilité objective, sans faute, le principe de la responsabilité.

Le système de l'assurance et de la collectivisation indirecte des risques fonctionne toujours et continue à valider une conception plus large et plus objective de la responsabilité qui tolère d'autres fondements que la faute (le risque, l'autorité sur autrui). Pour autant, l'idée de responsabilité ne sera sans doute jamais totalement indépendante de la faute (« l'impossible divorce de la faute et de la responsabilité » disait Christophe Radé)[1] ; à tel point, pour ne prendre que cet exemple, que même dans les responsabilités objectives, la faute réapparaît, par exemple dans le cadre des causes d'exonération, pour limiter la réparation du dommage subi par la victime fautive (v. ss 1741 s.).

La question aujourd'hui est davantage celle des équilibres respectifs à établir, préserver, ou modifier entre responsabilité et indemnisation d'une part et entre responsabilités objective et subjective d'autre part, plutôt que celle d'une remise en cause des responsabilités objectives ou pourquoi pas, à l'inverse, de la responsabilité pour faute.

Malgré tous les efforts d'extension de la responsabilité civile par la jurisprudence et le législateur, la responsabilité individuelle ne pourra jamais répondre à la fonction d'indemnisation systématique qu'impliquerait la reconnaissance d'un droit à la sécurité. Le développement de politiques d'indemnisation qui ne sont plus des politiques de la responsabilité car elles obéissent à une autre logique ne sont cependant pas synonymes d'un déclin de la responsabilité civile qui reste placée devant une alternative : continuer à se diversifier et à s'élargir, mais jusqu'où ? Ou au contraire se resserrer peut être autour d'une restauration de sa fonction normative et d'une réintroduction de la faute subjective.

2° Faut-il réserver une place plus importante au principe de précaution ?

1566. Dans cette perspective, qui conduirait à un nouvel élargissement de la responsabilité civile en imposant aux acteurs économiques et sociaux des comportements de précaution plus exigeants que l'actuelle obligation de prudence et de diligence, faut-il admettre l'idée d'une réparation du préjudice dit « écologique », alors même qu'il n'aurait pas de répercussions directes sur la personne ou sur les biens ? Cela remettrait en cause l'analyse classique de l'exigence d'un préjudice personnel (sur cette question, v. ss 1600 s.). De la même façon, pourrait-on aller jusqu'à admettre une responsabilité sans préjudice (parce qu'il ne représenterait qu'une éventualité, un risque à éviter) pour développer la fonction préventive de la responsabilité ? alors que jusqu'ici, l'exigence d'un préjudice certain est une condition *sine qua non* de la responsabilité.

3° Faut-il remettre en cause le principe de la réparation intégrale du préjudice, dans ses deux dimensions ?

1567. D'un côté pour limiter la réparation du dommage en considération du comportement de la victime : faute ou absence d'effort pour minimiser son préjudice et, à

1. Cité dans la bibliographie.

l'inverse, majoration des dommages-intérêts en considération de la gravité de la faute de l'auteur du dommage (dommages-intérêts punitifs).

4° Ne faudrait-il pas réserver un sort particulier aux préjudices corporels et admettre des entorses aux principes classiques pour favoriser la réparation des victimes ?

On notera dans cette perspective l'amélioration de la typologie des préjudices corporels, par le rapport *Dintillac*[1] dont la nomenclature a été adressée par la Chancellerie à toutes les juridictions pour être utilisée effectivement et se substituer à l'ancienne distinction du préjudice corporel objectif (III, ITP, IPP) et subjectif (v. ss 1619 s.).

– Faut-il suivre alors Boris Starck et créer deux systèmes différents, l'un pour les dommages corporels et matériels, garantis par un système d'indemnisation indépendant de toute faute et l'autre pour les dommages moraux et les pertes de profit, qui pourraient dépendre de la responsabilité pour faute ? Cette tendance à réserver un traitement particulier aux victimes de dommages corporels est en tout cas très nette et l'avant-projet Catala de réforme du droit des obligations (rapport Catala ; v. ss 1575, « Le point sur... Les propositions pour une réforme du droit de la responsabilité civile ») ainsi que le rapport d'information du Sénat, la confirment. Tout le monde s'accorde ou presque pour admettre que les victimes de dommages corporels doivent bénéficier d'un sort particulier et que le principe d'égalité de ces victimes doit dominer.

– Faut-il suivre André Tunc qui, pour sa part, dissocie d'une part les dommages accidentels pour lesquels il conviendrait de construire un nouveau système et d'autre part, les dommages résultant d'un acte délibéré qui pourraient rester soumis aux principes classiques ?

– Ou faut-il tenir compte d'un troisième critère, celui « d'activité dangereuse », permettant la réparation indépendamment de la faute, par opposition aux autres activités pour lesquelles on aurait recours au droit commun ? Il existe actuellement encore un certain flottement dans ce domaine, mais c'est ce que propose l'avant-projet de réforme du droit des obligations (art. 1362).

1568. *L'avant-projet Catala de réforme du droit des obligations et de la prescription*, dans la partie consacrée au droit de la responsabilité civile, précurseur, a fait un peu la synthèse de toutes ces idées et de toutes les évolutions consacrées par la jurisprudence et le législateur en droit de la responsabilité. Beaucoup des propositions faites se retrouvent dans le rapport d'information du Sénat établi depuis en 2009 et, la proposition de loi Béteille du 9 juillet 2010.

3. Les propositions actuelles pour une réforme du droit de la responsabilité

a) L'avant-projet Catala

1569. Cet avant-projet concernant le droit de la responsabilité civile constitue une œuvre majeure, qui a mobilisé une grande partie de la doctrine la plus autorisée pour arriver à un texte particulièrement abouti. D'ailleurs, il a été accueilli sans véritables

1. *LPA* 3 nov. 2005, nº 219, p. 3 et doc. mise à jour 2006-2007, p. 27.

critiques et les recommandations du Sénat qui sont intervenues en 2009 (Documents, v. ss 1575) pour une rénovation du droit de la responsabilité ont globalement approuvé toutes les options qui ont été prises. La proposition de loi Béteille qui a ensuite été élaborée, mais qui n'a pas été discutée au Parlement, était aussi très proche et confirmait presque toutes ces options. Cet avant-projet Catala, préparé par un groupe dirigé par Geneviève Viney pour la responsabilité civile est peut-être par certains côtés plus ambitieux en ce domaine que concernant la rénovation de la théorie générale du contrat (sur cette partie de l'avant-projet, v. ss 9, 104 s., 661). Il propose en effet de restaurer le Code civil dans sa fonction de droit commun de la responsabilité civile. Aussi procède-t-il à une réarchitecture complète du Code civil et au lieu des quelques articles 1382 à 1386-18 et 1147 du Code civil, il propose de substituer un *corpus* de quelque soixante-quatre nouveaux articles.

Il a choisi de laisser hors du Code civil la plupart des régimes spéciaux de responsabilité spéciaux et d'indemnisation réglementés par des lois particulières, à l'exclusion de la responsabilité du fait des produits défectueux, insérée aux articles 1386-1 à 1386-18. En revanche, le projet propose d'inclure dans le Code civil les dispositions réglementant le droit à indemnisation des victimes d'accident de la circulation avec diverses modifications de forme et de fond, et ces deux régimes figurent dans une dernière partie consacrée « aux régimes spéciaux de responsabilité et d'indemnisation ».

– *Il prend également parti sur une question centrale, celle de l'unité de nature de la responsabilité contractuelle et extracontractuelle.* Ainsi la responsabilité contractuelle quitterait les articles consacrés au contrat pour venir dans la partie du Code civil consacrée à la responsabilité et il est proposé de créer une section de principes généraux et une section de dispositions communes aux deux responsabilités où se retrouvent les constantes de la responsabilité, c'est-à-dire, et sous réserve d'une différence de définition du fait générateur de la responsabilité, le préjudice réparable, le lien de causalité et les causes d'exonération. Ils se définissent de la même façon et ont donc été regroupés qu'il s'agisse de responsabilité contractuelle ou extracontractuelle. Cependant malgré cette reconnaissance d'une identité de nature, la spécificité de chacune des deux responsabilités est préservée puisqu'il existe ensuite des dispositions propres à la responsabilité extracontractuelle puis à la responsabilité contractuelle. La grande distinction traditionnelle des deux sortes de responsabilité n'est donc pas remise en cause même si leurs rapports sont réaménagés en autorisant des options que le droit positif interdit pour l'instant.

On retrouve ensuite la distinction des responsabilités pour faute, dont la responsabilité du fait personnel et des responsabilités objectives, sans faute, avec la reprise de la plupart des acquis jurisprudentiels ; cependant, au titre des innovations, l'avant-projet propose d'introduire la notion de responsabilité collective, de créer un nouveau régime de responsabilité pour les activités dangereuses et d'introduire une responsabilité pour troubles de voisinage.

– *Le rapport Catala renforce par ailleurs la fonction normative et moralisatrice de la responsabilité* en redonnant vigueur à la faute : ainsi par exemple, en réintroduisant l'exigence du discernement pour retenir à l'encontre d'une victime de dommage corporel une faute partiellement exonératoire ; ou encore en introduisant la notion de dommages-intérêts punitifs, à l'instar des systèmes anglo-saxons, qui permettrait d'augmenter le montant des dommages-intérêts en cas de faute lucrative, au-delà de la réparation intégrale du dommage, principe fondamental du droit de la responsabilité, réaffirmé mais aménagé. Inversement, il introduit à certaines conditions une obligation pour la victime de minimiser son dommage, que la jurisprudence pour sa part, refuse d'admettre pour l'instant (v. ss 1794).

Enfin, *il réserve un sort particulier aux victimes de dommages corporels* (pour une analyse plus approfondie des propositions de l'avant-projet Catala en droit de la responsabilité, « Le point sur... », en fin de chapitre, v. ss 1575). Il s'efforce également de présenter d'une manière claire et complète la réglementation de l'indemnisation du dommage corporel (art. 1379 à 1379-8).

b) Les propositions Terré

1570. Bien que les propositions figurant dans *l'avant-projet Catala* aient fait très largement consensus, elles ne représentent pas le dernier acte des propositions doctrinales. En effet, depuis, un rapport sur la réforme de la responsabilité a été remis à la Chancellerie par le professeur F. Terré. Établies par le groupe de travail qu'il a réuni sous l'égide de l'Académie des sciences morales et politiques, les propositions Terré [1], sont sensiblement différentes de l'avant-projet Catala et de la loi Béteille.

Cette nouvelle proposition de réécriture du Code civil s'accompagne d'options parfois très différentes, même si on retrouve un certain nombre de solutions et même de rédaction de texte identiques. La première différence notable réside dans la prise de position concernant la responsabilité contractuelle. Alors que l'avant-projet Catala avait pris clairement position pour l'unité de nature des deux responsabilités et l'organisation de leurs rapports sur la base d'exception au principe du non-cumul et d'interdiction de l'option, le projet Terré renvoie la responsabilité contractuelle vers le contrat. En effet, l'article 4 indique que « l'inexécution du contrat ne donne lieu à dommages et intérêts qu'aux conditions et dans la mesure prévue par les articles [116 s. du projet Terré] ». Le projet impose un traitement unique et commun de la responsabilité concernant les dommages corporels qui absorbe en réalité la responsabilité contractuelle : « les atteintes à l'intégrité physique et psychique de la personne sont réparées d'après les règles du présent chapitre alors même qu'elles seraient causées à l'occasion de l'exécution d'un contrat (art. 3). Or les « règles du présent chapitre » concernent les « délits civils » (et donc la responsabilité extra-contractuelle). L'architecture générale des textes est d'autant plus différente que les propositions Terré ne mettent pas l'accent, comme les précédents projets, sur l'existence de règles communes, de constantes. La responsabilité pour faute est mise particulièrement en exergue puisque le texte oppose en une sorte de *summa divisio*, « le délit civil en général » et les principaux délits spéciaux. La section consacrée au délit civil en général présente en réalité la faute, le dommage et le lien de causalité, soit le « modèle en quelque sorte », fondé sur la faute. La section suivante énumère les principaux délits spéciaux (ou régimes spéciaux de responsabilité ?) avec leurs particularités. Il s'agit, successivement : du fait des choses, des animaux, des bâtiments, des installations classées, des troubles anormaux de voisinage, des produits défectueux, des véhicules terrestres à moteur (art. 21 à 29) et, enfin du fait de l'activité médicale (où il est affirmé que les médecins et établissements de santé sont responsables pour faute et qu'en l'absence de faute ils ne sont responsables que dans les cas et conditions prévues au Code de la santé publique). Ainsi, la responsabilité du fait des choses est ramenée au même niveau que les autres « délits spéciaux » et la responsabilité pour faute affichée comme le seul régime de droit commun. La fonction normative de la responsabilité civile est mise en avant encore plus que

1. François Terré a remis à la Chancellerie le rapport établi par le groupe de travail qu'il a réuni sous l'égide de l'Académie des sciences morales et politiques : F. Terré (dir.), *Pour une réforme du droit de la responsabilité civile*, Dalloz, coll. « Thèmes et commentaires », 2011.

dans les précédents projets mais pour autant, la conception objective de la faute est réaffirmée à l'article 6 : « l'auteur d'un fait illicite qui cause à autrui un dommage alors qu'il était dépourvu de discernement n'en est pas moins obligé à réparation ». Cependant (art. 47), comme dans l'avant-projet Catala, la victime dépourvue de discernement ne peut se voir opposer sa faute, comme cause d'exonération du responsable. L'importance de la responsabilité pour faute par rapport aux autres responsabilités et donc manifeste. D'autres règles en attestent comme par exemple, le fait qu'elle peut toujours être invoquée » en même temps qu'une autre responsabilité (art. 19) alors que « sauf disposition contraire, il n'est pas possible, pour un même fait dommageable, de cumuler le bénéfice des règles propres aux différents délits spéciaux ».

Une importante section par le nombre des textes est ensuite consacrée à la réparation. Elle reprend le principe de la réparation intégrale mais en introduisant l'obligation de minimiser son dommage (art. 53) et, au lieu des dommages-intérêts punitifs (art. 54), des dommages-intérêts substitutifs, qui sanctionnent une faute lucrative et qui vont remplacer la réparation du préjudice, si la victime choisit cette option. Concernant la réparation des préjudices, le projet Terré prévoit également un certain nombre de dispositions pour essayer d'améliorer la réparation dont une réparation poste par poste et une fixation des montants de la réparation en fonction de barème établi par décret. Il distingue les atteintes à l'intégrité physique et psychique, les atteintes aux biens et les atteintes à l'intégrité morale et limite la réparation du préjudice par ricochet, dit « préjudice réfléchi ».

c) Les initiatives parlementaires : le rapport d'information du Sénat sur la rénovation du droit de la responsabilité civile et la proposition de loi Béteille

1° Le rapport d'information du Sénat

1571. Le 15 juillet 2009, le groupe de travail sur la responsabilité civile, constitué par la commission des lois du Sénat a remis un rapport d'information. Il a formulé vingt-huit recommandations destinées à « consolider, clarifier et rénover le droit de la responsabilité civile, en prenant en compte les évolutions européennes en cours, tant dans les pays voisins qu'au niveau des institutions de l'Union européenne » [1] (pour le texte de ces propositions v. Documents, en fin de chapitre).

Il s'inspire en réalité assez largement des grandes options qui figurent dans *l'avant-projet Catala*. Comme l'avant-projet : – il préconise de traduire dans le Code civil, les acquis jurisprudentiels, tout en les sélectionnant quand même ; – d'intégrer au Code civil les dispositions de la loi du 5 juillet 1985 sur l'indemnisation des accidents de la circulation, tout en supprimant la différence de traitement entre les victimes conductrices et non conductrices, mais de codifier les autres régimes spéciaux dans les codes spécialisés qui pourraient les accueillir ; – de conserver la distinction classique entre la responsabilité contractuelle et « délictuelle » (extracontractuelle), tout en rapprochant leurs régimes et il reprend les principes classiques gouvernant leurs rapports (non-cumul et interdiction de l'option) tout en admettant des exceptions, identiques à celles figurant dans l'avant-projet Catala (v. ss 2365 s.). Il propose aussi comme l'avant-projet Catala de renforcer la fonction normative de la responsabilité : – par exemple en exigeant le discernement de la

---

1. Source : Rapport d'information n° 558 (2008-2009) de MM. Alain Anzioni et Laurent Béteille, fait au nom de la commission des lois, déposé le 15 juillet 2009 (disponible sur le site www.senat.fr) ; v. B. Rajot, « Le Sénat favorable à une réforme des règles de responsabilité civile », *RCA* 2009, focus n° 17.

victime pour que sa faute puisse exonérer partiellement de sa responsabilité l'auteur du dommage (prop. n° 1) ou encore en se prononçant en faveur de l'obligation pour la victime de minimiser son dommage non corporel et en faveur des dommages-intérêts punitifs pour l'auteur d'une faute lucrative.

Il se prononce pour l'introduction d'actions collectives en cas de fautes lucratives commises à l'égard d'une pluralité de victimes (*class-action* du droit américain introduite depuis en droit français, v. ss 1759) : une seule action en responsabilité est menée au profit de toutes les victimes.

Il propose aussi de prévoir un barème national d'invalidité par décret pour permettre une meilleure évaluation des dommages corporels.

Sur certains points cependant, il s'inscrit en opposition avec le rapport Catala : ainsi, par exemple, il recommande d'écarter l'introduction dans le Code civil de la notion de « préjudice collectif », ou encore d'éviter la généralisation d'une responsabilité solidaire des membres d'un groupe pour un dommage causé par un membre indéterminé de ce groupe. D'autres recommandations concernent tel ou tel régime de responsabilité mais nous les signalerons au fur et à mesure.

1572. Trois de ces propositions sont reprises et développées par Geneviève Viney, qui présidait le groupe chargé du droit de la responsabilité dans le cadre de l'avant-projet Catala. Dans un article intitulé « Quelques propositions de réforme du droit de la responsabilité civile »[1], elle considère en effet que parmi toutes les réformes souhaitables du droit de la responsabilité, certaines seraient particulièrement utiles. Ainsi faudrait-il, selon elle, reconnaître une forme nouvelle de dommages-intérêts non compensatoires, à portée punitive, dissuasive ou incitative ou destinées à confisquer un profit illicite. Il serait également opportun de poursuivre l'effort de rationalisation de l'indemnisation judiciaire du dommage corporel, décidément à part et justifiant des règles particulières, notamment pour assurer l'égalité des victimes. Enfin, il faudrait aménager une action de groupe ou un recours collectif pour la réparation des dommages de masse, qu'ils se traduisent par des préjudices insignifiants au niveau individuel ou par des préjudices importants, ce qui est le cas par exemple en cas d'atteinte à l'environnement (catastrophe industrielle ou marée noire). Selon l'auteur, une procédure collective, dans ce cas respecterait mieux l'égalité entre les victimes qu'une multitude d'actions individuelles. Cette action de groupe a été créée en droit français, depuis, par la loi du 17 mars 2014 relative à la consommation (v. ss 1759).

2° La proposition de loi Béteille du 9 juillet 2010

1573. Après la publication du rapport d'information du Sénat, une proposition de loi Béteille (n° 657 du 9 juill. 2010) très proche de *l'avant-projet* Catala a été déposée par le Sénat. Mais elle n'a pas été mise en débat au Parlement. Cette proposition de loi, tout en confirmant la plupart des options du rapport Catala, a aussi tenu compte des recommandations du Sénat. Elle a ainsi a écarté la responsabilité collective et la responsabilité de l'exploitant d'une activité anormalement dangereuse. Elle a également proposé l'introduction de l'action collective (*class action*) créée depuis par la loi du 17 mars 2014 relative la consommation (v. ss 1759). Néanmoins, comme l'avant-projet Catala elle prend parti pour l'unité de nature de la responsabilité contractuelle et extra-contractuelle et

1. *D.* 2009. Étude 2944.

intègre la loi du 5 juillet 1985 sur les accidents de la circulation dans le Code civil en la qualifiant de régime spécial de responsabilité ; elle introduit les dommages-intérêts punitifs et l'obligation pour la victime de minimiser son dommage pour ne citer que quelques points notables.

Depuis, un **nouveau projet de réforme** a été préparé par la Chancellerie mais pour l'instant la réforme n'a pas abouti et l'on en reste à l'architecture actuelle telle qu'elle résulte des textes du Code civil et de la construction jurisprudentielle du droit de la responsabilité (v. ss 11, 113).

4. ARCHITECTURE ACTUELLE DU DROIT DE LA RESPONSABILITÉ CIVILE ET PLAN D'ÉTUDE DE LA MATIÈRE

1574. En droit positif, et en faisant abstraction de tout projet de réforme, le droit de la responsabilité civile s'articule autour de ce que l'on pourrait appeler le droit commun de la responsabilité d'un côté et les régimes spéciaux de responsabilité ou d'indemnisation, de l'autre :

– Le droit commun de la responsabilité extracontractuelle figure dans les articles 1382 à 1386 du Code civil avec la responsabilité du fait personnel, du fait des choses et du fait d'autrui.

– Le droit commun de la responsabilité contractuelle figure dans les articles 1147 à 1153 du Code civil.

– Deux régimes spéciaux de responsabilité ou d'indemnisation peuvent ensuite être identifiés qui ont en commun de résoudre les difficultés liées à la séparation des deux ordres de responsabilité contractuelle et extracontractuelle, en passant par-dessus cette distinction et en prévoyant un régime unique de responsabilité ou d'indemnisation quelle que soit la qualité de la victime : la *responsabilité du fait des produits défectueux*, qui est un vrai régime de responsabilité, intégré dans le Code civil aux articles 1386-1 à 1386-18, par la loi du 19 mai 1998, d'une part ; *l'indemnisation des victimes d'accident de la circulation*, régime hybride entre responsabilité et indemnisation créée par la loi du 5 juillet 1985, qui ne se trouve pas pour l'instant dans le Code civil mais que les différentes propositions de réforme proposent d'intégrer dans ce code. Enfin on trouve les systèmes d'indemnisation qui ne sont pas du droit de la responsabilité mais dont le droit de la responsabilité doit tenir compte et dont nous dirons quelques mots.

– Tous les autres régimes, très spéciaux et non intégrés au Code civil, resteront en dehors de l'étude.

1575. Au regard de cette présentation, nous consacrerons un sous-titre 1 aux principes communs à tous les régimes de responsabilité. Puis un sous-titre 2 sera consacré aux faits générateurs et aux conditions propres à chaque régime de responsabilité extracontractuelle ; les spécificités de la responsabilité contractuelle et ses rapports avec la responsabilité extracontractuelle seront ensuite envisagées dans un sous-titre 3. Enfin le sous-titre 4 traitera des régimes spéciaux et d'indemnisation.

DOCUMENTS

BIBLIOGRAPHIE

BACH (L.), « Réflexions sur le problème du fondement de la responsabilité civile », *RTD civ.* 1977. 13 s., et 221 s.

BERGER (B.), « Du discours au texte : de la méthode d'élaboration de la Charte de l'environnement », *Gaz. Pal.* 18-19 mars 2005, p. 2.

CALAIS-AULOY (M.-T.), « La libération du droit de la responsabilité par l'abandon de la notion de faute » *D.* 1998, n° 14, 9 avr. 1998.

CHABAS (F.), « Cent ans de responsabilité civile », *Gaz. Pal.* 2000, n° 236-237, p. 2.

DEUMIER (P.) et GOUT (O.), « La constitutionnalisation de la responsabilité civile » ? *Nouv. Cah. Cons. const.* 2011, n° 31

GAFTARNIK (E.), « La responsabilité civile à l'épreuve du principe de précaution », *LPA* n° 51, 13 mars 2006, p. 3

JOURDAIN (P.), « Faute civile et faute pénale », Journée d'étude sur la responsabilité pour faute, Le Mans, 17 janv. 2003, *RCA* juin 2003.

LAMBERT-FAIVRE (Y.), « L'éthique de la responsabilité » *RTD civ.* 1998. 1.

LETURMY (L.), « La responsabilité délictuelle du contractant », *RTD civ.* 1998. 839 s.

LUCAS (O.), « La Convention européenne des droits de l'Homme et les fondements de la responsabilité civile », *JCP* 2002. I. 111.

MALINVAUD (Ph.) et FENOUILLET (D.), *Droit des obligations*, 11e éd., LexisNexis, Litec, 2010.

MATHIEU (B.), « L'avenir du principe de précaution », *JCP* 2001, aperçu rapide p. 2025.

MEKKI (M.), « Les fonctions de la responsabilité civile à l'épreuve des fonds d'indemnisation des dommages corporels », *LPA* 12 janv. 2005, n° 8, p. 18 s.

MAILLARD (DE) (J. et C.), *La responsabilité juridique*, Flammarion, coll. « Dominos », 1999.

MARCHADIER (F.), « La réparation des dommages à la lumière de la Convention européenne des droits de l'Homme », *RTD civ.* n° 2, 2009. 245 s.

MOURGEON (L.), « Pour la suppression de la responsabilité civile en cas d'accident et son remplacement par l'assurance de dommages », *JCP* 1981. I. 3050.

RADÉ (C.), « L'impossible divorce de la faute et de la responsabilité civile », *D.* 1998. Chron. 301.

RADÉ (C.), « Responsabilité et solidarité : propositions pour une nouvelle architecture », *RCA* 2009, Dossier, *Les vingt ans de la revue.*

REMY (Ph.), « La responsabilité contractuelle, histoire d'un faux concept », *RTD civ.* 1997. 323 s.

RÉMY (Ph.), « Réflexions préliminaires sur le chapitre « Des délits » », *in Pour une réforme du droit de la responsabilité civile*, dir. F. Terré, Dalloz, 2011, spéc. p. 27 à 35.

SARGOS (P.), « Aperçus sur la réforme du droit des obligations et de la responsabilité dans le projet Catala » *Rev. jur. éco. publ.*, Éd. du Juris-Classeur, oct. 2007, p. 319.

SAVAUX (É.), « La fin de la responsabilité contractuelle ? », *RTD civ.* 1999. 1.

SAVATIER, « Sécurité routière et responsabilité civile : à propos du projet Tunc », *D.* 1967. 1.

STARCK, « Les rayons et les ombres d'une esquisse de loi sur les accidents de la circulation », *RTD civ.* 1966. 635.

TRUCHET (M.), « Les transformations de la notion de responsabilité civile et pénale depuis 40 ans », *Gaz. Pal.* 5-6 juill. 2002, Libres propos, p. 2.

TAPIA (M.), « Décadence et fin éventuelle du principe d'identité des fautes pénale et civile », *Gaz. Pal.* 7-8 mars 2003.

TERRÉ (F.), « Propos sur la responsabilité civile », *Arch. Phil. dr.*, tome 22, 1977, p. 37 s.

THIBIERGE (C.), « Libres propos sur l'évolution du droit de la responsabilité », *RTD civ.* 1999. 561.

TERRE (F.) (dir.), *Pour une réforme du droit de la responsabilité civile*, Dalloz, coll. « Thèmes & commentaires », 2011.

TUNC (A.), « Le spectre de la responsabilité civile », *RTD comp.* 1978. 1032 s.

VINEY (G.), « Quelques propositions de réforme du droit de la responsabilité civile », *D.* 2009. Étude 2944.

VINEY (G.), « Cessation de l'illicite et responsabilité civile », *in Mélanges Goubeaux*, Dalloz-LGDJ, 2009.

Colloque : *L'avant-projet de réforme du droit de la responsabilité (Avant-projet Catala)*, Université Panthéon-Sorbonne (Paris I), 12 mai 2006, *RDC* nº 1, 2007, p. 3 à 185.

Pour les ouvrages, manuels et traités consacrés au droit de la responsabilité civile, on se reportera à la bibliographie générale au début de l'ouvrage, Documents, v. ss 31.

Concernant les projets de réforme à la bibliographie générale consacrée à la réforme du droit des obligations, v. ss 112, Documents.

LE POINT SUR...

Les propositions pour une réforme du droit de la responsabilité civile

Avant-projet Catala de réforme du droit des obligations en matière de responsabilité civile mis en parallèle avec le rapport du Sénat et la proposition de loi du Sénat « Béteille »

Le droit de la responsabilité se construisant sans cesse, la situation des différents acteurs n'est pas confortable, la réponse du droit positif sur telle ou telle question étant souvent incertaine ou aléatoire. Néanmoins il apparaît que malgré certains brouillages, désordres ou incertitudes générés par une évolution essentiellement jurisprudentielle donc fluctuante car dépourvue de cadres législatifs précis, si l'on fait aujourd'hui le bilan, on constate que la situation de désordre n'est pas aussi grande que l'on pourrait le craindre. Le désordre n'est que relatif. En effet, il apparaît qu'un certain nombre de principes structurent malgré tout le droit de la responsabilité et qu'ils ne sont pas remis en question par les évolutions jurisprudentielles ; ils donnent au droit de la responsabilité, si on le lit sur toute la période qui va du Code civil à aujourd'hui, une certaine cohérence globale malgré la diversification des fondements et la multiplication des régimes de responsabilité. Néanmoins, ces principes sont souvent écornés, voire menacés et en toute hypothèse, ils n'ont pas été clairement posés par la loi. Un certain nombre d'incertitudes jurisprudentielles demeurent par ailleurs et des questions théoriques continuent à se poser, qui ne sont pas neutres du point de vue de l'évolution de la responsabilité

La double fonction réparatrice mais aussi normative de la responsabilité civile ne peut aujourd'hui être remise en question mais elle doit sans doute être réaffirmée et réaménagée. Peut-être aussi faut-il inscrire dans les textes les solutions jurisprudentielles acquises, pour leur donner davantage de permanence et pour assurer la connaissance et l'accessibilité du droit, sans forcément bousculer le travail jurisprudentiel accompli, aux plus près des évolutions et des besoins exprimés par le corps social.

C'est dans cette perspective de réajustements et non de refondation totale que se situent les propositions du rapport Catala dont l'opportunité peut être appréciée notamment à l'aune des remarques qui figurent dans le rapport effectué par un groupe de travail de la Cour de cassation sur les propositions de l'avant-projet et l'avis émis le 15 juin 2007[1], mais également au regard des 26 recommandations émises par le Sénat pour la réforme du droit de la responsabilité et de la proposition de loi Béteille (L. n° 657 du 9 juill. 2010). Il faut savoir cependant que bien qu'il ait été peu critiqué, l'avant-projet Catala n'est pas le dernier acte des propositions doctrinales de réforme puisqu'un rapport a été remis à la Chancellerie en Terré a remis à la Chancellerie un rapport établi par le groupe de travail qu'il a réuni sous l'égide de l'Académie des sciences morales et politiques : les propositions Terré, sensiblement différentes de l'avant-projet Catala et de la loi Béteille, ont fait l'objet d'une consultation publique ouverte jusqu'au 16 janvier 2012.

A. Les propositions du rapport Catala ou la restauration d'un droit commun de la responsabilité civile sans bouleversements fondamentaux

L'un des apports essentiels des projets et propositions actuels consiste sans doute dans la proposition d'une architecture (d'une structuration) du droit de la responsabilité dans le Code civil et d'un enrichissement corrélatif du nombre des textes (soixante-quatre nouveaux articles dans le rapport Catala) qui éclaire les options principales et rende plus lisible un droit de la responsabilité jusque-là inscrit dans les notes de bas de page du code et non dans le corps du code lui-même. Les solutions sont pour une large part celles de la jurisprudence, mais pas toujours, cependant.

Du vieux et du neuf mélangés : une architecture, nouvelle forcément puisqu'il n'en existait pas auparavant dans les textes, mais qui, en même temps consacre un certain nombre de solutions et de principes existants : en quelque sorte un nouveau contenant et un contenu qui parait largement le même : pourtant au détour de certains textes, des solutions très novatrices apparaissent aussi : réorganisation des rapports entre la responsabilité contractuelle et délictuelle, dommages-intérêts punitifs, impossibilité d'opposer sa faute à la victime sans discernement (retour par la petite porte de la faute subjective), clauses limitatives de responsabilité désormais possibles même en responsabilité extra-contractuelle, l'obligation pour la victime de minimiser son préjudice sous certaines réserves, la victime conductrice traitée comme les victimes non conductrices dans le cadre des accidents de la circulation, autant de solutions citées pêle-mêle qui montrent que, sans avoir jeté au panier les acquis antérieurs, il ne s'agit pas non plus d'une réforme « à droit constant » consistant simplement à codifier les solutions de droit positif et à les présenter de façon rationnelle ; on a procédé à des retouches qui peuvent modifier de façon plus profonde qu'il ne pourrait y paraître le droit de la responsabilité, sans pour autant le bouleverser.

Plusieurs idées-forces peuvent néanmoins être dégagées : D'abord, les différents projets, en architecturant le droit de la responsabilité civile prennent parti sur des questions théoriques fondamentales, sur la nature et les mécanismes de base de la responsabilité civile (1) ; ensuite, ils clarifient les rapports entre la responsabilité contractuelle et

---

1. V. l'analyse de P. Sargos, préc., « Aperçu sur la réforme du droit des obligations et de la responsabilité dans le projet Catala », *Rev. jur. éco. publ.* 2007, étude n° 2.

délictuelle que la jurisprudence a un peu obscurcis (2). Ils redonnent vigueur à la faute et à la fonction normative de la responsabilité (3). Ils prennent parti pour un traitement spécifique des dommages corporels avec des solutions de faveur pour les victimes (4). Ils introduisent, avec des variables, de nouvelles hypothèses de responsabilité et veulent clarifier les responsabilités pour autrui mais sans poser un principe général de responsabilité du fait d'autrui (5). Ils maintiennent, un doit commun de la responsabilité et écartent du code civil les régimes spéciaux de responsabilité et les systèmes d'indemnisation (6).

1. L'architecture du droit de la responsabilité civile et les prises de positions théoriques

L'avant-projet, par l'architecture qu'il propose révèle d'abord qu'il prend parti pour l'unité fondamentale de la responsabilité civile, qu'il s'agisse de la responsabilité contractuelle et extracontractuelle ou encore, au sein de la responsabilité extracontractuelle, des différents régimes de responsabilité. La proposition de loi Béteille, s'inscrit dans ce même mouvement et reprend les mêmes options.

– L'énoncé de principes généraux contenus à la fois dans des dispositions préliminaires et dans un chapitre consacré aux conditions de la responsabilité ou figurent en exergue les dispositions communes à la responsabilité contractuelle et extracontractuelle, témoigne de ce que tous les régimes de responsabilité, y obéissent.

– L'affirmation de l'unité de nature de la responsabilité contractuelle et de la responsabilité contractuelle (qui n'est plus rattachée formellement au contrat, puisque toutes les dispositions sont ramenées au sein du titre sur la responsabilité) est par ailleurs fondamentale : l'avant-projet prend ainsi parti sur la controverse autour de l'existence même d'un concept de responsabilité contractuelle. Certains ont soutenu en effet que la responsabilité contractuelle n'existait pas et qu'il ne s'agissait que d'un mode d'exécution de l'obligation en équivalent.

– L'avant-projet consacre aussi l'idée des constantes de la responsabilité autour du préjudice, lien de causalité et causes d'exonération présentés comme des conditions communes à tous les régimes et du fait générateur qui varie selon les régimes et les distingue, tout en se retrouvant dans chacun.

– Le pluralisme des régimes est également réaffirmé, lesquels se distinguent par leur fait générateur (fait personnel, fait des choses, fait d'autrui). Ils s'enrichissent d'une responsabilité à raison des troubles de voisinage, et une responsabilité du fait des activités dangereuses écartée cependant par le rapport du Sénat et la proposition Béteille.

2. La clarification des rapports entre responsabilité délictuelle et contractuelle

Au-delà de l'affirmation de l'unité de nature de la responsabilité civile délictuelle et contractuelle, le principe de l'identité des fautes contractuelles et extracontractuelles posé par la jurisprudence est condamné : le fait générateur reste distinctement défini : pour la responsabilité extracontractuelle il s'agit de la « faute », définie comme la « violation d'une règle de conduite imposée par la loi ou un règlement ou le manquement au devoir général de prudence et de diligence » pour l'avant-projet ; pour la responsabilité contractuelle il s'agit de l'inexécution contractuelle (art. 1341 de l'avant-projet) ou de « l'inexécution d'une obligation contractuelle » pour l'actuel projet. Au titre des dispositions préliminaires figure la réaffirmation du principe de non-cumul, d'interdiction de l'option et de primauté de la responsabilité contractuelle (art. 1341). Pourtant, ils sont ensuite aménagés au bénéfice des victimes. Le rapport Catala ouvre un système d'option assez large qui est repris par la proposition Béteille :

– c'est ainsi que le cocontractant victime peut choisir d'opter en faveur de la responsabilité extracontractuelle si les règles lui sont plus favorables, lorsqu'il est victime d'un dommage corporel. Cette solution est totalement novatrice ;

– dans le sens contraire, le tiers au contrat peut demander la réparation du dommage sur le fondement de la responsabilité contractuelle ou délictuelle lorsque l'inexécution d'une obligation contractuelle est la cause de son dommage. Il a donc une option. Mais – et c'est là que le rapport Catala s'inscrit en rupture avec la solution jurisprudentielle actuelle de l'identité des fautes délictuelle et contractuelle – dans ce cas, il doit suivre les règles propres à chaque type de responsabilité et, s'il se place sur le terrain extra-contractuel, il devra rapporter la preuve d'un fait générateur de la responsabilité qu'il invoque (art. 1342, al. 2). La règle jurisprudentielle actuelle de l'identité des fautes contractuelle et extracontractuelle est donc condamnée.

3. La restauration de la fonction normative de la responsabilité

À l'évidence, les propositions de réforme redonnent de l'importance à la faute et restaurent une véritable fonction normative de la responsabilité civile.

Ce retour de la faute et la tendance à un retour à la notion de faute subjective se manifestent à de nombreux points de vue.

– D'abord dans le simple fait que l'on réaffirme le principe de responsabilité pour faute, alors que l'on aurait pu consacrer une responsabilité civile sans faute, dont la fonction serait exclusivement réparatrice.

– Dans les responsabilités du fait d'autrui on réintroduit des cas de responsabilité fondée sur une présomption de faute dans lesquels le responsable d'autrui (assumant à titre professionnel une surveillance d'autrui) ne répond pas du fait de l'auteur direct du dommage s'il démontre qu'il n'a pas commis de faute (art. 1358).

– Surtout, la fonction sanctionnatrice de la responsabilité civile et plus précisément encore, la sanction de la faute, est introduite là où elle ne l'avait encore jamais été : au stade de la réparation du dommage et **à l'encontre du principe de la réparation intégrale**, bien qu'il soit explicitement réaffirmé par l'article 1368. C'est ainsi que les **dommages-intérêts punitifs** seraient introduits en droit français (art. 1371) en cas de faute lucrative, combinés avec la notion d'**amende civile** dans la proposition de loi Béteille : une partie des dommages-intérêts ne seraient pas versés à la victime mais à un fonds d'indemnisation réparant des dommages similaires à celui subi par la victime ou à défaut au Trésor public. Le plan civil et le plan pénal seraient-ils à nouveau rapprochés ? (v. évolution historique, p. 2).

De la même façon et à l'inverse, la victime peut se voir opposer la réduction de l'indemnisation lorsqu'elle n'a pas pris les mesures raisonnables qui lui auraient permis de réduire l'étendue de son préjudice ou d'en limiter l'aggravation (sauf lorsque les mesures seraient de nature à porter atteinte à son intégrité physique) (art. 1373).

Le retour à une certaine subjectivisation de la faute est également patent. Il apparaît de façon évidente au stade des causes d'exonération. En effet, il apparaît que l'exonération liée à la faute de la victime n'est pas applicable aux personnes privées de discernement (art. 1351-1), qu'il s'agisse de l'exonération totale ou de l'exonération partielle en cas de faute ayant concouru à la production du dommage ; qu'il s'agisse de dommages corporels ou matériels.

On assiste donc à une subjectivisation de la faute de la victime pour que celle-ci puisse avoir systématiquement droit à la réparation du dommage qu'elle a subi. On neutralise ainsi l'effet pervers de la jurisprudence de 1984 sur la victime sans discernement.

Le retour à un certain subjectivisme se manifeste aussi, quoique plus indirectement dans le cadre de la définition du fait personnel (fait générateur de la responsabilité pour faute). Après avoir posé que « constitue une faute la violation d'une règle de conduite imposée par la loi ou un règlement ou le manquement au devoir général de prudence et de diligence », l'article 1352 précise en effet qu'il « n'y a pas faute lorsque l'auteur se trouve dans l'une des situations prévues aux articles 122-4 à 122-7 du Code pénal », définissant les faits justificatifs. Au-delà du fait que l'on mélange à nouveau le plan pénal et le plan civil, l'introduction de faits justificatifs du droit pénal conduit à une appréciation nécessairement subjective de la conduite de l'individu.

4. Traitement spécifique favorable aux victimes de dommages corporels

Là encore la logique de la réparation et de la protection des victimes l'emporte sur la pure logique de la responsabilité et conduit à des traitements et à des règles différentes lorsque les dommages subis sont une atteinte à l'intégrité physique. La primauté des victimes de dommages corporels a été l'une préoccupations centrales.

D'où plusieurs solutions novatrices.

– D'abord, mais on l'a déjà signalé au titre de l'organisation des rapports entre responsabilité contractuelle et délictuelle, la possibilité d'une option entre la responsabilité contractuelle et délictuelle offerte à la victime à l'encontre de la réaffirmation du principe de non-cumul et d'interdiction de l'option.

– Concernant les causes d'exonération, en cas d'atteinte à l'intégrité physique, toute exonération en raison de la faute de la victime suppose le *discernement* de celle-ci et l'exonération partielle par la faute de la victime suppose de plus une faute grave la victime.

– L'impossibilité de limiter ou exclure par le jeu de clauses limitatives ou exonératoires à réparation d'un dommage corporel dont on est responsable (art. 1382-1).

– L'affirmation d'un *principe d'égalité entre les victimes de dommages corporels* est par ailleurs plus marquée que pour les victimes de dommages matériels : notamment dans le régime d'indemnisation des victimes d'accident de la circulation puisque la distinction entre les victimes conductrices et non conductrices est abandonnée (ce que le rapport de la Cour de cassation pour 2005 préconisait déjà), de même qu'est abandonnée la distinction entre les victimes privilégiées et « super-privilégiées » (jeunes enfants personnes âgées et handicapées).

5. L'effort de clarification des responsabilités du fait d'autrui l'affirmation de deux nouveaux faits générateurs de responsabilité objective et d'un régime de responsabilité collective

a) Le rapport Catala a tenté de clarifier les responsabilités du fait d'autrui en dégageant à partir des acquis jurisprudentiels deux séries d'hypothèses distinctes de responsabilité du fait d'autrui :

– celles où l'on est responsable de plein droit des dommages causés par ceux dont *on règle le mode de vie ou dont on organise, encadre ou contrôle l'activité dans son propre intérêt* : on y trouve la responsabilité des parents, du tuteur, de la personne physique ou morale chargée par décision administrative, judiciaire ou administrative ou par convention de régler le mode de vie du *mineur* ; on y trouve aussi celle de la personne physique ou morale chargée de régler le mode de vie du *majeur* qui a besoin d'une surveillance particulière et en troisième lieu, celle d'autres personnes qui assument une mission de surveillance d'autrui à titre professionnel ; mais alors que les deux premières sont des responsabilités de plein droit, la troisième est une responsabilité pour faute présumée de surveillance à laquelle on peut échapper en prouvant l'absence de faute.

– celles où l'on est responsable parce que l'on encadre ou organise l'activité professionnelle d'une autre personne en vertu d'un lien de préposition (responsabilité du commettant) ou sans lien de préposition mais en tirant un avantage économique (idée de risque profit).

Aucun principe général de responsabilité du fait d'autrui n'est réellement posé cependant et les règles restent non unifiées entre les différentes hypothèses. Certaines modifications sont apportées à ces règles dans la proposition Béteille qui écarte notamment la responsabilité pour faute présumée de surveillance et qui ajoute que dans tous les cas, la responsabilité du fait d'autrui suppose que la preuve d'un fait générateur de responsabilité de l'auteur direct du dommage soit rapportée, ce qui fait des responsabilités du fait d'autrui des responsabilités indirectes.

b) Le rapport ajoute en outre dans le droit commun de la responsabilité contractuelle deux nouvelles hypothèses de responsabilité objective

La responsabilité pour *trouble anormal de voisinage* qui consacre les solutions jurisprudentielles en la matière et la responsabilité à raison des dommages causés par les *activités anormalement dangereuses* même si elles sont licites, qui sont définies comme celles qui créent un risque de dommages graves pouvant affecter un grand nombre de personnes simultanément. On peut voir ici peut-être une incidence discrète du principe de précaution et la prise en compte de ce que l'on a appelé des dommages sériels, fruits de l'innovation technologiques et des dangers qu'elle induit.

Les propositions du Sénat et la proposition de loi Béteille ont repris la responsabilité pour trouble anormal de voisinage mais écarté la responsabilité pour activités anormalement dangereuses.

c) Enfin, par le biais du lien de causalité (art. 1348)

L'avant-projet *instaure en réalité un régime de responsabilité collective*. Une présomption de responsabilité est en effet mise à la charge des membres identifiés d'un groupe lorsqu'un membre indéterminé d'un groupe cause un dommage. Cette proposition n'a pas été reprise dans la proposition de loi Béteille.

6. Distinction entre droit commun et régimes spéciaux

On soulignera enfin que le rapport Catala, comme la proposition de loi Béteille maintiennent le principe d'une distinction entre un droit commun de la responsabilité civile (auquel participent la responsabilité contractuelle et la responsabilité du fait personnel, du fait des choses, du fait d'autrui, des troubles de voisinage et des régimes spéciaux de responsabilité ou d'indemnisation. Au titre des régimes spéciaux figure la responsabilité du fait des produits défectueux, et au titre des régimes d'indemnisation, l'indemnisation des victimes d'accident de la circulation, qui se trouverait inscrite dans le Code civil. Aucun autre régime spécial n'a été intégré, par exemple, concernant la responsabilité médicale…

B. L'opportunité des choix opérés et les autres propositions

1. *Concernant l'avant-projet Catala*, l'effort de clarification et d'architecture a pu être souligné et salué, en même temps que l'opportunité qu'il y a à rendre plus intelligible et accessible un droit de la responsabilité essentiellement jurisprudentiel et apparenté de ce fait à un droit de *common law*, construit par des précédents (avis émis le 15 juin 2007 par un groupe de travail de la Cour de cassation). Dans sa globalité, l'avant-projet a été plutôt bien accueilli, et aucune des options fondamentales n'a été véritablement remise en cause, notamment concernant l'organisation des rapports entre responsabilité contractuelle et extracontractuelle, ou encore le pluralisme des responsabilités objectives et pour faute, ou encore les modalités de la réparation des dommages, avec l'introduction des dommages-intérêts punitifs ou de l'obligation de limiter son propre dommage.

Les critiques se sont concentrées en fait sur les innovations en matière de responsabilité du fait d'autrui et sur les nouveaux régimes proposés. Ainsi, de façon générale, les propositions faites pour clarifier les responsabilités du fait d'autrui n'ont pas été considérées comme réellement pertinentes. De même dans le cadre de la responsabilité de l'exploitant d'une activité anormalement dangereuse la notion d'activité anormalement dangereuse a paru trop vague et contingente. Enfin, le régime de responsabilité collective a été condamné par le Sénat (rapport et proposition de loi Béteille). (…)

4. Depuis, *les propositions Terré* sont intervenues pour remettre encore une fois l'ouvrage sur le métier avec des options souvent sensiblement différentes de celles qui avaient été proposées jusque-là, même s'il y a reprise de certaines solutions. La responsabilité pour faute est mise au premier plan et sa fonction normative encore plus visible que dans l'avant-projet Catala (sans remise en cause, cependant, de la faute objective qui ne suppose pas le discernement de son auteur, sauf lorsqu'il s'agit de l'opposer à la victime elle-même), faisant ainsi des autres hypothèses de responsabilité existant actuellement des « délits spéciaux » opposés au délit civil en général. La responsabilité du fait des choses n'est plus qu'un délit spécial parmi d'autres, la responsabilité du fait des activités anormalement dangereuses est abandonnée et une responsabilité du fait des installations classées proposée. La responsabilité contractuelle est renvoyée vers le contrat. En effet, l'article 4 indique que « l'inexécution du contrat ne donne lieu à dommages et intérêts qu'aux conditions et dans la mesure prévue par les articles » [projet Terré, art. 116 s]. Cependant, le projet impose un régime unique de responsabilité pour les dommages corporels : « les atteintes à l'intégrité physique et psychique de la personne sont réparées d'après les règles du présent chapitre alors même qu'elles seraient causées à l'occasion de l'exécution d'un contrat » (art. 3). C'est donc, en quelque sorte l'absorption de la responsabilité contractuelle par la responsabilité extra-contractuelle qui est ici réalisée, puisque les « règles du présent chapitre » concernent le « délit civil » (et donc de la responsabilité extracontractuelle ; pour d'autres précisions, v. *supra*).

5. Enfin, une consultation publique a été ouverte en 2012 sur les propositions de réforme de la responsabilité et *la Chancellerie a établi un nouveau projet de réforme du droit de la responsabilité*, qui n'a pas été encore rendu public (v. ss 113).

L'opportunité de l'inscription dans le Code civil de principes généraux structurant et révélant explicitement la cohérence du droit de la responsabilité civile n'est pas contestable. Au-delà, une réforme profonde n'est sans doute pas opportune immédiatement en tout cas, car le système construit au cours des ans par la jurisprudence au plus près des réalités mais en gardant le souci de la cohérence n'est pas aujourd'hui si déficient qu'il nécessite une refondation totale.

On peut quand – même constater que si les innovations proposées par le rapport Catala sont réelles elles restent cependant ponctuelles. L'avant-projet, comme la proposition de loi Béteille émanant du Sénat, s'inscrit largement dans la transposition dans un cadre clair et surtout, législatif de la construction jurisprudentielle du droit de la responsabilité. Plus qu'une réforme il s'agit d'une réécriture.

LES VINGT-HUIT RECOMMANDATIONS DU SÉNAT

Le 15 juillet dernier, Alain Anziani, sénateur de la Gironde et Laurent Béteille, sénateur de l'Essonne, ont déposé au Sénat, au nom de la commission des lois, le rapport d'information établi par le groupe de travail relatif à la responsabilité civile. Celui-ci formule les vingt-huit recommandations suivantes destinées à consolider, clarifier et rénover le droit de la responsabilité civile.

Les principes de la réforme

1. Supprimer les doublons du régime général existant dans les régimes spéciaux et les remplacer par des renvois, afin d'éviter les risques d'interprétations divergentes des règles communes.

2. Affirmer le principe d'exclusivité d'application des régimes spéciaux par rapport au régime général.

3. Intégrer au Code civil les dispositions de la loi du 5 juillet 1985 tendant à l'amélioration de la situation des victimes d'accidents de la circulation et à l'accélération des procédures d'indemnisation.

4. Privilégier la solution de la codification des autres régimes spéciaux dans les codes spécialisés susceptibles de les accueillir.

5. Traduire, dans le Code civil, l'acquis jurisprudentiel du droit de la responsabilité civile en sélectionnant les solutions qu'il convient de consacrer.

6. Conserver la distinction classique entre responsabilité contractuelle et responsabilité délictuelle, en rapprochant leurs régimes.

7. Consacrer le principe du non-cumul des responsabilités contractuelle et délictuelle, en l'assortissant d'une exception au profit des victimes de dommages corporels.

8. Permettre à un tiers au contrat de demander réparation du dommage causé par l'inexécution d'une obligation contractuelle sur le fondement soit de la responsabilité contractuelle, en se soumettant alors à l'ensemble de ses règles, soit de la responsabilité délictuelle, à la condition d'être en mesure de démontrer la réunion des conditions nécessaires à la mise en jeu de cette responsabilité.

Les conditions de la responsabilité

9. Écarter l'introduction dans le Code civil de la notion de « préjudice collectif ».

10. Écarter l'affirmation d'une possibilité de condamnation immédiate de l'auteur d'un préjudice dépendant d'un événement futur et incertain.

11. Inscrire dans le Code civil les règles jurisprudentielles relatives à l'exonération de la responsabilité de l'auteur d'un dommage du fait de la victime, en supprimant tout effet exonératoire lorsque cette dernière est privée de discernement.

12. Assimiler les accidents de chemin de fer et de tramway aux autres accidents dans lesquels un véhicule terrestre à moteur est impliqué.

13. Assimiler le conducteur aux autres victimes d'un accident de la circulation.

14. Éviter la généralisation d'une responsabilité solidaire des membres identifiés d'un groupe pour un dommage causé par un membre indéterminé de ce groupe.

15. Consacrer le régime général de la responsabilité du fait des choses.

16. Remettre en cause la jurisprudence subordonnant la responsabilité des parents du fait de leur enfant mineur à un simple fait causal de ce dernier, au profit de l'exigence d'une faute.

17. Supprimer l'exigence d'une cohabitation pour permettre la mise en jeu de la responsabilité des parents du fait de leur enfant mineur.

18. Maintenir la règle prétorienne suivant laquelle la responsabilité civile du préposé ne peut être recherchée que s'il a commis un abus de fonction ou certaines infractions pénales.

19. Écarter la consécration de l'existence d'une responsabilité sans faute du fait d'un état de dépendance économique.

Les effets de la responsabilité

20. Instituer l'obligation pour la victime d'un préjudice non corporel de diminuer ou de ne pas aggraver son dommage, cette obligation n'étant qu'une obligation de moyens, appréciée *in concreto* eu égard aux circonstances et à la personnalité de la victime.

21. Clarifier les règles applicables aux clauses relatives à la réparation, en les autorisant par principe en matière de responsabilité délictuelle sans faute et en prévoyant leur révision judiciaire lorsqu'elles remettent en cause l'exécution d'une obligation essentielle du contrat.

22. Favoriser une meilleure indemnisation du préjudice par le juge pénal saisi de l'action civile.

23. Envisager l'introduction d'actions collectives en responsabilité en cas de fautes lucratives commises à l'égard d'une pluralité de victimes et générant des dommages individuels de faible montant.

24. Autoriser les dommages et intérêts punitifs en cas de fautes lucratives dans certains contentieux spécialisés, versés par priorité à la victime et, pour une part définie par le juge, à un fonds d'indemnisation ou, à défaut, au Trésor public, et dont le montant serait fixé en fonction de celui des dommages et intérêts compensatoires.

25. Sauf pour les dommages de plus faible montant, imposer au juge de procéder à une évaluation distincte pour chaque chef de préjudice allégué, et de motiver sa décision s'il rejette la demande.

26. Prévoir l'adoption, par décret, d'un barème national d'invalidité, faisant l'objet d'une révision régulière, qui puisse servir de référence au juge dans son évaluation du dommage.

27. Privilégier le versement de la réparation sous forme de capital pour les dommages de plus faible ampleur.

28. Conforter la possibilité offerte au juge, lorsqu'il décide le versement d'une rente indexée, de déterminer cet indice et de prévoir, le cas échéant, les conditions dans lesquelles la rente sera révisée en cas de diminution ou d'aggravation du dommage.

Source : Rapport d'information n° 558 (2008-2009) de MM. Alain Anzioni et Laurent Béteille, fait au nom de la commission des lois, déposé le 15 juillet 2009 (disponible sur le site www.senat.fr).

Sous-titre 1

Les éléments communs à tous les régimes de responsabilité

1576. Quel que soit le régime de responsabilité considéré, l'objet de la responsabilité est toujours le même : réparer un dommage. Cependant, il ne suffit pas qu'un dommage soit subi pour que naisse l'obligation de réparation : il faut encore que soient réunies deux autres conditions positives : *un fait générateur de la responsabilité et un lien de causalité*. On peut y ajouter une condition négative, *l'absence de cause d'exonération*, qui va écarter la responsabilité du défendeur et que l'on peut rattacher à l'exigence de causalité dans la mesure où elle établit qu'il n'y a pas de rapport de causalité entre le fait générateur invoqué et le dommage.

1577. Cette structure que l'on retrouve dans tous les régimes de responsabilité, des plus anciens (la responsabilité pour faute de l'article 1382), au plus récents (comme la loi du 10 juillet 1998 sur la responsabilité du fait des produits défectueux) fait au contraire défaut dans les systèmes d'indemnisation qui ne fonctionnent pas selon la même logique (v. ss 1551 s., 2552 s.).

1578. Dès que les conditions de la responsabilité sont réunies, l'obligation de réparation existe. Mais, il est nécessaire pour être effective que cette obligation de réparation soit constatée par le juge, qui va en reconnaître l'existence et la transformer en une obligation précise de réparation, en nature ou en dommages-intérêts. Sans doute les parties peuvent-elles renoncer à l'action en responsabilité et par une transaction, la victime acceptera l'indemnisation proposée et de ne pas saisir le juge. Mais cette solution est rare (à part dans les accidents de la circulation où elle est organisée par la loi de 1985 mais il ne s'agit pas réellement d'un régime de responsabilité) et dangereuse.

1579. S'il n'y a pas transaction sur le montant des dommages-intérêts avec reconnaissance de responsabilité, le recours au juge est nécessaire pour la mise en œuvre de la responsabilité, civile par une action en responsabilité, quel que soit le régime envisagé.

Chapitre 1. Les constantes concernant les conditions de la responsabilité civile
Chapitre 2. Les constantes concernant la mise en œuvre de la responsabilité civile

Chapitre 1

Les constantes concernant les conditions de la responsabilité civile

Introduction

1. La structure de base de tout régime de responsabilité

a) Trois conditions positives et une condition négative

1580. Quel que soit le régime, Il faut que soient réunies les trois conditions positives que sont le *fait générateur* de la responsabilité, *le dommage* et le *lien de causalité*. Ces trois conditions sont cumulativement nécessaires pour qu'une responsabilité soit retenue.

1581. On peut y ajouter une condition négative, l'*absence d'une cause d'exonération*, que l'on peut rattacher à l'exigence de causalité car la cause d'exonération joue sur la relation de causalité entre le fait dont on cherche à imputer la responsabilité au défendeur et le dommage : établir une cause d'exonération c'est démontrer que le fait générateur invoqué n'est pas du tout cause du dommage ou que le dommage est dû aussi à une autre cause. Cependant, ces causes ne sont pas toujours opposables à la victime.

1582. Les causes d'exonération peuvent jouer *a priori* pour empêcher la victime du dommage d'établir, à la charge du défendeur, les conditions positives de sa responsabilité, lorsque cette responsabilité est une responsabilité prouvée. Elles peuvent jouer *a posteriori* pour faire échapper le responsable à sa responsabilité lorsque la responsabilité est une responsabilité présumée (sur ces notions de responsabilité prouvée et présumée, v. ss 1589).

1583. On ne retrouve pas cette structure dans les systèmes d'indemnisation, dont la logique n'est pas la même, ni dans la loi du 5 juillet 1985 concernant les victimes d'accidents de la circulation qui n'est plus un régime de responsabilité mais déjà une loi d'indemnisation. Elle est propre aux régimes de responsabilité.

b) Le mécanisme de la mise en jeu de la responsabilité

1584. Il passe toujours par deux temps : en premier lieu, il suppose l'imputation matérielle du dommage à un fait générateur de la responsabilité, ce qui implique la démonstration d'un rapport de causalité entre la survenance du dommage et le fait générateur (à moins que ce rapport de causalité ne soit présumé) ; en second lieu, il suppose une imputation personnelle du fait générateur au responsable, ce qui implique que l'on ait recours à ce qui va permettre de légitimer cette imputation et donc la désignation du responsable : le fondement de la responsabilité. Selon le fait générateur considéré et donc le régime de responsabilité, le fondement de la responsabilité est différent.

1585. Ainsi par exemple, si le dommage est causé par une faute délictuelle ou quasi délictuelle : la faute est le fait générateur de la responsabilité et le responsable est l'auteur de la faute car ce qui justifie la responsabilité, c'est précisément le fait que l'on ait commis une faute : la faute personnelle est le fondement de la responsabilité du fait personnel.

Si le dommage est causé par une chose : le fait générateur de la responsabilité est le fait de la chose. Et le responsable est le gardien car la responsabilité du fait des choses est fondée sur la garde.

Si le dommage est causé par un enfant mineur : le fait générateur est le fait de l'enfant et les responsables sont les parents titulaires de l'autorité parentale car la responsabilité des parents du fait de leurs enfants est fondée sur l'autorité parentale, etc.

2. Les éléments véritablement invariables

1586. Parmi les trois conditions positives, *seul le préjudice est véritablement invariable* et encore présente-t-il quelques spécificités en matière de responsabilité contractuelle (v. ss 2190 s.).

1587. Pour le reste il existe des différences importantes selon les régimes. Ces différences tiennent d'abord dans le fait que *le fait générateur n'est pas identique*. Il y a en réalité autant de régimes que de *faits générateurs distincts*.

1588. Ainsi peut-on identifier parmi les régimes généraux de responsabilité objet de l'étude, neufs faits générateurs différents qui donnent lieu à neuf régimes de responsabilité distincts prévus par le Code civil :

1° *faute délictuelle ou quasi délictuelle* = responsabilité pour faute de l'article 1382 ;

2° *faute consistant dans l'inexécution d'une obligation contractuelle* = responsabilité contractuelle (art. 1147) ;

3° *fait d'une chose* = responsabilité du fait des choses de l'article 1384, alinéa 1er ;

4° *fait d'autrui* = responsabilité générale du fait d'autrui de l'article 1384, alinéa 1er ;

5° *fait d'un enfant* = responsabilité des parents de l'article 1384, alinéa 4 ;

6° *fait d'un apprenti* = responsabilité de l'artisan de l'article 1384, alinéa 5 ;

7° *fait du préposé* = responsabilité du commettant de l'article 1384, alinéa 6 ;

8° *fait d'un élève dans un établissement scolaire* = responsabilité des instituteurs de l'article 1384, alinéas 7 et 8 ;

9° *défectuosité d'un produit* = responsabilité du producteur de l'article 1386-1 à 1386-18.

1589. Les différences tiennent ensuite au fait que *dans certains cas, des présomptions sont utilisées pour alléger la charge de la preuve au profit de la victime* et notamment, des présomptions relatives au lien de causalité.

Il y a donc des régimes de responsabilité *prouvée*, où les trois conditions positives de la responsabilité doivent être établies pour que la responsabilité soit retenue et des régimes de responsabilité *présumée*, où, notamment, le lien de causalité est présumé.

1590. Néanmoins, si le lien de causalité peut être soit prouvé, soit présumé et si cela entraîne des différences notables du point de vue de la mise en œuvre de la responsabilité, il reste que la conception de la causalité et ses conséquences sont les mêmes selon les régimes : le lien de causalité peut donc être considéré comme une constante, au même titre que le dommage.

1591. De la même façon, les causes d'exonération générales qui s'attaquent à la relation de causalité entre le fait générateur invoqué et le dommage sont les mêmes dans tous les régimes et sont également une constante dans tous les régimes de responsabilité.

1592. On peut donc étudier au titre des constantes non seulement la condition du dommage, mais aussi celle du lien de causalité et de l'absence de causes d'exonération. Il restera ensuite à étudier chaque régime du point de vue de son fait générateur et des spécificités qui demeurent.

I. Le dommage ou préjudice

1593. Les termes de dommage et de préjudice sont la plupart du temps utilisés comme des synonymes [1], bien qu'une partie de la doctrine tente de les dissocier [2].

► ***Le dommage*** « désigne à proprement parler la lésion subie qui s'apprécie au siège de cette lésion, tandis que [...] ».

► ***Le préjudice*** « qui est la conséquence de la lésion, apparaît comme l'effet, ou la suite du dommage [...] » [3].

1594. Sans systématiser cette distinction, parce que la jurisprudence ne le fait pas, il apparaît toutefois qu'elle a dans certains cas une réelle pertinence : ainsi, notamment en responsabilité contractuelle pour distinguer le dommage qui résulte de la seule inexécution de l'obligation, des autres conséquences qui peuvent constituer des chefs de préjudice réparable (déjà sur ce point, v. ss 1331). De même, le dommage corporel qui est constitué par l'atteinte immédiate, génère ensuite toute une série de préjudices distincts [4].

Le dommage/préjudice est l'élément essentiel de la responsabilité civile. Si une personne commet une infraction sans causer de préjudice, par exemple « brûler » un feu rouge sans renverser de piéton, elle peut être responsable pénalement, mais non civilement.

Or, il existe différentes sortes de préjudices et la jurisprudence a posé un certain nombre de conditions pour que le préjudice soit réparable. Nous verrons donc successivement quelles sont les différentes sortes de préjudices et quels sont les caractères du préjudice réparable.

---

1. J.-C. Carbonnier, *Droit civil*, t. IV, *Les obligations*, PUF, coll. « Thémis », 1996, § 205, p. 351.
2. V. notamment, J.– L Gracia, « L'atteinte à la propriété : contribution à la distinction du dommage et du préjudice », thèse, Pau, 2007.
3. Ph. le Tourneau, L. Cadiet, « Droit de la responsabilité », *D.* 1996. 606, p. 174.
4. L'avant-projet Catala de réforme du droit des obligations fait ainsi une distinction entre « le dommage », désignant l'atteinte à la personne ou aux biens de la victime et « le préjudice », désignant la lésion des intérêts patrimoniaux ou extrapatrimoniaux qui en résulte. Il propose une définition du préjudice dans son article 1343, selon lequel « est réparable tout préjudice certain consistant dans la lésion d'un intérêt licite, patrimonial ou extrapatrimonial ou collectif ».

A. Les différentes sortes de préjudices

1595. Le dommage ou préjudice est une condition essentielle de la responsabilité civile : sans dommage pas de responsabilité civile. C'est aussi, nous l'avons vu (v. ss 1461), une des différences essentielles avec la responsabilité pénale. De plus, en vertu du principe de la réparation intégrale (v. ss 1791 s., 1806), l'importance du préjudice va permettre de déterminer celle de la réparation.

Classiquement, on distingue deux sortes de dommages : le dommage *matériel* et le dommage *moral*. Cette classification est cependant beaucoup trop sommaire. D'une part, parce que, depuis longtemps, une troisième catégorie de préjudice a imposé sa spécificité : celle des dommages à l'intégrité physique de la personne ou *dommage corporel*. Il s'agit d'un dommage complexe, qui présente des aspects objectifs aisément constatables (blessures) mais aussi des éléments subjectifs (souffrances endurées par exemple) et il peut se décomposer en un grand nombre de « postes de préjudices ». Ensuite, parce que l'évolution a imposé la réception ou une réflexion sur d'autres sortes de préjudices, nouveaux : le préjudice écologique, dont la réception soulève un certain nombre de difficultés en droit de la responsabilité civile ; mais aussi les dommages immatériels liés à la survenance de risques industriels et au développement des contentieux en ce domaine : les *pertes d'exploitation*.

1. Le dommage ou préjudice matériel

1596. On parle aussi de dommage patrimonial car il s'agit de toute lésion d'un droit ayant une valeur pécuniaire, donc patrimoniale, mais ces dommages eux-mêmes sont assez variés. De plus, il convient de déterminer l'étendue d'un tel préjudice.

a) La diversité des dommages matériels

1597. Il peut s'agir, tout d'abord, de la destruction ou de la détérioration d'objets corporels : véhicule accidenté par exemple, mais il peut s'agir aussi de la perte d'un droit de nature pécuniaire comme celui d'obtenir la contribution aux charges du mariage qu'impose l'article 214, invoqué par un conjoint survivant[1], à condition que cette perte ne semble pas trop incertaine[2]. On parle éventuellement de perte d'une chance, (v. ss 1643 s.).

Il peut s'agir également de la perte économique résultant de différents faits, impliquant une idée de faute : pertes consécutives à des faits de concurrence déloyale, ou à des ruptures abusives de fiançailles ou encore à un cas de séduction dolosive.

Chaque fois que ces dommages ont ainsi une origine fautive, l'obligation de réparer se trouve justifiée.

b) L'étendue du dommage matériel réparable

1598. Selon l'article 1149 concernant la responsabilité contractuelle « les dommages et intérêts dus au créancier sont, en général, de la perte qu'il a faite et du gain dont il a été privé… », c'est ce que les Romains nommaient *damnum emergens* (perte éprouvée) et *lucrum cessans* (gain manqué). Ces dispositions ont été étendues au domaine de la responsabilité délictuelle. Ainsi, en cas d'accident de voiture par exemple, on tiendra non

---

1. Civ. 2e, 4 oct. 1989, *Bull. civ.* II, no 156, arrêts nos 1 et 2.
2. Civ. 2e, 22 févr. 1989, *Bull. civ.* II, no 46.

seulement compte des dégâts effectifs du véhicule et donc des frais de réparation mais il peut y avoir en plus une indemnité réparant la perte de jouissance du véhicule pendant la durée de la réparation. En effet, le propriétaire du véhicule peut subir un préjudice important du fait de cette immobilisation, s'il s'agit, par exemple, d'un médecin de campagne ou d'un voyageur de commerce.

2. Le préjudice écologique

1599. Le *dommage ou préjudice écologique* est-il une nouvelle catégorie de dommage, susceptible d'être pris en charge par la responsabilité civile *?* C'est à l'évidence un dommage bien plus complexe qu'un simple dommage matériel et d'un nouveau genre. D'abord car il n'est pas seulement d'ordre matériel et économique : au-delà des atteintes aux biens appropriés, il inclut des atteintes à la nature ; au-delà des atteintes immédiates à la santé ou à la vie des personnes, il peut inclure des atteintes à l'espèce humaine, pour les générations futures : ainsi, il ne s'agit plus seulement d'un dommage individuel car il concerne « la rupture de certains équilibres, l'atteinte à des processus écologiques, des écosystèmes, à des espèces et non pas simplement à des individus »[1]. Or la responsabilité civile répare jusqu'ici seulement des dommages subis individuellement par une personne atteinte physiquement, moralement et/ou dans ses biens. Le « préjudice écologique pur correspond-il à cet objectif, dès lors qu'il représente une atteinte aux intérêts collectifs de tous ? »

Le préjudice écologique correspond aujourd'hui à une réalité qui impose une démarche de prévention. Elle conduit à prendre en charge non seulement le dommage déjà réalisé mais aussi le risque de dommage. Le développement du principe de précaution correspond à cette démarche. Il n'est pas sûr, cependant que la responsabilité civile puisse prendre complètement en charge ce préjudice, ce dont rend compte la récente loi sur la responsabilité environnementale, qui crée une responsabilité spécifique.

a) La concrétisation des préoccupations environnementales : reconnaissance du préjudice écologique et nécessité de la prévention

1600. Tout au long du XXe siècle, on a vu s'aggraver les dommages avec des catastrophes collectives technologiques, écologiques, nucléaires, sanitaires (sang contaminé, amiante, vache folle, « poulet à la dioxine », grippe aviaire…) et apparaître un nouveau degré de gravité des dommages : celui des « risques majeurs » ou « risques sériels » qui entraînent des « dommages graves et irréversibles à l'environnement ». Les progrès de la connaissance médicale ont mis par ailleurs en évidence l'impact de l'environnement sur la santé : l'incidence du cancer a augmenté de 63 % en vingt ans notamment du fait de la pollution chimique[2]. La multiplication des drames sanitaires et des crises alimentaires a ainsi favorisé la prise de conscience par les pouvoirs publics des enjeux sanitaires liés à l'environnement : il ne s'agit plus désormais seulement de réparer mais aussi de prévenir et le développement du principe de précaution, issu du droit de l'environnement a joué un rôle important dans cette prise de conscience collective qui a conduit la France à introduire le droit à l'environnement dans la Constitution française par la loi constitutionnelle n° 2005-205 relative à la Charte de l'environnement promulguée le 1er mars 2005.

---

1. C. de Klemm, « Les données des sciences de la nature », *in Rapport Piren.*
2. Plan national santé-environnement, rapport final de la Commission d'orientation 12 févr. 2004, p. 6 et p. 208.

1601. L'importance *du principe de précaution*, dans ce contexte, ne fait pas de doute. La loi du 2 février 1995 relative au renforcement de la protection de l'environnement prévoyait déjà la nécessité de remédier à ces risques écologiques et invoquait le principe de précaution pour les *prévenir* (v. sur ce principe, v. ss 1601 s., 1524 s.)[1]. Cet objectif de prévention est en effet une nécessité compte tenu du caractère irrémédiable des atteintes à l'environnement et de la gravité des conséquences. L'avant-projet Catala de réforme du droit des obligations a proposé, d'ailleurs, d'introduire, au titre du préjudice réparable, « les dépenses exposées pour prévenir la réalisation imminente d'un dommage ou pour éviter son aggravation, ainsi que pour en réduire les conséquences… dès lors qu'elles ont été raisonnablement engagées » (art. 1344) et il prend donc en compte cet objectif de prévention.

1602. Le principe de précaution impose donc une démarche de prévention et, comme on l'a vu (v. ss 1601 s.), il est extrêmement exigeant puisqu'il conduit à tenir compte, lorsque l'on entreprend une activité nouvelle, de risques qui ne sont même pas connus et éventuellement à s'abstenir d'agir si l'on n'est pas sûr de l'absence de risque. Les dispositions à prendre fondées sur le principe de précaution, résultent de la mise en œuvre du « principe de proportionnalité »[2]. La décision est prise en fonction des bénéfices potentiels, qui sont la contrepartie du risque : la préservation de sites naturels et de la biodiversité ou une agriculture plus efficace, donc plus rentable, par exemple.

1603. Le préjudice écologique correspond donc aujourd'hui à une réalité. L'impératif est d'abord celui de la prévention, mais la responsabilité civile peut-elle prendre en charge ces fonctions de prévention et de réparation du préjudice écologique ? Ou bien faut-il faire appel aussi à d'autres sortes de responsabilités, ainsi qu'en témoigne la loi du 1er août 2008 sur la responsabilité environnementale ?

b) La prise en charge du préjudice écologique, préjudice collectif, par le droit de la responsabilité civile et sa reconnaissance par la Cour de cassation

1604. Le principe de précaution peut influer *a posteriori*, une fois le dommage réalisé sur les conditions de mise en œuvre de la *responsabilité de l'auteur du dommage*. En effet, il provoque un renversement de la charge de la preuve : en cas de réalisation du dommage, la faute est caractérisée par le seul fait de ne pas s'être abstenu de l'activité potentiellement dangereuse. « La violation du principe de précaution serait présumée du fait même de la réalisation d'un dommage », dès lors que l'auteur n'avait pas la certitude de l'absence de risque lié à son activité dommageable. Mais, de façon plus originale, il peut aussi intervenir de façon préventive, et justifier l'intervention de la responsabilité avant la réalisation du dommage, en considérant le simple risque de dommage. Cette fonction préventive de la responsabilité civile serait nouvelle, puisqu'elle permettrait de sanctionner préventivement, par exemple en interdisant l'action à risque et elle n'est pour l'instant pas véritablement admise en tant que telle. Pourtant, la jurisprudence civile commence à aller parfois dans ce sens, en atténuant l'exigence classique de certitude du dommage et en prenant en compte, à certaines occasions, le simple risque de dommage. Ainsi, concernant les antennes-relais de téléphonie mobile dont l'absence de danger pour la

1. V. C. Thibierge, cité dans la bibliographie.
2. V. Mathieu, préc.

santé n'est pas établie, certaines cours d'appel ont-elles pu ordonner la démolition de l'antenne[1], mesure que le Tribunal des conflits a exclue depuis tout en reconnaissant aux juridictions judiciaires la compétence pour accorder des dommages-intérêts en réparation du préjudice subi. Toutefois, la Cour de cassation a elle-même rappelé certaines exigences et notamment celle de la preuve d'une causalité certaine qui peut résulter de présomptions graves, précises et concordantes, mais qui doit en toute hypothèse être faite (v. ss 1528, et les références et v. ss 1645, 1922).

1605. Néanmoins, il existe des obstacles à la généralisation de la prise en charge, par la responsabilité civile, du dommage écologique, que ce soit à titre préventif mais aussi à titre curatif, qui tiennent aux caractères traditionnels du préjudice réparable, et, notamment, à l'exigence d'un dommage certain, personnel et direct.

Il faut distinguer nettement la réparation de *deux sortes de dommages*[2] : d'une part, les dommages qui, même s'ils présentent par ailleurs le caractère d'un dommage écologique, se traduisent par des dommages classiques, individuels, atteignant les personnes dans leur intégrité physique ou mentale ou dans leurs biens et dont elles vont demander réparation individuellement ; d'autre part, le véritable dommage écologique pur, sans répercussion directe sur la personne ou sur les biens.

– Dans le premier cas, celui où le dommage écologique se traduit par des préjudices individuels matériels ou corporels, éventuellement en masse, la responsabilité civile a vocation à intervenir sans difficulté pour réparer ces préjudices, la question étant cependant posée aujourd'hui de la création d'actions collectives (v. ss 1572, 1678, 1759) pour parvenir à une meilleure égalité des victimes. On notera que l'avant-projet Catala de réforme du droit des obligations a proposé à cet égard (art. 1362) d'introduire, à côté des sources classiques de responsabilité que sont le fait personnel, le fait d'autrui et le fait des choses un régime spécial de « responsabilité du fait des activités dangereuses » qui existe, déjà, dans beaucoup de droits étrangers. Il s'agirait en effet d'admettre un nouveau cas de responsabilité de plein droit, qui incomberait à l'exploitant d'une activité anormalement dangereuse pour les dommages *collectifs* consécutifs à cette activité et, notamment, les dommages de masse résultant d'une catastrophe industrielle comme l'accident industriel qui a détruit l'usine AZF de Toulouse. Le projet Terré ne reprend pas ce fait des activités dangereuses mais propose une responsabilité du « fait des installations classées » où l'exploitant répond de plein droit de l'atteinte à l'intégrité physique ou psychique des personnes ou de l'atteinte aux biens causée par son activité, lorsque c'est précisément la réalisation du risque justifiant le classement qui a causé le dommage. Toujours est-il que dans ce cas, tout en étant collectif, parce qu'il touche un grand nombre de personnes, le dommage écologique se traduit aussi par des préjudices individuels.

– Dans le second cas, il s'agit d'un *préjudice écologique pur*, sans répercussions immédiates sur la personne ou sur ses biens. Ici, l'intervention de la responsabilité civile pose un problème car le préjudice n'est plus du tout individuel sauf à considérer que toute personne a droit à un environnement sain et qu'elle peut réclamer réparation du seul fait que ce droit est atteint, donc en cas de dommage écologique pur, ce qui ne serait pas vraiment raisonnable. C'est ce que le professeur G. Viney appelle une

1. Par une décision du 14 mai 2012, v. ss 1922 et les références citées en note.
2. Sur la typologie des préjudices environnementaux, v. ss 1611.

« atteinte au patrimoine commun de la nation » ; il s'agit d'un préjudice collectif dont la réparation, admise dans certains pays, se heurte encore en France à l'exigence du caractère personnel du préjudice. La question s'est posée aussi évidemment de savoir comment financer la réparation de tels dommages en matière civile : par l'assurance de responsabilité qui devrait être obligatoire ou par la technique d'un fonds d'indemnisation comme c'est le cas en matière de dommages liés à l'amiante par exemple ? (sur les systèmes d'indemnisation, v. ss 2552 s.)[1].

– Ce préjudice écologique pur a cependant été réparé pour la première fois à l'occasion du naufrage de l'Erika, indépendamment de toute répercussion sur les intérêts humains, par la cour d'appel de Paris. Elle a eu recours à cet effet à la notion de préjudice moral associatif[2], dans le cas d'un risque réalisé. La Cour de cassation par une série d'arrêts de la chambre criminelle et de la troisième chambre civile a ensuite admis que le simple risque d'atteinte à l'environnement causait nécessairement un préjudice moral aux associations de défense de l'environnement : la non-conformité d'une installation classée à des prescriptions environnementales crée un risque pour l'environnement qui cause nécessairement un préjudice moral aux associations de défense de l'environnement même si l'infraction n'a causé aucune atteinte à l'environnement et a cessé au moment de l'assignation[3].

– Enfin, saisie de l'affaire *Erika*, la chambre criminelle de la Cour de cassation n'est pas revenue en arrière : elle a consacré le préjudice écologique pur, défini comme « les atteintes directes ou indirectes portées à l'environnement » et admis les indemnisations allouées en réparation de ce préjudice[4].

1606. Toutes les difficultés ne sont pas résolues pour autant et il reste à déterminer comment ce préjudice écologique sera pris en compte lorsqu'interviendra la réforme du droit de la responsabilité.

L'avant-projet Catala a proposé d'introduire la notion de « préjudice collectif » (art. 1343). Mais, comme on l'a vu, cette notion de préjudice collectif peut simplement renvoyer à la notion de dommage de masse causé notamment par une catastrophe écologique : cet événement unique cause une multitude de dommages qui restent des dommages individuels classiques. Le *Sénat*, dans son rapport d'information (v. ss 1572), a exclu pour sa part cette notion de dommage collectif et la *proposition de loi Béteille* (L. n° 2010-657 du 9 juill. 2010) aussi. Les *propositions Terré* sans exclure totalement la notion de préjudice collectif réparable précisent (art. 8) que « l'atteinte à un intérêt

1. V. G. Viney, cité dans la bibliographie.

2. Paris, 30 mars 2010, *D.* 2010. 967, obs. S. Lavric, 1804, chron. V. Rebeyrol, 2238, chron. L. Neyret et 2648, obs. F. G. Trébulle ; *RTD com.* 2010. 622, obs. P. Delebecque ; v. aussi : L. Neyret, « Naufrage de l'Erika : vers un droit commun de la réparation des atteintes à l'environnement », *D.* 2008. 2681 ; M. Boutonnet et L. Neyret, « Préjudice moral et atteintes à l'environnement », *D.* 2010. 912.

3. Crim. 5 oct. 2010, n° 09-88.748, inédit ; Crim. 3 mai 2011, n° 10-87.679, *JurisData* n° 2011-010331 ; Civ. 3e, 9 juin 2010, n° 09-11.738, *JurisData* n° 2010-008760 ; *Bull. civ.* III, n° 118 ; *D.* 2010. 2476, chron. F. G. Trébulle et 2614, obs. F. Nési ; v. surtout Civ. 3e, 8 juin 2011, n° 10-15.500, *JurisData* n° 2011-011073 ; *Environnement* 2011, comm. 96, note B. Grimonprez ; *D.* 2011. 1691, obs. G. Forest ; *JCP E* 2011. 1762, obs. H. Hovasse ; *D.* 2011. 2635, note B. Parance ; *JCP* 2011. 1333, obs. Ph. Stoffel-Munck.

4. Crim. 25 sept. 2012, n° 10-82.938 ; *Gaz. Pal.* 24-25 cot. 2012, note B. Parance ; *JCP* 2012, n° 1243, note K. Le Couviour ; *D.* 2012. 2711, note Ph. Delebecque ; *RTD civ.* 2013/1, p. 119, obs. P. Jourdain.

collectif, telle l'atteinte à l'environnement, est réparable dans les cas et aux conditions déterminés par la loi », ce qui marque en toute hypothèse le caractère spécial et exceptionnel de cette prise en compte.La question reste donc ouverte, mais il semble que l'actuel projet de réforme du droit de la responsabilité préparé par la Chancellerie dans le cadre de la réforme du droit des obligations (qui n'a cependant pas été rendu public) envisage la reconnaissance du préjudice écologique.

Pour l'instant, le préjudice « écologique » n'est réparé par le droit de la responsabilité civile au profit de simples particuliers que dans le cadre des atteintes directes à la personne ou aux biens (biens détruits ou endommagés) voire parfois, d'un simple risque d'atteinte (dans le cas des antennes-relais, v. ss 1528, 1645, 1922). Il est également réparé dans le cadre du préjudice moral des associations de défense de l'environnement. Pour autant, il existe d'autres types de réponse et notamment la prise compte du dommage écologique dans le cadre d'un régime de responsabilité spécifique.

c) La prise en compte du dommage écologique en dehors du droit de la responsabilité civile

1° La responsabilité de l'État

1607. La responsabilité de ce dommage écologique peut être envisagée vis-à-vis de l'État. Ainsi la France a introduit le droit à l'environnement dans la Constitution française par la loi constitutionnelle n° 2005-205 relative à la Charte de l'environnement promulguée le 1er mars 2005. La Charte proclame que « les politiques publiques doivent promouvoir un développement durable. À cet effet, elles concilient la protection et la mise en valeur de l'environnement, le développement économique et le progrès social ».

Ainsi, à propos des risques sériels dus à l'amiante, quatre jugements du tribunal administratif de Marseille ont décidé que la responsabilité de l'État pouvait être mise en jeu, soit pour inaction devant un risque connu, soit pour défaut de recherche « pour obtenir des autorités scientifiques une évaluation précise dudit risque ». Ces carences sont constitutives « d'une faute de l'État dès lors qu'il lui appartient de prendre, non seulement des mesures tendant à l'indemnisation des maladies d'origine professionnelle, mais *toutes mesures utiles pour prévenir ces maladies* » [1]. C'est au Conseil d'État qu'il appartient désormais de confirmer si l'État est bien juridiquement responsable pour manquement à son devoir de veiller sur la santé et la sécurité des citoyens ainsi que sur la sauvegarde de l'environnement.

2° L'instauration d'un régime spécifique de responsabilité environnementale par la loi du 1er août 2008

1608. Le législateur français pour sa part, dans le cadre de la transposition de la directive communautaire du 21 avril 2004 (n° 2004/35/CE) sur la protection de l'environnement, a adopté une loi relative à la responsabilité environnementale : la loi n° 2008-757 du 1er août 2008 « relative à la responsabilité environnementale et à diverses dispositions d'adaptation au droit communautaire dans le domaine de l'environnement » (*JO* 2 août, p. 12361). Cette loi introduit dans le Code de l'environnement un titre consacré à la « prévention et à la réparation de certains dommages causés à

---

1. TA Marseille, 30 mai 2000 (quatre espèces), *JCP* 2000. I. 280, obs. G. Viney.

l'environnement » et elle consacre la notion spécifique de dommage écologique, appelant un régime de responsabilité et de prévention spécifique[1].

1609. La loi définit ainsi les conditions dans lesquelles sont « *prévenus ou réparés*, en application du principe *pollueur-payeur* et à un *coût raisonnable pour la société*, les *dommages causés à l'environnement* par l'*activité d'un exploitant* ». L'exploitant lui-même est défini comme « toute personne physique ou morale, publique ou privée, qui exerce ou contrôle effectivement, à titre professionnel, une activité économique lucrative ou non lucrative ».

L'article L. 161-1-I de la loi définit ensuite les dommages causés à l'environnement comme « les détériorations directes ou indirectes mesurables de l'environnement » qui, notamment (une liste de 4 cas est établie) « créent un risque d'atteinte grave à la santé humaine » (...) ou encore, « affectent gravement l'état écologique, chimique ou quantitatif ou le potentiel écologique des eaux (...) ». Le texte prend aussi en compte, « la menace imminente de dommage causé à l'environnement qui est admise dès lors qu'il y a une probabilité suffisante que survienne un tel dommage dans un avenir proche ».

Le texte prévoit enfin des sanctions, dont la « réparation primaire », qui vise à permettre un retour à l'état initial, ce qui ressemble fort à la réparation en nature classique.

1610. Le dommage écologique, dommage collectif, appelle donc des réponses spécifiques en termes de prévention et de réparation, même si cela n'exclut pas que des actions en responsabilité « classiques » soient également exercées, lorsque l'activité aura causé des dommages individuels, aux personnes ou aux biens.

3° Perspectives : élaboration d'une nomenclature des préjudices environnementaux

1611. Constitué autour de la question de la réparation du préjudice écologique, alors que la loi du 1er août 2008 était en cours d'élaboration, et prenant en compte l'extrême complexité du dommage environnemental, un groupe de travail a réfléchi à l'élaboration d'une nomenclature des préjudices environnementaux, dans le même esprit que la nomenclature Dintilhac (sur cette nomenclature, v. ss 1617). Il est ainsi proposé de distinguer les préjudices causés à l'environnement et les préjudices causés à l'homme. Concernant les premiers, différents postes sont énumérés en fonction des éléments de l'environnement et de leur utilité respective pour le fonctionnement des écosystèmes (sol, air, eux et milieux aquatiques, espèces). Concernant l'homme elle distingue les préjudices collectifs (atteintes aux services écologiques, c'est-à-dire aux bénéfices collectifs que l'homme retire de l'environnement (la pollinisation par exemple) et les préjudices individuels (économiques moraux et corporels[2].

3. Le préjudice moral

1612. Comme pour le préjudice matériel, ici aussi il aurait fallu utiliser un autre terme : « dommages-extrapatrimoniaux », par exemple (qualification désormais retenue dans la nomenclature des préjudices corporels proposée par le rapport *Dintilhac*, v. ss 1627 s.). Il s'agit en effet d'une atteinte à des droits extrapatrimoniaux ou à des sentiments. Là

---

1. S. Carval « Un intéressant hybride : la "responsabilité environnementale" de la loi n° 2008-757 du 1er août 2008 », *D.* 2009. 1652.

2. L. Neyret et G. J. Marin, « Pour une nomenclature des préjudices environnementaux », *D.* 2012. 1256 ; *Nomenclature des préjudices environnementaux*, LGDJ, coll. « Droit des affaires », 2012.

encore, l'expression recouvre des notions différentes. Mais, surtout, le principe même de la réparation d'un tel préjudice a été très controversé.

a) Différentes sortes de préjudices moraux

1° Atteinte à des droits extrapatrimoniaux

1613. En premier lieu, il s'agit des ***atteintes à divers droits de la personnalité***, tels que :
– *le droit au nom* : en cas de confusion entre le nom attribué à un personnage de film ou de roman et celui d'une personne existante. Nous avons vu un certain nombre de ces exemples en première année (v. vol. 1, Le nom) ;
– *le droit à l'image* : publication de photos sans l'autorisation de la personne concernée ;
– *le droit à la réputation* : en omettant, par exemple, de citer le nom d'un savant, Branly en l'espèce, dans un ouvrage traitant de la TSF, domaine où Branly avait apporté une contribution capitale [1] ;
– *le droit au respect de la vie privée*, affirmé par la loi du 17 juillet 1970 (C. civ., art. 9) ;
– *le droit à l'honneur*, par des propos diffamatoires ou injurieux, la réparation est généralement assurée ici par l'octroi du franc symbolique et la condamnation à faire insérer le jugement dans un journal aux frais du responsable. On peut citer le cas de l'émission les « Guignols de l'Info » de Canal + poursuivi par la Sté des automobiles Peugeot et Citroën pour un acte de « dénigrement fautif ». Mais, bien que le Cour de cassation ait relevé l'existence d'une faute au sens de l'article 1382 du fait du « caractère outrancier, provocateur et renouvelé des propos tenus » [2], la Cour de renvoi a refusé de s'incliner et de condamner l'émission incriminée du fait « qu'il n'existe aucun risque de confusion entre la réalité et l'œuvre caricaturale et satirique créée par *les Guignols de l'Info* » [3] ;
– *le droit à la qualité de la vie ou droit à l'environnement* que certains voudraient également voir affirmer ? C'est la question du préjudice écologique. La jurisprudence répare ainsi le préjudice moral des associations de défense de l'environnement (v. ss 1599 s., spéc. v. ss 1605).

En second lieu, il peut s'agir de ***l'atteinte à divers droits familiaux*** : ainsi, notamment, une violation du droit de visite et d'hébergement des enfants, ou encore le refus opposé par le mari à l'accès de sa femme au domicile conjugal ! [4] (v. aussi dans le Code civil l'article 179, alinéa 1er, en cas d'opposition injustifiée au mariage, ou l'article 266 en cas de divorce aux torts exclusifs d'un des époux ou de divorce prononcé pour altération définitive du lien conjugal).

Dans ces différents cas, c'est surtout la faute commise qui est sanctionnée et on a pu dire qu'il s'agissait d'une sorte de peine privée.

2° Atteintes à des sentiments d'affection

1614. Il peut s'agir de la réparation du chagrin éprouvé du fait de la perte d'un être cher, mais également de celle d'un animal auquel on était attaché.

---

1. Civ. 27 févr. 1951, *D.* 1951. 329, note Desbois et chron. J. Carbonnier, « Le silence et la gloire », *D.* 1951. Chron. 119.
2. Civ. 2e, 2 avr. 1997, *D.* 1997. 411, note B. Edelman ; *JCP* 1998. II. 10010, note J. Bigot.
3. Reims, 9 févr. 1999, *JCP* 1999. II. 10144, note J. Bigot.
4. Civ. 1re, 9 nov. 1965, *D.* 1966. 80, note J. Mazeaud.

– *La perte d'un être cher* : Elle est à l'origine d'un préjudice spécifique, le « préjudice d'affection » ou *pretium affectionis* que l'on ressent du fait de la mort d'un être cher ou, même, à la vue de ses souffrances ou infirmités. La question se complique par ailleurs, car ce n'est pas la victime de l'accident qui réclame réparation, mais l'un de ses proches, c'est-à-dire un tiers. C'est ce qu'on a appelé le « préjudice par ricochet » dont nous reparlerons plus loin (v. ss 1659 s.) et dont la jurisprudence admet la réparation aujourd'hui même en l'absence d'un lien de parenté ou d'alliance. Par exemple, elle a admis, la réparation du préjudice moral dans le cadre d'un concubinage homosexuel, avant même que la loi sur le PACS, en 1999, ne vienne inscrire le concubinage homosexuel dans le Code civil [1].

– *La perte d'un animal* : Quelques décisions, très critiquées d'ailleurs, ont accordé la réparation du préjudice moral subi du fait du décès d'un animal, notamment d'un cheval de course (arrêt *Lunus*) [2] ou d'un chien [3]. Il s'agit cependant de décisions isolées.

b) Controverse relative à la réparation du préjudice moral

1615. La réparation du préjudice moral a été autrefois très discutée en jurisprudence. Elle a d'ailleurs longtemps été refusée par le *Conseil d'État*, notamment jusqu'en 1961 où un revirement fut opéré et où réparation fut accordée à la veuve, aux enfants et à la grand-mère, mais non à la belle-mère !

Les juridictions civiles avaient admis pour leur part la réparation du préjudice moral depuis 1833 [4], même si le principe d'une telle réparation était contesté par une partie de la doctrine qui invoquait :

D'une part, la difficulté de déterminer les personnes pouvant l'invoquer, c'est le problème du dommage par ricochet (v. ss 1659, s.) et celui de l'ouverture de l'action aux héritiers (v. ss 1751 s.).

D'autre part, la difficulté de chiffrer un tel dommage : dans quelle mesure une indemnité pécuniaire peut-elle compenser le chagrin produit par la perte d'un être cher ? N'est-il même pas odieux et méprisable de « battre monnaie » avec ses larmes ? [5] Une telle réparation n'est admissible que si elle est forfaitaire et elle devrait donner lieu à un barème national.

Enfin, le danger que font courir ces réparations s'élevant souvent à des sommes très élevées qui gonflent démesurément les sommes mises à la charge, soit de l'auteur du dommage, soit des compagnies d'assurances ce qui les entraîne à augmenter les primes. D'où la proposition qu'avait faite le Professeur Tunc, auteur d'un projet de loi sur les accidents de la circulation (v. ss 1557), de ne pas couvrir les préjudices moraux, notamment le préjudice d'affection. Ce projet a été remanié et a abouti à la loi du 5 juillet 1985 sur les accidents de la circulation qui fait une distinction entre les dommages à la personne (art. 3) et les dommages aux biens (art. 5) (v. ss 2483, 2484 s., 2513 s.), mais la jurisprudence considère que la réparation du préjudice moral est incluse dans celle du préjudice à la personne.

Malgré ces reproches, le principe de la réparation du préjudice moral est bien acquis et on le justifie en faisant valoir que l'indemnité ainsi accordée n'est pas « réparatrice », elle

---

1. TGI Belfort, 25 juill. 1995, *JCP* 1996. II. 22724, note C. Paulin ; v. ss 1065.
2. Civ. 2e, 16 janv. 1962, *D.* 1962. 199, note Rodière ; *JCP* 1962. II. 12557, note P. Esmein ; *S.* 1962. 281, note J. Foulon-Piganiol.
3. TGI Caen, 30 oct. 1962, *D.* 1963. 92.
4. Cass., ch. réunies 25 juin 1833, *S.* 1833. 1. 458
5. G. Morange, « Battre monnaie de ses larmes est une étrange alchimie… », *D.* 1962. Chron. 15.

est « satisfactoire ». De plus, on y voit souvent le moyen de sanctionner la faute de l'auteur du dommage, une sorte de survie des « peines privées » et la marque de la fonction normative de la responsabilité civile.

Assez curieusement la jurisprudence indemnise également le *préjudice moral des personnes morales*, ce qui semble assez paradoxal. Ainsi, la chambre criminelle de la Cour de cassation a-t-elle posé un véritable principe dans deux affaires d'entraves à l'IVG par des « commandos anti-avortement ». Un hôpital, personne morale de droit public, demandait l'indemnisation du préjudice moral en raison de la perturbation portée à son fonctionnement et de l'atteinte à la conscience de son personnel. La chambre criminelle affirme : « Les articles 2 et 3 du Code de procédure pénale ouvrent l'action civile à tous ceux qui ont personnellement souffert du dommage, matériel ou moral, découlant des faits, *sans exclure les personnes morales* »[1]. Ces arrêts sont de véritables arrêts de principe qui ont fait jurisprudence au sein de la chambre criminelle. Les chambres civiles, pour leur part, si elles ne sont pas aussi enthousiastes, approuvent toutefois généralement une telle indemnisation. Quant à la Cour européenne des droits de l'Homme, elle a expressément admis la reconnaissance du préjudice moral des personnes morales à propos du droit à un procès dans un délai raisonnable, dans l'arrêt *Comingersol* du 6 avril 2000[2].

Les types de préjudice moral, dont réparation est généralement demandée, sont constitués par l'atteinte à l'activité statutaire de la personne morale, l'atteinte à sa réputation comme dans les affaires des commandos « anti-IVG », ou encore une véritable atteinte aux « sentiments » de la personne morale : écoutes téléphoniques illégales, déraisonnables lenteurs de procédure, dégradation de la totalité du travail de la personne morale par un incendie volontaire… Cette tendance est critiquée par une partie de la doctrine qui ne conçoit pas qu'une personne morale puisse subir une atteinte dans « ses sentiments ». La reconnaissance dans le Code pénal de 1992 de la responsabilité pénale des personnes morales avait d'ailleurs déjà suscité de semblables critiques. Pour certains, il serait plus opportun d'indemniser les personnes morales pour l'atteinte à des droits extrapatrimoniaux précis tels que l'atteinte à l'image ou au nom de la personne morale, quitte à les patrimonialiser pour l'occasion, mais non pour une atteinte aux sentiments de ses membres, qui peuvent se défendre eux-mêmes[3].

4. Le dommage corporel, atteinte à l'intégrité physique de la personne

1616. Le dommage corporel est une atteinte à l'intégrité physique d'une personne à la suite d'une maladie, de blessures ou de mort. Or cette atteinte à l'intégrité physique entraîne de multiples conséquences, au-delà des blessures elles-mêmes, comme des frais médicaux et/ou chirurgicaux, des cicatrices, des infirmités, des incapacités de travail, etc., autant de *chefs de préjudice* distincts qui vont faire l'objet d'une évaluation et d'une réparation spécifique. C'est donc un dommage complexe et mixte, en réalité, car il comporte à la fois des chefs de préjudices matériels ou en tout cas qualifiés d'objectifs et des chefs de préjudices moraux, qualifiés de subjectif. Ces chefs de préjudice se traduisent par des postes de préjudices et ont donné lieu à une typologie qui, sans être officialisée par un texte, a été validée par la Cour de cassation. Nous nous y référerons donc, en relevant les principales différences par rapport aux classifications antérieures, après avoir relevé la nécessité de disposer d'une typologie claire des différents chefs de préjudice corporel.

---

1. Crim. 27 nov. 1996, *Bull. crim.* n° 431 ; *JCP* 2003. I. 146, obs. G. Viney.
2. CEDH 6 avr. 2000, *Comingersol SA c/ Portugal*, req. n° 00035382/97.
3. V. Wester-Ouisse, chron. citée dans la bibliographie.

a) La nécessité d'une typologie des préjudices

1617. La distinction classique entre le préjudice corporel objectif (matériel et économique) et le préjudice corporel subjectif (ou moral) avec, à l'intérieur de chaque catégorie, une série de chefs de préjudices indemnisables, définis par la jurisprudence et à peu près fixés, a fait l'objet d'un remodelage dans le cadre de la typologie des préjudices corporels établie dans un rapport remis au ministre de la Justice, Pascal Clément, le 28 octobre 2005, le *rapport Dintilhac*[1]. Ce rapport avait été précédé par un premier rapport sur « l'indemnisation du préjudice corporel » réalisé par un groupe de travail, présidé par madame le professeur Yvonne Lambert-Faivre et remis au garde des Sceaux, Dominique Perben, le 22 juillet 2003, qui tendait à établir une méthodologie d'indemnisation claire pour ne pas indemniser « plus » mais indemniser « mieux ». Le rapport *Dintilhac*, qui s'appuie sur le rapport Lambert-Faivre, propose une typologie des préjudices réparables assez complexe, puisqu'elle comporte plus d'une vingtaine de postes de préjudices, mais qui est destinée à fixer clairement les différents postes de préjudice corporel. Bien que le texte n'ait pas de valeur normative, la jurisprudence judiciaire s'y est rangée (mais pas la jurisprudence administrative).

1° L'importance des postes de préjudice corporel

1618. La notion de *poste de préjudice* a toujours été importante et, autour de la distinction du préjudice dit « objectif » et du préjudice dit « subjectif », les juges ont toujours pris en compte différents types ou postes de préjudices, chacun faisant l'objet d'une indemnisation distincte. Ces différents postes ou chefs de préjudice ont été définis par les juges et les experts, au fur et à mesure de l'évolution, toujours dans le sens d'un élargissement de la liste des préjudices réparables, mais avec parfois certaines hésitations concernant certains d'entre eux comme par exemple le préjudice d'agrément ou le préjudice fonctionnel, concernant leur définition ou parfois leur caractère personnel et subjectif ou objectif.

Cette notion de poste de préjudice est devenue encore plus importante avec l'adoption, d'abord d'une loi du 27 décembre 1973, qui a exclu les « préjudices à caractère personnel » de l'assiette du recours subrogatoire de la Sécurité sociale. La Sécurité sociale, appelée à verser des prestations à la victime, est en effet admise à obtenir leur déduction des indemnités allouées à la victime, car celle-ci n'est pas censée obtenir une double indemnisation. Avec la loi du 27 décembre 1973, la victime est assurée que les indemnités allouées au titre du préjudice personnel lui resteront entièrement acquises, en toute hypothèse... À condition de pouvoir précisément identifier ce qui lui a été alloué à ce titre. Enfin, l'identification claire des postes de préjudice est devenue tout à fait déterminante depuis l'adoption de la loi du 21 décembre 2006 (de financement de la sécurité sociale pour 2007) qui est venue opportunément repréciser l'étendue des recours des tiers payeurs (et pas seulement la Sécurité sociale) sur les indemnités versées à la victime, en modifiant l'article L. 376-1 du Code de la sécurité sociale (v. ss 1625, 1653 s.) : l'article 25 de cette loi (CSS, art. L. 376), énonce, en effet, que les recours des tiers payeurs s'exercent « *poste par poste* sur les seules indemnités qui réparent des préjudices qu'elles ont pris en charge, à l'exclusion des préjudices à caractère personnel ».

---

1. V. synthèse du rapport du groupe de travail chargé d'établir une nomenclature des préjudices corporels, *LPA* 3 nov. 2005, n° 2199, p. 3.

Il est donc essentiel, non seulement que les juges statuent poste par poste de préjudice, en évaluant distinctement et précisément chacun d'entre eux, mais aussi de savoir quels sont les préjudices à caractère personnel, sur lesquels le recours des caisses ne peut porter, en principe, cette question ayant jusqu'à présent toujours soulevé des difficultés (notamment, la question du préjudice fonctionnel et d'agrément, v. ss 1633, et sur les recours des organismes sociaux, v. ss 1653 s.).

2° La ventilation des postes de préjudice dans la nomenclature Dintilhac

1619. La nomenclature est très précise. Elle envisage les préjudices corporels de la victime directe et les préjudices de la victime par ricochet (pour cette dernière, v. ss 1677).

Concernant les préjudices de la victime directe, elle distingue entre les préjudices patrimoniaux et extrapatrimoniaux.

Les préjudices patrimoniaux

La nomenclature distingue entre la période antérieure à la date de consolidation des blessures et la période postérieure :

– *avant consolidation*, il y a en effet des *préjudices patrimoniaux temporaires*, constitués par les dépenses de santé actuelles (DSA) ; les frais divers (FD) ; les pertes de gains professionnels actuels (PGPA) ;

– *après la consolidation*, on trouve des *préjudices patrimoniaux permanents* : les dépenses de santé futures (DSF), les frais de logement adapté (FLA), les frais de véhicule adapté (FVA), l'assistance par tierce personne (ATP), les pertes de gains professionnels futurs (PGPF), l'incidence professionnelle (IP), le préjudice scolaire, universitaire ou de formation (PSU).

Les préjudices extrapatrimoniaux

On retrouve la distinction des préjudices extrapatrimoniaux temporaires avant la consolidation des blessures et permanents, après la consolidation des blessures, mais s'y ajoute une autre catégorie, celle des préjudices extrapatrimoniaux évolutifs :

– *préjudices temporaires* : le déficit fonctionnel temporaire (DFT) les souffrances endurées (SE) et le préjudice esthétique temporaire (PET) ;

– *préjudices permanents* : le déficit fonctionnel permanent (DFP), le préjudice d'agrément (PA), le préjudice esthétique permanent (PEP) le préjudice sexuel (PS), le préjudice d'établissement (PE), les préjudices permanents exceptionnels (PPE) ;

– *préjudices évolutifs* (hors consolidation) : ce sont les préjudices liés à des pathologies évolutives (comme le VIH ou l'hépatite).

3° L'utilisation de la nomenclature Dintilhac en droit positif

1620. Ce rapport n'a aucune valeur normative[1] et il est regrettable que la loi du 21 décembre 2006 qui a imposé le recours des caisses poste par poste de préjudice, n'ait pas été rapidement suivie d'un texte réglementaire instaurant une nomenclature des chefs de préjudice à laquelle se référer obligatoirement. L'utilisation du rapport *Dintilhac* est

1. J.-C. Bizot, « Le préjudice indemnisable : les postes de préjudice et leur définition », *RCA* mai 2012, dossier 22 ; *contra* : M. Robineau, « Le statut normatif de la nomenclature Dintilhac », *JCP* 2010. 612.

pour l'instant subordonnée aux bonnes volontés. Il est vrai qu'une circulaire du ministère de la Justice du 22 février 2007 a invité les magistrats de l'ordre judiciaire à adopter cette nomenclature, mais il ne s'agit que d'une indication sans caractère obligatoire. Une entente s'est faite, néanmoins, autour de la nomenclature *Dintilhac*, qui est utilisée dans les transactions avec les assureurs et devant les juridictions judiciaires. La Cour de cassation elle-même a confirmé son utilisation, notamment dans une décision du 28 mai 2009 [1] où elle a repris les termes exacts du rapport *Dintilhac* à propos de la définition du préjudice fonctionnel (v. ss 1633).

Malgré l'utilisation par les juridictions judiciaires de cette nomenclature, l'adoption d'un texte proposant une typologie officielle reste cependant souhaitable et souhaitée, par exemple par le rapport d'information du Sénat sur la réforme de la responsabilité civile et par la doctrine. On signalera d'ailleurs l'existence d'une proposition de loi en ce sens [2]. En effet, outre que cette typologie *Dintilhac* peut être écartée à tout moment ou modifiée par les juges, les juridictions administratives ne l'ont pas adoptée. Elles ont recours à une nomenclature plus courte, qui ventile les préjudices en six postes (contre plus de vingt dans la nomenclature *Dintilhac*). Ces différents postes de préjudices ont été définis par le Conseil d'État dans un avis du 4 juin 2007 [3]. Si les mêmes grandes distinctions sont retenues, la distinction des préjudices de la victime directe et ceux de la victime par ricochet et, pour la victime directe, la distinction entre les préjudices patrimoniaux et extrapatrimoniaux ou personnels, il existe cependant quelques différences, ne serait-ce que terminologiques, que l'on peut juger regrettables.

b) Les préjudices corporels patrimoniaux

1621. *Les préjudices patrimoniaux* consistent dans les conséquences économiques et pécuniaires, de toute lésion corporelle, blessures, mutilation… Ils prennent en compte les dépenses et les pertes économiques subies et, éventuellement, les gains manqués (*lucrum cessans* et *damnum emergens*) comme pour les préjudices matériels ordinaires.

Cela comporte les frais médicaux et pharmaceutiques, chirurgicaux, voire funéraires, mais aussi la perte de salaire ou de revenu découlant de toute incapacité totale ou partielle, permanente ou temporaire, la diminution éventuelle des capacités de travail pour l'avenir, l'assistance d'une tierce personne, tous postes de préjudice pris en compte dans la nouvelle nomenclature *Dintilhac*, qui distingue, rappelons-le (v. ss 1622), deux périodes distinctes : avant la stabilisation de l'état de la victime et après cette stabilisation (« consolidation des blessures »). Avant la nomenclature *Dintilhac*, la jurisprudence distinguait aussi la période antérieure et postérieure à la consolidation des blessures, mais de façon moins systématique et avec des postes de préjudices un peu différents. On peut distinguer quatre grands postes de préjudices : les dépenses de santé, les frais liés au handicap, les pertes de revenu et l'incidence professionnelle et scolaire du dommage.

1° Les dépenses de santé

1622. Avant la nomenclature *Dintilhac*, la jurisprudence identifiait déjà ce poste de préjudice. Il correspond aux dépenses actuelles (avant consolidation) ou futures (après

---

1. Civ. 2e, 28 mai 2009, *EFS c/ Consorts W et autres*, *RTD civ.* 2009. 534, obs. P. Jourdain ; *RCA* 2009, comm. 202.

2. Proposition de loi « Lefrand » v. P. Sargos, *D.* 2010, études et commentaires p. 273.

3. CE, sect., 4 juin 2007, *Lagier et consorts Guignon*, *Lebon* 228.

consolidation) se rapportant aux divers frais de soins, de médicaments, d'hospitalisation (forfait journalier hospitalier ou frais de séjour en clinique privée), de rééducation, de transport, mais aussi les frais d'appareillage (prothèses, fauteuil), ainsi que leur remplacement éventuel.

2° Les frais liés au handicap

1623. Ils s'apprécient essentiellement après la consolidation des blessures et comprennent l'ensemble des dépenses rendues nécessaires par le handicap mais qui ne sont pas directement liées à des soins. Il s'agit des frais d'adaptation du logement prenant en compte la nature et l'importance de l'invalidité du patient ; des frais d'adaptation du véhicule et des dépenses liées à l'assistance d'une tierce personne, à titre partiel ou permanent. L'assistance d'une tierce personne peut, d'ailleurs, être le fait d'un membre de la famille sans que le caractère bénévole de l'assistance familiale soit pris en compte pour réduire l'indemnisation ; il n'est pas même nécessaire de justifier le paiement des charges sociales pour inclure leur montant dans la somme mise à la charge du responsable et de son assureur [1], et la chambre sociale ajoute « qu'il y a lieu d'indemniser ce poste sous forme d'une rente forfaitaire payable à la victime [...] sans qu'il y ait à justifier des frais exposés » [2]. Geneviève Viney avait suggéré de considérer qu'il s'agit d'un dommage « à caractère personnel » exclu du recours subrogatoire de la Sécurité sociale, mais l'option n'a pas été retenue par la jurisprudence, ni dans le rapport *Dintilhac*.

3° Les pertes de gains professionnels

1624. Elles sont appréciées par rapport aux revenus dont disposait la victime au moment de l'accident. Il faut donc distinguer à cet égard, les inactifs et les personnes ayant une activité au moment de l'accident.

Pour les inactifs (enfants, étudiants, retraités, femmes ou homme au foyer), il ne peut y avoir de perte de revenus actuels et seule l'incidence professionnelle et/ou scolaire du dommage peut être prise en compte (perte de chance de trouver un emploi par exemple).

Pour les personnes ayant une activité rémunérée, il faut distinguer la perte de revenus actuels, qui correspond à la perte des revenus tels que perçus au moment de la survenance du dommage, pendant toute la période de consolidation des blessures et la perte de gains professionnels futurs, en appréciant la situation selon que la personne reprend ses activités comme avant ou une activité diminuée, et éventuellement l'absence de possibilités de reconversion si le poste antérieur ne peut plus être occupé.

4° L'incidence professionnelle et scolaire du dommage

1625. Ce poste de préjudice ne se confond pas avec la perte de revenus professionnels. Il prend en compte, au-delà des seules pertes de revenus et éventuellement, en l'absence de toute perte de revenus (parce que la personne était inactive ou bien parce qu'elle retrouve exactement son niveau de revenu antérieur à l'accident), les chances perdues de carrière, ou de progression de carrière, ou d'études pour un jeune en âge scolaire au moment de l'accident.

---

1. Civ. 2e, 16 nov. 1994, *Bull. civ.* II, no 232 ; *JCP* 1995. I. 3853, obs. G. Viney.
2. Soc. 8 févr. 1995, *JCP* 1995. I. 3853, obs. G. Viney.

5° Disparition de la référence aux incapacités (ITT, ITP IPP)

1626. Avant la nomenclature *Dintilhac*, la jurisprudence prenait en compte trois postes d'incapacités : deux d'entre elles concernaient la période antérieure à la consolidation : *l'incapacité totale temporaire* (ITT) : qui correspondait à la période d'hospitalisation avec incapacité totale de travail et *l'incapacité partielle temporaire* (ITP), allant jusqu'à la consolidation des blessures, avec éventuellement une reprise d'activité. Pour la période postérieure à la consolidation une troisième incapacité était prise en compte : l'incapacité permanente partielle (IPP) correspondant à un taux d'incapacité établi par expertise et par le calcul d'un point d'incapacité tenant compte de diverses variables, dont l'âge, la profession, et d'autres encore, qui permettait de calculer le montant de l'indemnité.

• *Ces « incapacités » étaient cependant source de difficultés* : dans la phase antérieure à la consolidation, l'ITT et l'ITP étaient censées incorporer, outre les pertes de gains et salaires correspondant à l'incapacité de travail, les autres conséquences de l'incapacité, c'est-à-dire notamment, la gêne dans les actes de la vie quotidienne liée à l'incapacité, c'est-à-dire le préjudice dit « fonctionnel » provisoire (v. ss 1633). Dans la phase postérieure à la consolidation, de la même façon, l'IPP comprenait les pertes de gains professionnels futurs et l'incidence professionnelle de l'incapacité (clairement distingués désormais dans la nomenclature *Dintilhac*) et également le *préjudice fonctionnel* ou physiologique permanent, mesuré par le taux d'incapacité. On admettait effectivement qu'il convenait de distinguer nettement le préjudice physiologique (l'incapacité dont souffre la victime et les troubles dans la vie quotidienne qu'elle implique) du préjudice économique (les conséquences économiques de cette incapacité).. Néanmoins, ce n'était pas toujours le cas, puisque 25 % seulement des décisions faisaient cette distinction. D'où des difficultés, pour déterminer l'assiette des recours des tiers payeurs (v. ss 1653). C'est pourquoi, il était souligné qu'il serait préférable d'abandonner le concept d'IPP pour bien distinguer le préjudice patrimonial, d'une part, et le préjudice fonctionnel et d'agrément, d'autre part, en tant que préjudices moraux extrapatrimoniaux [1]. La question se compliquait encore de divergences jurisprudentielles sur la définition du préjudice fonctionnel par rapport au préjudice d'agrément (v. ss 1633) et sur le point de savoir si le préjudice fonctionnel est ou non un préjudice personnel.

• *Le rapport Dintilhac supprime donc ces notions d'ITT, TTP, IPP*, distingue nettement la perte des revenus professionnels, l'incidence professionnelle et le préjudice fonctionnel (déficits fonctionnels provisoire et permanent) et qualifie le préjudice fonctionnel de préjudice personnel. On verra cependant que tout n'est pas parfaitement résolu et que la question reste encore compliquée et sujette à des revirements spectaculaires de la Cour de cassation (v. ss 1633, 1657).

c) Les préjudices extra-patrimoniaux

1627. Il s'agit de préjudices personnels, que l'on appelait auparavant préjudices corporels subjectifs. Ils affectent la personne dans sa chair, son esprit, sa vie quotidienne, mais sans avoir d'incidence patrimoniale directe. Ils ne sont pas d'ordre économique,

---

1. Y. Lambert-Faivre et S. Porchy-Simon, *Le droit du dommage corporel*, 7e éd., Dalloz, coll. « Précis », 2011.

même s'ils sont réparés par l'attribution d'une somme d'argent et leur évaluation est d'ailleurs souvent difficile et subjective (sur l'action en réparation et la question de l'évaluation, v. ss 1818 s.). On retrouve dans la nomenclature *Dintilhac* les postes de préjudices traditionnels dont le caractère personnel n'était pas discuté : *pretium doloris*, préjudice esthétique, sexuel, d'agrément ; mais également le préjudice physiologique (déficit fonctionnel) qui a soulevé des difficultés en jurisprudence, concernant tant sa définition par rapport au préjudice d'agrément que son caractère personnel. Il n'est pas sûr, au demeurant, que la question soit définitivement réglée.

1° Le *pretium doloris*

► ***Le pretium doloris***, ou prix de la douleur, est l'indemnité accordée en considération des souffrances physiques consécutives à un accident corporel (souffrances endurées).

1628. C'est la réparation de la douleur physique, parfois intolérable, mais aussi morale. Bien sûr, elle n'efface pas la souffrance, mais cela permet de procurer quelques consolations à la victime. Le *pretium doloris* est toujours accordé à la victime, quel que soit le fondement de la responsabilité, sans corrélation avec la faute éventuelle de l'auteur.

Divers autres dommages moraux peuvent donner lieu à réparation.

2° Le préjudice esthétique

1629. Il peut s'agir, bien sûr, de blessures entraînant des cicatrices ou des mutilations défigurant la victime, mais, même, de « toute disgrâce physique susceptible de retentir sur l'attrait que la personne blessée avait pu légitimement exercer jusqu'alors »[1].

Un tel préjudice est plus ou moins lourd de conséquences selon les circonstances, par exemple pour une starlette ou une hôtesse ; ce préjudice peut être réparé comme un dommage matériel, mais, dans tous les cas, et même si cela n'entraîne aucune incidence pécuniaire, un tel préjudice sera indemnisé en tant que préjudice moral.

3° Le préjudice sexuel

1630. L'indemnisation du préjudice sexuel consécutif à un accident est un phénomène relativement récent. D'abord considéré comme inclus dans l'incapacité permanente, il a ensuite été considéré comme un élément du préjudice d'agrément. Mais, par un arrêt du 6 janvier 1993[2], la deuxième chambre civile a clairement affirmé que le préjudice d'agrément n'incluait pas le préjudice sexuel et qu'une demande présentée sur ce second chef demeure indemnisable alors même que le premier a déjà été indemnisé. Depuis, la Cour de cassation tend à rendre autonome le préjudice sexuel[3] mais, en raison du pouvoir souverain d'appréciation des juges du fond en la matière, une certaine incertitude demeure et un certain nombre de décisions continuent à le considérer

---

1. T. civ. Nîmes, 22 déc. 1952, *D.* 1954. Somm. 12.
2. Civ. 2e, 6 janv. 1993, *Bull. civ.* II, no 6, *JCP* 1993. I. 3727, obs. G. Viney ; *RCA* mars 1997, chron. no 7, H. Groutel.
3. Civ. 2e, 19 nov. 1998, *RCA* 1999, no 1 ; Civ. 2e, 17 janv. 2007, no 05-12. 399, *JurisData* no 2007-037001, indemnisant distinctement le préjudice d'agrément tenant à l'incapacité à s'adonner à ses loisirs favoris et le préjudice sexuel tenant au caractère très réduit de la vie sexuelle et à la nécessité de recourir à la fécondation *in vitro* pour avoir des enfants.

comme préjudice d'agrément. Il a toujours été admis, cependant, qu'il s'agit d'un préjudice personnel, non soumis au recours des organismes sociaux.

4° Le préjudice d'agrément et sa distinction avec le préjudice fonctionnel

1631. ***Le préjudice d'agrément*** consiste dans la privation du fait de l'accident, de certaines joies de l'existence : usage d'un sport ou d'une distraction particulière, à laquelle la victime s'adonnait avant l'accident. Le cas des enfants est plus particulièrement envisagé : privation des jeux et distractions de leur âge, c'est le *préjudice juvénile*.

1632. Ce préjudice se distingue du ***préjudice fonctionnel***, qui prend en compte, en fonction du taux d'invalidité de la victime, la diminution de son potentiel physique et ses répercussions dans la vie quotidienne, constituées par la « gêne dans les actes de la vie courante » ou le « trouble dans les conditions de vie » ou encore le « trouble dans les conditions d'existence ». Dans la nomenclature *Dintilhac*, ce déficit fonctionnel est réparé distinctement pour la période antérieure à la consolidation des blessures (déficit fonctionnel temporaire) et pour la période postérieure à la consolidation des blessures (déficit fonctionnel permanent). Pendant la phase de consolidation, il inclut l'incapacité fonctionnelle totale ou partielle et la perte de qualité de vie et des joies usuelles de la vie courante. Après la consolidation, il inclut les atteintes définitives aux fonctions physiologiques, la perte de la qualité de vie et les troubles ressentis par la victime dans ses conditions d'existence personnelles, familiales et sociales, selon la définition donnée par la Cour de cassation dans une décision du 28 mai 2009 (v. ss 1633).

La distinction entre ces deux sortes de préjudices a cependant été source de difficultés. Au cours de la dernière décennie, la conception du préjudice d'agrément a varié, d'une conception étroite et subjective à l'origine : perte de la possibilité de se livrer à des activités spécifiques de loisir, pratiquées avant l'accident par la victime, à une conception élargie et objective : aptitude abstraite à profiter des divers agréments de la vie. Par exemple, la privation définitive de la majorité des joies de l'existence pour une personne devenue démente à la suite d'un accident et atteinte d'une incapacité permanente de 100 %, constitue un préjudice d'agrément, même si elle ne se rend pas compte de son état. Dans cette approche large, le préjudice d'agrément est venu interférer avec le préjudice physiologique ou déficit fonctionnel, qui prend en compte la diminution du potentiel physique de la victime avec ses répercussions dans la vie quotidienne, exception faite de ses conséquences pécuniaires (pertes de revenus, incidence professionnelle qui constituent des postes distincts de préjudice). Le préjudice fonctionnel a donc vocation à prendre en compte la gêne dans les actes de la vie quotidienne et le trouble créé dans les conditions d'existence, y compris concernant les agréments de celle-ci.

Ce flottement jurisprudentiel est essentiellement lié à la question déjà évoquée de l'étendue du recours des tiers payeurs, notamment la sécurité sociale sur les sommes versées à la victime par le responsable. La loi du 27 décembre 1973 ayant exclu de l'assiette du recours les préjudices « personnels », imposait aux juges de dissocier, dans l'évaluation de l'indemnité qui était destinée à réparer l'incapacité temporaire ou permanente, jusque-là globalisée, la perte de gains professionnels des autres conséquences de l'incapacité. Même si la loi de 1973 ne définissait pas ces préjudices personnels, « les tribunaux ont alors eu tendance à reporter sur le préjudice d'agrément, la perte des possibilités normales d'activités non lucratives, qui était auparavant englobée dans l'indemnité accordée au titre de l'incapacité elle-même », sans être toujours identifiée précisément comme telle (v. ss 1626) ; cette tendance s'est amplifiée, nécessairement, lorsque la loi du 5 juillet 1985 sur les accidents de la circulation, est venue donner une liste limitative des préjudices personnels exclus du recours des caisses, car cette liste comprenait le préjudice d'agrément mais pas le préjudice fonctionnel. Dans ce contexte, le gonflement du préjudice d'agrément, au détriment du préjudice fonctionnel permettait de faire échapper une partie conséquente de l'indemnisation au recours des caisses, dans l'intérêt des victimes. Certaines juridictions, ont ainsi eu recours à la notion de « préjudice fonctionnel d'agrément », ce qui était révélateur de l'objectif : permettre de faire glisser le préjudice fonctionnel (qualifié d'agrément) dans la catégorie des préjudices personnels, sans aller à l'encontre de la loi. La cour d'appel de Paris avait ainsi souligné que les préjudices moraux sont attachés à la personne de la victime et donc exclus du recours des tiers payeurs et qu'« ils sont essentiellement constitués du *pretium doloris*, du préjudice esthétique et du préjudice fonctionnel d'agrément ».

En 2003, l'assemblée plénière de la Cour de cassation, avait voulu mettre fin aux divergences apparues non seulement entre certaines cours d'appel mais même au sein de la Cour de cassation : dans une décision du 19 décembre 2003, elle précisait ainsi que le préjudice fonctionnel d'agrément, « corrélatif au déficit fonctionnel de la victime et traduisant l'ensemble des troubles dans les conditions d'existence causés, après la consolidation des blessures, par le handicap dans les actes essentiels de la vie courante, dans les activités affectives et familiales et dans celle des activités de loisirs », représentait une « atteinte objective à l'intégrité physique de la victime » et que les indemnités correspondantes devaient donc faire l'objet du recours subrogatoire du tiers payeur, alors que le préjudice d'agrément est le « préjudice subjectif de caractère personnel résultant des troubles ressentis dans les conditions d'existence ». Elle excluait donc que le préjudice « fonctionnel » puisse être rangé dans les préjudices personnels (v. aussi ss 1630) ; mais, en même temps, elle ne prenait pas clairement parti pour une conception restrictive du préjudice d'agrément qui pouvait encore aller au-delà de la simple privation d'une activité sportive ou de loisir déterminée, compte tenu de la référence au « trouble dans les conditions d'existence ». Cette solution ne clarifiait donc pas vraiment la situation.

Depuis, la réforme du recours des tiers payeurs est intervenue (la loi du 21 décembre 2006, v. ss 1620, 1653 s.) et a supprimé la liste limitative des préjudices personnels de l'article 31 de la loi du 5 juillet 1985 sur les accidents de la circulation et article L. 376-1 du Code de la sécurité sociale. De plus, le rapport Dintilhac a rangé le préjudice d'agrément et le préjudice fonctionnel dans les préjudices extrapatrimoniaux donc personnels, normalement exclus du recours des caisses (v. ss 1619, nomenclature).

La Cour de cassation est donc revenue à une conception étroite du préjudice d'agrément. Dans une décision du 28 mai 2009, elle a très nettement distingué le préjudice d'agrément et le préjudice fonctionnel et les a définis précisément : « le préjudice d'agrément vise exclusivement à l'indemnisation du préjudice lié à l'impossibilité de pratiquer une activité spécifique sportive ou de loisir ». La conception restrictive qu'elle adopte est ainsi sans ambiguïté. Elle revient à la conception initiale du préjudice d'agrément. Elle précise ensuite que « le déficit fonctionnel temporaire inclut l'incapacité fonctionnelle totale ou partielle ainsi que le temps d'hospitalisation et les pertes de qualité de vie et des joies usuelles de la vie courante durant la maladie traumatique » ; enfin « le déficit fonctionnel permanent inclut, pour la période postérieure à la consolidation, les atteintes aux fonctions physiologiques, la perte de la qualité de la vie et les troubles ressentis par la victime dans ses conditions d'existence personnelles, familiales et sociales ». Cette décision marque par ailleurs l'adoption par la Cour de cassation de la nomenclature Dintilhac.

Elle s'est également prononcée en faveur du caractère personnel du préjudice fonctionnel. Pour autant toutes les difficultés ne sont pas résolues concernant ce préjudice fonctionnel car elle a admis dans des décisions postérieures, que le recours des caisses, concernant les rentes accident du travail, pouvait dans certains cas s'étendre à ce poste de préjudice, contredisant donc la loi et, elle est encore revenue à une conception large du préjudice d'agrément dans ce cadre spécifique des accidents du travail, continuant à entretenir des incertitudes fort regrettables (v. ss 1657, et les références citées).

5° Préjudice d'établissement

1633. La Cour de cassation rattachait initialement le préjudice d'établissement au préjudice sexuel (v. ss 1630) puis il est devenu autonome par rapport à celui-ci [1]. Suivant les recommandations de la nomenclature Dintilhac et dans le prolongement de sa jurisprudence, elle a désormais affirmé l'autonomie du préjudice d'établissement par rapport au préjudice d'agrément [2] puis par rapport au déficit fonctionnel [3]. Il s'agit de prendre en compte, selon les termes de la deuxième chambre civile « la perte d'espoir ou de chance de réaliser un projet de vie familiale en raison de la gravité du handicap ». Dès lors que le préjudice d'agrément est redevenu une notion étroite en droit civil, et qu'il ne porte que sur la privation d'une activité déterminée, sportive ou de loisir, le préjudice d'établissement s'en dissocie assez facilement. La distinction avec le préjudice fonctionnel peut être plus délicate. Mais la jurisprudence a cependant adopté une approche objective du préjudice fonctionnel en excluant la prise en compte des répercussions du handicap sur les projets de vie de la victime.

6° Question particulière de la victime en état végétatif

1634. En ce qui concerne les préjudices personnels : *pretium doloris*, esthétique et d'agrément, la question s'est posée de savoir s'ils étaient indemnisables lorsque la victime, dans un état végétatif chronique, ne ressent rien… Après quelques hésitations, la deuxième chambre civile s'est ralliée à la chambre criminelle qui l'avait admis depuis 1978 [4], et, par deux arrêts de principe du 22 février 1995 [5], elle a affirmé que « l'état végétatif d'une personne n'excluant aucun chef d'indemnisation, son préjudice doit être réparé dans tous ses éléments ». C'est une application du principe admis en responsabilité civile de la réparation intégrale du préjudice et, même si cela peut paraître juridiquement discutable, s'agissant d'un préjudice à caractère subjectif, cette position est conforme à l'équité [6]. Toutefois, alors que cette question semblait définitivement réglée, la chambre criminelle elle-même est venue introduire quelque incertitude à nouveau sur le principe de la réparation du préjudice moral des victimes dans le coma, par deux décisions du 5 octobre 2010 [7]. Dans les deux

---

1. Civ. 3e, 30 juin 2005, *RTD civ*. 2006. 130, obs. P. Jourdain.
2. Civ. 2e, 12 mai 2011, *D*. 2011. 1411 et 2150, chron. H. Adida-Canac et O. L. Bouvier ; *Gaz. Pal.* 13-16 juill. 2011, p. 34, obs. C. Bernfeld ; *D*. 2012. Pan. 47, note Ph. Brun
3. Civ. 2e, 13 janv. 2012, no 11-10. 224, *D*. 2012. Act. 281, obs. V. Da Silva ; *RTD civ*. no 2, 2012. 316, obs. P. Jourdain.
4. Crim. 3 avr. 1978.
5. Civ. 2e, *JCP* 1995. I. 3853, obs. G. Viney ; *JCP* 1996. II. 22570, note Y. Dagorne-Labbé ; *D*. 1995. Somm. com. 233, obs. D. Mazeaud.
6. V. Terrasson de Fougères, article cité dans la bibliographie.
7. Crim. 5 oct. 2010, no 10-81, 743, *RCA* 2010, comm. 4 ; Crim. 5 oct. 2010, no 09-87. 385, *RCA* 2010, comm. 41, *RTD civ*. no 2, 2011. 353, obs. P. jourdain.

cas, la victime était restée dans le coma, quinze jours dans le premier cas et une heure dans le second et les juges du fond avaient écarté la réparation du préjudice moral parce que rien ne permettait de penser que la victime ait eu une quelconque conscience de la perte de son espérance de vie et ait pu ressentir une douleur morale. Or ces décisions ne sont pas censurées par la chambre criminelle, alors qu'une approche objective du préjudice de la victime en état végétatif, telle que consacrée jusqu'ici, aurait dû conduire à la cassation. Le doute est donc permis sur le sens de ces arrêts. Par ailleurs, certains préjudices particulièrement subjectifs supposent la conscience de son état par la victime, ainsi en cas de préjudice spécial de contamination (v. ss 1635) ou de préjudice de mort imminente (v. ss 1636).

7° Les préjudices évolutifs

1635. Il s'agit notamment du ***préjudice spécifique de contamination.*** – Dès 1954, la transfusion d'un sang vicié avait posé un problème de responsabilité civile, mais il s'agissait alors de la transmission de la syphilis, maladie guérissable.

Depuis, les cas se sont multipliés, et avec la transmission de maladies incurables : sida, hépatite C… est apparu ce nouveau préjudice : le « préjudice de contamination » qui atteint le transfusé mais parfois aussi son conjoint, son concubin et plus ou moins directement toute sa famille (v. ss 1659 s.).

La Cour de cassation a précisé que la notion de préjudice spécifique de contamination n'était pas uniquement destinée à l'indemnisation des victimes contaminées par le VIH car elle repose sur les principes du droit commun de la responsabilité civile et non sur la loi du 31 décembre 1991 relative à l'organisation du Fonds de garantie des victimes contaminées par le VIH, désormais pris en charge par l'Office national des accidents médicaux (v. ss 2571 s.).

Il s'étend donc à d'autres cas de contamination dont les effets se font sentir ultérieurement comme l'inhalation de poussières d'amiante ou le contact avec des produits cancérigènes, ou l'ingestion d'aliments contaminés ou de médicaments défectueux.

– *Concernant sa définition*, selon la Cour de cassation, ce préjudice est « un préjudice exceptionnel extrapatrimonial qui est caractérisé par l'ensemble des préjudices tant physiques que psychiques résultant notamment de la réduction de l'espérance de vie, des perturbations de la vie sociale, familiale et sexuelle ainsi que des souffrances et de leur crainte, du préjudice esthétique et d'agrément ainsi que de tours les affections opportunes consécutives à la déclaration de la maladie »[1]. Certains auteurs considèrent cependant que cette définition n'est pas en adéquation par sa globalité, avec la nomenclature Dintilhac et qu'il faudrait la revoir[2]

L'intérêt essentiel de cette « autonomisation du préjudice de contamination » consiste à regrouper des chefs de préjudices qualifiés d'extrapatrimoniaux, donc personnels, qui sont soustraits à ce titre aux recours des tiers payeurs (sur ce recours, v. ss 1653 s.) permettant ainsi une meilleure indemnisation de la victime[3].

---

1. Civ. 2e, 22 nov. 2012, n° 11-21.031, *D.* 2013. 346, note S. Porchy-Simon et pan. 2665 ; *RCA* 2013, comm. 40, note S. Hoquet-Berg et étude 1 ; *RTD civ.* 2013/1, p. 123, obs. P. Jourdain ; v. déjà pour une définition similaire : Civ. 2e, 2 avr. 1996, *Bull. civ.* II, n° 88 ; *JCP* 1996 I. 3985, n° 12, obs. G. Viney.

2. B. Watz, « Réflexions autour de la notionde préjudice spécifique de contamination », *RCA* 2013. Étude 5.

3. Civ. 1re, 1er avr. 2003, *Bull. civ.* I, n° 95 ; *JCP* 2004. I. 101, obs. G. Viney.

La Cour de cassation a admis que ce préjudice pouvait prendre en compte la perte des revenus professionnels dès lors que « la somme allouée de ce chef correspond à une juste évaluation du préjudice personnel tenant aux souffrances endurées à la suite des traitements mis en œuvre ainsi qu'aux *perturbations* et *craintes endurées* » : la perte de l'activité professionnelle est donc indemnisée en raison des troubles qu'elle a entraînés dans les conditions d'existence de la victime et des appréhensions qu'elle a suscitées quant à son avenir.

– *La guérison de la victime n'exclut pas l'indemnisation* : dans une décision du 19 novembre 2009 [1], à propos d'une victime, guérie d'une hépatite C consécutive à une transfusion sanguine, la deuxième chambre civile a admis l'existence d'un préjudice spécifique de contamination n'incluant pas le déficit fonctionnel et caractérisé par les souffrances dues au traitement de la maladie, l'inquiétude sur son avenir et les perturbations causées à sa vie familiale et sociale, ainsi que des préjudices relevant de l'atteinte à son intégrité physique et justifiant une indemnité distincte.

Au-delà de la confirmation que le préjudice est réparable même s'il y a guérison, et même guérison totale et définitive, ce qui a été rappelé à nouveau dans une décision plus récente, du 4 juillet 2013 [2], l'arrêt confirme aussi qu'il s'agit donc bien d'un préjudice personnel, distinct du déficit fonctionnel, lié lui, à l'atteinte à l'intégrité physique. Il comprend cependant la réparation des souffrances endurées qui ne peuvent donc pas donner lieu à une indemnité supplémentaire, ainsi que l'a rappelé la Cour de cassation à propos d'une contamination par le virus de l'hépatite C [3].

– La deuxième chambre civile de la Cour de cassation admet par ailleurs une *indemnisation en deux temps*, en approuvant la cour d'appel qui avait accordé une première indemnité à un hémophile, devenu séropositif à la suite d'une transfusion sanguine, mais en subordonnant la liquidation de l'indemnité afférente au sida déclaré, à la constatation médicale ultérieure de la maladie [4].

– Enfin, la Cour de cassation a plus récemment subordonné la réparation du préjudice de contamination à la *conscience de la victime*. Elle a approuvé les juges du fond qui ont relevé que « le caractère exceptionnel de ce préjudice est intrinsèquement associé à la prise de conscience des effets spécifiques de la contamination ». La victime tenue dans l'ignorance de sa contamination par le VH et par le virus de l'hépatite C n'avait donc pas pu subir ce type de préjudice [5].

– On notera que la jurisprudence admet également pour les proches de la victime, un *préjudice spécifique d'accompagnement de fin de vie*, qui a pour objet d'indemniser les « troubles et les perturbations dans les conditions d'existence d'un proche » qui partageait habituellement une communauté de vie affective et effective avec la victime (préjudice par ricochet). Mais cette condition de communauté de vie doit être remplie [6].

---

1. Civ. 2e, 19 nov. 2009, *RCA* 2010, comm. 35.
2. Civ. 2e, 4 juill. 2013, n° 12-23.915 ; *RTD civ.* 2013/4, p. 846, obs. P. Jourdain ; *D.* 2013. Pan. 2664, obs. S. Porchy-Simon ; L. Morlet-Haïdara, « Le préjudice spécifique de contamination à nouveau sur le métier », *RCA* 2013. Étude 11.
3. Civ. 1re, 3 mai 2006, *RCA* août 2006, p. 25.
4. Civ. 2e, 20 juill. 1993, *JCP* 1993. IV. 2420 et obs. G. Viney, *JCP* 1993. I. 3727, *D.* 1993. 526, note Y. Chartier.
5. Civ. 2e, 22 nov. 2012, n° 11-21.031, réf. préc., v. ss 1635.
6. Civ. 2e, 21 nov. 2013, n° 12-28.168, *RCA* 2014, comm. n° 39.

8° Les préjudices spécifiques : troubles dans les conditions d'existence, préjudice d'anxiété et préjudice d'angoisse de mort imminente

1636. L'expression de *troubles dans les conditions d'existence*, plutôt utilisée à l'origine par la jurisprudence administrative, est désormais admise aussi par la jurisprudence judiciaire. Les troubles dans les conditions d'existence ne sont pas un poste de préjudice autonome mais soit un élément du préjudice fonctionnel (v. ss 1633, la définition donnée par la Cour de cassation du déficit fonctionnel permanent), soit un élément du préjudice évolutif. L'expression est utilisée, notamment dans ce cadre des préjudices évolutifs, pour qualifier le préjudice subi par la personne qui se sait exposée à un danger grave dont la réalisation est éminemment probable, à assez brève échéance.

– Ainsi défini, le trouble dans les conditions d'existence rejoint la notion de *préjudice d'angoisse ou d'anxiété*. Il s'agit d'un chef de préjudice moral plus récemment admis, dont l'autonomie est affirmée par la jurisprudence à partir des années 2000, dans des cas différents [1] mais correspondant à la même réalité d'une angoisse particulière pour la victime. Le préjudice d'angoisse ou d'anxiété résulte « d'une situation d'inquiétude permanente face à un risque de déclaration à tout moment d'une maladie [2] ».

– Quant au *préjudice d'angoisse de mort imminente*, il correspond au cas de la victime est si gravement atteinte qu'elle ne survivra que peu de temps à ses blessures. La Cour de cassation admet que l'on puisse indemniser distinctement le chef de préjudice constitué par les souffrances endurées du fait des blessures (qui réparent à la fois les souffrances physiques et morales) et l'angoisse d'une mort imminente qui représente une douleur morale spécifique [3]. Ce préjudice se distingue en outre du préjudice de vie abrégée ou « perte d'une chance de vie » [4] (sur la perte de chance v. ss 1643 s.). Bien que la distinction ne soit pas évidente, voire même puisse être contestée, elle réside dans le caractère particulièrement subjectif du préjudice de mort imminente, qui implique, à la différence de la perte d'une chance de vie, la conscience par la victime de l'issue fatale, ce qui génère angoisse et même parfois terreur [5]. Si la victime n'est pas consciente, cette terreur spécifique n'existe pas.

---

1. V. par ex. Civ. 2ᵉ, 12 juill. 2007, n° 06-14.606, *RCA* 2007, comm. 298, pour la révélation d'un virus susceptible de provoquer une maladie grave ; Paris, 12 sept. 2008 ; *D.* 2008. 2429 : pose de sondes cardiaques défectueuses nécessitant une explantation ; Soc. 11 mars 2010, n° 09-42.241 à 09-42.257, *D.* 2010. 1358 ; *D.* 2011. 37, obs. O. Gout ; *JCP* 2010. 733, note J. Colonna et V. Renaux-Personnic et 1015, obs. C. Bloch ; *RTD civ.* 2010. 564, obs. P. Jourdain : pour des cas d'exposition au risque de l'amiante.

2. Soc. 25 sept. 2013, n° 12-20.157, *RDC* 2014/1, p. 23, note G. Viney ; *D.* 2013. Pan. 2663, obs. S. Porchy-Simon (expositions à l'amiante) ; et pour la même définition v. Soc. 4 déc. 2012, n° 11-26.294, *D.* 2012. 2973 ; *Gaz. Pal.* 16 févr. 2013, p. 38, note D. Tapinos ; v. aussi, « Amiante et préjudice d'anxiété, toujours plus ! (à propos de l'arrêt de la chambre sociale du 4 décembre 2012) », C. Corgas-Bernard, *RCA* 2013. Étude 3.

3. Crim. 23 oct. 2012, n° 11-83.770, *RCA* 2013, comm. 2 ; *RTD civ.* 2013/1, p. 125, obs. P. Jourdain ; Crim. 26 mars 2013, n° 12-86. 200, *JCP* 2013, n° 531, obs. J. Bourdoiseau et n° 675, obs. D. Bakouche ; *RCA* 2013, comm. 167, obs. L. Bloch ; *RTD civ.* 2013. 614, obs. P. Jourdain ; *D.* 2013. Pan. 2662, obs. S. Porchy-Simon ; Civ. 2ᵉ, 18 avr. 2013, n° 12-18. 199, *RCA* 2013, comm. 167, obs. L. Bloch ; *RTD civ.* 2013/3, p. 614, obs. P. Jourdain.

4. Crim. 26 mars 2013, n° 12-86. 200, réf. préc. : l'arrêt distingue bien le préjudice de mort imminente de la perte d'une chance de vie.

5. V. notamment, relevant la conscience de la victime : Crim. 23 oct. 2012, n° 11-83.770, *RCA* 2013, comm. 2 ; *RTD civ.* 2013/1, p. 125, obs. P. Jourdain ; et *contra*, pour une absence de réparation en raison de l'inconscience de la victime : Crim. 5 oct. 2010, n° 10-81.743, *JurisData* n° 2010-0201174 ; *RCA* 2011, comm. 4.

9° La question du préjudice de vie dommageable ou préjudice de *wrongful life*

Le fait de naître handicapé peut-il constituer un préjudice réparable ?

***Admission de la réparation du préjudice de l'enfant né handicapé par l'arrêt* Perruche**

1637. *Dans le cas où la faute médicale a créé le handicap*, il n'y a jamais eu de véritables difficultés pour admettre la réparation du préjudice des parents et du préjudice de l'enfant, ni dans la jurisprudence judiciaire, ni dans la jurisprudence administrative et la jurisprudence *Perruche* ne concerne pas cette hypothèse. Certes, la Cour de cassation[1], comme le Conseil d'État[2] ont exclu que le fait de naître normalement constitué et en bonne santé (même après l'échec d'une IVG) puisse en soi constituer un préjudice réparable mais ils ont admis néanmoins la réparation du préjudice consistant dans le handicap, lorsqu'il a été provoqué par la faute médicale (par exemple l'échec d'une interruption de grossesse, mal pratiquée qui aboutit finalement à la naissance d'un enfant handicapé du fait de l'intervention). Le débat sur la réparation du préjudice de l'enfant né handicapé ne concerne que le cas où la faute médicale n'a pas directement causé le handicap et où elle a seulement empêché de le déceler, faisant ainsi perdre aux parents une chance de pratiquer une interruption de grossesse.

– *Dans le cas où la faute médicale n'a pas créé le handicap*, la question a été plus difficile à résoudre car la faute n'est pas en rapport de causalité avec le handicap mais avec le fait de naître. Sans la faute en effet, le handicap aurait existé, mais les parents auraient pu recourir à une interruption thérapeutique de grossesse. C'est donc plus directement ici, le fait de naître qui est invoqué comme un préjudice, ce qui soulève la question du caractère légitime du préjudice (sur ce point, v. ss 1679). C'est précisément ce cas de figure qui a donné lieu à l'arrêt *Perruche* et c'est à cette occasion que la notion de « préjudice de vie dommageable » a été avancée. Dans ce fameux arrêt, la Cour de cassation, en assemblée plénière, a accordé réparation, non seulement aux parents mais aussi à l'enfant né handicapé des suites d'une rubéole contractée par sa mère, en relevant la faute du médecin, qui n'avait pas créé le handicap, congénital, mais ne l'avait pas décelé, et avait ainsi empêché la mère d'exercer son choix de demander ou non une IVG. La cour d'appel d'Orléans, dont l'arrêt était soumis à l'assemblée plénière[3], avait relevé que « si un être humain est titulaire de droits dès sa conception, il n'en possède pas pour autant celui de naître ou de ne pas naître, de vivre ou de ne pas vivre ; qu'ainsi sa naissance ou la suppression de sa vie, ne peut pas être considérée comme une chance ou une malchance dont il peut tirer des conséquences juridiques ». L'assemblée plénière, en affirmant que l'enfant peut demander réparation de son préjudice, semblait sous-entendre que ce préjudice est, précisément, d'être né et de devoir vivre une vie de handicapé. C'est ce qu'un auteur a appelé « l'action de vie dommageable », par analogie avec le concept anglo-saxon de *wrongful life*. Ce concept a été utilisé notamment au Canada pour justifier l'euthanasie car, « interdire l'action en *wrongful life*, considérée comme un substitut processuel de l'euthanasie prénatale inaccomplie, créerait une discrimination entre les enfants non euthanasiés et eux qui ont profité de la chance (puisque le mot est utilisé) de l'avoir été »[4]. L'auteur ajoute : « pour fonder en droit cette

---

1. Civ. 1re, 25 juin 1991, *D.* 1991. 566, note P. le Tourneau ; *RTD civ.* 1991. 753, obs. P. Jourdain.
2. CE 2 juill. 1982, *D.* 1984. 245, note J.-B. d'Onorio ; *ibid.* IR 21, obs. F. Moderne et P. Bon.
3. Orléans, 5 févr. 1999, *RTD civ.* 2000. 80.
4. V. Mémeteau, chron. citée dans la bibliographie.

indemnisation du préjudice de vie dommageable, il faut poser en règle que l'enfant est titulaire, dès sa conception du droit de naître « normal », donc de ne pas naître anormal ». On voit le risque de dérives eugéniques à laquelle cette conception du « préjudice de vie dommageable » peut nous entraîner[1]. En raison de ces risques, le Comité national d'éthique, le 15 juin 2001, a jugé inacceptable la reconnaissance d'un « droit de l'enfant à ne pas naître », mais la Cour de cassation a maintenu sa position dans trois arrêts rendus en assemblée plénière le 13 juillet 2001[2]. Le Conseil d'État pour sa part, n'a pas admis la réparation du préjudice de l'enfant mais, dans l'affaire *Quarez*[3] en 1997, il a admis la réparation du préjudice moral mais aussi matériel des parents.

Condamnation de la jurisprudence **Perruche** *par la loi du 4 mars 2002*

1638. La réparation du préjudice de l'enfant né handicapé dans le cas où la faute médicale n'a pas créé le handicap mais à seulement empêché les parents de pratiquer un IVG, a été condamnée par le législateur. La loi du 4 mars 2002, sur les droits des malades et l'amélioration du système de santé a en effet adopté un dispositif « anti-Perruche » qui contredit la position adoptée par la Cour de cassation et dont le Conseil constitutionnel vient d'admettre la constitutionnalité par une décision du 11 juin 2010 (v. ss 1640). Le débat peut donc difficilement renaître.

L'article 1er de la loi du 4 mars 2002, inspiré par des considérations éthiques mais également par le souci de préserver les médecins d'une mise en jeu systématique de leur responsabilité, est venu préciser que « nul ne peut se prévaloir d'un préjudice du seul fait de sa naissance ». Il ajoute que la personne née avec un handicap ne peut obtenir réparation de son préjudice que s'il est dû à une faute médicale et si cet « acte fautif a provoqué directement le handicap ou l'a aggravé » (intervention *in utero* par exemple ou erreur de traitement de la mère).

– S'agissant du préjudice de l'enfant, la jurisprudence *Perruche* s'est donc trouvée invalidée : la possibilité pour l'enfant d'obtenir réparation du préjudice consistant à être né handicapé lorsque la faute médicale n'a pas causé ni aggravé le handicap mais a consisté à ne pas le déceler ou à ne pas informer les parents est exclue.

– S'agissant des parents, lorsque la faute médicale n'a pas causé le handicap, mais a consisté à ne pas le déceler, privant ainsi les parents de la possibilité de recourir à une IVG thérapeutique, la loi de 2002 admet, à leur égard la réparation d'un préjudice moral. Mais elle limite les chefs de préjudice invocables par les parents à l'encontre du praticien fautif en déclarant que « ce préjudice ne saurait inclure les charges particulières découlant, tout au long de la vie de l'enfant, de ce handicap. La compensation de ce dernier relève de la solidarité nationale ».

Application dans le temps de la loi du 4 mars 2002 : inapplication aux instances en cours

1639. L'application de la loi du 4 mars 2002 aux instances en cours est aujourd'hui définitivement exclue. Pourtant la question s'est posée. L'article 1er, alinéa 4, de la loi

---

1. Cass., ass. plén., 17 nov. 2000 (arrêt *Perruche*), *JCP* 2000. II. 10438, rapp. P. Sargos, concl. J. Ste-Rose, note F. Chabas ; v. aussi C. Mémeteau, « L'action de vie dommageable », *JCP* 2000. I. 279.
2. Cass., ass. plén., 13 juill. 2001, *JCP* 2001. II. 10601, concl. J. Sainte-Rose, note F. Chabas, *Dr. fam.* 2001. Chron. 24, obs. P. Murat, *LPA* 2001, n° 232, p. 7, chron. M. Gobert.
3. CE, sect., 14 févr. 1997, *CH Nice c/ Quarez*, *Lebon* 1997. 44.

précisait, en effet, que les nouvelles dispositions étaient « applicables aux instances en cours, à l'exception de celles où il a été irrévocablement statué sur le principe de l'indemnisation ». La formule n'était pas claire. La jurisprudence administrative, qui, jusqu'à la loi de 2002 (jurisprudence *Quarez*) [1], accordait aux parents une indemnisation pour *l'intégralité* de leur préjudice, y compris « les charges particulières en matière de soins et d'éducation spécialisée », a pris position sur cette question dans un avis du 6 décembre 2002 [2] : le Conseil d'État a confirmé l'applicabilité immédiate de la loi de 2002 aux litiges en cours à la date d'entrée en vigueur de la loi. C'est ce qu'est venue ensuite confirmer la loi du 11 février 2005 sur l'égalité des chances (art. 2) dans une disposition interprétative. Cependant, entre-temps, la Cour européenne avait été saisie.

Les parents dont les affaires se trouvaient pendantes devant les juridictions administratives, l'avaient en effet saisie sur divers fondements dont l'article 1er de 1er protocole additionnel concernant le droit des biens. Par deux arrêts du 6 octobre 2005 la Cour européenne des droits de l'Homme (CEDH) [3] a remis en cause l'applicabilité immédiate de ce système d'indemnisation à des litiges en cours. En effet, la CEDH estime que lorsque l'intérêt patrimonial concerné est de l'ordre d'une créance, il peut être considéré comme une valeur patrimoniale « lorsqu'il est confirmé par une jurisprudence bien établie des tribunaux » (ce qui était le cas pour la réparation intégrale du préjudice des parents depuis l'affaire *Quarez*, pour la jurisprudence administrative et pour la jurisprudence judiciaire, depuis l'arrêt *Perruche*). L'espérance de cette indemnisation intégrale était donc légitime, et cette créance constituait donc un « bien » susceptible d'être protégé. La CEDH a condamné la France en reprochant à la loi de 2002 d'avoir « purement et simplement supprimé avec effet rétroactif, une partie essentielle des créances en réparation, de montants très élevés, que les parents [...] auraient pu faire valoir contre l'établissement hospitalier responsable ». Ces affaires concernaient la jurisprudence administrative.

La Cour de cassation a alors suivi la Cour européenne. Dans plusieurs arrêts du 24 janvier 2006, rendus contre l'avis de l'Avocat général G. Sainte-Rose [4], elle a écarté l'application de l'article 1er de la loi de 2002 aux instances en cours car, s'il est loisible au législateur de combattre une jurisprudence, il doit le faire dans le respect des conditions d'application de la loi dans le temps et elle a estimé que le mécanisme de compensation forfaitaire au handicap, instauré par cette loi, était sans rapport raisonnable avec la créance de réparation intégrale à laquelle aurait pu prétendre l'enfant avant l'entrée en vigueur de la loi. Elle a donc accepté d'accueillir l'action de l'enfant, pour des actions engagées avant le 1er mars 2002, manifestant ainsi son attachement à sa jurisprudence antérieure à la loi de 2002 pourtant désapprouvée par le législateur.

De son côté, le Conseil d'État a, lui aussi, dans un arrêt du 24 février 2006 [5] écarté l'application de l'article 1er de la loi du 4 mars 2002 aux instances en cours, sur le fondement de la Convention EDH (tout en rejetant en l'espèce, l'action en responsabilité,

1. CE, sect., 14 févr. 1997, *CH Nice c/ Quarez*, *Lebon* 1997. 44.
2. CE, ass., avis, 6 déc. 2002, n° 250167, *M. et Mme Draon*, *JCP* 2003. IV. 2190, obs. M.-C. Rouault ; *RFDA* 2003. 339, note J. Petit.
3. CEDH, gr. ch., 6 oct. 2005, *Draon c/ France et Maurice c/ France* ; www.echr.coe.int ; *JCP* 2006. II. 10061, note A. Zollinger ; *Dr. fam.* nov. 2005, comm. C. Radé, p. 44 ; *LPA* 17 mars 2006, n° 55, chron. S. Monnier.
4. Civ. 1re, 24 janv. 2006, *RCA* 2006, comm. 127, C. Radé ; *JCP* 2006. II. 10062, note A. Gouttenoire et S. Porchy-Simon ; *Gaz. Pal.* 12-14 févr. 2006, concl. J. Sainte-Rose ; *LPA* 31 mars 2006, p. 13, note S. Prigent.
5. CE, 5e et 4e sous-sections, 24 févr. 2006, *RCA* 2006, comm. 127, C. Radé.

du fait de l'absence de faute du service public hospitalier). « L'union des juges conduit donc ici à un désaveu du législateur » [1].

La Cour de cassation est ensuite allée encore plus loin. Dans une décision du 8 juillet 2008, destinée au rapport de la Cour de cassation, et qui ne laisse aucun doute sur sa volonté de contrecarrer l'application de la loi de 2002, elle a considéré que la créance indemnitaire était acquise au jour de la naissance de l'enfant (jour de la réalisation du préjudice) et donc, que la loi de 2002 ne devait pas s'appliquer aux enfants nés avant son entrée en vigueur, que l'action ait été engagée avant l'entrée en vigueur de la loi ou que les parents n'aient saisi une juridiction que postérieurement [2]. Cependant cette dernière solution a été écartée par le Conseil constitutionnel dans la décision du 11 juin 2010.

L'intervention du Conseil constitutionnel

1640. L'intervention du Conseil constitutionnel dans une décision du 11 juin 2010 [3], semble bien constituer l'épisode final. Le Conseil constitutionnel était saisi dans le cadre de la nouvelle procédure de contrôle de constitutionnalité *a posteriori*, instauré par la loi organique n° 2009-1523, du 10 décembre 2009. Ce contrôle de constitutionnalité permet désormais au justiciable de contester la constitutionnalité d'une loi applicable à son litige par la voie d'une « question prioritaire de constitutionnalité », transmise au Conseil constitutionnel par la Cour de cassation ou le Conseil d'État selon l'ordre juridictionnel saisi de l'affaire. Ici la question était transmise par le Conseil d'État et portait sur la conformité aux droits et libertés garantis par la constitution, à la fois de l'article 2 de la loi du 11 février 2005 concernant l'application de la loi de 2002 aux instances en cours, mais également de l'article premier de la loi du 4 mars 2002 : tout le dispositif anti-Perruche était donc concerné et le Conseil constitutionnel répond à toutes les questions qui ont fait débat. Il écarte toute inconstitutionnalité de l'article premier de la loi du 4 mars 2002, mais retient l'inconstitutionnalité de l'article 2 de la loi du 11 février 2005.

– Concernant la réparation du préjudice de l'enfant, le Conseil constitutionnel écarte l'inconstitutionnalité fondée sur les articles 4 et 6 de la Déclaration des droits de l'Homme, en estimant que l'enfant n'avait pas « d'intérêt légitime à demander la réparation des conséquences d'une faute qui a eu pour seul effet de priver la mère de la faculté d'exercer en toute connaissance de cause, la liberté d'interrompre sa grossesse ». Le législateur n'a donc pas porté atteinte au principe de responsabilité pour faute, ni au droit à un recours juridictionnel et il n'y a pas atteinte au principe d'égalité dès lors que la responsabilité n'est écartée que si la faute n'est pas à l'origine du handicap. Le Conseil répond donc à la fois sur le caractère réparable du préjudice (v. ss 1680) et sur la question du lien de causalité (v. ss 1701).

– Concernant la réparation du préjudice des parents, le Conseil constitutionnel écarte à nouveau l'inconstitutionnalité de la loi : l'atténuation apportée aux conditions de la responsabilité des professionnels et établissements de santé eu égard à l'objectif poursuivi, celui de la prise en compte des difficultés inhérentes au diagnostic prénatal n'est pas jugée disproportionnée au regard du principe de responsabilité, dès lors que la faute *caractérisée* exigée

---

1. V. note préc., A. Gouttenoire et S. Porchy-Simon, sous les arrêts du 24 janvier 2006.
2. Civ. 1re, 8 juill. 2008, *JurisData* n° 2008-044756 ; *JCP* 2008. II. 10166, avis C. Mellotte, note P. Sargos ; *JCP* 2009, chron. n° 10, obs. Ph. Stoffel-Munck ; *RCA* 2008, comm. n° 329, note S. Porchy-Simon.
3. Cons. const. 11 juin 2010, Décis. n° 2010-2, QPC ; *Dr. fam.* juill. 2010, Repère, V. L.-Terneyre. *D.* 2010. 1557, obs. I. Gallmeister, 1976, note D. Vigneau et 1980, note V. Bernaud et L. Gay ; *Constitutions* 2010. 391, obs. A. Levade ; *RTD civ.* 2012. 517, obs. P. Puig ; *D.* 2012. 2570, obs. A. Laude.

par le texte n'est pas une faute lourde, mais simplement une faute qui ne peut être présumée ou déduite de simples présomptions. Enfin, concernant la limitation du préjudice réparable au préjudice moral, il a estimé qu'elle n'est pas disproportionnée car, avec la prise en charge du préjudice matériel au titre de la solidarité nationale par la loi du 11 février 2005, le législateur « a entendu assurer » la compensation des conséquences du handicap.

– Restait donc la question de l'application aux instances en cours de l'article 1er de la loi du 4 mars 2002, déjà posée à la Cour européenne. Le Conseil considère qu'en effet, l'article 2-1-II de la loi du 11 février 2005, déclarant cette application de la loi nouvelle aux instances non jugées de manière irrévocable, était inconstitutionnel, le législateur ne pouvant « modifier de façon aussi importante les droits des personnes qui avaient engagé une procédure avant l'entrée en vigueur de la loi ». Il a donc abrogé l'article 2. Il a cependant condamné dans les motifs de sa décision, la solution maximale adoptée par la Cour de cassation après la décision de la Cour européenne et consistant à exclure l'application de la loi de 2002 dès lors que l'enfant est né avant l'entrée en vigueur de la loi, même si aucune action n'avait été engagée. Des motifs d'intérêt général, précise le Conseil constitutionnel « pouvaient justifier que les nouvelles règles fussent rendues applicables aux instances à venir relatives aux situations juridiques nées antérieurement ».

– Malgré cette décision, *la Cour de cassation* a encore fait de la résistance. Au prix d'une lecture de la décision que le Conseil d'État, pour sa part, a contredite [1], elle a considéré que l'article 1er de la loi du 4 mars 2002, étant privé de tout dispositif transitoire par la décision du Conseil constitutionnel, relevait des règles de droit commun relatives à l'application de la loi dans le temps (C. civ., art. 2). La loi nouvelle ne s'applique donc qu'aux faits dommageables postérieurs à son entrée en vigueur, indépendamment de la date de l'introduction de l'instance… La Cour de cassation a ainsi décidé de continuer à faire application de sa jurisprudence de 2008. La jurisprudence *Perruche* est ainsi selon elle, encore applicable aux enfants nés avant l'entrée en vigueur de la loi de 2002… [2].

– Depuis, cependant, la Cour de cassation a mis en œuvre le « dispositif anti-Perruche » issu de la loi du 4 mars 2002 et lui reconnaît son efficacité pour l'avenir [3].

5. Le préjudice immatériel ou préjudice économique : les pertes d'exploitation

1641. Il s'agit, ici, d'un événement affectant la production d'une entreprise commerciale ou industrielle. Il ne faut surtout pas confondre le préjudice économique et le préjudice patrimonial qui concerne, d'une façon beaucoup plus générale, toute atteinte au patrimoine, aux biens.

► ***Le préjudice économique*** est le préjudice qui naît de l'atteinte portée à l'activité économique d'une personne physique ou morale, c'est-à-dire à l'activité génératrice de revenus qu'elle mène [4].

1. CE 13 mai 2011, n° 329290, n° 317808, deux espèces ; *AJDA* 2011. 991, obs. S. Brondel ; *ibid.* 1136, chron. X. Domino et A. Bretonneau ; *Constitutions* 2011. 403, obs. X. Bioy ; *JCP* avr. 2012. 530, obs. C. Bloch ; P. Deumier, « L'après QPC de l'anti-Perruche, épisode 1 », *RTD civ.* n° 2, 2012. 71-75.

2. Civ. 1re, 15 déc. 2011, n° 10-27.473, *JCP* 2012, note 72, concl. P. Chevalier et note approb. P. Sargos ; *D.* 2012. 313, note crit. D. Vigneau ; *JCP* avr. 2012. 530, obs. C. Bloch ; P. Deumier, « L'après QPC de l'anti-Perruche, épisode 1 », *RTD civ.* n° 2, 2012. 71-75.

3. Civ. 1re, 14 nov. 2013, n° 12-21. 576, *JurisData* n° 2013-025523, *RCA* 2013, comm. 64S. Hocquet-Berg, « Le dispositif « anti-Perruche » efficacement à l'œuvre », *RCA* 2013. Étude 2.

4. V. F. Bélot, chron. citée dans la bibliographie.

Bien connu en droit anglo-saxon sous le terme de *pure economic loss*, ce chef de préjudice est encore mal défini et, surtout, mal réparé dans notre droit malgré son importance dans nos sociétés économiquement développées.

La situation peut être différente selon que le fait générateur est imputable à un tiers ou non : dans un cas on est dans le domaine délictuel ou quasi délictuel et ce préjudice est généralement mal réparé, dans l'autre on retombe dans le domaine de la responsabilité contractuelle.

Il faut, également distinguer selon que la victime est assurée ou non :

– si la victime est assurée, c'est la compagnie d'assurances, subrogée dans les droits et actions de son assuré, victime du fait générateur, qui va exercer l'action dont celui-ci était titulaire ;

– si, au contraire, la victime n'avait pas souscrit de police d'assurances étendant la couverture aux pertes d'exploitation, c'est la victime, elle-même, qui doit agir en responsabilité contre l'auteur du fait générateur pour demander réparation de ce « préjudice immatériel ».

Le préjudice économique peut découler du fait d'actes de concurrence déloyale ou de parasitisme, par exemple (v. ss 1300).

L'entrepreneur demande une indemnisation calculée sur son chiffre d'affaires non réalisé, multiplié par le taux de marge brute. Celle-ci peut être définie comme le total des frais généraux à caractère permanent et du bénéfice net d'exploitation. Le préjudice doit être, comme en droit commun, certain, direct et prévisible. Il est généralement qualifié de « perte d'une chance de réaliser une plus-value ». Sa constatation nécessite une expertise et une consultation. On se base pour l'évaluer sur la comptabilité de l'entreprise, ses comptes annuels notamment, c'est-à-dire le bilan, le compte de résultats et l'annexe. L'entrepreneur peut même réclamer une indemnisation se prolongeant jusqu'au rétablissement financier complet de l'entreprise et la reconquête de ses parts de marché.

En pratique, ni les magistrats, ni les avocats ne sont rompus à ces techniques d'analyse et d'évaluation financière et le juge s'en remet, généralement, aux dires de l'expert, se contentant d'exercer un simple contrôle de régularité sur l'expert qui, finalement, décide.

B. Les caractères du préjudice réparable

1642. Pour être réparable, le préjudice doit être certain, actuel et direct, personnel et socialement reconnu, c'est-à-dire constituer une atteinte à un intérêt légitime. Cela suffit à pouvoir exercer une action en responsabilité civile, même s'il existe d'autres voies de droit, l'action en responsabilité civile n'étant pas subsidiaire aux autres voies de droit dont pourrait disposer la victime pour obtenir réparation [1].

1. Le préjudice doit être certain : perte d'une chance ou apparition d'un risque

1643. Cela signifie que le dommage doit être déjà réalisé et pouvoir être prouvé, par opposition à un dommage purement hypothétique ou éventuel, qui ne saurait donner lieu à réparation.

Toutefois, il est parfois assez difficile de faire la différence entre un dommage « virtuel ou potentiel » qui est jugé certain et donc réparable et le dommage « éventuel, hypothétique »

1. Civ. 1re, 2 oct. 2002, *Bull. civ.* I, n° 226, *RTD civ.* n° 1, 2003. 97, obs. P. Jourdain.

qui ne l'est pas. La jurisprudence, n'est plus aussi ferme sur la nécessité du caractère certain du préjudice et tient, désormais, compte, non seulement de la perte d'une chance, mais encore de l'apparition d'un risque.

a) La perte d'une chance

1644. ***La perte d'une chance se définit*** comme la perte de l'espoir raisonnable d'un avantage futur : perte de la possibilité de se présenter à un examen ou à un concours, perte de l'espoir d'embrasser une carrière déterminée ou de bénéficier d'une promotion professionnelle [1], disparition des espoirs de remboursement d'un prêt en raison du décès accidentel de l'emprunteur [2]. Les exemples sont nombreux [3]. La perte d'une chance de pouvoir pratiquer une IVG (interruption volontaire de grossesse) lorsque, par suite d'une erreur du laboratoire d'analyses, une enfant atteinte de mongolisme est née [4], ou encore la perte d'une chance pour un enfant ayant dû supporter les conséquences de la rubéole, contractée par sa mère en début de grossesse, du fait du médecin qui n'avait pas demandé la sérologie de la rubéole, à l'occasion du certificat prénatal (examen obligatoire) [5], ont pu être reconnues comme des préjudices réparables, jusqu'à l'affaire *Perruche* et à la loi du 4 mars 2002 qui a mis fin à cette jurisprudence. On rappellera qu'il n'est plus possible désormais de se prévaloir d'un handicap à la naissance pour obtenir une indemnisation si un acte médical fautif n'a pas *directement* provoqué ou aggravé le handicap, le Conseil constitutionnel, le 11 juin 2010, ayant validé le dispositif légal interdisant cette réparation du préjudice de l'enfant et limitant celle du préjudice des parents (v. ss 1637 s., 2603, Documents, « Le point sur… La responsabilité médicale »). Ni le préjudice final constitué par le fait de naître handicapé, ni la perte d'une chance de ne pas naître handicapé ne sauraient plus être retenus.

– La perte d'une chance est généralement admise par la jurisprudence et donne lieu à réparation chaque fois qu'elle est certaine. Ce *caractère de certitude* n'est cependant pas toujours facile à apprécier. La perte de chance est certaine lorsque les chances ont été courues et que le dommage final s'est réalisé ; à l'inverse la perte de chance n'est pas admise si le dommage final ne s'est pas réalisé ou si des chances existaient encore après le fait générateur et que la victime ne les a pas tentées [6]. La jurisprudence admettait cependant généralement que les chances perdues devaient être réelles et sérieuses, ce qui implique de la part des juges une appréciation rigoureuse, destinée à des dérives et une admission trop facile de ce type de préjudice [7]. Pourtant dans une décision plus récente, la Cour de cassation a adopté une attitude

---

1. Crim. 9 oct. 1975, *Bull. crim.* n° 212, p. 567.
2. Civ. 2e, 25 juin 1975, *D.* 1975. IR 199.
3. Pour un autre exemple où est admise la perte de chance de reprendre avec succès l'activité de forain de ses parents en raison de la cécité de l'œil gauche, interdisant à la victime de passer un permis de conduire poids lourd : Civ. 2e, 16 janv. 2014, n° 13-10.566, *JurisData* n° 2014-000221, *RCA* 2014, comm. 102.
4. TGI Montpellier, 15 déc. 1989, *JCP* 1990. II. 21556, note J.-P. Gridel.
5. Civ. 1re, 16 juill. 1991, *JCP* 1992. II. 21947, note A. Dorsner-Jolivet.
6. Civ. 1re, 21 nov. 2006, *JCP* 2007, I, n° 115, obs. Ph. Stoffel-Munck ; *RDC* 2007. 266, obs. D. Mazeaud ; Civ. 2e, 24 juin 1999, *Bull. civ.* II, n° 126.
7. V. *La perte d'une chance*, colloque Orléans, 12 févr. 2013, *LPA* 2013.

beaucoup moins rigoureuse en indiquant dans un attendu de principe, que « la perte certaine d'une chance, même faible, est indemnisable »[1].

L'avant-projet Catala de réforme du droit des obligations définit la perte d'une chance comme « un préjudice réparable distinct de l'avantage qu'aurait procuré cette chance si elle s'était réalisée » (art. 1346). Quant au projet Terré, plus restrictif sur la perte de chance, il précise que « l'interruption d'un processus à l'issue incertaine ne peut constituer un dommage que s'il existait des chances réelles et sérieuses qu'il aboutisse à un résultat favorable » (art. 9).

b) L'apparition d'un risque

1645. L'identification d'un préjudice réparable peut aussi résulter de l'apparition d'un risque.

Il s'agit souvent, en matière médicale, d'un risque compromettant les chances d'éviter une détérioration de la situation actuelle : risque d'une mort prématurée provoquée par l'ablation d'un organe[2], risque d'entraîner une évolution particulièrement grave d'une maladie : tétraplégie consécutive à une méningite non diagnostiquée[3], ou encore risque de contracter le sida en raison de multiples transfusions sanguines dues à des fautes du chirurgien[4]. Le risque est alors pris en compte pour retenir un préjudice constitué par une perte de chance.

Il n'est pas question, ici, de charger le médecin du « risque thérapeutique », c'est-à-dire de lui faire assumer, sous le couvert de perte d'une chance, la responsabilité de dommages résultant de son activité non fautive[5]. Le médecin n'est pas responsable en effet de « l'aléa thérapeutique », qui affecte tout acte médical et qui justifie que, pour la Cour de cassation, l'obligation de soin du médecin n'a jamais été qu'une obligation de moyen et non de résultat (v. ss 2169 ; v. aussi ss 2603, Documents, « Le point sur... La responsabilité médicale »). La responsabilité n'est encourue que si les médecins ont commis une faute qui doit être prouvée par la victime : par exemple la persistance dans une erreur de diagnostic ayant entraîné la perte d'une chance de subir des séquelles moindres[6]. La doctrine préconisait la mise en place d'un fonds d'indemnisation susceptible de prendre en charge les dommages rattachables à un acte médical sans qu'aucune faute n'ait pu être décelée. La loi du 4 mars 2002 a suivi ces préconisations : un système d'indemnisation prend aujourd'hui le relais, lorsqu'il n'y a pas matière à responsabilité médicale (accident médical, affections iatrogènes et infections nosocomiales), au-delà d'un certain seuil de gravité cependant (v. ss 2581 s., 2603, Documents, « Le point sur... La responsabilité médicale »).

Parfois, le *seul fait d'être exposé à un risque de dommage est considéré comme un dommage réparable*. Ainsi, le préjudice spécifique de contamination (v. ss 1635) consiste

---

1. Civ. 1re, 16 janv. 2013, n° 1.439, *D*. 2013. 619, note M. Bacache et *ibid*. 243, obs. I. Gallmeister, *Gaz. Pal*. 10-1-23 avr. 3013, note A. Guégan ; *RCA* 2013, comm. 108, note F. Leduc ; *RTD civ*. 2013/2, p. 380, obs. critiques P. Jourdain.
2. Civ. 2e, 13 mars 1967, *D*. 1967. 591.
3. Civ. 1re, 20 juill. 1988, *Bull. civ*. I, no 260, *RTD civ*. 1989. 85, obs. P. Jourdain.
4. Versailles, 1re ch., 30 mars 1989, *JCP* 1990. II. 21505, note A. Dorsner-Dolivet et no 990.
5. Civ. 1re, 17 nov. 1982, *JCP* 1983. II. 20056, note M. Saluden.
6. Civ. 1re, 8 juill. 1997 (deux esp.), 1997. II. 22921, rapp. P. Sargos.

bien dans la prise en considération d'un risque : le risque de déclaration de la maladie. La Cour de cassation avance cependant avec prudence et dans l'affaire dite « des sondes cardiaques défectueuses », elle a refusé d'assimiler le risque de dommage à un préjudice réparable [1]. On retiendra la formule selon laquelle, le risque ne s'étant pas réalisé, le préjudice n'est qu'éventuel.

En dehors de l'activité médicale, le risque de dommage est également parfois considéré comme un dommage réparable. Ainsi, le propriétaire d'un étang qui en maintenait le niveau très élevé grâce à un « barrage de fortune », s'est-il vu assigner par un voisin, exploitant d'une pêcherie, au motif que cet état de fait empêchait l'écoulement naturel des eaux et « risquait » de provoquer des inondations. Tant les juges du fond que la Cour de cassation lui ont donné raison [2]. A également été considéré comme préjudice réparable, le risque préjudiciable découlant du stockage de paille, matière éminemment inflammable, à proximité d'une habitation [3].

L'impact contemporain du *principe de précaution* conduit même parfois à aller encore plus loin et à prendre en compte un *risque simplement hypothétique*. Ainsi, en imposant le déplacement d'une antenne-relais de téléphonie mobile, en raison du « préjudice moral résultant de l'angoisse créée et subie » par les personnes dont le domicile était situé à proximité immédiate de cette antenne, la cour d'appel de Versailles, dans une décision du 4 février 2009 [4] a pris en compte la « possible réalisation d'un risque hypothétique » [5] pour admettre l'existence d'un préjudice [6]. Ce n'est plus ici la certitude du risque qui justifie la qualification de dommage actuel, mais le fait qu'il n'y a pas de certitude sur l'inexistence du risque. La responsabilité civile acquiert ici une fonction d'anticipation et de prévention et on voit clairement l'incidence du principe de précaution, auquel le tribunal de Nanterre, dont la cour de Versailles confirme la décision, avait, pour sa part, fait référence explicitement, estimant que si la discussion scientifique reste ouverte sur l'innocuité de ces antennes, la société installatrice ne démontrait dans le cas d'espèce, « ni l'absence de risque, ni le respect d'un quelconque principe de précaution » [7] (v. aussi ss 1528). Cette décision a été critiquée et d'autres cours d'appel étaient revenues à une position plus tempérée [8], cependant, une décision plus récente de la cour de Montpellier, du 15 septembre 2011 a repris cette solution (v. ss 1922). La problématique du droit de l'environnement et la question du dommage environnemental mettent actuellement au premier plan cette question de la prise en charge par le droit de la responsabilité d'un simple risque de dommage (sur cette question, v. ss 1604 s.).

---

1. Civ. 1re, 19 déc. 2006, *RTD civ.* 2007. 352, obs. P. Jourdain ; *RCA* 2007, comm. nº 64, obs. C. Radé ; *JCP* 2007. II. 10052, note S. Hocquet-Berg.

2. Civ. 3e, 17 déc. 2002, *RDI* 2003. 322, obs. Y. Jégouzo et C. Thébulle ; *JCP* 2004. I. 101, obs. G. Viney.

3. Civ. 2e, 24 févr. 2005, *JCP* 2005. II. 10100, note F.-G. Trébulle.

4. Versailles, 4 févr. 2009, *JCP* 2009, act. 83, obs. C. Bloch ; *RCA* 2009, comm. 75, note G. Courtieu ; *D.* 2009. 819, note M. Boutonnet ; v. aussi : J.-F. Feldamn, « Le trouble de voisinage du principe de précaution », *D.* 2009. Chron. 1369.

5. M. Boutonnet, note sous Versailles, 4 févr. 2009, *D.* 2009. 819.

6. « Depuis cependant le Tribunal des conflits a exclu que les juges judiciaires puissent ordonner une telle mesure » (v. ss 1604).

7. TGI Nanterre, 18 sept. 2008, *JCP* 2008. II. 10208, note J.-V. Borel ; *JCP* 2009. I. 123, nº 4, obs. Ph. Stoffel-Munck ; *D.* 2008. 2916, note M. Boutonnet.

8. V. par ex. Lyon, 3 févr. 2011, *Besson et alii c/ Bouygues Télécom*, *CCC* 2011, comm. 35, obs. P. Stoffel-Munck.

2. Le préjudice doit être actuel

1646. Ceci par opposition au dommage futur qui ne devrait, en principe, pas être pris en considération.

Toutefois, là encore, un préjudice futur pourra être indemnisé, s'il est lui-même certain, inévitable et déterminable. En effet, il arrive que l'on sache avec certitude qu'un dommage se produira ultérieurement et qu'on puisse le chiffrer. Ainsi, des propriétaires fonciers obligés de supporter sur leur terrain l'installation d'une ligne électrique sollicitaient-ils, non seulement la réparation du préjudice actuel, mais aussi celle du préjudice futur devant résulter dans l'avenir du fonctionnement et de l'entretien de la ligne et, dans un arrêt du 1er juin 1932, la Cour suprême, à laquelle était objecté le caractère aléatoire de ce dommage, répondit « Attendu que s'il n'est pas possible d'allouer des dommages-intérêts en réparation d'un préjudice purement éventuel, il en est autrement lorsque le préjudice, *bien que futur*, apparaît aux juges du fait comme la prolongation *certaine et directe* d'un état de choses actuel et comme étant *susceptible d'estimation immédiate* »[1].

1647. La question s'est aussi posée avec l'indemnisation des personnes contaminées par le VIH (virus de l'immunodéficience humaine), notamment à la suite de transfusions sanguines. Il faut distinguer entre un préjudice spécifique de séropositivité, préjudice actuel et le préjudice lié à la déclaration ultérieure de la maladie, préjudice n'ayant pas un caractère certain et dont la réparation est subordonnée à la constatation médicale de la maladie. La loi du 31 décembre 1991 créant un fonds d'indemnisation spécifique avait intitulé ce préjudice : préjudice personnel de contamination, défini comme « l'ensemble des troubles dans les conditions d'existence entraînés par la séropositivité et la maladie déclarée ». La cour d'appel admet ici (avec l'aval de la Cour de cassation) le principe d'une indemnisation conditionnelle, en procédant à l'évaluation immédiate de l'indemnité correspondant au préjudice résultant de la déclaration de la maladie, mais en subordonnant le versement de l'indemnité à la constatation médicale de la maladie et en indexant l'indemnité[2] (v. ss 1635).

L'avant-projet Catala de réforme du droit des obligations reprend, là aussi, les acquis jurisprudentiels. Il précise que « le préjudice futur est réparable lorsqu'il est la prolongation certaine et directe d'un état de chose actuel. »

« Lorsque la certitude du préjudice dépend d'un événement futur et incertain, le juge peut condamner immédiatement le responsable en subordonnant l'exécution de sa décision à la réalisation de cet événement » (art. 1345).

3. Le préjudice doit être direct

1648. C'est-à-dire qu'il doit découler directement du fait générateur et non être intervenu indirectement, par ricochet. La question s'est posée, à propos de certains organismes tels que les compagnies d'assurances ou la Sécurité sociale, ceux qu'on appelle « des tiers payeurs » ; tenus d'indemniser la victime, peuvent-ils réclamer à l'auteur du dommage subi par la victime la réparation du préjudice indirect qui leur a été ainsi causé ? En réalité, il ne s'agit pas pour eux de demander réparation d'un préjudice indirect, mais d'exercer un recours subrogatoire. Disposent-ils cependant d'un tel recours et dans quelles conditions ? Le préjudice par ricochet est par ailleurs parfois réparé.

---

1. *S.* 1933. I. 49, note H. Mazeaud, *D.* 1932. I. 102, rapp. Pilon ; *Gaz. Pal.* 1932. II. 363.
2. Civ. 2e, 20 juill. 1993, préc., v. ss 1038.

a) La question du recours subrogatoire des tiers payeurs

1° Assurances

• ***S'il s'agit d'assurances de personnes***

1649. Ce recours était prohibé par l'article 55 de la loi du 13 juillet 1930, devenu l'article L. 131-2 du Code des assurances et la victime pouvait obtenir une double indemnisation. Mais, ce principe du cumul de réparation était très critiqué, bien que cela se justifie dans la mesure où le capital payé par l'assureur n'est que l'exécution du contrat d'assurances, la contrepartie des primes versées et les chambres civiles justifiaient l'absence de recours de l'assureur de personnes au motif que les sommes versées par un assureur de personnes revêtent un caractère forfaitaire et non pas indemnitaire « dès lors qu'elles sont calculées en fonction d'éléments prédéterminés par les parties indépendamment du préjudice subi » [1].

La situation a ensuite un peu évolué à la suite de deux lois.

– *La loi du 16 juillet 1992* qui a ajouté un alinéa 2 à l'article L. 131-2 du Code des assurances. Le texte prévoit, désormais, que l'assureur à la personne « peut être subrogé dans les droits du contractant ou des ayants droit contre le tiers responsable pour le remboursement des prestations indemnitaires prévues au contrat ». Cette disposition laisse encore flotter certains doutes : l'article dit seulement que l'assureur « peut » être subrogé et c'est au juge qu'il appartient finalement de vérifier la qualification de l'indemnité : forfaitaire ou indemnitaire ?

– *La loi du 8 août 1994* a réglé la question pour « les indemnités journalières de maladie et prestations d'invalidité » versées, en ajoutant les « sociétés d'assurances » à la liste de l'article 29 de la loi du 5 juillet 1985 qui énumère les tiers admis à exercer un recours subrogatoire.

De son côté la jurisprudence a apporté quelques précisions.

– *Un premier arrêt de la première chambre civile* a admis que « le caractère prédéterminé de la prestation d'assurance, payable en cas de décès du conducteur assuré, ne fait pas obstacle à ce que les parties lui confèrent, lorsqu'il existe un tiers responsable, la nature d'une avance sur indemnité et la soumettent au recours subrogatoire de l'assureur… » [2]. Mais qu'en était-il pour d'autres assurances de personne : assurance-maladie, assurance prévoyance ?

– *Un arrêt de la deuxième chambre civile*, cette fois, a relevé que « seules doivent être imputées sur l'indemnité réparant le dommage résultant d'une atteinte à la personne, les sommes versées à titre indemnitaire » et que « les prestations servies en exécution d'un contrat d'assurance de personne en cas d'accident ou de maladie revêtent un caractère forfaitaire et non indemnitaire… » [3].

Il reste donc à déterminer « dans quels cas pourrait être admise la qualification indemnitaire susceptible d'autoriser une subrogation de l'assureur en application de l'article L. 131-2, alinéa 2, du Code des assurances » [4].

---

1. Civ. 1re, 17 mars 1993 (deux arrêts), *Bull. civ.* II, n° 113 ; *RCA* 1993, comm. 383 et chron. 29 par H. Groutel.
2. Civ. 1re, 15 déc. 1998, *D.* 1999. 523, note P. Fadeuilhe ; *RCA* 1999. Chron. 5, par H. Groutel.
3. Civ. 2e, 23 sept. 1999, *RCA* 1999, comm. 376, par H. Groutel.
4. P. Jourdain, *RTD civ.* 2000. 128, obs. n° 6, commentant ces deux arrêts.

• ***En revanche, en matière d'assurances de choses***

1650. L'assureur est subrogé dans les droits de la victime qu'il a indemnisée et peut réclamer, à ce titre, à l'auteur du dommage, la réparation de ce préjudice (art. 36, L. 13 juill. 1930, devenu art. L. 121-12, C. assur.). La victime, elle-même, ne pouvant réclamer que le surplus, si la réparation de l'assurance est inférieure au dommage.

2° La Sécurité sociale

1651. Elle peut obtenir le remboursement des prestations qu'elle verse à son assuré, victime d'un accident. Elle est en effet subrogée dans les droits de la victime et, à ce titre, elle peut exercer un recours récursoire contre le tiers responsable. Ce recours s'exerce sur les indemnités réparant le dommage corporel, « exception faite des préjudices personnels » (v. CSS, art. L. 376-1, al. 3).

1652. La Cour de cassation admet également que l'indemnité entière due au titre de la *perte d'une chance* d'éviter le dommage corporel puisse constituer l'assiette du recours des tiers payeurs [1].

1653. Ce recours de la sécurité sociale a donné lieu à beaucoup de difficultés, tenant notamment à cette exclusion des indemnités à caractère personnel, en l'absence de nomenclature fiable des différents chefs de préjudice corporel et des incertitudes sur la qualification de certains d'entre eux (sur ce point, v. ss 1618, 1633). La loi du 21 décembre 2006 (de financement de la sécurité sociale pour 2007) est venue tenter de résoudre les problèmes, ce qui était très attendu [2]. Elle a modifié l'article 31 de la loi du 5 juillet 1985 sur les accidents de la circulation [3] et l'article L. 376-1 du Code de la sécurité sociale. Ces textes sont relatifs à l'étendue du recours du tiers payeur sur les indemnités allouées aux victimes, en fonction de la nature du préjudice que ces indemnités réparent.

1654. Avant la loi de 2006, selon les textes précités, était seule exclue du recours du tiers payeur, « la part d'indemnité de caractère personnel correspondant aux souffrances physiques, ou morales endurées et au préjudice esthétique et d'agrément ». Le recours pouvait donc être exercé sur tout le reste, globalement, donc éventuellement sur la part d'indemnité réparant le préjudice fonctionnel (v. ss 1633) qui n'était pas visé parmi les préjudices à caractère personnel exclus du recours, alors même que la sécurité sociale n'accorde pas d'indemnité à ce titre. L'atteinte aux droits de la victime se manifestait notamment dans le cas d'un partage de responsabilité opposable à la victime : si la part d'indemnité attribuée à la victime au titre des préjudices strictement économiques ne suffisait pas à remplir la caisse de ses droits, en raison du partage de responsabilité, le recours de la caisse pouvait en effet s'étendre aux sommes versées à la victime au titre du

---

1. Civ. 16 nov. 1983, *Bull. civ.* V, n° 560 ; Civ. 2e, 13 nov. 1985, *Gaz. Pal.* 2 nov. 1986, obs. F. C ; Civ. 1re, 20 juill. 1988, *Bull. civ.* I, n° 260.

2. P. Guiomard, « Le recours du tiers payeur sur les indemnités versées à la victime, la réforme, enfin ! », *D.* 2007. 144 ; H. Groutel, « Le recours des tiers payeurs : rapport d'étape (décembre 2006-février 2008) », *RCA* févr. 2008, p. 9.

3. L'article 29 de la loi du 5 juillet 1985, en matière d'accident de la circulation, énumère limitativement les prestations versées à la victime résultant d'une atteinte à la personne et ouvrant droit à un recours contre la personne tenue à réparation ou à son assureur (v. ss 1494). L'article 30 précise que ces recours ont un caractère subrogatoire.

préjudice fonctionnel. En outre, les juges ne distinguaient pas toujours dans la somme allouée au titre des différentes incapacités (ITP, IPP ; v. ss 1626), les différents chefs de préjudices (pertes de gains professionnels, incidence professionnelle, préjudice fonctionnel), de sorte que le recours des caisses pouvait porter sur la totalité du montant, globalisé.

1655. La loi de 2006 impose désormais aux tiers payeurs d'exercer les recours subrogatoires « poste par poste, sur les seules indemnités qui réparent des préjudices qu'elles ont pris en charge, à l'exclusion des préjudices à caractère personnel ». Cela à moins que le tiers payeur n'établisse qu'il a effectivement et préalablement versé à la victime une prestation indemnisant de manière incontestable un poste de préjudice personnel, auquel cas son recours peut s'exercer sur ce poste de préjudice.

Par ailleurs, pour protéger la victime des effets de la subrogation, la loi a instauré un principe de priorité : il est prévu que conformément à l'article 1252 du Code civil, la subrogation ne peut nuire à la victime subrogeante, créancière de l'indemnisation, lorsqu'elle n'a été indemnisée qu'en partie. En ce cas, elle peut exercer ses droits contre le responsable, pour ce qui lui reste dû, par préférence et priorité au tiers payeur, dont elle n'a reçu qu'une indemnisation partielle.

1656. Dans un avis du 23 octobre 2007[1], la Cour de cassation a précisé que cette loi s'appliquait aux événements ayant occasionné le dommage survenu antérieurement dès lors que le montant de l'indemnité n'a pas été définitivement fixé et qu'elle s'appliquait aussi en matière d'accident du travail. Le Conseil d'État a lui aussi rendu un avis sur l'application de la loi de 2006[2], prenant parti pour son application immédiate et précisant les critères nouveaux posés par la loi (notion de poste de préjudice, et postes à distinguer en l'absence de dispositions réglementaires, dont on notera qu'il s'agit de ceux prévus par le rapport Dintilhac… prise en compte dans les préjudices personnels des indemnités réparant les troubles dans les conditions d'existence, envisagés indépendamment de leurs conséquences pécuniaires…). Pour éviter tout risque de double emploi dans l'indemnisation, la deuxième chambre civile a également précisé que même si la caisse de Sécurité sociale ne réclame pas le remboursement des prestations sociales, le montant des dépenses de cette caisse doit quand même être déterminé et déduit de l'évaluation du préjudice global[3].

1657. La question de l'étendue exacte du recours des caisses n'est cependant pas définitivement fixée et les hésitations demeurent concernant le préjudice fonctionnel et d'agrément. En effet, la loi de 2002 a supprimé la liste des préjudices personnels exclus du recours des caisses qui était donnée antérieurement par l'article L. 376-1 du Code de la sécurité sociale et qui ne comportait pas le préjudice fonctionnel. On rappellera que cela avait conduit la jurisprudence à admettre qu'il s'agissait d'un préjudice objectif, patrimonial, susceptible d'entrer dans l'assiette du recours. Aussi, dans l'intérêt des victimes, la jurisprudence avait alors gonflé le préjudice d'agrément, préjudice personnel exclu du recours, au détriment du préjudice fonctionnel (v. ss 1633). Avec la suppression de l'énumération des préjudices personnels par le Code de la sécurité sociale et compte tenu aussi de la nomenclature *Dintilhac*, qui classe le préjudice fonctionnel (déficit fonctionnel temporaire et permanent) dans les préjudices extrapatrimoniaux (à caractère

---

1. Avis du 23 oct. 2007, *D.* 2007. Actu. 2801, obs. I. Gallmeister.
2. CE, sect., 4 juin 2007, *M. Lagier et autres*, *RFDA* 2007. 912.
3. Civ. 2e, 11 janv. 1995, *JCP* 1995. IV. 629 ; *JCP* 1995. I. 3853, obs. G. Viney.

personnel), la seconde chambre civile de la Cour de cassation a modifié les solutions. Elle a qualifié le préjudice fonctionnel de préjudice personnel, exclu du recours des caisses et est revenue à une conception stricte du préjudice d'agrément (références, v. ss 1633). Le préjudice fonctionnel comprend donc les troubles dans les conditions d'existence et le préjudice d'agrément seulement l'impossibilité de pratiquer une activité sportive ou de loisir spécifique.

Toutefois, depuis, un nouveau revirement est intervenu, concernant la matière des accidents du travail. La Cour de cassation, en effet, a remis en question, concernant les rentes accidents du travail versées par la sécurité sociale, le principe de la non-imputation sur les préjudices personnels, en admettant le recours des caisses sur les sommes attribuées au titre du préjudice fonctionnel, considérant que la rente accident du travail incluait « nécessairement ce poste de préjudice ». Elle est ensuite revenue à une définition large du préjudice d'agrément, « préjudice subjectif constitué par les troubles ressentis dans les conditions d'existence », pour éviter un recours de la sécurité sociale portant sur ce poste [1]. Ce revirement reste pour l'instant propre au cas des accidents du travail et au préjudice d'agrément tel que défini par le Code de la sécurité sociale en matière d'accident du travail. En dehors de cette hypothèse, le préjudice d'agrément resterait défini de façon stricte. Cette différence est regrettable et les atermoiements et incohérences jurisprudentielles sont critiqués par la doctrine [2].

3° État, collectivités publiques, EDF, SNCF, etc.

1658. Le cas est le même pour l'État qui a versé des prestations à un fonctionnaire, victime d'un accident en service, ou pour les établissements publics [3]. Ils sont concernés par l'article 29, 1°, de la loi du 5 juillet 1985 malgré une jurisprudence divergente critique [4].

b) Le préjudice par ricochet

1659. Il est bien évident que c'est normalement la personne victime de l'accident, qui a subi de graves atteintes corporelles, qui va en demander la réparation. Si elle décède, ses héritiers pourront agir à sa place. Il ne s'agit cependant pas là d'un préjudice par ricochet (1). Cependant, les héritiers peuvent aussi réclamer la réparation du préjudice que ce décès leur cause personnellement (2) ; ou même en l'absence de décès, la réparation du préjudice subi du fait des blessures de leur parent. Ils se présentent alors comme des victimes secondaires d'un dommage, qui est certes personnel mais qui n'est intervenu qu'en raison d'un dommage primaire subi par la victime directe : il s'agit d'un dommage « par ricochet » (3).

1660. On peut concevoir par ailleurs qu'il s'agisse, non plus des héritiers directs, ou des membres de la famille mais d'autres personnes qui subissent un préjudice du fait de ce décès ou des blessures de leur proche. Ce préjudice peut être *un préjudice matériel*, économique : par

---

1. Civ. 2e, 8 avr. 2010, P. Sargos, *D.* 2010, Point de vue, p. 1089

2. S. Porchy-Simon, « Le recours des tiers payeurs à l'épreuve de la politique jurisprudentielle de la Cour de cassation », *D.* 2010. Étude 593 ; P. Jourdain, « Pour un réexamen du droit des recours en contribution », *RCA* 2009, Dossier *Les vingt ans de la revue*, p. 11.

3. Civ. 30 juin 1960, *RTD civ.* 1960. 642, obs. D. Mazeaud, et Civ. 30 avr. 1964, *RTD civ.* 1964. 740, obs. Rodière.

4. Civ. 2e, 28 avr. 1993, *Bull. civ.* II, n° 153.

exemple, perte pécuniaire pour les personnes en affaires avec la victime décédée ou perte de subsides pour les membres de sa famille ou de son entourage qu'il faisait vivre ; ou bien il peut s'agir d'un *préjudice moral*, dit aussi *préjudice d'affection*, consistant dans le chagrin qu'ils ressentent. Ce préjudice par ricochet n'est pas toujours réparé (3).

1° Les héritiers agissant à la place de la victime décédée : exclusion d'un préjudice par ricochet

1661. Lorsque les héritiers réclament la réparation à la place de la victime décédée, dans ce cas, ils se contentent d'exercer l'action de leur auteur, trouvée dans le patrimoine qui leur échoit. Il n'y a pas de difficultés particulières : il ne s'agit pas d'un préjudice par ricochet. Ils vont trouver cette action dans le patrimoine de leur auteur qui leur est transmis. Les héritiers sont censés « continuer la personne de leur auteur » et peuvent donc réclamer la réparation, non seulement du dommage matériel subi par leur auteur, mais même du préjudice moral et notamment, ce qui peut sembler plus contestable, de son *pretium doloris*[1]. Malgré les critiques nombreuses dans ce domaine, la Cour de cassation maintient sa position[2].

1662. Toutefois, en ce qui concerne le *pretium doloris*, une divergence était apparue au sein de la Cour suprême, dans la mesure où la chambre criminelle n'autorisait les héritiers à agir qu'en continuant l'action intentée de son vivant par leur auteur, victime de l'accident, alors que la deuxième chambre civile estimait que le droit à réparation du dommage, résultant de la souffrance physique ou morale de leur auteur, se transmettait aux héritiers sans restriction. Il a fallu attendre deux décisions prises en chambre mixte pour trancher dans le sens de la deuxième chambre civile.

1663. Ces décisions affirment que le droit à réparation du dommage résultant de la souffrance physique ou morale se transmet aux héritiers de la victime même si celle-ci n'avait pas commencé à exercer l'action de son vivant[3].

2° Les héritiers réclamant la réparation de leur propre préjudice par ricochet en cas de décès de la victime directe

1664. Il peut s'agir d'une perte des subsides que leur versait leur auteur, par exemple, mais cela a parfois été refusé, dans la mesure où ils héritaient de ce dernier et avaient, dès lors, des moyens suffisants : il a également été jugé que les charges de la succession et, notamment, l'obligation de verser, à la place de son père, la rente que celui-ci devait à son ex-épouse divorcée au titre de la prestation compensatoire, ne constituaient pas pour l'héritier « un élément du préjudice né directement de l'infraction d'homicide involontaire »[4].

Lorsque la réparation du préjudice par ricochet a été admise, des discussions sont encore nées, dans la mesure (nous le reverrons plus loin, v. ss 1755), où l'on s'est demandé si, en cas de partage de responsabilité entre l'auteur du dommage et la victime, considérée comme fautive, cette faute, qui aurait été opposable à la victime, elle-même, pouvait, ou non, être

---

1. Crim. 22 nov. 1961. *D.* 1962. Somm. 29.

2. Crim. 28 nov. 1992, *JCP* 1993. IV. 429, et obs. G. Viney, *JCP* 1993. I. 3664.

3. Cass., ch. mixte, 30 avr. 1976, *D.* 1977. 185, note Mme Contamine-Raynaud ; *RTD civ.* 1976, obs. G. Durry ; *Bull. civ.*, n° 2, p. 1 et n° 3, p. 2.

4. Crim. 18 nov. 1998, *D.* 1999. IR 36, *Bull. crim.* n° 304 ; *RCA* 1999, n° 59.

opposable aux héritiers, agissant en leur propre nom. Après de nombreuses hésitations, la Cour suprême a finalement décidé que cette faute de la victime est opposable à ses héritiers car, « si l'action de ce tiers est distincte par son objet, même lorsque ce tiers est aussi l'héritier de la victime, de celle que ladite victime aurait pu exercer elle-même, elle n'en procède pas moins du même fait originaire considéré dans toutes ces circonstances »[1].

Le législateur a, d'ailleurs, consacré cette solution dans l'article 6 de la loi du 5 juillet 1985 sur les accidents de la circulation selon lequel « le préjudice subi par un tiers du fait des dommages causés à la victime directe d'un accident de la circulation est réparé en tenant compte des limitations ou exclusions applicables à l'indemnisation de ces dommages ».

La Cour de cassation, visant l'article 1165, précise que la responsabilité contractuelle engendre automatiquement, au profit de la victime par ricochet, un droit d'agir en réparation sur le fondement de la responsabilité délictuelle car « la victime par ricochet d'un accident relevant de la responsabilité contractuelle dispose d'une action en responsabilité délictuelle pour obtenir réparation de son préjudice »[2].

3° Préjudice par ricochet invoqué par les proches de la victime décédée

1665. Le nombre des personnes qui réclament la réparation du « préjudice par ricochet » qu'elles subissent du fait du décès accidentel d'un de leur proche, a été parfois tellement important (seize personnes en 1931 devant la cour d'Amiens !) que la jurisprudence, tout en en admettant le principe, a dû en limiter le nombre.

Évolution jurisprudentielle

1666. La jurisprudence fut amenée, dès 1937, à limiter le nombre des personnes autorisées à invoquer le préjudice par ricochet, en posant le principe d'une autre exigence, celle d'un « intérêt légitime juridiquement protégé », *c'est-à-dire d'un lien de droit* unissant le demandeur à la victime[3].

La jurisprudence évolua alors de façon différente, selon qu'il s'agissait d'un préjudice matériel ou d'un préjudice moral, pour définir ce lien de droit nécessaire.

1667. ***Concernant le dommage patrimonial par ricochet*** : il était constitué, le plus souvent, par la perte des subsides versés antérieurement par la victime, aussi les tribunaux ont-ils tout d'abord fondé le droit à réparation sur le lien d'*obligation alimentaire* (C. civ., art. 203 à 211), mais très vite, il fut étendu à des cas où il n'existait qu'une créance « naturelle » d'aliments ce qui permettait, finalement, d'indemniser tous les membres de la famille légitime proche, mais écartait tous les étrangers. Ceci était évidemment assez injuste, notamment lorsque cela écartait des personnes liées en « fait » avec la victime, c'est-à-dire des personnes recueillies ou secourues par elle qui subvenait, effectivement, à leurs besoins. Ce fut souvent le cas pour des concubines, si bien que le recours à la notion d'obligation alimentaire fut progressivement abandonné, d'abord par le Conseil d'État qui y faisait appel depuis 1928 (surtout pour écarter l'action des concubines) et qui abandonna cette position dès 1952 avec l'arrêt *Simon*[4].

---

1. Cass., ass. plén., 19 juin 1981, *JCP* 1982. II. 19712, rapp. Cons. Ponsard, *D.* 1982. 85 [deux arrêts], concl. X. Cabannes, note F. Chabas.
2. Civ. 2e, 23 oct. 2003, *JCP* 2004. II. 10187, note I. Tricot-Chamard.
3. Civ. 27 juill. 1937, *D.* 1938. I. 8, 4e esp., note R. Savatier ; *S.* 1938. I. 321, note G. Marty ; *JCP* 1937. II. 466, note Dallant ; *Rev. gén. ass. terr.* 1938. 983, note Picard.
4. CE 25 janv. 1952, *Simon, Lebon* 1952. 60 ; *S.* 1953. III. 56 ; *D.* 1952. 49, note Morange.

Ce fut ensuite le tour de la chambre criminelle de la Cour de cassation qui renonça au lien d'obligation alimentaire dès 1954 [1] puis, enfin, de la deuxième chambre civile, plus discrètement et seulement depuis 1964 [2].

1668. ***Concernant le dommage moral par ricochet*** : la réparation du préjudice d'affection ne fut accordée, dès 1931, qu'aux personnes dont l'action en indemnité était fondée « sur un intérêt d'affection né du *lien de parenté ou d'alliance* qui unissait la victime du fait dommageable à celui de ses ayants droit qui en demande réparation » [3].

Il s'agissait donc, là encore, d'un critère familial qui suscita les mêmes critiques que le lien d'obligation alimentaire en matière de préjudice matériel, en écartant des personnes effectivement liées affectivement avec la victime, mais sans liens familiaux, parents nourriciers, par exemple, fiancée, concubine…

1669. C'est pourquoi, ce critère fut également abandonné dès 1956, d'abord par la chambre criminelle toujours en avance, qui n'exigeait plus qu'un lien d'affection [4] et, seulement vers 1964, et encore de façon implicite, par la deuxième chambre civile (arrêt du 4 mars 1964 déjà cité pour le préjudice matériel).

1670. Finalement, pour tenter d'unifier la jurisprudence de ses différentes chambres, la Cour de cassation réunie en chambre mixte a rendu le 27 février 1970 un arrêt de principe, l'arrêt *Dangereux* [5]. Cette décision ne fait aucune distinction entre les préjudices matériel ou moral par ricochet et renonce à trouver un critère satisfaisant de ce rapport de droit en affirmant que « l'article 1382 du Code civil ordonnant que l'auteur de tout fait ayant causé un dommage à autrui sera tenu de le réparer, *n'exige pas en cas de décès, l'existence d'un lien de droit* entre le défunt et le demandeur en indemnisation ». Il s'agissait en l'espèce d'une concubine mais c'était un concubinage stable et non délictueux. Un doute restait permis en cas de concubinage adultérin qui fut ensuite levé par la chambre criminelle le 19 juin 1975 [6].

État actuel du droit positif

1671. Qu'entend-on aujourd'hui par « proches » de la victime : il faut nuancer légèrement selon les cas.

– *Le conjoint et les enfants* : ils doivent, évidemment, apporter la preuve du préjudice subi, mais pour le *préjudice d'affection*, il existe une présomption de fait, par contre, la *perte de subsides* doit être établie sans tenir compte d'une *activité rémunérée entreprise après le décès du conjoint* [7]. En revanche, s'il s'agit d'un conjoint séparé de fait depuis plusieurs années et ne justifiant, ni de la persistance d'un lien d'affection, ni d'une contribution aux charges du mariage, l'indemnisation n'est pas due [8].

---

1. Crim. 16 déc. 1954, *Bull. crim.* n° 412, p. 707.

2. Civ. 2ᵉ, 4 mars 1964, *Gaz. Pal.* 1964. I. 392 ; *Bull. civ.* II, n° 201, p. 149 ; *JCP* 1964. IV. 58.

3. Req. 2 févr. 1931, *DH* 1931. 113 ; *JCP* 1931. 41 ; *S.* 1931. I. 123 ; *DP* 1931. I. 38, rapport Pilon.

4. Crim. 5 janv. 1956, *Bull. crim.* n° 15, *D.* 1956. 216 ; *Gaz. Pal.* 1956. I. 230 ; *JCP* 1956. II. 9146.

5. *JCP* 1970. II. 16305, concl. R. Lindon, note Parlange ; *D.* 1970. 201, note Combaldieu ; *Gaz. Pal.* 1970. I. 163 ; *Bull. crim.* p. 183.

6. *D.* 1975. 679, note A. Tunc, et Paris, 10 nov. 1976, *D.* 1978. 458, note J.-B. Bosquet-Denis, *JCP* 1978. II. 18859, note R. Savatier.

7. Civ. 2ᵉ, 2 nov. 1994, *Bull. civ.* II, n° 217 ; *RTD civ.* 1995. 130, obs. P. Jourdain ; *JCP* 1995. I. 3853, obs. G. Viney, et Crim. 13 déc. 1995, *Bull. crim.* n° 377.

8. Civ. 2ᵉ, 22 févr. 1989, *Bull. civ.*, n° 46.

Une décision du TGI de Reims du 19 juillet 2005 [1] a causé une émotion certaine, dans la mesure où elle ressuscitait la fameuse jurisprudence *Perruche* en acceptant d'indemniser le préjudice par ricochet des deux enfants d'un couple pour « la perte de chance de ne pas subir de dommages consécutifs à la naissance dans leur foyer d'un enfant trisomique »...

– *Les autres membres de la famille* par le sang *ou adoptive* : ascendants, descendants, frères, sœurs, neveux, nièces et alliés doivent, eux aussi, apporter la preuve du préjudice subi.

– *Les étrangers à la famille* : ils sont dans la même situation, s'ils peuvent prouver le préjudice ils seront indemnisables, ceci concerne les fiancés, les parents nourriciers, les enfants recueillis, etc. ou encore l'enfant né hors mariage qui vit à la charge du mari de sa mère, en cas de décès de ce dernier [2].

On relèvera aussi pour l'anecdote, que le juge de proximité d'Orléans a admis la réparation du préjudice moral de « fans » de la pop star Michael Jackson (1 euro symbolique), par le médecin dont la culpabilité avait été reconnue pour avoir administré une dose mortelle d'anesthésique à la star [3].

– *Les concubins* : ce sont eux dont la situation a donné lieu au maximum de contestations et pour lesquels la jurisprudence a été la plus remarquée : c'est à propos de l'une d'elle que la Cour de cassation en 1937 a, pour la première fois, exigé un « intérêt légitime juridiquement protégé » [4].

1672. Concernant les concubins en effet, la situation est restée longtemps bloquée. Le droit à réparation du dommage par ricochet leur a longtemps été refusé, pour immoralité, surtout s'il s'agissait d'un concubinage adultérin. La deuxième chambre civile a, notamment, toujours été sévère à leur égard, même dans des cas socialement intéressants, dès lors que le concubinage était adultérin, ainsi, pour une concubine âgée et aveugle que le décès de son concubin laissait sans ressources [5]. La deuxième chambre repoussait même toutes les concubines. Par exemple, l'action fut refusée dans un cas où il s'agissait d'ex-époux divorcés qui avaient repris la vie commune sans se remarier ! [6]

1673. Finalement, c'est à propos de l'une d'elles que l'arrêt de la chambre mixte du 27 février 1970 (préc.) avait reconnu le droit à réparation, mais il s'agissait d'un concubinage non adultérin. La chambre criminelle a d'abord continué à élargir sa position, en acceptant, par exemple, d'indemniser une concubine mariée, mais qui était séparée de son mari depuis plus de 35 ans [7], puis elle l'a finalement admis, même dans le cas d'un concubinage adultérin [8].

Toutefois, la chambre criminelle a refusé l'indemnisation de deux maîtresses, la double liaison ayant un caractère précaire [9]. Au contraire, une indemnisation a pu être accordée simultanément à l'épouse légitime et à la maîtresse de la victime [10], alors qu'elle a été

---

1. TGI Reims, 19 juin 2005, *Dr. fam.* déc. 2005, comm. D. Vigneau ; « L'avènement de l'enfant préjudice » *Dr. fam.* 2005. Repère 10, par P. Murat.

2. Crim. 17 oct. 2000, *RJPF* 2001. 2/59, obs. F. Chabas.

3. J. proximité d'Orléans, 11 févr. 2014, n° 91-13-000432, *RCA* 2014, comm. 140, note S. Hocquet-Berg.

4. Arrêt cité ; v. ss 1057.

5. V. aff. *Kredens*, Civ. 2e, 4 mars 1964, *Gaz. Pal.* 1964. I. 392.

6. Civ. 2e, 18 mars 1965, *Bull. civ.* II, n° 290, p. 200.

7. Crim. 14 juin 1973, *D.* 1973. II. 585, note P. M.

8. Crim. 10 juin 1975, préc., v. ss 1061.

9. Crim. 8 janv. 1985, *JCP* 1986. II. 20588, note G. Endréo.

10. Riom, 9 nov. 1978, *JCP* 1979. II. 19107, note Almairac.

refusée à une épouse séparée de fait depuis plusieurs années qui ne justifiait pas de percevoir avant le décès du mari une contribution aux charges du ménage ou d'une pension alimentaire, car « la chance qu'elle a perdue d'obtenir l'exécution du devoir de secours apparaît trop incertaine »[1].

1674. ***Le concubinage homosexuel***, est également, pris en considération. On peut citer un jugement du tribunal de grande instance de Belfort qui, parmi les premiers a accordé réparation à la survivante d'un couple de concubines homosexuelles. Il a accepté de réparer non seulement un préjudice moral, ce qui se justifie dès lors qu'existent des relations d'affection, quelle que soit leur nature, selon le raisonnement de l'arrêt du 27 février 1970, mais également un préjudice économique. Le jugement invoque une « communauté économique » alors même que, en cas de rupture entre concubins hétérosexuels, cette notion est ignorée ! L'indemnisation s'effectuant sur le terrain de l'enrichissement sans cause ou de la société créée de fait, les concubins ne devraient pas pouvoir opposer à des tiers ce qu'ils ne peuvent invoquer entre eux ![2]

Les mêmes solutions concernent ***les partenaires d'un PACS***.

4° Le préjudice par ricochet invoqué par les personnes en rapport d'affaires avec la victime

1675. Les préjudices par ricochets invoqués par ces personnes, créanciers, clients, fournisseurs, associé, ou employeur de la victime dont le décès met leurs intérêts en péril, sont rarement considérés comme réparables par les tribunaux. Toutefois, le tribunal de grande instance de Nanterre a admis le 22 octobre 1975 que des salariés, mis en chômage du fait de la fermeture d'un salon de coiffure démoli par un automobiliste, pouvaient s'adresser à l'auteur de l'accident pour obtenir réparation de ce dommage par ricochet[3].

5° La réparation du préjudice par ricochet en cas de survie de la victime directe

1676. Il s'agit, jusqu'ici, d'un préjudice par ricochet invoqué après le décès de la victime directe. Mais qu'en est-il en cas de survie de celle-ci ? La douleur des proches peut-être encore plus grave, en face du délabrement physique ou psychique de l'être aimé. La réparation est accordée, selon les cas, soit pour un *préjudice d'affliction*, soit pour un *préjudice d'accompagnement de fin de vie*, plus lourd (v. ss 1636, et les références citées). La chambre criminelle qui déclarait l'indemnisation des proches irrecevables, en cas de survie de la victime immédiate, a également abandonné cette position et finalement accepté de les indemniser[4].

6° La typologie des préjudices des victimes par ricochet établir par le rapport Dintilhac

1677. Le rapport *Dintilhac* (sur ce rapport et sur la nomenclature des préjudices de la victime directe, v. ss 1619 s.) a établi, en effet, une nomenclature concernant la

---

1. Civ. 22 févr. 1989, *Bull. civ.*, n° 46.
2. TGI Belfort, ch. corr., 25 juill. 1995, *JCP* 1996. II. 22724, note Paulin ; *Gaz. Pal.* 18-22 mai 1997, n°s 138 à 142, jugement p. 22 et obs. J. Lassaussois, p. 8.
3. *RTD civ.* 1976. 551, obs. G. Durry.
4. Crim. 9 févr. 1989, *D.* 1989. 614, note Bruneau ; *Gaz. Pal.* 1989. I. 392, note J. Doucet ; Crim. 21 mars 1989, *Bull. crim.* n° 137.

réparation du préjudice corporel en distinguant le préjudice corporel de la victime directe et les préjudices subis par les victimes par ricochet.

Il distingue :

– *les préjudices des victimes indirectes en cas de décès de la victime directe* : avec les préjudices patrimoniaux d'une part, comprenant les frais d'obsèques (FO), les pertes de revenus (PR) et les frais divers (FD) et les préjudices extrapatrimoniaux, d'autre part avec le préjudice d'accompagnement (PAC) et le préjudice d'affection (PAF) ;

– *les préjudices en cas de survie de la victime directe :* avec les préjudices patrimoniaux, d'une part comprenant les pertes de revenus (PR) et les frais divers (FD) et les préjudices extrapatrimoniaux, d'autre part comprenant le préjudice d'affection (PAF) et les préjudices extrapatrimoniaux exceptionnels (PEX).

4. Le préjudice doit être personnel

1678. Cette exigence exclut qu'une autre personne que la victime puisse agir si la victime elle-même ne le fait pas. Ce principe comporte cependant trois sortes de tempéraments.

– ***Les héritiers***, comme on l'a vu (v. ss 1661), peuvent agir à la place de la victime décédée car ils recueillent l'action avec le patrimoine de celle-ci.

– ***Les créanciers*** sont admis à agir par la voie oblique, lorsque leur débiteur négligent ne le fait pas (v. ss 310 s., sur l'action oblique) pour obtenir la réparation des préjudices matériels et économiques subis par celui-ci. Mais l'action est exclue pour les dommages moraux et corporels car l'action est exclusivement attachée à la personne.

– ***Certaines personnes morales*** ont reçu le droit d'agir en responsabilité pour tous les préjudices causés à l'intérêt collectif qu'elles représentent. Ainsi, les syndicats professionnels peuvent agir pour la défense des intérêts collectifs de la profession qu'ils représentent. Certaines associations ont reçu également de la loi ce droit d'agir en justice, par exemple les associations de consommateurs ou les associations de défense de l'environnement (v. ss 1758 s.).

– ***Question du préjudice collectif*** : l'admission d'actions en responsabilité au bénéfice de groupements sous-entend déjà, d'une certaine façon, la reconnaissance de la notion de préjudice collectif au sens où l'intérêt lésé n'est ni un intérêt individuel ni la somme des intérêts individuels des membres du groupe concerné mais cette question du dommage collectif s'est également posée plus directement à propos du préjudice écologique pur invoqué par un particulier. Un individu pourrait-il être éventuellement admis à demander réparation de l'atteinte à l'environnement, indépendamment de toute atteinte directe et immédiate à son intégrité physique ou à ses biens (sur ce point, v. ss 1599 s.), en vertu d'un droit subjectif à un environnement sain ? Cette idée, n'est pas consacrée pour l'instant par le droit positif ; la réparation du préjudice écologique pur, en tant que préjudice collectif, ne devrait raisonnablement pouvoir être demandée que par des associations de défense de l'environnement pour lesquels la Cour de cassation admet l'intervention même en cas de simple risque de dommage (v. ss 1605). On notera que si l'avant-projet Catala avait proposé d'introduire en droit de la responsabilité civile la notion de dommage collectif, le rapport d'information du Sénat sur la réforme du droit de la responsabilité, en a rejeté l'idée, comme la proposition de loi Béteille et les propositions Terré (v. ss 1572 s.).

Les différents projets de réforme (v. ss 1569) et certains auteurs [1] se sont accordés pour admettre l'opportunité d'instaurer *une action de groupe* ou un recours collectif pour la réparation des dommages de masse (Geneviève Viney) ou en cas de fautes lucratives commises à l'égard d'une pluralité de victimes (rapport d'information du Sénat), qu'ils se traduisent par des préjudices insignifiants au niveau individuel ou par des préjudices importants, ce qui est le cas par exemple en cas d'atteinte à l'environnement (catastrophe industrielle ou marée noire). Elle a été effectivement créée en droit français par la loi du 17 mars 2014 relative à la consommation (v. ss 1759). Mais cette « action collective » n'a rien à voir avec le dommage collectif. Il s'agit d'une somme de dommages individuels et personnels que la rationalisation conduit à regrouper dans le cadre d'une même action en justice (sur ce point, v. aussi ss 1572, 1678).

5. Le préjudice doit être socialement reconnu

1679. Un préjudice même certain ne peut être pris en considération s'il présente un caractère immoral ou illicite. La jurisprudence exige qu'il constitue une atteinte à un intérêt légitime juridiquement protégé.

Cette exigence a servi longtemps, jusqu'à l'arrêt *Dangereux*, en fait (v. ss 1670) à exclure la réparation du dommage en cas de relation de concubinage.

1680. ***La question de la réparation du préjudice de l'enfant né handicapé*** est ensuite venue illustrer, plus récemment, cette exigence de légitimité du préjudice. Au-delà des arguments techniques, tenant notamment à la question du rapport de causalité entre la faute médicale et le préjudice, cette condition d'un préjudice socialement reconnu et de la légitimité de l'intérêt lésé explique que la jurisprudence *Perruche* n'ait pas pu prospérer et que le législateur, dans la loi du 4 mars 2002, ait écarté la réparation du préjudice de l'enfant né handicapé lorsque la faute médicale n'est pas à l'origine du handicap (sur l'analyse de la jurisprudence *Perruche* et ses suites législatives et constitutionnelles, v. ss 1637 s., 1644) : le fait de naître, même handicapé, ne saurait constituer un préjudice réparable.

Au demeurant, la Cour de cassation elle-même [2], comme le Conseil d'État [3], avait auparavant énoncé clairement que l'existence de l'enfant conçu ne pouvait à elle seule constituer un préjudice réparable. Toutefois, dans l'arrêt *Perruche*, la Cour de cassation a considéré que la naissance handicapée pouvait effectivement constituer un préjudice réparable, dont la responsabilité incombait au médecin dès lors qu'il n'avait pas décelé le handicap, privant ainsi les parents de la possibilité de recourir à une IVG. C'est cette analyse que le législateur a condamnée pour des raisons éthiques (v. ss 1637), dans la loi du 4 mars 2002.

Le Conseil constitutionnel, saisi par la voie d'une des premières questions prioritaires de constitutionnalité a par ailleurs confirmé la constitutionnalité du texte dans sa décision rendue le 11 juin 2010 (v. ss 1637). Concernant la réparation du préjudice de l'enfant, il a en effet écarté l'inconstitutionnalité fondée sur les articles 4 et 6 de la Déclaration des droits de l'Homme, en estimant que l'enfant n'avait pas « *d'intérêt légitime* à demander la réparation des conséquences d'une faute qui a eu pour seul effet de priver la mère de la faculté d'exercer en toute connaissance de cause, la liberté d'interrompre sa grossesse ».

---

1. G. Viney, « Quelques propositions de réforme du droit de la responsabilité civile », *D.* 2009. Étude 2944.
2. Civ. 1re, 25 juin 1991, *D.* 1991. 566, note P. le Tourneau ; *RTD civ.* 1991. 753, obs. P. Jourdain.
3. CE 2 juill. 1982, *D.* 1984. 245, note J.-B. d'Onorio ; *ibid.* IR 21, obs. F. Moderne et P. Bon.

Le législateur n'a donc pas porté atteinte au principe de responsabilité pour faute, ni au droit à un recours juridictionnel et il n'y a pas atteinte au principe d'égalité dès lors, a souligné le Conseil constitutionnel, que la responsabilité n'est écartée que si la faute n'est pas à l'origine du handicap.

1681. Dans un arrêt du 24 janvier 2002, qui fait figure d'arrêt de principe, la Cour de cassation a également fait référence à ce caractère à la notion de préjudice socialement reconnu en faisant clairement de l'exigence de légitimité de l'intérêt lésé un instrument de moralisation du droit à réparation. Ainsi, une femme de ménage qui n'était déclarée auprès de l'Urssaf et des autres organismes sociaux que pour une partie de son activité, fut victime d'un accident de la circulation. Une cour d'appel accepta, cependant, de l'indemniser au titre des pertes de revenus, en prenant en compte tous ses revenus antérieurs, y compris ceux que lui procurait son travail non déclaré. L'arrêt est cassé au visa de l'article 1382 avec un attendu de principe : « Attendu qu'une victime ne peut obtenir la réparation de la perte de ses rémunérations que si celles-ci sont licites » [1].

1682. Toutefois, la situation irrégulière de la victime (par exemple, dans le cas d'un voyageur circulant sans titre de transport SNCF), ne suffit pas à établir l'illégitimité de son intérêt à demander réparation de son préjudice corporel [2]. De même, une personne blessée à la suite d'un accident de circulation dans une voiture qu'elle avait volée ne peut se voir apposer l'adage *nemo auditur*, étranger aux règles de la responsabilité délictuelle [3]. L'atteinte à l'intégrité physique de la personne constitue en effet toujours une atteinte à un intérêt légitime, juridiquement protégé.

II. Le lien de cause à effet ou lien de causalité entre le dommage et le fait générateur

1683. Pour qu'il y ait lieu à réparation, il faut que le préjudice subi par la victime soit causé par le fait générateur de la responsabilité que l'on veut imputer au défendeur à l'action. Ce fait peut être fautif ou non selon les cas, il peut être un fait personnel du défendeur ou le fait d'une chose ou le fait d'autrui, mais il faut qu'il soit cause du dommage pour engager la responsabilité.

Inversement, en matière contractuelle comme en matière délictuelle, le défendeur à l'action peut repousser l'action, en prouvant l'absence de ce lien de causalité ou en invoquant des causes d'exonération de responsabilité telles que la force majeure, la faute de la victime ou le fait d'un tiers.

1684. Nous allons donc étudier pour le moment, tout d'abord, la notion de causalité avec les diverses théories doctrinales auxquelles elle a donné naissance, car on ne peut pas adopter purement et simplement la notion philosophique de la causalité : il y a une spécificité de la conception juridique de cette notion.

Les causes d'exonération de responsabilité seront examinées plus tard (v. ss 1717 s.).

---

1. Civ. 2e, 24 janv. 2002, *D.* 2002. Somm. 621 et les obs. ; *JCP* 2002. II. 10118, note C. Boillot ; *RTD civ.* 2002, no 2, obs. P. Jourdain.
2. Civ. 2e, 19 févr. 1992, *JCP* 1993. II. 22170, note Casile-Hugues.
3. Civ. 1re, 17 nov. 1993, *RTD civ.* 1994. 115, obs. P. Jourdain.

A. Les controverses doctrinales sur la notion de causalité

1685. Une partie de la doctrine, rebutée par la difficulté de donner une définition exacte de cette notion, a préféré laisser son appréciation au bon sens des juges ou a cherché à trouver des notions de remplacement en faisant appel à l'« équité », à la « théorie du risque », en recherchant le but de la règle de droit méconnue ou, même, en soutenant que l'on pourrait se contenter d'une fin de non-recevoir tirée du caractère éventuellement trop lointain du rapport entre le fait dommageable et le préjudice.

Quoi qu'il en soit, aucune de ces méthodes n'ayant prévalu, il nous reste à exposer les différentes théories doctrinales qui ont été proposées pour définir la notion de causalité dans la responsabilité civile.

1. Les différentes théories

1686. Ces théories sont généralement d'origine allemande et les auteurs français les ont regroupées en deux grandes théories opposées : la théorie de l'équivalence des conditions et la théorie de la causalité adéquate, avec quelques variantes.

a) La théorie de l'« équivalence des conditions » de l'Allemand Von Buri

1687. Lorsque plusieurs événements ont concouru à la réalisation d'un dommage : chaussée glissante, piéton imprudent, automobiliste roulant trop vite, lenteur des soins à l'hôpital, faiblesse cardiaque de la victime…, comment déceler ceux qui constituent, à coup sûr, la cause de son décès ?

Selon la théorie de l'équivalence des conditions, tous ces événements sont équivalents, et l'auteur de l'un d'eux peut être condamné à la réparation de l'entier préjudice, quitte à se retourner ensuite contre les autres. Dans notre exemple, l'hôpital pourrait être poursuivi aussi bien que l'automobiliste. Selon cette théorie, « pour qu'un fait dommageable soit considéré comme « causal » il faut et il suffit qu'il en ait été l'une des conditions *sine qua non* »[1].

Cette théorie a souvent été considérée comme exagérée. Elle permet en tout cas de retenir l'idée qu'un dommage peut avoir plusieurs causes, donc plusieurs responsables, et que toutes les causes sont causes de l'entier dommage, ce qui fonde la technique de l'obligation *in solidum* (v. ss 280 s., 1699).

b) D'autres théories vont tenter une sélection entre les conditions nécessaires

1688. Mais sur quel critère ? Parmi de très nombreuses variantes, on peut retenir trois théories principales qui s'attachent, soit à la proximité temporelle, soit au degré d'efficience du fait dommageable, soit au degré de prévisibilité de réalisation du dommage.

1° Théorie de la *causa proxima* ou de la proximité de la cause

1689. Cette théorie ne retient, parmi les événements ayant causé le dommage, que celui qui est le plus proche dans le temps. Cette thèse est simpliste et entraîne des injustices criantes, elle est à peu près partout rejetée (sauf dans la jurisprudence anglaise).

1. G. Viney, *op. cit.*, p. 411.

2° Théorie de la causalité efficiente ou directe

1690. Selon certains auteurs, c'est l'importance relative de chacun des événements dans la réalisation du dommage qui permet de choisir parmi eux la ou les causes du dommage. Plus satisfaisante, cette théorie n'a cependant pas eu le succès de la suivante : la théorie de la causalité adéquate.

c) Théorie de la causalité adéquate

1691. Cette théorie, œuvre de l'Allemand Von Kries, retient, parmi les différents événements, celui qui devait nécessairement entraîner le dommage ou celle qui avait objectivement le plus de chance de l'entraîner. Poussée à l'extrême elle conduit à ne retenir parmi toutes les conditions sine qua non du dommage, qu'une seule d'entre elles. Entendue plus souplement, elle permet cependant d'écarter certaines causes. Les partisans de cette théorie invoquent l'idée de « prévisibilité ».

2. Appréciation critique de ces différentes théories

1692. Ce sont finalement la première (théorie de l'équivalence des conditions) et la dernière (théorie de la causalité adéquate) qui sont retenues par la majorité de la doctrine, mais faut-il les opposer l'une à l'autre pour choisir l'une ou l'autre, ou peut-on tenter de les concilier ?

a) Doit-on choisir entre elles ?

1693. Du point de vue de la logique, chacune de ces théories est valable, mais elle est également discutable, car dans la théorie de l'équivalence des conditions, chacune des conditions *sine qua non* n'aurait généralement pas suffi, seule, à provoquer le dommage et dans la théorie de la causalité adéquate, la « probabilité » de réalisation du dommage ne correspond pas forcément à la réalité, et une circonstance à première vue « inadéquate » a pu, en fait, avoir un rôle décisif.

De plus, si la théorie de la causalité adéquate a le mérite de limiter les responsabilités en écartant les causes trop lointaines, elle risque d'instituer une confusion entre faute et causalité, par exemple un dommage est causé par la collision de deux véhicules, selon la théorie de l'équivalence des conditions les deux automobilistes sont responsables, mais si l'on ne tient compte que de celui des véhicules dont la position rendait la collision prévisible, cela revient à désigner l'automobiliste fautif.

b) Peut-on les concilier ?

1694. En pratique, on s'aperçoit que chacune de ces théories a son utilité, la théorie de l'équivalence des conditions indique la direction à suivre pour déterminer, au fond, la causalité juridique, c'est-à-dire pour définir le lien qui doit exister entre le fait reproché au défendeur et le dommage, mais la théorie de la causalité adéquate, elle, apporte une solution au problème de la preuve ; en effet, dans tous les cas douteux, on peut faire appel à la notion de prévisibilité ou de probabilité et cela permet de *présumer* que le fait dommageable a été une condition nécessaire à la survenance du dommage.

Il convient cependant de faire la synthèse des solutions en droit positif.

B. Le lien de causalité en droit positif

1695. En droit français, le seul texte auquel on puisse se référer en la matière est l'article 1151 du Code civil qui dispose que « dans les cas même où l'inexécution de la convention résulte du dol du débiteur, les dommages-intérêts ne doivent comprendre, à l'égard de la perte éprouvée par le créancier et du gain dont il a été privé, *que ce qui est une suite immédiate et directe de l'inexécution de la convention* ». Bien sûr, ce texte concerne la responsabilité contractuelle, mais il est couramment admis qu'il s'applique aussi bien en matière délictuelle que contractuelle, aussi bien en matière pénale que civile. Ainsi, la chambre criminelle, pour déclarer un médecin coupable de blessures involontaires, relève-t-elle l'existence d'un « lien de causalité certain, fût-il indirect, entre la faute du prévenu (diagnostic tardif d'une lésion artérielle) et les blessures de la victime » (amputation d'une jambe à la suite d'une luxation du genou)[1].

L'étude du lien de causalité en droit positif révèle d'abord que la jurisprudence se réfère aux deux théories de l'équivalence des conditions et de la causalité adéquate d'une part (1) et qu'elle a posé des règles concernant les caractères du lien de causalité (2) et la preuve de ce lien de causalité (3) dont elle se départit parfois pour parvenir à des solutions plus équitables, dans l'intérêt des victimes.

1. L'UTILISATION PAR LA JURISPRUDENCE DES THÉORIES DE LA CAUSALITÉ ADÉQUATE ET DE L'ÉQUIVALENCE DES CONDITIONS

a) Utilisation combinée des deux théories pour déterminer les causes du dommage

1696. Pour déterminer les causes du dommage, la jurisprudence n'a jamais réellement choisi entre ces deux théories et les invoque alternativement et parfois même simultanément.

Les arrêts exigent généralement que l'événement ait joué « un rôle prépondérant dans la réalisation du préjudice », qu'il en soit la « cause génératrice ». Ils ne font qu'occasionnellement référence expresse à la causalité adéquate ou à l'équivalence des conditions.

On peut citer cependant, à titre d'exemple, une décision de la cour d'appel de Versailles, où, dans le cas d'une personne morte du sida à la suite de nombreuses transfusions sanguines rendues nécessaires par des fautes du chirurgien qui avait procédé à des interventions inutiles entraînant d'autres interventions, pour admettre un lien de cause à effet entre ces fautes et le décès, la cour retient explicitement l'existence d'un *rapport de causalité adéquate*[2].

En revanche, dans une situation analogue où la contamination par le sida était consécutive à des transfusions nécessitées par un accident de la circulation, transfusions considérées ici comme « cause essentielle et directe du dommage », la cour de Paris retient que la faute du conducteur est la condition *sine qua non* du dommage, ce qui renvoie directement à la théorie de l'*équivalence des conditions*[3].

---

1. Crim. 7 juill. 1983, *Gaz. Pal.* 7-9 janv. 1996, note F. Chabas.

2. Versailles, 1re ch., 30 mars 1989, *Gaz. Pal.* 6 août 1989, p. 13 ; *JCP* 1990. II. 21505, note A. Dorsner-Jolivet ; dans le même sens Civ. 1re, 17 févr. 1993 ; *JCP* 1994. II. 22226, note A. Dorsner-Jolivet ; *Gaz. Pal.* 1994. I. 82, note F. Memmi ; *RTD civ.* 1993. 589, obs. P. Jourdain.

3. Paris, 7 juill. 1989, *Gaz. Pal.* 22 sept. 1989, p. 22, concl. Pichot et *RTD civ.* 1990. 185, obs. P. Jourdain ; *JCP* 1990. II. 21505 ; v. aussi Civ. 1re, 17 févr. 1993, *Gaz. Pal.* 2-3 févr. 1994, p. 15, note F. Memmi.

1697. D'une façon générale, la jurisprudence prend en considération tous les événements qui ont concouru à la réalisation du dommage, même le fait d'un tiers ou la faute de la victime : elle admet donc *qu'un dommage peut avoir plusieurs causes*. Elle applique donc ici plutôt l'équivalence des conditions qui permet effectivement de retenir plusieurs causes du dommage (ou alors la causalité adéquate, mais dans une conception souple car appliquée, strictement, la causalité adéquate conduit à ne retenir qu'une seule cause : celle qui avait le plus de chance de causer le dommage). Elle ne tient en tout cas pas compte de l'ordre d'apparition de chacune de ces causes, c'est le rejet de la théorie de la *causa proxima*. Ainsi, par exemple la Cour de cassation a-t-elle retenu le lien de causalité dans un cas où, à la suite d'un accident de la circulation lui ayant causé des blessures à la colonne vertébrale, la victime avait dû subir une intervention chirurgicale qui a provoqué la cécité d'un œil [1]. Il existe, ici, un rapport *sine qua non*, entre l'événement initial, l'accident de la circulation et le dommage constaté : on peut donc considérer qu'il s'agit d'une application de la théorie de l'équivalence des conditions.

De la même façon, la première chambre de la Cour de cassation a réaffirmé son attachement à la *théorie de l'équivalence des conditions* dans une affaire où, à la suite d'un accident de la circulation, la victime dut subir plusieurs interventions chirurgicales et des transfusions sanguines ; Une contamination par le virus de l'hépatite C fut constatée plusieurs années plus tard. La victime assigna alors le Centre de transfusion sanguine, lequel appela en garantie le conducteur du véhicule à l'origine de l'accident. La cour d'appel ayant rejeté la demande en garantie, la Cour de cassation, sur pourvoi, casse cette décision en observant que « les transfusions sanguines ayant entraîné la contamination avaient été rendues nécessaires par l'accident ». Le dommage a donc plusieurs causes : les transfusions (*causa proxima*) mais également l'accident de la circulation (*causa remota*) [2].

Parfois cependant, elle se réfère à la *causalité adéquate* pour opérer un tri entre les conditions *sine qua non* du dommage et en éliminer certaines : ainsi, dans une espèce intéressante, une personne gravement blessée dans un accident de la circulation en 1971 qui en était restée handicapée, décéda en 1981 des suites des brûlures dues à l'incendie du lit où elle était couchée et dont elle n'avait pas pu s'extraire en raison de son état. L'automobiliste, auteur de l'accident initial (déjà condamné comme responsable de l'accident initial, il avait versé une indemnité pour assistance d'une tierce personne, de nature à inclure la prévention des risques inhérents à l'invalidité de la victime), fut poursuivi en responsabilité et la cour d'appel admit que le handicap de la victime, consécutif à l'accident de 1971, était la seule cause qui l'avait empêchée d'échapper à l'incendie, ceci en application de la théorie de l'équivalence des conditions. Mais la Cour suprême cassa cette décision en faisant valoir, fort justement, que la *cause adéq*uate du dommage était l'incendie [3].

1698. Dans le cas un peu différent où, au lieu de plusieurs faits ayant concouru au même dommage, on se trouve en présence *d'un seul fait ayant entraîné une cascade de dommages*, la question de la causalité se pose aussi pour pouvoir déterminer quels sont, parmi cette succession de préjudices, ceux qui devront être réparés par l'auteur du fait

---

1. Civ. 2e, 27 janv. 2000 ; *JCP* 2000. I. 241, obs. G. Viney ; *RTD civ.* 2000. 325, obs. P. Jourdain.

2. Civ. 2e, 12 juill. 2007, no 06-14.180, *RCA* 2007, comm. 317, note H. Groutel et déjà dans le même sens : Civ. 1re, 4 déc. 2001, *Gaz. Pal.* 21-23 avr. 2002, note C. Caseau-Roche ; *D.* 2002. IR 139 et les obs. ; *JCP* 2002. II. 10198, note O. Gout ; *RTD civ.* 2001, no 2, obs. P. Jourdain.

3. Civ. 2e, 8 févr. 1989, *Bull. civ.* II, no 39, *JCP* 1990. II. 21544, note Dejean de La Bâtie, *RTD civ.* 1989. 556, obs. J. Mestre ; *RTD civ.* 1990. 556, obs. P. Jourdain.

dommageable. C'est le fameux exemple de Pothier (v. ss 1704). Dans ce cas, la jurisprudence se réfère plutôt ici à la théorie de la *causalité adéquate* pour rechercher, parmi les dommages, ceux qui découlent véritablement directement du fait générateur (v. ss 1704).

b) L'utilisation successive de la théorie de l'équivalence des conditions et de la causalité adéquate en cas de pluralité de causes du dommage

1° L'utilisation de la théorie de l'équivalence des conditions pour retenir l'obligation *in solidum* des coauteurs envers la victime

1699. En cas de pluralité de causes du dommage, au lieu de retenir l'entière et unique responsabilité du principal auteur, par application de la causalité adéquate, les tribunaux ont tendance à considérer les différents auteurs comme responsables *in solidum* et ce, qu'ils aient ou non une possibilité de recours l'un contre l'autre, depuis l'arrêt de la chambre mixte du 20 décembre 1968 [1] (v. aussi ss 283, 1762 s.).

Il est certain que la jurisprudence utilise la théorie de l'équivalence des conditions : non seulement parce qu'elle admet qu'un dommage peut avoir plusieurs causes mais aussi et surtout, parce qu'elle considère, que dans les rapports entre coauteurs et victime, chaque cause du dommage est réputée cause de l'entier dommage. Or, selon la théorie de l'équivalence des conditions et comme son nom l'indique, chaque cause est équivalente : chaque condition *sine qua non* du dommage est réputée cause de l'entier dommage. Cette théorie permet donc de justifier la solution retenue, celle de *l'obligation in solidum entre les coauteurs*. La conséquence essentielle est que la victime peut demander réparation pour le tout à n'importe lequel des coauteurs.

La deuxième chambre de la Cour de cassation, a confirmé cette analyse. Elle a repris les termes mêmes utilisés par la doctrine, pour affirmer, dans une affaire où la réalisation du dommage avait été favorisée par plusieurs fautes successives, que « cette pluralité de causes… n'est pas de nature à faire obstacle à l'indemnisation de l'entier dommage par l'auteur initial, *par application du principe de l'équivalence des causes* dans la production du même dommage en matière de responsabilité délictuelle » [2].

2° L'utilisation de la causalité adéquate pour répartir la charge définitive de la réparation dans les partages de responsabilité entre coauteurs

1700. L'application de l'équivalence des conditions qui conduit à faire de chaque coauteur l'entier responsable du dommage ne joue que dans les rapports avec la victime, en permettant à celle-ci de demander réparation de l'intégralité du dommage à n'importe lesquels des coauteurs. Cependant, dans un second temps, la charge de la réparation du dommage doit se répartir entre les coauteurs à proportion d'une part de responsabilité qui est déterminée par le juge. Cette répartition, qui peut être inégalitaire, de la charge définitive du dommage suppose l'application de la causalité adéquate. Au contraire de l'équivalence des conditions (ou chaque cause est cause de l'entier dommage), la causalité adéquate permet de décider qu'un fait générateur a été plus déterminant qu'un autre dans la production du dommage et de répartir inégalement la responsabilité entre les coauteurs (partages de responsabilité entre coauteurs v. ss 1721 s.).

---

1. *D.* 1969. 45.
2. Civ. 2e, 27 mars 2003, *JCP* 2004. I. 101, obs. G. Viney.

Les règles concernant la contribution entre les coauteurs exerçant des recours récursoires sont actuellement les suivantes.

– Lorsque tous les coauteurs sont responsables pour faute prouvée (art. 1382 et 1383 ou manquement à une obligation contractuelle de moyen), il est admis jusqu'ici que la répartition se fait entre eux, en principe, en fonction de la gravité des fautes respectives et pas directement en fonction du degré d'intervention causale de chaque faute [1]. Toutefois, une décision récente de la seconde chambre civile, semble vouloir abandonner cette exigence et laisser au juge un pouvoir souverain pour apprécier au cas par cas, sans imposer une règle de répartition. Ils pourraient alors tenir compte plus directement de la causalité [2]. Toutefois, dans une décision postérieure, elle a réaffirmé le critère exclusif de la gravité des fautes respectives pour fixer les parts de responsabilité [3].

– Lorsque tous les coauteurs sont responsables sur le fondement d'une responsabilité de plein droit ou d'une obligation contractuelle de résultat : la répartition se fait à parts égales.

– Si le coauteur qui a indemnisé la victime n'a pas commis de faute, alors qu'un autre coauteur en a commis une, le recours récursoire se fait pour la totalité.

2. Les caractères du lien de causalité

► On peut tenter de définir le ***lien de causalité*** comme le *rapport certain et direct* existant entre le dommage subi et le fait générateur de ce dommage et ce sont ces caractères certain et direct qui sont exigés par la jurisprudence.

1701. Dans la pratique, on constate souvent que le problème de causalité se pose surtout dans deux catégories de situations bien distinctes :

– ou bien le dommage unique a été provoqué par plusieurs événements et il faut déterminer, parmi ceux-ci, ceux qui ont un lien de causalité *certain* avec le dommage, ce qui peut conduire à en retenir plusieurs et, éventuellement à faire un tri ;

– ou bien le fait générateur unique a produit une cascade de dommages successifs subis par la même personne ou des dommages distincts à plusieurs personnes, directement ou par ricochet et, là encore, il faudra déterminer, parmi ces dommages, ceux qui ont un lien de causalité *direct* avec le fait générateur (v. schémas, en fin de chapitre).

a) Le lien de causalité doit être certain

1702. En principe, on ne retient comme « causes » du dommage que les faits qui ont été *nécessaires* à sa réalisation. C'est l'exigence que le fait ait été condition *sine qua non* du dommage, posée par la théorie de l'équivalence des conditions (v. ss 1687, 1696). On a vu cependant que cette exigence ne conduisait pas à retenir une seule cause du dommage et qu'en vertu de la théorie de l'équivalence des conditions, un même dommage pouvait parfaitement avoir plusieurs causes (v. ss 1697). Les tribunaux rejettent l'action en responsabilité seulement s'il apparaît que le dommage se serait produit, même sans le fait reproché au défendeur. Il n'y a pas de lien de causalité, par exemple, entre l'accident

---

1. Notamment Civ. 2e, 28 mai 2009, *RCA* 2009, comm. 242 ; ou Civ. Civ. 2e, 14 févr. 2008, *JCP* 2007. II. 10080, note C. Radé ; *RCA* 2008, comm. 157, note H. Groutel.
2. Civ. 2e, 19 nov. 2009, n° 08.11-622, *RTD civ.* 2010. 125, n° 8, obs. P. Jourdain.
3. Civ. 2e, 30 janv. 2011, n° 09-71.196, *RTD civ.* n° 2, 2011. 359, obs. P. Jourdain.

survenu et le fait que le chauffeur était seulement titulaire d'un permis de conduire militaire et n'était pas autorisé à conduire une voiture privée[1] ou, éventuellement, entre le dommage subi par la victime et le « non-bouclage » de sa ceinture de sécurité[2].

Dans le même sens, dans une affaire où un grand fumeur atteint, de ce fait, de plusieurs cancers avait mis en cause la responsabilité la Seita (Service d'exploitation industrielle des tabacs et allumettes, devenue en 1995 la SA Altadis), la Cour de cassation a rejeté le pourvoi formé par le fumeur et sa famille contre l'arrêt de la cour d'appel qui les avait déboutés de leur demande, en relevant qu'il n'était pas démontré que les fautes reprochées à la Seita « aient joué quelque rôle que ce soit dans l'habitude prise depuis longtemps par leur auteur, ainsi, en l'absence de certitude d'un lien de causalité, [...] la responsabilité de la Seita [...] ne peut être retenue »[3].

L'existence d'un lien de causalité a été également très discutée (en doctrine) dans l'affaire *Perruche* (v. ss 1637 s., 1644, 1680), où le handicap de l'enfant était une séquelle de la rubéole contractée par sa mère et était donc génétique et incurable. Les fautes commises par le médecin et le laboratoire qui n'avaient pas décelé la rubéole avaient seulement empêché les parents d'exercer leur choix : procéder ou non à une IVG. L'enfant, quant à lui, n'avait aucune possibilité de choix et son handicap ne découlait en rien desdites fautes. C'est la raison pour laquelle cet arrêt a été vivement critiqué par une partie de la doctrine : autant il était concevable d'indemniser les parents, autant l'indemnisation de l'enfant devait-elle être rejetée, faute de lien de causalité. Pour autant, cela n'a pas empêché l'assemblée plénière d'admettre la réparation du dommage subi par l'enfant. Depuis on sait que le législateur a stoppé cette jurisprudence avec l'article premier de la loi du 4 mars 2002, devenu l'article L. 114-5 du Code de l'action sociale et des familles depuis la loi du 11 février 2005, même si la jurisprudence refuse de l'appliquer aux affaires en cours (v. ss 1635), avec l'aval de la Cour européenne des droits de l'Homme et, depuis la décision rendue le 11 juin 2010, celui du Conseil constitutionnel. Néanmoins le Conseil constitutionnel, qui était saisi plus largement du contrôle de la constitutionnalité du dispositif « anti-*Perruche* », a bien relevé dans sa décision l'absence de lien de causalité entre la faute médicale et le préjudice de l'enfant (v. ss 1637).

Les tribunaux ont tendance à admettre assez largement le lien de causalité, chaque fois que le fait reproché a concouru à la réalisation du dommage ou en a aggravé les conséquences : par exemple, dans un accident d'automobile où la victime n'avait pas attaché sa ceinture de sécurité (avant la loi de 1985 sur les accidents de la circulation qui les a soustraits au droit commun de la responsabilité), les tribunaux ont reconnu que l'accident se serait produit même sans cela, mais que la blessure aurait été moins grave et décident donc que la faute de la victime peut être considérée comme l'une des causes du dommage[4].

1703. Il existe toutefois, des exceptions à cette recherche du lien de causalité qui peuvent apparaître notamment dans le cas de la responsabilité du fait personnel des articles 1382 et 1383 du Code civil. En effet, lorsque deux faits fautifs ont concouru à la réalisation du dommage, on admet généralement que la faute la plus légère est absorbée par la plus lourde, par exemple dans le cas d'un accident causé par une voiture volée, les

---

1. Civ. 2e, 28 mai 1975, *D.* 1975. IR 182.
2. Civ. 2e, 7 févr. 1990, *Bull. civ.* II, no 21.
3. Civ. 2e, 20 nov. 2003, *JCP* 2004. II. 10004, note B. Daille-Duclos.
4. Rouen, 21 janv. 1975, *D.* 1975. 637, note Ph. le Tourneau ; attention il s'agit de décisions antérieures à la loi du 5 juillet 1985.

tribunaux admettent que seule la faute du voleur est la « cause » de l'accident même si la négligence du propriétaire a facilité le vol [1]. De même, une personne qui avait oublié dans une cabine téléphonique sa sacoche contenant un chéqu*ier, n'est pas considérée comme responsable de*s *dommage*s subis par une société à l'ordre de laquelle *le voleur a émis plusieurs chèque*s, chèques qui furent impayés en raison de l'opposition du propriétaire du chéquier [2].

Il faut noter cependant, qu'il y a là une confusion entre l'appréciation de la faute et celle de la causalité.

b) Le lien de causalité doit être direct

1° La question des dommages en cascade

1704. Il s'agit, ici, de déterminer les dommages indemnisables parmi une *cascade de dommages* commis. Dans le fameux exemple de Pothier : un marchand de bestiaux vend une vache malade à un cultivateur ; la vache meurt, elle a contaminé le troupeau entier qui meurt aussi… le cultivateur est ruiné… il se suicide…

La jurisprudence écarte généralement, nous l'avons dit plus haut (v. ss 1687), la théorie de la proximité de la cause pour appliquer celle de la causalité adéquate, en recherchant intuitivement la cause (ou les causes) impulsive et déterminante du dommage : ainsi, a-t-il été jugé qu'il y avait un lien de causalité directe entre la faute d'un automobiliste ayant provoqué un traumatisme crânien à la victime et le suicide de cette dernière, survenu quelques mois plus tard [3] ; de même, il y a un lien de causalité entre l'accident dont un homme a été victime et l'avortement subi par sa femme, quelques semaines plus tard, par suite du choc émotionnel ressenti [4]. La « prédisposition de la victime » peut, parfois, être considérée comme une cause étrangère qui lui est opposable, mais la Cour de cassation a précisé qu'il n'est pas exigé « un lien de causalité direct et immédiat entre la faute du prévenu et le décès de la victime, qu'il suffit que l'existence d'un lien de causalité soit certain » [5].

Ainsi, la jurisprudence admet-elle assez largement la réparation de différents préjudices différés ou médiats (préjudices en cascade) chaque fois que l'aggravation du dommage primitif, ou l'apparition d'un dommage nouveau, ne se serait pas produit sans le fait initial, même, comme nous venons de le voir [6], si ces suites apparaissent plusieurs années après le fait originel.

Toutefois, il y a des limites. Ainsi dans un arrêt du 24 février 2005 [7], la Cour de cassation a écarté le lien de causalité entre l'accident ayant provoqué un handicap et le préjudice moral des enfants de la victime, qui n'avaient été conçus qu'après l'accident. La Cour de cassation considère que le lien de causalité est trop distendu car les enfants victimes par ricochet par ailleurs (v. ss 1705), étaient tous nés longtemps après l'accident et n'avaient donc pas subi un quelconque bouleversement de leur existence consécutif à cet accident, bien antérieur à leur naissance.

---

1. Civ. 6 janv. 1943, *JCP* 1943. II. 2195, *D.* 1945. II. 7, note A. Tunc.
2. Civ. 2e, 7 déc. 1988, *Bull. civ.* II, no 246, *JCP* 1989. IV. 50.
3. Crim. 14 janv. 1971, *D.* 1971. 164, rapport Cons. Robert ; Civ. 2e, 21 mai 1990, *D.* 1990. IR 156.
4. Civ. 2e, 17 mai 1973, *Gaz. Pal.* 1974. I. 71, note H. M.
5. Crim. 14 févr. 1996, *Bull. crim.* no 78.
6. Civ. 4 déc. 2001, préc.
7. Civ. 2e, *JurisData* no 2005-027091 ; *JCP* 2005. I. 149, chron. G. Viney ; *RTD civ.* avr.-juin 2005, chron. P. Jourdain, p. 404.

2° Dommages par ricochet

1705. À côté des dommages dits « en cascade », obéissant à un *processus de propagation* comme dans l'exemple de Pothier, il existe des dommages dits « par ricochet », selon un *processus de réflexion* où ce sont les personnages de l'entourage de la victime qui subissent, à leur tour des dommages : les membres de sa famille, son employeur, ses créanciers, les organismes tenus de verser des prestations, etc. Nous avons vu (v. ss 1659 s.) que ces préjudices « par ricochet » peuvent être indemnisés quand le lien de causalité est bien établi, on n'y reviendra donc pas. Mais nous allons voir que cela pose un problème de preuve.

3. La preuve du rapport de causalité

1706. Le lien de causalité étant un fait juridique peut se prouver par tous moyens, mais outre que cette preuve n'est pas toujours facile, des difficultés peuvent apparaître concernant la charge de la preuve, conduisant parfois à certains allégements.

a) En principe, la preuve incombe au demandeur

1707. La charge de la preuve incombe au demandeur, c'est-à-dire à la victime, selon les règles normales de procédure. Cela implique que, si le demandeur ne peut apporter la preuve de l'existence de ce lien de causalité, sa demande pourra être repoussée. Cela va donner aux tribunaux un véritable *jus moderandi*, leur permettant d'écarter la demande de réparation chaque fois qu'il n'est pas absolument démontré que le fait initial reproché au défendeur est bien à l'origine de certains dommages trop lointains ou hypothétiques. Toutefois, il existe des exceptions et des atténuations à ce principe.

b) Exception : les présomptions de causalité opérant renversement de la charge de la preuve

1708. Pour venir en aide aux victimes, la loi et la jurisprudence ont parfois posé des présomptions de causalité qui constituent de véritables présomptions légales ou « quasi légales » ou encore « de droit », c'est-à-dire qu'elles effectuent un déplacement de la charge de la preuve et dispensent donc le demandeur de cette preuve (C. civ., art. 1352). Sans être toujours irréfragables, ces présomptions de causalité ne sont pas non plus toujours des présomptions simples car le responsable du dommage, dont la responsabilité est ainsi présumée, ne peut pas toujours échapper à cette responsabilité en prouvant l'absence de lien de causalité par tout mode de preuve, mais seulement en établissant l'existence de causes d'exonération, précisément et limitativement définies (v. ss 1715 s.).

À côté de ces véritables présomptions de causalité, les exigences de preuve de la causalité ont aussi été assouplies, on le verra, par le recours à la notion de présomptions graves précises et concordantes, dans le domaine particulier des dommages causés par des produits de santé, mais il ne s'agit pas alors de renversement de la charge de la preuve ; il s'agit de simples présomptions du fait de l'homme ou présomptions de fait (v. ss 1709).

Les présomptions de causalité peuvent être d'origine légale

– La loi du 30 octobre 1968 dans le domaine de l'énergie nucléaire, par exemple, pour certaines maladies survenues dans le voisinage d'un site nucléaire pose une présomption de causalité. La victime n'a pas à prouver le lien de causalité.

– La loi du 4 mars 2002 a également créé aussi une présomption de causalité concernant les infections nosocomiales. La responsabilité des établissements de soins est ainsi engagée du seul fait du caractère nosocomial de l'infection « sauf s'ils rapportent la preuve d'une cause étrangère » (v. ss 2585). Il appartient cependant au malade d'apporter cette preuve préalable du caractère nosocomial de l'infection (sur la définition, v. ss 2586).

Elles peuvent être d'origine jurisprudentielle

– *La responsabilité du fait des choses* est ainsi une responsabilité présumée qui repose sur une présomption de causalité. En effet, dans ce domaine, un arrêt remarqué a affirmé que « pour l'application de l'article 1384, alinéa 1er (responsabilité de plein droit du gardien d'une chose inanimée) la chose inanimée doit être la cause du dommage, mais que, du moment où il est établi qu'elle a contribué à la réalisation du dommage, *elle est présumée en être la cause génératrice*, sauf au gardien à rapporter la preuve contraire »[1], c'est-à-dire son « rôle passif » dans la réalisation du dommage (v. ss 1980), ce qui est évidemment assez difficile à établir, ou encore en prouvant l'existence d'une cause étrangère.

– Également, *en matière contractuelle*, quand l'obligation est une *obligation de résultat*, le lien de causalité entre l'inexécution de l'obligation et le dommage est également présumé : dans ce cas, en effet, l'absence de résultat suffit à engager la responsabilité sans qu'il soit nécessaire de faire la preuve du lien de causalité entre l'inexécution de l'obligation et le dommage (v. ss 2208).

– *Concernant les victimes de transfusions sanguines contaminantes*, avant que le législateur n'intervienne pour confier le contentieux aux juridictions administratives, après la réorganisation de la transfusion sanguine et la désignation de l'Établissement du sang comme seul interlocuteur et responsable (v. ss 2571 s.), la jurisprudence avait aussi institué une véritable présomption de droit (quasi légale) concernant les contaminations par le VIH : si la victime démontrait qu'elle avait subi une transfusion et qu'elle ne présentait pas de modes propres de contamination (prise de drogues, comportement sexuel à risque…) on déduisait de ce fait connu à la fois que le sang était contaminé et que la contamination était due à la transfusion et il appartenait au centre de transfusion de prouver que les produits étaient exempts de tout vice. Cette présomption a été reprise par l'article 102 de la loi du 4 mars 2002, dite « loi Kouchner » (art. 102) au profit des victimes de contamination par le virus de l'hépatite C, dans des termes pratiquement similaires. Selon l'article 102, si « la victime apporte des éléments qui permettent de présumer que cette contamination a pour origine une transfusion de produits sanguins ou une injection de médicaments dérivés du sang. Au vu de ces éléments (l'absence de modes propre de contamination, selon la jurisprudence) il incombera à la partie défenderesse de prouver que cette transfusion ou cette injection n'est pas à l'origine de la contamination ». On voit bien ici le renversement de la charge de la preuve. L'article 102 ajoute que « le doute profite au demandeur » (v. ss 2418).

c) Assouplissements quant aux exigences de preuve

1° Le recours à des présomptions de fait, graves, précises et concordantes en cas d'incertitude sur la causalité

1709. Le recours à des présomptions graves précises et concordantes, ou présomptions de fait (C. civ., art. 1353) ne conduit pas à un renversement de la charge de la preuve.

---

1. Civ. 9 juin 1939, *DH* 1939. 2. 283.

La réunion de ces éléments, apportés par le demandeur va permettre au juge, qui les apprécie souverainement, d'admettre l'existence du lien de causalité, bien qu'il n'y ait pas, en réalité, de réelle certitude. Il s'agit d'admettre ici un allègement du fardeau de la preuve au profit de la victime qui va se trouver dispensée de faire la preuve de la certitude du lien de causalité. Cet assouplissement s'est concrétisé devant la difficulté d'apporter certaines preuves du fait des incertitudes scientifiques, concernant notamment les produits de santé défectueux dont les vaccins. La Cour de cassation a ainsi validé le recours aux présomptions *graves précises et concordantes* par exemple pour admettre « l'imputabilité de la maladie de Creutzfeldt Jacob développée par le demandeur, à l'hormone de croissance fournie par l'association France Hypophyse »[1]. De même, concernant le vaccin de l'hépatite B suspecté d'avoir déclenché une sclérose en plaques, elle a confirmé dans une série d'arrêts rendus le 22 mai 2008, qu'il était possible aux victimes de prouver le lien de causalité en établissant « l'existence de présomptions graves, précises et concordantes[2] ».Toutefois, il ne s'agit que de présomptions de fait et pas de présomptions légales, liant le juge. Il appartient donc aux juges du fond d'apprécier souverainement au cas par cas la valeur et la portée des éléments de preuve qui leur sont soumis et dès lors, la preuve peut tout aussi bien ne pas être admise[3] (sur cette question de l'allègement de la preuve concernant les produits de santé, v. ss 2420 s.). La troisième chambre civile de la Cour de cassation a de nouveau admis ce recours à des présomptions graves précises et concordantes à propos d'un autre contentieux actuellement récurrent, celui des ondes électromagnétiques. Un exploitant invoquait des préjudices économiques liés à des troubles sanitaires endurés par des animaux d'élevage gardés à proximité d'une ligne à très haute tension ; si la Cour de cassation a admis le recours à des présomptions graves, précises et concordantes, il s'agissait cependant d'écarter en l'occurrence l'idée d'une présomption de droit d'imputabilité des troubles à la ligne THT. Ni la Charte de l'environnement, ni le principe de précaution, a-t-elle précisé, ne remettent en cause la nécessité d'établir que le préjudice était la conséquence directe de la ligne THT ; or en l'espèce l'existence d'un lien de causalité n'était pas suffisamment caractérisée[4].

2° En cas de faute intentionnelle

1710. Les tribunaux se montrent parfois assez larges dans l'appréciation de l'existence du lien de causalité en présence d'une faute intentionnelle ou très grave, notamment en présence d'une *situation objectivement dangereuse* : voiture en stationnement irrégulier, par exemple, ou confiée à un conducteur inexpérimenté, lorsque la loi du 5 juillet 1985 ne s'appliquait pas encore et que les accidents de la circulation étaient régis par le droit commun de la responsabilité, ou encore pour les dommages causés par des personnes soumises à la surveillance d'autrui comme des enfants ou des aliénés. Plus la faute est grave, plus il y a de chance en effet pour qu'elle soit causale et spécialement lorsqu'elle est intentionnelle puisque dans ce cas l'auteur de la faute est animé de l'intention de causer le dommage.

---

1. Civ. 1re, 24 janv. 2006, *D.* 2006. 1273 ; *LPA* n° 45, 3 mars 2006, avis de l'avocat général J.-D. Sarcelet ; *JCP* 2006, aperçu rapide 185, obs. L. Grynbum, *RCA* 2006. 18, notes C. Radé.
2. Civ. 1re, 22 mai 2008 (trois arrêts), *Dr. fam.* 2008, n° 17, J. Julien ; *RCA* 2008. Étude 8, C. Radé ; *RDSS* 2008. 578, note J. Peigné : *JCP* 2008. II. 10131, note L. Grynbaum ; *RTD civ.* 2008. 492, obs. Ph. Jourdain, *RDC* 2008. 1186, note J.-S. Borghetti ; *JCP* 2008. I. 186, obs. Ph. Stoffel-Munck.
3. V. par ex., à propos du vaccin contre l'hépatite B, rejet du pourvoi contre l'arrêt d'appel qui n'avait pas admis l'existene de présomptions suffidantes : Civ. 1re, 25 nov 2010, *D.* 2010. Actu. 2909.
4. Civ. 3e, 18 mai 2011, *D.* 2011. 1483, obs. I. Gallmeister, et *D.* 2011. 2098, note M. Boutonnet ; *RTD civ.* 2011. 540, obs. P. Jourdain ; *D.* 2011. 2702, obs. F.-G. Trébulle ; *D.* 2012. 49, obs. P. Brun.

3° Le recours à la notion de perte d'une chance

1711. L'allégement se manifeste également avec le *recours à la notion de « perte d'une chance »*, notamment perte d'une chance de guérison en matière médicale ou d'une chance de survie[1] (v. ss 1643). Lorsque la preuve du lien de causalité entre la faute médicale et le dommage subi par le patient n'est pas établie avec certitude, les tribunaux invoquent cette perte de chance qui est, par hypothèse, reliée à la faute médicale en raison du danger auquel celle-ci expose la santé du malade. Toutefois, la Cour de cassation semble revenir sur cette position et renoncer à faire jouer la perte d'une chance en l'absence de preuve d'une relation de cause à effet entre la faute retenue et la réalisation du dommage « cette notion ne pouvant concerner que l'évaluation du préjudice »[2].

Ce recours à la notion de perte d'une chance n'autorise cependant qu'une indemnisation partielle du dommage final dont se plaint la victime.).

d) La preuve en cas d'incertitude quant à l'auteur véritable d'un dommage : les dommages causés par un membre anonyme d'un groupe

1712. Si la victime ne parvient pas à identifier l'auteur du dommage, elle ne peut en principe être indemnisée. Pour éviter cette injustice, le législateur et la jurisprudence sont intervenus de diverses façons.

1° Rôle du législateur

1713. Le législateur a utilisé divers moyens pour assurer l'indemnisation de la victime.

– *La loi du 31 décembre 1951* créant le Fonds national de garantie automobile pour les accidents dont le responsable ne peut être identifié devenu le Fonds des assurances obligatoires de dommages (v. ss 2553 s.).

– *L'article 1734* du Code civil qui prévoit qu'à défaut de preuve positive à l'égard de l'un d'eux, un incendie dont l'origine est inconnue est présumé causé par l'ensemble des locataires responsables vis-à-vis du propriétaire, sauf preuve contraire.

– *L'article 342-3* qui autorise l'action à fins de subsides exercée par un enfant contre l'amant de sa mère, permet, au cas où celle-ci en aurait eu plusieurs, de les poursuivre tous pour obtenir une indemnité. On suppose, ici aussi, qu'il y a une présomption de causalité entre la faute commise par chacun des amants et le dommage résultant de la naissance irrégulière de l'enfant.

Dans ces différents cas, le législateur a ainsi admis une présomption de causalité pesant collectivement sur tous les auteurs possibles, ce qui permet de les condamner *in solidum*.

2° Rôle de la jurisprudence

1714. Pour pouvoir assurer la réparation d'un dommage résultant d'un fait dommageable réalisé en commun, les tribunaux ont fait appel à la notion de faute collective ou de garde collective.

---

1. Civ. 1re, 18 mars 1969, *JCP* 1970. II. 16422, note Rabut.
2. Civ. 1re, 17 nov. 1982, *JCP* 1983. II. 20056, note M. Saluden, *D.* 1984. 305, note A. Dorsner-Dolivet, préc., nº 954.

Notion de « faute collective » ou de « faute connexe »

C'est souvent le cas en matière d'accident de chasse où plusieurs personnes ayant tiré ensemble avec des armes et des munitions semblables, il est impossible de déterminer avec certitude l'auteur de la faute. Dans ce cas les tribunaux invoquent une faute collective des chasseurs.

La Cour de cassation a d'abord hésité et cassé de telles décisions[1], mais dès 1957, elle a admis cette solution dans un cas où « la cause réelle de l'accident avait résidé dans l'action concertée de sept défendeurs qui avaient participé à un tir ne constituant pas un acte normal de chasse (il s'agissait d'une salve finale pour clôturer la chasse) dans des conditions d'imprudence et de maladresse qui leur étaient imputables à tous »[2]. Bien que cette jurisprudence soit antérieure à la loi du 11 juillet 1966 qui a étendu aux accidents de chasse le domaine du fonds de garantie, elle continue à s'appliquer dans des cas analogues[3].

La faute collective a aussi été invoquée en cas de jeux d'enfants, de dommages résultant d'un organe collégial de gestion d'une Société, d'infractions et de dégâts commis en bande, etc. (sur cette notion de faute collective, v. ss 1881).

Notion de « garde collective » ou de « garde en commun »

En matière de responsabilité du fait des choses, que nous reverrons plus loin, il a été également fait appel à la notion de garde collective pour obtenir une condamnation *in solidum*, par exemple, garde collective des armes des chasseurs, de la salve de plombs, du ballon de football, etc. (v. ss 1971).

Il s'agit là, nous le voyons, de simples artifices juridiques pour justifier d'un lien de causalité et permettre une réparation équitable des dommages subis par une victime innocente. C'est à chacun des responsables *in solidum* qu'il appartient alors, s'il le peut, de faire la preuve contraire, en faisant tomber cette présomption, soit en prouvant sa non-participation, soit en prouvant l'identité du véritable auteur du fait dommageable (art. 1734, al. 2 et 3).

L'avant-projet Catala comme le projet Terré précisent en la matière, que « lorsqu'un dommage est causé par un membre indéterminé d'un groupe, tous les membres identifiés en répondent solidairement sauf pour chacun d'eux à démontrer qu'il ne peut en être l'auteur » (art. 1348). On passe ainsi d'une responsabilité *in solidum* jurisprudentielle à une responsabilité solidaire légale. La solution est cependant critiquée et, notamment, par le Sénat qui l'a écartée dans le Rapport d'information établi par le groupe de travail relatif à la réforme de la responsabilité civile. Il recommande en effet d'éviter la généralisation d'une responsabilité solidaire des membres identifiés d'un groupe pour un dommage causé par un membre indéterminé (sur ce rapport, v. ss 1572, et recommandations, Documents, v. ss 1572).

III. La question des causes d'exonération

1715. Nous avons vu que la responsabilité était encourue dès que se trouvaient réunis certains éléments : un dommage, un fait générateur, et un lien de causalité. Ces trois éléments, qui sont les conditions positives constantes de la responsabilité (v. ss 1580 s.) n'ont pas toujours à être prouvés par la victime pour engager la responsabilité. En effet, quand la responsabilité est

1. Civ. 29 sept. 1941, *Gaz. Pal.* 1941. J. 437.
2. Civ. 5 juin 1957, *D.* 1957. 493, note R. Savatier ; *S.* 1957. 430 ; *JCP* 1957. II. 10205, note P. Esmein ; obs. 412, D. Mazeaud à la *RTD civ.* 1957. 695 ou Civ. 2e, 11 févr. 1966, *D.* 1966. 228, note Schmelck, pour une « gerbe unique » de plombs.
3. Civ. 2e, 19 mai 1976, *JCP* 1978. II. 18773 [3e esp.], note Dejean de La Bâtie, *D.* 1976. 629, note D. Mayer.

une responsabilité de plein droit ou présumée, la victime est parfois dispensée de certaines preuves et le lien de causalité, notamment est parfois présumé. Le responsable peut alors éventuellement « s'exonérer » de sa responsabilité s'il prouve l'existence d'une « cause étrangère qui ne peut lui être imputée ». Cette formule provient de l'article 1147 et concerne la responsabilité contractuelle : elle est précisée ensuite par l'article 1148, qui définit la cause étrangère comme la « force majeure ou le cas fortuit ». La jurisprudence, par assimilation, a étendu cette règle à la responsabilité extracontractuelle. Cette référence aux causes d'exonération apparaît très nettement dans l'arrêt *Jand'heur* arrêt « historique » concernant la responsabilité du fait des choses (v. ss 1936 s., spéc. v. ss 1939) qui dispose que « la présomption de responsabilité ne peut être détruite que par la preuve d'un cas fortuit ou de force majeure ou, d'une cause étrangère qui ne [...] soit pas imputable » au gardien[1]. Autre exemple, la loi du 4 mars 2002 relative à la réparation des conséquences des risques sanitaires précise, elle aussi, que « les établissements, services et organismes susmentionnés [c'est-à-dire, dans lesquels sont réalisés des actes individuels de prévention, de diagnostic ou de soins] sont responsables des dommages résultant d'infections nosocomiales, sauf s'ils rapportent la preuve d'une *cause étrangère* » (CSP, art. L. 1142-1, al. 2).

1716. Les causes d'exonération peuvent aussi intervenir en amont de la mise en jeu de la responsabilité. Même lorsque la responsabilité suppose la preuve des trois conditions positives (fait générateur, dommage et lien de causalité), le défendeur dont la responsabilité est recherchée, peut tenter d'établir l'existence d'une cause d'exonération de façon préalable et défensive, afin d'empêcher la victime de faire la preuve que les conditions de sa responsabilité sont réunies et notamment celle du lien de causalité.

1717. Ce sont les causes d'exonération communes à tous les type*s* de responsabilité que nous examinerons ici. Avant de les étudier distinctement et successivement, il convient de préciser d'abord les relations existant entre les causes d'exonération et les partages de responsabilité.

A. Causes d'exonération et partages de responsabilité

1718. Les causes d'exonération atteignent soit l'existence même (cause d'exonération totale), soit le caractère exclusif (causes d'exonération partielle) du lien de causalité entre le fait générateur de la responsabilité et le dommage. Elles permettent au défendeur d'échapper à toute responsabilité ou d'échapper seulement à une partie de sa responsabilité. La question des rapports entre cause d'exonération et partage de responsabilité ne peut donc se poser que lorsque la cause d'exonération est partielle, et elle se pose différemment selon que l'on se place du point de vue des *rapports avec la victime ou des rapports entre coauteurs*.

1. La distinction des causes d'exonération partielle et des causes d'exonération totale

a) Causes d'exonération totale : force majeure ou fait du tiers ou de la victime présentant les caractères de la force majeure

1719. Prouver l'existence d'une *cause d'exonération totale* permet d'établir que le fait générateur n'est pas cause du dommage, ni au sens de l'équivalence des conditions, ni au

1. Cass., ch. réunies, 13 févr. 1930, *D.* 1930. I. 57, concl. Matter, note G. Ripert.

sens de la causalité adéquate, parce que le dommage est dû, en réalité à une cause extérieure, qui n'est pas imputable au défendeur. Le défendeur se débarrasse de toute responsabilité si elle était présumée. Et dans le cas où sa responsabilité doit être prouvée, s'il fait la preuve préalable de l'existence d'une cause d'exonération totale, il empêchera obligatoirement la victime d'établir que les conditions de sa responsabilité sont réunies. Les causes d'exonération totale sont la *force majeure* et deux autres éléments assimilables à la force majeure : *le fait d'un tiers présentant les caractères de la force majeure* ou *le fait de la victime présentant ces mêmes caractères* (v. ss 1734, 1739).

b) Cause d'exonération partielle : faute de la victime exclusivement

1720. Prouver l'existence d'une *cause d'exonération partielle* permet d'établir que le fait générateur n'est pas la seule cause du dommage. On a vu, en effet, qu'un même dommage peut avoir plusieurs causes (v. ss 1696, 1697). Cependant, toutes les autres causes d'un dommage ne sont pas des causes d'exonération partielle, permettant à ce titre au défendeur d'échapper à une partie de sa responsabilité vis-à-vis de la victime. En effet, par faveur pour la victime, l'utilisation de la théorie de l'équivalence des conditions conduit à retenir une responsabilité totale de chaque coauteur dans leurs rapports avec la victime (une responsabilité *in solidum*) et de permettre à celle-ci d'agir contre n'importe lequel d'entre eux, pour le tout, sans se voir opposer une cause d'exonération partielle (sur ce point, v. ss 1699). La seule cause d'exonération partielle, opposable, c'est la *faute de la victime*.

2. Relations entre causes d'exonération et partages de responsabilité

a) Cause d'exonération partielle et partage de responsabilité opposable à la victime : la faute de la victime

1721. C'est en effet le propre de la cause d'exonération partielle que de dégager le défendeur d'une partie de sa responsabilité à l'égard de la victime qui ne pourra donc pas lui demander réparation de l'entier dommage. La victime elle-même devra supporter la part de responsabilité qui lui revient, ce qui est parfaitement normal : le seul élément que l'on peut lui opposer, on l'a vu, est sa propre faute, cause du dommage, ce qui établit à son encontre toutes les conditions de sa responsabilité personnelle, sur le fondement de l'article 1382 du Code civil. Il est assez logique de lui opposer sa faute causale, sauf à faire un choix politique contraire, pour assurer la réparation intégrale de son dommage ; c'est au demeurant ce que la jurisprudence avait fait, un temps, dans l'arrêt *Desmares* (v. ss 1988 s.) avant que la loi de 1985 ne vienne prendre en charge l'indemnisation des victimes d'accidents de la circulation, en supprimant la possibilité d'une limitation d'indemnisation par la faute de la victime non conductrice (v. ss 2477).

La question s'est aussi posée de l'opposabilité de la faute de la victime directe à la victime par ricochet et on verra que la jurisprudence s'est prononcée en faveur de cette opposabilité (v. ss 1755).

b) Aucune autre cause du dommage n'est une cause d'exonération partielle autorisant un partage de responsabilité opposable à la victime

1722. Ici, l'objectif de réparation l'emporte. Bien que le dommage ait plusieurs causes, chaque cause du dommage, est considérée, *par rapport à la victime* et par application de l'équivalence des conditions, dont la jurisprudence fait application dans ce contexte (v. ss 1696,

1699), comme cause de l'entier dommage. Chaque coauteur du dommage qui engage sa responsabilité à des titres et sur des fondements différents est donc responsable de l'entier dommage dans ses rapports avec la victime et doit l'indemniser intégralement si elle se tourne vers lui plutôt que vers un autre coauteur. C'est le jeu de l'obligation *in solidum* (v. aussi ss 1699, 1761). Le coauteur, ainsi obligé, ne peut opposer à la victime le fait des autres coauteurs. Le fait des autres coauteurs n'est donc pas une cause d'exonération, ni donc une cause de partage de responsabilité opposable à la victime. Il peut donc y avoir des *cumuls de responsabilités* (que nous signalerons au fur et à mesure de l'étude des différents régimes de responsabilité), sans que pour autant ce cumul de responsabilités et de responsables autorise des partages de responsabilité opposables à la victime. Néanmoins, la logique et l'équité impliquent que celui qui a ainsi indemnisé la victime puisse se retourner vers les autres coauteurs.

c) Mais toutes les autres causes du dommage sont des causes de partage de responsabilité dans les rapports entre coauteurs autorisant entre eux un recours récursoire

1723. Même si le fait des autres coauteurs n'est pas opposable à la victime en raison du jeu de *l'obligation in solidum*, et si chaque coauteur est *obligé à la dette*, cette dette va ensuite se diviser entre eux dans le cadre de la contribution à la dette c'est-à-dire la charge définitive de la dette (v. ss 284 s., sur les effets de *l'obligation in solidum* et sur la distinction de l'obligation et de la contribution à la dette, v. ss 269, 273). Dans les rapports respectifs entre coauteurs, et compte tenu des *cumuls de responsabilité*, la responsabilité va être partagée et l'indemnisation du dommage aussi. Dans les rapports entre coauteurs, il s'agit donc de prendre en compte la pluralité des causes du dommage, lorsqu'elle conduit à une pluralité de responsables entre lesquels on va opérer des partages de responsabilité, la jurisprudence abandonnant, dans ce second temps, la théorie de l'équivalence des conditions. La part revenant à chacun dans la responsabilité et la réparation du dommage devrait logiquement être déterminée en tenant compte exclusivement du degré d'intervention causale de chacun. En réalité, elle tient compte aussi des fondements respectifs de la leur responsabilité, de l'existence ou non de fautes et, parfois de leur gravité respective (v. ss 1700, 1824).

Le recours exercé par un coauteur qui a indemnisé la victime contre les autres coauteurs s'appelle un *recours récursoire*. Le recours récursoire ne concerne cependant pas seulement le coauteur responsable qui se retourne contre les autres à proportion de leur part de responsabilité. Il peut en effet s'agir aussi d'un recours exercé par un tiers payeur, obligé à la dette pour une autre raison que sa responsabilité dans le dommage : organismes sociaux ou assureur par exemple, qui sont alors subrogés dans les droits de la victime pour agir contre les coauteurs (v. ss 1651 s.).

B. La force majeure cause d'exonération totale

1. Définition classique de la force majeure

1724. La notion de force majeure est assez complexe.

► ***Un événement de force majeure*** est un événement extérieur, imprévisible et irrésistible, ces trois termes étant cumulatifs[1].

---

1. Théorie de M. Antonmattei, v. ss 879.

L'événement doit être extérieur au responsable et à son milieu, constituer pour lui une cause étrangère

– Cela exclut donc le cas où il s'agit d'une *défaillance de son matériel ou d'un vice de la chose*, par exemple pour une rupture des freins [1], cela exclut aussi le cas où il s'agit d'un malaise du responsable : l'absence épileptique n'est pas considérée comme constituant la force majeure (arrêt *Trichard*) [2]. Il ne résulte généralement pas de l'activité de l'homme mais d'un phénomène naturel : tremblement de terre, cyclone… mais on peut y ajouter certains cas de violence : émeute, pillage… ou l'intervention de l'autorité publique, qualifiée de fait du prince : réquisition, expropriation, etc.

– La question s'est posée, dans certains arrêts, à propos de la *grève* du personnel, en matière contractuelle concernant EDF [3] ; mais aussi en matière délictuelle [4] à propos du paquebot France, contraint par son équipage en grève de mouiller dans l'axe du chenal d'accès du port du Havre et empêchant ainsi les autres navires d'y pénétrer ce qui provoqua de graves préjudices dont l'indemnisation était demandée. Contrairement à la position prise pour les arrêts concernant EDF, où la Cour de cassation a admis l'exonération, dans le cas du paquebot France, elle a refusé d'admettre « l'extériorité » de l'intervention du personnel du Paquebot France pour exonérer la Compagnie générale maritime qui était restée gardienne du navire car les officiers n'avaient pas cessé de commander sur le plan technique, certaines manœuvres.

– La question des *prédispositions pathologiques de la victime* (v. ss 1811) a également été invoquée comme « cause étrangère », mais la Cour de cassation la rejette et considère qu'il n'y a pas lieu de réduire l'indemnité de la victime en raison de « tendances pathologiques » qui n'avaient aucune manifestation extérieure au moment de l'accident [5].

– Dans les décisions les plus récentes, il n'est plus fait référence cependant, en matière contractuelle, pour définir la force majeure qu'au caractère d'imprévisibilité et d'irrésistibilité, ce qui semble marquer la disparition progressive du critère de l'extériorité, dès lors que l'imprévisibilité et l'extériorité de l'événement suffisent à démontrer que l'obstacle n'est pas imputable au débiteur [6].

Il doit être imprévisible

C'est-à-dire que ce genre d'événement ne devait pas pouvoir être prévu, à cette époque et en ce lieu. Par exemple : un tremblement de terre, en France, est imprévisible ; au Japon, il ne le serait pas ; une tempête en hiver n'est pas imprévisible tandis qu'un cyclone peut l'être.

Il suffit que l'événement soit prévisible, même s'il est bien extérieur et irrésistible, pour que la force majeure soit écartée, notamment, à propos d'éboulements dans une carrière creusée par d'autres que par le défendeur et sur laquelle il n'avait aucun contrôle mais qui passait sous son terrain et où d'autres accidents s'étaient déjà produits [7].

---

1. Civ. 11 mars 1940, *Gaz. Pal.* 1940. 2. 15.
2. Civ. 2e, 18 déc. 1964, *D.* 1965. 191, concl. Schmelck, note P. Esmein.
3. La Cour de cassation a admis parfois l'exonération, en relevant que les actions revendicatives du personnel étaient intervenues en raison de décisions prises par le gouvernement, imprévisibles lors de la conclusion du contrat et ayant fait naître pour EDF un état de contrainte : Cass., ch. mixte, 4 févr. 1983, *Dr. soc.* 1983, no 11, note G. Viney ; Civ. 1re, 24 janv. 1995 ; *JCP* 1995. I. 3893, obs. G. Viney.
4. Cass., ch. mixte, 4 déc. 1981, *Cie gén. maritime contre Cie F de raffinage*, *JCP* 1982. II. 190, note D. Mazeaud.
5. Civ. 2e, 28 févr. 1996, *JCP* 1996. IV. 913 ; *JCP* 1996. I. 3985, p. 490, obs. G. Viney.
6. Civ. 1re, 30 oct. 2008 ; références, v. ss 1727.
7. Civ. 2e, 5 févr. 1992, *Gaz. Pal.* 7-9 févr. 1993. Somm. 20, note F. C.

Il doit être irrésistible

Cela signifie qu'il doit rendre l'exécution impossible ou avoir été insurmontable pour celui qui l'invoque ou en tout cas « normalement » imprévisible et insurmontable, ce qui implique une appréciation *in abstracto*.

2. Confirmation des caractères d'imprévisibilité et d'irrésistibilité par l'Assemblée plénière de la Cour de cassation

a) Les hésitations jurisprudentielles concernant l'exigence d'imprévisibilité

1725. Elles se sont manifestées surtout en responsabilité contractuelle.

Deux arrêts de la Cour de cassation, l'un en matière délictuelle [1], l'autre en matière contractuelle [2], semblaient montrer que les caractères de la force majeure sont appréciés de la même façon dans les deux domaines. Mais un arrêt plus récent de la première chambre civile a ensuite semblé considérer qu'en matière contractuelle, tout au moins, l'irrésistibilité de l'événement peut, à elle seule, constituer la force majeure [3]. Cette position a ensuite été réitérée par la première chambre civile dans un arrêt du 6 novembre 2002 [4]. Il s'agissait d'une société organisatrice de voyages qui avait dû annuler un voyage en Égypte lequel devait être présenté par Mme Desroches-Noblecourt, éminente égyptologue qui dût, au dernier moment, subir une intervention chirurgicale. L'une des personnes inscrites ayant mis en jeu la responsabilité de la société organisatrice, celle-ci opposa la force majeure, mais le tribunal répondit que « la maladie d'une personne âgée n'est pas imprévisible ». C'est cette motivation qui entraîne la cassation, la première chambre civile affirme, en effet, que « qu'en statuant ainsi alors que *la seule irrésistibilité de l'événement caractérise la force majeure* ».

Aussitôt après, la deuxième chambre civile, cette fois, dans deux arrêts des 28 novembre et 12 décembre 2002 [5], a repris la définition classique de la force majeure avec les deux conditions d'imprévisibilité et d'irrésistibilité placées sur le même plan, et le 23 janvier 2003 [6], elle a cassé l'arrêt d'une cour d'appel qui avait admis « qu'un comportement aberrant ou très dangereux de la victime, même s'il est prévisible dans l'absolu, constitue une cause d'exonération pour le gardien de la chose ».

Il y avait donc une opposition de vue entre la première et la deuxième chambre civile.

1726. Devant ces hésitations de la Cour de cassation, un auteur proposait de substituer « à la vieille trilogie : extériorité, imprévisibilité, irrésistibilité qui relève désormais plus du mythe que d'une démarche scientifique [...] la trilogie : inévitabilité, irrésistibilité, impossibilité [7] ». Selon lui :

– *l'inévitabilité* permet seulement d'apprécier le comportement du sujet *avant* la réalisation de l'événement perturbateur ;

---

1. Civ. 2e, 17 mars 1993, *JCP* 1993. IV. 1314 et obs. G. Viney, 1993. I. 3727.
2. Civ. 3e, *JCP* 1993. IV. 1379, même obs. G. Viney.
3. Civ. 1re, 9 mars 1994, *JCP* 1994. IV. 1227, cité, v. ss 879.
4. Civ. 1re, 6 nov. 2002, *Bull. civ.* I, n° 258.
5. *RCA* 2003, comm. n° 94 ; *Bull. civ.*, n° 287 ; *JCP* 2003. IV. 1219.
6. Civ. 2e, 23 janv. 2003, préc.
7. Ph. Antonmattei, « Ouragan sur la force majeure », *JCP* 1996. I. 3907.

– *l'irrésistibilité* permet une telle appréciation *pendant* la réalisation de ce dommage. Ainsi, dans l'arrêt du 9 mars 1994 précité, il s'agissait d'un vol à main armée. Lorsqu'il se déroule, le vol à main armée est bien irrésistible comme l'admet la Cour de cassation mais, parce qu'un contrôle strict des entrées de l'hôtel n'avait pas été effectué (le veilleur de nuit ayant lui-même ouvert la porte à l'un des malfaiteurs qui prétendait avoir rendez-vous avec une cliente), l'événement était évitable, comme l'ont relevé la cour d'appel et la Cour de cassation ;

– *l'impossibilité*, enfin, est le troisième critère : il s'agit de l'impossibilité d'éviter le dommage, créé par l'événement, qui permet d'apprécier le comportement de l'intéressé *après* l'intervention de la perturbation. Ainsi dans l'arrêt final de l'affaire du *Port autonome de Rouen* (6 oct. 1993, préc.), la Cour de cassation reproche-t-elle à la cour d'appel de n'avoir pas vérifié si les faits de la grève « n'étaient pas de nature à mettre le Port autonome dans l'impossibilité absolue d'exécuter ses obligations ».

b) Confirmation de la double exigence par l'assemblée plénière et moment auquel s'apprécie l'imprévisibilité

1727. L'opposition entre les deux chambres de la Cour de cassation a finalement été tranchée par *deux arrêts* de la Cour de cassation, réunie en assemblée plénière du 14 avril 2006.

L'assemblée plénière a réaffirmé la conception classique de la force majeure et jugé que les critères cumulés d'imprévisibilité et d'irrésistibilité conservent toute leur pertinence pour caractériser la force majeure exonératoire, en matière délictuelle, comme en matière contractuelle[1].

– Dans la première affaire, en matière de responsabilité délictuelle, la Cour de cassation approuve la cour d'appel d'avoir exonéré la RATP de sa responsabilité, en qualifiant de force majeure la faute volontaire de la victime, qui s'était jetée sous un train dans une gare, considérée comme, tout à la fois, imprévisible et irrésistible.

– Dans la seconde affaire, en matière de responsabilité contractuelle, la grave maladie qui avait frappé un fabriquant de matériel industriel et l'avait empêché de livrer une machine, est retenue comme un cas de force majeure car cette maladie était imprévisible au moment de la conclusion du contrat et irrésistible lors de son exécution, puisqu'il en est décédé.

L'assemblée plénière pose toutefois une distinction quant au *moment de l'appréciation de l'imprévisibilité de l'événement*. En matière de responsabilité contractuelle, l'imprévisibilité doit s'apprécier au moment de la conclusion du contrat, alors qu'en matière extra-contractuelle, l'imprévisibilité doit être contemporaine du fait dommageable.

Depuis ces décisions, la première chambre civile s'est inclinée par une décision du 30 octobre 2008[2], réaffirmant l'exigence de la double condition d'un événement

1. Cass., ass. plén., 14 avr. 2006, n° 02-11.168 et n° 04-18.902, rapp. J. Petit, avis de Gouttes ; *JCP* 2006. Actu. 194. ; *Gaz. Pal.* 23-25 avr. 2006, p. 5, communiqué de la Cour de cassation ; *JCP* 2006. II. 10087, note P. Grosser ; *D.* 2006. 1131, obs. I. Gallmeister et *D.* 2006. 1577, note P. jourdain ; *CCC* 2006. 152, obs. L. Leveneur ; *Defrénois* 2006, art. 38433, note É. Savaux ; *JCP* 2006. I, n° 166, spéc. n° 4, note Ph. Stoffel-Munck ; *RDC* 2006. 1207, obs. G. Viney ; L. Bloch, « Force majeure : le calme après l'ouragan ? », *RCA* 2006. Étude 8.

2. Civ. 1re, 30 oct. 2008, *SA Figeac Aero/Électricité de France*, *RCA* 2008, comm. n° 351, note L. Bloch ; *D.* 2008. 2935, obs. I. Gallmeister ; *JCP* 2008. II. 10198, note P. Grosser ; *RTD civ.* n 1, 2009. 127, obs. P. Jourdain.

« imprévisible, lors de la conclusion du contrat » et irrésistible dans son exécution. Elle a aussi confirmé qu'en matière contractuelle, l'imprévisibilité s'apprécie au moment de la conclusion du contrat.

3. Rôle de la force majeure

a) La force majeure constitue une cause d'exonération totale

1728. Là encore, c'est la solution classique. La force majeure établit que le dommage n'est pas imputable au défendeur. La force majeure est la seule cause du dommage. Elle fait disparaître tout lien de causalité entre le fait générateur de responsabilité invoqué et le dommage exonère donc totalement le défendeur.

b) Elle ne peut pas constituer une cause d'exonération partielle

1729. La question s'est posée de savoir si la force majeure ne pourrait pas constituer seulement l'une des causes du dommage, de sorte que l'exonération ne serait que partielle.

La réponse était négative jusqu'aux arrêts du *Lamoricière* et des *Houillères du Nord et du Pas-de-Calais* où il avait été admis que des circonstances atmosphériques particulièrement exceptionnelles avaient pu constituer l'une des causes du dommage ce qui entraîna une exonération partielle de la responsabilité de l'auteur. Ces arrêts, isolés, constituaient une entorse au principe de l'obligation *in solidum* qui a, depuis, repris sa place (v. ss 1699, 1736 s., et 1761).

On peut encore citer un arrêt de la cour d'appel de Chambéry du 24 novembre 1980[1] qui, dans une affaire de glissement de terrain ayant détruit un sanatorium, retient 50 % de responsabilité à la charge de la commune gardienne des terrains, la force majeure (circonstances météorologiques exceptionnelles) n'étant retenue que pour 50 % seulement, mais c'est une décision d'une juridiction inférieure

1730. Mais ces décisions sont restées isolées. La Cour de cassation, pour sa part, n'admet plus d'exonération partielle pour un fait de la nature ne présentant pas les caractères de la force majeure[2].

c) Rôle spécifique de la force majeure en matière contractuelle

1731. La force majeure, a un autre effet que l'exonération de responsabilité. En empêchant une partie d'exécuter son obligation, elle libère l'autre contractant de la sienne. C'est la théorie des risques dans le contrat (v. ss 1255 s.).

d) Absence de rôle dans le cas particulier des accidents de la circulation

1732. Le législateur a expressément exclu la possibilité d'opposer la force majeure à la victime (L. du 5 juill. 1985, art. 2). Mais comme on l'a déjà souligné (v. ss 1556) et comme on le reverra (v. ss 2441), la loi de 1985 n'établit pas un régime de responsabilité mais un régime intermédiaire entre responsabilité et indemnisation.

---

1. *JCP* 1982. II. 19777, note J.-C. Detharre.
2. Civ. 2e, 30 juin 1971, *Bull. civ.* II, no 240, p. 170 ; *D.* 1971. Somm. 135, et Civ. 22 nov. 1978, *Bull. civ.* II, no 243, p. 187.

C. Le fait d'un tiers

1733. La seconde cause d'exonération totale est le fait d'un tiers.

► ***Le fait d'un tiers*** est un acte, fautif ou non, émanant d'une personne, autre que le défendeur, connue ou inconnue.

a) Le fait du tiers, cause d'exonération totale

1734. Pour constituer une cause d'exonération totale, le fait du tiers doit présenter les caractères de la force majeure c'est-à-dire un caractère irrésistible et imprévisible.

Le double caractère d'irrésistibilité et d'imprévisibilité est exigé par la jurisprudence, notamment à propos d'une chute d'une personne dans un escalator, du fait d'un tiers qui l'a bousculée, la responsabilité du magasin, gardien de l'escalator, est retenue car le fait du tiers n'était pas imprévisible et irrésistible [1].

b) Le fait du tiers n'est pas une cause d'exonération partielle

1735. Il faut supposer ici qu'il ne présente pas les caractères de la force majeure, mais que pourtant il est intervenu dans la réalisation du dommage en même temps que le fait du défendeur. Le dommage a deux causes : l'une imputable au défendeur actionné en responsabilité par la victime, et l'autre au fait du tiers. Ce fait du tiers ne peut alors jamais être une cause d'exonération partielle car cela supposerait que la victime serait obligée de diviser ses recours pour obtenir la réparation intégrale de son dommage, ce qui est contraire aux principes dégagés et au jeu de l'obligation *in solidum* (v. ss 1722).

1° Le jeu de l'obligation *in solidum* lorsque le dommage est dû, à la fois, à la faute du défendeur et au fait d'un tiers

1736. Ils sont tous deux coauteurs du dommage et ils sont tous deux responsables *in solidum*, c'est-à-dire que chacun est tenu au tout à l'égard de la victime, mais que celui qui l'a indemnisée pourra se retourner contre l'autre pour se voir rembourser, par une action récursoire, une partie de ce qu'il a versé.

2° Exclusion de l'exonération partielle dans le cas où la responsabilité du défendeur est présumée

1737. S'il s'agit, par exemple, du gardien d'une chose inanimée, celui-ci ne peut s'exonérer *totalement* de cette présomption qu'en prouvant que le dommage est dû au fait d'un tiers et en établissant le caractère imprévisible et irrésistible de celui-ci. S'il ne pouvait prouver ce caractère imprévisible et irrésistible, le gardien, présumé responsable, a pendant un certain temps bénéficié, quand même, d'une exonération partielle de responsabilité [2] mais, cette restriction de l'obligation *in solidum* a été de courte durée et, aujourd'hui, la Cour de cassation depuis des arrêts de 1970 [3], refuse, ici aussi, toute exonération partielle.

---

1. Civ. 2e, 29 mars 2001, *RCA* 2001. Chron. 14 par H. Groutel ; *Dr. et patr.* juill.-août 2001, p. 106, obs. F. Chabas ; *RTD civ.* 2001. 598, obs. P. Jourdain ; v. aussi, dans le même sens, pour l'escalator d'une gare, Civ. 2e, 13 mars 2003, *D.* 2003. IR 866.
2. Civ. 2e, 15 janv. 1960, *S.* 1962. 2, note Meurisse, *D.* 1961. 681, note Radouant.
3. Civ. 2e, 4 mars 1970 (quatre arrêts), *Bull. civ.* II, no 76 à 80.

Un présumé responsable, un gardien, est condamné *au tout* vis-à-vis de la victime, même s'il peut prouver que le dommage est également dû à la faute d'un tiers. Ils seront tenus tous les deux *in solidum* mais le gardien ne peut bénéficier d'une exonération partielle.

3° Dans le cas des accidents de la circulation

1738. Là encore, le législateur a exclu l'opposabilité du fait d'un tiers à la victime d'un accident de la circulation (L. du 5 juill. 1985, art. 2).

D. Le fait ou la faute de la victime

► ***Le fait de la victime doit être fautif*** ou au moins ***anormal*** (par exemple le piéton allongé sur une route, la nuit, est en position anormale, mais il n'est pas en faute s'il vient d'être renversé par un autre véhicule), il ne doit pas être imputable au défendeur. Il peut être cause d'exonération totale ou d'exonération partielle.

1. L'EXONÉRATION TOTALE

1739. On retrouve la même solution qu'à propos du fait du tiers : si le fait ou la faute de la victime présente les caractères de la force majeure, soit l'extériorité, l'imprévisibilité et l'irrésistibilité, l'exonération de responsabilité est totale. La solution vaut pour tous les régimes. En cas de responsabilité pour faute prouvée comme en cas de présomption de responsabilité, où la faute de la victime, *si elle est irrésistible et imprévisible*, mais seulement à cette double condition, peut entraîner une exonération totale de responsabilité[1]. Toutefois, la Cour de cassation a admis dans certaines espèces que l'indemnisation était exclue dès lors que la faute commise par la victime « constituait la cause exclusive de son dommage », sans rechercher si elle avait été irrésistible et imprévisible[2]. La première chambre civile a, ainsi, parfois, une position plus souple que la deuxième chambre qui exige toujours, nous l'avons vu (v. ss 1725 s.) les deux caractères[3].

2. L'EXONÉRATION PARTIELLE

1740. Contrairement au fait du tiers, qui ne peut qu'être une cause d'exonération totale à condition de présenter les caractères de la force majeure, l'exonération partielle par la faute de la victime est, en principe, toujours possible (v. ss 1721). Toutefois, une décision perturbante de la première chambre civile est intervenue en matière contractuelle (v. ss 1745), dont le sens reste à confirmer mais qui pourrait constituer une exception à cette règle. On peut distinguer selon les différents types de responsabilité.

a) Lorsque la responsabilité est fondée sur la faute de l'auteur du dommage

1741. Celui-ci, s'il prouve que la faute de la victime a concouru au dommage, peut s'exonérer partiellement de sa responsabilité. C'est le cas de la faute commune.

1. Civ. 2e, 21 déc. 1970. *D.* 1971. 381 ; Civ. 4 juill. 1979, *Bull. civ.* II, no 203, p. 140, qui insiste sur le caractère imprévisible du fait de la victime aussi Civ. 2e, 27 oct. 1982, *JCP* 1984. 20173, note F. C.
2. Civ. 1re, 6 oct. 1998, *LPA* 1999, no 35 p. 9, note A.-M.-L.
3. V. Civ. 2e, 2 avr. 1997, *RCA* 1997, comm. 255.

Il est opéré un *partage de responsabilité*[1] qui est opposable, non seulement à la victime elle-même, mais encore à ses héritiers.

Le cas s'est posé, par exemple, dans le cas de la victime d'un vol qui tire sur le voleur, même si *pénalement* la légitime défense n'est pas admise, *civilement* la tendance des tribunaux est de laisser une très large part de responsabilité à la charge du voleur : 19/20e par la chambre criminelle en 1979[2] et 9/10e, la même année, par la cour d'appel de Toulouse[3]. Mais la Cour de cassation refuse de réduire l'indemnisation de la victime quand la faute n'est pas suffisamment grave[4].

Le partage de responsabilité, s'il est toujours admis, ne s'impose pas cependant comme une règle de droit : le juge du fond est souverain pour déterminer la responsabilité de chacun[5].

b) Lorsque la responsabilité est fondée sur la garde

1742. L'exonération partielle a été exclue pendant l'intervalle de l'arrêt *Desmares* (v. ss 1988 s.) qui était destiné à amener le législateur à légiférer sur les accidents de la circulation, mais lorsque la loi de 1985 sur l'amélioration des victimes d'accident de la circulation a été adoptée, la solution antérieure de l'exonération partielle a été très rapidement rétablie.

1743. Cependant, dans six arrêts du 6 avril 1987, la deuxième chambre civile est revenue sur la position de l'arrêt *Desmares* en déclarant que « le gardien de la chose instrument du dommage est *partiellement exonéré* de sa responsabilité s'il prouve que la faute de la victime a contribué au dommage ». Il s'agit, pour la plupart, d'arrêts de rejet de la Cour de cassation s'alignant sur les juridictions inférieures, notamment l'arrêt *Mététal* (v. *infra*, arrêt à lire)[6]. Les six décisions ont été commentées sous le titre « Desmares est mort »[7] (v. ss 1994).

1744. Notons, toutefois, un arrêt de la deuxième chambre civile du 25 juin 1998 qui a causé une certaine hésitation doctrinale en raison de son ambiguïté : revirement par rapport aux arrêts de 1987 ? Ou conception restrictive de la force majeure, lorsqu'il s'agit d'un dommage corporel ? En effet, un attendu de l'arrêt dispose que « la faute de la victime n'exonère le gardien que si elle constitue une force majeure »[8]. Il faut admettre qu'il fallait lire : n'exonère *totalement* le gardien… comme dans un arrêt du 11 janvier 2001[9]. Une nouvelle hésitation est apparue cependant, ensuite, en matière contractuelle.

c) Lorsque la responsabilité est contractuelle

1745. Une nouvelle hésitation, est apparue à propos de la responsabilité contractuelle du transporteur, concernant l'obligation de sécurité-résultat de la SNCF, lorsque la

1. Pour une réaffirmation récente : Civ. 1re, 1er juill. 2010, *D.* 2010. 1785.
2. Crim. 31 oct. 1979, *Gaz. Pal.* 30 mai 1980.
3. 15 nov. 1979, *Gaz. Pal.* 5 mai 1980 ; *JCP* 1981. II. 19608.
4. V. Civ. 2e, 23 juin 1993, *JCP* 1993. IV. 2199 et 2201 et obs. G. Viney, *JCP* 1993. I. 3727.
5. Civ. 2e, 24 nov. 1999. *Dr. et patr.* févr. 2000, p. 99, obs. F. Chabas.
6. Civ. 2e, 6 avr. 1987, *Mettetal c/ Mme Waeterinckx et autre*, *JCP* 1987. II. 20828, note F. Chabas ; *RTD civ.* 1987. 767, obs. J. Huet.
7. M. Margeat et J. Laudel, *Gaz. Pal.* 13-15 sept. 1989.
8. Civ. 2e, 25 juin 1998, arrêt *Texier* ; *JCP* 1998. II. 10191, note B. Fromion-Hébrard.
9. Civ. 2e, *Bull. civ.* II, no 9 ; *LPA* 2001, no 196, p. 18, note S. Szanes ; v. aussi Civ. 2e, 27 mai 1999, *D. Affaires* 1999. 1108, obs. J.-F.

première chambre civile de la Cour de cassation a précisé dans une décision du 13 mars 2008 que « le transporteur tenu d'une obligation de sécurité résultat envers un voyageur ne peut s'en exonérer partiellement et que la faute de la victime, à condition de présenter le caractère de la force majeure, ne peut jamais emporter qu'exonération totale ». La portée de la décision est difficile à apprécier. S'agit-il de supprimer l'exonération partielle seulement à l'égard du transporteur de personne ? Seulement à l'égard de la SNCF ? On notera en effet une jurisprudence extrêmement sévère de la Cour de cassation sur la force majeure appliquée à la SNCF. S'agit-il à nouveau d'un appel au législateur comme avec l'arrêt *Desmares*, pour que soit mise en place une responsabilité spéciale de la SNCF, exclusive de l'application du droit commun de la responsabilité ? On peut se le demander. Car on voit mal comment la solution pourrait être généralisée et ce n'est sans doute pas le sens de la décision (v. ss 2311, sur la responsabilité contractuelle)[1].

Postérieurement à cette décision, la chambre mixte est intervenue[2]. Certes, elle rejette, elle aussi, l'exonération en cas de faute de la victime ne présentant pas les caractères de la force majeure, dans le même contexte exactement, celui de l'obligation de sécurité résultat de la SNCF : « le transporteur ferroviaire, tenu envers les voyageurs d'une obligation de sécurité de résultat, ne peut s'exonérer de sa responsabilité en invoquant la faute d'imprudence de la victime que si cette faute, quelle qu'en soit la gravité, présente les caractères de la force majeure ». Pour autant, on ne peut en déduire qu'elle a voulu confirmer la solution de la première chambre et exclure l'exonération partielle, car le pourvoi n'invoquait que l'exonération totale. Il est normal qu'elle ait exclu l'exonération totale dès lors que la faute de la victime ne présentait pas les caractères de la force majeure et il n'est guère possible d'aller beaucoup plus loin dans l'interprétation. En toute hypothèse, la solution ne concernerait que le transporteur ferroviaire, tenu d'une obligation de sécurité-résultat.

d) En matière pénale

1746. Par dérogation au principe d'exonération de responsabilité en cas de faute du défendeur, la chambre criminelle de la Cour de cassation affirme « qu'aucune disposition de la loi ne permet de réduire en raison d'une *négligence de la victime* le montant des réparations civiles dues à celle-ci par l'*auteur d'une infraction intentionnelle contre les biens*, le délinquant étant tenu à la réparation intégrale du préjudice et ne pouvant être admis à bénéficier, fut-ce moralement, de l'infraction »[3]. Cette dérogation est bien précisée : elle concerne les infractions intentionnelles contre les biens.

1747. L'avant-projet Catala et la proposition de loi Béteille proposent les mêmes solutions concernant l'exonération.

– Concernant **les causes d'exonération totale**, ils confirment que le cas fortuit, le fait du tiers ou de la victime sont totalement exonératoires s'ils remplissent les caractères de la force majeure définie par la double condition d'imprévisibilité et d'irrésistibilité.

---

1. Civ. 1re, 13 mars 2008, *D*. 2008. 920 ; *RTD civ*. 2008. 312, obs. P. Jourdain ; *RCA* 2008. Étude 6 ; S. Hoquet-Berg et comm. 159, note F. Leduc ; *D*. 2008. 1582, note G. Viney, et 2008. 2894, note Ph. Brun ; *JCP* 2008. II. 10085, note P. Grosser ; *LPA* 6 août 2008, note Guézel-Ambruna.

2. Cass., ch. mixte, 28 nov. 2008, *SNCF c/ Consorts Bénicourt*, *D*. 2008. 3079, note I. Gallmeister ; *JCP* 2009. II. 10011, note P. Grosser, *RTD civ*. n° 1, 2009. 130, obs. P. Jourdain ; *RCA* 2009, comm. 4, S. Hoquet-Berg ; *RDC* 2009. 487, obs. T. Genicon.

3. Crim. 4 oct. 1990, *Bull. crim*. n° 331, *JCP* 1991. IV. 8, et Crim. 16 mai 1991, *Bull. crim*. n° 208, *JCP* 1991. IV. 330, pour les deux arrêts, *JCP* 1992. I. 3572, p. 159, obs. G. Viney.

– Concernant **les causes d'exonération partielle**, les projets confirment aussi que le manquement de la victime à ses obligations contractuelles ou sa faute (extracontractuelle) sont partiellement exonératoires lorsqu'ils ont contribué à la réalisation du dommage. Mais des modifications au droit actuel sont apportées au rôle de la faute de la victime. Ainsi l'effet exonératoire de la faute de la victime est exclu lorsqu'elle est privée de discernement, contrairement à la jurisprudence actuelle ; il est atténué lorsque la victime a subi un dommage corporel, car « en cas d'atteinte à l'intégrité physique, seule *une faute grave* peut entraîner l'exonération partielle », ce qui n'est pas le cas actuellement, et qui constitue une mesure de faveur à l'égard des victimes de dommages corporels.

DOCUMENTS

BIBLIOGRAPHIE

Sur le préjudice

ADIDA-CANAC (H.), « Le contrôle de la nomenclature Dintilhac par la Cour de cassation », *D.* 2011. 1497.

AZOUX-BACRIE (L.), « La perte de chance de survie et de guérison dans les essais thérapeutiques en bioéthique », *Droit et économie* 1998, n° 83, p. 67.

BÉLOT (F.), « Pour une reconnaissance de la notion de préjudice économique en droit français », *LPA* 28 déc. 2005, n° 258, p. 8.

BOURRIÉ-QUENILLET (M.), « Pour une réforme conférant un statut juridique à la réparation du préjudice corporel », *JCP* 1996. I. 3919.

BOURRIÉ-QUENILLET (M.), « Droit du dommage corporel et prix de la vie humaine », Communication présentée aux XIVe Rencontres de Béziers, 13 déc. 2003 sur le thème « La vie humaine a-t-elle un prix ? », *JCP* 2004. I. 136.

BOUTONNET (M.), « Des obligations environnementales spéciales à l'obligation environnementale générale en droit des contrats », *D.* 2012. 377.

BOUTONNET (M.), « La consécration du concept d'obligation environnementale », *D.* 2014. 1335.

CHONÉ-GRIMALDI (A.-S.) et RASCHEL (L.), « L'action de groupe à la française : tout vient à point à qui sait attendre », *Resp. civ. et assur.* 2014. Étude 4.

CORGAS-BERNARD C., « Le préjudice extrapatrimonial à l'épreuve des réformes », *Resp. civ. et assur.* 2012, étude 7.

GUINCHARD (S.), « L'action de groupe en droit français », *RID comp.* 1990. 599.

GUIOMARD (P.), « Le recours du tiers payeur sur les indemnités versées à la victime : la réforme, enfin ! », *D.* 2007. 144.

GROUTEL (H.), « Le recours des tiers payeurs, rapport d'étape », *RCA* févr. 2008. Étude 2, p. 9.

HUGLO (C.), « La prévention et la réparation des dommages à l'environnement après la loi du 1er août 2008 », *LPA* 24 nov. 2008, n° 235, p. 6.

HULST (VER) (C.-C.), « Dommage immatériel : du préjudice résultant des pertes d'exploitation », *LPA* 2001, n° 240.

JOURDAIN (P.), « Pour un réexamen du droit des recours en contribution », *RCA* 2009, Dossier, *Les vingt ans de la revue*, p. 11.

JOURDAIN (P.), « La perte d'une chance, une curiosité française », *in Mélanges P. Wessner*, 2011, éd. Guillod et C. Muller, p. 167.

LAMBERT-FAIVRE (Y.), *Le droit du dommage corporel*, Dalloz, coll. « Précis ».

MAZEAUD (H.), « La lésion d'un intérêt juridiquement protégé », *D.* 1954. I. 39.

MURAT (P.), « L'avènement de l'enfant-préjudice », *Dr. fam.* 2005. Repère 10.

NEYRET (L.) « La réparation des atteintes à l'environnement par le juge judiciaire », *D.* 2008. Chron. 170.

NEYRET (L.) et MARTIN (G.-J.), *Nomenclature des préjudices environnementaux*, LGDJ, coll. « Droit des affaires », 2012.

NGUYEN (J.), « L'influence des prédispositions de la victime sur l'obligation à réparation du défendeur à l'action en responsabilité », *RTD civ.* 1976. 1.

PORCHY-SIMON (S.), « Le recours des tiers payeurs à l'épreuve de la politique jurisprudentielle de la Cour de cassation », *D.* 2010. Étude 593.

PORCHY-SIMON (S.), « Plaidoyer pour une construction rationnelle du droit du dommage corporel », *D.* 2011. 2742.

PÉANO (M.-A.), « Victimes en état végétatif : une étape décisive », *RCA* 1995. Chron. 13.

RASCHEL (L.), « La délicate distinction de la perte de chance et du risque de dommage », *JCP* 2010. 413.

ROBINEAU (M.), « Le statut normatif de la nomenclature Dintilhac », *JCP* 2010. 612.

SAVIN (P.), « Le droit à l'environnement », *Gaz. Pal.* 17-18 mars 2006, p. 52.

VASSAS (R.), « Le préjudice d'agrément », *Gaz. Pal.* 1981. 2. Doctr. 460.

VINEY (G.), « L'autonomie du droit à réparation de la victime par ricochet par rapport à celui de la victime initiale », *D.* 1974. Chron. 3.

VINEY (G.), « Le préjudice écologique », *RCA* n° 5 *bis*, p. 6, participation au colloque « Préjudice : questions choisies », Paris XII, 12 déc. 1997.

WESTER-OUISSE (V.), « Le préjudice moral des personnes morales », *JCP* 2003. I. 145.

Sur le lien de causalité et les causes d'exonération

ANTONMATTEI (P.-H.), « Ouragan sur la force majeure », *JCP* 1996. I. 3907.

AUBERT (J.-L.), « L'arrêt *Desmares* : une provocation à quelles réformes ? », *D.* 1983. I. 1.

BIGOT (J.), « L'arrêt *Desmares*, retour au néolithique », *JCP* 1982. I. 3090.

BEAUDEU (C.), « La causalité : frontière entre la responsabilité délictuelle et la responsabilité contractuelle », *LPA* 25 avr. 2008, n° 84, p. 8.

BLOCH (L.), « Force majeure : le calme après l'ouragan », *RCA* juin 2006, p. 6.

ESMEIN (P.), « Le nez de Cléopâtre ou les affres de la causalité », *D.* 1964. I. 205.

GROUTEL (H.), « L'intervention du fonds de garantie automobile devant les juridictions : l'anarchie à son comble », *RCA* avr. 1990.

GROUTEL (H.), « Faute et assurance », *RCA* juin 2003, colloque sur « La responsabilité pour faute », p. 56.

GRUA (F.), « La responsabilité civile de celui qui fournit le moyen de causer un dommage », *RTD civ.* 1994. 1.

HOCQUET-BERG (S.), « Gardien cherche force majeure… désespérément », *RCA* 2003, chron. n° 12, p. 6.

LAMBERT (B.), « La solidarité des auteurs d'un accident du travail, un revirement de la Cour suprême », *Gaz. Pal.* 1982. 2.

LAMBERT-FAIVRE (Y.), « Aspects juridiques, moraux et économiques de l'indemnisation des victimes fautives », *D.* 1982. Chron. 207.

LAMBERT-FAIVRE (Y.), « L'évolution de la responsabilité civile d'une dette de responsabilité à une créance d'indemnisation », *RTD civ.* 1987. 1.

LEDUC (F.), « Causalité civile et imputation », *RLDC* juill. 2007, suppl. n° 40, p. 21 s.

MARTY (G.), « La relation de cause à effet comme condition de la responsabilité civile », *RTD civ.* 1939. 685.

RADÉ (C.), « Causalité juridique et causalité scientifique : de la distinction à la dialectique », *D.* 2012. 112.

STOFFEL-MUNCK (Ph.), « Le particularisme de la force majeure en matière contractuelle », *RDC* oct. 2003, p. 59 s.

TUNC (A.), « Force majeure et absence de faute en matière contractuelle », *RTD civ.* 1945. 235 ; « Force majeure et absence de faute en matière délictuelle », *RTD civ.* 1946. 177.

TUNC (A.), « Les causes d'exonération de la responsabilité de plein droit de l'article 1384, alinéa 1er, du Code civil », *D.* 1975. Chron. 83.

VACHET (G.), « L'incidence de la faute de la victime ou d'un tiers en cas de faute inexcusable de l'employeur en matière de risques professionnels », *Gaz. Pal.* 1er-2 mars 2006, p. 3.

VINEY (G.), « L'indemnisation des victimes de dommages causés par le fait d'une chose après l'arrêt de la Cour de cassation du 21 juillet 1982 », *D.* 1982. Chron. 201.
VINEY (G.), « La faute de la victime d'un accident corporel : le présent et l'avenir », *JCP* 1984. I. 3155.

LECTURE

À propos des « dommages en cascade », et des affres de la causalité, voici un exemple plus récent que celui de Pothier !

Il s'agit d'un incident survenu aux États-Unis et cité par Claude Sarraute dans le numéro du *Monde* du 15 mars 1984.

Sur le vif : Zip

Elle est devenue bien vertueuse, je vous le disais l'autre jour, bien conformiste, l'Amérique de Reagan [...]. Quand elle voit passer un bonhomme qui n'arrive pas à remonter la fermeture Éclair de sa braguette dans une galerie marchande à Albany, elle pousse des hauts cris par la voix suraiguë d'une vendeuse, alerte les flics et envoie le malheureux au poste de police. Là, on lui prête une épingle de nourrice et on le lâche devant les micros et les caméras immédiatement alertés. Remous dans l'opinion et catastrophes en cascade. Il perd son emploi de conseiller dans un programme de réhabilitation pour drogués. Complètement traumatisé, il va chez le toubib. Ordonnance *recto verso* de tranquillisants, d'antidépressifs, d'euphorisants. Il se met à croquer des tablettes et à avaler des gélules avant les repas, après les repas, entre les repas. Le voilà complètement drogué à son tour. Et méchant. Et teigneux. Et violent. Du coup – quel coup ! – sa femme le plaque. Alors là, il touche le fond. Il donne un coup de pied. Et il remonte jusqu'au tribunal devant qui il va attaquer le fabricant en dommages-intérêts. Et il va gagner. Savez-vous combien ? 200 000 $. En gros – et ça fait très gros – 1 600 000 F lourds. [...] (Soit l'équivalent de 243 918,43 de nos euros actuels !)

ARRÊT À COMMENTER

Le préjudice socialement reconnu et la concubine

Cass., ch. mixte, 26 févr. 1970, *D.* 1970. 201, note Combaldieu, et *JCP* 1970. II. 16305, concl. Lindon, note Parlange (*Veuve Gaudras c/ Dangereux*)

La demanderesse invoque, à l'appui de son pourvoi, le moyen unique de cassation suivant :

« Violation des articles 1382 s. du Code civil et 7 de la loi du 20 avril 1810, pour défaut et contradiction de motifs et manque de base légale, en ce que l'arrêt infirmatif attaqué (Paris, 16 oct. 1967) a débouté l'exposante de son action en indemnité contre M. Dangereux, reconnu comme entièrement responsable de l'accident mortel de son concubin – au motif que le concubinage ne créerait pas de droits entre les concubins ni à leur profit envers les tiers –, alors qu'il résulte d'une jurisprudence constante de la chambre criminelle de la Cour de cassation que le lien existant entre concubins peut donner ouverture à une action en indemnisation dès l'instant qu'il offre des garanties de stabilité et ne présente pas un caractère délictueux, et qu'on ne voit pas pourquoi il en irait différemment lorsque la victime, au lieu de se constituer partie civile devant la juridiction pénale, a intenté une action devant la juridiction civile. »

Arrêt

LA COUR. – *Sur le moyen unique* ; Vu l'article 1382 du Code civil ;

– Attendu que *ce texte* ordonnant que l'auteur de tout fait ayant causé un dommage à autrui sera tenu de le réparer, *n'exige pas, en cas de décès, l'existence d'un lien de droit entre le défunt et le demandeur en indemnisation* ;

– Attendu que l'arrêt attaqué, statuant sur la demande de la dame Gaudras en réparation du préjudice résultant pour elle de la mort de son concubin Paillette, tué dans un accident de la circulation dont Dangereux avait été jugé responsable, a infirmé le jugement de première instance qui avait fait droit à cette demande en retenant que ce concubinage offrait des garanties de stabilité et ne présentait pas de caractère délictueux, et a débouté ladite dame Gaudras de son action, au seul motif que le concubinage ne crée pas de droit entre les concubins ni à leur profit vis-à-vis des tiers ; qu'en subordonnant ainsi l'application de l'article 1382 à une condition qu'il ne contient pas, la cour d'appel a violé le texte susvisé ;

Par ces motifs, casse…, renvoie devant la cour d'appel de Reims du 27 févr. 1970. – Cass., ch. mixte. – MM. Aydalot, 1er pr. – Drouillat, Ancel, Rolland, Laroque, pr. – Parlange, rap. – Lindon, 1er av. gén. – Jousselin et Galland, av.

Directives

Notez l'allusion faite par la demanderesse à la jurisprudence de la chambre criminelle par opposition à celle des chambres civiles.

Question

Quelle a été l'évolution de la matière depuis cet arrêt ?

ARRÊT À COMMENTER

L'arrêt *Desmares* ou la suppression de l'exonération partielle

Arrêt *Desmares*, Civ. 2e, 21 juill. 1982, *D.* 1982. 449, concl. Charbonnier, note Larroumet, *JCP* 1982. II. 19861, note Chabas

LA COUR. – *Sur le moyen unique pris en ses quatre premières branches*, telles qu'énoncées au mémoire ampliatif :

– Attendu, selon l'arrêt infirmatif attaqué, qu'à la tombée de la nuit, dans une agglomération, la voiture automobile de Desmares heurta et blessa les époux Charles qui traversaient la chaussée à pied ; que lesdits époux ont réclamé à Desmares et à son assureur La Mutualité industrielle, la réparation de leur préjudice ; que la SNCF, agissant comme caisse autonome de Sécurité sociale, et la Caisse primaire d'assurance maladie des Ardennes sont intervenues ;

– Attendu qu'il est fait grief à l'arrêt d'avoir, par application de l'article 1384, alinéa 1er, du Code civil, retenu la responsabilité de Desmares ;

– Attendu qu'après avoir énoncé, par une appréciation souveraine, que l'on ne pouvait accorder grand crédit aux affirmations d'un témoin qui n'avait pas vu l'accident, mais seulement ses suites, l'arrêt relève que les époux Charles avaient été projetés à quelques mètres du passage protégé et retient, au vu des traces laissées sur la chaussée, que, compte tenu du « temps de réflexe » ayant précédé le freinage et du fait que Desmares n'avait vu les piétons qu'à l'instant du choc, celui-ci ne pouvait s'être produit qu'au niveau du passage réservé ou à proximité immédiate de celui-ci ; que par ces constatations et énonciations la cour d'appel, qui ne s'est pas déterminée par un motif hypothétique ou dubitatif et qui, en les rejetant, a répondu aux conclusions, a légalement justifié sa décision du chef critiqué ;

Sur le moyen pris en ses deux dernières branches :

– Attendu qu'il est reproché à l'arrêt d'avoir statué comme il l'a fait, alors, d'une part, que la cour d'appel n'aurait pas répondu aux conclusions soutenant que les victimes ne s'étaient pas conformées à l'article R. 219 du Code de la route qui les obligeait à ne traverser la chaussée qu'après s'être assurées qu'elles pouvaient le faire sans danger immédiat, et alors, d'autre part, que la cour d'appel aurait omis de réfuter les motifs des premiers juges selon lesquels les époux Charles avaient commis une seconde imprudence en entreprenant la traversée de la chaussée sans s'assurer qu'ils pouvaient le faire sans danger et sans tenir compte de la vitesse et de la distance du véhicule circulant à ce moment, et également selon lesquels la distance à laquelle se trouvait la voiture de Desmares était insuffisante pour permettre aux piétons de traverser sans danger et que ceux-ci n'auraient donc pu s'engager sur la chaussée dans de telles conditions d'autant que leur présence avait été masquée aux yeux de Desmares par la voiture se trouvant à droite de celui-ci ;

– Mais attendu que seul un événement constituant un cas de force majeure exonère le gardien de la chose, instrument du dommage, de la responsabilité par lui encourue par application de l'article 1384, alinéa 1er, du Code civil ; que, dès lors, *le comportement de la victime, s'il n'a pas été pour le gardien imprévisible et irrésistible, ne peut l'en exonérer, même partiellement* ;

Et attendu qu'après avoir relevé que l'accident s'était produit à une heure d'affluence, dans un passage réservé aux piétons ou à proximité de celui-ci, sur une avenue qui, dotée d'un éclairage public fonctionnant normalement, comprenait quatre voies de circulation, deux dans chaque sens, l'arrêt retient que, circulant sur la voie de gauche, la voiture de Desmares avait heurté les époux Charles, lesquels traversaient la chaussée de droite à gauche par rapport au sens de marche de l'automobiliste ; que, par ces énonciations d'où il résulte qu'à la supposer établie, la faute imputée aux victimes n'avait pas pour Desmares le caractère d'un événement imprévisible et insurmontable, la cour d'appel, qui, par suite, n'était pas tenue de rechercher, en vue d'une exonération partielle du gardien, l'existence de ladite faute, a légalement justifié sa décision ;

Par ces motifs,

Rejette le pourvoi formé contre l'arrêt rendu le 15 janvier 1981 par la cour d'appel de Reims.

ARRÊT À LIRE

L'après-*Desmares*, le retour de l'exonération partielle

Arrêt *Mettetal*, Civ. 2e, 6 avr. 1987, *JCP* 1987. II. 20828, note F. Chabas

LA COUR : *Sur le moyen unique, pris en ses deux branches :*

– Attendu, selon l'arrêt confirmatif attaqué (Orléans, 1er févr. 1985), que Mme Waeterinckx, pour enflammer des herbes qui avaient été fauchées sur sa propriété, a répandu sur celles-ci de l'alcool à brûler, provoquant ainsi une explosion au cours de laquelle la mineure Carole Mettetal qui se trouvait à proximité en compagnie de son père, a subi des brûlures ; que M. Mettetal a demandé à Mme Waeterinckx et à son assureur, la M.G.A., la Mutuelle Générale d'Assurances réparation de son préjudice personnel et de celui de sa fille ;

– Attendu qu'il est fait grief à l'arrêt d'avoir partagé entre Mme Waeterinckx et M. Mettetal la responsabilité des dommages sur le seul fondement de l'article 1382 du Code civil, alors que, d'une part, la cour d'appel, saisie sur le double fondement des articles 1382 et 1384, alinéa 1er, du Code civil, aurait dû rechercher si l'application du dernier de ces textes n'excluait pas un partage de responsabilité, et alors que, d'autre part, la cour d'appel n'aurait pu exonérer partiellement le gardien de sa responsabilité, tout en constatant que le comportement de la victime et de son père avait été parfaitement prévisible pour lui ;

– Mais attendu que le gardien de la chose instrument du dommage *est partiellement exonéré de sa responsabilité s'il prouve que la faute de la victime a contribué au dommage ;*

Et attendu que la cour d'appel ayant retenu, en des motifs non critiqués, que M. Mettetal et sa fille avaient commis des fautes qui, avec celles de Mme Waeterinckx, avaient concouru à la réalisation du dommage, a partagé entre eux la responsabilité dans des proportions qu'elle a souverainement appréciées, et a ainsi légalement justifié sa décision, tant au regard de l'article 1384, alinéa 1er, que de l'article 1382 du Code civil ; d'où il suit que le moyen n'est pas fondé ;

Par ces motifs,

Rejette le pourvoi.

Lien de causalité

1. – Pluralité de causes

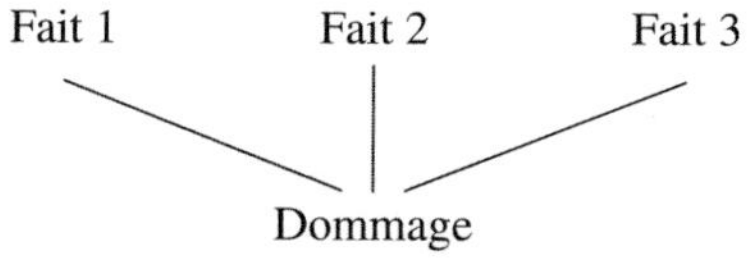

– Plusieurs faits générateurs F1, F2, F3 entraînent le même dommage

2. – Préjudices indirects

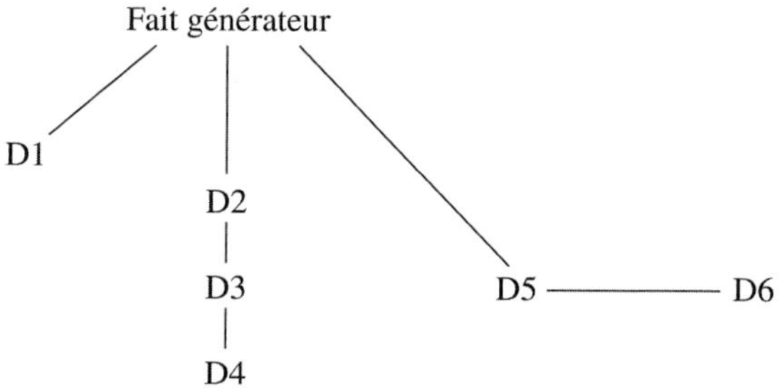

– 1 fait générateur entraîne :
- 3 dommages directs D1-D2-D5
- 2 dommages en cascade D3-D4
- 1 dommage par ricochet D6.

Chapitre 2

Les constantes concernant la mise en œuvre de la responsabilité civile

1748. Il s'agit maintenant de s'intéresser à la façon dont la responsabilité civile, quelle que soit sa nature, est mise en œuvre dans le cadre d'une action en responsabilité et nous envisagerons, d'une part, l'exercice de l'action en responsabilité et, d'autre part, la réparation du dommage. Bien sûr, le procès en responsabilité peut être évité si les assureurs (dommage ou responsabilité) sont intervenus et ont transigé entre eux (v. ss 1769) mais, en cas de contestation, seule l'action en responsabilité permettra de reconnaître les droits de chacun et surtout de déterminer les responsabilités, évaluer les dommages et répartir la charge définitive de la réparation.

I. Les principes gouvernant l'exercice de l'action en responsabilité civile

1749. Quelle que soit la nature de la responsabilité, contractuelle ou extracontractuelle, du fait personnel, du fait d'autrui ou du fait des choses, l'obligation de réparation suppose que soient vérifiées les conditions d'existence de la responsabilité civile et doit donc être reconnue par le juge dans le cadre d'un procès en responsabilité.

Le fait dommageable a fait naître une obligation de réparation, mais c'est l'exercice de l'action qui va la transformer en une obligation précise de dommages et intérêts. Voyons quels sont les parties en présence et le régime de l'action.

A. Les parties en présence

1. En l'absence de tiers payeur

a) Le demandeur est normalement la victime

1750. La victime peut être une personne physique ou une personne morale, mais dans le cas de préjudice « par ricochet », il peut y en avoir plusieurs. La jurisprudence, nous l'avons vu (v. ss 1666 s.), exigeait qu'elles invoquent un intérêt légitime, juridiquement protégé. Cela excluait autrefois la concubine ou la fiancée, du moins pour la réparation du préjudice moral, pour lequel la Cour de cassation voulait limiter la réparation aux seuls parents et alliés, mais la jurisprudence a évolué en la matière.

Ainsi, l'enfant naturel qui vit à la charge du mari de sa mère, peut-il obtenir réparation du préjudice résultant du décès de ce dernier [1].

En cas d'accident non mortel, l'indemnisation des pertes de revenus est réservée à la victime initiale et elle est sensée (ce qui n'est généralement pas le cas !) compenser également les préjudices subis par les proches qui dépendent économiquement du blessé. Ainsi, une décision du 12 avril 1994 a-t-elle cassé l'arrêt d'une cour d'appel qui avait accordé des indemnités distinctes à l'épouse et aux filles du blessé [2].

b) Ce demandeur peut également être le ou les héritiers de la victime

1° Action exercée en continuation de la personne du défunt

1751. Les héritiers étant censés « continuer la personne de leur auteur », peuvent parfaitement exercer son action, même s'il ne s'agit que de la réparation d'un préjudice moral, car ils trouvent cette action, considérée comme un bien, dans le patrimoine de leur auteur (v. ss 1661).

Cette action est possible, si l'auteur a intenté l'action de son vivant, aussi bien que s'il est mort sans l'avoir fait, pourvu qu'il n'y ait pas renoncé. Ainsi l'action du légataire universel, sans lien du sang, mais présentant un intérêt légitime d'affection et pour un préjudice tant matériel que moral est-elle recevable [3]. Mais si la victime est décédée en cours d'instance, les juges ne peuvent réparer le préjudice que si l'instance a été reprise par ses ayants-droits [4].

1752. La jurisprudence admet même l'action des héritiers, bien que ce soit contestable, lorsqu'il s'agit du *pretium doloris* [5]. Mais la chambre criminelle n'autorisait, dans ce cas, les héritiers à agir que s'ils continuaient l'action intentée de son vivant par la victime, alors que la deuxième chambre civile estimait que le droit à réparation du dommage résultant de la souffrance physique ou morale de leur auteur se transmet aux héritiers sans restrictions. La chambre mixte de la Cour de cassation a tranché, tant à propos du *pretium doloris* que du *pretium affectionis*, en faveur de cette seconde position par deux arrêts du 30 avril 1976 [6].

1753. L'action civile des proches de la victime d'une infraction de blessures involontaires, devant les *juridictions répressives* est également recevable depuis un arrêt de la chambre criminelle de la Cour de cassation du 9 février 1989 [7], qui revient sur la position antérieurement admise par la Cour de cassation en assemblée plénière le 12 janvier 1979 [8].

1754. Le Conseil d'État, à son tour, a aligné sa position sur celle de la Cour de cassation. Alors qu'il refusait auparavant la transmission aux héritiers de la créance de réparation des dommages moraux subis par le défunt, notamment par un arrêt du 28 janvier

---

1. Crim. 17 oct. 2000, *RJPF* 2001. 2/59, obs. F. Chabas.
2. Crim. 12 avr. 1994, *Bull. crim.* n° 146 ; *JCP* 1994. I. 3809, obs. G. Viney.
3. Req. 10 avr. 1922, *S.* 1924. I. 153, note P. Esmein.
4. Crim. 18 févr. 2014, n° 13-81.281, *RCA* 2014, comm. 144.
5. Crim. 22 nov. 1961, *D.* 1962. Somm. 29.
6. *D.* 1977. 185, note Mme Contamine-Raynaud, *RTD civ.* 1976. 556, obs. G. Durry ; *Bull. civ.* 1976, n° 2, p. 1 et n° 3, p. 2.
7. *Bull. crim.* n° 63, *Gaz. Pal.* 24 mai 1989, obs. J. Doucet.
8. *JCP* 1980. II. 19335, rapp. Ponsard, note M.-E. Cartier.

1971 [1], le Conseil d'État affirme que « le droit à réparation d'un dommage, quelle que soit sa nature, s'ouvre à la date à laquelle se produit le fait qui en est directement la cause ; que si la victime du dommage décède avant d'avoir elle-même introduit une action en réparation, ce droit entré dans son patrimoine est transmis à ses héritiers » [2].

En revanche, les héritiers de la victime d'un accident ne peuvent obtenir l'indemnisation de son incapacité permanente partielle (IPP) pour la période postérieure à son décès, serait-il consécutif à l'accident [3].

2° Question de l'opposabilité de la faute de la victime directe aux victimes par ricochet

1755. Un autre obstacle est apparu en cas de *partage de responsabilité* entre l'auteur du dommage et la victime. Si la victime exerce elle-même l'action, ce partage lui est opposable (v. ss 1721 s.). En est-il de même quand l'action est exercée par les héritiers en leur nom personnel, pour la réparation du préjudice par ricochet qu'ils ont subi ? D'une part, ils n'ont pas eux-mêmes commis de faute, mais d'autre part, doivent-ils être mieux traités que ne l'aurait été leur auteur ?

La jurisprudence a longtemps hésité et les différentes chambres de la Cour de cassation elles-mêmes étaient divisées sur la solution à donner à ce problème jusqu'à ce que deux arrêts des chambres réunies du 25 novembre 1964 (aff. *Estève*) [4] aient mis fin à cette controverse. Désormais, le partage de responsabilité est opposable aux héritiers : ceci se justifie par la nécessité de pouvoir subroger celui des coauteurs du dommage, responsable *in solidum* (qui a payé l'intégralité de la dette), dans les droits du créancier, pour lui permettre de se faire rembourser sa part par l'autre auteur. Ceci n'étant pas possible, puisque l'autre coauteur est mort et que les créanciers ne disposaient d'aucune action contre lui, le coauteur du dommage n'est tenu que de payer sa part propre.

1756. Un arrêt critiqué de la deuxième chambre civile, en 1978, a paru vouloir revenir sur ce principe qui semblait acquis [5]. C'est pourquoi un cas semblable a, à nouveau, été soumis à la Cour de cassation, en assemblée plénière cette fois en 1981 [6]. La Cour a confirmé la position des chambres réunies de 1964, mais en motivant davantage sa position : la faute de la victime est opposable aux héritiers agissant en leur nom personnel car « si l'action de ce tiers est distincte par son objet, même lorsque ce tiers est aussi l'héritier de la victime, de celle que ladite victime aurait pu exercer, elle n'en procède pas moins du même fait originaire considéré dans toutes ses circonstances ».

c) Le demandeur peut, aussi, être un créancier ou un cessionnaire

1757. Mais, ce, uniquement en ce qui concerne le préjudice matériel, car ils ne peuvent exercer les droits « exclusivement attachés à la personne », de leur débiteur ou de leur

1. *Lebon* 81, *AJDA* 1971. 279, obs. Labetoulle et X. Cabannes.
2. CE 29 mars 2000, *Ass. publ. – Hôpitaux de Paris*, *JCP* 2000. I. 280, obs. crit. Viney ; *JCP* 2000. II. 10360, note Derrien.
3. Civ. 2e, 21 févr. 1990, *Bull. civ.* II, no 41.
4. *JCP* 1964, no 13972, note P. Esmein, *D.* 1964. 733, concl. Aydalot.
5. Civ. 2e, 25 oct. 1978. *D.* 1979. 73, note C. Larroumet ; *JCP* 1979. II. 19193, note F. Chabas et obs. G. Durry à la *RTD civ.* 1980. 112.
6. Cass., ass. plén., 19 juin 1981, *JCP* 1981. II. 19712, rapp. Cons. Ponsard.

auteur (préjudice personnel, v. ss 1678). Toutefois, la loi du 3 avril 1942 annule les conventions par lesquelles les victimes cèdent à des intermédiaires, à titre de rémunération, une partie des indemnités que ces derniers s'engagent à leur procurer. Le créancier peut alors agir par la voie oblique (v. ss 310).

d) Le demandeur peut être une association

1758. Il faut distinguer deux cas.

D'une part, les associations à but altruiste constituées pour défendre des intérêts collectifs, distincts de ceux de leurs membres, ce que l'on a appelé « de grandes causes »[1], par exemple, SPA, Association créée pour veiller au souvenir des déportés décédés dans les camps de concentration nazis, « mouvement aide à toute détresse, science et service », association de défense des consommateurs (C. consom., art. L. 421-1)[2], association de défense de l'environnement (C. envir., art. L. 142-2).

D'autre part, les associations de défense de leurs adhérents qui n'ont pour fonction que de regrouper les actions individuelles de leurs membres.

– *Les premières* (associations à but altruiste) disposent d'un droit d'action propre, sachant qu'au cours du temps, la jurisprudence juridique a assoupli les régles pour favoriser ce droit d'agir en justice pour la défense des intérêts collectifs qu'elles représentent : elle a ainsi élargi les contours des habilitations légales pour admettre parfois l'action au profit d'associations non agréées ; elle a ouvert l'action en responsabilité – notamment aux associations de défense de l'environnement –, non seulement devant les juridictions répressives mais aussi devant les juridictions civiles[3] ; elle a enfin admis que hors habilitation de la loi, les associations pouvaient défendre les intérêts collectifs qu'elles défendent dès lors qu'ils rentrent dans leur objet social[4].

– *Les secondes* (associations de défense des droits de leurs adhérents) ne devraient pouvoir agir que pour leurs mandants et dans les limites de leur mandat, même si la jurisprudence n'est pas très bien fixée en la matière (un arrêt de la première chambre civile a relevé que la cour d'appel avait, à bon droit, admis concurremment la demande d'une association de défense et les demandes individuelles de tous ses membres ![5]). Le législateur a, luimême, admis ponctuellement ces actions associationnelles : ainsi l'article L. 135-4 du Code du travail dispose-t-il : « les organisations ou groupements ayant la capacité d'ester en justice dont les membres sont liés par une convention ou un accord collectif de travail peuvent exercer toutes les actions en justice qui naissent de ce chef en faveur de leurs membres… ». De même, une action en réparation pour le compte des consommateurs mandants est ouverte aux associations de consommateurs agréées et reconnues représentatives sur le plan national… dès lors que « plusieurs consommateurs, personnes physiques identifiées ont subi des préjudices individuels qui ont été causés par le fait d'un même professionnel et qui ont une origine commune… »[6]. Il faut cependant qu'il y ait une habilitation législative. Dans le cas

---

1. V. Guinchard, article cité dans la bibliographie.
2. Colmar, 10 févr. 1977, *D.* 1977. 471, note D. Mayer.
3. Civ. 2e, 7 déc. 2006, envir. 2007, comm. 63, note M. Boutonnet
4. Civ. 2e, 27 mai 2004, arrêt de principe, *D.* 2004. 2931, obs. E. Lamazerolles, *RTD com.* 2004. 555, obs. L. Grosclaude ; Civ. 3e, 26 sept. 2007. *D.* 2007. 2535, obs. A. Vincent ; *RTD civ.* 2008. 305, obs. P. Jourdain.
5. Civ. 1re, 14 mai 1992, *JCP* 1992. I. 3625, obs. G. Viney, p. 505.
6. C. consom., art. L. 422-1 à L. 422-3.

contraire, la Cour de cassation peut être amenée à censurer les initiatives, comme par exemple, celle prise par l'association UFC-Que choisir, qui ne pouvait agir elle-même en introduisant l'instance et qui avait entrepris d'orchestrer l'assignation et des interventions de ses abonnés victimes de dommages individuels, au mépris des interdictions de démarchage et d'appel au public qui y faisaient obstacle [1]. C'est dans ce contexte que s'est posée la question de l'opportunité de *l'action de groupe* que la loi n° 2014-344 du 17 mars 2014 relative à la consommation a introduit en droit français.

e) L'introduction de l'action de groupe en droit français

1759. Cette action de groupe trouve son origine dans les actions judiciaires collectives du droit anglo-saxon dites « *class actions* ». Il s'agit d'une procédure qui concerne, non pas une personne, mais une catégorie de personnes. Lorsqu'un préjudice est causé, non pas à une personne isolée, mais à un groupe de personnes et procède du même fait générateur, une *class action* peut être intentée contre le ou les responsables. Il peut s'agir des victimes d'un attentat ou d'une catastrophe naturelle. Des groupes de personnes peuvent, également, être affectées par des préjudices liés à l'environnement, comme des pollutions diverses, ou avoir à se plaindre des défaillances de certains services publics, tels que grèves ou mauvais entretien d'infrastructures publiques... L'expérience de ces actions à l'étranger montre que les transactions sont plus nombreuses que les décisions de justice [2], ce qui est certainement un effet positif. L'instauration de l'action de groupe est une proposition qui figurait dans le rapport d'information du Sénat sur la réforme du droit de la responsabilité et dans la proposition de loi Béteille ainsi que dans les propositions Terré (v. ss 1572, 1678, à propos du caractère personnel du dommage et de la question du dommage collectif). la Cour de cassation ne l'admettait pas [3] et censurait les initiatives en ce sens [4].

La loi n° 2014-344 du 17 mars 2014 relative à la consommation est donc venue inscrire cette action de groupe dans le Code de la consommation (art. L 423-1, s).

Une association de défense des consommateurs représentative au niveau national et agréée peut désormais agir devant une juridiction civile afin d'obtenir la réparation des préjudices individuels subis par des consommateurs placés dans une situation similaire ou identique et ayant pour cause commune un manquement d'un ou des mêmes professionnels à leurs obligations légales ou contractuelles : 1° à l'occasion de la vente de bien ou de la fourniture de services ; 2° ou lorsque ces préjudices résultent de pratiques anticoncurrentielles (art. L 423-1). Toutefois, la loi limite l'action de groupe à la réparation des préjudices patrimoniaux résultant des dommages matériels subis par les consommateurs.

Le juge saisi doit alors statuer sur la responsabilité au vu des cas individuels présentés et il définit le groupe des consommateurs à l'égard desquels la responsabilité du professionnel est engagée. Il détermine les préjudices susceptibles d'être réparés pour

---

1. Civ. 1re, 26 mai 2011, « La frustration des associations de consommateurs face à l'absence d'action de groupe en droit processuel français », *RDC* janv. 2012. 151, C. Pelletier et Y.– M. Serinet ; *D.* 2011. 1568, obs. X. Delpech et 1884, note N. Dupon ; *CCC* 2011, comm. 201, note G. Raymond.

2. V. Goldnadel, chron. citée dans la bibliographie.

3. Civ. 1re, 26 mai 2011, « La frustration des associations de consommateurs face à l'absence d'action de groupe en droit processuel français », *RDC* janv. 2012. 151, C. Pelletier et Y.– M. Serinet ; *D.* 2011. 1568, obs. X. Delpech et 1884, note N. Dupon ; *CCC* 2011, comm. 201, note G. Raymond.

4. Comme par exemple l'orchestration, par l'association UFC-Que choisir qui ne pouvait agir en introduisant l'instance, de l'assignation et des interventions des abonnés victimes de dommages individuels, au mépris des interdictions de démarchage et d'appel au public qui y faisaient obstacle.

chaque consommateur ou chaque catégorie de consommateurs constituant le groupe qu'il a défini ainsi que leur montant ou les éléments permettant l'évaluation. Il ordonne ensuite les mesures adaptées pour informer de cette décision les consommateurs susceptibles d'appartenir au groupe. Ceux-ci ont alors un délai fixé par la même décision (entre deux mois et six mois) pour adhérer au groupe et obtenir la réparation de leur préjudice. L'adhésion au groupe vaut mandat aux fins d'indemnisation au profit de l'association requérante. Les sommes représentant l'indemnisation sont ensuite versées à l'association qui les consigne et les répartit entre les consommateurs lésés.

La loi prévoit par ailleurs *une action de groupe simplifiée*, lorsque l'identité et le nombre des consommateurs lésés sont connus et lorsqu'ils ont subi un préjudice d'un même montant. Dans ce cas, le juge peut condamner le professionnel après avoir statué sur sa responsabilité, à indemniser directement et individuellement les consommateurs, dans un délai et selon des modalités qu'il fixe.

2. Le défendeur

a) Cas d'un auteur unique

1760. Même si le dommage a été réalisé par un auteur unique, il faut préciser qui sera le défendeur à l'action.

• C'est *l'auteur* du dommage, ou la personne civilement responsable de la faute d'autrui, ou celle sur laquelle pèse une présomption de responsabilité du fait des choses.

• Ce sont ses *ayants cause* en cas de décès de l'auteur du dommage, l'action peut, en effet, être dirigée contre ses ayants cause universels ou à titre universel.

• *Lorsque le responsable est un incapable*, un problème se pose alors :

– *en matière contractuelle*, l'incapable ne peut, en principe, être responsable puisque la responsabilité contractuelle implique un contrat valable (v. ss 2156). Il ne le sera donc que si le contrat a été valablement passé par son représentant légal ou s'il a volontairement trompé son cocontractant sur sa capacité (arg. art. 1307) ;

– *en matière délictuelle*, la controverse qui existait antérieurement a pris fin, en ce qui concerne les déments, avec la loi du 3 janvier 1968 qui dispose que « celui qui a causé un dommage à autrui sous l'empire d'un trouble mental n'en est pas moins obligé à réparation » (art. 489-2). Par contre, en ce qui concerne les mineurs, si l'*infans* n'était en principe pas responsable, du moins jusqu'aux arrêts du 9 mai 1984 (v. ss 1903 s.), l'adolescent, lui, est parfaitement responsable de ses délits et quasi-délits (art. 1310), mais cette responsabilité est assumée par les personnes dont il dépend : parents, artisan, instituteur ou tout organisme chargé de l'organisation et de la direction du mode de vie de ce mineur.

• *Les personnes morales* peuvent également être défendeur comme elles peuvent être demandeur.

b) Cas de la pluralité d'auteurs

1761. Dans la mesure où la jurisprudence admet qu'un dommage peut avoir plusieurs causes, la victime peut exercer l'action en responsabilité contre plusieurs personnes, sur des fondements différents. Il peut donc y avoir plusieurs défendeurs assignés en responsabilité qui seront ensuite tenus *in solidum* à l'égard de la victime. Sur cette technique de l'obligation *in solidum*, il convient de se reporter aux explications concernant les obligations *in solidum* en général (v. ss 280) et dans le contexte du droit de la responsabilité (v. ss 1699, 1720, 1736). La question est également abordée dans le cadre de la répartition de la charge de la réparation (v. ss 1824 s.).

1762. *L'obligation in solidum* est la solution traditionnelle fixée depuis un arrêt de principe du 29 février 1836[1]. Il est admis que les coauteurs responsables *in solidum* sont tenus, chacun, à la réparation intégrale, envers la victime, même si le fondement de la responsabilité de chacun d'eux est différent, par exemple : l'un est tenu délictuellement, l'autre contractuellement[2], dès lors que l'intervention de chaque auteur a été l'une des causes sans lesquelles le dommage ne se serait pas produit. C'est une application de la théorie de l'équivalence des conditions (v. ss 1699).

1763. ***La thèse opposée qui a eu cours un temps était celle de la responsabilité partielle***. Selon certains auteurs, comme J. Boré, le partage de responsabilité doit s'effectuer selon la part de causalité de chacun au moment de la réalisation du dommage, puisque les juges effectuent de toute façon ce partage au moment de l'action récursoire. À l'appui de leur théorie ces auteurs citent un certain nombre de décisions dont les *arrêts des chambres réunies du 25 novembre 1964*, rendues en matière de dommage par ricochet (aff. *Estève*, préc.) qui soutiennent qu'une causalité partielle ne saurait entraîner qu'une responsabilité partielle ; ou encore l'arrêt *Pilastre*, qui rejette l'obligation *in solidum* lorsque le défendeur n'a pas d'action récursoire[3].

1764. Dès 1969, cependant, la thèse de l'obligation *in solidum* a de nouveau prévalu. Un certain nombre d'arrêts de la Cour de cassation ont repris des formules telles que : « le coauteur d'un dommage ayant concouru à le causer en entier doit être condamné envers la victime à en assurer l'entière réparation »[4] ou que : « chacun des responsables d'un même dommage doit être condamné à le réparer en totalité, le partage auquel le juge peut procéder n'affectant que les rapports réciproques de ces derniers et non l'étendue de leurs obligations envers la partie lésée »[5]. La même position est reprise en 1970-1971 par les diverses chambres de la Cour de cassation et même en chambre mixte[6].

Il y a donc eu retour à l'obligation *in solidum* et abandon de la théorie de la causalité partielle et de l'absence d'action récursoire[7]. La solution est la même en cas de force majeure qui doit être totalement exonératoire ou pas du tout, contrairement aux arrêts *Lamoricière* et *Houillères* (v. ss 1729).

1765. ***L'avant-projet Catala*** retient les solutions dégagées par la jurisprudence, sans conserver la distinction entre responsabilité solidaire et responsabilité *in solidum* (art. 191 de l'actuel projet).

---

1. Civ. 29 févr. 1836, *S.* 1836. I. 293.
2. Paris, 18 févr. 1957, *JCP* 1957. II. 9944, note P. Esmein.
3. Civ. 2e, 9 mars 1962, *S.* 1963. 2, note Meurisse.
4. Civ. 2e, 12 févr. 1969, *Bull. civ.* II, no 46, p. 35.
5. Civ. 2e, 5 mars 1969, *Bull. civ.* II, no 68, p. 51.
6. Cass., ch. mixte, 26 mars 1971, *JCP* 1971. II. 16762, note R. Lindon.
7. Civ. 2e, 7 nov. 1988, *Bull. civ.*, no 214.

3. En cas d'auteur non identifié

1766. Automobiliste en fuite, accident de chasse, de sport collectif, etc. S'il n'y a pas d'auteur identifié, il n'y a pas de réparation possible. La solution a paru injuste pour la victime et des palliatifs ont donc été cherchés.

1767. Ils ont parfois été imaginés par la jurisprudence. En cas d'auteur non identifié pour des dommages causés en groupe, par exemple en matière de chasse ou de jeu collectif, elle a eu recours à la notion de *faute collective*. Par exemple, chasse mal organisée [1], participation à une bagarre : « volonté commune des jeunes gens du groupe [...] animés d'un désir de vengeance et d'intentions agressives » à l'égard d'une bande rivale ayant entraîné la mort de l'un d'eux d'un coup de carabine [2], ou à la notion de *garde collective* de la gerbe de plombs issue des fusils ou du ballon [3] (v. aussi ss 1714).

1768. Dans d'autres cas, c'est le législateur qui est intervenu avec la création de divers fonds, appelé à indemniser la victime lorsque l'auteur est resté inconnu (ou non assuré) comme le Fonds de Garantie des accidents de circulation et de chasse, créé par la loi du 31 décembre 1951, pour indemniser les victimes d'accidents causés par un automobiliste inconnu ou insolvable, étendu ensuite et devenu aujourd'hui le Fonds de garantie des assurances obligatoires de dommages (v. ss 2554 s.). On peut aussi citer la Commission d'indemnisation des actes de terrorisme et autres infractions qui intervient lorsque l'auteur est inconnu ou introuvable (v. ss 2555 s.). C'est ici le recours l'indemnisation et non plus à la responsabilité qui permet d'assurer la prise en charge collective du dommage (v. ss 1551 s.).

4. En cas d'intervention d'un tiers payeur

1769. On a vu qu'il pouvait s'agir soit d'un assureur, soit de la sécurité sociale et qu'ils pouvaient être amenés à exercer des recours de nature subrogatoire (v. ss 1625, 1649 s., 1653) lorsqu'ils avaient indemnisé la victime. Ils peuvent intervenir au procès en responsabilité à des titres divers.

a) Intervention de l'assureur

1770. L'assureur peut intervenir *en qualité de défendeur*. C'est le cas lorsque la victime dispose d'une action directe contre un assureur-responsabilité qui garantit les conséquences de la mise en œuvre de la responsabilité de son assuré. Au lieu d'exercer l'action contre l'auteur du dommage, la victime exerce l'action contre l'assureur de ce dernier. Le Code des assurances lui a en effet accordé une action directe qui la dispense d'agir contre le responsable assuré. Cette action directe (sur ce mécanisme, v. ss 323) évite que l'indemnité ne transite par le patrimoine du responsable où peuvent se trouver d'autres dettes, de sorte que la victime pourrait être en concurrence avec d'autres créanciers.

1771. L'assureur peut ensuite intervenir *en qualité de demandeur*. Cela suppose que la victime avait contracté une assurance de dommage, couvrant les dommages que l'assuré lui-même subit, même si le responsable est un autre que l'assuré.

---

1. Civ. 2e, 5 juin 1957, *JCP* 1957. II. 10205, note P. Esmein, *D.* 1957. 493, note Savatier.
2. Civ. 2e, 2 avr. 1997, *Bull. civ.* II, no 112 ; *JCP* 1997. I. 4068, obs. G. Viney.
3. Civ. 2e, 20 nov. 1957, *D.* 1958. Somm. 82.

Si l'assureur a indemnisé la victime, il peut intervenir au procès en responsabilité en qualité de demandeur par l'effet d'une subrogation dans les droits de la victime indemnisée. En effet l'assureur dommage a indemnisé la victime pour des dommages dont un tiers est responsable. C'est donc ce tiers qui est le véritable débiteur des dommages-intérêts. L'assureur a donc payé à la place du débiteur et il est de ce fait subrogé dans le droit de la victime d'exercer une action en responsabilité contre l'auteur du dommage (cependant pour les limites, v. ss 1649 s.).

b) Intervention de la sécurité sociale

1772. La sécurité sociale est également un tiers payeur car, avant tout procès, elle intervient pour rembourser à la victime qui en a fait l'avance, ou pour payer à sa place, les frais médicaux, pharmaceutiques, d'hospitalisation et pour lui verser des indemnités journalières.

Elle est ensuite subrogée dans les droits de la victime pour obtenir le remboursement des prestations qu'elle a versées.

1773. Là encore cette technique du recours subrogatoire a soulevé des difficultés qu'une loi du 21 décembre 2006 a essayé de résoudre (v. ss 1751 s.).

B. Compétence et délais

1. Compétence

a) La juridiction compétente « ratione materiae » (en raison de la matière)

1774. C'est normalement une *juridiction civile*, même si l'action est dirigée contre l'État, substitué à un instituteur public (v. ss 2085) ou contre une personne morale de droit public, du fait d'un dommage causé par un véhicule. Au cas où l'action civile se double d'une action pénale, la victime a, en principe, le droit de porter son action en responsabilité civile devant la *juridiction pénale* saisie de l'action publique, soit par voie d'action, soit par voie d'intervention en se constituant partie civile (v. ss 1470 s.).

Si l'action publique est mise en mouvement avant ou pendant l'exercice de l'action en responsabilité devant le tribunal civil, ce dernier doit surseoir à statuer jusqu'à ce que l'action publique ait abouti et il est lié par la décision prise par la juridiction pénale qui a l'autorité de la chose jugée, notamment en ce qui concerne l'éventuelle culpabilité de l'auteur du dommage.

La compétence de la juridiction civile en matière de responsabilité extracontractuelle dépend essentiellement du montant du litige. Il s'agit en effet de créances de nature personnelle et mobilière et la compétence peut appartenir selon le cas au tribunal de grande instance, compétent à charge d'appel au-delà de 10 000 euros, ou au tribunal d'instance, compétent entre 4 000 et 7 600 euros en premier et dernier ressort et à charge d'appel jusqu'à 10 000 euros, ou, enfin, au juge de proximité, compétent jusqu'à 4 000 euros. Le tribunal de grande instance a par ailleurs certaines compétences exclusives. Ainsi selon le Code de l'organisation judiciaire c'est le tribunal de grande instance qui « connaît à *juge unique* des litiges auxquels peuvent donner lieu les accidents de la circulation terrestre. Le juge peut toujours renvoyer une affaire en l'état à la formation collégiale ». Par ailleurs, en matière de responsabilité contractuelle, la compétence peut dépendre de la nature du contrat et des relations entre les parties. Ainsi si le contrat est un contrat commercial, c'est le tribunal de commerce qui sera compétent.

b) En matière de compétence « ratione loci » (en raison du lieu)

1775. La victime a le choix entre le tribunal du domicile du défendeur (tribunal normalement compétent) et celui du lieu du dommage, s'il est dû à un délit ou un quasi-délit (C. pr. civ., art. 46).

2. Délais d'exercice de l'action

a) Jusqu'à la loi du 17 juin 2008 portant réforme de la prescription

1776. Dans un premier temps, le délai de prescription de l'action en responsabilité civile était, normalement, le délai de droit commun de 30 ans et, si l'action reposait sur une infraction pénale, c'étaient les délais abrégés de prescription de l'action publique qui devaient être respectés : dix ans pour un crime, trois ans pour un délit, un an pour une contravention. Mais cela n'était possible que pour les cas de responsabilité fondée sur une faute de l'auteur du dommage et non pour les obligations contractuelles déterminées et les obligations de garde.

Ensuite, avec la loi du 23 décembre 1980 modifiant l'article 10 du Code de procédure pénale, c'est le délai de droit commun qui est devenu applicable dans tous les cas, lorsque l'action est portée devant une juridiction civile. Par contre ce sont les délais abrégés du droit pénal qui sont pris en considération devant une juridiction répressive, car selon l'article 10 « l'action civile se prescrit selon les règles du Code civil. Toutefois, cette action ne peut plus être engagée devant la juridiction répressive après l'expiration du délai de prescription de l'action publique ».

1777. *Les délais de prescription étaient par ailleurs différents selon que l'action était une action en responsabilité contractuelle ou extracontractuelle.* En effet, à l'occasion de la loi du 5 juillet 1985 sur l'indemnisation des victimes d'accidents de la circulation un nouveau cas de prescription abrégée (par rapport au délai de droit commun de trente ans) avait été prévu, en rajoutant un article 2270-1 au Code civil, disposant que les *actions en responsabilité civile extracontractuelles* se prescrivent par dix ans à compter de la manifestation du dommage ou de son aggravation (sauf s'il s'agit de tortures, actes de barbarie, violences ou agression sexuelle contre un mineur où le délai de prescription remonte à vingt ans). Cette solution faisait que le délai de prescription était différent pour les actions en responsabilité contractuelles prescrites par trente ans, et les actions en responsabilité extracontractuelle. C'est ce que la loi nouvelle modifie en unifiant les prescriptions, quelle que soit la nature contractuelle ou extracontractuelle de la responsabilité.

1778. *Quant au point de départ du délai de prescription*, alors que l'article 2270-1 prévoyait un point de départ *à compter de la manifestation du dommage ou de son aggravation* en cas de préjudices corporels, selon la jurisprudence, c'est *la date de consolidation* qui fait courir le délai de prescription prévu à l'article 2270-1 [1]. Cet arrêt a été critiqué dans la mesure où il s'oppose aux termes « manifestation du dommage ». En pratique, la

---

1. Civ. 2e, 4 mai 2000, *JCP* 2000. I. 851, obs. P. Jourdain.

guérison est le plus souvent progressive, avec parfois des rechutes, la date de consolidation est donc difficile à préciser. C'est pourtant cette solution qu'a consacrée la réforme de la prescription intervenue le 17 juin 2008.

b) Les principes gouvernant la prescription des actions en responsabilité depuis la loi du 17 juin 2008

1779. L'avant-projet Catala de réforme du droit des obligations avait proposé de généraliser le délai de prescription abrégé de dix ans, prévu par l'article 2270-1 uniquement en matière « extracontractuelle », et de soumettre à la même prescription de dix ans l'action en responsabilité contractuelle et l'action en responsabilité délictuelle. Il s'oppose par ailleurs à l'actuelle jurisprudence de la Cour de cassation, en indiquant comme point de départ de ce délai de prescription le jour de « la manifestation du dommage ou de son aggravation, sans égard, en cas de dommage corporel, à la date de la consolidation » (art. 1384).

1780. Ce ne sont pas tout à fait ces propositions que retient la loi du 17 juin 2008 portant réforme de la prescription en matière civile (pour une analyse plus complète de la loi, v. ss 537 s.).

1781. Les modifications ne sont pas négligeables : la distinction ne se fait plus désormais selon qu'il s'agit de responsabilité contractuelle ou délictuelle. Mais selon qu'il s'agit d'actions tendant à la réparation d'un dommage corporel ou d'une autre sorte de dommage.

1° La solution de principe : le délai de prescription unifié à cinq ans pour la responsabilité délictuelle et contractuelle

1782. Le délai de prescription de droit commun, sans distinction selon qu'il s'agit d'actions contractuelles ou pas est le délai de cinq ans. Il s'applique donc en principe aux actions en responsabilité, sauf si un délai spécial a été prévu.

1783. Or justement des règles particulières sont posées pour les actions tendant à la réparation d'un dommage corporel

2° Un délai plus long pour la réparation des dommages corporels

1784. ***La prescription de vingt ans*** *(prescription vicennale)* a été maintenue par l'article 2226, alinéa 2, nouveau, « lorsque le dommage est causé par des tortures et des actes de barbarie, des violences ou des agressions sexuelles commises contre un mineur ». Ce délai spécial avait été prévu depuis une loi du 17 juin 1998 (C. civ., art. 2270-1, al. 2, anc.).

1785. ***La prescription décennale*** a été maintenue pour toutes les autres actions en responsabilité nées à raison d'un événement ayant entraîné un *dommage corporel*, engagées par la victime *directe ou indirecte* (C. civ., art. 2226). Avant la loi de 2008, ce délai de dix ans ne concernait que les actions en responsabilité civile extracontractuelle et pas les actions en responsabilité contractuelle pour lesquelles jouait le délai de prescription de droit commun de trente ans ; par ailleurs la prescription décennale n'était pas limitée à la réparation des dommages corporels.

Les prescriptions des actions en responsabilité civile sont donc unifiées par la loi, concernant la responsabilité contractuelle et extracontractuelle et le critère est celui du dommage corporel.

1786. Par ailleurs, les dommages résultant des *accidents de la circulation* sont également soumis à cette prescription.

3° Le point de départ de la prescription

1787. Il est fixé par la loi de 2008 au jour de la *consolidation* du dommage initial ou aggravé, ce qui était déjà la solution consacrée par la jurisprudence [1] pour les victimes directes mais la loi de 2008 étend ce point de départ aux victimes par ricochet (C. civ., art. 2226), en raison du lien de dépendance qui unit le préjudice par ricochet au dommage initial. La Cour de cassation a décidé de l'appliquer désormais aux actions soumises au régime de prescription antérieur : « Le préjudice par ricochet subi par les proches d'une victime ayant elle-même subi un dommage corporel direct ne se manifeste, dans toute son étendue, comme pour celle-ci, qu'à compter de la consolidation de l'état de la victime directe » [2].

4° Règle posée en cas de poursuites pénales

1788. L'article 13 de la loi prévoit la modification de l'article 10 du Code de procédure pénale qui précise désormais, dans le cas où des poursuites pénales sont engagées, que « lorsque l'action civile est exercée devant la juridiction répressive, elle se prescrit selon les règles de l'action civile. Lorsqu'elle est exercée devant une juridiction civile, elles se prescrivent selon les règles du Code civil ». On évite ainsi à une action civile d'être prescrite avant l'action pénale.

II. La réparation du dommage

A. Les principes

1789. La réparation vise à remettre la victime dans l'état où elle se serait trouvée s'il n'y avait pas eu le fait dommageable.

1790. Deux principes en découlent : le principe de la réparation intégrale d'une part et le principe selon lequel le juge appelé à fixer le montant de la réparation doit d'abord rechercher une réparation en nature.

1. Le principe de la réparation intégrale

1791. C'est un principe essentiel du droit de la responsabilité. Il connaît quand – même une atténuation en matière contractuelle, car en principe, on ne répare que le dommage

---

1. Civ. 2e, 4 mai 2000, n° 97-21.731, *JurisData* n° 2000-001691 ; *Bull. civ.* II, n° 75 ; *RCA* 2000, comm. 221, obs. H. Groutel ; *RTD civ.* 2000. 851, obs. P. Jourdain ; Civ. 2e, 11 juill. 2002, n° 01-02.182, *JurisData* n° 2002-015168, *Bull. civ.* II, n° 177.

2. Civ. 2e, 3 nov. 2011, n° 10-16.036, *JurisData* n° 2011-023971 ; *RCA* 2012, comm. 6, note S. Hoquet-Berg ; *LPA* 26 janv. 2012, p. 10, note A. Thurillet-Bersolle ; *JCP* avr. 2012, p. 530, n° 2, obs. P. Stoffel-Munck ; *RTD civ.* n° 1, 2012. 122, n° 3, obs. P. Jourdain.

prévisible au moment de la conclusion du contrat (v. ss 1342, 2202). Mais cette règle n'est pas appliquée en matière de dommages corporels.

1792. En vertu de ce principe, la victime a droit à la réparation de l'intégralité de son dommage, mais rien au-delà. « Tout le dommage, rien que le dommage »[1].

a) Le refus des dommages-intérêts punitifs

1793. Au-delà des applications qui en sont faites dans l'évaluation du dommage (v. ss 1806 s.) ce principe de la réparation intégrale explique et justifie que le droit français de la responsabilité n'ait pas admis jusqu'ici les dommages-intérêts punitifs (qui permettraient d'augmenter les dommages-intérêts au-delà de la réparation intégrale du dommage en cas de faute grave du responsable), ni une quelconque obligation pour la victime de minimiser son dommage dans l'intérêt du responsable. Toutefois dans une importante décision du 1er décembre 2010[2], la Cour de cassation a admis que le principe d'une condamnation à des dommages-intérêts punitifs, appliquée dans un contrat international par un jugement étranger, n'était pas, en soi, contraire à l'ordre public. Elle entrouvre donc la porte. Elle a précisé que la contrariété à l'ordre public international pouvait cependant provenir de leur disproportion au regard du préjudice subi et du manquement aux obligations contractuelles. Cet arrêt nourrira sans doute la discussion sur l'admission en droit interne des dommages-intérêts punitifs[3].

b) L'absence d'obligation pour la victime de minimiser son dommage : vers une évolution ?

1794. Dans ce second cas de figure, la victime se verrait privée d'une partie de la réparation à titre de sanction de cette obligation, ce qui porterait à nouveau atteinte au principe de réparation intégrale. La Cour de cassation a ainsi eu l'occasion de préciser, dans deux arrêts rendus le 19 juin 2003[4], qu'en matière délictuelle, « la victime n'est pas tenue de limiter son préjudice dans l'intérêt du responsable ». Dans la première affaire, il s'agissait d'une boulangère et de sa fille qui, à la suite d'un accident de circulation, avaient été atteintes d'incapacité totale puis partielle, les ayant empêchées de continuer à exploiter leur fonds de boulangerie qui perdit toute valeur. Les victimes demandèrent alors la réparation de ce préjudice, ce qui leur fut refusé au motif que la propriétaire aurait eu la possibilité de faire exploiter le fonds par un tiers. Les victimes invoquèrent le principe de la réparation intégrale et la deuxième chambre civile leur donna raison en affirmant que « l'auteur d'un accident doit en réparer toutes les conséquences » et « que la victime n'est pas tenue de limiter son préjudice dans l'intérêt du responsable ».

Dans le second arrêt, il s'agissait de la victime d'un accident de la circulation atteinte de troubles psychiques qui avait négligé de pratiquer une rééducation orthophonique et psychologique qui lui avait été préconisée. La cour d'appel avait considéré que ce refus

---

1. Réaffirmé par : Civ. 1re, 22 nov. 2007, *RCA* 2008. 22, note S. Hoquet-Berg
2. Civ. 1re, 1re déc. 2010, *D.* 2010. 24, obs. I. Gallmeister.
3. Comme le relève I. Gallmeister, note préc.
4. Civ. 2e, 19 juin 2003, deux arrêts, *JCP* 2003. IV. 2428 ; *D.* 2003. 2326, note J.-P. Chazal ; *JCP* 2003. II. 10171, note C. Castets-Renard ; *Gaz. Pal.* 8-9 oct. 2003, p. 9, note crit. E. Rosenfeld et C. Bouchez ; *JCP* 2004. I. 101, p. 18 s., obs. G. Viney ; *Dr. et patr.* nov. 2003, nos 3376 et 3377, obs. F. Chabas ; *LPA* 31 déc. 2003, p. 17, note Y. Dagorne-Labbe ; *RTD civ.* 2003. 716, obs. P. Jourdain.

était fautif et avait concouru à la persistance de ses troubles et justifiait une réduction de l'indemnisation. Là encore, la Cour casse pour le même motif.

Enfin, une troisième décision du 22 janvier 2009 [1] confirme cette position. Elle rappelle que l'auteur d'un accident doit réparer l'intégralité des conséquences dommageables.

– Jusqu'ici, donc, la Cour de cassation refuse fermement de se rallier au principe de la « mitigation », adopté par la plupart des pays, notamment anglo-saxons (*mitigation of damages*) mais aussi par des droits de tradition romano-germanique, selon lequel le juge devrait avoir le pouvoir et même le devoir de restreindre l'indemnisation des dommages en fonction de l'attitude de la victime, lorsque celle-ci n'a pas fait toute diligence pour réduire son préjudice. Cette position de la jurisprudence française s'explique tout d'abord parce que le devoir de mitigation relève du droit de la responsabilité contractuelle et non, comme ici, de la responsabilité délictuelle et en matière de réparation de dommages corporels. Il figure, en effet, dans la Convention de Vienne sur la vente internationale de marchandises, ainsi que dans « les principes relatifs aux contrats du commerce international » (CVIM, art. 77), rédigés sous l'égide d'Unidroit, et dans « les principes du droit européen du contrat » (PEDC, art. 9) issus des travaux de la Commission Lando. Il est vrai qu'il ne convient pas d'indemniser intégralement une victime qui, par une négligence grossière, a laissé augmenter un dommage qu'elle pouvait limiter, surtout si l'on considère que, ce faisant, elle a manqué à ce que l'on pourrait considérer comme une obligation de loyauté, mais il convient d'utiliser, pour cela, les moyens du droit français qui existent déjà, tels que l'article 1151 et la possibilité de faire jouer l'effet partiellement exonératoire de la faute de la victime, et ce, d'autant plus facilement que l'évaluation des dommages se fait au jour de la décision judiciaire et non, comme pour les juges anglais ou américains, au jour de la survenance du fait dommageable.

– Une décision de la deuxième chambre civile intervenue postérieurement, a pu être considérée, cependant, de l'aveu même d'un conseiller référendaire à la Cour de cassation, comme « une porte entr'ouverte » à l'introduction, en droit français, d'un devoir de minimiser son dommage [2]. En reprochant aux juges du fond de ne pas avoir caractérisé la faute de la victime ayant provoqué l'aggravation de son préjudice matériel, la Cour de cassation a admis *a contrario* qu'une telle faute puisse exister. Un devoir de ne pas aggraver son propre préjudice matériel semble donc apparaître, et la solution s'inscrit dans la perspective des projets de réforme du droit de la responsabilité.

– Par la suite, cependant, la même deuxième chambre civile a réaffirmé la solution traditionnelle dans un arrêt de principe très net : « l'auteur d'un accident doit en réparer toutes les conséquences dommageables et la victime n'est pas tenue de limiter son préjudice dans l'intérêt du responsable » [3].

1795. ***Les projets et propositions de réforme*** du droit de la responsabilité vont assurément dans le sens de la reconnaissance de cette obligation de minimiser son dommage,

---

1. Civ. 2e, 22 janv. 2009, *D.* 2009. 1114, note R. Loir ; *RTD civ.* 2009. 334, obs. P. Jourdain ; *Gaz. Pal.* 25 mars 2009, note S. Saleh et J. Spinelli.
2. Civ. 2e, 24 nov. 2011, *D.* 2012. 141, note H. Adida-Canac ; *JCP* avr. 2012, p. 531, obs. Ph. Stoffel-Munck.
3. Civ. 2e, 25 oct. 2012, n° 11-25. 511, *JurisData* n° 2012-024418 ; *RCA.* 2013, comm. 3.

comme ils sont favorables à la sanction du responsable, en cas de faute grave ou lucrative, par des dommages-intérêts dépassant la réparation intégrale du préjudice.

1796. Ainsi, concernant les **dommages-intérêts punitifs**, l'avant-projet Catala, les recommandations du Sénat et la proposition de loi Béteille, tout en réaffirmant le principe de la réparation intégrale, proposent de les introduire en cas de faute lucrative. Ils viendraient sanctionner cette faute et pourraient être versés partiellement au Trésor public (et en partie à la victime). Le *projet Terré* présenté début 2011, propose lui aussi en son article 54, d'appréhender les fautes lucratives (les transgressions de la règle de droit qui sont de nature à permettre un enrichissement de leur auteur) mais par des dommages-intérêts *restitutifs*, qui obligent le fautif à restituer le profit réalisé. Ces dommages-intérêts restitutifs remplaceraient la réparation du préjudice, au choix de la victime. La part excédant la somme qu'aurait reçue le demandeur au titre des dommages-intérêts compensatoires ne pourrait pas être couverte par une assurance de responsabilité au-delà de l'atteinte ainsi consacrée au principe de la réparation intégrale, la fonction sanctionnatrice de la responsabilité réapparaîtrait très nettement, au-delà de sa fonction réparatrice (sur ce point, v. ss 1501).

1797. Concernant l'obligation de minimiser son dommage et la réduction de l'indemnisation de la victime, *l'avant-projet Catala, les recommandations du Sénat et la proposition de loi Béteill*e prévoient également cette possibilité de réduire l'indemnisation lorsque la victime n'a pas fait preuve d'une diligence suffisante pour réduire le dommage ou en éviter l'aggravation (art. 1373). Nouvelle entorse au principe de la réparation intégrale, cette fois au détriment de la victime, l'obligation de réduire son dommage ou d'en éviter l'aggravation suppose toutefois qu'elle en ait eu la possibilité par le recours à des « moyens sûrs, raisonnables et proportionnés » ; et par ailleurs cette obligation est exclue lorsque « les mesures seraient de nature à porter atteinte à son intégrité physique ». Les propositions Terré vont dans le même sens sur ce point (art. 53).

2. Le principe de la réparation en nature

1798. La réparation du dommage peut être effectuée en nature ou par équivalent, mais il faudrait toujours privilégier lorsqu'elle est possible la réparation en nature.

a) La réparation en nature est parfois concevable

1799. C'est le cas pour la réparation d'un objet endommagé, la publication de jugement de condamnation en cas de diffamation, la cessation d'un trouble de jouissance, l'abattage d'arbres, correctement plantés, mais produisant, par la chute des feuilles et les racines, des troubles excédant les inconvénients normaux de voisinage[1], etc. La Cour de cassation a actuellement tendance à considérer que les juges du fond doivent, notamment, accorder la destruction de constructions illicites, à la demande de la victime. En cas d'infraction à un règlement d'urbanisme, la réparation consiste à *supprimer la cause illicite du dommage*[2]. L'arrêt se réfère explicitement à l'article 1143, alignant ainsi la réparation en matière délictuelle à celle admise en matière contractuelle[3].

---

1. Civ. 3e, 4 janv. 1990, *Bull. civ.*, no 4.
2. Civ. 3e, 7 juin 1979, *JCP* 1979. II. 19415, note J. Ghestin.
3. Civ. 3e, 10 oct. 1978, *Bull. civ.* III, no 307, p. 238.

1800. ***Ni l'avant-projet Catala ni le projet Terré ni la proposition de loi Béteille*** n'affirment la primauté de la réparation en nature par rapport à la réparation sous forme de dommages-intérêts, les deux étant également prévues ; le juge peut cumuler les deux types de réparation pour assurer la réparation intégrale du préjudice, qui reste l'objectif. Mais elle ne peut être imposée en cas d'impossibilité de droit ou de fait ou (dans l'avant-projet Catala seulement) si elle porte atteinte à une liberté fondamentale du défendeur ou lui impose une charge trop onéreuse. Ils précisent identiquement que la réparation en nature doit être « apte à supprimer, réduire ou compenser le dommage ». Le juge peut également autoriser la victime à prendre elle-même les mesures de réparation en nature, aux frais du responsable.

b) Mais dans la plupart des cas, il s'agira de réparation par équivalent

1801. La réparation en nature s'avère souvent impossible, et c'est notamment le cas en matière de dommage corporel. Il s'agit alors d'évaluer le préjudice pour le compenser par le versement de dommages et intérêts sous forme de capital ou de rente viagère. Cela pose des problèmes de date d'évaluation et de révision de l'indemnité.

Il convient, tout d'abord, d'évaluer le montant de la réparation : c'est le calcul des indemnités, puis de déterminer à qui va finalement en incomber la charge : c'est le problème de la charge de la réparation [1].

B. Le calcul des indemnités

1. Date d'évaluation de la réparation

a) En matière contractuelle

1802. Le débiteur n'est tenu de s'exécuter que lorsqu'il a été mis en demeure de le faire, sauf s'il s'agissait d'obligation de ne pas faire ou d'obligation à exécution successive (v. ss 653 s.). C'est donc la mise en demeure qui sera, normalement, le point de départ des dommages-intérêts moratoires (sanctionnant le retard dans l'exécution). Mais les dommages-intérêts compensatoires sont, pour leur part, évalués au jour du jugement (sur cette distinction, v. ss 1332, 2196 s.). D'ailleurs la mise en demeure n'est plus une condition nécessaire à la mise en jeu de la responsabilité contractuelle, s'il s'agit des dommages-intérêts compensatoires (v. ss 1332, 2201).

b) En matière délictuelle

1803. Au contraire, la question est un peu plus complexe. On s'est demandé si un tel jugement était déclaratif ou constitutif de droit. Si le jugement est constitutif, la créance naît du jugement et l'évaluation doit se faire à ce jour ; au contraire, si le jugement est seulement déclaratif, le droit à réparation est né dès la réalisation du dommage et devrait être évalué à cette date. Certains auteurs combinent les deux idées en soutenant que « le jugement est déclaratif quant au principe du droit à réparation, attributif quant au *quantum* ».

---

1. V. obs. R. Mevoungou Nsana sur la réparation en nature ou par équivalent en matière immobilière à la *RTD civ*. 1995. 733.

La jurisprudence, quant à elle, tranche la question en datant le droit à réparation du jour du dommage, mais en évaluant les dommages et intérêts à la date du jugement définitif et non à la date de réalisation du dommage, ce qui est plus favorable à la victime en période d'instabilité monétaire [1] et les intérêts légaux de l'indemnité allouée courent de plein droit du jour de la décision, sans mise en demeure [2]. Toutefois, il a été jugé que la perte du salaire et de ses accessoires éprouvée par la victime d'un accident, durant la période de son incapacité temporaire, totale puis partielle, doit être évaluée en fonction des salaires qu'elle aurait dû percevoir durant ces périodes [3].

1804. *Tous les projets de réforme* consacrent la même solution : le juge évalue les dommages et intérêts au jour du jugement, en tenant compte de toutes les circonstances qui ont pu affecter la consistance et l'étendue du préjudice depuis le jour du dommage, ainsi que de son évolution raisonnablement prévisible au moment de la décision (avant-projet Catala, art. 1372 ; propositions Terré, art. 52 ; proposition de loi Béteille, art. 1386-26).

2. Évaluation du montant de la réparation

La réparation doit correspondre, d'aussi près que possible, au préjudice subi.

a) Principe de l'indifférence de la faute de l'auteur du dommage

1805. L'indemnisation doit, en principe, tendre à réparer un dommage et non à sanctionner une faute. On rappellera que pour l'instant, la jurisprudence n'admet pas les dommages-intérêts punitifs, qui sanctionneraient l'auteur de la faute (v. ss 1793). De la même façon elle ne consacre pas l'obligation pour la victime de minimiser son dommage ce qui conduirait à diminuer le montant des dommages-intérêts en considération de sa faute, même si une décision récente semble vouloir s'engager dans cette direction (v. ss 1794). L'importance de la faute de l'auteur du dommage devrait donc être sans effet sur l'évaluation du montant des dommages-intérêts. Toutefois, en pratique, les tribunaux sont toujours influencés par la notion de faute et ont tendance à proportionner la réparation à la gravité de la faute, notamment en ce qui concerne la réparation du préjudice moral, mais ils doivent éviter de le préciser, pour ne pas encourir la cassation.

En matière de responsabilité partagée, si les coauteurs sont tenus *in solidum*, c'est-à-dire chacun pour le tout, vis-à-vis de la victime (v. ss 1762), au contraire, lorsqu'il s'agit de répartir entre eux la charge de la réparation, il sera tenu compte de la gravité de leurs fautes respectives au cours de l'action récursoire pour déterminer la charge finale de la réparation (v. ss 1826).

b) Incidences du principe de réparation intégrale

1806. *L'exclusion d'une évaluation globale s'impose.* On rappellera, en effet, que selon ce principe de la réparation intégrale (v. ss 1791), l'indemnisation doit tendre à réparer intégralement le dommage, tout au moins le préjudice direct. La Cour de cassation a donc

---

1. Req. 21 mai 1928, *DH* 1928. 366 ; Req. 23 mars 1942, *Gaz. Pal.* 1942. I. 224 ; Civ. 2e, 3 mars 1982, *Gaz. Pal.* 3-4 nov. 1982, note F. C.

2. Civ. 1re, 10 déc. 1980, *JCP* 1980. IV. 18.

3. Civ. 2e, 18 oct. 1989, *Bull. civ.* II, no 189, p. 96 ; 8 juill. 1992, *Bull. civ.* II, no 102.

condamné la pratique judiciaire de l'évaluation globale « toutes causes de préjudice confondues », qui ne lui permet pas d'exercer son pouvoir de contrôle de l'application effective, par les juges du fond, du principe d'équivalence entre dommage et réparation [1].

On a vu par ailleurs, qu'une évaluation *poste par poste* des préjudices s'impose en matière de *préjudice corporel*, d'autant plus que la loi du 21 décembre 2006 relative à l'exercice des recours des tiers payeurs contre les personnes tenues à réparation d'un dommage résultant d'une atteinte à la personne, impose aux caisses d'exercer leurs recours « poste par poste sur les seules indemnités qui réparent des préjudices qu'elles ont pris en charge à l'exclusion des préjudices personnels » (CSS, art. L. 376-1, al. 3). La nouvelle nomenclature *Dintilhac* détaille soigneusement ces postes de préjudices (v. ss 1618 s.).

1807. Tous les projets de réforme du droit de la responsabilité proposent d'imposer au juge l'obligation d'évaluer distinctement chacun des chefs de préjudice allégués (avant-projet, art. 1374, recommandation nº 25 du Sénat, propositions Terré, art. 52). Et les propositions Terré, au titre des règles propres à la réparation des préjudices résultant d'une atteinte à l'intégrité physique ou psychique, prévoient que le juge évalue les dommages et intérêts au jour du jugement, en tenant compte de toutes les circonstances qui ont pu affecter la consistance et l'étendue du préjudice depuis le jour du dommage, ainsi que de son évolution raisonnablement (art. 53).

1° Règles concernant la réparation des préjudices résultant d'une atteinte aux biens

1808. Le principe de réparation intégrale est le même. Selon la Cour de cassation, la victime doit être replacée « dans la situation où elle se serait trouvée si l'acte dommageable n'avait pas eu lieu ». Cela implique, soit le coût de la remise en état de la chose endommagée, si cela est possible, soit la valeur de remplacement. Cette formule apparaît, notamment, dans un arrêt du 4 février 1982 [2], qui déclare que la réparation intégrale d'un dommage causé à une chose, n'est assurée que par le remboursement des frais de remise en état de la chose ou par le paiement d'une somme d'argent représentant la valeur de son remplacement et « la victime n'a pas à courir le risque de la vente de l'épave laquelle, sauf accord des parties sur ce point, doit être laissée pour compte au responsable ». Ainsi, pour une voiture de douze ans, parfaitement entretenue, n'ayant que 53 000 km évaluée 1 600 francs (soit 244 euros) alors que le coût des réparations s'élevait à 11 800 francs (soit 1 800 euros), le défendeur a-t-il été condamné à effectuer la réparation [3]. Par contre, on en revient à la valeur vénale lorsqu'on ne peut se référer à « la valeur aléatoire d'un matériel d'occasion susceptible de remettre en état de fonctionnement une usine qui ne l'était pas depuis fort longtemps » plus de 17 ans en l'espèce [4]. Toutefois, la deuxième chambre civile de la Cour de cassation considère depuis longtemps [5] que le droit au

1. Civ. 2e, 20 juill. 1993, *JCP* 1993. IV. 2421 et obs. G. Viney, *JCP* 1993. I. 3727.
2. Civ. 2e, 4 févr. 1982, *JCP* 1982. II. 19894, note J.-F. Barbièri.
3. TGI Créteil, 26 mai 1981, *JCP* 1982. II. 19745, note F. Chabas ; v. aussi Civ. 2e, 9 juill. 1981, *Gaz. Pal.* 8-9 oct. 1982, note G. F. ; Civ. 2e, 31 mars 1993, *Bull. civ.* II, nº 130.
4. Civ. 2e, 14 janv. 1999, *Bull. civ.* II, nº 14 ; *RTD civ.* 1999. 412, obs. P. Jourdain ; *JCP* 2000. I. 199, obs. G. Viney.
5. Civ. 2e, 28 oct. 1954, *JCP* 1955. II. 8765, note R. Savatier ; *RTD civ.* 1955. 324, obs. H. et L. Mazeaud.

remboursement des frais de remise en état d'une chose endommagée a pour limite sa valeur de remplacement et, dans une décision du 22 septembre 2009, qui constitue un revirement, la chambre criminelle, qui admettait jusque-là une solution contraire, s'est alignée sur cette solution[1].

À propos d'une construction défectueuse, la victime, qui a droit à la démolition et à la reconstruction, ne doit subir aucun abattement motivé par « le supplément de prix [qu'elle aurait payé] si les travaux avaient été correctement effectués »[2].

1809. Enfin, l'application d'un *coefficient de vétusté* est exclue. Dans un arrêt du 23 janvier 2003[3], la Cour de cassation relève à nouveau que « les dommages-intérêts alloués à une victime doivent réparer le préjudice subi sans qu'il en résulte pour elle ni perte ni profit » et qu'il faut s'efforcer de « replacer la victime dans la situation où elle se serait trouvée si l'acte dommageable ne s'était pas produit ». Le principe de réparation intégrale exclut donc tout abattement pour vétusté, ce qu'a encore rappelé la chambre criminelle de la Cour de cassation dans une décision du 24 février 2009[4]. Cette solution est confirmée dans tous les projets de réforme (par ex. art. 65 pour les *propositions Terré*).

2° Règles concernant l'indemnisation du préjudice corporel

Rôle de l'expertise

1810. Le principe de l'indemnisation intégrale joue également en matière de préjudice corporel et son évaluation nécessite la plupart du temps une expertise. Toutefois, les honoraires des experts sont parfois excessifs et l'absence de contrôle à ce sujet fait l'objet de sévères critiques de la part de la doctrine[5].

Prédispositions pathologiques

1811. Le droit de la victime « d'obtenir l'indemnisation de son préjudice corporel ne saurait être réduit en raison d'une prédisposition pathologique, lorsque l'affection qui en est issue n'a été provoquée ou révélée que du fait de l'infraction »[6]. Cette solution est constante et la deuxième chambre civile l'a réaffirmée dans les mêmes termes dans une décision du 13 juillet 2006[7] puis à nouveau le 10 novembre 2009[8].

Cette solution est reprise par les projets de réforme. L'avant-projet Catala précise que « le dommage corporel doit être apprécié sans qu'il soit tenu compte d'éventuelles prédispositions de la victime dès lors que celles-ci n'avaient pas déjà eu de conséquences préjudiciables au moment où s'est produit le fait dommageable » (art. 1379-2) et les propositions Terré prévoient la même solution si les prédispositions « ne s'étaient pas manifestées avant l'atteinte à l'intégrité physique ou psychique de la victime » (art. 57).

---

1. Crim. 22 sept. 2009, *RCA* 2010, comm. 8, note S. Hoquet-Berg.
2. Civ. 3e, 16 juin 1993, *JCP* 1993. IV. 2093, *Bull. civ.* III, n° 25 et n° 86 et *RDI* 1994. 503, obs. Ph. Malinvaud et Boubli.
3. Civ. 2e, 23 janv. 2003, *JCP* 2003. II. 10110, note J.-F. Barbièri.
4. Crim. 24 févr. 2009, *JurisData* n° 2009-047535, *RCA* 2009, comm. 129, note F. Leduc.
5. V. N. Chabrux, chron. citée dans la bibliographie.
6. Crim. 12 avr. 1994, *Bull. crim.* n° 147 ; *JCP* 1994. I. 3809, obs. G. Viney.
7. Civ. 2e, 13 juill. 2006, *RCA* 2006. 12.
8. Civ. 2e, 10 nov. 2009, *JurisData* n° 2009-050246, *RCA* 2010, comm. 34 et étude 3.

c) Révision de l'indemnité

1812. Le préjudice est évalué, nous l'avons vu plus haut, au jour du jugement et l'indemnisation peut être fixée, soit sous forme de capital, soit sous forme de rente viagère ou même des deux à la fois [1]. Mais que se passe-t-il si, postérieurement, il s'avère que la réparation ne correspond plus au préjudice ? En effet, le préjudice a pu augmenter du fait de l'aggravation de l'état du blessé, par exemple, ou la réparation peut être devenue insuffisante du fait de l'augmentation du coût de la vie, ou encore il peut y avoir apparition de préjudice inconnu au moment de la demande initiale [2].

Dans le cas d'accident causé à un mineur, il peut aussi être difficile de déterminer l'étendue du préjudice corporel tant que la croissance n'est pas terminée. Dans ce cas, les juridictions civiles octroient une réparation provisionnelle et sursoient à statuer jusqu'à la majorité [3]. Mais les juridictions répressives interdisent aux juges de surseoir à statuer. Toutefois, l'arrêt de la chambre criminelle de la Cour de cassation du 10 mai 1979 [4] semble permettre de surseoir à statuer pour la part évolutive du préjudice, à condition de réparer la part du préjudice déjà constatée.

Dès lors, le montant de l'indemnisation fixé par le jugement peut-il faire l'objet d'une révision sans qu'il y ait atteinte à l'autorité de la chose jugée ?

1° Oui, si la modification est due à l'aggravation de l'état de la victime ou de son dommage

1813. Initialement, il devait s'agir d'une aggravation de l'« état » de la victime pour qu'il soit possible de lui allouer une indemnité complémentaire, mais, par la suite, il fut admis qu'il pouvait s'agir d'un nouveau « dommage » représenté par des frais de soins, de traitement, de séjour… sur lesquels le premier juge n'avait pas statué et à la condition que cette aggravation du préjudice n'ait été révélée que postérieurement à la décision initiale. Dans ce cas, la révision est possible car elle est fondée sur l'indemnisation d'un nouveau préjudice, distinct du premier : « toute victime dispose d'une nouvelle action en réparation contre le responsable en cas d'aggravation de son dommage » ; en l'espèce, la victime était déjà atteinte d'une incapacité permanente à 100 % mais elle avait dû, postérieurement, être placée dans un foyer spécialisé non agréé par la Sécurité sociale, ce qui provoqua des dépenses supplémentaires [5]. Cela est expressément prévu, dans les cinq ans de l'aggravation par l'article L. 211-19 du Code des assurances, depuis la loi du 5 juillet 1985. Toutefois, l'octroi d'une nouvelle indemnité doit correspondre à l'aggravation constatée, mais ne doit pas être l'occasion d'une réévaluation du dommage initial, ce qui méconnaîtrait le principe de l'autorité de la chose jugée [6].

1814. Mais une nouvelle décision est venue préciser très clairement que la victime peut solliciter une indemnisation complémentaire au titre de l'aggravation de son dommage, même si celle-ci n'est pas liée à une aggravation de son état, dès lors qu'il y a bien relation de causalité avec le fait dommageable initial. En l'espèce, une jeune femme de

---

1. Req. 17 févr. 1972, *JCP* 1979. IV. 79.
2. Civ. 2ᵉ, 30 oct. 1989, *Bull. civ.* II, nº 198.
3. Paris, 11 janv. 1980, *Gaz. Pal.* 22 avr. 1980. Somm. 17.
4. *Gaz. Pal.* 28 févr. 1980 ; *RTD civ.* 1980. 579.
5. Crim. 9 juill. 1996, *Bull. crim.* nº 286 ; *JCP* 1997. I. 4025, obs. G. Viney.
6. Civ. 2ᵉ, 7 juill. 1993, *JCP* 1993. IV. 2327, obs. G. Viney, *JCP* 1993. I. 3727.

18 ans, victime d'un accident de la circulation, était restée atteinte d'une incapacité permanente partielle (IPP) de 75 % pour laquelle elle avait été indemnisée. Mais, quelques années plus tard, elle avait donné naissance à un, puis à un deuxième enfant, ce qui se traduisait pour la mère, qui ne pouvait y faire face elle-même en raison de son handicap, par des besoins accrus d'aide-ménagère impliquant un surcroît de dépense [1].

1815. L'avant-projet Catala prévoit dans un article 1375 aux termes duquel « si la victime établit… que son dommage s'est aggravé, elle peut obtenir en tout état de cause une réparation complémentaire… ». **Les propositions Terré** vont dans le même sens (art. 52). Par contre, s'il s'agit d'une *amélioration de l'état de la victime*, l'autorité de la chose jugée s'oppose à une diminution de son indemnisation et ce, même s'il y a une situation choquante : veuve qui attend le jugement pour se remarier, victime qui l'attend pour *se faire opérer, etc.* À plus forte raison quand la situation est licite : conjoint de la victime d'un accident mortel indemnisé pour la perte de ressources qu'il lui procurait, qui retrouve, par la suite, du travail : aucune diminution de la condamnation initiale n'est accordée [2].

2° Non, en revanche, si le déséquilibre constaté est dû à une hausse des prix ou une dépréciation de la monnaie

1816. Dans ce cas, la Cour de cassation n'admettait, tout d'abord, pas la possibilité de révision, ni le recours par les tribunaux aux clauses d'échelle mobile (v. ss 494 s.). Cependant, un important revirement de jurisprudence s'est produit avec deux arrêts de la Cour de cassation en chambre mixte du 6 novembre 1974 qui ont rejeté des pourvois formés contre des arrêts d'appel admettant l'indexation. Désormais, l'indexation judiciaire des rentes indemnitaires est admise par la jurisprudence [3].

Le législateur doit parfois intervenir pour majorer les rentes viagères et les pensions ainsi allouées en réparation d'un préjudice, mais cela s'avérait encore insuffisant. C'est pourquoi, à la suite de ces arrêts du 6 novembre 1974, et à la demande de la Cour de cassation, le législateur est-il intervenu par une loi du 27 décembre 1974, relative à la revalorisation de certaines rentes allouées en réparation du préjudice causé par un véhicule terrestre à moteur (article 1er, remanié par la loi sur l'indemnisation des victimes d'accidents de la circulation) par analogie avec la revalorisation des rentes accidents du travail [4]. Cela a diminué la portée des arrêts du 6 novembre 1974, mais la jurisprudence a tendance à admettre très librement l'indexation en dehors de ces cas [5].

L'indexation de la rente doit être exceptionnelle et utilisée uniquement pour réparer un préjudice appelé à se continuer dans le temps, telle une invalidité subsistante.

3° Possibilité de conversion d'une rente en capital

1817. Enfin, il est toujours possible au crédirentier, si sa situation personnelle le justifie, de demander la conversion totale ou partielle d'une rente en capital (v. notamment l'article 44 de la loi du 5 juillet 1985, en matière d'accident de la circulation).

---

1. Civ. 2e, 19 févr. 2004, *RTD civ.* no 1, 2005. 417, obs. P. Jourdain.
2. Crim. 3 mars 1993, *JCP* 1993. IV. 1616.
3. Cass., ch. mixte, 6 nov. 1974, *JCP* 1975. II. 1798, concl. Gegout, note R. Savatier.
4. Civ. 12 mai 1976, *JCP* 1976, no 41 du 30 oct. 1976, note Voulet.
5. Pour des précisions sur cette jurisprudence et la portée de la loi du 27 décembre 1974, v. Crim. 8 juin 1978, *JCP* 1978. IV. 244, *RTD civ.* 1979. 805.

d) Difficultés d'évaluation

1818. L'évaluation du *pretium doloris* ou d'une *perte de chance* est essentiellement subjective, mais même celle d'un *préjudice corporel* est très délicate car il faut tenir compte, aussi bien de l'incapacité physique ou fonctionnelle, que de l'incapacité de travail et de l'incapacité de gain. Elle l'est, également, en raison du manque total d'unité qui entraîne des différences considérables d'appréciation. Plusieurs méthodes sont possibles.

1° Les différentes méthodes

1819. Le calcul peut être fait au « point », sachant que ce point est fixé en tenant compte de la situation sociale, de l'âge, du métier, etc. de la victime et l'indemnité est calculée en multipliant la valeur du point par le pourcentage d'invalidité reconnu à la victime. Cependant, la valeur du point varie selon les juridictions.

1820. Le calcul peut également être fait en fonction de *barèmes établis* à l'intérieur d'une juridiction Mais il y a danger de cassation si cela apparaît dans la décision, en raison de l'interdiction des arrêts de règlement (C. civ., art. 5)[1], même si les juges du fond sont souverains pour apprécier le montant du dommage[2].

2° En ce qui concerne l'évaluation de la perte d'une chance

1821. Le calcul est, là aussi, très délicat. La cour d'appel de Versailles a dû s'y livrer dans l'affaire suivante : une femme avait présenté, à la suite d'une intervention chirurgicale, une gangrène gazeuse qui avait conduit à l'amputation de la jambe gauche avec désarticulation de la hanche. La victime fut indemnisée par le chirurgien et la clinique du fait des fautes retenues, mais la cour ayant relevé que le préjudice n'était pas l'atteinte à l'intégrité corporelle mais la perte d'une chance de sauvegarde de son intégrité, elle fut saisie d'une demande de la victime en réparation de ce nouveau dommage et dû rendre un second arrêt[3].

L'évaluation de ce dommage dépend de deux éléments : le préjudice final et l'importance des chances perdues : plus la victime avait de chances d'échapper au dommage, plus son préjudice est important, on calcule x % de chances d'éviter le dommage et on applique ce pourcentage à la valeur du dommage effectivement subi pour évaluer l'étendue du préjudice finalement indemnisable.

3° La nécessité d'une ventilation poste par poste

1822. On rappellera cette nécessité que les indemnités destinées à réparer les différents chefs du préjudice corporel soient ventilées poste par poste afin de permettre, d'une part le contrôle de l'insuffisance de motifs, d'autre part et surtout, une imputation rationnelle des prestations versées par les tiers payeurs sur les indemnités dues par les responsables pour les préjudices correspondants (v. ss 1805). On l'a vu aussi, la loi du 21 décembre 2006, qui modifie les textes relatifs au recours de la sécurité sociale, tiers

1. Crim. 4 juin 1970, *D.* 1970. 333.
2. Nîmes, 12 janv. 1968, *D.* 1968. 277, note M. Le Roy ; Civ. 2e, 5 avr. 1973, *JCP* 1973. IV. 202, *Bull. civ.* II, no 136.
3. Versailles, 21 juill. 1993, *D.* 1993. IR 235 et *RTD civ.* 1994. 120, obs. P. Jourdain.

payeur, impose désormais aux tiers payeurs d'exercer les recours subrogatoires « poste par poste, sur les seules indemnités qui réparent des préjudices qu'elles ont pris en charge, à l'exclusion des préjudices à caractère personnel » (v. ss 1655). Elle impose donc aussi une évaluation poste par poste des chefs de préjudice corporel qu'une nomenclature officielle devrait faciliter. En l'état c'est une nomenclature « semi-officielle » qui s'applique, le rapport *Dintilhac* (v. ss 1619 s.). Une sorte d'entente semble se faire dans les transactions et devant les juridictions judiciaires pour appliquer le rapport *Dintilhac*, mais il n'a aucune valeur normative et cela repose pour l'instant sur les bonnes volontés.

4° Les propositions d'amélioration

1823. Pour améliorer la situation, *les différents projets de réforme ont fait des propositions*. Ainsi, tous s'accordent sur la nécessité pour le juge « d'évaluer distinctement chacun des chefs de préjudice allégués qu'il prend en compte ». C'est la solution qui a été retenue dans la loi du 21 décembre 2006, concernant le recours des tiers payeurs (v. ss 1651 s.).

Cependant, c'est aussi l'évaluation proprement dite qui demande à être améliorée, notamment pour assurer l'égalité des victimes. *Le Rapport d'information du Sénat* a proposé à cet égard de prévoir l'adoption par décret, d'un barème national d'invalidité, qui ferait l'objet d'une révision régulière, et qui puisse servir de référence au juge dans son évaluation du dommage. Il propose également de privilégier le versement de la réparation sous forme de capital et non de rente pour les dommages de plus faible ampleur. *Les propositions Terré* ont pris en compte les dernières réflexions sur la question. Les articles 56 et suivants prévoient ainsi que, sauf disposition particulière, les atteintes à l'intégrité physique ou psychique de la personne sont mesurées selon un barème médical unique dont les modalités d'élaboration et de révision sont fixées par voie réglementaire ; que les préjudices patrimoniaux et extrapatrimoniaux résultant d'une atteinte à l'intégrité physique ou psychique de la personne sont déterminés, poste par poste suivant la nomenclature des postes de préjudice fixée par voie réglementaire. On notera aussi que le 16 février 2010, une proposition de loi Lefrand, visant à améliorer l'indemnisation des victimes de dommages corporels à la suite d'un accident de la circulation, avait prévu d'imposer par voie réglementaire un barème médico-légal unique d'évaluation, une nomenclature des chefs de préjudice réparable commune aux deux ordres de juridictions (civil et administratif) ce qui n'est actuellement pas le cas (v. ss 1620) et une table de capitalisation des rentes. Or cette loi, bien que votée à l'Assemblée nationale, n'a pas été inscrite à l'ordre du jour du Sénat. Une partie de ses dispositions avaient été reprises par l'article 56 de la proposition de loi modifiant la loi HSPT (réforme de l'hôpital) mais ce texte a été censuré par le Conseil constitutionnel car il était sans rapport avec l'objet de la loi. On en est donc toujours au même point, ce que l'on peut regretter.

C. La répartition de la charge de la réparation [1]

1824. À qui incombe en dernier ressort la charge de la réparation ? En principe, au défendeur à l'action. Mais on a vu qu'il pouvait y avoir plusieurs défendeurs, coresponsables du dommage (v. ss 1761), et parfois, la victime elle-même. Il faut donc distinguer la question de l'obligation à la dette et de la contribution à la dette (déjà sur cette question, v. ss 1723).

1. Civ. 1re, 23 oct. 2007, *D.* 2007. 28010, obs. I. Gallmeister.

1825. Concernant l'obligation à la dette, s'il y a plusieurs coresponsables, chacun est tenu pour le tout à l'égard de la victime, en vertu de l'obligation *in solidum*. La victime peut donc réclamer l'intégralité de la réparation à n'importe lequel des coresponsables. Bien sûr elle ne peut cumuler les indemnisations et elle agit dans les limites et à hauteur de sa créance de responsabilité. Cela à moins qu'elle n'ait elle-même participé à la réalisation de son propre dommage. En ce cas, un partage de responsabilité lui est opposable car sa faute est une cause d'exonération partielle pour les coauteurs : elle ne pourra prétendre à la réparation pour le tout et devra supporter la limitation tenant à sa part de responsabilité (v. ss 1721, 1740).

1826. Concernant la contribution à la dette, c'est-à-dire la répartition de la charge définitive de la dette de responsabilité, les coresponsables disposent entre eux de recours récursoires. Celui ou ceux qui ont indemnisé la victime peuvent ainsi recourir contre les autres coauteurs à proportion de leur part de responsabilité, voire même pour faire établir cette responsabilité si la victime ne l'avait pas fait, car ils sont subrogés dans ses droits. On rappellera (v. déjà ss 1700) que les règles de répartition dépendent du fondement de la responsabilité et tiennent largement compte de l'existence ou de l'inexistence de fautes.

Les solutions jurisprudentielles sont actuellement les suivantes :

– Lorsque tous les coauteurs sont responsables pour faute prouvée (art. 1382 et 1383, ou manquement à une obligation contractuelle), il est admis jusqu'ici que la répartition se fait entre eux, en principe, en fonction de la gravité des fautes respectives et pas directement en fonction du degré d'intervention causale de chaque faute[1]. Une décision rendue en 2009 par la seconde chambre civile, semblait vouloir abandonner cette exigence et laisser au juge un pouvoir souverain pour apprécier au cas par cas, sans imposer une règle de répartition. Ils pourraient alors tenir compte plus directement de la causalité[2]. Toutefois, dans une décision postérieure, elle a réaffirmé le critère exclusif de la gravité des fautes respectives pour fixer les parts de responsabilité[3]

– Lorsque tous les coauteurs sont responsables sur le fondement d'une responsabilité de plein droit ou d'une obligation contractuelle de résultat : la répartition se fait à parts égales.

– Si le coauteur qui a indemnisé la victime n'a pas commis de faute, alors qu'un autre coauteur en a commis une, le recours récursoire se fait pour la totalité. On notera que ces solutions sont préconisées telles quelles par le *projet Terré* (art. 11).

Enfin il faut signaler qu'en pratique, le plus souvent, ce sont les assureurs qui prendront en charge l'indemnisation, et parfois, à défaut d'assurance ou en cas d'assurance insuffisante, différents Fonds de Garantie pourront intervenir, mais, dans ces cas, sur le fondement de la solidarité nationale et non d'une responsabilité directe (v. ss 2552 s.).

---

1. Notamment Civ. 2e, 28 mai 2009, *RCA* 2009, comm. 242 ; ou Civ. 2e, 14 févr. 2008, *JCP* 2007. II. 10080, note C. Radé ; *RCA* 2008. Comm. 157, note H. Groutel.
2. Civ. 2e, 19 nov. 2009, no 08.11-622, *RTD civ.* 2010. 125, no 8, obs. P. Jourdain.
3. Civ. 2e, 30 janv. 2011, no 09-71.196, *RTD civ.* no 2, 2011. 359, obs. P. Jourdain.

DOCUMENT

Bibliographie

Sur l'évaluation du préjudice

ADIDA-CANAC (H.), « *Mitigation of damage : une porte entrouverte* ? » note sous Civ. 2e, 24 nov. 2011, *D.* 2012. 141.

CHABRUX (N.), « L'expert judiciaire dans la réparation du dommage corporel des accidentés de la route : dérapages non contrôlés », *Gaz. Pal.* 27-29 nov. 2005, p. 18.

CHAGNY (M.), « La notion de dommages et intérêts punitifs et ses répercussions sur le droit de la concurrence. Lectures plurielles de l'article 1371 de l'avant-projet de réforme du droit des obligations », *JCP* 2006. I. 149.

DESHAYES (O.), « L'introduction de l'obligation de modérer son dommage en matière contractuelle : rapport français », *RDC* 2010. 1139.

DREYFUS (B.), « Évolution en cours et propositions nouvelles dans l'évaluation médico-légale des séquelles d'un dommage corporel », *Gaz. Pal.* 2002, n° 76-78, p. 4.

GENCY-TANDONNET (D.), « L'obligation de modérer le dommage dans la responsabilité extracontractuelle », *Gaz. Pal.* 5-6 mai 2004, p. 27.

GOLDNADEL (J.-M.), « L'introduction des class actions en France », *Gaz. Pal.* 25-27 sept. 2005, p. 3.

GUINCHARD (S.), « L'action de groupe en droit français », *RID comp.* 1990. 599.

GUIOMARD (P.), « Le recours du tiers payeur sur les indemnités versées à la victime : la réforme, enfin ! », *D.* 2007. 144.

GROUTEL (H.), « Le recours des tiers payeurs, rapport d'étape », *RCA* févr. 2008. Étude 2, p. 9.

JOURDAIN (P.), « Pour un réexamen du droit des recours en contribution », *RCA* 2009, Dossier, *Les vingt ans de la revue*, p. 11

LAMBERT-FAIVRE (Y.), *Le droit du dommage corporel*, Dalloz, coll. « Précis ».

LEROY (M.), *L'évaluation du préjudice corporel*, Litec.

LIENHARD (C.), « Réparation intégrale des préjudices en cas de dommage corporel : la nécessité d'un nouvel équilibre indemnitaire », *D.* 2006. Chron. 2485.

MOR (G.) et HERTON (B.), *Évaluation du préjudice corporel 2011-2012, stratégies d'indemnisation*, 1re éd., Delmas, 2010, p. 322 s.

MORLET-HAÏDARA (L.), « Vers la reconnaissance d'un droit spécial du dommage corporel ? », *RCA* 2010. Étude 13.

NGUYEN (J.), « L'influence des prédispositions de la victime sur l'obligation à réparation du défendeur à l'action en responsabilité », *RTD civ.* 1976. 1.

PIERRE (Ph.), « L'introduction des dommages et intérêts punitifs en droit des contrats : rapport français », *RDC* 2010. 1117

PIMONT (S.), « Remarques complémentaires sur le devoir de minimiser son propre dommage », 1re et 2e parties, *RLDC* 2004, n° 9 et 10.

PORCHY-SIMON (S.), « Le recours des tiers payeurs à l'épreuve de la politique jurisprudentielle de la Cour de cassation », *D.* 2010. Étude 593.

VINEY (G.), « Les modifications apportées par la loi du 17 juin 2008 à la prescription extinctive des actions en responsabilité », *RDC* 2009. 493.

Sous-titre 2

Les régimes de droit commun de responsabilité extracontractuelle

Introduction

1827. Après avoir examiné, au titre des éléments communs à tous les régimes de responsabilité civile, le dommage et le lien de causalité, il nous reste à étudier le fait générateur et les spécificités de chaque régime de responsabilité. Ce fait générateur varie selon le type de responsabilité dont il s'agit, et lui imprime ses conditions spécifiques. L'article 1384, alinéa 1er, fait ainsi référence aux trois grandes catégories de faits générateurs de la responsabilité extracontractuelle, le fait personnel, le fait des choses et le fait d'autrui : « on est responsable non seulement du dommage que l'on cause *par son propre fait* mais encore de celui qui est causé *par le fait des personnes dont on doit répondre* ou *des choses que l'on a sous sa garde.* »

1. La responsabilité du fait personnel

1828. Les articles 1382 et 1383 du Code civil exigent, sans ambiguïté, la présence d'une faute. C'est la responsabilité de droit commun, telle qu'elle a longtemps été considérée.

Toutefois, aujourd'hui, dans ce domaine comme dans d'autres que nous verrons ultérieurement, on constate que, par opposition au principe de la responsabilité personnelle fondée sur la faute, on trouve des exceptions, c'est-à-dire un certain nombre de cas de responsabilité du fait personnel sans faute subjective ou sans faute du tout, c'est le cas, notamment, pour les personnes morales, pour les êtres inconscients et pour les troubles de voisinage.

2. La responsabilité du fait des choses

1829. Elle est régie dans le Code civil, soit par des textes spéciaux, tels que l'article 1385 pour les animaux, ou l'article 1386 pour les bâtiments, soit par ce texte de portée très générale qu'est l'article 1384, alinéa 1er.

1830. À l'origine, cette responsabilité était également fondée sur l'idée de faute, mais la multiplication des accidents dus au progrès du machinisme a très vite amené la jurisprudence, désireuse d'assurer l'indemnisation du dommage causé à la victime, de recourir à un autre fondement.

Ce fondement constitue ce qu'on appelle la *théorie du risque*, dont nous aurons à reparler (v. ss 1509 s., 1936 s.). Il s'agit d'une responsabilité objective, sans faute.

1831. La responsabilité introduite par la loi du 10 juillet 1998 dans les articles 1386-1 à 1386-18 pour les dommages causés par des produits défectueux, n'est pas une responsabilité délictuelle et quasi délictuelle de droit commun mais un régime spécial de responsabilité qui transcende la distinction de la responsabilité contractuelle et extracontractuelle. Il sera donc étudié dans les régimes spéciaux (v. ss 2374 s.).

3. La responsabilité du fait d'autrui

1832. Elle était également à l'origine fondée sur une idée de faute ; faute de surveillance envers les personnes que l'on a sous sa dépendance.

Toutefois, le fondement de la responsabilité des maîtres et commettants a toujours été exclusif de la faute et, aujourd'hui, la jurisprudence tend à voir dans les régimes de responsabilité du fait d'autrui des responsabilités de plein droit, exclusive de faute. Cette responsabilité de plein droit a ainsi été étendue aux père et mère et la jurisprudence a ensuite dégagé un principe de responsabilité du fait d'autrui découlant de l'article 1384, alinéa 1er qui caractérise aussi une responsabilité objective.

1833. Dans ce second sous-titre nous envisagerons donc successivement dans trois chapitres les trois sortes de régimes que sont :

Chapitre 1. La responsabilité du fait personnel ou responsabilité pour faute
Chapitre 2. La responsabilité du fait des choses
Chapitre 3. La responsabilité du fait d'autrui

Chapitre 1

La responsabilité du fait personnel ou responsabilité pour faute

Introduction
Les caractéristiques de la responsabilité du fait personnel

1834. La responsabilité du fait personnel résulte des articles 1382 et 1383 du Code civil. Selon le premier de ces textes, le plus connu sans doute de tout le droit de la responsabilité « tout fait quelconque de l'homme qui cause à autrui un dommage oblige celui par la faute duquel il est arrivé à le réparer ». Selon le suivant (art. 1383) « on est responsable non seulement de son fait, mais aussi de son imprudence ou de sa négligence ».

1835. C'est ainsi que se trouve posé, par le Code civil, le principe de la responsabilité civile pour faute, où la faute est à la fois condition technique de la responsabilité, puisqu'elle en constitue le fait générateur, mais aussi le fondement de la responsabilité.

C'était rappelons-le, à l'origine du Code civil (sur ce point de départ et sur l'évolution, v. ss 1535 s.) la seule responsabilité admise.

1836. Ce principe de responsabilité pour faute, dont le Conseil constitutionnel a reconnu la valeur constitutionnelle (v. ss 1840) est repris dans tous les **projets de réforme**.

1. Une responsabilité reposant sur la faute

a) Unité de la faute

1837. Deux types de fautes sont susceptibles d'engager la responsabilité : *la faute intentionnelle* (où l'individu a l'intention de nuire, de causer le dommage) c'est le délit, de l'article 1382 d'une part ; la *faute d'imprudence et de négligence*, d'autre part, ou quasi-délit, de l'article 1383 (v. déjà ss 1507 s.). D'où l'appellation de responsabilité délictuelle et quasi délictuelle, à l'origine réservée à la responsabilité pour faute, mais qui a ensuite été élargie pour englober dans le quasi-délit, tous les faits dommageables, à l'exception du fait fautif (fait de la chose, fait d'autrui).

1838. Par-delà la diversité des fautes et la distinction de la faute intentionnelle et non intentionnelle, le principe est cependant celui de l'unité de la faute civile. Toute faute, même la plus légère engage la responsabilité, et la gradation des fautes (v. ss 1865 s.) n'a pas d'incidence directe sur la mise en jeu de la responsabilité.

b) Évolution : extension et dénaturation de la faute

Avec l'apparition de la faute « objective »

1839. La responsabilité pour faute est intimement liée à la liberté. C'est parce que l'homme est libre et donc libre de commettre des fautes dont il a conscience, qu'il est responsable (v. ss 1506 s.). Selon Ripert, il n'y a de responsabilité véritable que fondée sur la faute subjective, ce qui suppose, pour que l'on admette une faute engageant la responsabilité civile, que l'auteur soit doué d'un discernement suffisant pour avoir une conscience fautive. Aussi, à l'origine la responsabilité des très jeunes enfants (*infans*) ou des personnes atteintes dans leurs facultés mentales ou inconscientes au moment du dommage était exclue, à défaut de pouvoir leur imputer une faute. Cette condition d'imputabilité de la faute a cependant progressivement reculé pour être finalement exclue totalement par l'assemblée plénière de la Cour de cassation, en 1984, dans une série de décisions majeures consacrant la notion de faute objective (déjà, sur cette évolution, v. ss 1539, 1886 s.).

1840. Cette évolution, décriée par beaucoup d'auteurs, s'inscrit dans le mouvement général d'objectivation de la responsabilité, destiné à élargir le champ de la responsabilité dans la perspective de la réparation des dommages (sur cette évolution, v. ss 1534 s.). Elle conduit à une certaine dénaturation de la faute et de la responsabilité subjective, pourtant portée par l'article 1382 du Code civil : le Conseil constitutionnel lui-même, dans la décision sur le PACS rendue en 1999, a affirmé la valeur constitutionnelle du principe de responsabilité pour faute posé par ce texte et l'a rattaché à l'article 4 de la Déclaration des droits de l'Homme et du citoyen… qui définit la liberté, laquelle suppose la conscience et la volonté.

Avec le principe de l'identité de la faute délictuelle et de la faute contractuelle

1841. Ce principe de l'identité des fautes, que la jurisprudence a posé et que l'assemblée plénière a confirmé en 2007 (mais que les avant-projets et projets de réforme du droit de la responsabilité condamnent ainsi que nous l'étudierons plus tard à l'occasion de l'étude des rapports entre la responsabilité délictuelle et contractuelle, v. *infra*), participe aussi de ce mouvement de dénaturation de la faute civile. En effet, lorsque l'obligation contractuelle est une obligation de résultat, où la preuve de l'inexécution n'implique aucune appréciation du comportement de l'auteur, on s'éloigne considérablement là encore, de la conception traditionnelle de la faute délictuelle et quasi délictuelle ; or la victime pourra invoquer sur le fondement de la responsabilité pour faute de l'article 1382, un manquement contractuel « sans avoir à rapporter d'autre preuve » !

1842. On peut donc considérer aujourd'hui que la responsabilité du fait personnel des articles 1382 et 1383 du Code civil recouvre à la fois des hypothèses de responsabilité pour faute au sens traditionnel et des hypothèses de responsabilité où la faute est « dénaturée ».

2. Une responsabilité prouvée et non présumée

1843. La responsabilité pour faute est celle qui répond le mieux aux exigences des trois conditions positives posées comme constantes de la responsabilité (v. ss 1580), puisque ces trois conditions doivent être prouvées par la victime pour engager la responsabilité de l'auteur. Elle n'est pas aidée par des présomptions comme elle l'est, par exemple, dans la responsabilité du fait des choses. Lorsque ces trois conditions positives ont été établies, il n'y a pas de place ensuite pour une cause d'exonération totale (v. ss 1926 s.).

3. Un domaine d'application général

1844. La responsabilité civile pour faute représente le droit commun de la responsabilité extracontractuelle par excellence.

L'article 1382 pose un principe général de responsabilité applicable en principe en toute circonstance.

1845. Dans l'étude de la responsabilité du fait personnel, seule la question du fait générateur nous retiendra spécialement. Le dommage ne présente pas de spécificité (v. ss 1593 s.) ni le rapport de causalité, qui doit être prouvé par la victime, comme les autres conditions (v. ss 1683 s.). Nous dirons cependant quelques mots des causes d'exonération.

I. Le principe : la responsabilité du fait personnel fondé sur la faute subjective

1846. Nous allons tout d'abord définir la faute avant d'examiner les différentes sortes de fautes et leur gradation, même si cette gradation n'exerce pas à l'heure actuelle une influence déterminante en responsabilité extracontractuelle ; enfin, on déterminera comment s'effectue la preuve de cette faute.

A. La faute civile traditionnelle : acte illicite imputable à son auteur

1847. En tout premier lieu, il convient de définir la notion de faute.

► ***La faute*** était traditionnellement constituée par la réunion de trois éléments : un fait matériel dommageable, un fait ayant un caractère illicite, et une manifestation de volonté de son auteur : ce que l'on traduisait traditionnellement par l'exigence d'imputabilité de la faute à son auteur.

1848. Cette dernière condition de l'imputabilité a cependant disparu avec les décisions rendues par l'Assemblée plénière en 1984. La jurisprudence civile a consacré, depuis ces décisions, une conception objective de la faute qui est analysée par une partie de la doctrine comme une véritable dénaturation de la responsabilité pour faute, responsabilité subjective qui doit sanctionner seulement le comportement d'un être libre et conscient de ses actes. Il n'est pas exclu cependant, que l'évolution future du droit de la responsabilité réintroduise cette condition d'imputabilité, tout au moins lorsqu'il s'agit de faire produire effet à la faute de la victime et de la retenir comme une cause d'exonération partielle, susceptible de lui être opposée pour limiter la réparation de son dommage, ce que confirment tous les avant-projets et projets de réforme du droit de la responsabilité (v. ss 1913)

1. Un acte matériel dommageable

1849. Il faut envisager ce terme dans un sens assez large : il peut s'agir d'une action mais également, nous allons le voir, dans certains cas, d'une omission.

a) Faute par action

1850. Selon l'article 1382, il s'agit de « tout fait quelconque de l'homme », ce qui est très vague et, dès lors, très vaste. Souvent, cette faute civile constitue, en même temps, une faute pénale, et on peut donc se reporter au Code pénal pour les énumérer. Mais, il est des faits qui constituent des délits civils sans constituer en même temps une infraction pénale.

Cette « action » peut d'ailleurs être une action psychologique, intellectuelle et non physique ; c'est ainsi que les injures, les mensonges, la diffamation... peuvent constituer des fautes civiles, dès lors qu'ils se sont manifestés par des paroles ou par des écrits.

b) Faute par omission

1851. On admet, aujourd'hui, qu'une omission peut constituer une faute dont les conséquences sont aussi graves que s'il y avait eu un acte positif : c'est le cas, par exemple, de l'entrepreneur qui ne signale pas une tranchée sur son chantier, ou du promeneur qui ne porte pas secours à une personne en péril, alors qu'il pouvait le faire sans danger pour lui-même. Ce dernier cas constitue d'ailleurs une faute pénale en même temps que civile (C. pén., art. 63), car il s'agit de l'inexécution d'une obligation légale. Déjà Loysel disait : « Qui peut et n'empesche, pesche. » !

On peut concevoir qu'une simple abstention puisse constituer une faute, s'il y a intention de nuire : par exemple, la concierge qui refuse de donner les bons renseignements qu'elle possède sur un locataire à propos duquel est effectuée une enquête de moralité, un historien qui omet sciemment de citer le nom de Branly dans une *Histoire de la TSF*[1] ou encore le refus par un mari de délivrer une lettre de répudiation ou « gueth » après le divorce d'époux mariés selon la loi mosaïque, ce qui constitue un abus de droit[2].

Il peut s'agir, aussi, de la *violation de l'obligation d'information*, entérinée en matière médicale par le législateur (Code de déontologie du 6 septembre 1995, article 35, et intégré dans le Code de la santé publique ; v. ss 2603, « Le point sur... La responsabilité médicale », Documents). La Cour de cassation, dans une décision du 5 juin 2010[3], a ainsi 'écarté le fondement contractuel de la responsabilité médicale en cas de manquement à l'obligation d'information et de fonder la responsabilité sur l'article 1382 du Code civil. Dans cet arrêt de principe, figurant au Rapport de la Cour de cassation, la première chambre civile a fondé en effet le devoir d'information du médecin directement sur les articles 16 et 16-3 du Code civil (donc sur une obligation légale et non sur le contrat) et elle a décontractualisé l'obligation d'information, en visant l'article 1382 du Code civil pour considérer que le défaut d'information cause au patient un préjudice qui doit nécessairement être réparé (v. ss 2161 s.). La solution a été depuis confirmée, notamment dans une décision de la première

1. Civ. 27 févr. 1951, *Branly c/ Turpain*, *D.* 1951. 329, note Desbois, *Gaz. Pal.* 1951. 1. 23, concl. Av. gén. Rey, *JCP* 1951. II. 6193, note J. Mihura, J. Carbonnier, *D.* 1951. Chron. 119.

2. Civ. 2e, 13 déc. 1972, *D.* 1973. 493, note C. Larroumet ; Civ. 2e, 5 juin 1985, *Gaz. Pal.* 1986. I. 9, note F. Chabas ; *JCP* 1987. II. 20728, note Agostini ; Civ. 2e, 12 déc. 1994, *Bull. civ.* II, nº 262.

3. Civ. 1re, 28 janv. 2010 ; Civ. 1re, 3 juin 2010, *D.* 2010. 1522, note P. Sargos.

chambre civile du 12 juin 2012[1]. C'est donc un nouveau champ ouvert à la responsabilité du fait personnel. L'obligation de soins a également été décontractualisé mais le nouveau fondement de la responsabilité médicale pour manquement à l'obligation de soins n'est pas l'article 1382 et la responsabilité civile pour faute, mais le Code de la santé publique, ce qui marque le caractère spécial de ce régime de responsabilité (v. ss 2161 s., 2603, Documents, « Le point sur… La responsabilité médicale », spéc. § 4 s.).

2. Un acte illicite

1852. ► ***La faute constitue toujours un acte illicite*** en ce sens qu'elle est la « méconnaissance d'un devoir ou d'une obligation imposée par l'ordre juridique », « un manquement à une obligation préexistante », selon la définition de Plagnol.

Il y a acte *illicite* lorsque l'auteur du dommage a transgressé une règle de conduite : règle contractuelle, règle légale, règle coutumière : usage, bonnes mœurs, ou lorsqu'il a abusé d'un droit. De toute façon, il faut effectuer un jugement de valeur sur la conduite d'un individu.

L'avant-projet Catala définit la faute comme « la violation d'une règle de conduite imposée par la loi ou un règlement ou le manquement au devoir général de prudence ou de diligence » (art. 150). On y retrouve l'idée que la faute est le manquement à une obligation préexistante, un acte illicite. La définition consacre par ailleurs le devoir général de prudence et de diligence qui, actuellement, n'est pas directement posé par le Code civil, et qui deviendrait ainsi une obligation légale pesant sur chacun d'entre nous.

a) Violation d'une règle de conduite

1° L'acte illicite peut être constitué par la violation de différentes règles

1853. La transgression d'une règle légale doit être entendue, en effet, dans un sens large, qu'il s'agisse d'une loi ou d'un règlement (par exemple, la violation d'un article du Code de la route).

Dès lors qu'une telle violation est constatée, une faute est commise : faute pénale si la règle était assortie d'une sanction pénale, faute civile, si un dommage a été commis à l'encontre d'autrui.

Il faut, toutefois, relever que la Cour de cassation est parfois laxiste en la matière et écarte l'existence d'une faute alors même que le comportement peut s'analyser en la transgression d'une règle légale. Ainsi admet-elle « que le seul fait d'entretenir une liaison avec un homme marié ne constitue pas une faute de nature à engager la responsabilité de son auteur à l'égard de l'épouse », dès lors qu'il n'est pas prétendu que la maîtresse « aurait, par son attitude, créé le scandale ou cherché à nuire spécifiquement au conjoint de son amant »[2]. Bien que l'adultère ne constitue plus un délit pénal, il restait admis, jusque-là, qu'en tant que « délit civil, l'adultère engage la responsabilité civile de ceux qui le commettent envers l'époux trompé, même en l'absence d'intention dolosive caractérisée »[3]. L'affaiblissement du devoir de fidélité, pourtant légalement affirmé dans

---

1. Civ. 1re, 12 juin 2012, n° 11-18.327, *D.* 2012. 1610, obs. I. Gallmeister.
2. Civ. 2e, 5 juill. 2001, *JCP* 2002. II. 10139, note D. Houtcieff ; *RTD civ.* 2001. 856, obs. J. Hauser, et p. 893, obs. P. Jourdain.
3. G. Cornu, *La famille*, 7e éd., Montchrestien, 2001, n° 361.

l'article 212 du Code civil, qui ne semble plus peser qu'entre les époux et dont la violation ne constitue plus désormais qu'une cause facultative de divorce, s'est étendu au complice. Désormais, l'adultère, violation du devoir de fidélité, n'est plus considéré, en soi, comme une faute, encore faut-il aujourd'hui, que cette faute soit « caractérisée », que l'on puisse constater une attitude créant le scandale ou une intention de nuire spécifiquement au conjoint.

1854. Outre la loi, il existe des règles qui sont édictées par la coutume, les usages, et dont la violation peut également constituer une faute : par exemple, violation des usages d'une profession (souvent réunis dans des codes de déontologie), règles du jeu en matière sportive, atteinte aux bonnes mœurs, auxquelles se réfère l'article 1133, qui peut résider dans une tenue scandaleuse ou dans l'intempérance ou encore le mensonge… On s'est, ainsi, demandé si la responsabilité de l'auteur d'une reconnaissance de paternité mensongère n'était pas encourue du seul fait de ce mensonge. En effet, tout en reconnaissant normal l'octroi de dommages et intérêts à l'enfant victime d'une action de contestation de reconnaissance émanant de l'auteur de celle-ci, on s'interroge sur la nature de cette responsabilité : est-elle délictuelle ou contractuelle ? La jurisprudence est très hésitante en la matière. On a donc suggéré l'adoption de la notion de « faute-mensonge » et la qualification de cette responsabilité en responsabilité délictuelle [1].

2° L'acte illicite peut être le manquement à l'obligation générale de prudence et de diligence ou à l'obligation générale de ne pas nuire à autrui : distinction de la faute intentionnelle et de la faute d'imprudence ou de négligence

1855. La règle transgressée peut être une obligation très précise : elle a un contenu déterminé par la loi, par exemple par la loi pénale. Ou alors, elle découle des articles 1382 et 1383 eux-mêmes, qui servent de fondement à l'illicéité, sur la base de la distinction entre la faute intentionnelle ou délit de l'article 1382 et la faute d'imprudence ou de négligence qui est non intentionnelle ou quasi-délit, de l'article 1383 du Code civil. La faute intentionnelle est caractérisée par la volonté de causer le dommage et elle constitue un manquement à l'obligation générale de ne pas nuire à autrui posée par l'article 1382 ; la faute d'imprudence et de négligence, constitue un manquement à l'obligation générale de prudence et de négligence posée par l'article 1383 du Code civil (sur ces fautes, v. ss 1866, pour la faute intentionnelle, et, pour la faute d'imprudence et de négligence, v. ss 1872).

Citons cependant un arrêt de la Cour de cassation qui va encore plus loin et affirme, sans état d'âme, que « le fait de provoquer la chute d'un autre grimpeur [au cours d'une escalade non encordée] constitue une faute » [2]. Au-delà même de l'imprudence ou de la négligence, elle érige en faute une simple maladresse, révélatrice d'une conception large de la faute de nature à engager la responsabilité (v. ss 1877).

b) Exercice abusif d'un droit

1° L'exercice d'un droit peut causer un préjudice à autrui sans, pour autant, constituer une faute

1856. Par exemple, le commerçant qui s'installe à proximité d'un concurrent lui cause un préjudice en lui prenant une partie de sa clientèle, mais il n'y a pas faute, c'est une

1. Ph. Melin, article cité dans la bibliographie.
2. Civ. 2e, 18 mai 2000, *Gaz. Pal.* 21-23 avr. 2002, et la note.

conséquence du principe de libre concurrence. En revanche, si c'était ce commerçant qui avait vendu le fonds à son concurrent et qu'il avait souscrit une obligation de non-concurrence, il commettrait une faute contractuelle en se réinstallant à côté de lui.

1857. Concernant la liberté d'expression, citons un arrêt intervenu à propos de l'émission télévisée *Les Guignols de l'info*[1]. Cette affaire concernait les sociétés Peugeot et Citroën qui demandaient réparation du préjudice que leur auraient causé les propos de la marionnette de leur directeur général dénigrant la marque. Dans un premier temps, la deuxième chambre civile avait cassé la décision qui avait refusé l'indemnisation en relevant que « le caractère outrancier, provocateur et renouvelé des propos tenus » constituait bien une faute. La Cour de renvoi n'ayant pas voulu s'incliner, sur second pourvoi, la Cour suprême, en assemblée plénière, a déclaré que « les propos incriminés relevaient de la liberté d'expression, sans créer aucun risque de confusion (il s'agissait d'une entreprise de communication audiovisuelle et non d'une société automobile concurrente) entre la réalité et l'œuvre satirique... Canal + n'avait commis aucune faute... ». Il y a, là un intéressant revirement de jurisprudence, justifié par le principe de liberté d'expression et donc de l'exercice normal d'un droit (en l'occurrence une liberté). Seul un abus de cette liberté d'expression pourrait être fautif. Ainsi, la responsabilité de droit commun fondée sur l'article 1382 vient-elle compléter la loi du 29 juillet 1981 relative à la liberté de la presse en matière pénale, lorsque celle-ci s'avère inapplicable. Toutefois, la Cour de cassation a posé que « les abus de la liberté d'expression prévus et réprimés par la loi du 29 juillet 1981, ne peuvent être réparés sur le fondement de l'article 1382 du Code civil[2] ». Elle avait donc exclu le droit commun de la responsabilité civile en matière d'infractions de presse. Cette solution a cependant depuis été remise en question.

2° Mais, il peut y avoir faute s'il y a exercice abusif d'un droit

1858. C'est la « théorie de l'abus des droits ». La notion d'abus de droit a été très controversée. Certains auteurs ont pensé qu'elle était en elle-même absurde. Il ne peut y avoir abus de droit. Planiol a ainsi fait valoir que le droit cesse où l'abus commence : les deux notions seraient antinomiques. À l'inverse, Josserand a soutenu que chaque droit subjectif a une fonction, une finalité sociale et qu'il est normal de vérifier la conformité des motifs de celui qui utilise le droit, avec sa fonction sociale. La jurisprudence, pour sa part, a rapidement admis la sanction de l'usage abusif d'un droit subjectif sur le fondement des articles 1382 et 1383 du Code civil. Il faut, tout d'abord, préciser qu'il ne s'agit pas de n'importe quel droit, mais d'un droit qui permet de nuire à autrui. Cela exclut les droits discrétionnaires. Le droit de propriété (cf. art. 544, pour l'abus du droit de propriété et *Droit civil*, vol. 1) et le droit d'agir en justice représentent à cet égard des domaines de prédilection de l'abus de droit, même si ce ne sont pas les seuls droits dont l'exercice est susceptible de dégénérer en abus.

Cependant, comment déterminer le moment où l'exercice d'un droit cesse d'être licite pour devenir abusif ?

---

1. Cass., ass. plén., 12 juill. 2000 [deux arrêts], *JCP* 2000. II. 10439, note A. Lepage ; *RCA* 2000, comm. 335 ; *RTD civ*. 2000. 845, obs. P. Jourdain.
2. Cass., ass. plén., 12 juill. 2000, préc.

On se fonde généralement sur le but recherché

1859. Il y a abus du droit lorsqu'il y a *intention malveillante*, lorsqu'on cherche à nuire à autrui sans intérêt sérieux pour soi-même. Selon Josserand, il y a abus du droit quand on exerce un droit subjectif dans des conditions contraires aux règles du droit objectif. Ceci est consacré par le législateur (L. du 1er sept. 1948 sur les baux à loyers, art. 21) : lorsque, le propriétaire « invoque le droit de reprise non pas pour satisfaire un intérêt légitime, mais dans l'intention de nuire au locataire », le juge doit lui refuser l'exercice de ce droit (à l'origine de cette théorie, v. l'affaire *Clément-Bayard* concernant l'usage abusif du droit de propriété : le propriétaire d'un champ avait érigé dans ce champ de haut pieux acérés, ce qu'il avait théoriquement le droit de faire en tant que propriétaire mais dans le but d'endommager des dirigeables qui décollaient depuis un hangar voisin, ce qui faisait dégénérer l'exercice du droit en abus)[1]. En matière d'abus du droit d'agir en justice, aussi, on se fonde souvent sur le but recherché, pour sanctionner l'utilisation de voies de recours comme procédé dilatoire par exemple, ou l'intention de nuire. La Cour de cassation a réaffirmé dans une décision du 11 septembre 2008 que « toute faute dans l'exercice des voies de droit est susceptible d'engager la responsabilité de son auteur », sans qu'il y ait besoin d'exiger l'intention de nuire comme l'avaient fait les juges du fond[2].

On peut se fonder, aussi, sur les moyens employés

1860. Ainsi, le commerçant qui use de *procédés déloyaux* pour gagner la clientèle de son concurrent (débauchage de ses employés, par exemple) commet-il une faute : il s'agit alors de concurrence déloyale. Il en est de même pour un manquement à une obligation de loyauté d'un ancien dirigeant[3].

Dans ces différents cas, il y a faute et on se trouve bien dans un cas de responsabilité ordinaire pour faute. On peut cependant fonder sur l'abus de droit, la sanction des *troubles de voisinage*, qui sont cette fois nous le verrons, des cas de responsabilité sans faute (v. ss 1920 s.). L'avant-projet de réforme du droit des obligations, confirmé sur ce point par tous les autres projets ou propositions de réforme, inclut expressément les « troubles de voisinage » parmi les faits générateurs de responsabilité extracontractuelle dans un article 1361 (v. ss 1923).

3. Un acte volontaire imputable à son auteur

1861. Enfin, pour qu'il y ait faute, il faut normalement qu'il y ait eu manifestation de volonté de la part d'un individu conscient de ses actes. La faute est en effet toujours un comportement volontaire (y compris dans le cas d'une imprudence ou d'une négligence, s'il s'agit d'une abstention et même s'il n'est pas intentionnel). La question est de savoir si cette volonté doit, en outre, avoir des qualités particulières. Traditionnellement, il devait s'agir, en effet, d'une volonté capable, émanant d'une personne consciente, et une volonté libre, ce qui se traduisait par l'exigence de *l'imputabilité de la faute*. Le comportement de l'auteur, pour constituer une faute au sens des articles 1382 et 1383 devait être apprécié au regard du discernement de celui-ci.

---

1. 3 août 1915, *S.* 1920. I. 300.
2. Civ. 2e, 11 sept. 2008, *JurisData* n° 2008-044 975, *JCP* 2008. I. 123, note Ph. Stoffel-Munck.
3. Com. 24 févr. 1998, *Bull. civ.* IV, n° 86 ; *D.* 1999. Somm. 100, obs. Picod ; *JCP* 1999. II. 10003, note Keita.

a) Volonté émanant d'une personne consciente

1862. Pour que la faute soit *imputable* à son auteur, il faut, en principe, qu'il y ait eu volonté de l'accomplir d'une part, et capacité de comprendre le caractère fautif de l'acte, d'autre part. Il faut donc être *conscient et capable* de manifester sa volonté. *L'imputabilité exige le discernement.* Toutefois, le discernement ne se confond pas avec la *capacité.* Les règles de la responsabilité délictuelle sont, ici, plus strictes que celles de la responsabilité contractuelle : alors que les mineurs ne peuvent être responsables contractuellement, car incapables juridiquement de contracter, il a toujours été admis qu'ils pouvaient être responsables délictuellement. Néanmoins, il fallait qu'ils aient atteint un certain âge, dit âge du discernement. Avant cet âge, qui n'a d'ailleurs jamais été fixé par la loi, laquelle précise seulement l'âge de la majorité et de la capacité civile, le mineur est un « *infans* » ; or *l'infans*, enfant en bas âge, sans discernement, ne pouvait commettre de faute et engager sa responsabilité, jusqu'à ce que l'assemblée plénière, dans une série de décisions rendues en 1984, supprime cette exigence du discernement (v. ss 1903 s.). L'aliéné, lui, engage sa responsabilité dans tous les cas, depuis la loi du 3 janvier 1968 qui a ajouté au Code civil un article 489-2 ainsi conçu : « Celui qui a causé un dommage à autrui alors qu'il était sous l'empire d'un trouble mental, n'en est pas moins obligé à réparation » et ce texte ne distingue pas entre responsabilité du fait personnel ou du fait des choses.

Il faut dissocier, ici, la notion de *faute objective*, c'est-à-dire un comportement objectivement incorrect, apprécié sans référence à la personne de son auteur de celle de *faute subjective*, qui suppose la conscience de l'incorrection du comportement.

Il faut par ailleurs faire une autre *distinction entre la volonté et l'intention.* L'acte doit être volontaire, mais il n'est pas forcément intentionnel : ainsi, le chasseur maladroit, qui en blesse un autre au cours *d'une partie de chasse, a-t-il commis un a*cte volontaire mais non intentionnel, à la différence du malfaiteur qui blesse un gardien pour protéger sa fuite, commettant ainsi un acte à la fois volontaire et intentionnel.

b) Volonté libre

1863. Il faut, également, qu'il s'agisse d'une volonté libre : c'est ce qui explique que la force majeure puisse, parfois, constituer une cause d'exonération de responsabilité.

Au regard du rôle de la volonté, la faute peut donc être intentionnelle : c'est un délit ; ou non intentionnelle : c'est un quasi-délit ; l'analyse de la volonté de l'auteur est donc l'une des éléments permettant d'établir une gradation des fautes (distinction selon leur degré de gravité). Même si l'application des articles 1382 et 1383 du Code civil ne dépend pas d'une telle appréciation de la gravité de la faute, la distinction est faite entre différentes sortes de fautes et parfois, cette distinction aura certaines incidences.

B. Les différentes sortes de fautes

1864. Il existe différentes sortes de fautes, plus ou moins graves, qui s'inscrivent à ce titre dans une gradation. Comme souligné plus haut, l'application des articles 1382 et 1383 du Code civil n'est pas conditionnée par cette gradation des fautes et notamment, n'exige pas l'existence d'une intention de nuire[1]. En principe, et contrairement à la situation

---

1. Civ. 2e, 2 avr. 1997, *Bull. civ.* II, n° 113 ; *D.* 1997. 411, note Edelman ; *D.* 1998. Chron. 183, par J.-P. Gridel ; *JCP* 1998. II. 10010, note J. Bigot.

en matière de responsabilité contractuelle, cette gradation des fautes ne joue pas de rôle en responsabilité extracontractuelle où toute faute, même la plus légère suffit à engager la responsabilité. Dans certains cas, cependant, une faute d'une nature particulière est exigée : ainsi une faute caractérisée. Il existe par ailleurs des applications particulières de la notion de faute, en matière sportive ou concernant la notion de faute collective.

1865. Il faut distinguer, parmi les fautes génératrices de dommages, celles qui sont les plus graves, la *faute intentionnelle*, bien sûr, mais aussi la *faute inexcusable* et la *faute lourde* qui sont plus ou moins assimilées les unes aux autres, et celles qui sont les moins graves, les fautes d'imprudence et de négligence, voire les maladresses.

1. Les fautes les plus graves ou fautes qualifiées

1866. On a tendance à les subdiviser en faute intentionnelle, faute inexcusable et faute lourde. La distinction présente un intérêt en matière d'assurance et en matière contractuelle, pour écarter les clauses limitatives de responsabilité. Elle peut également présenter un certain intérêt en matière délictuelle, notamment pour faciliter la preuve du lien de causalité. Mais où placer la nouvelle notion de faute caractérisée ?

a) La faute intentionnelle ou délit

► ***La faute intentionnelle***, c'est la faute délictuelle en matière civile et la faute dolosive en matière contractuelle (v. ss 2179). Elle est caractérisée par l'intention de produire le dommage. Elle est directement visée par l'article 1382 du Code civil.

1867. C'était, primitivement, l'intention malveillante, essentiellement méchante, qui était prise en considération. Toutefois, un arrêt de la Cour de cassation du 4 février 1969 (*Société des Comédiens français*)[1], a considéré, en matière contractuelle, comme faute dolosive, un cas où le débiteur se refusait, délibérément, à exécuter ses obligations contractuelles, même si ce refus n'était pas dicté par l'intention de nuire à son cocontractant. Elle doit donc s'apprécier *in concreto*, subjectivement, par rapport à l'état d'âme de son auteur. C'est pourquoi un fou ou un *infans* ne peuvent commettre une telle faute, ce qui ne signifie pas pour autant qu'ils ne pourront pas engager leur responsabilité pour faute (v. ss 1886 s.).

Cependant, en matière d'assurances, il serait bon de faire une distinction plus nette entre faute intentionnelle et faute dolosive. Par exemple, celui qui met le feu à sa grange pour toucher l'indemnité d'assurance commet une faute dolosive, alors que celui qui y met le feu pour en priver ses héritiers, commet, certes, une faute intentionnelle[2] mais qui n'est pas dolosive, en effet, l'article L. 113-1 du Code des assurances exclut l'assurance en cas de « faute intentionnelle ou dolosive ». En fait, c'est la faute dolosive qui empêche l'assurance de jouer et nuit, de ce fait à la victime. Il faut qu'il y ait suppression de l'aléa pour que l'assurance ne puisse jouer.

La conception de la faute intentionnelle est donc assez délicate et la jurisprudence de la Cour de cassation, elle-même, oscille un peu entre la conception extensive de l'arrêt de 1969, action délibérée mais pas nécessairement dictée par l'intention de nuire et la

---

1. *Bull. civ.* I, n° 60, p. 145, *D.* 1969. 601, note Mazeaud, arrêt reproduit au chapitre sur les conditions de la responsabilité contractuelle.
2. V. sur ce point note J. Bigot sous Civ. 1re, 8 oct. 1974, *JCP* 1975. II. 18133.

conception restrictive, fondée sur l'intention malveillante et la volonté réelle de causer le dommage tel qu'il s'est effectivement produit[1]. Elle utilise la conception large principalement en matière contractuelle, lorsqu'il s'agit de tenir en échec les limitations de responsabilité, que la jurisprudence écarte toujours en présence d'une faute intentionnelle en reprenant les mêmes termes : refus délibéré d'exécuter ses obligations contractuelles[2]. En matière d'assurances, au contraire, la première chambre a admis, à plusieurs reprises, que n'échappent à l'assurance que les *conséquences voulues* des actes volontairement nuisibles et elle a précisé que si l'acte volontaire a eu des conséquences dommageables qui ont dépassé celles que l'auteur avait recherchées ou atteint une personne autre que celle qui était visée, ces dommages non voulus restent couverts par l'assurance

La Cour de cassation exerce en la matière un contrôle de la qualification. Après une décision perturbante où elle relevait que « l'appréciation du caractère de la faute, invoquée par l'assureur pour refuser sa garantie, *relève du pouvoir souverain des juges du fond* »[3], décision vivement critiqué par la doctrine[4], elle est revenue à l'affirmation de son pouvoir de contrôle. Elle affirme, en effet, que « la faute intentionnelle, au sens de l'article L. 113-1 du Code des assurances... implique la volonté de créer le dommage tel qu'il est survenu » et « n'exclut de la garantie due par l'assureur à l'assuré... que le dommage que cet assuré a recherché en commettant l'infraction ». La Cour de cassation indique, ainsi, sa volonté d'exercer son contrôle de droit sur la notion de « faute intentionnelle inassurable » et de confirmer la définition de cette faute qu'elle avait mise au point avant l'arrêt critiqué du 4 juillet 2000, précité[5]. La Cour suprême a encore réaffirmé, dans un arrêt du 23 septembre 2004[6], son intention de maintenir son contrôle, afin de cantonner dans des limites très étroites la faute intentionnelle qui neutralise l'assurance au détriment de la victime.

b) La faute inexcusable

► ***La faute inexcusable*** : c'est « une faute délibérée, impliquant la conscience de la probabilité du dommage et son acceptation téméraire, sans raison valable. »

1868. Cette définition est donnée par le législateur en matière de transport aérien et maritime et en matière d'accident du travail. Il n'y a pas là, à proprement parler, intention malveillante, mais il y a quand même acceptation de la probabilité du dommage ce qui constitue une faute grave et une faute volontaire (v. ss 2183 s.).

Reprise par la loi du 5 juillet 1985, cette notion de faute inexcusable est définie un peu différemment par la Cour de cassation et notamment par la deuxième chambre civile dans plusieurs arrêts du 20 juillet 1987 aux termes desquels :

► « Seule, est inexcusable, au sens de l'article 3 de la loi du 5 juillet 1985, la faute volontaire, d'une exceptionnelle gravité, exposant, sans raison valable, son auteur à un danger dont il aurait dû avoir conscience »[7]. Notons qu'il s'agit, ici, de la définition de la

---

1. Civ. 1re, 10 et 17 déc. 1991, *RGAT* 1991. 364, note J. Kullmann.
2. Com. 19 janv. 1993, *Bull. civ.* IV, no 24 et obs. G. Viney, *JCP* 1993. I. 3727.
3. Civ. 1re, 4 juill. 2000, *Bull. civ.* I, no 203, et Civ. 3e, 9 janv. 2002, deux espèces, *Bull. civ.* III, no 1 et 2, *RCA* avr. 2002, comm. no 158.
4. *JCP* 2001. I. 340, obs. G. Viney, et *JCP* 2002. I. 186, obs. G. Viney.
5. Civ. 1re, 27 mai 2003, *Bull. civ.* I, no 125 ; *JCP* 2003. IV. 2281 ; *JCP* 2004. I. 101, obs. G. Viney.
6. Civ. 2e, *Bull. civ.* II, no 410 ; *JCP* 2005. I. 132, obs. G. Viney.
7. Civ. 2e, (dix arrêts du 20 juill. 1987), *Bull. civ.* II, no 160.

faute de la victime et non celle de l'auteur de l'acte, et que, si une telle faute est retenue, cette victime n'est pas indemnisée (v. ss 2487). C'est pourquoi, la Cour de cassation applique très strictement cette définition et très rares sont les fautes des victimes qui sont qualifiées d'inexcusables : ainsi, le fait de s'allonger, en état d'ébriété, sur la chaussée, alors que la visibilité est réduite, ne constitue-t-il pas, pour la deuxième chambre civile, une faute inexcusable[1] !

c) La faute lourde

► ***La faute lourde*** : c'est une faute particulièrement grossière, commise par un professionnel (v. ss 2184 s.).

1869. Elle peut n'être ni volontaire, ni intentionnelle, mais sa gravité est telle que les juristes romains l'assimilaient au dol. Le législateur a parfois retenu cette assimilation ; dans d'autres cas, il ne retient que la faute intentionnelle ou même la faute inexcusable.

Cela présente un grand intérêt en matière d'assurances, où seule l'assurance de la faute intentionnelle est prohibée car elle supprime l'aléa (L. du 13 juill. 1930, depuis le Décr. du 16 juill. 1976, art. 12, al. 2, devenu C. assur., art. L. 113-1) et en matière de clauses de limitations de responsabilité, car ces clauses sont inapplicables en cas de fautes intentionnelle ou lourde. La Cour de cassation, en chambre mixte, vient de définir la faute lourde susceptible de tenir en échec une limitation de responsabilité comme « une négligence d'une extrême gravité confinant au dol et dénotant l'inaptitude du débiteur à l'accomplissement de sa mission contractuelle »[2]. Mais il s'agit ici de responsabilité contractuelle.

L'assimilation de la faute lourde au dol, et donc à la faute intentionnelle, est assez critiquée. On préférerait qu'il n'y ait, là, qu'une présomption d'assimilation, susceptible de tomber devant la preuve contraire.

Notons que la Cour de cassation, à propos de l'affaire *Villemin*, a donné une définition de la faute lourde dans le cadre de la *responsabilité de l'État* du fait du fonctionnement défectueux de la Justice. L'article 781-1 du Code de l'organisation judiciaire dispose que « l'État est tenu de réparer le dommage causé par le fonctionnement défectueux du Service de la justice. Cette responsabilité n'est engagée que par une faute lourde ou un déni de justice » et, selon la Cour suprême :

► « ***Constitue une faute lourde*** toute déficience caractérisée par un fait ou une série de faits traduisant l'inaptitude du service public de la justice à remplir la mission dont il est investi »[3].

C'est une nouvelle définition, à la fois objective et fonctionnelle. Elle permet de prendre en compte le comportement d'ensemble d'un service et la somme des négligences commises « tout en respectant les spécificités du service de la justice »[4]. De son côté, le Conseil d'État s'est rapproché de cette conception objective de la faute qualifiée[5].

---

1. Civ. 2e, 23 janv. 2003, *Jurispr. Auto* 2003. 219.
2. Cass., ch. mixte, 22 avr. 2005, deux arrêts, dans la célèbre affaire *Chronopost* : *JCP* 2005. II. 10066, note G. Loiseau ; *JCP* 2005. I. 149, obs. G. Viney.
3. Cass., ass. plén., 23 févr. 2001, *JCP* 2001. I. 340, obs. G. Viney.
4. G. Canivet, « La responsabilité des juges en France », *Commentaires* 2003. 642.
5. CE 6 oct. 2000, *Ministre de l'Intérieur c/ Commune de Saint-Florent*, *RFDA* 2002. 136 ; *AJDA* 2001. 201, note M. Cliquennois.

d) La faute caractérisée

1870. L'article 1er de la loi no 2002-303 du 4 mars 2002 « relative aux droits des malades et à la qualité du système de santé » dispose que : « Nul ne peut se prévaloir d'un préjudice du seul fait de sa naissance ». Cette affirmation, était destinée à mettre fin à la jurisprudence *Perruche* (v. ss 1637 s., 1644, 1681, 1702 et v. ss 2603, Documents, « Le point sur... La responsabilité médicale »). L'alinéa second du même article admet cependant la réparation du préjudice moral des parents s'il est « dû à une faute médicale » et l'alinéa trois précise qu'il doit s'agir d'un « handicap non décelé pendant la grossesse à la suite d'une *faute caractérisée* ».

Mais, qu'est donc une faute caractérisée ? Elle n'a pas été définie par le législateur et la jurisprudence a dû élaborer cette définition.

1871. La notion est également apparue en droit pénal, au titre de la définition de la faute pénale non intentionnelle par la loi du 10 juillet 2000 [1] et la définition du juge pénal a donc précédé celle du juge civil qui a adopté la même conception.

La loi du 10 juillet 2000 a introduit, dans l'article 121-3 du nouveau Code pénal, cette notion de « faute caractérisée » et, pour la qualifier, le juge pénal a précisé que cette faute repose sur deux critères : *critère d'intensité* et *critère d'évidence*. Ces critères semblent parfaitement transposables à la faute médicale de l'article 1er de la loi du 4 mars 2002.

La faute caractérisée serait donc une faute si grave qu'elle justifie la mise en cause des médecins, par exception à la protection que leur donne l'alinéa 1er de l'article 1er. Au cours des débats parlementaires il avait, d'ailleurs, été question de tenir compte d'une « faute lourde » avant qu'elle ne soit qualifiée de « faute caractérisée ». Il s'agirait, également, d'une faute particulièrement évidente. Selon un auteur, « le comportement fautif devient caractérisé lorsqu'il traduit une violation des devoirs les plus élémentaires de tout professionnel de santé » [2]. Il s'agit cependant ici d'une obligation contractuelle.

Ces deux critères d'intensité et d'évidence ont été utilisés pour la première fois par les juges du fond pour qualifier la faute caractérisée en matière civile dans une décision de 2003 [3].

Toutefois, le Conseil constitutionnel, qui a admis la constitutionnalité du dispositif inscrit dans l'article 1er de la loi dans une décision du 11 juin 2010, a aussi donné, à cette occasion, une indication importante sur cette notion de faute caractérisée. Elle contredit l'idée d'une faute très grave ou lourde. Le Conseil a précisé, en effet, que la faute caractérisée serait seulement la *faute prouvée* et que cette exigence excluait la faute simplement présumée (v. ss 1637, pour l'analyse et les références de cette décision).

Pour autant, la Cour de cassation a ensuite confirmé ces critères d'intensité et d'évidence dans la première décision où elle a rendu effectif le dispositif prévu par la loi de 2002 [4] et sa position rejoint celle adoptée par le Conseil d'État sur cette même notion de faute caractérisée [5].

---

1. P. Mistretta, « La responsabilité pénale médicale à l'aune de la loi du 10 juillet 2000 : évolution ou révolution ? », *JCP* 2002. I. 149.
2. P. Mistretta, « L'indemnisation des parents d'un enfant né handicapé après la loi du 4 mars 2002 », *JCP* 2003. II. 10107, préc.
3. CAA Lyon, 11 févr. 2003, req. no 00 LY 00919.
4. Civ. 1re, 14 nov. 2013, *RCA* 2014, comm. 64.
5. CE 14 avr. 2010, *RFDA* 2011. 772, concl. J.-P. Thiellay ; *RJDA* 2011. 806, note M. Verpeaux.

Enfin, on notera que cette notion de faute caractérisée se retrouve aussi en matière sportive (v. ss 1880).

2. Les fautes les moins graves : la faute d'imprudence ou de négligence

► ***La faute non intentionnelle*** est essentiellement, en matière de responsabilité délictuelle, le quasi-délit, défini par l'article 1383 : « chacun est responsable du dommage qu'il a causé… par sa négligence ou son imprudence » (en matière contractuelle, c'est la faute non dolosive).

1872. Il n'y a plus du tout, ici, d'intention malveillante, il y a tout au plus un mauvais choix : le tireur maladroit aurait dû mieux ajuster son tir, ou même éviter d'aller à la chasse ! Il pouvait éviter le dommage, il est donc normal qu'il en soit responsable.

a) Appréciation in abstracto

1873. Un problème se pose dans l'appréciation de cette faute : faut-il l'apprécier *in concreto*, par rapport aux capacités de la personne elle-même, ou *in abstracto*, par rapport à un standard qui a été longtemps le modèle abstrait, du *bon père de famille*[1] ? Ce modèle de comportement, prévu par de l'article 1137 à propos de l'obligation de donner qui comporte l'obligation de conserver la chose en y apportant « tous les soins d'un bon père de famille », renvoie au modèle d'une personne raisonnable, normalement prudente et consciencieuse. Le comportement de l'auteur sera comparé et apprécié, par rapport à celui qu'aurait eu, placé dans les mêmes circonstances, la personne raisonnable.

La doctrine et la jurisprudence sont d'accord pour admettre qu'une telle faute doit s'apprécier *in abstracto*. En effet, ce n'est pas parce que l'automobiliste qui roule à une vitesse exagérée estime qu'il conduit bien et prudemment que sa victime ne devra pas être indemnisée, dès lors qu'un autre conducteur, normalement prudent, aurait pu éviter l'accident. Il faut quand même tenir compte de certains éléments concrets : *les circonstances externes* ; pour qu'une comparaison soit possible, il faut imaginer que ce modèle abstrait, cette personne raisonnable se trouve placée dans le même cas que la personne dont on cherche à apprécier la conduite. En revanche, on ne pousse pas plus loin l'assimilation et on ne tient, généralement, pas compte des *circonstances internes :* âge, sexe, caractère, intelligence, émotivité, sens moral… propres à l'auteur du dommage, car cela reviendrait à une appréciation *in concreto*.

b) Degrés de gravité de la faute non intentionnelle

1874. La faute non intentionnelle peut, également, s'apprécier selon sa gravité : faute grave, faute légère, faute très légère. Ici, il faut savoir quel était le contenu de l'obligation de l'auteur du dommage pour déterminer, à partir de quelle gravité la faute va engager sa responsabilité.

---

1. Ce terme de « bon père de famille » qui figure dans le Code civil à de multiples reprises et notamment à l'article 1137, devrait bientôt disparaître avec l'adoption de la loi pour l'égalité entre les femmes et les hommes en cours de débat au Parlement, depuis 2014 ; il doit être remplacé, par les termes de personne raisonnable ou de raisonnablement, ou raisonnable, selon les dispositions du code concernées. V. J. Huet, « Adieu bon père de famille », *D.* 2014. 505.

1875. L'article 1383 pose le principe d'une obligation de prudence et de diligence, sans en préciser le contenu. Traditionnellement, on admet que même la *faute très légère* engage la responsabilité, mais, en pratique, le juge fait jouer son pouvoir d'appréciation.

1876. On notera qu'en matière contractuelle, notre ancien droit avait élaboré la théorie des trois fautes (v. ss 2189). Cette théorie n'a pas été reprise par le Code civil, qui se réfère dans l'article 1137 au critère du « bon père de famille », lequel va sans doute disparaître avec l'adoption en 2014 de la loi pour l'égalité entre les femmes et les hommes : le bon père de famille est remplacé par le terme de raisonnable (personne raisonnable, soins raisonnables, etc.). Toujours est-il qu'en matière contractuelle, une faute même légère peut engager la responsabilité du contractant, sauf si un texte ou une disposition du contrat ont limité son obligation de prudence et de diligence.

c) La notion de maladresse

1877. Il faut aussi tenir compte de la notion de *maladresse*. S'agit-il ou non d'une faute au sens des articles 1382 et 1383 ? André Tunc avait affirmé que « la maladresse pose en droit français un problème insoluble »[1] et préconisé que la simple maladresse devrait relever, non pas du droit de la responsabilité civile pour faute, mais d'un droit des accidents fondé sur le risque avec réparation par l'assurance du préjudice causé. Son avis n'a pas été suivi et la simple maladresse peut constituer une faute civile.

1878. Dans certains cas, cette maladresse s'analyse en une véritable « faute virtuelle », notion introduite par Josserand. Il s'agit de cas où il suffit de constater un dommage pour en conclure que celui qui l'a causé a commis une maladresse fautive. C'est un expédient qui permet de régler à bon compte une situation où manifestement on ne saurait sinon trouver de responsable et partant, où l'on ne pourrait pas indemniser la victime ! Cette théorie de la faute virtuelle est assez peu utilisée par la jurisprudence et vivement critiquée par la doctrine. On peut relever cependant un arrêt où la deuxième chambre civile de la Cour de cassation admet, en l'absence de toute preuve d'une imprudence ou d'une négligence, que « le fait de provoquer la chute d'un autre grimpeur constitue une faute »[2], ce qui a fait dire à un auteur que la « théorie de la faute virtuelle répare un dommage non indemnisable causé par un fait non fautif »[3]. La Cour de cassation crée, en quelque sorte, une présomption de faute, tout en continuant à se référer à l'article 1382 qui consacre la notion de faute prouvée et cette présomption de l'homme se rapproche d'une présomption légale irréfragable car elle ne laisse au fautif virtuel aucun moyen de s'exonérer de cette responsabilité. En réalité, il ne s'agit pas d'une vraie responsabilité pour faute : on glisse vers une forme de responsabilité objective essentiellement destinée à assurer l'indemnisation des victimes. Notons, d'ailleurs, que revenant sur la jurisprudence précitée, la Cour de cassation a ensuite considéré que l'alpiniste qui déclenche une chute de pierres en prenant appui ne commet pas de faute et n'a pas non plus la qualité de gardien[4].

---

1. A. Tunc, « Énigmatique maladresse », *in Jalons S.L.C.* 1991. 177 et 179 ; « L'enfant et la balle », *ibid.*, p. 169 ; v. également n° 1126.
2. Civ. 2e, 18 mai 2000, *Dr. et patr.* n° 89, janv. 2001, p. 85, obs. F. Chabas ; *Gaz. Pal.* 2001. Somm. 610, note F. Chabas ; *Gaz. Pal.* 21-23 avr. 2002, note A. Bolze (préc.).
3. V. note Bolze sous Civ. 2e, 18 mai 2000, préc.
4. Civ. 2e, 24 avr. 2003 (deux espèces), *JCP* 2004. II. 10049, note E. Gavin-Millan-Oosterlynck ; v. également n° 1277.

C. Les applications particulières de la notion de faute

1879. Il s'agit essentiellement d'étudier ici deux applications particulières de la notion de faute, où l'on s'écarte de la conception habituelle. Dans le premier cas, celui de la faute en matière sportive, il s'agit d'admettre la responsabilité de façon plus restrictive qu'habituellement. Dans le second cas, celui de la faute collective, il s'agit au contraire d'admettre la responsabilité, alors que normalement, le caractère individuel de la faute devrait s'y opposer.

1. La faute en matière sportive : le jeu de l'acceptation des risques

1880. En matière sportive et concernant certaines activités de loisir, la faute est moins facilement admise que dans les autres secteurs d'activité. En effet, on considère que dans ces domaines, il y a une sorte de permission légale à accomplir des actes qui, dans la vie courante, seraient constitutifs de faute. Ainsi, en est-il dans les sports de combat mais aussi dans certains jeux collectifs de ballon, comme le rugby ou le football. On ne peut, en effet, tenir compte de tous les manquements peu graves aux règlements, dus au feu de l'action.

Ainsi, en matière sportive, on surélève le niveau de la faute, par rapport au standard de la personne raisonnable (l'ancien « bon père de famille », v. ss 1876), en faisant intervenir une notion spécifique : la notion *d'acceptation des risques* par la victime. Le risque accepté est celui d'un dommage causé par un acte découlant de la pratique normale et régulière d'un sport. Par exemple, une balle de tennis reçue dans l'œil en raison d'un service envoyé au mauvais partenaire ou un ballon mal lancé. C'est ainsi que l'on ne retient pas une simple maladresse ; mais on ne retient pas non plus une simple faute d'imprudence ou de négligence du sportif auteur du dommage. Il faut, selon la Cour de cassation, qu'il y ait un « manquement caractérisé aux règles du jeu ». On retrouve donc ici cette notion de faute caractérisée (v. ss 1870) qui est ici une condition de la responsabilité[1].

L'acceptation des risques ne joue cependant qu'entre participants à la même activité. Si c'est un spectateur qui est blessé, elle est mise à l'écart, en principe, et on reviendra à l'appréciation classique de la faute, simple imprudence ou négligence.

Enfin, on peut noter une tendance de la Cour de cassation à réduire le rôle de l'acceptation des risques en la cantonnant aux compétitions sportives et en l'écartant en cas d'activités pédagogiques, impliquant des enfants[2]. Jusqu'à une décision du 4 novembre 2010, opérant revirement, la jurisprudence faisait également jouer l'acceptation des risques en matière sportive pour écarter purement et simplement le jeu de la responsabilité objective du fait des choses de l'article 1384, alinéa 1er, du Code civil. Cette cause d'exonération spécifique de la responsabilité du gardien est désormais abandonnée (v. ss 1986 et les références de la décision).

2. La faute collective

1881. Le recours à la faute collective intervient dans des cas bien particuliers où le dommage se produit alors que deux ou plusieurs personnes exercent en groupe une activité déterminée. Tous les membres du groupe sont déterminés et il est certain que le dommage

---

1. Civ. 2e, 16 nov. 2001, *D.* 2001. IR 307
2. Civ. 2e, 4 juill. 2002, *D.* 2003. 461, no 7.

a été causé par un ou plusieurs membres du groupe, mais il est impossible de savoir précisément lequel. Il s'agit notamment du cas des accidents de chasse, de violences commises en groupe ou encore de dommage subis au cours de jeux collectifs. Puisque la jurisprudence exige que le rapport entre le fait générateur et le dommage soit certain, la solution la plus logique consisterait à considérer que personne n'est responsable. Mais cette solution a toujours paru choquante. Aussi la jurisprudence s'efforce de l'éviter et de mettre la réparation à la charge de tous les membres du groupe en retenant l'existence d'une faute collective. Au lieu de considérer que la faute en relation de cause à effet avec le dommage est un tir maladroit ou imprudent, en matière d'accident de chasse (puisqu'on ne sait qui est l'auteur du tir), elle considère que la faute consiste dans une mauvaise organisation collective du plan de chasse, ou dans des imprudences commises dans le cadre d'une action commune comportant des actes connexes et inséparables[1]. De façon encore plus artificielle, elle se place parfois sur le fondement de l'article 1384, alinéa 1er, et de la responsabilité du fait des choses pour retenir une garde collective.

On s'est demandé si ces solutions n'allaient pas être remises en question en 1966, lorsqu'a été créé un fonds de garantie destiné à prendre en charge la réparation des dommages dont l'auteur est resté inconnu. Mais la jurisprudence a continué à recourir à la notion de *faute* collective, montrant ainsi que la solution n'était pas seulement influencée par le souci de protection des victimes mais aussi par la notion toujours vivace de sanction. Il est anormal de ne pas sanctionner des fautes évidentes à l'origine d'un dommage.

Toutefois, la responsabilité solidaire des membres du groupe n'est qu'une solution subsidiaire. Si l'auteur véritable du dommage peut être identifié, elle s'efface[2]. De même si certains membres du groupe peuvent démontrer qu'ils ne sont pas les auteurs du dommage, ils ne sont pas reconnus responsables[3].

On rappellera que **l'avant-projet Catala** a proposé d'introduire directement pour résoudre la difficulté dans ce cas de figure, la notion de responsabilité collective, sans avoir besoin de passer par l'artifice de la faute collective. Mais **le rapport d'information du Sénat** n'a pas retenu cette proposition dans ses recommandations (v. ss 1572) et **la proposition de loi Béteille** non plus. Elle avait recueilli, de façon générale, un certain nombre de critiques, de la part de la doctrine mais aussi de la Cour de cassation.

D. Preuve de la faute

1882. Il ne suffit pas qu'il y ait eu faute, encore faut-il la prouver et il s'agit donc de savoir à qui incombe la charge de la preuve.

La responsabilité du fait personnel reposant sur les articles 1382 et 1383 a pour fondement, nous l'avons vu, la faute ; mais cette faute doit normalement être *prouvée* par la victime du dommage.

On a voulu, ici encore, faire une distinction entre la responsabilité délictuelle, où la victime aurait la charge de la preuve, et la responsabilité contractuelle, où elle en serait dispensée du seul fait de l'inexécution, l'auteur du dommage ayant au contraire à faire la preuve d'une cause exonératoire. En réalité, nous l'avons vu (v. déjà ss 1276 s.), c'est plutôt la nature de l'obligation qui peut renverser la charge de la preuve. La victime a

1. Civ. 2e, 19 mai 1976, *Foucher*, *D*. 1976. 629, note Mayer.
2. Civ. 2e, 10 janv. 1973, *Bull. civ.* II, no 15 ; *RTD civ.* 1973. 779, obs. G. Durry.
3. Civ. 2e, 19 mai 1976 (deux arrêts), *Bull. civ.* II, no 166 ; *D*. 1976. 629, note Mayer.

toujours à faire la preuve de l'inexécution d'une obligation (légale ou contractuelle), mais s'il s'agit d'une obligation de moyens, prudence ou diligence, elle doit faire, en plus, la preuve d'une négligence, alors que s'il s'agit d'une obligation de résultat, la preuve de l'inexécution suffit.

1883. Cependant, ici, le principe de l'identité des fautes délictuelle et contractuelle confirmé par l'assemblée plénière vient apporter une perturbation au régime de la charge de la preuve. Ce principe de l'identité des fautes (v. ss 1841, et surtout, v. ss 2352 s.) permet en effet à la victime qui agit sur le fondement de la responsabilité pour faute de l'article 1382, de se prévaloir d'un manquement contractuel, « sans avoir à rapporter d'autre preuve ».

Lorsque l'obligation contractuelle inexécutée est une obligation de résultat, la victime, même si la responsabilité est fondée sur les articles 1382 et 1383 du Code civil, se trouve donc dispensée de prouver le mauvais comportement du débiteur ; en somme, elle n'a plus à faire la preuve de la faute.

II. Les exceptions : les cas de responsabilité du fait personnel sans faute subjective

1884. La responsabilité du fait personnel reposait traditionnellement, nous l'avons vu, sur la faute subjective, marquée par la conscience qu'à l'auteur et la possibilité qui est la sienne d'apprécier le caractère fautif de son comportement.

1885. Toutefois, une évolution considérable a eu lieu dans la conception de la responsabilité en général et de la responsabilité pour faute en particulier. Alors que la fonction sanctionnatrice reculait au profit de la fonction réparatrice, et que la responsabilité s'élargissait, la jurisprudence est finalement passée à une conception objective de la faute, permettant d'agrandir le cercle des personnes responsables. Depuis les arrêts de l'assemblée plénière du 9 mai 1984 on a assisté à l'avènement de la faute « objective ». Qu'il s'agisse de la faute de l'auteur ou de la faute de la victime, elle ne nécessite plus, aujourd'hui, pour engager sa responsabilité, le discernement de son auteur.

On peut par ailleurs déceler quelques cas où cette responsabilité pourra être mise en œuvre sans que l'on ait à prouver de faute subjective à la charge de l'auteur du fait dommageable, c'est le cas, notamment, pour la responsabilité civile des personnes morales et en matière de troubles de voisinage.

A. La responsabilité civile des personnes privées de discernement : la faute « objective »

1886. La responsabilité civile fondée sur l'idée de faute, implique, nous l'avons vu, un élément volontaire, tout au moins dans la conception subjective de la faute, c'est pourquoi, il a toujours semblé difficile de rendre responsable de ses actes, un être privé de discernement, tel qu'un *infans* (enfant en bas âge), un dément ou même un alcoolique au cours d'une crise d'éthylisme.

1887. Mais, par ailleurs, il est injuste que la victime soit indemnisée si l'acte dommageable est dû à un être conscient et qu'elle ne le soit pas lorsque cet acte est le fait d'un être dénué de discernement.

C'est pour cette raison que la doctrine et la jurisprudence avaient tenté de « tourner » la difficulté, avant que le législateur lui-même n'intervienne en 1968 et que la jurisprudence n'abandonne, pour finir, en 1984, la condition du discernement, c'est-à-dire l'exigence d'imputabilité de la faute.

1. Les procédés de contournement avant l'abandon de l'exigence d'imputabilité

a) Procédés utilisés avant la loi du 3 janvier 1968

1° Position de la doctrine

1888. Les auteurs se trouvaient avant 1968 divisés entre deux tendances.

• ***Les uns, fidèles à la notion de faute subjective*** et s'appuyant sur le principe pénal de non-imputabilité en cas de démence (C. pén., art. 64), se refusaient à admettre la responsabilité civile des êtres privés de discernement.

• ***Les autres, frappés de l'iniquité du résultat ainsi atteint, invoquaient une faute objective***, c'est-à-dire la violation d'une règle de conduite, définie abstraitement. Ce courant a été illustré surtout par les professeurs H. et L. Mazeaud, A. Tunc, G. Marty et P. Raynaud et M. Dejean de La Batie (qui a consacré sa thèse en 1965 à « l'appréciation *in abstracto* et l'appréciation *in concreto* en droit civil français »).

2° Palliatifs jurisprudentiels

1889. De son côté, la jurisprudence, consciente du problème, tout en affirmant le principe que l'absence de discernement est, aussi bien pour l'*infans* que pour le dément, une cause de non-imputabilité – principe posé d'ailleurs par l'ex-article 64 du Code pénal (devenu, avec une rédaction un peu différente, l'article 122-1 du nouveau Code pénal), selon lequel « n'est pas pénalement responsable la personne qui était atteinte au moment des faits d'un trouble psychique ou neuropsychique ayant aboli son discernement ou le contrôle de ses actes » – avait imaginé un certain nombre de palliatifs pour obtenir une réparation.

1890. Les tribunaux donnaient, tout d'abord, une définition tellement stricte de l'absence de discernement qu'assez peu de personnes pouvaient s'en prévaloir.

1891. Puis, ils élargirent fortement la notion de responsabilité des proches de l'enfant ou du dément en invoquant à leur charge une faute de surveillance. Ils invoquaient aussi la faute personnelle de l'alcoolique ou du drogué responsable pour la faute antérieure commise en s'adonnant à la boisson ou à la drogue[1]. De même, la Cour de cassation avait-elle décidé qu'un trouble mental n'empêchait pas d'invoquer la responsabilité du gardien d'une chose (ou d'un animal) de l'article 1384, alinéa 1er (arrêt *Trichard*)[2]. Enfin, certains arrêts invoquaient l'acte « objectivement illicite » assimilé à une faute, d'*infans* ou d'enfants inconscients.

---

1. Civ. 2e, 15 déc. 1965, *D.* 1966. 397, et obs. Rodière, *RTD civ.* 1966. 533.
2. Civ. 2e, 18 déc. 1964, *D.* 1965. 191, concl. Schmelck, note P. Esmein ; *JCP* 1965. II. 14304, note Dejean de La Bâtie.

b) La réforme opérée par la loi du 3 janvier 1968 : l'article 489-2

1892. Devant cette attitude de la majorité de la doctrine et de la jurisprudence, le législateur profita de la promulgation de la loi du 3 janvier 1968 sur les incapables majeurs pour consacrer cette solution dans un nouvel article 489-2, selon lequel « celui qui cause un dommage à autrui alors qu'il était sous l'empire d'un trouble mental, n'en est pas moins obligé à réparation ». Ce texte crée certainement de nouveaux cas de responsabilités sans faute que l'on peut justifier par le recours à la théorie du risque ou, surtout, à la théorie de la garantie qui semble mieux adaptée, ici, puisque l'article 489-2 prend, sans contestation possible, en considération l'intérêt de la victime qui ne doit pas être pénalisée du fait que le dommage a été causé par un dément. Il a ainsi été jugé que « l'article 489-2 du Code civil n'institue pas un type particulier de responsabilité et s'intègre dans le droit commun de la responsabilité civile » et qu'un acte commis sous l'empire d'un trouble mental peut justifier, non seulement la responsabilité de l'aliéné lui-même, mais aussi celle de la personne qui en a la garde au sens de l'article 1384, alinéa 1er (v. chapitre suivant), l'un et l'autre étant déclarés responsables *in solidum* vis-à-vis de la victime[1].

1893. Ce texte n'a pas surpris mais il a donné lieu à des controverses doctrinales et à des hésitations jurisprudentielles.

1° Controverses doctrinales

1894. Dès la parution de ce texte, deux courants opposés se manifestèrent au sein de la doctrine. Pour les uns, il fallait l'interpréter restrictivement. Les auteurs partisans de cette interprétation voyaient dans l'article 489-2 un texte dérogatoire, applicable uniquement au cas où il y a « trouble mental » mais non au cas de *l'infans* (le très jeune enfant, v. ss 1862) ou aux victimes d'un malaise physique (dans ce sens MM. B. Starck, G. Durry, J. Massip et J. Carbonnier).

Pour eux, c'est le « trouble mental », et non la faute, qui constitue le fondement de la responsabilité car il ne peut y avoir faute là où il n'y a pas conscience.

1895. En se fondant sur l'évolution doctrinale et jurisprudentielle antérieure à 1968, d'autres auteurs considéraient que le texte devait être interprété extensivement (Ph. le Tourneau, G. Viney, A. Tunc). Ces auteurs estimaient que le législateur avait entendu faire valoir une conception « objective » de la faute civile. Cette interprétation large conduisait à étendre le principe de la responsabilité aux différents cas d'absence de discernement : celui de l'*infans* mais aussi celui de la personne causant un dommage à la suite d'un malaise physique.

2° Hésitations jurisprudentielles

1896. Devant cette division de la doctrine, on a pensé qu'il appartiendrait à la jurisprudence de trancher, mais on a constaté, là aussi, des divergences *selon* qu'il y avait trouble mental proprement dit, immaturité ou défaillance physique.

Dans le cas d'un trouble mental

1897. Dans un arrêt du 20 juillet 1976[2], la première chambre civile a approuvé une cour d'appel d'avoir retenu que l'obligation à réparation prévue par l'article 489-2 du

---

1. Orléans, 24 juin 1996, *JurisData* n° 044670 ; *JCP* 1997. I. 4070, obs. G. Viney.
2. *JCP* 1978. II. 18793, note Dejean de la Bâtie, et obs. G. Durry à la *RTD civ.* 1976. 783.

Code civil concerne tous ceux – *majeurs ou mineurs* – qui sous l'empire d'un trouble mental ont causé un dommage à autrui. Il s'agissait d'un meurtre commis par un mineur de 17 ans en état de démence. Relaxé pénalement, il était poursuivi civilement sur le fondement de l'article 489-2, qu'il prétendait lui être inapplicable en raison de sa minorité. Dans un autre arrêt du 4 mai 1977 [1], la deuxième chambre civile à son tour, relevait que l'article 489-2 ne prévoit aucune responsabilité particulière et s'applique à toutes les responsabilités prévues aux articles 1382 et suivants du Code civil.

1898. Par ces arrêts, la Cour de cassation semblait donc bien considérer que l'article 489-2 ne crée pas un mécanisme autonome de responsabilité et se rallier à l'interprétation extensive du texte.

Dans le cas d'une défaillance physique

1899. Il s'agit ici de personnes qui causent un dommage au cours d'une perte temporaire de conscience due à un malaise physique. Peut-on assimiler leur cas à un trouble mental et leur appliquer l'article 489-2 ?

S'il s'agit d'intoxiqués, alcooliques ou drogués, il semble que comme avant 1968, leur responsabilité peut de toute façon être mise en jeu du fait de leur faute dans la constitution de cet état (v. ss 1891).

En ce qui concerne la sénilité ou les troubles épileptiques, l'assimilation avec le trouble mental, semble encore possible.

1900. En revanche, lorsqu'il s'agit d'une perte de conscience due à un malaise physique, par exemple, si une personne victime d'une crise cardiaque tombe en entraînant un passant qui est blessé, l'assimilation ne semble plus possible. Dans ce cas, la Cour de cassation a écarté l'application de l'article 489-2 au motif que « pour être obligé à réparation en vertu de l'article 489-2 du Code civil, il est nécessaire que celui qui a causé un dommage à autrui ait été sous l'empire d'un trouble mental » et que « tel n'est pas le cas de la victime d'un malaise cardiaque qui, en perdant connaissance, a entraîné un tiers dans sa chute lui occasionnant des blessures » [2]. L'interprétation restrictive est ici évidente.

Dans le cas de l'infans

1901. Pour les *infans*, la jurisprudence ne semblait pas avoir modifié sa position ni même tenté d'assimilation avec le cas de l'aliéné.

1902. En effet, par un arrêt du 6 juillet 1978 [3], la deuxième chambre civile avait réaffirmé que le mineur ayant dépassé « l'âge de raison » répond de son fait personnel s'il a la *faculté de discerner* les conséquences des actes fautifs qu'il commet « mais, qu'en revanche, l'*infans* » dont le discernement n'est pas démontré ne peut répondre de ses actes sur le fondement de l'article 1382 [4], ceci à propos d'un enfant ayant mis le feu à une meule de foin et causé l'incendie d'une ferme.

---

1. *D.* 1978. 393, note R. Legeais, *RTD civ.* 1977. 772, obs. G. Durry.
2. Civ. 2e, 4 févr. 1981 ; *JCP* 1981. II. 19656, note Dejean de La Bâtie. *D.* 1983. 1, note Gaudrat, *RTD civ.* 1982. 148, obs. G. Durry ; l'arrêt cassé est Grenoble, 4 déc. 1978 ; *JCP* 1980. II. 19340, note Dejean de La Bâtie ; *D.* 1979. 474, note E. Poisson-Drocourt.
3. *D.* 1979. IR 64.
4. Civ. 2e, 7 déc. 1977, *JCP* 1980. II. 19390, note Wibault.

2. Les arrêts de l'assemblée plénière du 9 mai 2004 et la disparition de l'exigence d'imputabilité

1903. Par cinq arrêts importants, rendus en assemblée plénière le 9 mai 1984[1], la Cour de cassation allait abandonner complètement l'exigence d'imputabilité de la faute en écartant la condition du discernement. Rendues à propos d'enfants auteurs ou victimes, les décisions concernent non seulement la responsabilité pour faute, mais aussi, par ricochet, la responsabilité du fait des choses et la responsabilité des parents du fait des enfants.

a) L'abandon de la condition du discernement pour retenir la responsabilité pour faute d'un enfant

1904. À la lecture de ces arrêts (dont trois concernent des enfants auteurs de dommages et deux concernent des enfants victimes de dommages), il est apparu que la Cour de cassation avait abandonné « l'idée que l'inconscience de l'agent ou son absence de maturité constitue un obstacle à la reconnaissance d'une faute ou d'un fait générateur de responsabilité ou diminuant son droit à réparation »[2]. Le discernement n'est plus une condition de la responsabilité pour faute de l'enfant qu'il soit auteur du dommage ou victime du dommage.

1° La faute objective de l'enfant auteur d'un dommage

***L'arrêt* Djouab**

1905. Fondé sur l'article 1382, il reconnaît la responsabilité personnelle d'un enfant de 9 ans dans l'incendie d'un camion et de biens immobiliers sans répondre à la question de son discernement. L'indifférence du discernement pour admettre la responsabilité de l'enfant auteur du dommage est donc affirmée.

2° La faute objective de l'enfant victime du dommage

***Les arrêts* Lemaire *et* Derguini**

1906. Ils concernent des enfants *victimes* d'accident et, là encore, la Cour de cassation déclare nettement qu'il n'y a pas lieu de « vérifier si le mineur était capable de discerner les conséquences » de ses actes. Il est donc possible de retenir une faute de l'enfant victime en relation de causalité avec son dommage et susceptible de constituer pour le responsable, une cause d'exonération. Un partage de responsabilité est donc opéré, qui aboutit à priver l'enfant (ou ses ayants droit s'il est décédé) d'une partie de l'indemnisation. Dans les deux affaires les enfants étaient décédés. Le premier avait mis ses doigts dans une prise électrique qui avait été mal réparée et le second, une petite fille, avait traversé la chaussée en courant et avait été renversée par un véhicule automobile. La loi de 1985 n'avait pas encore été adoptée, et l'action en responsabilité contre le conducteur était fondée sur le droit commun de la responsabilité.

---

1. *D.* 1984. 525, concl. X. Cabannes, note F. Chabas ; deux de ces arrêts ont été commentés par M. Dejean de La Bâtie au *JCP* 1984. II. 20255 ; deux autres par P. Jourdain au *JCP* 1984. II. 20256 ; le 5e est publié avec le rapport du Conseiller Fédou au *JCP* 1984. II. 20291 ; v. aussi les chroniques de G. Viney au *JCP* 1984. I. 3155, et 1985. I. 3189, et obs. J. Huet à la *RTD civ.* 1984. 508.
2. J. Huet, obs. préc.

b) Les conséquences sur la responsabilité de l'enfant gardien et de ses parents

1° Concernant la responsabilité de l'enfant gardien : l'arrêt *Gabillet*

1907. Il affirme d'une façon très nette la responsabilité d'un enfant de 3 ans, en tant que *gardien* d'un bâton avec lequel il avait blessé un camarade en tombant d'une balançoire (art. 1384, al. 1er) et il ajoute que les juges du fond n'avaient pas, « malgré le très jeune âge de ce mineur, à rechercher si celui-ci avait un discernement ».

2° Concernant la responsabilité des parents du fait de leur enfant : l'arrêt *Fullenwarth*

1908. Rendu en matière de responsabilité du fait d'autrui, il déclare que « pour que soit présumée sur le fondement de l'article 1384, alinéa 4, du Code civil, la responsabilité des père et mère d'un mineur habitant avec eux, il suffit que celui-ci ait commis un acte qui soit la cause directe du dommage ». C'est ce dernier arrêt qui a le plus intrigué la doctrine, qui l'a interprété de diverses manières, mais il ne faut pas oublier qu'ici les parents, responsables du mineur, pouvaient faire tomber cette responsabilité en prouvant que, pour leur part, ils n'avaient pas commis de faute. Toutefois, l'évolution actuelle de la jurisprudence en ce qui concerne la responsabilité des père et mère, ne leur permet plus de s'exonérer que par la preuve d'un cas de force majeure (v. ss 2063 s.).

1909. Cette responsabilité directe et autonome des parents, détachée de celle de l'enfant sera confirmée plus tard, notamment par l'arrêt *Levert* du 10 mai 2001 (v. ss 2055 s.). On relèvera qu'elle est remise en cause par l'*avant-projet Catala* qui subordonne la responsabilité des parents à l'existence d'un fait générateur de la responsabilité de l'enfant (faute ou fait de la chose dont l'enfant a la garde).

3. La portée des arrêts de l'assemblée plénière et son avenir

1910. Les arrêts rendus par l'assemblée plénière ont constitué un véritable revirement : la Cour de cassation a rejeté l'exigence de l'imputabilité et procédé à l'unification des responsabilités des enfants et des déments.

1911. Cette conception objective de la faute a suscité l'opposition d'une grande partie de la doctrine. Denis Mazeaud, reprenant l'idée défendue par Ripert selon laquelle il n'y a de vraie responsabilité que fondée sur la faute subjective a ainsi souligné que « faute sans conscience est ruine de la responsabilité » et « ruine de l'équité » [1], et il a stigmatisé le « massacre jurisprudentiel des innocents ».

On a fait aussi valoir que la responsabilité personnelle de l'*infans* n'avait que peu d'intérêt pour la victime, non seulement parce que, dans la plupart des cas, il est insolvable, mais aussi parce que la responsabilité des parents peut être mise en jeu très facilement. Il suffit d'un fait causal de l'enfant. La solution est également injuste pour l'enfant victime d'un dommage, auquel on pourra fréquemment reprocher une faute objective pour aboutir à un partage de responsabilité. Le droit à réparation de la victime est mis en cause.

---

1. D. Mazeaud, note sous Civ. 2e, 28 févr. 1996, *D.* 1997. somm. comm.

1912. Depuis ces arrêts, et malgré les critiques doctrinales, la jurisprudence n'a pas remis en cause la disparition de la condition d'imputabilité. Malgré certaines réticences des juges du fond, cette conception objective de la faute a été appliquée assez strictement par la deuxième chambre civile de la Cour de cassation qui a ainsi estimé, après les arrêts de 1984 que « la faute d'un mineur peut être retenue à son encontre même s'il n'est pas capable de discerner les conséquences de son acte », à propos d'une fillette de 8 ans qui se relève brusquement de la table sous laquelle elle jouait et heurte en courant un autre enfant qui portait une casserole d'eau bouillante, ce qui lui a occasionné des brûlures graves [1]. La même sévérité à l'égard de l'enfant victime apparaît dans un autre arrêt de la deuxième chambre civile [2].

En revanche, la première chambre civile fait preuve de beaucoup plus d'indulgence à l'égard de jeunes victimes dont elle relève « le caractère souvent fougueux et impulsif [...] toujours à prévoir » [3].

1913. Pourtant, cette solution de la faute objective est admise avec difficultés encore aujourd'hui. On peut d'ailleurs signaler une décision de la cour d'appel de Chambéry, qui affirme, contre la solution de 1984 « qu'il ne peut être reproché une quelconque faute à un enfant de deux ans [4] ». Il s'agissait à nouveau d'un enfant victime d'un dommage, avec comme perspective, en cas de faute, la limitation de l'indemnisation de son dommage.

Aujourd'hui, de plus en plus, la solution de l'indifférence du discernement est remise en question, lorsqu'il s'agit d'opposer sa propre faute à la victime. La loi du 5 juillet 1985 sur l'indemnisation des accidents de la circulation ne permet plus de tels résultats, tout au moins pour les victimes de moins de 16 ans, particulièrement protégées puisqu'on ne peut les priver d'indemnisation qu'en cas de recherche volontaire du dommage, sans pouvoir jamais la limiter (v. ss 2494).

Toutefois, **les projets de réforme** viennent nuancer cette évolution.

Sans remettre en question la faute objective et poser la condition du discernement pour retenir une faute délictuelle ou quasi délictuelle, *l'avant-projet Catala* a proposé de réintroduire, dans le cadre des dispositions protectrices des victimes de dommages corporels, l'exigence du discernement. En effet, de façon générale et pas seulement dans le cadre des accidents de la circulation, il est proposé que l'exonération totale ou partielle par la faute de la victime (v. ss 1720, 1739, 1740, sur cette cause d'exonération) ne puisse s'appliquer aux victimes privées de discernement. *Le rapport d'information du Sénat, la proposition de loi Béteille et les propositions Terré*, tout en affirmant nettement que le discernement n'est pas une condition de la faute, subordonnent également l'exonération du responsable par la faute de la victime à la condition du discernement de celle-ci.

Le développement des systèmes d'indemnisation qui relaye la responsabilité dans la prise en charge des dommages, milite par ailleurs en faveur de la restauration de la fonction normative de la responsabilité et d'un retour vers la faute subjective.

---

1. Civ. 2e, 28 févr. 1996, *D.* 1996. 602, obs. Dusquesne ; *JCP* 1996. I. 3985, obs. G. Viney ; *RTD civ.* 1996. 628, obs. P. Jourdain ; *Gaz. Pal.* nº 45-46, 14-15 févr. 1997, note Ph. Jacques.
2. Civ. 2e, 19 févr. 1997, *Bull. civ.* II, nº 54, *JCP* 1997. IV. 833, et *JCP* 1997. I. 4068, obs. G. Viney.
3. Civ. 1re, 6 mars 1996, *D.* 1997. 93, note M.C. Lebreton, et Civ. 1re, 11 mars 1997, *Bull. civ.* I, nº 89 ; *JCP* 1997. IV. 981, et *JCP* 1997. I. 4068, obs. G. Viney, commentant les deux décisions.
4. Chambéry, 12 avr. 2005, *RCA* nov. 2005, nº 314.

B. La faute des personnes morales

1914. La question qui se pose est la suivante : si, par son activité, une personne morale (société, association, syndicat, fondation, peu importe) cause à autrui un dommage, elle sera tenue de le réparer, mais sur quel fondement ? Peut-on parler de « faute » de la personne morale ?

Nous n'envisagerons évidemment pas ici la responsabilité pénale des personnes morales, désormais parfaitement admise, indépendamment de celle de leurs dirigeants. Nous laisserons également de côté le cas où le dommage est dû à la faute d'un ouvrier ou d'un employé, c'est-à-dire d'un préposé, car il y a là responsabilité du fait d'autrui, et celui où le dommage est dû à une chose soumise à la garde de la personne morale, car il y a responsabilité du fait des choses.

1915. N'envisageons que le cas où le dommage est dû à une décision de l'assemblée générale ou du président-directeur général ou du secrétaire général, bref d'un des organes de direction de la personne morale agissant ès qualités, sans qu'on puisse faire jouer sa faute personnelle, et ayant commis un fait ou un acte susceptible d'engager la responsabilité de la personne morale ; c'est contre la personne morale que l'action en responsabilité est dirigée. Sur quel fondement le sera-t-elle ?

1916. Peut-on vraiment parler d'une « faute » de la personne morale ? Tout au plus pourrait-on parler d'une faute de ses organes.

Les tribunaux administratifs, pour leur part, se servent de la notion de responsabilité pour « défaut d'organisation ou de fonctionnement de la personne morale » depuis que le principe de la responsabilité de l'Administration vis-à-vis des particuliers a été reconnu.

1917. La Cour de cassation, après une assez longue période d'hésitation, consacre, elle aussi, cette solution en reconnaissant l'existence d'une « faute dans l'organisation » d'une clinique privée, pour retenir sa responsabilité [1]. Il y a constatation d'un écart entre le niveau de qualité ou de sécurité effectivement procuré à l'usager et celui qu'il pouvait normalement attendre du service public ou de l'organisme privé, c'est-à-dire, là encore, de son « attente légitime ».

1918. On pourrait, toutefois, parfaitement admettre, ici, une responsabilité sans faute : la personne morale endossant directement une responsabilité qui lui est propre sans que la victime soit obligée de prouver la faute d'un individu déterminé. Mais on ne parvient pas à effacer complètement le rôle joué par « l'organe ». Un arrêt de la deuxième chambre civile du 21 avril 1966 [2] a affirmé qu'une société pouvait être condamnée à répondre du fait d'un préposé, sans que ce dernier soit mis en cause, et à propos d'un associé qui exerçait des fonctions de direction, un arrêt de la deuxième chambre civile de la Cour de cassation du 17 juillet 1967 [3], relève qu'« une personne morale répond des fautes dont elle s'est rendue coupable par ses organes, sans qu'il soit nécessaire de mettre en cause, sur le fondement de l'article 1384, alinéa 5, lesdits organes pris comme préposés » [4].

---

1. Civ. 1re, 15 déc. 1999, *Bull. civ.* I, n° 351 ; *JCP* 2000. I. 241, n° 3, obs. G. Viney, et *JCP* 2000. II, note G. Mémeteau.
2. *Bull. civ.* II, n° 454.
3. *Bull. civ.* II, n° 261, p. 181.
4. V. dans le même sens, Civ. 2e, 27 avr. 1977, *Bull. civ.* II, n° 108.

De plus, la responsabilité de la personne morale peut parfaitement coexister avec la responsabilité personnelle de l'auteur physique du délit qui est d'ailleurs double, puisqu'à côté de la responsabilité de droit commun fondée sur la faute prouvée, existe une responsabilité aggravée visant les seuls dirigeants d'une personne morale en état de redressement ou de liquidation judiciaires.

1919. ***L'avant-projet Catala*** considère, également, que la responsabilité de la personne morale est fondée sur la faute et il précise, en reprenant les termes retenus par la jurisprudence, la nature de cette faute « qui s'entend non seulement de celle qui est commise par un représentant, mais aussi de celle qui résulte d'un défaut d'organisation ou de fonctionnement » (art. 1353).

C. Les troubles de voisinage

1920. La théorie de l'abus des droits dont nous avons déjà parlé (v. *Droit civil*, vol. 1, section 1 ; v. ss 1858) a servi à l'origine de fondement à la sanction des troubles de voisinage. Cette réparation des troubles de voisinage a, en effet, longtemps supposé l'existence d'une faute imputable à l'auteur du trouble. L'abus du droit de propriété constituait cette faute et la responsabilité était fondée sur l'article 1382 du Code civil. La responsabilité civile pour troubles de voisinage est ensuite devenue progressivement une responsabilité spécifique, aujourd'hui objective. Ce n'est pas simplement la faute qui est devenue objective : l'exigence d'une faute a tout simplement disparu, au profit de la seule considération du dommage subi et de son importance. La « nuisance à autrui », qui se manifeste dans le trouble « anormal » de voisinage, incorpore à la fois la notion de trouble et l'idée de faute, mais sans que cette double démonstration ait à être faite.

1921. L'importance du trouble suffit à justifier la sanction de celui qui en est l'auteur. On considère, en effet, qu'il y a matière à responsabilité lorsque le trouble dépasse les « inconvénients normaux du voisinage » [1], par exemple en produisant des émanations d'odeurs ou de fumées susceptibles de gêner anormalement les voisins sans qu'il y ait, pour autant, de faute.

Cela signifie que même en cas de respect des dispositions légales, il peut y avoir trouble anormal et sanction. Pour limiter le développement de la théorie des troubles de voisinage, le législateur a cependant posé, dans une loi du 31 décembre 1976, la règle selon laquelle il est impossible d'obtenir réparation des troubles de voisinage causés par une activité licite établie antérieurement à l'installation de la victime. La loi protège les pollueurs lorsque les nuisances sont dues à une « activité agricole, industrielle, artisanale ou commerciale exercée antérieurement à la demande de permis de construire » mais la jurisprudence n'en étend pas l'application à d'autres domaines, notamment pour un aéroport militaire [2].

1922. La théorie des troubles de voisinage est une théorie accueillante et en extension, qui permet de prendre en compte aujourd'hui certaines pollutions, et à travers elles certains dommages environnementaux dès lors tout au moins qu'ils ont des répercussions directes sur les personnes (sur cette question du dommage environnemental, v. ss 1599).

---

1. Civ. 3e, 24 oct. 1990, *Bull. civ.* III, n° 105.
2. V. Civ. 3e, 8 juill. 1992, *JCP* 1992. IV. 2647, et obs. G. Viney, *JCP* 1993. I. 3664. 149.

Une nouvelle extension de cette théorie a été réalisée avec la prise prendre en charge, au titre des troubles de voisinage, du simple risque de dommage.

– On peut citer à ce titre une décision originale[1] qui condamne l'exploitante d'un haras qui stockait de la paille à proximité de la limite de la propriété voisine, pour « trouble anormal de voisinage », alors même qu'aucun préjudice, si ce n'est esthétique, n'était encore survenu, « compte tenu du risque indéniable » d'incendie que cela faisait courir aux voisins. Cet arrêt est significatif pour ce qui est de la prise en compte d'un risque de dommage, alors que, jusqu'ici, la Cour de cassation affirmait que le préjudice résultant d'un risque, fût-il certain, est purement hypothétique. Désormais, le risque préjudiciable est pleinement pris en compte et l'on constate que la responsabilité civile acquiert ainsi une fonction préventive (sur ces questions, v. ss 1527 s., 1645).

– L'illustration la plus intéressante réside cependant les décisions rendues par le tribunal de grande instance de Nanterre et la cour d'appel de Versailles, à propos du trouble constitué par l'installation *d'antennes-relais* de téléphonie mobile, décisions déjà relevées à propos du développement de la fonction préventive de la responsabilité civile et de l'influence du principe de précaution (v. ss 1528, 1645). L'arrêt *Lagouge*, rendu par la cour d'appel de Versailles, admet que la seule angoisse des riverains devant l'incertitude sur l'innocuité des ondes constitue un trouble anormal de voisinage, justifiant des dommages-intérêts et le démontage de l'antenne. Un nouveau pas a donc été franchi. Non seulement l'activité peut être licite, non seulement il n'est pas nécessaire d'établir une faute, mais en plus le simple risque de dommage est pris en considération. S'agit-il encore de responsabilité, comme se le demandent certains auteurs[2] ? Cette décision a suscité de nombreuses critiques et d'autres décisions postérieures ne se situaient plus sur le fondement des troubles de voisinage, ou même le condamnaient[3]. Cependant, dans une décision du 15 septembre 2011, la cour de Montpellier, retenant la compétence du juge judiciaire qui était contestée, a de nouveau utilisé le fondement du trouble de voisinage, dans une espèce opposant un groupe de riverains d'une antenne relais à l'exploitant du domaine public hertzien SFR[4]. En s'appuyant sur de nombreuses études internationales concluant à la nécessité d'abaisser les seuils d'exposition aux ondes électromagnétiques, elle considère que SFR avait fait naître chez les demandeurs ; la crainte légitime de courir un risque sanitaire particulièrement grave, dès lors qu'il n'existait aucune garantie d'absence de risque. Allant plus loin encore que la cour de Versailles, elle s'est référée directement au principe de précaution que SFR se devait de respecter, considérant ainsi que ce principe ne s'imposerait pas seulement aux autorités publiques mais aussi aux personnes privées[5]. Ce fondement du trouble de voisinage reste très discuté[6], de même que l'opportunité de faire jouer la responsabilité au bénéfice de personnes physiques en l'absence de risque prouvé, même si c'est justement l'intérêt du principe de précaution que de permettre d'intervenir dès lors qu'il n'y a pas de certitude sur l'absence de risque. Il en va cependant différemment lorsque l'action est portée par une association de défense de l'environnement (v. ss 1605).

---

1. Civ. 2e, 24 févr. 2005, *JurisData* n° 2005-027086 ; *JCP* 2005. II. 10100, note F.-G. Trébulle.
2. Ph. Stoffel-Munck, « La théorie des troubles du voisinage à l'épreuve du principe de précaution », *D.* 2009. 2817.
3. Chambery, 4 févr. 2010, *D.* 2010. 707 et 2183, obs. N. Reboul-Maupin ; *JCP* 2010, n° 531, obs. B. Parance ; Lyon, 3 févr. 2011, *CCE* 2011, n° 35, obs. P. Stoffel-Munck.
4. Montpellier, 15 sept. 2012, *D.* 2012. Pan. 54, obs. P. Brun ; *D.* 2012. 267, note B. Parance.
5. V. B. Parance, note préc.
6. V. notamment : P. Brun, *D.* 2012. Pan. 54 ; *Responsabilité civile extracontractuelle*, 2e éd., n° 494, spéc. p. 320.

Depuis, le tribunal des conflits est intervenu pour préciser que les juridictions judiciaires étaient incompétentes, quel que soit le fondement de l'action, pour ordonner l'interruption de l'émission, l'interdiction de l'implantation, l'enlèvement ou le déplacement d'une station radioélectrique régulièrement autorisée et implantée sur une propriété privée ou sur le domaine public, au motif que son fonctionnement serait susceptible de compromettre la santé des personnes. Il a en revanche considéré que le juge judiciaire restait compétent pour connaître des actions aux fins d'indemnisation des dommages causés par l'implantation ou le fonctionnement d'une telle station radioélectrique [1].

1923. À l'heure actuelle, la réparation des troubles de voisinage, est parfois demandée sur le fondement de l'article 1382 mais elle l'est parfois aussi sur le fondement de la responsabilité du fait des choses, lorsque l'on peut invoquer la notion de garde d'une chose à l'origine des dégâts : un chantier, du matériel..., dans ce cas, la Cour de cassation estime qu'il y a non-cumul des règles de responsabilité civile quasi délictuelle et des règles de responsabilité pour trouble anormal de voisinage [2] (sur ce point, v. V. Roulet, chron. citée dans la bibliographie). En réalité, jusqu'en 1986, La Cour de cassation a continué à fonder systématiquement la sanction des troubles de voisinage sur l'article 1382 du Code civil, mais dans une décision du 19 novembre 1986, la seconde chambre civile va finalement poser le principe selon lequel « nul ne doit causer à autrui un trouble anormal de voisinage », sans plus viser aucun texte. La responsabilité pour troubles de voisinage est devenue une responsabilité spécifique, objective, qui ne devrait pas être fondée sur l'article 1382, ce dont tiennent compte les projets de réforme.

Concernant les projets de réforme, *l'avant-projet Catala* de réforme du droit des obligations et *le projet Terré* de réforme du droit de la responsabilité, introduisent expressément les troubles de voisinage, matière jusqu'ici essentiellement jurisprudentielle, parmi les faits générateurs de la responsabilité extracontractuelle, en consacrant les solutions jurisprudentielles et l'idée d'une responsabilité de plein droit en cas de trouble anormal.

D. Les causes d'exonération et les cumuls de responsabilité

1. Cumuls de responsabilité

1924. ***À l'encontre de la même personne***, la responsabilité fondée sur les articles 1382 et 1383 du Code civil peut parfaitement se cumuler avec un autre régime de responsabilité extracontractuelle, notamment la responsabilité du fait des choses de l'article 1384, alinéa 1er. Les deux fondements peuvent être invoqués simultanément contre la même personne, pour augmenter les chances d'engager sa responsabilité. Mais la responsabilité contractuelle ne peut être invoquée simultanément compte tenu du principe de non-cumul et d'interdiction de l'option (v. ss 2325 s.).

1925. ***À l'encontre de personnes différentes***, on peut exercer simultanément une action fondée sur la faute ou sur tout autre fondement, contractuel ou extra-contractuel, sans aucune exclusion. On peut ainsi tenter d'engager la responsabilité d'une personne

1. T. confl. 14 mai 2012, *JurisData* n° 2012-010164, *Respons. civ. et assur.* 2012, comm. 224.
2. Civ. 3e, 24 mars 1999, *Bull. civ.* III, n° 74.

pour faute et d'une autre personne sur le fondement d'une responsabilité du fait d'autrui, ou d'une responsabilité contractuelle ou sur le fondement de la loi de 1985 sur les accidents de la circulation, ou de la loi de 1998 sur la responsabilité du fait des produits défectueux. La technique de l'obligation *in solidum* (v. ss 1699, 1721, 1761 s., 1826) permettra ensuite à la victime de demander réparation pour le tout à n'importe lequel des coresponsables qui exerceront ensuite entre eux des recours récursoires.

2. Causes d'exonération de la responsabilité générales

1926. Ce sont les causes ordinaires, que nous avons étudiées au titre des éléments communs à tout régime de responsabilité (v. ss 1715 s.).

– Toutefois, il faut noter qu'il est un peu impropre en matière de responsabilité pour faute, de parler de *causes d'exonération totale*. En effet, la responsabilité pour faute est une responsabilité dont toutes les conditions doivent être prouvées. Ce n'est pas une responsabilité présumée. Dès lors tant que la victime n'a pas fait la preuve d'une faute, d'un dommage et d'un lien de causalité, la responsabilité du défendeur ne peut être engagée. Et si ces trois conditions sont établies, il sera impossible de prouver qu'il existe un cas de force majeure un fait du tiers ou un fait de la victime présentant les caractères de la force majeure puisque ces circonstances font disparaître toute relation de causalité entre le fait générateur invoqué et le dommage. Les « causes d'exonération totale » ne pourront donc jouer que préventivement, pour empêcher la victime de prouver les conditions de la responsabilité.

– Il est cependant possible d'établir une *cause d'exonération partielle*, alors même que la responsabilité pour faute serait engagée (v. ss 1720). En prouvant que la faute de la victime est également cause du dommage, le défendeur pourra obtenir un partage de responsabilité opposable à la victime, qui le déchargera d'une part de responsabilité et donc d'indemnité.

3. Causes d'exonération propres à la responsabilité fondée sur la faute : vraies ou fausses causes d'exonération ?

1927. Ce sont, essentiellement, l'*exercice d'un droit*, l'*état de nécessité* et le *consentement de la victime*. Mais on pourrait tout aussi bien considérer qu'il ne s'agit pas à proprement parler de causes d'exonération (qui écartent une responsabilité dont les conditions sont remplies) mais de causes qui empêchent de retenir la faute, condition de la responsabilité et non des causes qui font disparaître la responsabilité. Ce serait alors de « fausses » causes d'exonération.

– ***L'exercice d'un droit*** : dès lors qu'il n'y a pas abus du droit, l'exercice d'un droit ôte à l'acte dommageable son caractère illicite. Ainsi, le commerçant qui a causé un préjudice à un concurrent ne peut-il être considéré comme fautif, s'il avait le droit de s'installer à proximité et s'il n'a pas utilisé de procédés de concurrence déloyale.

– ***L'état de nécessité*** suppose que l'on a causé un dommage à autrui pour en éviter un plus grave à soi-même ou à un tiers. Dans le premier cas, la jurisprudence n'est pas très encline à accorder l'exonération de responsabilité. Mais, dans le second cas, s'il s'agissait d'éviter un dommage à autrui, on se trouve en présence d'un acte d'assistance ou de dévouement susceptible d'exonérer le défendeur de sa responsabilité. Dans ces cas-là, cela revient à dire qu'il y a absence de faute.

– ***Le consentement de la victime*** fait également, en principe, disparaître le caractère illicite du fait dommageable. Ainsi, le sportif qui en blesse un autre au cours d'une séance d'entraînement peut-il invoquer le consentement de la victime qui connaissait le risque qu'elle courait, on parle aussi ici d'*acceptation du risque* (sur son rôle dans certains secteurs d'activité, v. ss 1880, 1981 s.).

On voit ici l'influence sur le droit civil des faits justificatifs du droit pénal, que l'avant-projet Catala vise directement.

DOCUMENTS

BIBLIOGRAPHIE

BARBIER (J.-F.), « Inconscience et responsabilité dans la jurisprudence civile : l'incidence de l'article 489-2 du Code civil après une décennie », *JCP* 1982. I. 3057.

BLANC-JOUVAN, « La responsabilité de l'*infans* », *RTD civ.* 1957. 28.

BUEB (R.), « Troubles de voisinage : de la faute à la responsabilité objective », *LPA* 14 févr. 2000, p. 3.

BURST (J.-J.), « La réforme du droit des incapables majeurs et ses conséquences sur le droit de la responsabilité civile extracontractuelle », *JCP* 1970. I. 2307.

DEJEAN DE LA BATIE, *Appréciation in abstracto* et *appréciation in concreto*, 1965.

DURRY (G.), « Rapport de synthèse », Journée d'étude du 17 janvier 2003 sur « La responsabilité pour faute », *RCA* juin 2003.

GRUA (F.), « La responsabilité civile de celui qui fournit le moyen de causer un dommage », *RTD civ.* 1994. 1.

Journée d'études du 17 janvier 2003 à la Faculté de droit du Mans : « La responsabilité pour faute », *RCA* juin 2003.

HUET (G.), « La responsabilité du jeune enfant ; vers l'uniformisation de la notion de faute délictuelle », obs. à la *RTD civ.* 1984. 508 (à propos des arrêts de l'assemblée plénière du 9 mai 1984).

HUET (J.), « Adieu bon père de famille », *D.* 2014. 505.

LAPOYADE-DESCHAMPS, « Les petits responsables (responsabilité civile et responsabilité pénale de l'enfant) », *D.* 1988. Chron. 299.

PUILL (B.), « Les caractères du fait non fautif de la victime », *D.* 1980. Chron. 157.

ROTONDI (M.), « Le rôle de la notion de l'abus de droit », *RTD civ.* 1980. 66 s.

STOFFEL-MUNCK (Ph.), « La théorie des troubles du voisinage à l'épreuve du principe de précaution », *D.* 2009. 2817.

TUNC, « L'enfant et la balle », *JCP* 1966. I. 1983.

VINEY (G.), « La faute de la victime d'un accident corporel : le présent et l'avenir », *JCP* 1984. I. 3155.

VINEY (G.), « La réparation des dommages causés sous l'empire d'un état d'inconscience : un transfert nécessaire de la responsabilité vers l'assurance », *JCP* 1985. I. 3189.

WAREMBOURG-AUQUE (F.), « Irresponsabilité ou responsabilité civile de l'infans », *RTD civ.* 1982. 329.

ARRÊTS À COMMENTER

Ass. plén. 9 mai 1984, aff. *Gabillet* et *Fullenwarth*, *JCP* 1984. II. 20255, note Dejean de La Batie

1) Ass. plén. 9 mai 1984, *Époux Gabillet c/ Noye*

LA COUR. – *Sur le moyen unique :*

– Attendu, selon l'arrêt attaqué (Agen, 12 mai 1980), que le 30 juin 1975, l'enfant Éric Gabillet, alors âgé de 3 ans, en tombant d'une balançoire improvisée constituée par une planche qui se rompit, éborgna son camarade Philippe Noye avec un bâton qu'il tenait à la main ; que M. Lucien Noye, agissant en qualité d'administrateur légal des biens de son fils, assigna ses parents, les époux Gabillet, en tant qu'exerçant leur droit de garde, en responsabilité de l'accident ainsi survenu ;

– Attendu que les époux Gabillet font grief à l'arrêt d'avoir déclaré Éric Gabillet responsable sur le fondement de l'article 1384, alinéa 1er, du Code civil, alors, selon le moyen, que l'imputation d'une responsabilité présumée implique la faculté de discernement ; que la cour d'appel a donc violé par fausse application l'alinéa 1er de l'article 1384 du Code civil ;

– Mais attendu qu'en retenant que le jeune Éric avait l'usage, la direction et le contrôle du bâton, *la cour d'appel qui n'avait pas, malgré le très jeune âge de ce mineur, à rechercher si celui-ci avait un discernement*, a légalement justifié sa décision ;

Par ces motifs,

Rejette le pourvoi formé contre l'arrêt rendu le 12 mai 1980 par la cour d'appel d'Agen. Mme Rozès, prem. prés., MM. Fédou, rapp., Cabannes, prem. av. gén. ; SCP Lemanissier et Roger, SCP Boré et Xavier, av.

2) Ass. plén. 9 mai 1964, *Fullenwarth c/ Felten*

LA COUR. – *Sur le moyen unique :*

– Attendu, selon l'arrêt attaqué (Metz, 25 sept. 1979) que le 4 août 1975, Pascal Fullenwarth, alors âgé de 7 ans, décocha une flèche avec un arc qu'il avait confectionné en direction de son camarade David Felten et l'éborgna ; que M. Guillaume Felten, père de la victime, a assigné en dommages-intérêts M. Raymond Fullenwarth, en sa qualité de civilement responsable de son fils Pascal sur le fondement de l'article 1384, alinéa 4, du Code civil ;

– Attendu que M. Raymond Fullenwarth fait grief à l'arrêt de l'avoir déclaré entièrement responsable des conséquences de l'accident, alors, selon le moyen, que la cour d'appel n'a pas recherché si Pascal Fullenwarth présentait un discernement suffisant pour que l'acte puisse lui être imputé à faute, qu'elle a entaché sa décision d'un défaut de base légale et ainsi violé les articles 1382 et 1384, alinéa 4, du Code civil ;

– Mais attendu que, pour que soit présumée, sur le fondement de l'article 1384, alinéa 4, du Code civil, la responsabilité des père et mère d'un mineur habitant avec eux, *il suffit que celui-ci ait commis un acte qui soit la cause directe du dommage invoqué par la victime ;* que par ce motif de pur droit, substitué à celui critiqué par le moyen, l'arrêt se trouve légalement justifié ;

Par ces motifs,

Rejette le pourvoi formé contre l'arrêt rendu le 25 septembre 1979 par la cour d'appel de Metz ; Mme Rozès, prem. prés., MM. Fédou, rapp., Cabannes, prem. av. gén. ; SCP Lyon-Caen, Fabiani et Liard, av.

Directives

Pour pouvoir commenter ces arrêts reportez-vous aux chapitres consacrés à la responsabilité des parents du fait de leurs enfants mineurs et à la responsabilité du fait des choses.

Insistez tout particulièrement sur la question de l'imputabilité et du discernement chez un jeune enfant : 3 ans et 7 ans.

CAS PRATIQUE

Troubles de voisinage

Exposé

Dans une région où les sources thermales sont abondantes, M. Fabri, propriétaire d'une source, fait des fouilles sur son terrain. Malheureusement, ces fouilles ont pour effet de diminuer le débit de la source d'un propriétaire voisin, celui-ci réclame l'arrêt des travaux. M. Fabri refuse de les arrêter. Un expert, désigné par le tribunal, constate que ces travaux sont sans utilité pour M. Fabri et que leur arrêt ne nuirait en rien au débit de sa propre source.

Questions posées

Le voisin peut-il obtenir une indemnisation du préjudice qui lui a été causé ?

Quels seront les articles du code qui seront invoqués par M. Fabri d'une part, par son voisin de l'autre ?

Quel sera l'argument sur lequel le tribunal fondera sa décision ?

Chapitre 2

La responsabilité du fait des choses

Introduction

1928. Contrairement à l'article 1382 qui assied la responsabilité sur la faute, on découvre avec l'article 1384, alinéa 1er, une responsabilité totalement objective entièrement dissociée de la faute et d'application aussi générale que l'article 1382 du Code civil. La responsabilité du fait personnel des articles 1382 et 1383 du Code civil et la responsabilité du fait des choses de l'article 1384, alinéa 1er, sont des régimes de responsabilité de droit commun par excellence puisqu'ils sont applicables par principe à toute situation et qu'ils peuvent même être invoqués simultanément par la victime ; celle-ci a toute liberté de choix et peut multiplier ses chances de succès en se plaçant sur les deux fondements.

1929. Avec la responsabilité du fait des choses que l'on a sous sa garde, le fait générateur est le fait d'une chose et le responsable est son gardien : le fondement technique de la responsabilité, qui va permettre d'imputer le fait de la chose à la personne qui sera alors désignée comme responsable du dommage est le concept de garde, concept objectif qui repose, on le verra sur des pouvoirs objectifs de contrôle et d'usage de la chose qui est intervenue dans la réalisation du dommage. Si le fondement technique est la garde, le fondement idéologique, théorique, de cette responsabilité peut être trouvé dans la théorie du risque (v. ss 1509 s., 1936 s.).

1930. Cette responsabilité, beaucoup plus facile à établir que la responsabilité du fait personnel ou toutes les conditions doivent être prouvées, est une responsabilité présumée. C'est ce qui explique qu'il y ait place, alors même que la victime aurait apporté les éléments nécessaires pour engager la responsabilité, pour des causes d'exonération (v. ss 1975). Comme toute responsabilité, la responsabilité du gardien repose sur le triptyque : fait générateur, dommage et lien de causalité entre les deux, mais la victime est aidée par des présomptions.

1931. La responsabilité du fait des choses 'est d'abord l'histoire d'une découverte par la jurisprudence d'un nouveau principe général de responsabilité à côté de la responsabilité pour faute. Les rédacteurs du Code civil n'avaient jamais voulu faire de l'article 1384, alinéa 1er, un régime de responsabilité autonome. On verra ensuite les caractéristiques de la mise en jeu de la responsabilité du gardien. Puis on dira quelques mots des régimes spéciaux de responsabilité du fait des choses que sont la responsabilité du fait des animaux et des bâtiments, considérés par le Code civil comme des cas particuliers de responsabilité du fait des choses, plus marginaux et que les **différents projets de réforme** font d'ailleurs disparaître.

À l'inverse de ces régimes spéciaux, la responsabilité du fait des choses reste consacrée, telle que la jurisprudence l'a construite, dans tous les **projets de réforme** (avant-projet Catala, propositions Terré, proposition de loi Béteille).

I. Évolution historique de la responsabilité du fait des choses

A. La découverte de l'article 1384, alinéa 1er

1932. Le Code civil n'avait prévu que deux cas de responsabilité du fait des choses : la responsabilité du fait des animaux (art. 1385) et la responsabilité du fait des bâtiments (art. 1386) et ces deux textes furent suffisants pendant près d'un siècle. Dans la plupart des cas, c'est à la responsabilité du fait personnel que l'on avait recours. À la fin du XIXe siècle, le développement du machinisme fit apparaître des situations où il était impossible de déterminer qui avait commis la faute génératrice du dommage. Si l'on voulait indemniser la victime, il fallait donc trouver un autre fondement à cette responsabilité, et c'est ainsi que fut « découvert » l'article 1384, alinéa 1er.

L'article 1384, alinéa 1er, dispose qu'« on est *responsable* non seulement du dommage que l'on cause par son propre fait (rappel des articles 1382 et 1383), mais encore de celui qui est causé par le fait des personnes dont on doit répondre (annonce des alinéas suivants de l'article 1384) ou *des choses que l'on a sous sa garde* » (annonce des articles 1385 et 1386).

C'est en 1896 avec l'arrêt dit « du remorqueur » [1], que la Cour de cassation admet, pour la première fois, que, selon l'article 1384, alinéa 1er, le propriétaire d'une machine est responsable du dommage causé par un *vice de construction*, « mais sans qu'il puisse s'y soustraire en prouvant, soit la faute du constructeur de la machine, soit le caractère occulte du vice incriminé ». Cette idée avait été soulevée dès 1870 en Belgique et avait été soutenue par Laurent mais sans trouver, à cette époque, d'écho dans la doctrine.

Cette solution novatrice fut accueillie avec faveur par la doctrine et développée tout au long du XIXe siècle par la jurisprudence qui a ainsi construit toute une « théorie de la responsabilité du fait des choses ». De sorte que cette responsabilité fondée sur l'article 1384, alinéa 1er, est devenue le droit commun de la responsabilité du fait des choses et les cas visés aux articles 1385 et 1386 sont, désormais, considérés comme des cas particuliers, auxquels il convient d'ajouter quelques textes postérieurs qui constituent les régimes spéciaux de responsabilité du fait des choses et, notamment la responsabilité du fait des produits défectueux des articles 1386-1 à 1386-18, qui sera traitée au titre des régimes spéciaux de responsabilité (v. ss 2375 s.).

B. La construction d'un régime objectif de responsabilité du fait des choses

1933. Dans ce régime de responsabilité du fait des choses fondé sur cet alinéa 1er de l'article 1384, une question s'est tout de suite posée, c'est celle du fondement de cette responsabilité. Et la détermination de ce fondement va permettre de savoir quelles seront les causes d'exonération de la responsabilité du gardien dont nous examinerons également le mécanisme (v. ss 1975).

1. Civ. 16 juin 1896, *S.* 1897. I. 17, note A. Esmein, *D.* 1897. I. 433, note Saleilles et concl. contr. Av. gén. Sarrut.

1934. Un problème important se pose dès l'abord, c'est celui du fondement de cette responsabilité : dire que le propriétaire ou, plutôt, nous le verrons, le gardien d'une chose est responsable des dommages qu'elle provoque, c'est bien, mais encore, faut-il expliquer pourquoi. Plusieurs fondements ont été successivement avancés par la doctrine et par la jurisprudence qui s'orientent dans des directions parfois différentes en une sorte de flux et de reflux, avec des interprétations plus ou moins rigoureuses de la responsabilité du gardien.

1. L'ORIGINE : UNE PRÉSOMPTION DE FAUTE

1935. On a, tout d'abord, dans une première phase, considéré qu'il y avait là une responsabilité fondée sur une présomption de faute, mais il fallait prouver l'intervention d'un fait autonome de la chose et la preuve de l'absence de faute n'était pas exonératoire. Ce fut notamment le cas dans un arrêt du 21 janvier 1919 à la suite d'une explosion de locomotive. Seuls les cas fortuits ou la cause étrangère étaient considérés comme exonératoires et non l'absence de faute, ce qui était peu satisfaisant.

Cette première période, avec l'affaire de l'*Incendie de la gare de Brienne*[1] fait apparaître l'inutilité d'un vice propre de la chose car, selon la jurisprudence, l'article 1384, alinéa 1er, rattachait la responsabilité à la *garde* de la chose et non à la chose elle-même. Toutefois, dans un premier arrêt *Jand'heur*[2], la Cour de cassation va exiger, s'il s'agit d'une chose dangereuse, qu'elle soit soumise à une garde constante.

Mais ce fondement semble insuffisant et dès 1930 apparaît une autre notion.

2. PRÉSOMPTION DE RESPONSABILITÉ : LA THÉORIE DU RISQUE

a) Le risque

1936. Avec le deuxième arrêt *Jand'heur*[3] et devant la multiplication des accidents d'automobile, la jurisprudence entame une deuxième phase et substitue à la notion de présomption de faute celle de *présomption de responsabilité*. En effet, dans ces accidents, le plus souvent la victime ne parvenait pas à faire la preuve de la faute de l'automobiliste, ou celui-ci parvenait à faire tomber la présomption mise à sa charge ; or, les automobilistes étant assurés, il paraissait plus juste de condamner l'automobiliste pour que la victime puisse être indemnisée. La doctrine, notamment Saleilles et Josserand, interprète ces termes de présomption de responsabilité en invoquant l'idée de risque. C'est tout d'abord la théorie du « risque profit » : le responsable doit réparer parce qu'il tire un profit de son activité (cf. pour les entreprises, réparations des accidents du travail) ; puis la théorie du « risque créé » : le risque découlant de toute activité que le profit soit pécuniaire ou simplement moral (joie de conduire…) ; enfin une théorie mixte où faute et risque se mêlent avec un certain chevauchement de leur domaine respectif.

D'autres auteurs ont voulu repousser cette théorie du risque.

---

1. 16 nov. 1920, *S*. 1922. I. 197, note Hugueney, *D*. 1920. I. 169, note Savatier.
2. Civ. 21 févr. 1927, *DP* 1927. I. 97, note Ripert, *DH* 1930. 29, chron. Capitant.
3. Cass., ch. réunies, 13 févr. 1930, *DP* 1930. I. 57, note G. Ripert, *S*. 1930. I. 121, note P. Esmein.

b) MM. Mazeaud et de Juglart soutenaient que le seul fondement demeurait la faute, mais une faute rénovée

1937. Il s'agissait, selon eux, d'une faute civile ou d'une faute sociale, car ils objectaient que la théorie du risque est matérialiste, alors que le droit doit sauvegarder les valeurs morales ou spirituelles.

Cependant, pour permettre l'indemnisation de la victime, ils donnent à la faute un sens nouveau : c'est une faute civile et non morale, une conduite opposée à celle de la moyenne des gens dans les mêmes circonstances : faute objective, envisagée *in abstracto* et non faute morale, subjective. Mais, ici, on joue sur les mots en qualifiant de faute une conduite, anormale bien que non blâmable, et, en pratique, la jurisprudence n'attache pas les mêmes conséquences à une faute civile qu'à une faute morale.

c) Boris Starck développa alors la théorie de la garantie

1938. Les théories du risque ou de la faute envisagent le problème du côté de l'auteur du dommage, B. Starck se place du côté de la victime (v. ss 1516). Chacun, selon lui, a des droits : droits à l'intégrité physique, à la vie, à la sécurité matérielle, etc. et tout dommage qu'il subit est une atteinte à ces droits ; ceux-ci étant nécessairement garantis par le droit, cela justifie une sanction contre l'auteur de cette atteinte (cf. obligation de sécurité en matière contractuelle). Mais, d'autre part, condamner l'auteur du dommage c'est restreindre son droit d'agir… Il y a là un conflit de droits que la théorie de la garantie tente de résoudre en les conciliant.

1939. Ainsi, fondée sur cette idée de risque, la responsabilité du fait des choses, est-elle très lourde pour le gardien qui ne peut pratiquement pas s'exonérer de sa responsabilité, car la Cour de cassation, le 13 février 1930, dans le deuxième arrêt *Jand'heur* (arrêt rendu toutes chambres réunies sur pourvoi contre un arrêt de la cour d'appel qui avait refusé l'application de l'article 1384, alinéa 1er, au double motif que la chose « était actionnée par la main de l'homme » et qu'il n'était pas établi que la chose avait un « vice propre », v. ss 1936, pour les références), a fixé les bases de cette responsabilité ainsi qu'il suit :

« […] Attendu que la présomption de responsabilité établie par l'article 1384, alinéa 1er, du Code civil, à l'encontre de celui qui a sous sa garde la chose inanimée qui a causé un dommage à autrui, ne peut être détruite que par la preuve d'un cas fortuit ou de force majeure ou d'une cause étrangère qui ne lui soit pas imputable ; qu'il ne suffit pas de prouver qu'il n'a commis aucune faute ou que la cause du fait dommageable est demeurée inconnue.

Mais attendu que la loi, pour l'application de la présomption qu'elle édicte, ne distingue pas, suivant que la chose qui a causé le dommage était ou non actionnée par la main de l'homme ; qu'il n'est pas nécessaire qu'elle ait un vice inhérent à sa nature et susceptible de causer le dommage, l'article 1384 rattachant la responsabilité à la garde de la chose, non à la chose elle-même… ».

1940. Même si la jurisprudence a pu autoriser parfois le gardien à s'exonérer de sa responsabilité dans un certain nombre de cas où le lien de causalité ne semble pas évident, si bien que l'on a pu se demander s'il n'y avait pas, de ce fait, un certain retour à la notion de faute (v. plan en fin de chapitre), il reste que cette responsabilité est, définitivement construite comme une responsabilité objective, fondée sur le risque.

C'est ce que nous allons voir en étudiant le mécanisme de la responsabilité du fait des choses que **les différents projets de réforme** consacrent, telle que la jurisprudence l'a construite en confirmant sa nature de responsabilité de plein droit.

1941. Une notion nouvelle va ensuite apparaître avec la loi du 5 juillet 1985 sur l'indemnisation des victimes d'accident de circulation qui introduit le terme d'« implication » et que nous verrons ensuite plus en détail (v. ss 2459 s.) ; cette loi, qui prend en compte de façon encore plus spécifique cette idée de risque, automobile, en l'occurrence va retirer à l'article 1384, alinéa 1er, une grosse partie de son domaine d'application puisqu'il s'agit d'une loi instituant un régime autonome d'indemnisation des victimes de dommages causés par des véhicules terrestres à moteur. Elle n'autorise pas la victime à choisir de se placer plutôt sur le fondement de la responsabilité du fait des choses.

II. Mécanisme du régime général de la responsabilité du fait des choses selon l'article 1384, alinéa 1er

1942. Nous verrons, d'une part, les conditions d'exercice de cette responsabilité, puis ses causes d'exonération.

A. Conditions de mise en jeu de la responsabilité du fait des choses

1943. Selon l'article 1384, alinéa 1er, on peut définir les conditions nécessaires à la mise en jeu de cette responsabilité.

► ***La responsabilité du fait des choses*** est encourue dès qu'il y a réunion de trois éléments : présence d'une chose (1), fait de la chose (2), c'est-à-dire lien de causalité entre la chose et le dommage, celui-ci étant la plupart du temps présumé et dommage. La responsabilité pèse alors que le gardien de la chose (3).

1. La chose

1944. Ce terme est extrêmement vague, ce qui a permis à la jurisprudence d'étendre le domaine de l'article 1384, alinéa 1er, à toutes sortes de biens solides, liquides ou gazeux, voire aux ondes sonores ou aux impulsions électriques ou « parasites ». Mais ce sont surtout les biens corporels, depuis les voitures et toutes sortes de véhicules à moteur (jusqu'à la loi du 5 juillet 2005), jusqu'aux biens les plus variés tels qu'instruments de toute nature mais également tuyauterie, dallage, armes, tuiles, etc. Toutefois, il a été jugé que si la SNCF est bien gardienne de l'ensemble d'un convoi : la chose, elle, n'encourt pas de responsabilité du fait d'une bouteille projetée hors d'un train qui ne fait pas partie inhérente de la « chose » dont elle a la garde[1]. Certains biens en sont exclus, mais, en revanche, la jurisprudence a évolué en ce qui concerne les caractéristiques requises de ces biens.

---

1. Civ. 10 oct. 1973, *Bull. civ.* II, 1974, n° 256, p. 205, chron. Starck, *D.* 1973. 269.

a) Biens qui sont exclus du domaine de l'article 1384, alinéa 1er

1° Ce sont tout d'abord les biens qui sont visés par d'autres textes

1945. Cela concerne, tout d'abord, les biens visés par le Code civil, qui font l'objet d'un régime spécial de responsabilité du fait des choses : les animaux (art. 1385) et les bâtiments (art. 1386) ; mais il faut noter que, pour ceux-ci, l'article 1386 ne vise que les dommages causés par leur ruine. S'il n'y a pas ruine, on se retrouve dans le cadre de l'article 1384, alinéa 1er.

D'autres textes postérieurs visent également les choses incendiées, les aéronefs, les téléphériques et l'énergie nucléaire. Les « produits défectueux » font eux aussi l'objet d'une responsabilité spéciale régie par les articles 1386-1 à 1386-18 du Code civil depuis la loi du 19 mai 1998 (v. ss 2374 s.).

Sont, enfin, également exclus les *véhicules terrestres à moteur* depuis la loi du 5 juillet 1985 (v. ss 2530 s.).

Les « produits défectueux » font eux aussi l'objet d'une responsabilité spéciale régie par les articles 1386-1 à 1386-18 du Code civil depuis la loi du 19 mai 1998, mais dans ce cas l'application de l'article 1384, alinéa 1er, n'est pas exclue. Une option est possible pour la victime entre le régime spécial et le droit commun de la responsabilité.

2° Ce sont ensuite les biens n'appartenant à personne

1946. Il s'agit de choses telles que gibier, chose abandonnée, neige entraînée par une avalanche, c'est-à-dire des *res nullius* à ne pas confondre avec une *res derelicta* (chose abandonnée) susceptible d'être sous la garde de quelqu'un. Ainsi, par exemple, l'enfant qui blesse quelqu'un en donnant un coup de pied dans une bouteille abandonnée est-il considéré comme gardien temporaire de cette bouteille[1].

3° C'est, enfin, le corps humain

1947. Le corps humain, échappe également au domaine de l'article 1384, alinéa 1er. Citons, par exemple, le cas de la chute du passager d'un manège forain sur un spectateur[2].

Toutefois, une partie du corps humain peut donner lieu à l'application de l'article 1384, alinéa 1er, si elle forme un ensemble avec la chose, cause du dommage : coude du motocycliste, main sur la poignée d'une portière malencontreusement ouverte…

b) Caractéristiques de la chose

1948. On a voulu faire, à l'origine, des distinctions selon que la chose était mobilière ou immobilière, dangereuse ou non, en mouvement ou inerte, en position normale ou anormale, etc. Et la jurisprudence a dû, à l'occasion des cas qui lui étaient soumis, nuancer sa position sur ces différents points.

1° Chose mobilière ou immobilière

1949. L'article 1384, alinéa 1er, est applicable, en principe, à tous les *biens meubles* sauf en cas d'incendie. Le problème soulevé par les navires et les aéronefs que certains

---

1. Civ. 2e, 10 févr. 1982, *Gaz. Pal.* 3-4 nov. 1982, note F. C. ; *JCP* 1982. Somm. 153 ; *JCP* 1983. II. 20069, note Cœuret.
2. Civ. 22 juin 1942, *DC* 1944. 16, note Lalou.

voulaient exclure du domaine de l'article 1384, alinéa 1er, a été résolu pour les premiers par des textes spéciaux (v. ss 2439-1, « Le point sur... De quelques régimes de responsabilité édictés par des textes spéciaux », Documents) mais l'article 1384, alinéa 1er, demeure applicable en cas d'abordage aérien. Enfin, on l'a dit, les véhicules terrestres à moteur sont régis par la loi du 5 juillet 1985.

En ce qui concerne les *immeubles*, il n'y a pas de discussion pour les immeubles par destination qui sont en réalité des meubles par nature, un ascenseur, par exemple[1].

Quant aux immeubles par nature, l'article 1384, alinéa 1er, est applicable à tous les immeubles qui ne sont pas des bâtiments, par exemple, la chute d'une palissade, d'un arbre, mais également un glissement de terrain[2], et même aux bâtiments lorsqu'il ne s'agit pas de « ruine » : chute d'une tuile, chute sur un dallage, etc.

Il faut noter, toutefois, que les dommages causés par *un incendie, qu'il s'agisse d'une chose mobilière ou immobilière*, ne sont plus du domaine de l'article 1384, alinéa 1er. En effet, à la suite de l'« affaire des résines », incendie qui s'était propagé d'un fût de résine a des immeubles voisins puis à la gare de Brienne et que la Cour de cassation avait imputé au gardien du fût et du bâtiment où il était entreposé[3], les compagnies d'assurances ont obtenu le vote d'une loi spéciale le 7 novembre 1922. Ce texte, qui constitue l'alinéa 2 de l'article 1384, exige la preuve d'une faute du détenteur du bien où l'incendie a pris naissance (v. ss 2012). C'est ce texte qui est applicable dans tous les cas d'incendie et non l'article 1384, alinéa 1er. Or, il est souvent extrêmement difficile de prouver cette faute et les juridictions inférieures, comme la doctrine, souhaiteraient voir abroger cet article[4], mais la Cour de cassation respectueuse des textes, casse les arrêts qui tentent de l'écarter[5].

2° Chose dangereuse ou non

1950. On avait voulu réserver l'article, 1384, alinéa 1er, aux choses dangereuses, soit par un vice de construction (par exemple, une paille dans l'acier de la chaudière en 1896) par assimilation avec l'article 1386, soit par leur nature (arme, véhicule à moteur), soit par leur position (pot de fleurs sur un rebord de fenêtre), mais la jurisprudence, après avoir adopté cette distinction pendant un certain temps et, notamment, dans le premier arrêt *Jand'heur*, y a finalement renoncé dans le second arrêt *Jand'heur* (citation, v. ss 1939).

3° Chose en mouvement ou inerte

1951. Cette distinction n'est pas retenue non plus par la jurisprudence qui leur applique l'article 1384, alinéa 1er, dès lors qu'elles ont causé un dommage (cf. également arrêt *Jand'heur*). En revanche, la jurisprudence actuelle autorise le gardien à « s'exonérer » de sa responsabilité s'il peut prouver que la chose n'a joué qu'un *rôle purement passif* dans la production du dommage : c'est ce qui découle de la distinction suivante. Elle repousse même l'action de la victime qui n'a pu établir que la chose a été la cause génératrice du dommage (par exemple, chute sur le revêtement de sol d'un magasin)[6]. Mais on verra que ces solutions sont guidées par le fait que la responsabilité fondée sur l'article 1384,

1. V. Req. 6 mars 1928. *DP* 1928. I. 97, note Josserand.
2. Civ. 25 juin 1952, *JCP* 1952. II. 7338, note Esmein.
3. Civ. 16 nov. 1920, *D.* 1920. I. 159.
4. V. Szames, chron. citée dans la bibliographie, et n° 1306.
5. Civ. 2e, 31 janv. 1980, *Bull. civ.* II, n° 22.
6. Civ. 19 nov. 1964, *JCP* 1965. II. 14022, note Rodière, *D.* 1965. 93.

alinéa 1er, est une présomption de responsabilité, qui repose elle-même sur une présomption de causalité, qui ne joue pas cependant automatiquement. Il ne s'agit donc pas de causes d'exonération au sens strict (v. ss 1978).

La Cour de cassation pose en effet depuis longtemps que pour mettre en œuvre la responsabilité du gardien d'une *chose inerte*, et faire jouer la présomption de causalité, il faut établir son « rôle actif » en prouvant sa « position anormale » ou son « état anormal ayant créé un risque à l'origine de l'accident »[1]. Par un revirement remarqué, la Cour de cassation semblait ne plus exiger qu'une intervention quelconque de la chose, soit un simple contact ans que son rôle actif soit nécessaire[2] mais elle est revenue depuis à la solution traditionnelle (v. ss 1960).

4° Chose en position normale ou anormale

1952. Cette distinction sert lorsque la chose qui est supposée être la cause du dommage est une chose inerte. Dans ce cas, il faut que la victime prouve le rôle actif de la chose pour engager la responsabilité du gardien et la jurisprudence distingue selon qu'elle a joué un *rôle actif par sa position* anormale ou qu'elle était en position normale ce qui ne permet pas d'admettre une présomption de causalité. Mais on touche là à la condition du *fait de la chose*.

2. Le fait de la chose

Pour que la responsabilité du gardien soit engagée, il faut que le dommage soit dû au « fait de la chose ». À l'origine, on a tenté de soutenir que chaque fois que la chose était animée par la main de l'homme, il n'y avait pas fait de la chose, mais fait de l'homme. Mais, depuis 1930 (arrêt *Jandheur*, v. ss 1936), on admet qu'il y a fait de la chose, indépendamment du fait de l'homme. Simplement si la chose est actionnée par la main de l'homme on pourra aussi éventuellement agir sur le fondement de l'article 1382 du Code civil.

a) Le principe d'une présomption de causalité

1953. La victime n'a pas à prouver, pour engager la responsabilité du gardien, que la chose est cause du dommage au sens de l'équivalence des conditions. Il suffit qu'elle établisse le fait de la chose, c'est-à-dire que la chose est intervenue, de quelque manière que ce soit dans la réalisation du dommage, ce que la jurisprudence traduit généralement en relevant que la chose a été « l'instrument du dommage ». De l'intervention simple de la chose dans le dommage on déduit donc (on présume) qu'elle est cause du dommage (sauf ensuite au gardien à établir l'existence d'une cause d'exonération, puisque la causalité n'est que présumée).

b) Un principe fonctionnant pleinement en cas de contact avec une chose en mouvement

1954. Cette preuve de l'intervention simple de la chose est particulièrement facile à faire lorsqu'il y a eu *contact avec une chose en mouvement* : dans ce cas en effet, la victime n'a rien à prouver : le rôle actif est automatiquement établi et la présomption de causalité joue.

---

1. Civ. 2e, 30 nov. 1994, *Bull. civ.* II, no 249 et 11 janv. 1995, *D.* 1995. IR 39 ; *JCP* 1995. IV. 625, *JCP* 1995. I. 3853, obs. G. Viney.
2. Civ. 2e, 15 juin 2000.

c) La nécessité d'une preuve particulière si les deux conditions ne sont pas réunies

1955. Lorsque ces deux conditions cumulatives ne sont pas réunies, la victime devra en effet faire la preuve que la chose a joué un rôle actif, qu'elle a bien été « l'instrument du dommage ». Aujourd'hui, en effet, la jurisprudence se sert de cette expression « instrument du dommage », quoiqu'elle semble moins bonne que les expressions de « rôle actif » ou « rôle passif » de la chose, utilisées jusqu'aux années quatre-vingt.

1° La nécessité de prouver l'anormalité de la chose lorsqu'elle est inerte

1956. Dans le cas d'une chose inerte et même s'il y a eu contact avec le siège du dommage, la situation est plus délicate.

À l'origine, la jurisprudence admettait la présomption de causalité en toute hypothèse, même si la chose était inerte et c'était ensuite au gardien à s'exonérer en prouvant le rôle passif : « pour l'application de la présomption de responsabilité qu'il édicte, l'article 1384, alinéa 1er, ne distingue pas suivant que la chose est inerte ou en mouvement. Si elle est présumée être la cause génératrice du dommage, dès lors qu'inerte ou non elle est intervenue dans sa réalisation, le gardien peut détruire cette présomption, en prouvant qu'elle n'a joué qu'un rôle passif » (*Époux Cadé*)[1].

1957. Mais ensuite, cette jurisprudence a été abandonnée. Le rôle actif n'est pas présumé du seul fait qu'il y a eu contact si la chose est inerte et c'est à la victime à établir le rôle actif en prouvant le positionnement ou le comportement anormal de la chose ou son caractère défectueux : « une chose inerte ne peut être l'instrument d'un dommage si la preuve qu'elle occupait une position anormale ou qu'elle était en mauvais état n'est pas rapportée », énonce la Cour de cassation dans un arrêt de principe du 11 janvier 1995[2].

1958. Ainsi, dans l'affaire *Pialet*[3], il s'agissait d'un accident causé par « une chaise pliante gisant à plat sur le sol » à la terrasse d'un café, le soir, ce qui était une position anormale ; dans l'affaire *Cadé*[4], il s'agissait d'un dommage causé à la cliente d'un établissement de bains, qui, prise d'un malaise, était tombée et s'était brûlée sur une tuyauterie de chauffage central. L'établissement de bains, attaqué comme gardien des tuyaux, fut déchargé de sa responsabilité, la tuyauterie « se trouvant installée dans des conditions normales », mais ici la présomption de causalité jouait encore et la victime n'avait pas eu à démontrer l'anormalité de la chose. C'est le gardien qui avait dû démontre l'absence d'anormalité pour échapper à la présomption de causalité.

On a pu faire remarquer que par ce biais, on réintroduisait indirectement le critère de la faute, dans la mesure où le gardien pouvait éviter ce comportement anormal et ne l'a pas fait, mais ce n'est pas toujours aussi simple.

2° L'absence de remise en cause de cette jurisprudence

1959. On a pu penser un temps que la Cour de cassation allait remettre en question cette exigence de preuve de l'anormalité et réintroduire une présomption générale de causalité applicable même aux choses inertes.

---

1. Civ. 19 févr. 1941, *GAJC*.
2. Civ. 2e, 11 janv. 1995, *Bull. civ.* II, no 18, *RCA* 1995, comm. 86.
3. Civ. 24 févr. 1941, *DA* 1941. J. 129.
4. Civ. 19 févr. 1941, *DA* 1941. J. 211, *DC* 1941. 85, note Y. Flour.

Par une série de décisions rendues à propos de baies vitrées qui s'étaient brisées après avoir été heurtées par la victime, elle a en effet entretenu la perplexité de la doctrine en retenant la responsabilité du gardien sans que la preuve d'une défectuosité ou d'une anormalité quelconque de la vitre ait été faite. Dans la première décision rendue en 1998 qui entamait ce mouvement jurisprudentiel, où un jeune garçon s'était blessé au coude en heurtant une porte palière vitrée qui s'était brisée, elle censure la cour d'appel qui n'avait pas retenu la responsabilité à défaut de preuve de l'anormalité [1].

Dans une décision postérieure du 15 juin 2000 elle va encore plus loin puisque non seulement elle n'exige toujours pas l'anormalité, mais encore, elle ne fait même plus référence au rôle actif de la vitre [2]. Il s'agit d'une simple intervention de la vitre et non du « rôle actif » qui était jusqu'ici exigé. Cette jurisprudence semblait par ailleurs devoir s'étendre à d'autres cas qu'aux portes vitrées puisqu'une nouvelle décision relative cette fois à une boîte aux lettres intervenait dans le même sens [3]. Puis cette position a encore été réaffirmée à propos du heurt d'un bloc en béton peint en rouge qui délimitait un passage protégé. Bien que la cour d'appel ait jugé que ce bloc ne constituait ni un obstacle, ni un danger particulier, que sa présence ne pouvait être considérée comme anormale et que son enlèvement après l'accident n'était pas en soi le signe d'une dangerosité particulière et ne démontrait pas son rôle causal, la deuxième chambre casse au seul motif que ce bloc « avait été l'instrument du dommage » [4] !

1960. Mais finalement, dans une décision du 24 février 2005, concernant une baie vitrée, la Cour de cassation a réaffirmé l'exigence de la preuve de l'anormalité de la chose. Néanmoins, elle est progressivement passée de la notion d'anormalité de la position à celle d'anormalité de l'état de la chose. Dans cette affaire où une personne avait heurté une porte vitrée qu'elle croyait ouverte et qui s'était brisée, lui occasionnant des blessures, le fait que la porte ait été fermée bien qu'elle donnât sur une terrasse et que c'était l'été, n'a pas été considéré comme caractérisant une chose en position anormale par la cour d'appel qui en déduit qu'elle n'avait joué aucun rôle actif dans la réalisation du dommage. Sur pourvoi, la Cour de cassation considère que la porte vitrée qui s'était brisée, était fragile, ce dont il résultait que la chose, en raison de son anormalité, avait été l'instrument du dommage. Dans un second arrêt du même jour, concernant un tremplin sur lequel des VTT prenaient leur élan avant de retomber dans l'eau, La Cour de cassation a, de la même façon, rappelé l'exigence d'anormalité [5]. La solution n'a pas été remise en cause depuis. Dans une décision du 19 novembre 2009, la Cour de cassation relève encore, à propos du dommage subi par un baigneur qui avait glissé sur la margelle d'une piscine que selon les juges du fond, souverains dans l'appréciation des faits, « la margelle mouillée de la piscine ne présentait aucun caractère d'anormalité et qu'elle n'avait donc pas été l'instrument du dommage » [6]; la même motivation se retrouve dans une décision

---

1. Civ. 2e, 29 avr. 1998, *Bull. civ.*, no 142 ; *RTD civ.* 1998. 912, obs. P. Jourdain.
2. Civ. 2e, 15 juin 2000, *Bull. civ.* II, no 103 ; *JCP* 2000. IV. 2354 ; *JCP* 2000. I. 280, obs. G. Viney.
3. Civ. 2e, *JCP* 2001. I. 122, obs. G. Viney.
4. Civ. 2e, 18 sept. 2003, *JCP* 2003. IV. 2735 ; *D.* 2003. IR 2412 ; *JCP* 2004. II. 10013, note C. Le Tertre ; *JCP* 2004. I. 101, obs. G. Viney ; v. aussi L. Bloch, chron. citée dans la bibliographie.
5. Civ. 2e, 24 févr. 2005, *JurisData* no 2005-027094 ; *RTD civ.* avr.-juin 2005, obs. P. Jourdain ; *JCP* 2005. I. 149, obs. G. Viney ; *RCA* 2005, obs. H. Groutel ; *LPA* 23 nov. 2005, no 233, p. 10, note I. Gallmeister.
6. Civ. 2e, 10 nov. 2009, *JurisData* no 2009-050309 ; *RCA* 2010, comm. 39. Ou encore, pour le bris d'un « skydom » sous le poids de la victime : Civ. 2e, 16 oct. 2008, *RCA* 2008, comm. 352, relevant l'absence d'anormalité pour en déduire que la chose n'avait pas été l'instrument du dommage.

du 29 mars 2012 à propos d'un muret de béton, chose inerte qui n'était pas placée dans une position anormale et n'avait joué aucun rôle actif dans la production du dommage, si bien qu'il n'avait pas été l'instrument du dommage [1].

3° La preuve du rôle actif s'il s'agit d'un préjudice causé sans contact matériel

1961. La victime devra prouver l'intervention de la chose dans la réalisation du dommage et l'on se rapproche alors de la preuve de la causalité. C'est le cas par exemple d'une drague dont une pièce métallique s'était détachée, ce qui avait entraîné la fermeture du port. Une société de transports pétroliers qui s'était vu interdire l'entrée du port, réclamait le remboursement des sommes versées pour retard dans le déchargement. La pièce métallique était tombée assez profondément pour ne provoquer aucun dommage direct, le seul dommage était dû au retard consécutif à la fermeture du port, elle-même provoquée par la chute de cette pièce. La compagnie gardienne de la drague et donc de la pièce en question a été considérée comme responsable et a dû indemniser la société de transports pétroliers [2].

Dans le même sens, la Cour de cassation fait une nouvelle application de la notion de « fait de la chose » conditionnant la mise en œuvre de la responsabilité du gardien. Des blocs rocheux étant tombés d'une falaise faisant partie du domaine privé de la commune des Baux-de-Provence, après avoir fait procéder à une étude technique, le maire de la commune décida d'entreprendre des travaux de confortement de la falaise. Il prit alors un arrêté de fermeture d'un hôtel-restaurant situé en contrebas de cette falaise. La SCI propriétaire de l'établissement demanda réparation des préjudices consécutifs à cette fermeture à la commune sur le fondement de l'article 1384, alinéa 1er. La cour d'appel ayant rejeté la demande au motif que c'était la mise en œuvre de l'arrêté municipal et non la falaise qui était à l'origine de la cessation d'exploitation, la Cour de cassation casse au motif que « l'arrêté municipal ne trouvait lui-même sa justification qu'au regard du risque d'éboulement de la falaise, n'en étant que la conséquence, et que ce risque constituait donc la cause de la cessation d'activité de l'établissement [3]. »

On peut voir, aussi, ici, une application des principes « de précaution » et « d'action préventive » du droit de l'environnement. Un auteur s'interroge, toutefois, sur l'opportunité de cette décision, notamment si le gardien de la falaise avait été une personne privée. Selon lui, « la Cour de cassation vient d'inventer la réalisation du dommage avant qu'il ne survienne, du seul fait que les pouvoirs publics ont pris des mesures destinées à empêcher sa réalisation, mais causant un préjudice à certains administrés » [4].

1962. Les différents projets de réforme consacrent les solutions établies par la jurisprudence : « le fait de la chose est présumé dès lors que celle-ci, en mouvement, est entrée en contact avec le siège du dommage. Dans les autres cas, il appartient à la victime de prouver le fait de la chose, en établissant soit le vice de celle-ci, soit l'anormalité de sa position ou de son état ».

---

1. Civ. 2e, 29 mars 2012, n° 10-27. 553 ; *JurisData* n° 2012-005664 ; *Bull. civ.* 2012, II, n° 66 ; *RCA* 2012, comm. 150, note H. Groutel. V. aussi, A. Vignon-Barrault, « L'anormalité dans la responsabilité du fait des choses inertes : épilogue ? », *RCA* 2012. Étude 7.
2. Civ. 2e, 19 mars 1980, *D.* 1980. IR 414, obs. C. Larroumet ; *JCP* 1980. IV. 216.
3. Civ. 2e, 26 sept. 2002, *D.* 2003, jurispr. 1257, note O. Audic ; *JCP* 2003. I. 154, obs. G. Viney ; *RTD civ.* 2003. 100, obs. P. Jourdain ; *Gaz. Pal.* 10-12 août 2003, note critique J. Liagre.
4. J. Liagre, note sous l'arrêt préc.

3. La détermination du gardien responsable

1963. Cette notion est essentielle puisque c'est elle qui va déterminer quelle est la personne responsable du fait des choses.

1964. Là aussi, la notion a évolué. L'article 1384, alinéa 1er, dit seulement qu'« on » est responsable des choses que « l'on » a sous sa garde. Qui est-ce « on » ? C'est le gardien, mais qui est le gardien ? La réponse dépend du fondement que l'on donne à cette responsabilité : faute présumée, risque, faute dans la garde… La jurisprudence a tenté d'y répondre dans l'intérêt de la victime, mais elle est parfois influencée par une faute commise par l'un des gardiens possibles ou par le fait qu'il vaut mieux désigner celui qui est assuré. La recherche du gardien est donc assez empirique et a donné lieu à bien des tâtonnements.

a) Définition du gardien

1965. On a pu hésiter à l'origine entre deux théories en matière de garde. Pour certains, c'est la conception juridique de la garde qui devait être admise, désignant comme gardien de la chose le propriétaire. Pour d'autres, il fallait utiliser au contraire la conception matérielle de la garde : le gardien est celui qui utilise la chose.

Le choix a finalement été fait de la conception matérielle de la garde, dans l'arrêt *Franck* rendu en 1941. De la définition du gardien donnée par cette décision on peut par ailleurs déduire d'autres principes de solution concernant la garde.

1° Le choix de la conception matérielle de la garde et définition du gardien par l'arrêt *Franck*

1966. Après quelques hésitations entre le critère de la direction matérielle ou de la direction intellectuelle, lorsque le propriétaire a transféré la direction à un tiers, la garde est enfin définie. La Cour de cassation a finalement donné une définition du gardien dans un arrêt des chambres réunies du 2 décembre 1941 mettant fin à la célèbre affaire *Franck*. Il s'agissait de la voiture du docteur Franck, laissée en stationnement par son fils, qui avait été volée. Le voleur ayant provoqué un accident mortel, la veuve de la victime, le facteur Connot, avait attaqué le docteur Franck en tant que gardien de la voiture. La Cour de cassation a finalement décidé que le gardien était en réalité le voleur car « Franck, privé de l'usage, de la direction et du contrôle de sa voiture, n'en avait plus la garde »[1]. Il s'agit d'un arrêt de rejet des chambres réunies manifestant un revirement dans une affaire qui durait depuis dix ans, et qui tient compte d'une situation de fait.

► ***Le gardien*** est donc, selon cette jurisprudence désormais constante, celui qui a l'usage, la direction et le contrôle de la chose.

1967. C'est, a-t-on pu dire, la condamnation du critère de garde juridique au profit de celui de garde matérielle et de direction intellectuelle.

De son côté, mais en 2000 seulement, le Conseil d'État a opéré un revirement de jurisprudence pour s'aligner sur la position civiliste, en décidant que « le propriétaire d'un

1. *DC* 1942. 25, note G. Ripert, *S.* 1941. I. 217, note H. Mazeaud, *JCP* 1942. II. 1766, note Mihura.

véhicule volé, dès lors qu'il n'a plus la garde de ce véhicule, ne peut, par suite, être tenu pour l'auteur de la contravention de grande voirie causée par ce véhicule »[1].

Mais la notion de garde est parfois assez élastique. À propos d'une *res nullius* ou plutôt d'une *res derelicta*, la Cour de cassation, dans un arrêt du 10 février 1982[2], avait considéré que la garde est liée à l'usage, si bref et fortuit soit-il. Il s'agissait d'un mineur qui avait donné un coup de pied dans une bouteille abandonnée laquelle vola en éclats. L'un des éclats avait blessé un autre mineur à l'œil, entraînant sa cécité. La cour de Nancy avait rejeté la notion de garde, s'agissant d'une *res nullius* dont la détention avait été « trop précaire et trop brève pour qu'il y ait eu appropriation et que son utilisation par l'auteur de l'accident ne répondait pas à la satisfaction d'un besoin déterminé ». Mais la Cour suprême a cassé cet arrêt car « la responsabilité du dommage causé par une chose est liée à l'usage qui en est fait ainsi qu'au pouvoir de direction et de contrôle exercé sur elle et qui caractérise la garde ».

Notons que la Cour de cassation est revenue, depuis, sur cette conception un peu trop extensive de la notion de garde. Ainsi, le 24 avril 2003, casse-t-elle une décision d'une cour d'appel condamnant une personne à réparer le préjudice causé à une autre par la chute d'une pierre qui s'était détachée alors qu'elle servait de prise à la défenderesse au cours d'une escalade, en relevant « qu'en statuant ainsi sans préciser en quoi Mme Bergasol, en prenant appui sur cette pierre déterminée, avait acquis sur cette chose un pouvoir d'usage, de contrôle et de direction effectif et indépendant caractérisant la garde, la cour d'appel n'a pas donné de base légale à sa décision »[3].

Dans une affaire similaire, jugée le même jour, de dommages causés par des chutes de pierres lors d'une escalade, la Cour de cassation dégage le défendeur de toute responsabilité, d'une part parce que « le déclenchement de la chute d'une pierre par M. Morris n'était pas fautif » et, d'autre part, parce qu'un « alpiniste posant le pied sur une pierre « ne peut raisonnablement pas diriger et contrôler cette dernière sur laquelle il marche aussi » ; il n'exerce donc pas sur cette pierre les pouvoirs d'usage, de contrôle et de direction qui caractérisent la garde d'une chose »[4]. Cette décision, en ce qu'elle écarte toute faute de l'alpiniste constitue d'ailleurs, heureusement, un revirement de jurisprudence par rapport à un arrêt du 18 mai 2000 qui avait affirmé que « le seul fait de tomber en entraînant un autre grimpeur constitue, indépendamment de toute autre circonstance, une faute »[5] (v. ss 1878).

2° Principes déduits de l'arrêt *Franck*

1968. Outre l'affirmation de la notion de garde matérielle deux autres principes complémentaires découlent de l'arrêt *Franck*.

• ***Une présomption de garde pèse sur le propriétaire***. Même si le gardien véritable est celui qui a sur la chose les pouvoirs d'usage, contrôle et direction, il reste que, *a priori*, le propriétaire est présumé gardien. La victime doit donc seulement le désigner, et c'est à lui ensuite à démontrer qu'il n'était pas le gardien au moment de la survenance du dommage.

---

1. CE, sect., 5 juill. 2000, *JCP* 2000. II. 10476, note Mankou.
2. Préc., v. ss 1259.
3. Civ. 2e, 24 avr. 2003, 1re esp., *Gaz. Pal.* 5-6 mai 2004. Somm. 41 ; *JCP* 2004. II. 10049, deux espèces, note E. Gavin-Millan-Oosterlynck.
4. Civ. 2e, 24 avr. 2003, 2e espèce, *Gaz. Pal.* 5-6 mai 2004, préc., note A. Bolze.
5. Civ. 2e, *JCP* 2000. IV. 2185 ; *Dr. et patr.* 2001, n° 89, p. 85, obs. F. Chabas.

La présomption de garde est une présomption simple et le propriétaire peut donc la faire tomber en prouvant qu'il y avait eu transfert de garde (v. ss 1970). La Cour de cassation continue à faire jouer cette présomption et se montre très stricte dans la démonstration du transfert de garde. Ainsi, dans le cas de la vente d'un immeuble, le vendeur n'est plus gardien de l'immeuble, dès la conclusion du contrat, même s'il se trouve encore dans les lieux au moment du dommage, pour déménager ses dernières affaires. Il n'est donc plus gardien d'une échelle de meunier permettant l'accès à l'étage, en tombant de laquelle un tiers s'est blessé ; la garde a été transférée à l'acquéreur, devenu propriétaire. Il appartenait donc à l'acquéreur, présumé gardien car propriétaire, d'établir que le vendeur avait, au moment du dommage, les pouvoirs matériels d'usage, contrôle et direction qui lui en aurait retransféré la garde [1].

• ***La garde est alternative et non-cumulative.*** Il ne peut y avoir simultanément deux gardiens d'une même chose. Ce principe connaît aussi quelques atténuations, notamment dans les rares cas où la jurisprudence admet une garde collective (v. ss 1971).

b) Les applications particulières de la garde et les difficultés de détermination du gardien

1969. La définition de la garde donnée par l'arrêt Franck a permis de résoudre certains problèmes qui se posent en cas de pluralité de gardiens possibles. Parfois, certaines dérogations ont été admises par la jurisprudence.

1° Le transfert de la garde

1970. Plusieurs hypothèses sont à distinguer.

• ***Lorsque la chose n'est au pouvoir de personne***, c'est le propriétaire qui en demeure gardien, s'il y en a un.

• ***Lorsque la chose a été enlevée au propriétaire contre son gré ou à son insu***, il n'en est plus gardien et c'est le voleur, ou le possesseur, ou le préposé infidèle qui en devient gardien, car le propriétaire n'a plus aucun pouvoir sur la chose.

• ***Lorsque le propriétaire confie la chose à un tiers détenteur***, la réponse est différente selon que le propriétaire conserve ou non un pouvoir de direction ou de contrôle sur la chose. S'il les conserve, et c'est ce qui se passe avec un préposé, il demeure gardien. En revanche, s'il a cédé tous ses pouvoirs à un emprunteur, un locataire, un garagiste par exemple, ce sont ces derniers qui sont considérés comme gardiens même si la chose n'est confiée au tiers que temporairement et pour un trajet déterminé. Ainsi, un garagiste avait-il prêté un véhicule à sa cliente, lui en transférant la garde, mais celle-ci avait passé le volant à une amie pendant qu'elle dormait sur le siège à côté : bien qu'assoupie, la Cour suprême considère qu'elle est demeurée gardienne du véhicule [2].

La jurisprudence reste assez hésitante en la matière : pour admettre ou refuser le transfert de la garde elle fait intervenir différents critères : *l'intérêt que le propriétaire conservait à*

---

1. Civ. 2ᵉ, 13 nov. 2008, *JurisData* nº 2008-045848, *RCA* 2009, comm. 7 ; *JCP* 2009. I. 123, nº 9, obs. Ph. Stoffel-Munck.
2. Civ. 2ᵉ, 8 nov. 1989, *RTD civ.* 1990. 92.

l'usage de la chose[1], ou le *caractère bénévole* de l'aide ou du service apporté qui laissent la garde au propriétaire. *La courte durée de l'utilisation* pour un usage défini empêche le transfert de la garde d'un tracteur potentiellement dangereux[2] mais permet le transfert d'un chariot dans un supermarché, le chariot étant prêté « à l'état inerte et… dépourvu de tout dynamisme propre »[3].

La jurisprudence tient également compte de celui qui a pris l'*initiative* du transfert : ainsi pour deux arrêts apparemment contradictoires relatifs au prêt d'une échelle, les juges ont-ils attribué la garde de l'échelle à l'ami qui s'était spontanément emparé d'une échelle pour montrer comment peindre à son propriétaire[4], et laisse la garde au propriétaire qui avait invité son médecin à utiliser l'échelle pour cueillir des cerises ![5]

De plus, dans un certain nombre d'hypothèses la jurisprudence subordonne le transfert de garde au fait que le tiers auquel la garde de la chose a été confiée, a « reçu corrélativement toute possibilité de prévenir, lui-même, le préjudice qu'elle peut causer », par exemple, des risques de fermentation de gravats contenant de l'orge[6]. La présomption de garde qui pèse sur le propriétaire de la chose est en effet renforcée chaque fois que celui-ci conserve la maîtrise de la structure interne de la chose. Il ne doit pas y avoir manquement à une obligation d'information et de mise en garde nécessaire au transfert de la garde qui implique, ne l'oublions pas, « le contrôle de la chose ». Cette même position découle d'un autre arrêt de la Cour suprême et le « rapprochement de ces deux décisions permet d'établir un lien entre le transfert de la garde d'une chose dangereuse entre professionnels et le transfert des informations concernant les dangers de cette chose »[7]. Toutefois, dans ces hypothèses on se trouve à la frontière de la distinction entre garde de la structure et du comportement (v. ss 1973).

Quoi qu'il en soit, s'il y a transfert de la garde, il doit être prouvé (v. déjà ss 1968 et la jurisprudence signalée à propos de la vente de l'immeuble et de la garde d'une échelle de meunier). Ainsi, dans le cas où des « mutins grévistes » avaient obligé le commandant du paquebot *France* à mouiller dans l'axe du chenal d'accès au port du Havre, la Cour de cassation approuve-t-elle la cour d'appel d'avoir décidé que la Compagnie générale maritime, armateur du paquebot, n'apportait pas la preuve qu'elle avait perdu les pouvoirs d'usage, de direction et de contrôle qui caractérisent la garde[8].

• ***L'exclusion d'un transfert de garde du commettant au préposé est par ailleurs acquise.*** En effet, il y a incompatibilité des fonctions de préposé et de gardien. La dimension intellectuelle de la garde justifie que le commettant reste gardien de la chose utilisée par son préposé et soit responsable du dommage sur ce fondement comme il peut l'être aussi sur le fondement de la responsabilité spéciale du commettant en cas de faute du préposé (v. ss 2098).

2° Les hypothèses de garde commune ou collective

1971. ***Garde collective.*** Lorsque la garde est assurée en commun par plusieurs personnes, ce qui est exceptionnel car la garde est en principe alternative et non-cumulative, il

---

1. Civ. 2e, 29 mars 1977 (deux arrêts), *D.* 1977. IR 328.
2. Civ. 2e, 14 janv. 1999, *RCA* 1999, comm. 65.
3. Civ. 2e, 14 janv. 1999, *RCA* 1999, comm. 94 ; *JCP* 2000. II. 10245, note S. Reifegerste.
4. Civ. 2e, 10 juin 1998, *JCP* 1999. II. 10042, note F. Mandin ; *RCA* 1998, comm. 298.
5. Civ. 2e, 11 févr. 1999, *RCA* 1999, comm. 95, obs. H. Groutel (pour l'ensemble de la question, v. obs. P. Jourdain, *RTD civ.* 1999. 631).
6. Civ. 1re, 9 juin 1993. *JCP* 1993. IV. 2026, obs. G. Viney, *JCP* 1993. I. 3727.
7. Obs. G. Viney sous Civ. 2e, 12 oct. 2000, *JCP* 2001. I. 338.
8. Cass., ch. mixte, 4 déc. 1981, *JCP* 1982. II. 19748.

est parfois impossible de choisir un gardien, dans ce cas, ils ont été considérés pendant un certain temps comme tous responsables *in solidum*. La solution de la garde collective a ainsi été utilisée dans le cas d'un ballon de football ou d'une gerbe de plomb dans un accident de chasse (v. ss 1714)[1]. La Cour de cassation admettait le recours à la garde collective « dans le cas d'une action simultanée exécutée dans le cadre d'une activité concertée, notamment lorsqu'une utilisation privative de la chose dissimule un pouvoir de décision partagé ».

On assiste aujourd'hui, de plus en plus, à un recul de cette notion de garde en commun.

Ainsi, elle a été écartée dans le cas où deux enfants jouaient ensemble avec un briquet dans une grange pleine de foin, dans la mesure où il a été établi que le garçon avait le premier fait une démonstration du jeu constituant à faire des ronds de fumée, mais que, lorsque l'embrasement du foin a provoqué l'incendie, c'est la petite fille qui exerçait, seule, les pouvoirs d'usage, de contrôle et de direction caractérisant la garde sur le briquet[2]. Elle l'a été aussi à propos d'une autre affaire où il s'agissait de torches enflammées avec lesquelles des enfants jouaient dans un hangar à foin[3].

S'il est possible de déterminer qui détenait précisément la chose, on revient à la garde alternative, ainsi en est-il dans le cas de deux jeunes filles qui s'exerçaient au basket-ball en prenant possession chacune à son tour du ballon pour le lancer dans le panier[4] ; ou bien encore à propos de la garde de la raquette en cas de dommage causé par un joueur de tennis à l'autre[5], préférée à la garde collective de la balle de tennis.

On peut citer aussi, le cas d'un avion monomoteur biplace qui avait été confié par son propriétaire à une tierce personne. Une autre personne était montée à bord. Un accident ayant provoqué la mort des deux personnes, celles-ci avaient été considérées comme responsables *in solidum*, étant toutes les deux gardiennes de l'appareil car il s'agissait d'un appareil à double système de commande. Cette décision est cependant cassée car la cour d'appel aurait dû rechercher qui était le commandant de bord[6].

Dans le cadre d'une partie de football, la Cour suprême refuse désormais que l'on puisse invoquer la garde en commun du ballon. Elle a même exclu que l'on puisse considérer le gardien de but, auteur du coup de pied ayant blessé un autre joueur, comme gardien du ballon car « l'action qui consiste à taper dans le ballon pour le renvoyer à un autre joueur ou dans le but ne fait pas du joueur qui détient le ballon un très bref instant le gardien de celui-ci »[7]. Il y a, donc, là aussi, refus d'appliquer la théorie de la garde en commun (v. ss 1968).

Enfin, dans le cas de tir de neuf coups de canons, pour rendre hommage à des mariés, qui ont causé un dommage auditif à une spectatrice, la Cour de cassation écarte à nouveau la garde collective des canons en relevant le caractère successif des tirs, de sorte que les gestes distincts ne caractérisaient nullement des actes connexes et inséparables ayant causé un dommage. On voit bien la tendance restrictive adoptée par la Cour de cassation, alors qu'il s'agissait d'une salve de coups et que, dès lors, les coups formaient sans aucun doute un ensemble que l'on aurait pu très bien considérer comme indivisible[8].

---

1. Civ. 7 nov. 1988, *Bull. civ.*, n° 214.

2. Civ. 2e, 11 juill. 2002, *D.* 2002. 3297, note Y. Dagorne-Labbe ; *RCA*, nov. 2002, n° 327, p. 15 ; *Gaz. Pal.* 4-5 juill. 2003, jurispr., note V. Le Blan-Delannoy.

3. Civ. 2e, 19 oct. 20006, *JurisData* n° 20006-030672 ; *RCA* 2007, comm. 6.

4. Civ. 2e, 21 févr. 1979, *Bull. civ.*, n° 58, p. 44.

5. Civ. 2e, 28 mars 2002, *RTD civ.* 2002. 521.

6. Civ. 3e, 26 sept. 2002, *Gaz. Pal.* 7-8 mars 2003, note Cl. Lalaut.

7. Civ. 2e, 13 janv. 2005, *RCA* 2005. comm. 78 ; *RTD civ.* avr.-juin 2005, p. 410, obs. P. Jourdain.

8. Civ. 2e, 4 déc. 2008, *JurisData* n° 2008-046146, *RCA* 2009, comm. 41, obs. H. Groutel.

Si le refus de la garde collective paraît justifié dans la plupart des cas, il présente un inconvénient lorsque la victime est un tiers et non l'un des présumés co-gardiens : en effet, la victime, dans ce cas ne bénéficie plus de l'avantage d'être en présence d'une responsabilité sans faute ni de la garantie d'une obligation *in solidum* des différents gardiens.

3° La garde sans discernement

1972. De même qu'il peut y avoir désormais faute sans discernement, il peut aussi y avoir, depuis l'arrêt *Gabillet* rendu par l'assemblée plénière le 9 mai 1984, garde sans discernement : un enfant de trois ans peut être gardien du bâton avec lequel il a blessé un autre enfant (v. ss 1907, et les réf. citées).

Dans l'arrêt *Trichard*, la Cour de cassation avait auparavant déjà admis que l'inconscience passagère du gardien au moment du dommage, n'empêchait pas de retenir sa qualité de gardien [1].

c) Garde de la structure et garde du comportement

1973. Cette subtile distinction entre garde de comportement et garde de *structure est* une *création doctrinale* (MM. Goldman, Mazeaud, Tunc, Starck, Larroumet...) destinée, à l'origine, à décharger de leur responsabilité, souvent très lourde, les gardiens du comportement, c'est-à-dire, le plus souvent, les personnes utilisant la chose, pour la faire peser sur le fabriquant, gardien de la structure, s'agissant de choses particulières, dangereuses parce que dotées d'une complexité et d'un dynamisme propre. Après une période d'hésitation, la jurisprudence s'est ralliée à cette distinction dans une décision rendue le 30 juin 1953 (*Oxygène liquide*), à propos du transport de bouteilles d'oxygène comprimé et de l'une d'entre elle qui avait explosé [2].

Ainsi, selon cette distinction, la jurisprudence considère comme gardien, soit le fabriquant (gardien de la structure) soit l'utilisateur (gardien du comportement), selon que le dommage semble dû à un vice de fabrication de la chose ou à une mauvaise utilisation ou manutention. On voit tout de suite l'inconvénient : il va falloir déterminer la cause du dommage et cela ramène souvent à rechercher qui a commis une faute, ce qui risque d'ôter tout intérêt à l'article 1384, alinéa 1er. Ou alors, il faut considérer les deux gardiens responsables *in solidum*, ce qui va à l'encontre du caractère alternatif de la garde, et ce qui n'est pas, de toute façon l'objectif recherché. En effet, la jurisprudence a opéré cette distinction entre les deux types de garde essentiellement pour faciliter la mise en œuvre de la responsabilité du fabricant au profit des victimes qui ne sont pas *contractuellement* liées à lui. Il s'agissait de rapprocher la responsabilité délictuelle de la responsabilité contractuelle pour vices cachés de la chose. Souvent, par ailleurs, c'est la victime elle-même qui est gardien du comportement et donc tout l'intérêt de la distinction est de pouvoir mettre le dommage à la charge du fabricant, gardien de la structure. Cependant, il a exceptionnellement été jugé possible d'effectuer un partage de responsabilité entre gardiens de la structure et du comportement [3].

---

1. Civ. 2e, 18 déc. 1964, *D*. 1965. 191, concl. Schmelck, note Esmein, *JCP* 1965. II. 14304, note Dejean de La Bâtie.

2. Com. 30 juin 1953, *JCP* 1953. 2. 784 et Civ. 2e, 5 janv. 1956, *Gaz. Pal*. 1956. 1. 184 ; Angers, 15 mai 1957, *D*. 1957. 438 ; Civ. 2e, 10 juin 1960, *D*. 1960. 609, note Rodière, et obs. Tunc, *RTD civ*. 1962. 647 à 650.

3. Civ. 2e, 15 déc. 1986, *D*. 1987. 221, note C. Larroumet.

Lorsque la distinction est utilisée, les arrêts relèvent généralement que la chose dommageable « avait un dynamisme propre capable de se manifester dangereusement », ainsi à propos d'un quart « Ricqlès », à la charge du gardien de la structure [1], et pour une bouteille aérosol, où il est admis que le gardien est celui qui a créé le risque [2]. De même, un arrêt de la Cour de cassation du 20 juillet 1981 [3], semble admettre que chaque fois qu'une explosion se produit d'elle-même, est « spontanée », c'est au gardien de la structure qu'il appartient de rechercher la cause exacte de l'explosion.

Cette dissociation entre la garde de comportement et la garde de structure est généralement appliquée à des choses comportant des risques d'explosion ou de fuites dus à des produits liquides ou gazeux contenus dans une bouteille ou un récipient fermé. Selon l'arrêt du 29 avril 1982 (préc.) la société qui avait rempli une bouteille aérosol d'un mélange de produit actif et de gaz « lui avait ainsi conféré un dynamisme propre sans lequel l'explosion ne se serait pas produite ».

Un arrêt de la cour d'appel de Versailles du 27 janvier 1983 [4] se refuse à admettre cette distinction à propos de pneumatiques ; les pneus, qui sont livrés entièrement inertes et dont le gonflage et le regonflage sont laissés à l'initiative des utilisateurs n'entrent pas dans la catégorie des objets vendus par leur fabricant « animés d'un dynamisme propre et sur lesquels ce dernier conserve des moyens de contrôle et de surveillance ».

Il a, de même été jugé que la dissociation de la garde n'était pas applicable aux cigarettes fumées pendant toute sa vie par un fumeur invétéré, décédé d'un cancer et dont les ayants droit avaient mis en jeu la responsabilité de la Seita. En effet, les cigarettes ne sont pas dotées d'un dynamisme propre ni d'un vice interne puisqu'il « n'est pas démontré que la Seita ait fabriqué ses cigarettes de manière anormale compte tenu des circonstances actuelles ». La Seita ne peut donc pas être qualifiée de gardien de la structure car cela « suppose que le fabricant d'un produit, même dangereux ait le pouvoir de surveiller, de contrôler les éléments de la chose et de prévenir le dommage… le fumeur est le seul gardien » [5].

On peut noter que cette utilisation de la notion de garde de la structure à l'encontre du fabricant est devenue plus résiduelle lorsque la Cour de cassation a admis que le fabriquant d'un produit défectueux était débiteur d'une obligation de sécurité résultat dont un tiers au contrat pouvait se prévaloir (v. ss 2347 s.) et depuis que la loi du 19 mai 1998 a introduit dans le Code civil le régime de responsabilité du fait des produits défectueux. Cette responsabilité fait peser la charge du dommage causé par un produit défectueux, c'est-à-dire « n'offrant pas la sécurité à laquelle on peut légitimement s'attendre, sur le producteur, sans distinguer selon que la victime est ou non en relation contractuelle avec lui » (v. ss 2375 s.)… Pour autant, la distinction n'a pas disparu et la Cour de cassation continue à y faire référence, même si c'est pour l'exclure, alors qu'elle avait été invoquée par le pourvoi, parce que « aucun vice de structure n'étant démontré, la société gardienne du chariot électrique qui lui avait été prêté, était donc entièrement responsable du dommage » [6].

---

1. Civ. 1re, 12 nov. 1975, et Paris, 5 déc. 1975, *JCP* 1976. II. 18479, note G. Viney.
2. Civ. 29 avr. 1982, *Gaz. Pal.* 3-4 nov. 1982, note F. C.
3. *JCP* 1982. II. 19848, note F. Chabas.
4. *JCP* 1983. II. 20094.
5. Civ. 2e, 20 nov. 2003, *JurisData* n° 2003-020985 ; *JCP* 2004. II. 10004, note B. Daille-Duclos.
6. Civ. 1re, 30 sept. 2009, *JurisData* n° 2009-049723, *JCP* 2010. 456, n° 10, obs. Ph. Sotffel-Munck ; *RCA* 2009, comm. 352, note H. Groutel.

1974. Pour conclure sur cette question de la détermination du gardien, on relèvera que **l'avant-projet Catala**, pour sa part, définit le gardien comme « celui qui a la maîtrise de la chose au moment du fait dommageable » ; il ajoute que « le propriétaire est présumé gardien » (art. 1354-2).

B. Causes d'exonération de la responsabilité du gardien

1975. Le gardien, pour s'exonérer de sa responsabilité, peut invoquer deux sortes de moyens de défense, soit les causes d'exonération communes à tous les types de responsabilité, soit des causes propres à la responsabilité du fait des choses. Enfin, il peut y avoir partage de responsabilité.

1. Causes d'exonération classiques communes à tous les régimes de droit commun

1976. On rappellera qu'il s'agit de la force majeure, du fait du tiers et de la victime présentant les caractères de la force majeure, pour une exonération totale, et de la faute de la victime pour une exonération partielle qui permet d'opérer un partage de responsabilité (v. ss 1720 s., 1735, 1740, 1987 s.). En revanche, la preuve de l'absence de faute du gardien n'est jamais admise comme cause d'exonération. Notamment une obnubilation passagère des facultés au cours de laquelle s'est produit l'accident, qu'elle soit qualifiée de démence au sens de l'article 64 du Code pénal, ou qu'elle procède d'un quelconque malaise physique, en l'espèce l'absence épileptique, n'est pas un événement susceptible de constituer une cause de dommage extérieure ou étrangère au gardien et n'a pas pour effet d'exonérer l'intéressé de la responsabilité qui pesait sur lui en qualité de gardien (v. déjà ss 1968)[1]. La responsabilité du fait des choses est une responsabilité objective et elle ne repose pas sur une présomption de faute. Car si tel était le cas, et à moins qu'il s'agisse d'une présomption irréfragable, la présomption de faute devrait tomber devant la preuve de l'absence de faute.

1977. L'avant-projet Catala, précise que « ni le vice de la chose, ni le trouble physique du gardien ne constituent une cause d'exonération » (art. 1354-3).

2. Causes spécifiques empêchant l'établissement de la présomption de responsabilité

1978. Il ne s'agit pas en effet de causes d'exonération au sens strict car les causes d'exonération permettent au responsable d'échapper à sa responsabilité alors même que les conditions de cette responsabilité sont réunies. Or, ici, il s'agit plutôt d'empêcher purement et simplement la victime de prouver que les conditions de la responsabilité sont réunies.

1979. Ces causes ont varié selon les périodes et les modifications de la jurisprudence. Ce sont essentiellement : le rôle passif de la chose, toujours admis malgré quelques fluctuations, et l'acceptation des risques par la victime, désormais abandonnée.

---

1. Civ. 2e, 18 déc. 1964, *D.* 1965. 191, concl. Schmelck, note Esmein, *JCP* 1965. II. 14304, note Dejean de La Bâtie.

a) Le rôle passif de la chose

1980. On a vu plus haut (v. ss 1953 s.) qu'il appartenait à la victime de faire la preuve du rôle actif de la chose dans la réalisation du dommage, ce qui ne signifie pas qu'elle doit nécessairement faire la preuve que la chose est cause du dommage, condition *sine qua non* du dommage. Elle est aidée par des présomptions et s'il y a contact avec une chose en mouvement, le rôle actif est présumé. Si la chose est inerte elle devra prouver son anormalité.

Le gardien de la chose peut alors préventivement tenter d'établir le rôle passif de la chose pour empêcher la victime de mettre en œuvre la présomption de causalité lorsque la chose est inerte. Depuis l'arrêt *Cadé* du 19 février 1941, cette solution est admise (préc., v. ss 1956), à part une décision en sens inverse [1], assez peu caractéristique [2]. Cependant, si une chose en mouvement est entrée en contact avec le siège du dommage, on rappellera qu'elle a de ce seul fait un rôle actif [3] (v. ss 1954 s.), de sorte que dans ce cas, le gardien ne pourra pas échapper à sa responsabilité en prouvant le rôle passif mais seulement en prouvant l'existence d'une cause d'exonération classique (force majeure, fait du tiers ou fait de la victime).

b) L'acceptation des risques par la victime

1981. L'acceptation des risques par la victime, autrefois utilisée en matière de transport automobile bénévole, avant que la loi du 5 juillet 1985 n'ait soustrait au droit commun de la responsabilité, la réparation des dommages causés par un accident de la circulation, était encore invoquée dans d'autres domaines, notamment en matière de dommages subis au cours d'activités sportives.

Dans ce domaine des *activités sportives et de loisirs*, l'acceptation des risques a interdit pendant longtemps de recourir entre participants à une même activité, les uns contre les autres, à l'article 1384, alinéa 1er.

1982. Elle était entendue comme impliquant de la part de la victime renonciation à se prévaloir des facultés probatoires de la responsabilité sans faute, sans aboutir à l'empêcher d'obtenir une réparation intégrale si elle parvenait à prouver la faute de l'auteur du dommage [4], ainsi que l'a énoncé la Cour de cassation à propos d'une espèce où une enfant de 8 ans avait été blessée au cours d'un accident de luge [5]. Autrement dit, l'acceptation des risques interdisait de fonder l'action en responsabilité sur l'article 1384, alinéa 1er, du Code civil et ne laissait que la possibilité d'agir sur le fondement de l'article 1382 et de la responsabilité pour faute.

1983. On rappellera que sur le fondement de l'article 1382, l'acceptation des risques joue également un rôle et qu'en effet, la faute qui est susceptible d'engager la responsabilité, en matière sportive, n'est pas toute imprudence ou négligence, mais un manquement caractérisé aux règles du jeu (v. ss 1880).

---

1. Civ. 2e, 11 juill. 1963, *JCP* 1964. II. 13607, note Boré, « Le glas du rôle passif de la chose ».
2. *Gaz. Pal.* 1968. I. 131, et Civ. 2e, 20 mars 1968, *Bull. civ.* II, n° 89.
3. Civ. 2e, 29 mai 1964, *JCP* 1965. II. 14248, 1re esp., note Boré, et Civ. 2e, 1er févr. 1973, *SJ* 1974, note Dejean de La Bâtie ; Civ. 10 oct. 1979, *Bull. civ.* II, n° 236, p. 162 ; Civ. 2e, 28 nov. 1984, *JCP* 1985. II. 20477, note Dejean de La Bâtie.
4. Civ. 1re, 4 mars 1980, *Bull. civ.* I, n° 77.
5. Rouen, 17 mai 1995, *D.* 1997. Somm. 189, obs. Lacabarats.

1984. La théorie de l'acceptation des risques s'est d'abord appliquée, indifféremment aux compétitions organisées comme aux compétitions informelles, notamment à un match improvisé dont les règles s'apparentent à celles du football américain[1]. Mais, la Cour de cassation est revenue sur sa position pour considérer que la théorie de l'acceptation des risques n'était applicable que « dans le cadre d'une compétition sportive » et non « à l'occasion d'un jeu improvisé »[2]. De plus, il doit s'agir d'un sport plus ou moins violent, susceptible d'entraîner un risque et non « d'un jeu paisible entre deux jeunes filles »[3].

Les risques acceptés n'étaient par ailleurs que les risques normaux et prévisibles. Ainsi, à propos de *courses de chevaux*, l'acceptation des risques a bien été admise (encore qu'il s'agisse plutôt d'une application de l'article 1385) et la Cour de cassation a reconnu que l'on doit « avoir égard aux risques normaux inhérents à la course à laquelle cette victime participait en connaissance de cause »[4]. À propos de *régates*, elle a rappelé que l'acceptation des risques ne concerne que les risques « normaux et prévisibles » et non le « risque de mort qui, dans les circonstances de la cause, constituait un risque anormal »[5].

1985. Après avoir ainsi manifesté l'intention de réduire ou tout au moins de cantonner l'impact de la notion d'acceptation des risques en matière sportive (v. commentaire d'arrêt corrigé, en fin de chapitre) tout en continuant à l'utiliser (par exemple dans le cas de la chute d'un cavalier dont le cheval avait été effrayé par un taureau dans une manade)[6], la dernière étape pour la Cour de cassation a été celle de l'abandon pur et simple du jeu de l'acceptation des risques en matière de responsabilité du fait des choses.

1986. Par un revirement du 4 novembre 2010, la deuxième chambre civile de la Cour de cassation a décidé en effet que « la victime d'un dommage causé par une chose peut invoquer la responsabilité résultant de l'article 1384, alinéa 1er, du Code civil, à l'encontre du gardien de la chose, instrument du dommage, sans que puisse lui être opposée son acceptation des risques[7] ». La formule est générale. Elle concerne donc toutes les hypothèses de responsabilité du fait des choses, même si, en l'occurrence, le litige concernait un accident au cours d'une course de motocyclettes sur un circuit fermé, donc la matière sportive. La solution va au-delà et la théorie de l'acceptation des risques, en ce qu'elle paralysait le jeu de l'article 1384, alinéa 1er, est abandonnée. Comme le relève S. Hoquet-Berg[8], la raison profonde, au-delà des incertitudes attachées à l'utilisation de cette théorie est l'évolution de la responsabilité civile dans le sens de la prise en charge la plus large et la plus égalitaire possible des dommages corporels.

L'abandon de l'acceptation des risques, en ouvrant largement l'application de l'article 1384, alinéa 1er, facilite à l'évidence l'engagement de la responsabilité entre participants à une activité sportive et remet en question « l'exception sportive » c'est-à-dire

---

1. Douai, 3e ch., 16 déc. 1999, *JCP* 2000. II. 10420, note C. Girardin.
2. Civ. 2e, 28 mars 2002, *Bull. civ.* II, n° 67 ; *RTD civ.* 2002, n° 3, obs. P. Jourdain.
3. Civ. 2e, 21 févr. 1979, *Bull. civ.*, n° 58, p. 44, préc., v. ss 1278.
4. Civ. 2e, 8 nov. 1976, *JCP* 1977. II. 18759, note A. Bénabent.
5. Civ. 2e, 8 mars 1995, *JCP* 1995. II. 22499, note Gardach ; *RTD civ.* 1995. 905, obs. P. Jourdain.
6. Civ. 15 avr. 1999, *JCP* 2000. II. 10317, note D. Antoine ; *RCA* 1999, chron. n° 16, H. Groutel.
7. Civ. 2e, 4 nov. 2010, *D.* 2010. 2722, obs. I. Gallmeister ; *JCP* 2011, n° 12, note D. Bakouche ; *Respons. civ. et assur.* 2011, comm. 47 ; *RTD civ.* 2011. 137, n° 6, obs. P. Jourdain ; J. Mouly, « L'abandon de la théorie de l'acceptation des risques en matière de responsabilité civile du fait des choses. Enjeux et perspectives », *D.* 2011. Chron. 690.
8. S. Hocquet-Berg, « L'acceptation des risques en matière sportive enfin abandonnée », *RCA* févr. 2011. Étude 3.

l'idée – qui ne fait pas l'unanimité en doctrine – que la pratique d'une « activité sportive » ne peut être soumise au droit commun. Chaque pratiquant, conscient des risques du sport, doit renoncer à être protégé contre certains dommages subis.

Le législateur, dans l'inquiétude des répercussions de cette jurisprudence sur la pratique du sport, est alors immédiatement venu contrecarrer ce revirement de jurisprudence et rétablir « l'exception sportive », en créant un régime spécial de responsabilité, dérogatoire : la loi n° 2012-348 du 12 mars 2012, « tendant à faciliter l'organisation des manifestations sportives et culturelles », adoptée en urgence, est venue en effet exclure la responsabilité du fait des choses entre participants, pour la réparation des dommages matériels. Selon le nouvel article L. 321-3-1 du Code du sport, dans sa rédaction issue de la loi du 12 mars 2012, « les pratiquants ne peuvent être tenus pour responsables des dommages matériels causés à un autre pratiquant par le fait d'une chose qu'ils ont sous leur garde, au sens du premier alinéa de l'article 1384 du Code civil, à l'occasion de l'exercice d'une pratique sportive au cours d'une manifestation sportive ou d'un entraînement en vue de cette manifestation sportive sur un lieu réservé de manière permanente ou temporaire à cette pratique ». L'article 2 de la loi prévoit par ailleurs que, « avant le 1er juillet 2013, le Gouvernement remet au Parlement un rapport, élaboré après concertation avec le Comité national olympique et sportif français et les parties concernées, relatif aux enjeux et perspectives d'évolution du régime de responsabilité civile en matière sportive ».

Cette loi a été diversement accueillie. Certains auteurs, plutôt critiques, ont relevé qu'en adoptant ce texte, « le législateur fragilise les droits des pratiquants en réduisant l'indemnisation de certains préjudices et fait indirectement peser sur la solidarité publique le risque sportif[1] » et que cette loi de circonstances interroge sur la multiplication des régimes spéciaux de responsabilité[2].

Il est clair en tout cas, que pour ce qui concerne les dommages corporels, le revirement de jurisprudence du 4 novembre 2010 se trouve purement et simplement paralysé.

3. Partage de responsabilité

1987. Sans être totalement exonéré, le gardien de la chose peut voir diminuer la charge qui pèse sur lui en cas de partage de responsabilité. Ce partage de responsabilité, opposable à la victime, correspond à l'existence d'une cause d'exonération partielle. Or la seule cause d'exonération partielle qui permet d'opposer un tel partage de responsabilité à la victime est la faute de cette victime.

1988. Un temps, à cause de l'arrêt *Desmares* du 21 juillet 1982 (v. arrêt à commenter à l'avant-dernier chapitre), cette possibilité a disparu et la loi du tout (toute l'indemnisation) ou rien (cause d'exonération totale a régné sur la responsabilité du fait des choses).

On peut dire que cet arrêt a constitué un véritable revirement[3]. Il a d'ailleurs été considéré par la doctrine comme « provocateur »[4]. Cet arrêt qui a fait couler beaucoup d'encre

1. En supposant que ces dommages matériels seront pris en charge par la collectivité dans le cadre d'un fonds d'indemnisation dont il a été effectivement question au cours de l'adoption de la loi, mais qui, pour l'instant, n'a pas été créé.

2. E. Pechillon, « L'exception sportive en question : l'intervention ciblée du législateur en matière de responsabilité », *JCP Adm.* n° 13, 2 avr. 2012, act. 228 ; *contra*, plutôt en faveur de la loi : J. Bolle et A. Boisgrollier, « Le législateur au secours du sport », Libres propos *JCP* avr. 2012, p. 507.

3. Civ. 2e, 21 juill. 1982, *JCP* 1982. II. 19861 et 19875, note F. Chabas, *D.* 1982. 449, concl. Charbonnier, note C. Larroumet, obs. G. Durry à *RTD civ.* 1982. 606, n° 3.

4. Chron. J.-L. Aubert « L'arrêt *Desmares* : une provocation… à quelles réformes ? », *D.* 1983. I. 1.

déclarait que « le comportement de la victime, s'il n'a pas été pour le gardien imprévisible et irrésistible, ne peut l'en exonérer, même partiellement » (v. arrêt à commenter).

1989. Cette décision très favorable à la victime n'était d'ailleurs, que l'aboutissement d'une jurisprudence en ce sens. En effet, la faute de la victime, même *si elle ne présentait pas les caractères de la force majeure* avait d'abord été totalement exonératoire pour le gardien [1], puis la Cour de cassation n'accepta plus qu'une exonération partielle [2] et, avec l'arrêt *Desmares* elle n'accepte plus d'exonération du tout (v., dans le même sens, arrêt *Padirac*) [3].

1990. L'arrêt *Desmares* a été *vivement critiqué par une partie de la doctrine* (MM. Bigot [4], Bloch [5] et Landraud [6] et, pour une vue d'ensemble, MM. Fray et Guerry) [7] et au moins partiellement approuvée par d'autres auteurs dont Mmes Viney [8] et Lambert-Faivre [9].

Pour M. Aubert, cet arrêt de principe, constituait une provocation du législateur et, espérait-il, une étape vers la réforme souhaitée du régime juridique de la responsabilité des accidents de la circulation et se justifiait par l'existence de l'assurance obligatoire des voitures, mais il semblait injuste pour le gardien, notamment dans tous les autres cas de responsabilité du fait des choses où il n'y a pas d'assurance obligatoire.

1991. *De son côté, la jurisprudence était hésitante et contradictoire.* Les juridictions inférieures semblant vouloir résister, notamment en cas d'accident entre deux conducteurs où elles estimaient que la faute de l'un pouvait être partiellement exonératoire pour l'autre [10].

1992. Par contre, la deuxième chambre civile maintenait fermement sa position [11], semblant vouloir ainsi forcer la main du législateur dont on attendait une réforme du droit de la circulation routière et, même, un remaniement plus profond du droit de la responsabilité du fait des choses.

1993. Finalement, le législateur, a consacré cette position favorable à la victime dans la loi sur l'indemnisation des victimes d'accidents de la circulation du 5 juillet 1985 et soustrait le contentieux des accidents de la circulation au droit commun de la responsabilité civile et donc de l'article 1384, alinéa 1er (v. ss 2440 s.). On ne peut plus opposer en effet aux victimes non conductrices ni la force majeure, ni le fait d'un tiers, ni leur fait, ni même leur faute, sauf inexcusable et cause exclusive de l'accident lorsqu'il s'agit d'indemniser *des dommages corporels*.

---

1. Req. 10 juill. 1923, *S.* 1926. 1. 297, note Esmein.
2. Req. 13 avr. 1934, *DP* 1934. 1.41, rapp. Gageau, note Savatier ; *D.* 1934. 1. 313, note H. Mazeaud.
3. Civ. 2e, 14 oct. 82, *Gaz. Pal.* 26-27 nov. 1982, note F. Chabas.
4. « L'arrêt *Desmares*, retour au néolithique », *JCP* 1982. I. 3090.
5. « Est-ce le glas du partage de responsabilité ? », *JCP* 1982. I. 3091.
6. « À propos des revirements de jurisprudence », *JCP* 1982. I. 3093.
7. « Le point sur l'arrêt *Desmares* », *Gaz. Pal.* 18-19 mars 1983.
8. « L'indemnisation des victimes de dommages causés par le fait d'une chose après l'arrêt de la Cour de cassation du 21 juillet 1982 », *D.* 1982. Chron. 201.
9. « Aspects juridiques, moraux et économiques de l'indemnisation des victimes fautives », *D.* 1982. Chron. 207.
10. Paris, 8 déc. 1982, *Gaz. Pal.* 15-16 déc. 1982.
11. Civ. 2e, 5 janv. 1983, et 12 janv. 1983, *Gaz. Pal.* 13-15 févr. 1983, note F. Chabas.

1994. Dès lors, la jurisprudence *Desmares* avait joué son rôle et n'avait plus de raison d'être, c'est pourquoi, par un revirement du 6 avril 1987, la Cour de cassation est revenue à sa jurisprudence antérieure pour tous les domaines autres que les accidents de circulation (arrêts *Mettetal* et *Chauvet*)[1]. Ces arrêts du 6 avril 1987 déclarent que « le gardien de la chose instrument du dommage est partiellement exonéré de sa responsabilité s'il prouve que la faute de la victime a contribué au dommage ».

Un arrêt postérieur de 1998 avait pu surprendre et laisser supposer un retour à la jurisprudence *Desmares*. Mais, en réalité, l'arrêt précise « que la faute de la victime n'exonère le gardien que si elle constitue une force majeure » et critique la cour d'appel d'avoir qualifié de force majeure un comportement « normalement imprévisible et irrésistible ». Il s'agissait d'une possibilité d'exonération totale, l'exonération partielle n'étant pas envisagée. D'autre part, l'arrêt semble marquer une conception restrictive de la force majeure lorsqu'il s'agit de la réparation d'un préjudice corporel[2].

III. Les cas particuliers de responsabilité du fait des choses

1995. Ces régimes sont régis par des textes particuliers du Code civil, les articles 1384, alinéa 2, 1385 et 1386, qui concernent la responsabilité du fait des animaux et la responsabilité du fait des bâtiments.

Ces cas particuliers de responsabilité du fait des choses (pour certains très critiqués et par ailleurs marginalisés par la jurisprudence) disparaissent dans le cadre des **projets de réforme**.

Des textes postérieurs non codifiés sont par ailleurs relatifs à la responsabilité du fait des navires, aéronefs, téléphériques, de l'énergie nucléaire. Ils ne seront pas étudiés ici, car il s'agit de régimes très spéciaux.

Quant à la responsabilité du fait des produits défectueux prévue aux articles 1386-1 à 1386-18 du Code civil, il ne s'agit pas d'un régime de droit commun de responsabilité extracontractuelle, mais d'un régime spécial qui ne se préoccupe plus de la distinction entre les deux ordres de responsabilité contractuelle et extracontractuelle et qui unifie (ce qui était l'un de ses objectifs) les conditions de la réparation du dommage quelle que soit la situation de la victime, qu'elle soit ou pas en relation contractuelle avec le producteur responsable. Ce régime de responsabilité sera donc traité dans le cadre des régimes spéciaux (v. ss 2440 s.).

A. Responsabilité du fait des animaux

1996. Elle est établie par l'article 1385 du Code civil qui dispose que « le propriétaire d'un animal ou celui qui s'en sert, pendant qu'il est à son usage, est responsable du dommage que l'animal a causé, soit que l'animal fût sous sa garde, soit qu'il fût égaré ou échappé ». Voyons quel est le fondement de cette responsabilité, puis quelles en sont les conditions.

1. Fondement

1997. D'origine romaine, on a longtemps pensé que cette responsabilité de plein droit était fondée sur une faute présumée du gardien de l'animal, qui l'avait mal attaché ou mal

---

1. Civ. 2e, (trois espèces), 6 avr. 1987, *D.* 1988. 32, note J. Mouly, *JCP* 1987. II. 20828, note F. Chabas, *Bull. civ.* II, n° 86.

2. Civ. 2e, 25 juin 1998, aff. *Texier*, *JCP* 1998. II. 10191, note B. Fromion-Hébrard.

surveillé. Mais la jurisprudence et, notamment, la Cour de cassation[1], ayant déclaré que le gardien ne pouvait s'exonérer en prouvant qu'il n'avait pas commis de faute, mais seulement par la preuve d'un cas fortuit, ou de la faute de la victime ou d'un tiers présentant les caractères de la force majeure, on préfère aujourd'hui parler de présomption de responsabilité fondée sur la *notion de risque*. En pratique cette responsabilité est très proche de la responsabilité du fait des choses. C'est actuellement une responsabilité de plein droit.

2. Conditions d'exercice

1998. Ces conditions concernent l'animal et son gardien, le dommage et la victime.

a) L'animal

1° Il peut s'agir de n'importe quelle catégorie d'animal à condition qu'il soit approprié, c'est-à-dire qu'il ait un propriétaire

1999. Ainsi, un fauve en liberté dans la savane n'est-il pas concerné, mais un fauve dans une ménagerie met en jeu la responsabilité de son propriétaire. Des abeilles, un lapin domestique ou un lapin de garenne (C. civ., art. 524 et 564) sont des animaux « appropriés », un lièvre au contraire est une *res nullius*, il n'appartient à personne.

Toutefois, il a été jugé « qu'une société de chasse sur le territoire de laquelle vit du gibier, classé ou non comme nuisible, est responsable des dommages causés par celui-ci, si ce gibier est en nombre excessif et si la société de chasse a, par sa faute ou sa négligence, soit favorisé sa multiplication, soit omis de prendre les mesures propres à en assurer la destruction »[2].

Il faut bien remarquer que cet arrêt ne s'appuie pas sur l'article 1385, inapplicable aux espèces sauvages, mais sur les articles 1382 et 1383 et sur l'article 393 du Code rural qui prévoit la destruction des nuisibles, ici des blaireaux. En effet, le détenteur du droit de chasse n'est pas gardien, au sens de l'article 1385, du gibier vivant à l'état sauvage[3].

2° Il doit y avoir fait de l'animal

2000. Cela pose les mêmes problèmes qu'en ce qui concerne le fait des choses, à la différence près que l'animal vivant est doué d'initiative et de dynamisme propres. D'une façon générale, pour qu'il y ait lieu à responsabilité, il faut qu'il y ait eu intervention active de l'animal et non un rôle passif. En revanche, comme pour les choses, peu importe qu'il y ait eu ou non contact matériel que l'animal soit ou non dirigé par l'homme, qu'il soit ou non dangereux.

Il en est ainsi par exemple dans le cas où deux chiens surgissant d'un porche en aboyant ont terrifié une petite fille qui, en s'enfuyant, a été accidentée[4].

Dans tous les cas, c'est à la victime qu'il appartient de faire la preuve de l'intervention causale de l'animal.

Si le dommage est survenu à l'occasion de l'action commune de plusieurs animaux, la responsabilité incombe à chacun des propriétaires à moins qu'il ne démontre que le sien n'a

---

1. Civ. 27 oct. 1885, *S.* 1886. I. 33.
2. Civ. 3e, 14 juin 1983, *Gaz. Pal.* 7-8 mars 1984.
3. Civ. 2e, 9 janv. 1991, *Bull. civ.* II, nº 3.
4. Civ. 30 nov. 1977, *Gaz. Pal.* 10-11 mars 1978 ; v. aussi Civ. 7 juin 1956, *Bull. civ.*, nº 335, p. 217.

pas participé à la réalisation du dommage ou l'existence d'une cause étrangère, d'un fait extérieur, imprévisible et irrésistible. Il en est ainsi, notamment, en cas de batailles de chien provoquant des morsures aux propriétaires qui essaient de les séparer ou à des tiers [1].

b) Le gardien

1° La personne responsable est alternativement le propriétaire de l'animal ou plutôt son gardien, ou celui qui s'en sert

2001. Cela implique que c'est le propriétaire qui est présumé responsable, mais qu'il peut s'exonérer de cette responsabilité en prouvant, par tous moyens, qu'il avait transféré la garde de l'animal à un tiers, ce qui n'est pas toujours facile à établir. Ainsi a-t-il été jugé qu'un manadier, dont un taureau s'était échappé au cours d'une fête et avait provoqué une collision avec une voiture, en était toujours responsable car la garde n'avait pas été transférée au maire de la commune, organisateur de la fête [2].

2° En effet, ici, la notion de garde implique surtout l'utilisation de l'animal

► ***Est présumé gardien de l'animal*** celui qui utilise celui-ci, à titre indépendant ou à titre professionnel.

2002. C'est le cas, par exemple, du maréchal-ferrant pendant qu'il ferre un cheval ou du vétérinaire, lorsqu'il soigne un animal et ce, même en présence de son propriétaire [3].

Par la suite, la jurisprudence a étendu au gardien d'un animal la définition du gardien dégagée en matière de responsabilité du fait des choses. C'est le critère de *la direction, l'usage et le contrôle*. Ainsi un préposé n'est-il pas gardien mais un voleur peut-il le devenir. Toutefois, la garde n'est pas transférée à celui qui a accepté de garder bénévolement, pendant le temps d'un déjeuner, le chien d'un tiers [4] ou à celui qui a temporairement recueilli un animal abandonné.

Notons bien que la garde est alternative et non-cumulative.

3° Le gardien ne peut s'exonérer par la preuve de l'absence de faute de sa part mais seulement par un cas de force majeure

2003. Ainsi, a été condamné le propriétaire de deux dogues qui avaient égorgé un passant, bien qu'il ait été établi qu'ils avaient été enfermés dans un jardin dont ils étaient parvenus à s'enfuir sans qu'il y ait eu de faute de sa part [5]. C'est donc aussi une responsabilité objective, comme celle du gardien de la chose.

4° Enfin, comme pour la responsabilité du fait des choses, il peut éventuellement y avoir partage de responsabilité

2004. Il en est ainsi, par exemple lorsqu'une personne qui s'était introduite sans autorisation sur une propriété privée, est blessée par un chien, mais que le propriétaire du chien de garde avait négligé de mettre un écriteau prévenant du danger.

---

1. Civ. 2e, 14 déc. 1983, *JCP* 1984. IV. 65 ; *RTD civ.* 1984. 316, obs. Durry. Plus récemment Civ. 2e, 15 mars 2001, *Gaz. Pal.* 21-23 avr. 2002, jurispr. 26, obs. F. Chabas.
2. Nîmes, 1er mars 1980, *Gaz. Pal.* 10 juin 1980, *RTD civ.* 1980. 780.
3. Civ. 25 oct. 1975, *Gaz. Pal.* 1978. 1. 57.
4. Civ. 2e, 7 juin 1967, *D.* 1967. 694.
5. T. corr. Béziers, 8 avr. 1981, *Gaz. Pal.* 21-22 oct. 1981.

c) Le dommage et le lien de causalité

2005. Il peut s'agir de blessures provoquées par l'animal mais aussi de dégâts causés par lui : cas d'un chien qui en traversant subitement une route occasionne la collision de deux véhicules [1], ou d'une maladie contagieuse communiquée par l'animal ou même du choc nerveux résultant d'une peur éprouvée à la vue d'un taureau échappé [2].

d) La victime

2006. Il ne peut s'agir que d'un tiers et non du gardien, victime de son animal. A été cassé un arrêt de la cour d'appel de Bordeaux qui avait appliqué l'article 1385 dans le cas du conducteur d'une charrette, blessé par son propre cheval, qui poursuivait le père d'un enfant mineur qui aurait effrayé ledit cheval. L'arrêt avait appliqué l'article 1385 et débouté le charretier pour n'avoir pas prouvé que le comportement de l'enfant ait été irrésistible et imprévisible. La Cour suprême casse en rappelant que « la responsabilité édictée par ce texte [art. 1385] à l'encontre du gardien d'un animal l'a été en faveur des tiers victimes du dommage causé par cet animal [et] qu'ils sont *seuls* recevables à en invoquer le bénéfice » [3].

3. Causes d'exonération de responsabilité

a) La cause étrangère totalement exonératoire

1° Il peut s'agir d'un cas de force majeure

2007. Pour dégager sa responsabilité, le gardien doit prouver que l'accident provient d'un *cas de force majeure* [4]. Il peut s'agir d'un *cas fortuit* : tonnerre qui effraie un cheval ou d'une *faute de la victime* : personne qui se fait mordre par un chien de garde en tentant de pénétrer dans une propriété ou même en essayant de caresser en passant près de lui dans une cour ouverte, un chien enchaîné qu'elle sait être féroce [5]. L'annotateur critique d'ailleurs la décision en estimant que la faute de la victime n'était ni imprévisible, ni insurmontable comme la considère l'arrêt.

On constate que ces critiques étaient fondées : en effet, la solution est différente dans une situation similaire : une enfant de 3 ans échappe à la surveillance de ses parents pour donner, malgré des panneaux d'interdiction, de la paille à manger à un poney qui la mord. La Cour de cassation a reproché à la cour d'appel d'avoir exonéré le gardien du poney de sa responsabilité en énonçant que les fautes commises par l'enfant et ses parents ont constitué des faits imprévisibles et irrésistibles alors que ce comportement ne caractérise pas la force majeure [6].

2° Il peut s'agir également du fait d'un tiers

2008. Il doit être imprévisible et irrésistible, en l'espèce un acte de malveillance [7] ou le fait d'une personne qui a excité l'animal.

---

1. Riom, 14 oct. 1964, *D.* 1965. 15.
2. Req. 2 déc. 1940, *Gaz. Pal.* 1940. 2. 302.
3. Civ. 2e, 2 déc. 1982, *JCP* 1984. II. 20136, note F. Chabas.
4. Civ. 8 janv. 1894, *DP* 1994. I. 403.
5. Civ. 2e, 19 févr. 1992. *Gaz. Pal.* 7-9 févr. 1993. Somm. 20, note F. C.
6. Civ. 2e, 11 avr. 1999, *JCP* 1999. II. 10218, note N. Reboul.
7. Crim. 1er oct. 1997, *Bull. crim.* no 316 ; *D.* 1997. IR 242.

b) L'acceptation des risques par la victime

2009. Un arrêt a écarté la responsabilité du gardien d'un animal en invoquant l'acceptation des risques par la victime, ce qui a surpris, cette cause d'exonération étant normalement invoquée dans le cadre de compétitions sportives uniquement : alors qu'en l'espèce il s'agissait d'une promenade équestre. La Cour de cassation relève que l'intéressé « habitué de la manade où il faisait régulièrement des promenades à cheval et où vivaient en liberté des taureaux, avait accepté par avance le risque normal de voir un taureau effrayer sa monture et provoquer sa chute ». Le recours à l'acceptation des risques semble, ici, justifié par le souci de rétablir un juste équilibre entre les parties [1]. Toutefois, la théorie de l'acceptation des risques, qui paralysait le jeu des responsabilités de plein droit en matière sportive, a été abandonnée depuis un revirement spectaculaire de la Cour de cassation le 4 novembre 2010 [2] (v. ss° 1986).

2010. ***L'avant-projet de réforme du droit des obligations*** ne traite pas en détail de la responsabilité du fait des animaux, se contentant de lui rendre applicable les articles 1354 à 1354-3 relatifs au fait des choses. Les propositions Terré en font une hypothèse de responsabilité (délit spécial) en reprenant purement et simplement l'article 1385 actuel. Ce régime pourrait tout aussi bien disparaître purement et simplement.

B. Responsabilité du fait des bâtiments

2011. Un bâtiment peut causer des dommages par son incendie (art. 1384, al. 2) ou par sa ruine (art. 1386).On notera que ces deux régimes spéciaux disparaissent purement et simplement dans le cadre des **projets de réforme du droit de la responsabilité**.

1. L'incendie d'un bâtiment

2012. C'est l'article 1384, alinéa 2, qui détermine la responsabilité encourue lorsqu'un incendie prend naissance dans un immeuble et qui en rend responsable le détenteur, « s'il est prouvé qu'il doit être attribué à sa faute ou à la faute des personnes dont il est responsable ».

Il faut, toutefois, préciser que l'article 1384, alinéa 2, qui nous intéresse, ici, à propos des immeubles est également applicable en matière de meubles. Toutefois, en ce qui concerne l'incendie d'un véhicule terrestre à moteur c'est la loi du 5 juillet 1985 qui s'applique [3] (v. ss 1365).

a) Il s'agit donc cette fois d'une responsabilité fondée sur la faute à prouver

2013. Ce texte a été ajouté à l'article 1384 à la suite de plusieurs affaires, dont celle des résines (déjà citée, v. ss 1262), par une loi du 7 novembre 1922, promulguée à l'instigation des compagnies d'assurances effrayées par le danger que représentait pour elles une responsabilité fondée sur le risque.

---

1. Civ. 2e, 15 avr. 1999, *JCP* 2000. II. 10317, note Antoine ; *RTD civ.* 1999. 633, obs. P. Jourdain.
2. Civ. 2e, 4 nov. 2010, *D.* 2010. 2722, obs. I. Gallmeister ; *JCP* 2011, n° 12, note D. Bakouche ; *RCA* 2011, comm. 47 ; *RTD civ.* 2011. 137, n° 6, obs. P. Jourdain.
3. Civ. 2e, 22 nov. 1995, 3 arrêts, *JCP* 1996. II. 22656, note J. Mouly.

La Cour de cassation, en assemblée plénière, en 1966, a décidé que peu importait l'origine première de l'incendie, l'alinéa 2 s'applique du moment que celui-ci a pris naissance dans la chose du défendeur car l'article 1384, alinéa 2, « ne distingue pas suivant que la cause première de l'incendie a été ou non déterminée et qu'elle se trouve ou non liée à une chose dont le détenteur, à un titre quelconque, du fonds premier incendié serait le gardien ; qu'il est nécessaire et suffisant pour son application que l'incendie ait pris naissance dans l'immeuble ou les biens mobiliers dudit détenteur » [1].

b) Dans le cas où il y a en même temps incendie et explosion

2014. La détermination de l'origine du dommage n'est pas toujours très facile en cas d'explosion.

Selon François Chabas, il faudrait, notamment, distinguer plusieurs cas :

– si l'incendie cause l'explosion, l'alinéa 2 s'applique ;

– si l'explosion cause l'incendie et que le dommage est dû à l'incendie, l'alinéa 2 s'applique aussi, mais si le dommage est dû à l'explosion on revient à l'utilisation de l'alinéa 1er ;

– si les circonstances sont indéterminées, il est présumé que l'explosion est antérieure à l'incendie et, dans ce cas, on revient aussi à l'alinéa 1er, le pouvoir causal de l'explosion absorbant celui de l'incendie.

Différentes décisions et notamment un arrêt de la deuxième chambre civile du 30 octobre 1989 [2] décidèrent qu'il fallait faire ces distinctions et que l'alinéa 2 ne devait s'appliquer que si l'incendie est la cause première du dommage et non l'explosion car dans ce cas « le pouvoir causal de l'explosion absorberait celui de l'incendie » [3].

Mais un nouvel arrêt de la deuxième chambre civile marque un revirement et revient à la position dégagée par l'assemblée plénière de 1966 en déclarant que l'article 1384, alinéa 2, ne distingue pas « suivant que la cause première de l'incendie a été ou non déterminée… qu'il suffit que l'incendie soit né dans l'immeuble ou les biens mobiliers » du défendeur, notamment pour différents cas où une explosion ou un court-circuit ont précédé l'incendie et où la cour applique l'article 1384, alinéa 2 [4].

c) Communication de l'incendie

2015. Dans tous les cas, l'alinéa 2 de l'article 1384 n'est pas subordonné à une « communication » de l'incendie [5], mais dans une deuxième espèce [6] la solution de la Cour de cassation est plus critiquable car le lien de causalité entre le dommage et l'incendie semble assez distendu : un incendie dans un hangar agricole provoqua la rupture de fûts contenant des produits toxiques dont l'écoulement contamina un cours d'eau où s'abreuvaient les bêtes d'un troupeau qui furent intoxiquées… L'incendie était bien une condition nécessaire du dommage mais semblait une cause indirecte de l'intoxication. Il s'applique aussi bien à des dommages causés aux personnes qu'aux biens [7].

---

1. Cass., ass. plén., 25 févr. 1966, *D.* 1966. 389, note Esmein.
2. *Bull. civ.* II, n° 197.
3. *RTD civ.* 1990. 90, obs. P. Jourdain.
4. Civ. 2e, 14 févr. 1990, *JCP* 1990. IV. 142, suivi de plusieurs arrêts du 13 février 1991, *Bull. civ.* II, n° 53 et 54 du 13 mars 1991, *Defrénois* 1991. 1270, obs. Aubert ; du 16 avr. 1996, *Bull. civ.* II, n° 93, et du 19 mars 1997, *Bull. civ.* II, n° 84, *RTD civ.* 1997. 951, obs. P. Jourdain.
5. Civ. 2e, 24 juin 1999, *RCA* 1999, comm. 285, obs. H. Groutel ; *JCP* 2001. II. 10483, note J.-Y. Maréchal.
6. Civ. 2e, 27 mai 1999, *RCA* 1999, comm. 245, obs. H. Groutel ; *RTD civ.* 2000. 124, obs. P. Jourdain.
7. Civ. 2e, 19 mars 1997, *RCA* 1997, comm. 185 ; *RTD civ.* 1997. 951, obs. J. Mestre.

Dans une affaire assez curieuse, des émissions de gaz chaud et des crevasses du sol avaient endommagé des installations d'un stade appartenant à une commune. L'enquête révéla que le sinistre avait pour origine un incendie survenu quelques semaines auparavant dans un dépôt de déchets et de sciure entreposé sur le terrain voisin. Il s'agissait d'un phénomène thermique souterrain correspondant à une combustion lente et progressive du sous-sol constitué de schistes charbonneux qui, selon la cour d'appel, n'était pas une « combustion avec flammes en dehors d'un foyer normal » et « ne peut donc être considéré comme un incendie », le texte applicable étant l'article 1384, alinéa 1er, et non l'article 1384, alinéa 2. La Cour suprême rectifie le fondement de la condamnation car elle constate que « l'incendie né dans l'immeuble de la société « Sobic » s'était propagé dans le sous-sol du fonds voisin et qu'il avait été ainsi la cause directe des dommages » et elle précise que l'article 1384, alinéa 2, « ne distingue pas, pour son application, suivant que la cause première de l'incendie a été ou non déterminée et suivant qu'elle est liée ou non à une chose dont est gardien l'occupant du fonds où l'incendie a pris naissance ; qu'il suffit que l'incendie soit né dans l'immeuble ou les biens mobiliers de celui-ci et soit la cause du dommage[1] ».

2016. Une grande partie de la doctrine est hostile au maintien de l'article 1384, alinéa 2, qui institue une responsabilité pour faute à prouver au sein d'une construction jurisprudentielle qui s'en est complètement dissociée[2]. Son domaine s'est d'ailleurs rétréci en matière mobilière, avec la promulgation de la loi du 5 juillet 1985 sur les accidents de la circulation et la loi du 19 mai 1998 relative à la responsabilité du fait des produits défectueux. Mais, tant que ce texte existe, la Cour de cassation, entend l'appliquer strictement.

2. La ruine d'un bâtiment

2017. L'article 1386 du Code civil dispose que « le propriétaire d'un bâtiment est responsable du dommage causé par sa ruine, lorsqu'elle est arrivée par une suite du défaut d'entretien ou par le vice de sa construction ». Il s'agit d'un cas particulier de responsabilité du fait des choses dont la survie est particulièrement menacée car la Cour de cassation appelle régulièrement de ses vœux son abrogation (rapports annuels, 2000, 2002, 2005). L'avant-projet Catala la fait aussi disparaître. En attendant, la Cour de cassation travaille à réduire son domaine. Elle a imposé, en effet, une interprétation de plus en plus étroite de la notion de ruine et a également porté atteinte au caractère exclusif de la responsabilité des bâtiments en ruine en admettant que l'article 1386 ne s'opposait pas à l'application de l'article 1384, alinéa 1er, contre le gardien non-propriétaire de l'immeuble tel le locataire ou l'usufruitier (v. ss 2027).

Il faut que certaines conditions soient remplies pour que cette responsabilité puisse jouer.

a) Les conditions à remplir

2018. Le responsable est toujours le *propriétaire*, il doit s'agir d'un *bâtiment*, cela ne concerne que sa *ruine*, qui doit être due à un *vice de construction* ou à un *défaut d'entretien*. Enfin la victime doit être *un tiers*.

---

1. Civ. 2e, 13 mars 2003, *RCA* 2003, comm. 159, p. 12.
2. V. Szames, chron. citée dans la bibliographie.

1° Le propriétaire

2019. Ici, il n'est pas fait appel à la notion de gardien. Le propriétaire est donc toujours responsable, même si ce n'est pas lui qui a l'usage du bâtiment, par exemple s'il est loué. Le propriétaire dispose cependant en ce cas d'un recours de nature contractuelle contre le locataire chargé de l'entretien.

C'est une responsabilité très lourde puisqu'elle concerne le propriétaire, même s'il n'est propriétaire que depuis quelques jours, voire quelques heures : citons le cas de la chute d'un plancher au cours d'enchères publiques de meubles, dans un immeuble venant d'être acheté [1]. On pourrait envisager, là encore, un recours de nature contractuelle contre le vendeur de la chose, pour vices cachés.

On a déjà relevé cependant que la Cour de cassation avait admis que la victime pouvait écarter l'article 1386 et agir en responsabilité contre le gardien non-propriétaire de l'immeuble sur le fondement de l'article 1384, alinéa 1er (v. ss 2027, 2017).

2° Le bâtiment

2020. Il peut s'agir d'un bâtiment appartenant aussi bien à l'État, à un département ou à une commune, qu'à un particulier [2].

Avant la découverte de l'article 1384, alinéa 1er, la jurisprudence faisait une interprétation extensive de ce texte. Désormais, au contraire, il ne concerne que les constructions en matériaux durables, élevés par la main de l'homme et reposant sur des fondations. Cela permet d'exclure du domaine de l'article 1386 tous les dommages causés par des palissades, des éboulements de terrain, mais par contre, on applique l'article 1386 à des bâtiments tels qu'un pont, un barrage ou même une cave creusée de main d'homme dans le roc [3].

3° La ruine due à un vice de construction ou à un défaut d'entretien

Le fait générateur doit être la ruine du bâtiment, c'est-à-dire la désagrégation spontanée de tout ou partie de ce bâtiment : plancher, balcon, toiture, cheminée, corniche... ou de tout élément, tel qu'une rampe d'escalier [4] ou une grille, qui y est incorporé de façon indissoluble. Par contre, la chute d'une personne consécutive à l'ouverture inopinée d'une porte-fenêtre ne fait pas jouer l'article 1386.

2021. L'article 1386 a expressément prévu ces deux cas et on admet qu'ils sont alternatifs et non-cumulatifs. Mais cela pose quelques problèmes d'interprétation.

Certains auteurs voient dans le défaut d'entretien une présomption de faute, d'autres, dans le vice de construction une présomption de responsabilité du fait d'autrui, du fait du constructeur, architecte ou entrepreneur (ou même d'une personne qui vend un immeuble qu'elle a fait construire) qui est d'ailleurs tenu à garantie pendant dix ans envers le maître de l'ouvrage ou l'acquéreur.

2022. Quant à la notion de ruine, la Cour de cassation en donne une interprétation étroite, afin de restreindre au maximum le domaine d'application de l'article 1386, sans pour autant

---

1. Civ. 3 mars 1964, *D.* 1964. 245, note Savatier, *JCP* 1964. II. 13622, note Esmein.
2. Civ. 12 juin 1901, *DP* 1902. 2. 372, concl. proc. gén. Laferrière.
3. T. Saumur, 28 nov. 1935, *S.* 1936. 2. 156.
4. Civ. 19 mai 1953, *JCP* 1953. II. 7879, note Esmein.

laisser la victime sans recours, puisque l'article 1384, alinéa 1er, devient alors applicable. Ainsi, le basculement d'un bâtiment n'est pas une ruine, mais dans ce cas, les dommages peuvent être réparés sur le fondement de l'article 1384, alinéa 1er, par le gardien du bâtiment[1].

2023. Enfin, la victime doit, en toute hypothèse, pour faire jouer l'article 1386, faire la preuve du vice de construction ou du défaut d'entretien, ce qui n'est pas toujours facile. Or, là encore, la Cour de cassation lui a simplifié la tâche en grignotant encore le domaine d'application exclusive de l'article 1386. En effet, dans une espèce où des pierres s'étaient détachées de la voûte d'un bâtiment et étaient tombées sur un véhicule, elle précise que, sans qu'il soit nécessaire de déterminer le vice dont pouvait être atteinte la voûte, il résulte que c'est de cette voûte que provenaient les pierres et donc que la responsabilité du propriétaire était engagée en qualité de gardien sur le fondement de l'article 1384, alinéa 1er. Ainsi, dès lors que le propriétaire est aussi le gardien de l'immeuble, l'application de l'article 1384, alinéa 1er, devient possible, sans même qu'il soit besoin d'exclure l'application de l'article 1386 parce que la cause du dommage ne serait pas la ruine[2].

4° La victime doit être un tiers et non un locataire

2024. Dans ce cas, en effet, c'est la responsabilité contractuelle qui entre en jeu.

b) Fondement de la responsabilité du fait des bâtiments et causes d'exonération

2025. Elle a d'abord été fondée sur une *présomption de faute* du propriétaire qui aurait dû vérifier la bonne construction du bâtiment puis en assurer correctement l'entretien.

Puis, on a voulu y voir une responsabilité sans faute, fondée sur le *risque* en contrepartie du profit que le propriétaire tire de son bâtiment. Ce ne serait qu'un cas particulier de responsabilité du fait des choses. C'est une « responsabilité de plein droit » comme celle fondée sur l'article 1384, alinéa 1er[3].

2026. Le propriétaire ne peut jamais s'exonérer de cette responsabilité par la preuve d'absence de faute de sa part[4]. Mais les causes d'exonération classiques sont admises dont la force majeure, cause étrangère qui ne peut lui être imputée[5] ou la faute de la victime, cause d'exonération partielle. Le « fait non fautif » de la victime n'est pas exonératoire, notamment le fait pour une personne de s'être assise sur une clôture surplombant un précipice, comportement considéré comme non fautif par les juges, en raison de la solidité apparente de ladite clôture[6].

c) Rapports du régime de l'article 1386 et des autres régimes de responsabilité délictuelle

2027. La jurisprudence admet généralement assez largement l'option ou même le cumul entre plusieurs régimes de responsabilité. Toutefois, les responsabilités spéciales

---

1. Civ. 2e, 16 oct. 2008, *RCA* 2009, comm. 6, note H. Groutel, *RTD civ.* 2009. 128, obs. P. Jourdain.
2. Civ. 2e, 22 oct. 2009, *JCP* 2010. 456, no 11, obs. C. Bloch ; *RCA* 2010, comm. 37 ; *RTD civ.* 2010. 115, obs. P. Jourdain.
3. Civ. 6 mai 1959, *S.* 1960. 28.
4. Civ. 21 juill. 1930, *Gaz. Pal.* 1930. 2. 337.
5. Civ. 1re, 3 mars 1964, *D.* 1964. 245, note R. Savatier ; *JCP* 1964. II. 13622, note Esmein ; *RTD civ.* 1964. 552, obs. A. Tunc.
6. Civ. 17 juill. 1971, *D.* 1971. 672.

du fait des choses sont en principes exclusives de l'application de l'article 1384, alinéa 1er, régime général. Cependant, comme on l'a déjà souligné, la Cour de cassation, favorable à l'abrogation de l'article 1386, a très largement remis en question l'exclusivité de l'application de l'article 1386.

1° L'option et le cumul entre l'article 1386 et l'article 1384, alinéa 1er

2028. Certaines victimes, n'ayant pu apporter la preuve des faits exigée par l'article 1386 pour se faire indemniser, ont eu l'idée de revenir au régime général de responsabilité du fait des choses de l'article 1384, alinéa 1er. Alors que pendant un temps, la Cour de cassation s'y était refusée, ainsi dans l'affaire *Bardinet*[1] mais aussi postérieurement[2], en considérant que l'existence même de l'article 1386 excluait toute possibilité de recours à l'article 1384, alinéa 1er, elle a aujourd'hui complètement modifié cette position. La victime peut désormais agir contre le gardien sur le fondement de l'article 1384, alinéa 1er, s'il n'est pas le propriétaire[3]. Cet arrêt a marqué un véritable revirement de jurisprudence en ouvrant dorénavant un droit d'option à la victime. Elle a ensuite admis que si le propriétaire est resté gardien, la victime peut agir contre lui sur le fondement de l'article 1384, alinéa 1er, sans avoir besoin d'établir que le dommage n'a pas été causé par la ruine du bâtiment. Là encore, c'est une véritable option qui est offerte à la victime[4] (v. ss 2023).

S'il s'agit de dommages imputables à autre chose que la ruine du bâtiment, le recours à l'article 1384, alinéa 1er, est toujours possible puisque l'article 1386 n'est plus applicable.

2° L'option et le cumul entre l'article 1386 et les autres régimes

2029. Ils sont admis sans difficultés. La victime peut ainsi invoquer l'article 1382 ou l'un des cas de responsabilité du fait d'autrui, soit cumulativement contre le propriétaire, soit de façon distincte en dirigeant son action, à la fois contre le propriétaire selon l'article 1386 et contre une tierce personne sur un autre texte, ce qui peut entraîner une condamnation *in solidum* des deux défendeurs.

2030. Enfin, par le jeu des recours, l'article 1386 et un autre régime de responsabilité peuvent aussi s'appliquer *successivement*, par exemple le propriétaire, poursuivi selon l'article 1386, se retourne contre le responsable du défaut d'entretien ou du vice de construction sur le fondement de l'article 1382 ou en invoquant une responsabilité contractuelle, ou la garantie des vices cachés en cas de vente.

---

1. Civ. 4 août 1942, *DC* 1943. 1, note G. Ripert.
2. Civ. 2e, 30 nov. 1988, *Bull. civ.* II, no 239 ; *JCP* 1989. II. 21319, note Giraudel.
3. Civ. 2e, 23 mars 2000, *Bull. civ.* II, no 54 ; *RCA* 2000. Chron. 16 par H. Groutel ; *JCP* 2000. I. 280, obs. G. Viney ; *LPA* 2001, no 145, p. 13, obs. D. Martin ; *JCP* 2000. II. 10379, note Y. Dagorne-Labbé.
4. Civ. 2e, 22 oct. 2009, *JCP* 2010. 456, no 11, obs. C. Bloch ; *RCA* 2010, comm. 37.

DOCUMENTS

Bibliographie

BLOCH (L.), « La paroi vitrée, la boîte aux lettres, le plot et la victime », *RCA* 2004, études 14.
BORGHETTI (J.-S.) « La responsabilité du fait des choses, un régime qui a fait son temps », *RTD civ.* 2010. 1.
BRUN (Ph.), « De l'intemporalité du principe de responsabilité du fait des choses et de quelques autres considérations sur ses prétendues répercussions négatives en droit des obligations », *RTD civ.* 2010. 487.
CASSON (Ph.), « À propos des articles 1384, alinéa 2, et 1386 du Code civil », *LPA* 2001. 230.
CHABAS (F.), « Cent ans de responsabilité civile », *Gaz. Pal.* n°s 236-237, p. 2.
HOQUET-BERG (S.), « L'acceptation des risques en matière sportive enfin abandonnée », *RCA* févr. 2011. Étude 3.
HONORAT (J.), « L'idée d'acceptation des risques dans la responsabilité civile », 1969.
LAMBERT-FAIVRE (Y.), « Le transport bénévole », *D.* 1969. I. 91.
LASSALLE (J.-Y.), « La responsabilité civile et pénale des auteurs de violences sportives », *JCP* 2000. I. 277.
PEANO (M.-A.), « Divergences à la Cour de cassation sur la faute personnelle de l'ayant droit », *RCA* 1995, chron. n° 26.
SEIFFERT (E.), « L'article 1386 du Code civil : suppression ou réhabilitation », *RCA* 2009. Étude 9.
TUNC, « Garde du comportement et garde de la structure dans la responsabilité du fait des choses inanimées », *JCP* 1957. I. 1384.
TUNC, « La détermination du gardien dans la responsabilité du fait des choses inanimées », *JCP* 1960. I. 1592.
« La responsabilité du fait des produits défectueux », colloque du 27 octobre 1998, *LPA* 1998, n° 155.

Arrêt commenté

Civ. 2e, 8 mars 1995, *Époux Bizouard et a. c/ AGF et a.*

LA COUR. – (…) Attendu, selon l'arrêt attaqué (Lyon, 13 mai 1991), rendu sur renvoi de cassation, qu'au cours d'une régate, un voilier ayant à bord M. Serinelli, propriétaire, et six coéquipiers, a fait naufrage et qu'il n'y a eu aucun survivant ; que les héritiers et ayants droit des équipiers disparus ont demandé la réparation de leur préjudice aux héritiers de M. Serinelli et aux compagnies Assurances générales de France et La Foncière ; que les consorts Serinelli ont appelé en garantie les organisateurs de la course et la compagnie La Concorde ;

Sur le premier moyen du pourvoi incident de la société Assurances générales de France et le premier moyen du pourvoi incident de la compagnie d'assurance Préservatrice foncière IARD, réunis qui sont préalables :

– Attendu qu'il est fait grief à l'arrêt d'avoir retenu la responsabilité de M. Serinelli, sur le fondement de l'article 1384, alinéa 1er, du Code civil, alors que, selon le moyen, d'une part, il appartient au demandeur à l'action en responsabilité fondée sur l'article 1384, alinéa 1er, du Code civil de prouver que la chose a été l'instrument du dommage dont la réparation est recherchée, et que le fait de la chose est causalement lié à ce dommage ; qu'il appartenait d'autant plus en l'espèce aux demandeurs de rapporter la preuve de la cause du naufrage que la loi du 7 juillet 1967 relative aux événements de mer exclut toute présomption de responsabilité en matière d'abordage, qu'en présumant que le navire est intervenu dans la noyade des coéquipiers de M. Serinelli, et en mettant la preuve contraire à la charge des ayants droit de M. Serinelli, la cour d'appel a violé l'article 1384, alinéa 1er, du Code civil ; et alors que, d'autre part, en excluant l'idée que la garde du navire était commune à tous les membres de l'équipage, du fait que leur action commune nécessitait que chacun effectuât des tâches qui étaient les siennes, à la place qui lui avait été affectée dans l'équipe, sous le contrôle et la direction du « skipper », sans prendre en considération la circonstance invoquée dans les conclusions de la compagnie Préservatrice foncière que les six équipiers formaient « un équipage performant, parfaitement homogène, parce que chacun d'entre eux était capable au pied levé de remplacer un autre, car leurs fonctions étaient interchangeables », alors que la garde collective d'une chose suppose des pouvoirs absolument égaux et identiques, et que l'homogénéité et l'interchangeabilité des membres de l'équipage caractérisent bien la garde commune du navire, la cour d'appel n'a pas donné de base légale à sa décision au regard de l'article 1384, alinéa 1er, du Code civil ;

– Mais attendu que l'arrêt retient, d'une part, qu'il est certain que le voilier a sombré en mer corps et biens et que, de ce fait, il est intervenu dans la noyade de ceux qui étaient à bord et se trouve présumé en être la cause génératrice, la preuve contraire n'étant pas rapportée, d'autre part que, les usages et les règles applicables en matière de course en mer donnent au seul « skipper » le commandement du voilier dont il dirige et contrôle les manœuvres et la marche, chacun des coéquipiers effectuant sa tâche à la place qui lui a été affectée dans l'équipe, sous le contrôle et la direction du « skipper », lequel exerce donc seul sur le navire les pouvoirs de contrôle et de direction qui caractérisent la garde de la chose ;

Que de ces énonciations et constatations, la cour d'appel a pu déduire que M. Serinelli était le seul gardien du voilier, instrument du dommage ;

Sur le second moyen du pourvoi incident de la société Assurances générales de France et le second moyen du pourvoi incident de la compagnie d'assurance Préservatrice foncière IARD, réunis.

– Attendu qu'il est fait grief à l'arrêt d'avoir retenu la responsabilité de M. Serinelli, alors que selon le moyen, d'une part, l'acceptation par les équipiers d'un voilier de course du risque « d'une avarie ou d'un naufrage » implique inévitablement l'acceptation d'un risque de noyade, donc de mort ; qu'en refusant de déduire cette conséquence nécessaire de ses propres constatations, au seul motif inopérant que les organisateurs avaient maintenu la course malgré le gros temps, la cour d'appel a encore violé l'article 1384, alinéa 1er, du Code civil, et d'autre part, qu'a été définitivement jugée que la poursuite de la course malgré l'avarie ne pouvait être que le résultat d'un consensus de tout l'équipage ; qu'en méconnaissant l'autorité de ce motif décisoire de l'arrêt de cour d'appel d'Aix-en-Provence du 21 juillet 1988, la cour d'appel a violé l'article 1351 du Code civil ;

– Mais attendu que par motifs propres et adoptés, l'arrêt, après avoir exactement énoncé que l'acceptation des risques s'entend des risques normalement prévisibles, retient que la course se déroulait en vingt-quatre heures, sur un parcours limité à quatre-vingt miles, à proximité des côtes ou dans des eaux protégées, que le départ retardé par de mauvaises conditions météorologiques a été donné par les organisateurs à de nombreux concurrents et que seul le voilier de M. Serinelli, « skipper » expérimenté assisté de l'un des meilleurs équipages de la Société nautique, a coulé tragiquement, corps et biens sans cause certaine prouvée ;

Que de ces énonciations et constatations, la cour d'appel a pu déduire, sans méconnaître l'autorité de la chose jugée, que si les membres de l'équipage avaient accepté les risques normaux et prévisibles d'une compétition en mer de haut niveau, ils n'avaient pas pour autant accepté le risque de mort qui, dans les circonstances de la cause, constituait un risque anormal ;

D'où il suit que le moyen n'est pas fondé ;

Sur le moyen unique du pourvoi principal : (...)

Par ces motifs,

Rejette les pourvois tant principal qu'incident ;

Laisse à chaque partie la charge respective de ses dépens ; (...)

INDICATIONS DE CORRECTION

Introduction

L'introduction d'un commentaire d'arrêt est la partie la plus délicate du devoir, car elle doit annoncer, en une phrase brève, le domaine dans lequel se situe l'arrêt, énoncer rapidement l'exposé des faits, le déroulement de la procédure, le ou les problèmes juridiques posés à la Cour et, d'une façon plus concise, la ou les solutions apportées ainsi que l'intérêt de la décision en la replaçant dans le contexte du droit positif. Or il peut y avoir eu depuis la décision des revirements de jurisprudence ou des textes nouveaux venant contredire ou modifier la solution.

C'est à partir de là que l'étudiant doit choisir un plan lui permettant de traiter son sujet, en faisant preuve de connaissances et d'esprit critique et en évitant les deux écueils classiques en la matière :

– transformer le commentaire en une simple dissertation, en abandonnant l'arrêt ;

– paraphraser la décision sans l'enrichir par un apport de connaissances extérieures.

Ici, la recherche d'un plan était considérablement simplifiée du fait de l'existence de deux problèmes juridiques distincts qui pouvaient être traités successivement.

– L'exposé des faits était simple et ne présentait pas de difficulté particulière.

– Une difficulté pouvait, en revanche, apparaître dans la présentation du déroulement de la procédure puisqu'il s'agissait d'un second pourvoi contre l'arrêt de la cour d'appel de Lyon du 13 mai 1991, mais distinct du premier dirigé contre la décision de la cour d'appel d'Aix-en-Provence du 21 juillet 1988 (citée dans l'arrêt) qui avait donné lieu à un arrêt de cassation en date du 9 mai 1990. Le Code civil étant autorisé, les étudiants pouvaient sans peine retrouver la date et le contenu de cette décision.

Le problème juridique posé était double, ce qui justifiait un plan en deux parties :

– Validité de la garde en commun d'un voilier par son équipage ? Avec l'intérêt de la décision sur ce point qui marque un recul de cette notion de garde en commun.

– Possibilité d'opposer aux victimes, comme cause d'exonération, l'acceptation des risques ? La Cour de cassation répond négativement sur ce point en invoquant la notion de risque anormal, mais cet arrêt est à replacer dans le contexte du droit positif et plus particulièrement, du revirement de jurisprudence intervenu avec une décision de la deuxième chambre civile de la Cour de cassation du 4 novembre 2010 (*D.* 2010. 2722, obs. I. Gallmeister ; *JCP* 2011, n° 12, note D. Bakouche ; *RCA* 2011, comm. 47 ; *RTD civ.* 2011. 137, n° 6, obs. P. Jourdain.) qui a abandonné le jeu de la théorie de l'acceptation des risques. Aujourd'hui donc, la Cour de cassation aurait encore répondu négativement à la seconde question mais pour d'autres raisons.

Première partie
Rejet de la notion de garde en commun d'un voilier par son équipage

En l'espèce, les héritiers des coéquipiers victimes du naufrage ont demandé réparation de leurs dommages aux héritiers du propriétaire/skipper du voilier, M. Serinelli, lui-même décédé dans le naufrage, et à ses assureurs : la Compagnie d'Assurances Générales de France et La Foncière, sur le fondement de l'article 1384, alinéa 1er.

Pour ce faire, deux conditions sont requises : l'existence d'une chose à l'origine du dommage et la détermination du gardien de cette chose. C'est sur ces deux points que les Compagnies d'assurance demanderesses au pourvoi incident articulaient leur premier moyen (le pourvoi principal portant sur des questions d'assurances a volontairement été écarté et son texte non communiqué aux étudiants). La Cour de cassation va rejeter leurs arguments.

A. Le rappel de la présomption de causalité : le rôle causal du voilier

Dans la première branche de ce premier moyen, les assureurs contestaient le rôle causal du voilier dans la réalisation du dommage, en raison des incertitudes ayant entouré les circonstances du naufrage et le décès de l'intégralité de l'équipage. La Cour de cassation va confirmer à cet égard l'existence d'une présomption de causalité.

Depuis le premier arrêt *Jand'heur*[1], il est admis que le fait de la chose puisse intervenir indépendamment du fait de l'homme et il n'est plus exigé, ni un fait autonome de la chose, comme dans les premières décisions ayant appliqué l'article 1384, alinéa 1er [2], ni un vice propre de la chose (définitivement écarté dans le second arrêt *Jand'heur*)[3]. En revanche, il est toujours nécessaire que le fait de la chose soit la cause génératrice du dommage. Mais ce lien de causalité peut-il être présumé ? C'est ce que contestaient les demandeurs en se fondant sur la loi du 7 juillet 1967 relative aux événements de mer qui, selon eux, « exclut toute présomption de responsabilité en matière d'abordage ». Ils

1. 21 févr. 1927, *D.* 1927. I. 97, note G. Ripert.
2. Civ. 16 juin 1896, *D.* 1897. I. 433.
3. 13 févr. 1930, *D.* 1930. I. 57, concl. Matter, note G. Ripert.

prétendaient qu'il appartenait aux héritiers des victimes d'en apporter la preuve et qu'il y avait eu renversement de la charge de cette preuve.

En principe, la charge de la preuve du rapport de causalité incombe aux demandeurs en réparation, mais pour venir en aide aux victimes, la loi et la jurisprudence ont parfois posé de véritables présomptions de causalité : par exemple, la loi du 30 octobre 1968 en matière d'énergie nucléaire ou un arrêt remarqué de la Cour de cassation du 9 juin 1939 selon lequel « pour l'application de l'article 1384, alinéa 1er, la chose inanimée doit être la cause du dommage, mais que, du moment où il est établi qu'elle a contribué à la réalisation du dommage, elle est présumée en être la cause génératrice, sauf au gardien à rapporter la preuve contraire »[1].

C'est bien là le sens de la décision étudiée qui reprend les arguments de la cour d'appel selon laquelle « il est certain que le voilier a sombré en mer corps et biens et que, de ce fait, il est intervenu dans la noyade de ceux qui étaient à bord et se trouve présumé en être la cause génératrice, la preuve contraire n'étant pas rapportée ».

B. Détermination du gardien : le recul de la notion de garde en commun

Une fois établi le rôle causal de la chose, encore faut-il en déterminer le gardien et c'est sur ce point que s'opposaient les parties : les héritiers des équipiers considérant le propriétaire/skipper comme seul gardien, les héritiers de ce dernier soutenant qu'il y avait eu garde commune.

La question se pose chaque fois que les pouvoirs sur la chose sont exercés conjointement et que la chose à l'origine du dommage se trouve manipulée par plusieurs personnes sans qu'il soit possible d'établir laquelle d'entre elles en avait l'usage au moment du fait générateur. Dans ces hypothèses, la jurisprudence a d'abord fait appel, notamment en matière de chasse ou de jeu collectif à la notion de faute collective, puis, en matière de responsabilité du fait des choses, à celle d'action commune ou de garde commune, admettant ainsi la responsabilité collective des membres d'un groupe interdépendant qui ont « participé à une action commune et exécuté des actes connexes et inséparables ayant causé le dommage[2] », ce qui permet de les déclarer responsables *in solidum*, lorsqu'ils sont des tiers par rapport à la victime, mais entraîne leur irresponsabilité les uns à l'égard des autres : un co-gardien ne pouvant se prévaloir, à l'égard des autres, de la présomption de responsabilité de l'article 1384, alinéa 1er, ce qui était le cas entre les différents coéquipiers formant l'équipage du voilier. Il s'agit toutefois d'une exception au principe suivant lequel la garde est alternative et non-cumulative.

C'est cette position qui avait été prise par les assureurs du propriétaire/skipper qui soutenait que les six équipiers formaient « un équipage performant, parfaitement homogène, parce que chacun d'entre eux était capable, au pied levé, de remplacer un autre car leurs fonctions étaient interchangeables ». Or, la Cour de cassation, lors du premier pourvoi dans la même affaire[3] avait retenu comme seul gardien le skipper « marin particulièrement qualifié » et propriétaire du voilier, le rôle de chacun des

1. Civ. 9 juin 1939, *DH* 1939. 2. 283.
2. Civ. 2e, 15 déc. 1980, *D.* 1981. 455, note E. Poisson-Drocourt.
3. Civ. 2e, 9 mai 1990, *D.* 1991. 367, note Y. Dagorne-Labbé.

coéquipiers au moment de l'accident étant resté totalement ignoré. La Cour de Lyon, cour de renvoi, a donc, à son tour, retenu le skipper comme seul gardien, en excluant la garde commune « du fait que leur action commune nécessitait que chacun effectuât des tâches qui étaient les siennes, à la place qui lui avait été affectée dans l'équipe sous le contrôle et la direction du skipper ».

En rejetant le pourvoi contre cette décision, la Cour de cassation vient ici de marquer un coup d'arrêt de cette jurisprudence admettant la garde collective d'un voilier. En effet, l'arrêt analysé va, cette fois, plus loin que celui de 1990 en affirmant que « les usages et les règles applicables en matière de course en mer donnent *au seul skipper* le commandement du voilier dont il dirige et contrôle les manœuvres et la marche, chacun des coéquipiers effectuant sa tâche à la place qui lui a été affectée dans l'équipe sous le contrôle et la direction du skipper, lequel exerce donc seul sur le navire les pouvoirs de contrôle et de direction qui caractérisent la garde de la chose ». Il n'est plus question ici de propriété du voilier, mais uniquement de sa garde caractérisée classiquement, depuis l'arrêt *Franck*[1], par les trois attributs : usage, direction et contrôle.

Ce recul de la garde en commun n'a pas été remis en question depuis.

Seconde partie
Le rejet de la possibilité d'opposer aux victimes comme cause d'exonération, l'acceptation des risques

Le gardien une fois déterminé, il est parfois possible pour lui d'échapper à la condamnation à réparation en invoquant des causes d'exonération, de droit commun ou spécifiques. Ici, c'est l'acceptation des risques par la victime qui était invoquée pour échapper à l'application de la présomption de responsabilité du gardien. La Cour de cassation en écarte le jeu en développant la distinction entre les risques normaux et anormaux, si elle devait statuer aujourd'hui, elle l'écarterait purement et simplement, sans avoir besoin de référer à cette distinction.

A. Le rejet de l'acceptation des risques en considération du caractère anormal du risque

1° La théorie classique de l'acceptation des risques en matière sportive

C'est en matière de transport bénévole que cette théorie a pris naissance. Depuis un arrêt de principe de la première chambre civile de la Cour de cassation du 27 mars 1928[2], il était admis que la personne transportée à titre gratuit ne pouvait invoquer l'article 1384, al. 1er, à l'encontre du gardien du véhicule pour une double raison : argument d'équité d'abord : on se refusait à imposer une charge trop lourde à un conducteur qui avait rendu un service gratuit, alors que l'assurance-automobile n'était encore ni généralisée, ni obligatoire ; mais aussi l'idée d'acceptation des risques par la victime. Mais cette théorie avait cessé d'être utilisée dans ce domaine à partir des fameux arrêts en chambre mixte du 20 décembre 1968 (notamment l'arrêt *Landru*, reproduit plus haut)[3] qui, par un

1. Cass., ch. réunies, 2 déc. 1941, *DC* 1942. 25, note G. Ripert.
2. *DP* 1928. 1. 145.
3. Cass., ch. mixte, 20 déc. 1968, *JCP* 1969. II. 15756 et *D.* 1969. 37, concl. Schmelck, quatre espèces.

véritable revirement de jurisprudence, ont autorisé le passager transporté à titre bénévole à invoquer l'article 1384, alinéa 1er, à l'encontre du gardien du véhicule sans que ce dernier puisse opposer à la victime l'acceptation des risques.

En revanche, la théorie de l'acceptation des risques avait conservé son intérêt en matière d'accidents dus à une activité sportive. Elle impliquait de la part de la victime une renonciation tacite à se prévaloir des facilités probatoires de la responsabilité sans faute, sans aboutir à l'empêcher d'obtenir une réparation intégrale si elle parvient à prouver la faute de l'auteur du dommage[1], un acte déloyal, une violation de la « règle du jeu », par exemple.

La jurisprudence a dégagé un certain nombre de conditions d'application de cette théorie :

– elle nécessite une participation effective de la victime à l'activité sportive en question[2] ;

– il doit s'agir d'un sport plus ou moins violent et non « d'un jeu paisible entre deux jeunes filles » qui s'exerçaient au basket-ball[3] ;

– les risques doivent avoir été parfaitement compris et mesurés, c'est pourquoi la théorie s'applique essentiellement aux sportifs avertis et expérimentés ;

– le dommage est généralement survenu à l'occasion d'une compétition, mais des arrêts ont admis l'application de la théorie dans d'autres cas, par exemple pour des enfants jouant au ballon dans une cour de récréation ;

– il s'agit d'un risque normal dans l'exercice d'un sport.

2° La conception rigoureuse de la Cour de cassation dans cet arrêt

La Cour de cassation rend ici une décision rigoureuse en donnant une nouvelle définition des « risques normaux ». Jusqu'ici, on considérait comme « risque normal » l'accident qui pouvait survenir au cours de l'exercice de tel ou tel sport : ballon dans la figure, chute de cheval, coup trop appuyé dans un match de boxe… ; on pourrait ajouter le naufrage : risque normal pour un voilier.

Il est certain que plus l'activité sportive est dangereuse, plus le risque est grand. En l'espèce, il y avait une course par « gros temps », retardée par « de mauvaises conditions météorologiques », en outre, il y avait déjà eu une avarie, et pourtant il a « été définitivement jugé que la poursuite de la course, malgré l'avarie, ne pouvait être que le résultat d'un *consensus* de tout l'équipage ». Ceci avait été relevé dans l'arrêt de la première cour d'appel en date du 21 juillet 1988 et n'était pas contesté. C'est pourquoi les Compagnies d'assurances soutenaient que « l'acceptation par les équipiers d'un voilier de course du risque « d'une avarie ou d'un naufrage » implique inévitablement l'acceptation d'un risque de noyade, donc de mort ».

C'est sur ce point que la Cour de cassation prend position pour considérer ce risque comme anormal. Elle reprend les constatations de la cour d'appel selon lesquelles, malgré les conditions difficiles de la course, le départ avait été donné « à de nombreux concurrents et que seul le voilier de M. Serinelli, « skipper » expérimenté, assisté de l'un

1. Civ. 1re, 4 mars 1980, *Bull. civ.* I, no 77.
2. Rennes, 2 févr. 1982, *D.* 1983. IR 509, obs. Alaphilippe et Karaquillo.
3. Civ. 2e, 21 févr. 1979, *Bull. civ.* II, no 58.

des meilleurs équipages de la Société nautique, a coulé tragiquement, corps et biens sans cause certaine prouvée », pour en déduire que « si les membres de l'équipage avaient accepté les risques normaux et prévisibles d'une compétition en mer de haut niveau, ils n'avaient pas pour autant accepté le risque de mort qui, dans les circonstances de la cause, constituait un risque anormal ».

On peut se demander si, dans le désir d'assurer l'indemnisation des victimes, la Cour de cassation n'a pas confondu ici la normalité du risque avec l'importance du dommage.

En tout cas aujourd'hui, la solution serait la même mais pour d'autres motifs

B. Une caractérisation du risque aujourd'hui inutile

En effet, par une décision du 4 novembre 2010 (v. réf. ci-dessus), la deuxième chambre civile a opéré un spectaculaire revirement de jurisprudence et a décidé que « la victime d'un dommage causé par une chose peut invoquer la responsabilité résultant de l'article 1384, alinéa 1er, du Code civil, à l'encontre du gardien de la chose, instrument du dommage, sans que puisse lui être opposée son acceptation des risques ». La formule est absolument générale. Elle concerne donc toutes les hypothèses de responsabilité du fait des choses, mais en l'occurrence, le litige concernait un accident au cours d'une course de motocyclettes sur un circuit fermé, donc clairement, la matière sportive. Ainsi, la théorie de l'acceptation des risques en ce qu'elle paralysait le jeu de l'article 1384, alinéa 1er, est-elle abandonnée au bénéfice des victimes de dommages corporels et sans doute pour cette raison. En effet, l'évolution de la responsabilité civile se fait dans le sens de la prise en charge la plus large et la plus égalitaire possible des dommages corporels et il n'y avait plus vraiment de raison, dans ces conditions, et compte tenu de la généralisation de l'assurance, par ailleurs, pour que les sportifs soient privés du bénéfice de cette évolution. Ainsi la distinction entre les risques normaux et anormaux n'a plus lieu d'être. La Cour de cassation n'aurait donc plus besoin aujourd'hui d'y recourir pour rejeter le pourvoi.

On pourra se reporter avec profit sur l'apport de cette décision, à l'étude de Sophie Hocquet-Berg, « L'acceptation des risques en matière sportive enfin abandonnée », *RCA* févr. 2011. Étude 3.

Chapitre 3

La responsabilité du fait d'autrui

Introduction
Évolution jurisprudentielle de la responsabilité du fait d'autrui

2031. Après la responsabilité du fait personnel prévue par les articles 1382 et 1383, nous abordons la responsabilité du fait d'autrui, dont le Code civil fait état dans l'article 1384, alinéa 1er.

L'article 1384, alinéa 1er, dispose que l'on est également responsable du dommage « causé par le fait des personnes dont on doit répondre » et les alinéas suivants énoncent divers cas de responsabilité du fait d'autrui qui représentent autant de régimes de responsabilité. L'article 1384, alinéa 1er, n'était alors que la simple annonce de ces cas, jusqu'à ce que la jurisprudence lui trouve une autre fonction.

1. L'ÉNUMÉRATION LIMITATIVE PAR L'ARTICLE 1384 DE RÉGIMES SPÉCIAUX DE RESPONSABILITÉ DU FAIT D'AUTRUI

2032. Les alinéas 4, 5 et 6 de l'article 1384 énumèrent différents cas : responsabilité des parents, des maîtres et commettants, des artisans et des instituteurs.

2033. Contrairement à ce que nous venons de voir avec la responsabilité du fait personnel, qui est, en principe, une *responsabilité fondée sur une faute à prouver*, avec ces différentes responsabilités du fait d'autrui, nous sommes aujourd'hui en présence dans tous les cas, compte tenu de l'évolution de la jurisprudence, et sauf dans le cas des instituteurs, de responsabilités de plein droit, dont le fondement peut d'ailleurs varier selon les cas.

On peut les regrouper selon la catégorie des personnes dont on doit répondre : il s'agit soit d'enfants ou d'adolescents, soumis à la garde et à la surveillance d'adultes chargés de leur éducation : parents, artisans ou instituteurs, soit de majeurs liés par un lien de subordination : les préposés.

Traditionnellement, on considérait que cette responsabilité du fait d'autrui était limitée aux seuls cas énumérés par les alinéas 4, 5 et 6 de l'article 1384 alors que la jurisprudence avait considérablement développé la responsabilité du fait des choses, initialement régie par les seuls articles 1385 et 1386, en se fondant sur le principe général posé par l'article 1384, alinéa 1er. Mais on a assisté à une nouvelle « création jurisprudentielle » fondée sur le même article 1384, alinéa 1er.

Ces responsabilités du fait d'autrui prennent par ailleurs une nouvelle physionomie avec **les projets de réforme** et notamment *l'avant-projet Catala* qui a tenté une clarification et une simplification de cette responsabilité, sans pour autant parvenir à une véritable unité dans les fondements (v. ss 2150).

2. L'extension jurisprudentielle : l'utilisation de l'article 1384, alinéa 1er, pour de nouveaux cas de responsabilité du fait d'autrui

2034. Par un arrêt de principe de l'assemblée plénière du 29 mars 1991 [1], l'arrêt *Blieck*, la Cour de cassation, en assemblée plénière, a admis que d'autres cas de responsabilité du fait d'autrui pouvaient être *fondés sur le principe général posé par l'article 1384, alinéa 1er*. Elle a ainsi rendu responsable une association recevant des handicapés mentaux, du dommage causé par l'un d'eux. Cette responsabilité pour autrui, inspirée du droit administratif, semblait fondée sur l'idée de sanction d'un devoir de surveillance, lié à l'état de la personne surveillée.

Avec cet arrêt nous sommes entrés dans une nouvelle phase du développement de la responsabilité civile extracontractuelle du fait d'autrui qui n'est plus limitée aux cas prévus par les alinéas 4, 5 et 6 de l'article 1384, dont le fondement théorique est peut-être le risque, peut-être la garantie, et dont le fondement technique n'est pas la faute mais plutôt la notion d'autorité juridique sur autrui.

2035. Si la Cour de cassation n'a pas véritablement posé un principe général de responsabilité du fait d'autrui analogue à celui qu'elle a posé en matière de responsabilité du fait des choses, cette utilisation nouvelle de l'article 1384, alinéa 1er, du Code civil ne peut être ignorée et après l'étude des différents régimes de responsabilité du fait d'autrui prévus expressément par le code et qui subsistent bien évidemment, et que nous étudierons successivement (I à III), il faut s'intéresser à cette élaboration jurisprudentielle de nouvelles hypothèses de responsabilité du fait d'autrui, fondées sur l'article 1384, alinéa 1er (IV).

I. De la responsabilité pour faute présumée à la responsabilité de plein droit : la responsabilité des parents et des artisans

2036. Le législateur a posé en principe que les adultes, normalement chargés de surveiller des jeunes, doivent être responsables des dommages causés par eux. Ces adultes responsables sont, selon les cas ou les circonstances, les père et mère, les artisans ou les instituteurs.

Nous laisserons de côté, pour le moment, le cas de la responsabilité des instituteurs, qui a évolué et dont le fondement s'est modifié (v. ss 2074 s.). Nous allons considérer successivement la responsabilité des parents, puis celle des artisans.

A. La responsabilité des père et mère du fait de leurs enfants mineurs

2037. Avant d'examiner les conditions d'application de cette responsabilité, puis les causes d'exonération et les possibilités de cumul de responsabilité, nous en déterminerons le fondement car la responsabilité des parents a profondément changé en 1997, avec l'arrêt *Bertrand* : d'une responsabilité fondée sur une faute présumée de surveillance et

1. Arrêt *Blieck*, *JCP* 1991. II. 21673, concl. Dontenwille, note J. Ghestin, *D.* 1991. 324, note C. Larroumet ; G. Viney, *D.* 1991. Chron. 157.

d'éducation, elle est devenue en effet une responsabilité de plein droit, objective, fondée sur l'autorité parentale, ce qui n'a pas été sans incidence sur ses conditions d'application et les causes d'exonération.

1. Le fondement de la responsabilité des père et mère : son évolution

2038. Cette responsabilité était, fondée jusqu'en 1997, avec l'arrêt *Bertrand* sur une présomption de faute des parents, et, selon l'article 1384, alinéa 7, il s'agissait d'une présomption simple qui pouvait tomber devant la preuve contraire. La jurisprudence, poursuivant sa tendance à l'élargissement de la responsabilité par l'objectivation de cette responsabilité (déjà, pour l'avènement de la faute objective dans l'article 1382, v. ss 1887, et de façon plus générale l'évolution globale de la jurisprudence en ce sens, v. ss 1539 s.) en a fait une responsabilité de plein droit, sans faute, comme dans le cas de l'article 1384, alinéa 1er.

a) Une responsabilité fondée à l'origine sur une présomption de faute

2039. Le père et la mère étaient présumés responsables car ils étaient supposés avoir commis une faute présumée de surveillance, qui est la contrepartie de leur droit d'autorité parentale. La victime bénéficiait de cette présomption légale et n'avait pas à faire la preuve de cette faute.

Mais, contrairement à d'autres systèmes juridiques étrangers qui n'envisagent qu'une faute de surveillance, en droit français on tenait compte également d'une faute d'éducation.

Plusieurs arrêts déclaraient expressément que pour se libérer de cette présomption « les parents, doivent apporter la preuve, qu'aucune faute d'éducation ou de surveillance ne pouvait leur être reprochée » [1].

En effet, il s'agissait d'une présomption simple susceptible de tomber devant la preuve contraire.

b) Une présomption simple qui tombe devant la preuve contraire

2040. Il ne s'agissait, jusque-là, que d'une présomption simple : selon l'article 1384, alinéa 7, en effet, la responsabilité des père et mère tombe s'ils « prouvent qu'ils n'ont pu empêcher le fait qui donne lieu à cette responsabilité ». Cette formule était interprétée comme permettant aux parents d'échapper à leur responsabilité en prouvant leur absence de faute, c'est-à-dire en établissant qu'ils avaient normalement éduqué et surveillé leur enfant. La jurisprudence est abondante sur ce point. Les tribunaux avaient tendance à décharger les parents de leur responsabilité chaque fois qu'il était établi que l'activité de l'enfant n'était pas anormalement dangereuse (par exemple, rouler à bicyclette mais non manipuler des armes à feu), et qu'elle était effectuée par d'autres enfants de même âge et de même milieu social, et ceci se trouvait confirmé par la loi du 5 juillet 1974 qui, en abaissant l'âge de la majorité de 21 à 18 ans, avait déchargé du même coup les parents de leur responsabilité de plein droit envers leurs enfants de plus de 18 ans.

Rappelons la jurisprudence antérieurement élaborée, bien qu'elle soit désormais dépassée avec le courant jurisprudentiel actuel.

---

1. Civ. 12 oct. 1955, *D.* 1956. 301, note Rodière ; Crim. 18 juin 1980, *D.* 1981. IR 322, obs. C. Larroumet, 2e esp.

Les parents essayaient généralement de prouver concernant la *surveillance* :

– soit l'*impossibilité de surveillance*, quand l'enfant était, au moment du dommage, sous la surveillance d'un tiers : instituteur, patron par exemple (art. 1384, al. 5 et 6), ou même sous celle d'un ami, ce qui avait pour effet de déplacer la charge de la responsabilité sur cet ami, mais en faisant la preuve de sa faute selon l'article 1382 ;

– soit l'*impossibilité d'éviter l'acte dommageable*, parce que l'activité dommageable de l'enfant leur avait été cachée, ou parce que l'acte avait été tout à fait imprévisible, mais la jurisprudence acceptait de telles excuses avec beaucoup de réserve ;

– soit l'*exercice correct du pouvoir de surveillance*, et c'est là qu'entraient en jeu, comme nous l'avons dit plus haut, toutes sortes de facteurs relatifs aux usages, à l'âge, au milieu social, etc. et cela se trouvait généralement lié au mode d'éducation.

Concernant l'*absence de faute d'éducation*, cette preuve était finalement assez rarement apportée car le fait dommageable est généralement accidentel, une maladresse, une imprudence. On n'examinait la question de l'éducation que dans les cas plus rares où le dommage semblait dû à une intention malveillante ou à un véritable mépris des intérêts d'autrui, il s'agissait d'hypothèses assez marginales. Mais, dans ce cas, les tribunaux étaient généralement assez sévères dans leur appréciation de l'éducation, notamment en présence d'adolescents caractériels.

c) L'évolution jurisprudentielle : une responsabilité de plein droit

1° Les étapes préalables

2041. Déjà dans l'arrêt *Fullenwarth*[1] (qui fait partie de la série des arrêts majeurs rendus par l'assemblée plénière le 9 mai 1984 [v. ss 1908] qui ont fait disparaître la condition du discernement dans la responsabilité pour faute et la responsabilité du gardien), l'assemblée plénière avait réalisé une première extension de la responsabilité des parents : elle la subordonnait simplement, en effet, à un acte de l'enfant cause directe du dommage, sans qu'il soit nécessaire qu'il s'agisse d'un acte objectivement illicite, condition exigée jusque-là (sur l'importance de cette solution, v. ss 2055-2060) et elle avait employé le terme de « présomption de responsabilité » à propos de la responsabilité des parents et plus de « présomption de faute ».

2042. Ensuite, dans un arrêt du 3 mars 1988[2], la Cour de cassation reprochait à une cour d'appel qui avait déchargé des parents de leur responsabilité, de n'avoir pas recherché si le comportement répréhensible de l'enfant n'établissait pas, *par lui-même*, à la charge des parents, un manquement à leur obligation de surveillance et de direction. Cette position était très sévère pour les parents et se rapprochait d'une présomption quasi irréfragable de faute, qui ne tomberait que devant la preuve « qu'ils n'ont pu empêcher le fait dommageable » de l'article 1384, alinéa 7, c'est-à-dire, pratiquement, devant la preuve d'une cause étrangère. Cela se rapprochait de la « présomption de responsabilité » de l'arrêt *Fullenwarth* et la doctrine envisageait, d'ailleurs, une possible évolution de la responsabilité des parents fondée sur une faute présumée, vers une responsabilité de plein droit, assez proche de celle des commettants, qui pourrait

1. Dans le même sens, v. Civ. 2e, 25 janv. 1989, *Bull. civ.* II, no 21, p. 10.
2. Civ. 2e, 3 mars 1988, *Bull. civ.* II, no 58 ; obs. P. Jourdain à la *RTD civ.* 1988. 772, no 6.

s'accompagner d'une assurance responsabilité civile « chef de famille » obligatoire, pour assurer une meilleure couverture des risques des victimes [1].

2043. Puis la décision de l'assemblée plénière du 29 mars 1991 (l'arrêt *Blieck*, préc., v. ss 2034, 2135 s.) a semblé considérer que l'article 1384, alinéa 1er, posait un principe général de responsabilité du fait d'autrui, analogue à celui relatif à la responsabilité du fait des choses, les alinéas suivants de l'article 1384 ne concernant que quelques applications de ce principe, voire des solutions exceptionnelles, ce qui allait dans le sens de l'affirmation du caractère objectif de ces responsabilités.

2° L'aboutissement : l'arrêt *Bertrand*

2044. C'est dans cette ligne que se situe l'arrêt *Bertrand* de la deuxième chambre civile du 19 février 1997 [2]. Désormais, la responsabilité des parents est une *responsabilité de plein droit* qui ne tombe que devant la preuve de la force majeure. L'article 1384, alinéa 7, qui n'exonérait les parents que s'ils prouvaient « qu'ils n'ont pu empêcher le fait » dommageable est donc désormais interprété très restrictivement pour assurer une « garantie d'indemnisation au profit de la victime » [3].

2045. Le *fondement de la responsabilité des parents* n'est donc plus leur faute présumée, mais *l'autorité parentale* qu'ils détiennent sur l'enfant. Ce fondement sera confirmé par la loi du 4 mars 2002 sur l'autorité parentale qui modifie l'article 1384, alinéa 4, pour substituer au terme de « garde » (attribut matériel de l'autorité parentale) le terme « d'autorité parentale » : « les parents, en tant qu'ils exercent "l'autorité parentale" et non plus "la garde", sont solidairement responsables… » énonce désormais l'article 1384, alinéa 4.

2046. C'est donc un changement fondamental dans la nature de la responsabilité des parents, qui s'est produit avec l'arrêt *Bertrand* : elle est devenue une responsabilité objective, de plein droit, ce qui n'a pas été sans incidence sur les conditions de cette responsabilité, et notamment la condition de cohabitation, comme nous allons le voir maintenant (v. ss 2051 s.) et sur les causes d'exonération (v. ss 2063 s.).

2. Les conditions d'application

2047. C'est l'article 1384, alinéa 4 (modifié par la loi du 4 mars 2002) qui pose les règles d'application de cette présomption de responsabilité. Selon ce texte, « le père et la mère, en tant qu'ils exercent l'autorité parentale [anciennement le *droit de garde*], sont solidairement responsables du dommage causé par leurs enfants mineurs habitant avec eux ». Cela ne concerne pas d'autres personnes de la famille et, notamment, pas les grands-parents auxquels les enfants sont aujourd'hui, souvent confiés : leur responsabilité ne peut être mise en jeu qu'en apportant la preuve d'une faute de leur part [4].

---

1. V. Puill, chron. cité dans la bibliographie.
2. Arrêt *Bertrand*, Civ. 2e, 19 févr. 1997, *Gaz. Pal.* 1997. 2, Jur. 572, note F. Chabas ; *JCP* 1997. II. 22848, concl. Kessous, note G. Viney ; *D.* 1997. 265, note P. Jourdain.
3. V. Civ. 2e, 2 déc. 1998, *Bull. civ.* II, no 292 ; *D.* 1999. IR 29 ; *RCA* 1999, comm. 35 ; *JCP* 1999. II. 10165, note Josselin-Gall.
4. Civ. 2e, 18 mars 2004, *JCP* 2004. II. 10123, note S. Moisdon-Chataignier.

On peut déduire de l'article 1384, alinéa 4, que certaines conditions doivent être remplies, quant aux personnes responsables, quant à la communauté d'habitation (ou cohabitation), quant à la minorité de l'enfant et quant au dommage causé par l'enfant mineur.

a) Conditions relatives aux personnes responsables

1° En cas d'exercice conjoint de l'autorité parentale

2048. Cela concerne un enfant dont la filiation est légalement établie à l'égard de chacun de ses auteurs, qu'ils vivent ensemble ou non, que l'enfant soit né du mariage de ses parents ou hors mariage, ou qu'il s'agisse d'un enfant qui a fait l'objet d'une adoption simple ou plénière par un couple. Dans ces différents cas, ce sont le père et la mère, tenus *solidairement*, qui sont responsables, en tant qu'ils exercent l'autorité parentale.

C'est pourquoi, chaque fois que l'exercice de l'autorité parentale sur l'enfant n'est plus confié aux deux parents, mais à l'un d'eux seul, par une décision du JAF ou à la suite d'un divorce, d'une séparation de corps ou d'une séparation de fait, on peut admettre que c'est le parent qui *exerce* cette autorité parentale qui assumerait cette responsabilité, en tenant compte, toutefois, du droit de surveillance exercé par l'autre époux.

On peut également citer le cas de l'auteur d'une reconnaissance mensongère, dont il avait obtenu l'annulation, qui avait cependant été considéré comme responsable des dommages causés par l'enfant, postérieurement à cette annulation. La Cour de cassation relève le caractère rétroactif de l'annulation et « l'anéantissement rétroactif des effets juridiques de cette reconnaissance, notamment ceux relatifs à la dévolution de l'autorité parentale », pour le décharger de toute responsabilité [1].

2° En cas d'exercice unilatéral de l'autorité parentale

2049. Il faut tenir compte des cas où l'enfant n'a plus qu'un seul de ses parents vivant ou connu. Bien sûr, en cas de décès d'un des parents ou lorsqu'il est « hors d'état de manifester sa volonté, en raison de son incapacité, de son absence ou de toute autre cause » (art. 373), c'est l'autre parent qui exerce l'autorité parentale et assume donc la responsabilité du fait de l'enfant.

Il en est de même en cas d'adoption, simple ou plénière, d'un enfant par une seule personne ou dans celui d'un enfant né hors mariage, dont la filiation n'est légalement établie qu'à l'égard d'un seul de ses auteurs.

Dans tous ces cas, c'est l'unique titulaire de l'autorité parentale qui est toujours responsable. Ainsi, la responsabilité du père naturel a-t-elle pu être écartée car il ne s'était pas vu *légalement* confier l'autorité parentale [2].

2050. Ces dispositions doivent être entendues restrictivement : la présomption ne concerne que les père et mère et non pas une autre personne, un des grands-parents par exemple, même s'il s'est effectivement vu confier l'enfant. Dans ce cas, la victime ne pourrait invoquer que l'article 1382, en prouvant une faute de la personne en charge de l'enfant ou, depuis l'arrêt *Blieck*, l'article 1384, alinéa 1er, en établissant que cette personne « répondait » bien de l'enfant mais, jusqu'ici, cette responsabilité de plein droit n'a

---

1. Crim. 8 déc. 2004, *JurisData* n° 2004-026416 ; *JCP* 2005. I. 132, p. 730, obs. G. Viney.
2. V. Crim. 5 nov. 1986, *JCP* 1988. II. 21064, note H. Fulchiron.

pas été appliquée aux grands-parents. En revanche, elle a été déjà appliquée au tuteur car il est chargé de contrôler et diriger le mode de vie de l'enfant à titre permanent en vertu d'un titre juridique, ce qui est le critère de la responsabilité du fait d'autrui sur le fondement de l'article 1384, alinéa 1er, ainsi qu'on le verra (v. ss 2145).

Enfin, ces dispositions impliquent une *responsabilité solidaire* des père et mère.

b) Conditions relatives à la communauté d'habitation : évolution de la notion de cohabitation

1° De la conception matérielle de la cohabitation…

2051. Selon le Code civil, la présomption de responsabilité des père et mère ne jouait qu'à l'égard des enfants « habitant avec eux » pour qu'ils puissent assurer effectivement leur surveillance. De sorte que, si cette surveillance pouvait s'effectuer même en l'absence de cohabitation, la présomption de responsabilité subsistait ; c'est ce qu'affirmait la Cour de cassation, selon laquelle la présence d'un enfant dans un établissement scolaire ne suffisait pas, par elle-même, à écarter la présomption de faute pesant sur les parents, dès lors que l'enfant n'était pas pensionnaire [1]. Il en est de même pour l'enfant en vacances chez ses grands-parents, les parents bien que divorcés demeurent solidairement responsables entre eux et *in solidum* avec la mère de l'enfant co-auteur de l'incendie [2].

En revanche, dès que la cohabitation cessait, et que la surveillance n'était plus possible, la présomption de responsabilité tombait, « à moins que l'absence de cohabitation ne résulte pas d'un motif légitime » : c'est le cas, par exemple, lorsque l'enfant a quitté le domicile paternel car il y était victime de mauvais traitements [3]. Mais, désormais, elle ne cesse pas non plus en cas de « départ illégitime ». Ceci fut affirmé par un nouvel arrêt : une jeune fille de 16 ans qui, après le divorce de ses parents avait été confiée à son père, était partie vivre en concubinage. Elle fut condamnée pour vols avec armes au préjudice d'une banque. Son père, poursuivi comme civilement responsable, opposa l'absence de cohabitation mais la Cour objecta que « les père et mère ou celui d'entre eux à qui l'enfant est confié et *dont la cohabitation avec celui-ci n'a pas cessé pour une cause légitime*, ne peuvent s'exonérer de la responsabilité de plein droit pesant sur eux que par la force majeure ou la faute de la victime ». On peut quand même noter, qu'en l'espèce, on avait relevé que le père n'avait rien fait pour amener sa fille à réintégrer son domicile [4].

2° … à la conception juridique de la cohabitation

2052. Ce système basé sur une présomption de faute de surveillance et d'éducation des enfants par leurs parents et qui justifiait leur exonération par la preuve de l'absence de faute a « volé en éclats » avec deux arrêts du 19 février 1997, les arrêts *Bertrand* et *Samda* [5]. Désormais, il n'y a plus de présomption de faute mais une *responsabilité de plein droit* (v. ss 2041 s.). On n'a plus l'obligation de bien élever et surveiller l'enfant mais de « l'empêcher de nuire ». Dès lors, il est indifférent qu'il habite ou non avec ses parents.

---

1. Civ. 2e, 16 mai 1988, *Gaz. Pal.* 1989. I. Somm. 371, note F. C.
2. Civ. 1re, 11 févr. 1998, *JCP* 1998. II. 10150, note C. Philippe.
3. Crim. 13 juill. 1949, *D.* 1949. 461 ; Crim. 28 oct. 1969, *JCP* 1969. Somm. 291.
4. Crim. 28 juin 2000, *Bull. crim.* n° 256, *JCP* 2000. I. 280, obs. G. Viney.
5. Arrêt *Bertrand*, Civ. 2e, 19 févr. 1997, *Gaz. Pal.* 1997. 2, Jur. 572, note F. Chabas ; *JCP* 1997. II. 22848, concl. Kessous, note G. Viney ; *D.* 1997. 265, note Jourdain.

2053. Le Code exigeant la « cohabitation », la jurisprudence est donc passé d'une conception matérielle à une *conception juridique* de cette cohabitation : « la cohabitation de l'enfant avec ses père et mère visée par l'article 1384, alinéa 4, du Code civil, résulte de la *résidence habituelle* de l'enfant au domicile des parents ou de l'un d'eux »[1].

La Cour de cassation a ainsi confirmé que « la présence d'un élève dans un établissement scolaire, même en régime d'internat, ne supprime pas la cohabitation de l'enfant avec ses parents » au sens de l'article 1384, alinéa 4, du Code civil[2]. De même, la chambre criminelle, pour justifier l'irresponsabilité d'un centre de vacances, auquel avait été confié pour trois semaines l'enfant auteur de vols avec violence commis dans un camping voisin, et pour accueillir le recours contre la mère, a eu l'occasion de préciser que « la cohabitation de l'enfant avec ses parents, résultant de sa résidence habituelle à leur domicile, ne cesse pas lorsque le mineur est confié *par contrat* à un organisme de vacances *qui n'est pas chargé d'organiser et de contrôler à titre permanent le mode de vie de l'enfant* ». Elle confirme également la jurisprudence *Bertrand* selon laquelle « seule la force majeure ou la faute de la victime peut exonérer les parents de la responsabilité de plein droit qu'ils encourent du fait des dommages causés par leur enfant mineur »[3].

La chambre criminelle a également cassé une décision qui avait retenu, sur le fondement de l'article 1384, alinéa 1er, la responsabilité des grands-parents auxquels un enfant avait été confié par ses parents depuis l'âge d'un an et qui avaient la charge d'organiser et de contrôler le mode de vie de cet enfant de 13 ans, auteur d'un incendie volontaire. La Cour retient que la circonstance que l'enfant avait été confié par ses parents, qui exerçaient l'autorité parentale, à sa grand-mère et à son mari « n'avait pas fait cesser la cohabitation de l'enfant avec ceux-ci »[4]. Cela traduit « le glas de la cohabitation » (matérielle) comme le signale l'annotateur de cette décision !

Cela permet de distinguer ce cas de ceux où l'enfant est judiciairement confié à un service éducatif. Seule une décision judiciaire de placement peut faire cesser la responsabilité parentale et mettre en jeu la responsabilité de l'établissement d'éducation (sur ce point, v. ss 2141).

Désormais, la responsabilité des parents est une responsabilité liée uniquement à l'exercice de l'autorité parentale, indépendamment de toute résidence effective. Un auteur a pu dire que « la notion de cohabitation n'a plus aucun rôle, voire aucun sens » (F. Chabas, note préc.) Toutefois, cela ne devrait pas empêcher d'envisager une responsabilité cumulative des parents et de l'établissement d'éducation, mais la jurisprudence reste fidèle au principe de non-cumul des responsabilités de l'article 1384, alinéa 1er, et de l'article 1384, alinéa 4 (v. ss 2068).

c) Conditions relatives à la minorité de l'enfant

2054. La responsabilité de l'article 1384, alinéa 4, est liée à la minorité de l'enfant et cesse du jour de sa majorité.

---

1. Civ. 2e, 20 janv. 2000 ; *JCP* 2000. I. 241, obs. G. Viney ; *RJPF* 2000. 4/38, note F. Chabas ; *RTD civ.* 2000. 340, obs. P. Jourdain.

2. Civ. 2e, 16 nov. 2000, *JCP* 2001. I. 340, obs. G. Viney ; Civ. 2e, 29 mars 2001, *JCP* 2001. Actu. 798, *LPA* 2001. 223, p. 16, note Laydu.

3. Crim. 29 oct. 2002, *Bull. crim.* no 197 ; *RTD civ.* 2003. 101, obs. P. Jourdain ; *JCP* 2003. I. 154, obs. G. Viney ; v. aussi Crim. 25 sept. 2002, *Gaz. Pal.* 7-8 mars 2003, p. 37, note F. Chabas.

4. Crim. 8 févr. 2005, *JCP* 2005. II. 10049, note M.-F. Steinlé-Feuerbach ; *RJPF* 2005-6/36, note F. Chabas.

Elle prend fin également, depuis la loi du 14 décembre 1964, au moment de l'émancipation, car « le mineur émancipé cesse d'être sous l'autorité de ses père et mère ».

« Ceux-ci ne sont pas responsables de plein droit, en leur seule qualité de père ou de mère, du dommage qu'il pourra causer à autrui postérieurement à son émancipation » (art. 482).

Cela ne signifie pas, pour autant, que les père et mère échappent à toute responsabilité du fait de leurs enfants majeurs ou émancipés, mais seulement qu'ils ne sont plus responsables sur le fondement de l'article 1384, alinéa 4. Ils peuvent l'être sur le fondement du droit commun de l'article 1382, s'ils ont commis une faute, par exemple s'ils ont négligé d'exercer une surveillance spéciale sur un enfant atteint d'une maladie physique ou mentale la justifiant[1].

La Cour de cassation a rappelé, récemment, que la responsabilité de la mère d'un *majeur handicapé mental* ne pouvait pas être recherchée sur le fondement de l'article 1384, alinéa 4, applicable seulement aux enfants mineurs et, bien qu'elle ne tranche pas sur ce point, la responsabilité de plein droit de l'article 1384, alinéa 1er, ne lui semblait pas non plus applicable, faute d'avoir « accepté d'endosser les conséquences des agissements dommageables de l'enfant[2] » (v. ss 2145).

d) Conditions relatives au dommage causé par l'enfant

1° Le fait de l'enfant et non la faute : l'autonomie de la responsabilité de parents par rapport à celle de l'enfant

2055. À l'origine, on considérait que l'enfant devait avoir commis une faute, ou être gardien de la chose cause du dommage, sans cela, il n'y aurait eu aucune raison d'en rendre responsables ses parents. La victime, si elle n'était pas tenue de prouver la faute des parents, devait, au moins, faire la preuve de la participation de l'enfant au dommage et la responsabilité de l'enfant était une condition préalable de la responsabilité des parents qui n'était pas autonome, mais secondaire. Ainsi dans un arrêt de principe de 1966, la Cour de cassation déclarait : « attendu que, si la responsabilité du père *suppose que celle de l'enfant ait été établie*, la loi ne distingue pas entre les causes qui ont pu donner naissance à la responsabilité de l'enfant »[3].

2056. Mais cette condition de la responsabilité préalable de l'enfant a ensuite été écartée pour des impératifs de réparation des dommages causés par les enfants. En effet, *l'infans* (le très jeune enfant, sans discernement suffisant) a longtemps été considéré comme irresponsable, puisqu'il n'avait pas le discernement nécessaire. Il ne pouvait donc être responsable ni pour faute, ni en qualité de gardien. Pour ne pas laisser les victimes sans réparation, il fallait donc admettre que la responsabilité des parents puisse être retenue, alors même que celle de l'enfant ne pouvait pas l'être.

2057. Aussi, dès 1976, la Cour de cassation va dissocier la responsabilité des parents de celle de l'enfant en considérant que les parents peuvent être responsables, lorsque le fait dommageable constitue un « acte objectivement illicite »[4], c'est-à-dire une faute

---

1. Civ. 2e, 8 nov. 1976, *D.* 1977. IR 67.
2. Civ. 2e, 1er avr. 1999, *RJPF* 1999. 4/39, note F. Chabas.
3. Civ. 2e, 10 févr. 1966, *D.* 1966. 333, concl. Schmelck ; 23 févr. 1977, *D.* 1977. IR 325, obs. C. Larroumet.
4. Civ. 2e, 13 juin 1974, *Bull. civ.* II, no 198 ; Civ. 2e, 29 avr. 1976, *JCP* 1978. II. 18793, note Dejean de La Bâtie.

objective. À l'époque, la faute objective n'était pas consacrée et donc à défaut d'imputabilité, elle ne pouvait engager la responsabilité personnelle de l'enfant, mais elle permettait quand même d'engager celle des parents.

2058. Ensuite, et très logiquement, avec les arrêts de la Cour de cassation en assemblée plénière du 9 mai 1984 (v. ss 1887), et notamment l'arrêt *Fullenwarth* (v. ss 1907), il a été admis qu'il suffisait pour engager la responsabilité des parents, d'un « acte qui soit la cause directe du dommage » [1].

En effet, à partir du moment où, en 1984, l'assemblée plénière consacre la notion de faute objective, qui permet d'engager la responsabilité personnelle pour faute de l'enfant même s'il est privé de discernement, dès lors qu'il a commis « un acte objectivement illicite », il est « normal », dans la logique de l'évolution de la jurisprudence, en tout cas, qu'elle élargisse dans le même temps les conditions de la responsabilité des parents pour qu'elle continue à être admise alors même que celle de l'enfant ne le serait pas : il suffit donc d'un acte cause du dommage de l'enfant pour engager la responsabilité des parents, même s'il n'est pas objectivement illicite.

L'arrêt *Bertrand* va confirmer ensuite que cette responsabilité des parents est vraiment une responsabilité objective dissociée de toute idée de faute, celle de l'enfant comme celle des parents eux-mêmes puisque désormais, ils ne peuvent plus s'exonérer de leur responsabilité en prouvant leur absence de faute comme le prévoit l'article 1384, alinéa 7, et que, seules, la force majeure ou la faute de la victime peuvent être invoquées (v. ss 2063).

Enfin, la jurisprudence *Levert* confirme bien qu'il n'est besoin ni d'une faute subjective, ni d'une faute objective (acte illicite) de l'enfant pour faire jouer la responsabilité des parents. La Cour de cassation déclare « que la responsabilité de plein droit encourue par les père et mère du fait des dommages causés par leur enfant mineur n'est pas subordonné à l'existence d'une faute de l'enfant ». Il suffit d'un « acte » qui est la « cause directe » du dommage.

2059. Par cet arrêt *Levert* du 10 mai 2001, la Cour de cassation a donc confirmé l'autonomie de la responsabilité des parents par rapport la responsabilité personnelle du mineur. Les parents peuvent être responsables de l'enfant alors même que la responsabilise de celui-ci ne peut être retenue [2]. La responsabilité parentale est une responsabilité directe détachée de celle de l'enfant dans la continuité des arrêts *Fullenwarth* (v. ss 1907) et *Bertrand* (v. ss 2044).

2060. L'assemblée plénière, le 13 décembre 2002, a elle-même approuvé cette position dans deux arrêts où le fait ayant provoqué le dommage ne présentait aucun caractère fautif en précisant que « seule la force majeure ou la faute de la victime peut exonérer les père et mère de cette responsabilité » [3]. La deuxième chambre civile a également réaffirmé la même solution [4].

---

1. *Bull. Ass. plén.* n° 4, p. 3.

2. Civ. 2e, 10 mai 2001, *JCP* 2001. II. 10613, note J. Mouly ; *RJPF* 2001. 7-8/40 et 9/41, note F. Chabas ; *JCP* 2001. II. 10613, note critique J. Mouly ; dans le même sens : Civ. 2e, 21 juin 2001, *LPA* 2001, n° 240, p. 10, obs. F. Niboyet.

3. Cass., ass. plén., 13 déc. 2002, *Bull. Ass. plén.* n° 4 ; *JCP* 2003. II. 10010, note A. Hervio-Lelong ; *D.* 2003. 231, note P. Jourdain ; *JCP* 2003. I. 154, obs. G. Viney ; *RCA* 2003. Chron. 4, H. Groutel ; *LPA* 18 avr. 2003, p. 16, note J.-B. Laydu ; *Gaz. Pal.* 31 mars-1er avr. 2003, note J. Icard et F.-G. Pansier ; *Gaz. Pal.* 7-8 mars 2003, note F. Chabas ; *Personnes et famille* mai 2003, p. 20, note M. Saluden. v. aussi l'avis de l'Avocat général R. de Gouttes et le rapport du Conseiller Le Corroller, *BICC* 1er mars 2003, p. 3 s.

4. Civ. 2e, 3 juill. 2003, *JCP* 2004. II. 10010, note R. Desgorces.

La Cour de cassation est-elle allée trop loin en ce qui concerne cette responsabilité des parents qui conduit vers la « théorie du risque intégral » ? Un auteur a pu dire que la jurisprudence de la Cour de cassation sur la responsabilité des parents du fait de leurs enfants mineurs engage le droit de la responsabilité « dans une spirale d'objectivation excessive et dévastatrice » [1]. Une partie de la doctrine considère donc qu'il conviendrait de renoncer à cette jurisprudence amorcée avec l'arrêt *Fullenwarth* et confirmée par l'arrêt *Levert*, d'autant que tous les projets de réforme du droit de la responsabilité subordonnent la responsabilité des parents à un fait générateur de la responsabilité de l'enfant. Il n'empêche que la solution a été encore reposée par la deuxième chambre civile dans une décision du 17 février 2011 [2].

2° Cumul possible de la responsabilité de l'enfant et de la responsabilité des parents

2061. Si la responsabilité des parents n'est pas conditionnée par la responsabilité préalable de l'enfant, cela n'exclut pas que la responsabilité de l'enfant puisse être mise en jeu soit sur le fondement de la faute, soit sur celui de la garde d'une chose : par exemple un adolescent qui cause un accident en roulant à bicyclette peut être considéré comme gardien de son véhicule, s'il lui appartient en propre. Les présomptions des articles 1384, alinéa 1er (responsabilité du gardien de la chose) et 1384, alinéa 4, peuvent être invoquées simultanément. Les responsabilités du fait d'autrui ne sont pas cumulatives, mais on peut tout à fait cumuler une responsabilité personnelle et une responsabilité du fait d'autrui et identifier ainsi plusieurs responsables du dommage, tenus *in solidum* (v. ss 1761) à l'égard de la victime, les parents et l'enfant, comme d'ailleurs, les parents et des tiers responsables en qualité de gardien ou pour faute personnelle.

2062. Nous avons vu à cet égard que la Cour de cassation s'est orientée dans une direction très favorable aux victimes, en mettant en jeu la responsabilité des enfants même très jeunes, puisque la condition du discernement n'est plus exigée, ni pour retenir la responsabilité pour faute sur le fondement de l'article 1382 (v. ss 1903) ni pour retenir la qualité de gardien : un enfant de 3 ans peut donc être considéré comme gardien (arrêt *Gabillet*, v. ss 1907, 1972).

Mais l'action est rarement dirigée contre l'enfant seul. La plupart du temps la victime invoquera l'article 1384, alinéa 4, et tentera de faire jouer la responsabilité des parents plus solvables que leur enfant, du fait dommageable de celui-ci dès lors qu'il lui est bien imputable.

Cependant, l'action n'aboutissait pas dans tous les cas puisque les parents, en faisant jouer l'article 1384, alinéa 7, et en prouvant leur absence de faute pouvaient se dégager de cette responsabilité. Cette situation n'est plus possible aujourd'hui, puisque la jurisprudence n'admet plus comme cause d'exonération de la responsabilité des parents que la force majeure ou la faute de la victime, ainsi que nous allons le voir.

3. Causes d'exonération et cumuls de responsabilités

a) Les causes d'exonération de la responsabilité des parents

2063. *Exonération totale par la force majeure ou partielle par la faute de la victime.* Depuis l'arrêt *Bertrand* (préc., v. ss 2044), l'absence de faute des parents n'est plus

---

1. P. Jourdain, note sous Ass. Plén. 13 déc. 2002, *D.* 2003. 231.
2. Civ. 2e, 17 févr. 2011, *D.* 2011. 1117, note M. Bouteille, *Gaz. Pal.* 4-5 mai 2011, obs. M. Mekki ; *RCA* 2011, comm. 164, note F. Leduc, *D.* 2012. 53, obs. O. Gout.

exonératoire et « seule la faute majeure ou la faute de la victime peut exonérer les père et mère de leur responsabilité de plein droit encourue du fait des dommages causés par leur enfant mineur habitant avec eux » [1].

Alors que la force majeure est totalement exonératoire, la faute de la victime permet une exonération partielle conformément aux conditions générales de l'exonération, ainsi que nous l'avons vu au titre des éléments communs à tous les régimes de responsabilité (v. ss 1717 s.). C'est ce que confirme un arrêt de la deuxième chambre civile du 29 avril 2004 [2] ; où il s'agissait d'un accident survenu à la suite de la collision de deux fillettes courant dans une cour de récréation. La Cour suprême casse la décision qui avait refusé de tenir compte de la faute de la victime et précise qu'il n'est pas exigé par les textes « que la faute de la victime ait un caractère volontaire pour exonérer *partiellement* les parents de l'auteur du dommage de leur responsabilité », une faute simple suffit.

2064. Depuis l'arrêt *Bertrand*, on se demandait aussi à l'égard de qui devait s'apprécier la force majeure : l'enfant, auteur du dommage, ou bien les parents [3] ? La solution a été fournie pour la première fois par une décision de la Cour de cassation du 17 février 2011 : la force majeure s'apprécie au regard des parents. L'arrêt d'appel est cassé pour n'avoir pas constaté que la faute de la victime avait été « pour le responsable » un événement imprévisible et irrésistible [4]. Comme le relève Patrice Jourdain, cette circonstance de force majeure par rapport aux parents relève pratiquement des hypothèses d'école car les parents ne sauraient invoquer le fait du mineur dont ils répondent pour s'exonérer de leur responsabilité [5].

b) Cumul entre plusieurs régimes de responsabilité

2065. L'article 1384, alinéa 4, n'est pas forcément invoqué seul et la jurisprudence admet un certain cumul entre le régime de cet article et tel ou tel autre régime, ainsi :

1° Cumul des articles 1384, alinéa 4, et 1382

2066. Dans le cas où il est possible d'établir une faute à l'égard des parents ou même d'un tiers, la victime peut invoquer les deux arguments et même poursuivre, en même temps, les parents en tant que tels et le tiers pour faute ; ils seront alors tenus *in solidum*.

2° Cumul des articles 1384, alinéa 4, et 1384, alinéa 1er

2067. Nous avons déjà vu que si l'enfant est considéré comme gardien de l'objet ayant provoqué le dommage, il peut y avoir cumul des deux textes [6], il en est de même si ce sont les parents qui en étaient restés gardiens.

En revanche, le cumul entre la responsabilité d'un établissement d'éducation sur le fondement de l'article 1384, alinéa 1er et celle des parents au titre de la cohabitation de l'article 1384, alinéa 4 n'est pas admis, bien que cela soit critiqué par une partie de la

---

1. Civ. 2e, 21 juin 2001, *RJPF* 2001. 7/8/41.
2. Civ. 2e, 29 avr. 2004, *RJPF* 2004-11/41, obs. F. Chabas.
3. V. C. Caron, « La force majeure : Talon d'Achille de la responsabilité des père et mère », *Gaz. Pal.* 1998. 1130.
4. V. Civ. 2e, 17 févr. 2011, *D.* 2011. 1117, note M. Bouteille, *Gaz. Pal.* 4-5 mai 2011, obs. M. Mekki ; *RCA* 2011, comm. 164, note F. Leduc, *D.* 2012. 53, obs. O. Gout.
5. P. Jourdain, *RTD civ.* 2011. 544, no 5.
6. Civ. 4 nov. 1970, *D.* 1971. 205 ; *RTD civ.* 1971. 644, obs. G. Durry.

doctrine. Les arrêts condamnent l'un ou les autres mais il n'y a pas de condamnation *in solidum* (sur la détermination du domaine respectif des deux responsabilités, v. ss 2141).

3° Cumul exclu de l'article 1384, alinéa 4, et d'autres alinéas de l'article 1384

2068. Les *responsabilités du fait d'autrui sont alternatives et non-cumulatives.* En principe donc, la responsabilité des parents ne peut être engagée simultanément avec la responsabilité d'un tiers responsable du fait d'autrui. C'est ainsi que la responsabilité de plein droit des parents est encourue, dès lors que l'accident survenu au cours d'une partie amicale de rugby ne peut être imputé, ni au surveillant à l'encontre duquel aucune faute n'est établie, ni à l'État, ni à l'établissement d'enseignement privé car l'organisation de la surveillance n'était pas critiquable, et ce, même sans faute de la part de l'enfant [1] !... Mais si la responsabilité des parents est engagée, la responsabilité d'un service éducatif ou d'une association à laquelle l'enfant est confié dans le cadre d'une mesure d'assistance éducative ne peut être engagée simultanément sur le fondement de l'article 1384, alinéa 1er (v. ss 2141, 2142).

2069. *Les projets de réforme de la responsabilité* (avant-projet de réforme du droit des obligations, proposition de loi Béteille, projet Terré) tenant compte de ces acquis jurisprudentiels, proposent de résumer ainsi la responsabilité du fait des enfants mineurs.

Sont responsables des dommages causés par un enfant mineur :

– ses père et mère, en tant qu'ils exercent l'autorité parentale ;

– le tuteur, en cas de décès de ceux-ci ;

– la personne physique ou morale chargée par décision judiciaire ou administrative ou par convention, de régler le mode de vie du mineur.

Toutefois, alors que l'avant-projet et la proposition Béteille admettent que « la responsabilité de la personne physique et morale chargée de l'enfant peut se cumuler avec celle des parents ou du tuteur » (art. 1356), les propositions Terré réaffirment le caractère alternatif des responsabilités du fait d'autrui, y compris en ce cas.

Contrairement, à la position actuelle de la jurisprudence, les projets ne retiennent pas, pour mettre en jeu la responsabilité des parents, l'existence d'un simple « fait causal », mais exigent « la preuve d'un fait de nature à engager la responsabilité de l'auteur direct du dommage » (art. 1355, al. 2) ou d'un « délit civil » au sens du projet pour les propositions Terré (art. 13).

Nous allons, maintenant, examiner la responsabilité des artisans, très proche, jusqu'ici, de celle des parents, avant d'envisager, dans la section suivante, celle des instituteurs qui en diffère sérieusement aujourd'hui.

B. La responsabilité des artisans du fait de leurs apprentis

2070. L'apprenti est personnellement responsable de ses fautes (art. 1382), mais comme il est généralement insolvable et qu'il était, du moins autrefois, nourri et logé par l'artisan, celui-ci est présumé responsable des dommages qu'il peut causer (art. 1384, al. 6). Cette responsabilité était calquée sur celle des parents : elle devait remplir les mêmes conditions et elle avait le même fondement.

1. V. par ex. Civ. 2e, 10 mai 2001, cité au no 1178.

1. Les conditions de cette responsabilité

a) Personne responsable

2071. Le responsable, c'est l'artisan. L'*artisan* est lié à son apprenti soit par un contrat d'apprentissage, soit, en l'absence de contrat, dès lors que sont remplies deux conditions : d'une part, que l'artisan donne un enseignement professionnel à l'apprenti (qui n'est donc pas un préposé) et, d'autre part, qu'il lui fasse exécuter un ouvrage (ce n'est donc pas un élève).

Autrefois, on exigeait également une communauté d'habitation, car l'apprenti était logé et pris en charge par l'artisan ; aujourd'hui, on exige seulement un rapport entre le dommage causé et l'apprentissage car l'apprenti ne passe généralement plus que quelques heures par jour chez l'artisan. Les dispositions du Code du travail imposent, d'ailleurs, à l'artisan l'obligation d'assurer l'assiduité de son apprenti aux cours professionnels obligatoires et il est responsable des accidents causés sur le chemin de l'école[1].

b) Dommage résultant d'un fait dommageable de l'apprenti

2072. Ici, on applique les mêmes règles qu'en ce qui concerne la responsabilité des père et mère du fait de leur enfant mineur, à la seule différence que l'apprenti n'est pas toujours mineur.

2. Le fondement de la responsabilité de l'artisan

2073. Là encore, la responsabilité de l'artisan, comme celle des parents, était fondée sur une présomption de faute, il s'agissait essentiellement d'une faute de surveillance.

Il s'agissait aussi d'une présomption simple susceptible de tomber devant la preuve contraire (art. 1384, al. 7).

Cette responsabilité est susceptible d'évoluer dans le même sens que celle des parents bien qu'il n'y ait pas, pour le moment, de jurisprudence en la matière. Il semble que l'arrêt *Bertrand* (v. ss 2044) leur soit également applicable en raison de la généralité de ses termes visant seulement l'article 1384, alinéa 7.

Quoi qu'il en soit, il s'agit ici d'un régime désuet et la doctrine considère que ce texte pourrait être abrogé sans dommage puisque la victime pourrait faire jouer, selon les circonstances et, surtout, le moment du fait dommageable, la responsabilité des parents (art. 1384, al. 4), celle du commettant (art. 1384, al. 5), celle des professeurs d'enseignement professionnel ou de l'État qui lui est substitué (art. 1384, al. 6 et 8).

Les différents **projets de réforme** consacrent cette opinion en faisant disparaître ce régime spécifique (v. ss 2150).

II. La responsabilité pour faute prouvée : la responsabilité des « instituteurs »

2074. ▶ On entend par ***instituteurs*** non seulement, au sens strict, les enseignants de l'enseignement primaire, mais également ceux de l'enseignement secondaire et technique, à l'exclusion de ceux du supérieur, car ces derniers n'ont pas à assumer de tâches de surveillance[2].

1. Crim. 6 janv. 1963, *S.* 1964. I. 9, note Blanc.
2. Angers, 3 mars 1936, *S.* 1937. 2. 49, note Delpech.

Toutefois, la Cour de cassation et le Conseil d'État ont admis la responsabilité d'enseignants du supérieur dans des cas exceptionnels, notamment quand l'enseignant procède à une expérience présentant certains risques, il peut être tenu d'une telle obligation, même en présence d'étudiants majeurs [1].

Cela concerne également, au sens large, l'ensemble des personnels dont les obligations statuaires incluent la surveillance des élèves (chefs d'établissement, conseillers d'éducation, surveillants...). Ce type de responsabilité est même, désormais, étendu aux employés de la ville mis à la disposition des écoles : il s'agissait, en l'espèce, d'un moniteur d'éducation physique mis à la disposition des écoles de la ville en qualité d'aide pédagogique et qui participait à l'encadrement de la classe [2]. Cette décision suit une décision du Tribunal des conflits, dans le même sens, à propos d'un moniteur d'une classe de neige, simple employé d'une commune. La responsabilité de l'État peut être mise en jeu dès lors qu'il s'agit d'agents publics ayant une mission pédagogique ou de surveillance se développant dans le cadre de l'enseignement [3].

2075. À l'origine, les instituteurs étaient dans le même cas que les parents et les artisans : ils étaient responsables sur le fondement d'une faute présumée de surveillance.

Toutefois, cette responsabilité était très lourde et, à la suite du suicide d'un instituteur après une condamnation (affaire *Le Blanc*) [4], la loi du 29 juillet 1899 substitua la responsabilité de l'État à celle des instituteurs publics. La loi du 5 avril 1937 est venue parfaire cette réforme en modifiant le fondement de la responsabilité qui est désormais une *faute à prouver* (art. 1384, al. 8) qu'il s'agisse, d'ailleurs, d'un instituteur public ou privé. Cela revient, ainsi, à la responsabilité de droit commun fondée sur l'article 1382.

La loi de 1937 avait été fortement critiquée par la doctrine car, si elle protège effectivement l'instituteur, elle risque, par contre, d'entraîner l'impossibilité pour la victime de se faire indemniser ni par l'instituteur, ce qui est normal, ni par l'État, ce qui l'est moins, si elle n'a pas la chance de pouvoir apporter la preuve d'une faute caractérisée de l'instituteur. Cette situation est contraire à la tendance actuelle de restreindre les cas où un préjudice reste sans réparation. C'est pourquoi la doctrine considère ce régime de responsabilité des enseignants et éducateurs comme anachronique à une époque où toutes les autres responsabilités du fait d'autrui sont désormais engagées de plein droit. Il conviendrait d'en faire une responsabilité objective assortie d'une assurance de responsabilité obligatoire.

Les différents projets de réforme du droit de la responsabilité proposent, d'une façon plus catégorique encore, de supprimer ce type de responsabilité.

Cependant, actuellement, cette responsabilité existe et il convient de faire une distinction entre les accidents survenus dans l'enseignement public ou privé.

A. Responsabilité de droit commun des instituteurs

2076. Qu'il s'agisse de dommages causés *par* un élève ou *à* un élève, l'instituteur n'est, désormais, responsable, selon le droit commun des articles 1382 ou 1383, que si la victime fait la preuve d'une faute commise par lui dans son éducation ou dans sa surveillance.

1. Civ. 2e, 15 avr. 1961, *Bull. civ.* II, no 202 ; CE 29 juill. 1950, Merlin, *Lebon* 484.
2. Civ. 2e, 13 déc. 2001, *D.* 2002. 1517, note M. Hunter-Hénin ; *RTD civ.* 2002, no 2, obs. P. Jourdain.
3. T. confl. 15 févr. 1999, *Bull. T. confl.* no 2.
4. 31 mai 1892, *DP* 1892. 2. 490.

1. Le dommage

2077. On ne fait aucune distinction selon qu'il s'agit d'un dommage matériel, corporel ou moral ; selon qu'il s'agit d'un dommage *causé par un élève* à un autre élève ou d'un dommage *causé à un élève*, du fait d'un tiers ou même du fait de l'instituteur lui-même [1]. La seule condition requise est que ce soit « pendant le temps qu'ils sont sous leur surveillance », c'est-à-dire, non seulement pendant les cours, mais encore pendant les récréations ou les sorties accompagnées.

2. Exigence d'une faute à prouver

2078. Depuis la loi du 5 avril 1937, l'alinéa 8 de l'article 1384 déclare que « en ce qui concerne les instituteurs, les fautes, imprudences ou négligences invoquées contre eux comme ayant causé le fait dommageable, devront être prouvées, conformément au droit commun par le demandeur à l'instance ».

Il s'agissait, le plus souvent, d'un défaut de surveillance, par exemple pour un enseignant accompagnateur d'une sortie éducative qui s'abstient de soumettre à un examen médical un élève ayant fait une chute grave [2].

2079. C'est, en effet, le retour à la responsabilité de droit commun des articles 1382 et 1383 avec la nécessité pour la victime d'apporter la preuve de la faute invoquée, lorsqu'il s'agit d'un fait personnel. Notamment, la Cour de cassation a estimé qu'un élève âgé de 16 ans qui, au cours d'un « rallye pédestre en montagne, sans chemin obligé », avait délibérément emprunté, sur un terrain détrempé et raviné, un trajet rendu particulièrement risqué par l'instabilité de blocs de rochers, avait commis une faute d'imprudence, car son âge lui permettait de comprendre le danger prévisible auquel il exposait ses camarades, dont l'un fut effectivement blessé par une chute de pierres. En revanche, en raison de la nature de la randonnée et de l'âge des élèves, les professeurs n'étaient pas tenus d'exercer sur chacun d'eux une surveillance constante et l'un de ces professeurs n'avait commis aucune faute en se bornant à remettre l'élève ayant provoqué l'accident dans la bonne direction sans vérifier l'itinéraire sur lequel il allait s'engager [3].

De même, pour des élèves assistant à une partie de tennis, en dehors d'un espace spécialement prévu à cet effet, la Cour de cassation relève que la cour d'appel aurait dû rechercher l'existence d'une faute personnelle à la charge d'un enseignant déterminé [4] et la solution est rappelée régulièrement [5].

2080. Peut-on raisonner de même et appliquer la responsabilité de droit commun du fait des choses de l'article 1384, alinéa 1er, c'est-à-dire, une responsabilité sans faute, ou doit-on dans tous les cas s'en tenir à la nécessité de faire la preuve d'une faute ?

Malgré des divergences en doctrine et des hésitations en jurisprudence la question semble tranchée aujourd'hui dans le sens le plus favorable aux instituteurs puisque la

---

1. Civ. 2e, 3 oct. 1984, *Bull. civ.* II, n° 141.
2. Civ. 1re, 12 nov. 1999, *Bull. civ.* I, n° 291.
3. Civ. 1re, 7 mars 1989, *JCP* 1990. II. 21402, note Dejean de La Bâtie.
4. Civ. 2e, 29 mars 2001, *JurisData* n° 008899, *JCP* 2001. Actu. 798, *JCP* 2002. II. 10071, note S. Prigent.
5. Par ex. Civ. 2e, 16 janv. 2014, n° 12-22. 619, *RCA*. 2014, comm. n° 106.

Cour de cassation, dans un arrêt du 11 mars 1981 [1], a refusé d'appliquer la responsabilité de plein droit de l'article 1384, alinéa 1er, à l'enseignant en qualité de gardien d'une chose.

Il est, d'ailleurs, rare que l'instituteur soit gardien de la chose ayant causé le dommage.

Il s'agit donc bien d'un régime privilégié et il ne convient pas d'étendre sans limite cette notion d'« instituteur ».

B. Particularités du régime de responsabilité des membres de l'enseignement public

2081. Depuis la loi du 29 juillet 1899 et la loi du 5 avril 1937, la responsabilité de l'État est substituée à celle des membres de l'enseignement public « qui ne pourront jamais être mis en cause devant les tribunaux civils par la victime ou ses représentants » (L. du 5 avr. 1937, art. 2, al. 2), un arrêt de la Cour de cassation du 24 mai 1973 [2] précise que la loi du 5 avril 1937 est rédigée « en termes généraux qui ne permettent pas d'exclure la réparation du préjudice de quelque origine qu'il soit, causé à l'enfant volontairement ou non par l'instituteur lui-même ». Toutefois, ils pourront éventuellement faire l'objet d'une action récursoire de la part de l'État (art. 2, al. 4) en cas de faute grave.

2082. Le même régime est applicable aux membres de l'enseignement privé pour les établissements ayant conclu avec l'État un contrat d'association, depuis le décret du 22 avril 1960.

2083. La responsabilité de l'État peut, d'ailleurs, être mise en cause de deux façons différentes qu'il est important de bien distinguer l'une de l'autre. Le Tribunal des conflits a eu à trancher en la matière à plusieurs reprises : tout d'abord en 1950, puis en 1978, enfin en 1987 [3].

La responsabilité de l'État peut donc être engagée :

– soit pour un *défaut de surveillance ou* pour *une faute personnelle* même intentionnelle de l'instituteur *ou* pour *une faute de service*, qui devra être prouvée par la victime ; l'action est alors intentée devant les *tribunaux judiciaires* ;

– soit pour un *mauvais fonctionnement du service*, si le dommage causé a pour origine un entretien défectueux des locaux ou un défaut d'organisation du service public de l'enseignement et, notamment, pour défaut d'exercice par le chef d'établissement de sa mission de sécurité des personnes et des biens [4]. La victime doit faire la preuve du mauvais fonctionnement d'un service public ; l'affaire est alors portée devant une *juridiction administrative*.

C'est le retour au droit commun, auquel la loi de 1937 apporte une exception. Ce contentieux de la responsabilité administrative est en pleine expansion [5].

---

1. Civ. 2e, 11 mars 1981, *Chetouane*, *JCP* 1981. IV. 191, approuvant un arrêt de Rouen, 9 nov. 1977, *D.* 1981. 320, 1re esp., obs. C. Larroumet.
2. Crim. *JCP* 1974. II. 17855, note Dupeyron ; Civ. 2e, 3 oct. 1984, *Bull. civ.* II, no 141.
3. T. confl. 31 mars 1950, *JCP* 1950. 557, note G. Vedel ; *D.* 1950. 331, concl. Dupuich, et plus récemment, Civ. 2e, 28 févr. 1978, *Bull. civ.* II, no 34 et Civ. 3 déc. 1980, *D.* 1981. IR 321, obs. C. Larroumet ; dans le même sens : T. confl. 4 mai 1987, *D.* 1987. IR 157.
4. Article 8-2 du décret du 30 août 1985 modifié relatif au statut des établissements publics locaux d'enseignement.
5. CE 10 févr. 1997, *JurisData* no 050204.

Un observatoire de la sécurité des établissements scolaires a été institué par le décret n° 95-591 du 6 mai 1995. Sa compétence a été étendue aux établissements publics d'enseignement supérieur par le décret n° 96-690 du 5 août 1996.

1. Exigence d'une faute de l'instituteur

2084. La charge de la preuve de la faute de l'instituteur incombe, dans les conditions de droit commun, à la victime. Mais on ne fait aucune différence entre une faute personnelle et une faute de service, contrairement aux règles du droit public, pas plus qu'entre une faute civile et une faute pénale.

Évidemment, l'État dispose éventuellement d'une action récursoire contre l'instituteur mais, dans ce cas, on applique le droit commun du droit administratif, c'est-à-dire que cette action n'est possible qu'en cas de « faute personnelle détachable des fonctions » ce qui concerne un abus de fonctions caractérisé ou une faute d'une gravité exceptionnelle et ne se produit donc que rarement.

En revanche, si l'instituteur n'a pas commis de faute et si l'établissement d'enseignement n'a pas commis non plus de faute dans l'organisation de la surveillance, il n'y a pas lieu à cette responsabilité. C'est là que la jurisprudence se retourne contre les parents, titulaires de l'autorité parentale, en raison de leur responsabilité de plein droit, même en l'absence de toute faute de l'enfant[1] !

2. Action dirigée contre l'État devant les tribunaux judiciaires

2085. La victime doit exercer son action contre l'État, représenté par le préfet du département, mais devant les *tribunaux judiciaires* et non devant les tribunaux administratifs et ce, dans tous les cas, même si la faute de l'instituteur est une faute de service, selon l'arrêt du Tribunal des conflits du 31 mars 1950 précité (v. ss 2083).

2086. Si la faute de l'instituteur est une faute pénale, la victime peut joindre à l'action publique, dirigée contre l'instituteur, une action civile dirigée contre l'État substitué à celui-ci[2].

Cette action bénéficie d'une prescription spéciale de 3 ans édictée par l'article 2, alinéa 7, de la loi du 5 avril 1937.

La doctrine propose de mettre fin à cette exception pour rendre au juge administratif la compétence pour toutes les formes d'accidents dans le domaine de l'enseignement.

2087. Une responsabilité de même nature existe pour les magistrats : c'est l'État qui est civilement responsable d'éventuels dommages causés à des particuliers, que ce préjudice résulte d'une faute ou d'un risque, sans action récursoire contre le juge. Il s'agit du bon fonctionnement du service public de la Justice : et c'est l'État qui est responsable du recrutement et de la formation des juges. Cette responsabilité est assumée par l'État, en application du Code de l'organisation judiciaire, et non dans le cadre du Code civil, c'est pourquoi nous ne le développerons pas ici.

La question s'est posée, après l'affaire *d'Outreau* de savoir s'il ne convenait pas de revoir une telle responsabilité, mais la doctrine n'y est pas favorable[3].

---

1. V. Civ. 2e, 10 mai 2001, cité au n° 1178.
2. Cass., ch. mixte, 23 avr. 1975, *D.* 1977. 21, note G. J. Martin ; *Gaz. Pal.* 1976. 2. 638.
3. V. Ludet et Guinchard, chron. citées dans la bibliographie.

III. La responsabilité de plein droit des maîtres et commettants

2088. L'article 1384, alinéa 5, prévoit que « les maîtres et les commettants [sont responsables] du dommage causé par leurs domestiques et préposés dans les fonctions auxquelles ils les ont employés ». Il s'agit de dommages subis par des tiers et donc bien d'une responsabilité délictuelle et non contractuelle.

Il s'agit ici, de nouveau, contrairement à la responsabilité des instituteurs, d'une responsabilité objective, en ce sens qu'elle n'a jamais été fondée sur une faute ni prouvée ni même présumée du commettant. Il s'agit également d'une responsabilité indirecte, contrairement à la responsabilité des parents du fait des enfants, car pour engager la responsabilité du commettant, il faut au préalable que soient réunies les conditions de la responsabilité personnelle du préposé, même si ensuite, il bénéficie dans certaines conditions d'une immunité. Quels sont les conditions d'exercice de cette responsabilité et ses effets ? Il sera ensuite possible de s'interroger sur son fondement.

A. Les conditions de la responsabilité des maîtres et commettants

2089. La responsabilité des commettants dépend, essentiellement, de deux conditions : existence d'un lien de subordination entre commettant et préposé et fait dommageable du préposé.

1. Existence d'un lien de préposition

2090. Il doit exister entre le commettant et le préposé un lien de préposition [1], qui pour la jurisprudence, tient dans la possibilité pour le commettant de donner des ordres au préposé, c'est-à-dire dans l'existence d'un rapport de subordination. Cette subordination expresse ou tacite, peut découler d'un contrat de travail, mais peut également se déduire des circonstances de fait...

► ***Le préposé est une personne qui agit pour le compte de quelqu'un*** et se trouve à un moment donné sous la subordination juridique de cette autre personne, le ***commettant***, qui peut lui donner des ordres, qui a sur elle un droit de direction, de surveillance et de contrôle.

À la limite, ce peut être le cas d'un ami, d'un enfant, d'une épouse à qui le chef de famille demande de remplir telle tâche déterminée, dans son propre intérêt, en lui donnant des directives ou des instructions : ce sont des préposés occasionnels [2].

a) Le problème est simple lorsqu'il y a contrat de travail

2091. Dans ce cas, l'ouvrier ou l'employé a toujours la qualité de préposé. En cas de pluralité de commettants, sera responsable celui qui avait la direction effective du préposé au moment où le dommage a été commis : par exemple le cas d'une femme de ménage travaillant à l'heure chez plusieurs employeurs ou celui d'un berger recevant des instructions

---

1. L. Leveneur « Le lien de subordination », in *Responsabilité civile : le fait du préposé*, colloque Paris Sud, tenu à la Cour de cassation, 1er févr. 2013, publié : *RCA* mars 2013, Dossier, n° 12.

2. Crim. 7 nov. 1968, *D.* 1969. Somm. 34.

de vingt personnes ! [1] Sinon, s'il travaille simultanément pour plusieurs employeurs, on admet que ceux-ci soient responsables *in solidum* [2].

2092. Dans le cas d'un salarié mis temporairement à la disposition d'un tiers, le transfert de la qualité de commettant n'est admis que difficilement, lorsque l'employeur a abdiqué tout pouvoir sur son salarié ; dans la plupart des cas, on admet que c'est l'employeur habituel qui reste responsable [3]. C'est ce qui se passe en matière d'entraide agricole (L. du 8 août 1962, art. 20).

C'est également le cas pour une panseuse, préposée d'une clinique, travaillant ponctuellement sous les ordres d'un chirurgien lié à la clinique par un contrat d'exercice libéral : c'est la clinique qui reste commettant [4]. L'annotateur relève qu'il aurait mieux valu, en l'espèce, invoquer une responsabilité contractuelle.

b) En l'absence de contrat de travail : le cas des préposés non salariés

2093. Il s'agit de situations où le lien de préposition découle, soit d'un contrat autre qu'un contrat de travail, soit d'une situation de fait.

1° Contrat autre qu'un contrat de travail

2094. Il existe certains contrats dans lesquels une personne agit pour le compte d'une autre ou se trouve sous le contrôle d'une autre, mais il est rare que les deux conditions soient réunies.

– ***Le mandataire***, par exemple, agit pour le compte d'autrui, mais généralement sans contrôle du mandant ; il n'y a donc généralement pas de lien de préposition, à moins qu'il n'y ait une véritable surveillance.

– ***Le contrat d'entreprise*** : l'individu qui travaille à son compte n'est pas le préposé de celui qui l'emploie dans la mesure où il dirige seul son activité.

– ***L'artisan***, en revanche, est un travailleur indépendant qui peut devenir préposé s'il reçoit des ordres [5].

2° Situation de fait

2095. Il peut y avoir des relations de préposition sans véritable contrat : quand une personne demande à une autre d'agir pour son compte, elle peut être considérée comme commettant si elle exerce un véritable contrôle sur l'exécution de la prestation demandée. C'est souvent le cas dans des relations familiales, entre amis, entre concubins...

c) Situations marginales

2096. Certaines situations marginales sont difficiles à déterminer, notamment en matière médicale : le médecin n'est généralement pas le préposé de l'hôpital où il exerce, alors que l'infirmier est celui de l'hôpital ou du médecin et que l'anesthésiste peut parfois, être celui du chirurgien.

---

1. Civ. 9 févr. 1967, *Gaz. Pal.* 29 avr. 1967.
2. Orléans, 21 avr. 1986, *Gaz-Pal.* 1986. 2. 628, note F. Lévy.
3. V. Civ. 1re, 18 janv. 1989, *Bull. civ.* I, n° 33.
4. Civ. 1re, 13 mars 2001, *Bull. civ.* I, n° 72 ; *RTD civ.* 2001. 599, obs. Jourdain.
5. Crim. 22 mars 1988, *Bull. crim.* n° 142, p. 369.

Toutefois, la chambre criminelle a ensuite affirmé que « l'indépendance professionnelle dont jouit le médecin dans l'exercice même de son art n'est pas incompatible avec l'état de subordination qui résulte d'un contrat de louage de services le liant à un tiers », à propos d'un médecin anesthésiste engagé par contrat par la Croix-Rouge française pour un remplacement[1].

Depuis l'arrêt *Costedoat* instituant une immunité pour le préposé agissant « sans excéder les limites de la mission qui lui a été impartie par son commettant » (v. ss 2109 s.), on avait pu penser qu'il y avait des exceptions pour les médecins et les sages-femmes qui ne pourraient bénéficier de cette immunité en raison de ce fameux principe d'« indépendance professionnelle ». La Cour de cassation avait, à plusieurs reprises refusé de les en faire bénéficier mais la 1re chambre civile, dans deux arrêts du 9 novembre 2004, a opéré un revirement très net quand à la responsabilité personnelle du médecin et de la sage-femme salariés. Dans les deux cas, la Cour suprême affirme que le médecin salarié ou la sage-femme salariée « qui agit sans excéder les limites de la mission qui lui est impartie par l'établissement de santé privé n'engage pas sa responsabilité à l'égard du patient »[2] (v. ss 2116).

L'avant-projet Catala de réforme du droit des obligations a expressément prévu le cas dans son article 1360, aux termes duquel « En l'absence de lien de préposition, celui qui encadre ou organise l'activité professionnelle d'une autre personne et en tire un avantage économique est responsable des dommages causés par celle-ci dans l'exercice de cette activité. Il en est ainsi notamment des établissements de soins pour les dommages causés par les médecins qu'ils emploient. Il appartient au demandeur d'établir que le fait dommageable résulte de l'activité considérée ».

2. Le Fait dommageable du préposé

2097. Ce fait[3], pour entraîner la responsabilité du commettant, doit selon la jurisprudence actuelle, constituer un fait générateur de la responsabilité du préposé, c'est-à-dire, en réalité, une faute du préposé et doit avoir été accompli dans l'exercice des fonctions du préposé.

a) Le fait doit être fautif ou, plutôt, devrait pouvoir entraîner la responsabilité du préposé

2098. Le commettant ne répond que des fautes du préposé. En effet, il est admis par la jurisprudence que pour engager la responsabilité du commettant, le fait du préposé doit être un fait générateur de sa propre responsabilité[4] ; or comme le préposé ne peut être gardien (v. ss 1970), ce fait générateur ne peut être que la faute. La victime doit, donc, faire la preuve de la faute du préposé. Le commettant peut aussi être poursuivi, en effet,

---

1. Crim. 5 mars 1992, *JCP* 1993. II. 22013, note F. Chabas ; *RTD civ.* 1993. 137, obs. P. Jourdain.
2. Civ. 1re, 9 nov. 2004, deux espèces, *JurisData* n° 2004-025553 et n° 2004-025554 ; *JCP* 2005. II. 10020, rapp. D. Duval-Arnoult, note S. Porchy-Simon ; *D.* 2005. 253, note F. Chabas ; *JCP* 2005. I. 132, obs. G. Viney ; *RTD civ.* 2005, n° 1, p. 143, obs. P. Jourdain.
3. Sur cette question, v. *Responsabilité civile : le fait du préposé*, colloque Paris Sud-Cour de cassation, 1er févr. 2013, *RCA* mars 2013, Dossier, 11 à 20.
4. D. Bakouche, « Le fait du prépose de nature à engager la responsabilité du commettant », in colloque *Responsabilité civile : le fait du préposé*, préc. ; *RCA* mars 2013, art. n° 13.

comme gardien de la chose qui est à l'origine du dommage, puisque l'incompatibilité des fonctions de préposé et de la qualité de gardien implique que le commettant reste gardien de la chose instrument du dommage.

Le fait dommageable d'un préposé dément a, tout d'abord, été considéré comme n'entraînant pas le jeu de l'article 1384, alinéa 5. On pouvait, tout au plus, poursuivre le commettant sur le fondement de l'article 1382 pour la faute commise en ayant conservé un préposé dément [1]. Cependant, depuis les arrêts de l'assemblée plénière du 9 mai 1984, la faute est un acte objectivement illicite qui n'a plus besoin d'être imputable à son auteur pour pouvoir être qualifiée de faute (v. ss 1887) L'absence de discernement du préposé, n'enlève donc rien au caractère fautif de son acte.

2099. La jurisprudence a introduit une solution nouvelle, très perturbatrice, celle de l'immunité personnelle du préposé, qui interdit à la victime de rechercher la responsabilité personnelle du préposé s'il a agi dans les limites de sa mission (v. ss 2109). Cependant cette immunité personnelle du préposé ne supprime pas l'exigence d'une faute du préposé pour engager la responsabilité du commettant. Simplement, cette faute n'engage pas la responsabilité personnelle du préposé.

2100. En effet et malgré l'opinion de certains auteurs qui voudraient généraliser la jurisprudence *Levert* qui rend les parents responsables même sans faute de leur enfant (v. ss 2055 s.), il ne peut y avoir de responsabilité du commettant s'il n'y a pas une faute du préposé. La Cour de cassation a ainsi précisé, à propos d'un accident de sport, qu'au cours d'une compétition sportive, le préposé joueur professionnel salarié, qui cause un dommage à un autre participant, n'engage la responsabilité de son employeur que s'il a commis « une faute caractérisée par une violation des règles du jeu » [2].

Jusqu'à ce jour, donc, la responsabilité des commettants du fait des préposés est moins objective et donc moins extensive que celle des parents du fait des enfants, puisque pour les parents, on se contente d'un acte de l'enfant qui soit cause du dommage pour engager leur responsabilité, sans exiger que cet acte soit fautif (v. ss 2055 s.). Il s'agit aussi d'une responsabilité indirecte, puisque la responsabilité du commettant suppose que celle du préposé puisse aussi être retenue au préalable, même si ensuite, ce dernier bénéficie dans certains cas d'une immunité.

b) Le fait dommageable doit avoir été accompli par le préposé dans l'exercice de ses fonctions : l'exclusion de la responsabilité en cas « d'abus de fonction »

2101. Cette notion d'abus de fonction, qui permet au commettant d'échapper à la responsabilité s'il parvient à le démontrer, a soulevé de grandes difficultés qui sont aujourd'hui largement réglées [3]. L'interprétation, d'abord très extensive de la chambre criminelle, rendait le commettant responsable de tous dommages causés par son préposé, notamment dans une affaire du viol et de meurtre commis pendant l'entracte, par un ouvreur de cinéma [4], alors que la deuxième chambre civile déclarait que le fait

1. Civ. 15 mars 1956, *JCP* 1956. II. 9297, note Esmein.
2. Civ. 2e, 8 avr. 2004, *JCP* 2004. II. 10131, note M. Imbert.
3. Ph. Brun, « L'abus de fonctions du préposé », in Colloque *:* « Responsabilité civile : le fait du préposé », Colloque Paris Sud, Cour de cassation, 1er févr. 2013, *RCA* mars 2013, Dossier, n° 15.
4. Crim. 5 nov. 1953, *D.* 1953. 698.

dommageable devait se rattacher aux fonctions par un lien de causalité ou de connexité [1] et que la responsabilité du commettant devait être exclue en cas d'abus de fonction [2].

1° L'arrêt des chambres réunies du 9 mars 1960

2102. La Cour de cassation a restreint l'interprétation de la chambre criminelle par deux arrêts de la chambre civile du 1er juillet 1954 [3], puis par un arrêt des *chambres réunies du 9 mars 1960* [4] pour ne considérer comme accomplis « dans l'exercice des fonctions que les dommages qui ont été causés dans l'exercice ou à l'occasion de ces fonctions », c'est-à-dire notamment, au lieu et au temps du service, avec les instruments du travail et dans l'intérêt du commettant. Cela exclut les dommages causés par le préposé en dehors de ses fonctions ou dans son seul intérêt [5].

Toutefois, cette définition ne permettait pas d'exclure les *abus de fonctions* [6] et l'on constatait une divergence entre la chambre criminelle, plus sévère pour le commettant qui se contentait du critère des moyens : dès lors que le préposé avait utilisé un moyen mis à sa disposition par le commettant, il n'y avait pas d'abus de fonction, alors que les chambres civiles retenaient le critère du but : le préposé agissant à des fins étrangères à ses attributions, même en utilisant un moyen mis à sa disposition par le commettant, abusait de ses fonctions, ce qui écartait la responsabilité du commettant. Ainsi, citons le cas où un commis boucher tirant à la carabine dans la cour du commettant, mais pendant la pause du déjeuner, blesse un voisin : le commettant est considéré comme responsable par la chambre criminelle du seul fait que l'accident s'est passé *sur le lieu du travail* [7] !

2° L'arrêt de l'assemblée plénière du 10 juin 1977

2103. C'est pourquoi la Cour de cassation, en assemblée plénière, le 10 juin 1977, a pris parti en affirmant que « le commettant n'est pas responsable du dommage causé par le préposé qui utilise, *sans autorisation, à des fins personnelles*, le véhicule à lui confié pour l'exercice de ses fonctions » [8]. Elle confirmait donc le critère du but, utilisé par les chambres civiles.

2104. Mais cet arrêt n'a pas résolu toute la difficulté car il restait un problème de preuve : est-ce au commettant qu'il appartient de prouver qu'il a interdit l'usage de son matériel ? Et, s'il n'y a pas eu d'interdiction expresse, ne doit-on pas admettre qu'il y a une autorisation tacite ? C'est ce qu'a admis la chambre criminelle dans un arrêt du 13 mai 1980 [9]. Par ailleurs, la chambre criminelle se refusait toujours à s'incliner devant la position prise en assemblée plénière le 10 juin 1977, d'autant que les arrêts de 1960 et 1977 avaient été pris dans le domaine précis d'accident de la circulation, et

---

1. Civ. 2e, 1er juill. 1954, 2 arrêts, *D.* 1954. II. 8352.
2. Civ. 2e, 14 juin 1957, *D.* 1958. 53, note Savatier.
3. *D.* 1954. 628.
4. *JCP* 1960. II. 11559, note Rodière et *D.* 1960. 329, note Savatier.
5. Civ. 15 janv. 1970. *D.* 1970. Somm. 55, *RTD civ.* 1970. 577, obs. G. Durry.
6. Crim. 2 nov. 1971, *D.* 1973. 21, note C. Larroumet.
7. Crim. 28 mars 1973, *D.* 1974. J. 77, note Jaubert.
8. Cass., ass. plén., 10 juin 1977, *Bull. crim.* no 213, p. 536 ; *JCP* 1977. II. 18730, concl. Gulphe, *D.* 1977. 465, note C. Larroumet ; *Gaz. Pal.* 1977. 2. 441 ; *Defrénois* 1977. 1517, obs. J.-L. Aubert ; *RTD civ.* 1977. 774, obs. G. Durry.
9. *Bull. crim.* no 144.

continuait à retenir la responsabilité du commettant chaque fois que le dommage avait été réalisé *grâce aux fonctions* du préposé et « au lieu et temps du travail ». Il en fut ainsi dans un cas où il s'agissait de pollution par un chauffeur livreur qui, s'apercevant qu'il était suivi, était pressé de se débarrasser d'une cargaison de fuel qu'il voulait détourner à son profit [1].

3° L'arrêt de l'assemblée plénière du 17 juin 1983

2105. La Cour de cassation a dû réaffirmer sa position dans la même affaire, en assemblée plénière le 17 juin 1983 [2]. Cet arrêt réaffirme : « les dispositions de l'article 1384, alinéa 5, du Code civil, ne s'appliquent pas au commettant en cas de dommages causés par le préposé qui, agissant *sans autorisation, à des fins étrangères à ses attributions*, s'est placé hors des fonctions auxquelles il était employé » (v. cet arrêt en fin de chapitre). Cet arrêt signifie que le commettant répond des fautes de son préposé sauf s'il peut prouver trois conditions justifiant son exonération :
– l'absence d'autorisation,
– la poursuite par le préposé d'une fin étrangère à ses attributions,
– un dépassement objectif de pouvoir.

4° Les arrêts de l'assemblée plénière des 15 novembre 1985 et 19 mai 1988

2106. Enfin, l'assemblée plénière, a rendu deux nouveaux arrêts, affirmant le caractère cumulatif de ces conditions et apportant une précision en ce qui concerne l'agissement du préposé hors de ses fonctions.

– Selon l'*arrêt du 15 novembre 1985*, la responsabilité du commettant n'est pas engagée lorsque l'acte du préposé ne relève pas objectivement de ses fonctions, notamment lorsque l'employé d'une société de gardiennage incendie un local confié à sa surveillance [3].

– Selon l'*arrêt du 19 mai 1988*, par contre, la responsabilité du commettant se trouve engagée lorsque le dommage a été causé alors que le préposé accomplissait bien un *acte relevant objectivement de ses fonctions*, notamment lorsque le préposé, employé d'une société d'assurances, chargé de faire souscrire des contrats de capitalisation, détourne des fonds qui lui sont remis par des clients à cette occasion [4]. C'est l'apparence à laquelle s'est fié le tiers qui semble un critère décisif. Pour sa part, la deuxième chambre civile a pris acte de la position adoptée par l'assemblée plénière [5].

On a encore pu constater un temps une certaine mauvaise volonté de la chambre criminelle qui, tout en reproduisant fidèlement l'attendu de principe dégagé par l'arrêt du 19 mai 1988, n'en adoptait pas moins des solutions parfois différentes, en retenant la

---

1. Crim. 18 juin 1979, *Gaz. Pal.* 1980. Somm. 72, et Crim. 3 mai 1979 et 16 déc. 1980, obs. G. Durry, *RTD civ.* 1980. 115, *Commune de Chignin*.
2. *Gaz. Pal.* 4-5 nov. 1983, *JCP* 1983. II. 20120, concl. Av. gén. Sadon, note F. Chabas (arrêt à commenter).
3. *JCP* 1986. II. 20568, note crit. G. Viney.
4. *Gaz. Pal.* 1988. 2, concl. Dorwling-Carter ; *D.* 1988. 513, note C. Larroumet, *Defrénois* 1988, art. 34316, obs. J.-L. Aubert.
5. Civ. 2e, 3 juill. 1991, *JCP* 1991. IV. 346, et Civ. 2e, 13 nov. 1991, *JCP* 1992. IV. 188, et pour les deux arrêts *JCP* 1992. I. 3572, p. 160, obs. G. Viney ; Civ. 2e, 11 févr. 1992, *JCP* 1992. I. 3625, obs. G. Viney, p. 504 ; Civ. 2e, 11 févr. 1992, *JCP* 1992. I. 3625, obs. G. Viney, p. 504 ; Civ. 2e, 22 mai 1995, *JCP* 1995. I. 3893, obs. G. Viney, *RTD civ.* 1996. 181, obs. P. Jourdain

responsabilité du commettant dans des cas où le préposé avait commis un *acte manifestement étranger à ses fonctions*, notamment blessures graves consécutives à un « bon tour » stupide joué par le préposé à l'un de ses camarades, coups infligés à des collègues au cours d'une bagarre, vol de marchandises conservées par l'entreprise, etc. [1]. Sur les neuf arrêts rendus le même jour, les arrêts 1 à 6 sont en harmonie avec la jurisprudence des chambres civiles, mais les arrêts 7, 8 et 9, rendus à propos d'infractions commises par les préposés de sociétés de gardiennage au préjudice des clients de ces sociétés, reprennent la position de l'assemblée plénière du 15 novembre 1985, en exonérant le commettant car « le préposé avait agi non seulement à des fins étrangères mais à des *fins contraires à ses attributions* ». Cette position de la chambre criminelle fut largement critiquée et les première et deuxième chambres civiles admirent l'une et l'autre la responsabilité des sociétés de gardiennage et de nettoyage pour les délits commis par leurs préposés dans les locaux soumis à leur surveillance [2].

La chambre criminelle a finalement renoncé à sa position et a relevé à propos d'un vol commis par un employé de la société ACPS chargée de la surveillance d'un dépôt de colis de la SNCF que « le commettant ne s'exonère de sa responsabilité qu'à la triple condition que son préposé ait agi *en dehors des fonctions auxquelles il était employé, sans autorisation et à des fins étrangères à ses attributions* » selon la formule des arrêts des assemblées plénières des 17 juin 1983 et 19 mai 1988 [3]. Il s'agit d'un véritable revirement de la jurisprudence de la chambre criminelle unifiant la jurisprudence de la Cour suprême en la matière.

2107. On tient également compte de la *bonne ou de la mauvaise foi de la victime*. Ainsi, ne peut réclamer d'indemnité au commettant, le tiers qui a accepté de prendre place dans la voiture conduite par le préposé, alors qu'il savait que le commettant l'interdisait [4]. La jurisprudence s'oriente dans le sens du refus de faire jouer la responsabilité du commettant quand la victime a sciemment, notamment en matière bancaire, accepté des risques nés d'opérations étrangères aux attributions du préposé [5]. Par contre, la jurisprudence est plus hésitante sur le point de savoir qui, de la victime, ou du commettant, a une preuve à faire…

Nous constatons, ici aussi, la tendance de la jurisprudence à minimiser au maximum la notion d'abus de fonction pour pouvoir faire jouer, dans la plupart des cas, la responsabilité du commettant. En effet, il est certainement assuré alors que le préposé ne l'est généralement pas et peut, en outre, être insolvable. Il s'agit de protéger la victime et d'assurer son indemnisation

2108. La triple exigence que le préposé ait agi en dehors des fonctions auxquelles il était employé, en l'absence d'autorisation et à des fins étrangères à ses attributions a encore été rappelée dans un arrêt rendu par la deuxième chambre civile le 12 mai 2011 [6]. C'est également la formule retenue dans **l'avant-projet Catala et la proposition de loi Béteille**.

---

1. Crim. 23 juin 1988 (neuf arrêts), *Bull. crim.* n° 289, *D.* 1988. IR 243, *RTD civ.* 1989. 94, obs. P. Jourdain.
2. Civ. 1re, 18 janv. 1989, *JCP* 1989. II. 21326, note Larroumet ; Civ. 2e, 22 mai 1995, préc., n° 1230.
3. Crim. 16 févr. 1999, *Bull. crim.* n° 23 ; *RTD civ.* 1999. 409, obs. P. Jourdain ; *JCP* 2000. I. 199, n° 4, obs. G. Viney.
4. Civ. 2e, 8 févr. 1967, *Bull. civ.* II, n° 46 ; Civ. 2e, 17 juill. 1968, *Bull. civ.* II, n° 216.
5. Civ. 2e, 13 nov. 1992, *RTD civ.* 1993. 371, obs. J. Mestre, et Civ. 2e, 2 avr. 1997, *Bull. civ.* II, n° 111 ; *RTD civ.* 1997. 953, obs. J. Mestre.
6. Civ. 2e, 12 mai 2011, *D.* 2011. 1412, obs. I Gallmeister et 1938, obs. O. Gout ; *D.* 2012. Pan. 51, obs. P. Brun.

La situation du commettant est cependant encore alourdie, en raison de l'immunité personnelle du préposé, introduite par l'arrêt *Rochas* et confirmée par l'assemblée plénière dans l'arrêt *Costedoat*, qui rend le commettant seul responsable lorsque le préposé a agi dans les limites de sa mission et qui lui interdit tout recours récursoire contre celui-ci.

c) La faute du préposé n'engage plus forcément sa responsabilité personnelle : l'immunité personnelle du préposé agissant dans les limites de sa mission

2109. Cette évolution, particulièrement importante, consiste à exclure la responsabilité personnelle du préposé qui, par sa faute a causé un dommage dès lors qu'il est garanti par la responsabilité du commettant [1]. Cette solution a été initiée par un arrêt *Rochas* de la chambre commerciale du 12 octobre 1993. Elle a été ensuite fixée par l'arrêt *Costedoat* de l'assemblée plénière du 25 février 2000, dont la portée a ensuite été cantonnée par l'arrêt *Cousin*.

1° Une solution initiée par l'arrêt *Rochas* du 12 octobre 1993

2110. La chambre commerciale, dans cette décision a subordonné la responsabilité du préposé et, de ce fait, l'action récursoire du commettant contre lui, à la preuve d'une « faute personnelle » et précisé qu'une telle faute ne peut être admise lorsque le dommage a été causé dans le cadre de la mission qui lui était impartie par son employeur sans qu'il en ait outrepassé les limites. Cette décision créait donc une « immunité personnelle », du préposé, agissant dans les limites de sa mission. Il s'agissait, dans l'affaire des *Parfums Rochas* [2], d'actes d'utilisation illicite de marque et d'actes de concurrence déloyale effectués par un responsable régional et un VRP d'une société qui avaient, toutefois, agi *dans le cadre de la mission qui leur était impartie*. Bien que la jurisprudence *Rochas* ait été désavouée, en termes très nets, par la deuxième chambre civile [3], la Cour de cassation, le 25 février 2000, en assemblée plénière, a confirmé cette position, qui désormais semble véritablement acquise.

2° Une solution confirmée par l'arrêt *Costedoat* de l'assemblée plénière

2111. En précisant solennellement, que « n'engage pas sa responsabilité à l'égard des tiers le préposé qui agit sans excéder les limites de la mission qui lui a été impartie par son commettant » même s'il a commis une imprudence, et causé des dommages à la propriété d'un tiers, l'assemblée plénière va confirmer avec éclat la jurisprudence *Rochas*. Il s'agissait en l'occurrence d'épandages d'herbicides sur deux parcelles de rizière, effectués par le pilote d'une société d'hélicoptères auquel il était reproché de ne pas s'être abstenu de cet épandage en raison des conditions météorologiques [4] (arrêt à lire en fin de chapitre).

2112. La responsabilité du commettant devient le moyen « d'imputer à l'entreprise la charge des risques qu'elle crée par son activité » [5]. Cette position se justifie par l'émergence de la notion d'« entreprise » : « le commettant, en tant que représentant de l'entreprise qu'il

1. P. Jourdain, « L'immunité civile du préposé », in *Responsabilité civile : le fait du préposé*, colloque Paris Sud, Cour de cassation, 1er févr. 2013, *RCA* mars 2013, Dossier, n° 14.
2. Com. 12 oct. 1993, *Bull. civ.* IV, n° 338 ; *D.* 1994. 113. 125, note G. Viney ; *RTD civ.* 1994. 125. 113, obs. Jourdain, et note très critique de F. Chabas au *JCP* 1995. II. 22493.
3. Civ. 19 mars 1998, *LPA* 15 mars 2000, n° 53, p. 11, note Rinaldi.
4. Cass., ass. plén., 25 févr. 2000 ; *JCP* 2000. II. 10295, concl. Kessous, note M. Billiau ; *JCP* 2000. I. 241, n° 5, obs. G. Viney.
5. Obs. G. Viney, *JCP* 1994. I. 3773. IV, 2°.

dirige, doit normalement assumer les risques de l'activité de celle-ci et prendre l'assurance qui couvre ces risques »[1]. En effet, quand les préposés occupent la place qui leur a été assignée et se conforment aux ordres donnés, peu importent les fautes qu'ils peuvent commettre par *négligence ou maladresse* : ce sont des risques de l'entreprise dont les conséquences dommageables doivent être couvertes par l'assurance de l'entreprise.

2113. Il en va autrement cependant si le préposé commet une infraction intentionnelle, c'est ce qui résulte de l'arrêt *Cousin*.

3° Le cantonnement de la jurisprudence *Costedat* par l'arrêt *Cousin* en cas d'infraction pénale intentionnelle

2114. Depuis, l'arrêt *Costedoat*, l'assemblée plénière de la Cour de cassation, dans l'arrêt *Cousin*, a limité les effets de cette jurisprudence, en déclarant que « le préposé condamné pénalement pour avoir *intentionnellement commis, fut-ce sur l'ordre du commettant*, une infraction ayant porté préjudice à un tiers, engage sa responsabilité civile à l'égard de celui-ci »[2].

2115. Il résulte donc de la combinaison des arrêts *Costedoat* et *Cousin* que « si le préposé n'engage pas sa responsabilité lorsqu'il demeure dans les limites de sa mission, il en est autrement s'il commet une infraction intentionnelle, fût-ce sur l'ordre du commettant »[3] (v. ces deux arrêts reproduits en fin de chapitre.)

2116. On a pu croire ensuite, un temps, à l'extension de la jurisprudence *Cousin* au-delà de l'infraction pénale intentionnelle et au grignotage de l'immunité du préposé à coups d'arrêts de la Cour de cassation.

En effet, après l'infraction pénale intentionnelle, la Cour de cassation a semblé vouloir exclure l'immunité lorsque le préposé dispose d'une *indépendance professionnelle* justifiant que l'on maintienne sa responsabilité personnelle à l'égard de la victime. La solution a été posée en effet à propos du médecin salarié, par une décision du 13 novembre 2002. Dans cette décision relative à la responsabilité d'un médecin anesthésiste, salarié d'une clinique[4], la Cour de cassation a retenu la responsabilité personnelle du médecin, alors même que la clinique était responsable en tant que commettant. En l'espèce, le médecin avait commis une *faute d'imprudence*, puisqu'il est déclaré coupable d'homicide involontaire, mais il n'avait ni excédé les limites de sa mission, ni agi hors de ses fonctions. En application de la jurisprudence *Costedoat*, le préposé était irresponsable et son assureur ne pouvait être tenu d'aucune dette. La clinique condamnée en qualité de commettant et son assureur avaient appelé en garantie l'assureur du médecin et leur demande avait été rejetée par la cour d'appel en raison de cette irresponsabilité du médecin. Saisie d'un pourvoi, la première chambre civile relève que « si l'établissement de santé peut être déclaré responsable des fautes commises par un praticien salarié à l'occasion d'actes médicaux d'investigation et de soins pratiqués sur un patient, ce principe ne fait pas obstacle au recours de l'établissement de santé et de son assureur [contre l'assureur du

---

1. G. Viney obs. préc.
2. Cass., ass. plén., 14 déc. 2001, *JCP* 2002. II. 10026, note M. Billiau ; *RTD civ.* 2002. 108, obs. P. Jourdain.
3. Obs. P. Jourdain, *RTD civ.* 2002, n° 1.
4. Civ. 1re, 13 nov. 2002, *JCP* 2003. II. 10096, note M. Billiau.

médecin] *en raison de l'indépendance professionnelle intangible dont bénéficie le médecin, même salarié, dans l'exercice de son art* ».

Cette solution posée par la première chambre civile, devait-elle concerner uniquement les médecins ou bien aussi tous ceux qui, dans l'exercice de leur art, jouissent d'une « indépendance professionnelle intangible » ? On pouvait se le demander car la solution a été appliquée aussi à un agent d'assurances [1].

2117. Mais ensuite, à partir de 2004, la première chambre civile de la Cour de cassation est revenue sur cette solution. Et l'indépendance professionnelle n'est plus un élément qui permet de remettre en cause l'immunité du préposé. La solution a été posée précisément par deux arrêts du même jour propos du médecin salarié et d'une sage-femme [2].

2118. Néanmoins la jurisprudence n'est pas toujours très claire [3], notamment dans le cas où il y a délégation de pouvoir. Deux décisions de la chambre criminelle ont pu continuer à entretenir le doute à cet égard : l'une la responsabilité personnelle du préposé pour une infraction pénale non intentionnelle (homicide involontaire) parce qu'il bénéficiait d'une délégation de pouvoir de l'employeur [4] ; l'autre ne l'a pas retenue, alors même qu'il n'y avait pas de délégation de pouvoir [5].

4° Le cantonnement opéré par l'arrêt *Costedoat* élargi à la faute intentionnelle en général (civile comme pénale)

2119. La deuxième chambre civile, dans une décision rendue le 20 décembre 2007 (v. ss 2121, 2124) qui concernait directement la question du recours récursoire du commettant à l'égard du préposé, a incidemment fait référence (comme exclusive de l'immunité du préposé), non seulement à une « infraction pénale intentionnelle », mais aussi, plus largement, à la « faute intentionnelle ». Une nouvelle exclusion de l'immunité est donc admise au-delà de la faute pénale, pour atteindre les fautes civiles intentionnelles. La solution a été réaffirmée ensuite [6].

5° Les conséquences de l'immunité du préposé à l'égard de la victime : l'exclusion du recours récursoire du commettant contre le préposé

2120. Non seulement la victime ne peut plus agir contre le préposé qui a agi dans les limites de sa mission mais seulement contre le commettant, mas encore, quoique l'on se soit posé la question, il apparaît que le commettant qui a indemnisé la victime ne peut plus exercer de recours récursoire contre son préposé. On pouvait penser que ce recours récursoire subsisterait, dans la mesure où l'immunité du préposé ne concernerait que la victime.

---

1. Civ. 1re, 10 déc. 2002, *D.* 2003. 510, concl. J. Sainte-Rose ; *RCA* 2003, n° 52, obs. H. Groutel, *RFDA* 2003. 129, note Langé.
2. Civ. 1re, 9 nov. 2004, *D.* 2005. 253, note F. Chabas ; *ibid.* Pan. 406, obs. J. Penneau ; *JCP* 2005. II. 10020, rapp. Duval-Arnould, note S. Porchy-Simon : *ibid.* I. 132, n° 8, obs. G. Viney ; *JCP E* 2005. 625, note Viottolo ; *RTD civ.* 2005. 143, obs. P. Jourdain, *LPA*, déc. 2004, obs. J.-F. Barbièri.
3. Pour une clarification, v. H. Matsopoulou, « La « faute pénale » du préposé », in *Responsabilité civile : le fait du préposé*, Colloque Paris Sud, Cour de cassation, 1er févr. 2013, *RCA* mars 2013, Dossier, article n° 16.
4. Crim. 28 mars 2006, *RCA* 2006, comm. 2899, note H. Groutel.
5. Crim. 13 mai 2007, *RCA* 2007. Étude 13, A. Vialard.
6. Civ. 2e, 21 févr. 2008, n° 06-21.182, *JurisData* n° 2008-042857 ; *JCP* 2008. I. 186, n° 5, obs. Ph. Stoffel-Munck.

L'arrêt *Costedoat* ne supprimerait pas purement et simplement la responsabilité pour faute du préposé, dont les conditions sont bien réunies, mais empêcherait seulement la victime d'agir en responsabilité contre lui [1]. On pourrait donc admettre ensuite que le commettant se retourne contre lui

Toutefois, ce recours récursoire, *supposerai*t que le commettant se trouve subrogé dans les droits de la victime.

Or, la deuxième chambre civile a exclu cette possibilité dans une décision du 20 décembre 2007 (ce que l'arrêt *Rochas* laissait déjà entendre), dans les termes suivants : « l'employeur commettant qui a indemnisé la victime d'un dommage provoqué par son salarié-préposé, en application des dispositions de l'article 1384, alinéa 5, du Code civil, ne dispose d'aucune action récursoire contre ce salarié devant la juridiction de droit commun, dès lors qu'il ne peut se prévaloir d'une subrogation dans les droits de la victime, laquelle ne dispose d'aucune action contre le préposé qui a agi dans les limites de la mission qui lui est impartie, hors le cas où le préjudice de la victime résulte d'une infraction pénale ou d'une faute intentionnelle [2] ».

L'arrêt qui rappelle toutes les solutions acquises, de *Costedoat* à *Cousin*, est parfaitement clair. La solution de l'absence d'action en garantie du préposé contre le commettant a été par la suite, confirmée [3].

6° L'extension de l'immunité du préposé sur le fondement de la loi de 1985 sur les accidents de la circulation

2121. Alors que la loi du 5 juillet 1985 établit un régime spécifique, autonome et exclusif d'indemnisation des victimes d'accident de la circulation, la Cour de cassation a décidé de transposer la solution de l'arrêt *Costedoat* au cas des accidents de la circulation, sur le fondement de la loi de 1985. La victime d'un accident de la circulation ne peut donc agir contre l'assureur du préposé, conducteur du véhicule automobile impliqué dans l'accident, mais doit agir contre l'assureur du commettant, gardien du véhicule. La solution est donc tout à fait remarquable (v. ss 2475).

B. Les effets de cette responsabilité

2122. L'article 1384, alinéa 5, pose une présomption irréfragable de responsabilité qui ne peut tomber devant la preuve de l'absence de faute. Le recours du commettant contre le préposé est désormais largement exclu.

La victime se trouve, elle, dans une position favorable puisqu'elle dispose de plusieurs actions possibles.

1. La présomption irréfragable de responsabilité

2123. Le commettant est responsable, sans que la victime ait à prouver ni faute de sa part, ni lien de causalité entre ses ordres et le dommage.

---

1. En ce sens v. P. Jourdain, *RTD civ.* 2008. 109, n° 2.
2. Civ. 2e, 20 déc. 2007, *D.* 2008. 1248, note J. Mouly.
3. Notamment v. Civ. 1re, 6 févr. 2013, n° 12-12. 683, *RCA* 2013, comm. 11, note S. Hocquet-Berg, retenant que le préposé condamné pour avoir volontairement commis des violences sur un tiers, n'a pas qualité pour exercer, sur le fondement de l'article 1384, alinéa 5, une action en garantie contre son commettant.

La seule exonération possible consiste donc à établir, soit que l'on n'était pas ou plus commettant, soit que la *seule* cause du dommage est la force majeure ou le fait de la victime ou d'un tiers présentant les caractères de la force majeure pour une exonération totale. La faute de la victime constitue aussi une cause d'exonération partielle, conformément au droit commun des causes d'exonération (v. ss 1713 s.).

2. Le recours du commettant contre le préposé

2124. On admettait généralement que le commettant avait un recours éventuel contre le préposé, quoiqu'il l'exerce rarement car le préposé est généralement insolvable ou peu solvable.

Ce recours, de toute façon ne serait plus recevable, depuis la jurisprudence *Costedoat*, que si le préposé, sans pour autant abuser de ses fonctions (car en ce cas, il n'y a pas de responsabilité du commettant), a excédé les limites de sa mission ou a commis une infraction pénale intentionnelle. Il a été précisé en effet par la Cour de cassation qu'un préposé peut être sorti des limites de sa mission sans pour autant être entré dans la sphère de « l'abus de fonctions » susceptible d'exonérer le commettant[1]. Dans ce cas donc, ou s'il y a infraction pénale intentionnelle, la responsabilité personnelle du préposé peut être engagée par la victime, en même temps que celle du commettant. Et si le commettant a intégralement indemnisé la victime, il pourra se retourner contre le préposé.

2125. Si le préposé a agi dans les limites de sa mission et bénéficie de l'immunité de l'arrêt *Costedoat*, le recours récursoire du commettant est exclu. La deuxième chambre civile a confirmé, dans une décision du 20 décembre 2007 (v. ss 2121), ce qu'avait déjà dit l'arrêt *Rochas*, relevant que le commettant n'a de recours que si le préposé a commis « une faute personnelle » en agissant hors des limites de sa mission (v. ss 2110). Elle a précisé en effet très clairement que l'employeur commettant n'a pas de recours devant la juridiction de droit commun contre le salarié préposé lorsqu'il a indemnisé la victime, dès lors qu'il ne peut se prévaloir d'une subrogation dans les droits de la victime. Cette subrogation est impossible car la victime elle-même ne dispose d'aucune action contre le préposé qui a agi dans les limites de la mission qui lui était impartie, hors le cas où le préjudice résulte d'une infraction pénale ou d'une faute intentionnelle. Elle ne peut donc transmettre un droit qu'elle n'a pas[2].

3. Les actions offertes à la victime

2126. En effet, la victime a la possibilité d'exercer diverses actions :
– contre le commettant seul,
– contre le préposé seul,
– contre le préposé en tant que responsable principal sur la base de l'article 1382 et contre le commettant, responsable accessoire, en application de l'article 1384, alinéa 5, ou même en tant que gardien sur le fondement de l'article 1384, alinéa 1er.

Cependant, là encore, ce choix s'est considérablement restreint depuis que l'assemblée plénière a posé le principe de l'immunité personnelle du préposé qui cause un dommage en restant dans les « limites de sa mission ».

---

1. Civ. 2e, 16 juin 2005, *JurisData* no 2005-028940 ; *JCP* 2006. I. 111, obs. Ph. Stoffel-Munck.
2. Civ. 2e, 20 déc. 2007, *D.* 2008. 1248, note J. Mouly.

► ***Le commettant doit être poursuivi seul*** de façon générale, désormais, toutes les fois que le préposé a agi dans les limites de sa mission (jurisprudence *Rochas* et *Costedoat*) sauf infraction pénale intentionnelle. C'est la solution normale, en réalité.

► ***Le commettant et le préposé peuvent tous deux être poursuivis*** lorsque l'on ne se trouve pas dans la zone d'immunité du préposé définie par la jurisprudence *Costedoat* et *Cousin*. C'est-à-dire, lorsque le préposé, tout en restant dans les limites de la mission impartie par l'employeur a commis une infraction pénale intentionnelle (*Cousin*) ou bien lorsqu'il est sorti des limites de sa mission, sans pour autant aller jusqu'à commettre un abus de fonction. Il a été précisé en effet par la Cour suprême qu'un préposé peut être sorti des limites de sa mission sans pour autant être entré dans la sphère de « l'abus de fonctions » susceptible d'exonérer le commettant [1]. Dans ce cas, le commettant et le préposé sont déclarés responsables *in solidum* [2], mais leurs deux responsabilités sont indépendantes l'une de l'autre et l'appel interjeté par l'un ne bénéficie pas à l'autre [3]. Le commettant dans cette hypothèse, s'il indemnise la victime pourra exercer un recours récursoire contre le préposé.

► ***Le préposé ne peut être poursuivi seul*** sur le fondement de l'article 1382 ou 1383 ou même 1384, alinéa 1er, en qualité de gardien *que s'il a abusé de ses fonctions* ce qui exclut, en effet la responsabilité du commettant. Dans ce cas, il ne peut évidemment pas appeler en garantie son commettant ou bien disposer d'un recours contre lui.

2127. Enfin, on soulignera que les *responsabilités du fait d'autrui sont alternatives et non-cumulatives*. La victime ne peut donc agir simultanément contre une personne en qualité de commettant et contre une autre personne en qualité de responsable du fait d'autrui : parents (art. 1384, al. 4) ou associations (art. 1384, al. 1er) (v. ss 2133 s.).

C. Le fondement de cette responsabilité du commettant

2128. La doctrine a, tout d'abord, voulu y voir un cas de responsabilité fondée sur la faute : le commettant aurait commis une faute, soit dans le choix de son préposé, soit par une surveillance insuffisante. Mais on peut objecter, d'une part, que le commettant n'a pas toujours eu la possibilité d'un choix, d'autre part, qu'il n'a pas la possibilité de s'exonérer de cette responsabilité en prouvant l'absence de faute.

Il semble donc impossible de maintenir ce fondement, surtout s'il s'agit d'une faute subjective.

2129. D'autres fondements ont donc été avancés par la doctrine.

– L'idée de *représentation* (MM. Mazeaud et de Juglart), selon laquelle le préposé ne ferait que représenter le commettant, mais cette idée est discutable dans la mesure où il est exigé une faute du préposé et que celle-ci est personnelle.

– L'idée d'*équité* (MM. Rodière, Flour) : le commettant serait une sorte de caution légale du préposé, généralement insolvable. Mais ceci demeure un peu trop vague.

---

1. Civ. 2e, 16 juin 2005, *JurisData* no 2005-028940 ; *JCP* 2006. I. 111, obs. Ph. Stoffel-Munck.
2. Civ. 19 avr. 1967, *JCP* 1967. IV. 83, *Bull. civ.* II, no 150.
3. Civ. 16 mars 1966, *Bull. civ.* II, no 348, et Crim. 9 juin 1966, *JCP* 1967. II. 14955, rapp. Rollanol.

– La *théorie de la garantie* (Boris Starck) : on se place ici du point de vue de la nécessité d'indemniser la victime, mais Boris Starck avance surtout qu'il s'agit là d'une responsabilité *directe* du commettant qui utilise l'activité du préposé comme le gardien utilise une chose, alors que le reste de la doctrine considère que la responsabilité du commettant est une responsabilité indirecte.

Quoi qu'il en soit, nous sommes, là, dans un de ces cas de responsabilité sans faute qui nécessite une justification.

2130. Aussi la doctrine préfère-t-elle, aujourd'hui, admettre que la responsabilité des maîtres et commettants est fondée, selon une idée lancée par Josserand, sur la *notion de risque :* celui qui a profité du travail du préposé doit en supporter les risques, même s'il n'a pas lui-même commis de faute. C'est ce même fondement qui justifie la responsabilité du fait des choses et dans une certaine mesure aussi, la position prise par l'arrêt *Blieck* généralisant le recours à l'article 1384, alinéa 1er, en matière de responsabilité du fait d'autrui (v. ss 2135 s.).

On admet, d'ailleurs, de plus en plus aujourd'hui que la règle de l'article 1384, alinéa 5, ne doit plus être considérée comme s'adressant au commettant en tant qu'individu, mais plutôt en sa qualité de chef d'entreprise, représentant l'unité économique qu'il dirige. Et ceci a pour but de l'inciter à prendre, au nom de l'entreprise, les assurances destinées à protéger les tiers (opinion de Melle Viney).

2131. L'avant-projet Catala et la proposition de loi Béteille reprennent cette hypothèse *de responsabilité de plein droit* du commettant du fait des dommages causés par son prépos. La formule de l'arrêt d'assemblée plénière du 19 mai 1988 est maintenue concernant l'exclusion de responsabilité en cas d'abus de fonction : « le commettant ou le bénéficiaire du transfert du lien de préposition, n'est pas responsable s'il prouve que le préposé a agi hors des fonctions auxquelles il était employé, sans autorisation et à des fins étrangères à ses attributions ». Il est ajouté qu'il ne l'est pas davantage « s'il établit que la victime ne pouvait légitimement croire que le préposé agissait pour le compte du commettant » (art. 1359, al. 2), ce qui pourrait éviter quelques cas d'abus de fonctions en cas de mauvaise foi de la victime.

2132. L'avant-projet Catala s'écarte cependant de la jurisprudence *Costedoat* du 25 février 2000 en proposant que la responsabilité du préposé fautif mais ayant agi dans le cadre de ses fonctions, ne soit pas purement et simplement écartée mais qu'elle devienne subsidiaire par rapport à celle du commettant. La proposition de loi Béteille reste silencieuse sur cette question.

IV. L'élaboration jurisprudentielle de régimes de responsabilité du fait d'autrui fondés sur l'article 1384, alinéa 1er

2133. Alors qu'il avait été toujours admis jusqu'à l'arrêt *Blieck* (v. ss 2033) que la liste des cas de responsabilité du fait d'autrui était une liste limitative, l'assemblé plénière a remis en cause cette solution en retenant la responsabilité d'une association s'occupant de handicapés mentaux en posant un principe qu'elle allait ensuite décliner avec certaines variantes dans d'autres hypothèses, montrant ainsi que la solution de l'arrêt *Blieck* n'était pas anecdotique ni accidentelle.

Les contours de cette jurisprudence ne sont pas forcément définitivement définis, mais ces nouveaux cas de responsabilité, présentent néanmoins un certain nombre de constantes, dont celle d'être des responsabilités de plein droit, qui ne reposent pas sur la faute présumée du responsable et qui ne cèdent que devant la preuve de la force majeure. Le fondement n'est pas unifié, mais c'est toujours l'idée « d'organisation, de contrôle et de direction de l'activité ou du mode de vie d'une personne », qui justifie l'imputation du fait dommageable, commis par cette personne, au responsable. Ces différentes responsabilités ne peuvent, par ailleurs, se cumuler entre elles. Elles sont alternatives.

Les différents avant-projets et projets de réforme n'ont pas davantage réussi à lui donner une réelle unité (v. ss 2150).

2134. En l'absence d'un véritable principe général de responsabilité, il convient d'envisager les différentes hypothèses admises par la jurisprudence en soulignant, les points communs et les acquis jurisprudentiels.

A. La responsabilité des associations s'occupant de personnes handicapées : l'arrêt *Blieck*

2135. Par cet arrêt de principe de l'assemblée plénière du 29 mars 1991 [1], la Cour de cassation, en assemblée plénière a pour la première fois utilisé l'article 1384, alinéa 1er, pour fonder un nouveau cas de responsabilité du fait d'autrui et elle s'est engagée sur la voie déjà empruntée par la jurisprudence administrative en matière de dommages causés par des malades mentaux dans les établissements spécialisés auxquels ils sont confiés. L'influence de cette jurisprudence ne fait pas de doute. Elle est affirmée par l'avocat général Dontenwille lui-même dans ses conclusions (v. note 1). Dans cet arrêt, l'assemblée plénière considère qu'une association qui s'occupe d'un handicapé mental en milieu protégé « doit répondre de celui-ci et est tenue de réparer les dommages qu'il a causés car elle avait accepté la charge d'organiser de diriger et de contrôler à titre permanent, le mode de vie de ce handicapé ».

2136. Il apparaît donc qu'il s'agit d'une responsabilité objective, qui ne repose pas sur la faute prouvée ou présumée, mais sur le fait que l'association « organise, dirige et contrôle à titre permanent le mode de vie de la personne qui a causé le dommage ». Dans l'arrêt *Blieck*, la responsabilité semblait cependant fondée sur l'idée de sanction d'un devoir de surveillance, lié à l'état de la personne surveillée.

2137. On pouvait alors se demander si l'arrêt *Blieck* allait rester isolé. Or, la Cour de cassation a marqué ensuite son désir de voir appliquer cette nouvelle règle. En effet, un arrêt de la deuxième chambre civile du 6 janvier 1993 [2], dans un cas tout à fait similaire, dans une affaire antérieure au 29 mars 1991, qui était donc fondée sur l'article 1382 et impliquait une faute de surveillance, a cassé la décision qui avait admis l'existence d'une faute en laissant ainsi entendre aux parties qu'il y avait désormais lieu d'invoquer l'article 1384, alinéa 1er.

---

1. Arrêt *Blieck*, *JCP* 1991. II. 21673, concl. Dontenwille, note J. Ghestin, *D.* 1991. 324, note C. Larroumet ; Viney, *D.* 1991. Chron. 157.
2. *Bull. civ.* II, n° 7 ; *JCP* 1993. I. 3727, obs. G. Viney.

Citons encore deux arrêts rendant des *associations sportives*, ayant pour mission « d'organiser, de diriger et de contrôler l'activité de leurs membres au cours de compétitions sportives », responsables des dommages causés à la suite de brutalités commises entre sportifs à cette occasion[1]. Ici, le fondement de l'arrêt *Blieck*, l'état de la personne, ne se justifiait plus, les joueurs étant en pleine possession de leurs moyens physiques et mentaux (v. ss 2146 s.).

2138. Le principe général de responsabilité du fait d'autrui fondé sur l'alinéa 1er de l'article 1384 semblait ne concerner que ces deux nouveaux cas mais laissait, jusqu'ici, subsister, tels quels, les régimes particuliers fondés sur les alinéas 4 et suivants.

La jurisprudence avançait ici avec prudence sans poser encore un principe général de responsabilité du fait d'autrui et certaines hésitations demeuraient en ce qui concernait la portée de l'arrêt *Blieck*[2].

B. La responsabilité des personnes physiques ou morales auquel un enfant est confié par décision judiciaire

1. Reconnaissance de cette responsabilité fondée sur la « garde » de l'enfant

2139. La *chambre criminelle*, la première, a pris parti pour cette responsabilité du fait d'autrui fondée sur l'article 1384, alinéa 1er, notamment dans un arrêt du 10 octobre 1996. Elle retient que « la décision du juge des enfants, confiant à une personne physique ou morale la « garde » d'un mineur en danger par application des articles 375 et suivants du Code civil, transfère au gardien la responsabilité d'organiser, diriger et contrôler le mode de vie du mineur et donc la responsabilité de ses actes, celle-ci n'étant pas fondée sur l'autorité parentale mais sur la garde ». On peut rapprocher cette notion de garde d'une personne, définie comme « l'organisation et la direction du mode de vie d'une personne », de celle d'une chose définie, on l'a vu comme « l'usage, la direction et le contrôle d'une chose ». On pouvait cependant, reprocher à cet arrêt de ressusciter la notion de garde qui a disparu des textes. Il eut mieux valu parler de l'« autorité sur autrui ».

2. Responsabilité de plein droit

2140. Par trois nouveaux arrêts du 26 mars 1997, la chambre criminelle a précisé le contenu de la responsabilité civile des services éducatifs[3]. Elle affirme que « les personnes tenues de répondre du fait d'autrui au sens de l'article 1384, alinéa 1er, du Code civil *ne peuvent s'exonérer de la responsabilité de plein droit* résultant de ce texte *en démontrant qu'elles n'ont commis aucune faute* ». De plus, la chambre criminelle précise que l'établissement d'éducation pourrait être déclaré responsable sur le fondement de l'article 1384, alinéa 1er, pour le fait des enfants qui lui sont confiés, aussi bien par les

---

1. Civ. 2e, 22 mai 1995, 2 esp. ; *JCP* 1995. II. 22550, note J. Mouly et, plus récemment Civ. 2e, 3 févr. 2000 ; *JCP* 2000. II. 10316, note J. Mouly ; *JCP* 2000. I. 241, no 5, obs. G. Viney.

2. V. Civ. 2e, 18 sept. 1996 et les réflexions de M.-P. Lebreton, « Vers une interprétation restrictive de la jurisprudence *Blieck* ? », *LPA* 24 févr. 1997, p. 6 s.

3. Crim. 26 mars 1997, *JCP* 1997. II. 10015, note Huyette ; *JCP* 1997. II. 22868, rapp. Desportes ; *JCP* 1997. I. 4070, note G. Viney.

parents eux-mêmes, c'est-à-dire sur une base contractuelle, qu'en application d'une décision administrative ou judiciaire. Même si l'enfant était au moment des faits dans sa famille, l'établissement d'éducation *deme*ure responsable « des mineurs qui lui sont confiés par le juge, *dès lors qu'aucune décision judiciaire n'a suspendu ou interrompu cette mission* ». Toutefois, dans un arrêt du 25 mars 1998, la chambre criminelle avait écarté la responsabilité de l'établissement d'éducation basée sur l'article 1384, alinéa 1er, car l'infraction avait été commise à l'occasion d'un droit de visite et d'hébergement accordé par le juge à la mère. La chambre criminelle relève que la mère exerçait, dans ces circonstances, la plénitude des attributs de l'autorité parentale (art. 375-7). Le fait que le séjour chez la mère avait été régulièrement autorisé par le juge [1] semblait donc suffire pour suspendre la mission de l'établissement et écarter sa responsabilité.

Un nouvel arrêt a ensuite précisé que l'établissement gardien est également responsable des dommages que le mineur cause « aux autres enfants placés dans l'établissement » [2].

La question de la détermination exacte du champ d'application de la responsabilité des parents et de la responsabilité de l'établissement méritait cependant d'être précisée.

3. Champ d'application respectif de la responsabilité des parents et des associations

a) Le transfert de garde doit résulter d'une décision judiciaire

2141. À l'origine, donc, deux hypothèses étaient distinguées : si le fait dommageable du mineur avait eu lieu à un moment où l'organisme qui en était chargé devait assumer sa mission, il en était responsable même si le dommage se produisait chez un des parents, dès lors que la sortie n'avait pas été autorisée par le juge. Mais s'il avait été autorisé à quitter son lieu de placement par accord du juge ou même par accord entre ses parents et l'établissement, on considérait que la cohabitation était rétablie avec les parents et la responsabilité des parents était retenue [3].

La deuxième chambre civile de la Cour de cassation par trois arrêts du 6 juin 2002, a ensuite écarté cette distinction selon que le séjour chez les parents a été autorisé ou ne l'a pas été et elle a fixé la solution. Elle a regroupé trois affaires où il s'agissait de mineurs qui avaient été confiés par décision de justice à une association d'action éducative et qui, alors qu'ils se trouvaient chez leurs parents, soit dans le cadre de l'exercice d'un droit de visite, soit de façon plus durable, avec l'approbation et sous le contrôle de l'association, avaient commis des infractions au détriment de tiers. Les victimes avaient assigné, soit l'association, soit, à la fois, l'association et la mère du mineur. Les solutions données par les trois cours d'appel divergeaient. La Cour de cassation, saisie des trois recours, les a regroupés pour réaffirmer « qu'une association *chargée par décision d'un juge des enfants* d'organiser et de contrôler à titre permanent la vie d'un mineur demeure, en application de l'article 1384, alinéa 1er, du Code civil, responsable de plein droit du fait dommageable commis par ce mineur, *même lorsque celui-ci habite chez ses parents*, dès lors qu'aucune *décision judiciaire n'a suspendu ou interrompu cette mission éducative* » [4].

1. Crim. 25 mars 1998, *JCP* 1998. II. 10162, note Huyette.
2. Civ. 2e, 20 janv. 2000, *RJPF* 2000. 4/39, obs. F. Chabas ; *JCP* 2000. I. 241, no 5, obs. G. Viney.
3. Crim. 15 juin 2000, *D.* 2000. IR 245.
4. Civ. 2e, 6 juin 2002, trois arrêts, *Bull. civ.*, no 120 ; *JCP* 2003. II. 10068, note A. Gouttenoire et N. Roger ; *JCP* 2003. I. 101 obs. G. Viney ; *D.* 2002. 2750, note M. Huyette ; *JCP* 2003. I. 154, obs. Viney ; *Gaz. Pal.* 2-3 août 2002, flash de jurisprudence, p. 5.

La chambre criminelle, dans une décision du 8 janvier 2008 a confirmé cette solution, dans les mêmes termes exactement « une association, chargée par décision du juge des enfants d'organiser et de contrôler à titre permanent le mode de vie d'un mineur, demeure, en application de l'article 1384, alinéa 1er, du Code civil, responsable de plein droit du fait dommageable commis par ce mineur, même lorsque celui-ci est hébergé par ses parents, dès lors qu'aucune décision judiciaire n'a suspendu ou interrompu cette mission éducative »[1].

Toutefois, pour que la responsabilité de l'établissement soit engagée, il faut qu'il ait reçu effectivement le pouvoir de contrôler à titre permanent le mode de vie du mineur. Or, toutes les mesures d'action éducative n'ont pas cette dimension. Ainsi, la seconde chambre civile a-t-elle écarté la responsabilité d'une association d'éducation à laquelle le juge des enfants avait confié une mesure d'assistance éducative en milieu ouvert, ce même juge ayant ensuite placé l'enfant provisoirement auprès d'une famille d'accueil, pour quelques semaines. Pendant ce laps de temps, le mineur avait provoqué un incendie. La responsabilité de l'association est écartée car elle ne s'était vue confier qu'une mesure d'action éducative en milieu ouvert, dont l'objet et d'apporter aide et conseil à la famille, et de suivre le développement de l'enfant. Une telle mesure ne donnait pas à l'association la charge de contrôler d'organiser et de diriger à titre permanent le mode de vie de ce mineur. Les parents restaient donc responsables[2].

b) Cumuls interdits et options possibles

2142. La responsabilité de l'association sur le fondement de l'article 1384, alinéa 1er, ne se cumule donc pas avec la responsabilité des parents. Et le transfert de « garde » qui exclut la responsabilité parentale doit résulter d'une décision de justice. Peu importe que l'enfant soit chez ses parents au moment du dommage.

2143. Mais si le mineur a été placé dans une association par une décision qui n'est pas une décision de justice, par exemple une décision d'une commission départementale de l'éducation spéciale, alors la responsabilité du mineur ne peut pas être recherchée sur le fondement de l'article 1384, alinéa 1er[3]. Elle pourrait néanmoins être recherchée sur le fondement contractuel, pour manquement aux obligations contractuelles de l'association (obligation de surveillance, notamment) et en ce cas, un cumul de la responsabilité des parents sur le fondement de l'autorité parentale et de la responsabilité contractuelle de l'association serait possible.

2144. Enfin, lorsque le mineur a été confié à un établissement éducatif, non plus dans le cadre de mesures d'assistance éducative, mais à la suite d'une condamnation pénale, la victime d'un dommage causé par ce mineur a le choix entre deux voies. En effet, en raison du caractère transversal de la protection de l'enfance, la responsabilité des services chargés d'une mission d'assistance éducative peut être recherchée tant sur le terrain du droit public que sur celui du droit privé, d'où l'intérêt d'une unification de la jurisprudence[4]. La victime peut donc exercer, soit devant le juge civil, une action en responsabi-

---

1. Crim. 8 janv. 2008, *RCA* 2008, comm. 88, note H. Groutel.
2. Civ. 2e, 19 juin 2008, *D.* 2008. 2205, note M. Huyette ; *RDSS* 2008. 926, note D. Cristol ; *RCA* 2008, comm. 248 ; *RTD civ.* 2008-4. 682, no 3, obs. P. Jourdain.
3. Civ. 2e, 24 mai 2006, *RCA* 2006. 11.
4. V. Hugon, chron. citée dans la bibliographie.

lité de plein droit contre l'association, fondée sur l'article 1384, alinéa 1er, soit, devant le juge administratif, une action en responsabilité sans faute de l'État, fondée sur le risque social créé par les méthodes libérales de rééducation des mineurs délinquants, action que le Conseil d'État a admise à partir des années cinquante [1].

Ce choix est, semble-t-il libre, mais il n'est pas question de cumul. Toutefois, on peut se demander comment chacune de ces juridictions pourrait être au courant d'une éventuelle action intentée devant l'autre ! Le Conseil d'État s'est d'ailleurs aligné sur la jurisprudence de la Cour de cassation en optant pour un régime de responsabilité sans faute des personnes publiques fondée sur la garde d'un mineur dans le cadre d'une mesure d'assistance éducative, sauf à démontrer la force majeure ou une faute de la victime [2].

C. Responsabilité des administrateurs légaux et tuteurs

2145. Un arrêt très remarqué, notamment parce qu'il répondait pour la première fois à la question de savoir si l'on pouvait appliquer la jurisprudence *Blieck* à une personne physique, a affirmé explicitement que la responsabilité de plein droit de l'article 1384, alinéa 1er, ne pouvait être imputée au tuteur ou à l'administrateur légal sous contrôle judiciaire d'un majeur incapable pour le fait de celui-ci [3]. Ceci semblait distinguer le cas des professionnels de celui des personnes agissant à titre bénévole.

Or, par la suite, la chambre criminelle dans un arrêt du 28 mars 2000, a étendu cette responsabilité de plein droit au beau-père, tuteur de l'enfant, qui avait accepté « la charge d'organiser et de contrôler à titre permanent le mode de vie du mineur » [4].

La deuxième chambre civile a affirmé la responsabilité d'un tuteur : du fait que la tutelle était vacante, le juge des tutelles avait désigné comme tuteur d'une mineure le département du Maine-et-Loire et elle avait été confiée à un foyer d'accueil géré par une association privée. La jeune fille ayant causé des dommages au cours d'une fugue, l'association fut considérée comme responsable mais sur pourvoi, la Cour de cassation cassa la décision retenant ainsi la responsabilité du tuteur, mais, semble-t-il, parce qu'il avait été nommé par décision judiciaire, comme c'est le cas pour les établissements éducatifs dont nous avons vu, plus haut, la responsabilité [5].

La question se pose aussi pour les parents « de fait », c'est-à-dire les personnes qui assurent, pour des raisons diverses, l'éducation et l'entretien de l'enfant : parents nourriciers, grands-parents, cas du « prêt d'enfant » ou *fa'a'amu* tahitien appliqué en Polynésie française. On s'est demandé qui est responsable en cas de dommage causé par un tel enfant : les véritables parents, toujours titulaires de l'autorité parentale, en l'absence d'adoption, mais pour lesquels il n'y a pas de cohabitation ou bien les « gardiens de fait » de l'enfant dans la mesure où ils disposent d'un *pouvoir autonome d'organisation, de direction et de contrôle de l'activité d'autrui ?* Par analogie avec l'arrêt du 28 mars 2000 de la chambre criminelle, c'est cette seconde solution qui semble prévaloir.

---

1. Civ. 2e, 7 mai 2003, *Bull. civ.*, no 129 ; *D.* 2003. 2256, note M. Huyette ; *JCP* 2004. I. 101, obs. G. Viney.
2. CE, sect., 11 févr. 2005, no 252169, *JurisData* no 2005-067899 ; *JCP* 2005. II. 10070, concl. C. Devys, comm. gouv. note M.-C. Rouault ; *JCP* 2005. I. 149, obs. G. Viney ; *Dr. fam.* juill.-août 2005, comm. 173, X. Dupré de Boulois.
3. Civ. 2e, 25 févr. 1998, *JCP* 1998. II. 1049.
4. Crim. 28 mars 2000, *JCP* 2000. I. 241, no 5, obs. G. Viney ; *JCP* 2001. II. 10458, note C. R. Obaczewski.
5. Civ. 2e, 7 oct. 2004, *JurisData* no 2004-025077, *JCP* 2005. I. 132, obs. G. Viney.

D. Responsabilité des organisateurs de manifestations sportives ou de loisirs

1. Responsabilité des organisateurs de manifestations sportives

a) Principe de cette responsabilité fondée sur l'article 1384, alinéa 1er

2146. Rappelons les deux arrêts précités du 22 mai 1995 rendant responsables des associations sportives ayant pour mission « d'organiser, de diriger et de contrôler l'activité de leurs membres au cours de compétitions sportives », des dommages causés à la suite de brutalités commises entre sportifs à cette occasion [1]. Ici, le fondement de l'arrêt *Blieck* ne se justifiait plus, les joueurs étant en pleine possession de leurs moyens physiques et mentaux. La responsabilité des clubs sportifs semblait donc plus proche de celle des commettants que de celle des parents. On semblait se diriger ainsi vers un accroissement de la responsabilité dans tous les cas où il existe des rapports de dépendance économique [2].

La Cour de cassation, dans les arrêts de 1995 ne faisait aucune référence à la faute ou au fait illicite de l'auteur du dommage, mais seulement à son rôle causal car dans ces espèces la faute de l'auteur du dommage ne faisait aucun doute. Mais une partie de la doctrine en avait déduit que la responsabilité des associations sportives pouvait se trouver engagée par le fait, même non fautif, de leurs adhérents. C'est, d'ailleurs, la position confirmée par la Cour suprême en ce qui concerne la responsabilité des parents dans l'arrêt *Levert* de 2001 [3], arrêt ensuite confirmé par l'assemblée plénière [4] (v. ss 2059, 2060).

b) Atténuation du caractère objectif de cette responsabilité

2147. La Cour de cassation a ensuite rendu une décision dans laquelle elle a précisé que la responsabilité civile d'une association sportive, du fait de ses joueurs, pour des dommages causés par ces derniers à l'occasion d'une compétition sportive, est soumise à la *preuve d'une faute* [5]. Ensuite, elle a fixé sa jurisprudence en affirmant qu'il ne peut y avoir de responsabilité à la charge d'une association sportive alors qu'« aucune *faute caractérisée par une violation des règles du jeu* n'avait été commise par un joueur quelconque au cours de la phase d'entraînement durant laquelle le joueur s'était blessé » [6], précisant ensuite que ce joueur peut ne pas être identifié. La Cour de cassation a, d'ailleurs, eu l'occasion de préciser que le juge civil reste libre d'apprécier si le comportement d'un sportif auteur d'un dommage est contraire aux règles du jeu, alors que cette constatation est normalement laissée à l'appréciation de l'arbitre, par les règlements organisant la pratique d'un sport [7].

---

1. Civ. 2e, 22 mai 1995, deux espèces ; *JCP* 1995. II. 22550, note J. Mouly ; et, plus récemment Civ. 2e, 3 févr. 2000 ; *JCP* 2000. II. 10316, note J. Mouly ; *JCP* 2000. I. 241, n° 5, obs. G. Viney.
2. V. obs. G. Viney, *JCP* 1996. I. 3893.
3. Civ. 2e, 10 mai 2001, *D.* 2001. 2851, note O. Tournafond, rapp. P. Guerder ; *JCP* 2001. II. 10613, note J. Mouly ; *JCP* 2002. I. 124, obs. G. Viney ; *RTD civ.* 2001. 601, obs. P. Jourdain ; *LPA* 3 déc. 2001, p. 10, note F. Niboyet.
4. Cass., ass. plén., 13 déc. 2002, *D.* 2003. 231, note P. Jourdain ; *JCP* 2003. II. 10010, note A. Hervio-Lelong ; *JCP* 2003. I. 154, obs. G. Viney ; *LPA* 18 avr. 2003, p. 16, note J.-B. Laydu.
5. Civ. 2e, 20 nov. 2003, *JCP* 2004. II. 10017, note J. Mouly ; *Gaz. Pal.* 9-11 mai 2004, note Y. Dagorne-Labbe ; *JCP* 2004. I. 163, obs. G. Viney.
6. Civ. 2e, 21 oct. 2004, *Gaz. Pal.* 13-14 avr. 2005, p. 9, note P. Polère ; *D.* 2005. 40, note J.-B. Laydu ; *RCA* 2005, comm. n° 9.
7. Civ. 2e, 10 juin 2004, *JCP* 2004. II. 10175, note F. Buy.

Cette exigence d'une faute caractérisée semblait logique, dans la mesure où l'on a toujours considéré qu'en matière d'activité sportive de compétition, ou, comme cela vient d'être précisé, au cours d'une phase d'entraînement, une faute qualifiée du sportif est exigée pour que sa responsabilité soit engagée, cette solution étant souvent justifiée par la théorie de l'« acceptation des risques » (v. ss 1880, 1981 s.).

La responsabilité en matière sportive a en effet toujours été plus difficilement engagée que dans d'autres domaines et jusqu'à très récemment, l'acceptation des risques a exclu, par principe, le jeu de l'article 1384, alinéa 1er (responsabilité du fait des choses), et d'une responsabilité présumée. Il n'était donc pas illogique que l'on retrouve trace de cette particularité au stade de la responsabilité de l'association. On notera cependant que par une décision du 4 novembre 2010, la deuxième chambre civile de la Cour de cassation, opérant un revirement de jurisprudence, a écarté l'acceptation des risques entre participants, en matière sportive[1] (v. ss 1986, et les références), ouvrant de nouveau la voie à l'utilisation de l'article 1384, alinéa 1er (responsabilité du fait des choses), mais qu'aussitôt, le législateur est venu contrecarrer cette solution avec une loi du 12 mars 2012 (no 2012-348) : le texte écarte expressément l'application de l'article 1384, alinéa 1er, entre participants, pour la réparation des dommages corporels (v. ss 1986).

L'assemblée plénière de la Cour de cassation a consacré par la suite la solution de l'exigence d'une faute caractérisée[2] en précisant que « les associations sportives ayant pour mission d'organiser de diriger et de contrôler l'activité de leurs membres, sont responsables des dommages qu'ils causent à cette occasion, dès lors qu'une faute caractérisée par une violation des règles du jeu est imputable à un plusieurs de leurs membres, même non identifiés »[3].

2148. La Cour de cassation a cependant ajouté que si une association sportive est responsable du fait de ses membres elle n'est pas, pour autant, responsable du fait de tous ceux qui participent à la compétition qu'elle organise[4]. Elle n'est pas non plus responsable des dommages causés par un membre du club, qui ne participait pas au match joué ce jour-là et avait agressé un des joueurs, car il avait « agi en dehors de toute activité sportive » et avait eu un « comportement personnel »[5]. On notera, ici, le rapprochement avec le cas du préposé qui abuse de ses fonctions, dégageant ainsi le commettant de sa responsabilité[6] (v. ss 2101).

Une solution identique est, sans doute, applicable dans d'autres domaines de la responsabilité du fait d'autrui de l'article 1384, alinéa 1er, qu'il s'agisse d'une association de majorettes[7], ou de l'organisme gérant un camp de scouts[8], comme nous allons le voir, plus loin, à propos de la responsabilité des organisateurs de manifestations de loisirs.

---

1. V. sur cette jurisprudence et les références de la décision, v. ss 1981.
2. Cass., ass. plén., 29 juin 2007, *JurisData* no 2007-039907, *RCA*, nov. 2007. Étude 17 ; *D.* 2007. Pan. 2903, Ph. Brun et P. Jourdain ; *D.* 2007. Pan. 2346, obs. Centre du droit et d'économie du sport de Limoges ; Jur. 2455 et Chron. 2408, J. François
3. V. sur cette question : A. Capello, « La faute civile et la violation des règles régissant une activité sportive ou professionnelle », *RTD civ.* 2013/4, p. 777 s.
4. Civ. 2e, 22 sept. 2005, *JurisData* no 2005-029775 ; *JCP* 2006. II. 10000, note D. Bakouche ; *JCP* 2006. I. 111, obs. Ph. Stoffel-Munck.
5. Aix, 6 mars 2004, *RCA* 2004, comm. 248, obs. C. Radé.
6. Au demeurant, certains préconisent l'abandon de l'article 1384 alinéa 1er, pour la responsabilité des groupements sportifs amateurs du fait de leurs membres et l'utilisation de la responsabilité des commettants de l'article 1384, alinéa 5 : J.-P. Vial, « Plaidoyer pour un retour à l'article 1384, alinéa 5, du Code civil », *D.* 2010. 397.
7. Civ. 2e, 12 déc. 2002, cité *infra.*
8. Paris, 9 juin 2000, cité *infra.*

Mais ce qui surprend c'est la différence de traitement entre les associations sportives et les parents tenus pour responsables *du fait, même licite*, de leur enfant mineur, dès lors qu'il a eu un rôle causal dans la réalisation du dommage (v. ss 2055 s.).

2. Responsabilité des organisateurs de manifestations de loisirs

2149. Certaines juridictions de fond avaient, depuis les arrêts de 1995, déjà étendu cette forme de responsabilité de plein droit fondée sur l'article 1384, alinéa 1er, à certaines associations, ne répondant pas vraiment au critère d'une association sportive, telle qu'une association de chasse [1], ou une association scoute [2].

Or, la Cour de cassation a à nouveau, rattaché à la responsabilité de plein droit de l'article 1384, alinéa 1er, la responsabilité de dommages survenus, cette fois, non plus au cours d'une manifestation sportive, mais au cours d'une activité de loisirs, en l'occurrence, d'un *défilé de majorettes* [3].

L'une d'elles avait été blessée par le bâton manipulé par une autre. Elle assigna en responsabilité, non seulement celle-ci en qualité de « gardienne » du bâton, mais également l'association organisatrice du défilé. La cour d'appel condamna *in solidum* les défenderesses mais l'association forma un pourvoi en cassation en faisant valoir qu'en tant qu'association communale, elle n'avait ni à organiser le mode de vie des majorettes, ni même à contrôler leur activité, son rôle se bornant à donner des instructions de marche pour le défilé. La Cour de cassation rejette ce pourvoi en approuvant la cour d'appel d'avoir admis la responsabilité de plein droit de l'association « sans avoir à tenir compte de la dangerosité potentielle de l'activité exercée par un de ses membres », dès lors qu'elle « avait pour mission d'organiser, de diriger et de contrôler l'activité de ses membres au cours du défilé ». La Cour suprême va, ici, plus loin que dans les arrêts de 1995 puisqu'il n'était pas question de violences volontaires ou de brutalités mais d'une simple maladresse. La Cour précise, ainsi, que ce type de responsabilité doit s'appliquer même aux activités qui ne présentent pas de danger. Cela semble contradictoire avec le sort réservé aux associations sportives…

Dans une décision du 11 septembre 2008, la seconde chambre civile de la Cour de cassation a, au contraire exclu l'application de l'article 1384, alinéa 1er, aux associations communales de chasse, au motif qu'elles n'ont pas pour mission d'organiser, de diriger et de contrôler l'activité de leurs membres et n'ont donc pas à répondre de ceux-ci [4]. On voit donc se confirmer à nouveau ce critère de l'organisation, de la direction et du contrôle, de l'activité (ou du mode de vie).

S'il ne s'agit plus des risques liés à l'activité, on peut se demander sur quel fondement repose cette responsabilité… En réalité, cette responsabilité de plein droit de l'article 1384, alinéa 1er, ne serait pas tant fondée sur le risque que sur l'*autorité* et les pouvoirs dont disposent certaines personnes sur les auteurs du dommage.

---

1. TGI Cusset, 29 févr. 1996, *JCP* 1997. II. 22849, note J. Mouly.

2. Paris, 9 juin 2000, *RCA* 2000, comm. 74, obs. L. Grynbaum.

3. Civ. 2e, 12 déc. 2002, *Bull. civ.* II, no 289 ; *RCA* 2003. Chron. 4, par H. Groutel ; *D.* 2003. 2541, note F. Lagarde ; *LPA* 7 avr. 2003, p. 11, note Buy, et 30 sept. 2003, p. 9, note Laydu, *JCP* 2003. I. 154, obs. G. Viney ; *RTD civ.* 2003, no 3, p. 305, obs. P. Jourdain.

4. Civ. 2e, 11 sept. 2008, *RCA* 2008, comm. 313, obs. H. Groutel.

Conclusion
Quelles extensions ? Quel avenir ?

2150. *Le fondement* de cette nouvelle responsabilité du fait d'autrui semble dépasser la notion de garde et pourrait être défini comme « un pouvoir juridique d'organisation et de contrôle du mode de vie »[1], ou encore « un pouvoir d'autorité juridiquement reconnu »[2]. C'est d'ailleurs ce que la loi du 4 mars 2002, relative à l'autorité parentale, a consacré en remplaçant dans l'article 1384, alinéa 4, le mot « garde » par les mots « autorité parentale ».

Toutefois, *le titre juridique* qui permet d'imputer au responsable le dommage causé par un autre n'est pas n'importe quel titre juridique et, notamment, jusqu'à présent, *il ne peut pas s'agir d'un contrat*. Toutefois, les projets de réforme envisagent d'élargir cette responsabilité du fait d'autrui au cas où la personne a été chargée par contrat de régler le mode de vie de l'auteur du dommage (v. *infra*).

Pour l'instant, la première chambre civile applique le principe de non-cumul et d'interdiction de l'option entre la responsabilité contractuelle et extra-contractuelle (v. ss 2323). Dans une décision du 15 décembre 2011 a écarté la responsabilité d'une maison de retraite qui était recherchée à raison des dommages causés par un de ses pensionnaires, atteint de la maladie d'Alzheimer sur le fondement de l'article 1384, alinéa 1er. Certes, la victime était un pensionnaire, aussi l'action en responsabilité ne pouvait-elle être que de nature contractuelle et fondée sur l'obligation de sécurité, mais si la Cour de cassation refuse la responsabilité, c'est parce que l'auteur du dommage (des coups mortels) était lui-même hébergé en vertu d'un contrat : La cour d'appel en avait donc conclu à bon droit que la responsabilité de la maison de retraite ne pouvait être fondée sur l'article 1384, alinéa 1er[3] ; elle ne pouvait être engagée que sur le fondement de l'article 1147. La même solution de la responsabilité contractuelle a été posée par une décision du même jour, concernant une association sportive, pour les dommages subis par un de ses membres, qui avait chuté d'un mur d'escalade appartenant à cette dernière : la Cour de cassation rappelle que l'association est tenue à l'égard de ses membres à une obligation de sécurité de prudence et de diligence (obligation de moyens) « quand bien même les sportifs pratiquent librement l'activité » ce qui exclut l'application de l'article 1384, alinéa 1er[4].

Il existe donc des limites à l'extension des responsabilités du fait d'autrui fondées sur l'article 1384, alinéa 1er, du Code civil dont les critères mériteraient d'être mieux précisés[5].

Concernant les projets de réforme, *l'avant-projet Catala* de réforme du droit des obligations a voulu clarifier la question de la responsabilité du fait d'autrui, en tenant compte des acquis jurisprudentiels. Il a proposé, tout d'abord, de supprimer les régimes spéciaux de responsabilité des artisans et des instituteurs, considérés comme obsolètes. Il a consacré, ensuite, le principe de responsabilité de plein droit de certaines personnes, mais en faisant une distinction entre trois modèles différents de responsabilité fondés :

---

1. G. Viney, *JCP* 2003. I. 154. 1407.
2. V. Lasserre-Kiesow, cité dans la bibliographie.
3. Civ. 1re, 15 déc. 2011, n° 10-25.740, *JurisData* n° 2011-028168, *JCP* avr. 2012, p. 530, obs. Ph. Stoffel Munck et n° 205, note D. Bakouche ; *D.* 2012. 539, note M. Develay ; *RTD civ.* 2012. 321, obs. P. Jourdain.
4. Civ. 1re, 15 déc. 2011, n° 10-23.528, *D.* 2012. 539, note M. Develay.
5. V. B. Waltz, « Regard critique sur les critères de désignation du responsable du fait d'autrui », *RCA* nov. 2012. Étude 9.

– soit sur le *contrôle du « mode de vie »* des mineurs (responsabilité des parents, responsabilité du tuteur et responsabilité de la personne chargée par décision judiciaire ou administrative ou par convention de régler le mode de vie du mineur) et sur le contrôle du mode de vie des majeurs « dont l'état ou la situation nécessite une surveillance particulière » ; dans ce dernier cas est responsable la personne physique ou morale chargée par décision judiciaire ou administrative ou par convention de régler le mode de vie du majeur (art. 1356, *in fine*, et 1357) ;

– soit sur la *fonction de commettant* responsable de son préposé, ou sur la fonction d'encadrement et d'organisation de l'activité économique ou professionnelle de personnes non préposés par des personnes qui sont intéressés économiquement à cette activité ;

– soit sur une *mission de surveillance d'autrui exercée à titre professionnel*. Mais dans ce cas, il s'agit seulement d'une responsabilité pour faute présumée, qui disparaît en cas de preuve de l'absence de faute (art. 1358).

Il n'y a donc pas unité des responsabilités du fait d'autrui puisque les deux premiers modèles renvoient à une responsabilité totalement objective, de plein droit, alors que le troisième réintroduit l'exigence de la faute. **La proposition Béteille** pour sa part simplifie les hypothèses correspondant au second modèle en reprenant exclusivement la responsabilité du commettant du fait du préposé mais maintient le cas de responsabilité pour faute présumée.

Il apparaît pour finir, que la responsabilité du fait d'autrui se cherche encore et hésite, selon les termes de Jean Mouly [1], entre une responsabilité qui serait une simple « garantie de solvabilité » et une véritable responsabilité « à la place d'autrui », c'est-à-dire une « responsabilité de substitution ». Comme le souligne l'auteur, cela supposerait que les conditions de la responsabilité soient toujours réunies en la personne de l'auteur du dommage ce qui maintiendrait la responsabilité du fait d'autrui dans des limites raisonnables, mais cette responsabilité ne pèserait plus sur l'auteur initial ; elle serait transférée au responsable du fait d'autrui. C'est la solution à laquelle est parvenue la jurisprudence concernant le préposé, depuis l'arrêt *Costedoat*, qui a posé le principe d'une immunité. Ce n'est pas la solution retenue actuellement par la jurisprudence concernant les parents puisque leur responsabilité suppose seulement un fait causal de l'enfant, qui n'est pas un fait générateur de la responsabilité de ce dernier, mais c'est la solution retenue dans les avant-projets et projets de réforme qui généralisent pour tous les cas de responsabilité du fait d'autrui l'exigence d'un fait de nature à engager la responsabilité de l'auteur direct (avant-projet Catala, art. 1355, alinéa 2). Pour autant, l'immunité à l'égard de l'auteur direct du dommage n'est prévue que pour le préposé, dans les termes de la jurisprudence actuelle (et avant-projet Catala, art. 1359-1). La responsabilité du fait d'autrui, dans les autres cas, pourrait donc n'être que secondaire, sans être subsidiaire pour autant et ne pas exclure la responsabilité de l'auteur direct du dommage.

---

1. J. Mouly, « Peut-il exister une véritable responsabilité civile du fait d'autrui ? », *RCA* sept. 2008. Étude 10.

DOCUMENTS

BIBLIOGRAPHIE

ALT-MAES (F.), « La responsabilité civile et pénale : un outil de socialisation des mineurs ? », *LPA* 2000, n° 127, p. 18.

AMOUROUX, *La responsabilité civile du commettant et l'abus des fonctions*, thèse, Bordeaux, 1975.

AUTEM (D.), « La responsabilité civile du fait d'autrui à l'épreuve de la réforme de la protection de l'enfance », *RDSS* 2012. 134-150.

BENOÎT-RENAUDIN (C.), *La responsabilité du préposé*, préf. Ph. Delebecque, LGDJ, 2010, t. 520.

BORÉ (J.), « La responsabilité des parents pour le fait des choses ou des animaux dont leur enfant mineur a la garde », *JCP* 1968. I. 2180.

CARON (C.), « Le force majeure : Talon d'Achille de la responsabilité des père et mère ? », *Gaz. Pal.* 9 sept. 1998.

DECAMPS (J.), « L'effacement de la personne dans la responsabilité parentale », *LPA* 24 sept. 1999, n° 191 p. 4, et 27 sept 1999, n° 192, p. 4.

FIALAIRE (J.), « Le contentieux de la responsabilité dans le domaine de l'enseignement », *JCP* 2000. I. 204.

FOURNIER (S.), « La « faute personnelle » du préposé », *LPA* 23 juill. 1997, n° 88, p. 15.

FRANÇOIS (J.), « Fait générateur de la responsabilité du fait d'autrui : confirmation ou évolution ? », *D.* 2007. Étude 2408.

GALLMEISTER (I.), « L'incidence de la faute du préposé sur la responsabilité de son commettant », *Gaz. Pal.* 18-20 sept. 2005.

GUÉRIN (M.-C.), « La faute intentionnelle de celui qui agit pour le compte d'autrui », *LPA* 11 janv. 2006, n° 8, p. 6.

GUICHARD (Ph.), « Le juge des enfants et la responsabilité civile du fait des mineurs placés en assistance éducative », *LPA* 2001, n° 208, p. 6.

HOQUET-BERG (S.), « Essai transformé pour la responsabilité indirecte du fait d'autrui », *RCA* 2007, étude, n° 17, p. 6.

HUGON (C.), « La responsabilité civile délictuelle des services chargés d'une mesure d'assistance éducative », *Dr. fam.*, oct. 2004. Étude 25, p. 19.

HASSLER (T.), « La responsabilité des commettants », *D.* 1980. Chron. 125.

JOSSELIN-GALL (M.), « La responsabilité du fait d'autrui sur le fondement de l'article 1384, alinéa 1er, une théorie générale est-elle possible ? », *JCP* 2000. I. 268.

JOURDAIN (P.) et LEDUC (F.), « La responsabilité des père et mère : changement de nature », *RCA* 1997. Chron. 9.

JULIEN (J.), « Remarques en contrepoint sur la responsabilité des parents (à propos de Civ. 2e, 10 mai 2001) », *Dr. fam.*, mars 2002. Chron. 7, p. 12.

LASSERRE-KIESOW (V.), « La garde et la responsabilité du fait d'autrui sur le fondement de l'article 1384, alinéas 1er ou 4, du Code civil », *LPA* 2001, n° 203, p. 12.

LARROUMET (C.), *Encyclopédie juridique*, Dalloz, v° *Responsabilité du fait d'autrui.*

Le BRETON (M.-C.), *L'enfant et la responsabilité civile*, thèse, Rouen, 1996, Publication des Universités de Rouen et du Havre.

LEVENEUR (L.), « Les obstacles à la reconnaissance d'un principe général de responsabilité du fait d'autrui », *in Mélanges Chabas*, Bruylant, 2011

LUDET (D.), « À propos de la responsabilité des magistrats (quelques réflexions sur des déclarations ministérielles) », *Gaz. Pal.* 23-24 sept. 2005, p. 2.

MORACHINI-ZEINDENBERG (S.), « Le responsable du fait du mineur », *Resp. civ. et assur.* 2013, étude 2.

MOULY (J.), « Les paradoxes du droit de la responsabilité civile dans le domaine des activités sportives », *JCP* 2005. I. 134.

MOULY (J.), « Peut-il exister une véritable responsabilité civile du fait d'autrui ? », *RCA* sept. 2008. Étude 10.

PERDRIX (L.), *La garde d'autrui*, préf. G. Viney, LGDJ, 2010, t. 521.

PUILL (B.), « Les fautes du préposé : s'inspirer de certaines solutions du droit administratif ? », *JCP* 1996. I. 3959.

RADÉ (C.), « Le renouveau de la responsabilité du fait d'autrui » (apologie de l'arrêt *Bertrand* : Civ. 2e), 19 févr. 1997, *D.* 1997. I. 279.

WALTZ (B), « Regard critique sur les critères de désignation du responsable du fait d'autrui », *Resp. civ. et assur.*, nov. 2012. étude 9.

VINEY (G.), *Le déclin de la responsabilité individuelle*, préf. A. Tunc, LGDJ, 1965.

VINEY (G.), « Vers un élargissement de la catégorie des personnes dont on doit répondre : la porte entrouverte sur une nouvelle interprétation de l'article 1384, alinéa 1er, du Code civil », *D.* 1991. Chron. 157.

Colloque (Actes), « Autorité et responsabilité », 18 et 19 oct. 2007, Université du Maine, Lamy, *RLDC* juill.-août 2008, no spécial.

Colloque (Actes) « Responsabilité civile : le fait du préposé », Paris Sud, colloque tenu à la Cour de cassation, 1er févr. 2013, *Resp. civ. et assur.*, mars 2013, Dossier, n° 11 à 20.

ARRÊT À COMMENTER

Ass. plén. 17 juin 1983, *Fullenwarth*, *JCP* 1983. II. 20120, concl. Av. gén. Sadon, note Chabas

Rejet

Commune de Chignin et autres c/ Société d'exploitation des transports Chamiot

Pourvoi en cassation contre un arrêt de la Cour de Lyon (4e chambre A), 26 mars 1982

Arrêt

LA COUR. – *Sur le moyen unique :*

– Attendu, selon les énonciations de l'arrêt attaqué, rendu sur renvoi après cassation, que M. Daniel Caille, chauffeur livreur de la société d'exploitation des transports Chamiot, a détourné une certaine quantité de fuel destinée à un client, dans l'intention de la vider dans la cuve de la maison de son père, située dans une localité voisine ; qu'au lieu de revenir au siège de l'entreprise, il s'est rendu dans cette localité mais que, s'étant aperçu qu'il était suivi, il a réussi à gagner un endroit désert, où il a déversé le fuel dans une carrière, polluant ainsi le réservoir d'eau de la commune de Chignin et des sources alimentant la commune de Saint-Jeoire-Prieuré ;

– Attendu que ces deux communes font grief à la cour d'appel d'avoir décidé que la société d'exploitation des transports Chamiot n'était pas civilement responsable des dommages causés par M. Caille, son préposé, alors, selon le moyen, que les commettants étant responsables du dommage causé par leurs préposés dans les fonctions auxquelles ils les ont employés, les infractions commises par le préposé à l'occasion et pendant le temps du travail et dans l'exercice de sa fonction engagent la responsabilité du commettant ;

– Mais attendu que les dispositions de l'article 1384, alinéa 5, du Code civil ne s'appliquent pas au commettant en cas de dommages causés par le préposé qui, agissant sans autorisation, à des fins étrangères à ses attributions, s'est placé hors des fonctions auxquelles il était employé ; que, dès lors, après avoir constaté que la cause des dommages résidait dans un acte délibéré, étranger à ses fonctions, accompli par M. Caille à des fins personnelles, la cour d'appel a décidé à bon droit que la responsabilité de la société d'exploitation des transports Chamiot n'était pas engagée ; d'où il suit que le moyen n'est pas fondé ;

Par ces motifs,
Rejette...
MM. Vaissette, rapp. ; Sadon, 1er av. gén., SCP Coulet et Parmentier, Me Vuitton, av.

Directives

Notez qu'il s'agit d'un arrêt de rejet sur second pourvoi et déduisez-en les conséquences.

ARRÊTS À LIRE ET À COMPARER

1) Ass. plén. 25 févr. 2000, *Costedoat, JCP* 2000. II. 10295, concl. Kessous, note Billiau

Arrêt

LA COUR. – (...)

– Attendu, selon l'arrêt attaqué, que la SCA du Mas de Jacquines et M. Bortino ont demandé à la société Gyrafrance de procéder, par hélicoptère, à un traitement herbicide de leurs rizières ; que, sous l'effet du vent, les produits ont atteint le fonds voisin de M. Girard, y endommageant des végétaux ; que celui-ci a assigné en réparation de son préjudice la SCA du Mas de Jacquines, les époux Reynier, M. Bortino, M. Costedoat, pilote d'hélicoptère, et la société Gyrafrance ;

Sur le moyen unique du pourvoi no G 97-20152, pris en ses deux branches :

– Attendu que M. Girard fait grief à l'arrêt d'avoir mis hors de cause les époux Reynier, alors, selon le moyen, d'une part, que les prétentions des parties sont fixées par leurs conclusions, si bien qu'en mettant hors de cause M. et Mme Reynier pour une raison qui n'était pas invoquée par ceux-ci, la cour d'appel a excédé ses pouvoirs et violé l'article 4 du nouveau Code de procédure civile ; et, d'autre part, qu'en soulevant d'office le moyen tiré de la qualité de cogérant des époux Reynier de la SCA du Mas de Jacquines pour les mettre hors de cause, la cour d'appel a méconnu les exigences de l'article 16 du nouveau Code de procédure civile ;

– Mais attendu qu'il résulte des énonciations des juges du fond que les époux Reynier ont été assignés en qualité de cogérants de la société civile agricole et qu'aucun agissement ne leur était reproché à titre personnel, que dans ces conditions, l'arrêt a décidé, sans encourir les griefs du moyen, qu'ils n'avaient été attraits dans l'instance qu'en leur qualité de représentants légaux de la société et qu'ils devaient être mis hors de cause ;

Qu'ainsi le moyen n'est pas fondé ;

Mais sur le moyen unique du pourvoi nº T 97-17378, pris en sa première branche :

Vu les articles 1382 et 1384, alinéa 5, du Code civil ;

– Attendu que n'engage pas sa responsabilité à l'égard des tiers le préposé qui agit sans excéder les limites de la mission qui lui a été impartie par son commettant ;

– Attendu que, pour retenir la responsabilité de M. Costedoat, l'arrêt énonce qu'il aurait dû, en raison des conditions météorologiques, s'abstenir de procéder ce jour-là à des épandages de produits toxiques ;

Qu'en statuant ainsi, alors qu'il n'était pas prétendu que M. Costedoat eût excédé les limites de la mission dont l'avait chargé la société Gyrafrance, la cour d'appel a violé les textes susvisés.

Par ces motifs,

Casse et annule, en ses seules dispositions concernant la responsabilité de M. Costedoat, l'arrêt rendu le 26 mars 1997, entre les parties, par la cour d'appel d'Aix-en-Provence ; remet, en conséquence, la cause et les parties dans l'état où elles se trouvaient avant ledit arrêt et, pour être fait droit, les renvoie devant la cour d'appel de Montpellier ; (…).

MM. Canivet, prem. Prés. Beauvois, Lemontey, Gélineau-Larrivet, Gomez, Dumas, Buffet, prés. Mme Ponroy, cons.-rapp., M. Kessous, av. gén. ; SCP Vincent et Ohl, Mes Blondel, Spinosi, SCP Le Bret-Desaché et Laugier, av.

2) Ass. plén. 14 déc. 2001, *Cousin*, *JCP* 2002. II. 10026, note Billiau

LA COUR. – *Sur le moyen unique*,

– Attendu, selon l'arrêt attaqué (Paris, 1er mars 2000), que M. Cousin, comptable salarié de la société Virydis, a été définitivement condamné des chefs de faux, usage de faux et escroqueries, pour avoir fait obtenir frauduleusement à cette société des subventions destinées à financer de faux contrats de qualification ; que, statuant à son égard sur les intérêts civils, l'arrêt l'a condamné à payer des dommages-intérêts aux parties civiles ;

– Attendu que M. Cousin fait grief à l'arrêt d'avoir ainsi statué, alors, selon le moyen, que ne saurait engager sa responsabilité à l'égard des tiers le préposé qui a agi sans excéder les limites de la mission qui lui avait été assignée par son commettant, de sorte que la cour d'appel, qui a ainsi condamné M. Cousin à indemniser les parties civiles du préjudice qu'elles avaient subi à raison d'infractions pour lesquelles sa responsabilité pénale avait été retenue, sans aucunement rechercher, nonobstant les conclusions dont elle était saisie, si ces infractions ne résultaient pas uniquement de l'exécution des instructions qu'il avait reçues et s'inscrivaient par conséquent dans la mission qui lui était impartie par son employeur, la société Virydis, seule bénéficiaire desdites infractions, n'a pas légalement justifié sa décision au regard du principe précité

– Mais attendu que le préposé condamné pénalement pour avoir intentionnellement commis, fût-ce sur l'ordre du commettant, une infraction ayant porté préjudice à un tiers, engage sa responsabilité civile à l'égard de celui-ci ; que dès lors, en statuant comme elle l'a fait, la cour d'appel a légalement justifié sa décision ;

Par ces motifs,
Rejette le pourvoi [...]

CAS PRATIQUES

Le fait générateur dans la responsabilité du fait d'autrui

1) M. et Mme Versay ont deux fils : Pierre 5 ans et Jacques, 16 ans. À quelques jours d'intervalle, ceux-ci provoquent deux accidents : Jacques en allant au lycée en vélomoteur, heurte un passant et le blesse. Pierre, en jouant avec le fusil de chasse de son père, blesse un camarade venu jouer avec lui.

M. Versay est attaqué par les deux victimes.

Pour quel motif ?

Quelle sera, à votre avis, la décision du tribunal dans chacune de ces affaires ? Placez-vous avant et après 1997.

2) Le jeune Denis Mathieu, âgé de 17 ans, vit à la ferme Lucas où il a été engagé comme ouvrier agricole. Au cours des moissons, M. Lucas envoie ses ouvriers agricoles aider aux travaux dans une ferme voisine, chez les Bardeau, à titre de réciprocité. Après sa journée de travail, Denis rentre coucher chez les Lucas mais, en cours de route, il se dispute avec un de ses camarades qui lui reprochait son manque d'ardeur au travail et le blesse. Ce dernier veut se faire indemniser.

À qui doit-il s'adresser ? À Denis, à M. Mathieu, à M. Lucas ou à M. Bardeau ? Justifiez vos réponses.

Sous-titre 3

La responsabilité contractuelle et ses rapports avec la responsabilité délictuelle et quasi délictuelle

2151. Les contrats sont faits pour être exécutés, selon l'adage *pacta sunt servanda* mais s'ils ne sont pas correctement exécutés, le créancier qui ne peut obtenir la prestation qui lui est due exigera une compensation, c'est-à-dire, dans la plupart des cas, l'octroi de dommages-intérêts, en faisant jouer la responsabilité contractuelle de son cocontractant (v. ss 1270 s.).

Au-delà du débat sur la véritable nature de la responsabilité contractuelle déjà abordé (v. ss 1274, 1330 s.,, surtout v. ss 1480 s.), les spécificités de la responsabilité contractuelle tiennent donc à l'existence d'une relation contractuelle préalable entre la victime du dommage et celui dont elle recherche la responsabilité.

2152. C'est l'existence de ce contrat qui va imposer d'abord de recourir à la responsabilité contractuelle, sans pouvoir choisir de se placer sur un fondement extra-contractuel. C'est aussi l'existence de ce contrat qui va commander les conditions de la responsabilité contractuelle et, notamment, l'analyse du fait générateur. Elle explique aussi les règles particulières gouvernant la réparation du dommage. Or, ces spécificités sont parfois favorables à la victime qui peut se prévaloir d'un contrat.

C'est pourquoi, malgré le principe de la séparation entre les deux ordres de responsabilité contractuelle et extracontractuelle, qui commande l'interdiction du cumul comme de l'option entre les deux, la jurisprudence a toujours ménagé certaines possibilités de contourner cette impossibilité de choix par divers procédés, ce qui amène à se poser la question des rapports actuels entre les deux ordres de responsabilité.

2153. Aussi, pour étudier la responsabilité contractuelle, nous en déterminerons d'abord les principes généraux de la responsabilité contractuelle, puis nous envisagerons la question importante, aujourd'hui, des rapports de la responsabilité contractuelle avec la responsabilité extracontractuelle.

Chapitre 1

Les principes généraux de la responsabilité contractuelle

2154. Pour que la responsabilité contractuelle puisse être engagée, il faut, comme dans tous les régimes de responsabilité civile, que les trois conditions, constantes de cette responsabilité, soient réunies : un dommage, un fait générateur et un lien de causalité entre le fait générateur et le dommage. En matière de responsabilité contractuelle, cependant, le dommage est forcément né de l'inexécution ou de l'exécution tardive, incomplète ou défectueuse d'un contrat valable et l'existence de ce contrat est déterminante : c'est en effet ce contrat préalable qui imprime ses spécificités tant aux conditions de la responsabilité contractuelle (I) qu'au régime de la réparation du dommage (II).

I. Les conditions de la responsabilité contractuelle

2155. Les spécificités qui s'attachent aux conditions de la responsabilité contractuelle tiennent toutes, en effet, à l'existence de ce contrat préalable.

La première spécificité tient à l'existence d'une condition préalable qu'on ne retrouve évidemment pas dans les autres régimes de responsabilité de droit commun étudiés jusqu'ici : *l'existence d'un contrat valable* : elle va conduire à écarter les régimes de responsabilité extracontractuelle et à imposer la recherche d'une responsabilité contractuelle, en application des principes de primauté et de non-cumul qui commandent les rapports entre les deux sortes de responsabilité (v. ss 1487, 2324 s.). Elle relève cependant de l'étude des rapports entre la responsabilité contractuelle et elle sera donc étudiée dans ce cadre (v. ss 2311 s.).

La seconde spécificité tient au *fait générateur de la responsabilité* qui peut être soit l'inexécution, soit la mauvaise exécution soit le retard dans l'exécution d'une obligation contractuelle, compte tenu de la distinction essentielle des obligations de moyen et de résultat. Cette distinction commande en pratique la mise en œuvre de la responsabilité et a des incidences non seulement sur la preuve de l'inexécution, mais aussi sur la preuve du lien de causalité. On retrouve cependant, aussi, en responsabilité contractuelle, quoique moins structurées qu'en responsabilité extracontractuelle (v. ss 1995 s., et 2031 s.), des hypothèses de responsabilité du fait d'autrui et du fait des choses.

► La notion même de dommage réparable connaît aussi des particularités liées à l'existence d'un contrat préalable : c'est précisément l'existence d'un dommage qu'il convient de réparer qui permet de distinguer la responsabilité contractuelle du simple droit d'exiger l'exécution de l'obligation contractuelle, comme le font certains auteurs qui contestent l'existence d'une véritable responsabilité contractuelle (sur ce débat,

v. ss 1330 s., 1480). Mais si ce dommage en lui-même répond aux exigences de tout dommage, il existe cependant une spécificité qui tient à l'existence du contrat préalable : le dommage réparable est en principe seulement le dommage prévisible au moment de la conclusion du contrat.

► Quant à la condition du lien de causalité et aux causes d'exonération, les particularités sont moins marquées, même si la preuve du lien de causalité est plus ou moins facile à apporter selon que l'obligation est de moyen ou de résultat.

A. Condition préalable de l'existence d'un contrat valable

2156. La première condition de la responsabilité contractuelle est l'existence d'un contrat entre l'auteur du dommage et la victime. En effet, cette responsabilité contractuelle conduit à l'octroi de dommages et intérêts contractuels, suite logique des relations préexistantes découlant du contrat entre le créancier et le débiteur.

Si la responsabilité contractuelle nécessite l'existence d'un contrat, il faut aussi, évidemment, que ce contrat soit valable. Cela exclut le cas du contrat nul ; en effet, dans ce cas, il est rétroactivement anéanti et on se retrouve dans un cas de responsabilité délictuelle.

Toutefois, l'existence d'un contrat de transport entre le conducteur et la victime d'un accident de circulation ne met pas obstacle à l'application de la loi du 5 juillet 1985 (art. 1er, et no 1217-3), dont on verra qu'il s'agit d'un régime autonome, exclusif de tout autre régime de responsabilité (v. ss 2440 s., 2530).

Quelques difficultés se posent néanmoins, plus ou moins faciles à résoudre.

1. La question de la responsabilité en cas de période de négociation précontractuelle

2157. En ce qui concerne la période précontractuelle, le régime de responsabilité applicable est différencié selon que les pourparlers restent simples et donnent lieu à une responsabilité délictuelle, ou qu'ils atteignent un degré supérieur matérialisé par une convention, un avant-contrat (v. ss 761 s.), auquel cas il peut s'agir d'une responsabilité déjà contractuelle [1]. La rupture des pourparlers, qu'elle soit sanctionnée sur le terrain de la responsabilité délictuelle ou contractuelle, suppose de toute façon toujours qu'elle intervienne de mauvaise foi, qu'elle soit fautive. La Cour de cassation écarte, en outre, la possibilité d'obtenir des dommages-intérêts pour compenser la perte de chance d'obtenir l'avantage escompté de la conclusion du contrat avorté. Seule la perte effectivement subie est prise en considération (perte de temps et frais par exemple) [2]. Même s'il y a eu un avant-contrat, qui va donner un fondement contractuel à la responsabilité, les parties n'ont jamais l'obligation de parvenir coûte que coûte à la conclusion du contrat ; elles ont simplement l'obligation contractuelle de poursuivre la négociation de bonne foi [3].

---

1. V. S. Menu, chron. citée dans la bibliographie.
2. En dernier lieu : Civ. 3e, 7 janv. 2009, pourvoi no 07-20783, *RDC* 2009. 480, obs. P.-M. Laithier ; *RTD civ*. 2009. 113, obs. B. Fages. Déjà, auparavant : Civ. 3e, 28 juin 2006, *JCP* 2006. II. 10130, note O. Deshayes ; *CCC* 2006, no 223, note L. Leveneur ; *D*. 2006. 2619, obs. S. Amrani-Mekki, *RDC* 2006. 1069, obs. D. Mazeaud ; *JCP* 2006-1. 166, no 6, obs. Ph. Stoffel-Munck ; *RTD civ*. 2006. 754, obs. J. Mestre et B. Fages et p. 770, obs. P. Jourdain. 2009-1. 113, obs. B. Fages.
3. Com. 2 juill. 2002, *RJDA* 2003, no 52 et Paris, 1re ch., 7 nov. 2002, inédit, *RTD civ*. 2003. 76, obs. J. Mestre et B. Fages.

2158. Confirmant la solution adoptée par la chambre commerciale depuis 2003 [1], la troisième chambre civile de la Cour de cassation a réaffirmé dans un arrêt important (signalé dans le rapport 2006 de la Cour de cassation), le droit qu'ont les partenaires de rompre à tout moment des pourparlers précontractuels [2].

2. Difficultés en ce qui concerne les actes bénévoles

2159. Certaines hésitations peuvent apparaître en présence d'actes bénévoles, faut-il ou non leur appliquer la responsabilité contractuelle ? La distinction se fait en général en fonction de la personne qui subit le préjudice : bénéficiaire du service gratuit ou au contraire auteur de l'acte bénévole.

– Si le bénéficiaire est la victime, la jurisprudence refuse généralement d'appliquer la responsabilité contractuelle à l'auteur de l'acte bénévole pour ne pas le charger trop lourdement sauf s'il a pris un engagement précis qui permet de parler de « contrat de bienfaisance » au sens de l'article 1105.

– Au contraire, si l'auteur de l'acte bénévole est victime de sa générosité, les tribunaux ont d'abord été plus hésitants : responsabilité délictuelle ou régime contractuel de la « convention d'assistance » appliquée, d'ailleurs, avec un certain laxisme dans des cas où le bénéficiaire de l'aide bénévole n'avait pas pu donner un consentement valable. Par exemple, dans le cas du sauveteur blessé en portant secours à la victime d'un accident, inconsciente [3].

La doctrine suggérait plutôt, dans ce cas, le recours à la notion de « gestion d'affaire » (v. ss 1365 s.).

2160. Finalement, la jurisprudence s'est établie pour admettre le principe d'une responsabilité contractuelle découlant d'une « convention d'assistance bénévole » [4]. Un arrêt relevait en 1993 que l'existence d'une « convention d'assistance » emporterait *nécessairement* pour l'assisté « l'obligation de réparer les conséquences des dommages corporels subis par celui auquel il fait appel » [5]. Un an après, la Cour de cassation, dans une situation semblable, à l'occasion d'un service bénévole, constate que c'est « dans l'exercice de son pouvoir souverain d'interpréter la volonté des parties que la cour d'appel a retenu qu'il ne s'était pas noué entre [les intéressés] de relations contractuelles de quelque nature que ce soit et que leurs rapports relevaient d'un pur acte de courtoisie… » d'où elle déduit que « la responsabilité ne pouvait être recherchée que sur le terrain délictuel » [6]. Tout dépend donc des circonstances et de l'opportunité ou pas de recourir à cette notion pour assurer la réparation des dommages subis. La responsabilité délictuelle est éventuellement une solution satisfaisante pour la victime, si elle peut faire jouer la responsabilité de plein droit du fait des choses ; si

---

1. Com. 26 nov. 2003, *Bull. civ.* III, n° 186.
2. Civ. 3e, 28 juin 2006, *RLDC* 2006/30, n° 2183.
3. Civ. 1re, 1er déc. 1969, *Bull. civ.* I, n° 299 ; *Gaz. Pal.* 1970. I. Somm. 18 ; *D.* 1970. 422, note Puech, *JCP* 1970. II. 16445, note J.-L. Aubert.
4. V. Civ. 2e, 21 févr. 1979. *D.* 1979. IR 349, obs. C. Larroumet ; Civ. 1re, 16 déc. 1986, *D.* 1987. IR 25 ; Paris, 21 juin 1987, *D.* 1987. IR 31.
5. Civ. 1re, 27 janv. 1993, *Bull. civ.* I, n° 42, *RCA* 1993, comm. 114, et chron. 11, H. Groutel ; *RTD civ.* 1993. 584, obs. P. Jourdain ; *JCP* 1993. I. 372, n° 5, obs. G. Viney ; Civ. 1re, 17 déc. 1996, *Bull. civ.* I, n° 463 ; *RTD civ.* 1997, obs. P. Jourdain ; dans le même sens : Civ. 1re, 16 juill. 1997, *RTD civ.* 1997. 944, obs. P. Jourdain.
6. Civ. 2e, 26 janv. 1994, *JCP* 1994. I. 3809, obs. G. Viney ; *RTD civ.* 1994. 864, obs. P. Jourdain.

tel n'est pas le cas et si l'on considère que dans le cadre d'une convention d'assistance, le bénéficiaire du service est tenu non pas d'une simple obligation de sécurité de moyens, mais d'une obligation de sécurité de résultat, l'analyse contractuelle, est tout à fait opportune. Or, précisément, en cas de *convention d'assistance bénévole tacite*, il est admis qu'elle « fait naître l'obligation pour l'assisté de garantir l'assistant de la responsabilité par lui encourue, sans faute de sa part, à l'égard de la victime d'un *accident éventuel* que cette *victime* soit ou non un autre assistant »[1].

La Cour de cassation écarte cependant la qualification de convention d'assistance dans le cas d'une intervention spontanée et inopportune[2] et toute faute de l'assistant peut décharger l'assisté de son obligation, dans la mesure où elle aurait contribué à la réalisation du dommage[3].

La Cour de cassation reste attachée à cette notion de « convention d'assistance » et même si elle reste peu utilisée, on en trouve des exemples récents[4]. Elle reste cependant contestable juridiquement, parce que cette prétendue convention est généralement tout à fait imaginaire. La doctrine a pu suggérer qu'en se fondant sur l'article 1371, on crée un nouveau quasi-contrat d'*assistance bénévole* « comme l'a fait la Cour de cassation en 1892 pour l'enrichissement sans cause »[5]. Cette suggestion n'a pas été entendue dans **l'actuel projet de réforme** de la Chancellerie, ni dans l'avant-projet Catala antérieurement.

3. Relation contractuelle directe entre l'auteur du dommage et la victime

a) La responsabilité du médecin et l'exclusion du fondement contractuel ?

2161. Il était admis depuis longtemps (v. ss 2168 s., et « Le point sur... La responsabilité médicale », Documents, v. ss 2603) que le médecin était contractuellement responsable vis-à-vis de son patient. En effet, selon un célèbre arrêt du 20 mai 1936[6], l'arrêt *Mercier*, « il se forme entre le médecin et son client un véritable contrat, comportant pour le praticien l'engagement, sinon évidemment de guérir le malade, du moins de lui donner des soins, non pas quelconques, mais consciencieux, attentifs et, réserve faite de circonstances exceptionnelles, conformes aux données acquises de la science ; la violation, même involontaire, de cette obligation contractuelle est sanctionnée par une responsabilité de même nature, également contractuelle ». Cette analyse contractuelle qui rencontrait cependant des limites lorsque le patient est soigné dans une clinique a été remise en cause, de façon fondamentale, par une jurisprudence récente de la seconde chambre civile de la Cour de cassation.

---

1. Civ. 1re, 17 déc. 1996, *JCP* 1997. IV. 316 ; *RCA* 1997. 78.
2. Civ. 1re, 7 avr. 1998, *Bull. civ.* I, n° 141 ; *JCP* 1998. II. 10203, note Grout.
3. Civ. 1re, 13 janv. 1998, *Bull. civ.* I, n° 15 ; *D.* 1998. 580, note Viala (2e esp.), obs. G. Viney, *JCP* 1998. I. 144, n° 6 s.
4. V. par ex. Civ. 2e, 12 sept. 2013, n° 12-23530, *RDC* 2014/1, p. 16, obs. T. Génicon. Il s'agissait d'une personne très âgée victime d'une chute en pleine nuit et inconsciente, secourue par ses voisins. L'un d'eux perdit connaissance et se blessa gravement. La question de la réparation de son dommage se posait donc dans ce contexte. La Cour de cassation, pour relever l'existence d'une convention d'assistance retint qu'il « était de l'intérêt exclusif de l'assistée que ses voisins viennent à son secours, de sorte qu'elle est présumée avoir accepté l'aide, sans qu'il soit nécessaire qu'elle ait exprimé son consentement, étant rappelé qu'en cette matière, le consentement peut être tacite ».
5. G. Viney, *JCP* 1998. I. 144, préc.
6. Civ. 20 mai 1936, *DP* 1936. I. 88, rapport M. le Conseiller Josserand, concl. M. le Procureur général Paul Matter et note signée E.P.

1° Les limites de l'analyse contractuelle des rapports entre le médecin et le patient dans le cas du patient traité dans une clinique

2162. Cette analyse contractuelle a soulevé des difficultés lorsque le patient est traité dans une clinique car la jurisprudence considère aujourd'hui, que dans le cas du *médecin salarié* de la clinique, celui-ci, en donnant ses soins aux malades, exécute, non pas une obligation qu'il aurait librement contractée envers ces patients, mais la prestation de travail à laquelle il s'est engagé envers l'établissement. Dès lors, il n'existe pas plus de rapports contractuels entre le médecin agissant en qualité de salarié dans le cadre du service organisé de la clinique privée et le patient qu'il traite, qu'il n'en existe entre le médecin hospitalier public et les usagers du service public hospitalier. Or, la jurisprudence administrative écarte toute responsabilité personnelle du médecin, agent public (« Le point sur… La responsabilité médicale », Documents, v. ss 2603). Ainsi, même avant l'arrêt *Costedoat* de l'assemblée plénière qui a instauré l'immunité du préposé agissant dans les limites de sa mission (v. ss 2109 s.) la Cour de cassation avait-elle déchargé des médecins de la responsabilité mise à leur charge, pour considérer la clinique comme seule responsable[1]. Depuis l'arrêt *Costedoat*, la solution s'impose, en vertu de la règle de l'immunité du préposé. En effet, alors que postérieurement à l'arrêt *Costedoat*, la Cour de cassation avait semblé vouloir cantonner la solution et l'exclure à propos du médecin, compte tenu de son indépendance dans l'exercice de son travail, elle est revenue sur cette solution pour réaffirmer l'immunité du médecin salarié, préposé de la clinique car lié par un contrat de travail (v. ss 2116 et « Le point sur… La responsabilité médicale », Documents, v. ss 2603).

La Cour de cassation considère les cliniques comme responsables « en vertu d'un contrat d'hospitalisation et de soins » les liant à leurs patients et consistant à mettre à la disposition des malades des professionnels soignants efficaces, dans des délais pertinents, en fournissant un équipement adapté et en étant tenu d'une obligation d'information à leur égard (« Le point sur… La responsabilité médicale », v. ss 2603).

2° La remise en cause de la nature contractuelle de la responsabilité du médecin par la Cour de cassation

2163. La solution de l'arrêt *Mercier* et l'analyse que faisait alors la Cour de cassation du contrat médical et des obligations du médecin ont été remises en cause par deux arrêts de principe de la première chambre civile de la Cour de cassation, rendus respectivement le 28 janvier[2] et le 3 juin 2010[3] qui ont ouvert des perspectives nouvelles. Ces décisions ont été confirmées ensuite.

La décision du 28 janvier 2010 a remis très nettement en question le fondement contractuel de la responsabilité médicale, *s'agissant l'obligation de soins* du médecin : en effet, la seconde chambre civile a visé directement l'article L. 1142-1 du Code de la santé publique ct l'article 16-3 du Code civil (qui pose le principe de l'intégrité du corps humain sauf en cas de nécessité médicale et de la nécessité du consentement préalable de l'intéressé), au

---

1. Civ. 1re, 4 juin 1991, *JCP* 1991. II. 21730, note J. Savatier.

2. Civ. 1re, 28 janv. 2010, *D.* 2010. 1522, note P. Sargos ; *RDSS* 2010. 375, obs. F. Arhab-Girardin ; *Gaz. Pal.* 17-18 mars 2010. 10, note C. Quézel-Ambrunas ; *D.* 2011. Pan. 2571, obs. A. Laude.

3. Civ. 1re, 3 juin 2010, *D.* 2010. 1522, note P. Sargos et 1484, obs. I. Gallmeister, 2092, obs. C. Creton ; *D.* 2011. 35, obs. O. Gout ; *AJDA* 2010. 2169, note C Lantero ; *RTD civ.* 2010. 571, obs. P. Jourdain ; *RCA* 2010, comm. n° 9, note S. Hocquet-Berg ; *Médecine et droit* 2010. 161, note F. Vialla.

lieu de viser l'article 1147, invoqué par le pourvoi, pour admettre la responsabilité du médecin qui a pratiqué une intervention inutile et inadaptée. Comme si la Cour de cassation voulait désormais se référer au seul fondement de la loi du 4 mars 2002 et consacrer l'idée d'une responsabilité pour faute médicale générale, fondée sur la loi de 2002 et transcendant la distinction entre responsabilité médicale de droit privé et responsabilité médicale de droit public. En même temps, cette responsabilité ne serait pas unitaire puisque concernant le manquement à l'obligation d'information, le fondement utilisé n'est pas, dans l'arrêt du 3 juin, le fondement du Code de la santé publique mais l'article 1382 du Code civil.

La décision du 3 juin concernait non plus l'obligation de soins mais *l'obligation d'information* du médecin. La première chambre civile y rattache le manquement à l'obligation d'information à l'article 1382 du Code civil et à la responsabilité délictuelle et non plus à la responsabilité contractuelle et affirme que le manquement à cette obligation cause nécessairement un préjudice qui doit être réparé. La Cour de cassation appuie par ailleurs le manquement à cette obligation de recueillir le consentement éclairé du patient, sur le principe de sauvegarde de la dignité de la personne posé par l'article 16 du Code civil et vise également l'article 16-3.

Il semblait donc bien que l'on assistait, avec ces décisions, à la remise en cause de l'analyse traditionnelle de la responsabilité du médecin en une responsabilité contractuelle, ce qui a conduit Pierre Sargos à qualifier ces décisions, « d'historiques », au même titre que l'arrêt *Mercier*. Effectivement, l'abandon du fondement contractuel a été confirmé par la suite et plusieurs décisions, concernant tant l'obligation de soins que l'obligation d'information, ont repris les solutions « historiques » des arrêts du 28 janvier et 3 juin 2010 [1] (pour une analyse plus complète de la responsabilité médicale v. ss 2603, Documents, « Le point sur… La responsabilité médicale », v. spéc. ss 14 s., concernant la modification du fondement).

b) L'effet relatif des contrats et les groupes de contrats

2164. Le contrat doit, en principe, lier l'auteur du fait générateur et la victime du dommage. Toutefois, il peut également y avoir, non pas un seul contrat, mais une succession de contrats comme dans le cas d'une chaîne de ventes. Dans ce cas, la jurisprudence considère, bien que cela puisse constituer une atteinte au principe de l'effet relatif des contrats de l'article 1165 du Code civil, que la responsabilité demeure de nature contractuelle lorsque l'action de l'un quelconque des sous-acquéreurs est dirigée contre le vendeur. Cette question relève cependant davantage des rapports entre la responsabilité contractuelle et délictuelle et sera examinée dans ce cadre (v. ss 2311).

B. Le fait générateur de responsabilité contractuelle

2165. Le fait générateur du dommage est évidemment l'inexécution ou l'exécution tardive ou défectueuse du contrat, par le contractant. La responsabilité contractuelle est, en effet, une responsabilité du fait personnel, même si on trouve certaines applications de

1. *Pour l'obligation d'information* : Civ. 1re, 14 oct. 2010, *D*. 2010. 2430, ob. I. Gallmeister, 2682, note P. Sargos et 2011. 35, obs. O. Gout ; *RTD civ*. 2011. 128, obs. P. Jourdain ; *D*. 2011. 2571, obs. A. Laude et, en dernier lieu : Civ. 1re, 12 juin 2012, no 11-18.327, *D*. 2012. 1610, obs. I. Gallmeister.

Pour l'obligation de soins : Civ. 1re, 14 oct. 2010, *D*. 2010. 2682, note P. Sargos ; et 2430 obs. I. Gallmeister et 2011. Chron. 35, O. Gout ; *RTD civ*. 2011. 128, no 1, obs. P. Jourdain ; *D*. 2011. 2570, obs. A. Laude.

la responsabilité du fait d'autrui et du fait des choses en matière contractuelle. Mais l'inexécution ou la mauvaise exécution suffit-elle à engager la responsabilité ou faut-il en plus qu'elle soit fautive ?

Un courant doctrinal attaché à l'idée de faute, déclare que l'inexécution doit être fautive, mais comme l'article 1147 prévoit la responsabilité dès qu'il y a inexécution, on en déduit que la *faute est présumée*. En réalité, il faut faire à cet égard une distinction entre deux sortes d'obligations : les obligations de moyen et de résultat, car c'est cette distinction qui commande le régime de la preuve de la faute contractuelle[1] (v. déjà ss 1276 s.), de même qu'elle a aussi une incidence sur le lien de causalité.

2166. Sous cette réserve d'une preuve différente selon la nature de l'obligation, la responsabilité contractuelle est bien une responsabilité pour faute, le pendant, en matière contractuelle, des articles 1382 et 1383, ce dont témoigne d'ailleurs l'affirmation contemporaine, par la jurisprudence civile de l'identité des fautes civiles contractuelle et délictuelle (v. ss 2352 s.).

1. Nature de la faute en fonction de la nature de l'obligation

a) Obligation de résultat

2167. En présence d'une obligation de résultat l'inexécution est facile à constater : elle est établie dès lors que ce résultat n'est pas atteint. Le créancier doit seulement prouver l'existence de l'obligation ; dès lors que le résultat promis : livraison d'une certaine quantité de marchandises à une date donnée, par exemple, n'a pas été atteint, la responsabilité est encourue de plein droit. La faute du débiteur est présumée, son seul recours consiste à établir l'existence d'une cause d'exonération, c'est-à-dire, selon l'article 1147 « d'une cause étrangère qui ne peut lui être imputée » (v. ss 2215 s.).

b) Obligation de moyens

2168. En présence d'une obligation de moyen, la situation est tout à fait différente : le résultat escompté est *souhaité* par le créancier mais il n'est *pas promis* par le débiteur qui s'engage seulement à mettre en œuvre les moyens nécessaires pour y parvenir, à employer une activité diligente, mais sans garantir le résultat.

2169. Le fait que le résultat escompté ne soit pas atteint n'implique donc pas nécessairement l'inexécution. Pour qu'il y ait inexécution il faudra prouver que les « moyens » promis n'ont pas été mis en œuvre, c'est-à-dire prouver un comportement fautif du débiteur. C'est le cas, notamment, pour la responsabilité du médecin, tout au moins tant que le fondement contractuel n'avait pas été remis en question (v. ss 2163). Sur cette question de la responsabilité médicale, on renverra aux développements qui figurent en fin d'ouvrage (v. ss 2603, « Le point sur… La responsabilité médicale » en fin de chapitre consacré aux régimes spéciaux de responsabilité et d'indemnisation).

2170. C'est donc, d'une façon générale, à la victime d'établir l'existence d'*une faute, d'un* manque *de diligence de* son cocontract*ant, sauf dans ce*rtains cas où cette faute est

1. Sur la distinction de ces deux sortes d'obligations, v. note Nast sous Civ. 27 juin 1939 et 27 mai 1940, *DC* 1941. J. 53.

elle-même présumée et où le législateur permet au débiteur de renverser cette présomption en prouvant sa diligence, par exemple l'article 1732 concernant le louage de choses, selon lequel le preneur « répond des dégradations ou des pertes qui arrivent pendant sa jouissance, à moins qu'il ne prouve qu'elles ont eu lieu sans sa faute ». C'est aussi le cas en matière de transport maritime et aérien, ou encore, dans un contrat liant le propriétaire d'une pouliche à la personne qui accepte d'assurer, moyennant rétribution, la pension de cet animal qui s'analyse en un dépôt salarié. La première chambre civile de la Cour de cassation décide que le dépositaire, tenu d'une obligation de moyens, doit néanmoins prouver que les blessures subies par l'animal, alors que ce dernier se trouvait sous sa garde, ne lui sont pas imputables à faute [1]. On se trouve, ici, en présence d'une obligation de moyens « renforcée » ou, pourrait dire, d'une obligation de résultat « atténuée » (notons que ces expressions sont critiquées par une partie de la doctrine). C'est dire que cette *summa divisio* entre obligation de moyens et obligation de résultat est insuffisante à qualifier toutes les situations qui se présentent.

2. Difficultés de qualification et rôle de la jurisprudence

2171. On a déjà relevé le rôle essentiel de la jurisprudence dans la détermination des obligations nées du contrat d'une part (pour cette détermination, v. ss 1285 s., les sanctions de l'inexécution du contrat) et dans la qualification de ces obligations en obligations de moyen ou de résultat, d'autre part, avec toutes les incertitudes et difficultés de qualification auxquelles elle est confrontée (v. ss 1310 s.).

2172. Ce rôle est particulièrement significatif dans le cas *particulier de l'obligation de sécurité, tantôt obligation de moyens, tantôt obligation de* résultat. Les tribunaux considèrent souvent qu'à côté de l'obligation principale, il existe dans le contrat, une obligation accessoire de sécurité, qui n'a pas forcément été prévue expressément mais qui découle des suites que l'équité, l'usage ou la loi donnent à l'obligation d'après sa nature (sur ce pouvoir créateur du juge et la technique de forçage du contrat, v. ss 1098 s.).

2173. Cette obligation de sécurité se retrouve dans toute sorte de contrats : contrats de jeux forains, contrats relatifs à l'enseignement du sport, ski ou plongée notamment, dans les contrats de transport dans le domaine du ski, etc. (v. ss 1298 s., et n°s 1322 s.). Dans ces différentes hypothèses la jurisprudence n'apprécie pas de la même façon la nature de cette obligation de sécurité.

2174. Dans les contrats de transport ou les contrats d'exploitation de certains jeux forains tels les manèges, par exemple un manège de balançoires [2], l'obligation de sécurité est qualifiée d'obligation de résultat, alors que dans les autres contrats, il s'agit généralement d'une obligation de moyens. Ainsi, entre autres exemples, la première chambre civile a-t-elle considéré l'obligation de sécurité mise à la charge d'un dresseur de chevaux comme une obligation de moyens [3]. De même, l'organisateur d'un spectacle n'est tenu, en ce qui concerne la sécurité des participants, que d'une obligation de moyens [4]. Toutefois, même

---

1. Civ. 1re, 10 janv. 1990, *Bull. civ.* I, n° 10.
2. Civ. 1re, 18 févr. 1986, *Bull. civ.* I, n° 32.
3. Civ. 1re, 15 avr. 1980, *JCP* 1980. II. 19402-91, note A. Bénabent.
4. Civ. 2e, 9 oct. 1979, *D.* 1980. IR 260, *Bull. civ.* II, n° 238.

quand l'obligation est de moyens, la jurisprudence à tendance à tenir compte *de la moindre faute*, surtout dans les accidents de sport où le rôle de la victime justifie le maintien d'une obligation de moyens, mais où le désir de permettre la réparation incite à mettre en jeu la responsabilité de l'auteur du dommage[1]. La première chambre civile qualifie ainsi d'obligation de sécurité de moyen renforcée, celle d'un moniteur d'un sport dangereux. La cour précise, en effet, « que le moniteur de sports est tenu, en ce qui concerne la sécurité des participants, à une obligation de moyens, cependant appréciée avec plus de rigueur lorsqu'il s'agit d'un sport dangereux » (en l'espèce il s'agissait de vol à voile[2]). Récemment, la première chambre civile a qualifié d'obligation de moyens l'obligation de sécurité de l'organisateur d'un parcours d'aventure dans des arbres[3]. Concernant une association sportive, pour les dommages subis par un de ses membres, qui avait chuté d'un mur d'escalade appartenant à cette dernière, la Cour de cassation a également rappelé que l'association est tenue à l'égard de ses membres à une obligation de sécurité de prudence et de diligence (obligation de moyens) « quand bien même les sportifs pratiquent librement l'activité » ce qui exclut l'application de l'article 1384, alinéa 1er[4] (sur ce point, v. aussi ss 2150). Les hypothèses de contrats comportant une obligation de sécurité inscrite par la jurisprudence sont si nombreuses qu'il est impossible d'en dresser ici une liste exhaustive.

2175. Concernant le contrat de transport, l'existence d'une obligation de sécurité a été admise dès 1911 à propos des contrats de transport de personnes : la Cour de cassation a décidé que « le voiturier assume, en vertu du contrat de transport, l'obligation de conduire sain et sauf le voyageur à destination. Par suite, en cas d'accident au cours du transport, il ne peut s'exonérer de sa responsabilité qu'en prouvant l'existence d'une cause étrangère qui ne lui soit pas imputable »[5]. Cependant, en matière de transport, si l'on admet que l'obligation de sécurité est une obligation de résultat, encore faut-il déterminer la durée de cette obligation. Toute une jurisprudence relative aux transports ferroviaires ou de métro avait établi dans les années soixante-dix une règle selon laquelle l'obligation de sécurité était une obligation de résultat « pendant l'exécution du contrat de transport, c'est-à-dire à partir du moment où le voyageur commence à monter dans le véhicule et jusqu'au moment où il achève d'en descendre » et qu'elle n'était plus qu'une obligation de moyens tant que le voyageur circule dans la gare et sur les quais[6]. La Cour de cassation a ensuite porté un coup d'arrêt à cette dualité de l'obligation de sécurité en matière de transport ferroviaire par un arrêt remarqué (arrêt *Valverde*) du 7 mars 1989[7] (arrêt à lire). Après être descendu d'un train, un voyageur avait glissé sur le quai, selon lui sur une plaque de verglas, il était tombé sur les voies au moment où le train repartait et la dernière

---

1. Pour un moniteur de ski, v. Civ. 1re, 9 févr. 1994, *JCP* 1994. II, note Veaux, obligation de sécurité pour un vol en parapente ; Civ. 1re, 21 oct. 1997, *Bull. civ.* I, n° 287 ; *JCP* 1998. II. 10103, note Varet.

2. Civ. 1re, 16 oct. 2001, *Bull. civ.* I, n° 260 ; *CCC* 2002, comm. 21, obs. L. Leveneur ; *RTD civ.* 2002, n° 1, obs. P. Jourdain.

3. Civ. 1re, 22 janv. 2009, *JurisData* n° 20009-046662 ; *RCA* 2009, comm. 93.

4. Civ. 1re, 15 déc. 2011, n° 10-23.528, *D.* 2012. 539, note M. Develay ; *RCA* 2012, comm. 58, obs. L. Leveneur.

5. Civ. 21 nov. 1911, *S.* 1912. I. 75, note Lyon-Caen ; Civ. 27 janv. et 21 avr. 1913, *DP* 1913. I. 249, note M. Sarrut ; 6 déc. 1932 et 24 mai 1933, *DP* 1933. I. 137, note Josserand ; Civ. 1re, 26 juin 1990, *Bull. civ.* I, n° 181.

6. Civ. 1re, 1er juill. 1969, *D.* 1969. 640, note G. C.-M. ; v. aussi Civ. 1re, 3 oct. 1968 et 28 avr. 1969, *D.* 1969. 650, note G. C.-M., et Civ. 1re, 21 juill. 1970, *D.* 1970. 767.

7. *Gaz. Pal.* 23 août 1989, p. 12, obs. G. Paire, *JCP* 1989. IV. 176 ; *RTD civ.* 1989. 548, obs. P. Jourdain ; *D.* 1991. 1, note Ph. Malaurie.

voiture lui avait sectionné les deux jambes. La cour d'appel avait rejeté son action en indemnisation contre la SNCF au motif que le transport étant achevé, il n'y avait plus d'obligation de résultat et que, à défaut de pouvoir prouver une faute de la SNCF, on ne pouvait faire jouer une obligation de moyens. Sur pourvoi, la Cour de cassation confirme que l'obligation de sécurité résultant de l'article 1147 n'existe que pendant le transport proprement dit puis elle se réfère, non à l'article 1382 mais à l'article 1384, alinéa 1er, en énonçant « qu'en dehors de l'exécution du contrat de transport, la responsabilité du transporteur à l'égard du voyageur est soumise aux règles de la responsabilité délictuelle » et elle rend la SNCF responsable en tant que gardienne du train. C'est donc une solution nouvelle, fruit de l'évolution jurisprudentielle, qui soumet désormais à la responsabilité délictuelle tous les accidents de gare. La cour de Paris s'est montrée récalcitrante pour adopter cette position [1], mais celle-ci a été confirmée par l*a* Cour de cassation [2].

2176. On peut constater cependant, un certain courant jurisprudentiel favorable au retrait des obligations contractuelles accessoires, notamment de sécurité de moyens qui tend à détacher les responsabilités professionnelles du contrat. Ainsi la Cour de cassation affirme-t-elle : « la responsabilité d'un commerçant à l'égard de ses clients quant à l'organisation et au fonctionnement d'un établissement dont l'entrée est libre est de *nature quasi délictuelle* » [3]. Cette tendance consistant à détacher l'obligation de sécurité du contrat est largement approuvée par la doctrine qui considère qu'une obligation de sécurité, souvent considérée comme une obligation de moyens, est beaucoup moins protectrice pour la victime et notamment pour le salarié, que la responsabilité objective du fait des choses de l'article 1384, alinéa 1er.

2177. L'avant-projet Catala a précisé la distinction entre les obligations *contractuelles de résultat* pour lesquelles « l'inexécution est établie du seul fait que le résultat n'est pas atteint, à moins que le débiteur ne justifie d'une cause étrangère » et les obligations de moyens où le débiteur « ne doit réparation que s'il n'a pas effectué toutes les diligences nécessaires » (art. 1364).

3. Les différents degrés dans la qualification de la faute contractuelle

2178. Alors que la gradation des fautes ne joue en principe aucun rôle en responsabilité extracontractuelle (v. ss 1865), certaines solutions particulières sont attachées, en matière de responsabilité contractuelle, au degré de la faute. La notion même de faute contractuelle n'est pas toujours la même ; il faut faire une distinction entre les *fautes intentionnelles ou non* et établir une *gradation* entre elles.

a) La faute dolosive

► Le dol est la ***faute intentionnelle*** du contractant dans l'exécution (et non plus dans la formation) du contrat.

---

1. V. Paris, 9 juin 1989, *D.* 1989. IR 208.
2. Civ. 1re, 19 févr. 1991, *Bull. civ.* I, no 72, pour un accident survenu à l'occasion d'une correspondance.
3. Civ. 2e, 5 juin 1991, *Bull. civ.* II, no 76 ; *JCP* 1992. I. 3572, p. 157, obs. G. Viney.

2179. Le dol est cité dans l'article 1150 mais les articles 1147 et 1153, alinéa 4, qui parlent de *mauvaise foi* concernent la même notion : il s'agit de la malhonnêteté du contractant tentant de se soustraire à ses obligations, par opposition aux fautes de négligence ou d'imprudence.

2180. Même si la responsabilité contractuelle est encourue selon l'article 1147 « encore qu'il n'y ait aucune mauvaise foi de sa part », il est certain que, les tribunaux tiennent compte de la gravité de la faute car l'étendue de la réparation peut en dépendre.

La faute dolosive est une faute grave, volontaire ; elle suppose que l'on démontre la volonté de ne pas exécuter son obligation, mais selon la décision dite des « comédiens français »[1], il ressort qu'il n'est pas nécessaire de démontrer que le contractant a agi avec malignité, dans l'intention de nuire à son cocontractant, ce qui était la conception habituelle de la faute dolosive. La faute dolosive en matière contractuelle se démarque ainsi de la faute intentionnelle de l'article 1382, en matière délictuelle, qui suppose l'intention de nuire (v. ss 1867),

L'intérêt de la notion apparaît en matière d'assurances car une telle faute est non assurable, selon l'article L. 113-1 du Code des assurances. Cependant, d'une façon tout à fait inattendue et critiquable, la Cour de cassation vient de renoncer à tout contrôle de cette notion, alors qu'elle en avait, jusqu'ici, dégagé une « conception claire et opportunément étroite ». Le rôle de la Cour suprême est, précisément, « de définir les éléments de cette qualification et d'imposer aux juges du fond de justifier dans les motifs de leurs décisions qu'ils ont bien constaté l'existence de ces éléments. » Cette démission de la première chambre civile a surpris la doctrine qui espère qu'elle ne sera pas suivie par les autres chambres[2]. Pour sa part, la troisième chambre civile est revenue sur la jurisprudence qui tendait à qualifier de délictuelle la responsabilité des constructeurs en cas de faute dolosive[3].

b) La faute inexcusable

2181. Du point de vue de sa gravité, elle se situe juste au-dessous de la faute intentionnelle et au-dessus de la faute lourde (v. ss 2184), bien qu'historiquement elle soit apparue la dernière et, précisément, pour créer un degré intermédiaire entre ces deux fautes. Il s'agit d'une initiative du législateur : introduite dans la loi du 9 avril 1898 concernant les accidents du travail, la notion de faute inexcusable n'était pourtant pas définie et la jurisprudence dut donc tenter d'en donner une définition.

Un arrêt des chambres réunies du 15 juillet 1941[4] en avait donné une définition particulièrement complexe.

► « ***La faute inexcusable*** s'entend d'une faute d'une ***gravité exceptionnelle*** dérivant d'un acte ou d'une omission volontaire, de la conscience du danger que devait en avoir son auteur, de l'absence de toute cause justifiable et se distinguant par le défaut d'un élément intentionnel de la faute visée au § 1 de la loi du 9 avril 1898 ».

2182. La faute inexcusable diffère de la faute lourde par son exceptionnelle gravité et surtout par le fait qu'elle crée un dommage prévisible.

---

1. Civ. 1re, 4 févr. 1969, *Bull. civ.*, n° 60, p. 145.
2. Civ. 1re, 4 juill. 2000, *JCP* 2000. I. 340. obs. G. Viney.
3. Civ. 3e, 17 juin 2001, *D.* 2001. 2995, concl. Weber, note Karila.
4. *Gaz. Pal.* 1941. 2. 254 ; *DC* 1941. 117.

2183. Elle n'a cependant pas une définition unitaire. Ainsi en droit aérien ou en droit social, elle n'est pas définie de la même façon.

– ***En droit aérien*** : le législateur est intervenu, à nouveau, en matière de transport aérien et a écarté la définition jurisprudentielle pour en donner d'assez différentes ; l'article 25 de la Convention de Varsovie du 12 octobre 1929, en matière de transports aériens internationaux de passagers, faisait allusion à une faute équivalente au dol qui fut explicitée par une loi du 2 mars 1957 alignant les transports internes sur la Convention de Varsovie. Selon ce texte la faute équivalente au dol est la faute inexcusable, c'est-à-dire « la faute délibérée qui implique la conscience de la probabilité du dommage et son acceptation téméraire sans raison valable ».

C'est le cas, par exemple, du pilote qui refuse de se dérouter et atterrit par temps de brouillard, sachant qu'il fait courir un risque à ses passagers mais l'assumant avec témérité. Il n'y a pas là, à proprement parler, intention malveillante mais il y a quand même acceptation de la probabilité du dommage qui constitue une faute très grave et une faute volontaire.

Le Protocole de La Haye du 28 septembre, entré en vigueur le 1er août 1963, a modifié, par la suite, la rédaction de l'article 25. Désormais, le plafond de la réparation est écarté lorsque « le dommage résulte d'un acte ou d'une omission du transporteur ou de ses préposés fait, soit avec l'intention de provoquer le dommage, soit témérairement et avec conscience qu'un dommage en résultera probablement… ». Cette définition de la faute inexcusable est reprise dans un arrêt de la chambre commerciale du 21 mars 2006 à propos de transport aérien de courrier mais la chambre commerciale de la Cour de cassation, sur renvoi après cassation, a considéré que la preuve de cette faute devait être appréciée *in concreto*, adoptant ainsi une conception réductrice de la faute inexcusable [1].

– ***En droit social*** : la chambre sociale de la Cour de cassation, par six arrêts rendus le 28 février 2002 [2], a donné une nouvelle définition de la faute inexcusable en droit social, lorsque l'employeur ne peut ignorer le danger, en raison notamment d'une maladie professionnelle reconnue comme telle au tableau, en l'espèce la contamination par l'amiante. Dès lors que l'entreprise manque à son « obligation de sécurité de résultat » à laquelle l'employeur est « tenu en vertu du contrat de travail », « notamment en ce qui concerne les maladies professionnelles contractées par ce salarié du fait des produits fabriqués ou utilisés par l'entreprise ».

► ***Le caractère inexcusable de la faute***, au sens de l'article L. 452-1 du Code de sécurité sociale est établi « lorsque l'employeur avait ou aurait dû avoir conscience du danger auquel était exposé le salarié et qu'il n'a pas pris les mesures nécessaires pour l'en préserver ».

Cette nouvelle définition de la faute inexcusable s'applique également en matière d'accident du travail selon un nouvel arrêt de la chambre sociale du 11 avril 2002 [3]. La chambre sociale a, ainsi, largement utilisé les dispositions du Code de la sécurité sociale relatives à la faute inexcusable pour améliorer l'indemnisation des salariés victimes d'accidents du

---

1. Com. 21 mars 2006, *JCP* 2006. II. 10090, note M. Mekki.
2. Soc. 21 févr. 2002, six arrêts, *Gaz. Pal.* 5-7 mai 2002, concl. Benmakhlouf, note S. Petit ; *JCP* 2002. II. 10053, concl. Benmakhlouf ; *JCP* 2002. I. 186, obs. G. Viney ; v. également dans le même sens, Soc. 26 nov. 2002, *JCP* 2002, Act. n° 542.
3. Soc. 11 avr. 2002, *Bull. civ.* V, n° 127 ; *D.* 2002. 2215, note Y. Saint-Jours ; *JCP* 2002. IV. 1992.

travail ou de maladies professionnelles et celle de leurs ayants droit en leur octroyant une majoration de la rente versée à la victime et la réparation des préjudices moraux, tant de la victime que de ses ayants droit.

c) La faute lourde

► ***La faute lourde*** est une faute particulièrement grossière commise par un professionnel qui trahit une incurie « poussée à un degré étonnant » ; même s'il n'y a pas intention de nuire ou malhonnêteté. Cette définition est jurisprudentielle [1].

2184. La jurisprudence considère que « la non-exécution d'une obligation prévue par une clause expresse, de sorte qu'elle constituait une condition substantielle du contrat, caractérise la faute lourde » [2].

2185. Les juristes romains assimilaient la faute lourde au dol et le législateur et la jurisprudence en tiennent compte en la considérant comme *équivalente au dol*, dans deux cas au moins.

1° L'utilisation de la faute lourde pour écarter les clauses limitatives ou exonératoires de responsabilité

2186. La jurisprudence, en cas de faute lourde écarte l'article 1150 qui limite la réparation du dommage au dommage prévisible et paralyse le jeu des clauses d'irresponsabilité qui seraient éventuellement insérées dans le contrat : « les dispositions exonératoires de responsabilité prévues par l'article L. 13 du Code des P et T (aujourd'hui Code de la poste et des communications électroniques) ne s'imposent que dans le cas où la Poste, ou le transporteur que celle-ci s'est substitué, n'a commis aucune faute lourde dans l'exécution de sa mission » [3] (affaire *Chronopost*) (v. ss 2243 s.).

2° Pour limiter à la seule faute lourde la responsabilité de certains contractants

2187. La responsabilité du contractant est ainsi écartée en cas de faute légère ; c'est le cas pour le mandataire à titre gratuit (art. 1992, al. 2), le fermier en cas d'incendie de la ferme (C. rur., art. 854) et même, selon la jurisprudence, le salarié face à l'employeur en cas de mauvaise exécution du travail.

2188. Cette assimilation de la faute lourde au dol n'est d'ailleurs pas constante ; ainsi en matière de transports ferroviaires, la Cour de cassation refuse-t-elle d'assimiler la faute lourde au dol afin d'écarter les clauses limitatives de responsabilité ; en revanche, en matière de transports terrestres, la chambre commerciale a admis cette assimilation dans deux arrêts du 7 mai 1980 [4].

---

1. Civ. 1re, 15 nov. 1988, *D.* 1989. 349, comme exemple d'une faute lourde d'un banquier.
2. Civ. 1re, 2 déc. 1997, *JCP* 1998. I. 144, nº 10, obs. G. Viney ; *LPA* 24 juill. 1998, note Briton, *Bull. civ.* I, nº 349.
3. Cass., ass. plén., 30 juin 1998, *BICC* 1er oct. 1998, concl. Joinet, rapp., Apollis ; *JCP* 1998. II. 10146, note Ph. Delebecque ; *JCP* 1998. I. 187, nº 28, obs. G. Viney ; *RTD civ.* 1999. 119, obs. P. Jourdain.
4. *D.* 1981. 245, note F. Chabas ; *JCP* 1980. II. 19473, note Rodière.

d) Les fautes légères

2189. En matière de responsabilité contractuelle, notre ancien droit avait élaboré la théorie dite « des trois fautes ».

– Lorsque le contrat était établi dans l'intérêt du créancier (exemple : dépôt), seule la faute lourde était exigée.

– Lorsqu'il l'était dans l'intérêt commun des deux contractants (exemple : vente), c'était la faute légère.

– Lorsqu'il l'était dans le seul intérêt du débiteur (exemple, prêt à usage ou commodat), on tenait compte d'une faute même très légère.

Cette théorie n'a pas été reprise par le Code civil, qui se réfère dans l'article 1137 au critère du « bon père de famille », lequel va sans doute disparaître avec l'adoption de la loi pour l'égalité entre les femmes et les hommes en 2014, pour être remplacé par le terme de « raisonnable » (personne raisonnable, soins raisonnables, etc..). C'est pourquoi on admet qu'en matière contractuelle, une faute légère peut engager le contractant, sauf si un texte ou une disposition du contrat ont limité son obligation de prudence et de diligence (v. ss 2238 s.). C'est dans ce cadre qu'on peut invoquer les *maladresses* dont la jurisprudence a admis qu'elle mettait en jeu la responsabilité médicale, même en l'absence de faute caractérisée, ce qui constitue pour un chirurgien une véritable obligation d'exactitude et de précision du geste technique. Cela implique l'exigence d'une diligence accrue à la charge des médecins [1].

C. Les spécificités du dommage ou préjudice

1. Le préjudice comme condition de la responsabilité contractuelle

2190. Cette question, discutée, a déjà été abordée lors de l'étude des sanctions de l'inexécution contractuelle (v. ss 1274, 1330 s.) et lors de l'examen de la nature de la responsabilité contractuelle (v. ss 1480).

2191. La responsabilité contractuelle ne peut s'analyser seulement comme un mode d'exécution de l'obligation par équivalent, sous forme de dommages-intérêts, à défaut d'exécution en nature. La condamnation à des dommages-intérêts répond aussi à l'idée d'une réparation du préjudice causé par l'inexécution, ce qui justifie le recours à la notion de responsabilité contractuelle, classiquement admis.

En réalité il faut distinguer en matière contractuelle entre le *droit à l'exécution* qui est un effet direct du contrat, dont la mise en œuvre n'est pas soumise à la condition de preuve d'un dommage et qui peut se traduire par une exécution en nature et à défaut par équivalent, sous forme de dommages-intérêts, et le *droit à réparation des conséquences de l'inexécution*, ce que l'on appelle précisément la responsabilité contractuelle, qui implique forcément un préjudice condition de la responsabilité et mesure de la réparation. Mais il est vrai qu'il n'est pas toujours simple de distinguer les deux situations et qu'elles ne se distinguent pas toujours au demeurant. Il serait peut-être opportun [2] de consacrer la distinction entre le dommage, qui résulterait en effet de la seule inexécution du contrat, atteinte au droit du créancier à obtenir l'exécution qui serait compensé par des dommages-intérêts à titre d'équivalent et le préjudice, conséquence de l'inexécution, réparé par des dommages-intérêts supplémen-

---

1. Civ. 1re, 23 mai 2000, *Bull. civ.* I, n° 153, deux arrêts.
2. Civ. 2e, 11 sept. 2008, LEDC 2008. 7 ; *RDC* 2009. 77, obs. O. Deshayes.

taires sous réserve d'en faire la preuve particulière, mais cette distinction n'est pas consacrée, ni exploitée en droit positif (déjà sur ce point, v. ss 1331).

2192. Quoi qu'il en soit, la jurisprudence exige régulièrement, en principe, que la créancière victime de l'inexécution établisse l'existence d'un dommage ou d'un préjudice, pour obtenir des dommages-intérêts [1]. Cette exigence a été à nouveau rappelée par la chambre commerciale de la Cour de cassation dans une décision du 13 mars 2007 [2] et par la seconde chambre civile le 11 septembre 2008, laquelle a précisé qu'une faute contractuelle n'implique pas nécessairement, par elle-même l'existence d'un dommage en relation de cause à effet avec cette faute et qu'en l'occurrence, la preuve du préjudice n'avait pas été faite [3].

2193. Il est vrai, en contrepoint, que la première chambre civile de la Cour de cassation a affirmé à deux reprises, en 2005, puis en 2007, que lorsque l'obligation inexécutée est une obligation de ne pas faire, celui qui y contrevient doit des dommages-intérêts par le seul fait de la contravention sans qu'il soit nécessaire d'établir un préjudice [4]. La solution peut cependant se justifier par la nature particulière de l'obligation et les termes même de l'article 1142. En effet, les obligations de faire et de ne pas faire ne sont pas toujours susceptibles d'une exécution forcée en nature, et l'article 1142 impose à leur égard une exécution sous forme de dommages-intérêts. On touche alors à la seconde fonction des dommages-intérêts, qui est d'être aussi une modalité d'exécution par équivalent de l'obligation contractuelle. Mais cette fonction n'exclut pas celle d'assurer aussi la réparation des préjudices et de sanctionner la faute contractuelle.

2194. Ainsi, on peut dire qu'en principe, la seule inexécution d'une obligation contractuelle ne suffit pas à justifier l'octroi d'une réparation [5]. L'inexécution ou l'exécution tardive ou défectueuse d'un contrat n'est génératrice de responsabilité que si elle a provoqué un dommage, un préjudice. Cependant, la preuve du dommage peut se déduire dans certains cas de la seule inexécution de l'obligation ; ces cas tiennent à la nature de l'obligation et/ou à la nature du dommage invoqué. Dans d'autre cas, il faudra apporter la preuve d'un préjudice spécifique, comme on va le voir en étudiant la nature du dommage.

2. La nature du préjudice

a) Préjudice matériel, moral, corporel

2195. Comme en matière extracontractuelle, il peut s'agir d'un *dommage matériel*, c'est-à-dire non seulement de la perte éprouvée, mais également, selon l'article 1149, du

1. Civ. 3e, 3 déc. 2003, *Bull. civ.* III, n° 221, Rev. contrats 2004. 359, obs. J.-B. Seube.
2. Com. 13 mars 2007, *LPA* 11 sept. 2007, n° 182, p. 7, note M.-L. Lanthiez.
3. Civ. 2e, 11 sept. 2008, *RDC* 2009. 77, obs. O. Deshayes.
4. Civ. 1re, 31 mai 2007, *D.* 2007. AJ 1725, obs. I. Gallmeister et Jur. 2784, note C. Lisanti ; *RTD civ.* 2007. 568, obs. B. Fages ; *JCP* 2007. I. 185, obs. Ph. Stoffel-Munck. Et déjà, 10 mai 2005, *RTD civ.* 2005. 594, obs. J. Mestre et B. Fages ; *JCP* 2006. I. 111, obs. Ph. Stoffel-Munck ; *Defrénois* 2005. 1247, obs. J.-L. Aubert ; CC 2005, n° 184, note L. Leveneur ; *RDC* 2006. 326, obs. D. Mazeaud. Et, déjà auparavant, Civ. 1re, 10 mai 2005, *RTD civ.* 2005. 594, obs. J. Mestre et B. Fages ; *ibid.* 60, obs. P. Jourdain ; *JCP* 2006. I. 111, obs. Ph. Sotffel-Munck ; *Defrénois* 2005. 1247, obs. J.-L. Aubert ; CC 2005, n° 184, note L. Leveneur ; *RDC* 2006. 326, obs. D. Mazeaud.
5. Civ. 3e, 3 déc. 2003, *JurisData* n° 2003-021222 ; *Bull. civ.* 2003. III, n° 221 ; *JCP* 2004. I. 163, chron. G. Viney.

gain dont le contractant a été privé, par exemple du bénéfice qui aurait été fait sur la vente de marchandises arrivées détériorées ; il peut s'agir aussi d'un *dommage corporel* dans les contrats comportant une obligation de sécurité (v. ss 1322, 2172, 2347 s.) et même d'un *dommage moral* en cas de perte de chance (sur les catégories de préjudices réparables v. ss 1596 s.).

b) Inexécution, mauvaise exécution ou retard dans l'exécution : distinction des dommages-intérêts moratoires et compensatoires

2196. L'identification du préjudice dépend ici du fait générateur de la responsabilité. En effet, le préjudice peut provenir d'une exécution tardive et donner lieu à des *dommages-intérêts moratoires* ; par contre, s'il est dû à une inexécution du contrat, il s'agira de *dommages-intérêts compensatoires*. L'article 1147 prévoit les deux possibilités.

1° Exécution tardive et nécessité d'une mise en demeure

2197. En cas de *retard dans l'exécution*, il faut, en principe, prouver le dommage, à moins qu'il ne s'agisse d'obligations monétaires « qui se bornent au paiement d'une certaine somme ». Dans ce cas, selon l'article 1153, alinéa 2, les « dommages et intérêts sont dus sans que le créancier soit tenu de justifier d'aucune perte » : le dommage ici, est présumé car le législateur a estimé que le créancier aurait pu immédiatement placer à intérêts les sommes qui lui étaient dues. Les dommages-intérêts moratoires consistent alors dans la condamnation aux intérêts au taux légal qui commencent à courir du jour de la sommation de payer, à moins qu'il ne s'agisse de cas où la loi les fait courir de plein droit. Il peut y avoir, en outre, des dommages et intérêts compensatoires en cas de mauvaise foi du débiteur.

La SNCF a ainsi été sanctionnée pour manquement à son obligation contractuelle de ponctualité pour de nombreux retards sur des lignes de banlieue et elle n'a pu s'exonérer de cette responsabilité en invoquant des « pannes… qui ne sauraient constituer une cause étrangère » ou des intempéries qui « ne peuvent être assimilées à la force majeure »[1].

2198. *La mise en demeure du débiteur* demeure nécessaire pour que le créancier puisse prétendre obtenir des dommages-intérêts moratoires, même si cette condition de la mise en demeure préalable a été remise en question par la jurisprudence pour les dommages-intérêts compensatoires (v. ss 2201). L'*avant-projet Catala de réforme du droit des obligations* propose de prévoir dans un article 1365 que « la réparation du préjudice résultant du retard suppose la mise en demeure préalable du débiteur ». Les auteurs de l'avant-projet confirment ainsi la solution posée par l'article 1146 du Code civil qui précise que « *les dommages et intérêts ne sont dus que lorsque le débiteur est en demeure de remplir son obligation* ». La loi du 9 juillet 1981 a assoupli cependant les modalités de cette mise en demeure en ajoutant dans l'article 1146, la mention qu'elle peut résulter d'une simple lettre missive à condition qu'elle manifeste une volonté claire du créancier d'exiger son dû sans délai.

Le retard préjudiciable ne s'appréciera qu'à compter de cette injonction faite au débiteur de s'exécuter.

---

1. Paris, 4 oct. 1996, *JCP* 1997. II. 22811, note G. Paisant et Ph. Brun ; *Gaz. Pal.* 15-17 déc. 1996, n°s 350 à 352, p. 8, avec concl. min. publ., Melle Gizardin, et note J.-G.M.

2° Préjudice résultant de l'inexécution totale, partielle ou de l'exécution défectueuse

2199. Le seul défaut d'exécution peut suffire à constituer le préjudice, toutefois ce défaut d'exécution peut n'être que *partiel* et, dans ce cas, il convient d'établir l'importance de l'inexécution et la gravité du préjudice en découlant. C'est une question de preuve.

2200. En cas d'exécution défectueuse, là encore, il conviendra d'établir la gravité du préjudice subi qui peut être comparé à celui découlant d'une inexécution partielle ou totale.

2201. *Caractère facultatif de la mise en demeure* : malgré les termes de l'article 1146 et conformément à la position de la doctrine qui considère généralement que la mise en demeure est inutile pour obtenir des dommages-intérêts compensatoires, la chambre mixte de la Cour de cassation, dans une décision du 6 juillet 2007, a dispensé de la mise en demeure le créancier de l'obligation inexécutée, qui demandait des dommages-intérêts compensatoires « dès lors que l'inexécution du contrat était acquise et avait causé un préjudice (à celui-ci) » [1]. Elle est ainsi venue trancher une divergence entre la première chambre civile qui n'exigeait plus la mise en demeure [2] et la chambre commerciale qui continuait à l'imposer comme une condition préalable à l'engagement de la responsabilité [3].

3. LA LIMITE DU DOMMAGE PRÉVISIBLE

2202. Si l'on suit l'article 1150 du Code civil, en matière contractuelle, seuls seraient réparables les dommages prévisibles puisque le texte prévoit que le débiteur n'est tenu que des dommages-intérêts qui ont été prévus ou qu'on a pu prévoir lors du contrat.

Mais cette règle est loin d'être absolue et, l'article 1150 lui-même prévoit une exception permettant une indemnisation totale en cas de préjudice dû au dol du débiteur.

a) Principe : la réparation est limitée aux dommages prévus ou prévisibles

2203. En matière contractuelle, compte tenu de l'article 1150, il existe des dommages qui n'auront pas à être réparés, même s'ils constituent une suite directe de l'inexécution, ce sont les dommages imprévisibles. Cette limite concerne l'importance du dommage et non sa réalisation, par exemple, des bagages doivent normalement contenir des vêtements et des objets de toilette et non de l'argenterie et des bijoux, ni un manteau de vison et des robes de grand couturier dans les bagages de la cliente d'un hôtel « une étoile » [4]. Si, par exemple, un colis perdu ou volé contenait des objets de valeur mais que le transporteur n'en avait pas été informé, il ne sera pas tenu de rembourser la valeur réelle de ces objets mais celle de ceux qu'il était raisonnable de trouver dans ce type de colis [5]. En revanche, il a été jugé prévisible que « compte tenu du programme de leur voyage, les voyageurs emporteraient dans leurs bagages des objets de valeur » et la société de

1. Cass., ch. mixte, 6 juill. 2007, *D.* 2007. 2642, note G. Viney ; *ibid.* Pan. 2975, obs. B. Fauvarque-Cosson ; *RLDC* nov. 2007, n° 43, n° 2716, p. 6, note E. Garaud.
2. Civ. 1re, 6 mai 2003, n° 00-17.383.
3. Com. 4 oct. 2005, *RJDA* 2006, n° 6.
4. Nîmes, 23 nov. 1961, *JCP* 1962. II. 12641.
5. V. notamment en matière de bagage, Civ. 29 déc. 1915, *DP* 1916. I. 117.

transport aurait dû « leur imposer d'en déclarer le prix ». Elle est donc condamnée à réparer l'intégralité du préjudice causé par le vol des bijoux dans les bagages à main laissés dans « le car en stationnement sans surveillance sur un parking isolé » [1]. Toutefois, lorsque le contrat offre au client la possibilité de signaler, moyennant une somme supplémentaire, la valeur exceptionnelle qu'il attachait, en l'espèce à des pellicules photographiques, pour obtenir une indemnisation non forfaitaire, et qu'il ne l'a pas fait, il ne peut obtenir une indemnité supérieure audit forfait [2]. En effet, en matière contractuelle on admet qu'une personne ne peut « vouloir s'engager au-delà de ce qu'elle a pu prévoir », mais il faut alors que le contrat lui-même le précise.

Cette limitation de la responsabilité au dommage prévisible est une conséquence du fait qu'en matière contractuelle on ne peut tenir compte que de ce qui est entré « dans le champ des volontés contractuelles ». Dans certains contrats c'est la loi elle-même qui fixe une limite aux dommages-intérêts prévisibles, par exemple, selon l'article 1953, alinéa 3, cent fois le prix de location du logement par jour pour les effets volés dans une chambre d'hôtel et 50 fois le prix du logement par jour pour les objets volés dans des véhicules stationnés dans un lieu privatif (art. 1954, al. 2).

2204. Le dommage prévisible est celui dont l'éventualité n'a pas pu être ignorée par le débiteur au moment de la formation du contrat et les juges du fond sont tenus de s'expliquer sur ce caractère de prévisibilité pour justifier la réparation. C'est ce que la Cour de cassation a rappelé récemment. Elle a censuré une décision qui avait indemnisé largement des voyageurs transportés par la SNCF qui, à la suite d'une dépose dans une gare différente de celle qui était prévue au départ, avaient raté leurs correspondances d'avion pour Cuba. La Cour de cassation censure car la cour d'appel n'avait pas expliqué en quoi la SNCF pouvait prévoir lors de la conclusion du contrat, que le terme du voyage en train n'était pas la destination finale des voyageurs [3].

b) Exception : réparation intégrale en cas de dol du débiteur

2205. Si l'inexécution est due à la mauvaise foi du débiteur, il est normal de ne pas le faire bénéficier de cette limitation de responsabilité prévue par l'article 1150 et d'être plus sévère à son égard. On considère que le débiteur commet une faute dolosive lorsque, de propos délibéré, il se refuse à exécuter ses obligations contractuelles, même si ce refus n'est pas dicté par l'intention de nuire à son cocontractant : il s'agit de l'arrêt dit des *comédiens* français [4].

Mais, il ne faut pas en déduire qu'on retombe dans un cas de responsabilité délictuelle, on est bien toujours dans un cadre contractuel mais cette disposition de l'article 1150, *in fine*, a pour but, non seulement de réparer le dommage, mais encore de le prévenir.

Bien que l'article 1150 ne vise que le dol, la jurisprudence appliquant l'adage selon lequel « la faute lourde est équivalente au dol » étend l'exception aux cas de fautes lourdes, c'est-à-dire de fautes, non pas intentionnelles comme le dol, mais particulièrement

---

1. Civ. 1re, 3 juin 1998, *JCP* 1999. II. 10010, note Rzepecki ; *D. Affaires* 1998. 1393, obs. S. P.
2. Civ. 1re, 17 juill. 1990, *JCP* 1990. IV. 351.
3. Civ. 1re, 28 avr. 2011, *D.* 2011. 1280, obs. I. Gallmeister, 1725, note M. Bacache ; *RTD civ.* 2011. 547, obs. P. Jourdain ; *JCP* 2011. Chron. 1333, obs. P. Stoffel-Munck, n° 8 ; *CCC* 2011. comm. 154, obs. L. Leveneur ; *RCA* 2011. 242, obs. S. Hocquet-Berg ; *D.* 2012. Pan. 48, obs. O. Gout.
4. Civ. 1re, 4 févr. 1969, *Société des comédiens français*, *D.* 1969. 601, note J. Mazeaud, *JCP* 1969. II. 16030, note Prieur.

graves (gradation des fautes, v. ss 2178)[1], par exemple, le fait pour une compagnie aérienne d'avoir, sans raison, conservé un colis douze jours avant de l'expédier[2].

Le contractant ne peut pas non plus bénéficier de la limitation de responsabilité quand le dommage est dû au dol de son préposé[3].

L'avant-projet Catala de réforme du droit des obligations consacre le refus de la réparation du dommage contractuel imprévisible : « sauf dol ou faute lourde de sa part, le débiteur n'est tenu de réparer que les conséquences de l'inexécution raisonnablement prévisibles lors de la formation du contrat » (art. 1366).

D. Le lien de causalité

2206. Il doit y avoir une relation directe entre la faute et le dommage, c'est un principe constant de la responsabilité civile délictuelle (que nous avons déjà développé, v. ss 1683 s.) applicable également à la responsabilité contractuelle, comme l'indiquent les articles 1150 et 1151 qui refusent l'octroi des dommages-intérêts dans deux hypothèses où la relation de causalité semble douteuse c'est-à-dire lorsque le dommage est indirect ou imprévisible. Mais la preuve du lien de causalité est largement influencée par la distinction des obligations de moyen et de résultat.

1. La causalité doit être directe

2207. L'article 1151 déclare qu'on ne doit tenir compte que de « ce qui est une suite immédiate et directe de l'inexécution de la convention ». Ceci implique donc l'existence d'une relation causale directe entre le dommage et l'inexécution du contrat. Mais, il est souvent difficile, lorsque différents préjudices découlent les uns des autres, de déterminer ceux pour lesquels la causalité est directe ou indirecte (exemple de Pothier dans la vache malade, v. ss 1704), par exemple, dans le cas de perte d'un colis de vêtements remis à nettoyer par un teinturier à un établissement spécialisé, il a été admis que la perte de clientèle consécutive invoquée par le teinturier n'était pas réparable, le lien de causalité étant incertain et indirect[4].

À propos d'une société de télésurveillance, au contraire, il a été jugé qu'il existait bien un lien de causalité entre la défaillance du système d'alarme posé par l'installateur et le dommage, fût-il une perte de chance de subir un préjudice moindre à la suite d'un cambriolage[5].

Il appartient donc bien à la victime de prouver la relation de causalité entre l'inexécution et le dommage qu'elle prétend avoir subi, en particulier quand le dommage n'apparaît qu'un certain temps après l'exécution.

Toutefois, les juges ont tendance à tenir compte de la gravité de la faute dans leur appréciation du caractère direct du lien de causalité, ce qui ne devrait pourtant pas entrer

1. Civ. 29 juin 1932, *DP* 1933. I. 49, note Josserand ; Civ. 1re, 22 nov. 1978, *JCP* 1979. II. 19139, note Viney.
2. Cass., ass. plén., 30 juin 1998, *Bull. civ.*, no 2 ; *BICC* 1er oct. 1998, concl. Joinet, rapp. Apollis ; *JCP* 1998. II. 10146, note Delebecque ; *JCP* 1998. I. 187, nos 28 s., obs. Viney.
3. Com. 17 nov. 1981, *JCP* 1982. II. 19811, note Tardieu-Naudet.
4. Civ. 12 nov. 1950, *Gaz. Pal.* 1951. I. 69.
5. Civ. 1re, 6 oct. 1998, *Bull. civ.* I, no 276 ; *CCC* 1999, no 4, note L. Leveneur.

en ligne de compte. Au contraire, la distinction des obligations de moyen et de résultat joue un rôle important dans le régime de la preuve du lien de causalité.

2. L'incidence de la distinction entre obligation de moyens et de résultat sur la preuve du lien de causalité

2208. De nombreuses décisions jurisprudentielles concernant, notamment, des garagistes ou des réparateurs, ont affirmé, pendant un certain temps, en termes de principe, que « l'obligation de résultat emporte à la fois présomption de faute et présomption de causalité entre la prestation fournie et le dommage invoqué » [1].

Cette position de la jurisprudence a été critiquée, tout d'abord, parce que cette prétendue présomption de faute est pratiquement irréfragable puisqu'elle ne cède que devant la preuve d'une cause étrangère. Elle a également été critiquée dans la mesure où il est très discutable de voir, dans l'inexécution d'une obligation de résultat, un lien de causalité.

Mais d'autres arrêts ont réaffirmé cette solution en précisant cependant son champ d'application avec la distinction, à cet égard, entre obligation de moyen et de résultat en affirmant que « la responsabilité de *plein droit* qui pèse sur le vendeur-installateur (ou sur le garagiste) ne s'étend qu'aux dommages causés par le manquement *à son obligation de résultat* » [2].

2209. Ainsi, la victime créancière d'une obligation de résultat se trouve donc dans une position très favorable puisqu'elle bénéficie de ces présomptions liées à la nature de son obligation ; il lui suffit donc en principe de démontrer l'absence de résultat pour engager la responsabilité du débiteur.

2210. Au contraire si l'obligation n'est que de moyen, la victime devra prouver le mauvais comportement du débiteur et la relation de causalité entre l'inexécution et le dommage qu'elle prétend avoir subi.

2211. La distinction de ces deux sortes d'obligation est donc essentielle.

3. La pluralité de causes

a) Règle de l'obligation in solidum et cumuls autorisés

2212. L'inexécution du contrat peut être rattachée à différentes causes. En matière de responsabilité contractuelle, comme extracontractuelle, cette pluralité de causes et admises et il peut y avoir pluralité de responsables pour un même dommage. On appliquera là encore dans les rapports avec la victime la règle de l'obligation *in solidum* (v. ss 1699, 1761 s.) qui oblige tous les coauteurs pour le tout à l'égard de la victime, en autorisant ensuite dans un second temps entre eux des recours récursoires.

---

1. Civ. 1re, 2 févr. 1994, *JCP* 1994. IV. 892, et *JCP* 1994. II. 22294, note Ph. Delebecque ; Civ. 1re, 16 févr. 1988, *RTD civ.* 1988. 767 ; 20 juin 1995, *Bull. civ.* I, nº 279 ; 21 oct. 1997, *Bull. civ.* I, nº 279 ; *D. Affaires* 1997. 1419

2. Civ. 1re, 16 oct. 2001, *CCC* 2002. comm. 25, obs. L. Leveneur ; *RCA* 2002, comm. 34 ; Com. 22 janv. 2002, *RCA* 2002, comm. 175 ; *RTD civ.* 2002, nº 3, p. 514, obs. P. Jourdain.

2213. Il est parfaitement possible qu'au responsable tenu contractuellement de réparer le dommage, s'adjoignent un ou plusieurs autres responsables tenus *in solidum* sur des fondements extra-contractuels. Car si l'on ne peut invoquer cumulativement contre la même personne une responsabilité contractuelle et extracontractuelle, ce cumul de responsabilités est parfaitement possible à l'égard de personnes différentes.

b) Contribution entre coauteurs dans le cadre de recours récursoires

2214. On rappellera que les règles concernant la contribution entre les coauteurs exerçant des recours récursoires sont actuellement les suivantes :

– lorsque tous les coauteurs sont responsables pour faute prouvée (art. 1382 et 1383 ou manquement à une obligation contractuelle de moyen), la répartition se fait en principe entre eux en fonction de la gravité des fautes respectives (cependant pour un arrêt récent, perturbateur, v. ss 1700) ;

– lorsque tous les coauteurs sont responsables sur le fondement d'une responsabilité de plein droit ou d'une obligation contractuelle de résultat : la répartition se fait à parts égales ;

– si le coauteur qui a indemnisé la victime n'a pas commis de faute, alors qu'un autre coauteur en a commis une, le recours récursoire se fait pour la totalité.

E. Les causes d'exonération de responsabilité

2215. Comme dans tout régime de responsabilité, là encore, le débiteur est libéré lorsqu'il peut justifier de certaines causes exonératoires.

2216. Lorsqu'il s'agit d'obligation de donner, on a vu avec l'exposé de la *théorie des risques* dans le contrat (v. ss 1255) que, dans le cas particulier des obligations portant sur un corps certain, lorsque *ce corps certain* a péri sans que la responsabilité du débiteur soit engagée, l'article 1302 souligne la portée absolue de l'effet libératoire : l'obligation est éteinte, aussi bien sous sa forme primitive que sous la forme qu'elle aurait pu prendre, de dommages et intérêts.

2217. Dans le cadre de la responsabilité contractuelle, selon l'article 1147, le débiteur est libéré lorsqu'il justifie « d'une cause étrangère qui ne peut lui être imputée » c'est-à-dire, selon l'article 1148, en présence « d'une force majeure ou d'un cas fortuit », mais il peut également exister d'autres causes d'exonération : le fait d'un tiers ou la faute de la victime créancière. Comme dans les autres régimes de responsabilité, on retrouve la même distinction entre les causes d'exonération totale (force majeure, fait du tiers ou fait de la victime présentant les trois caractères de la force majeure extériorité, irrésistibilité et imprévisibilité), et les causes d'exonération partielle, une seule en réalité : la faute de la victime (pour l'étude générale de ces différentes causes d'exonération, v. ss 1717 s.).

1. L'EXONÉRATION TOTALE

2218. On rappellera que les causes d'exonération de droit commun sont la force majeure, du fait du tiers ou de la victime présentant les caractères de la force majeure (v. ss 1713 s.).

a) Le maintien des caractères traditionnels de la force majeure en matière contractuelle ?

2219. Un événement ne constitue normalement un cas de force majeure que s'il présente trois caractères.

► ***Le cas de force majeure*** doit être extérieur au responsable et à son milieu, imprévisible et irrésistible.

2220. L'événement doit être extérieur au responsable et à son milieu, il doit réellement constituer pour lui une « cause étrangère ». Cette exigence traditionnelle semble être aujourd'hui en voie de disparition en matière contractuelle. Si, dans deux arrêts du 14 avril 2006, venus trancher une controverse sur les caractères de la force majeure portant sur la nécessité du cumul des conditions d'imprévisibilité et d'irrésistibilité (v. ss 1727, et les références), l'assemblée plénière a confirmé le cumul, elle n'a pas repris l'exigence d'extériorité, qui se confond souvent, en réalité, avec l'irrésistibilité, si l'on adopte une conception psychologique de celle-ci. La première chambre civile, dans une décision du 30 octobre 2008 a ensuite confirmé cet abandon de l'exigence d'extériorité dans la définition de la force majeure (v. ss 1727 et les références).

2221. L'événement de force majeure ne résulte généralement pas de l'activité de l'homme mais d'un *phénomène naturel* (tremblement de terre, cyclone). On y ajoute également certains cas de violences : émeute, pillage, ou l'intervention de l'autorité publique, qualifiée de « fait du Prince ».

► ***Le fait du prince*** concerne toute mesure des autorités publiques, prises en vue du bien commun, et ayant pour effet de rompre l'équilibre d'un ou de plusieurs contrats administratifs, passés entre un tiers et ces mêmes autorités et qui donne lieu à une indemnisation du cocontractant ainsi empêché de s'exécuter : réquisition, expropriation, etc.[1].

b) Appréciation variable de la force majeure selon la nature de l'obligation et du contrat

2222. La force majeure est appréciée avec la même rigueur qu'en matière extracontractuelle lorsque l'obligation est de résultat. Par contre, en présence d'une obligation de moyens, le débiteur n'est responsable que de ses fautes qui doivent, en principe, être prouvées par le créancier. Si pour sa défense et pour empêcher le créancier victime de faire la preuve de la faute, il invoque un cas de force majeure, il n'est pas tenu à des règles aussi strictes et l'extériorité, notamment, n'est pas exigée. Ainsi, une maladie qui n'est pas exonératoire lorsque l'obligation est de résultat, peut, au contraire, être admise en matière d'obligation de moyens : par exemple une « rage de dents » est un cas de « force majeure » pour l'écrivain qui n'a pas remis à temps son manuscrit à l'éditeur[2]. Plus récemment, la Cour de cassation, en assemblée plénière, a admis que la grave maladie d'un fabricant qui n'avait pu livrer du matériel qui lui avait été commandé présente bien

1. Civ. 1re, 29 nov. 1965, *D.* 1966. 101.
2. Soc. 19 nov. 1970, *JCP* 1970. IV. 321.

les caractères de la force majeure exonératoire, car elle était imprévisible au moment de la conclusion du contrat et irrésistible lors de son exécution puisqu'il en était décédé [1].

2223. Par contre, s'agissant de transport ferroviaire de personnes et plus particulièrement de la SNCF, qui assume une obligation de sécurité de résultat, la Cour de cassation adopte une position extrêmement rigoureuse, en écartant systématiquement la force majeure, au prétexte de l'absence d'imprévisibilité des événements invoqués (présence d'un véhicule entre les barrières ou semis barrières autorisant le passage prioritaire du train) [2] ou de l'absence d'irrésistibilité (dans le cas d'une passagère d'un wagon-lit tuée par un passager sans titre de transport [3]), allant même, récemment, jusqu'à exclure toute possibilité d'exonération partielle par la faute de la victime (v. ss 2230). Concernant la force majeure, alors que l'on avait pensé un temps que cette cause d'exonération était devenue hypothèse d'école compte tenu de la rigueur de la Cour de cassation, on relèvera une décision de la première chambre civile du 23 juin 2011 [4], qui accepte le caractère imprévisible et irrésistible de l'agression du passager d'un train, mortellement blessé. Les juges du fond avaient relevé le caractère irrationnel du geste de l'auteur de l'acte criminel qui n'aurait pu être empêché ni par un contrôle à bord du train des titres de transport, ni par la présence permanente d'un contrôleur dans la voiture, ni par une quelconque autre mesure. Peut-être est-ce le signe d'une moindre rigueur à l'égard de ce transporteur.

2. L'exonération partielle

a) Exclusion de la force majeure partiellement exonératoire et du fait du tiers

2224. Ni la force majeure, ni la faute du tiers ne sont des causes d'exonération partielle (v. ss 1729, 1735).

b) La faute du créancier

1° Une cause d'exonération partielle traditionnelle

2225. Si le créancier a, lui-même, participé à la réalisation du dommage, cela peut exonérer le débiteur partiellement, s'il n'a pas eu un caractère imprévisible et irrésistible pour le débiteur.

2226. Toutefois, on peut se poser la question de savoir si le fait du créancier peut avoir été non fautif. L'exonération ne semble possible qu'en cas de *faute* du créancier, comme en matière de responsabilité extracontractuelle pour faute (alors qu'un fait non fautif peut suffire dans le cas d'une responsabilité objective comme 1384, al. 1er) et la tendance de la Cour de cassation est de ne retenir, lorsqu'il y a dommage corporel, qu'une faute « bien caractérisée, sinon même lourde » (G. Viney, obs. à propos de Civ. 1re, 4 juill. 1995) [5].

---

1. Cass., ass. plén., 14 avr. 2006, n° 02-11.168 et n° 04-18.902, rapp. Petit, avis de Gouttes ; *JCP* 2006. Actu. 194 ; *Gaz. Pal.* 23-25 avr. 2006, p. 5, communiqué de la Cour de cassation ; *JCP* 2006. II. 10087, note P. Grosser ; *D.* 2006. 1131, obs. I. Gallmeister.
2. Civ. 2e, 5 avr. 2007, *JurisData* n° 2007-038399, *RCA* 2007, n° 178, note H. Groutel.
3. Civ. 1re, 21 nov. 2006, *JurisData* n° 2006-036026, *RCA* 2007, comm. n° 43.
4. Civ. 1re, 23 juin 2011, *D.* 2011. 1817, obs. I. Gallmeister, 1745, édito. F. Rome, 2891, obs. I. Gelbard-Le Dauphin ; *JCP* 2011. Chron. 1333, obs. C. Bloch ; *D.* 2012. Chron. 55, obs. O. Gout.
5. *JCP* 1995. I. 3893 et *JCP* 1996. II. 22620, note G. Paisant et Ph. Brun.

2° Une remise en cause jurisprudentielle pour les obligations de sécurité résultat ?

2227. Dans une décision déjà signalée lors de l'étude générale des causes d'exonération (v. ss 1745), la première chambre civile de la Cour de cassation a rendu le 13 mars 2008 une décision assez étonnante, toujours à propos de la SNCF. Elle écarte en effet toute possibilité d'exonération partielle de la SNCF par la faute de la victime. L'attendu de la Cour de cassation ne fait pas référence au cas particulier de la SNCF, mais plus largement, au transporteur tenu d'une obligation de sécurité résultat : « le transporteur, tenu d'une obligation de sécurité résultat envers un voyageur ne peut s'en exonérer partiellement et la faute de la victime, à condition de présenter le caractère de la force majeure, ne peut jamais emporter qu'exonération totale [1] ».

2228. Cette décision qui n'est pas anecdotique puisqu'elle est publiée au *Bulletin d'information de la Cour de cassation* amène donc à se demander si la première chambre civile entend supprimer toute possibilité d'exonération partielle en cas d'obligation de sécurité de résultat, ou alors s'il s'agit d'un arrêt provocateur, comme l'avait été autrefois l'arrêt *Desmares* (sur cet épisode, v. ss 1988 s.), pour inciter le législateur à intervenir à propos de la responsabilité de la SNCF (sachant que la loi de 1985 sur les accidents de la circulation n'est pas applicable aux chemins de fer).

2229. Depuis, la chambre mixte est intervenue [2]. Si la décision rejette aussi l'exonération en cas de faute de la victime ne présentant pas les caractères de la force majeure, dans le même contexte exactement, celui de l'obligation de sécurité résultat de la SNCF, le pourvoi n'invoquait cependant que l'exonération totale. Il est donc normal que la chambre mixte ait exclu l'exonération totale dès lors que la faute de la victime ne présentait pas les caractères de la force majeure et il n'est guère possible d'aller beaucoup plus loin dans l'interprétation de cette décision (v. ss 1745). La position de la jurisprudence reste donc à confirmer sur cette question.

2230. Concernant les projets de réforme, *l'avant-projet Catala du droit des obligations*, tirant les conséquences de l'unité de nature des responsabilités extracontractuelle et contractuelle qu'il affirme, ne fait pas de distinction entre les deux sortes de responsabilités en ce qui concerne les causes d'exonération mais il apporte quelques précisions. Le texte rappelle que « la responsabilité n'est pas engagée lorsque le dommage est dû à une cause étrangère présentant les caractères de la force majeure. » Il consacre la notion de cause étrangère en se contentant d'énumérer les faits d'où elle provient : « d'un cas fortuit, du fait de la victime ou du fait d'un tiers dont le défendeur n'a pas à répondre ». En revanche, il définit la force majeure en tenant compte d'une formule de la Cour de cassation comme « un événement irrésistible que l'agent ne pouvait prévoir ou dont on ne pouvait éviter les effets par des mesures appropriées » (art. 1349, al. 1er, 2, 3). La condition d'imprévisibilité est donc écartée. À l'inverse, *la proposition de loi Béteille* (art. 1386) reprend les deux conditions d'imprévisibilité et d'irrésistibilité dans la définition de la force majeure, qui ne fait donc toujours pas l'unanimité.

---

1. Civ. 2e, 13 mars 2008, *D.* 2008. 920 ; *RCA* 2008, comm. 159, note F. Leduc ; S. Hocquet-Berg, « Mauvais remake du scénario *Desmares* en matière contractuelle », *RCA*, étude 6.

2. Cass., ch. mixte, 28 nov. 2008, *SNCF c/ Consorts Bénicourt*, *D.* 2008. 3079, note I. Gallmeister ; *JCP* 2009. II ; 10011, note P. Grosser, *RTD civ.* no 1, 2009. 130, obs. P. Jourdain ; *RCA* 2009, comm. 4, S. Hoquet-Berg ; *RDC* 2009. 487, obs. T. Genicon.

2231. Concernant le rôle de la faute de la victime, *l'avant-projet Catala* apporte une innovation importante en précisant que la faute de la victime privée de discernement n'a pas d'effet exonératoire (ni totale ni partielle) et qu'en cas de dommage corporel seule une faute grave peut entraîner l'exonération partielle. Ces options concernant la faute de la victime sont reprises dans les *propositions Terré et la proposition de loi Béteille.* Elles font donc l'objet d'un consensus.

II. Les aménagements contractuels de la réparation du dommage en matière contractuelle

2232. Pour obtenir la réparation de son dommage, le créancier va généralement être obligé de s'adresser au tribunal pour obtenir la condamnation du débiteur à des dommages-intérêts, mais il doit, généralement, commencer par adresser au débiteur une mise en demeure.

Outre cette *réglementation légale* du droit à réparation que nous avons déjà vue en étudiant les conditions de la responsabilité, (v. ss 1748 s.), les parties peuvent avoir convenu d'une *réglementation conventionnelle* de la responsabilité contractuelle par différentes clauses introduites dans le contrat.

En effet, les parties peuvent convenir entre elles d'un certain nombre de dispositions applicables en cas d'inexécution de leur contrat, mais il faut préciser dans quelles mesures ces dispositions conventionnelles peuvent être valables.

Elles portent, soit sur une tentative de conciliation préalable à toute intervention judiciaire, soit sur les intérêts des dettes de sommes d'argent, soit sur les conventions de responsabilité, soit sur les clauses pénales.

A. Les clauses de conciliation obligatoire

1. Validité de la clause

2233. Il est désormais parfaitement admis que les parties puissent avoir inséré dans leur contrat une clause de conciliation organisant une procédure de conciliation obligatoire et préalable à toute action judiciaire. Une telle clause est licite et *constitue une fin de non-recevoir à l'action en responsabilité* qui s'impose au juge, éventuellement saisi par l'une des parties, si l'autre partie l'invoque [1]. Le recours à la conciliation volontaire présente, toutefois, des inconvénients, dans la mesure, notamment, où il est ainsi possible d'écarter les règles du droit de la consommation protectrice du consommateur, c'est pourquoi la doctrine propose de soumettre ces accords à un contrôle judiciaire [2].

Cette organisation conventionnelle du règlement des litiges entre les parties a donné lieu à une abondante réflexion doctrinale, mais aussi à des divergences jurisprudentielles. En effet, alors que les deuxième et troisième chambres civiles de la Cour de cassation avaient consacré l'efficacité des clauses de conciliation et relevaient « que l'action en justice introduite… sans observation de la procédure prévue par cette clause est

---

1. Civ. 1re, 1er févr. 2005, *D.* 2005. Actu. 565, obs. V. Avéna-Robardet ; *JCP* 2005. I. 141, obs. N. Sauphanor-Brouillaud.

2. V. obs. Sauphanor-Brouillaud, préc., et articles cités dans la bibliographie.

irrecevable »[1], la première chambre, en revanche, avait statué en sens inverse en affirmant que « la clause d'un contrat d'exercice professionnel subordonnant une action judiciaire à une conciliation des parties par l'autorité ordinale, qui ne constitue pas une fin de non-recevoir, n'est pas d'ordre public et ne se trouve assortie d'aucune sanction »[2].

2234. Il convenait de mettre fin à ces divergences, c'est ce qui a été réalisé par une décision de la Cour de cassation rendue en chambre mixte le 14 février 2003[3].

La chambre mixte constituait presque une assemblée plénière, dans la mesure où, seule, la chambre criminelle n'a pas participé à sa composition. Elle a relevé qu'« il résulte des articles 122 et 124 du nouveau Code de procédure civile, que les fins de non-recevoir ne sont pas limitativement énumérées » et que la cour d'appel avait exactement déduit de la clause de conciliation « l'irrecevabilité du cédant à agir sur le fondement du contrat avant que la procédure de conciliation ait été mise en œuvre ».

2. Nécessité d'une stipulation contractuelle

2235. Par contre, il a été également jugé qu'une procédure préalable de conciliation ne peut résulter que d'une stipulation contractuelle, de nature à s'imposer au juge, et non de simples prévisions d'un usage professionnel[4].

2236. Le contentieux se situait sur le terrain de la preuve de l'existence de la clause de conciliation. Il s'agissait, en l'espèce, d'un litige entre un médecin et une clinique. La clinique, à laquelle le médecin réclamait une indemnité de préavis, s'était opposée à sa demande en soutenant qu'il ne s'était pas conformé à la procédure préalable et obligatoire de conciliation, prévue dans tous les modèles de contrats établis par les organisations professionnelles et qui constituait un usage professionnel opposable aux parties. La première chambre civile rejette le pourvoi en retenant « que la cour d'appel a exactement jugé qu'une procédure préalable de conciliation ne pouvait résulter que d'une stipulation contractuelle, laquelle est, en effet, seule de nature à s'imposer au juge » or, en l'espèce, une telle stipulation ne figurait pas dans le contrat liant les parties. Il est, toutefois, admis que les juges puissent suppléer aux lacunes des contrats, en application de l'article 1135 du Code civil qui dispose que « les conventions obligent non seulement à ce qui y est exprimé, mais encore à toutes les suites que l'équité, l'usage ou la loi donnent à l'obligation d'après sa nature ». Le contrat ayant été passé entre deux professionnels rien n'empêchait de faire appel aux usages professionnels comme le soutenait la clinique.

Il semble donc que, par cet arrêt, la Cour de cassation entende soumettre ces clauses de conciliation obligatoire à un régime dérogatoire par rapport aux autres obligations résultant d'un usage professionnel. Cette position se justifie puisqu'une telle clause, qualifiée de fin de non-recevoir, aboutit à l'éviction du juge de la connaissance d'un litige, même si c'est peut-être simplement provisoire, et à priver une partie de la liberté d'ester en justice, ce qui est considéré comme une liberté publique. On peut d'ailleurs rapprocher la

---

1. Civ. 2e, 6 juill. 2000, *RTD civ.* 2001. 359, obs. J. Mestre et B. Fages ; *CCC* 2001, comm. n° 2, obs. L. Leveneur ; dans le même sens, v. Com. 28 avr. 1995, *Rev. Arb.* 1996. 613, obs. C. Jarrosson.
2. Civ. 1re, 23 janv. 2001, *RTD civ.* 2001. 359, obs. J. Mestre et B. Fages ; *JCP* 2001. I. 330, n° 15, obs. G. Virassamy. v. aussi Civ. 1re, 6 mars 2001, *Bull. civ.* I, n° 58 ; *JCP* 2001. IV. 1789.
3. Cass., ch. mixte, 14 févr. 2003, *JCP* 2003. IV. 1614 ; *JCP* 2003. I. 142, obs. G. Virassamy ; *RTD civ.* avr.-juin 2003, obs. J. Mestre.
4. Civ. 1re, 6 mai 2003, *Bull. civ.* I, n° 108 ; *JCP* 2003. IV. 2142 ; *JCP* 2003. I. 186, obs. G. Virassamy.

clause de conciliation de la clause compromissoire, destinée à retirer le jugement d'une affaire au juge pour le confier à un arbitre, et l'article 1443 du Code de procédure civile exige que la clause compromissoire soit stipulée par écrit dans la convention principale ou dans un document auquel celui-ci se réfère. Concernant la clause compromissoire, la Cour de cassation a par ailleurs précisé qu'elle était transmise de façon automatique en tant qu'accessoire du droit d'action, lui-même accessoire du droit substantiel transmis, dans une chaîne de contrats translatifs de propriété [1].

À la suite de cette décision de chambre mixte, la première chambre civile de la Cour de cassation en a textuellement repris les termes, revenant ainsi sur sa jurisprudence antérieure, elle sanctionne le non-respect des procédures préalables de conciliation, à condition qu'elles aient été formellement instituées par les contractants [2].

Concernant cette clause compromissoire, la Cour de cassation a par ailleurs précisé qu'elle était transmise de façon automatique en tant qu'accessoire du droit d'action, lui-même accessoire du droit substantiel transmis, dans une chaîne de contrats translatifs de propriété [3].

3. Effet suspensif du délai de prescription de l'action en responsabilité

2237. L'arrêt précité de la chambre mixte tranche également un point qui avait été évoqué et résout la difficulté susceptible de résulter du caractère obligatoire de la procédure de conciliation, en suspendant le délai de prescription pendant celle-ci. Il s'agit d'une interprétation un peu élargie de l'article 2251 du Code civil, avant qu'il ne soit modifié par la loi du 17 juin 2008 sur la prescription, qui disposait que « la prescription court contre toutes personnes, à moins qu'elles ne soient dans quelque exception établie par une loi ». La Cour de cassation avait déjà jugé que la prescription ne courait pas « contre celui qui est dans l'impossibilité d'agir par suite d'un empêchement résultant soit de la loi, *soit de la convention*, soit de la force majeure », ce qui était bien le cas en l'espèce. Cette solution jurisprudentielle a été reprise par la loi de 2008 portant réforme de la prescription (sur cette loi, v. ss 537 s.) puisque ce sont désormais exactement les termes de l'article 2235 du Code civil.

B. Les clauses limitatives ou exonératoires de responsabilité

2238. Ces conventions, passées préventivement avec la victime éventuelle, sont généralement des *conventions d'irresponsabilité*, totale ou partielle, ou *clauses de non-responsabilité*. Elles sont donc très dangereuses pour la victime qui peut ne pas en avoir vu toutes les conséquences ou qui peut, aussi, se les voir imposer par un cocontractant économiquement plus fort. En conséquence, la jurisprudence distingue-t-elle selon qu'il s'agit du domaine délictuel ou contractuel.

En matière délictuelle ces conventions sont difficilement concevables puisque, *a priori*, l'auteur du dommage et la victime ne se connaissaient pas auparavant ; mais on peut concevoir qu'une personne, sachant qu'elle risque de causer un préjudice à ses voisins (troubles de voisinage, dégâts causés aux récoltes par le gibier, relations entre personnes

---

1. Civ. 1re, 17 nov. 2010, *RCA* 2011, comm. nº 23, obs. L. Leveneur.
2. Civ. 1re, 6 mai 2003, *JCP* 2004. II. 10021, note R. Colson.
3. Civ. 1re, 17 nov. 2010, *RCA* 2011, comm. nº 23, obs. L. Leveneur.

exerçant une activité en commun sans être liées par un contrat de société ou d'association, etc.) leur propose de telles conventions. La jurisprudence ne les tolère pas et en prononce généralement la nullité [1]. Toutefois, elle les admet, parfois, si le dommage causé ne résulte pas d'une faute caractérisée, prouvée du défendeur mais d'une responsabilité objective : troubles de voisinage par exemple.

Concernant les projets de réforme, *l'avant-projet Catala de réforme du droit des obligations* propose d'autoriser les clauses restrictives de responsabilité en matière extracontractuelle dès lors que la responsabilité n'est pas fondée sur la faute et à la condition de prouver « que la victime l'avait acceptée de manière non équivoque » (art. 1382-4). Les *autres projets*, qu'il s'agisse du rapport d'information du Sénat (recommandation n° 21), de la proposition de loi Béteille ou du projet Terré (art. 48) vont dans le même sens. Par ailleurs dans les différents projets, qu'il s'agisse de responsabilité contractuelle ou extracontractuelle, les clauses de limitation ou exclusion de responsabilité sont interdites en cas de dommage corporel.

1. Principe de la validité

2239. En matière contractuelle, contrairement à la solution en matière extracontractuelle, le principe est la validité des clauses d'exonération totale ou partielle de responsabilité.

2240. En effet, les parties ayant donné leur consentement au contrat, sont libres d'y inclure de telles clauses et cela permet d'atténuer la rigueur de l'inexécution quand il s'agit d'obligations de résultat. Elles sont surtout admises dans les domaines où surviennent des dommages fréquents et importants (débuts de l'aviation) et dans ceux où ces clauses étant admises dans certains droits étrangers (droit anglais), la concurrence internationale exigeant de s'aligner (transports maritimes).

Toutefois, il a été jugé qu'un hôtelier qui entend s'exonérer conventionnellement de sa responsabilité, doit rapporter *la preuve que la clause dont il se prévaut a été connue et acceptée par son client* « le seul fait de faire figurer une telle clause sur une carte de bienvenue et sur une affiche placée dans la chambre ne saurait suffire à établir que le client, à supposer qu'il en ait eu connaissance, l'ait acceptée » [2].

2241. ***Clauses abrégeant le délai de prescription***. Dans certains cas, ce sont des clauses abrégeant le délai de prescription de l'action en responsabilité qui sont utilisées et qui constituent ainsi l'équivalent d'une clause limitative de responsabilité. Elles sont généralement admises, toutefois la chambre commerciale a eu l'occasion de préciser, le 12 juillet 2004 [3], « que la disposition contractuelle abrégeant le délai de prescription reçoit application même en cas de faute lourde ». Cette décision consacre la validité de telles clauses, mais, surtout, elle admet que lorsque cette clause s'applique à une action en responsabilité, contrairement aux clauses restrictives de responsabilité, elle n'est pas écartée par une faute lourde. L'assimilation de la faute lourde au dol, qui n'a qu'un fondement jurisprudentiel, est-elle en voie de s'atténuer ?

Le principe de la validité de telles clauses est cependant parfois écarté.

---

1. Civ. 1re, 17 févr. 1955, *JCP* 1955. II. 891, note Rodière, jurisprudence constante.
2. Paris, 5 janv. 1996, *JCP* 1996. II. 22679, 1re esp., note T. Hassler.
3. Com. 12 juill. 2004, *D.* 2004. 2296, note Ph. Delebecque ; *JCP* 2004. I. 132, obs. G Viney.

2. Exceptions à la validité

2242. L'insertion de telles clauses dans un contrat peut, en effet, présenter des dangers : risque de négligence du débiteur, risque de voir ces clauses imposées à un contractant plus faible (contrat d'adhésion). Aussi sont-elles depuis toujours écartées par la jurisprudence en cas de faute intentionnelle ou lourde et, depuis la solution initiée par les arrêts *Chronopost*, par le recours à la théorie de la cause, qui permet dans certains cas de les déclarer non écrites. Enfin elles ne jouent pas non plus en cas de dommage corporel et le décret du 18 mars 2009 pris en application de la loi du 4 août 2008 de modernisation de l'économie qui a établi une liste des clauses abusives « noires » c'est-à-dire irréfragablement abusives et « grises » éventuellement abusives, les a écartées des contrats de consommation, si elles sont au bénéfice du professionnel.

a) L'éviction des clauses en cas de faute intentionnelle ou dolosive

2243. Ces ***clauses d'irresponsabilité*** ne jouent pas en cas de faute intentionnelle car cela permettrait au contractant de refuser volontairement d'exécuter son obligation, comme si le contrat comportait une condition purement potestative interdite par l'article 1174 (v. ss 179). Et la Cour de cassation *assimile la faute lourde au dol* pour interdire, dans ce cas, le jeu de la clause d'irresponsabilité notamment en cas de transports routiers[1], sauf dans le cas du transport par chemin de fer, où seul le dol est admis par la jurisprudence[2]. Malgré des critiques la Cour de cassation maintient cette position en matière ferroviaire[3].

2244. Depuis les fameux arrêts *Chronopost*, une autre possibilité a été ouverte par la jurisprudence pour faire échec aux clauses limitatives de responsabilité, consistant dans le recours à la théorie de la cause, à la notion d'économie du contrat (v. ss 890 s., 893) et à celle de manquement à l'obligation essentielle.

C'est dans le domaine du transport rapide de colis et plus précisément à propos de la société Chronopost que la Cour de cassation a rendu, en effet, une série de décisions particulièrement importantes, qui ont marqué un nouveau rôle pour la cause. Mais la jurisprudence a également été amenée à cette occasion à prendre parti sur la conception de la faute lourde, et, en l'état d'une controverse entre la chambre civile et la chambre commerciale, la chambre mixte a pris parti en 2005.

1° La cause comme instrument nouveau d'éviction des clauses limitative de responsabilité

2245. Dans un premier arrêt, historique, rendu par la chambre commerciale le 22 octobre 1996 et premier en date des arrêts *Chronopost*, la chambre commerciale de la Cour de cassation, pour la première fois, admet l'éviction de la clause limitative de responsabilité par le recours à la notion d'obligation essentielle du transporteur et à la notion de cause : admettre le jeu de la clause limitative de responsabilité contredirait, dit-elle, la *portée* de l'engagement de Chronopost, privant ainsi le contrat de cause. La Cour statue au visa de l'article 1131 du Code civil, indiquant ainsi que c'est sur le fondement de l'absence de cause

---

1. V. Com. 7 mai 1980, *JCP* 1980. II. 19473, note Rodière ; *D.* 1981. 245, note F. Chabas.
2. Civ. 3 août 1932, *D.* 1933. I. 49, note Josserand.
3. Com. 26 juin 1972, *JCP* 1973. II. 17379, note Rabut.

qu'elle répute la clause non écrite (sanction des clauses abusives), mais sans pour autant annuler le contrat[1]. Elle ne se sert donc pas de la notion de faute lourde, comme traditionnellement, mais de la théorie de la cause, ce qui était alors très novateur.

2246. Cette solution a ensuite été confirmée dans des arrêts postérieurs par la chambre commerciale, encore à propos de Chronopost, ainsi dans une décision du 30 mai 2006, à propos de montres perdues (donc dans un cas où ce n'est plus le délai d'acheminement qui était concerné[2]).

Plus important encore, dans une décision du 13 février 2007, elle a étendu l'analyse du manquement à l'obligation essentielle (privant le contrat de cause et conduisant à réputer la clause limitative de responsabilité non écrite) en dehors du contrat de transport, montrant ainsi que cette jurisprudence a une portée générale. La clause limitative de responsabilité affectait en l'espèce l'obligation de fournir un certain type de logiciel, alors que cet engagement « constituait l'objectif final des contrats passés entre les parties »[3].

2247. Toutefois, cette utilisation de la théorie de la cause n'est pas toujours possible et il faut parfois recourir encore à la notion de faute lourde, seul moyen admissible. Il en est ainsi lorsque la clause limitative de responsabilité est d'origine réglementaire, parce qu'elle résulte d'un contrat type (réglementé et établi par décret, comme c'est le cas pour certains contrats faisant intervenir Chronopost). La chambre mixte a confirmé à cet égard, qu'il y avait bien désormais deux instruments différents d'éviction des clauses limitatives de responsabilité : la théorie de la cause et la notion de manquement à l'obligation essentielle d'une part, lorsqu'elle est utilisable ; la faute lourde, d'autre part, lorsque la notion de manquement à une obligation essentielle ne peut être utilisée, parce que l'on est en présence d'un contrat type.

2° Le recours à la théorie de la cause paralysé en cas de contrat type et le retour à la notion de faute lourde

2248. Le premier arrêt *Chronopost* de 1996, salué comme un grand arrêt, n'allait pas, cependant, régler le problème de façon définitive. Le droit des transports intérieurs de marchandises par voie terrestre repose en effet sur des contrats-types, établis par décret, qui sont appliqués automatiquement à défaut de convention écrite des parties. Or, certains de ces contrats prévoient eux-mêmes que l'indemnisation pour retard à la livraison ne peut excéder le prix du transport. La limitation de responsabilité est donc ici d'origine légale. C'est pourquoi, dans un second arrêt *Chronopost*, la chambre commerciale avait considéré que lorsqu'un tel contrat type est applicable, seule une faute lourde du transpor-

---

1. Com. 22 oct. 1996, *Bull. civ.* IV, n° 261 ; *JCP* 1997. II. 22881, note D. Cohen ; *JCP* 1997. I. 4025, n° 17, obs. G. Viney, et *JCP* 1997. I. 4002, obs. M. Fabre-Magnan ; *D.* 1997. 121, note A. Sériaux, et Somm. 175, obs. Ph. Delebecque ; *CCC* 1997, comm. n° 24, obs. L. Leveneur ; *Gaz. Pal.* 1997. 2. 519, note R. Martin ; J. Ghestin, *Cause de l'engagement et validité du contrat*, LGDJ, 2006, n° 265 s. ; *D.* 1997. Somm. 175, obs. Ph. Delebecque ; *Defrénois* 1997, art. 36516, note D. Mazeaud.

2. Com. 30 mai 2006, *D.* 2006. 1599, obs. X. Delpech ; *ibid.* 2646, obs. B. Fauvarque-Cosson ; *RDC* 2006. 1075, note Y.-M. Laithier ; *ibid.* 1244, obs. S. Carval ; *RTD civ.* 2006. 773, obs. P. Jourdain, CC 2006, comm. 183, note L. Leveneur.

3. Com. 13 févr. 2007, *RCA* nov. 2007, p. 14 ; G. Loiseau, « Le crépuscule des clauses limitatives de réparation », *RLDC* mai 2007, p. 2, n° 2511 ; *D.* 2007. AJ 654, obs. X. Delpech ; *RTD civ.* 2007. 567, obs. B. Fages ; *Dr. et patr.* 2007. 95, obs. Ph. Stoffel-Munck ; *RDC* 2007. 707, obs. D. Mazeaud ; *D.* 2007. Pan. 2975, obs. B. Fauvarque-Cosson.

teur peut faire échec à la clause limitative de responsabilité d'origine légale, mais elle n'avait pas défini cette faute lourde [1]. La question était alors de savoir en quoi consiste la faute lourde et notamment, si le simple fait du retard, donc le manquement à une obligation essentielle, pouvait constituer une telle faute ; ainsi, de façon détournée ce serait encore la notion de cause et cette même appréciation de l'obligation essentielle à laquelle on pourrait échapper à moindre coût qui permettrait de paralyser la clause, non plus sur le fondement de l'article 1131, mais sur celui de la faute lourde. Mais ce serait alors consacrer une conception objective de la faute lourde, constituée par le seul manquement à l'obligation essentielle, sans appréciation de la conduite du débiteur.

2249. Or, s'agissant de la conception de la faute lourde, la chambre commerciale s'était jusqu'alors déclarée partisan d'une *conception subjective de la faute lourde* impliquant une appréciation du comportement du débiteur, puisqu'elle la définissait comme « caractérisée par une négligence d'une extrême gravité confinant au dol et dénotant l'inaptitude du débiteur de l'obligation à l'exécution de sa mission contractuelle » [2].

2250. La chambre civile avait au contraire affirmé une conception objective de la faute lourde résultant du seul manquement à l'obligation essentielle, de sorte que si on ne pouvait pas utiliser directement l'article 1131 et l'absence de cause, on pouvait toujours écarter la clause sur le fondement de la faute lourde, ainsi définie.

3° La confirmation par la chambre mixte de la conception subjective de la faute lourde, distinguée du manquement à l'obligation essentielle

2251. C'est dans le contexte d'un contrat type applicable à l'espèce, que la chambre mixte s'est prononcée le 25 avril 2005, pour prendre parti sur les deux questions fondamentales en suspens : D'une part, elle avait à confirmer ou pas le rôle de la cause comme possible instrument d'éradication des clauses abusives ; d'autre part, elle devait se prononcer, sur la notion de faute lourde de nature à faire échec à une clause limitative de responsabilité, pour prendre parti dans la controverse opposant la chambre commerciale et la chambre civile.

La chambre mixte répond sur les deux questions [3].

2252. D'abord, et c'est le premier intérêt de ces arrêts, elle confirme bien le nouveau rôle de la cause, tel que le pose le premier arrêt *Chronopost*. Elle va cependant encore plus loin et affirme qu'une « clause limitant le montant de la réparation est réputée non écrite en cas de manquement du transporteur à son obligation essentielle » ; systématiquement, donc, la clause doit être écartée en cas de manquement à l'obligation essentielle, sans même en apprécier la teneur pour voir si elle contredit la portée de l'engagement pris. Mais elle précise aussi que cette solution ne vaut que lorsqu'il n'existe pas de contrat type spécifique, comportant un plafond « légal » d'indemnisation.

---

1. Com. 9 juill. 2002, *D.* 2002. 2329, obs. É. Chevrier, et Somm. 2836, obs. Ph. Delebecque ; *JCP* 2002. II. 10176, note G. Loiseau et M. Billiau

2. Com. 26 févr. 1985, *RTD civ.* 1986. 773, obs. J. Huet ; Com. 17 nov. 1991, *RCA* comm. 4.

3. Cass., ch. mixte, deux arrêts, *JurisData* n° 2005-028294 et *JurisData* n° 2005-028295 ; *JCP* 2005. II. 10066, note G. Loiseau ; *D.* 2005. 1864, note J.-P. Tosi et *ibid.* 2844, obs. B. Fauvarque-Cosson ; *Dr. et patr.* 2005, n° 141, p. 36, obs. G. Viney ; *RDC* 2005. 753, note Ph. Delebecque ; *RDC* 2005. 673, obs. D. Mazeaud.

2253. Ensuite, lorsqu'il existe un contrat type applicable, comportant une limitation du montant des dommages-intérêts, seule une faute lourde peut mettre en échec cette limitation d'indemnité. Dans ce cadre, et c'est le second intérêt de l'arrêt, *elle confirme la conception subjective de la faute lourde*, adoptée par la chambre commerciale et précise que la faute lourde ne peut résulter du seul retard de livraison ; dans les deux arrêts du 25 avril 2005, elle impose qu'elle soit « caractérisée par une négligence d'une extrême gravité, confiant au dol et dénotant l'inaptitude du débiteur de l'obligation à l'accomplissement de sa mission contractuelle ».

2254. Depuis les arrêts de la chambre mixte, la chambre commerciale a confirmé la conception subjective de la faute lourde et le fait qu'il est nécessaire d'y recourir en présence d'un contrat type pour pouvoir faire échec à la clause limitative d'origine réglementaire[1].

La première chambre civile quant à elle a semblé vouloir maintenir la conception objective qui déduit la faute lourde du manquement à l'obligation essentielle[2]. Mais la troisième chambre civile a suivi la chambre commerciale[3]. Le feuilleton n'est donc pas terminé.

4° La solution en l'absence de contrat type, depuis la décision de la chambre mixte : la résistance de la chambre commerciale

2255. Dans un premier temps, la chambre commerciale a suivi la chambre mixte et admis qu'il fallait écarter la clause systématiquement dès lors qu'était constaté un manquement à une obligation essentielle, ce qui sonnait le glas des clauses limitatives de responsabilité[4]. Mais elle a ensuite infléchi sa position et, dans une décision du 13 février 2007, elle a refusé d'annuler une clause limitative de réparation au seul motif de l'inexécution d'une obligation essentielle, dès lors que cette clause n'avait pas pour effet de vider de toute substance l'obligation, caractérisant ainsi l'absence de contrariété entre la clause et l'engagement souscrit[5]. Elle a, semble-t-il confirmé cette orientation dans un arrêt du 9 juin 2009[6], alors que parallèlement, la cour d'appel de Paris, dans l'affaire *Faurecia*, a également adopté la même orientation en validant une clause limitative de réparation dès lors qu'elle ne privait pas le contractant de toute contrepartie et n'avait pas pour effet de vider de toute substance l'obligation essentielle[7]. Il faut donc rechercher la teneur de la clause, avant de la condamner, ce qui ramène à l'esprit de l'arrêt *Chronopost*. La solution de la cour de Paris a depuis été confirmée par la chambre commerciale dans une décision du 29 juin 2010[8].

---

1. Com. 10 mars 2009, *RDC* 2009. 1044, obs. S. Carval ; Com. 9 déc. 2008, *Bull. civ.* IV, n° 204 ; *RDC* 2009. 1044, obs. S. Carval ; Com. 13 juin 2006 ; 21 mars 2006, *JCP* 2006. II. 10090, note G. Loiseau.
2. Civ. 1re, 14 avr. 2006, inédit n° 04-11.848 ; 18 oct. 2005, inédit, n° 03-03.376.
3. Civ. 3e, 21 janv. 2009, *RDC* 2009. 1044, obs. S. Carval.
4. Com. 13 févr. 2007, *Defrénois* 2007. 1042, obs. R. Libchaber ; *JCP* 2007I. 185 ; *RDC* 2007. 707, obs. D. Houtcieff ; *RDC* 2007. 1121, obs. D. Mazeaud et 1144, obs. S. Carval.
5. Com. 18 déc. 2007, *D.* 2007. 154, obs. X. Delpech ; *JCP* 2008. I. 125, obs. Ph. Stoffel-Munck ; *RDC* 2008. 262, obs. T. Genicon, *RDC* 2008. 287, obs. G. Viney.
6. Com. 9 juin 2009, *RDC* 2009. 1359, obs. D. Mazeaud ; *JCP* 2009. 273, n° 14, obs. J. Ghestin.
7. Paris, 26 nov. 2008, *JCP* 2009. I. 133, obs. Ph. Stoffel-Munck.
8. Com. 29 juin 2010, n° 09.11.841, *D.* 2010. Actu. 1707 ; D. Houtcieff, *JCP* 2010. I. 787 ; D. Mazeaud, *D.* 2010. 1832 ; L'ère post-Chronopost : le retour aux sources, L. Bloch, *RCA* 2010, étude, n° 11.

b) L'éviction des clauses en cas de dommage à la personne

2256. Les clauses d'irresponsabilité ne sont généralement pas non plus admises en cas de dommage à la personne, que ce soit à son intégrité corporelle ou aux droits de la personnalité, car elles seraient contraires à l'ordre public, la personne humaine étant hors du commerce. Cette théorie est critiquée par la doctrine mais permet à la jurisprudence d'annuler les clauses inopportunes. Et, notamment, dans tous les contrats de transport de personnes, seules sont admises les limitations de responsabilité prévues par le législateur, mais non celles insérées dans des clauses conventionnelles. Même quand la limitation de responsabilité est admise, elle est écartée en cas de faute inexcusable.

c) L'interdiction des clauses d'exonération totale dans certains contrats déterminés

2257. Les clauses d'exonération totale de responsabilité comme les clauses limitatives sont désormais interdites dans les *contrats de consommation*, depuis le décret du 18 mars 2009, pris en application de la loi de modernisation de l'économie du 4 août 2008. Ce décret a fixé la liste des clauses abusives « noires », qui sont irréfragablement abusives et « grises », c'est-à-dire éventuellement abusives. Les clauses élusives et limitatives de responsabilité sont interdites lorsqu'elles sont stipulées au profit du contractant professionnel [1].

2258. Les clauses d'exonération totale sont également interdites par la loi dans certains contrats déterminés, notamment les contrats d'adhésion, en matière de transport terrestre de marchandises (art. 103, C. com., devenu art. L. 133-1). La loi prévoit des limites à la responsabilité, mais interdit les clauses conventionnelles d'exonération totale de responsabilité. Dans les contrats de transport aériens ou maritimes, la loi fixe un maximum aux dommages-intérêts et interdit toute clause contraire qu'il s'agisse d'exonération totale, ou limitée à un taux inférieur au taux légal, toutefois une réparation intégrale peut être obtenue en établissant qu'il y a eu dol ou faute inexcusable [2].

L'avant-projet Catala et la proposition de loi Béteille consacrent les différentes limitations introduites par la jurisprudence ou proposées par la doctrine pour limiter la validité ou l'efficacité de ces clauses en matière contractuelle. Ils prévoient, notamment, que la responsabilité ne peut être limitée ou exclue par contrat en cas de dommage corporel ; que les clauses limitatives ou exclusives de réparation n'ont pas d'effet en cas de dol ou de faute lourde du débiteur ou, dans la proposition de loi Béteille, lorsqu'elles contredisent la portée d'une obligation essentielle (ce qui consacre la jurisprudence *Chronopost*) ; en matière extra-contractuelle l'avant-projet comme la proposition de loi Béteille prévoient également qu'il est impossible d'exclure ou limiter la réparation du dommage que l'on a causé par sa faute. Dans les autres cas, en matière extracontractuelle, la clause n'est efficace que si la preuve est faite que la victime avait accepté la clause de manière non équivoque. Et en matière contractuelle elle est écartée si la partie à laquelle elle est opposée n'a pas pu en prendre connaissance avant la formation du contrat.

---

1. V. Y.-M. Laithier, « Les clauses de responsabilité (clauses limitatives de réparation et clauses pénales »), *RDC* 2009. 1650.
2. Loi du 2 mars 1957 reprenant la Convention de Varsovie de 1929 en matière aérienne et loi du 18 juin 1966 d'après la Convention de Bruxelles du 29 avril 1961 en matière maritime.

C. Les clauses pénales

2259. Ces clauses, admises en matière contractuelle seulement, sont régies par les articles 1152, et 1226 à 1233 du Code civil.

► ***La clause pénale*** est une clause conventionnelle par laquelle les parties fixent elles-mêmes, à l'avance et forfaitairement, le montant de l'indemnité due en cas d'inexécution.

1. La clause pénale peut être faible ou forte

2260. Faible, elle joue comme une clause limitative de responsabilité ; très forte, elle constitue un moyen de pression, une variété d'astreinte (v. ss 363 s.) pour inciter le débiteur à exécuter sa prestation, la peine prévue remplace les dommages-intérêts dus en cas d'inexécution dont elle constitue une évaluation contractuelle.

Son caractère forfaitaire implique qu'elle ne peut, en principe, être modifiée ni dans un sens, ni dans l'autre, même par le juge (art. 1152, al. 1er).

2. La clause pénale peut être insuffisante ou exorbitante

2261. La clause pénale peut être tout à fait insuffisante et le juge, en application de l'article 1150, l'écartait s'il décelait une inexécution dolosive[1].

Au contraire, elle peut être exorbitante et le juge tendait à la diminuer en application de l'article 1231 s'il y avait eu une exécution partielle.

Cette jurisprudence s'était développée à propos des contrats de *leasing* puis s'était heurtée au fait que les contractants inséraient dans le contrat une clause prévoyant expressément l'application de la clause pénale en cas d'inexécution même partielle. C'est pourquoi, le législateur est enfin intervenu par une loi du 9 juillet 1975 par laquelle il ajoutait un alinéa 2 à l'article 1152 prévoyant expressément la possibilité pour le juge d'intervenir s'il estime la peine prévue « manifestement excessive ou dérisoire » et il modifiait l'article 1231 en ajoutant que « toute stipulation contraire sera réputée non écrite » et la loi du 11 octobre 1985 a ajouté les termes « même d'office », dans ces deux articles[2].

2262. Mais la Cour de cassation exige que les juges du fond précisent en quoi la peine est manifestement excessive ou dérisoire[3] et s'ils sont libres de réduire plus ou moins l'indemnité, ils ne peuvent allouer une somme inférieure au dommage[4]. Toutefois, la réduction des obligations résultant d'une clause pénale n'est qu'une simple faculté pour le juge qui n'a pas à motiver spécialement sa décision lorsque, faisant application pure et simple de la convention, il refuse de modifier le montant de la « peine » forfaitairement prévu[5]. Ainsi, dans le cas d'un contrat de location de véhicule automobile à durée

---

1. Civ. 4 févr. 1969, arrêt à commenter donnant par là même une définition très large de la faute dolosive *Bull. civ.*, n° 60, p. 145 ; *D.* 1969. 601, note Mazeaud.
2. V. pour la réaffirmation du pouvoir de réduire en cas d'excès les dispositions d'un contrat de crédit-bail constituant incontestablement une clause pénale : Com. 5 juill. 1994, *JCP* 1994. I. 3809, obs. G. Viney.
3. Cass., ch. mixte, 20 janv. 1978, *Bull. ch. mixte* 78, n° 1, p. 5 ; *D.* 1978. IR 229, obs. Vasseur.
4. Civ. 1re, 24 juill. 1978, *D.* 1979. IR 151, *Bull. civ.* I, n° 280, p. 219 ; *RTD civ.* 1979. 150, obs. Cornu.
5. Civ. 1re, 23 févr. 1982, *Bull. civ.* I, n° 85 ; dans le même sens Civ. 3e, 12 janv. 1994, *Defrénois* 1994. 804, obs. D. Mazeaud.

déterminée où avait été prévue une clause pénale à titre d'indemnité compensatrice en cas de résiliation, la cour d'appel de Paris a-t-elle jugé qu'il n'y avait pas lieu de diminuer la clause pénale et qu'il ne s'agissait pas non plus d'une clause abusive [1].

2263. La Cour de cassation a rappelé que « la clause pénale, sanction contractuelle du manquement d'une partie à son obligation » s'applique du seul fait de l'inexécution, sans que le créancier ait à apporter la preuve d'un dommage quelconque [2] et, même en l'absence de dommage, le juge peut maintenir la clause pénale dont le caractère exclusivement punitif est alors évident.

Citons, enfin, un arrêt critiqué de la Cour de cassation qui considère comme une clause pénale une disposition conventionnelle figurant dans un contrat d'enseignement et précisant que le droit d'inscription évalué forfaitairement et à l'avance, reste intégralement dû, quels que soient les motifs de la rupture du contrat par l'élève. L'annotateur critique cette décision car il s'agit de l'obligation principale et non d'une clause accessoire fixant des dommages-intérêts en cas d'inexécution du contrat. Il ajoute qu'il s'agissait ici d'une clause abusive telle que celles visées par la Commission des clauses abusives. Il aurait fallu invoquer l'article L. 132-1 du Code de la consommation pour la faire annuler et non l'article 1152, alinéa 2, pour la faire réduire [3]. Toutefois, dans cette espèce, il s'agissait de l'exécution forcée du contrat et donc du prix, et non d'une clause accessoire seule visée par l'article L. 132-1 sur les clauses abusives, qui dispose que « l'appréciation du caractère abusif [...] ne porte ni sur la définition de l'objet principal du contrat, ni sur l'adéquation du prix ou de la rémunération ou bien vendu ou au service offert ». Cet arrêt retient une conception extensive de la clause pénale que les textes n'autorisent pas.

2264. L'avant-projet de réforme du droit des obligations consacre les acquis en la matière dans l'article 1383.

2265-2310. (réservés).

---

1. Paris, 8e ch., 20 sept. 1991, *JCP* 1992. II. 21866, note H. Sinay-Cytermann.
2. Civ. 3e, 12 janv. 1994, *Bull. civ.* III, no 5 ; *JCP* 1994. I. 3809, obs. G. Viney.
3. Civ. 1re, 10 oct. 1995, *JCP* 1996. II. 22580, note G. Paisant ; *JCP* 1996. I. 3914, obs. M. Billiau.

DOCUMENTS

Bibliographie

ANTONMATTEI (Ph.), *Contribution à l'étude de la force majeure*, Bibl. de droit privé, LGDJ, t. 220, préf. Teyssié.

ANTONMATTEI (Ph.), « Ouragan sur la force majeure », *JCP* 1996. I. 3907.

BACACHE (M.), LEDUC (F.) et PIERRE (P.), « Feu l'arrêt *Mercier* ?, débat », *RDC* 2011. 335.

BLOCH (L.), « L'ère post-Chronopost : le retour aux sources », *RCA* 2010, étude, n° 11.

BOCCARA (B.), « La réforme de la clause pénale », *JCP* 1975. I. 2742.

BRIERE DE L'ISLE, « La faute dolosive : tentative de clarification », *D.* 1980. Chron. 133.

CADIET (L.), « Solution judiciaire et règlement amiable des litiges : de la contradiction à la conciliation », *in Le droit de l'entreprise dans ses relations externes à la fin du XXe siècle. Mélanges en l'honneur de C. Champaud*, Dalloz, 1997, p. 123 s.

CHABAS (F.), « La révision judiciaire des clauses pénales », *JCP* 1978. 2913.

DELGRANGE (O.) et BUCCIANO (M.), « Quelques réflexions sur la force majeure en matière contractuelle », *Gaz. Pal.* 30-31 janv. 2004, p. 2.

GROSSER (P.), « Bref retour sur les effets de la responsabilité contractuelle », *in Leçons du droit civil. Mélanges F. Chabas*, Bruylant, 2011.

GROUTEL (H.), « Vers un chambardement de l'obligation de sécurité dans les contrats ? », *RCA* mai 1989, comm. n° 16.

HOCQUET-BERG (S.), « Remarques sur la prétendue convention d'assistance », *Gaz. Pal.* 1996. I. 32.

HOCQUET-BERG (S.), « Mauvais remake du scénario Desmares en matière contractuelle », *RCA* 2008. Étude 6.

LAGARDE (X.), « Droit processuel et modes alternatifs de règlement des litiges », *Rev. arbitrage* 2001. 423.

LAGARDE (X.), « Qu'est-ce qu'une clause abusive ? », *JCP* 2006. I. 110.

LAITHIER (Y.-M.) « Les clauses de responsabilité (clauses limitatives de réparation et clauses pénales) », *RDC* 2009. 1650

MENU (S.), « Réflexions sur le préjudice précontractuel », *LPA* 1er févr. 2006, n° 23, p. 6.

MORANÇAIS-DEMEESTER (M.-L.), « La responsabilité des personnes obligées à restitution », *RTD civ.* 1993. 757.

NGUYEN THANT-BOURGEAIS (D.), « Contribution à l'étude de la faute contractuelle : la faute dolosive et sa place actuelle dans la gamme des fautes », *RTD civ.* 1973. 496.

OPHÈLE (C.), « Faute délictuelle et faute contractuelle », *RCA* juin 2003, p. 78, n° 21.

PELLETIER (C.), « Aperçu rapide. Les clauses de conciliation et de médiation dans les contrats de consommation », *JCP* 2005. Act. 133.

RÉMY (P.), « "La responsabilité contractuelle" : histoire d'un faux concept », *RTD civ.* 1997. 323.

STARCK (B.), « Observations sur le régime juridique des clauses de non-responsabilité, ou limitatives de responsabilité », *D.* 1974. Chron. 157.

TCHENDJOU (M.), « L'alourdissement du devoir d'information et de conseil du professionnel », *JCP* 2003. I. 141.

VINEY (G.), « Remarques sur la distinction entre faute intentionnelle, faute inexcusable et faute lourde », *D.* 1975. Chron. 263.

VIRASSAMY (G.), « Les collèges et les commissions dans le règlement des litiges contractuels », *in Le contrat au début du XXIe siècle, Études offertes à J. Ghestin*, LGDJ, 2001, p. 949.

ARRÊT À COMMENTER

Aménagements conventionnels de la responsabilité et faute dolosive

Civ. 1re, 4 févr. 1969, *Bull. civ.* I, n° 68, p. 145

Sur le premier moyen :

Vu l'article 1150 du Code civil :

– Attendu qu'il résulte des énonciations de l'arrêt attaqué que Giraud, pensionnaire de la Comédie française, accepta de jouer un rôle dans un film tourné par la société des films Jean Giono, malgré la défense qui lui en avait été faite par l'administrateur de la société des Comédiens français, et dont la société productrice avait été avisée : que la société des Comédiens français réclama à Giraud le montant de l'indemnité prévue par la clause pénale du contrat par lequel il avait été engagé, ainsi que des dommages-intérêts supplémentaires en raison de la faute dolosive commise par lui ; qu'elle demande la condamnation *in solidum* de la société des films Jean Giono au payement des dommages-intérêts supplémentaires réclamés à Giraud ;

– Attendu qu'après avoir rappelé que l'effet de la clause pénale ne peut être écarté que par le dol ou la faute lourde d'un des contractants, l'arrêt énonce que, pour obtenir des dommages-intérêts supérieurs au montant de la clause pénale, la société des Comédiens français devait démontrer « *non seulement que Giraud a eu la volonté de ne pas exécuter ses obligations mais encore qu'il a agi avec malignité dans l'intention de nuire à son cocontractant* » ; qu'ainsi la cour d'appel a violé le texte susvisé ;

Par ces motifs et sans qu'il soit besoin de statuer sur le second moyen.

Casse et annule l'arrêt rendu entre les parties par la cour d'appel de Paris, le 25 mai 1966 ; remet en conséquence la cause et les parties au même et semblable état où elles étaient avant ledit arrêt, pour être fait droit, les renvoie devant la cour d'appel de Rouen.

Directives

Cet arrêt reproche à la cour d'appel d'avoir donné de la faute intentionnelle la définition habituelle ; *a contrario* on en déduit que la Cour de cassation entend modifier sa définition de la faute intentionnelle.

V. aussi ici le jeu de la clause pénale.

ARRÊT À LIRE

L'accident de quai

Civ. 1re, 7 mars 1989, *Bull. civ.* I, n° 118, *JCP* 1989. IV. 176

Cassation.

– Attendu que le 17 janvier 1982, M. Valverde a été trouvé sur la voie bornant un quai de la gare de Pierrefitte, les jambes sectionnées par les roues d'un train ; que, soutenant qu'après être descendu d'une voiture, il avait glissé sur le quai verglacé, M. Valverde a assigné la SNCF en responsabilité et réparation de son préjudice, en invoquant un manquement aux obligations contractuelles du transporteur, qui aurait laissé subsister une plaque de verglas ;

Sur le premier moyen :

– Attendu que M. Valverde fait grief à la cour d'appel d'avoir rejeté sa demande au motif, notamment, qu'il ne peut être contesté que l'accident s'est produit après que le voyageur eut achevé de descendre du train et que, dès lors, le transporteur n'était pas tenu à l'obligation de résultat de sécurité, alors, selon le moyen, que le contrat de transport par chemin de fer et l'obligation de sécurité y attachée, commencent au moment où le voyageur, ayant composté son billet, pénètre sur le quai de la gare de départ, et s'achève à la sortie de la gare d'arrivée lorsque le contrôle ne peut plus se faire ; qu'ainsi, en décidant que l'obligation de sécurité accessoire au contrat de transport avait disparu après la descente du train, à un moment où M. Valverde marchait encore sur le quai d'arrivée, l'arrêt attaqué a violé l'article 1147 du Code civil ;

– Mais attendu que, contrairement à ce que soutient le pourvoi, l'obligation de sécurité consistant à conduire le voyageur sain et sauf à destination, résultant de l'article 1147 du Code civil, n'existe à la charge du transporteur que pendant l'exécution du contrat de transport, c'est-à-dire à partir du moment où le voyageur commence à monter dans le véhicule et jusqu'au moment où il achève d'en descendre, que le moyen n'est donc pas fondé.

Mais sur le deuxième moyen qui est de pur droit :

Vu l'article 1384, alinéa 1er, du Code civil ;

– Attendu qu'en dehors de l'exécution du contrat de transport, la responsabilité du transporteur à l'égard du voyageur est soumise aux règles de la responsabilité délictuelle ;

– Attendu que, pour rejeter la demande, l'arrêt attaqué énonce aussi, « qu'il incombe à M. Valverde de démontrer que la SNCF a, en commettant une faute, en l'occurrence en négligeant d'éliminer des plaques de verglas sur le quai, failli à son obligation de moyens », et qu'en l'espèce, M. Valverde n'a pas rapporté la preuve qu'il était tombé sur la voie après avoir glissé sur une plaque de verglas que le transporteur aurait laissé subsister sur le quai ; qu'aucune faute en relation avec l'accident n'est donc établie à l'encontre de la SNCF ;

– Attendu qu'en se déterminant ainsi, alors que l'accident s'est produit au moment où a démarré le train d'où le voyageur était descendu et dont la SNCF avait la garde, la cour d'appel a violé le texte susvisé ;

Par ces motifs, et sans qu'il y ait lieu de statuer sur le troisième moyen ;

Casse et annule, dans toutes ses dispositions, l'arrêt rendu le 4 novembre 1986, entre les parties, par la cour d'appel de Paris ; remet, en conséquence, la cause et les parties dans l'état où elles se trouvaient avant ledit arrêt et, pour être fait droit, les renvoie devant la cour d'appel de Versailles.

Chapitre 2

Les rapports de la responsabilité contractuelle et extracontractuelle

Introduction

2311. La différence essentielle entre la responsabilité contractuelle et la responsabilité extracontractuelle tient dans le fait que l'une des responsabilités se rattache à un contrat et qu'à partir de cette distinction, qui n'implique pas forcément des différences fondamentales de régime, la jurisprudence a bâti deux systèmes indépendants et censés n'entretenir aucun rapport l'un avec l'autre : des principes fondamentaux ont été posés pour structurer cette distinction et maintenir une frontière étanche (I).

2312. Pourtant, malgré cette distinction, la jurisprudence a toujours admis certains empiétements dont elle a elle-même créé les conditions, généralement pour permettre à la victime de bénéficier de certains « avantages » de la responsabilité contractuelle : délai de prescription avant la réforme de la prescription, et surtout bénéfice de certaines obligations contractuelles, dont l'obligation de sécurité. L'impératif de protection des victimes et de réparation des dommages, ainsi que la recherche de l'égalité de traitement ont pu justifier ces empiétements qui continuent aujourd'hui de se produire. La jurisprudence découvre de nouveaux moyens et le législateur lui-même cherche à neutraliser cette distinction en créant des régimes spéciaux qui ne tiennent pas compte de la qualité de la victime (II).

I. Une distinction organisée autour de principes structurant deux ordres de responsabilité

2313. C'est la considération du contrat (et la primauté du contrat) au regard duquel va s'apprécier le fait générateur de la responsabilité, qui a conduit la jurisprudence à postuler une distinction entre les deux responsabilités et à la structurer à l'aide de grands principes qui maintiennent la frontière et créent en quelque sorte une *summa divisio*. Car, finalement, les différences qui existent entre ces deux formes de responsabilité ne sont pas beaucoup plus grandes que celles qui, au sein de la responsabilité extracontractuelle, existent entre la responsabilité pour faute et la responsabilité du fait d'autrui ou du fait des choses : chaque régime de responsabilité extracontractuelle a sa logique propre et il existe des différences de régime et de fondement, parfois plus importantes qu'en responsabilité contractuelle sans pour autant qu'il existe le même cloisonnement.

A. Des différences plus apparentes que réelles

1. La tendance au recul des distinctions

2314. On a déjà pu le constater en étudiant les différentes responsabilités. On a souvent opposé ces deux variétés de responsabilité, en ce qui concerne la *charge de la preuve*, car, disait-on, dans la *responsabilité délictuelle*, la charge de la preuve incombe à la victime alors que, dans la *responsabilité contractuelle*, la victime bénéficie d'une présomption de faute. Mais ce qui est vrai si l'on compare la responsabilité contractuelle et la responsabilité délictuelle, au sens strict du terme (c'est-à-dire la responsabilité pour faute fondée sur l'article 1382), ne l'est plus si on compare la responsabilité contractuelle aux responsabilités dites de plein droit, comme la responsabilité du gardien ou des parents du fait des enfants qui n'imposent pas à la victime de prouver une faute. Par ailleurs, et on l'a déjà relevé en étudiant la responsabilité contractuelle comme sanction du contrat inexécuté (v. ss 1276), la victime doit prouver la faute, même en matière contractuelle, lorsqu'elle invoque l'inexécution d'une obligation de moyens, sauf dans les rares cas où elle est présumée.

2315. De même, les *délais de prescription* qui distinguaient les deux actions en responsabilité (trente ans pour la responsabilité contractuelle et dix ans pour la responsabilité extracontractuelle) ont été considérablement unifiés par la loi du 17 juin 2008 sur la prescription puisque le délai de prescription de droit commun est désormais de cinq ans quelle que soit la nature de la responsabilité, et lorsque l'action en responsabilité a pour objet la réparation d'un préjudice corporel, dans cette dernière hypothèse, il passe à dix ans et à vingt ans en cas de violences (C. civ., art. 2226, nouv.) (v. ss 537, pour la réforme de la prescription en général, et v. ss 1779 s. pour les actions en responsabilité).

2. Des différences qui demeurent encore

2316. Il reste quand même, certaines différences.

a) La possibilité d'aménager conventionnellement la responsabilité

2317. En matière contractuelle, les parties peuvent fixer forfaitairement le montant des dommages-intérêts (clause pénale), prévoir des clauses limitant la responsabilité ou la faisant totalement disparaître (v. ss 2238 s.). Cette possibilité est pour l'instant exclue en matière extracontractuelle. Toutefois, l'avant-projet Catala et la proposition de loi Béteille ont proposé de l'introduire en droit positif. L'article 1382 de l'avant-projet Catala prévoit que les conventions ayant pour objet d'exclure ou de limiter la réparation sont en principe valables, aussi bien en matière contractuelle qu'extracontractuelle. Cependant, l'article 1382-1 ajoute que nul ne peut exclure ou limiter la réparation d'un dommage corporel dont il est responsable.

b) La capacité de l'auteur du dommage n'a pas la même incidence

2318. En matière extracontractuelle, un incapable mineur engage sa responsabilité et celle de ses père et mère, et depuis la loi du 3 janvier 1968, la responsabilité délictuelle du majeur incapable est complète (art. 489-2) alors qu'antérieurement son état mental permettait au moins d'obtenir, dans la plupart des cas, une atténuation de sa responsabilité civile (puisqu'il est irresponsable en matière pénale). En *matière contractuelle, au contraire*, un incapable mineur ou majeur peut opposer son incapacité et obtenir l'annulation du contrat qu'il aurait irrégulièrement conclu, ce qui lui permet d'échapper à la responsabilité contractuelle. Ceci étant, il sera alors responsable éventuellement sur un fondement extra-contractuel

c) Le montant de l'indemnisation est également variable selon les cas

2319. En *matière délictuelle*, les dommages indemnisables sont fort étendus puisque, nous le verrons, il s'agit, non seulement du préjudice matériel, mais aussi, dans bien des cas, du préjudice moral et qu'il y a parfois une cascade de préjudices dont la réparation doit être intégrale. La responsabilité contractuelle, en revanche, ne garantit en général que l'indemnisation des dommages prévus ou prévisibles lors du contrat (art. 1150), c'est-à-dire, essentiellement, le dommage matériel subi par le contractant et constitué de la perte qu'il a faite et du gain dont il a été *privé* (art. 1149) (v. ss 2202).

3. L'EXISTENCE DU CONTRAT JUSTIFIANT UNE RESPONSABILITÉ SPÉCIALE

2320. L'existence d'un contrat est essentielle puisque le fait générateur de la responsabilité, l'inexécution de l'obligation contractuelle, va s'apprécier en fonction de lui. Il définit les obligations dont l'inexécution pourra donner lieu à responsabilité. Par ailleurs, la prévisibilité attachée à ce contrat, permet de mesurer à l'avance les risques et potentialités de dommages résultant de l'inexécution des obligations qu'il prévoit. Cette analyse est par définition impossible dans la responsabilité extracontractuelle où le dommage est accidentel et, comme tel, impossible à prévoir et impossible à aménager à l'avance. Ainsi, la prééminence du contrat a conduit la jurisprudence à postuler l'existence de deux « ordres » de responsabilité et à bâtir une frontière entre les deux. Cela d'autant plus facilement qu'un principe général de responsabilité pour faute était posé dans le Code civil dans l'article 1382, mais que l'article 1142 du Code civil semblait soumettre l'inexécution contractuelle à un régime particulier exclusif de l'application de l'article 1382 en prévoyant la condamnation du débiteur au paiement de dommages-intérêts en cas d'inexécution ou de retard dans l'exécution. C'est à partir de ce texte que la jurisprudence a raisonné, pour sanctionner l'inexécution contractuelle, comme un pendant de l'article 1382, mais dans le domaine contractuel.

2321. Comme l'article 1142 ni aucun autre texte consacré au contrat n'utilise le terme de responsabilité, on a aussi pu s'interroger sur la nature dénature de la responsabilité contractuelle, parfois analysée comme un mode d'exécution par équivalent des obligations contractuelles et non comme une vraie responsabilité.

2322. À partir de ce constat, de la différence des textes, et de l'attraction du contrat, la jurisprudence a posé des principes pour distinguer la réparation d'un dommage née de l'inexécution d'un contrat de la réparation de tous les autres dommages.

B. Les principes de primauté de la responsabilité contractuelle et de non-cumul des deux responsabilités

2323. La distinction entre la responsabilité contractuelle et extracontractuelle a été construite structurellement grâce à l'énoncé de deux principes complémentaires et quasiment absolus à l'origine, le principe de primauté de la responsabilité contractuelle sur la responsabilité extracontractuelle, d'une part, et le principe de non-cumul, d'autre part.

1. Le principe de primauté

2324. Le principe de primauté signifie que lorsque le dommage est causé par l'inexécution d'une obligation contractuelle, la responsabilité contractuelle s'applique avant toute autre. Ce principe est complété par le principe de non-cumul.

2. Le principe de non-cumul

2325. Si l'on suppose que la victime d'un dommage aurait tantôt intérêt à invoquer l'une, tantôt à invoquer l'autre. A-t-elle cette possibilité ? Peut-elle opter entre les deux sortes de responsabilité ? C'est le problème du cumul de responsabilité. En réalité, le terme est mal choisi, car, il ne s'agit pas de cumuler les deux responsabilités, mais d'opter pour l'une d'entre elles.

2326. Le principe de non-cumul signifie que la responsabilité contractuelle s'applique à l'exclusion de toute autre. Ainsi, le cocontractant victime ne peut se placer sur un autre fondement que le fondement contractuel pour exercer l'action en responsabilité. Il ne peut choisir un régime de responsabilité extracontractuelle (responsabilité du fait des choses par exemple).

2327. Au contraire, lorsque la responsabilité est extracontractuelle, même si la jurisprudence n'admet pas tous les cumuls il est possible de se placer indifféremment sur le fondement de la responsabilité du fait personnel, pour faute, ou bien sur celui de la responsabilité du fait des choses, ou d'invoquer les deux fondements en même temps à l'encontre de la même personne.

2328. La Cour de cassation, après avoir hésité, a fini par poser la règle du *non-cumul :* chaque fois que les conditions de la responsabilité contractuelle sont remplies, c'est cette dernière seulement qui doit être invoquée ; ainsi, il a été décidé qu'un client qui s'était blessé en heurtant la barre de seuil d'un restaurant et invoquait à la fois la responsabilité contractuelle et délictuelle du restaurateur devait être débouté : sur le plan contractuel car l'obligation tacite de sécurité était une obligation « de moyens » et qu'il n'avait pas été établi de faute ; sur le plan délictuel car l'existence d'un contrat empêchait de faire jouer la responsabilité délictuelle [1] (v. arrêt à commenter en fin de chapitre).

Cette règle fut rappelée aux juridictions inférieures par la Cour suprême pour éviter le recours à la doctrine périmée de la transformation de la faute contractuelle dolosive en faute délictuelle [2]. Citons un autre arrêt de la Cour de cassation qui casse « pour le principe » une décision fondée sur l'article 1382 car « ce texte est inapplicable à la réparation d'un dommage se rattachant à l'exécution d'un engagement contractuel » [3]. Mais, depuis, la Cour de cassation a modifié sa position et se contente de relever que

---

1. Civ. 1re, 9 mars 1970, *JCP* 1970. IV. 121.

2. V. Civ. 1re, 11 mai 1982, *Gaz. Pal.* 5-7déc. 1982, note F. Chabas ; v. aussi Civ. 1re, 11 janv. 1989, 1er arrêt, *JCP* 1989. II. 21326.

3. Civ. 2e, 9 juin 1993, *JCP* 1994. II. 22264, note F. Roussel.

« nonobstant le visa erroné de l'article 1384 du Code civil, a fait une exacte application des règles de la responsabilité le tribunal qui [...] »[1].

2329. Toutefois, même dans les relations commerçant/client, il peut y avoir doute : on admet qu'il y a responsabilité contractuelle seulement quand il y a des rapports entre des « contractants », mais qu'elle reste délictuelle au-delà : « la responsabilité d'un commerçant à l'égard de ses clients quant à l'organisation et au fonctionnement d'un établissement dont l'entrée est libre est de nature quasi délictuelle »[2]. Il peut, parfois, y avoir un certain rapprochement entre les deux types de responsabilité qui font que l'on se trouve « à mi-chemin entre la responsabilité délictuelle et le contrat »[3]. Il en est notamment ainsi dans un arrêt opposant à l'éditeur de « La centrale des particuliers » l'acheteur d'une voiture d'occasion non-conforme à l'annonce parue dans ce journal malgré l'existence dans cette publication d'une « charte de bonne conduite ». La Cour de cassation indique « qu'au regard des documents contractuels » le fait de publier une annonce contenant de fausses indications constitue une faute, au sens de l'article 1382[4].

2330. Malgré le principe de primauté et de non-cumul, la question des différences dans les conditions de réparation des dommages corporels selon que la victime est liée par contrat ou non avec l'auteur du dommage et l'impératif de réparation de ces dommages en respectant l'égalité entre les victimes, a conduit les deux sortes de responsabilité à se rapprocher. C'est ainsi que l'on assiste à des contournements divers et de plus en plus importants du principe de non-cumul, qui montrent que la frontière n'est plus infranchissable. La doctrine discute de l'opportunité du maintien du principe du non-cumul notamment en matière de responsabilité professionnelle[5].

2331. L'avant-projet Catala a proposé de consacrer cette règle du « non-cumul », pourtant ignorée de la plupart des droits étrangers, dans son article 1341, alinéa 1er, aux termes duquel « en cas d'inexécution d'une obligation contractuelle, ni le débiteur ni le créancier ne peuvent se soustraire à l'application des dispositions propres à la responsabilité contractuelle pour opter en faveur des règles spécifiques à la responsabilité extracontractuelle » mais il prévoit cependant des exceptions très notables. Ces exceptions ont été reprises par **la proposition de loi Béteille** (v. ss 2362 s.).

II. Les interférences entre les deux responsabilités

2332. Pour faire bénéficier la victime des avantages attachés à la responsabilité contractuelle et, notamment à l'existence d'une obligation de résultat, ou pour assurer l'égalité de traitement des victimes, la jurisprudence, depuis toujours, a cherché des moyens de contourner l'interdiction du non-cumul et d'interdiction de l'option, sans remettre en question la valeur de ces principes. À côté des aménagements classiques, il

---

1. Civ. 1re, 4 janv. 1995, *D.* 1995. IR 528 ; *JCP* 1995. I. 3853, obs. G. Viney.
2. Civ. 2e, 5 juin 1991, *Gaz. Pal.* 25-27 avr. 1993, note P. Jourdain ; v. n° 947, *Bull. civ.* II, n° 176.
3. B. Fages, note sous Civ. 2e, 21 mai 1997, *D.* 1998. 150.
4. Civ. 2e, 10 juin 2004, *JCP* 2005. I. 114, obs. F. Labarthe ; *RTD civ.* 2004. 728, obs. J. Mestre et B. Fages ; *Bull. civ.* 2004. II, n° 274.
5. G. Viney, *La responsabilité – conditions*, p. 292 s. ; v. notamment Civ. 1re, 24 nov. 1993 ; *Bull. civ.* I, n° 344, *JCP* 1994. IV. 285, et obs. G. Viney, *JCP* 1994. I. 3773.

existe un procédé plus récent, qui consiste dans l'affirmation de l'identité des fautes délictuelle et contractuelle. Le législateur lui-même a pris certaines options et le rapport Catala, d'autres encore.

A. Les aménagements jurisprudentiels classiques

1. Le recours à la stipulation pour autrui tacite

2333. La jurisprudence admet depuis toujours que la responsabilité contractuelle peut être invoquée, non seulement par le contractant victime du dommage, mais aussi par son entourage, par le jeu de la stipulation pour autrui implicite (sur le mécanisme de la stipulation pour autrui, v. ss 1163, et sur la stipulation pour autrui implicite, n° 1174). Les héritiers bénéficient de cette analyse. La Cour de cassation a admis, notamment, dans les contrats de transport de personnes, que le voyageur, en prenant son billet, est censé avoir stipulé non seulement pour lui, mais encore pour ses parents ou, tout au moins, « pour ceux à l'égard desquels il peut être tenu d'une obligation alimentaire ». Lorsqu'un accident se produit, si le voyageur est encore en vie, il peut faire jouer la responsabilité contractuelle du transporteur qui n'a pas exécuté son obligation de résultat : le transporter sain et sauf à bon port. Mais s'il est décédé, ses parents, qui sont des tiers par rapport à ce contrat, devraient normalement agir sur le plan de la responsabilité délictuelle. Pourtant la jurisprudence les autorise, en invoquant cette stipulation pour autrui, même tacite, à invoquer, eux aussi, la responsabilité contractuelle.

2334. La Cour de cassation a ensuite étendu cette possibilité, notamment en cas de responsabilité médicale. Ainsi, une personne victime d'un dommage à la suite d'une transfusion sanguine a pu faire jouer la responsabilité contractuelle du Centre de transfusion sanguine par le biais de la stipulation pour autrui qui la faisait bénéficier du contrat intervenu entre le donneur et le Centre de transfusion sanguine[1].

2335. Toutefois, ce recours à la stipulation pour autrui, utile quand la responsabilité délictuelle était essentiellement fondée sur l'idée de faute, et donc difficile à établir, le devient beaucoup moins aujourd'hui où les cas de responsabilité sans faute sont beaucoup plus nombreux d'une part et où, d'autre part, le recours à la responsabilité contractuelle n'est plus aussi favorable compte tenu de l'élargissement de la responsabilité extracontractuelle ou de l'existence, dans certains contrats, de clauses limitatives de responsabilité. Le procédé est finalement assez peu utilisé.

2. L'utilisation de la théorie des groupes de contrats

2336. Pour faire bénéficier les victimes de l'action en responsabilité contractuelle, la première chambre civile a procédé un temps, dans le cadre des groupes de contrats (sur cette notion, v. ss 1196 s.) à une contractualisation de la responsabilité entre tous les participants à une chaîne de contrats : elle faisait en effet jouer une responsabilité contractuelle entre le premier et le dernier maillon de la chaîne, même s'il n'y avait

---

1. Civ. 2e, 17 déc. 1954, *D.* 1955. 269, note Rodière.

aucun rapport contractuel direct entre eux [1]. Cette contractualisation jouait au profit de la victime chaque fois qu'il y avait *sous-contrat* [2].

2337. Mais la Cour de cassation réunie en assemblée plénière, le 12 juillet 1991 [3], dans l'arrêt *Besse*, a porté un coup d'arrêt à cette notion de groupe de contrat en réaffirmant solennellement que « les conventions n'ont d'effet qu'entre les parties contractantes » et en précisant que « le sous-traitant n'est pas contractuellement lié au maître de l'ouvrage » [4].

2338. Toutefois, la doctrine (G. Viney, C. Larroumet, C. Jamin) a relevé qu'il convenait de faire une distinction entre le cas du *sous-acquéreur* qui s'est vu transmettre les droits et actions de son auteur comme accessoire de la chose vendue, pour lequel la responsabilité peut rester contractuelle et celui du *sous-traitant* qui correspond au cas soumis à l'assemblée plénière, où il s'agit d'une prestation de services et où l'action en responsabilité demeure délictuelle [5]. Il faut donc distinguer entre les chaînes homogènes de contrats constitués de ventes successives et les chaînes hétérogènes, où il y a des prestations de service.

2339. De fait, depuis l'arrêt du 12 juillet 1991, la Cour de cassation a, à plusieurs reprises, estimé que le maître de l'ouvrage peut agir contre le sous-traitant, mais seulement selon les règles de la responsabilité délictuelle [6] et en apportant la preuve d'une faute du sous-traitant dans les termes de l'article 1382 [7].

2340. Par contre, en matière de chaîne de contrats emportant transfert d'une chose, la Cour de cassation a maintenu sa position traditionnelle, en affirmant que le sous-acquéreur dispose d'une action « nécessairement contractuelle » contre l'un ou l'autre des maillons de la chaîne de distribution [8]. Cette position est officiellement fondée sur la notion d'obligation *propter rem* transmise par accessoire avec la chose et elle n'est pas exclue par l'arrêt *Besse*.

2341. Il faut noter cependant qu'une position diamétralement opposée a été prise par la décision rendue le 17 juin 1992 [9] par la Cour de justice des Communautés européennes qui déclare qu'il n'existe aucun lien contractuel entre le sous-acquéreur et le fabricant, celui-ci n'ayant assumé aucune obligation de nature contractuelle envers le sous-acquéreur. Cette position est critiquée par la doctrine. La seule possibilité d'agir sur le plan contractuel resterait, si l'on devait suivre cet avis, le cas où il existe une stipulation pour autrui expresse ou même tacite : transport de marchandises, transfusion sanguine [10].

---

1. Civ. 1re, 21 juin 1988, et Civ. 3e, 22 juin 1988, *JCP* 1988. II. 21125, note P. Jourdain.
2. Civ. 1re, 8 mars 1988, *JCP* 1988. II. 21070, note P. Jourdain.
3. *JCP* 1991. II. 21743, note G. Viney, et chron. C. Larroumet au *JCP* 1991. I. 3531, citée dans la bibliographie.
4. Cass., ass. plén., 12 juill. 1991, *D.* 1991. 549, note J. Ghestin ; *JCP* 1991. II. 21743, note G. Viney, *RJDA* 1991. 583 ; v. aussi C. Jamin, *D.* 1991. Chron. 257, et Larroumet, *JCP* 1991. I. 3531.
5. Civ. 3e, 11 déc. 1991, *Bull. civ.* III, no 319.
6. Civ. 23 juin 1992, *JCP* 1992. IV. 2445.
7. Civ. 3e, 18 nov. 1992, *JCP* 1993. IV. 240.
8. Cass., ass. plén., 7 févr. 1986, *D.* 1986. 293, note A. Bénabent, *JCP* 1986. II. 20616, note Ph. Malinvaud.
9. CJCE 17 juin 1992, *JCP* 1992. II. 21927, note C. Larroumet.
10. G. Viney, *JCP* 1993. I. 3664.

permettra-t-il à la jurisprudence française de maintenir ce cap, alors que ce n'est pas une option retenue dans les propositions de réforme du droit de la responsabilité (avant-projet Catala, proposition Béteille, rapport d'information du Sénat)? On peut en douter.

2350. D'ores et déjà, une décision de la première chambre civile, du 15 mai 2007, a « sonné le glas » de l'obligation de sécurité, alors que cette même chambre l'avait portée sur les fonds baptismaux à la fin des années quatre-vingt[1]. Elle a jugé que les victimes du défaut de sécurité d'un produit ne peuvent se prévaloir contre un fournisseur de l'obligation de sécurité de résultat que la jurisprudence faisait peser sur le vendeur professionnel, y compris pour des produits mis en circulation avant son entrée en vigueur (sur cette question v. aussi ss 2389). La Cour de justice des Communautés européennes a en effet condamné le législateur français pour mauvaise transposition de la directive de 1985, car il avait retenu, dans la loi de 1998, une responsabilité des différents intermédiaires, fournisseurs et autres vendeurs, au même titre et conditions que la responsabilité du producteur. Or, pour la CJUE, la responsabilité de ces intermédiaires n'est que subsidiaire et cette responsabilité de plein droit ne peut être retenue que si le producteur ne peut être identifié. Le texte de la loi de 1998 a donc été repris pour se conformer à cette exigence (v. ss 2385). Or jusque-là, sur le fondement du droit commun de la responsabilité (1382 ou 1147), l'obligation de sécurité consistant à fournir des produits exempts de tout défaut pesait identiquement sur les fournisseurs ou vendeurs et sur le fabricant, ce qui permettait de retenir leur responsabilité de plein droit, indifféremment. Dans cette décision, la première chambre civile approuve la cour d'appel d'avoir écarté la responsabilité du fournisseur, en interprétant le droit français à la lumière de la directive de 1998. Elle condamne ainsi l'obligation contractuelle de sécurité de résultat du fournisseur en matière de responsabilité du fait des produits défectueux, en faisant prévaloir le droit spécial, sur le droit commun.

Cette position prise par la Cour de cassation est par ailleurs à rapprocher de celle prise à propos de la responsabilité des établissements et professionnels de santé, utilisant dans le cadre de leur prestation de soins des matériels ou produits défectueux. Elle a exclu, en effet, en leur qualité d'utilisateur (celle de fournisseur étant par principe écartée) qu'ils entrent dans le champ d'application de la loi de 1998. Mais elle a parallèlement affirmé qu'ils ne pouvaient être responsables sur le fondement de l'article 1147 (responsabilité contractuelle), qu'en cas de faute prouvée. Elle abandonne là encore, l'obligation de sécurité résultat qu'elle avait admise à la charge des professionnels de santé pour les dommages causés par des matériels ou produits de santé défectueux (v. ss 2390 et les références citées).

B. Les modes de contournement actuels du principe de non-cumul

2351. La Cour de cassation a découvert un autre instrument pour contourner l'interdiction du non-cumul des responsabilités contractuelle et extracontractuelle et justifier la décontractualisation de l'obligation de sécurité-résultat : le principe de l'identité des fautes contractuelle et extracontractuelle ; le législateur pour sa part, a pris l'option de développer des régimes qui suppriment toute référence à la qualité de la victime ; enfin

1. Civ. 1re, 15 mai 2007, *D.* 2007. AJ 1593, obs. I. Gallmeister ; *D.* 2007. Pan. 2907, obs. Ph. Brun ; *RTD civ.* 2007. 580, obs. P. Jourdain.

les propositions du rapport Catala et la proposition de loi Béteille explorent encore une troisième voie : celle des exceptions directes au principe de non-cumul.

1. Le principe d'identité des fautes délictuelle et contractuelle

2352. Ce principe a été posé par la première chambre civile de la Cour de cassation toujours à propos de l'obligation de sécurité-résultat, mais il a ensuite débordé ce cadre. Cependant en l'état d'une controverse entre la chambre civile et la chambre commerciale de la Cour de cassation, moins disposée à admettre ce principe d'identité des fautes ; l'assemblée plénière est intervenue pour consacrer ce principe d'identité.

a) Un principe posé à l'origine pour fonder la décontractualisation de l'obligation de sécurité-résultat

2353. Pour justifier sur le terrain du droit commun de la responsabilité l'extension à la victime, qui n'est pas en relation contractuelle avec le producteur, de l'obligation de sécurité-résultat, la Cour de cassation après l'entrée en vigueur de la loi de 1998 sur la responsabilité du fait des produits défectueux, a commencé à utiliser une autre technique que l'interprétation du droit français à la lumière de la directive de 1985. Cette technique, qui est tout autant facteur de confusion entre les deux ordres de responsabilités que la précédente consiste dans l'affirmation de l'identité des fautes délictuelle et contractuelle.

2354. Dans une décision du 18 juillet 2001 [1], qui n'était pas la première [2], ni la dernière [3], mais qui est un arrêt de principe très clair, visant les articles 1165 et 1382 du Code civil, la première chambre civile de la Cour de cassation a énoncé en effet que « les tiers à un contrat sont fondés à invoquer tout manquement du débiteur contractuel lorsque ce manquement leur a causé un dommage, sans avoir à rapporter d'autre preuve ». Il s'agissait en l'occurrence de retenir la responsabilité d'un centre de transfusion sanguine envers une victime par ricochet, fille de la victime directe qui était décédée après sa contamination post-transfusionnelle par le VIH.

2355. Cette explication préserve formellement le principe de non-cumul entre la responsabilité contractuelle et extracontractuelle : en effet, la victime qui n'est pas en relation contractuelle avec le défendeur agit bien sur le fondement extra-contractuel, en invoquant la responsabilité pour faute fondée sur l'article 1382. Mais sur ce fondement, elle peut invoquer le manquement contractuel du défendeur, sans avoir à démontrer que ce manquement contractuel constitue aussi, une faute délictuelle. Cette analyse ne remet pas véritablement en cause la notion de faute délictuelle et quasi délictuelle lorsque l'obligation contractuelle inexécutée est une obligation de moyen parce qu'en toute hypothèse, lorsque l'obligation est de moyen, il faut prouver le mauvais comportement du débiteur, comme en matière de faute délictuelle (v. ss 1277, 2167). Mais lorsque l'obligation est de résultat, la situation est différente et l'atteinte est consacrée, puisque dans l'obligation de résultat, le manquement n'a pas à être établi, il se déduit de l'absence de résultat.

---

1. Civ. 1re, 13 févr. 2001, *Bull. civ.* I, n° 35, *RTD civ.* 2001. 367, obs. P. Jourdain, *D.* 2001. Somm. 2234, obs. Ph. Delebecque.
2. Civ. 1re, 18 juill. 2000, *CCC* 2000, n° 275, obs. L. Leveneur ; *RTD civ.* 2001. 146, obs. P. Jourdain.
3. Civ. 1re, 18 mai 2004, *D.* 2005. Pan. 194, obs. D. Mazeaud ; *RTD civ.* 2004. 516, obs. P. Jourdain.

Or la première chambre civile a posé un principe tout à fait général et, dans l'arrêt du 13 février 2001, il s'agissait bien de faire bénéficier la victime par ricochet, tiers au contrat, d'une obligation de sécurité-résultat.

Cette solution n'a cependant pas été suivie par la chambre commerciale, ce qui a conduit l'assemblée plénière à intervenir.

b) La confirmation par l'assemblée plénière de l'identité des fautes délictuelle et contractuelle

2356. Compte tenu de la divergence opposant la première chambre civile et la chambre commerciale, l'assemblée plénière est intervenue.

La chambre commerciale en effet, ne semblait pas vouloir admettre aussi largement que la première chambre civile, le principe de l'identité des fautes. Dans un arrêt du 8 octobre 2002 [1], déjà précédé par un arrêt du 17 juin 1997 en ce sens [2], elle soulignait en effet, que pour obtenir réparation du débiteur contractuel sur le fondement de l'article 1382, le tiers « doit prouver que celui-ci lui a causé un dommage en manquant à son égard au devoir général de ne pas nuire à autrui sanctionné par ce texte », c'est-à-dire qu'il doit établir une faute délictuelle. Il ne peut se contenter d'invoquer le manquement contractuel « sans avoir à apporter d'autre preuve », contrairement à ce qu'admet la première chambre civile. On peut en effet admettre que l'autonomie de la faute délictuelle soit atténuée en cas de manquement à une obligation de sécurité et lorsque le tiers demandeur est une « victime par ricochet », un tiers « intéressé à l'exécution » du contrat. Mais on peut soutenir, en revanche, qu'il paraît dangereux d'aller plus loin sous peine de conférer au tiers une situation meilleure qu'au créancier partie au contrat [3], et il faut alors exiger du tiers qui demande réparation d'un dommage causé par l'inexécution d'un contrat qu'il démontre que ce manquement contractuel présente aussi les caractères d'une faute délictuelle.

2357. Par une décision du 6 octobre 2006, sans doute l'un des arrêts les plus marquants de l'année 2006 si l'on en croit P. Jourdain [4], l'assemblée plénière a tranché la controverse en allant dans le sens de l'affirmation de l'identité des fautes délictuelle et contractuelle [5], sous réserve, peut-être, si l'on en croit le rapport de la Cour de cassation pour 2006 [6], d'une distinction selon la nature de l'obligation inexécutée.

La Cour de cassation dans son rapport, précise, en effet, les différents cas de figure envisageables. Selon elle, il existerait trois hypothèses :

– des obligations souscrites au profit du seul contractant dont le tiers n'a pas vocation à bénéficier ;

– des obligations souscrites au profit du seul contractant dont le tiers n'a pas vocation à bénéficier *a priori* mais qui peuvent, dans certains cas particuliers, concerner un tiers qui devient ainsi « tiers intéressé » ;

---

1. Com. 8 oct. 2002, *JCP* 2003. I. 152, obs. G. Viney, *RCA* 2005, obs. H. Groutel.
2. Com. 17 juin 1997, *Bull. civ.* 1997. IV, n° 187.
3. V. Com. 18 oct. 1994, cité *supra*.
4. P. Jourdain, *D.* 2007. Pan. 2900.
5. Cass., ass. plén., 6 oct. 2006, *JCP* 2006. II. 10181, obs. M. Billiau ; *D.* 2006. 2825, note G. Viney ; *D.* 2007. Pan. 2900, obs. P. Jourdain ; *RDC* n° 1, 2007, obs. D. Mazeaud ; L. Bloch, « Relative relativité de la faute contractuelle ou absolue généralité de la faute délictuelle », *RCA* 2007, étude n° 17.
6. Rapport de la Cour de cassation 2006 – responsabilité : v. analyse *in RLDC* mai 2007, n° 38.

– des obligations qui, en raison de leur objet, dépassent le seul enjeu contractuel et qui, en tant que telles, sont susceptibles d'intéresser tous les tiers, dès lors qu'ils ont eu à souffrir de leur transgression (ce qui est le cas d'une obligation de sécurité-résultat). « Il en résulte donc que la portée de l'obligation transgressée conditionne l'existence du fait générateur de responsabilité à l'égard des tiers ». Il est également précisé qu'il n'y a pas dualité de faute car c'est toujours la même faute ou le même manquement qui est susceptible d'être invoqué par le contractant ou par un tiers, mais « lorsque le manquement est invoqué par un tiers, il prend de ce seul fait une coloration délictuelle, de sorte que le principe de l'effet relatif des conventions posé par l'article 1165 du Code civil se trouve ainsi préservé ».

2358. Le principe de l'identité des fautes semble donc, pour l'instant, acquis. Depuis la décision de l'Assemblé plénière, les différentes chambres de la Cour de cassation, y compris la chambre commerciale, ont repris le principe de l'identité des fautes, sans même vouloir, semble-t-il, faire de distinction entre le « tiers intéressé » et les autres tiers, comme le suggérait le rapport de la Cour de cassation [1]. Ce principe d'identité des fautes, concernerait donc toutes sortes d'obligations et serait tout à fait général.

Cette solution réalise, à l'évidence, une très réelle et très directe interférence de la responsabilité contractuelle dans la responsabilité délictuelle, par la transposition du fait générateur qu'il réalise, dans l'objectif, toujours, de protection des victimes et d'amélioration de leur situation. Elle n'a pas été unanimement approuvée par la doctrine [2].

2359. Il faut cependant signaler deux atténuations : d'une part l'existence d'une décision de la troisième chambre civile qui a été interprétée par la doctrine comme marquant peut être un recul [3]. En effet, la Cour de cassation a cassé, au visa de l'article 1382 du Code civil, la décision qui lui était soumise, car elle n'avait pas recherché *si le manquement contractuel qu'elle relevait constituait une faute quasi délictuelle*. Il s'agissait en l'occurrence d'un défaut d'information des vendeurs. On revient donc en arrière mais le schéma était ici inversé puisque les auteurs du manquement contractuel étaient les victimes et il s'agissait de savoir si on pouvait leur opposer leur propre faute. L'automaticité de l'identité des fautes civiles contractuelles et délictuelles semble cependant ici remise en question. D'autre part, la chambre commerciale dans une décision du 8 février 2011 a posé l'exigence d'un préjudice spécifique du tiers, personnel et distinct de celui qui pourrait être subi par la société, comme condition de recevabilité de l'action en responsabilité engagée par un associé à l'encontre d'un cocontractant de la société [4].

---

1. Com. 21 oct. 2008, *JurisData* n° 2008-045511 ; *RCA* 2008, comm. 350 ; *RDC* 2009. 506, obs. J.-S. Borghetti ; Com. 16 janv. 2007, n° 05616.482 ; Civ. 2e, 18 janv. 2007, n° 05-21.291 pour la faute commise par un bureau d'études dans l'évaluation du coût de travaux ; Civ. 2e, 25 janv. 2007, *D*. 2007. AJ 443, obs. I. Gallmeister ; *RTD civ*. 2007. 362, obs. P. Jourdain ; *JCP* 2007. II. 10035, note C. Radé, et I. 185, obs. Ph. Stoffel-Munck, pour le manquement à l'obligation de fournir un sang exempt de vice ; Com. 6 mars 2007, *D*. 2007. AJ 1502 ; *JCP* 2007. I. 185, obs. Ph. Stoffel-Munck ; Civ. 3e, 4 juill. 2007, *D*. 2007. AJ 2102, pour le refus d'un vendeur de signer l'acte de vente.

2. V. notamment, les différents articles des différents auteurs publiés dans la *Revue des contrats* 2007/1, « Débats, Contrat sans frontières », p. 537 s.

3. Civ. 3e, 22 oct. 2008, *RTD civ*. 2009. 123, obs. P. Jourdain.

4. Com. 8 févr. 2011, *RTD civ*. 2011. 351, n° 6, obs. B. Fages.

2. Les options législatives : la création de régimes spéciaux supprimant la distinction

a) La responsabilité du fait des produits défectueux

2360. La responsabilité spéciale du fait des produits défectueux réalise directement l'unité de traitement des victimes de produits défectueux, puisque le régime issu de la loi du 10 mai 1998 inscrit dans les articles 1386-1 à 1386-18 du Code civil, ne distingue pas selon que la victime est en relation contractuelle ou pas avec le défendeur et impose un régime unique de réparation des dommages causés par des produits défectueux. L'extension de l'obligation de sécurité résultat au-delà du cadre contractuel s'affirme donc ici grâce au législateur : le fait générateur de la responsabilité est la défectuosité d'un produit, c'est-à-dire le fait de ne pas présenter la *sécurité à laquelle on peut légitimement s'attendre*. L'obligation de sécurité (posée par l'article L. 221-1 du Code de la consommation comme l'obligation de ne mettre sur le marché que des produits et services qui « dans des conditions normales d'utilisation ou dans d'autres conditions raisonnablement prévisible par le professionnel doivent présenter la sécurité à laquelle on peut légitimement s'attendre et ne pas porter atteinte à la santé des personnes ») constitue dès lors, sans doute, le fondement de cette nouvelle responsabilité et cette obligation de sécurité dépasse le cadre contractuel qui était originairement le sien pour devenir une obligation générale, autonome, par rapport au contrat. La responsabilité du fait des produits défectueux s'applique en effet quelle que soit la qualité de la victime, contractante ou pas. En supprimant la distinction responsabilité civile contractuelle et extracontractuelle, cette loi témoigne de l'impératif moderne de la réparation dans des conditions identiques de dommages identiques que la distinction de la responsabilité contractuelle et extracontractuelle n'autorise pas toujours, ce qui avait conduit la jurisprudence avant la loi de 1998 à utiliser les différents procédés de « décontractualisation » de l'obligation de sécurité pour y parvenir.

b) La loi du 5 juillet 1985 sur les accidents de la circulation

2361. La loi de 1985, quoiqu'antérieure, témoigne du même souci, puisque déjà elle instituait un système autonome d'indemnisation des dommages causés par les accidents de la circulation, sans distinguer selon que la victime est transportée ou non en vertu d'un contrat (sur cette loi, v. ss 2438 s.).

3. Les options des projets de réforme

a) Les propositions du rapport Catala

2362. ***Le rapport Catala*** dans le même souci d'assouplir le principe de non-cumul des deux responsabilités qui anime la jurisprudence, écarte cependant le principe de l'unité des fautes que la jurisprudence actuelle a consacré pour proposer d'autres options.

2363. Il réaffirme **le principe de non-cumul et de primauté de la responsabilité contractuelle :** « en cas d'inexécution d'une obligation contractuelle, ni le débiteur, ni le créancier ne peuvent se soustraire à l'application des dispositions spécifiques à la responsabilité contractuelle pour opter en faveur de la responsabilité extracontractuelle ».

2364. Toutefois, parallèlement, il admet des exceptions directes : elles permettent de faire échec au principe de non-cumul et donc de choisir entre la responsabilité contractuelle et délictuelle. Elles vont jouer dans les deux sens et autoriser un contractant à se prévaloir de la responsabilité extracontractuelle, ou à l'inverse, autoriser un tiers à invoquer la responsabilité contractuelle. Ces entorses ne jouent cependant que pour la réparation des préjudices corporels, confirmant ainsi l'idée qu'un traitement particulier doit être réservé à cette catégorie de préjudices.

– *Possibilité d'option pour la victime* : c'est la première exception : lorsque l'inexécution d'une obligation contractuelle provoque un dommage corporel, le cocontractant peut, pour obtenir la réparation de ce dommage, opter en faveur des règles qui lui sont plus favorables (art. 1341, al. 2).

– *Possibilité pour le tiers d'invoquer la responsabilité contractuelle* : de la même façon, lorsque l'inexécution d'une obligation contractuelle est la cause directe d'un dommage subi par un tiers, celui-ci peut en demander réparation au débiteur sur le fondement de la responsabilité contractuelle. Mais il est alors soumis à toutes les limites et conditions qui s'imposent au créancier pour obtenir réparation de son propre dommage.

Il peut également obtenir réparation sur le fondement extra-contractuel, mais à charge pour lui de rapporter la preuve d'un fait générateur de la responsabilité extracontractuelle (art. 1342).

Ainsi, ce n'est pas l'identité des fautes qui est consacrée, mais des exceptions directes au principe de l'interdiction de l'option.

b) Les autres projets

2365. Les propositions faites par le *Sénat* dans son rapport d'information portant sur la réforme du droit de la responsabilité et la *proposition de loi Béteille* qui a suivi (v. ss 1572) sont tout à fait conformes aux propositions qui figurent dans l'avant-projet Catala. (proposition n° 8, v. ss 1575, Documents).

2366-2369. (réservés).

DOCUMENTS

BIBLIOGRAPHIE

BLOCH (L.), « Relative relativité de la faute contractuelle ou absolue généralité de la faute délictuelle », *RCA* 2007, étude, n° 17.

DELEBECQUE (Ph.), « Responsabilité contractuelle et responsabilité délictuelle : brèves remarques » *RDC* 2007/2, Débats, contrat sans frontières, p. 556.

EUZEN (S.), « La distinction des responsabilités civiles contractuelles et délictuelles à l'épreuve de l'abus de fonction », *LPA* 30 mai 1997, n° 65, p. 4.

GROSSER (P.), « Bref retour sur les effets de la responsabilité contractuelle », *in Leçons du droit civil, Mélanges F. Chabas*, Bruylant, 2011.

JOURDAIN (P.), « La nature de la responsabilité civile dans les chaînes de contrats après l'arrêt d'assemblée plénière du 12 juillet 1991 », *D.* 1992. Chron. 149.

LISANTI-KALCZYNSKI (C.), « L'action directe dans les chaînes de contrats ? Plus de dix ans après l'arrêt *Besse* », *JCP* 2003. I. 102.

MAZEAUD (D.), *Les groupes de contrat*, contribution au colloque « Le contrat : questions d'actualité », Paris, 1er févr. 2000, *LPA* n° spécial, 5 mai 2000, n° 90.

OPHÈLE (C.), « Faute délictuelle et faute contractuelle », *RCA* juin 2003. 78, n° 21.

ARRÊT À LIRE

Le principe de non-cumul des responsabilités contractuelle et extracontractuelle

Civ. 1re, 11 janv. 1989

LA COUR. – *Sur le premier moyen, pris en sa deuxième branche :*

– Vu les articles 1134 du Code civil et L. 114-1 du Code des assurances ;

– Attendu que le créancier d'une obligation contractuelle ne peut se prévaloir contre le débiteur de cette obligation, quand bien même il y aurait intérêt, des règles de la responsabilité délictuelle ;

– Attendu que, n'ayant pu obtenir, après deux accidents corporels, les indemnités auxquelles lui donnaient droit les contrats d'assurance « vie et invalidité » qu'il avait souscrits auprès de la compagnie La Protectrice, M. Béjottes a assigné cet assureur, mais aussi son agent local, M. Loustau, auquel il était reproché de n'avoir pas reversé à l'assuré les sommes qu'il avait reçues à cette fin de la compagnie ;

– Attendu que, pour condamner La Protectrice à payer les sommes réclamées par M. Béjottes, tout en déclarant atteinte par la prescription prévue à l'article L. 114-1 du Code des assurances l'action en paiement exercée par celui-ci contre la compagnie sur le fondement des contrats d'assurance, l'arrêt attaqué relève que « l'argument » relatif au non-cumul des responsabilités contractuelle et délictuelle est « inadéquat en l'espèce » dès lors que la demande à l'encontre de l'assureur trouve également son fondement dans le délit commis par M. Loustau, considéré comme un préposé de la compagnie, dont la responsabilité est ainsi retenue par application de l'article 1384, alinéa 5, du Code civil ;

– Attendu qu'en se déterminant ainsi, alors que la faute reprochée à M. Loustau ne pouvait permettre à M. Béjottes d'exercer une action contre La Protectrice, dans d'autres conditions que celles que lui ouvrait le contrat d'assurance, la cour d'appel a violé les textes susvisés ;

Par ces motifs,

Casse et annule, en ce qu'il a condamné la compagnie La Protectrice, solidairement avec M. Loustau à payer à M. Béjottes la somme principale de 50 160 francs et celle de 5 000 francs par application de l'article 700 du nouveau Code de procédure civile, l'arrêt rendu le 18 juin 1986, entre les parties, par la cour d'appel de Pau, et, pour être fait droit, les renvoie devant la cour d'appel de Bordeaux. MM. Ponsard, prés., Fouret, rapp., Charbonnier, av. gén. ; SCP Lyon-Caen, Fabiani et Liard, Me Foussard, av.

Sous-titre 4

Les régimes spéciaux de responsabilité et d'indemnisation

2370. Il s'agit ici d'envisager les réponses les plus récentes du législateur pour prendre en compte l'impératif de réparation de certaines catégories de dommages, en les soustrayant plus ou moins complètement au droit commun de la responsabilité (sur cette évolution, v. ss 1551 s.).

2371. Certains de ces régimes restent des régimes de responsabilité : c'est le cas de la *loi du 19 mai 1998* sur la responsabilité des dommages causés par les produits défectueux. Prise sous la pression du droit communautaire, elle a cette particularité de passer outre la distinction de la responsabilité contractuelle et délictuelle car elle concerne indifféremment toutes les victimes, qu'elles soient unies par contrat ou pas au producteur, fabriquant ou revendeur. Alors que la jurisprudence a beaucoup malmené la distinction entre les deux sortes de responsabilités justement pour permettre à la victime de bénéficier des avantages de la responsabilité contractuelle (v. ss 2332 s.), cette loi vise à résoudre les difficultés liées à l'absence d'unité des conditions des deux responsabilités, en créant un régime spécial et uniforme.

On retrouve cependant dans ce régime de responsabilité toutes les constantes d'un régime de responsabilité (sur ces constantes, v. ss 1580 s.).

C'est le cas aussi pour d'autres régimes très spéciaux qui ne sont pas intégrés dans le Code civil et que nous n'étudierons pas ici : responsabilité du fait des aéronefs, de l'énergie nucléaire, de la pollution par les hydrocarbures de l'abordage maritime ou fluvial (v. « Le point sur… Quelques régimes spéciaux » en fin de chapitre) ou encore, depuis la loi du 21 juin 2004 pour la confiance dans l'économie numérique (*JO* 24 juin, p. 11168), le régime spécial de responsabilité des prestataires de l'internet. La loi n° 2004-575 du 21 juin 2004 prévoit dans son article 15-I un principe de responsabilité de plein droit de l'opérateur du commerce électronique, tant dans les contrats entre professionnels que dans les contrats de consommation, « que ces obligations soient à exécuter par [lui-même] ou par d'autres prestataires de services ». Cela revient à imposer une obligation légale de résultat à l'opérateur du commerce électronique qui ne pourra s'exonérer que par la preuve du fait de l'acheteur, du fait imprévisible et insurmontable d'un tiers étranger ou d'un cas de force majeure.

2372. D'autres régimes sont à la frontière entre la responsabilité et l'indemnisation : c'est le cas de la loi du 5 juillet 1985 sur les accidents de la circulation qui prend en compte les dommages résultant d'un accident de la circulation, là encore sans distinguer selon que la victime est transportée ou pas en vertu d'un contrat, pour les soumettre à un régime d'indemnisation spécifique, exclusif de l'application du droit commun de la responsabilité. Il est cependant question dans tous les projets de réforme, de modifier ce régime de façon assez importante, spécialement pour rétablir l'égalité de traitement entre toutes les victimes de dommage corporel, qui sont considérées différemment par la loi de 1985 selon qu'elles sont ou non conductrices.

2373. Dans une certaine mesure, la *loi du 4 mars 2002 sur les droits des malades et l'amélioration du système de santé* pourrait aussi être étudiée dans les régimes spéciaux, même si elle n'a pas été analysée jusqu'ici comme créant un régime spécial de responsabilité médicale. La responsabilité médicale a continué, après la loi de 2002, à être régie par le droit de la responsabilité civile qui analysait la relation patient-médecin en un contrat médical et déclenchait donc une responsabilité contractuelle lorsque le malade est soigné dans le cadre du secteur privé de la médecine dite « libérale ». Cela, tout au moins, jusqu'à deux décisions récentes de la seconde chambre civile de la Cour de cassation rendues le 28 janvier et le 3 juin 2010, qui semblent vouloir désormais écarter le fondement contractuel de la responsabilité du médecin (v. ss 2161 s., 2585 s.). Elle est régie par le droit public et la responsabilité est administrative, lorsque le patient est soigné dans un établissement public de soins. Néanmoins, la loi du 4 mars 2002 a posé des principes généraux concernant la responsabilité médicale, qui doivent s'appliquer quelle que soit la nature de la responsabilité ; elle a rappelé notamment le principe d'une responsabilité pour faute, sauf lorsqu'un produit défectueux est en cause (elle réserve ainsi l'application du régime spécial de responsabilité du fait des produits) et en matière d'infections nosocomiales, où la responsabilité est de plein droit.

Mais surtout, cette loi est particulièrement révélatrice de la tendance actuelle du droit de la réparation des dommages de conjuguer la responsabilité d'une part et l'indemnisation d'autre part (sur cette évolution, v. ss 1551 s.). Elle prévoit en effet un système reposant sur des commissions départementales, destiné à orienter la victime soit vers l'action en responsabilité, s'il apparaît qu'il y a effectivement matière à responsabilité, soit vers l'indemnisation du dommage, par un fonds d'indemnisation (géré par l'ONIAM), lorsqu'il n'y a pas responsabilité, mais accident médical.

Cette responsabilité médicale, ainsi que l'apport de la loi du 4 mars 2002 ne seront pas étudiés à titre autonome ici, même s'il en sera souvent question (on renverra à la rubrique « Le point sur… La responsabilité médicale », Documents, v. ss 2603).

2374. Enfin, il existe un certain nombre de systèmes d'indemnisation, qui ne font plus partie du droit de la responsabilité, mais du droit de la réparation des dommages. Nous signalerons les plus importants.

Chapitre 1. La responsabilité du fait des produits défectueux

Chapitre 2. La loi du 5 juillet 1985 sur l'indemnisation des victimes d'accidents de la circulation

Chapitre 3. Les systèmes d'indemnisation

Chapitre 1

La responsabilité du fait des produits défectueux (C. civ., art. 1386-1 à 1386-18)

Introduction
Historique de ce régime de responsabilité

1. L'ORIGINE DU TEXTE : LA DIRECTIVE COMMUNAUTAIRE DU 25 JUILLET 1985

2375. Après deux lois du 10 janvier 1978 sur la protection des consommateurs, la loi du 21 juillet 1983 sur la sécurité des consommateurs, dans son article 1er (devenu C. consom., art. L. 221-1), a posé un principe général de protection des consommateurs contre les produits dangereux et imposé une « obligation générale de sécurité » en distinguant les moyens d'éviter les accidents et l'atteinte à la santé des personnes. Elle a réglementé les moyens d'intervention et de contrôle et créé la « commission de la sécurité des consommateurs ».

Une directive communautaire n° 85-374 du 25 juillet 1985, qui devait être transposée en droit interne par chaque État membre, visait à imposer un droit uniforme dans ce domaine pour protéger les consommateurs, sans avoir à tenir compte de l'origine du produit défectueux ayant causé le dommage.

Le 15 janvier 1993 [1], la France a été condamnée par la Cour de justice des Communautés européennes pour non-transposition de la directive.

2376. Il a fallu attendre la loi n° 98-389 du 19 mai 1998 « relative à la responsabilité du fait des produits défectueux » pour que soient insérés dans le Code civil, sous un titre IV *bis*, les articles 1386-1 à 1386-18.

La loi n° 98-535 du 1er juillet 1998 « relative au renforcement de la veille sanitaire et du contrôle de la sécurité sanitaire des produits destinés à l'homme » est venue compléter cet arsenal législatif, notamment en ce qui concerne les médicaments « produits à finalité sanitaire » définis par l'article 6 de la loi du 1er juillet 1998 (CSP, art. L. 793-1) qui institue une « Agence française de sécurité sanitaire des produits de santé ».

2. LA CONDAMNATION POUR MAUVAISE TRANSPOSITION

2377. Assez paradoxalement, la Commission des Communautés européennes a décidé en janvier 2000 d'introduire contre l'État français, devant la Cour de justice des Communautés

1. CJCE 13 janv. 1993, *D.* 1993. 566, note J.-L. Clergerie.

européennes, un recours pour mauvaise transposition de la directive du 25 juillet 1985. Il était reproché à la France d'avoir donné au système imposé par la directive un champ d'application plus large que celui qui était obligatoire pour les États, en ayant amélioré, par rapport à la directive, la protection des consommateurs contre les défauts de sécurité des produits mis sur le marché ! « Autrement dit, observe Melle Viney, la Commission reproche à la France d'avoir assigné une place excessive dans son propre droit aux principes européens ! » [1]

2378. Le 25 avril 2002, la CJUE [2], a donc condamné la France pour manquement à ses obligations communautaires, car, dans sa transposition de la directive CEE du Conseil du 25 juillet 1985, elle n'aurait pas effectué une transcription stricte de la directive, bien que les libertés prises avec la lettre du texte communautaire l'aient été par faveur pour les victimes et pour assurer ou maintenir un niveau élevé de protection des consommateurs. La CJUE a précisé que la transposition de la directive devait réaliser une *harmonisation totale* des législations des États, et non une harmonisation minimale, ce qui réduit pratiquement à néant la liberté des États, contraints de procéder à une transposition quasi littérale de ses termes.

2379. Pour pouvoir échapper à l'application du régime des articles 1386-1 et suivants, désormais beaucoup moins attrayant pour les victimes, celles-ci auraient intérêt, sans avoir à prouver la faute du professionnel ou à se heurter au « bref délai » de l'action en garantie des vices cachés, (d'ailleurs devenu un délai de deux ans depuis l'ordonnance n° 2005-136 du 17 février 2005), à se placer sur le terrain de la responsabilité contractuelle du fabricant pour manquement à « l'obligation de livrer un produit exempt de tout vice ou de tout défaut de nature à créer un danger pour les personnes ou pour les biens » telle que définie par la première chambre de la Cour de cassation, à partir de 1989 [3] (v. ss 1302, 1324 s., et 2347 s.), ou sur le terrain de la responsabilité extracontractuelle pour faute. Compte tenu du principe de l'identité des fautes délictuelles et contractuelles, posé par la jurisprudence, le manquement à l'obligation de sécurité-résultat peut être invoqué en effet comme faute délictuelle (v. ss 2352 s.). Mais pourront-elles continuer à la faire alors que la CJUE semble vouloir supprimer certaines options (v. ss 2382 s.) ? Sans doute, dans la mesure où la décision de la CJUE réserve l'application d'autres régimes de responsabilité qui n'ont pas le même fondement que la responsabilité du fait des produits, comme la faute, dit-elle (sur cette question, v. ss 2385).

3. La reprise du texte par la loi du 9 décembre 2004

2380. Cette condamnation de la France n'a pas eu pour effet l'invalidation immédiate des dispositions légales critiquées par la cour, puisqu'il s'agit d'une directive et non d'un règlement [4], mais, en vertu du principe de primauté du droit communautaire sur le droit national, un refus de s'y soumettre a pu entraîner la responsabilité de l'État et, à terme, la France a été à nouveau condamnée deux fois par la CJUE et a été contrainte de modifier

1. Obs. G. Viney, *JCP* 2000. I. 280 ; v. aussi Laporte, citée dans la bibliographie.
2. CJCE 25 avr. 2002, *Comm. des Comm. eur. c/ France*, *D.* 2002. 1670, obs. C. Rondey ; *CCC* 2002, comm. 117, obs. G. Raymond ; *RTD civ.* 2002, n° 3 obs. P. Jourdain ; *JCP* 2002. I. 177, étude G. Viney.
3. Civ. 1re, 20 mars 1989, *D.* 1989. 381, note Ph. Malaurie ; *Bull. civ.* I, n° 30, ou encore Civ. 1re, 27 janv 1993, *Bull. civ.* I, n° 44.
4. V. hiérarchie des normes communautaires au volume 1.

ces dispositions législatives litigieuses pour éviter le renouvellement des sanctions pécuniaires. Ceci est d'autant plus regrettable, que cela entraîne une diminution de la protection des consommateurs et un anachronique recul du droit à indemnisation des victimes de dommages accidentels.

Le législateur a finalement introduit dans la loi n° 2004-1343 sur la simplification du droit, votée le 9 décembre 2004, un article 29 visant à la mise en conformité du droit français sur la responsabilité des produits défectueux avec la directive, dans le sens imposé par la CJUE. Ce texte a, notamment, supprimé la référence à la possibilité d'obtenir l'indemnisation des dommages inférieurs à 500 euros mais il n'était toujours pas considéré comme suffisant par la CJUE. Et, depuis l'article 2 de la loi n° 2006-406 du 5 avril 2006, relative à la garantie de conformité du bien au contrat due par le vendeur au consommateur et à la responsabilité du fait des produits défectueux, l'article 1386-7 est, désormais, très semblable à l'article 3, 3 de la directive.

On notera que les différents **projets de réforme** *(avant-projet Catala et proposition de loi Béteille)* reprennent à l'identique, pour l'instant, les dispositions du Code civil concernant la responsabilité du fait des produits défectueux.

I. Les caractéristiques de ce régime de responsabilité

2381. Ce régime général figure désormais dans les articles 1386-1 à 1386-18 du Code civil. Il présente un certain nombre de caractéristiques notables.

A. L'absence de distinction entre responsabilité délictuelle et contractuelle

2382. Ce régime ne fait pas de distinction entre responsabilité délictuelle ou contractuelle : le producteur est responsable « qu'il soit ou non lié par un contrat avec la victime » (art. 1386-1).

Il n'établit aucune discrimination entre les victimes : la victime peut donc être l'acquéreur du produit, un utilisateur ou simplement un tiers, et peut être une victime directe ou une victime par ricochet.

Dans un arrêt du 28 avril 1998 [1], rendu, il est vrai avant la loi du 19 mai 1998, mais en visant les articles 1147 et 1384 du Code civil interprétés à la lumière de la directive « produits défectueux », la Cour de cassation, à propos de la transmission d'un sida transfusionnel, a admis la réparation du préjudice moral des membres de la famille en déclarant que « tout producteur est responsable des dommages causés par un défaut de son produit, tant à l'égard des victimes immédiates que des victimes par ricochet, sans qu'il y ait lieu de distinguer selon qu'elles ont la qualité de partie contractante ou de tiers. ». Cette interprétation « à la lumière de la directive » a fait partie, en effet, des moyens déployés par la jurisprudence pour faire bénéficier les victimes qui n'étaient pas en relation contractuelle avec le producteur, de l'obligation de sécurité de résultat d'origine contractuelle avant de développer le principe de l'identité des fautes délictuelle et contractuelle (v. ss 2349 s., et 2352 s.).

1. Civ. 1re, 28 avr. 1998, *JCP* 1998. II. 10088 ; *LPA* 1999, n° 9, p. 17, É. Fouassier, « La responsabilité du fait des produits défectueux s'étend-elle au préjudice moral ? »

2389. La *Cour de cassation* a pris parti sur la question : la première chambre civile a d'abord jugé que les victimes du défaut de sécurité d'un produit ne peuvent se prévaloir contre un fournisseur de l'obligation de sécurité de résultat que la jurisprudence faisait peser sur le vendeur professionnel, y compris pour des produits mis en circulation avant son entrée en vigueur [1] la chambre commerciale a ensuite précisé que le fournisseur d'un produit défectueux ne peut être responsable selon le droit commun que s'il a commis une faute distincte du défaut de sécurité du produit [2] (aussi v. ss 2350). La chambre commerciale s'est prononcée dans le cadre d'un pourvoi qui tentait de faire admettre que le défaut de sécurité des matériels livrés constituait une faute délictuelle à l'égard de la victime. Le contournement n'est pas accepté par la chambre commerciale. Comme le remarque le professeur Patrice Jourdain, si l'on comprend bien la volonté de la Cour de cassation de respecter le droit communautaire, on ne peut s'empêcher de constater le recul des droits des victimes qui résulte de son application [3].

2390. Concernant le cas particulier du défaut d'un matériel ou produit de santé, la CJUE et la Cour de cassation ont apporté des précisions particulièrement importantes.

– *La Cour de justice de l'Union* a apporté une première précision importante concernant le *champ d'application* de la directive et le *caractère exclusif du régime de responsabilité du fait des produits défectueux* dans une décision du 21 décembre 2011 [4]. En effet, elle appelle à distinguer selon qu'est recherchée la responsabilité du fournisseur (à titre subsidiaire, le producteur étant le responsable principal) ou celle du prestataire de services, utilisateur du produit défectueux. Cette distinction a une incidence particulière en matière de responsabilité médicale, où la responsabilité est en principe une responsabilité pour faute prouvée (depuis la loi du 4 mars 2002) mais où le cas du défaut d'un matériel ou d'un produit de santé est prévu par l'article L. 1142-1, I du Code de la santé publique, qui ménage en ce cas une responsabilité sans faute de l'établissement ou du professionnel de santé. L'arrêt de la CJUE précise que si le professionnel ou l'établissement est *fournisseur*, il entre dans le champ d'application de la directive et le principe d'exclusivité joue. Aucun autre régime de responsabilité que celui fondé sur le défaut du produit n'est utilisable et la responsabilité du fournisseur n'est que subsidiaire par rapport à celle du producteur dont il faudra rechercher la responsabilité en premier (v. ss 2400). Au contraire, *l'utilisateur d*u produit n'est pas visé par la directive et sa responsabilité à raison du défaut du produit peut être recherchée sur un autre fondement.

– *La Cour de cassation*, prolongeant la décision de la CJUE dans une décision du 12 juillet 2012 [5], a apporté à son tour d'importantes précisions. – Elle a d'abord exclu qu'un établissement ou un professionnel de santé puisse être considéré comme un

---

1. Civ. 1re, 15 mai 2007, *RTD civ.* 2007. 580, obs. P. Jourdain.
2. Com. 26 mai 2010, nº 08-18.545, *Bull. civ.* IV, nº 99 ; *CCC* 2010, comm. 198, obs. L. Leveneur ; *RTD civ.* 2010. 790, nº 3, obs. P. Jourdain.
3. Note préc.
4. CJUE 21 déc. 2001, C-495/10, *D.* 2012. 926, note J.-S. Borghetti ; *JCP A* 12 mars 2012, p. 2078, nobs. H. Oberdoff ; *AJDA* 2012. 306, chron. M. Aubert, E. Broussy et F. Donnat ; *D.* 2012, Point de vue 1558, P. Véron et F. Vialla ; *RTD civ.* 2012. 329, obs. P. Jourdain.
5. Civ. 1re, 12 juill. 2012, *RCA* 2012 ; comm. 314 ; *D.* 2012. 2277, note M. Bacache ; *JCP* 2012, note 1036. P. Sargos ; *RDC* 2013/1, p. 111, note G. Viney ; *RTD civ.* 2013/3, p. 928, obs. P. Jourdain ; v. aussi : S. Hocquet-Berg, « La sécurité des produits de santé dans la tourmente de la jurisprudence judiciaire », *RCA* 2012. Étude 8.

fournisseur lorsqu'il utilise un produit ou un matériel dans le cadre d'une prestation de soin. Il est toujours utilisateur et donc exclu du champ d'application de la loi de 1998 (à moins qu'il ne soit producteur, ce qui est une hypothèse très résiduelle). Sa responsabilité en tant qu'utilisateur peut donc être recherchée sur un autre fondement que la loi de 1998. Cependant, elle a ensuite précisé, qu'en qualité d'utilisateur, sa responsabilité à raison du dommage causé par la défectuosité du produit ne pouvait être engagée (sur le fondement de l'article 1147 parce que la loi de 2002 sur la responsabilité médicale n'était pas encore applicable au litige) que pour *faute prouvée*. Elle semble donc bien vouloir abandonner l'obligation de sécurité de résultat qu'elle avait admise pourtant jusqu'ici en matière de dommages causés par des matériels ou produits de santé défectueux. Cette décision est donc particulièrement importante (pour les références de la décision et pour d'autres développements, v. ss 2603, Le point sur… La responsabilité médicale, n° 37-38).

C. Nature de la responsabilité

1. Une responsabilité dite « objective » ou de plein droit

2391. Ce régime a été qualifié par les auteurs de régime de responsabilité objective, de plein droit. Le Code civil lui-même affirme que le producteur est responsable « de plein droit » (art. 1386-11).

Il s'agit d'une responsabilité objective dans la mesure où il n'est pas nécessaire de prouver une faute : elle repose sur le risque créé. Cependant, comme souvent, la notion de faute reste sous-jacente, notamment dans l'exonération pour « risque de développement » qui revient à démontrer que le producteur n'a pas commis de faute. Ou encore si l'on s'interroge sur le fondement de cette responsabilité. Si le producteur est responsable de la défectuosité du produit n'est-ce pas, en effet, parce qu'il a l'obligation de ne mettre sur le marché que des produits « qui présentent la sécurité à laquelle on peut légitimement s'attendre » ? Et l'article L. 221-1 du Code de la consommation issu de la loi du 21 juillet 1983 ne prévoit-il pas à la charge des producteurs une obligation de sécurité définie de cette façon : « les produits et les services, doivent, dans des conditions normales d'utilisation ou dans d'autres conditions normalement prévisibles par le professionnel, présenter la sécurité à laquelle on peut légitimement s'attendre et ne pas porter atteinte à la santé des personnes ». On peut donc se demander dans quelle mesure le fondement de la responsabilité n'est pas malgré tout le manquement à une obligation légale préexistante, ce qui est la définition de la faute ?

2392. Par ailleurs, l'expression *responsabilité de plein droit* fait référence habituellement à des responsabilités présumées, où la victime est aidée dans sa démarche de mise en œuvre de la responsabilité par des présomptions. Or ici, rien de tel. La responsabilité repose sur les trois constantes habituelles : un fait générateur, le produit défectueux, un dommage et un lien de causalité entre les deux et la victime doit faire la preuve des trois éléments. Cette preuve est souvent particulièrement lourde et difficile à faire (v. ss 2415 s.).

2. Une responsabilité reposant sur le producteur

2393. Dans tous les cas, « le producteur reste responsable des conséquences de sa faute et de celles des personnes dont il répond ».

C'est donc, à la fois, une responsabilité du fait personnel et du fait d'autrui.

2394. C'est par ailleurs une responsabilité en principe *exclusive* du producteur

a) Le producteur

2395. Il est défini par l'article 1386-6 du Code civil comme le fabriquant à titre professionnel d'un produit fini, le producteur d'une matière première ou encore le fabricant d'une partie composante. Les constructeurs (architectes, maîtres d'œuvre, entrepreneurs de construction) ne sont pas assimilés à des producteurs. Mais la loi du 19 mai 1998 assimile au producteur un certain nombre de personnes agissant à titre professionnel :

– celui qui appose sur un produit son nom, sa marque ou un autre signe distinctif ;

– l'importateur d'un produit dans le cadre de la Communauté européenne, que ce soit dans le but d'une vente, d'une location, avec ou sans promesse de vente, ou de toute autre forme de distribution (à l'exclusion des constructeurs ou vendeurs d'immeubles soumis à la responsabilité des articles 1792 à 1792-6 et 1646-1).

b) Le fournisseur

2396. *Le fournisseur* est défini par l'article 1386-7 comme :

– le vendeur du produit,

– le loueur (à l'exclusion du cadre du crédit-bail),

– tout autre fournisseur professionnel.

c) L'exclusion d'une responsabilité solidaire

2397. Le fournisseur, dans la première version, celle de la loi de 1998, était responsable du défaut de sécurité du produit « dans les mêmes conditions que le producteur », mais il disposait d'un recours contre le producteur obéissant aux mêmes règles que la demande de la victime directe du défaut, à condition d'agir dans l'année suivant la date de sa citation en justice.

2398. La France avait donc étendu le régime de responsabilité prévu pour le producteur, dans les mêmes conditions, à tous les autres intervenants dans la chaîne de distribution, vendeur loueur ou tout fournisseur professionnel, à l'exception du crédit-bailleur, conformément aux solutions jurisprudentielles acquises sur le terrain du droit commun de la responsabilité contractuelle.

2399. La jurisprudence avait également admis que tous pouvaient dans certains cas, être tenus *in solidum.*

2400. Or après la condamnation par la CJUE, la loi de 2004 a modifié l'article 1386-7 du Code civil pour affirmer le caractère subsidiaire de la responsabilité des autres personnes intervenant dans la chaîne de distribution du produit.

En effet, c'est également sur ce point que la France a été condamnée, le 25 avril 2002 par la CJUE, qui lui reprochait de considérer que le distributeur d'un produit défectueux est responsable dans tous les cas et au même titre que le producteur ; cette solution a pour effet négatif de multiplier les mises en cause, ce que veut éviter la directive. C'est pourquoi le législateur a corrigé son texte une première fois par l'article 29 de la loi du 9 décembre 2004 et le décret du 11 février 2005, mais c'était encore insuffisant, ce qui a entraîné une deuxième condamnation de la France par la CJUE le 10 janvier 2006 [1] et une troisième le 14 mars 2006 [2].

Finalement, depuis la loi nº 2006-406 du 5 avril 2006, relative à la garantie de conformité du bien au contrat due par le vendeur au consommateur et à la responsabilité du fait des produits défectueux, l'article 1386-7 est, désormais, très semblable à l'article 3-3 de la directive. Le fournisseur n'est responsable du défaut de sécurité du produit qu'à la double condition que le producteur demeure inconnu et que le fournisseur n'indique pas dans un délai de trois mois son propre fournisseur ou le producteur. Il s'agit donc bien d'une responsabilité *subsidiaire* et non d'une responsabilité principale ou *in solidum*. Le cas où le fournisseur est connu mais étranger n'est pas résolu : dans ce cas il semblerait opportun de pouvoir actionner l'importateur (C. civ., art. 1386-6) ou le vendeur (art. 1386-7).

2401. D'autres textes figurant dans d'autres codes, notamment celui de la santé publique, sont également concernés par l'articulation avec la loi de 1998. Ainsi les professionnels de santé et les établissements de santé peuvent être parfois considérés comme des producteurs au sens de la directive de 1985, et doivent répondre à ce titre des dommages causés par la défectuosité de matériels ou produits de santé ; s'ils sont considérés comme des fournisseurs, on rappellera que la CJUE dans une décision du 21 décembre 2011 a précisé que leur responsabilité ne peut être fondée là encore que sur le régime de responsabilité du fait des produits défectueux et que leur responsabilité est subsidiaire, de sorte qu'il faut d'abord rechercher la responsabilité du fournisseur. Toutefois, on rappellera aussi que la Cour de cassation, prolongeant la décision de la CJUE dans une décision du 12 juillet 2012, a exclu qu'un établissement ou un professionnel de santé puisse être considéré comme un fournisseur lorsqu'il utilise un produit ou un matériel dans le cadre d'une prestation de soin. Il est toujours utilisateur et donc exclu du champ d'application de la loi de 1998, à moins qu'il ne soit producteur (hypothèse résiduelle). Sa responsabilité peut donc être recherchée sur un autre fondement mais en ce cas il s'agit d'une responsabilité pour faute prouvée même si l'on invoque la responsabilité contractuelle (v. ss 2390, et les références citées ; aussi pour plus de développements, v. ss 2603, « Le point sur… La responsabilité médicale », n° 37-38).

D. L'application de la loi dans le temps et la prescription de l'action

1. Application limitée aux produits mis en circulation après l'entrée en vigueur de la loi et interprétation du droit à la lumière de la directive

2402. Pour que la loi s'applique il faut que le produit ait été mis en circulation avant son entrée en vigueur, cette mise en circulation du produit impliquant le dessaisissement volontaire du producteur (v. ss 2404). Ainsi, la responsabilité spéciale du fait des produits défectueux n'est pas encore aujourd'hui d'application générale, car un certain nombre de dommages se produisent encore alors que le produit a été mis en circulation avant l'entrée en vigueur de la loi et la jurisprudence continue d'appliquer le droit commun de la responsabilité civile, responsabilité contractuelle ou responsabilité extracontractuelle

1. CJCE 10 janv. 2006, aff. C-402/03, *Skov Aeg*, préc.
2. CJCE 14 mars 2006, *Comm. c/ France*, aff. C-177/04 ; *Gaz. Pal.* 9-10 juin 2006, p. 55, note J. Peigné.

selon le cas. Les premières décisions à avoir appliqué les articles 1386-1 et suivants du Code civil datent seulement de 2006[1].

Toutefois, les solutions dégagées, sur le fondement des articles 1382, 1384, alinéa 1er, et 1147 s'inspirent du régime spécial de responsabilité du fait des produits, car, si le juge ne peut appliquer directement les articles 1386-1 à 186-17 du Code civil s'ils ne sont pas applicables à l'espèce, il est tenu d'interpréter le droit commun « à la lumière de la directive de 1985 »[2]. Mêmes les décisions rendues en application du droit antérieur fournissent donc à la jurisprudence l'occasion de se prononcer indirectement ou non sur la responsabilité spéciale du fait des produits défectueux.

2. Prescription

2403. La loi du 17 juin 2008 portant réforme de la prescription civile n'est pas ici sans incidence.

La loi du 19 mai 1998 envisage deux sortes de prescription : celle de la responsabilité du producteur et celle de l'action en réparation offerte à la victime

a) Prescription de la responsabilité du producteur

Sauf en cas de faute de sa part, la responsabilité du producteur s'éteint dix ans après la mise en circulation du produit défectueux, telle qu'elle a été définie par la CJUE (v. ss 2404) « à moins que durant cette période la victime n'ait engagé une action en justice » (art. 1386-16).

b) Prescription de l'action en réparation du dommage

L'action en réparation se prescrit par trois ans à compter « de la date à laquelle le demandeur a eu ou aurait dû avoir connaissance du dommage, du défaut et de l'identité du producteur » (art. 1386-17).

La loi du 17 juin 2008 prévoit cependant désormais, dans l'article 2226 nouveau du Code civil, que « l'action en responsabilité née à raison d'un événement ayant entraîné un dommage corporel » (ce qui est le cas de la responsabilité du fait des produits défectueux) « se prescrit par dix ans à compter de la date de consolidation du dommage initial ou aggravé (et vingt ans s'il y a eu des violences), alors, par ailleurs, que le délai de droit commun de prescription a été ramené de trente ans à cinq ans » (sur cette loi, v. ss 537, 1779 s.).

Peut-on admettre sans difficulté, dans ces conditions, que le délai plus bref de trois ans de l'article 1386-17 qui n'a pas été repris par la loi puisse subsister ?

II. Les conditions de la responsabilité

2404. Comme dans tout système de responsabilité, il faut donc remplir les conditions suivantes.

– *Un dommage :* qui peut consister en une atteinte à la personne ou aux biens de la victime, à l'exclusion du produit défectueux lui-même.

---

1. Pour la première application : Civ. 1re, 3 mai 2006, *RDC* 2006. 1239 ; pour la seconde application : Civ. 1re, 7 nov. 2006, *RDC* 2007. 312, note J.-S. Borgghetti, où la responsabilité du producteur est retenue pour insuffisance de l'information délivrée par le producteur.

2. V. en premier lieu, l'affirmant : Civ. 1re, 28 avr. 1998, *JCP* 1998. II. 10088, concl. P. Sargos ; *JCP* 1998. I. 185, nº 19, obs. G. Viney, *RTD civ.* 1998. 684, obs. P. Jourdain ; *RCA* 1998, comm. nº 246.

– *Un fait générateur :* qui est la mise en circulation d'un produit défectueux. Il faut bien distinguer le dommage et le défaut, certes le défaut est un risque de dommage, mais ce sont *des concepts distincts*.

– *Un lien de causalité* entre le défaut et le dommage (art. 1386-9).

– *L'absence de causes d'exonération.*

Sur chacun de ces points, il existe des spécificités.

A. Conditions tenant au produit

1. La notion de produit

2405. Un *produit* est tout bien meuble. L'article 1386-3 précise qu'il peut s'agir d'un meuble incorporé à un immeuble et que cela englobe « les produits du sol, de l'élevage, de la chasse et de la pêche » et il ajoute que « l'électricité est considérée comme un produit ». Cela englobe aussi les produits à finalité sanitaire y compris les médicaments et les éléments et produits de corps humain.

Deux arrêts, antérieurs à la loi du 19 mai 98 mais appliquant la directive européenne, l'un du 3 mars 1998 [1] et l'autre du 28 avril 1998 [2] ont interprété le droit français dans ce sens.

2. La mise en circulation du produit

2406. La loi du 19 mai 1998 a défini la mise en circulation en ces termes.

► « ***Un produit est mis en circulation*** lorsque le producteur s'en est dessaisi volontairement ». Il est précisé qu'un produit ne peut faire l'objet que d'une seule mise en circulation (art. 1386-5).

2407. La Cour de cassation a précisé que la sécurité du produit (vaccin contre l'hépatite B) s'apprécie « au moment où il [le producteur] l'a mis en circulation pour être vendu ou distribué » [3].

2408. La CJUE a conforté cette notion en précisant que l'article 11 de la directive du 25 juillet 1985 doit être interprété en ce sens qu'« un produit doit être considéré comme ayant été mis en circulation lorsqu'il est sorti du processus de fabrication mis en œuvre par le producteur et qu'il est entré dans un processus de commercialisation dans lequel il se trouve, en l'état, offert au public aux fins d'être utilisé ou consommé ». Toutefois, la notion de producteur peut englober une filiale distributrice « si les liens entre le producteur et une autre entité sont à ce point étroits que la notion de producteur englobe cette dernière et que le transfert du produit de l'une à l'autre de ces entités n'emporte pas mise en circulation de celui-ci » [4].

---

1. *Bull. civ.* I, n° 94, *JCP* 1998. II. 10049, rapp. P. Sargos.
2. *Bull. civ.* I, n° 158, *JCP* 1998. II. 10088, rapp. P. Sargos.
3. Civ. 1re, 24 janv. 2006, *JurisData* n° 2006-031778 ; *JCP* 2006. II. 10082, note L. Grynbaum, sous cinq arrêts, préc.
4. CJCE, 1re ch., 9 févr. 2006, aff. C-127/04, *Declan O'Byrne c/ Sanofi Pasteur MSD Ltd*, *Dépêches* J.-Cl., *LexisNexis*, 10 févr. 2006 ; *JCP* 2006. II. 100892, note L. Grynbaum ; *JCP* 2006. II. 10 083, note J.-C. Zarka.

3. La défectuosité du produit comme fait générateur de la responsabilité

► ***Un produit est défectueux*** « lorsqu'il n'offre pas la sécurité à laquelle on peut légitimement s'attendre ». Cette définition figure dans l'article 1386-4, alinéa 1er.

2409. On voit, ici concrétisée, la notion d'« attente légitime » déjà soulevée par la doctrine.

Pour apprécier cette notion de sécurité il devra « être tenu compte de toutes les circonstances et notamment de la présentation du produit, de l'usage qui peut en être raisonnablement attendu et du moment de sa mise en circulation » (art. 1386-4, al. 1er et 2). Il s'agit là d'une obligation de résultat destinée à garantir la sécurité à laquelle tout utilisateur peut légitimement s'attendre.

Plus particulièrement, en ce qui concerne les *médicaments*, cela porte sur ses indications, contre-indications, posologies, précautions d'emploi précisées dans l'étiquetage et les notices. La qualité et l'exhaustivité de ces notices constituent l'une des rares possibilités de réduction ou de suppression de la responsabilité du producteur de médicaments. Or, l'information qui participe du défaut du produit doit être appréciée au moment de la mise en circulation du produit[1].

2410. *L'information donnée sur le produit* est à cet égard essentielle. La défectuosité ne s'apprécie pas seulement par rapport au produit lui-même. Dans le cadre d'une décision où elle fait directement application des articles 1386-1 et suivants du Code civil, ce qui est relativement récent (sur ce point, v. ss 2400) la première chambre civile, rappelant qu'aux termes de l'article 1386-4, alinéa 2, le défaut d'un produit, au sens de ses articles 1386-1 et suivants, s'apprécie en tenant compte de toutes les circonstances et notamment de sa *présentation* a considéré que le fait que la notice d'utilisation d'un produit destiné au traitement d'effacement de rides et imperfections cutanées remise aux médecins ait mentionné le risque d'effets indésirables, alors que la plaquette communiquée à la victime n'en faisait pas état, caractérise la défectuosité de ce produit (le « dermalive »)[2]. Dans une décision antérieure du 7 novembre 2006, elle avait déjà considéré que l'insuffisance de l'information délivrée au client[3] (il s'agissait alors de béton et non d'un produit de santé) caractérisait la défectuosité du produit.

De même, la Cour de cassation a validé la première condamnation d'un laboratoire à propos du vaccin contre l'hépatite B en considérant que le produit était défectueux en raison d'un défaut d'information sur ses effets indésirables[4]. Compte tenu de la gravité des effets indésirables, puisque le médicament est suspecté d'induire un syndrome de Guillain Baré (maladie de la sclérose en plaques v. ss 2424 s.), on peut se demander cependant si l'information donnée sur les risques suffirait à écarter ensuite la défectuosité du produit, auquel cas, les laboratoires pourrait assez facilement échapper à une éventuelle responsabilité.

---

1. Civ. 1re, 24 janv. 2006, préc., *LPA* nº 45, 3 mars 2006, avis de l'avocat général J.-D. Sarcelet ; *D*. 2006. 1273 ; *JCP* 2006, aperçu rapide 185, obs. L. Grynbaum.
2. Civ. 1re, 22 nov. 2007, *JurisData* nº 2007-041471, *RCA* 2008. 22, comm. nº 30, note S. Hoquet-Berg.
3. Civ. 1re, 7 nov. 2006, *RDC* 2007. 312, note J.-S. Borgghetti.
4. Civ. 1re, 9 juill. 2009, *RTD civ*. 2009-4. 735, obs. P. Jourdain.

2411. Toutefois, *produit défectueux ne signifie pas produit dangereux*. La constatation d'un danger quelconque ne suffit pas à établir le défaut. Pour rendre le produit défectueux, le danger doit dépasser celui auquel le public peut légitimement s'attendre, c'est-à-dire qu'il doit être anormal, excessif eu égard à la nature de l'objet en cause.

En ce qui concerne les *médicaments*, les simples « effets indésirables » n'établissent le « défaut » que s'ils apparaissent trop importants au regard des avantages que présente le médicament pour la santé publique : les juges doivent tenir compte de « la gravité des effets nocifs constatés » [1]. Les exemples abondent en ce domaine : du distilbène, à l'origine de cancers utérins chez les femmes exposées *in utero* au médicament administré à leur mère, au vaccin contre l'hépatite B suspecté d'induire des scléroses en plaques, en passant par l'isoméride médicament coupe-faim qui peut être cause d'hypertension grave. Toutes ces hypothèses ont donné lieu à un contentieux nourri et à l'admission par la Cour de cassation, de ce que la preuve de la défectuosité du produit pouvait résulter de présomptions graves précises et concordantes, en l'absence de certitude scientifique, allégeant ainsi le fardeau de la preuve qui pèse sur la victime. Toutefois la preuve de la défectuosité du produit est étroitement liée à la preuve de la causalité et nous renvoyons donc à cette question pour d'autres développements (v. ss 2416 s.).

B. Condition tenant au dommage

2412. Il n'est pas défini de façon spécifique. C'est donc le dommage selon le droit commun de la responsabilité (v. ss 1593 s.).

1. La réparation intégrale du dommage corporel

2413. Selon le nouvel article 1386-2, consécutif à l'article 29 de la loi du 9 décembre 2004, « les dispositions du présent titre s'appliquent à la réparation du dommage qui résulte d'une atteinte à la personne. »

2. La réparation des dommages matériels

a) L'instauration d'un seuil

2414. La loi s'applique à la réparation du dommage supérieur à un montant déterminé par décret, qui résulte d'une atteinte à un bien autre que le produit défectueux lui-même.

C'est sur ce premier point que la France avait été condamnée par la CJUE car la directive a institué une franchise de 500 euros, destinée à restreindre le nombre des litiges, que le législateur français avait supprimée. Le décret n° 2005-113 du 11 février 2005 a donc rétabli la situation en fixant à 500 euros le montant visé à l'article 1386-2. En dessous de ce seuil, la victime pourrait utiliser les voies classiques du droit de la responsabilité. Il n'empêche que ce texte consacre une atteinte au principe de la réparation intégrale du dommage, principe essentiel du droit de la responsabilité (sur ce principe, v. ss 1791 s.) qu'aucun régime de responsabilité n'avait jusqu'ici transgressé.

---

1. Civ. 1re, 5 avr. 2005, *JCP* 2005. II. 10085, note L. Grynbaum ; *JCP* 2005. I. 140, obs. G. Viney.

b) La possibilité de prendre en compte des biens à usage professionnel

2415. La Cour de justice des Communautés européennes a confirmé cette possibilité dans une décision du 4 juin 2009 [1], rendue sur question préjudicielle posée par la Cour de cassation, le 24 juin 2008. Dans la mesure où la directive, conçue dans un cadre de protection des consommateurs, ne prévoit pas la réparation des dommages causés aux objets destinés à un usage professionnels et utilisés comme tels, et compte tenu, par ailleurs, de l'objectif d'harmonisation totale poursuivi par la directive, la solution donnée par la Cour de justice des Communautés européenne aurait pu être différente.

C. Le lien de causalité

1. Une preuve nécessaire

2416. La loi du 19 mai 1998 n'a pas dispensé la victime de faire la preuve du lien de causalité entre la défectuosité du produit et le dommage. Selon une jurisprudence constante et en application des principes de sécurité juridique et de prévisibilité, le lien de causalité devrait être certain, direct et immédiat.

Comme le relève un auteur, « le contraste est saisissant entre la générosité de l'obligation de sécurité, dégagée à la fin des années quatre-vingt, et la sévérité des textes en vigueur depuis 1998 (...). L'obligation de sécurité se contentait d'un lien de causalité entre le dommage et le produit, là ou la loi de 1998 exige la preuve d'une défectuosité et de l'imputabilité du dommage à ce défaut du produit » [2]. La victime a donc en la matière un fardeau de la preuve particulièrement lourd et la jurisprudence a tenté de l'alléger.

2. Les assouplissements jurisprudentiels concernant les exigences de preuve de la causalité

a) L'impossibilité de maintenir la présomption de droit d'imputabilité du dommage au produit

2417. La jurisprudence, en application du droit commun, la loi du 10 mai 1998 n'étant pas applicable, a considérablement allégé le fardeau de la preuve en fondant la responsabilité sur une obligation de sécurité-résultat et en la décontractualisant pour la rendre applicable aussi à la victime tiers au contrat, par faveur pour les victimes et souci d'égalité (v. ss 2353 s.). L'obligation de sécurité-résultat permettait en effet d'engager la responsabilité du fabricant ou du fournisseur dès lors qu'il y a dommage. On présume l'inexécution de l'obligation (sans avoir à prouver la défectuosité du produit) et on présume le lien de causalité entre cette inexécution et le dommage. Encore faut-il, pour déduire le dommage de l'inexécution de l'obligation de sécurité, établir le lien entre le dommage et le produit défectueux, ce qui se traduit par l'exigence de preuve de l'imputabilité du dommage au produit. Or, la

---

1. CJCE, 4 juin 2009 ; *Moteurs Leroy Somer*, aff. C.-285/08, *RDC* n° 4, 2009. 1448, obs. C. Aubert de Vincelles.
2. L. Bloch, « Pour une autre présentation de la responsabilité du fait des produits de santé », *RCA* déc. 2009. Étude 16.

Cour de cassation, dans un arrêt du 9 mai 2001 [1], a posé une présomption d'imputabilité du dommage au produit, à propos des contaminations post-transfusionnelles par le virus du sida qui s'apparente à une véritable présomption de droit, opérant renversement de la charge de la preuve : « dès lors. qu'une personne démontre, d'une part, que la contamination virale dont elle est atteinte est survenue à la suite de transfusions sanguines, d'autre part, qu'elle ne présente aucun mode de contamination qui lui soit propre, il appartient au centre de transfusion, dont la responsabilité est recherchée, de prouver que les produits sanguins qu'il a four*nis é*taient exempts de tout vice ». De l'absence d'autre mode de contamination, elle déduit donc une *présomption d'imputabilité du dommage au produit, ce qui suffit à engager la responsabilité*. Cette technique avait conduit certains auteurs à parler d'une véritable présomption de fait « de droit » : une présomption quasi légale, opérant renversement de la charge de la preuve.

2418. Cette jurisprudence a été développée en matière de contamination post-transfusionnelle par le virus du sida avant que la réforme de l'organisation administrative de la transfusion sanguine ne transfère le contentieux de la responsabilité liée aux contaminations post-transfusionnelles aux seules juridictions administratives, après la désignation de l'Établissement français du sang comme opérateur unique, et donc unique défendeur et responsable depuis le 1er janvier 2000, et que, en parallèle le système d'indemnisation en cas de contamination par le VIH, étendu à l'hépatite C, ne soit pris en charge par l'ONIAM (Office national d'indemnisation des accidents médicaux v. ss 2571 s.).

2419. On notera que cette présomption est devenue une présomption légale pure et simple concernant les victimes de contaminations par transfusion par le virus de l'hépatite C puisque l'article 102 de la loi du 4 mars 2002, dite « loi Kouchner » (art. 102) l'a posée pour ces victimes, dans des termes à peu près similaires. Selon l'article 102, si « la victime apporte des éléments qui permettent de présumer que cette contamination a pour origine une transfusion de produits sanguins ou une injection de médicaments dérivés du sang, il incombe à la partie défenderesse de prouver que cette transfusion ou cette injection n'est pas à l'origine de la contamination ». L'article 102 ajoute que « le doute profite au demandeur ». Un arrêt de la Cour de cassation du 5 mars 2009 consacre à cet égard une interprétation large, favorable à la victime, puisqu'il est venu préciser que dès lors qu'il existe une possibilité de contamination par les produits sanguins, même s'il existe d'autres causes possibles de contamination, il existe un doute qui doit bénéficier au demandeur [2] (aussi sur l'indemnisation, v. ss 2578).

2420. Toutefois, hors le cas où la loi l'a prévue, cette présomption est menacée sur le fondement de la loi de 1998 qui impose désormais expressément de faire la preuve que le produit est défectueux et que cette défectuosité est la cause du dommage (art. 1386-1). Cela interdit, en principe, le recours à des présomptions « de droit » qui opèrent un renversement de la charge de la preuve et dispensent la victime de cette preuve.

Certes, la jurisprudence a continué, après l'entrée en vigueur de la loi de 1998, à appliquer le droit commun antérieur : – soit parce que le régime spécial de responsabilité du fait des produits défectueux n'était pas encore applicable (il suppose que le produit ait été mis

1. Civ. 1re, 9 mai 2001, *D.* 2001. 2149 ; v. également Civ. 1re, 17 juin 2001, 2 arrêts, *JCP* 2001. IV. 2731 et 2732 ; *La tribune de l'assurance*, 2001, n° 114, p. V.
2. Civ. 5 mars 2009, *JurisData* n° 2009-0472413, *RCA* 2009, comm. 102, note C. Radé.

cliniquement constaté de la sclérose en plaques ultérieurement diagnostiquée, et d'autre part, à la bonne santé de l'intéressé et à l'absence de tout antécédent à cette pathologie antérieurement à sa vaccination ». Dans une décision postérieure, le Conseil d'État a par ailleurs précisé que l'absence de certitude scientifique ne pouvait faire obstacle à la reconnaissance du lien entre la vaccination et le préjudice subi [1].

3° L'assouplissement des exigences de preuve par la Cour de cassation

• *Admission de la preuve par présomptions*

2424. Cet assouplissement a d'abord concerné des produits de santé qui n'étaient pas des vaccins. Dans deux décisions rendues le 24 janvier 2006 (où néanmoins les articles 1386-1 et suivants n'étaient pas applicables et où il s'agissait de statuer par application du droit commun), la première chambre civile de la Cour de cassation a d'abord rappelé que pour obtenir réparation, s'agissant de produits médicaux, la victime doit établir 1° le dommage, 2° l'imputabilité du dommage à l'administration du produit, 3° le défaut du produit et le lien de causalité entre ce défaut et le dommage. Mais elle a ensuite admis, concernant l'imputabilité, c'est-à-dire le fait que l'administration du produit est la cause du dommage subi, la preuve par des présomptions. Ainsi dans le premier arrêt elle a considéré « qu'il existait des présomptions graves précises et concordantes d'imputabilité de la maladie de Creutzfeldt Jacob à l'hormone de croissance fournie par l'association France Hypophyse [2] » et dans le second arrêt, des « présomptions graves précises et concordantes d'imputabilité de l'hypertension artérielle pulmonaire primitive à l'administration d'Isoméride » [3], un médicament coupe-faim destiné à faire perdre du poids.

Concernant des vaccins, elle a pareillement admis le recours à ce faisceau de présomptions pour établir que le produit est la cause du dommage et pour établir également le défaut du produit.

– Ainsi, dans une décision du 27 février 2007 [4] et toujours à propos du vaccin contre l'hépatite B et de la sclérose en plaques la première chambre civile a souligné, pour écarter l'imputabilité, que « le *risque* lié à la vaccination contre l'hépatite B n'était pas avéré ». *A contrario*, elle n'exigeait donc plus que la preuve scientifique de l'*existence d'un risque*, pour admettre la défectuosité du produit.

– Ensuite, dans une série d'arrêts rendus le 22 mai 2008, la première chambre a confirmé qu'il était possible aux victimes de prouver le lien de causalité en établissant « l'existence de présomptions graves, précises et concordantes », encore une fois à propos du lien entre vaccination contre l'hépatite B et la sclérose en plaques [5]. Elle a encore

1. CE 24 oct. 2008, *Mme M.*, n° 305622.
2. Civ. 1re, 24 janv. 2006, *D.* 2006. 1273 ; *LPA* n° 45, 3 mars 2006, avis de l'avocat général J.-D. Sarcelet ; *JCP* 2006, aperçu rapide, 185, obs. L. Grynbum., *RCA* 2006. 18, notes C. Radé.
3. Ces arrêts et deux arrêts de la CJCE sont commentés par le professeur L. Grynbaum : note L. Grynbaum sous trois arrêts de la Cour de cassation du 24 janvier 2006 et deux arrêts de la CJCE du 10 janvier 2006, aff. C-402/03, et du 9 février 2006, aff. C-127/04, *JCP* 2006. II. 10082.
4. Civ. 1re, 27 févr. 2007, *RCA* 2007, comm. 156, note A. Gouttenoire et C. Radé ; *D.* 2007. Pan. 2899, obs. Ph. Brun.
5. Civ. 1re, 22 mai 2008 (trois arrêts), *Dr. fam.* 2008, n° 17, J. Julien ; *RCA* 2008. Étude 8, C. Radé ; *RDSS* 2008. 578, note J. Peigné : *JCP* 2008. II. 10131, note L. Grynbaum ; *RTD civ.* 2008. 492, obs. Ph. Jourdain, *RDC* 2008. 1186, note J.-S. Borghetti ; *JCP* 2008. I. 186, obs. Ph. Stoffel-Munck.

confirmé cet allègement de l'exigence de preuve dans une décision du 25 juin 2009, à propos d'injection d'un vaccin ORL (*S allergènes* MRV) à un enfant et de la survenance d'une affection neurologique presque immédiate. La Cour de cassation reproche à la Cour d'appel « d'avoir exigé une preuve scientifique certaine, quand le rôle causal peut résulter de simples présomptions, pourvu qu'elles soient graves, précises et concordantes »[1].

– En 2009, la Cour de cassation a également admis la preuve par présomptions en faveur des victimes du *Distilbène* (médicament administré dans les années cinquante pour prévenir les risques d'interruption prématurée de grossesse et pouvant être à l'origine de cancers utérins chez des femmes exposées *in utero* au médicament). La preuve *de l'imputabilité de l'affection* à ce médicament peut être particulièrement difficile notamment parce que compte tenu du temps écoulé, les femmes atteintes ne peuvent pas toujours disposer de la preuve matérielle que leur mère a reçu ce médicament. La Cour de cassation dans une décision rendue le 24 septembre 2009 a considéré que dans la mesure où les expertises avaient établi que le *Distilbène* « avait bien été la cause directe de la pathologie tumorale » on pouvait en *déduire* que la requérante avait été exposée *in utero* à la molécule litigieuse.

À l'inverse, dans une autre décision du même jour, elle a validé la décision qui écartait la preuve de l'imputabilité du dommage au produit[2] en considérant que dans la mesure où le *Distilbène* n'était pas la seule cause possible de l'affection, la victime devait donc prouver qu'elle avait été exposée *in utero* à ce produit, chose impossible puisque le dossier médical de la mère avait été détruit et que son témoignage avait été jugé comme de faible valeur probante.

Comme en matière de contamination par le VIH, on présume donc l'imputabilité du dommage au produit, de l'absence d'autre cause possible.

2425. Dans une décision postérieure du 10 juillet 2013[3], la première chambre civile a confirmé les solutions dégagées par les décisions précédentes : l'impossibilité de prouver scientifiquement tant le lien de causalité qu'à l'inverse, l'absence de lien entre la sclérose en plaques et la vaccination laisse place à une appréciation au cas par cas, par présomptions, de ce lien de causalité.

• La défectuosité présumée à partir des présomptions de causalité : substitution à la condition de causalité entre le défaut et le dommage, de la condition de causalité entre le dommage et le produit

2426. Il s'agit à nouveau de faciliter la preuve exigée de la victime en raison de l'impossibilité de faire la preuve scientifique de la défectuosité, en déduisant cette défectuosité du fait que le dommage a été causé par le produit. Or, cette preuve que le dommage est causé par le produit se déduit elle-même d'un faisceau de présomptions, ainsi qu'on l'a vu plus haut. La Cour de cassation admet donc que les présomptions

---

1. Civ. 1re, 25 juin 2009, nº 08-12.781, *D.* 2009. AJ 1895 ; *Gaz. Pal.* 13 août 2009, nº 225, p. 9, avis A. Legoux ; *RCA* 2009. Étude 13, C. Radé.

2. Civ. 1re, 24 sept. 2009, *RCA* 2009, comm. 327, note C. Radé et cette revue, *Les filles du Distilbène victimes de discriminations*, étude 15.

3. Civ. 1re, 10 juill. 2013, *RDC* 2014. 37, note G. Viney ; *RTD civ.* 2013/4, p. 852, obs. P. Jourdain ; *RDC* 2014. 37, note G. Viney.

établissant le lien de causalité entre l'administration du produit et le dommage permettent en même temps, par ricochet en quelque sorte, d'établir la défectuosité du produit. Au lieu d'exiger la preuve de la causalité entre la défectuosité du produit et le dommage, comme le demande la loi (C. civ., art. 1386-9), la Cour de cassation se contente donc de la preuve de la causalité entre l'administration du produit et le dommage, à partir de laquelle se déduit la défectuosité.

Cette position apparaissait déjà dans la série de décisions rendues en 2008 (v. ss 2424) puisque la Cour de cassation avait censuré des décisions faute d'avoir recherché si les éléments de preuve relevés ne constituaient pas des « présomptions graves, précises et concordantes du caractère défectueux du vaccin litigieux comme du lien de causalité entre un éventuel défaut et le dommage subi », ce qui liait déjà la preuve des deux éléments.

Mais la substitution de la condition de causalité entre le produit et le dommage à la condition de causalité entre le défaut et le dommage apparaît encore plus nettement dans une décision du 26 septembre 2012 [1] et surtout, dans la décision du 10 juillet 2013 (références, v. ss 2425) : la Cour de cassation reproche en effet à la cour d'appel de n'avoir pas recherché si les présomptions retenues pour établir la causalité ne pourraient pas l'être également pour établir le défaut.

Tout dépendra cependant toujours des circonstances de l'affaire, car il appartient aux juges du fond d'apprécier ces présomptions pour en déduire la preuve de la causalité ou pas.

Cette solution, qui va à l'encontre de la loi, laquelle exige bien la preuve du lien de causalité entre le défaut du produit et le dommage, montre que l'objectif, malgré les exigences de preuve de la causalité, est d'alléger ce fardeau de la preuve au bénéfice des victimes.

D. Les causes d'exonération

2427. *La responsabilité du producteur est une responsabilité de plein droit, objective, fondée sur le risque* et non une responsabilité pour faute. L'article 1386-11 affirme : « le producteur est responsable de plein droit... à moins qu'il ne prouve... » l'une des diverses causes d'exonération énumérées dans la suite du texte.

1. La place limitée des causes d'exonération de droit commun

2428. La loi du 19 mai 1998 n'en envisage que deux : la *faute de la victime* et le *fait d'un tiers*. Il n'est pas question de la force majeure car on voit mal comment elle pourrait intervenir ici. Elle retient la faute de la victime, mais écarte, en principe, le fait d'un tiers.

Ainsi est-il possible de réduire ou de supprimer la responsabilité du producteur « lorsque le dommage est causé conjointement par un défaut du produit et par la faute de la victime ».

On peut également tenir compte d'une faute « de la personne dont la victime est responsable » (art. 1386-13).

---

1. Civ. 1re, 26 sept. 2012, *D.* 2012. 2304, obs. I. Gallmeister ; 2376, note C. Radé ; 2853, note J.-S. Borghetti ; *JCP* 2012, n° 1061, obs. P. Mistretta ; *JCP* 2012, n° 1199, note C. Quezel-Ambrunaz ; *RCA* 2012 ; comm. 350, obs. S. Hocquet-Berg ; *CCC* 2012, comm. 273, obs. L. Leveneur ; *D.* 2013. 49, obs. Ph. Brun.

En revanche, la responsabilité du producteur n'est pas réduite « par le fait d'un tiers ayant concouru à la réalisation du dommage » (art. 1386-14). Dans ce cas, il y aura responsabilité *in solidum*, ce qui ouvrira droit à un recours du fabricant contre le tiers, selon le droit commun, une fois la victime indemnisée.

Notons, toutefois, le cas prévu par l'article 1386-11, *in fine*, où le producteur d'une partie composante n'est pas responsable s'il établit que le défaut « est imputable à la conception du produit dans lequel cette partie a été incorporée ou aux instructions données par le producteur de ce produit », c'est le seul cas d'exonération par le fait d'un tiers

2. Les causes d'exonération spécifiques

2429. La loi du 19 mai 1998 énumère, dans l'article 1386-11 des situations qui peuvent exonérer le producteur de sa responsabilité à condition qu'il puisse prouver :

1° qu'il n'avait pas mis le produit en circulation ;

2° que le défaut n'existait pas au moment de la mise en circulation ou qu'il est né postérieurement ;

3° que le produit n'était pas destiné à la vente ou à toute autre forme de distribution ;

4° que l'état des connaissances scientifiques et techniques au moment de la mise en circulation n'a pas permis de déceler l'existence du défaut (c'est ce qu'on appelle le « risque de développement ») ;

5° que le défaut est dû à la conformité du produit avec des règles impératives d'ordre législatif ou réglementaire.

Une cause d'exonération supplémentaire est applicable au cas du produit incorporé dans un autre pour le producteur de la partie composante lorsque, comme nous l'avons vu plus haut, le défaut est imputable à la conception du produit dans lequel cette partie a été incorporée ou aux instructions données par le producteur de ce produit (art. 1386-11, *in fine*).

a) Le risque de développement

2430. La date de mise en circulation est importante ; l'article 1386-4, alinéa 3, précise qu'un produit ne peut être considéré comme défectueux simplement « parce qu'un autre, plus perfectionné, a été mis postérieurement en circulation. »

En effet, la directive précisait que le producteur pouvait s'exonérer de sa responsabilité en prouvant que le produit estimé défectueux était conforme à l'état des connaissances techniques lors de sa distribution. C'est ce qu'on a appelé le « risque de développement ».

► ***Le risque de développement*** est « le vice que l'état des connaissances scientifiques et techniques au moment de la mise en circulation du produit ne permettait pas de déceler. »

La Cour de cassation avait estimé à ce propos que la directive laissait aux États membres la possibilité d'écarter l'effet exonératoire du « risque de développement » pour le producteur[1], mais la loi du 19 mai 1998 n'a pas suivi cette jurisprudence et a maintenu cette cause d'exonération malgré l'avis défavorable des associations de consommateurs qui rappelaient le drame récent du sang contaminé, mais sous la pression des assemblées

1. Civ. 1re, *D.* 1996. IR 211, obs. G. Viney ; *JCP* 1996. I. 3985.

et du patronat. Toutefois, l'article 1386-12, alinéa 1er, écarte cette cause d'exonération pour tout dommage « causé par un élément du corps humain ou par les produits issus de celui-ci » (v. ss 2434).

2431. Compte tenu de cette cause d'exonération spécifique, les victimes peuvent cependant avoir un intérêt certain à se placer sur le fondement du droit commun de la responsabilité, tant que cette option reste ouverte (sur ce point, v. ss 2380 s.).

C'est ce dont témoigne une décision de la première chambre civile du 15 mai 2007 [1] qui retient la responsabilité du fabriquant qui avait « manqué à son obligation de fournir un produit exempt de tout défaut de nature à créer un danger pour les personnes ou les biens, c'est-à-dire un produit qui offrait la sécurité à laquelle on peut légitimement s'attendre, *sans faculté d'exonération pour risque de développement* ».

2432. Sur le fondement du droit commun, en effet, la jurisprudence refuse jusqu'ici de considérer le vice interne d'un produit de santé, même indécelable lors de la mise en circulation, comme une cause exonératoire pour le fabricant. Et cette décision récente démontre que la Cour de cassation n'entend pas changer sa jurisprudence et que le risque de développement ne peut s'analyser en une circonstance de force majeure exonératoire.

b) Le respect des normes

2433. L'article 1386-10 dispose que le « producteur peut être responsable du défaut alors même que le produit a été fabriqué dans le respect des règles de l'art ou de normes existantes ou qu'il a fait l'objet d'une autorisation administrative. » C'est une responsabilité très rigoureuse puisque le producteur semblait avoir agi selon les règles de sa profession et d'une façon tout à fait régulière. Mais, il pourra s'exonérer de sa responsabilité en prouvant que le défaut est dû à la conformité du produit avec une règle impérative (une loi ou un règlement) en invoquant l'article 1386-11, 5° . Par ailleurs, en ce qui concerne les médicaments, le fabricant mis en cause devant le juge judiciaire en raison d'une notice erronée ou incomplète acceptée par la nouvelle Agence française de sécurité sanitaire des produits de santé, pourrait exercer contre elle un recours en garantie devant le juge administratif.

c) Cas du produit incorporé dans un autre

2434. Selon l'article 1386-8, si le dommage est dû au défaut « d'un produit incorporé dans un autre », il y a lieu à une responsabilité solidaire entre « le producteur de la partie composante et celui qui a réalisé l'incorporation. »

d) Les cas où ces causes d'exonération ne peuvent pas être invoquées

2435. Certaines causes d'exonération ne peuvent pas être invoquées dans certains cas.

La quatrième cause relative aux connaissances scientifiques et techniques est inapplicable « lorsque le dommage a été causé par un élément du corps humain ou par les produits issus de celui-ci » (art. 1386-12). Cette exclusion est conforme à la jurisprudence consécutive à l'affaire du sang contaminé qui précisait « que le vice interne du sang,

---

1. Civ. 1re, 15 mai 2007, *JurisData* n° 2007-038868, *RCA* 2007. 20, comm. 219, note C. Radé.

même indécelable, pas plus que des fautes imputées aux pouvoirs publics en raison d'une information insuffisante, ne constituent une cause exonératoire » de la responsabilité des centres de transfusion sanguine [1].

Cela aboutit à introduire ici une responsabilité sans faute dans un domaine très particulier relatif à des biens considérés, par ailleurs, comme hors commerce par l'article 16-1 du Code civil et par l'article 611-17 du Code de la propriété industrielle qui interdit de les breveter et qui ne sont pas des produits faisant l'objet d'une production industrielle, ce qui est, toutefois, très contestable et risque de freiner les recherches en matière de thérapie génique.

Les quatrième et cinquième causes étaient *également inapplicables* selon la première rédaction de l'article 1386-12 alinéa 2, si, un défaut s'étant révélé dans les dix ans de la mise en circulation, le producteur n'avait pas pris de « dispositions propres à en prévenir les conséquences dommageables ». Il s'agissait de « l'obligation de suivi », déjà admise en Allemagne. Curieusement, c'est également sur ce point que la CJUE a condamné la France, le 25 avril 2002, alors même que cette obligation de suivi des produits vient d'être intégrée au droit communautaire par une directive du 3 décembre 2001 ! C'est pourquoi le législateur a dû, purement et simplement, abroger ce 2e alinéa de l'article 1386-12 par l'article 29 de la loi du 9 décembre 2004.

La jurisprudence applique strictement ces causes d'exonération et a écarté notamment celle dite du « risque de développement » dans une affaire de viande de cheval contaminée, du fait qu'une étude scientifique avait établi que le risque était connu, ainsi que le moyen de le détecter, depuis 1975 [2].

2436. Par ailleurs, *les clauses visant à écarter ou à limiter la responsabilité du fait des produits défectueux sont interdites* et réputées non écrites. Ce qui, dans un cadre contractuel, permet d'écarter la clause sans annuler le contrat.

En revanche, les clauses stipulées entre professionnels sont valables mais uniquement « pour les dommages causés aux biens qui ne sont pas utilisés par la victime principalement pour son usage ou sa consommation privée » (art. 1386-15). Cette exonération conventionnelle est prévue entre toutes sortes de professionnels et non entre professionnels de même spécialité, comme c'est généralement le cas.

2437. En dehors de cette responsabilité fondée sur les dispositions de ce nouveau titre IV du Code civil pour défaut de sécurité, et des actions en responsabilité classiques extracontractuelle ou contractuelle et fondée alors sur l'obligation générale de sécurité, deux autres actions sont également possibles : pour défaut de conformité ou pour vices cachés avec des délais différents (v. ss 2308) ; c'est à cette garantie des vices cachés qu'a pu être rattachée la responsabilité des centres de transfusion sanguine, hôpitaux et cliniques ayant fourni ou utilisé du sang contaminé par le VIH, avant que la jurisprudence ne fasse application de l'obligation de sécurité de résultat [3], étendue aux victimes non contractuelles, d'abord sur le fondement d'une stipulation pour autrui tacite, puis sur le fondement de l'identité des fautes civiles délictuelle et contractuelle.

Le Conseil d'État avait alors mis, par trois arrêts de principe, sa jurisprudence en harmonie avec celle de la Cour de cassation en admettant, pour la première fois, que les

---

1. Civ. 1re, 9 juill. 1996, *D.* 1996. 610, note Y. Lambert-Faivre.
2. Toulouse, 22 févr. 2000, *JCP* 2000. II. 10429, note Ph. le Tourneau.
3. TGI Paris, 1er juill. 1991, *JCP* 1991. II. 21762, note Harichaux ; Paris, 28 nov. 1991, *JCP* 1992. II. 21762, note Harichaux, *D.* 1992. 85, note A. Dorsner-Dolivet.

centres de transfusion sanguine sont responsables des dommages causés par la mauvaise qualité des produits sanguins qu'ils fournissent, même en l'absence de faute de leur part [1].

2438. Ce contentieux des produits sanguins contaminés, pose plus largement la question de la responsabilité du fait des produits défectueux en matière médicale (v. sur ce point, sur le fondement de la loi de 1998, v. ss 2421 s.). La responsabilité du fait d'un dommage causé par un produit défectueux se pose en effet souvent dans le cadre de l'activité médicale, le produit défectueux ou suspecté de l'être étant souvent un produit de santé. Or l'articulation de la responsabilité du fait des produits, sur le fondement du droit commun ou sur le fondement de la loi de 1998 avec les règles posées en matière de responsabilité médicale est prévue par la loi du 4 mars 2002 sur les droits des malades et l'amélioration du système de santé. L'article L. 1141-1 du Code de la santé publique réserve, en effet, l'application d'un régime de responsabilité de plein droit, ne reposant pas sur la preuve d'une faute médicale, dans le cas de dommages causés par les produits défectueux, contrairement au principe posé par la loi de 2002 d'une responsabilité pour faute ; mais encore faut-il que ce régime (c'est-à-dire la loi de 1998) soit applicable, et si tel n'est pas le cas, la Cour de cassation a réintroduit récemment l'exigence d'une faute prouvée (v. sur cette question, du champ d'application de la loi et de la réintroduction de la faute si on est hors de ce champ, v. ss 2390, 2603, « Le point sur… La responsabilité médicale », Documents, n° 37 et 38). Il existe, par ailleurs, en matière de contamination par transfusion, des règles spécifiques et le contentieux de la responsabilité échappe désormais aux juridictions judiciaires et est confié aux juridictions administratives (v. ss 2576 s.).

2439. Enfin, on rappellera que **les différents avant-projets et projets de réforme** reprennent pour l'instant les articles 1386 à 1386-18 du Code civil sans modification.

---

1. CE, ass., 26 mai 1995 (3 arrêts), et Civ. 1re, 12 avr. 1995, 2 arrêts, *JCP* 1995, n° 23 et *JCP* 1995. II. 22467, 1re esp., note P. Jourdain.

DOCUMENTS

BIBLIOGRAPHIE

BACACHE (M.), « La loi nº 98-389 du 19 mai 1998, dix ans après », *RCA* juin 2008, étude nº 7.

BERAUDO (J.-P.), « L'application internationale des nouvelles dispositions du Code civil sur la responsabilité du fait des produits défectueux », *JCP* 1999. I. 140.

BERG (O.), « La notion de risque de développement en matière de responsabilité du fait des produits défectueux », *JCP* 1996. II. 3945.

BERGÈS (N.), « La sécurité des produits sanguins labiles », *Gaz. Pal.* 9-10 juin 2006, p. 14.

BLOCH (L.), « Pour une autre présentation de la responsabilité du fait des produits de santé », *RCA* déc. 2009, étude nº 16.

BLOCH (L.), « Produits de santé défectueux : désordre au sommet des ordres », *Resp. civ. et assur.* 2014, Étude 1.

GHESTIN (J.), « La directive communautaire du 25 juillet 1985 », *D.* 1986. Chron. 135.

GHESTIN (J.), « Le nouveau titre IV *bis* du Livre III du Code civil, "De la responsabilité du fait des produits défectueux". L'application en France de la directive sur la responsabilité des produits défectueux après l'adoption de la loi nº 98-389 du 19 mai 1998 », *JCP* 1998. I. 148.

LARRIBAU-TERNEYRE (V.), « Risques et responsabilité de l'entreprise », *Rev. sociétés* 2001. 271 s.

LARRIBAU-TERNEYRE (V.), « La responsabilité du fait des produits et services défectueux », *Cahiers de jurisprudence d'Aquitaine et Midi Pyrénées*, 2002, étude nº 16, p. 576.

LAPORTE (C.), « La responsabilité du fait des produits défectueux : la France à nouveau épinglée », *CCC* juill. 2000, chron. nº 11.

LARROUMET (C.), « La notion de risque de développement, risque du XXIᵉ siècle », *in Clés pour le siècle*, Paris, Dalloz, 2000.

MANAOUIL (C.) et CALLIES (I.), « Les différentes voies de recours après un accident vaccinal : étude juridique de la vaccination contre l'hépatite B », *LPA* nº 39, 23 févr. 2006, chronique de droit médical.

RADÉ (C.), « Les « filles du Distilbène » victimes de discriminations », *RCA* nov. 2009, étude nº 15.

RADÉ (C.), « Vaccination anti-hépatite B et sclérose en plaques : première condamnation d'un laboratoire », *RCA* nov. 2009, étude nº 15.

La responsabilité du fait des produits défectueux, colloque du 27 octobre 1998, *LPA* 1998, nº 155.

VINEY (G.), « L'interprétation par la CJCE de la directive du 25 juillet 1985 sur la responsabilité des produits défectueux », *JCP* 2002. I. 177.

VINEY (G.), « Principe de précaution et responsabilité civile des personnes privées », *D.* 2007, dossier, Principe de précaution, p. 1542.

Chapitre 2

La loi du 5 juillet 1985 sur l'indemnisation des victimes d'accidents de la circulation

2440. Selon son titre complet, la loi du 5 juillet 1985, tend à « l'amélioration de la situation des victimes d'accidents de la circulation et à l'accélération des procédures d'indemnisation ». C'est une loi essentiellement axée sur la question de l'indemnisation et le rôle des assurances. Elle est intervenue à la suite de très longues études et réflexions, notamment un projet de réforme en matière d'accident de la circulation, élaboré par le professeur André Tunc (v. déjà ss 1557, et les références citées puis remanié et modifié selon l'évolution de la législation et de la jurisprudence).

L'avant-projet de loi a fait l'objet de nombreuses études doctrinales [1] et d'un sondage SOFRES publié et commenté par M. Bigot à la *Gazette du Palais* [2]. C'est dans ce contexte qu'a été votée la loi du 5 juillet 1985 sur l'indemnisation des victimes d'accidents de la circulation dite « loi Badinter ».

Le but de la loi du 5 juillet 1985 a été d'améliorer la situation des victimes d'accident mais, surtout, d'accélérer les procédures d'indemnisation. Pour cela, c'est l'assureur du véhicule impliqué qui est au centre de cette procédure.

2441. Il ne s'agit pas d'un régime de responsabilité car on ne retrouve pas la structure d'un tel régime : fait générateur, dommage, lien de causalité et causes d'exonération partielle ou totale. La loi de 1985 rompt avec l'exigence de causalité sur laquelle repose le droit de la responsabilité. Elle se contente d'une implication d'un véhicule terrestre à moteur dans un accident de la circulation et non d'un lien de causalité avec le dommage précisément subi par la victime. Elle admet une indemnisation intégrale de la victime alors même que celle-ci aurait commis une faute qui serait la cause exclusive de son dommage (et l'on voit bien ici la rupture avec la causalité), dans le but d'indemniser les victimes les plus faibles (enfants de moins de seize ans, personnes âgées de plus de 70 ans, personnes handicapées à plus de 80 %).

Elle ne cherche pas un responsable, au sens de la responsabilité civile, mais un payeur : ce payeur, c'est l'assureur du conducteur du véhicule terrestre à moteur impliqué dans l'accident.

On notera par ailleurs que si le conducteur du véhicule est inconnu ou n'est pas assuré ou si son assureur est partiellement ou totalement insolvable, l'indemnisation des dommages corporels (les dommages aux biens sont indemnisés dans des conditions plus restrictives et à condition que le conducteur soit identifié) est assurée par un Fonds d'indemnisation, le Fonds de garantie des assurances obligatoires (v. ss 2554 s. sur son rôle et la procédure applicable).

1. V. notamment l'ouvrage collectif sous la direction de M. Tunc, *Pour une loi sur les accidents de la circulation*, Economica, 1981.
2. « Les réactions des Français au projet de loi relatif à l'indemnisation des victimes d'accident de la circulation », déc. 1983, *Gaz. Pal.* 18-19 janv. 1984.

2442. Le principe qui commande tout le système est qu'il faut protéger particulièrement une catégorie de victime d'accident de la circulation, les victimes non conductrices, confrontées au risque automobile. Il ne faut pas permettre que l'indemnisation de leur dommage puisse être réduite par des partages de responsabilité. La loi de 1985 soustrait donc ces dommages au droit commun de la responsabilité et des causes d'exonération classiques. Dans le régime spécifique établi par la loi de 1985, la victime non conductrice peut seulement se voir privée de toute indemnisation, dans des cas exceptionnels (v. ss 2474 s.) mais elle ne peut jamais subir une limitation de cette indemnisation.

2443. La loi du 5 juillet 1985, contrairement à tous les régimes de responsabilité étudiés jusqu'ici, n'est pas intégrée dans le Code civil. Elle reste pour l'instant en dehors, ce qui est aussi une marque de son autonomie et de sa spécificité actuelles.

2244. La prochaine réforme du droit de la responsabilité l'intègrera sans doute dans le Code civil en la modifiant de façon sensible pour rétablir l'égalité de traitement entre toutes les victimes de dommage corporel, qui sont considérées différemment pour l'instant selon qu'elles sont ou non conductrices. Tous les projets condamnent cette discrimination. Dans l'attente de cette réforme, nous examinerons successivement les conditions d'application de la loi, qui sont aussi les conditions de l'ouverture du droit à indemnisation, puis l'étendue de ce droit à indemnisation qui varie selon la qualité des victimes. Nous aborderons ensuite les relations entre la loi de 1985 et le droit commun de la responsabilité et enfin la procédure d'indemnisation.

I. Les conditions d'application de la loi

2445. Selon l'article 1er de la loi « Les dispositions (qui précisent l'indemnisation) s'appliquent, même lorsqu'elles sont transportées en vertu d'un contrat aux victimes d'un accident de la circulation dans lequel est impliqué un véhicule terrestre à moteur ainsi que ses remorques et semi-remorques, à l'exception des chemins de fer et des tramways circulant sur des voies qui leur sont propres ». L'article 1er pose les conditions dans lesquelles le droit à indemnisation est ouvert au profit des victimes, tandis que les articles 2, 3 et 4 préciseront ensuite l'étendue et les limites de l'indemnisation selon les différentes catégories de victimes. L'application de la loi suppose, selon l'article 1er, des conditions qui se rapportent aux victimes, des conditions qui se rapportent au véhicule et la condition d'un accident de la circulation qui renvoie parfois à des caractéristiques concernant le véhicule. On s'interrogera ensuite sur l'autre catégorie de personnes concernées par la loi, après celle des victimes, c'est-à-dire les personnes qui vont supporter la charge de l'indemnisation.

A. La condition d'un accident de la circulation

2446. La notion d'« accident » exclut en principe l'application de la loi lorsque l'accident trouve son origine dans *une infraction volontaire*[1] et dans ce cas, le dispositif applicable aux victimes d'infraction s'appliquera (v. ss 2555 s.).

1. Civ. 2e, 30 nov. 1994, *Bull. civ.* II, no 243 ; *RTD civ.* 1995. 132, obs. P. Jourdain (incendie causé par un tracto-pelle utilisé par des voleurs pour défoncer un mur) ; Civ. 2e, 12 déc. 2002, *D.* 2003. IR 468 ; *RCA* 2003. comm. 66, obs. H. Groutel (poursuite de piétons par une voiture) ; Civ. 2e, 23 janv. 2003, *RCA* 2003. comm. 105, obs. H. Groutel ; *D.* 2003. IR 605 (véhicule volontairement percuté par l'arrière par un autre véhicule).

Quant à la notion de « circulation », il ne s'agit pas d'une notion véritablement autonome, car elle s'apprécie largement en rapport avec des considérations concernant le véhicule. On peut dire, cependant, que la jurisprudence a consacré en la matière une conception très extensive : elle admet l'application de la loi pour des accidents survenus sur des voies ouvertes à la circulation publique, évidemment, mais aussi dans des lieux privés, par exemple des champs agricoles ou des pistes de ski, ou des parkings d'immeubles, et même si le véhicule n'est pas en mouvement (v. ss 2456). Il faut cependant, dans ce dernier cas, qu'il ne soit pas, au moment de l'accident, dans une fonction autre que de déplacement (v. ss 2457), comme dans le cas d'un accident occasionné par le système frigorifique d'un camion dans lequel un enfant avait passé son bras. Mais à l'inverse, l'application de la loi a été exclue dans toutes les hypothèses de compétition sportive et même d'entraînement sur des circuits fermés (v. ss 2455).

B. Les conditions tenant aux victimes

1. Absence de distinction selon que la victime est transportée ou pas en vertu d'un contrat

2447. Il s'agit de toute personne victime d'un accident de circulation, qu'il s'agisse de personnes étrangères au véhicule : piéton, cycliste…, du conducteur d'un véhicule ou d'une personne transportée ; et on constate, ici, une innovation : il peut même s'agir d'une personne transportée en vertu d'un contrat. La loi de 1985, contrairement à la distinction faite entre la responsabilité contractuelle et extracontractuelle, prévoit un système uniforme d'indemnisation. Cette même assimilation existe, nous l'avons vu, en matière de responsabilité du fait des produits défectueux (v. ss 2379). L'article premier ne concerne pas uniquement le contrat de transport de personnes, mais aussi tout contrat en vertu duquel les victimes d'un accident de circulation sont transportées : contrat de travail, de prêt ou de location, voire une convention d'assistance bénévole ; ainsi, la loi de 1985 est-elle applicable dans des rapports contractuels entre bailleur et preneur du fait d'un accident causé par un tracteur en location[1].

2. Victimes directes ou par ricochet

2448. L'article 6 de la loi assimile à la victime directe les victimes dites « par ricochet », c'est-à-dire les tiers qui subi*ssent* un préjudice *« du fait* des dommages causés à la victime directe », notamment les héritiers en cas de décès de la victime directe. Ces victimes indirectes voient leur préjudice réparé, mais en tenant compte des limitations ou exclusions applicables à l'indemnisation des dommages subis par la victime directe (v. ss 2516).

C. Les conditions tenant aux véhicules

1. Véhicules terrestres à moteur

a) Il s'agit de tout véhicule terrestre à moteur, avec ses remorques ou semi-remorques

2449. On a appliqué, ici, la terminologie utilisée en matière d'assurance-automobile obligatoire, c'est-à-dire les automobiles, camions, cars, motocyclettes,

---

1. Civ. 2e, 21 juin 2001, *Bull. civ.* II, no 122 ; *RTD civ.* 2001. 901, obs. P. Jourdain.

vélomoteurs mais aussi les tracteurs, instruments de levage, etc. Ainsi en est-il pour un accident provoqué dans un champ par un tracteur [1].

2450. En effet, selon le droit des assurances, il s'agit de « tout véhicule destiné au transport de choses ou de personnes circulant sur le sol et mû par une force motrice quelconque » ainsi que les véhicules « conçus pour être attelés » à un véhicule terrestre à moteur ou seulement attelés à l'un de ces véhicules. La loi s'applique donc, même s'il s'agit d'une remorque de fortune ; attelée à une automobile. Elle s'applique également aux caravanes attelées à une automobile [2]. Mais elle n'a pas été jugée applicable dans le cas d'une bétonnière ni d'une benne à gravats [3] non attelées, en stationnement sur la chaussée.

2451. La loi s'applique même si l'accident a été causé par un tracteur, dans le cadre de l'entraide agricole, régie par les articles L. 325-1 à L. 325-3 du Code rural selon des règles totalement dérogatoires au droit commun. La Cour de cassation estime qu'est *seule* applicable la loi du 5 juillet 1985 « dont les dispositions sont d'ordre public » [4].

2452. Par contre, elle ne s'applique pas aux véhicules à traction animale et le conducteur de l'attelage se voit appliquer l'article 3 de la loi et non l'article 4 : il n'est pas « victime-conducteur » [5].

b) Mais la loi ne concerne pas les « chemins de fer et les tramways circulant sur des voies qui leur sont propres »

2453. Peu importe qu'il s'agisse de train, de métro, ou de funiculaire. Par contre, on en déduit que la loi peut leur être applicable lorsqu'ils partagent une voie avec d'autres véhicules comme les tramways dont les rails sont fixés sur la chaussée et qui ne sont donc pas sur une voie qui leur soit propre [6]. La **Cour de cassation** dans son rapport pour 2005 demandait déjà, au titre des propositions de réforme que les dispositions de la loi de 1985 soient étendues aux tramways, compte tenu du développement de ce mode de transport urbain et du risque de multiplication des dommages. Tous les *projets de réforme du droit de la responsabilité* proposent également d'introduire cette modification.

2454. La Cour de cassation avait jusqu'ici une conception large de la notion de voie propre excluant la loi Badinter. Elle se contentait en effet d'une voie « séparée » des voies de circulation automobile et piétonnière par quelque aménagement matériel ou simplement visuel [7] et elle considérait que la possibilité pour les usagers de la route de traverser une *voie ferrée* ne faisait pas perdre à celle-ci son caractère de voie de circulation propre [8]. Ainsi, la SNCF peut-elle demander au gardien ou au conducteur du véhicule impliqué la réparation de son préjudice matériel selon la loi du 5 juillet 1985, en tant que victime ; au

---

1. Civ. 2e, 5 mars 1986, *Bull. civ.* II, n° 28.
2. Civ. 2e, 19 nov. 1986, rapport C. Cass. 1986.
3. Civ. 2e, 7 juin 1989, *D.* 1990. 116 (bétonnière) ; Crim. 9 janv. 1991, *Bull. crim.* n° 46.
4. Civ. 2e, 17 nov. 2005, *Gaz. Pal.* 19-20 mai 2006, p. 30, note Ph. Coursier.
5. Crim. 17 juin 1986, *Bull. crim.* n° 211.
6. Civ. 2e, 6 mai 1987, *Bull. civ.* II, n° 92.
7. Civ. 2e, 18 oct. 1995, n° 93-19.146, *Bull. civ.* II, n° 239.
8. Civ. 2e, 19 mars 1997, n° 95-19.314, *Bull. civ.* II, n° 78 ; *RGDA* 1997. 766, note J. Landel.

contraire, les occupants de l'automobile ne peuvent agir contre la SNCF en réparation de leurs dommages, que selon les textes de droit commun de la responsabilité civile [1].

Or, la Cour de cassation a abandonné cette conception étroite concernant les *tramways* en décidant qu'« un tramway qui traverse un carrefour ouvert aux autres usagers de la route ne circule pas sur une voie qui lui est propre [2] ». La question est posée de savoir si elle étendra la solution aux chemins de fer.

c) Selon la jurisprudence, la loi ne concerne pas, non plus, les véhicules évoluant sur un circuit fermé exclusivement dédié à l'activité sportive

2455. Dès la promulgation de la loi, les cours d'appel étaient réticentes à appliquer la loi de 1985 aux accidents survenus sur des circuits fermés, le terme « circulation » semblant, *a priori* exclure les circuits fermés. Il s'agissait, tout d'abord d'accidents causés à des spectateurs, lors d'un moto-cross, notamment, mais la Cour de cassation avait cassé ces décisions en déclarant applicable la loi de 1985 [3].

Ensuite, la Cour de cassation considéra la loi de 1985 inapplicable « entre concurrents d'une compétition sportive » [4], ce qui laissait supposer qu'elle était applicable au cours des entraînements. Mais, elle a par la suite refusé l'application de la loi de 1985 aux accidents survenus sur un circuit fermé au cours d'un entraînement et aux dommages causés par un concurrent à un autre concurrent [5]. En effet, les conditions matérielles sont souvent très proches lors des entraînements et lors des compétitions.

Depuis, la Cour de cassation a également écarté l'application de la loi de 1985 pour la réparation de dommages causés à des spectateurs à l'occasion de cascades de véhicules pendant le tournage d'un film [6].

2. Véhicule inerte ou en mouvement

2456. La loi s'applique aux véhicules en mouvement en tous lieux, même dans une propriété privée, même dans un champ. Ainsi, à propos d'une victime blessée en montant sur une moissonneuse-batteuse travaillant dans une propriété privée, a-t-il été jugé que s'appliquait la loi de 1985 et non l'article 1384, alinéa 1er [7].

La loi s'applique également aux véhicules inertes, dans la mesure où ils sont à l'arrêt sur une voie ouverte à la circulation publique [8] (v. ss 2467).

2457. Cependant, la loi de 1985 ne s'applique pas aux véhicules utilitaires qui fonctionnent à l'arrêt tels que la pelle mécanique d'un chariot élévateur [9], ou un engin de

---

1. Civ. 17 mars 1986, *DS* 1987. 49, note H. Groutel.

2. Civ. 2e, 16 juin 2011, no 10.19.491, *JurisData* no 2011-011725 ; *D.* 2011. 1756, obs. I. Gallmeister.

3. Civ. 2e, 10 mars 1988, *Bull. civ.* II, no 59 ; Civ. 2e, 8 mars 1989, pourvoi no 88-11378, inédit.

4. Civ. 2e, 28 févr. 1996, *Bull. civ.* II, no 37 ; *RCA* 1996, comm. 168, et chron. 22, H. Groutel ; Civ. 2e, 19 juin 2003, *Bull. civ.* II, no 197 ; *D.* 2003. Somm. 2540, obs. F. Lagarde ; *RCA* 2003. Chron. 24, H. Groutel ; *RGDA* 2003. 719, note Landel.

5. Civ. 2e, 4 janv. 2006, *LPA* 23 mars 2006, no 59, p. 8, note C. Boismain.

6. Exclusion de la loi de 1985 pour des dommages subis par des spectateurs lors d'un exercice de cascade de voitures durant le tournage d'un film et par le producteur, victime par ricochet : Civ. 2e, 14 juin 2012, n° 11-13-347 et 11-15.642, *RCA* 2012, comm. 234, note H. Groutel ; *RTD civ.* 2012. 543, obs. P. Jourdain.

7. Civ. 2e, 10 mai 1991, *JCP* 1991, no 27, tableaux de jurisprudence p. 258, *Bull. civ.* II, no 137.

8. Y. Chartier, *D.* 1986, no spécial, no 14.

9. Civ. 2e, 13 janv. 1988, *Bull. civ.* II, no 1.

terrassement[1], ou une moissonneuse-batteuse fonctionnant en poste fixe[2] : la fonction de déplacement laisse ici place à la fonction d'outil[3].

En revanche, la loi de 1985 redevient applicable lorsque le « véhicule-outil » est appelé à opérer une succession de déplacements et d'arrêts, même pour un déplacement involontaire : ripage dû à un mauvais positionnement d'une pelle mécanique[4]. La même exclusion s'applique aux opérations de chargement ou de déchargement[5].

2458. La loi pourrait-elle s'appliquer aux accidents survenus au cours d'un rallye automobile ? La Cour de cassation déclare la loi applicable à la réparation du dommage causé par un concurrent à un spectateur[6], mais elle n'est plus applicable si la victime, au lieu d'assigner le conducteur, assigne l'organisateur de la course.

3. Véhicule « impliqué »

a) La condition d'implication

2459. Ce terme d'« implication », s'il figure dans la convention de La Haye du 4 mai 1971 relative à la loi applicable en matière d'accidents de la circulation routière, n'est pas usuel dans la terminologie de la responsabilité civile. On a donc discuté du sens exact qu'il fallait donner à ce terme et la doctrine se réfère, ici, à une remarque faite par le garde des Sceaux, au cours des travaux parlementaires, où il avait précisé que « s'agissant du terme *impliqué*, il est volontairement très large ». Il ne s'agit donc pas de causalité, au sens de condition *sine qua non*, comme dans les régimes de responsabilité (v. ss 1687 s.), mais d'une notion beaucoup plus lâche.

2460. ► ***L'implication***, c'est le fait qu'un véhicule terrestre à moteur soit intervenu, à quelque titre que ce soit où à quelque moment que ce soit, dans la réalisation de l'accident : c'est ce qui détermine l'application des règles contenues dans le texte.

2461. Par exemple, la loi s'appliquera, même si le véhicule est en stationnement régulier, même si le véhicule survient après un premier accident ; mais il faut alors qu'il ait participé d'une manière ou d'une autre à l'accident.

2462. L'implication est la condition essentielle d'application de la loi du 5 juillet 1985 : c'est elle qui ouvre le droit à indemnisation de la victime et elle était destinée à éviter le retour aux discussions, qui avaient eu lieu en droit commun de la responsabilité du fait des choses (art. 1384, al. 1er), sur le rôle causal de la chose, sur son rôle actif ou passif dans la réalisation du dommage et sur le jeu de la présomption de causalité. En réalité, il y plus une différence de degré entre implication et causalité qu'une différence de nature.

---

1. Civ. 1re, 31 janv. 1989, *RCA* 1989, comm. no 175.

2. Civ. 2e, 14 oct. 1992, *RCA* 1992, comm. no 450 ; v. aussi Civ. 2e, 8 mars 2001 (2 arrêts), *Bull. civ.* II, no 42 et 43 ; *RCA* 2001, comm. 184-185.

3. V. chron. Amouroux, « Le véhicule et l'outil », *Gaz. Pal.* 1990. Doctr. 21, cité dans la bibliographie.

4. Civ. 2e, 19 nov. 1998, *JCP* 1999. II. 10113, note Nizard de St Didier.

5. Civ. 2e, 8 mars 2001, cité *supra*.

6. Crim. 16 juill. 1987, *Bull. crim.* no 294.

Cette notion d'implication est la plus délicate à définir et les cours et les tribunaux ont interprété ce terme, tantôt très largement, tantôt très restrictivement. La Cour de cassation, pour sa part, a dû prendre parti : elle interprète la notion d'implication comme une intervention non causale, ainsi « l'absence de causalité entre la faute du conducteur et le dommage de la victime n'exclut pas l'implication »[1]. Elle a également cassé pour violation de l'article 1er, une décision qui avait considéré qu'un automobiliste qui n'avait commis aucune faute ne pouvait être impliqué[2]. La tendance consiste à étendre très largement la notion d'implication qui découle actuellement d'une simple coïncidence : un véhicule est impliqué quand, à sa vue, un piéton a un mouvement de recul, dû à la surprise, ce qui provoque sa chute en arrière ![3] Est également qualifié d'« accident de la circulation » le fait pour une personne d'avoir été blessée par la projection d'un objet transporté sur le toit d'une voiture à l'arrêt, fixé par un tendeur élastique ![4]

En cas de collision, en l'absence de preuve d'une faute d'un conducteur, les causes de l'accident étant restées inconnues, le propriétaire d'un des véhicules doit indemniser entièrement le propriétaire de l'autre[5].

La notion d'implication est particulièrement difficile à préciser dans une série de cas : selon qu'il y a, ou non, contact entre la victime et le véhicule ; en cas de carambolage ; en présence d'un véhicule en stationnement.

1° En cas de contact entre la victime (ou son véhicule) et un véhicule terrestre à moteur

2463. Le contact suffit à établir l'implication. C'est à peu près ce qui se passait avant la loi de 1985, lorsqu'on appliquait l'article 1384, alinéa 1er. Dans ce cas il fallait établir le rôle actif du véhicule selon la formule : contact + mouvement = rôle actif de la chose (v. ss 1954).

La Cour de cassation admet cette présomption d'implication dès qu'il y a contact. Ainsi, lors d'une collision en chaîne, la Cour constate que le véhicule du défendeur avait heurté celui de la victime « et que par suite », le premier était impliqué dans l'accident[6]. Lorsqu'un véhicule A quitte son couloir de circulation pour heurter un véhicule B qui circule en sens inverse bien à sa droite et à vitesse modérée, les passagers du véhicule A peuvent demander l'indemnisation de leurs dommages au conducteur du véhicule B, sans que celui-ci puisse leur opposer le fait du conducteur du véhicule A, véritable responsable de l'accident, mais tiers par rapport aux victimes (L. du 5 juill. 1985, art. 2)[7]. La question d'un éventuel recours récursoire du conducteur du véhicule B se posera ensuite (v. ss 2521 s.).

De même, est impliquée dans un accident l'automobile qui, garée sur un parc de stationnement, a été projetée par un véhicule inconnu sur une autre voiture qui y était garée et qui a été endommagée[8]. Est nécessairement impliqué tout véhicule qui a été heurté, qu'il soit à l'arrêt ou en mouvement[9].

---

1. Civ. 2e, 11 avr. 1986, *Gaz. Pal.* 1986. 2. 610, note P. Jourdain ; *JCP* 1986. II. 20672, 2e esp., note J. F. Barbieri ; Civ. 2e, 17 mars 1993, *Bull. civ.* II, no 107, obs. G. Viney, *JCP* 1993. I. 3727.

2. Civ. 2e, 26 nov. 1986, *DS* 1987. 128, note H. Groutel.

3. Civ. 2e, 2 avr. 1997, *Gaz. Pal.* 1997. Pan. 273 ; *RCA* 1997. 226.

4. Civ. 2e, 20 oct. 2005, *Gaz. Pal.* 28-29 déc. 2005. Pan. 9.

5. Civ. 2e, 24 juin 1987, *Bull. civ.* II, no 136.

6. Civ. 2e, 26 févr. 1986.

7. Civ. 2e, 13 mai 1987, et Civ. 20 juill. 1987, *Bull. civ.* II, no 162.

8. Civ. 2e, 21 mai 1990, *JCP* 1990. IV. 277, *D.* 1991. 123, note J.-L. Aubert, 1re esp.

9. Civ. 2e, 25 janv. 1995, *Bull. civ.* II, no 27 ; *Gaz. Pal.* 1995. 1. 315, note F. Chabas ; *RTD civ.* 1995. 382, obs. P. Jourdain.

2° Lorsqu'il n'y a pas de contact entre la victime (ou son véhicule) et un véhicule terrestre à moteur en mouvement

2464. Il peut quand même y avoir implication de ce véhicule, mais à la condition que la victime puisse établir qu'il a participé d'une certaine manière à la réalisation de l'accident[1]. Et la Cour de cassation, quand elle constate l'implication, casse les décisions qui énoncent que le véhicule « n'avait joué aucun rôle causal dans la réalisation du dommage »[2] et qui ne recherchent pas la preuve de l'implication, car l'*implication se distingue de la causalité*[3]. Sur ce point, la Cour de cassation maintient la condition de « perturbation de la circulation » en l'absence de heurt ou de contact entre le véhicule du défendeur et la victime ou son propre véhicule[4].

Par un arrêt du 15 janvier 1997, la Cour de cassation semble revenir à une formulation plus simple et plus classique qui réintroduit la notion de causalité, indispensable en ces termes : « même en l'absence d'un contact avec les autres véhicules, l'ambulance avait eu un *rôle actif* dans la survenance de l'accident et qu'elle était impliquée dans l'accident »[5].

En revanche, la Cour de cassation admet que « la cour d'appel avait pu décider que la seule présence de la voiture dans sa propre voie de circulation ne suffisait pas à caractériser son implication dans l'accident », à propos d'un cyclomotoriste qui avait fait une embardée au passage de cette voiture et heurté un poteau téléphonique[6].

2465. La Cour de cassation semble vouloir admettre, de plus en plus largement, l'implication du véhicule en cas d'absence de contact : un feu d'artifice et l'alarme d'un véhicule à l'arrêt affolent deux chevaux qui prennent le galop. Ils sont maîtrisés lorsque la sirène et le gyrophare d'une voiture de pompiers provoquent un nouveau galop et le heurt des chevaux avec le véhicule du demandeur. Le premier véhicule dont l'alarme s'était déclenchée vingt minutes plus tôt et dix kilomètres plus loin est pourtant considéré par la Cour suprême comme « impliqué » ![7] Il s'agit, là, d'une interprétation très large de l'implication. En droit commun, on aurait considéré le fait de ce véhicule comme trop indirect et trop lointain pour être jugé causal (sur la causalité en droit commun de la responsabilité, v. ss 1683 s.).

3° En cas de carambolage (collisions en chaîne)

2466. Dans l'hypothèse de collisions en chaîne, le recours à la notion large d'implication doit conduire à admettre que tous les véhicules sont impliqués sans avoir à rechercher le rôle joué par chacun et la victime doit donc pouvoir s'adresser indifféremment à l'un ou l'autre des assureurs des véhicules impliqués. C'est la solution actuellement retenue. Pourtant, la deuxième chambre civile de la Cour de cassation, a été tentée à plusieurs reprises par un retour à une notion d'implication plus réductrice et plus proche de la causalité. D'abord en autorisant les conducteurs des véhicules impliqués *dans l'accident*, à

---

1. Civ. 2e, 28 mai 1986, *Bull. civ.* II, no 83 ; Civ. 15 mai 1992, *JCP* 1992. IV. 1973.
2. Civ. 19 févr. 1986, *Bull. civ.*, no 19.
3. Civ. 2e, 1er avr. 1987, *RGAT* 1988. 40, note Chapuisat.
4. Civ. 2e, 5 janv. 1994, *Époux Zemmour*, *Bull. civ.* II, no 2, *JCP* 1994. IV. 606 et obs. Viney ; *JCP* 1994. I. 3773. VI.
5. Civ. 2e, 15 janv. 1997, *JCP* 1997. II. 22883, note F. Chabas.
6. Civ. 2e, 18 mars 1999, *Bull. civ.* II, no 51 ; *JCP* 1999. IV. 1908.
7. Civ. 2e, 18 mai 2000, *Bull. civ.* II, no 79 ; *RTD civ.* 2000. 853, obs. P. Jourdain.

démontrer qu'en réalité leur véhicule n'était pas impliqué *dans le dommage*[1]. Ensuite, et notamment dans un arrêt du 16 mars 1994[2], en considérant chaque collision comme un accident distinct, nécessitant l'appréciation de l'implication des véhicules dans chacun des cas au lieu d'analyser les collisions en chaîne comme un événement global.

Dans un nouvel arrêt du 28 juin 1995[3], la deuxième chambre civile a ensuite reconnu le caractère unique de l'accident qualifié de « collision en chaîne » et approuvé l'examen de l'implication du camion (qui avait perdu une roue de secours qui avait heurté une première voiture et provoqué le carambolage de quatre véhicules) par rapport à cet accident global. Un nouvel arrêt du 24 juin 1998[4] retenait cette conception globale d'« accident complexe ».

Une nouvelle hésitation devait se manifester le 5 novembre suivant[5] : la deuxième chambre civile cassait une décision qui avait fait application de cette notion car l'inexistence de la causalité entre le véhicule du demandeur et la victime avait été constatée par les juges eux-mêmes. Nous assistions ici à un retour à la notion de causalité que la loi de 1985 avait voulu écarter en créant un nouveau mécanisme d'indemnisation...

Enfin, cette jurisprudence divergente a ensuite été écartée, le 24 février 2000, au profit du retour à la notion de globalisation de l'accident complexe[6].

2467. *Toutefois, pour qu'il y ait accident complexe unique* et que l'on évite le fractionnement en une série d'accidents particuliers distincts, la Cour de cassation a posé des conditions. Elle exige en effet un « enchaînement continu des différents épisodes »[7] qui suggère une unité d'action, l'épisode précédent expliquant le suivant[8]. Cela n'impose pas cependant que l'accident complexe se soit déroulé en un seul trait de temps et la Cour de cassation a pu retenir un accident unique alors que plus de vingt minutes s'étaient écoulées entre la première et la dernière phase de l'accident[9]. Ces décisions confirment en tout cas, la thèse de la globalisation de l'accident complexe : la Cour de cassation admet en ce cas que tous les véhicules sont impliqués à l'égard de la victime.

4° Cas des véhicules en stationnement ou à l'arrêt

2468. Peut-on dire qu'un véhicule en stationnement, même régulier, peut être considéré comme « impliqué » ?

Certains auteurs l'ont pensé, admettant ainsi la conception la plus large de l'implication, applicable à tout véhicule présent, même fortuitement au lieu et au moment d'un accident. C'est la solution la plus simple mais qui peut paraître parfois choquante. La

1. Civ. 2e, 24 oct. 1990, *Bull. civ.* II, 211 ; *RTD civ.* 1991. 131, obs. P. Jourdain.
2. *Bull. civ.* II, no 90, *JCP* 1994. IV. 1329.
3. *Bull. civ.* II, no 203 ; *JCP* 1995. IV. 2129 ; *JCP* 1995. I. 3944, obs. G. Viney.
4. *Bull. civ.* II, no 205, *JCP* 1998. I. 187, obs. G. Viney ; *RTD civ.* 1998. 922, obs. P. Jourdain.
5. Civ. 2e, 5 nov. 1998, *JCP* 1999. II. 10084, note Ph. Conte ; *RTD civ.* 1999. 121, obs. P. Jourdain.
6. Civ. 2e, 24 févr. 2000 (deux arrêts), *JCP* 2000. I. 243, obs. G. Viney ; *RTD civ.* 2000. 348, obs. P. Jourdain.
7. Civ. 2e, 21 nov. 2013, n° 12-26. 401, *RCA* 2004, comm. 369 ; Civ. 2e, 2 oct. 2008, *JurisData* no 2008-045215 ; *RCA* 2008, comm. 323, note H. Groutel ; *RTD civ.* 2002. 335, obs. P. Jourdain ; Civ. 2e, 22 févr. 2007, *JurisData* no 2007-037588 ; Civ. 2e, 21 oct. 2004, *JurisData* no 2004-025349 ; *RCA* 2004, comm. 369, note H. Groutel.
8. F. Leduc, « Le cœur et la raison en matière d'accidents de la circulation », *RCA* 2009, Dossier, *Les vingt ans de la revue*, p. 18, no 10
9. Civ. 2e, 25 oct. 2007, *JurisData* no 2007-041033.

Cour de cassation a donc donné son interprétation par trois arrêts de principe le 21 juillet 1986 [1]. Par ces trois arrêts, la deuxième chambre civile estimait qu'un véhicule en stationnement ne pouvait être impliqué que si « les conditions de son stationnement avaient perturbé ou étaient de nature à perturber la circulation de la victime » et cette solution avait souvent été confirmée par la suite. Mais deux arrêts de la deuxième chambre civile ont réalisé, le 23 mars 1994, un important revirement de jurisprudence dans la mesure où il est affirmé que « le fait qu'un véhicule terrestre à moteur soit *en stationnement sans perturber la circulation n'exclut pas son implication* dans un accident au sens de la loi du 5 juillet 1985 » [2]. De la même façon, le 22 novembre 1995, mais à propos d'un incendie concernant des véhicules en stationnement, la deuxième chambre civile précise « que le stationnement d'un véhicule sur la voie publique est un fait de circulation au sens de l'article 1er de la loi du 5 juillet 1985 » [3].

Cette conception de l'implication concerne toutes les hypothèses de stationnement, qu'il y ait ou non contact entre la victime et le véhicule, qu'il soit en position normale ou anormale, que le stationnement soit licite ou illicite.

2469. La question s'est également posée pour un véhicule, non pas en stationnement, mais arrêté ou immobilisé. Il s'agissait, par exemple, d'un autobus momentanément arrêté sur la chaussée pendant que descendaient les passagers ou encore d'un véhicule ou de sa remorque en cours de chargement ou de déchargement [4]. La Cour de cassation s'est montrée beaucoup moins exigeante, admettant l'implication dès lors que le véhicule immobilisé avait été une simple condition *sine qua non* du dommage, dès qu'il y avait intervention matérielle [5]. Plus récemment, il a été jugé que sont impliqués des véhicules, momentanément immobilisés sur la chaussée devant un passage protégé, qui ont continué à participer à la circulation en créant un arrêt de celle-ci et ont, par leur positionnement, modifié la progression d'une motocyclette [6].

Une question plus délicate est celle où le dommage est causé par l'*incendie d'un véhicule à l'arrêt* : la loi de 1985 s'applique si le véhicule circulait lorsque l'incendie s'est déclaré et l'a contraint à s'arrêter [7] ; elle s'applique aussi, même si le véhicule est en stationnement, parfois depuis longtemps [8], et même s'il s'agit de l'explosion d'un véhicule en stationnement [9] et même s'il s'agit de l'incendie d'un véhicule stationné dans un parking privé [10].

Cette extension du domaine de la loi de 1985 semble exagérée, elle ne semble exclue que dans deux cas : si le véhicule est garé dans un lieu non prévu à cet effet ou si l'incendie est volontaire. Ainsi, l'incendie provoqué par l'embrasement d'un cyclomoteur est exclu du domaine d'application de la loi du 5 juillet 1985, dès lors qu'il était en stationnement dans l'entrée d'un immeuble collectif, c'est-à-dire « dans un lieu d'habitation impropre à cette destination » [11].

---

1. *Bull. civ.* II, n° 113-114-115, *Gaz. Pal.* 18 oct. 1986, note F. Chabas.
2. Civ. 2e, 23 mars 1994, obs. Viney, *JCP* 1994. I. 3773, VI, 1° ; *JCP* 1994. II. 22292, note Ph. Conte.
3. Civ. 2e, 22 nov. 1995, 3 espèces : *JCP* 1996. IV. 89 à 91 et *JCP* 1996. II. 22656, 2 espèces, note J. Mouly ; *D.* 1996. 163, 1re esp., note P. Jourdain ; *Bull. civ.* III, n° 285, 286 et 287.
4. Civ. 2e, 19 févr. 1997, *RCA* 1997. 197.
5. Civ. 2e, 7 juin 1989, *Bull. civ.* II, n° 122 ; *D.* 1989. IR 193.
6. Civ. 2e, 29 nov. 2001, *Bull. civ.* II, n° 175 ; *Dr. et patr.* 2002. 93, obs. F. Chabas.
7. Civ. 2e, 20 janv. 1993, *Bull. civ.* II, n° 18, et Civ. 2e, 3 mars 1993, *Bull. civ.* II, n° 79.
8. Civ. 2e, 22 nov. 1995, cité au n° 1217-13.
9. Civ. 2e, 22 nov. 1995, préc., 3e et 2e esp.
10. Civ. 2e, 18 mars 2004, *Gaz. Pal.* 31 oct.-4 nov. 2004, note Y. Dagorne-Labbe.
11. Civ. 2e, 26 juin 2003, *Gaz. Pal.* 10-12 août 2003, et la note.

De même, l'incendie volontaire d'un véhicule est exclusif d'un accident de circulation et la loi de 1985 est écartée[1]. Toutefois, la doctrine fait remarquer que, s'il est logique d'écarter la loi de 1985 en cas d'action intentionnelle du conducteur, cela est beaucoup moins opportun quand le fait volontaire émane d'un tiers : la victime ramenée au droit commun de l'article 1384, alinéa 2, devra prouver la faute de l'incendiaire ce qui ne sera sûrement pas facile.

b) Distinction entre « implication » et « imputabilité » : la condition implicite d'imputabilité du dommage à l'accident

2470. La question se pose de savoir s'il faut établir, au-delà de l'implication du véhicule dans l'accident, que le véhicule est également *impliqué dans le dommage* subi par la victime ?

Le problème se pose, spécialement, on l'a vu (v. ss 2466) quand il y a eu deux accidents successifs : par exemple une voiture percute un arbre, puis est heurtée par un autre véhicule : le décès du conducteur est-il imputable au conducteur de ce véhicule impliqué ou bien s'était-il produit auparavant ?[2] Au-delà de cette hypothèse, on peut se poser la même question si par exemple le dommage a pour cause une prédisposition de la victime ou si le préjudice apparaît ultérieurement.

2471. Or, si l'on exigeait la preuve de l'implication du véhicule dans le dommage, on réintroduirait indirectement l'exigence de la preuve d'un rapport de causalité entre le fait du véhicule et le dommage et une démarche de type « responsabilité ». Aussi n'est-ce pas la solution retenue par la jurisprudence, qui exige simplement la condition d'imputabilité du dommage, non pas directement au véhicule impliqué, mais seulement à l'accident. Cette condition n'est pas expressément posée dans la loi de 1985, mais elle est sans doute sous entendue dans le fait qu'elle s'adresse aux « victimes d'accident de la circulation ».

La condition d'imputabilité du dommage à l'accident est donc sous-entendue et la question de la charge de la preuve (qui devrait normalement peser sur la victime) a été résolue par la Cour de cassation par le recours à une présomption d'imputabilité. Après quelques hésitations, la deuxième chambre civile affirme que « le conducteur d'un véhicule terrestre à moteur impliqué dans un accident de la circulation ne peut se dégager de son obligation d'indemnisation que s'il établit que cet accident est sans relation avec le dommage », notamment lorsque la victime invoque un préjudice apparu ultérieurement. En cas de doute sur la causalité entre l'accident et le dommage, la charge de la preuve incombe au responsable[3]. Il n'est donc pas question de discuter du rôle causal ou non, actif ou passif, du véhicule. En effet, l'« implication » d'un véhicule dans un accident peut n'avoir aucune relation avec la causalité du dommage alors que l'« imputation » du dommage à l'accident est une pure question de causalité[4].

Toutefois, on peut se demander si on n'en revient pas ainsi, à réintroduire la notion de causalité que le législateur de 1985 avait voulu écarter en introduisant la notion

---

1. Civ. 2e, 15 mars 2001, *Bull. civ.* II, no 50 ; *RCA* 2001, comm. 186, obs. H. Groutel ; *RTD civ.* 2001. 606, obs. P. Jourdain ; *LPA* 2001, no 178, obs. Leroy.

2. Civ. 2e, 28 juin 1989, *JCP* 1990. II. 21508, note Ph. Montanier.

3. Civ. 2e, 19 févr. 1997, *D.* 1997. 84, note C. Radé ; *JCP* 1997. I. 4070, obs. G. Viney ; *JCP* 1998. II. 10005, note Ph. Brun.

4. Civ. 2e, 24 oct. 1990, *Bull. civ.* II, no 211, *RTD civ.* 1991. 131, obs. P. Jourdain ; Civ. 25 mars 1991, *RTD civ.* 1991. 550, obs. P. Jourdain.

d'implication[1], d'autant que des arrêts ultérieurs ont ensuite restreint la portée de la présomption du 16 octobre 1991[2] soit même semblé remettre totalement en cause la présomption[3].

Finalement, par un arrêt du 19 février 1997, la deuxième chambre civile a réaffirmé le principe d'une *présomption d'imputabilité du dommage à l'accident*, mettant fin aux doutes nés de certains arrêts antérieurs[4]. Elle affirme que « le conducteur d'un véhicule terrestre à moteur impliqué dans un accident de la circulation ne peut se dégager de son obligation d'indemnisation que s'il établit que cet accident est sans relation avec le dommage ». Il s'agit, sinon d'une présomption légale puisque la loi de 1985 ne précise rien de tel, du moins d'une *présomption de droit*, d'une présomption « quasi légale[5] ». Cette présomption ne se justifie cependant que quand le lien entre l'accident et le dommage est suffisamment vraisemblable, ce qui suppose que le dommage se manifeste rapidement et peut apparaître comme la suite prévisible de l'accident. Ainsi, si le dommage est apparu plusieurs mois après l'accident, la présomption ne jouera pas[6].

D. Les personnes qui vont supporter la charge de l'indemnisation

2472. Devant le silence de l'article premier, sur ce point, la doctrine s'était demandée qui pouvait être appelé à supporter la charge de l'indemnisation. Certains auteurs avaient une vue très extensive[7]. La majorité de la doctrine, tenant compte de l'esprit de la loi fondée sur les risques de la circulation, de l'existence d'une assurance obligatoire des véhicules terrestres à moteur et de l'article 2 de la loi qui précise que les victimes ne peuvent se voir opposer la force majeure ou le fait d'un tiers « par le *conducteur* ou le *gardien* d'un véhicule mentionné à l'article premier » a considéré qu'il s'agissait du conducteur ou gardien du véhicule, mais en réalité, pour atteindre l'assureur. C'est donc bien *contre les conducteurs ou gardiens* des véhicules terrestres à moteur impliqués que l'action est exercée car il faut passer par eux pour leur imputer la dette d'indemnisation ; néanmoins, ce sont les assureurs qui supportent la charge de cette dette.

La question de la réparation de la charge de l'indemnisation peut aussi se poser lorsqu'il y a plusieurs conducteurs ou gardiens impliqués. Dans la mesure où le fait du tiers n'est pas opposable aux victimes, la question ne peut se poser que dans le cadre de recours récursoires entre coobligés que nous étudierons ultérieurement (v. ss 2521 s.).

---

1. V. aussi Civ. 2e, 3 mars 1993, *Bull. civ.* II, n° 22 et obs. G. Viney, *JCP* 1993. I. 3727, arrêt dangereux car il ne réaffirme pas la présomption d'imputabilité ; v. aussi P. Jourdain, chron. citée dans la bibliographie.

2. Civ. 2e, 16 oct. 1991 ; *JCP* 1992. II. 21934, note Ph. Conte sur les sérieux doutes sur l'interprétation à lui donner.

3. Civ. 2e, 24 janv. 1996, *Bull. civ.* I, n° 15 ; *JCP* 1996. I. 3944, n° 25, obs. G. Viney ; *RTD civ.* 1996. 406, obs. Ph. Jourdain ; *D.* 1997. Somm. 30, note D. Mazeaud.

4. Civ. 2e, 24 janv. 1996, *Bull. civ.* II, n° 15, *RTD civ.* 1996. 406, obs. P. Jourdain sur « l'agonie de la présomption de droit ».

5. Selon une formule utilisée par le président Dimin : *JCP* 1946. I. 578.

6. Civ. 2e, 22 févr. 2002, n° 0011684 : dépression un an après l'accident ; 9 janv. 2003, n° 0015906 : décès de la victime plusieurs années après l'accident.

7. F. Chabas, « Le droit des accidents de la circulation après la réforme du 5 juillet 1985 », Litec, 1985, n° 162.

1. Le principe : l'assureur du conducteur-gardien

2473. *C'est l'assureur du conducteur*, qui est la plupart du temps en même temps le gardien, qui devra indemniser. Le conducteur est en principe celui qui était aux commandes du véhicule au moment de l'accident. Cependant, il existe des situations plus complexes et, notamment, lorsque le véhicule était en stationnement au moment de l'accident ou lorsque les occupants du véhicule ont été éjectés, sont décédés et que l'on ne sait qui conduisait. La question de la détermination de la qualité de conducteur se pose surtout, en réalité, pour déterminer la qualité de la victime, conductrice ou non conductrice et elle sera plus précisément étudiée dans ce cadre (v. ss 2498 s.).

2. L'exception : l'assureur du gardien distingué du conducteur

2474. Dans des hypothèses exceptionnelles, la Cour de cassation désigne le gardien lorsqu'il est différent du conducteur, dans les rares cas où il est possible de distinguer les deux, notamment lorsque c'est un préposé qui conduit le véhicule. La Cour de cassation a conservé les caractères de la garde de droit commun : l'usage, la direction et le contrôle du véhicule, et les hypothèses de transfert de garde, pour identifier le gardien, notamment à propos d'une voiture prêtée [1] ; mais aussi la présomption de garde pesant sur le propriétaire et l'incompatibilité des fonctions de gardien et de préposé. La Cour de cassation a, de même, recours à l'interprétation de l'article 1384, alinéa 5, pour déterminer si un préposé a agi, ou non, à l'insu du commettant et si ce dernier doit être considéré, ou non, comme gardien [2]. Jusqu'à récemment, cette distinction n'avait d'intérêt que dans le cas particulier où le conducteur n'est pas assuré. Car sinon, lorsque le conducteur et le gardien sont différents, la victime doit pouvoir s'adresser indifféremment à l'assureur de l'un ou de l'autre, les deux étant solidairement tenus à indemnisation.

Un second intérêt est récemment apparu lorsque c'est un préposé qui a la qualité de conducteur, compte tenu de la transposition par la Cour de cassation de la jurisprudence *Costedoat*, instaurant une immunité du préposé sur le fondement de l'article 1384, alinéa 5, du Code civil. Cette situation mérite une attention particulière.

3. Le cas du préposé : l'immunité du préposé transposée sur le fondement du régime d'indemnisation des accidents de la circulation

2475. Dans une décision du 28 mai 2009 [3], la seconde chambre civile de la Cour de cassation a transposé dans le cadre de la loi de 1985, la solution retenue dans le cadre de la responsabilité des commettants du fait des préposés, depuis l'arrêt *Costedoat* du 25 février 2000 (v. ss 2110, 2111). L'assemblée plénière a instauré, en effet, avec l'arrêt *Costedoat*, une immunité du préposé qui cause un dommage alors qu'il agit dans les limites de sa mission ; ce dernier ne peut plus engager sa responsabilité personnelle envers la victime, laquelle ne peut agir en responsabilité que contre le commettant. Sur le fondement de la loi du 5 juillet 1985, la deuxième chambre civile de la Cour de cassation,

---

1. Civ. 2e, 13 janv. 1988.
2. Civ. 2e, 18 nov. 1987, *Bull. civ.* II, no 235, p. 130.
3. Civ. 2e, 28 mai 2009, *Société Jacques terrassements location*, *JCP* 2009. 18, no 28, note J. Mouly ; *D.* 2009. 1606, obs. I. Gallmeister ; *RTD civ.* 2009. 541, no 5, obs. P. Jourdain.

dans la décision du 28 mai 2009 en reprenant les termes mêmes de l'arrêt *Costedoat*, sous réserve de la substitution du terme d'indemnisation au terme de responsabilité que « n'est pas tenu à indemnisation à l'égard de la victime le préposé conducteur d'un véhicule de son commettant impliqué dans, qui agit dans les limites de la mission qui lui a été impartie ». Ainsi, quand le préposé est resté dans les limites de sa mission, la victime de l'accident de la circulation dans lequel est impliqué le véhicule conduit par ce préposé, ne pourra se tourner que vers le commettant, resté gardien du véhicule.

La Cour de cassation fait donc application d'une règle tirée du droit commun de la responsabilité dans le cadre de la loi de 1985, ce qui consacre certes une entorse importante à l'autonomie de celle-ci par rapport au droit commun de la responsabilité civile et à son caractère exclusif[1]. Pour autant, la solution de l'immunité a une certaine logique puisque le préposé qui agit dans l'intérêt du commettant et lui est subordonné n'est pas libre de ses moyens. En outre, et comme le relève Patrice Jourdain, cette immunité sera sans incidence véritable sur l'indemnisation de la victime. Elle dispose d'un autre débiteur en la personne de l'assureur du commettant-gardien. Et si celui-ci n'est pas assuré et est insolvable, c'est le fonds de garantie qui interviendra pour indemniser la victime[2].

4. La charge de l'indemnisation supportée par le Fonds de garantie

Sans le développer ici, on signalera aussi que lorsque le conducteur ou le gardien est inconnu ou non assuré, l'indemnisation peut être assurée par le Fonds de garantie contre les accidents des assurances obligatoires de dommage, dont l'intervention est seulement subsidiaire (sur les modalités de son intervention, v. ss 2554 s.).

II. Modalités d'indemnisation des victimes

A. Le principe d'une distinction entre les victimes conductrices et non conductrices

2476. Lorsque les conditions d'application de la loi sont remplies, le droit à indemnisation est ouvert. Cependant, la victime n'a pas toujours droit à une indemnisation intégrale, qu'il s'agisse des dommages matériels ou même des dommages corporels. Les articles 2 à 5 de la loi du 5 juillet 1985 prévoient et précisent des causes de *limitation* ou *d'exclusion* d'indemnisation opposables, ou non, à la victime par le conducteur ou le gardien du véhicule terrestre à moteur impliqué.

L'article 2 élimine tout de suite deux des trois causes d'exonération classiques : la *force majeure* et le *fait d'un tiers*. Celles-ci ne pourront jamais être opposées à la victime, qu'elle soit conducteur ou non.

La seule cause d'exclusion d'indemnisation possible est donc la *faute de la victime*, mais à des conditions tout à fait particulières : la loi de 1985 fait en effet une différence essentielle entre deux catégories de victimes : *les victimes conductrices et les victimes non conductrices*, lorsqu'il s'agit de l'indemnisation des dommages corporels tout au moins.

---

1. V. en ce sens, H. Groutel, « L'exclusivité de la loi du 5 juillet 1985, entre hauts et bas », *RCA* 2009, étude n° 11 ; et également : P. Jourdain, *RTD civ.* 2009. 541, n° 5.
2. P. Jourdain, *RTD civ.* 2009. 541, n° 5.

1. Protection particulière des victimes non conductrices pour les dommages corporels

2477. Les victimes non conductrices peuvent seulement se voir priver de toute indemnisation. Cette indemnisation ne peut jamais être réduite quelle que soit la nature de la faute qu'elles ont pu commettre. C'est la loi du « tout ou rien ».

L'exclusion d'indemnisation n'intervient par ailleurs que dans des cas exceptionnels, si la faute présente certains caractères (v. ss 2483 s.), différents selon les catégories de victimes non conductrices. La loi de 1985 opère, en effet, à l'intérieur de la catégorie des victimes conductrices, une autre distinction : celle des victimes dites « simplement privilégiées » et des victimes « super-privilégiées », particulièrement vulnérables et qui méritent, à ce titre, une protection renforcée (enfants jusqu'à 16 ans, personnes âgées et personnes handicapées) (v. ss 2494).

2. Situation défavorisée de la victime conductrice

2478. Lorsque la loi du 5 juillet 1985 a été adoptée, il n'a pas été jugé opportun que les conducteurs, moins exposés que les non conducteurs, bénéficient d'une protection particulière. C'est pourquoi, les victimes conductrices peuvent non seulement se voir priver de toute indemnisation, mais encore subir une limitation d'indemnisation, en considération de leur faute (v. ss 2497). Il ne s'agit pas cependant d'en revenir aux causes d'exonération du droit commun de la responsabilité, puisque la force majeure est exclue, ainsi que le fait d'un tiers.

On rappellera que cette discrimination entre les victimes conductrices et non conductrices est aujourd'hui très contestée. *Tous les projets de réforme* (l'avant-projet Catala, le rapport d'information du Sénat et la proposition de loi Béteille, le projet Terré), comme la Cour de cassation elle-même, préconisent, dans le cadre d'une future réforme de la responsabilité civile, l'abandon de cette distinction, qui, pour l'instant, est encore de droit positif[1].

B. Les causes d'exclusion d'indemnisation écartées pour toutes les victimes

2479. L'article 2 exclut pour toutes les victimes, conducteurs ou non, quels que soit leur âge et leur état de santé, la possibilité de se voir opposer par le défendeur à l'action, conducteur ou gardien du véhicule terrestre à moteur impliqué, les deux premières causes d'exonération de responsabilité classique :
– la force majeure,
– le fait d'un tiers.

1. La force majeure

2480. La Cour de cassation a, ainsi, considéré que la victime ne peut se voir opposer un cas de force majeure, tel que l'irruption d'un animal sur la chaussée[2] ou la présence d'une plaque de verglas[3].

---

1. V. F. Leduc, « La sanction de la faute du conducteur victime en question », *RCA* oct. 2011. Étude 11.
2. Civ. 2e, 6 nov. 1985, *Bull. civ.* II, n° 166, p. 112.
3. Civ. 28 mai 1986, *Bull. civ.* II, n° 82, p. 56.

La Cour de cassation a aussi précisé que la force majeure prévue par l'article 2 est bien la force majeure « extérieure aux parties »[1].

D'autre part, seul le conducteur ou le gardien du véhicule impliqué sont privés du droit d'invoquer, contre la victime, la force majeure ou le fait d'un tiers. Par contre, tous ceux qui sont poursuivis selon le droit commun, sur le fondement des articles 1382 et suivants conservent la possibilité d'invoquer ces causes d'exonération.

2. Le fait d'un tiers

2481. La Cour de cassation n'autorise pas non plus le défendeur à opposer à la victime le fait d'un tiers et, notamment, le fait du conducteur du véhicule dans lequel se trouvait le passager victime[2], ni pour limiter, ni pour exclure l'indemnisation.

2482. Toutefois, on peut se demander si le conducteur ou le gardien, dans un second temps, a le droit se retourner contre ce tiers qui est co-impliqué (ou d'ailleurs, plus largement, contre un tiers co-auteur dont la responsabilité pourrait être admise). La loi de 1985 n'en a pas parlé mais ne l'a pas non plus exclu. Si ce recours est possible, quels textes lui sont-ils applicables : les articles 1382 et suivants du Code civil, c'est-à-dire les textes de droit commun ou la loi du 5 juillet 1985 ? Et peut-on avoir recours au système de la subrogation légale du *solvens* dans les droits de la victime, utilisable en droit commun ? Ces questions se rattachent à celle plus générale des recours récursoires dans le cadre de l'application de la loi de 1985 que nous verrons ultérieurement (v. ss 2521 s.).

C. La faute de la victime seule cause d'exclusion ou de limitation d'indemnisation

2483. La loi du 5 juillet 1985 fait ici plusieurs distinctions successives (v. schéma en fin de chapitre) :

– selon qu'il s'agit de dommages à la personne ou aux biens,

et s'agissant des dommages à la personne ;

– selon que la victime était ou non conductrice ;

– selon son âge et son état de santé, en ce qui concerne la victime non conductrice.

1. Les dommages résultant des atteintes à la personne

2484. Les articles 3 et 4 de la loi de 1985 concernent l'indemnisation des dommages résultant des atteintes « à la personne » et le législateur n'a pas repris le terme de « dommages corporels ». On a pu en déduire qu'il s'agissait de tous les préjudices apparaissant comme une conséquence de la lésion portée à l'intégrité physique de la personne, c'est-à-dire :

– tous les frais, médicaux, pharmaceutiques, chirurgicaux, d'hospitalisation, d'appareillage, d'assistance d'une tierce personne… du fait de blessures et de leurs conséquences, et même les frais funéraires ;

– toutes les pertes pécuniaires consécutives à une incapacité permanente ou temporaire, totale ou partielle : perte de salaire, diminution des capacités de travail…, c'est-à-dire le préjudice économique ;

---

1. Civ. 2e, 2 juill. 1986, *Bull. civ.* II, no 101, et Civ. 2e, 10 déc. 1986, *Bull. civ.* II, no 176.
2. Civ. 2e, 4 févr. 1986 ; Civ. 2e, 18 mars 1987, *Bull. civ.* II, no 68.

– tous les dommages moraux liés aux blessures et à leur suite : *pretium doloris*, préjudice esthétique, préjudice d'agrément, préjudice fonctionnel (v. ss 1619 s.) ;
– les « fournitures et appareils délivrés sur prescription médicale » (lunettes, dentier...) selon l'article 5, alinéa 1er, qui les considère également comme devant échapper au régime d'indemnisation des dommages aux biens, ceci dans le but de favoriser la victime car le régime d'indemnisation des dommages à la personne est plus favorable que celui des dommages aux biens.

Il faut faire, ici, une nouvelle distinction parmi les victimes de ces dommages à la personne selon qu'il s'agit de conducteurs ou de non-conducteurs. Ces derniers sont en effet beaucoup mieux traités que les conducteurs, envers lesquels le législateur fait preuve d'une très nette défiance.

a) La situation privilégiée des victimes non conductrices

2485. Comme on l'a déjà souligné (v. ss 2442, 2477) aux yeux du législateur, ce sont les victimes non conductrices qui subissent le risque de la circulation et qui doivent donc bénéficier d'un régime de faveur.

Il s'agit des piétons, cyclistes, utilisateurs de rollers ou de trottinettes actuellement assimilés à des piétons, passagers, conducteurs d'un véhicule à traction animale, cavalier... et de tous ceux qui, au moment de l'accident, n'avaient plus la qualité de conducteurs (v. ss 2498).

Parmi ces victimes, le législateur a encore fait une nouvelle distinction en prévoyant, à côté d'un régime dit *normal*, prévu par l'article 3, alinéa 1er, un régime d'*exception* comportant une protection accrue de certaines victimes, rendues plus vulnérables par leur âge ou leur état de santé (art. 3, al. 2).

Rappelons, toutefois, que la jurisprudence se refuse à condamner l'automobiliste qui est à l'origine du décès d'un enfant à naître, à la suite du décès accidentel d'une femme enceinte, consécutif à un accident de la circulation. La question s'est posée à plusieurs reprises et la Cour de cassation rappelle le principe de l'application stricte de la loi pénale et considère que l'« autrui » de l'article 121-3 du Code pénal, ne peut concerner l'enfant en voie de naître et que l'incrimination d'homicide involontaire ne peut s'appliquer qu'au cas de l'enfant né vivant[1]. Il apparaît ainsi qu'aucune incrimination légale n'existe et une cour d'appel précise « qu'il n'appartient pas à la Cour de trancher ce débat qui relève de la compétence du législateur »[2]. On attend, en effet, que le législateur se décide à intervenir sur ce point si délicat (v. également *Droit civil*, vol. 1).

1° Le régime normal : la situation des victimes « simplement privilégiées »

2486. Ce sont les victimes non conductrices, âgées de plus de 16 ans et de moins de 70 ans et n'étant pas atteintes d'un taux d'incapacité permanente ou d'invalidité égal à 80 %. Ces victimes se trouvent dans une situation très favorable puisqu'il n'est pas possible de limiter leur droit à indemnisation. Il ne peut qu'être exclu dans des conditions particulièrement difficiles à établir :

---

1. Crim. 30 juin 1999, *JCP* 2000. II. 10231, note M. Faure, et surtout Cass., ass. plén., 29 juin 2001, *JCP* 2001. II. 10569, note M.-L. Rassat.
2. Metz, 17 févr. 2005, *Dr. fam.* juill.-août 2005, p. 37, comm. I. Corpart.

Le droit à indemnisation ne peut qu'être exclu en cas de faute inexcusable, cause exclusive de l'accident

– Le défendeur ne peut, nous l'avons vu, leur opposer ni la force majeure, ni le fait d'un tiers mais que, de plus, il ne va pouvoir leur opposer leur propre faute que dans deux cas :

– *lorsqu'il s'agit d'une faute intentionnelle*, c'est-à-dire, aux termes de l'article 3, alinéa 3, lorsque la victime « a volontairement recherché le dommage qu'elle a subi » ;

– *lorsqu'il s'agit d'une « faute inexcusable »*, si elle a, en outre, été *« la cause exclusive de l'accident »* selon l'article 3, alinéa 1er.

Si l'un de ces deux cas se présente, la victime n'a plus droit à aucune indemnisation : c'est le système du tout ou rien.

C'est au défendeur qu'il appartient de faire la preuve de l'existence de cette faute de la victime et lorsque la preuve ne peut être rapportée, par exemple lorsque les circonstances de l'accident sont indéterminées, la victime a droit à une indemnisation intégrale [1]. Désormais, il ne peut être question d'un partage de responsabilité. De même, si l'on ne peut rapporter la preuve du *double caractère* de la faute : inexcusable et cause exclusive, la réparation doit être intégrale.

La faute inexcusable, cause exclusive de l'accident

2487. Ces deux exigences sont cumulatives et non alternatives, notamment quand le défendeur, lui, n'a commis aucune faute [2]. Cela semblait donc devoir se produire rarement et constituer, de ce fait, un régime très favorable à la victime, encore plus que le régime consécutif à l'arrêt *Desmares* (sur cet arrêt, v. ss 1988 s.), en raison de cette exigence de cause exclusive de l'accident.

Dans la pratique, on ne disposait pas d'une véritable définition de la faute inexcusable, si ce n'est celle dégagée par la jurisprudence en droit social. La faute inexcusable avait tout d'abord été définie par la jurisprudence en matière d'accident du travail comme « une faute d'une exceptionnelle gravité dérivant d'un acte ou d'une omission volontaire, de la conscience que devait avoir son auteur du danger qui pouvait en résulter et de l'absence de toute cause justificative ». Cette définition découle d'un arrêt rendu en chambres réunies (formation aujourd'hui remplacée par l'assemblée plénière) du 15 juillet 1941 [3]. Elle a, par la suite été incorporée dans le Code de la sécurité sociale sous l'article L. 452-1 du Code de la sécurité sociale.

Les tribunaux et les cours d'appel ont, tout d'abord, eu tendance à appliquer très largement ces deux conditions, retirant ainsi tout intérêt à ce régime que le législateur avait voulu favorable à la victime et la Cour de cassation a dû intervenir, en cassant nombre de ces décisions des juridictions inférieures et surtout en donnant sa propre définition de la faute inexcusable, dans le cadre de la loi du 5 juillet 1985 cette fois, par dix arrêts rendus le 20 juillet 1987 [4]. Ceci a été repris le 10 novembre 1995, en assemblée plénière [5].

La faute inexcusable de la victime, est, désormais, « une faute volontaire, d'une exceptionnelle gravité, exposant sans raison valable, son auteur à un danger dont il aurait dû avoir conscience ».

---

1. Civ. 2e, 12 nov. 1986.
2. Civ. 2e, 8 nov. 1993, *Bull. civ.* II, no 316, *JCP* 1994. IV. 84.
3. Cass., ch. réunies, 15 juill. 1941, puis Cass., ass. plén., 18 juill. 1980, *Bull. civ.* I, no 5.
4. Civ. 2e, *Bull. civ.* II, no 160, dix arrêts.
5. Cass., ass. plén., 10 nov. 1995, *D.* 1995. 633, rapp. Chartier ; *JCP* 1996. II. 22564, concl. M. Jéol, note G. Viney ; *Defrénois* 1996. 762, obs. D. Mazeaud ; *RTD civ.* 1996. 187, obs. P. Jourdain.

2488. La faute inexcusable ainsi définie est constituée :

– d'un *élément objectif :* un fait d'une exceptionnelle gravité ;

– d'un *élément subjectif* apprécié *in abstracto* : la conscience qu'aurait dû avoir la victime du danger auquel elle s'exposait, ces éléments pouvant être neutralisés par l'existence d'une *raison valable* appréciée *in concreto.*

À cet égard, un arrêt du 7 juin 1989 [1] a fait sensation, car il a retenu la faute inexcusable d'une victime d'un handicap mental ayant entraîné sa mise sous curatelle, sans se préoccuper de savoir si la victime avait eu conscience du danger. L'arrêt ne reprend pas la fameuse définition de la faute inexcusable et se contente de constater que « l'état mental de la victime, qui n'invoquait aucun titre lui reconnaissant un taux d'invalidité au moins égal à 80 %, ne pouvait être pris en considération pour apprécier sa faute civile… ». On constate là, une fois encore, une tendance à l'objectivation de la faute, mais surtout une confusion entre la responsabilité qui peut intervenir sans faute de l'auteur du fait dommageable dans le cadre des articles 1384, alinéa 1er, ou 789-2, et la faute de la victime entraînant l'absence d'indemnisation. Cet arrêt a donc été vivement critiqué par la majorité de la doctrine mais une autre partie de celle-ci [2] l'approuve en faisant valoir que la faute inexcusable s'apprécie *in abstracto* et que la victime, en l'espèce, n'invoquait pas sa démence mais seulement un « handicap mental » n'ayant entraîné qu'une mise en curatelle. Il faut donc attendre que la Cour de cassation ait à juger du cas d'une victime démente.

2489. En règle générale, la Cour de cassation considère qu'il y a faute inexcusable en cas de prise excessive de risques et d'exposition délibérée à un très grave danger.

Par exemple : est inexcusable le fait de traverser une large chaussée à circulation intense près de la sortie d'un tunnel [3]. Citons également le cas où la victime avait commis trois fautes successives : la première en circulant à bicyclette, en sens interdit, sur un boulevard ; la deuxième en abordant une intersection alors que la signalisation lumineuse au rouge prohibait cette manœuvre ; la troisième en s'engageant ensuite sur une autre voie, à nouveau à contresens. La Cour de cassation relève que ces fautes avaient été commises de manière délibérée et en connaissance de cause par la victime, habituée des lieux, pour s'épargner un détour et que la prudence la plus élémentaire lui commandait, si elle voulait éviter de traverser l'intersection, de mettre pied à terre et d'emprunter les trottoirs. L'arrêt a pu en déduire qu'elle avait commis une faute inexcusable « sans avoir à rechercher si elle avait volontairement recherché le dommage qu'elle avait subi » [4] ; constitue aussi une faute inexcusable le comportement de la victime qui « escalade un talus herbeux en bordure de route puis enjambe une glissière de sécurité pour accéder à une route nationale, puis se couche sur l'axe médian de la chaussée la tête et le tronc reposant sur l'unique couloir de circulation des véhicules » [5] ; mais également la victime, ivre et agressive à l'égard du conducteur, qui ouvre de manière imprévisible et brusque la portière du véhicule en mouvement et se met en danger, sans que le conducteur ait pu matériellement

1. *JCP* 1990. II. 21451, note J.-F. Barbieri ; *DS* 1989. 559, note J.-L. Aubert ; *Gaz. Pal.* 15-17 oct. 1989, note F. Chabas, *RTD civ.* 1989. 766, obs. P. Jourdain.

2. Cf. P. Jourdain, *RTD civ.* 1989. 766.

3. Civ. 2e, 15 juin 1988 (deux arrêts), *Bull. civ.* II, no 138.

4. Civ. 2e, 7 juin 1990, *Gaz. Pal.* 5-6 oct. 1990, résumés d'arrêts.

5. Civ. 2e, 29 nov. 1997, *Gaz. Pal.* 1998. I. Pan. 33 ; *D.* 1998. IR 15 ; *Argus* 26 déc. 1997, *RCA* 1998, comm. 87, note H. Groutel.

intervenir pour faire cesser ce risque [1] ou celle qui s'allonge, ivre au milieu d'une voie de circulation fréquentée et sans éclairage public [2].

2490. À l'occasion de ces décisions, la Cour de cassation ne s'est pas donc toujours engagée dans une position totalement favorable à la victime, d'autant qu'elle semble considérer, en cas de faute inexcusable, que c'est à la victime d'apporter la preuve que le comportement du conducteur a concouru à la réalisation de l'accident [3].

2491. Toutefois, on signalera une décision de l'assemblée plénière, le 10 novembre 1995 [4] qui avait plongé la doctrine dans la perplexité : après avoir rappelé sa définition désormais classique de la faute inexcusable, la Cour se borne à casser la décision de la cour d'appel qui avait déduit la présence de cette faute inexcusable de tout un faisceau d'indices : présence, au milieu de la chaussée d'une route départementale très fréquentée, dépourvue d'éclairage, de nuit, par un temps pluvieux, d'un piéton, habillé de sombre, en état d'imprégnation alcoolique, qui vient déjà de manquer d'être renversé par un autocar, « afin d'arrêter un automobiliste et de se faire raccompagner par lui à son domicile » [...] [5]. On peut se demander s'il ne s'agissait pas, là encore (comme dans l'arrêt *Desmares*), d'une attitude provocatrice de la Cour de cassation dans le but de voir abroger l'article 3, alinéa 1er, de la loi du 5 juillet 1985, qui pose en principe que la faute inexcusable de la victime fait obstacle à l'indemnisation si elle a été la cause exclusive de l'accident ce qui incite les juges à considérer comme « excusables » des comportements très dangereux pour permettre l'indemnisation de la victime. La deuxième chambre civile, le 30 juin 2005, a écarté également la faute inexcusable dans une affaire très semblable à celle du 10 novembre 1995 [6]. Mais elle l'a admise dans une décision plus récente du 28 mars 2013, dans des circonstances également semblables [7].

2° Le régime d'exception des victimes super-privilégiées

Définition des victimes super-privilégiées

2492. Il s'agit des victimes spécialement protégées par l'article 3, alinéa 2, de la loi, pour lesquelles les risques de la circulation sont les plus importants :

– soit en raison de leur *âge :* elles doivent être âgées de moins de 16 ans ou de plus de 70 ans à la date de l'accident ;

– soit en raison de leur *état de santé :* il s'agit des personnes qui, quel que soit leur âge, sont titulaires au moment de l'accident d'un titre leur reconnaissant un taux d'incapacité permanente ou d'invalidité au moins égal à 80 %.

Mais cela ne concerne toujours que les non-conducteurs, ce qui a été l'occasion de nouvelles critiques de la doctrine : un cyclomotoriste de moins de 16 ans qui est un conducteur ne bénéficie pas de l'article 3, alinéa 2 [8], alors qu'un cycliste du même âge en bénéficiera en tant que non conducteur [9].

---

1. Crim. 12 mars 2013, n° 12-82. 420 ; *RCA* 2013, n° 184.
2. Civ. 2e, 28 mars 2013, n° 12-14.522, *JurisData* n° 2013-005524 ; *RCA* 2013, n° 184, 2e esp.
3. Civ. 2e, 19 janv. 1994, *Bull. civ.* II, n° 27 ; *JCP* 1994. I. 3809, obs. G. Viney.
4. Cass., ass. plén., 10 nov. 1995, *D.* 1995. 633, rapp. Y. Chartier ; *Gaz. Pal.* 14-15 févr. 1997, n° 45-46, note F. Chabas ; *JCP* 1996. II. 22564, concl. M. Jeol et note G. Viney.
5. V. aussi Civ. 2e, 6 nov. 1996, *RD ass.* 1997. 170, note A. Favre Rochex.
6. Civ. 2e, 30 juin 2005, *JurisData* n° 2005-029172 ; *JCP* 2006. I. 111, obs. Ph. Stoffel-Munck.
7. Civ. 2e, 28 mars 2013, n° 12-14.522, *JurisData* n° 2013-005524 ; *RCA* 2013, n° 184, 2e esp.
8. Civ. 2e, 9 juill. 1986.
9. Civ. 2e, 9 oct. 1985.

2493. Ces victimes privilégiées bénéficient d'un droit quasi absolu à l'indemnisation ; seule peut leur être opposée la recherche volontaire du dommage subi, c'est-à-dire leur faute intentionnelle, extrêmement rare (art. 3, al. 3) mais qui demeure la seule cause générale d'exonération.

La recherche volontaire du dommage, faute intentionnelle, seule cause d'exclusion d'indemnisation

2494. Cela équivaut pratiquement à la tentative de suicide et doit se produire très rarement. Citons, toutefois, deux arrêts, l'un du 24 février 1988[1], l'autre du 21 juillet 1992[2]. S'agissant d'un dépressif, cette dernière décision est critiquée par François Chabas : Il suffit que les juges retiennent, dans l'exercice de leur pouvoir souverain « que la victime à volontairement recherché le dommage » pour, « sans avoir à rechercher si le conducteur impliqué avait commis une faute », en déduire que les ayants droit de la victime ne pouvaient être indemnisés[3].

Citons aussi le cas où « après une tentative de suicide, la veille de l'accident, la victime [un piéton] se trouvant sur le couloir de circulation du véhicule qui arrivait, continuait d'avancer tout en regardant le véhicule jusqu'à l'impact ». La Cour suprême approuve la cour d'appel d'avoir « retenu que la victime avait volontairement recherché le dommage qu'elle avait subi »[4]. Elle n'exerce pas de contrôle de qualification, ce qu'une partie de la doctrine estime regrettable (v. arrêt à commenter).

À l'inverse, il n'y a pas faute intentionnelle en cas de participation à un attroupement illicite, dès lors que les juges du fond n'établissent pas que… la victime s'est mise délibérément dans la situation de se faire blesser[5].

2495. Si l'on ne peut opposer à la victime super-privilégiée rien d'autre que faute constituée par la recherche volontaire du dommage, un problème annexe s'est toutefois posé : le conducteur peut-il opposer aux *ayants droit de la victime privilégiée, victimes par ricochet*, l'éventuelle faute de celle-ci ?

Les juridictions du fond ont d'abord été divisées, les unes l'admettant, les autres s'y refusant en faisant valoir que le recours constituerait un moyen détourné pour réduire à néant les dispositions les plus protectrices de la loi[6].

Pour sa part, la Cour de cassation a d'abord tranché dans une situation voisine en refusant à une caisse primaire d'assurance-maladie le droit d'obtenir du conjoint de la victime, le remboursement des prestations servies à celle-ci[7]. Puis, elle a effectivement considéré que les ayants droit d'une victime âgée de moins de 16 ans ne peuvent se voir opposer la faute inexcusable que cette victime aurait commise[8].

b) La situation des conducteurs-victimes

2496. L'article 4 de la loi concerne l'indemnisation des conducteurs-victimes et ne fait, pour eux, aucune distinction entre les dommages à la personne ou aux biens,

---

1. Civ. 2e, *Bull. civ.* II, no 49.
2. Civ. 2e, *Gaz. Pal.* 1er-2 juill. 1994. Somm. 20, obs. F. Chabas.
3. Civ. 2e, 24 juin 1998, *Bull. civ.* II, no 204 ; *RCA* 1998, no 309, obs. H. Groutel.
4. Civ. 2e, 31 mai 2000, *JCP* 2001. II. 10577, note C. Butruille-Cardew.
5. Civ. 2e, 17 févr. 1988, *Bull. civ.* II, no 44.
6. Toulouse, 17 mars 1986, *D.* 1986. J. 439, note H. Groutel.
7. Cass., ass. plén., 3 juin 1983, *Bull. civ.*, no 6.
8. Civ. 2e, 4 nov. 1987, *Bull. civ.* II, no 217.

En résumé, et pour résoudre les difficultés, on pourrait admettre avec M. Jourdain[1] qu'*est conducteur* celui qui est aux commandes d'un véhicule, moteur en marche, en mouvement ou non ; *n'est plus conducteur* celui qui n'est plus aux commandes, en raison d'une chute ou d'une éjection ; *n'est pas conducteur* celui qui est aux commandes d'un véhicule dont le moteur ne fonctionne pas, est en panne ou en stationnement.

Toutefois, la question reste plus complexe dans le cas du conducteur éjecté, qu'il s'agisse d'un automobiliste ou d'un cyclomotoriste. Le partage est actuellement le suivant : si, au moment du choc avec le véhicule, le conducteur éjecté était déjà au sol depuis quelques instants et immobile, il est considéré comme non conducteur[2]. Mais si, au moment du choc, le processus d'éjection n'est pas achevé parce que conducteur glisse encore au sol et va heurter une voiture[3] ou est heurté alors qu'il n'est pas encore retombé au sol ou juste au moment où il s'immobilise[4], il conserve la qualité de conducteur.

2° L'indemnisation du conducteur-victime : la faute, cause d'exclusion ou de limitation d'indemnisation

2501. Comme on l'a déjà souligné (v. ss 2478), les conducteurs sont des victimes défavorisées par rapport aux victimes non conductrices, puisque, bien qu'on ne puisse leur opposer la force majeure ou le fait d'un tiers, leur faute va être prise en considération, dans tous les cas, quelle qu'en soit la gravité, et sans tenir compte de leur âge, ni de leur état de santé.

Cette disparité entre le sort des victimes, selon qu'il s'agit de conducteurs ou de non-conducteurs, a été vivement critiquée par la doctrine qui la considère comme très inéquitable ; elle a été justifiée, d'une part, par le fait que ce sont généralement les conducteurs qui font courir des risques aux non-conducteurs, piétons ou passagers ; d'autre part, par une intervention des compagnies d'assurances, dans le but d'éviter une augmentation excessive des primes. La cour d'appel de Paris a, d'ailleurs, eu l'occasion de préciser que « la différence instaurée par les articles 3 et 4 de la loi du 5 juillet 1985 entre les fautes des conducteurs et celles des non-conducteurs se justifie pleinement par le fait que les premiers constituent une catégorie de personnes ayant le contrôle, l'usage et la direction de leurs véhicules dont ils sont par conséquent responsables de la conduite, au contraire des seconds ; elle n'est donc pas discriminatoire »[5]. Cela n'est d'ailleurs pas toujours vrai, notamment en cas d'éjection !

Nécessité d'une faute du conducteur en relation avec son dommage

2502. Le principe reste bien l'indemnisation intégrale du conducteur pour ses dommages à sa personne ou à ses biens mais *ici* le défendeur est autorisé à lui opposer sa faute. Selon la Cour de cassation « l'indemnisation des dommages subis par le conducteur d'un véhicule terrestre à moteur n'est limitée ou exclue *que* s'il a commis une faute »[6] et si cette faute est en relation de causalité avec son préjudice[7]. Deux situations peuvent donc se présenter selon que le conducteur a commis une faute ou n'a pas commis de faute.

---

1. Obs. *RTD civ.* 1990. 150.
2. Civ. 2e, 24 mai 1991, et 11 déc. 1991, *JCP* 1993. II. 21987, note Y. Dagorne-Labbé.
3. Civ. 2e, 4 oct. 1989, *JCP* 1991. II. 21600, note Y. Dagorne-Labbé.
4. Civ. 2e, 8 oct. 2009, *JurisData* 2009-049783 ; *RCA* 2009, comm. 351, obs. H. Groutel ; 21 déc. 2006, *JurisData* n° 2006-036706, *RCA* 2007. comm. 87, note H. Groutel.
5. Paris, 4 mars 2002, *RG* n° 2000/03243.
6. Civ. 2e, 1er mars 1986 et 12 mai 1986.
7. Civ. 2e, 2 déc. 1987.

– Si le conducteur n'a pas commis de faute « ayant contribué à la réalisation de son préjudice » ou si aucune faute ne peut être prouvée à la charge du conducteur-victime, notamment quand les causes de l'accident sont restées inconnues, le propriétaire ou le gardien du véhicule impliqué doit indemniser entièrement le conducteur-victime[1].

– S'il a commis une faute en relation avec son préjudice, alors son indemnisation peut être limitée ou exclue, sans que les règles soient toujours parfaitement claires.

Principe de l'appréciation souveraine des juges du fond pour limiter ou exclure l'indemnisation

2503. Dans le cas où le conducteur a commis une faute ayant contribué à la réalisation de son préjudice, son indemnisation peut être soit exclue, soit limitée et la chambre mixte de la Cour de cassation a reconnu un pouvoir souverain aux juges du fond, pour en décider, dans une décision 28 mars 1997[2]. Les juges du fond ont donc un large pouvoir d'appréciation de la faute et de son incidence sur l'indemnisation, même si la Cour de cassation se réserve le droit d'exercer son contrôle sur la qualification de la faute en elle-même.

Quelle faute peut alors entraîner l'exclusion de l'indemnisation ? Est-ce une faute imprévisible et irrésistible selon la conception de la force majeure ?[3] Ou bien une faute cause exclusive de l'accident ? Ou encore une faute inexcusable, par assimilation avec l'article 3 ?[4]

2504. Il apparaît que l'indemnisation peut être exclue sans que le conducteur impliqué ait à faire obligatoirement la preuve que la faute du conducteur victime était imprévisible et irrésistible ou qu'elle était la cause exclusive de l'accident[5]. À cet égard, la Cour de cassation a été souvent amenée à requalifier les termes utilisés, en précisant que la faute de la victime doit avoir « contribué à la réalisation de son dommage », peu important que cette faute ait été ou non la *cause exclusive de l'accident*[6] ou même à casser, en précisant que la cour d'appel « n'avait pas à rechercher si la faute du conducteur-victime était la cause exclusive de l'accident »[7]. Il est donc concevable que le conducteur soit privé d'indemnisation alors même que sa faute aurait simplement contribué à la réalisation du dommage, sans en être la cause exclusive.

Il ne faut pas confondre en effet la faute de l'article 4 de la loi de 1985 avec la faute exonératoire sur le fondement du droit commun de la responsabilité, ni même avec la faute exclusive d'indemnisation opposable aux victimes non conductrice (faute inexcusable, cause exclusive de l'accident). Il s'agit d'une faute spécifique.

2505. Dans cette appréciation de la faute, cause de limitation ou d'exclusion d'indemnisation, le pouvoir souverain des juges du fond est encadré de quelques indications, importantes, mais limitées.

---

1. Civ. 2e, 7 nov. 1985, 12 mai 1986 et Civ. 2e, 24 juin 1987, *Bull. civ.* II, no 136 ; 9 déc. 1992, *Bull. civ.* II, no 300.
2. Cass., ch. mixte, 28 mars 1997, *D.* 1997. 294, note H. Groutel et Somm. 291, obs. D. Mazeaud ; *JCP* 1997. I. 4025, no 25, obs. G. Viney ; *RTD civ.* 1997681, obs. P. Jourdain.
3. Civ. 2e, 17 févr. 1993, *Bull. civ.* II, no 63 ; *RTD civ.* 1993. 600, obs. P. Jourdain.
4. Civ. 2e, 28 juin 1995, *Bull. civ.* II, no 201.
5. Civ. 2e, 18 mars 2004, *Bull. civ.* II, no 127 ; *JCP* 2004. IV. 1995
6. Civ. 2e, 9 janv. 2003, *Gaz. Pal.* 30 avr.-4 mai 2004, jurispr. 17.
7. Civ. 2e, 9 oct. 2003, *Gaz. Pal.* 30 avr.-4 mai 2004, jurispr. 14, note J. Landel.

qui devrait être prise en compte, ni le comportement de l'autre protagoniste, mais uniquement son caractère causal même si, logiquement, plus une faute est grave et plus on peut penser qu'elle aura joué un rôle causal, ce qui facilitera la preuve du lien de causalité.

2512. Rappelons que *tous les projets de réforme du droit de la responsabilité civile* prévoient que les conducteurs doivent être assimilés aux autres victimes et la Cour de cassation elle-même dans son rapport annuel pour l'année 2005 a proposé que cette solution soit adoptée par le législateur. *Le rapport d'information du Sénat* sur la réforme de la responsabilité (v. ss 1572) préconisait également cette solution.

2. Les dommages aux biens

2513. C'est l'article 5 qui régit l'indemnisation des dommages aux biens dans des termes pratiquement identiques à ceux utilisés dans l'article 4 pour prévoir l'indemnisation des dommages à la personne du conducteur-victime.

Ici, nous retombons dans un régime général applicable *à toutes les victimes*, qu'elles soient conductrices ou non, quel que soit leur âge ou leur état de santé et il s'agit d'un régime rigoureux puisque, là aussi, « la faute commise par la victime a pour effet de limiter ou d'exclure l'indemnisation des dommages aux biens qu'elle a subis ». Ainsi, une victime non-conductrice ayant commis une faute, qui n'est toutefois pas qualifiée d'inexcusable, peut-elle voir limiter, ou même exclue, l'indemnisation de son dommage aux biens, alors qu'elle bénéficiera d'une indemnisation totale pour les dommages résultant des atteintes à sa personne [1].

Là aussi, il appartient au juge d'apprécier la gravité de la faute de la victime [2].

a) Définition des biens

2514. La loi n'a pas donné cette définition, mais a seulement exclu de cette catégorie, nous l'avons vu, « les fournitures et appareils délivrés sur prescription médicale [qui] donnent lieu à indemnisation selon les règles applicables à la réparation des atteintes à la personne » (art. 5).

L'intention du législateur est de ne faire entrer dans cette catégorie que les biens endommagés lors de l'accident (véhicules, vêtements, objets personnels, animaux, marchandises transportées…), ainsi que ceux qui « seraient rendus inutilisables ou perdus en raison de l'accident alors qu'ils n'auraient pas été endommagés par le choc, mais parce que la perte serait la conséquence de l'accident » [3], *à l'exclusion du préjudice économique* rattaché aux atteintes à la personne.

C'est ce que confirme un arrêt de la Cour de cassation selon lequel, au sens de l'article 5 de la loi du 5 juillet 1985, « le dommage aux biens s'entend du dommage causé à des biens matériels et non du préjudice économique résultant d'une atteinte à la personne de la victime directe d'un accident de la circulation ; que ce préjudice économique ne connaît d'autres limitations que celles applicables à cette victime ». [4] De

1. Crim. 14 avr. 1986, *Bull. crim.* n° 126.
2. Civ. 2e, 25 mars 1998, *JCP* 1998. IV. 2154, et 21 oct. 1999, *Dr. et patr.* mars 2000, p. 79, obs. F. Chabas.
3. *JO déb. Ass. nat.* 22 mai 1985, p. 861.
4. Civ. 2e, 24 janv. 1990, *JCP* 1990. II. 21581.

même, « le préjudice moral et économique des victimes n'est pas un dommage aux biens au sens de l'article 5 de la loi du 5 juillet 1985 »[1].

b) Cas où le conducteur du véhicule impliqué n'en est pas le propriétaire

2515. L'alinéa 2 de l'article 5 apporte une précision pour le cas où « le conducteur d'un véhicule terrestre à moteur n'en est pas le propriétaire ». Dans cette hypothèse, et par dérogation à l'article 2 qui interdit d'opposer à la victime le fait d'un tiers, ce propriétaire victime qui réclame la réparation des dommages causés à son véhicule, peut se voir opposer la faute du conducteur pour limiter ou exclure son indemnisation, selon que cette faute est, ou non, considérée comme cause exclusive de l'accident[2].

L'article 5 ajoute que « le propriétaire dispose d'un recours contre le conducteur »[3].

De même, le conducteur non gardien a un recours, selon la loi de 1985, contre le gardien du véhicule impliqué (v. ss 2498).

D. La situation des victimes « par ricochet »

2516. L'article 6 de la loi du 5 juillet 1985 envisage leur cas en consacrant une jurisprudence antérieure : selon ce texte « le préjudice subi par un tiers du fait des dommages causés à la victime directe... est réparé en tenant compte des limites ou exclusions applicables à l'indemnisation de ces dommages ». Le tiers, victime par ricochet, est donc mis à la place de la victime directe et se voit opposer les mêmes limitations ou exclusions que celle-ci. Plusieurs situations peuvent donc se présenter.

1. Si aucune cause d'exclusion n'est opposable à la victime directe, la victime par ricochet a droit à une indemnisation intégrale

2517. Ainsi, dans un cas où il s'agissait d'un père qui demandait réparation du préjudice moral subi du fait du décès de son fils mineur, passager de sa voiture, victime directe, n'ayant lui, commis aucune faute, a-t-il été jugé que l'automobiliste, père de la victime, bien que conducteur fautif, avait bien la qualité de tiers au sens de l'article 6 et devait donc être intégralement indemnisé[4]. Il en est de même, nous l'avons vu, pour les victimes privilégiées (v. ss 2494).

2518. Il faut, toutefois, qu'il existe bien un lien de causalité entre l'accident et le préjudice allégué. Ainsi, la Cour de cassation refuse-t-elle l'indemnisation du préjudice moral réclamée par les enfants de la victime d'un accident de la circulation qui avait conservé un handicap tel que ses enfants n'avaient jamais pu établir des relations ludiques et affectives normales avec leur père dont ils vivaient au quotidien la souffrance. Elle considère qu'il n'existait pas de lien de causalité entre l'accident et le préjudice allégué[5].

---

1. Civ. 2e, 24 oct. 1990, *JCP* 1991. II. 21769, note J.– F. Barbieri.
2. Civ. 2e, 19 févr. 1986, *Bull. civ.* II, no 17.
3. Civ. 2e, 3 oct 1990, *Bull. civ.* II, no 174 ; *RTD civ.* 1991. 129, obs. P. Jourdain.
4. Civ. 2e, 6 déc. 1989, *D.* 1991. 295, note Durnerin ; *RTD civ.* 1990. 296, obs. P. Jourdain.
5. Civ. 2e, 24 févr. 2005, *JurisData* no 2005-027094 ; *JCP* 2005. Actu. 129.

2. Toute cause de limitation ou d'exclusion opposable à la victime directe l'est aussi à la victime par ricochet

2519. Si le conducteur-victime directe a commis une faute excluant l'indemnisation, ses ayants droit en sont également privés. Et si sa faute a seulement concouru à la production du dommage et entraîne une limitation de l'indemnisation, celle des ayants cause est également limitée.

Il ne peut y avoir d'autres exclusions que celles qui auraient pu être opposées à la victime [1]. La chambre criminelle a, tout d'abord, suivi les mêmes règles [2], mais, par la suite, elle a affirmé que la faute personnelle de la victime par ricochet, si elle est elle-même conductrice d'un véhicule terrestre à moteur impliqué dans l'accident et convaincue d'une faute en relation avec celui-ci, lui est opposable et la prive de son droit à réparation, comme si elle était la victime directe [3].

C'est cette position qu'a adoptée, ici aussi, la chambre mixte dans son arrêt du 28 mars 1997 (préc., v. ss 2508) en précisant que « lorsque plusieurs véhicules sont impliqués dans un accident de la circulation, chaque conducteur a droit à l'indemnisation des dommages qu'il a subis directement *ou par ricochet*, sauf s'il a commis une faute ayant contribué à la réalisation de son préjudice [...] ».

3. Si l'ayant droit se présente également comme victime directe

2520. S'il s'agit, par exemple, d'une femme, passagère du véhicule conduit par son mari, qui a été blessée dans l'accident où son mari a trouvé la mort :

– en tant qu'ayant cause, elle se verra opposer la faute commise par son mari conducteur,

– mais, en ce qui concerne son propre dommage, elle redevient victime directe et ne peut se voir opposer la faute de son mari, qui redevient un tiers pour elle, en application de l'article 2 de la loi [4].

E. La question des recours récursoires

2521. La question se pose d'abord, lorsque plusieurs véhicules sont impliqués dans l'accident, de savoir si un recours récursoire est possible entre conducteurs impliqués et selon quelles modalités (1). La situation peut encore se compliquer dans les cas particuliers où il existe à la fois des conducteurs impliqués sur le fondement de la loi de 1985 et d'autres personnes responsables sur le fondement du droit commun de la responsabilité (2). La question centrale reste, cependant, celle de la répartition de la charge définitive de l'indemnisation, assez clairement résolue par la jurisprudence (3). Enfin, on verra que le recours récursoire est exclu lorsqu'il aurait pour effet de priver la victime de tout ou partie de son indemnisation, ce qui limite le recours contre les proches de la victime (4).

1. Les recours entre co-impliqués

a) Le principe d'un recours sur le fondement initial du droit commun de la responsabilité

2522. Si le principe d'un recours destiné à répartir la charge définitive de l'indemnisation en cas de pluralité de véhicules impliqués dans l'accident n'a pas soulevé de pro-

1. Civ. 2e, 4 nov. 1987, *Bull. civ.* II, no 217 ; Civ. 2e, 13 janv. 1988, *D.* 1988. 293, 2e esp., note H. Groutel.
2. Crim. 15 déc. 1987, *Bull. crim.* no 459 ; *RTD civ.* 1988. 883, obs. P. Jourdain.
3. Crim. 15 mars 1995, *Bull. crim.* no 103, et J.-P. Clavier, cité en bibliographie.
4. Civ. 2e, 14 janv. 1987.

blème, le fondement de ce recours a été plus délicat à déterminer. Après quelques hésitations doctrinales et jurisprudentielles, les cours d'appel se sont d'abord montrées favorables au retour au droit commun de la responsabilité. Notons, par exemple, en ce sens, un arrêt de la cour d'appel de Paris du 4 décembre 1985 [1]. La Cour de cassation, à son tour, a admis qu'en cas de dommage causé à un tiers par la collision de deux véhicules, celui des deux gardiens qui a intégralement dédommagé la victime a, par l'effet de la subrogation légale, un recours contre l'autre coauteur sur le fondement de l'article 1384, alinéa 1er [2], et, dans un autre cas, par un motif de principe, la deuxième chambre civile se réfère bien aux deux articles concernés : « Vu les articles 1251 et 1384, alinéa 1er, du Code civil, attendu qu'en cas de dommage causé à un tiers par la collision de deux véhicules, celui des conducteurs qui a été condamné en cette qualité a, par l'effet de la subrogation légale, un recours contre le coauteur sur le fondement du second de ces textes » [3]. On peut également citer, pour un recours fondé sur l'article 1382, deux arrêts du 14 février 1990 [4].

Dans un domaine voisin, celui de l'*appel en garantie d'un coauteur avant tout paiement à la victime*, la Cour de cassation a, de même, estimé que la partie assignée en réparation du préjudice subi par la victime, n'est pas recevable à se prévaloir des articles 1er ou 2 de la loi du 5 juillet 1985 contre le coauteur [5].

b) Un revirement de jurisprudence en faveur d'une option entre le droit commun et la loi du 5 juillet 1985

2523. Le 6 mars 1991, la deuxième chambre civile de la Cour de cassation a admis de nouveau que l'action récursoire était possible sur le fondement de la loi du 5 juillet 1985 et non plus uniquement en application du droit commun. Le conducteur d'un véhicule terrestre à moteur impliqué dans un accident de la circulation assigné par la victime, s'il peut exercer contre les autres coauteurs une action récursoire sur le fondement des articles 1382 et 1384, alinéa 1er, du Code civil, peut également, en tant que subrogé dans les droits de la victime, se prévaloir des dispositions des articles 1er à 6 de la loi du 5 juillet 1985 à l'encontre des autres coauteurs [6].

c) Suppression de la possibilité d'option ?

2524. Par une décision du 14 janvier 1998, la seconde chambre civile de la Cour de cassation a supprimé l'option en précisant que le conducteur « impliqué dans un accident de la circulation et condamné à réparer les dommages causés à un tiers, ne peut exercer un recours contre un autre conducteur impliqué que sur le fondement des articles 1382 et 1251 du Code civil » [7].

Cette solution a pu être critiquée. Pourquoi, en effet, limiter le fondement au seul article 1382 et exclure l'article 1384, alinéa 1er ? Et surtout, comment le subrogeant, qui

---

1. Paris, 4 déc. 1985, *Gaz. Pal.* 21 déc. 1985 ; Dijon, 11 déc. 1985, *Gaz. Pal.* 4 févr. 1986.
2. Civ. 2e, 11 juill. 1988, *Bull. civ.* II, no 164.
3. Civ. 2e, 4 oct. 1989, *Gaz. Pal.* 1990. 1, pan. jur. 14.
4. *Bull. civ.*, nos 26 et 27.
5. Civ. 2e, 20 juill. 1987, *Bull. civ.* II, no 163-164 et *D.* 1987. 469, note H. Groutel ; Civ. 13 janv. et 17 févr. 1988, *D.* 1988. 293, note H. Groutel et obs. P. Jourdain, *RTD civ.* 1988. 785.
6. Civ. 2e, 6 mars 1991, *D.* 1991. 257, note H. Groutel ; *RTD civ.* 1991. 552, obs. P. Jourdain.
7. Civ. 2e, 14 janv. 1998, *D.* 1998. 174, note H. Groutel ; *RTD civ.* 1998. 393, obs. P. Jourdain ; *JCP* 1998. II. 10045, note P. Jourdain.

ne peut, lui, invoquer le droit commun de la responsabilité en raison du caractère exclusif de la loi du 5 juillet 1985, peut-il subroger un tiers dans des droits qu'il n'a pas ?

2. Les recours entre co-impliqués et coresponsables

2525. La question des recours récursoires se complique encore du fait que parfois, le jeu des recours récursoire concerne non seulement un conducteur impliqué sur le fondement de la loi de 1985 mais encore un responsable condamné sur le fondement du droit commun de la responsabilité. Ainsi, dans un arrêt remarqué, la Cour de cassation a admis le recours récursoire de l'Établissement français du sang contre le conducteur impliqué dans l'accident sur le fondement de la loi de 1985. La responsabilité délictuelle du fournisseur de sang pour manquement à son obligation de sécurité-résultat de fournir des produits exempts de vices avait été reconnue à la suite de la transfusion contaminante subie par une victime d'accident de la circulation (v. ss 2352 s.). La Cour de cassation admet le recours récursoire du fournisseur de sang contre le conducteur *fautif* d'un véhicule impliqué dans l'accident de la circulation qui avait rendu nécessaire la transfusion contaminante[1] : le conducteur condamné sur le fondement de la loi de 1985 se retrouve confronté à un l'établissement français du sang responsable pour faute.

La question centrale qui se pose, cependant, au-delà de celle du fondement textuel du recours récursoire, est celle des règles utilisées par la jurisprudence pour effectuer la répartition de la charge définitive de l'indemnisation entre co-impliqués ou entre co-impliqués et coresponsables. On va voir qu'elles tiennent largement compte de l'existence d'une faute en relation avec le dommage.

3. La question de la répartition de la charge définitive de l'indemnisation

2526. Les solutions sont aujourd'hui plutôt clarifiées et prennent en compte l'existence ou l'inexistence de fautes.

– Le conducteur ou gardien fautif n'a pas de recours contre un co-impliqué ou un coresponsable non fautif.

– Le conducteur ou gardien non fautif peut recourir pour le tout contre un co-impliqué ou un coresponsable fautif.

– En cas de fautes respectives, la répartition de la charge de la réparation se fait en tenant compte de la gravité des fautes commises. La Cour de cassation avait un temps remis en cause cette solution dans le cas de la répartition de la charge finale de l'indemnisation entre le conducteur impliqué et l'Établissement du sang responsable sur le fondement de l'obligation de sécurité-résultat, en cas de contamination transfusionnelle consécutive à un accident de la circulation (v. ss 2523, et la référence citée) ; elle est revenue à cette solution par un arrêt postérieur du 28 mai 2009[2]. Toutefois, un nouvel arrêt du 19 novembre 2009 vient réintroduire une incertitude car la seconde chambre semble vouloir s'en remettre finalement aux juges du fond et à leur pouvoir souverain pour apprécier au cas par cas l'incidence des fautes respectives, sans imposer

1. Civ. 2e, 25 janv. 2007, *RCA* 2007, comm. 116, note H. Groutel ; *JCP* 2007. II. 10035, note C. Radé.

2. Civ. 2e, 28 mai 2009, *JurisData* no 2009-048357, *RCA* 2009, comm. 242, obs. H. Groutel ; 14 févr. 2008, *JCP* 2008. II. 10080, note C. Radé ; *RCA* 2007, comm. 137, obs. H. Groutel.

une règle de répartition. Ils pourraient alors tenir compte plus directement de la causalité. La décision devra cependant être confirmée [1].

– Lorsqu'il n'y a aucune faute, la répartition se fait par parts égales.

4. L'irrecevabilité de toute action récursoire du « *solvens* » contre les proches de la victime

2527. La question s'est posée, lorsqu'il s'agissait de jeunes enfants victimes d'accidents de la circulation, de savoir si le conducteur du véhicule impliqué pouvait intenter une action récursoire contre les parents, pour défaut de surveillance, par exemple.

Les juridictions du fond ont, d'abord, été un peu hésitantes mais la cour d'appel de Toulouse [2] a repoussé cette action dès 1986 car, si elle était admise, elle « aurait pour effet de vider la loi susvisée d'une grande partie de sa substance et constituerait un moyen détourné pour mettre à néant certaines de ses dispositions favorables aux ayants droit » [3]. La Cour de cassation a confirmé cette position et, dans un cas voisin, a décidé que « dès lors qu'aucune faute n'a été établie à l'encontre des victimes directes d'un accident, doit être annulé... l'arrêt qui, en attribuant à un coauteur une action subrogatoire contre la succession de la victime ou son assureur, priverait de l'intégralité de l'indemnité leur revenant les victimes d'un préjudice subi du fait des dommages causés aux victimes directes » [4].

Il est, désormais, acquis qu'une telle action subrogatoire est irrecevable, qu'il s'agisse des parents d'un mineur victime [5] ou du conjoint de la victime coauteur du dommage [6], au motif qu'un tel recours aurait pour effet de priver directement, ou indirectement, la victime de la réparation intégrale de son préjudice, du fait de la communauté de vie existant entre parents et enfants ou entre conjoints. Cependant, le recours est admis si le risque de priver la victime du bénéfice de l'indemnisation est exclu : soit parce qu'il n'y a pas communauté de vie, soit parce que le responsable est assuré, soit parce que le recours est exercé directement contre l'assureur [7]. L'action est également possible s'il s'agit d'une demande de réparation d'un préjudice propre et non d'une action en garantie [8].

III. Relations entre le régime spécial de la loi du 5 juillet 1985 et le régime de droit commun

2528. Dès la promulgation de la loi du 5 juillet 1985, la doctrine s'est interrogée sur le sens de la loi, les effets de la notion nouvelle d'implication et s'est demandée s'il s'agissait d'une loi autonome et quels rapports allaient s'instaurer entre ce régime nouveau et le régime de droit commun.

1. Civ. 2e, 19 nov. 2009, no 08.11-622, *RTD civ.* 2010. 125 no 8, obs. P. Jourdain.
2. Toulouse, 17 mars 1986, *DS* 1986. 440, note H. Groutel.
3. Dans le même sens, Civ. 2e, 20 avr. 1988, *D.* 1998. 580, note Y. Lambert-Faivre (2 arrêts) ; *RTD civ.* 1998. 790, obs. P. Jourdain.
4. Civ. 2e, 13 janv. 1988, *Bull. civ.* II, no 13, *D.* 1988. 293, obs. H. Groutel ; *RTD civ.* 1998. 788, obs.P. Jourdain.
5. Civ. 2e, 20 juill. 1988, deux arrêts commentés à la *RTD civ.* 1988. 335, et Civ. 2e, 1er févr. 1989, *Gaz. Pal.* 1989. I, Pan. jur. 77.
6. Civ. 2e, 28 juin 1989, *Bull. civ.* II, no 140.
7. Civ. 2e, 8 janv. 1992, *Bull. civ.* II, no 242 ; Civ. 2e, 18 mars 1992, *D.* 1992. IR 135.
8. Civ. 2e, 6 juill. 1994, *JCP* 1995. II. 22457, note Y. Dagorne-Labbé.

A. L'autonomie de la loi du 5 juillet 1985

1. Discussion doctrinale

2529. La doctrine s'est, tout d'abord, divisée sur les effets de l'implication et le rôle de la loi. Pour de nombreux auteurs comme MM. Chabas, Zénati, Margeat, Jourdain, Mme Viney [1], l'implication n'avait qu'un seul but : déterminer le domaine d'application de la *loi qui ne concernait que les causes d'exonération* de la responsabilité. Selon cette thèse, adoptée au début par de nombreuses juridictions du fond, il fallait continuer à se référer aux textes de droit commun pour découvrir le responsable et fixer les conditions de sa responsabilité, la loi de 1985 n'intervenant qu'après coup dans les rapports : responsable/victime.

Pour d'autres auteurs comme MM. Groutel, Wiederkehr, Durry, la notion d'implication n'avait pas pour seul effet de définir le domaine d'application de la loi, elle devait, aussi, permettre de désigner la personne tenue de l'indemnisation : le conducteur ou le gardien du véhicule terrestre à moteur impliqué. L'implication est donc une condition, non seulement nécessaire, mais encore suffisante, et la loi du 5 juillet 1985 se suffit à elle-même sans recours aux textes de droit commun : *la loi est bien autonome.*

2. Position jurisprudentielle

2530. La Cour de cassation s'est très vite orientée vers une application exclusive de la loi de 1985, tout au moins dans les rapports entre la victime directe (ou ses ayants droit) et le conducteur ou le gardien du véhicule impliqué.

Dans un arrêt du 19 novembre 1986 [2] répondant à un moyen qui reprochait à la décision attaquée de ne pas avoir précisé si elle était fondée sur l'article 1382 ou sur l'article 1384, alinéa 1er, du Code civil, la deuxième chambre civile de la Cour de cassation énonçait que l'article 4 de la loi du 5 juillet 1985 est « seul applicable en cas de collision de véhicules terrestres à moteur ».

Par un autre arrêt du 4 mai 1987 [3], la deuxième chambre civile énonçait d'une façon encore plus précise que « l'indemnisation d'une victime d'un accident de la circulation dans lequel est impliqué un véhicule terrestre à moteur, ne peut être fondée que sur les dispositions de la loi n° 85-677 du 5 juillet 1985, à l'exclusion de celles des articles 1382 et suivants du Code civil ». Enfin, dans une décision du 4 décembre 2008, la Cour de cassation a affirmé le « caractère d'ordre public de la loi du 5 juillet 1985 » qui « exclut tout autre fondement juridique [4] ».

Dès lors, on peut se demander si les textes de droit commun ont encore un rôle à jouer.

B. Les domaines où les textes de droit commun sont encore applicables

2531. La loi du 5 juillet 1985 n'a certes pas abrogé les articles 1382 et suivants du Code civil qui continuent à s'appliquer, en dehors du domaine des accidents de la circulation et,

---

1. *DS* 1986. Chron. 216.
2. *Bull. civ.* II, n° 165.
3. *Bull. civ.* II, n° 87 ; *Gaz. Pal.* 1987. 2.428, note F. Chabas.
4. Civ. 2e, 4 déc. 2008, *JurisData* n° 2008-046150, *RCA* 2009, comm. 50, obs. H. Groutel.

plus particulièrement, lorsqu'aucun véhicule terrestre à moteur n'est impliqué dans l'accident. Mais même lorsqu'il y a un véhicule impliqué, la question a pu se poser.

1. Cas où un seul véhicule terrestre à moteur est impliqué

2532. Un problème s'est posé dans cette hypothèse : quel texte invoquer lorsqu'un seul véhicule terrestre à moteur est impliqué dans l'accident et que la victime est le conducteur du véhicule ?

Peut-il demander réparation à un tiers non conducteur de véhicule terrestre à moteur, par exemple un passager, un piéton, un cycliste, en invoquant la loi de 1985 ? La Cour de cassation a répondu négativement en précisant que « le conducteur d'un véhicule terrestre à moteur victime d'un accident de la circulation ne saurait invoquer la loi du 5 juillet 1985 lorsque seul son véhicule est impliqué dans l'accident » [1].

En revanche, quand le conducteur-victime n'est pas le gardien du véhicule impliqué la Cour de cassation avait fini par admettre, après quelques hésitations, la possibilité pour la victime d'invoquer la loi de 1985 contre le gardien du véhicule impliqué [2], et inversement, elle avait autorisé un gardien victime à agir contre le conducteur [3]. Or, la chambre criminelle a rendu une décision qui laisse perplexe car, par un motif de principe placé en tête de l'arrêt, elle énonce que « la loi du 5 juillet 1985 ne peut être invoquée lorsque le véhicule terrestre à moteur, dont la victime était le conducteur est seul impliqué dans l'accident » alors qu'il existait, semble-t-il, un gardien : le vendeur contre lequel il était, jusqu'ici, possible d'invoquer la loi de 1985. Cette position divergente de la chambre criminelle manifeste un retour en arrière peu souhaitable [4].

Deux décisions postérieures du 7 décembre 2006, de la seconde chambre civile [5], ont ensuite rappelé que la loi de 1985 ne peut être invoquée par le conducteur d'un véhicule terrestre à moteur lorsque son véhicule est seul impliqué, mais en précisant « dont il est aussi le gardien ». *A contrario*, donc, s'il n'en est pas le gardien, la loi de 1985 est applicable. Elle précise en outre que l'exclusion de l'application de la loi peut être opposée à ses ayants droit.

2. Cumul entre la loi de 1985 et le droit commun de la responsabilité

2533. *Dans le même accident, le fondement de la loi de 1985 et celui de la responsabilité civile de droit commun peuvent être invoquées*, par des victimes différentes :

– Le piéton ou le cycliste, victime d'un dommage invoquera la loi de 1985 contre le conducteur ou le gardien du véhicule terrestre à moteur impliqué. Mais le conducteur de ce véhicule, s'il a lui aussi subi un dommage, ne pourra agir contre le piéton ou le cycliste qu'en se fondant *sur les articles 1382 et suivants* du Code civil [6] (arrêt concernant la SNCF préc., v. ss 2451) et ce, que le piéton « ait été ou non blessé dans l'accident » [7].

---

1. Civ. 2e, 19 nov. 1986, *Bull. civ.* II, no 166, *Gaz. Pal.* 1987. I. 140, note F. Chabas ; Civ. 2e, 18 mars 1987, *Bull. civ.* II, no 362.
2. Civ. 2e, 2 juill. 1997, *RTD civ.* 1997. 959, obs. P. Jourdain ; v. aussi Civ. 2e, 24 juin 1998, *Bull. civ.* II, no 203 ; *RCA* 1998, no 231, 1er arrêt, obs. H. Groutel.
3. Civ. 2e, 3 oct. 1990, *RTD civ.* 1991. 129, obs. P. Jourdain.
4. Crim. 29 juin 1999, *Bull. crim.* no 156 ; *RCA* 1999. Chron. 27, p. 4, H. Groutel ; *RTD civ.* 2000. 131, obs. P. Jourdain ; *JCP* 2000. II. 10290, note S. Abravanel-Jolly.
5. Civ. 2e, 7 déc. 2006, *RCA* 2007, comm. 85.
6. Civ. 2e, 29 oct. 1986, *Bull. civ.* II, no 166.
7. Civ. 2e, 17 févr. 1993, *RTD civ.* 1993. 598, obs. P. Jourdain.

– De même, le conducteur d'un véhicule automobile, condamné, sur le fondement de la loi du 5 juillet 1985 à indemniser le conducteur d'une motocyclette et son passager propriétaire du véhicule, s'est vu reconnaître le droit d'assigner le passager et la compagnie d'assurance de ce dernier sur le fondement de l'article 1382, en invoquant la faute du conducteur de la motocyclette pour avoir accepté de transporter un passager dépourvu de casque protecteur imposé par l'article R. 431-1 du Code de la route, Ce fait constitue, de sa part, une faute de nature à concourir au dommage subi par ce passager et pouvant lui être opposée dans le cadre de l'action récursoire du conducteur d'un autre véhicule impliqué [1].

2534. *Dans le cadre des recours récursoires entre co-impliqués*, par ailleurs, nous l'avons vu (v. ss 2521 s.), la Cour de cassation a admis le retour au droit commun de la responsabilité. Ainsi, en cas de dommage causé par la collision de deux véhicules, dans un premier temps elle a considéré que celui des deux conducteurs ou gardiens qui a été condamné en cette qualité à indemniser la victime avait, par l'effet de la subrogation légale, un recours contre le coauteur sur le fondement de *l'article 1384, alinéa 1er* [2], aussi bien que sur les articles 1er à 6 de la loi de 1985 depuis 1991 [3]. Toutefois, la jurisprudence a évolué et la Cour de cassation a durci sa position et n'admet plus que le recours subrogatoire du droit commun « le conducteur d'un véhicule terrestre à moteur impliqué dans un accident de la circulation et condamné à réparer les dommages causés à un tiers, *ne peut exercer un recours* contre un autre conducteur impliqué *que sur le fondement des articles 1382 et 1251 du Code civil* » [4]. Après un arrêt isolé en sens inverse qui abandonnait la référence à l'article 1251 [5], la Cour de cassation réintroduit, dans un nouvel arrêt, l'article 1251 et la subrogation du droit commun. Cette position est d'ailleurs critiquée par M. Jourdain car elle « conduit à subroger un tiers dans un droit que le subrogeant n'a pas : celui d'invoquer le droit commun » [6].

On rappellera que la répartition entre les codébiteurs se fait à proportion des fautes respectives, s'ils en ont commis, sinon par parts égales (v. ss 2526).

3. Cumul entre la loi de 1985 et la loi sur les accidents du travail

2535. Enfin, il peut également y avoir cumul entre la loi de 1985 et la loi sur les accidents du travail. La loi du 27 janvier 1993 « portant diverses mesures d'ordre social » [7] a d'ailleurs ajouté, dans son article 15, une nouvelle exception au principe d'exclusion de toute action en responsabilité civile émanant de la victime d'un accident du travail ou de ses ayants droit.

Alors que l'article L. 451-1 du Code de la Sécurité sociale dispose « qu'aucune action en réparation des accidents du travail ne peut être exercée conformément au droit commun par la victime et ses ayants droit » et que la jurisprudence confirme que, sauf en cas

1. Civ. 2e, 18 sept. 2003, *JCP* 2003, Actualités, n° 470 ; *Bull. civ.* II, n° 288 ; *RTD civ.* janv.-mars 2004, chron. P Jourdain, p. 110 ; *D.* 2003. IR 2413, et les observations.
2. Civ. 2e, 11 juill. 1988, *Bull. civ.* II, n° 164 ; Civ. 2e, 4 oct. 1989, *Gaz. Pal.* 1990. I. Pan. jur. 14.
3. Civ. 2e, 6 mars 1991, *D.* 1991. 257, note H. Groutel ; *RTD civ.* 1991. 552, obs. P. Jourdain.
4. Civ. 2^e^, 14 janv. 1998, *D.* 1998. 174, note H. Groutel ; *JCP* 1998. II. 10045, note P. Jourdain ; *RTD civ.* 1998. 393, obs. crit. P. Jourdain.
5. Civ. 2e, 13 juill. 2000, *RTD civ.* 2000. 855, obs. P. Jourdain.
6. Civ. 2e, 1er mars 2001, *Bull. civ.* II, n° 31 ; *RCA* 2001, comm. 219 ; *RTD civ.* 2001. 609, obs. crit. P. Jourdain.
7. *JCP* 1993. III. 65956 et 66197.

de faute intentionnelle de l'employeur, le tiers qui a indemnisé la victime d'un accident du travail de son entier dommage « n'a pas de recours contre l'employeur de la victime ou ses préposés, ni contre leur assureur »[1], une exception a été apportée.

Désormais, la loi nouvelle dispose que la victime et la caisse peuvent, si l'accident survient sur une voie ouverte à la circulation publique et implique un véhicule terrestre à moteur conduit par l'employeur, un préposé ou une personne appartenant à la même entreprise que la victime, demander une réparation complémentaire en se fondant sur la loi du 5 juillet 1985 (v. CSS, art. L. 455-1-1, issu de la L. n° 93-121 du 27 janv. 1993, art. 15, et L. n° 94-43 du 18 janv. 1994, art. 69).

Ce n'est, d'ailleurs, pas la seule exception à l'article L. 451-1, la législation des accidents du travail ne s'applique seule que s'il s'agit d'un accident du travail ordinaire[2].

C. Le fondement de la loi du 5 juillet 1985

2536. Dès la promulgation de la loi de 1985, la doctrine s'était interrogée sur le point de savoir, d'une part, s'il s'agissait de l'apparition d'un régime autonome d'indemnisation des victimes d'accidents de la circulation et, d'autre part, sur son fondement. Sur le premier point, nous l'avons vu, il n'y a plus d'hésitation à avoir : il s'agit bien d'un régime autonome. Mais, sur le second, peut-on encore parler d'un régime de responsabilité lorsque le défendeur peut être contraint d'indemniser la victime pour la seule raison que son véhicule s'est trouvé là par hasard ?

2537. Si la notion de faute intervient dans la loi, c'est seulement de celle de la victime qu'il s'agit dans la plupart des cas, la faute du conducteur elle-même étant prise en considération pour diminuer ou supprimer son indemnisation mais non pour justifier l'implication de son véhicule. On peut donc dire qu'il s'agit d'un fondement mixte à la fois risque et garantie, notamment en ce qui concerne les victimes privilégiées et que la loi de 1985 n'est déjà plus un régime de responsabilité, sans être encore vraiment tout à fait un système d'indemnisation parce qu'elle fait le détour par le conducteur pour atteindre l'assureur et aboutir à la collectivisation du risque.

2538. Il faut enfin rappeler que la loi du 5 juillet 1985 a essentiellement pour objet de tendre à améliorer la situation des victimes mais surtout à accélérer les procédures d'indemnisation. La plus grande partie de la loi est donc axée sur le problème de l'assurance et nous allons voir maintenant tout l'intérêt de la loi consistant dans la mise en place d'une procédure spéciale d'indemnisation qui peut éviter le recours au juge.

IV. La procédure d'indemnisation

2539. La loi du 5 juillet 1985 est essentiellement une loi relative à l'assurance des dommages résultant des accidents de la circulation qui met en place une procédure destinée à permettre l'indemnisation la plus rapide possible des victimes, en évitant le procès et le recours au juge.

---

1. Cass., ass. plén., 31 oct. 1991 (trois arrêts), *JCP* 1992. II. 21800, note Y. Saint-Jours ; plus récemment : Civ. 2e, 12 juill. 2012, n° 11-20. 123, *RCA* 2012, comm. 225.

2. V. chronique G. Viney dans la bibliographie, et Civ. 2e, 8 juill. 1992, *JCP* 1993. I. 3664, obs. G. Viney.

Ainsi, l'assureur doit :

– présenter une offre d'indemnité à la victime qui a subi une atteinte à sa personne,

– centraliser les créances des différents organismes assurant des prestations à ces victimes (v. C. assur., art. L. 211-9 à L. 211-24).

A. La procédure transactionnelle

1. L'obligation de respecter certains délais pour faire une offre d'indemnité

2540. L'assureur de responsabilité du véhicule terrestre à moteur impliqué « est tenu de présenter dans un délai maximum de 8 mois à compter de l'accident, une *offre d'indemnité* à la victime », mais seulement en cas d'atteinte à sa personne et non au cas où l'accident « n'a occasionné que des dommages aux biens » (art. 2, al. 1er et 6, devenus C. assur., art. L. 211-9). En cas de décès de la victime, cette offre est faite à ses héritiers et, s'il y a lieu, à son conjoint. S'il y a d'autres victimes, une offre doit également leur être faite dans les 8 mois de leur demande d'indemnisation.

2541. En cas de pluralité de véhicules, l'offre est faite par l'un des assureurs, mandaté par les autres.

2542. En l'absence d'offre dans les délais légaux, l'assureur encourt une double sanction : doublement du taux des intérêts dus sur l'indemnité finalement offerte par l'assureur ou allouée par le juge, à partir de l'expiration du délai et jusqu'au jour de l'offre ou du jugement sanctionnant l'offre tardive (C. assur., art. L. 211-17) et paiement d'une pénalité au Fonds de garantie sanctionnant l'offre insuffisante prévue par l'article L. 211-14 du Code des assurances car la Cour de cassation assimile l'offre tardive à une offre insuffisante[1].

Le doublement des intérêts porte, de plus, sur la totalité des indemnités et non sur le solde restant dû après la déduction de provisions déjà versées après l'expiration du délai légal[2]. Ces dispositions, jugées sévères par la doctrine, sont justifiées par le souci d'inciter les assureurs à respecter leurs obligations.

2. La transaction

2543. Cette offre peut aboutir à une *transaction* entre l'assureur et la victime qui n'est toutefois pas tenue de l'accepter et dispose d'un délai de 15 jours pour la dénoncer par lettre recommandée avec demande d'avis de réception (art. L. 211-16). Le paiement des sommes convenues doit intervenir dans un délai d'un mois après l'expiration de ce délai de dénonciation (art. L. 211-17).

2544. Si la réparation prend la forme d'une rente viagère allouée, soit conventionnellement, soit judiciairement, l'indexation est automatique, en fonction des coefficients de

---

1. Civ. 2e, 18 mars 1999, *RCA* 1999, chron. H. Groutel, no 15, 2e arrêt ; obs. G. Viney ; *JCP* 2000. I. 199, no 8, confirmant la position déjà prise par Civ. 2e, 3 déc. 1997, *RCA* 1998, chron. no 2 ; *JCP* 1998. I. 144, no 7, obs. G. Viney.

2. Civ. 2e, 10 juin 1999, *D.* 1999. IR 179 ; *JCP* 2000. I. 199, no 8, obs. G. Viney.

revalorisation prévus par l'article 434-17 du Code de la sécurité sociale : le juge n'a pas à mentionner l'indexation et ne peut choisir un autre indice.

2545. Une protection particulière est accordée aux victimes incapables, mineures ou majeures. Le projet de transaction les concernant doit être autorisé, à peine de nullité par le juge des tutelles ou le conseil de famille (art. L. 211-15).

2546. L'article 26 de la loi du 5 juillet 1985 a ajouté un article L. 211-23 au Code des assurances qui prévoit que « sous le contrôle de l'autorité publique une publication périodique rend compte des indemnités fixées par les jugements et les transactions ».

B. Le recours des tiers payeurs

2547. L'assureur est également chargé de centraliser les créances des différents organismes ayant payé à la victime des prestations de nature sociale notamment : organismes sociaux, État ou autres personnes publiques, employeurs pour les salaires maintenus pendant une période d'inactivité, groupements mutualistes, etc. En effet, ils doivent être associés à la procédure transactionnelle pour y faire valoir leurs droits. Lorsque l'assureur a connaissance de l'existence de ces tiers payeurs, il doit leur demander de produire leur créance dans un délai de quatre mois à peine de déchéance de leur droit. Mais, si l'assureur n'a pas eu connaissance de l'existence de certains tiers payeurs, sans faute de sa part, ceux-ci sont également déchus de leurs droits et perdent tous droits contre lui et l'auteur du dommage. Toutefois, l'assureur ne peut invoquer une telle ignorance à l'égard des organismes versant des prestations de Sécurité sociale (art. L. 211-11).

2548. Selon l'article 29 de la loi du 5 juillet 1985, seules, un certain nombre de prestations limitativement énumérées par le texte, « versées à la victime d'un dommage résultant des atteintes à sa personne ouvrent droit à un recours contre la personne tenue à réparation ou son assureur ». Et la jurisprudence a précisé que seules, doivent être imputées sur l'indemnité réparant l'atteinte à l'intégrité physique de la victime, les prestations leur ouvrant droit à un recours subrogatoire contre la personne tenue à réparation [1]. Cette décision consacre une solution déjà affirmée par la chambre criminelle. La jurisprudence de la Cour de cassation est désormais constante en ce qui concerne le recours exercé par ces tiers payeurs, notamment la sécurité sociale, contre l'auteur de l'accident lorsqu'il se trouve être en même temps le conjoint de la victime. Ainsi : « la Sécurité sociale ne peut priver la victime directement ou indirectement des prestations auxquelles elle est légalement tenue, alors qu'en raison des droits et devoirs respectifs des époux et de leur communauté de vie, il en serait ainsi si l'auteur de l'accident devait rembourser à la caisse les prestations servies à son conjoint » [2]. Toutefois, cette immunité consentie au responsable, personnellement, ne doit pas profiter à son assureur qui reste assujetti au recours [3].

2549. Par contre, selon l'article 31 de la loi du 5 juillet 1985, avant que la loi du 23 décembre ne vienne le modifier, ce recours ne s'exerçait que sur « la part d'indemnité

---

1. Civ. 2e, 14 oct. 1992, *JCP* 1992. IV. 3050 et obs. G. Viney, *JCP* 1993. I. 3664.
2. Cass., ass. plén., 3 juin 1983 (deux arrêts), *D.* 1985. 537, concl. X. Cabannes ; *JCP* 1983. II. 20121, note Y. Chartier.
3. Civ. 2e, 8 janv. 1992, *Bull. civ.* II, no 2, et 2 févr. 1994, *JCP* 1994. IV. 913, obs. G. Viney ; *JCP* 1994. I. 3773.

de *caractère personnel correspondant aux souffrances physiques ou morales par elle endurées et au préjudice esthétique et d'agrément* ou, s'il y a lieu, de la part d'indemnité correspondant au préjudice moral des ayants droit ».

Dans la mesure où ce texte ne visait que les souffrances physiques et morales endurées et le préjudice esthétique et d'agrément, la Cour de cassation avait développé une jurisprudence contestable soumettant au recours des tiers payeurs des indemnités réparant les préjudices physiologiques ou fonctionnels au bénéfice du maintien d'une distinction problématique entre le « préjudice d'agrément » et le « préjudice fonctionnel »., le *préjudice fonctionnel* correspondant à des « troubles physiologiques affectant les conditions de travail et d'existence » alors que le *préjudice d'agrément* est défini comme la « privation des agréments d'une vie normale ». Seul ce dernier échappait au recours.

2550. La loi du 21 décembre 2006, de financement de la sécurité sociale a supprimé la référence aux souffrances physiques ou morales endurées et au préjudice esthétique et d'agrément, en ne laissant que la référence à la part d'indemnité « de caractère personnel » et impose désormais aux tiers payeurs d'exercer les recours subrogatoires « poste par poste, sur les seules indemnités qui réparent des préjudices qu'elles ont pris en charge, à l'exclusion des préjudices à caractère personnel ». La Cour de cassation a par ailleurs considéré que le préjudice fonctionnel était un préjudice personnel et est revenue à une conception stricte du préjudice d'agrément sans que pour autant, le problème soit totalement et définitivement résolu (pour un examen plus complet, v. ss 1625, 1653).

2551. On rappellera pour finir qu'en l'état des **actuels avant-projet et projets de réforme**, le sytème mis en place mis en place par la loi du 5 juillet 1985 est assez profondément modifié dans son esprit puisqu'il est proposé de supprimer la distinction essentielle dans l'économie de la loi entre les victimes conductrices et non conductrices pour assurer l'égalité dans la réparation des préjudices corporels.

DOCUMENTS

Bibliographie

AMOUROUX (H.-V.), « Le véhicule et l'outil », *Gaz. Pal.* 1990. Doctr. 21.

APPIETTO (J.), « La loi Badinter : l'indemnisation du conducteur-victime directe ou par ricochet », *Gaz. Pal.* 1997. Chron. 3.

BLOCH (F.), « La faute inexcusable du piéton (deux ans de jurisprudence et le coup d'arrêt de la Cour de cassation le 20 juillet 1987) », *JCP* 1988. I. 3332.

CARLI (P.), « L'accident de la circulation lié à un défaut de surveillance scolaire : recours contre l'État devant le juge civil », *JCP* 1991. I. 3514.

CHABAS (F.), « La situation faite au conducteur fautif de véhicule terrestre à moteur », *Gaz. Pal.* 2 févr. 1994.

CHABAS (F.), « L'interprétation des articles 2 à 6 de la loi du 5 juillet 1985 et la question des recours », *Gaz. Pal.* 18-20 juin 1996, n° 169 à 171, p. 17.

CLAVIER (J.-P.), « La réparation du préjudice par ricochet sur le fondement de la loi du 5 juillet 1985 », *LPA* 6 août 1997, n° 94, p. 4.

CONTE (Ph.), « Le législateur, le juge, la faute et l'implication (la fable édifiante de l'autonomie de la loi du 5 juillet 1985) », *JCP* 1990. I. 3471.

GROUTEL (H.), « L'extension du rôle de l'implication du véhicule », *D.* 1990. Chron. 263.

GROUTEL (H.), « Le conducteur victime rétabli dans ses droits », *D.* 1997. Chron. 18.

GROUTEL (H.), « La loi du 5 juillet 1985 : vingt ans déjà, et encore des incertitudes », *RCA* 2005. Chron. 10.

GROUTEL (H.), « L'exclusivité de la loi du 5 juillet 1985, entre hauts et bas », *RCA* 2009. Étude 11.

G'SELL-MACREZ (F.), « La faute du conducteur victime et la causalité », *RLDC* n° 4, 2007. 17.

LEDUC (F.), « D'un piège à l'autre (à propos de l'indemnisation de la victime conductrice fautive) », *RCA* 2006. Étude 19

LEDUC (F.), « Le cœur et la raison en droit des accidents de la circulation », *RCA* 2009, Dossier, *Les vingt ans de la revue*, étude 4.

JOURDAIN (P.), « Implication et causalité dans la loi du 5 juillet 1985 », *JCP* 1994. I. 3794.

JOURDAIN (P.), « Domaine et conditions d'application de la loi du 5 juillet 1985 », *Gaz. Pal.* 16-20 juin 1995, n° 169 à 171, p. 3.

LEDUC (F.), « La sanction de la faute du conducteur victime en question », *RCA* 2010. Étude 11.

LE CAE (Y.), « Rollers : nouveau point sur le statut juridique du patineur et le droit de la responsabilité », *Gaz. Pal.* 9-10 avr. 2004, p. 6.

PILLET (G), L'implication du véhicule dans un accident complexe de la circulation, *in Mélanges Chabas, Bruylant*, 2011

ROVINSKI (J.), « La faute inexcusable et exclusive du passager dans la loi du 5 juillet 1985 », *Gaz. Pal.* 1999, n° 43-44, p. 2.

SOLLETTY (B.), « Loi du 5 juillet 1985 et contrat de transport », *JCP* 1991. I. 3508.

VINEY (G.), « De l'application de la loi du 5 juillet 1985 à l'accident de la circulation qui est en même temps un accident du travail », *D.* 1989. 231.

Arrêt à commenter

La recherche volontaire du dommage, cause d'exclusion d'indemnisation

Civ. 2e, 31 mai 2000, *Mme Ducollet c/ Bette*, *JCP* 2001. II. 10577, note C. Butruille-Cardew

LA COUR. – [...] *Sur le moyen unique* :

– Attendu, selon l'arrêt attaqué (Amiens, 31 mars 1998), que, le 21 novembre 1992, vers 19 heures 30, sur une route nationale, hors agglomération, M. Ducollet, piéton, a été heurté par le véhicule automobile conduit par M. Bette, appartenant à son employeur, la société SFPI ; que la victime étant décédée, Mme Ducollet agissant en son nom personnel et ès qualités d'administratrice légale de ses enfants mineurs, a assigné devant le tribunal de grande instance M. Bette et l'Union des assurances de Paris, assureur du véhicule, aux droits de laquelle se trouve désormais la société Axa assurances, en réparation de leurs préjudices ; que la Caisse des dépôts et consignations et la caisse primaire d'assurance-maladie de Beauvais ont été appelées dans l'instance ;

– Attendu que Mme Ducollet fait grief à l'arrêt de l'avoir déboutée de ses demandes alors, selon le moyen, 1° que, seule la faute volontaire exclut toute indemnisation pour les victimes autres que les conducteurs ; qu'en l'espèce, en se bornant à relever que M. Ducollet titubait, marchait comme s'il était ivre, doucement vers la voiture sans réagir, circonstances insusceptibles à elles seules de traduire un comportement suicidaire, la cour d'appel n'a pas caractérisé la recherche volontaire de son dommage par la victime et, partant, a privé sa décision de base légale au regard de l'article 3, alinéa 3, de la loi du 5 juillet 1985 ; 2° que, en toute hypothèse, la recherche volontaire du dommage doit traduire un comportement conscient, une volonté réfléchie ; qu'en retenant que le piéton titubait, marchait comme s'il avait bu, les bras ballants et avançait sans aucune réaction « comme une personne qui n'était pas dans son état normal », sans rechercher si ce comportement ne révélait pas l'absence de toute faculté de discernement de sorte que l'acte de M. Ducollet ne pouvait être retenu pour volontaire, la cour d'appel a derechef privé sa décision de base légale au regard de l'article 3, alinéa 3, de la loi du 5 juillet 1985 ;

– Mais attendu que c'est dans l'exercice de son pouvoir souverain d'appréciation des éléments de preuve que la cour d'appel, ayant analysé les déclarations de la veuve de la victime et des témoins et relevé qu'après une tentative de suicide la veille de l'accident, M. Ducollet, se trouvant sur le couloir de circulation du véhicule qui arrivait, continuait d'avancer tout en regardant la voiture jusqu'à l'impact, a retenu, justifiant légalement sa décision, que M. Ducollet avait volontairement recherché le dommage qu'il avait subi ;

D'où il suit que le moyen n'est pas fondé.

Par ces motifs,
Rejette le pourvoi [...]

Directives

Noter que cette décision présente un double intérêt : d'une part, c'est une des rares décisions sur la faute intentionnelle, d'autre part, elle traduit la volonté de la Cour de cassation de s'en remettre au pouvoir souverain des juges du fond pour l'appréciation du caractère intentionnel ou non de la faute, et de ne pas exercer son pouvoir de contrôle de qualification en la matière, ce que la doctrine considère comme critiquable.

La place de la faute de la victime comme cause d'exclusion d'indemnisation dans la loi du 5 juillet 1985

NATURE DES DOMMAGES ET QUALITÉ DE LA VICTIME	NATURE DE LA FAUTE DE LA VICTIME COMME CAUSE D'EXCLUSION D'INDEMNISATION
Un véhicule impliqué dans un accident cause	
un préjudice matériel	– Faute quelconque (art. 5)
ou un préjudice corporel à une	
victime conductrice	– Faute quelconque (art. 4)
ou victime non conductrice âgée de	
plus de 16 ans ou de moins de 70 ans ou atteinte d'un taux d'incapacité permanente ou d'invalidité inférieur à 80 %	– Faute inexcusable, cause exclusive de l'accident (art. 3, al. 1) – Faute intentionnelle (art. 3, al. 3)
ou âgée de moins de 16 ans ou de plus de 70 ans ou atteinte d'un taux d'incapacité permanente ou .... d'invalidité supérieur à 80 %	– Faute intentionnelle seulement (art. 3, al. 2 et 3)

Chapitre 3

Les systèmes d'indemnisation

2552. On quitte ici, encore plus nettement qu'avec la loi de 1985, la question des régimes de responsabilité pour aborder, avec les systèmes d'indemnisation la question de la socialisation du risque, de la prise en charge du risque et de l'indemnisation des dommages par la collectivité, dans une démarche qui n'est plus sanctionnatrice, ni fondée sur l'imputation personnelle d'un dommage, comme en matière de responsabilité. Elle repose sur la prise en compte de certains dommages qui doivent être indemnisés, lorsqu'ils répondent à certaines caractéristiques, soit par des fonds de garantie, soit par l'assurance, mais sans que l'on recherche la responsabilité préalable d'une personne.

Contrairement au droit de la responsabilité, le droit de l'indemnisation ne postule pas la réparation intégrale du préjudice. Il est donc possible de prévoir que tous les chefs de préjudices ne seront pas réparés, ou de prévoir des systèmes de forfait.

Il existe aujourd'hui différents systèmes d'indemnisation, qui reposent sur des fonds de garantie, alimentés par la collectivité. Nous signalerons les principaux.

I. Le Fonds de garantie contre les accidents de circulation et de chasse devenu Fonds de garantie des assurances obligatoires de dommages

2553. Créé par une loi du 31 décembre 1951 [1] et complété par la loi du 5 juillet 1985 et ses décrets [2], le « Fonds de garantie automobile », était à l'origine limité aux *accidents causés par un véhicule automobile* avec comme mission de prendre en charge le préjudice, matériel ou moral, subi par les victimes lorsque les auteurs sont inconnus ou ne sont pas assurés ou quand l'assureur est lui-même insolvable. Ensuite, son domaine n'a pas cessé de s'accroître.

– Il a ainsi été étendu aux *accidents de chasse* par une loi du 11 juillet 1966 (pour les « dommages causés par tous actes de chasse ou de destruction d'animaux nuisibles dans les parties du territoire où l'obligation d'assurance instituée par l'article L. 223-13 du Code rural est obligatoire ») et il est devenu « le Fonds de garantie contre les accidents de circulation et de chasse ».

– Depuis une loi du 7 juin 1977 et, son décret d'application du 14 janvier 1981 il intervient pour tous les *dommages causés « par des personnes circulant sur le sol dans des*

1. Mod. par Ord. du 7 janv. 1959 et Décr. du 16 juill. 1976.
2. 14 mars 1986, 18 mars 1988 et 1er mars 1994 ; C. assur., art. L. 421-1 s., et art. R. 421-1 s.

lieux ouverts à la circulation publique » (C. assur., art. L. 421-1). Il importe peu, au regard de ce texte, que l'accident de circulation ait ou non été causé par un véhicule terrestre à moteur. C'est pourquoi il a été jugé que ce texte était applicable aux accidents de ski, en cas de collision entre deux skieurs, dont l'un a pris la fuite sans laisser d'adresse ou de nom d'assureur[1]. Mais, dans d'autres cas d'accident de ski, l'article 421-1 du Code des assurances n'étant pas applicable il y a lieu de recourir à la commission d'indemnisation des victimes d'infraction (CIVI) (v. ss 2560).

– Depuis la loi du 5 juillet 1985 et ses décrets du 14 mars 1986 et 18 mars 1988, il est devenu compétent pour tous les *accidents corporels survenus sur les voies ouvertes à la circulation publique « dans lequel est impliqué un véhicule terrestre à moteur* en circulation ainsi que ses remorques ou semi-remorques ».

– Puis la loi du 30 juillet 2003 (n° 2003-699) a ajouté à son domaine d'intervention *l'indemnisation des victimes de dommages causés par une catastrophe technologiques*.

– Enfin la loi du 1er août 2003 de sécurité financière, prévoit désormais son intervention de façon générale, en cas de *défaillance des assurances obligatoires de dommages* et il est devenu le « Fonds de garantie des assurances obligatoires de dommage ». On notera que la loi du 1er août 2003 a donné compétence au Fonds pour les « *dommages causés accidentellement par des animaux* qui n'ont pas de propriétaire ou dont le propriétaire demeure inconnu ou n'est pas assuré, dans les lieux ouverts à la circulation publique et lorsqu'ils résultent d'un accident de circulation sur le sol » (C. assur, art. L. 421-1, al. 4). Il prend donc en charge les dommages causés par les animaux dans des circonstances excluant la possibilité de mettre en cause la responsabilité du propriétaire ou gardien (v. ss 1996 s.).

Ce fonds est alimenté par une portion des sommes versées par les assurés et par une cotisation des assureurs.

2554. La spécificité de l'intervention de ce fonds est qu'il n'*intervient qu'à titre subsidiaire*, l'action en indemnisation est intentée directement contre le Fonds de garantie quand l'auteur du dommage est inconnu. Dans les autres cas, c'est-à-dire lorsque l'auteur du dommage est connu mais n'est pas assuré ou que son assureur est insolvable, la victime doit d'abord agir contre le responsable, et le Fonds n'intervient qu'après la fixation de la responsabilité et la constatation de l'insolvabilité du responsable. S'il y a des coresponsables et qu'un d'eux est solvable, le Fonds de garantie n'intervient pas (aff. *Compère et les sept provinces*)[2]. Le caractère subsidiaire de la réparation de Fonds de garantie est un principe désormais parfaitement acquis en jurisprudence[3]. Lorsque le Fonds de garantie a payé, il est subrogé dans tous les droits dont disposait la victime contre le responsable ou contre son assureur. Le caractère subsidiaire de son intervention exclut que le responsable du dommage ou même l'assureur puisse se retourner contre le fonds.

Il existe par ailleurs quelques conditions spécifiques variant selon le titre auquel intervient le Fonds, Ainsi par exemple, concernant l'indemnisation des victimes d'accident de la circulation impliquant un véhicule terrestre à moteur, les dommages aux biens ne sont pas pris en charge par le fonds lorsque l'auteur est non identifié mais seulement s'il est non assuré ou que son assureur est insolvable.

---

1. Paris, 29 nov. 1996, *Gaz. Pal.* 21 déc. 1996, p. 479, I, n° 256.
2. Civ. 2e, 21 oct. 1971.
3. Civ. 2e, 19 mai 1976, *Gaz. Pal.* 1976. 2. Somm. 193.

II. Le Fonds de garantie des victimes des actes de terrorisme et d'autres infractions (FGVAT)

2555. Une loi du 3 janvier 1977 et ses décrets d'application, avait prévu l'indemnisation de certaines victimes de dommages corporels résultant d'une infraction causée par des auteurs inconnus ou insolvables. L'indemnisation devant être assurée par l'État. Mais cette indemnisation s'avérait insuffisante car elle était subsidiaire et plafonnée, bien qu'elle ait été complétée par les lois du 2 février 1981, dite Sécurité et Liberté, la loi du 8 juillet 1983 et la loi du 30 décembre 1985.

Entre-temps, un mouvement international s'était développé : le 24 novembre 1983 fut signée à Strasbourg une Convention européenne relative au dédommagement des victimes d'infractions violentes, qui fut approuvée par la France par la loi du 30 décembre 1988 et publiée par le décret du 29 mai 1990. Ces principes furent confirmés le 11 décembre 1985 par l'Assemblée générale des Nations unies par l'adoption d'une Déclaration des principes fondamentaux de justice relatifs aux victimes de la criminalité et d'abus de pouvoirs.

2556. C'est dans ce contexte et devant la multiplication des catastrophes collectives et la montée de la violence et du terrorisme avec la vague d'attentats des années 1985 à 1990 que le « Fonds de garantie des victimes des actes de terrorisme » a été créé par l'article 9 de la loi du 9 septembre 1986 relative à la lutte contre le terrorisme et aux atteintes à la sûreté de l'État. Son rôle s'est étendu, ensuite, avec la loi n° 90-589 du 6 juillet 1990, à l'indemnisation des « autres infractions » jugées par les Commissions d'indemnisation des victimes d'infraction ou CIVI, mais il a conservé son rôle initial en matière de terrorisme. Il a alors pris le nom de « Fonds de garantie des victimes des actes de terrorisme et d'autres infractions ».

Ce fonds, doté de la personnalité civile, est alimenté par « un prélèvement sur les contrats d'assurance de biens ». Il est l'organisme payeur dans deux sortes de situations : en matière d'indemnisation d'actes de terrorisme, et, d'une manière plus générale, pour verser les sommes allouées aux victimes de diverses infractions par l'intermédiaire des CIVI ou directement dans le cadre de la procédure obligatoire d'offre transactionnelle créée depuis 2004. Bien que l'organisme payeur soit le même dans les deux cas, le dispositif n'est pas le même selon qu'il s'agit d'indemniser les victimes d'actes de terrorisme ou d'infractions.

A. L'indemnisation des victimes d'actes de terrorisme

2557. La loi du 9 septembre 1986 relative à la lutte contre le terrorisme et le décret du 18 mars 1988, ont instauré un système d'indemnisation des victimes d'attentats terroristes.

Le Fonds de garantie des victimes des actes de terrorisme avait été créé par l'article 9 de la loi du 9 septembre 1986 relative à la lutte contre le terrorisme et aux atteintes à la sûreté de l'État (complétée par la loi n° 90-86 du 23 janvier 1990 et la loi n° 90-589 du 6 juillet 1990) (C. assur., art. L. 422-1 à L. 422-5). Enfin est intervenue la loi n° 2000-516 du 15 juin 2000 renforçant les droits des victimes. Ce fonds est destiné à indemniser « les victimes d'actes de terrorisme commis sur le territoire national et les personnes de nationalité française victimes à l'étranger de ces mêmes actes ». La victime a *droit à la réparation intégrale* des dommages résultant d'une atteinte à la personne[1] ; toutefois, « la réparation peut être refusée, ou son montant réduit, à raison de la faute de la victime ».

2558. Le fonds de garantie des victimes d'actes de terrorisme, alimenté par un prélèvement annuel sur l'ensemble des contrats d'assurances de biens conclus en France (C. assur., art. L. 422-1, al. 2), constitue un dispositif global comportant des mesures d'aide et d'accès au statut de victime de guerre, outre l'indemnisation proprement dite qui couvre tous les préjudices économiques et professionnels et tous les préjudices moraux extrapatrimoniaux, notamment les troubles psychiques découlant des situations d'attentats terroristes. La victime actionne directement le Fonds.

Dès qu'un attentat est commis, un dispositif complet d'aide aux victimes est mis en œuvre, tout au moins à Paris, avec des psychiatres intégrés aux équipes médicales et des consultations spécialisées dans les troubles psychiques post-traumatiques. Il y a une prise en charge globale des victimes, tant dans l'urgence que dans la durée, avec la création préconisée d'une cellule spécialisée regroupant l'ensemble des intervenants concernés sous l'égide du procureur de la République. Elle est destinée à éviter la multiplication des interventions.

Enfin, selon l'article 26 de la loi du 23 janvier 1990, les victimes d'actes de terrorisme bénéficient des dispositions du Code des pensions militaires d'invalidité et des victimes de guerre applicables aux victimes civiles : droit aux soins gratuits, à l'appareillage, au bénéfice de certaines dispositions de sécurité sociale, accès aux emplois réservés, certains avantages fiscaux. Elles ont également la qualité de ressortissant de l'ONAC (Office national des anciens combattants) et, peuvent, par conséquent, accéder à des aides financières diverses.

B. L'indemnisation des victimes d'infraction

2559. Le régime spécial d'indemnisation des victimes d'infraction qui figure dans les articles 706-3 et suivants du Code de procédure pénale consiste dans la prise en charge par le Fonds d'indemnisation des indemnités allouées à la victime par les CIVI (Commissions d'indemnisation des victimes d'infraction) au terme d'une procédure juridictionnelle, si la phase transactionnelle obligatoire a échoué. Le dispositif est double, en fonction de la nature de l'infraction, et certaines exclusions sont à signaler.

1. Double dispositif selon la nature de l'infraction visée par les textes

a) Système d'indemnisation non subsidiaire et automatique pour certaines infractions

2560. Le dispositif dépend de la nature de l'infraction. Les articles 706-3 et suivants du Code de procédure pénale organisent, en effet, d'abord, la « réparation intégrale des atteintes graves à la personne, subies par les victimes de faits, volontaires ou non, présentant le caractère matériel d'une infraction ». Il s'agit donc de dommages corporels et il faut que la victime ait subi une invalidité temporaire égale ou supérieure à un mois ou une invalidité permanente ou qu'elle soit décédée en entraînant un préjudice économique à ses proches. La victime peut également prétendre à indemnisation sans avoir à justifier d'un taux d'incapacité

1. C. assur., art. L. 126-1 et L. 422-1, art. R. 422-1 à 10, depuis Décr. du 18 mars 1988 et L. du 6 juill. 1990.

pour certaines infractions énumérées par l'article 706-3-2° du Code de procédure pénale qui sont essentiellement à caractère sexuel et notamment le viol.

La réparation intégrale du dommage est décidée par les Commissions d'indemnisation des victimes d'infraction (CIVI) qui sont des commissions juridictionnelles, selon une procédure spécifique qui comprend désormais une procédure transactionnelle préalable (v. ss 2565). L'indemnisation est faite ensuite par le Fonds d'indemnisation (FIVAT).

Concernant ces atteintes graves, depuis la loi du 6 juillet 1990, l'indemnisation par le *Fonds intervient à titre principal* c'est-à-dire que la victime n'a pas à tenter préalablement d'engager la responsabilité civile de l'auteur de l'infraction ou à chercher à autre responsable. L'intervention du Fonds n'est plus subsidiaire.

b) Indemnisation subsidiaire et conditionnée pour d'autres infractions

2561. En revanche, ce caractère subsidiaire est maintenu concernant un second volet d'infractions. Il s'agit d'abord de la réparation de certains dommages aux biens et des atteintes légères à la personne. La loi du 8 février 1981 puis celle du 15 juin 2000 ont étendu, en effet, le dispositif prévu pour les dommages corporels à toute personne victime « d'un vol, d'une escroquerie ou d'un abus de confiance, d'une extorsion de fonds ou d'une destruction, d'une dégradation ou d'une détérioration d'un bien lui appartenant » qui « ne peut obtenir à un titre quelconque une réparation ou une indemnisation effective et suffisante de son préjudice et se trouve de ce fait dans une situation matérielle ou psychologique grave ». La situation est la même pour les victimes d'atteintes légères à la personne (CPP, art. 706-14).

Dans ces diverses hypothèses, il faut donc que la victime ne puisse obtenir à un titre quelconque une réparation ou une indemnisation effective. Il faut ensuite que la victime prouve devant la CIVI, l'existence d'une situation matérielle ou psychologique grave, qui est appréciée souverainement par la Commission. Cette situation est prise en compte au jour de la demande.

2562. Enfin, la loi du 1er juillet 2008 (n° 2008-644) a ajouté un autre cas : les victimes de la destruction par incendie d'un véhicule terrestre à moteur lui appartenant (drame des banlieues oblige !) mais dans ce dernier cas la victime n'a pas à fournir la preuve qu'elle se trouve dans une situation matérielle ou psychologique grave.

La liste fournie par les textes est limitative, ainsi que la Cour de cassation l'a précisé et doit être interprétée strictement [1].

On notera cependant que la jurisprudence étend également le domaine de l'indemnisation en affirmant que « toutes les personnes qui subissent un préjudice personnel en lien avec les faits peuvent en réclamer indemnisation auprès de la CIVI. Il en est ainsi, par exemple, de l'enfant né du viol de sa mère, son préjudice moral, constitué par le caractère nécessairement douloureux que prendra l'évocation de sa conception et de sa naissance, étant personnel, certain, et en lien avec les faits » [2]. Certains auteurs ont cependant critiqué cette jurisprudence en constatant, comme dans l'arrêt *Perruche* (v. ss 1702), un relâchement du lien de causalité. Elle a par ailleurs précisé que l'action offerte aux victimes d'infractions se transmet à leurs héritiers conformément au droit commun [3].

---

1. Civ. 2e, 6 juin 2002, *Bull. civ.* II, 119 ; *RCA* 2002, comm. n° 293.
2. Caen, 7 nov. 2000, *JCP* 2002. II. 10001, note crit. A. Sériaux.
3. Avis des chambres civiles de la Cour de cassation rendu le 29 septembre 1998, *Bull. civ. avis* 1998, n° 11, p. 13 ; Civ. 2e, 6 janv. 2000, *RJPF* 4/42, obs. F. Chabas.

c) Incidence de la faute de la victime

2563. Quelle que soit la nature de l'infraction et donc qu'il s'agisse d'indemnisation à titre principal ou subsidiaire, en application de l'article 706-3 du Code de procédure pénale, « la réparation peut être refusée ou son montant réduit à raison de la faute de la victime »[1]. Les CIVI se montrent cependant, à cet égard, généralement plus indulgentes que les tribunaux en matière de responsabilité civile et considèrent qu'une imprudence de la victime est insuffisante à réduire son indemnisation. La Cour de cassation n'a pas censuré ces décisions[2].

d) Exclusion de certaines infractions

2564. Le dispositif prévu pour les victimes d'infraction ne s'applique, ni aux atteintes subies à l'occasion d'actes de terrorisme qui sont spécialement régies on l'a vu, ni aux victimes de l'amiante (concernées par un Fonds spécial) ni aux dommages à la personne qui donnent lieu à l'application de la loi du 5 juillet 1985 sur les accidents de la circulation. Toutefois, il faut relever que la loi en 1985 ne s'applique pas aux faits intentionnels commis à l'aide d'un véhicule car dans ce cas, la qualification d'accident est exclue.

Par ailleurs, la Cour de cassation avait admis dans un premier temps que les victimes d'un accident du travail puissent bénéficier du régime d'indemnisation organisé par la loi du 6 juillet 1990 au profit des victimes d'infraction, bien qu'elles puissent ainsi obtenir un supplément d'indemnisation leur permettant d'échapper au caractère forfaitaire des prestations servies au titre de la législation sur les accidents du travail[3]. Elle a ensuite consacré la solution inverse et considéré que les dispositions d'ordre public sur la réparation des accidents du travail excluait les dispositions concernant l'indemnisation des victimes d'infraction[4] avec une incertitude cependant en cas de faute intentionnelle de l'employeur ou du préposé[5].

2. Rôle subsidiaire des Commissions d'indemnisation des victimes d'infraction (CIVI) depuis l'instauration d'une procédure transactionnelle

2565. Les commissions d'indemnisation des victimes d'infraction ont été instaurées par une loi du 3 janvier 1977 (C. pr. pén., art. 706-3 s.). Instituées dans le ressort de chaque cour d'appel, elles sont aujourd'hui, délocalisées au siège du tribunal de grande instance depuis la loi du 8 juillet 1983. Elles ont le caractère de juridictions civiles qui se prononcent, désormais, en premier ressort sur les demandes d'indemnisation faites par les victimes.

Depuis la loi du 16 juillet 1992, le Fonds de garantie peut interjeter appel des décisions rendues par les CIVI, si elles sont trop favorables aux victimes, notamment, de même que les

---

1. Civ. 2e, 13 déc. 2001, *Bull. civ.* II, n° 193 ; *RTD civ.* 2002, n° 3, obs. P. Jourdain.
2. Civ. 2e, 2 et 16 févr. 1994, *Bull. civ.* II, n° 45 et 63 ; *JCP* 1994. I. 3809, obs. G. Viney.
3. Civ. 2e, 25 juin 1997, *JCP* 1997. IV. 1757 ; *JCP* 1997. I. 4070, obs. G. Viney ; Chron. H. Groutel, *RCA* 1997, comm. 21.
4. Civ. 2e, 23 oct. 2003, *D.* 2004. 834, note Y. Saint-Jours. 25 oct. 2007, *RCA* 2008, comm. n° 23.
5. Pour l'exclusion du dispositif d'indemnisation des victimes d'infraction : Civ. 2e, 7 févr. 2008, *RCA* 2008, comm. n° 139, obs. H. Groutel et en sens contraire, Civ. 2e, 7 mai 2009, *Dr. soc.* 2009. 1001, obs. P. Chaumette.

victimes dans le cas inverse : les CIVI ont donc cessé de statuer en premier et dernier ressort (C. assur., art. L. 422-5). L'appel est possible quel que soit le montant des sommes en jeu[1].

L'intervention des CIVI n'est cependant aujourd'hui plus que subsidiaire, compte tenu de l'instauration par d'une *procédure d'offre transactionnelle* instauré par la loi nº 2004-204 du 9 mars 2004 et figurant dans l'article 706-5-1 du Code de procédure pénale. La victime doit désormais saisir le Fonds de garantie des victimes d'actes de terrorisme et autres infractions directement. Le Fonds a deux mois à compter de la réception de la demande d'indemnisation pour faire une offre motivée. Si la victime accepte l'offre, elle est transmise à la CIVI pour homologation. SI la victime refuse la procédure se poursuivra alors devant la CIVI.

III. Le Fonds d'indemnisation des victimes de l'amiante (FIVA)

A. L'historique de la contamination par l'amiante

2566. L'amiante était connue et utilisée dès l'Antiquité pour sa propriété de résistance au feu. Jusqu'au XIXe siècle, son utilisation était modérée, mais s'est beaucoup développée par la suite. Dès 1906 les premières affections respiratoires ont été constatées dans les ateliers de tissage. Les premiers cas de cancer du poumon apparurent en 1935 et en 1955 ce furent les premiers cas de cancer broncho-pulmonaires primitifs. En 1973, puis en 1977, le Centre international de recherche contre le cancer affirma le caractère cancérigène de l'amiante. C'est très lentement que les réglementations nationales ont pris ce risque en compte et que l'indemnisation des dommages a été envisagée : en France, c'est en 1945 avec la réparation des maladies professionnelles (MP). En 1950-1951 puis en 1976 la réparation s'est étendue à de nouvelles manifestations pulmonaires, puis cardiaques et cancéreuses.

B. L'indemnisation des préjudices avant la création du Fonds d'indemnisation

2567. La réparation des maladies professionnelles est forfaitaire, mais systématique sans besoin d'avoir à recourir aux tribunaux. Toutefois, en cas de faute inexcusable de l'employeur, le tribunal des affaires de sécurité sociale (TASS) peut allouer une majoration de la rente initiale, mais c'est au salarié d'apporter la preuve de cette faute inexcusable.

La réparation des dommages consécutifs à l'exposition à l'amiante pouvait également et peut encore être obtenue par la voie de la responsabilité civile. On peut ainsi citer le cas d'une épouse contaminée[2] pour avoir de 1961 à 1977 nettoyé les vêtements de travail de son mari, employé de la société considérée comme gardienne des fibres et poudres d'amiante et condamnée, de ce fait, à l'indemniser sur le fondement de la responsabilité délictuelle de droit commun de l'article 1384, alinéa 1er.

Cette réparation pouvait aussi être obtenue en ayant recours aux commissions d'indemnisation des victimes d'infraction avant la création du fonds d'indemnisation des victimes de l'amiante. Ce recours est désormais exclu (v. aussi ss 2564).

---

1. Civ. 2e, 1er avr. 1998, 3 arrêts inédits cités dans chron. Ph. Melin, *JCP* 1999. I. 127.
2. Caen, 20 nov. 2001, *JCP* 2003. II. 10045, note G. Trébulle.

C. Mise en place d'un système d'indemnisation spécifique

2568. La loi n° 2000-1257 du 23 décembre 2000, relative au financement de la sécurité sociale, modifiée par la loi du 20 décembre 2002, amis en place un système d'indemnisation et créé un Fonds d'indemnisation des victimes de l'amiante, le FIVA.

1. Organisation du Fonds d'indemnisation des victimes de l'amiante

2569. Le FIVA est un établissement public national à caractère administratif, disposant de la personnalité juridique et de l'autonomie financière, placé sous la tutelle des ministres chargés de la Sécurité sociale et du Budget. Le Fonds est alimenté, pour l'essentiel par la branche AT/MP du régime général de la sécurité sociale et pour le surplus par l'État. L'indemnisation des victimes ne reste pas complètement à sa charge car il est subrogé, à due concurrence des sommes versées, dans les droits que le demandeur possède contre la personne responsable du dommage, ainsi que contre les personnes ou organismes tenus, à un titre quelconque, d'en assurer la réparation totale ou partielle.

Les demandes d'indemnisation qui étaient en cours d'instruction devant les CIVI au moment de la création du FIVA ont été transmises au Fonds d'indemnisation des victimes de l'amiante et les provisions allouées aux victimes par le Fonds de garantie des victimes des actes de terrorisme et autres infractions, lui ont été remboursées par le Fonds d'indemnisation des victimes de l'amiante[1].

2. Fonctionnement du Fonds d'indemnisation des victimes de l'amiante

2570. Les victimes de l'amiante, à la suite d'une maladie professionnelle ou d'une exposition, même non professionnelle, à l'amiante, et leurs ayants droit, ont droit à une réparation intégrale de leurs préjudices en s'adressant au FIVA.

Elles bénéficient cependant toujours d'une option : elles peuvent, soit intenter une action en justice, soit saisir directement le Fonds d'indemnisation.

Si elles saisissent le Fonds, celui-ci doit, dans les six mois de la demande, présenter au demandeur une offre d'indemnisation et, si elle est acceptée, il doit dans les deux mois, verser les indemnités. Si la demande d'indemnisation a été rejetée, ou si aucune offre n'a été présentée dans le délai prévu, ou s'il a rejeté l'offre qui lui avait été faite, le demandeur dispose d'un droit d'action en justice contre le Fonds d'indemnisation. Cette action est intentée devant les juridictions judiciaires, plus spécialement, la cour d'appel du domicile du demandeur. Le refus de l'offre permet à la victime de conserver la possibilité d'agir, selon sa situation, soit devant la cour d'appel contre le Fonds, soit contre la personne qu'elle estime responsable, en reconnaissance de faute inexcusable, en application du Code de la sécurité sociale, soit en responsabilité civile selon le droit commun, soit devant le juge administratif à la recherche d'une responsabilité de l'État. C'est ainsi que la responsabilité de l'État a été mise en cause dans quatre décisions, rendues en première instance le 30 mai 2000 par le tribunal administratif de Marseille[2] et confirmées par la

1. Article 53, II, complété par la loi n° 2001-1246 du 21 décembre 2001, et article 53, IX de la loi du 23 décembre 2000.
2. TA Marseille, 30 mai 2000, 4 décisions, *Gaz. Pal.* 2001, n° 40-41, p. 14.

cour administrative d'appel de Marseille le 18 octobre 2001 [1]. Il est conclu que l'État « ne justifie pas ainsi avoir satisfait à ses obligations en matière de protection de la santé publique et notamment en ce qui concerne la sécurité des travailleurs » et « que la responsabilité de l'État pouvait être engagée du fait de ses carences dans la prévention des risques liés à l'exposition professionnelle aux poussières d'amiante ». Ces arrêts ont fait l'objet d'un recours devant le Conseil d'État qui a confirmé, le 3 mars 2004, la négligence fautive de l'État [2]. Il s'agit d'une décision purement symbolique, de la part du Conseil d'État, faute de sanction contre l'État.

IV. L'indemnisation des victimes de transfusions contaminantes par l'ONIAM

2571. Parallèlement à la possibilité d'agir en responsabilité, qui existe toujours, le législateur a voulu faciliter l'indemnisation des victimes de contaminations post-transfusionnelles, et a mis en place un système d'indemnisation concernant les victimes du sida (VIH) et de l'hépatite C. Créé par la loi du 4 mars 2002 sur les droits des malades et l'amélioration du système de santé, l'*Office national des accidents médicaux, des affections iatrogènes et des infections nosocomiales (ONIAM)* est depuis venu compétent pour l'indemnisation de ces deux catégories de victimes. La loi du 9 août 2004 a en effet transféré à l'ONIAM les attributions du FITH, l'ancien fonds d'indemnisation des victimes du sida (la loi est entrée en vigueur en 2006) qui intervenait depuis 1991. Par ailleurs, le législateur, par une loi du 17 décembre 2008 (CSP, art. L. 1221-14), entrée en vigueur le 1er juin 2010 a également donné compétence à l'ONIAM pour l'indemnisation des dommages subi du fait d'une contamination par le virus de l'hépatite C.

A. L'indemnisation des victimes de contamination par le virus du SIDA

2572. Afin de faciliter l'indemnisation des victimes, dans le cadre d'une prise en charge des dommages au titre de la solidarité nationale, le législateur, par une loi nº 91-1406 du 31 décembre 1991, avait créé un fonds d'indemnisation des transfusés et hémophiles, le FITH, devenu par la suite Fonds d'indemnisation des victimes contaminées, qui était chargé d'indemniser les victimes, lorsqu'elles ne choisissaient pas d'engager une action en responsabilité et précisé la procédure et les conditions de l'indemnisation.

Après la réorganisation administrative de la transfusion sanguine, par la loi du 1er juillet 1998, l'Établissement français du sang (EFS) est devenu l'interlocuteur unique depuis le 1er janvier 2000. Les centres de transfusion sanguine sont devenus des parties composantes de cet établissement et l'EFS est, depuis, seul responsable des contaminations transfusionnelles. Ensuite, depuis la loi du 9 août 2004 en vigueur depuis le décret d'application du 30 décembre 2005, l'ONIAM, établissement public à caractère administratif, placé sous la tutelle du ministère de la Santé, a été substitué au FITH. Cependant la procédure et les conditions de l'indemnisation sont identiques et l'option de responsabilité toujours possible.

---

1. CAA Marseille, 18 oct. 2001, *Gaz. Pal.* 5-7 mai 2002, p. 35, note B. Pauvert.

2. CE 3 mars 2004, *Gaz. Pal.* 13 janv. 2005, note D. Linotte ; *D.* 2004, nº 14, p. 973-7, note H. Arbousset.

1. L'indemnisation par le Fonds d'indemnisation des transfusés et hémophiles et le transfert de compétence à l'ONIAM

2573. Le dispositif, qui n'a donc pas été modifié depuis le transfert du Fonds d'indemnisation des transfusés et hémophiles à l'ONIAM est ouvert à toutes les « victimes de préjudices résultant de la contamination par le virus d'immunodéficience humaine (VIH), causée par une transfusion de produits sanguins ou une injection de produits dérivés du sang » (CSP, art. L. 3122-1). Elles n'ont pas cependant à prouver le lien de causalité entre la contamination et la transfusion puisque, selon le texte, elles doivent seulement justifier de l'atteinte par le virus et des transfusions de produits sanguins ou des injections de produits dérivés du sang. Elles font par ailleurs connaître à l'Office, tous les éléments d'information dont elles disposent. Dans un délai de trois mois à compter de la réception de la demande, l'Office, après avoir recherché les circonstances de la contamination et procédé à toutes investigations utilisées, donne sa réponse. S'il accepte la demande d'indemnisation, il fait une offre d'indemnisation et l'acceptation de l'offre par la victime vaut transaction.

2574. Le principe est celui de la réparation *intégrale* du préjudice subi (CSP, art. L. 3122-1, al. 3), ce qui inclut les préjudices tant patrimoniaux que personnels et le préjudice de contamination.

► ***Le préjudice spécifique de contamination*** « qui n'inclut pas l'atteinte à l'intégrité physique », ou préjudice fonctionnel (sur cette question du préjudice fonctionnel, v. ss 1626) a été défini comme comprenant « l'ensemble des préjudices de caractère personnel, tant physique que psychique, subis par la victime et résultant notamment de la réduction de l'espérance de vie, des perturbations de la vie sociale, familiale et sexuelle ainsi que des souffrances et de leur crainte, du préjudice esthétique et d'agrément ainsi que de toutes les affections opportunistes consécutives à la déclaration de la maladie ». Il s'agit bien d'un préjudice à caractère personnel[1] (v. ss 1635).

La Cour de cassation a admis par ailleurs que l'indemnisation doit couvrir, non seulement les personnes auxquelles le virus a été directement inoculé par transfusion, mais *aussi les victimes par ricochet*, celles qui ont été infectées par l'intermédiaire des transfusés, qu'il s'agisse du conjoint ou de l'enfant contaminé avant sa naissance, du concubin même sans véritable cohabitation s'il y a une « vie commune stable »[2], ou, plus récemment, du chirurgien accidentellement contaminé en opérant deux patientes contaminées directement par transfusion[3].

2575. Si l'office rejette la demande d'indemnisation ou ne présente pas d'offre dans le délai ou si la victime n'accepte pas l'offre, un appel peut être formé devant la cour d'appel de Paris qui a compétence exclusive et centralise donc tous les recours. La décision qu'elle rendra vaudra désistement de toute autre action en cours (par exemple si une action en responsabilité avait été exercée en parallèle) et rendra irrecevable toute autre action juridictionnelle visant à la réparation des mêmes préjudices. Ainsi, alors que la compétence pour toutes les actions en responsabilité fondées sur la transfusion relève

---

1. Civ. 2e, 2 avr. 1996, *Bull. civ.* II, n° 88 ; *JCP* 1996. IV. 1289.
2. Paris, 23 sept. 1999, *JCP* 2000. II. 10339, note E. Verny.
3. Civ. 2e, 18 juin 1997, *JurisData* n° 2888, *JCP* 1997. I. 4070, obs. G. Viney.

désormais des juridictions administratives (v. ss 2577) les juridictions judiciaires, en l'occurrence la cour d'appel de Paris restent compétence pour les recours dans le cadre de la procédure spéciale d'indemnisation.

2. L'OPTION POSSIBLE AVEC LA RESPONSABILITÉ

a) De la dualité de juridiction à la compétence exclusive des juridictions administratives

2576. En cas de refus par la victime de l'offre du Fonds ou du refus de celui-ci d'accorder une indemnisation, rien n'empêche la victime de saisir le juge de droit commun [1] d'une action en responsabilité qui sera désormais toujours exercée contre l'Établissement français du sang et devant le juge administratif.

Option ou cumul ? Avant la réorganisation administrative de la transfusion (v. ss 2572) il était possible pour la victime de choisir entre les deux voies, celle de la responsabilité ou celle de l'indemnisation, mais la compétence pour connaître de l'action en responsabilité pouvait être selon le cas de la compétence des juridictions ou de la compétence des juridictions judiciaires selon que le centre de transfusion ou l'établissement de soin dont la responsabilité était recherchée était privé ou public.

Le Conseil d'État pour sa part avait même admis le cumul de l'action en responsabilité et de la demande en indemnisation, mais ce cumul de voies de droit ne peut aboutir à une sur-indemnisation : le juge saisi de l'action en responsabilité doit donc déduire de l'indemnisation qu'il alloue à la victime les sommes qu'elle a déjà reçues du fonds, si cette indemnité s'avère supérieure à celle allouée par le fonds, ainsi que l'indique un avis du Conseil d'État, rendu le 15 octobre 1993 [2] et confirmé par un arrêt du 16 juin 1997 [3].

Pour la Cour de cassation, au contraire, l'option était possible, mais pas le cumul. Dans un arrêt du 26 janvier 1994 elle a estimé que l'acceptation de l'offre faite par le fonds de l'indemnisation du « préjudice spécifique de contamination » prive le transfusé de tout intérêt à solliciter une autre indemnité de ce chef [4]. Cette opposition entre le Conseil d'État et la Cour de cassation a été réaffirmée en assemblée plénière par la Cour de cassation le 6 juin 1997 [5] et cela, malgré les objections doctrinales approuvant le Conseil d'État. Pour sa part, la Cour européenne des droits de l'Homme (CEDH) dans l'arrêt *Bellet* [6], et ensuite dans l'arrêt *F.E. c/ France* du 30 octobre 1998 [7] a, à deux reprises, condamné la France et donc la position intransigeante de la Cour de cassation. Malgré tout, la Cour de cassation n'a pas voulu modifier sa position [8].

---

1. Civ. 1re, 9 juill. 1996, préc. ; Civ. 1re, 27 mai 1997, *Bull. civ.* I, nº 175 et 28 avr. 1998, *JCP* 1998. II. 10088, rapp. P. Sargos.

2. *D.* 1994. 539, obs. Ph. Terneyre et P. Bon.

3. CE 1997, *D.* 1997. IR 177 ; *JCP* 1997. I. 4070, nº 36, obs. G. Viney.

4. Civ. 1re, 26 janv. 1994, *RDSS* 1994. 420, note J.-S. Cayla, et Civ. 1re, 9 juill. 1996, *JCP* 1996. I. 3985, chron. G. Viney.

5. Cass., ass. plén., 6 juin 1997, *D.* 1998. 255, concl. P. Tatu ; *D.* 1998. Somm. 204, obs. D. Mazeaud ; *JCP* 1997. I. 4070, nº 36, obs. G. Viney.

6. CEDH 4 déc. 1995, *JCP* 1996. II. 22648, note M. Harichaux ; *D.* 1996. 357, note Collin-Demunieux.

7. Recours contre l'arrêt du 6 juin 1997 de l'assemblée plénière de la Cour de cassation : CEDH 30 oct. 1998, *JCP* 1998, Act. nº 47, p. 1990, et obs. E. Savatier, *JCP* 1999. I. 125.

8. Civ. 1re, 6 juin 2000, *Bull. civ.* I, nº 179 ; *JCP* 2000. IV. 2309 ; *JCP* 2000. I. 280, obs. G. Viney.

2577. Depuis le 1er janvier 2000, ce ne sont plus les centres de transfusion sanguine (qui pouvaient être publics ou privés) qui sont responsables des dommages causés par des contaminations virales, mais l'Établissement français du sang (EFS) et sa responsabilité relèvent de la compétence exclusive des juridictions administratives depuis l'article 15 de l'ordonnance n° 2005-1087 du 1er septembre 2005.

L'ordonnance du 1er septembre 2005 relative aux établissements publics nationaux à caractère sanitaire et aux contentieux en matière de transfusion sanguine, a achevé le transfert à l'Établissement français du sang des derniers Centres de transfusion sanguine qui n'avaient pas encore fait l'objet d'une reprise.

b) Responsabilité sans faute à l'égard des victimes de transfusion

2578. La responsabilité administrative à l'égard des transfusés victimes d'une contamination est une responsabilité sans faute[1], le Conseil d'État ayant été, à cet égard, influencé par la jurisprudence civile favorable aux victimes. La Cour de cassation avait en effet imposé aux centres de transfusion privés une obligation de sécurité-résultat définie comme « l'obligation de fournir aux receveurs des produits exempts de vice », et admis leur responsabilité contractuelle à l'égard des victimes, bien que la victime soit tiers au contrat passé entre les centres de transfusion et l'établissement de soins ayant pratiqué la transfusion (notamment, v. ss 2416). Elle avait également posé une présomption d'imputabilité de la contamination à la transfusion déduite de l'absence d'autres modes possibles de contamination (sur cette question notamment, v. ss 2416) que le législateur a d'ailleurs inscrite dans la loi de mars 2002, à propos des victimes de contamination par le virus de l'hépatite C (v. ss 2418).

B. L'indemnisation des victimes de contamination par le virus de l'hépatite C

a) L'indemnisation par l'ONIAM

2579. *S'agissant de l'indemnisation*, il n'existait pas, jusqu'à la loi du 17 décembre 2008, de procédure d'indemnisation spécifique pour les victimes de contamination par le virus de l'hépatite C semblable à celui mis en place par la loi de 1991 pour les victimes de contamination par le VIH de 2008 à la suite de ce que l'on a appelé le « scandale » du sang contaminé. Depuis cette loi de 2008, le système d'indemnisation prévu pour les victimes contaminées par le VIH a été étendu aux victimes contaminées par le virus de l'hépatite C (mais pas aux victimes de la maladie de Kreutzfeld-Jacob) et l'indemnisation a été également confiée à l'ONIAM selon une procédure pratiquement calquée sur celle qui concerne l'indemnisation des victimes de contaminations par le VIH, avec d'ailleurs des renvois aux textes concernant cette procédure. Comme lorsqu'il y a contamination par le VIH, l'ONIAM est saisie par les victimes et dans la demande d'indemnisation, elles doivent justifier de l'atteinte par le virus de l'hépatite C et des transfusions de produits sanguins ou des injections de médicaments dérivés du sang. L 'Office doit rechercher les circonstances de la contamination (notamment dans les conditions prévues par l'article 102 de la loi du 4 mars 2002, c'est-à-dire en se référant à l'absence d'autre cause

---

1. CE, ass., 26 mai 1995 (trois arrêts), et Civ. 1re, 12 avr. 1995, 2 arrêts, *JCP* 1995, n° 23 et *JCP* 1995. II. 22467, 1re esp., note P. Jourdain.

possible de contamination. L'offre d'indemnisation doit tendre à la réparation intégrale du préjudice et la victime dispose du droit d'action en justice contre l'office si sa demande d'indemnisation a été rejetée, si l'offre n'a pas été faire dans le délai ou si cette offre est jugée insuffisante. Toutefois ici, le contentieux n'est pas confié à la cour d'appel de Paris comme dans le cas du VIH. Dans une décision critiquée, la Cour de cassation a précisé par ailleurs que le refus de l'offre de l'ONIAM par la victime rend celle-ci caduque. La proposition de l'ONIAM ne peut donc faire l'objet d'aucune discussion [1] !

b) L'option de la responsabilité

2580. *S'agissant de la responsabilité*, on rappellera que l'article 15 de l'ordonnance n° 2005-1087 du 1er septembre 2005 qui a unifié le contentieux des contaminations post-transfusionnelles en le confiant au seul juge administratif, concerne, aussi les cas de contamination post-transfusionnelle par le virus de l'hépatite C (VHC), puisque. Cette situation a été critiquée par la doctrine du fait, notamment, de la modicité de l'indemnisation des victimes du VHC post-transfusionnel car le Conseil d'État n'avait pas reconnu l'existence d'un préjudice spécifique de contamination en matière de VHC alors que la Cour de cassation l'a fait depuis longtemps (v. ss 2582). En réalité, le Conseil d'État retient le même type de préjudice, même s'il n'emploie pas le terme de préjudice spécifique de contamination [2].

Par ailleurs, prenant en compte la difficulté représentée par les victimes par la preuve du lien de causalité entre la transfusion et la contamination, l'article 102 de la loi du 4 mars 2002 a posé une présomption d'imputabilité de la contamination à la transfusion semblable à celle développée par la Cour de cassation à propos de la contamination par le VIH et de la responsabilité fondée sur l'obligation de sécurité-résultat. Selon l'article 102, si « la victime apporte des éléments qui permettent de présumer que cette contamination a pour origine une transfusion de produits sanguins ou une injection de médicaments dérivés du sang, il incombe à la partie défenderesse de prouver que cette transfusion ou cette injection n'est pas à l'origine de la contamination ». L'article 102 ajoute que « le doute profite au demandeur ». Un arrêt de la Cour de cassation du 5 mars 2009 (statuant sur une instance engagée avant le transfert de compétence aux juridictions administratives) consacre à cet égard une interprétation large, favorable à la victime, puisqu'il est venu préciser que dès lors qu'il existe une possibilité de contamination par les produits sanguins, même s'il existe d'autres causes possibles de contamination, il existe un doute qui doit bénéficier au demandeur [3].

V. L'INDEMNISATION DES VICTIMES D'ACCIDENTS MÉDICAUX

2581. À la suite d'un colloque tenu à l'Assemblée nationale le 16 novembre 1999 sur le thème « Droits des victimes et responsabilité médicale : vers une solution législative ? », il avait été proposé d'élargir la loi *Badinter* sur les accidents de la circulation aux accidents médicaux (à l'exception des accidents sériels comme ceux du sang contaminé).

---

1. Civ. 6 janv. 2011, n° 09-71.201 *D.* 2011. 238, obs. I. Gallmeister et 2565, obs. A. Laude, *D.* 2012. 57, obs. O. Gout.
2. CE 25 juin 2008, *Mme B., Rec.* 922.
3. Civ. 5 mars 2009, *JurisData* n° 2009-0472413, *RCA* 2009, comm. 102, note C. Radé.

Diverses études ont finalement abouti à la promulgation de la loi n° 2002-303 du 4 mars 2002 relative aux droits des malades et à la qualité du système de santé, dite « loi *Kouchner* ». Cette loi est venue compléter des textes antérieurs dont la loi du 27 juillet 1999 relative à la création de la couverture maladie universelle. L'intérêt de la loi du 4 mars 2002 a été d'accomplir une véritable refonte du droit de la santé, pour prendre en considération les données actuelles de la santé et de la relation médecin-patient. Nous envisagerons seulement ici la question de l'indemnisation (v. ss 2603, « Le point sur… La responsabilité médicale », Documents, pour l'apport de la loi en ce qui concerne la nature et l'étendue de la responsabilité des médecins et établissements de santé publics ou privés, alors qu'ici nous envisageons seulement la question de l'indemnisation des victimes).

A. Esprit de la loi du 4 mars 2002 partage entre la responsabilité et l'indemnisation

2582. La loi du 4 mars 2002 est un texte très important mais touffu, voté dans l'urgence, qui comporte de multiples renvois à plus de huit codes distincts ! Nous ne l'envisagerons donc pas dans son ensemble mais uniquement sous l'angle du Titre IV intitulé « Réparation des conséquences des risques sanitaires » et, plus particulièrement, du chapitre II relatif aux « Risques sanitaires résultant du fonctionnement du système de santé », c'est-à-dire les articles L. 1142-1 à L. 1143-1 du Code de la santé publique. Cette loi a été précisée et complétée par la loi n° 2002-1577 du 30 décembre 2002, relative à la responsabilité civile médicale, le décret n° 2003-314 du 4 avril 2003 relatif au caractère de gravité des accidents médicaux, des affections iatrogènes et des infections nosocomiales et la loi n° 2004-806 du 9 août 2004 relative à la politique de santé publique (v. aussi ss 2603, Documents, « Le point sur… La responsabilité médicale »).

2583. La loi du 4 mars 2002 commence par imposer, sous peine de sanctions pénales et disciplinaires, une obligation générale d'assurance à tous les professionnels de santé exerçant à titre libéral et à toutes les personnes morales, excepté l'État, intervenant dans le domaine de la santé (CSP, art. L. 1142-2). Mais, devant le malaise du monde des assurances qui refusent d'assurer les professionnels de santé ou augmentent fortement les primes, des aménagements ont été apportés en la matière par la loi du 30 décembre 2002.

2584. *L'apport principal de la loi du 4 mars 2002* a été de créer un système original de prise en charge des risques sanitaires résultant du fonctionnement du système de santé, dans le but d'unifier les règles de réparation entre les médecins et les établissements de soins publics ou privés, notamment au regard de l'aléa thérapeutique. Ce système a la particularité d'allier la responsabilité et l'indemnisation, au titre de la solidarité nationale et d'assurer leur complémentarité en organisant l'articulation entre les deux. Les principes généraux de la réparation des risques sanitaires reposent, désormais, sur une distinction entre ce qui relève de la responsabilité médicale classique, prise en charge par les assurances, et ce qui relève de la solidarité nationale prise en charge au titre de l'indemnisation par l'ONIAM (Office national d'indemnisation des accidents médicaux, maladies iatrogènes et infections nosocomiales).

1. La responsabilité médicale

2585. Posant des principes communs à la responsabilité médicale privé et publique, la loi de 2002 fait reposer la responsabilité médicale *sauf deux exceptions, exclusivement sur la faute* : selon l'article 1142-1, § I, alinéa 1er, du Code de la santé publique, tous les professionnels de santé, établissements, services ou organismes, « ne sont responsables des conséquences dommageables d'actes de prévention, de diagnostic ou de soins *qu'en cas de faute* ». La faute médicale reste donc le fondement de cette responsabilité. Dans une décision qualifiée d'historique, rendue le 28 janvier 2010, confirmée depuis (v. ss 2161 s. et les références et pour de plus amples développements : v. ss 2390, 2603, Documents : « Le point sur... La responsabilité médicale », v. ss 17 s.), la première chambre civile de la Cour de cassation a, cependant marqué une volonté de modifier le fondement de la responsabilité médicale en visant directement les textes du Code de la santé publique et non l'article 1147 du Code civil (et la responsabilité contractuelle applicable depuis 1936), qui était invoqué. Elle a consacré ainsi l'interprétation selon laquelle la loi de 2002 aurait créé un régime de responsabilité spécifique, qui permettrait de transcender la distinction entre la responsabilité médicale privée et la responsabilité médicale publique, comme la loi de 1998 concernant les produits défectueux a transcendé la distinction responsabilité contractuelle et délictuelle.

La responsabilité échappe à la preuve d'une faute dans deux cas.

– Le premier cas est celui où les dommages résultent d'un défaut d'un produit de santé, auquel cas c'est la responsabilité objective prévue par la loi du 19 mai 1998 relative à la responsabilité du fait des produits défectueux qui s'applique, mais encore faut-il que l'on soit dans son champ d'application (sur ce point, v. ss 2603, Le point sur... La responsabilité médicale, n° 37-38).

– Le second cas est celui des infections nosocomiales. Les établissements, services et organismes précités sont déclarés « responsables des dommages résultant d'infections nosocomiales, *sauf s'ils rapportent la preuve d'une cause étrangère* ». Il s'agit donc, là encore, d'une responsabilité objective, présumée mais qui peut tomber devant la preuve d'un cas fortuit ou de force majeure ; il s'agira alors d'un aléa nosocomial réparé dans le cadre de la solidarité nationale, à condition qu'il présente un caractère de gravité suffisant (v. ss 2586).

Corrélativement, la loi du 4 mars 2002 a posé le principe de l'assurance obligatoire.

2. La solidarité nationale

a) Prise en charge des dommages ne donnant pas lieu à responsabilité : l'aléa thérapeutique

2586. L'indemnisation va prendre le relais de la responsabilité en prenant en charge d'abord, *les cas où il n'y a pas matière à responsabilité médicale*, bien que le dommage soit en rapport avec l'acte médical, et sous la condition cependant que ce dommage soit d'une certaine importance. L'indemnisation par l'ONIAM intervient en effet dans les cas où le dommage relève de l'*aléa thérapeutique* :

– *accidents médicaux* (cas où il n'y a aucune faute à l'origine du dommage imputable pourtant à un acte médical),

– *affections iatrogènes*,

– *infections nosocomiales* ne donnant pas lieu à responsabilité.

► ***Une affection iatrogène*** est une maladie dont le médecin est la cause involontaire. On la définit comme « tout dommage subi par un patient directement lié aux soins délivrés ».

► ***Une infection nosocomiale*** est définie par une circulaire du 29 décembre 2000 (qui a abrogé la circulaire du 13 octobre 1988 qui en avait donné une définition plus complexe). Selon ce dernier texte, « les infections nosocomiales sont des infections contractées dans un établissement de santé ». Cela englobe les infections bactériennes, parasitaires, fongique, par prions. D'une façon générale, une infection est considérée comme nosocomiale « si elle apparaît au cours ou à la suite d'une hospitalisation et si elle était absente à l'admission à l'hôpital ». La définition de la circulaire n'est pas des plus précises. Malgré des propositions de définition faites au cours des débats parlementaires, le ministre de la Santé, M. *Kouchner* s'était opposé à une définition par les textes (et la commission mixte paritaire ne les avait pas adoptées) car elles risquaient d'être trop restrictives et donc défavorables, tant aux victimes qu'aux médecins. « Il s'agit d'une définition médicale qui n'a pas sa place ici, dans une logique contentieuse, où la jurisprudence devra statuer compte tenu des cas concrets »[1]. De fait, la jurisprudence judiciaire et la jurisprudence administrative sont restées opposées un moment sur la question. La Cour de cassation n'exigeait pas, contrairement au Conseil d'État que la victime, qui doit démontrer le caractère nosocomial de l'infection, fasse la preuve de son caractère exogène, c'est-à-dire qu'elle n'en était pas porteuse au moment de son admission. Elle admettait que l'infection nosocomiale couvre les affections endogènes alors que le Conseil d'État avait restreint la responsabilité liée aux infections nosocomiales aux infections exogènes[2]. Toutefois, le Conseil d'État vient de procéder à un revirement de jurisprudence, par une décision du 10 octobre 2011. Alors que le CHU soutenait que la victime était porteuse saine du pneumocoque qui avait causé son décès après une opération, pour écarter sa responsabilité, le Conseil d'État considère que cela n'exclut pas le caractère nosocomial de l'infection car c'est à l'occasion de l'intervention chirurgicale que le germe a pénétré dans les méninges et est devenu pathogène[3].

Pour que la victime (ou en cas de décès, ses ayants droit) ait droit à réparation au titre de la solidarité nationale, il faut cependant :

– que l'accident ou l'affection soit directement imputable à un acte de prévention, de diagnostic ou de soins et ait eu pour le patient des « conséquences anormales au regard de son état de santé comme de l'évolution prévisible de celui-ci » (CSP, art. L. 1142-1 § II). La Cour de cassation s'est prononcée pour la première fois sur cette question dans un arrêt du 30 mars 2011, qui figure au Rapport annuel de la Cour de cassation, où elle adopte une conception plutôt restrictive de l'anormalité. Alors même que les experts n'avaient pu établir une casualité certaine entre les antécédents vasculaires connus du patient et la complication hémorragique survenue, elle considère en effet que selon certains éléments de l'expertise, la victime était particulièrement exposée à la complication hémorragique survenue dont les conséquences n'étaient donc pas anormales[4].

---

1. Doc. AN, rapp. n° 3587 et Doc. Sénat, n° 220, p. 48.

2. Civ. 1re, 4 avr. 2006, *D.* 2006. 1187 ; *RTD civ.* 2006. 567, obs. P. Jourdain ; comp. CE 27 sept. 2002, n° 211370 ; *AJDA* 2003. 72, étude J. Saison.

3. CE 10 oct. 2011, n° 328500, *Centre hospitalier unviersitaire d'Angers*, *AJDA* 2011. 1926, *D.* 2012. 55, obs. O. Gout.

4. Civ. 1re, 31 mars 2011, n° 09-17.135, *D.* 2011. 1075, obs. I. Gallmeister et 2565, obs. A. Laude ; *RDSS* 2011. 761, obs. F. Arhab-Grardin ; *RTD civ.* 2011. 553, obs. P. Jourdain ; *RCA* 2011, comm. 188, obs. C. Radé.

– que le dommage présente un certain caractère de gravité : la victime doit présenter un « taux d'atteinte permanente à l'intégrité physique ou psychique » supérieur à un pourcentage d'un barème fixé par décret ; ce pourcentage, au plus égal à 25 %, est déterminé par le décret (CSP, art. L. 1142-1, § II). Le décret n° 2003-314 du 4 avril 2003 a fixé ce pourcentage à 24 %.

b) L'indemnisation malgré la responsabilité

Dans le cas des infections nosocomiales

2587. Concernant les infections nosocomiales, le système est un peu plus complexe, sachant que même s'il y a matière à responsabilité, la victime peut avoir droit, malgré tout, à l'indemnisation au titre de la solidarité nationale.

2588. Les infections nosocomiales sont en effet, on l'a vu, l'une des deux exceptions au principe de la responsabilité médicale pour faute (v. ss 2585). La responsabilité de l'établissement de soins (mais plus la responsabilité du médecin à titre personnel) est engagée de plein droit, sauf preuve de la cause étrangère (art. L. 1142-1, I, al. 2). Néanmoins pour les infections aux conséquences les plus graves, c'est-à-dire correspondant à un « taux d'atteinte permanente à l'intégrité physique ou psychique » supérieur à 25 %, ou au décès la victime (ou ses ayants droit), en toute hypothèse, a droit à réparation au titre de la solidarité nationale. Ensuite, si l'ONIAM qui a assuré l'indemnisation estime qu'il y a matière à responsabilité, il dispose d'une action subrogatoire, qui lui permettra d'agir contre l'établissement (CSP, art. L. 1152-17, al. 7). Lorsque le dommage n'est pas suffisamment important la seule voie possible reste celle de la responsabilité.

Le système de règlement de ces risques sanitaires est basé sur une procédure facultative de règlement amiable. La victime peut, certes, opter pour une procédure judiciaire et s'adresser, comme antérieurement, aux tribunaux, mais elle a dorénavant la possibilité de voir régler son affaire plus simplement et plus rapidement en s'adressant à une Commission régionale de conciliation et d'indemnisation. Celle-ci instruit l'affaire, en ayant, éventuellement, recours à une expertise puis émet un avis relativement au régime d'indemnisation applicable.

Cependant si le seuil d'incapacité fixé par décret n'est pas atteint, la victime n'a plus que la possibilité d'utiliser la voie judiciaire et de la responsabilité.

On notera qu'un décret du 2 mars 2012, entré en vigueur le 4 mars (Décr. n° 2012-298, 2 mars 2012, *JO* 3 mars 2012, pris en application de la loi n° 2009-526 du 12 mai 2009 de simplification et de clarification du droit), est venu modifier le dispositif de règlement amiable des accidents médicaux, des affections iatrogènes et des infections nosocomiales essentiellement concernant le fonctionnement des commissions administratives qui interviennent dans le processus de règlement[1].

Dans le cas des transfusions avec contamination par le VIH et l'hépatite C

2589. On a vu que l'ONIAM avait reçu compétence pour indemniser les victimes, alors qu'elles ont aussi en parallèle la possibilité d'agir en responsabilité (développements, v. ss 2576).

---

1. B. Rajot, « Modification du dispositif de règlement amiable des accidents médicaux, des affections iatrogènes et des infections nosocomiales », Focus, *RCA* avr. 2012. Alerte 7.

c) La complémentarité possible de l'indemnisation et de la responsabilité

2590. La Cour de cassation a admis la possibilité de combiner la responsabilité d'un médecin et la solidarité nationale et de répartir la charge de la réparation entre l'ONIAM et le médecin. Dans la décision considérée, la responsabilité du médecin tenait au manquement à son obligation d'information et non à une faute technique[1].

Le Conseil d'État a lui-même admis cette possibilité en affirmant que les dispositions du Code de la santé publique n'excluent toute indemnisation par l'Office que si le dommage est entièrement la conséquence directe d'un fait engageant la responsabilité des personnes visées par l'article L1142-1, I[2]. En l'espèce, le Conseil d'État a estimé que le dommage devait être indemnisé à 80 % par le CHU la prise en charge postopératoire de la victime lui ayant fait perdre une chance de se soustraire aux conséquences d'un accident vasculaire cérébral et à hauteur de 20 % par l'ONIAM, les séquelles étant une complication connue de l'endartériectomie de la carotide pratiquée. Il semble donc que la répartition soit possible, à condition toutefois que cela corresponde à des préjudices ou chefs de préjudices distincts.

B. Instances administratives issues de la loi du 4 mars 2002

2591. La loi du 4 mars 2002 a mis en place plusieurs organismes : CRCI, ONIAM et CNAM, qui vont intervenir pour orienter les victimes vers la voie de l'indemnisation ou de la responsabilité et prendre en charge l'indemnisation.

1. Les commissions régionales de conciliation et d'indemnisation (CRCI)

2592. Elles sont chargées « de faciliter le règlement amiable des litiges relatifs aux accidents médicaux, affections iatrogènes et infections nosocomiales, ainsi que des autres litiges entre usagers et professionnels de santé, établissements de santé, services de santé ou organismes ou producteurs de produits de santé… ». Il en existe, en principe, une dans chaque région mais, selon la loi du 30 décembre 2002, des commissions interrégionales peuvent être instituées sur arrêté du ministre de la Santé et du ministre de la Sécurité sociale. La commission siège en formation de règlement amiable et en formation de conciliation. Dans le cadre de sa mission de conciliation, la commission peut déléguer tout ou partie de ses compétences à un ou plusieurs médiateurs.

Les commissions sont présidées par un magistrat de l'ordre administratif ou de l'ordre judiciaire, en activité ou honoraire. Elles comprennent des représentants des malades, des professionnels de santé et des responsables d'établissements et services de santé ainsi que des représentants de l'ONIAM et des compagnies d'assurance. Ils sont tenus au secret professionnel (art. L. 1142-5 et 1142-6). Les commissions régionales sont tenues d'informer le directeur de l'Agence régionale de l'hospitalisation compétent ainsi que l'ONIAM des infections nosocomiales dont elles ont connaissance et qui présentent le caractère de gravité entraînant le transfert de responsabilité à l'ONIAM (art. L. 1142-8, al. 5).

---

1. Civ. 1re, 11 mars 2010, no 327669, *D.* 2011. 119, note M. Bacache, 2011. 35, obs. O. Gout et 2565, obs. A. Laude.
2. CE 30 mars 2011, no 327669 ; *D.* 2011. 1074, obs. R. Grand ; *AJDA* 2011. 709 ; *RFDA* 2011. 329, étude C. Alonzo ; *RTD civ.* 2011. 550, obs. P. Jourdain.

2. L'Office national d'indemnisation des accidents médicaux, des affections iatrogènes et des infections nosocomiales (ONIAM)

2593. L'ONIAM est un établissement public à caractère administratif de l'État, placé sous la tutelle du ministre de la Santé, qui est chargé de l'indemnisation, au titre de la solidarité nationale, des dommages causés par ces divers risques sanitaires. La loi du 30 décembre 2002 lui a, de plus, transféré les obligations de l'association France-Hypophyse nées du traitement de certains patients par l'hormone de croissance entre 1973 et 1988, qui permet d'indemniser, notamment, les victimes de la maladie de *Creuzfeldt-Jakob*. Il a également repris les attributions du Fonds d'indemnisation des victimes de contamination transfusionnelles par le virus du sida (v. ss 2573) et intervient également pour l'indemnisation des victimes de contaminations transfusionnelles par le virus de l'hépatite C (v. ss 2579).

L'Office est administré par un conseil d'administration comprenant, outre son président, pour moitié, des représentants de l'État et, pour moitié, des personnalités qualifiées ainsi que des représentants des usagers, des professionnels et établissements de santé, des organismes d'assurance-maladie et du personnel de l'Office. Le président du conseil d'administration et le directeur de l'Office sont nommés par décret. Ils sont tous tenus au secret professionnel (art. L. 1142-22).

2594. L'Office est financé pour partie par les organismes d'assurance-maladie, pour partie par une dotation versée par l'État pour couvrir l'indemnisation des dommages imputables directement à une vaccination obligatoire, (également prise en charge par l'ONIAM selon l'article L. 3111-9), et pour le reste par le produit des remboursements des frais d'expertise, le produit des pénalités, le produit des recours subrogatoires.

L'Office doit adresser au Parlement et à la Commission nationale des accidents médicaux, placée auprès des ministres chargés de la santé et de la justice, un rapport semestriel sur les infections nosocomiales dont il a eu connaissance. Ce rapport est rendu public (art. L. 1142-22-1).

3. La Commission nationale des accidents médicaux (CNAM)

2595. Placée auprès des ministres de la Justice et de la santé, la CNAM est composée de professionnels de santé, de représentants d'usagers et de personnels qualifiés. Son président est désigné par les deux ministres.

Elle est chargée de prononcer l'inscription des experts en accidents médicaux sur une liste nationale après avoir procédé à une évaluation de leurs connaissances. Elle est également chargée d'assurer la formation de ces experts en matière de responsabilité médicale. Son rôle consiste aussi à établir des recommandations sur la conduite des expertises et de veiller à une application homogène des textes par les différentes commissions régionales. Elle doit, enfin, évaluer l'ensemble du dispositif dans le cadre d'un rapport remis, chaque année, avant le 15 octobre, au Gouvernement et au Parlement (art. L. 1142-10).

C. Fonctionnement du système d'indemnisation des risques sanitaires et articulation avec la responsabilité

2596. Lorsqu'il s'estime victime d'un dommage dans le cadre des risques sanitaires, le patient peut choisir, nous l'avons vu, entre la voie judiciaire et la voie amiable. S'il opte pour cette dernière il s'adresse à la commission régionale de conciliation et d'indemnisation. Celle-ci commence par vérifier que le dommage présente le caractère de gravité prévu par les textes, (sinon elle renvoie la victime vers la voie judiciaire). Elle recherche ensuite, éventuellement en ayant recours à des experts en accident médicaux, quelle est la cause du dommage, s'il y a eu une faute ou non, et elle « émet un avis sur les circonstances les causes, la nature et l'étendue des dommages, ainsi que sur le régime d'indemnisation applicable ». Cet avis doit être émis dans les *six mois* de la saisine de la commission. Deux situations peuvent se présenter.

1. S'IL Y A MATIÈRE À RESPONSABILITÉ

2597. Si la responsabilité d'un professionnel ou d'un service de santé ou d'un producteur d'un produit de santé se trouve engagée, la victime est renvoyée vers l'assureur de l'auteur du dommage.

Celui-ci adresse alors à la victime ou à ses ayants droit, dans un délai de *quatre mois* suivant la réception de l'avis, « une offre d'indemnisation visant à la réparation intégrale des préjudices subis dans la limite des plafonds de garantie des contrats d'assurance ». Il est tenu de rembourser à l'office les frais d'expertise. L'acceptation de l'offre vaut transaction. Le paiement doit intervenir dans un délai d'*un mois* à compter de la réception de l'acceptation de l'offre. L'affaire doit donc être réglée dans un délai de onze mois.

L'assureur qui a transigé, mais qui estime que le dommage n'engage pas la responsabilité de son assuré, dispose d'une action subrogatoire, soit contre le tiers responsable, soit contre l'office national d'indemnisation.

Si la victime trouve l'offre de l'assureur insuffisante elle peut la refuser et saisir le juge compétent. Si celui-ci considère que cette offre était manifestement insuffisante, il condamne l'assureur à verser à l'Office une somme égale à 15 % de l'indemnité qu'il alloue, sans préjudice d'éventuels dommages-intérêts à la victime.

Dans le cas où le plafond de garantie du contrat d'assurance de la personne considérée comme responsable est atteint, l'assureur doit en aviser son assuré ainsi que l'Office. En effet, en cas de silence ou de refus de l'assureur, ou lorsque le responsable du dommage n'est pas assuré (désormais cette assurance est, nous l'avons vu, obligatoire) ou si la couverture d'assurance est épuisée, l'Office est substitué à l'assurance (art. L. 1142-14 et L. 1142-15, al. 1er).

2. S'IL N'Y A PAS MATIÈRE À RESPONSABILITÉ OU PAS D'ASSUREUR OU ABSENCE D'OFFRE DE L'ASSUREUR

2598. Dans ce cas, l'Office national d'indemnisation des accidents médicaux (ONIAM) est substitué à l'assureur. Cela concerne deux situations différentes.

• *Une personne physique ou morale est considérée comme responsable du dommage mais l'assureur est défaillant pour diverses raisons, l'Office lui est substitué.*

Dans ces différentes hypothèses : en cas de silence ou de refus de l'assureur de faire une offre, si le responsable des dommages n'est pas assuré ou si la couverture d'assurance est épuisée, l'Office est seulement substitué à l'assureur. La procédure prévue dans le cadre de l'assurance s'applique à l'office c'est-à-dire qu'une offre doit être faite à la victime, qu'en cas d'acceptation de cette offre cela vaut transaction. Sauf si le délai de validité de l'assurance était expiré, l'Office se trouve subrogé, à concurrence des sommes versées, dans les droits de la victime contre la personne responsable du dommage ou son assureur et peut obtenir le remboursement des frais d'expertise. De plus, en cas de silence ou de refus explicite de l'assureur ou lorsque le responsable n'est pas assuré, le juge saisi dans le cadre de la subrogation condamne, le cas échéant, l'assureur ou le responsable à verser à l'Office une somme au plus égale à 15 % de l'indemnité qu'il alloue.

Lorsque l'Office transige avec la victime ou ses ayants droit, « cette transaction est opposable à l'assureur ou au responsable du dommage, sauf le droit pour ceux-ci de contester devant le juge le principe de la responsabilité ou le montant des sommes réclamées », mais, quelle que soit la décision du juge, les sommes allouées à la victime lui restent acquises (art. L. 1142-15).

La Cour de cassation a précisé par ailleurs que la même procédure s'appliquait au cas où l'assureur fait une offre mais où elle est dérisoire (offre en l'occurrence de 270 à 570 euros alors que l'ONIAM qui s'était substituée à l'assureur offrait des indemnités comprises entre 6000 et 21 000 euros)[1].

• *Lorsqu'aucune responsabilité n'est engagée, où dans certains cas d'infections nosocomiales donnant lieu à responsabilité, la réparation du préjudice du patient est assurée au titre de la solidarité nationale.*

2599. Il peut s'agir de trois cas différents, il convient de réparer :

– Les accidents médicaux, affections iatrogènes ou infections nosocomiales ne donnant pas matière à responsabilité et ayant entraîné des dommages correspondant à un taux d'incapacité permanente supérieur à un pourcentage fixé par décret mais inférieur à 25 % selon l'article L. 1442, II, alinéa 2. Selon le décret du 4 avril 2003 ce taux est de 24 %. C'est à partir de ce seuil du taux d'incapacité permanente que la solidarité nationale va intervenir. Le décret assimile à cette situation deux autres cas : lorsque la durée de l'incapacité temporaire de travail résultant de ce risque sanitaire est au moins égale à six mois consécutifs ou à six mois non consécutifs sur une période de douze mois et, à titre exceptionnel le caractère de gravité peut être reconnu lorsque la victime est déclarée définitivement inapte à exercer l'activité professionnelle qu'elle exerçait auparavant ou lorsque l'accident médical, l'affection iatrogène ou l'infection nosocomiale occasionnent des troubles particulièrement graves, y compris d'ordre économique, dans ses conditions d'existence.

– Les infections nosocomiales ayant entraîné des dommages correspondant à un taux d'incapacité permanente supérieur à 25 % ou ayant entraîné la mort du patient, selon l'article L. 1442-1-1, 1° . Ceci est un apport de la loi du 30 décembre 2002 (v. déjà ss 2586).

– Les dommages résultant de l'intervention, en cas de circonstances exceptionnelles, d'un professionnel, d'un établissement, service ou organisme en dehors du champ de son activité de prévention, de diagnostic ou de soins, selon l'article L. 1442-1-1, 2° , ajouté par la loi du 30 décembre 2002 pour rassurer les médecins.

Si la commission régionale estime que le dommage est indemnisable, l'Office adresse à la victime ou à ses ayants droit, dans un délai de quatre mois suivant la réception de l'avis de celle-ci, une offre d'indemnisation visant la réparation intégrale des préjudices subis. L'acceptation de l'offre de l'Office vaut transaction. Le paiement doit intervenir dans un délai d'un mois à compter de la réception de l'acceptation. Le décret du 4 avril 2003 comporte, en annexe, un volumineux barème d'évaluation des taux d'incapacité des

---

1. Civ. 1re, 7 juill. 2011, n° 10-19.766, *D.* 2011. 1968, obs. I. Gallmeister, et 2565, ob. A. Laude.

victimes d'accidents médicaux, d'affections iatrogènes ou d'infections nosocomiales. Ce barème devrait constituer la référence des experts et des commissions afin d'assurer une homogénéité de l'évaluation des taux d'IPP.

Si l'Office qui a transigé avec la victime estime que la responsabilité d'un professionnel ou d'un établissement de santé est engagée, il dispose d'une action subrogatoire contre celui-ci. Cette action ne peut toutefois pas être exercée par l'Office lorsque les dommages sont indemnisés au titre de l'article 1142-1-1, c'est-à-dire en cas de dommages ayant entraîné une incapacité permanente supérieure à 25 % ou la mort du patient, « sauf en cas de faute établie de l'assuré à l'origine du dommage, notamment le manquement caractérisé aux obligations posées par la réglementation en matière de lutte contre les infections nosocomiales » (art. L. 1442-17, al. 7).

En cas d'aggravation des dommages résultant d'une infection nosocomiale, si la commission régionale estime que cela entraîne pour la victime un taux d'incapacité permanente supérieur à 25 % ou son décès, l'Office adresse à celle-ci ou à ses ayants droit, une offre d'indemnisation et rembourse à l'assureur les indemnités initialement versées à la victime (art. L. 1142-17-1).

La victime, ou ses ayants droit, dispose du droit d'action en justice contre l'Office si aucune offre ne lui a été présentée ou si elle n'a pas accepté l'offre qui lui a été faite. L'action en indemnisation est intentée devant la juridiction compétente selon la nature du fait générateur du dommage.

2600. Lorsqu'une juridiction compétente, qui a été directement saisie d'une demande d'indemnisation des conséquences dommageables d'actes de prévention, de diagnostic ou de soins dans un établissement de santé, estime que ces dommages sont indemnisables au titre du II de l'article 1142-1 ou de l'article 1142-1-1, l'Office est appelé en la cause et, lorsqu'il résulte de la décision que c'est l'Office qui doit indemniser la victime, celui-ci ne peut exercer d'action récursoire contre le professionnel ou l'établissement de soins *qu'en cas de faute établie à l'origine du dommage*, notamment de manquement caractérisé aux obligations posées par la réglementation en matière de lutte contre les infections nosocomiales. Il en est de même lorsque la juridiction compétente est saisie d'un cas d'aggravation d'une infection nosocomiale (art. L. 1142-21). On constate, ici aussi, la référence à une faute « caractérisée » comme en matière de préjudice subi par les parents du fait de la naissance d'un enfant handicapé, qui n'est toujours pas définie par la loi.

On rappellera aussi que dans une décision critiquée, la Cour de cassation a précisé que le refus de l'offre de l'ONIAM par la victime rend celle-ci caduque. La proposition de l'ONIAM ne peut donc faire l'objet d'aucune discussion[1] !

Quant à la prescription, les actions tendant à mettre en cause la responsabilité des professionnels de santé ou des établissements de soins publics ou privés à l'occasion d'actes de prévention, de diagnostic ou de soins se prescrivent par dix ans, à compter de la consolidation du dommage (art. L. 1142-28). Cette disposition a fait l'objet de vives critiques, dans la mesure où la consolidation ne peut servir de point de repère car elle est « inconnue, instable et fuyante », « Les suites pathologiques ou traumatiques d'un accident médical peuvent évoluer pendant des années, voire des décennies sans consolidation. Un délai assorti d'un point de départ aussi fuyant ne peut plus jouer aucun rôle ».

1. Civ. 6 janv. 2011, n° 09-71.201, *D.* 2011. 238, obs. I. Gallmeister et 2565, obs. A. Laude, *D.* 2012. 57, obs. O. Gout.

Quant à l'application dans le temps du dispositif : la loi du 4 mars 2002 s'applique à tous les actes médicaux dommageables réalisés au plus tôt le 5 septembre 2001, même s'ils font l'objet d'une instance en cours, à moins qu'une décision de justice irrévocable n'ait été prononcée.

Par ailleurs, à compter du 1er janvier 2003, l'ONIAM assure l'indemnisation des infections nosocomiales ayant entraîné un dommage supérieur à 25 % d'incapacité, même s'il y a matière à responsabilité et sauf à exercer ensuite un recours récursoire contre l'établissement ou le professionnel de santé responsable (v. ss 2603, « Le point sur... », n° 62).

VI. Distinction entre les systèmes d'indemnisation et l'assurance

2601. L'assurance responsabilité protège la victime et le patrimoine du responsable, mais elle n'assure pas la collectivisation directe des risques, seulement une collectivisation indirecte. En effet, si au bout du compte, le coût de la réparation des dommages va peser sur l'assureur et donc sur la collectivité, le mécanisme de l'assurance suppose cependant le détour préalable par la responsabilité. L'assureur ne doit sa garantie que parce que l'assuré est responsable du dommage.

2602. Les contrats d'assurance responsabilité ont pour effet de renforcer le droit de la victime qui est sûre que le dommage sera réparé si le responsable est assuré.

D'ailleurs, pour être certaine d'être indemnisée sans risquer d'être impayée par l'assuré ou d'être en concours avec ses créanciers, la victime dispose d'une *action directe* contre l'assureur. Cette action directe de la victime contre l'assureur a tendance à devenir une action autonome par rapport à celle de la victime contre l'assuré. En effet, la première chambre civile de la Cour de cassation a affirmé le 26 mai 1993[1] que « la clause de renonciation à tout recours contre la personne responsable d'un dommage n'emporte pas, sauf stipulation contraire, renonciation à recourir contre l'assureur de responsabilité de cette personne ».

Pour le responsable lui-même, l'assurance constitue également une importante garantie puisqu'il est sûr qu'en cas d'accident très grave, les sommes souvent énormes qui pourraient être mises à sa charge seront payées par l'assurance et non par lui.

C'est pourquoi le législateur a, finalement, rendu l'assurance obligatoire dans différentes matières : accidents de chasse, épreuves sportives, transports routiers, depuis la loi du 27 février 1958, pour tout véhicule terrestre à moteur. Depuis la loi du 4 mars 2002, les professionnels de santé exerçant à titre libéral, les établissements de santé, services de santé, organismes exerçant des activités de prévention, de diagnostic ou de soins, ainsi que les producteurs et fournisseurs de produits de santé, sont également tenus de souscrire une assurance destinée à les garantir pour leur responsabilité civile ou administrative en raison de dommages subis par des tiers et résultant d'atteintes à la personne (CSP, art. L. 1142-2).

L'assurance « responsabilité du chef de famille » n'est pas encore obligatoire et reste conventionnelle ce qui expose la victime à se heurter à des clauses d'exonération de responsabilité en cas de faute volontaire de l'assuré ou même des personnes dont il doit répondre. Toutefois, la Cour de cassation est venue bouleverser ce principe de liberté contractuelle en limitant l'application d'une telle clause à l'assuré seulement en application

1. *JCP* 1993. IV. 1847 et obs. G. Viney, *JCP* 1993. I. 3727.

de l'article L. 121-2 selon lequel « l'assureur est garant des pertes et dommages causés par des personnes dont l'assuré est civilement responsable en vertu de l'article 1384 du Code civil, quelles que soient la nature et la gravité des fautes de ces personnes »[1]. Peut-être est-ce un premier pas vers l'assurance obligatoire de responsabilité du fait d'autrui. Cependant, le régime actuel des assurances ne donne pas entière satisfaction et il est constamment question de remanier les textes le concernant.

Conclusion

2603. Le principal rôle de la responsabilité est bien évidemment réparateur mais on voudrait pouvoir également par ce biais, exercer un rôle préventif ou punitif, la responsabilité civile exerçant ainsi une triple fonction : réparatrice, certes, mais aussi dissuasive et sanctionnatrice. C'est ce que tente *l'avant-projet de réforme du droit des obligations*.

Il propose, en effet, dans certains de ces articles que le juge de la responsabilité puisse également jouer un rôle préventif, notamment à l'article 1369-1 où il dispose que « lorsque le dommage est susceptible de s'aggraver, de se renouveler ou de se perpétuer, le juge peut ordonner, à la demande de la victime, toute mesure propre à éviter ces conséquences, y compris, au besoin, la cessation de l'activité dommageable ». La même idée apparaît à l'article 1344 aux termes duquel « les dépenses exposées pour prévenir la réalisation imminente d'un dommage ou pour écarter son aggravation ainsi que pour en réduire les conséquences constituent un préjudice réparable dès lors qu'elles ont été raisonnablement engagées ».

Par ailleurs, l'article 1371 ouvre la voie à l'octroi de dommages-intérêts punitifs, à une triple condition, toutefois : qu'il s'agisse « d'une faute manifestement délibérée, et, notamment d'une faute lucrative », que le montant de ces dommages-intérêts punitifs soit « distingué de celui des autres dommages-intérêts accordés à la victime » et, enfin, qu'ils ne soient pas assurables, ce qui est indispensable pour que cette condamnation ait bien une portée punitive.

Le Rapport d'information du Sénat sur la réforme de la responsabilité civile (v. ss 1572) *et la proposition de loi Béteille* ont confirmé ces orientations (le projet Terré pour sa part – art. 54 – prévoit que lorsque l'auteur du dommage aura commis intentionnellement une faute lucrative, le juge aura la faculté d'accorder, par une décision spécialement motivée, le montant du profit retiré par le défendeur plutôt que la réparation du préjudice subi par le demandeur).

La voie de dommages-intérêts punitifs en cas de faute lucrative devrait être suivie si une réforme intervient.

L'articulation entre la voie de la responsabilité et la voie de l'indemnisation, au titre de la solidarité, sera aussi certainement poursuivie. Maintenir la responsabilité tout en favorisant l'indemnisation au moins pour les dommages corporels constitue une solution raisonnable et conforme aux attentes du corps social. L'équilibre entre les deux reste cependant délicat à trouver.

---

1. Civ. 1re, 12 mars 1991, *JCP* 1992. II. 21732, note J. Bigot, *Bull. civ.* I, n° 87.

DOCUMENTS

BIBLIOGRAPHIE

ALT-MAES (F.), « Les deux faces de l'information médicale : vers un nouvel équilibre des relations médecin – clause de conscience et le droit médical », *Gaz. Pal.* 19-20 juin 2002, p. 23.

BACACHE (M.), « La réparation des accidents médicaux : une conciliation délicate entre les intérêts des patients et ceux des médecins », *D.* 2008. 816.

BACACHE (M.), « Réparation de l'accident médical : la solidarité nationale au secours de la responsabilité civile », *D.* 2010. 1119.

BERGES (N.), « La sécurité des produits sanguins labiles », *Gaz. Pal.* 9-10 juin 2006, p. 14.

BOYER (F.-L.), « La simplification du contentieux de l'hépatite C : les victimes oubliées », *Gaz. Pal.* 27-29 nov. 2005, p. 15.

CHABAS (F.), « L'obligation médicale d'information en danger », *JCP* 2000. I. 212.

CHABAS (F.), « Les infections nosocomiales. Responsabilité en droit privé et en droit public », *Gaz. Pal.* 21-23 avr. 2002, p. 2.

CHABAS (F.), « L'information en matière de pédiatrie », *Gaz. Pal.* 5-6 mai 2004.

CORJAS-BERNARD (C.), « Nouvelle approche de l'obligation d'information du médecin », *RLDC* 2008. 19, n° 3016.

DORSNER-DOLIVET (A.), « Sida et responsabilité des cliniques », *JCP* 1995. I. 3824.

DREIFUSS-NETTER (F.), « Feue la responsabilité civile contractuelle du médecin ? » *RCA* oct. 2002, étude n° 17.

FABRE (H.), « Chirurgie esthétique : le patient devient un consommateur averti et responsable », *Gaz. Pal.* 24-25 oct. 1997. Doctr. 22.

FABRE-MAGNAN (M.), *De l'obligation d'information dans les contrats. Essai d'une théorie*, thèse Droit, Bibl. de droit privé, t. 221, LGDJ, 1996.

FLOUR (Y.), « Sommes-nous propriétaires de notre santé ? Aspects juridiques et éthiques de la volonté dans les rapports médecin/malade », rapport de synthèse du colloque de l'Association nationale des droits des patients – Sénat – Paris, 12 avril 2002, *Gaz. Pal.* 16-17 oct. 2002, p. 47.

GRIDEL (J.-P.), « Le refus de soins au risque de la mort », texte développé d'une communication faite au colloque : *Sommes-nous propriétaire de notre santé ?*, Sénat 12 avr. 2002, *Gaz. Pal.* 19-20 juin 2002, p. 3.

HARICHAUX (M.), « Relativité des données de la science et responsabilité médicale », *in Clés pour le siècle*, Paris, Dalloz, 2000.

HOCQUET-BERG (S.), « Responsabilité civile et solidarité nationale en matière d'indemnisation des accidents médicaux : d'un rapport de subsidiarité à une logique de substitution », *in Mélanges F. Chabas*, Bruylant, 2011.

KNETSCH (J.), « Le nouveau dispositif d'indemnisation des victimes du Mediator issu de la loi du 29 juillet 2011 », *RCA* 2011. Étude 14.

LAMBERT-FAIVRE (Y.), « la responsabilité médicale : la loi du 30 décembre 2002, modifiant la loi du 4 mars 2002 », *D.* 2003. Chron. 361.

LARROUMET (C.), « L'indemnisation de l'aléa thérapeutique », colloque sur la responsabilité médicale, 26 mai 1998, *LPA* 1999, n° 189, 22 sept. 1999.

LASBORDES de VIRVILLE (V.), « Les préjudices indemnisables par le FGVAT au titre de la solidarité nationale : exclusion partielle des accidents du travail », *RLDC* n° 8, sept. 2004.

MANAOUIL (C.) et GRASER (M.), « L'indemnisation des victimes de l'amiante », *Gaz. Pal.* 22-23 mars 2006, p. 2.

MAUGÜÉ (C.) et THIELLAY (J.-Ph.) *La responsabilité du service public hospitalier*, LGDJ, juin 2010, Lextenso, Systèmes – Droit.

LAUDE (A.) (dir.), « La loi du 4 mars 2002 relative aux droits des malades et à la qualité du système de santé », *LPA* nº spécial, 19 juin 2002.

MISTRETTA (P.), « La loi nº 2002-303 du 4 mars 2002 relative aux droits des malades et à la qualité du système de santé. Réflexions critiques sur un droit en pleine mutation », *JCP* 2002. I. 141.

PUTMAN (E.), « Les droits fondamentaux de la personne dans la loi du 4 mars 2002 relative aux droits des malades », *RJPF* nº 5, 2002. 13.

REVEAU (R.), « L'évolution du droit relatif à l'information médicale : L'élaboration d'un régime commun de responsabilité civile et administrative », *Droit administratif* juin 2002. Chron. 11, p. 5.

RADÉ (C.), « Causalité juridique et causalité scientifique : de la distinction à la dialectique » *D.* 2012. 112.

RAJOT (B.), « Indemnisation du préjudice résultant de la contamination par le virus de l'hépatite C par l'ONIAM : un accroissement du rôle de l'ONIAM », *RCA* févr. 2009, Focus, nº 4.

SARGOS (P.), « Approche judiciaire du principe de précaution en matière de relation médecin/patient », *JCP* 2000. I. 226.

SARGOS (P.), « Deux arrêts « historiques » en matière de responsabilité médicale générale et de responsabilité particulière liée au manquement d'un médecin à son devoir d'information » *D.* 2010. 1522 (à propos de Civ. 1re, 28 janv. et 3 juin 2010).

LE POINT SUR...

La responsabilité médicale

I. Introduction

1. On s'est longtemps interrogé sur la nature de la responsabilité médicale : s'agissait-il d'une responsabilité délictuelle ou contractuelle et, dans ce cas, de quelle nature était l'obligation du médecin ? En doit de la responsabilité civile, la question de la nature de la responsabilité contractuelle du médecin vis-à-vis de son malade a été résolue en 1936 par l'affirmation d'une responsabilité contractuelle, mais de nouvelles difficultés sont apparues pour déterminer le contenu de la mission du médecin vis-à-vis de son patient et la nature de la responsabilité médicale, quand le malade est soigné dans un établissement hospitalier, selon qu'il s'agit d'un établissement public ou privé. Les jurisprudences civiles et administratives ont fait des efforts de rapprochement, mais il était opportun de les y inciter encore davantage.

2. La loi nº 2002-303 du 4 mars 2002 « relative aux droits des malades et à la qualité du système de santé » est venue apporter un certain nombre de solutions en la matière. Il s'agissait, sinon de créer un régime de responsabilité autonome et spécifique qui s'imposerait de la même manière selon que la victime se trouverait confrontée à un établissement privé ou public de soins, du moins de poser des principes communs gouvernant la responsabilité médicale.

A. Dualité de juridictions en matière de responsabilité médicale et principes respectifs gouvernant la responsabilité

1. L'affirmation de la dualité des compétences

3. Coupant court aux velléités du juge judiciaire de juger des fautes médicales même lorsque le médecin exerce dans un hôpital public, et d'attirer ainsi à lui tout le contentieux de la responsabilité médicale, le Tribunal des conflits est intervenu, dans un arrêt du 25 mars 1957 [1], pour organiser le partage des compétences. En effet, il a posé la règle selon laquelle la responsabilité de l'établissement public hospitalier couvre la responsabilité du médecin hospitalier pour les fautes commises dans son activité médicale. Ainsi, en cas de faute du médecin, et sauf l'hypothèse d'une faute personnelle détachable du service (cas rare), c'est la responsabilité de l'hôpital qui est engagée et non celle du médecin et dans ce cas, l'action en responsabilité relève de la compétence exclusive des juridictions administratives.

La Cour de cassation s'est inclinée et c'est ainsi que la responsabilité civile médicale et la responsabilité publique médicale se sont développées en parallèle.

2. Incidence sur la détermination du responsable : médecin et/ou établissement de soins

4. En droit privé, la responsabilité civile peut être celle du médecin, exclusivement, lorsqu'il exerce son activité à titre libéral ou bien la responsabilité conjuguée du médecin et de la clinique, lorsqu'il exerce son activité dans un établissement de soins privé ou bien encore la responsabilité de la clinique seule pour manquement à ses propres obligations. La question des relations entre le patient et le médecin d'une part (I), et le patient et l'établissement de soins d'autre part peut donc se poser distinctement (II).

5. Au contraire, en droit administratif, la responsabilité médicale n'est jamais, sauf hypothèse rarissime de la faute personnelle détachable des fonctions, une responsabilité du médecin. Il s'agit toujours d'une responsabilité de l'hôpital, soit parce qu'il est directement responsable, soit parce qu'il endosse la responsabilité des fautes du médecin. La question se pose donc exclusivement sous l'angle des relations patient et établissement de soins (III), même si le juge administratif, est amené à apprécier, de la même façon que le juge civil, la faute du médecin, comme une condition de la responsabilité de l'établissement de soins.

En toute hypothèse, en effet, les juridictions civiles et administratives sont appelées à apprécier exactement les mêmes types de dommages et les mêmes comportements du corps médical, pour les qualifier de fautes et retenir soit leur responsabilité soit celle de l'établissement de soins. La dualité de juridictions et le fait que dans un cas il s'agit d'une responsabilité individuelle du médecin et dans l'autre une responsabilité de l'établissement de soins, aurait pu conduire à des solutions très opposées. Or tel n'a pas été réellement le cas.

---

1. CE 25 mars 1957, *Isaad Slimane*, *Lebon* 816, *JCP* 1957. II. 10004 ; Act. Jur. 1957. II. 187.

B. Incidence sur la nature et le régime de la responsabilité : des fondements différents pour des solutions globalement convergentes

6. Malgré la dualité des juridictions, les solutions concrètes n'ont jamais été fondamentalement éloignées entre les deux ordres juridictionnels [1], jusqu'au moment, tout au moins, où le Conseil d'État a commencé à admettre la possibilité d'une responsabilité sans faute, pour réparer les conséquences des accidents médicaux ou aléa thérapeutique, dans l'arrêt *Bianchi* [2].

Pendant longtemps, en effet, la responsabilité civile comme la responsabilité administrative étaient conditionnées par l'existence d'une faute même si le fondement de la responsabilité était différent : le contrat médical passé entre le médecin et le malade et l'inexécution de ce contrat, en raison du manquement à l'obligation de donner des soins consciencieux, éclairé et conformes aux données actuelles de la science, pour la jurisprudence civile, depuis l'arrêt *Mercier* du 20 mai 1936 ; soit que le patient se trouve dans une situation statutaire d'usager du service public pour la jurisprudence administrative [3].

7. L'abandon en 1992, par le Conseil d'État, de l'exigence d'une faute lourde pour engager la responsabilité concernant les conséquences dommageables des actes médicaux [4], devait encore rapprocher les deux ordres juridictionnels puisque la jurisprudence civile, dans le cadre de l'obligation de soins de moyens du médecin, a toujours considéré qu'une faute simple suffisait à engager la responsabilité. Par ailleurs, même si la responsabilité administrative médicale n'est pas une responsabilité contractuelle, c'est bien le régime de l'obligation de moyen qui se trouvait consacrée par le juge administratif et non celui de l'obligation de résultat.

Cependant, dans l'arrêt *Bianchi* du 9 avril 1993 [5], le Conseil d'État admet pour la première fois le principe d'une responsabilité sans faute en cas d'accident médical, caractérisé par l'absence de faute médicale, lorsqu'il y a eu réalisation d'un risque exceptionnel et un dommage d'une extrême gravité : « lorsqu'un acte médical nécessaire au diagnostic ou au traitement du malade présente un risque dont l'existence est connue mais dont la réalisation est exceptionnelle et dont aucune raison ne permet de penser que le patient y soit particulièrement exposé, la responsabilité du service public hospitalier est engagée si l'exécution de cet acte est la cause directe du dommage sans rapport avec l'état initial du patient, comme avec l'évolution prévisible de cet état, et présentant un caractère d'extrême gravité ».

8. La Cour de cassation pour sa part, va barrer le chemin aux juges du fond qui avaient la tentation de découvrir, en s'inspirant de l'arrêt *Bianchi*, une obligation de sécurité résultat du médecin, accessoire à l'obligation de soins (Paris, 1999) et refuser fermement la prise en charge par le droit de la responsabilité médicale de l'aléa thérapeutique.

Elle va cependant admettre un cas de responsabilité sans faute et une obligation de sécurité-résultat en cas d'infections nosocomiales, dont on ne peut s'exonérer qu'en prouvant la cause étrangère, alors que le Conseil d'État, pour sa part, n'admet qu'une

---

1. V. C. Maugüé et J.-Ph. Thiellay, *La responsabilité du service public hospitalier*, LGDJ, Lextenso éditions, « Systèmes », 1re éd., juin 2010

2. CE, ass., 9 avr. 1993, *Rec. CE*. 127.

3. CE 11 janv. 1991, *Mme Biancale*, *Rec. CE*. 12

4. CE 10 avr. 1992, *Époux V.*, *Lebon* 171 ; *JCP* 1992. II. 21881.

5. CE, ass., 9 avr. 1993, *Lebon* 127.

responsabilité pour faute présumée qui suppose que le germe soit exogène c'est-à-dire venu de l'extérieur et ne soit pas présent dans l'organisme du patient lors de son arrivée à l'hôpital. Ensuite, les deux ordres juridictionnels vont se séparer sur la question de la réparation du préjudice de l'enfant né handicapé dans le cas d'un handicap congénital que la faute médicale n'a pas directement créé (jurisprudences *Perruche* et *Quarez* puisque le juge judiciaire va admettre la réparation du préjudice de l'enfant né handicapé (v. ss 1637 s.) alors que le Conseil d'État n'admettra que la réparation du préjudice des parents).

La loi du 4 mars 2002 va donc intervenir dans ce contexte et assurer le rapprochement des deux ordres juridictionnels sur les questions qui pouvaient les séparer.

C. Principes communs à la responsabilité privée et publique assurés par la loi du 4 mars 2002

9. Le nouvel article L. 1142-1-1 du Code de la santé publique, précise la nature de la responsabilité médicale en ces termes : « Hors le cas où leur responsabilité est encourue en raison d'un défaut d'un produit de santé, les professionnels de santé mentionnés à la quatrième partie du présent code, ainsi que tout établissement, service ou organisme dans lesquels sont réalisés des actes individuels de prévention, de diagnostic ou de soins ne sont responsables des conséquences dommageables d'actes de prévention, de diagnostic ou de soins qu'en cas de faute ».

Le texte ajoute : « les établissements, services et organismes susmentionnés sont responsables des dommages résultant d'infections nosocomiales, sauf s'ils rapportent la preuve d'une cause étrangère ».

1. Principe d'une responsabilité médicale fondée sur la faute

10. La loi du 4 mars 2002 pose *donc le principe d'une responsabilité médicale pour faute*, entendue comme une faute prouvée, ce qui est conforme à l'analyse civiliste de l'obligation de soins du médecin en une obligation de moyens et qui confirme le refus de la Cour de cassation de mettre à la charge du médecin les conséquences de l'aléa thérapeutique.

Cette responsabilité pour faute n'est écartée que dans deux cas, au profit de responsabilités sans faute.

– Le cas des produits de santé défectueux pour lesquels on accorde à considérer que le législateur a voulu réserver l'application de la loi du 19 mai 1998, qui a instauré un régime de responsabilité du fait des produits défectueux (v. ss 2347 s.) et à condition que cette loi soit applicable (v. *infra*, n° 37-38).

– Le cas des infections nosocomiales pour lesquelles l'article L. 1142-1, alinéa 2, prévoit une responsabilité de plein droit présumée, ne cédant que devant la preuve de la cause étrangère « ce qui permet de préserver la solution dégagée par la Cour de cassation en droit privé de l'obligation de sécurité-résultat, concernant les établissements de santé ». La loi de 2002 écarte en effet la responsabilité du médecin, à titre individuel (v. ss 2588).

11. La loi du 4 mars 2002 a aussi l'intérêt d'organiser une articulation entre le droit de la responsabilité et le droit de l'indemnisation, en toute complémentarité.

2. Conjugaison de la responsabilité et de l'indemnisation

12. Désormais, tant en matière administrative que civile, on reconnaît l'existence de deux variétés de risque sanitaire :

– ***L'aléa sans faute démontrée***, nouveau concept qui, au-delà d'un certain seuil, sera pris en charge par la solidarité nationale par l'intermédiaire de trois organismes créés par la loi : la Commission nationale des accidents médicaux (CNAM), les Commissions régionales de conciliation et d'indemnisation (CRCI) et l'Office national d'indemnisation des accidents médicaux (ONIAM) (v. ss 1491-1494). Il s'agit donc là d'un système d'indemnisation.

– ***La faute constituée***, qui engage la responsabilité et entraîne une prise en charge par l'assurance. Cela implique, tant pour le praticien libéral que pour l'établissement de soins, l'obligation d'avoir une assurance-responsabilité civile (sauf pour les hôpitaux militaires assurés par l'État et l'Assistance publique-Hôpitaux de Paris (AP-HP) qui reste son propre assureur) (pour d'autres développements, v. aussi ss 2583 s.).

D. Question du fondement actuel de la responsabilité médicale

1. Le silence de la loi de 2002 autorisait le maintien d'une responsabilité fondée sur le contrat médical en droit privé et le statut en droit public

13. Les solutions posées par la loi de 2002 ont été reçues sans difficultés par les deux ordres de juridictions. On s'est un peu posé la question, comme au moment de l'adoption de la loi du 5 juillet 1985 concernant les accidents de la circulation, de l'autonomie éventuelle du système proposé par la loi de 1985, mais guère, finalement. Certains auteurs, cependant, ont souligné que le silence de la loi du 4 mars 2002 quant au fondement juridique de la responsabilité médicale, autorisait deux lectures différentes : ou bien le contrat médical d'un côté et la responsabilité administrative de l'autre, donc des fondements inchangés. Ou bien la loi a instauré un véritable régime de responsabilité médicale unique qui se substitue au précédent et la responsabilité contractuelle disparaîtrait alors [1].

Jusqu'ici, les juridictions civiles, comme les juridictions administratives avaient intégré les impératifs posés par la loi dans leurs dispositifs respectifs, sans remise en cause des fondements antérieurs.

Or, la première chambre civile de la Cour de cassation a rendu successivement, le 28 janvier et le 3 juin 2010 [2] deux décisions qui ont été qualifiées d'historiques par Pierre Sargos et qui pourraient bien modifier l'analyse.

2. Les arrêts « historiques » de la Cour de cassation des 28 janvier et 3 juin 2010 et la remise en cause du fondement contractuel

14. Alors que jusqu'ici la jurisprudence civile avait continué à appliquer, sur le fondement de la responsabilité contractuelle, les solutions antérieures, compatibles avec les principes dégagés dans la loi de 2002, c'est-à-dire l'application de la responsabilité

---

1. F. Dreifuss-Netter, « Feue la responsabilité civile contractuelle du médecin ? » *RCA* oct. 2002, p. 5.
2. Civ. 1re, 28 janv. 2010 et 3 juin 2010, *D*. 2010. J. 1522, note P. Sargos ; pour d'autres références de publication, v. ss 2163.

contractuelle et de l'obligation de soins du médecin, deux décisions rendues respectivement le 28 janvier 2010 et le 3 juin 2010 [1], viennent ouvrir des perspectives nouvelles.

– L'une d'entre elles remet très clairement en question le fondement contractuel de la responsabilité médicale, s'agissant précisément de l'obligation de soins du médecin et vise directement l'article L. 1142-1 du Code de la santé publique et l'article 16-3 du Code civil qui pose le principe de l'intégrité du corps humain sauf en cas de nécessité médicale et de la nécessité du consentement préalable de l'intéressé. Comme si la Cour de cassation voulait désormais se référer au seul fondement de la loi du 4 mars 2002 et consacrer l'idée d'une responsabilité pour faute médicale générale, fondée sur la loi de 2002 et transcendant la distinction entre responsabilité médicale de droit privé et responsabilité médicale de droit public. En même temps, cette responsabilité ne serait pas unitaire puisque concernant le manquement à l'obligation d'information, le fondement utilisé n'est pas, dans l'arrêt du 3 juin le fondement du Code de la santé publique mais l'article 1382 du Code civil. La solution d'une responsabilité pour faute médicale fondée sur le seul Code de la santé publique est d'une importance considérable car elle permet aux juridictions civiles, comme aux juridictions administratives de statuer sur le même fondement et donc de rapprocher encore davantage leurs jurisprudences. Comme le souligne Pierre Sargos, la distinction des fautes n'a plus guère de signification dans la mesure où la jurisprudence définit de plus en plus les fautes par référence au Code de déontologie médicale, intégré désormais dans le Code de la santé publique. Ce fondement de l'article L. 1142-1 du Code de la santé publique a été confirmé depuis par la Cour de cassation [2].

– Le second arrêt concerne non plus l'obligation de soins, mais l'obligation d'information et rattache le manquement à l'obligation d'information à l'article 1382 du Code civil et à la responsabilité délictuelle, et non plus à la responsabilité contractuelle. La Cour de cassation appuie par ailleurs le manquement à cette obligation de recueillir le consentement éclairé du patient, sur le principe de sauvegarde de la dignité de la personne posé par l'article 16 du Code civil et vise également l'article 16-3. Ce n'est pas le seul apport de cette décision. Le second intérêt consiste dans le fait qu'elle admet la réparation du préjudice moral, et pas seulement de la perte d'une chance, prenant ainsi le contre-pied d'un arrêt antérieur rendu en 2007 (v. *infra*, sur l'obligation d'information du médecin).

Mais, voyons quelles sont les principales solutions du droit privé concernant la responsabilité médicale, appliquée dans les relations malade/médecin et concernant donc seulement le droit privé (I), puis ensuite les principales solutions du droit privé et du droit public concernant la relation malade/établissement de soins (II) en confrontant les solutions traditionnelles avec les apports de la loi du 4 mars 2002 et avec les décisions rendues récemment par la Cour de cassation.

I. Responsabilité médicale et relations malade/médecin

15. La solution traditionnelle, en droit privé de la responsabilité, était celle d'une responsabilité médicale fondée sur un contrat passé entre le médecin et le malade au terme duquel le médecin contracte une obligation de soins de moyens, à laquelle la jurisprudence

---

1. Civ. 1re, 28 janv. 2010, références ci-dessus.

2. Civ. 1re, 14 oct. 2010, *D.* 2010. 2682, note P. Sargos ; et 2430, obs. I. Gallmeister et 2011. Chron. 35, obs. O. Gout ; *RTD civ.* 2011. 128, n° 1, obs. P. Jourdain ; *Gaz. Pal.* 19-21 déc. 2010, obs. P. Perini Mirski ; *D.* 2011. 2570, obs. A. Laude.

a ajouté une obligation d'information (A). Ni l'intervention de la loi du 4 mars 2002, ni la récente remise en cause de l'analyse contractuelle par la Cour de cassation, ne modifient la perspective concernant le contenu et la portée de ces obligations de soin et d'information.

En toute hypothèse, et malgré la remise en cause du fondement contractuel, la responsabilité du médecin, à titre individuel et dans sa relation avec le patient reste une responsabilité pour faute prouvée car la jurisprudence civile, contrairement à la jurisprudence administrative a repoussé (sauf cas très particuliers de fourniture de matériel) la tentation de mettre à sa charge une obligation de sécurité-résultat, ce que la loi de 2002 a confirmé et même amplifié concernant les infections nosocomiales.

A. Solution traditionnelle : une responsabilité contractuelle et non délictuelle

16. Depuis un arrêt célèbre du 20 mai 1936 (repris par la suite par un arrêt de la première chambre civile du 27 mai 1998) [1], il était admis qu'« il se forme entre le médecin et son client un véritable contrat, comportant pour le praticien l'engagement, *sinon évidemment de guérir le malade*, du moins de lui donner des soins, non pas quelconques, mais consciencieux, attentifs et, réserve faite de circonstances exceptionnelles, conformes aux données acquises de la science » et que « la violation, même involontaire, de cette obligation contractuelle est sanctionnée par une responsabilité de même nature, également contractuelle ». Il s'agit d'une obligation de moyens et non de résultat. La responsabilité délictuelle, du fait personnel est donc écartée et la jurisprudence a confirmé année après année cette position, en écartant également la possibilité d'invoquer la responsabilité délictuelle du fait des choses, fondée sur l'article 1384, alinéa 1er [2].

Ces solutions ont été remises en cause, cependant, ainsi que nous allons le voir par les décisions rendues par la première chambre civile le 28 janvier et le 3 juin 2010.

B. La récente remise en cause de l'analyse contractuelle

1. Remise en cause de l'analyse contractuelle de la faute de soins du médecin

17. L'arrêt de 1936 prenait bien soin de préciser que le médecin est lié à son malade par un contrat, « comportant pour le praticien l'engagement *sinon évidemment de guérir le malade*, du moins de lui donner des soins, non pas quelconques, mais consciencieux, attentifs... conformes aux données acquises de la science... ». Nous sommes donc bien en présence d'une obligation de moyens et c'est au malade qu'il appartient de faire la preuve d'une faute commise par le médecin [3]. Par un arrêt du 6 juin 2000 la Cour de cassation avait rejeté la référence, considérée comme erronée de « données actuelles de la science » (c'est-à-dire au jour du jugement), pour revenir à la notion de « soins conformes aux données acquises de la science à la date des soins » [4].

---

1. *D.* 1999. 21, note S. Porchy.

2. Dans un arrêt du 30 octobre 1962, la première chambre civile confirme que « la responsabilité contractuelle du médecin est exclusive de la responsabilité édictée par l'article 1384, alinéa 1er » : Civ. 1re, 30 oct. 1962, *D.* 1963. 57, note P. Esmein.

3. Civ. 27 juin 1939, *DC* 1941. 53, 1re esp., note Nast.

4. Civ. 1re, 6 juin 2000, *JCP* 2001. II. 10447, note G. Mémeteau.

Cette qualification de l'obligation de soin en obligation contractuelle a été remise en question par l'arrêt rendu par la première chambre civile de la Cour de cassation le 28 janvier 2010 (v. Introduction, v. ss 14, 2163) qui écarte le fondement de l'article 1147, pourtant invoqué par le pourvoi, pour viser directement l'article L. 1142-1 du Code de la santé publique (pour rappeler le principe d'une responsabilité pour faute, concernant les conséquences d'un acte de prévention de diagnostic ou de soin) et l'article 16-3 du Code civil qui pose le principe de l'intégrité du corps humain, auquel il ne peut être porté atteinte qu'en cas de nécessité médicale pour la personne (pour apprécier la faute). Elle retient qu'une obligation chirurgicale mutilante, non justifiée et non adaptée ouvrait donc droit à réparation des préjudices qui en découlaient de façon directe, certaine et exclusive. La faute repose donc sur le non-respect de l'article 16-3 et donc sur la violation d'une obligation légale et non contractuelle. Ce changement de nature de la responsabilité médicale a depuis été confirmé par la Cour de cassation[1]. Cependant, même si le fondement contractuel de la responsabilité du médecin devait disparaître, la définition de la faute médicale n'en serait pas pour autant modifiée.

2. Défaut d'incidence directe sur le contenu de la faute de soins

18. La remise en cause du fondement contractuel ne devrait pas avoir d'incidence sur le contenu de la faute de soins (au sens large, c'est-à-dire intervenue à l'occasion d'un acte de prévention, de diagnostic ou de soins). Qualifiée d'obligation contractuelle, l'obligation du médecin n'a jamais été qu'une obligation de moyens dont la définition s'avère dès lors très proche de la définition de la faute délictuelle et quasi délictuelle de l'article 1382 du Code civil : manquement à la prudence et à la diligence[2]. Obligation de donner des soins consciencieux, attentifs et conformes aux données actuelles de la science, selon la définition donnée en 1936 par l'arrêt *Mercier*.

19. Surtout, aujourd'hui, la faute médicale, comme souligné plus haut, s'apprécie de plus en plus par rapport aux exigences du Code de déontologie médicale intégrées dans le Code de la santé publique[3]. C'est ainsi par exemple, que l'article L. 1110-5 du Code de la santé publique affirme le « droit de recevoir les soins les plus appropriés et de bénéficier des thérapeutiques dont l'efficacité est reconnue, avec la meilleure sécurité sanitaire au regard des connaissances médicales avérées. Les actes de prévention d'investigation ou de soins ne doivent pas, en l'état des connaissances médicales, faire courir de risques disproportionnés par rapport au bénéfice escompté ». La référence aux connaissances médicales renvoie cependant directement à la formule de l'arrêt *Mercier*.

Le contentieux de la faute médicale est trop riche et complexe pour être ici retranscrit. Il peut s'agir en effet d'une faute de diagnostic, ou d'un choix thérapeutique erroné ou d'une faute dans l'exécution de l'acte médical et il existe une grande variété de fautes et de circonstances à prendre en considération, outre le contexte de la spécialité médicale ou chirurgicale dans lequel elle intervient. On peut souligner cependant que les juridictions

---

1. Civ. 1re, 14 oct. 2010, *D*. 2010. 2682, note P. Sargos ; et 2430 obs. I. Gallmeister et 2011. Chron. 35, O. Gout ; *RTD civ*. 2011. 128, nº 1, obs. P. Jourdain.

2. Cass., ass. plén., 30 mai 1986, *D*. 1987. 109, note J. Penneau.

3. Civ. 1re, 27 nov. 2008, *Bull. civ*. I, nº 273 ; *D*. 2008. 3085 ; P. Sargos, « La révolution éthique des Codes de déontologie des professions médicales et ses consequences juridiques et judiciaires », *D*. 2007. 811 ; E. Terrier, « Protection juridique du ptient : pour une consécrationdu modèle déontologique », *JCP E* 2002. 17 ; *D*. 2009. 1302, obs. J. Penneau.

civiles font preuve d'une relative sévérité dans l'appréciation des fautes des praticiens : la Cour de cassation relève ainsi que s'agissant d'un chirurgien « toute *maladresse* d'un praticien engage sa responsabilité et est, par-là même, exclusive de la notion de risques inhérents à l'acte médical »[1]. Cette position a été réaffirmée dans un arrêt qui déclare qu'« une erreur de trajet [d'un instrument lors d'une biopsie] constitutive d'une *maladresse* » n'en est pas moins une « faute engageant la responsabilité du praticien »[2]. Citons, également, deux arrêts du 23 mai 2000 concernant, l'un la *maladresse* d'un stomatologiste qui avait lésé un nerf de son patient, l'autre celle d'un chirurgien qui avait sectionné, par erreur, une artère de son malade[3]. Cette rigueur de la jurisprudence est confirmée par une décision du 20 janvier 2011 qui pose le principe d'une alternative entre la faute (fait générateur de responsabilité) et l'aléa qui n'engage pas la responsabilité. En effet, la Cour de cassation relève que dès lors que les juges du fond ne constataient pas un risque accidentel inhérent à l'acte médical, ils devaient condamner le médecin. Ainsi la maladresse fautive résulte de la seule absence d'aléa thérapeutique[4].

Cependant, tout choix thérapeutique inadapté n'est pas une faute. Le Code de déontologie médicale affirme le principe de la liberté du praticien dans le choix des prescriptions en tenant compte des « avantages, des inconvénients et des conséquences des différentes investigations et thérapeutiques possibles » (CSP, art. 4127-8) et le choix thérapeutique n'est, par exemple, pas fautif s'il n'y avait pas d'alternative possible au traitement ; il le sera au contraire s'il procède d'une erreur de diagnostic. Dans la décision du 28 janvier 2010 (ci-dessus rapportée, qui a écarté le fondement contractuel de la responsabilité, § 14) c'est le fait d'avoir pratiqué une intervention mutilante non justifiée et non adaptée qui constitue une faute et qui conduit la Cour de cassation à admettre la réparation de l'entier préjudice, au visa des articles L. 1142-1 du Code de la santé publique et 16-3 du Code civil (intégrité du corps humain sauf raison médicale et nécessité du consentement). Il s'agissait en l'occurrence d'une patiente qui souffrait de douleurs épigastriques dues à une hernie hiatale, sur laquelle avaient été pratiquée une vagotomie et une pyloroplastie dont il était résulté des douleurs importantes et persistantes et la cour d'appel avait limité l'indemnisation à la perte de chance.

La jurisprudence administrative ne développe pas, sur cette question de l'appréciation de la faute médicale, de solutions véritablement divergentes, même si elle se montre peut être plus restrictive dans sa conception de la faute[5].

3. L'obligation d'information du patient : du fondement contractuel au fondement légal

20. Tout malade a le droit d'être informé de son état pour lui permettre de consentir aux soins proposés.

---

1. Civ. 1re, 30 sept. 1997, *Bull. civ.* I, n° 259 ; *JCP* 1998. I. 144, obs. G. Viney.
2. Civ. 1re, 13 oct. 1999, *JCP* 2000. II. 10270, note A. Dorsner-Dolivet.
3. *Dr. et patr.* oct. 2000, p. 99, obs. F. Chabas ; *Bull. civ.* I, n° 153 ; *RTD civ.* 2000. 840, obs. P. Jourdain.
4. Civ. 1re, 20 janv.2011, *RTD civ.* 2011. 354, n° 2, obs. P. Jourdain.
5. Pour une présentation très claire de la faute médicale, v. C. Maugüé et J. Ph. Thiellay, *La responsabilité du service public hospitalier*, LGDJ, Lextenso éditions, « Systèmes », 1re éd., juin 2010, p. 47 s.

a) La nature de l'obligation et du dommage réparable

1° Une obligation traditionnellement définie comme accessoire à l'obligation de soin

21. Traditionnellement, l'obligation d'information est analysée comme une obligation accessoire à l'obligation de soins, donc de nature contractuelle. C'est une obligation essentielle, qui ne peut être écartée, selon la jurisprudence de la Cour de cassation comme, d'ailleurs, du Conseil d'État, « qu'en cas d'urgence, d'impossibilité ou de refus du patient d'être informé ». Selon l'article 16-3, alinéa 2, du Code civil rajouté par la loi du 29 juillet 1994, « Le consentement de l'intéressé doit être recueilli préalablement, hors le cas où son état rend nécessaire une intervention thérapeutique à laquelle il n'est pas à même de consentir » et ce consentement éclairé suppose qu'il ait été préalablement informé. La Cour de cassation a, d'ailleurs, rattaché ce devoir d'information du médecin au « principe de la dignité de la personne humaine » dès 2001 [1].

2° Une obligation décontractualisée par l'arrêt du 3 juin 2010

22. La décision rendue par la première chambre civile de la Cour de cassation le 3 juin 2008 marque la volonté de la Cour de cassation, dans le prolongement de l'arrêt du 28 janvier 2010 concernant l'obligation de soins (v. ss 2163, 2585), d'écarter l'analyse contractuelle de la responsabilité médicale. Dans cet arrêt de principe, destiné au rapport de la Cour de cassation, la première chambre civile fonde en effet le devoir d'information du médecin directement sur les articles 16 et 16-3 du Code civil (donc sur une obligation légale et non sur le contrat) ; elle décontractualise l'obligation d'information, en visant l'article 1382, pour retenir la responsabilité du médecin et considérer que le défaut d'information cause au patient un préjudice qui doit nécessairement être réparé en application de ce texte. On remarquera cependant, que contrairement à l'arrêt du 28 janvier, l'attendu de principe ne réfère pas au Code de la santé publique, alors même qu'il contient des dispositions nombreuses sur l'obligation d'information en matière médicale, mais directement à l'article 1382 et au principe général de responsabilité pour faute. Cette solution a depuis été confirmée depuis, notamment par une décision de la première chambre civile du 12 juin 2012 (v. ss 2163).

3° Le dommage causé par l'inobservation de l'obligation d'information : perte de chance ou dommage final ?

23. Dans une décision rendue le 6 décembre 2007, elle avait écarté la réparation du *préjudice moral*, non seulement des proches de la victime décédée en tant que victimes par ricochet, mais aussi de la victime directe, en confirmant que le seul préjudice réparable est « la perte de chance d'échapper au risque qui s'est finalement réalisé » [2].

L'arrêt du 3 juin 2010 [3] consacre par rapport à cette dernière solution un total revirement, en admettant la réparation du préjudice moral. Fondant le devoir d'information du

1. . Civ. 1re, 9 oct. 2001, *LPA* 2001, n° 243, note C. Clément ; *JCP* 2002. II. 10045, note O. Cachard.

2. Civ. 1re, 6 déc. 2007, *Bull. civ.* I, 380 ; *D.* 2008. 192, note P. Sargos ; *D.* 2008. 804, chron. L. Neyret et 2894, obs. Ph. Brun et P. Jourdain ; *D.* 2009. 1302, note J. Penneau, *RTD civ.* 2008. 303, obs. P. Jourdain et 272, obs. J. Hauser ; v. également : M. Bacache, et A.-E. Crédeville, *D.* 2008. 1908 et 1914 ; *JCP* 2008. II. 125, n° 3, obs. Ph. Stoffel-Munck.

3. Civ. 1re, 3 juin 2010, *D.* 2010. 1484, obs. I. Gallmeister, 1522, note P. Sargos, 2092, chron. C. Creton et 2011. 35, obs. O. Gout ; *AJDA* 2010. 2169, note C. Lantero ; *RDSS* 2010. 898. Note F. Arhab-Girardin ; *RTD civ.* 2010. 571, obs. P. Jourdain ; *Respons. civ. assur.* 2010 ; comm. n° 9, obs. S. Hoquet-Berg ; *D.* 2011. 2571, A. Laude.

médecin directement sur les articles 16 et 16-3 du Code civil (donc sur une obligation légale et non sur le contrat) elle considère que le non-respect du devoir d'information cause à celui auquel l'information était légalement due un préjudice, qu'en vertu de l'article 1382 du Code civil, le juge ne peut laisser sans réparation. En conséquence, non seulement la Cour de cassation décontractualise l'obligation d'information et la responsabilité encourue, mais encore elle affirme que la cour d'appel ne pouvait exclure la réparation du préjudice (moral) au prétexte qu'il n'existait pas d'alternative à l'opération pratiquée et qu'il était peu probable que dûment informé des risques encourus, le patient aurait renoncé à celle-ci. C'est en effet, l'existence d'une alternative qui permettait, jusqu'ici, d'admettre la perte de chance et de limiter la réparation à une fraction du dommage corporel. En l'espèce donc, on ne pouvait admettre la réparation de ce dommage corporel, même en partie, mais néanmoins puisqu'il y a nécessairement préjudice selon la première chambre civile c'est qu'elle admet l'existence d'un préjudice moral. L'autonomie du préjudice né du manquement à l'obligation d'information non seulement par rapport à la perte de chance mais aussi par rapport au préjudice corporel a été confirmée par la suite[1] ; le Conseil d'État qui n'admettait jusque là que la réparation de la perte de chance, a finalement admis également la réparation d'un préjudice autonome distinct de la perte de chance dans une décision du 10 octobre 2012[2]. Toutefois, contrairement à la Cour de cassation, le Conseil d'État continue à ne pas admettre la réparation de ce préjudice né du manquement à l'obligation d'information, en l'absence de préjudice corporel.

On relèvera cependant que lorsque le malade a fondé sa demande d'indemnisation sur la jurisprudence exigeant d'informer sur les risques graves même exceptionnels, alors que cette obligation n'avait pas encore été posée au moment où il aurait dû recevoir l'information, il impose une charge exorbitante à son médecin puisque, en raison du principe de rétroactivité de la jurisprudence, il lui oppose une obligation nouvelle qui n'existait pas lors de l'intervention[3].

b) Le contenu de l'information

1° L'information sur les risques

• *La jurisprudence a progressivement alourdi l'obligation d'information pour aller jusqu'à imposer une information portant aussi sur les risques exceptionnels*

24. Le médecin est désormais tenu, selon la jurisprudence, d'informer son patient, non seulement « des risques normalement prévisibles », mais aussi des « risques exceptionnels ». Selon l'article 35 du Code de déontologie, le médecin est tenu de donner à son malade « une information loyale, claire et appropriée sur son état, les investigations, et les soins qu'il lui propose ». Il doit l'informer, également, sur les risques graves [...] mais, selon la Cour de cassation, « il n'est pas dispensé de cette obligation par le fait que ces risques ne se réalisent qu'exceptionnellement »[4] ni « par le seul fait que l'intervention serait médicalement nécessaire »[5].

---

1. Civ. 1re, 12 juill. 2012, n° 11-17.510 ; *JurisData* n° 2012-015717 ; *RCA* 2012, comm. n° 316.

2. CE, 5e, et 4e, ss-sect., 10 oct. 2012, n° 350426, *JurisData* n° 2012-022725, *RCA* 2012, comm. 351, note L. Bloch.

3. Civ. 1re, 9 oct. 2001, *LPA* 2001, no 52, p. 17, note F. Marmoz ; *JCP* 2002. II. 10045, note O. Cachard ; *D*. 2001. 3470, rapport P. Sargos, note D. Thouvenin ; *Gaz. Pal. Droit de la santé*, 25-27 nov. 2001, p. 53.

4. Civ. 1re, 7 oct. 1998, *JCP* 1998. II. 10179 (1re esp.), concl. J. Sainte Rose, note P. Sargos ; *JCP* 1999. I. 147, obs. G. Viney.

5. Cass. 18 juill. 2000, *LPA* 2000, no 220, p. 10, note J.-F. Barbieri.

De son côté, le Conseil d'État, par un arrêt du 5 janvier 2000[1] et un autre arrêt du 17 mai 2000[2], a rejoint la position de la Cour de cassation, harmonisant ainsi les jurisprudences civile et administrative.

Toutefois, l'article 42 du Code de déontologie médicale autorise le médecin à limiter l'information de son patient sur un diagnostic ou un pronostic grave, si cette limitation est fondée sur des « raisons légitimes », dans l'intérêt du patient. Cet intérêt doit être apprécié en fonction de la nature de la pathologie, de son évolution prévisible et de la personnalité du malade[3].

Toutefois, si le médecin est tenu d'informer le patient, il n'est pas pour autant « tenu de réussir à convaincre son patient du danger de l'acte médical qu'il demande »[4].

• *La loi du 4 mars 2002 est par ailleurs venue développer et préciser le contenu de l'obligation d'information*

25. La loi du 4 mars 2002 a transformé le « devoir d'information » du médecin en une « obligation d'informer ». Elle a réaffirmé cette obligation sous forme du principe selon lequel « Toute personne a le droit d'être informée sur son état de santé » qui figure au nouvel article L. 1111-2, alinéa 1er. Il s'agit, désormais, d'un « droit à l'information » du malade, nouvelle expression de l'autonomie de celui-ci. Le patient a droit à une information préalable à toute intervention qui détermine son consentement éclairé. C'est pourquoi l'article L. 1111-4, alinéa 1er, précise que « toute personne prend, avec le professionnel de santé et compte tenu des informations et des préconisations qu'il lui fournit, les décisions concernant sa santé » et l'alinéa 3 du même texte précise qu'« aucun acte médical, ni aucun traitement ne peut être pratiqué sans le consentement libre et éclairé de la personne et ce consentement peut être retiré à tout moment ». Le droit reconnu au malade de participer à toute décision concernant sa santé inclut également celui de refuser les soins (pour plus de détails sur ce point voir plus bas *d) autonomie de la volonté du malade et obligation de soins du médecin*).

Cette obligation d'information se manifeste en deux temps : information préalable à tout traitement, information postérieure à l'acte médical.

– *L'information préalable au traitement*

26. Dans un premier temps, l'alinéa 1er de l'article L. 1111-2 dispose, en effet, que : « Cette information porte sur les différentes investigations, traitements ou actions de prévention qui sont proposés, leur utilité, leur urgence éventuelle, leurs conséquences, *les risques fréquents ou graves normalement prévisibles qu'ils comportent* ainsi que sur les solutions possibles et sur les conséquences prévisibles en cas de refus ». On revient, semble-t-il, ici à une conception plus normale du devoir d'information limité aux « risques normalement prévisibles » bien qu'une partie de la doctrine, se fondant sur les débats parlementaires, considère que le texte concernerait toujours les « risques graves même exceptionnels ». C'est l'interprétation qui semble adoptée par le Conseil d'État le 27 septembre 2002, lorsqu'il dispose que l'information concerne « les risques connus de décès ou d'invalidité, *incluant ceux qui ne se réalisent qu'exceptionnellement* »[5].

---

1. CE 5 janv. 2000, *JCP* 2000. II. 10271, note J. Moreau ; *JCP* 2000. I. 243, nº 21, obs. G. Viney.
2. CE 17 mai 2000, *JCP* 2001. 10110, note E. Savatier.
3. Civ. 1re, 23 mai 2000, *JCP* 2000. II. 10342, rapp. Sargos ; *JCP* 2000. I. 280, obs. G. Viney.
4. Civ. 1re, 18 janv. 2000, *JCP* 2000. I. 243, obs. G. Viney ; *JCP* 2001. II. 10473. note A. Dorsner-Dolivet.
5. CE 27 sept. 2002, *AJDA* 2003. 72.

En matière civile, la Cour de cassation a statué dans le même sens mais implicitement, le 13 novembre 2002[1].

– *L'information postérieure à l'acte médical*

27. Par une dernière phrase du premier alinéa de l'article L. 1111-2, qui constitue une extension novatrice, mais sûrement d'application délicate, de l'obligation d'information, le texte dispose que « lorsque, postérieurement à l'exécution des investigations, traitements ou actions de prévention, *des risques nouveaux sont identifiés*, la personne concernée doit en être informée, sauf en cas d'impossibilité de la retrouver ».

Cette information concerne, non seulement d'éventuels nouveaux risques mais donne également au patient le droit d'accéder directement à son dossier médical, c'est-à-dire « l'ensemble des informations concernant sa santé détenues par les professionnels et établissements de santé » (CSP, art. L. 1111-7). C'est le droit d'accès au dossier.

2° L'information globale : le droit d'accès au dossier

28. Selon l'article L. 1111-7, *« toute personne* a accès à l'ensemble des informations concernant sa santé détenues par des professionnels et établissements de santé », , et « elle peut accéder à ces informations directement ou par l'intermédiaire d'un médecin qu'elle désigne et en obtenir communication… au plus tard dans les huit jours suivant sa demande » (la matière est réglementée avec beaucoup de détails dans les articles L. 1111-7 à 1111-9 du Code de la santé publique et les articles R. 1112-2 à R. 1112-4 et R. 1112-7 du Code de la santé publique, issus du décret n° 2002-637 du 29 avril 2002). Le dossier comprend l'ensemble des informations « qui sont formalisées et ont contribué à l'élaboration et au suivi du diagnostic et du traitement ou d'une action de prévention, ou ont fait l'objet d'échanges écrits entre professionnels de santé » (art. L. 1111-7). Ce qui est nouveau, ici, c'est la possibilité donnée au patient de pouvoir consulter directement et personnellement son dossier, sans l'intermédiaire d'un médecin comme auparavant.

De plus, l'article L. 1111-7, alinéa 3, dispose que « la présence d'une tierce personne lors de la consultation de certaines informations peut être recommandée par le médecin pour des motifs tenant aux risques que leur connaissance sans accompagnement ferait courir à la personne concernée », mais, malheureusement, le texte ajoute que « le refus de cette dernière ne fait pas obstacle à la communication de ces informations ». – *En ce qui concerne les mineurs*, ce sont normalement les titulaires de l'autorité parentale qui ont accès à cette information, mais, « à la demande du mineur, cet accès a lieu par l'intermédiaire d'un médecin. » De plus, le mineur ayant le droit de garder le secret sur son état de santé (v. *infra*), a aussi le droit de s'opposer, expressément, à la consultation de son dossier par les titulaires de l'autorité parentale (art. L. 1111-7, renvoyant à l'art. L. 1111-5). Dans ce cas, le médecin fait mention écrite de cette opposition et si, en dépit de ses efforts pour le faire revenir sur sa décision, « le mineur maintient son opposition, la demande ne peut être satisfaite tant que l'opposition est maintenue » (CSP, art. R. 1111-6).

3° L'information sur les causes du dommage

29. Le patient qui s'estime « victime d'un dommage imputable à une activité de prévention, de diagnostic ou de soins », a également le droit, en cas d'échec de l'acte médical,

---

1. Civ. 1re, 13 nov. 2002, *Gaz. Pal.* 16 déc. 2003, p. 13, note Zerouki ; *Dr. et patr.* sept. 2003, n° 3334, obs. F. Chabas. Dans le même sens, v. Poitiers, 4 juin 2002 et 8 oct. 2002, *JurisData* n° 184841 et n° 187437.

de bénéficier d'une information « sur les circonstances et les causes de ce dommage », dans les quinze jours suivant la découverte de ce dommage ou sa demande expresse. Il peut se faire assister par un médecin ou une autre personne de son choix (art. L. 1142-4). Cette information sur les causes va permettre de déterminer, en effet, s'il y a matière à responsabilité ou à indemnisation.

c) Les destinataires de l'information

30. « Toute personne a le droit d'être informée sur son état de santé » (art. L. 1111-2, al. 1er), y compris les incapables.

– ***Les incapables*** *:* cette information est due à tout patient, même s'il s'agit d'un mineur ou d'un majeur sous tutelle. Les droits des mineurs ou des majeurs sous tutelle sont normalement exercés par les titulaires de l'autorité parentale ou par le tuteur. Mais, selon l'article 1111-2, alinéa 5, « les intéressés ont le droit de recevoir eux-mêmes une information et de participer à la prise de décision les concernant, d'une manière adaptée, soit à leur degré de maturité s'agissant des mineurs, soit à leurs facultés de discernement s'agissant des majeurs sous tutelle. ». Le texte ajoute que « le consentement du mineur ou du majeur sous tutelle doit être systématiquement recherché s'il est apte à exprimer sa volonté et à participer à la décision » (art. L. 1111-4, al. 5).

– *En ce qui concerne, plus particulièrement,* ***les mineurs***, la loi les autorise expressément à s'opposer à ce que les titulaires de l'autorité parentales soient tenus au courant de leur état de santé et des traitements à suivre : ils n'ont donc pas la possibilité d'y consentir. En effet, l'article L. 1111-5, alinéa 5, dispose que « par dérogation à l'article 371-2 du Code civil, le médecin peut se dispenser d'obtenir le consentement du ou des titulaires de l'autorité parentale sur les décisions médicales à prendre, lorsque le traitement ou l'intervention s'impose pour sauvegarder la santé d'une personne mineure, dans le cas où cette dernière s'oppose expressément à la consultation du ou des titulaires de l'autorité parentale, afin de sauvegarder le secret sur son état de santé ». Il peut en être ainsi, notamment, en cas de demande d'IVG (CSP, art. L. 2212-7)[1]. Le texte ajoute que « le médecin doit, dans un premier temps, s'efforcer d'obtenir le consentement du mineur à cette consultation » des titulaires de l'autorité parentale, mais que « dans le cas où le mineur maintient son opposition, le médecin peut mettre en œuvre le traitement ou l'intervention. Dans ce cas, le mineur se fait accompagner d'une personne majeure de son choix » Bien que le texte ne le précise pas, il est évident qu'il doit s'agir d'un mineur capable de discernement. Le médecin aura intérêt à faire préciser tout cela par écrit pour se préconstituer une preuve. Ces dispositions relatives aux mineurs paraissent extrêmement dangereuses, comme le dit un auteur[2] : « Il est inouï qu'un enfant de treize ans, qui ne peut pas acheter une voiture seul, puisse, si le médecin le juge intellectuellement mûr, décider seul de son amputation. ». Il reviendra au médecin de décider s'il juge l'enfant suffisamment mûr sous peine d'engager sa responsabilité. Inversement, il est également prévu qu'en cas de refus d'un traitement par le titulaire de l'autorité parentale ou par le tuteur, risquant d'entraîner des conséquences graves pour la santé de l'incapable, le médecin peut passer outre et délivrer les soins indispensables.

– *Enfin, lorsque* ***le patient est hors d'état de manifester sa volonté***, « aucune intervention ou investigation ne peut être réalisée, sauf urgence ou impossibilité, sans que la personne de confiance prévue à l'article L. 1111-6, ou la famille, ou à défaut, un de ses proches ait été consulté ». Cela ne résout pas le cas de la personne sans famille n'ayant

---

1. Sur ce point, v. *Droit civil*, vol. 1.

2. F. Chabas, « L'information en matière de pédiatrie », chron. citée dans la bibliographie.

pas désigné de « personne de confiance ». Il s'agit d'une personne désignée par toute personne majeure, « qui peut être un parent, un proche ou le médecin traitant, et qui sera consultée au cas où elle-même serait hors d'état d'exprimer sa volonté et de recevoir l'information nécessaire à cette fin ». Cette désignation se fait par écrit et est révocable à tout moment. Si le patient le souhaite, cette personne de confiance peut assister aux entretiens médicaux pour l'aider dans ses décisions.

d) La dispense de cette obligation d'information

31. Elle n'est prévue par le législateur que dans trois cas : l'urgence, l'impossibilité d'informer (art. 1111-2, al. 2) ou le refus du patient (art. 1111-2, al. 4). Il faut compléter ceci par l'article 35, alinéa 2, du Code de déontologie qui permet au praticien de « retenir une information sur un diagnostic ou pronostic grave, pour des raisons légitimes, appréciées en conscience ». C'est, d'ailleurs, la position de la Cour de cassation qui prévoyait déjà que « le médecin peut limiter l'information du patient pour des raisons légitimes et dans l'intérêt du malade »[1].

L'article L. 1111-7, alinéa 3, prévoit, de plus, que « la présence d'une tierce personne lors de la consultation de certaines informations peut être recommandée par le médecin les ayant établies ou en étant dépositaire, pour des motifs tenant aux risques que leur connaissance sans accompagnement ferait courir à la personne concernée. Le refus de cette dernière ne fait pas obstacle à la communication de ces informations ».

L'information médicale, devoir pour le médecin/droit pour le malade, permet ainsi de rétablir l'équilibre entre eux et de rendre à celle-ci sa place éthique ainsi qu'une certaine autonomie[2].

C. L'exclusion d'une responsabilité de plein droit du médecin

1. Exclusion d'une responsabilité du médecin en cas d'accident médical ou d'aléa thérapeutique

► ***L'aléa thérapeutique*** implique, selon la définition du Conseil d'État, l'existence d'un acte médical nécessaire au diagnostic ou au traitement du patient, présentant un risque connu mais exceptionnel et l'absence de prédisposition du patient à ce risque[3]. Selon la Cour de cassation, l'aléa thérapeutique se définit comme : « la réalisation d'un risque accidentel inhérent à l'acte médical et qui ne peut être maîtrisé ».

► ***L'accident médical*** apparaît lorsque l'intervention a provoqué un nouveau dommage, indépendant de l'état pathologique préexistant et sans rapport avec le simple échec des soins : paralysie totale ou partielle consécutive à un simple examen, décès consécutif à une anesthésie, contamination mortelle provoquée par une transfusion sanguine, etc.

32. Dans les deux hypothèses, il n'y a pas de faute médicale (erreur de diagnostic, faute dans l'acte médical ou dans le choix du traitement) en relation avec le préjudice, mais en même temps, il est certain que l'acte médical est en relation de causalité avec le dommage. La question est alors de savoir si la responsabilité médicale doit être admise. La Cour de cassation a donné sur cette question une réponse différente de celle du Conseil d'État.

---

1. Civ. 1re, 23 mai 2000, *JCP* 2000. II. 10342, rapp. Sargos ; *D.* 2000. Somm. 470, obs. P. Jourdain.
2. V. chronique C. Radé, « Pour une autonomie de l'information », *RCA* mai 2002, p. 4, qui se fonde sur l'analyse de l'article L. 1142-2-1° du Code de la santé publique, imposant une assurance.
3. V. P. Sargos, *JCP* 2000. I. 202.

a) Avant la loi de 2002 : l'exclusion d'une obligation de sécurité accessoire à l'obligation de soins

33. Alors que le Conseil d'État, dans l'arrêt *Bianchi* avait ouvert la voie en 1993 à une responsabilité sans faute destinée à prendre en charge les conséquences de l'aléa thérapeutique, en droit civil, la prise en charge de l'aléa thérapeutique aurait pu passer par le recours à la notion d'obligation de sécurité-résultat accessoire à l'obligation de soins de moyens (qui correspond à une responsabilité objective, « de plein droit »). Or, cette solution a été exclue par la Cour de cassation.

La cour d'appel de Paris avait voulu, en 1999, admettre l'existence d'une responsabilité en l'absence de faute, lorsque le dommage est sans rapport avec l'état antérieur du patient, ou avec l'évolution prévisible de cet état : cécité survenue après une opération sur le maxillaire supérieur de la patiente : complication « jusqu'à présent inconnue des publications scientifiques »[1]. Cet arrêt consacrait le droit à l'intégrité physique du patient et la prise en charge par le médecin des accidents médicaux. Il était en quelque sorte la réplique civiliste de l'arrêt *Bianchi*[2].

Mais la Cour de cassation a réagi dans une décision du 8 novembre 2000[3] en écartant vigoureusement l'idée d'une obligation de sécurité résultat du médecin et la réparation de l'aléa « thérapeutique ».

b) Une solution confirmée par la loi du 4 mars 2002 : distinction de la responsabilité et de l'indemnisation

34. Depuis, la décision rendue en 2002 par la Cour de cassation, cette solution n'a pas été remise en cause, d'autant moins que la loi du 4 mars 2002 affirme que la responsabilité médicale est une responsabilité pour faute (CSP, art. L. 1142-1, al. 1er). Lorsque la responsabilité d'un professionnel ou d'un établissement de santé n'est pas engagée sur le fondement de la faute, le patient n'en a pas moins droit à l'indemnisation du préjudice qu'il a subi. Ainsi, l'accident médical est réparé par l'ONIAM, sur la base d'un système d'indemnisation (v. ss 2581 s.) et non sur celle de la responsabilité. La loi de 2002 n'admet de responsabilité de plein droit (sans faute prouvée) que dans le cas de produits de santé défectueux et des infections nosocomiales

L'arrêt de 2000 a été confirmé par la suite et la première chambre civile a repris exactement l'attendu de la décision du 8 novembre 2000 dans un arrêt de principe du 22 novembre 2007[4].

Enfin, les décisions rendues par la première chambre civile en 2010 qui excluent le fondement contractuel de la responsabilité du médecin (v. *supra*) ne remettent pas non plus cause cette solution.

2. Mais l'appréciation de la faute peut varier

35. On peut tenir compte d'une faute même virtuelle, c'est-à-dire d'une obligation de diligence au-dessus de la normale[5] d'une simple maladresse, nous l'avons vu.

---

1. Paris, 15 janv. 1999, préc.
2. CE 9 avr. 1993, cité dans la Section II.
3. *D*. 2001. Somm. 2236, obs. D. Mazeaud et 3083, obs. J. Penneau ; *RTD civ*. 2001. 154, obs. P. Jourdain ; *JCP* 2000. II. 10493, note F. Chabas ; *ibid*. 2001. II. 10493, rapp. P. Sargos.
4. Civ. 1re, 22 nov. 2007, *D*. 2008. 816, note M. Bachache.
5. Lyon, 8 janv. 1981, *JCP* 1981. II. 19699, note F. Chabas.

Dans quelques cas particuliers, la jurisprudence civile a hésité sur la nature des obligations du praticien : information ou sécurité, moyens ou résultat… ?

1° Cas du chirurgien esthétique

36. On tient compte pour un chirurgien du caractère de nécessité ou d'urgence qui peut justifier une faute d'imprudence. En revanche, la jurisprudence est particulièrement sévère à l'égard des chirurgiens esthétiques pour lesquels il n'y a pas ce caractère d'urgence : l'acte chirurgical n'est plus, ici, justifié par la référence à l'intérêt thérapeutique (comme dans l'article 16-3 du Code civil) ; seule la comparaison entre les avantages escomptés et les risques prévisibles, c'est-à-dire la règle de la « raison proportionnée », peut servir de base à la licéité de l'opération. Les chirurgiens sont tenus à une *obligation d'information* du malade particulièrement poussée puisque les chirurgiens ont dû lui signaler, bien avant les autres praticiens non seulement les risques banals et courants, mais encore les risques exceptionnels [1], et même l'informer « sur tous les inconvénients pouvant en résulter » [2]. Le Conseil d'État a adopté une position semblable, en précisant qu'« en matière de chirurgie esthétique, le praticien est tenu d'une obligation particulièrement étendue à l'égard de son client » [3].

Une partie de la doctrine a même considéré que la jurisprudence avait ainsi beaucoup alourdi la responsabilité du chirurgien esthétique, allant jusqu'à constituer un véritable particularisme du droit médical en la matière [4].

Avant la loi de 2002, et avant que la Cour de cassation n'abandonne le fondement contractuel de la responsabilité médicale, celle-ci avait cependant fermement rappelé que l'obligation d'information du chirurgien esthétique *restait une obligation de moyens* et que c'est toujours au patient d'avoir à apporter la preuve d'un manquement du chirurgien à son obligation d'information [5]. Cet arrêt reprenait et réaffirmait les positions prises par la première chambre civile de la Cour de cassation dès 1966 [6]. Toutefois, la cour d'appel de Paris était allée plus loin en considérant que le chirurgien doit « refuser catégoriquement d'opérer quand il y a disproportion manifeste entre les risques encourus et les résultats aléatoires envisagés […] » [7].

La loi du 4 mars 2002, suivant la jurisprudence, a alourdi dans le nouvel article L. 6322-2 du Code de la santé publique, l'obligation d'information en matière de chirurgie esthétique. Selon ce texte « Pour toute prestation de chirurgie esthétique, la personne concernée, et s'il y a lieu, son représentant légal, doivent être informés par le praticien responsable des conditions de l'intervention, *des risques et des éventuelles conséquences et complications* ». Il doit également fournir un devis au patient qui dispose d'un délai de réflexion.

Enfin, dans une décision du 5 février 2014, la première chambre civile, adoptant une conception large de la notion d'acte de soins, est venue préciser que les actes de chirurgie

---

1. Civ. 1re, 17 nov. 1969, *Gaz. Pal.* 1970. I. 49, *D.* 1970. 85 ; Lyon, 8 janv. 1981, *JCP* 1981. II. 19699, note F. Chabas ; Civ. 1re, 22 sept. 1981, *JCP* 1981. IV. 384, *RTD civ.* 1982. 151, obs. G. Durry.

2. Civ. 1re, 17 févr. 1998, *JCP* 1998. I. 144, no 20, obs. G. Viney, *LPA* 6 mai 1999, note Halliez.

3. CE 15 mars 1996, *JCP* 1996. IV. 1593, obs. M. C. Rouault.

4. V. Mme Dorsner-Dolivet, *Contribution à la restauration de la faute…*, LGDJ, préf. P. Raynaud, nos 529 s.

5. Civ. 1re, 7 oct. 1992, *JCP* 1993. II. 22071, note F. Chabas.

6. Civ. 1re, 11 janv. 1966, *D.* 1966. 266.

7. Paris, 16 juin 1995, *D.* 1995. IR 194.

esthétique, ainsi que les actes médicaux qui leurs sont préparatoires (même s'ils n'ont pas une finalité thérapeutique, comme par exemple en matière de chirurgie réparatrice) constituent des actes de soins. A ce titre les conséquences dommageables de ces actes de soins peuvent être pris en charge par l'ONIAM au titre de la solidarité nationale[1].

2° Cas où il y a fourniture et/ou utilisation de produits ou d'appareils de prothèse

37. Traditionnellement[2] il était admis que les produits fournis et/ou utilisés, notamment, les prothèses (prothèses dentaires, prothèse mamaires et autres) devaient être exemptes de défaut et de vices susceptibles de causer des dommages corporels au patient et la jurisprudence a reconnu la responsabilité des praticiens pour un dommage subi par un patient s'il est dû à un vice quelconque ou même à un comportement anormal de la prothèse ou du produit fourni par eux, sur le fondement d'une obligation de sécurité. L'obligation du médecin a pu même à cette occasion se transformer en véritable *obligation de sécurité de résultat*[3], à condition que le patient démontre que ces matériels défectueux étaient bien à l'origine de son dommage[4]. La preuve d'une faute n'avait donc pas à être rapportée. La Cour de cassation avait ainsi précisé que « le contrat passé entre le patient et son médecin met à la charge de ce dernier, sans préjudice de son recours en garantie, une obligation de sécurité de résultat en ce qui concerne les matériels qu'il utilise pour l'exécution d'un acte médical d'investigation ou de soins »[5]. La solution a été régulièrement confirmée[6].

Cette obligation de sécurité de résultat concernant les produits et matériels utilisés était autonome au regard de l'obligation de soins proprement dite, toujours qualifiée d'obligation de moyens. Elle se distinguait aussi de l'obligation de livrer un appareil utilisable, efficace et utile, qualifiée aussi d'obligation de résultat et que la jurisprudence avait reconnu, notamment en matière de prothèse dentaire, concernant par exemple la conception de celle-ci [7]. L'inexécution de cette obligation ne mettait pas en jeu cependant la sécurité du patient, contrairement à l'obligation de sécurité résultat concernant le produit ou matériel défectueux.

38. Ces solutions ont cependant été remises en cause aujourd'hui, ou en tout cas doivent être revues, à la lumière, de plusieurs éléments : – la conjugaison de la loi de 2002 posant le principe d'une responsabilité médicale pour faute avec le régime spécial de responsabilité

---

1. Civ. 1re, 5 févr. 2014, n° 12-29.140, *JurisData* n° 2014-005189, *RCA* 2014, comm. n° 166, note S. Hocquet-Berg ; *D.* 2014. 697 , note S. Porchy-Simon,

2. Approximativement à partir des années 1960. V., par ex. : Civ. 1re, 28 nov. 1961, *Bull. civ.* 1960, I, n° 558 ; Civ. 1re, 9 nov. 1999, *Bull. civ.* 1999, I, n° 300.

3. Civ. 1re, 28 juin 1989, *D.* 1990. 413, note Y. Dagorne-Labbé ; Paris, 1re ch., 8 févr. 1991, *JCP* 1992. II. 21788, note G. Mémeteau ; Civ. 1re, 17 oct. 1995, *Bull. civ.* I, n° 369.

4. Civ. 1re, 9 nov. 1999, n° 97-14.254, *Bull. civ.* 1999. I, n° 220 ; *D.* 1999. J. 559, note D. Thouvenin ; *JCP* 1999. II. 10138, rapp. P. Sargos ; *JCP* 2000. I. 199, obs. G. Viney, *RTD civ.* 1999. 841, obs. P. Jourdain. *RCA* 1999. Chron. 20, H. Groutel.

5. À propos de l'utilisation d'une sonde urinaire : Civ. 1re, 4 févr. 2003, n° 00-15.572 ; *JurisData* n° 017447 ; *RCA* 2003, comm. 143 ; de gants chirurgicaux : Civ. 1re, 22 nov. 2007, n° 05-20.974 ; *JurisData* n° 2007-041473 ; *RCA* 2008, comm. 31, obs. S. Hocquet-Berg ; *JCP* 2007. II. 10069, note I. Corpart. V aussi : Civ. 1re, 23 nov. 2004, *D.* 2005. Pan. 406, obs. J. Penneau ; *RCA* 2005, comm. 25 ; *RTD civ.* 2005, n° 1, p. 139, obs. J. Mestre et B. Fages.

6. V. notamment, pour une décision récente : Civ. 1re, 9 déc. 2010, *JurisData* n° 2010-023463 ; *RCA* 2011, à noter, n° 111.

7. Civ. 1re, 29 oct. 1985, *RTD civ.* 1986. 762, obs. J. Huet, Civ. 15 nov. 1988, *Bull. civ.* I, n° 319.

sans faute du fait des produits défectueux instauré par la loi du 19 mai 1998 (C. civ., art. 1386-1 s.) et dont la loi de 2002 réserve l'application (CSP, art. L. 1142-1) ; – deux décisions rendues en 2002 par la Cour de justice de l'Union européenne et en 2012 par la la Cour de cassation.

La loi de 1998 instaure en effet un régime de responsabilité de plein droit, sans faute du producteur pour les dommages causés par la défectuosité d'un produit (y compris les produits de santé). La responsabilité du fournisseur n'est que subsidiaire, si le producteur n'a pu être retrouvé (v. ss 2399).

Or l'établissement de santé ou le médecin ne peut que très rarement être considéré comme producteur ; il pourrait plus fréquemment être considéré comme fournisseur du produit sans être utilisateur (par exemple s'il ne fait que mettre un produit à disposition du patient sans le mettre en œuvre lui-même ou bien comme fournisseur et utilisateur du produit dans le cadre de la prestation de soins.

En tant que *producteur*, sa responsabilité relève désormais du seul régime spécial de responsabilité du fait des produits défectueux ; il s'agit donc d'une responsabilité sans faute liée à la seule défectuosité du produit.

Si l'on retient la qualité de *fournisseur* ; sa responsabilité ne peut être recherchée qu'à titre subsidiaire, sur le fondement de la loi de 1998 (C. civ., art. 1386-7).

S'il est *simple utilisateur d'un* produit ou matériel dans le cadre de son activité de soin, les dommages causés au bénéficiaire de la prestation, ainsi que l'a précisé la CJUE dans une décision du 25 avril 2002 (v. ss 2390), ne relèvent pas du champ d'application de la directive et donc du régime de responsabilité du fait des produits défectueux. Quel est en ce cas le régime de responsabilité applicable ?

La Cour de cassation a apporté deux précisions importantes, dans une décision du 12 juillet 2012[1], qui s'inspire à l'évidence de cette position de la CJUE :

1° *L'établissement de soins ou le professionnel de santé est toujours utilisateur et non fournisseur dans le cadre de la prestation de soins* : elle précise en effet que les prestataires de services de soins ayant recours aux produits, matériels et dispositifs médicaux nécessaires à l'exercice de leur art ou à l'accomplissement d'un acte médical, ne sont pas concernés par le régime spécifique de responsabilité du fait des produits défectueux, hormis le cas ils sont eux même producteurs. On notera que la Cour de cassation adopte ici une conception de l'utilisateur qui tend à exclure le plus largement possible les établissements de soins du champ de la directive ; l'établissement de soins ou le professionnel de santé dès lors qu'il est prestataire de soins est nécessairement et exclusivement un utilisateur des produits et matériels utilisé et ne peut jamais être considéré comme fournisseur.

2° *La responsabilité de l'établissement de soins du professionnel de santé utilisateur est une responsabilité pour faute* : en l'espèce, la loi de 2002 n'était pas applicable car l'acte de soin avait eu lieu avant son entrée en vigueur. La décision précise que cette responsabilité ne pouvait être engagée que sur le fondement du droit commun de la responsabilité contractuelle (art. 1147) et, opérant à cet égard un revirement de jurisprudence manifeste, seulement pour *faute prouvée*. Elle écarte donc, sur le fondement contractuel, l'obligation de sécurité-résultat quant aux choses utilisées par le médecin dans la pratique de son art, qui était pourtant admise jusque là.

---

1. Civ. 1re, 12 juill. 2012, *RCA* 2012, comm. 314 ; *D.* 2012. 2277, note M. Bacache ; *JCP* 2012, note 1036. P. Sargos ; *RDC* 2013/1, p. 111, note G. Viney ; *RTD civ.* 2013/3, p. 928, obs. P. Jourdain ; v. aussi S. Hocquet-Berg, « La sécurité des produits de santé dans la tourmente de la jurisprudence judiciaire », *RCA* 2012. Étude 8.

La solution a pu être jugée surprenante[1], d'autant qu'elle aboutit à une différence de position entre la jurisprudence judiciaire et administrative. Le conseil d'État n'a pas remis en cause en effet, jusqu'ici la jurisprudence *Marzouk* qui a posé le principe de la responsabilité sans faute des établissements publics de santé pour la réparation des préjudices subis par un usager du fait de la défaillance d'un produit ou d'un appareil dans le cadre des soins dispensés[2].

La solution de la responsabilité pour faute retenue par la Cour de cassation amène par ailleurs à s'interroger sur la portée exacte de ce revirement au regard des hypothèses où la loi de 2002 serait applicable (produit mis en circulation après son entrée en vigueur). Rappelons en effet, que l'article L. 1142-1 alinéa 1er, du Code de la santé publique écarte l'exigence d'une faute lorsque la responsabilité des professionnels et établissements de santé est recherchée à raison de l'utilisation d'un produit de santé défectueux ce qui peut expliquer, de la part du Conseil d'État, le maintien de la solution Marzouk d'une responsabilité sans faute pour l'hôpital public utilisateur de matériels ou de produits de santé. Néanmoins, il a été soutenu que la responsabilité sans faute admise par l'article L. 1142-1 ne visait, en réalité, que le régime spécial mis en place par la loi de 1998 et que le législateur avait simplement voulu réserver l'application de cette loi, qui instaure un régime de responsabilité de plein droit des producteurs (v. aussi, ce point sur… n° 10). Si bien que dans les autres cas, on en reviendrait logiquement au principe posé par la loi de 2002, celui d'une responsabilité médicale toujours subordonnée à une faute prouvée. La décision de 2012 de la Cour de cassation imposant la preuve de la faute des prestataires utilisateurs de produits défectueux –qui n'entrent pas dans le champ d'application de la loi de 1998-, serait ainsi compréhensible et en même temps serait l'annonce de la solution applicable aux litiges entrant dans le cadre de la loi de 2002. C'est l'interprétation soutenue par un certain nombre d'auteurs[3]. La solution aurait le mérite d'uniformiser les conditions de la responsabilité pour les établissements de soins et professionnels de santé utilisant des produits défectueux et non soumis à ce titre à la loi de 1998, quel que soit le droit applicable : antérieur ou postérieur à la loi de 2002.

Cette interpétation serait d'autant plus logique que par une décision postérieure du 20 mars 2013, la première chambre civile semble bien avoir également abandonné la qualification d'obligation de résultat concernant l'obligation pour le dentiste de fournir une prothèse efficace et utile (encore un revirement)[4], ce qui semble bien montrer que la jurisprudence élargit encore le domaine de la responsabilité pour faute en matière de fourniture et utilisation de produits et matériels en les réintégrant dans l'obligation de soins du médecin (aussi sur cette question, v. ss 2390).

3° Cas de l'IVG et des enfants nés handicapés : la nécessité d'une faute caractérisée et sa définition par la décision du 11 juin 2010 du Conseil constitutionnel

39. L'arrêt *Perruche* (v. ss 1637 s., 1644, 1680, 1701) est l'exemple type de la décision critiquée, qui a donné lieu au principe posé par l'article 1er de la loi du 4 mars 2002 selon

---

1. S. Hocquet-Berg, étude préc.

2. CE 9 juill. 2003, n° 220437, *Rec.* 2003. 338 ; *AJDA* 2003. 1946, note M. Deguergue ; *JCP A* 2003. 1897, note C. Chavrier.

3. V. S. Hocquet-Berg, étude préc. ; v. aussi, L. Bloch, « Produits de santé défectueux : désordre au sommet des ordres », *RCA* 2014. Étude 1.

4. Civ. 1re, 20 mars 2013, n° 12-12.300, *D.* 2013. 836, obs. I. Gallmeister ; *RCA* 2013, comm 195, note S. Hocquet Berg. *RTD civ.* 2013/3, p. 616, obs. P. Jourdain.

lequel « nul ne peut se prévaloir d'un préjudice du seul fait de sa naissance ». L'alinéa 2 du même article précise ensuite que seule « la personne née avec un handicap dû à une faute médicale peut obtenir la réparation de son préjudice *lorsque l'acte fautif a provoqué directement le handicap* ou l'a aggravé, ou n'a pas permis de prendre les mesures susceptibles de l'atténuer ». Cet alinéa ajoute que « lorsque la responsabilité d'un professionnel ou d'un établissement de santé est engagée vis-à-vis des parents d'un enfant né avec un handicap non décelé pendant la grossesse à la suite d'une faute caractérisée, les parents peuvent demander une indemnité *au titre de leur seul préjudice*. Ce préjudice ne saurait inclure les charges particulières découlant tout au long de la vie de l'enfant de ce handicap. La compensation de ce dernier relève de la solidarité nationale ».

La loi du 4 mars 2002, dans son article 1er, § II, ajoute bien que « Toute personne handicapée a droit, quelle que soit la cause de sa déficience, *à la solidarité de l'ensemble de la collectivité nationale* » et elle charge, dans son paragraphe III, le « Conseil national consultatif des personnes handicapées » de faire une évaluation de « la situation matérielle, financière et morale des personnes handicapées... et de présenter toutes les propositions jugées nécessaires au parlement et au Gouvernement... ». Sans attendre les textes définitifs, la solidarité nationale s'était déjà exercée par le versement de diverses allocations[1].

Désormais, la loi n° 2005-102 du 11 février 2005 « pour l'égalité des droits et des chances, la participation et la citoyenneté des personnes handicapées » a codifié dans l'article L. 114-5 du Code de l'action sociale et des familles les trois premiers alinéas de l'article 1-I de la loi du 4 mars 2002. Elle tend, par ailleurs, à rendre effectif le droit à compensation du handicap.

Cette notion de « faute caractérisée » utilisée par le texte n'existait réellement ni en droit civil, ni en droit de la santé. Elle avait seulement été introduite dans le droit pénal par la loi *Fauchon* du 10 juillet 2000 et, selon l'article 121-3, alinéa 4, du Code pénal, elle consiste à exposer autrui à un risque d'une particulière gravité que l'on ne pouvait ignorer. « Le juge pénal semble considérer que la faute caractérisée repose sur un double critère, le premier tenant à l'intensité et à la gravité de la faute commise, le second à l'évidence de la faute »[2]. Cette nouvelle conception de la faute semble avoir été introduite dans le but de protéger les médecins échographistes particulièrement visés, mais la doctrine considère qu'il existe bien d'autres domaines, au sein même de l'activité médicale où le risque de responsabilité est particulièrement fort, sans que les médecins soient protégés par le recours à cette notion de faute caractérisée.

40. Le Conseil constitutionnel, saisi dans le cadre de la nouvelle procédure de la question prioritaire de constitutionnalité, de la conformité à la constitution de l'article 1er de la loi du 4 mars 2002 et de l'article 2 de la loi du 11 février 2005 (concernant l'application dans le temps de l'article 1er de la loi de 2002) a validé l'ensemble du dispositif prévu par l'article 1er, dans une décision du 11 juin 2010 (sur l'analyse rapide de cette décision et les références v. ss 1640). Il a repoussé, entre autres arguments, celui de la rupture d'égalité et contrariété au principe de responsabilité qui résulterait de cette exigence d'une faute caractérisée. Il a interprété le texte comme exigeant simplement une *faute prouvée et non présumée* ou *déduite de simples présomptions et a* précisé qu'elle ne se confond pas avec celle de *faute lourde*. Il a validé cette exigence de faute caractérisée, dans la mesure où le législateur a « entendu prendre en considération, en l'état des connaissances et des

1. V. concl. J. Sainte-Rose, *JCP* 2002. II. 10018.
2. P. Mistretta, chron. citée dans la bibliographie.

techniques, les difficultés inhérentes au diagnostic médical prénatal ». On notera que le Conseil a par ailleurs déclaré inconstitutionnelle la disposition prévoyant l'application de l'article 1er aux instances en cours, ce que la Cour européenne avait également condamné comme inconventionnel mais il a condamné la solution de la Cour de cassation consistant à se placer à la date de la naissance de l'enfant et à exclure le dispositif anti-Perruche dès lors que l'enfant était né avant l'entrée en vigueur de la loi (pour le détail, v. ss 1640).

La décision du Conseil fournit donc une analyse de la notion de faute caractérisée écartant le critère de gravité qui avait été retenu par le juge pénal et dont on aurait pu penser que les juridictions civiles, comme administratives auraient du mal à la contredire. Pourtant, postérieurement à cette décision, la Cour de cassation a confirmé le critère de l'intensité et de la gravité, position également adoptée par la Conseil d'État[1].

3. Exclusion de la responsabilité du médecin en matière d'infections nosocomiales depuis la loi du 4 mars 2002

41. La Cour de cassation a admis l'existence d'une obligation de sécurité-résultat dans le cas particulier des infections nosocomiales, non seulement à la charge des établissements de soins mais aussi des médecins. Tout en maintenant la responsabilité de plein droit pour les infections nosocomiales, la loi du 4 mars 2002 ne permet plus de retenir que la responsabilité des établissements et non celle du médecin. La Cour de cassation continue néanmoins à admettre l'obligation de sécurité-résultat des médecins dans les cas dont elle a encore à connaître, où la loi de 2002 n'est pas applicable parce que le dommage s'est produit avant son entrée en vigueur.

4. Le relais de la responsabilité par l'indemnisation

42. Le législateur a pris le relais pour réglementer des garanties collectives et la mise en place d'un système d'indemnisation pour assurer la réparation des accidents médicaux[2]. La loi du 4 mars 2002 est effectivement intervenue pour créer un système autonome d'indemnisation des cas de responsabilité sans faute : accidents médicaux, affections iatrogènes et infections nosocomiales, au titre de la solidarité nationale, par l'intermédiaire de Commissions régionales de conciliation et d'indemnisation (CRCI) et de l'Office national d'indemnisation des accidents médicaux, des affections iatrogènes et des infections nosocomiales (ONIAM) (v. ss 2581).

5. Question particulière : Autonomie de la volonté du malade et obligation de soins du médecin

a) La situation avant la loi du 4 mars 2002

43. Depuis quelques années, s'est développé un certain contentieux à propos du refus de soins de certains malades, notamment de témoins de Jéhovah. En effet, ces derniers refusent certains soins et, tout particulièrement, les transfusions sanguines pour des

---

1. Civ. 1re, 14 nov. 2013, *RCA* 2014, comm. 64 ; CE 14 avr. 2010, *RFDA* 2011. 772, concl. J.-P. Thiellay ; *RJDA* 2011. 806, note M. Verpeaux (v. ss 187).
2. V. propositions de loi des 21 janvier et 6 février 1998 et article C. Larroumet dans la bibliographie.

raisons d'ordre religieux. Cela met en opposition la liberté religieuse du malade, qui est un droit fondamental, et le devoir du médecin de faire tout son possible pour sauver son patient. Il s'agit là, des « aspects juridiques et éthiques de la volonté dans les rapports médecin/malade »[1].

Dans un arrêt du 26 octobre 2001[2], le Conseil d'État avait annulé un arrêt confirmatif de la cour administrative d'appel de Paris du 9 juin 1998, qui avait fondé sa décision relative à la responsabilité engendrée par le non-respect du refus d'un patient de subir des transfusions sanguines, en faisant « prévaloir, de façon générale, l'obligation pour le médecin de sauver la vie sur celle de respecter la volonté du malade ». C'est ce caractère trop général de cette décision qui a été censuré et le Conseil a repris les circonstances de fait de l'espèce (gravité de l'anémie, situation extrême, absence d'autre moyen) pour en tirer la même solution : « les médecins qui le soignaient ont choisi, dans le seul but de tenter de le sauver, d'accomplir un acte indispensable à sa survie et proportionné à son état ; que, dans ces conditions, quelle que fût par ailleurs leur obligation de respecter sa volonté fondée sur ses convictions religieuses, ils n'ont pas commis de faute de nature à engager la responsabilité de l'Assistance publique-Hôpitaux de Paris ».

En revanche, ni l'homicide involontaire, ni la non-assistance à personne en danger ne sauraient être retenus à l'encontre du médecin qui n'a pu mettre en œuvre sa thérapeutique en raison du refus obstiné et agressif de la patiente[3].

b) Depuis la loi du 4 mars 2002

44. La loi du 4 mars 2002, intervenue entre-temps, tente de résoudre ce problème dans les articles L. 1111-4 à L. 1111-6 du Code de la santé publique. C'est donc au vu de ces articles que la jurisprudence a déjà pris quelques décisions.

Citons notamment l'ordonnance de référé du 9 août 2002 du tribunal administratif de Lyon et sur appel, l'ordonnance de référé du Conseil d'État du 16 août 2002. Dans cette affaire, une patiente, témoin de Jéhovah, hospitalisée en raison d'une fracture de la jambe gauche, avait signifié, par écrit le 1er août, son refus de l'administration de tout produit sanguin ; néanmoins, le 5 août, les médecins, estimant qu'un pronostic vital était en jeu, ont transfusé la patiente. Par ordonnance de référé, le tribunal administratif de Lyon « enjoint au Centre hospitalier universitaire de s'abstenir de procéder à des transfusions sanguines sur la personne de Mme Valérie F. Cette injonction cessera de s'appliquer si Mme Valérie F. venait à se trouver dans une situation extrême mettant en jeu un pronostic vital ». Mécontente de l'ordonnance, la patiente fit appel et le Conseil d'État rendit, le 16 août suivant, une ordonnance de référé. Sans revenir sur les termes de la décision incriminée, il la complète en ces termes : « Avant de recourir, le cas échéant, à une transfusion dans les conditions indiquées à l'article 2 de l'ordonnance du juge des référés du tribunal administratif de Lyon, en date du 9 août 2002, il incombe aux médecins du centre hospitalier universitaire de Saint-Étienne, d'une part, *d'avoir tout mis en*

---

1. V. « Sommes-nous propriétaires de notre santé ? », rapport de synthèse du colloque de l'Association nationale des droits des patients, Sénat, 12 avr. 2002, par Y. Flour, *Gaz. Pal.* 16-17 oct. 2002, p. 47.

2. CE 26 oct. 2001, *RFDA* 2002. 146, concl. D. Chauvaux, note D. de Béchillon, *RDSS* 2002. 41, note L. Dubouis ; *D.* 2001, n° 40, IR 3253 ; *Dr. fam.* 2002/4, n° 53, note J.-J. Frion ; *Gaz. Pal.* 16-17 oct. 2002, p. 26, note J.-J. Frion ; *RTD civ.* 2002, n° 3, p. 482, obs. J. Hauser.

3. Crim. 3 janv. 1973, *D.* 1973. 220 ; *RSC* 1973. 693, obs. Levasseur.

œuvre pour convaincre la patiente d'accepter les soins indispensables, d'autre part, de s'assurer *qu'un tel acte soit proportionné* et indispensable à la survie de l'intéressée »[1].

Dans une affaire semblable, après une première transfusion contre le gré de la patiente, témoin de Jéhovah, le tribunal administratif de Lille décide d'une façon plus catégorique qu'il « est fait injonction au centre régional Hôtel-Dieu de Valenciennes de ne pas procéder à l'administration forcée de transfusion sanguine à la victime contre son gré et à son insu ». Cette décision, face à la position plus nuancée du Conseil d'État, avait provoqué un tollé médical largement exprimé dans la presse. Il n'empêche que grâce à cette transfusion, consécutive à une hémorragie lors d'un accouchement, une jeune femme de 24 ans a été sauvée et pourra élever son bébé[2] !

En effet, la loi du 4 mars 2002 dispose que « toute personne prend, avec le professionnel de santé et compte tenu des informations et des préconisations qu'il lui fournit, les décisions concernant sa santé. Le médecin doit respecter la volonté de la personne après l'avoir informée des conséquences de ses choix ». L'alinéa 2 de l'article poursuit : « Si la volonté de la personne de refuser ou d'interrompre un traitement met sa vie en danger, le médecin doit tout mettre en œuvre pour la convaincre d'accepter les soins indispensables ». Que se passe-t-il s'il n'arrive pas à le convaincre ? La loi ne le dit pas. Elle ajoute seulement : « Aucun acte médical ni aucun traitement ne peut être pratiqué sans le consentement libre et éclairé de la personne et ce consentement peut être retiré à tout moment » (CSP, art. 1111-4, al. 1er, 2 et 3).

C'est précisément là que se pose un problème, si le consentement ne peut être « libre et éclairé », soit parce que la personne est hors d'état de manifester sa volonté, soit parce qu'il s'agit d'un incapable. Dans le premier cas, c'est la « personne de confiance » visée à l'article L. 1111-6 (ou la famille, ou un des proches) qui doit être consultée avant toute intervention ou investigation « sauf urgence ou impossibilité » (CSP, art. 1111-4, al. 4). S'il s'agit d'un incapable, mineur ou majeur en tutelle, son consentement « doit être systématiquement recherché s'il est apte à exprimer sa volonté et à participer à la décision ». Sinon, c'est la personne titulaire de l'autorité parentale ou le tuteur qui est consulté, mais si son refus d'un traitement « risque d'entraîner des conséquences graves pour la santé du mineur ou du majeur sous tutelle, le médecin délivre les soins indispensables » (CSP, art. 1111-4, al. 5).

La question qui reste posée est celle du refus catégorique du malade, dûment informé des risques qu'il encourt par son refus de soins, et qui refuse de se laisser « convaincre d'accepter les soins indispensables ». Si le médecin accède à son désir, ne contribue-t-il à une sorte d'euthanasie passive ?

La décision du Conseil d'État du 16 août 2002[3], donne une excellente interprétation des textes, dans un attendu de principe : « Considérant que le droit pour le patient majeur de donner, lorsqu'il se trouve en état de l'exprimer, son consentement à un traitement médical, revêt le caractère d'une liberté fondamentale ; que toutefois les médecins ne portent pas à cette liberté fondamentale, telle qu'elle est protégée par les dispositions de

1. *Gaz. Pal.* 15-17 sept. 2002, p. 8, note F.-J. Pansier ; *RJPF* nº 12, 2002. 12, note E. Putman ; *JCP* 2002. II. 10184, note P. Mistretta. ; J. Bonneau, « La raison proportionnée en droit médical ou l'empirisme logique », *Gaz. Pal.* 21-22 mai 2003.

2. TA Lille, 25 août 2002, *Gaz. Pal.* 15-17 sept. 2002 préc. ; *Gaz. Pal.* 14-15 févr. 2003, p. 19, note A. Garay ; *JCP* 2003. II. 10098, note L. Lambert-Garrel, A. Flasaquier, B. Pitcho et F. Vialla ; « L'article L. 1111-4 du Code de la santé publique à l'épreuve du référé-liberté », par O. Yacoub, *Gaz. Pal.* 23-25 mars 2003, p. 2.

3. Préc., *supra*.

l'article 16-3 du Code civil et par celles de l'article L. 1111-4 du Code de la santé publique, une atteinte grave et manifestement illégale lorsque, après avoir tout mis en œuvre pour convaincre un patient d'accepter les soins indispensables, ils accomplissent, dans le but de tenter de le sauver, un acte indispensable à sa survie et proportionné à son état ; que le recours, dans de telles conditions, à un acte de cette nature n'est pas, non plus, manifestement incompatible avec les exigences qui découlent de la Convention européenne des droits de l'Homme et des libertés fondamentales et, notamment, son article 9 ».

En effet, l'article 9 de la Convention européenne des droits de l'Homme dispose que « la liberté de manifester sa religion ou ses convictions ne peut faire l'objet d'autres restrictions que celles qui, prévues par la loi, constituent des mesures nécessaires, dans une société démocratique, à la sécurité publique, à la *protection de l'ordre, de la santé ou de la morale publiques*, ou à la protection des libertés d'autrui ». Cette décision du Conseil d'État repose sur le principe supérieur de « protection de la vie ».

La loi sur le droit des malades va permettre de préciser la pratique hospitalière en matière de soins forcés car, comme un auteur a pu le dire « sa vocation n'est pas de donner à un malade le droit absolu de se laisser mourir. Particulièrement, lorsque l'aptitude du malade à l'autodétermination n'est pas optimale (mineurs, majeurs incapables), il est bon que cela soit rappelé »[1].

II. La responsabilité médicale dans les relations malade/établissement hospitalier

45. Lorsque le dommage subi par le malade l'a été dans un établissement hospitalier la situation se complique parce qu'il s'agit de savoir si l'on peut mettre en jeu, outre la responsabilité du médecin, celle de l'établissement hospitalier, voire, si la responsabilité de l'établissement hospitalier ne se substitue pas à celle du médecin.

Il faut faire à cet égard une distinction entre les établissements privés ou publics. la responsabilité médicale de droit privé et la responsabilité médicale de droit public. Après avoir vu les principes généraux de leur responsabilité on verra les cas particuliers : contaminations transfusionnelles, vaccinations, produits défectueux.

A. Responsabilité des cliniques privées

1. La clinique responsable en tant que commettant du médecin salarié

46. Autrefois, il était généralement estimé que le médecin ou le chirurgien était autonome et ne recevait pas d'ordres de la clinique sur le plan médical et sur la façon de soigner ses malades. Il était donc admis par la jurisprudence qu'il ne pouvait pas être le préposé de la clinique.

Depuis, il a été jugé qu'un médecin, qui avait été recruté sur contrat par une clinique pour assurer le remplacement de médecins en congé, était bien un salarié de la clinique et qu'il pouvait ainsi mettre en jeu sa responsabilité civile car « l'indépendance professionnelle dont jouit le médecin, dans l'exercice de son art n'est pas incompatible avec l'état de subordination qui résulte d'un contrat de louage de service le liant à un tiers »[2].

---

1. E. Putman, « Le Conseil d'État précise les limites du droit du patient de s'opposer à une transfusion sanguine », note sous CE 16 août 2002, *RJPF* 2002-12/12, préc.
2. Crim. 5 mars 1992, *RTD civ.* 1993. 137, obs. P. Jourdain, *JCP* 1993. II. 22013, note F. Chabas.

Il est également admis que le contrat de soins du patient qui consulte dans un établissement privé est conclu avec cet établissement et non avec le médecin qui reçoit le patient, dès lors que ce médecin est le salarié de l'établissement[1]. De même, il est acquis qu'une clinique peut être déclarée responsable des fautes commises par un praticien à l'occasion d'actes médicaux d'investigation ou de soins pratiqués sur un client, à la condition que le médecin soit son salarié[2]. Cela ne remet pas en cause l'indépendance professionnelle du médecin : la clinique est déclarée responsable « nonobstant l'indépendance professionnelle inaliénable dont bénéficie le médecin » (même arrêt).

Les conditions de la responsabilité médicale s'apprécient donc en la personne du médecin (v. *supra*) et lorsque ces conditions sont réunies, la clinique endosse la responsabilité du fait du médecin.

En principe, le médecin jouit d'une immunité personnelle, depuis l'arrêt *Costedoat*, de l'assemblée plénière de la Cour de cassation (v. *infra*).

2. Le principe d'une immunité personnelle du médecin

47. Une décision de la première chambre civile du 9 avril 2002[3], a transposé en matière contractuelle, la fameuse jurisprudence *Costedoat* (v. ss 2111) de l'assemblée plénière, qui a introduit l'immunité du préposé c'est-à-dire l'impossibilité pour la victime d'engager sa responsabilité personnelle, lorsqu'il a agi dans les limites de sa mission. L'arrêt *Cousin*, du 14 décembre 200, à nouveau rendu par l'assemblée plénière (v. ss 2114) a ensuite écarté l'immunité en cas d'infraction pénale intentionnelle et depuis un arrêt du 20 décembre 2007 (v. ss 2119), la deuxième chambre civile a étendu la solution à la faute intentionnelle (même si elle ne constitue pas une infraction pénale).

Dans un premier temps, la Cour de cassation a pensé exclure la solution de l'immunité concernant le médecin (et même l'infirmière) en raison de son indépendance dans l'exercice de son art, serait-il salarié. La première chambre civile a ainsi précisé qu'en raison de son « indépendance professionnelle intangible » un médecin salarié reste responsable des dommages qu'il cause[4]. Mais, ensuite, elle a opéré un revirement de jurisprudence en reprenant textuellement la formule de l'arrêt *Costedoat* dans deux décisions rendues le 9 novembre 2004 à propos d'un médecin salarié et d'une sage-femme salariée d'un établissement de santé privé : dans les deux cas, la Cour suprême affirme que le médecin salarié ou la sage-femme salariée « qui agit sans excéder les limites de la mission qui lui est impartie par l'établissement de santé privé, n'engage pas sa responsabilité à l'égard du patient »[5].

La responsabilité de l'établissement de santé se substitue donc à celle du médecin, ce qui rapproche ainsi la solution du droit privé de celle du droit public, puisqu'en effet on l'a vu, le médecin exerçant en hôpital public n'engage pas sa responsabilité personnelle.

---

1. Civ. 1re, 4 juin 1991, *JCP* 1991. II. 21730, note J. Savatier ; *Gaz. Pal.* 1992. 2503, note Chabas ; *RTD civ.* 1992. 123, obs. P. Jourdain.
2. Civ. 1re, 26 mai 1999, *JurisData* n° 002097, *JCP* 1999. II. 10112, rapp. P. Sargos ; *RTD civ.* 1999. 634, obs. P. Jourdain, *JCP* 2000. I. 199, obs. G. Viney.
3. Civ. 1re, 9 avr. 2002, *Bull. civ.* I, n° 114 ; *RTD. civ* 2002, n° 3, obs. P. Jourdain ; *JCP* 2002. I. 186, obs. G. Viney ; *Gaz. Pal.* 2003, somm. obs. F. Chabas.
4. Civ. 1re, 13 nov. 2002, *Gaz. Pal.* 7-8 mars 2003, note F. Chabas.
5. Civ. 1re, 9 nov. 2004, 2 espèces, *JurisData* n° 2004-025553 et n° 2004-025554 ; *JCP* 2005. II. 10020, rapp. D. Duval-Arnoult, note S. Porchy-Simon ; *D.* 2005. 253, note F. Chabas ; *JCP* 2005 I. 132, obs. G. Viney ; *LPA* n° 38, 22 févr. 2006, note E. Revaux et G. Guerlin.

3. La responsabilité civile directe de la clinique

a) Pour faute prouvée

1° En vertu de son obligation d'information

48. La clinique est, elle aussi, tenue d'une obligation d'information envers les patients car « la clinique, liée par un *contrat d'hospitalisation et de soins*, est tenue à l'égard de ses clients d'une obligation de renseignements concernant les prestations qu'elle est en mesure d'assurer... »[1]. Elle se définit de la même manière que pour le médecin et nous y renvoyons.

2° En vertu de son obligation de soins

49. La clinique comme le médecin est tenue de donner au patient des soins qualifiés et consciencieux et elle est responsable à cet égard de son personnel soignant. Ainsi commet une faute, la clinique qui, disposant de l'équipement technique conforme aux données acquises de la science obstétricale, met à la disposition des patientes un personnel n'ayant pas reçu la formation suffisante pour lui permettre d'utiliser cet équipement[2]. « En vertu du contrat d'hospitalisation et de soins le liant à son patient, un établissement de santé privé est tenu de lui donner des soins qualifiés en mettant notamment à son service des médecins pouvant intervenir dans les délais imposés par son état » (trois minutes suivant la naissance en cas d'anoxie, c'est-à-dire d'absence de respiration)[3].

3° En vertu de son obligation de surveillance

50. En vertu de son contrat d'hospitalisation et de soins, une clinique est tenue à une *obligation de surveillance du comportement des patients* tout particulièrement lorsqu'ils présentent des troubles de la personnalité. L'obligation de surveillance des établissements psychiatriques « est fonction de l'état du patient »[4]. Mais, cette obligation, contractuelle envers le patient, est délictuelle vis-à-vis de ses proches, tiers au contrat.

b) Responsabilité de plein droit en matière d'infections nosocomiales

► ***Les infections nosocomiales***, officiellement reconnues par un décret du 6 mai 1988, ont déjà fait l'objet de nombreux textes.

50. Elles avaient été définies par une circulaire du 13 octobre 1988 du ministère de la Solidarité, de la santé et de la protection sociale, comme « toute maladie provoquée par des micro-organismes ; contractée dans un établissement de soins par tout patient après son admission, soit pour hospitalisation, soit pour y recevoir des soins ambulatoires ; dont les symptômes apparaissent lors du séjour à l'hôpital ou après ; qui est reconnaissable aux plans cliniques ou microbiologiques, données sérologiques comprises, ou encore les deux à la fois ». Plus simplement, selon la circulaire du 29 décembre 2000 qui a abrogé la

---

1. Civ. 1re, 14 oct. 1997, *Bull. civ.* I, n° 276 ; *JCP* 1998. I. 144, obs. G. Viney ; *RTD civ.* 1998. 120, obs. P. Jourdain.
2. Civ. 17 juill. 1998, *Bull. civ.* I, n° 239.
3. Civ. 1re, 15 déc. 1999, *JCP* 2000. II. 10384, note G. Mémeteau.
4. Civ. 1re, 18 juill. 2000, *JCP* 2000. II. 10415, rapp. P. Sargos.

circulaire du 13 octobre 1988, « les infections nosocomiales sont des infections contractées dans un établissement de santé ». Une infection est considérée comme nosocomiale « si elle apparaît au cours ou à la suite d'une hospitalisation et si elle était absente à l'admission à l'hôpital ».

Les solutions dégagées par la jurisprudence avant la loi du 4 mars 2002 peuvent ici se maintenir puisque le cas des infections nosocomiales est l'une des deux exceptions à l'exigence d'une responsabilité pour faute en matière médicale.

La jurisprudence civile a d'abord commencé à poser (comme la jurisprudence administrative) une présomption simple de faute : « une clinique est présumée responsable d'une infection nosocomiale contractée par un patient lors d'une intervention pratiquée dans une salle d'opération, à *moins de prouver l'absence de faute* de sa part »[1]. Il s'agissait d'une initiative prudente de la Cour de cassation.

51. Depuis, par trois arrêts du 29 juin 1999, dits « des staphylocoques dorés », et toujours à propos des infections nosocomiales, la première chambre civile a affirmé qu'un médecin ou une clinique sont tenus vis-à-vis du patient « d'une *obligation de sécurité de résultat* dont ils ne peuvent se libérer qu'en rapportant la preuve d'une cause étrangère »[2].

Toutefois, dans un nouvel arrêt, la première chambre civile a cependant fait peser sur le patient la charge de « démontrer que l'infection dont il est atteint présente un caractère nosocomial, auquel cas le médecin est tenu d'une obligation de sécurité de résultat »[3]. Le jeu de la présomption de causalité suppose cette démonstration préalable du caractère nosocomial de l'infection. Il peut paraître surprenant d'exiger du patient de faire une telle preuve alors que les scientifiques, eux-mêmes reconnaissent l'impossibilité d'établir avec certitude l'origine d'une telle infection. Et pourtant la Cour de cassation maintient cette position même après la loi du 4 mars 2002 mais pour des faits antérieurs au 4 septembre 2001[4].

L'obligation d'information que la loi du 4 mars 2002 fait peser sur les établissements de soins relativement aux causes du dommage peut cependant désormais aider le patient dans cette démonstration. Par ailleurs depuis la loi de 2002, en l'absence de responsabilité médicale, et même s'il y a matière à responsabilité, il pourra y avoir lieu à indemnisation (v. ss 2584, 2586).

c) La responsabilité du fait des produits défectueux

1° Dans le cas particulier des contaminations post-transfusionnelles (par le virus du sida, de l'hépatite C)

52. Les solutions ont été totalement modifiées depuis la réorganisation administrative de la transfusion sanguine et la désignation de l'Établissement français du sang à compter du 1er janvier 2000 comme unique interlocuteur et responsable (pour les développements, v. ss 2417, 2572).

---

1. Civ. 1re, 21 mai 1996, *Bull. civ.* I, nº 219 ; *JCP* 1996. I. 3985, p. 494, obs. Viney ; *RCA* 1996, chron. nº 29, H. Groutel ; Civ. 1re, 16 juin 1998, *Bull. civ.* I, nº 210 ; *JCP* 1998. 1. 187, nº 34, obs. G. Viney ; *JCP* 1999. II. 10122, note I. Denis-Chaubet.

2. *JCP* 1999. II. 10138, rapp. P. Sargos ; *D. Affaires* 1999. 1359, obs. J.-F. ; *Defrénois* 1999. 994, obs. D. Mazeaud ; *RTD civ.* 1999. 841, obs. P. Jourdain.

3. Civ. 1re, 27 mars 2001, *Bull. civ.* I, nº 87 ; *RTD civ.* 2001. 596, obs. P. Jourdain.

4. Civ. 1re, 1er mars 2005, *Gaz. Pal.* 22-23 mars 2006, p. 38, note N. Eymard et A. Fleuridas.

• *Avant cette date* : à l'origine, lorsqu'il y avait contamination par du sang fourni par un centre privé de transfusion sanguine, la Cour de cassation censurait la cour qui avait statué « sans rechercher si la clinique, *tenue d'une simple obligation de prudence et de diligence*, avait la possibilité de contrôler la qualité du sang transfusé »[1]. Il s'agissait donc pour la clinique d'une *obligation de moyens*.

En revanche, les centres de transfusion sanguine étaient tenus « de fournir aux receveurs des produits exempts de vices et ils ne peuvent s'exonérer de cette obligation de sécurité que par la preuve d'une cause étrangère qui ne puisse leur être imputée ». Il s'agissait donc bien, pour eux, d'une *obligation de résultat*[2]. À l'égard des centres de transfusion sanguine, la victime n'a pas à prouver que le sang était contaminé[3]. Elle a doublé cette présomption de vice du sang d'une présomption d'imputabilité de la contamination à la transfusion déduite de l'absence d'autres modes possibles de contamination (v. ss 2416). Pour engager la responsabilité du centre de transfusion, la victime avait donc seulement à prouver la contamination, la transfusion et l'absence d'autres modes possibles de contamination. La Cour de cassation avait précisé, en outre, « qu'un centre de transfusion sanguine est tenu d'une obligation de sécurité de résultat en ce qui concerne les produits sanguins qu'il cède et que le manquement à cette obligation peut être invoqué aussi bien par la victime immédiate que par le tiers victime d'un dommage par ricochet »[4].

Ensuite, la position de la Cour de cassation s'est durcie. Elle a mis fin à cette faveur faite aux établissements de soins privés qui ne correspondait plus à la généralisation de l'obligation de sécurité résultat, en affirmant que les établissements privés seraient désormais également tenus d'une obligation de sécurité de résultat et non plus de moyens comme antérieurement. Dans le cas d'une contamination post-transfusionnelle par hépatite C, elle a ainsi retenu la responsabilité d'une clinique privée en précisant « qu'il appartient aux établissements de soins, tenus d'une obligation de sécurité de résultat de prendre toutes dispositions utiles pour s'assurer de l'innocuité des produits sanguins fournis et transfusés ».

Toutefois, ce durcissement concerne seulement la fourniture de produits sanguins et ne s'étend pas à l'ensemble des activités de l'établissement privé, la Cour de cassation refusant de consacrer, à la charge des médecins et des cliniques, une obligation générale de réparer les conséquences de l'aléa thérapeutique, solution condamnée d'ailleurs par la loi de 2002.

• *Depuis le 1er janvier 2002*, l'Établissement français du sang (EFS) qui s'est vu confier le monopole du service public transfusionnel (CSP, art. L. 1222-1 s.) et l'action en responsabilité relève de la compétence exclusive des juridictions administratives.

La Cour de cassation a admis que l'EFS, s'il est reconnu responsable de la contamination de la victime d'un accident de la circulation par le virus de l'hépatite C, était, cependant, en droit d'exercer, contre le conducteur impliqué, une action récursoire en contribution à la dette de réparation mise à sa charge au titre des conséquences dommageables de la contamination, dans la mesure où les transfusions sanguines avaient été rendues nécessaires par l'accident imputable à ce conducteur[5].

1. Civ. 1re, 12 avr. 1995, *Bull. civ.* I, n° 180 ; *JCP* 1995. II. 22467, 2 esp., note P. Jourdain.
2. Civ. 1re, 12 avr. 1995, préc., 1re esp., *Bull. civ.* I, n° 179 ; Civ. 1re, 29 mai 1997, *CCC* 1997, n° 145, note L. Leveneur.
3. Civ. 1re, 28 mars 2000, arrêt n° 669.
4. Civ. 1re, 13 févr. 2001, *JCP* 2002. II. 10099, note C. Lisanti-Kalczynski.
5. Civ. 2e, 20 oct. 2005, *Gaz. Pal.* 28-29 déc. 2005, jurispr. pan. ; Civ. 2e, 25 janv. 2007, v. ss 2482.

2° Dans le cas des autres produits de santé : médicaments, vaccins

53. Les solutions consistant à retenir une responsabilité de la clinique sur le fondement d'une obligation de sécurité résultat sont remises en cause aujourd'hui, en raison du régime spécial de responsabilité du fait des produits défectueux instauré par la loi du 19 mai 1998 (C. civ., art. 1386-1 s.), dans le cas où le produit fourni est effectivement défectueux au sens de la loi, c'est-à-dire ne « présente pas la sécurité à laquelle on pouvait légitimement s'attendre ». En effet cette loi instaure un régime de responsabilité du producteur obligatoire, et la responsabilité du fournisseur (donc en l'occurrence du médecin et/ ou de l'établissement de soin prescripteur ou administrateur du produit) n'est que subsidiaire, si le producteur n'a pu être retrouvé (v. ss 2398). Cependant, la Cour de cassation, on l'a vu, a réduit le champ d'application de la directive lorsque l'établissement de santé ou le professionnel de santé utilise un produit ou un matériel dans le cadre de la relation de soins en considérant qu'il est dans ce cas toujours utilisateur et non fournisseur. Sa responsabilité peut alors être recherchée sur un autre fondement mais elle ne peut être engagée qu'en cas de faute prouvée (v. ce point sur..., n° 37 et 38 et la responsabilité du fait des produits de santé).

B. Responsabilité du service public hospitalier

1. La responsabilité de l'hôpital public à raison des fautes commises par le médecin

54. Ainsi que nous l'avons déjà précisé en introduction, le médecin exerçant en hôpital public n'engage pratiquement jamais sa responsabilité personnelle. Il est l'agent d'un service public administratif, par sa participation nécessaire à l'exécution d'un service public. Il n'est personnellement responsable des conséquences dommageables de son acte que si celui-ci constitue une faute détachable de ses fonctions, même s'il est par ailleurs reconnu coupable pénalement d'une faute caractérisée a précisé la chambre criminelle à propos d'un médecin régulateur libéral du SAMU [1]. En l'absence de faute personnelle, seule la responsabilité du service et de l'établissement est engagée.

La faute médicale, susceptible d'engager la responsabilité de l'hôpital se définit très largement, comme en droit privé et les solutions sont proches, qu'il s'agisse de la faute de diagnostic, de la faute thérapeutique ou de la faute dans la réalisation de l'acte médical. L'obligation du médecin est une obligation de prudence et de diligence ou de moyens (selon une terminologie plus contractuelle). La jurisprudence du Conseil d'État issue de l'arrêt *Bianchi* du 9 avril 1993, qui consacrait un cas de responsabilité sans faute en cas d'accident médical est désormais rendue inopérante par la loi du 4 mars 2002 qui prévoit, en cas d'absence de faute médicale, et sauf le cas réservé des infections nosocomiales et des produits de santé défectueux, la substitution de l'indemnisation à la responsabilité.

2. Responsabilité de l'hôpital public pour faute dans l'organisation et le fonctionnement du service

55. Là encore, le principe est celui d'une responsabilité pour faute, mais la jurisprudence administrative se contente parfois de fautes présumées.

1. V. Crim. 2 déc. 2003, *JCP* 2004. II. 10044, note crit. P. Mistretta.

a) La responsabilité pour faute prouvée

56. Il peut s'agir d'une faute dans l'acte de soins courant effectué par un agent hospitalier, d'un défaut d'information, d'une faute de surveillance, d'un mauvais entretien des locaux et du matériel ou d'un mauvais fonctionnement du service public hospitalier.

1° La faute dans l'acte de soins courant

57. Il s'agit d'actes qui peuvent être exécutés par des auxiliaires médicaux qualifiés et sur prescription du médecin mais sans la présence de celui-ci, ce que n'est pas par exemple une anesthésie générale avec intubation (CE 21 oct. 2009 ; A-C ; n° 314759, *Rec.*). La faute peut être prouvée ou parfois présumée lorsque le lien entre le dommage et l'acte est établi.

2° Le défaut d'information

58. Lorsque l'acte médical envisagé, même accompli conformément aux règles de l'art, comporte des risques connus de décès ou d'invalidité, le patient doit en être informé dans des conditions qui permettent de recueillir son consentement éclairé. Ainsi, dans le cas d'une patiente qui avait accepté d'accoucher par voie naturelle après une première césarienne et qui avait été victime d'une rupture utérine, il a été constaté que les faits présentés à la cour « sont de nature à établir que cette dernière a été suffisamment informée des risques liés, dans son cas personnel, à un accouchement par voie naturelle du fait de la présence d'un utérus cicatriciel » [1].

Le Conseil d'État a harmonisé sa jurisprudence avec celle de la Cour de cassation [2], en précisant que l'information du patient est exigée concernant tous les actes médicaux, pour permettre de recueillir son consentement éclairé et que « la seule circonstance que les risques ne se réalisent qu'exceptionnellement ne dispense pas les praticiens de leurs obligations » [3]. Le Conseil d'État s'est également rapproché de la Cour de cassation dans ces arrêts en utilisant la notion de « perte d'une chance », jusqu'ici peu utilisée par les juridictions administratives, puis en admettant la réparation, non pas seulement de la perte de chance mais du préjudice causé par l'absence d'information. Toutefois, il n'admet pas l'existence de ce préjudice en l'absence de préjudice corporel contrairement à la Cour de cassation (v. sur ce point et la jurisprudence citée des deux juridictions, ce point sur…, n° 23. Comme dans la jurisprudence civile, la preuve que l'information a été donnée peut être apportée par tous moyens.

La loi du 4 mars 2002 qui a par ailleurs précisé l'obligation d'information (v. *supra*, n° 24 s.) concerne évidemment aussi les hôpitaux publics.

3° Le défaut de surveillance

59. La surveillance concerne à la fois le suivi médical des patients de la part des personnels soignants mais aussi la surveillance des patients pour les dommages qu'ils peuvent causer à des tiers ou s'infliger à eux (en cas de maladies mentales notamment, mais aussi pour les jeunes enfants).

---

1. Paris, 17 févr. 2005, *Centre hospitalier de Montmorency*, *Gaz. Pal.* 25-27 sept. 2005, p. 21.
2. Civ. 1re, 7 oct. 1998, préc.
3. CE 5 janv. 2000 (deux arrêts), *LPA* 25 juin 2000, n° 40, note C. Clement ; *JCP* 2000. I. 202, obs. P. Sargos, et *JCP* 2000. I. 243, obs. G. Viney ; *JCP* 2000. II. 10271, note J. Moreau ; CE 17 mai 2000.

4° Le mauvais entretien des locaux et du matériel : question des infections nosocomiales et produits défectueux

60. En ce domaine, la jurisprudence administrative a fait peser sur les établissements de santé des obligations très fortes qui se rapprochent de l'obligation de sécurité résultat développée par la jurisprudence civile sur les mêmes questions, ce qui démontre encore la proximité des solutions. Elles sont affectées aujourd'hui dans les mêmes conditions soit par la loi du 4 mars 2002 qui a posé le principe d'une responsabilité pour faute, soit par la position de la Cour de justice de l'Union européenne concernant la responsabilité du fait des produits défectueux.

Le patient doit pouvoir compter sur des locaux et du matériel en bon état de fonctionnement et d'entretien, ce qui impose notamment des règles d'asepsie et pose la question des infections nosocomiales. Il s'agit cependant dans ce cas d'une responsabilité pour faute présumée.

5° Le mauvais fonctionnement du service public hospitalier

61. Il peut s'agit de défaillances qui sont liées au fonctionnement administratif de l'établissement de soins, par exemple le retard dans des examens qui peut être lié à une mauvaise gestion du service ou qui tiennent à l'insuffisance du personnel ou de personnel qualifié.

b) Responsabilité sans faute prouvée

1° Infections nosocomiales

62. Comme le juge judiciaire, le juge administratif a développé, en matière d'infections nosocomiales, une responsabilité de plein droit, qui n'est pas subordonnée à la preuve d'une faute par le patient victime. Alors que la Cour de cassation a posé en la matière le principe d'une obligation de résultat ne cédant que devant la preuve de la cause étrangère mais subordonnée à la preuve du caractère nosocomial de l'infection, le Conseil d'État a simplement posé à l'origine une présomption de faute, de sorte que la responsabilité est écartée si l'établissement prouve l'absence de faute. Surtout, une distinction est établie entre les infections endogènes et exogènes. Lorsque l'affection est endogène, c'est-à-dire si le patient était déjà porteur du germe lors de son entrée, toute faute est exclue [1] alors que pour le juge judiciaire, il suffit que l'infection se soit révélée au cours de la présence du patient dans la clinique.

Depuis la loi du 4 mars 2002, l'article L. 1142-1, alinéa 2, du Code de la santé publique précise que les établissements sont responsables des dommages résultant d'infections nosocomiales, sauf s'ils rapportent la preuve d'une cause étrangère. Pour les infections nosocomiales correspondant à un taux d'incapacité de moins de 25 % la victime ne peut compter comme en matière civile que sur la responsabilité. Au-delà de 25 % l'indemnisation des dommages est prise en charge par l'ONIAM (v. ss 2586, 2588) et ce, même s'il y a matière à responsabilité. C'est ce que le Conseil d'État a confirmé dans une décision du 21 mars 2011 [2] (et la Cour de cassation également dans une décision du 19 juin 2013 [3]). L'ONIAM n'a qu'un recours récursoire ensuite, s'il y a responsabilité médicale.

---

1. CE 27 sept. 2002, *M*[me] *N.*, *Lebon* 315.

2. CE 21 mars 2011, n° 334501, *Centre hospitalier de Saintes*, *AJDA* 2011. 594 ; *RFDA* 2011. 329, étude C. Alonso : *RTD civ.* 2011. 555, note P. Jourdain.

3. Civ. 1re, 19 juin 2013, n° 12-20433, *RDC* 2013/4, p. 1367, note A. Guéguan-Lécuyer ; *RCA* 2013, comm. 311, note S. Hocquet-Berg.

2° Responsabilité du fait des produits et appareils de santé utilisés

63. Le service public hospitalier est responsable, même, en l'absence de faute prouvée, des conséquences dommageables pour les usagers de la défaillance des produits et appareils de santé qu'il utilise, sous réserve d'éventuels recours en garantie. La responsabilité du centre hospitalier universitaire d'Amiens a ainsi été retenue, même en l'absence de faute du service hospitalier, car la défaillance du matériel de conservation avait provoqué la perte d'ovocytes fécondés surnuméraires conservés par cryogénisation en vue d'une ultérieure procréation médicalement assistée [1].

Toutefois, cette responsabilité si le matériel ou le produit est défectueux et si l'hôpital est producteur ou fournisseur du produit ne peut être fondée que sur le régime spécial de responsabilité du fait des produits défectueux ; elle n'entre pas dans le champ de la directive si l'hôpital est utilisateur, selon la CJUE (v. ss 2390). Or pour le Conseil d'État (comme pour la Cour de cassation), il est acquis que l'établissement de santé est utilisateur et non fournisseur dès lors qu'il utilise un produit ou un matériel dans le cadre d'une prestation de soins. Mais la Cour de cassation, dans ce cas a effectué un revirement de jurisprudence et considère que la responsabilité est redevenue une responsabilité pour faute (sur cette question, ce point sur…, v. ss 2390, n° 38, et v. ss 2390).

• *Concernant le cas particulier des vaccins*, il faut noter que des contentieux ont été engagés sur le terrain de la responsabilité sans faute de l'État et que le Conseil d'État a accepté de reconnaître un lien de causalité entre l'apparition de certaines maladies comme par exemple le lien entre la vaccination contre l'hépatite B et la sclérose en plaques ou la polyarthrite rhumatoïde, sans que l'absence de certitude scientifique soit un obstacle et en utilisant le système du faisceau de présomptions que la Cour de cassation a également utilisé pour admettre la défectuosité du produit (v. ss 2419 s. ; spéc. v. ss 2424). Mais là encore, c'est la responsabilité du laboratoire en tant que producteur qui doit normalement être recherchée, sans que l'établissement de santé prescripteur et administrateur puisse être reconnu responsable au titre de la défectuosité du produit.

c) La responsabilité sans faute en cas d'aléa thérapeutique

64. Alors que le Conseil d'État avec l'arrêt *Blanchi*, s'était engagé sur la voie de la responsabilité sans faute, la loi de 2002, tout en s'inspirant directement de la jurisprudence *Bianchi*, a écarté (sauf le cas des infections nosocomiales) l'hypothèse d'une responsabilité sans faute des établissements de soins et des médecins qui les conduiraient à prendre en charge les conséquences de l'aléa médical : accidents médicaux, affections iatrogènes. La réparation des dommages relève de la solidarité nationale et est assurée par l'ONIAM (v. ss 2586 s., et *supra*).

3. Questions particulières

a) Naissance d'enfants handicapés

65. Le Conseil d'État avait donné sur la question des solutions différentes de celles données par la Cour de cassation, mais les divergences n'ont plus cours, depuis la loi de

---

1. TA Amiens, 9 mars 2004, *JCP* 2005. II. 10003, note I. Corpart.

2002 d'une part, et depuis l'intervention du Conseil constitutionnel le 11 juin 2010, d'autre part. On rappellera que le Conseil d'État avait admis, comme la Cour de cassation, la réparation du préjudice de l'enfant né handicapé lorsque la faute médicale avait directement causé le handicap mais il l'avait l'exclue, dans l'arrêt *Quarez* (références, v. ss 1637 s.) et contrairement à l'arrêt *Perruche*, lorsque la faute médicale n'avait pas directement causé le handicap mais avait fait perdre aux parents une chance de pratiquer une interruption thérapeutique de grossesse, tout en admettant la réparation du préjudice des parents, moral mais aussi matériel (v. ss 1637 s.). On sait que depuis la loi du 4 mars 2002, dont l'article 1er est devenu l'article L. 114-5 du Code de l'action sociale et des familles, il est établi que si « nul ne peut se prévaloir d'un préjudice du seul fait de sa naissance », cependant, « la personne née avec un handicap dû à une faute médicale peut obtenir la réparation de son préjudice lorsque l'acte fautif a provoqué directement le handicap ou l'a aggravé, ou n'a pas permis de prendre les mesures susceptibles de l'atténuer », solution admise par les juridictions civiles et administratives. Lorsque la faute consiste dans le fait de ne pas avoir décelé le handicap, la loi de 2002 n'admet que la réparation du préjudice moral des parents et la subordonne à la preuve d'une « faute caractérisée ». Le Conseil d'État et la Cour de cassation s'étaient ensuite séparés sur la question de l'application dans le temps de la loi de 2002. Mais le Conseil constitutionnel après avoir validé le dispositif légal quant aux conditions de la réparation du préjudice, dans une décision du 11 juin 2010 (v. ss 1640, et les références), a censuré la loi en ce qu'elle avait prévu son application aux instances en cours. Il a néanmoins contredit l'interprétation donnée par la Cour de cassation qui considérait la loi applicable aux enfants nés avant son entrée en vigueur (sur cette question, v. ss 1639). Les positions des juridictions judiciaires et administratives devraient donc s'aligner.

b) Contaminations post-transfusionnelles

1° Les solutions développées à propos du VIH concernant la responsabilité sont également valables pour les autres contaminations (hépatite C, maladie de Kreustfeld-Jacob…)

66. En matière de responsabilité de la puissance publique dans le cadre du sida transfusionnel, le Conseil d'État avait, dans un premier temps, retenu la responsabilité de l'État pour « faute simple »[1], or sa position a, évolué et, dans trois arrêts du 26 mai 1995, il a retenu que les centres de transfusion sanguine sont responsables, *même en l'absence de faute*, des conséquences dommageables de la mauvaise qualité des produits fournis.

Mais, si la transfusion a été effectuée dans un hôpital qui ne relève pas de la personne morale publique ou privée dont dépend le centre de transfusion sanguine, cet hôpital ne peut être tenu pour responsable des conséquences dommageables de la transfusion[2]. Lorsque plusieurs centres de transfusion sanguine, publics et privés, sont susceptibles d'être à l'origine de la contamination, « la personne publique mise en cause devant le juge administratif, doit être tenue pour responsable de l'ensemble des dommages subis par la victime… si elle n'établit pas l'innocuité des produits qu'elle a elle-même élaborés ». La personne publique ainsi condamnée conserve la possibilité de recours contre les autres centres de transfusion[3].

---

1. CE, ass., 9 avr. 1993, *JCP* 1993. II. 22110 ; *D.* 1993. 312.
2. CE 26 mai 1995 (trois arrêts), *Cts N'Guyen, Jouan, Cts Pavan*, *JCP* 1995. II. 22468, note J. Moreau.
3. CE, sect., 15 janv. 2001, *JCP* 2001, n° 7-8, Actualités.

Plus récemment, le Conseil d'État a estimé que constitue une faute du service public hospitalier le fait d'avoir administré à un patient hémophile des transfusions sanguines alors que les centres de traitement des hémophiles connaissaient l'existence d'un risque de contamination par le VIH et que les transfusions ne présentaient aucun caractère d'urgence, bien que la date des transfusions litigieuses, entre le 18 et le 20 septembre 1984, se situe à une époque où les risques encourus n'étaient pas connus dans toute leur ampleur. Le Conseil d'État fait, ici, une intéressante application du « principe de précaution » à l'activité médicale [1].

2° Compétence exclusive des juridictions administratives et possibilités d'indemnisation par l'ONIAM

67. Depuis la réorganisation administrative de la transfusion sanguine et la désignation de l'Établissement français du sang à compter du 1er janvier 2000 comme unique interlocuteur (v. ss 2417 ; pour d'autres développements, v. ss 2572). Et l'ordonnance nº 2005-1087 du 1er septembre 2005 relative aux établissements publics nationaux à caractère sanitaire et aux contentieux en matière de transfusion sanguine, qui a achevé le transfert à l'Établissement français du sang des derniers Centres de transfusion sanguine qui n'avaient pas encore fait l'objet d'une reprise, seul l'Établissement français du sang peut être désigné comme responsable.

Par ailleurs, l'article 15 de l'ordonnance nº 2005-1087 du 1er septembre 2005 a également unifié le contentieux des contaminations post-transfusionnelles en le confiant au seul juge administratif, quelle que soit la date à laquelle la transfusion a eu lieu.

Enfin, on rappellera que les contaminations post-transfusionnelles par le VIH et par le virus de l'hépatite C sont désormais prises en charges par l'ONIAM dans le cadre de la procédure d'indemnisation à laquelle les victimes peuvent prétendre, si elles ne choisissent pas la voie de la responsabilité (sur ce point, v. ss 2572 s., développements, pour le VIH et v. ss 2579, pour l'hépatite C).

III. Le relais de l'indemnisation en l'absence de responsabilité

68. Il faut noter que la loi du 4 mars 2002 a innové en conférant à la notion de faute un rôle nouveau, ce qui permet d'orienter les victimes entre deux régimes différents. Si le médecin, ou l'établissement de soins a commis une faute, c'est l'assureur qui assumera la réparation sans avoir aucun recours contre son assuré, d'autant que l'assurance est devenue obligatoire, sous peine de sanctions pénales (CSP, art. L. 1142-2 et L. 1142-25 s.). En revanche, si aucune faute n'est prouvée, si l'on est en présence d'un « aléa thérapeutique », c'est la solidarité nationale qui va prendre le relais pour indemniser le malade, dès lors qu'il est victime d'une atteinte corporelle d'une certaine gravité, qu'il est inapte à exercer sa profession antérieure ou qu'il a subi « des troubles particulièrement graves, y compris d'ordre économique, dans ses conditions d'existence ». Cette indemnisation est assurée par l'ONIAM (Office national d'indemnisation des victimes d'accidents médicaux, maladies iatrogènes et infections nosocomiale), organisme alimenté par des ressources figurant au budget de l'État. Toute une organisation nouvelle a, ainsi, été mise en

1. CE 10 déc. 2001, *Bull.* nº 110, janv. 2002, p. 7350 ; *JCP* 2002. I. 146, nº 18, obs. C. Byk.

place à l'aide des « commissions régionales de conciliation et d'indemnisation des accidents médicaux, des affections iatrogènes et des infections nosocomiales » (CRCIAM)[1] dont nous avons antérieurement présenté les principaux éléments (pour plus de détails, v. ss 2581 s. ; sur le partage entre la responsabilité et l'indemnisation on se reportera plus particulièrement v. ss 2584, 2596 s. ; pour le fonctionnement du système, v. ss 2592 s.).

1. CSP, art. 1142-14, al. 1er.

Solutions

► Le consentement dans le contrat (v. ss 828)

Voici les sommaires des arrêts cités que vous pourrez lire avec profit.

1. Il y a lieu de prononcer la résolution d'une vente de tableaux pour erreur de l'acheteur sur la valeur, alors que celui-ci, sans connaissances spéciales, a été contraint de s'en remettre aux affirmations du marchand, lequel a usé de ses titres et de sa qualité de spécialiste averti pour déterminer, dolosivement par des mensonges, l'acheteur à acquérir les tableaux à un prix excessif.

2. Le défaut de contenance d'un immeuble vendu, bien que ne donnant lieu, en principe, qu'à une diminution de prix, devient, s'il rend l'immeuble impropre à la destination en vue de laquelle il a été acquis, une erreur sur une qualité substantielle de l'objet du contrat (C. civ., art. 1619, 1110) ;

Et cette erreur sur la substance entraîne la nullité de la vente (C. civ., art. 1110) ;

... Du moins si la destination de l'immeuble était connue du vendeur ;

... Et surtout si celui-ci a volontairement, de mauvaise foi, induit l'acheteur en erreur ;

Il en est ainsi, spécialement, en cas de vente d'un terrain qui a été livré avec un déficit de contenance de près d'un tiers, alors que l'acquisition avait été faite, au su du vendeur, en vue d'un lotissement.

► Rescision d'une vente d'immeuble pour lésion de plus des 7/12e (v. ss 979)

La vente avait été faite grâce au versement d'un capital de 900 000 AF [équivalent de 9 000 F et aujourd'hui de 1 372,04 €] et à la possibilité de loger dans deux pièces dont la valeur locative correspondait, selon l'estimation des juges d'appel à un capital de 300 000 AF [45 734 €], soit pour un prix total de 900 000 + 300 000 = 1 200 000 AF [182 939 €].

La maison avait été estimée valoir au jour de la vente 3 000 000 AF [457 347 €] la lésion était donc de 3 000 000 – 1 200 000 = 1 800 000 AF [274 408 €].

Les 7/12e de 3 000 000 correspondent à (3 000 000 AF) : 12 = 1 750 000 AF [266 786 €]. Or la lésion étant de 1 800 000 AF [274 408 €] était donc bien supérieure aux 7/12e du prix réel et Mme Fougère aurait dû avoir gain de cause. Toutefois les époux Mazais auraient pu conserver la maison en lui versant la différence de prix moins 1/10e du prix total, c'est-à-dire : 1 800 000 – 300 000 = 1 500 000 AF [228 674 €].

► Les créanciers

1. Ils peuvent exercer l'action paulienne mais seulement en cas de fraude manifeste (C. assur., art. L. 132-14) Cela donne seulement lieu au remboursement des primes notamment quand elles sont exagérées (C. assur., art. L. 132-13).

2. La stipulation pour autrui est indépendante de la succession, même en y ayant renoncé. Pierre, conserve sa qualité de tiers bénéficiaire : la Cie doit leur payer le capital à tous les deux (C. assur., art. L. 132-8).

Si les primes n'ont pas été régulièrement versées, cela peut leur être opposé par la compagnie d'assurances. Les bénéficiaires peuvent même, en cas de défaillance du stipulant, payer les primes à sa place pour éviter toute résiliation ou réduction du contrat (C. assur., art. L. 132-19, et L. 132-20).

► Les garanties des créanciers chirographaires (v. ss 392)

1. Action en déclaration de simulation pour faire reconnaître le caractère fictif de la vente de l'immeuble à Barnaud et de le voir rentrer dans le patrimoine de Pernet. Preuve par tous moyens.

2. Action paulienne contre la donation faite à ses enfants. Mais la constitution de dot est considérée comme un acte à titre onéreux : nécessité de prouver la mauvaise foi de la fille et même du gendre.

3. Action oblique contre l'auteur de l'accident pour obtenir les dommages et intérêts dus à condition qu'il s'agisse des dommages matériels seulement et non de la réparation d'un préjudice moral.

Il faut que Pernet soit insolvable et que les créances soient certaines, liquides et exigibles pour l'action oblique.

► Les obligations conditionnelles ou à terme (v. ss 287)

1. Terme suspensif, conventionnel, certain, dans l'intérêt du débiteur.
2. Condition suspensive, simplement potestative, possible, licite et morale.
3. Terme suspensif, conventionnel, certain.
4. Condition suspensive, casuelle, possible, licite et morale.
5. Condition résolutoire, mixte.

► L'exécution volontaire des obligations (v. ss 532)

1. Il faut indexer sur le prix du vin en relation directe avec l'activité de l'emprunteur et non sur le salaire de l'ouvrier maçon qui est sans rapport, ici, puisque la villa est déjà construite.

2. Il s'agit d'une dation en paiement.

Le créancier doit l'accepter expressément mais n'y est pas tenu (art. 1243).

L'objet donné valant plus on peut convenir que l'*accipiens* devra la différence soit 45 euros en application de l'article 1895.

S'il accepte, le créancier devient propriétaire du bijou et le débiteur est libéré.

► Les remèdes à l'inexécution des obligations (v. ss 1348)

1. Oui. Oui car il n'y a pas exécution de son obligation par R.

2. Le commerçant peut demander la résolution mais le juge peut accorder un délai de grâce car l'inexécution est minime (art. 1184, al. 3).

3. Oui : application de la théorie de la cause. Leur obligation de payer n'a plus de cause. Toutefois, on peut également leur proposer de modifier la date de leur billet pour leur permettre d'assister à une représentation ultérieure, une fois le chanteur guéri, mais ils ne sont pas tenus d'accepter.

4. Il s'agit d'un cheval déterminé : corps certain. M. B. alléguera qu'il n'a pas été livré et que les risques sont donc à la charge des époux F. vendeurs, car il y a eu convention retardant le transfert de propriété.

Les époux F. contesteront cette argumentation : il y a bien eu transfert de propriété et seulement une convention instituant un terme de livraison, dans l'intérêt de l'acquéreur, qui est bien devenu propriétaire dès la réalisation de la vente et que les risques sont bien à sa charge selon l'article 1138. M. B. doit payer le prix du cheval.

► Le fait générateur dans la responsabilité du fait personnel (v. ss 1927)

Le voisin peut demander la réparation du préjudice qu'il a subi en invoquant les articles 1382 et 1383.

Mais M. Fabri objectera son droit de propriété et invoquera les articles 642 et 552, alinéas 1er et 3.

Le tribunal fondera sa décision sur la théorie de l'abus du droit selon laquelle « si le propriétaire a le droit de jouir et disposer de sa chose de la manière la plus absolue, c'est à la condition toutefois de ne pas porter atteinte à la propriété d'autrui... » Et de ne pas causer aux voisins un préjudice excédant la mesure des obligations ordinaires de voisinage en négligeant de prendre les précautions nécessaires pour prévenir ces inconvénients et qu'il n'agisse pas par malveillance ou sans utilité pour lui-même (Civ. 4 déc. 1935, *DH* 1936. 70, et Civ. 3e, 26 nov. 1974, *Bull. civ.* III, no 441).

► Le fait générateur dans la responsabilité du fait d'autrui (v. ss 2150)

a) Responsabilité des parents

1° Avant 1997

a) ***Responsabilité du fait de Jacques*** : il a 16 ans et l'imputabilité du fait dommageable ne fait pas de doute, qu'on invoque soit l'article 1382, soit l'article 1384, alinéa 1er, et la garde du vélomoteur.

Mais les parents pourront faire valoir qu'il n'y a de leur part ni faute d'éducation ni faute de surveillance, le fait d'aller au lycée à vélomoteur à 16 ans n'ayant rien d'anormal.

b) ***Responsabilité du fait de Pierre*** : malgré son jeune âge, depuis les arrêts en assemblée plénière du 9 mai 1984, il peut parfaitement avoir commis une faute qui entraînera la responsabilité de ses parents.

Mais ici, ces derniers ne pourront pas faire tomber la présomption de responsabilité car il est anormal de jouer avec un fusil de chasse à 5 ans. Il y a sûrement de leur part une faute de surveillance.

2° Depuis 1997

Selon le dernier état de la jurisprudence, la responsabilité des parents est une responsabilité de plein droit fondée sur l'article 1384, alinéa 1er, et les parents ne pourraient plus s'exonérer par la preuve de leur absence de faute mais uniquement par la preuve de la force majeure ou de la faute de la victime (Civ. 2e, 19 févr. 1997, arrêt *Bertrand*).

b) Responsabilité des commettants

Denis est majeur, on ne peut donc envisager la responsabilité de son père, M. Mathieu. Denis a passé un contrat de travail avec M. Lucas. Celui-ci est donc son commettant et il est en principe responsable de ses faits dommageables, commis pendant l'exercice de ses fonctions.

Mais, ce jour-là, Denis travaillait chez les Bardeau ; on peut donc se demander s'il y a eu transport de la qualité de commettant ? On admet généralement que non en matière d'entraide agricole (art. 20, L. 8 août 1962) c'est donc M. Lucas qui était resté commettant. Le fait dommageable est-il fautif ? Oui à l'évidence. A-t-il été accompli dans l'exercice des fonctions de Denis ? On peut discuter ce point mais par application du critère du but (finalité de l'acte) il semble que oui car c'était sur le trajet du retour et il s'agissait d'une discussion à propos du travail.

C'est donc à M. Lucas qu'il faudra s'adresser. La responsabilité pour faute de Denis peut-elle être engagée en parallèle ? Question de l'immunité du préposé qui a agi dans les limites de sa mission, depuis l'arrêt *Costedoat*, de l'assemblée plénière. On peut douter qu'en blessant son camarade Denis ait agi dans les limites de sa mission ; par ailleurs, dans ses dernières décisions, la Cour de cassation a exclu l'immunité du préposé non plus seulement en cas de faute pénale intentionnelle mais plus largement de faute intentionnelle. Or ici, les blessures sont semblent-elles intentionnelles. Il y aurait donc cumul de la responsabilité du commettant sur le fondement de l'article 1384, alinéa 6, et de la responsabilité personnelle de Denis sur le fondement de l'article 1382.

► Les quasi-contrats (v. ss 1441)

1. M. Bernet a agi en qualité de gérant d'affaires. Il ne peut y avoir confirmation du fait du décès de M. Dulac mais les frais funéraires sont certainement des dépenses utiles découlant directement de l'accident.

En revanche, en ce qui concerne les dépenses d'achat de concession et de pose d'une plaque de marbre, c'est à la succession de M. Dulac que M. Bernet devra s'adresser, toujours en faisant valoir la gestion d'affaires. C'est en fonction des ressources et de l'état de la succession que ces dépenses pourront être qualifiées d'utiles ou de somptuaires.

2. Il y a ici paiement de l'indu et l'article 1376 est bien applicable en matière de sécurité sociale, et notamment en cas d'erreur sur le taux de cotisation applicable (Civ. 2e, 14 janv. 1965, *D*. 1965. 239) mais M. Raymond doit apporter la preuve que c'est bien par erreur qu'il a payé et non pas en application d'une interprétation jurisprudentielle incertaine d'un texte (Soc. 6 oct. 1997, *Bull. civ.* V, n° 71, p. 460). On pourrait peut-être aussi invoquer le paiement délibéré de l'indu si les versements ont été faits sciemment mais pour éviter des pénalités par exemple (Civ. 3e, 9 mars 1986, *Bull. civ.* III, n° 36).

3. (*Époux V... C. B...*) – arrêt (Civ. 26 mai 1965, *D.* 1965. 628)
La Cour, – Sur le moyen unique :

– Attendu qu'il résulte des énonciations de l'arrêt infirmatif attaqué (Orléans, 2 oct. 1962) que la demoiselle M... fut reçue en qualité de future belle-fille à la ferme de B... pour s'initier aux travaux agricoles, avant son mariage, avec le fils de ce dernier ; qu'elle rompit ses fiançailles pour épouser un cultivateur voisin, V... ; que la cour d'appel la débouta de la demande en payement d'une somme de 2 900 F [442,10 €], formée sur le fondement de l'action *de in rem verso*, en raison du travail fourni pendant son séjour à la ferme ;
– Attendu que le pourvoi fait grief à l'arrêt d'avoir débouté la dame V... de sa demande, alors qu'il n'y avait aucune individualité possible entre le payement dû pour un travail reconnu effectif par toutes les parties et une union simplement éventuelle qui n'était pas la cause mais le motif de travail ;
– Mais attendu que la cour d'appel a énoncé que c'est « pour remplir ses devoirs de future belle-fille que la demoiselle M... s'est mise à la disposition de B... père, vivant à sa table et sous son toit et bénéficiant de nombreux avantages, que lui assurait sa situation, sous la forme de cadeaux, argent de poche, vêtements, sans compter les heures supplémentaires de liberté qui n'auraient pas été accordées à une simple bonne de ferme » ; qu'elle en déduit « que, non seulement l'existence d'un enrichissement de l'appelant n'est pas démontrée, mais, même que, s'il se fut produit, il n'eût pas été sans cause », la participation de la demoiselle M... comportant nécessairement un apport en travail ; qu'en déboutant ainsi la demanderesse au pourvoi, la cour d'appel a légalement justifié sa décision ; que le moyen ne saurait être accueilli ;

Par ces motifs, rejette.
Du 26 mai 1965. – 1re ch. civ. – MM. Blin, pr. – Lapeire, rap. – Lindon, av. gén. – Rousseau et Sourdillat, av.

Index alphabétique

Les chiffres renvoient aux numéros des paragraphes.

D

E

F

J

L

M

N

O

Q

R

S

T

U

V

W

Table des matières

TITRE 2

LES ÉLÉMENTS D'UN RÉGIME COMMUN À TOUTES LES OBLIGATIONS INDÉPENDAMMENT DE LEUR SOURCE

SOUS-TITRE 1

LA NAISSANCE DES OBLIGATIONS

SOUS-TITRE 2

LA VIE DE L'OBLIGATION

SOUS-TITRE 3

LA MORT DE L'OBLIGATION

DEUXIÈME PARTIE

LES ACTES JURIDIQUES : LES CONTRATS

TITRE 1
LA FORMATION DU CONTRAT

TITRE 2

LES EFFETS DU CONTRAT

TROISIÈME PARTIE
LES FAITS JURIDIQUES

TITRE 1
LES QUASI-CONTRATS

TITRE 2
LA RESPONSABILITÉ CIVILE

SOUS-TITRE 1

LES ÉLÉMENTS COMMUNS À TOUS LES RÉGIMES DE RESPONSABILITÉ

SOUS-TITRE 3

LA RESPONSABILITÉ CONTRACTUELLE ET SES RAPPORTS AVEC LA RESPONSABILITÉ DÉLICTUELLE ET QUASI DÉLICTUELLE

SOUS-TITRE 4

LES RÉGIMES SPÉCIAUX DE RESPONSABILITÉ ET D'INDEMNISATION

Composé par JOUVE, 1 rue du Docteur Sauvé, 53100 MAYENNE

713769 - (I) - CSB-G - 70g - JOU - (CDR)
Achevé d'imprimer en août 2014 sur les presses de l'Imprimerie CHIRAT
42540 Saint-Just-la-Pendue
Dépôt légal : Septembre 2014 - N° 201408.0103

Imprimé en France